DICTIONNAIRE DE LA CENSURE AU QUÉBEC

Sous la direction de
PIERRE HÉBERT, YVES LEVER ET KENNETH LANDRY

DICTIONNAIRE DE LA CENSURE AU QUÉBEC

LITTÉRATURE ET CINÉMA

FIDES

Cet ouvrage a été réalisé grâce à des travaux subventionnés par le Conseil de recherche en sciences humaines du Canada et par le Groupe de recherche sur l'édition littéraire au Québec.

Pour communiquer avec les directeurs :
   Pierre Hébert <perre.hebert@usherbrooke.ca>
   Yves Lever <lever@cam.org>
   Kenneth Landry <kenneth.landry@creliq.ulaval.ca>

Direction artistique : Gianni Caccia
Mise en pages : Yolande Martel

Catalogage avant publication de Bibliothèque et Archives Canada

Hébert, Pierre, 1949-

Dictionnaire de la censure au Québec : littérature et cinéma
Comprend des réf. bibliogr. et un index.

ISBN 2-7621-2636-3

1. Censure – Québec (Province) – Dictionnaires français.
2. Cinéma – Censure – Québec (Province) – Dictionnaires français.
3. Livres prohibés – Québec (Province) – Dictionnaires français.
I. Lever, Yves, 1942-   . II. Landry, Kenneth, 1945-   . III. Titre.

Z658.C3H425 2006   363.31'09714'03   C2006-940117-9

Dépôt légal : 1er trimestre 2006
Bibliothèques et Archives nationales du Québec
© Éditions Fides, 2006

Les Éditions Fides remercient de leur soutien financier le ministère du Patrimoine canadien, le Conseil des Arts du Canada et la Société de développement des entreprises culturelles du Québec (SODEC). Les Éditions Fides bénéficient du Programme de crédit d'impôt pour l'édition de livres du Gouvernement du Québec, géré par la SODEC.

IMPRIMÉ AU CANADA EN MARS 2006

PRÉSENTATION

Pourquoi un dictionnaire de la censure ? Le premier rôle d'un tel instrument est évidemment de fournir à ses usagers un accès pratique à l'ensemble des connaissances sur un sujet particulier. De plus, le dictionnaire configure le champ du savoir sur lequel il porte. Voilà sans doute pourquoi plusieurs domaines de connaissances, culturels ou scientifiques, appellent à être en quelque sorte *recueillis* par la méthode du dictionnaire, dans des lieux aussi divers que les sciences du langage (Ducrot et Todorov), la narratologie (Prince), les symboles (Chevalier et Gheerbrant) ou l'érotisme (Guiraud).

Ainsi en est-il de ce champ particulier, la censure, en l'occurrence littéraire et cinématographique. Au Québec, elle s'est exercée sur ces deux arts, ce qu'ont montré plusieurs études de cas particuliers et des histoires générales[1]. Or, nous ne disposons d'aucun dictionnaire de la censure dans l'une ou l'autre de ces deux expressions majeures de la culture que sont la littérature et le cinéma. En revanche, les États-Unis et la France, entre autres, se sont donné de tels instruments qui font date. Ainsi, Leon Hurwitz a signé en 1985 son monumental *Historical Dictionary on Censorship in the United States*, qui traite beaucoup de la presse. En France se signale le *Dictionnaire de la censure au cinéma* (Douin, 1998) et, dans une perspective beaucoup plus large, notons *Le siècle rebelle – dictionnaire de la contestation au xxe siècle* (Waresquiel, 1999). Est également paru en 2001 l'ouvrage de nature encyclopédique *Censorship. A World Encyclopedia*, qui compte quatre tomes couvrant la censure à travers le monde (sous la direction de Derek Jones).

Dans un pays donné, les pratiques censoriales révèlent le réseau d'interdits et de tabous que la pratique sociale a élaboré. L'étude de la censure permet de prendre conscience de ce qui est permis et de ce qui est défendu, d'examiner l'interdit et le consenti, ce qu'on tolère et ce qu'on impose. Par exemple, les coupures effectuées dans les œuvres dévoilent les audaces que se permettent les auteurs et les cinéastes (réalisateurs et metteurs en scène), tant pour ce qui relève des thématiques que des illustrations de la vie à l'écran. Ainsi, l'usager du *Dictionnaire de la censure au Québec* prendra connaissance des contenus visés par la censure, certes, mais aussi des personnes et des institutions qui régentent la circulation du savoir et des produits culturels.

À cette fin, le présent ouvrage vise à fournir les entrées classées, selon l'ordre alphabétique, de la plupart des cas significatifs qui constituent la censure exercée à l'endroit de la littérature et du cinéma au Québec. Toutefois, ces discours individuels s'additionnent et se recoupent, créant de cette manière un métadiscours sur la censure elle-même, en plus des descriptions de cas singuliers.

Voilà pourquoi, parmi les ouvrages qui contribuent à la constitution, à la reconnaissance ou à la transformation d'un champ de savoir, le dictionnaire joue un rôle unique. Rassemblement de paroles individuelles en un langage tenu par la communauté scientifique, le dictionnaire crée l'expression d'un « nouveau » savoir réalisé dans la forme d'un discours explicite ; les portraits de cas, ainsi rapprochés à la manière des points ou des pixels qui composent une photographie, produisent ce discours collectif.

---

1. Voir la bibliographie à la fin de cet ouvrage.

Les responsables de cette entreprise remercient chacune des collaboratrices, chacun des collaborateurs pour leur participation à ce qui est ainsi à la fois un champ de savoir désormais constitué et une œuvre de mémoire collective.

REMERCIEMENTS

De nombreux assistants et assistantes ont contribué, depuis plus de 15 ans, aux recherches sur la censure en littérature, qui ont permis la parution des deux volumes *Littérature et censure au Québec* (1997 et 2004), de même que de ce dictionnaire. Nous tenons à remercier de leur apport indispensable Louise-Marie Brodeur, Maude Dénommé Beaudoin, Nancy Houle, Carole Lévesque, Véronique Laporte, Marie-Pier Luneau, Jean-Paul Perras, Patrick Nicol, Sara Richard, Élise Salaün, Sophie Vincent et Nathalie Viens. Que soient aussi remerciés Mario Bergeron, Julie Landreville, Claudine Landreville et Isabelle Morissette qui ont passé des milliers d'heures dans les archives du Bureau de censure du cinéma aux Archives nationales du Québec (dont le personnel a été d'une obligeance et d'une générosité remarquables), dans les microfilms et divers documents de la Bibliothèque nationale.

Nous tenons aussi à remercier celles et ceux qui ont généreusement accepté d'évaluer certaines entrées du dictionnaire : Louise Bienvenue, Isabelle Boisclair, Yvan Cloutier, Jacques Cotnam, Gilles Gallichan, Patricia Godbout, Christine Hudon, Yves Lavertu, Marie-Pier Luneau, Jacques Michon, Sara Richard, Michel Viau, Josée Vincent, Nive Voisine.

INTRODUCTION

De nombreux choix, tant sur le plan intellectuel que matériel, ont présidé à la préparation de ce dictionnaire. Cette introduction donne entre autres les justifications de ces choix en regard du domaine couvert (littérature et cinéma), une définition générale de la censure et des explications sur les entrées ; elle se clôt par un guide d'utilisation destiné aux usagers.

Domaine couvert : littérature et cinéma

Dans l'histoire culturelle du Québec, la littérature a joué un rôle essentiel dans la construction de l'identité nationale ; elle a aussi été vue, dès ses tout premiers débuts, comme un art dont les pouvoirs en place devaient surveiller, voire à l'occasion réprimer les excès. De l'*Anticoton*[2], brûlé sur la place publique en 1625, jusqu'à l'injonction contre la pièce de Denise Boucher *Les fées ont soif*, en 1978, le contrôle des lettres a été, selon les époques, religieux ou politique, et même judiciaire à quelques reprises.

Par ailleurs, quoique sa naissance date de la fin du XIXe siècle, le cinéma a subi les mêmes mesures de contrôle, plus sévères encore et sous des formes inédites qui vont jusqu'au remontage et à l'addition de scènes. Cette censure s'apparente à celle de la littérature en ce sens qu'une surveillance constante et rigoureuse traverse toute la moitié du siècle et ne se relâche, de manière toute relative, qu'au tournant des années 1960.

Ces deux arts majeurs ont en outre été sous le regard des mêmes censeurs. La revue *Lectures*, des Éditions Fides, a porté une attention tant au cinéma qu'aux lettres ; des répertoires ou guides ont encadré la moralité des films (*Index de 6000 titres de films avec leur cote morale*, également publié chez Fides) et de la littérature (*Romans à lire & romans à proscrire*, de l'abbé Louis Bethléem) ; de plus, des écrivains comme Jean-Paul Sartre, Émile Zola, Voltaire, David Herbert Lawrence, Claude Jasmin ont vu l'une ou l'autre de leurs œuvres adaptées (et censurées) au cinéma, ou encore l'histoire de leur vie, tel Zola, refusée par le Bureau de censure du Québec.

Plus encore, durant les années 1950, cette censure du livre et du film a entraîné un débat social sur le rejet du contrôle abusif, comme en témoigne entre autres l'entrée sur *Le Devoir*. Ainsi placées en regard, ces entrées s'éclairent mutuellement et renseignent sur les stratégies de censure tant communes que particulières que dévoilent les cas traités.

Une définition de la censure

Définir la censure dans toutes ses subtilités dépasse le cadre et le but de cette introduction, et de nombreux ouvrages traitent de cette question complexe. Néanmoins, il nous fallait une définition à tout le moins fonctionnelle et pratique pour le dictionnaire, de telle sorte que nous avons retenu les deux axes suivants.

La définition la plus commune de la censure est celle qui ressortit à l'interdiction ; elle préside au choix de la majorité des cas retenus dans cet ouvrage. Ces interdictions peuvent être publiques (par exemple, contre *Marie Calumet* de Rodolphe Girard, en 1904, ou *Les enfants du paradis* de Marcel Carné, en 1947) ; mais l'interdit peut aussi être privé, comme le refus de l'imprimeur de mettre sur ses presses *Les paradis de sable* de Jean-Charles Harvey,

---

2. Nous omettons la plupart des références bibliographiques, puisque les cas cités font l'objet d'entrées dans le dictionnaire.

en 1952, ou encore, à l'Office national du film, la mise au coffre-fort de certaines productions, comme *24 heures ou plus* de Gilles Groulx.

En plus de cette censure proscriptive, nous avons également tenu compte de la censure qui prescrit, qui oblige à dire. On trouvera donc diverses entrées qui, comme celle sur le « Dollard des Ormeaux » d'Alfred DesRochers, répond à une prescription de la censure de guerre, ou encore ces films de Denys Arcand (*Champlain, Volleyball*) dont l'ONF fait exécuter une nouvelle version, à partir du même matériel, par d'autres cinéastes. Nous avons de plus retenu des œuvres comme *L'ineffaçable souillure* de l'abbé Arsène Goyette, roman tout entier consacré à l'effet destructeur des mauvaises lectures et aux bienfaits d'une lecture saine.

Types d'entrées

Dans ce cadre d'une censure proscriptive et prescriptive, nous avons donc retenu, dans les champs de la littérature et du cinéma

- les *œuvres* (romans, essais, journaux, films, etc.), et qui constituent la majorité des entrées. Dans le cas de la littérature, elles sont presque uniquement québécoises ; pour le cinéma, elles viennent de plusieurs pays, mais surtout de la France et des États-Unis ;
- les *genres* autres que les genres canoniques (par exemple, les manuels scolaires, la littérature pour la jeunesse, les documentaires ethnologiques, les actualités) ;
- les *personnes* qui ont été des acteurs importants dans l'exercice de la censure ou dans la lutte contre elle (par exemple, le père Paul Gay, Jacques Hébert, Adélard Harbour, André Guérin) ;
- les *institutions* (dans un sens large), principalement les organismes de diffusion, dont l'histoire est inséparable de la censure (bibliothèques, maisons d'édition, ciné-parcs, Ligue du cinéma et des bonnes mœurs), mais aussi de production (Office national du film, Téléfilm Canada) ;
- les *événements* qui ont fait l'objet de censure (l'exposition prévue pour commémorer le centenaire de la mort de Balzac, l'incendie du Laurier Palace et le Rapport Boyer) ;
- les *lois* censoriales (article 150 du Code criminel ou loi sur l'obscénité, loi du cinéma, etc.) ;
- les *thèmes* qui entretiennent avec la censure un lien étroit (l'homosexualité, la danse, etc.).

De plus, nous avons jugé opportun de retenir certains cas qui, tout en ne relevant pas nommément de la littérature ou du cinéma, apportent de par leur importance un éclairage essentiel sur le contexte culturel et la censure. Ainsi, on pourra à titre d'exemple consulter des entrées sur l'exposition Corridart dans le domaine des arts visuels, sur la chanson, sur la télévision, etc.

Critères d'identification et de sélection des entrées

En ce qui touche la littérature, il est aisé de repérer les cas de censure proscriptive religieuse : à cette fin, les mandements, lettres pastorales et circulaires de même que les *Semaine religieuse*, de Québec et de Montréal, ont été dépouillés systématiquement. La plupart des cas de censure judiciaire sont également déjà connus et ont fait l'objet d'entrées. Certes, nous avons ajouté toute découverte fortuite qui puisse instruire le dossier, comme *Avec ou sans amour* de Claire Martin, par exemple, ou encore la revue *Steak haché*, saisie par les autorités policières.

La dernière interdiction officielle cléricale date de 1934, contre *Les demi-civilisés* de Jean-Charles Harvey, si l'on excepte l'interdit contre *La romance* d'Arthur-M. Viau, petit recueil de poésies religieuses (1947). Est-ce à dire qu'il n'y a aucune censure cléricale après cette date ? Certes non, et le cas des *Insolences du frère Untel* se distingue à ce chapitre. Cependant, la censure proscriptive semble avoir atteint certaines limites et le contrôle des lectures passe davantage par l'incitation au moyen de guides et de cotes morales. Or le principal outil clérical à cette fin est la revue *Lectures*, qui identifie à compter de 1946, et cela jusqu'en 1965, les bons et mauvais livres. Voilà pourquoi nous avons jugé nécessaire de retenir pour ce dictionnaire les ouvrages littéraires ayant eu la pire cote, « Mauvais », qui équivaut à toutes fins utiles à une interdiction. On verra d'ailleurs à quel point ces « mauvais » ouvrages ont presque tous connu un destin singulier lié à la censure. La liste de ces ouvrages cotés « Mauvais », et qui font tous l'objet d'une entrée, est donnée à l'Annexe 8.

Le volet littéraire du dictionnaire porte essentiellement sur les œuvres québécoises. Toutefois, nous avons à l'occasion inséré des cas célèbres, tels l'Affaire Balzac, la censure des feuilletons français ou le procès (au Québec) de *L'amant de Lady Chatterley*. Nous ne prétendons pas avoir traité des autres littératures, qui d'ailleurs n'ont presque jamais fait l'objet d'une censure officielle propre au Québec ; il faut dire que Rome s'en chargeait fort bien, ayant mis par exemple des ouvrages d'Honoré de Balzac, d'Alexandre Dumas ou de Simone de Beauvoir à l'Index. Néanmoins, pour qui s'intéresse en particulier à la littérature française, l'Annexe 9 donne la liste des ouvrages français cotés « Mauvais » par la revue *Lectures*.

Les périodiques (journaux et revues) ont aussi été intégrés au corpus. Ceux-ci font en quelque sorte partie d'une conception élargie de la littérature au XIXe siècle et sont jusqu'aux années 1930 des relais indispensables de la littérature et de la culture. De plus, ils sont dans la mire du même censeur, le plus souvent clérical, qui s'attaque aux lettres et au cinéma. On pourra donc lire des entrées sur *Le Pays*, *La Lanterne* et *L'Ordre*, par exemple.

De sa naissance officielle en 1895 au début du XXIe siècle, le cinéma a produit quelques centaines de milliers de films, courts et longs métrages, documentaires, fictions, animations. Des professionnels, souvent tâcherons, mais parfois de véritables artistes, ont réalisé des spectacles pour les masses ; d'autres ont utilisé une caméra de manière artisanale pour le simple plaisir de conserver des archives familiales. Toutes ces pellicules ont été visionnées, dans des grandes salles publiques, dans des salons privés ou derrière des portes closes. Quelques milliers de ces œuvres enrichissent le patrimoine culturel de l'humanité, tandis que le plus grand nombre disparaissent après avoir rempli leur rôle de divertissement instantané, sans personne pour les regretter.

Les entrées sur la censure du cinéma au Québec souhaitent répondre à la question suivante : le public québécois a-t-il eu accès aux œuvres cinématographiques produites localement ainsi que celles que les anthologies et dictionnaires recensent comme les plus significatives depuis le début de l'histoire du cinéma ? La réponse est positive, mais il faudrait tout de suite ajouter que, bien souvent, le public ne peut visionner ces productions qu'après de longs délais et parfois dans des versions édulcorées. Parmi les raisons de ces délais, il y a d'abord l'absence de réseaux de diffusion et les contraintes économiques et culturelles. Ensuite, lorsque la distribution des films se fait à travers des organisations bien structurées, diverses mesures censoriales apparaissent, exercées par différentes formes de pouvoir.

La sélection des entrées en cinéma a été effectuée en premier lieu à partir des cas les plus célèbres, à la fois les films étrangers interdits ou sévèrement coupés, parfois même modifiés, et ceux de la production locale qui ont suscité les hauts cris et dont la presse et les histoires du cinéma local ont traité. Ce n'était que la pointe de l'iceberg, à peine quelques dizaines de cas. En deuxième lieu, nous disposions d'une thèse présentée en 1998 par Telesforo Tajuelo (Université Sorbonne Nouvelle - Paris III) qui dresse en annexe la liste des films interdits : plus de 7000 entre 1913 et 1990 ; ce nombre comprend aussi bien de très courts documentaires dans les années 1910 que les films de « sexploitation » des 20 dernières années. En troisième lieu, le dépouillement des archives de la Régie du cinéma (anciennement Bureau de censure) nous a permis d'examiner les dossiers de centaines d'autres œuvres qui, sans jamais défrayer les manchettes, ont fourni avec plus de précisions les frontières des interdits et les balises de l'acceptable. Des milliers de fiches ont été établies, laissant découvrir les constantes propres à quelques grandes périodes, lesquelles sont souvent déterminées par la personnalité de celui qui occupe la présidence de l'organisme étatique. Dans ce lot, démesuré pour être inscrit en entier dans le dictionnaire, il a fallu faire des choix. En plus des cas incontournables, connus des historiens, mais jamais très bien documentés, qui vont de *Birth of a Nation* en 1915 à *Hiroshima mon amour* en 1960, nous avons retenu surtout les œuvres des cinéastes reconnus, celles dont l'interdiction entière ou partielle cause un véritable déficit culturel ; ce sont d'ailleurs généralement celles qui font le plus peur aux censeurs. Très souvent, en traitant d'un grand film malmené, disons *Los olvidados* de Luis Buñuel ou *24 heures ou plus* de Gilles Groulx, nous avons choisi d'inclure dans cette entrée le destin des autres titres de l'auteur devant les ciseaux, afin d'avoir une vue d'ensemble de l'attitude censoriale à son égard. De la même manière, des entrées synthétiques recueillent l'essentiel des cas dans tel courant (Nouvelle Vague française) ou tel genre (les actualités, les films ethnologiques).

Nous avons ensuite visé à voir représentés les différents genres de films, les divers pays, les grandes époques. La censure du cinéma s'échelonne surtout sur cinq décennies (1913-1963) et elle vise avant tout les films américains et français ; mais tel film allemand (*L'ange bleu*), soviétique (*Chapaiev*) ou japonais (*Rashomon*) méritait d'être mentionné. Un certain nombre de sujets imprévisibles au début de la recherche, comme les multiples modifications de titres de films et les préambules imposés à un grand nombre d'œuvres, ont fourni matière à des synthèses originales. Évidemment, la production québécoise a fait l'objet d'une enquête particulière, où on retrouve les célèbres *Cap d'espoir* de Jacques Leduc, *On est au coton* de Denys Arcand et *24 heures ou plus* de Gilles Groulx, mais aussi plusieurs autres titres moins spectaculaires qui n'en développent pas moins une facette importante des mesures censoriales.

Finalement, le choix des films a été fait dans le dessein de présenter l'éventail le plus large possible des objets censurés, des motifs évoqués et de l'arrière-plan idéologique qui les sous-tend. On composerait facilement une liste de dizaines de milliers de films amputés de décolletés trop généreux ou de baisers trop lascifs. Il est plus intéressant de constater l'attitude des censeurs devant des réalités comme l'adultère, l'homosexualité, le contrôle des naissances, les rites de passage ; devant des problèmes théologiques qui vont bien au-delà de la représentation de personnages religieux ou celle de péchés à éviter ; devant des réalités comme les classes sociales, le racisme ou la criminalité. Il est apparu essentiel de relever les cas des films qui ont le plus manifestement soulevé la question des difficiles rapports entre l'art et la morale. Dans les occurrences où l'information officielle était disponible, nous avons tenu à inscrire l'évaluation des deux autorités, celle de l'État et celle de l'Église, lesquelles ne concordent pas toujours et dont la souplesse ou la rigueur de l'une et de l'autre n'est pas toujours prévisible.

Le projet initial du dictionnaire se résumait à la littérature et au cinéma. Mais quelques événements censoriaux liés aux beaux-arts sont rapidement apparus incontournables : *Refus global*, à cause de son incidence importante sur le fait littéraire et sur des cinéastes qui s'en réclament ; d'autres parce que des films les ont particulièrement bien mis en évidence (Corridart, *La famille* de Roussil). Et puis, pourquoi ne pas ajouter quelques autres cas qui seraient bien documentés, tel le fameux *Chemin de croix* de Plamondon ? Après consultation de plusieurs historiens de l'art, nous avons découvert que le phénomène de la censure dans les beaux-arts n'a pas encore été étudié de façon systématique et que, hormis les cas que nous présentons, aucun n'a été analysé de façon rigoureuse et bien documentée. Sont souvent cités les peintures détruites sous les ordres de Mgr Ignace Bourget dans certaines paroisses; l'Ex-voto de la salle des dames à l'Hôtel-Dieu de Montréal, repeint par les sœurs en Sacré-Cœur surhabillé parce que le Christ qui apparaît dans les nuages était jugé indécent avec son seul linge autour de la taille; les Adam et Ève nus placés derrière des bosquets (Ozias Leduc dans la petite église Notre-Dame-de-la-Présentation, à Shawinigan, par exemple); les albums de reproductions d'œuvres auxquelles un bon père du Collège Sainte-Marie ajoutait des soutiens-gorge ou des pagnes (ce qui a dû se faire en maints endroits); l'exil du frère Jérôme à Sherbrooke; la copie du *David* de Michel-Ange chassée d'un centre commercial dans l'ouest de Montréal; l'affaire de la murale de Jordi Bonet au Grand Théâtre de Québec, autour de la citation de Claude Péloquin « Vous êtes pas tannés de mourir, bande de caves ». Il aurait sans doute été pertinent aussi de traiter du nu dans les écoles de peinture et dans les ateliers, tant pour ce qui touche les modèles que pour ce qui est de l'attitude des élèves. Ces sujets ne manquent pas d'intérêt, mais ils n'ont pas été retenus, faute de collaborateurs. De même, des spécialistes de la bande dessinée ont décliné notre invitation de revoir l'histoire du « huitième art » qui a connu plusieurs occurrences censoriales importantes, dont l'importante répression des *comic books* dans les années 1940 et 1950.

À la frange de la littérature par ses textes souvent empreints de poésie et parfois porteurs de rébellion, la chanson n'a pas craint de s'attaquer à des interdits. Tel portageur anonyme de folklore a spontanément transformé les paroles de telle chanson connue pour exprimer ses réactions devant des injustices ou encore pour simplement amuser la galerie avec des propos égrillards. Ainsi, des chansonniers n'ont pas hésité à commenter la vie politique et sociale. Dans le domaine du folklore, la danse a aussi connu ses déboires dès le début de la colonisation française au Québec; une entrée documente l'opposition de l'Église catholique devant cette forme d'expression corporelle. Toujours dans le secteur de la danse, il convenait aussi de relater le procès que le service de police de la Ville de Montréal a intenté contre la troupe guinéenne des Ballets Africains, en décembre 1967, pour cause d'obscénité.

Puisqu'il est toujours permis de rêver, imaginons que des chercheurs entreprendront un jour de raconter ce qui s'est passé dans le monde des sciences, dans celui de la théologie, de l'histoire ou de la sociologie, où des découvertes ont dû rester sous le manteau.

Sélectionner, c'est aussi exclure. La grande exclusion de ce dictionnaire est le théâtre joué. D'une part, l'ouvrage de Rémi Tourageau et de Jean Laflamme, *L'Église et le théâtre au Québec*, fournit un portrait détaillé des interdits contre le théâtre; d'autre part, il faudrait sans doute un ouvrage distinct pour bien rendre compte de l'importance de la censure théâtrale. Enfin, est-il nécessaire de signaler que l'on ne retrouvera pas *tous* les cas de censure dans ce dictionnaire ? Pour ce qui est de la littérature, par exemple, de nombreux actes censoriaux, parfois très localisés, se retrouvent dans une entrée plus générale, comme « Librairie » ou « Littérature de jeunesse », entrées qui ne prétendent pas à l'exhaustivité. En ce qui concerne le cinéma, nous l'avons déjà signalé, il a été nécessaire de choisir tellement les cas sont nombreux et, là aussi, faire parfois des entrées plus générales. Enfin, s'il fallait ajouter un adjectif au titre de l'ouvrage afin de mieux saisir l'esprit qui a guidé les responsables de ce dictionnaire, ce serait celui de « Dictionnaire *culturel* de la censure au Québec », c'est-à-dire l'analyse d'un ensemble de cas qui ont eu une signification, un retentissement dans la vie collective.

Guide d'utilisation

Les entrées ont avant tout pour objectif de donner une description détaillée du cas analysé. Toutefois, les auteurs ont eu une relative liberté dans la rédaction de leur texte en ce qui concerne la manière de traiter le cas, et toute liberté en ce qui a trait à l'interprétation à lui donner dans le cadre de la censure.

Les entrées sont présentées par ordre alphabétique, littérature et cinéma confondus. Toutefois, on trouvera dans les annexes des listes organisées selon les « types d'entrées » décrits plus haut. Chaque entrée comprend dans l'ordre les éléments suivants :

1. L'identification du cas traité ; pour les films en langue étrangère, le titre original ou celui de la diffusion (dans une langue autre que le français ou l'anglais) vient en premier lieu et il est suivi, le cas échéant, de celui de la traduction
2. La personne (auteur, cinéaste, etc.) qui lui est liée, le cas échéant
3. Un en-tête qui décrit très brièvement le cas et l'année où s'est exercée la censure
4. Le corps du texte
5. La description bibliographique
6. Les références essentielles
7. Un renvoi, le cas échéant, à des entrées apparentées, indiquées par ○

De plus, l'astérisque accolé à un mot dans le corps du texte renvoie à une entrée sous ce mot. À ce sujet, deux remarques s'imposent. Bien sûr, le mot exact d'une entrée est identifié par l'astérisque ; toutefois, plutôt que de multiplier inutilement les renvois, nous avons aussi mis l'astérisque à la suite d'un mot similaire, sachant que l'usager ne s'y perdra pas. À titre d'exemple, nous avons fait suivre *éditeur* de l'astérisque, bien que l'entrée proprement dite soit libellée *Édition*. La seconde remarque vise aussi l'allégement du texte : nous n'avons apposé l'astérisque à la suite d'un mot qui renvoie à une entrée que lorsque ce renvoi nous paraissait pertinent. À nouveau, par exemple, s'il y est fait mention d'édition, mais sans incidence sur la censure, nous avons omis le renvoi.

Enfin, nous avons allégé au maximum l'appareil bibliographique. Ainsi, les références sont dans la mesure du possible intégrées dans le texte, et avec le seul titre pour un livre, et le titre et la date pour un journal ou une revue. De la même manière, les références bibliographiques essentielles qui suivent l'entrée ne comprennent pas l'indication des pages. Ce dictionnaire ne prétend pas être un outil bibliographique mais plutôt un ouvrage de référence fondé sur la description qu'offrent les entrées.

Sigles et abréviations

ACAM	Archives de la Chancellerie de l'Archevêché de Montréal
ACJC	Association catholique de la jeunesse canadienne-française
ANQ-M	Archives nationales du Québec-Montréal
ANQ-Q	Archives nationales du Québec-Québec
ANQ-S	Archives nationales du Québec-Sherbrooke
BNQ	Bibliothèque nationale du Québec
BSCQ	Bureau de surveillance du cinéma du Québec
CCCM	Centre catholique du cinéma de Montréal
CCNTD	Centre catholique national des techniques de diffusion
CLF	Cercle du livre de France
CRCCF	Centre de recherche en civilisation canadienne-française
DBC	*Dictionnaire biographique du Canada*
DOLQ	*Dictionnaire des œuvres littéraires du Québec*
IQRC	Institut québécois de recherche sur la culture
JÉC	Jeunesse étudiante catholique
MÉM	*Mandements des évêques de Montréal*
MÉQ	*Mandements des évêques de Québec*
ONF	Office national du film
RAPQ	*Rapport de l'archiviste de la Province de Québec*
RHAF	*Revue d'histoire de l'Amérique française*
SAUS	Service des archives de l'Université de Sherbrooke
SÉC	Société des écrivains canadiens
VLQ	*La vie littéraire au Québec*

BREF HISTORIQUE DE LA CENSURE

Littérature[3]

Religieux ou séculier ? La censure prend l'un ou l'autre de ces visages à travers le temps, de manière le plus souvent entremêlée. Au Québec, la censure a principalement recouru au pouvoir religieux, du milieu du XIXe siècle jusqu'à la Révolution tranquille. Toutefois, c'est durant les années 1950 que se renforce le bras séculier, en l'occurrence par le pouvoir judiciaire, autour du débat sur l'obscénité. Ces deux grandes étapes doivent toutefois être précédées d'un bref rappel sur la phase qui les a préparées, une ère précensoriale caractérisée par une censure mixte, à la fois religieuse et politique.

L'ère précensoriale (1625-1840)

Plutôt que d'une stratégie promptement implantée, la censure cléricale organisée est le résultat d'avanies qu'a connues le clergé, particulièrement au début du Régime anglais (1760). Le premier cas de censure connu, celui du pamphlet contre les jésuites l'*Anticoton* [...], de même que les quelques autres cas avant 1760, particulièrement contre le théâtre, sont des réactions résultant de problèmes isolés. Par contre, à la suite de l'implantation de l'imprimerie en 1764, le voltairianisme de la *Gazette littéraire* de Fleury Mesplet et Valentin Jautard en 1778-1779 et la défense de la liberté de la presse par *Le Canadien* (1806-1810) engendrent une volonté de censure cléricale qui, en raison de son impéritie relative, dépend pour son exécution du pouvoir civil. Mais c'est entre 1820 et 1830, à cause des pamphlets des abbés Augustin Chaboillez et François-Xavier Pigeon contre la présence de Mgr Jean-Jacques Lartigue à Montréal, que ce dernier prend conscience de la nécessité du contrôle de l'imprimé, en particulier au moyen d'une presse religieuse. Il écrit à Mgr Bernard-Claude Panet, à Québec : « Quel avantage pour la religion si l'évêque avait un aussi puissant moyen pour former et maîtriser l'opinion publique, et la faire tourner au profit de l'Église[4] ! »

Plus d'un siècle de censure cléricale (1840-1966)

L'arrivée de Mgr Ignace Bourget à la tête du nouveau diocèse de Montréal marque un tournant décisif. Ce dernier lance les *Mélanges religieux* (1840), fonde l'*Œuvre des bons livres* (1844) et surveille étroitement toute déviance. L'Institut canadien de Montréal est particulièrement dans sa mire, et l'évêque consacre tout son règne à lutter contre cette association délétère. Sa vigoureuse lettre pastorale contre « les erreurs du temps[5] » en 1858, la condamnation du *Pays* (1860 et 1862), la mise à l'Index des *Annuaires* de l'Institut canadien de 1868 et 1869, l'interdit contre *La grande guerre ecclésiastique* de Louis-Antoine Dessaulles (1873), sur toile de fond de l'épique « Affaire Guibord », marquent les temps forts de cette censure qu'il convient de qualifier de principalement répressive.

Le successeur de Mgr Bourget, Mgr Édouard-Charles Fabre, ne peut guère changer d'approche devant la prolifération des écrits contre l'Université Laval, au début des années 1880. Il interdit entre

---

3. Rédigée par Pierre Hébert, cette section est tirée de Pierre Hébert et Marcel Lajeunesse, « Censure et bibliothèques au Québec », dans *Tous ces livres sont à toi ! De l'œuvre des bons livres à la Grande Bibliothèque*, Catalogue de l'exposition inaugurale de la Grande Bibliothèque de la Bibliothèque nationale du Québec, [Montréal et Québec], Bibliothèque nationale du Québec et Les Presses de l'Université Laval, 2005, p. 94-107.

4. Mgr Lartigue à Mgr Panet, 20 février 1832, *RAPQ*, 1942-1943, p. 135.
5. *Lettres pastorales de Mgr. l'Évêque de Montréal. Contre les erreurs du temps*, (en date du 10 mars 1858.) *Sur l'Institut canadien et les mauvais livres*, (en date du 30 avril 1858.) *Sur les mauvais journaux*, (en date du 31 mai 1858.), Montréal, des presses à vapeur de Plinguet & Laplante, s.d., iii et 45 p.

autres, d'Elzéar Paquin, *La conscience catholique outragée et les droits de l'intelligence violés [...]*, en 1881, et d'Alexis Pelletier, *La source du mal de l'époque au Canada par un catholique*, en 1884. Puis, la querelle franco-manitobaine conduit, en 1896, à la mise à l'Index du *Clergé canadien, sa mission, son œuvre* de Laurent-Olivier David. Mgr Paul Bruchési, qui prend la succession en 1897, exacerbe l'approche répressive, s'attaquant régulièrement à *La Presse*, à *La Patrie*, de même qu'au roman *Marie Calumet* (1904) de Rodolphe Girard, au futur chapitre de *La scouine* d'Albert Laberge, « Les foins » (1909), entre autres. L'interdiction du journal de Godfroy Langlois *Le Pays*, en 1913, constitue son dernier coup d'éclat censorial.

Plusieurs l'ont noté : la vraie censure, plutôt que d'interdire, oblige à dire. Le clergé l'a compris à la dure puisque, au tournant du siècle, il lui est devenu impossible de contrôler la parole en aval ; la montée des journaux à grand tirage, entre autres, menace son pouvoir. D'ailleurs, les romanciers honnis Rodolphe Girard, Arsène Bessette (*Le débutant*) et Albert Laberge ne sont-ils point des journalistes ? Le pouvoir clérical remonte ainsi à la source et développe des institutions d'encadrement propres à favoriser des propos orthodoxes. L'Association catholique de la jeunesse canadienne-française (1904) et l'Action sociale catholique (1907) participent de ce vaste mouvement destiné à répandre l'orthodoxie chez la jeunesse pour le premier, et dans le peuple pour le second. Sur le plan littéraire, Camille Roy prône une littérature française, catholique et nationale, propos que Lionel Groulx reprend en se faisant le chantre du terroir. Les écrivains donnent majoritairement dans cette thématique et la critique jouera son rôle de « douanier de la littérature », comme la qualifie Victor Barbeau. Ainsi, l'on ne compte aucune interdiction littéraire officielle entre « Les foins », en 1909, et *Les demi-civilisés*, en 1934 ; le contrôle s'exerce autrement.

Les années 1930 marquent toutefois la première contestation importante de la censure cléricale. *L'Homme qui va...* (1929) de Jean-Charles Harvey se démarque de la thématique du terroir et introduit une sensualité qui trouble Camille Roy et d'autres. L'éditeur Albert Lévesque s'émancipe partiellement de sa clientèle clérico-nationaliste et lance sa collection « Romans de la jeune génération ». Olivar Asselin voit *L'Ordre* réprimandé (1935), mais il n'en ébranle pas moins les certitudes cléricales, et *Les Idées*, revue d'Albert Pelletier (1935-1939), s'attaque à la sclérose de la pensée canadienne-française.

Ces quelques années, qu'Alfred DesRochers qualifiera plus tard de « feu d'artifice au-dessus de notre crépuscule », durent justement le temps d'un feu d'artifice. L'arrivée de Maurice Duplessis comme premier ministre renforce le conservatisme, et la Seconde Guerre mondiale introduit une nouvelle censure qui, bien que temporaire, donne l'impression de ralentir le mouvement d'émancipation des années 1930. En effet, c'est durant la guerre que naît la maison d'édition Fides (1941) ; elle se dote ensuite d'un outil de contrôle des lectures, la revue *Lectures* (1946-1966). Cette revue, entre autres, fournit les cotes morales des œuvres françaises et québécoises, pratiquant ainsi une sélection préventive, mais attribuant néanmoins à plus d'une trentaine d'œuvres littéraires québécoises la cote « Mauvais ». En 1950, Mgr Albert Valois et l'Action catholique réussissent à interdire à Montréal la commémoration du centenaire de la mort de Balzac. Il est par ailleurs étonnant de voir se multiplier les ligues, prières et autres initiatives contre les mauvaises lectures, à quelques heures de la Révolution tranquille.

La censure cléricale est désormais un colosse aux pieds d'argile, pieds rongés par la laïcisation de l'institution littéraire et par la montée de la littérature populaire. Malgré les apparences, le temps de la censure cléricale est compté, dès le milieu des années 1940.

Autre pouvoir, autre censure (1945-)

Plusieurs signes indiquent l'affaiblissement de la censure cléricale. La loi du séquestre, durant la guerre, permet l'impression d'ouvrages dangereux qui, autrement, n'eussent pas été publiés. En 1946, Jean-Paul Sartre fait une conférence à Montréal qui montre la fragilité du contrôle clérical; deux ans plus tard paraît *Refus global*. Pierre Tisseyre lance en 1949 le Prix du Cercle du livre de France; son jury contourne l'encadrement de la littérature, puisque les premiers ouvrages primés, *Mathieu* de Françoise Loranger (1949), *Louise Genest* de Bertrand Vac (1950) et *Évadé de la nuit* d'André Langevin (1951) se voient attribuer la cote « Mauvais » par *Lectures*. Deux visions de la littérature s'affrontent désormais. Le quotidien montréalais *Le Devoir*, principalement sous la gouverne du critique Gilles Marcotte aux pages littéraires, diffuse au début des années 1950 des propos trop éloignés de la morale catholique, aux dires de Théophile Bertrand, directeur de *Lectures*; le contentieux est sans issue et l'érosion de la censure cléricale, irrémédiablement amorcée.

Mais il y a davantage. Les « romans à dix sous », qui bouleversent la conception catholique de la sexualité, de même que les *Comics* des États-Unis, réputés pour faire l'apologie du crime, envahissent le territoire canadien. Sous les pressions du député de Kamloops E. D. Fulton, de même que de l'ensemble de l'épiscopat canadien et québécois, la loi sur l'obscénité est révisée en 1959. Le clergé y voit une victoire, mais le pouvoir est définitivement passé du goupillon au marteau. Par exemple, au Québec, des procès importants ont lieu contre *L'amant de Lady Chatterley* de David Herbert Lawrence (1959), *Histoire d'O* (1967) d'Anne Desclos et *Le mal des anges* d'André Loiselet (1968). Par ailleurs, outre la question même de l'obscénité, le pouvoir judiciaire doit trancher plusieurs cas où se définissent les conditions et limites de la liberté d'expression: *Julie Papineau. Un cas de mélancolie et d'éducation janséniste* de Fernand Ouellet (1961), l'affaire qui oppose Pierre Turgeon à Pierre Michaud ou encore Yves Michaud et l'Assemblée nationale du Québec.

Ce n'est pas tout de dire que la censure se déplace des cieux à la cour; elle se fait aussi plus insidieuse, parce que plus localisée. Certes, les événements d'Octobre 70 entraînent perquisitions et saisies, mais il s'agit là d'une manifestation circonscrite de la censure; quelques années plus tard, la censure de la pièce de théâtre *Les fées ont soif* (1978), quoique formidable, fait figure de cas isolé. Désormais, c'est plutôt une censure rattachée à des groupes précis (par exemple, des parents qui interdisent *Le cassé* de Jacques Renaud dans un cégep), ou encore un pouvoir économique difficile à saisir, qui contrôle le livre. Le libéralisme, voire le néolibéralisme, en leur principe même, prônent la liberté d'expression la plus totale possible mais, dans les faits, introduisent leur propre mode de régulation.

Cinéma[6]

Institution omniprésente dans le paysage québécois, l'Église catholique produit la première mesure de censure du cinéma, trois ans après les premières projections, avec une directive de Mgr Louis-Zéphirin Moreau, évêque de Saint-Hyacinthe, qui interdit en 1899 les projections le dimanche dans son diocèse. La même lutte est bientôt menée par beaucoup d'autres évêques, allant même jusqu'à la demande expresse d'une loi civile en ce sens, que ne concèdera toutefois pas l'État québécois. L'Église combat aussi pour une censure toujours plus sévère jusqu'à la quasi-disparition de son autorité dans les années 1960. Elle ne revendique jamais, au moins officiellement, la direction du bureau provincial, ni même la présence d'un clerc parmi les membres. Toutefois, elle découvre rapidement que dès qu'un cas un peu controversé se présente, les censeurs font appel à ses services; le curé Adélard Harbour de la cathédrale de Montréal, sise à un jet de pierre du bureau, s'y illustre pendant presque 30 ans. Considérant sa responsabilité dans l'éducation de la jeunesse, l'Église revendique l'interdiction totale des salles à tous les moins de 16 ans, ce qu'elle obtient dans une loi de 1928 qui demeurera en vigueur pendant 33 ans. Par ailleurs, elle obtient le droit de présenter des

---

6. Cette section a été rédigée par Yves Lever.

films dans les écoles et dans les locaux annexes à l'église comme les salles paroissiales; c'est là que vont naître les ciné-clubs, que régenteront avec plus ou moins d'autorité et de succès des « modérateurs » ecclésiastiques. L'activité censoriale de l'Église catholique est surtout reliée aux fameuses cotes morales des films, qui vont de « Pour tous » à « À proscrire ». Diffusées dans certains diocèses dès 1937 et prenant force nationale dans les années 1950, ces cotes disparaissent en 1967, alors que l'Office des communications sociales, qui représente l'épiscopat canadien, se fait plus discret, car il n'a guère plus d'influence.

Si la censure de la littérature est surtout le fait de l'Église catholique au Québec, celle du cinéma est édictée par des lois et exercée par l'organisme que l'État met en place : le « Bureau de censure des vues animées » en 1913. Celui-ci se transforme en Bureau de surveillance en 1967 et finalement en Régie du cinéma en 1983. À certaines époques, le Bureau semble n'être que le bras séculier des autorités religieuses et, à d'autres, une extension du parti politique au pouvoir. Les censeurs sont nommés selon le « bon plaisir » du premier ministre, mais le Bureau n'en conserve pas moins une relative indépendance. Dès 1961, il met en veilleuse son rôle répressif pour aiguillonner la transformation des mentalités.

Contre toute attente, beaucoup de films ayant été l'objet de censure importante dans certains pays ou dans les autres provinces canadiennes passent comme lettre à la poste au Québec. C'est le cas, notamment, de *Stromboli* de Roberto Rossellini (1950) qui provoque de violentes protestations dans plusieurs États américains parce que son actrice principale, Ingrid Bergman, a quitté son mari pour aller vivre avec le réalisateur, déjà marié; de *La religieuse/Suzanne Simonin, la religieuse de Diderot* de Jacques Rivette (1966); de *La bataille d'Alger* de Gillo Pontecorvo (1966) qui sort en toute liberté en 1968, alors qu'il ne peut sortir en France qu'en 1970, après maintes querelles. Depuis l'avènement des « jeunes cinémas nationaux » dès le début des années 1960, on ne compte plus le nombre de films qui ont pu prendre librement place sur les écrans québécois, après avoir été interdits dans les pays de l'Europe de l'Est lors de la période socialiste, ou encore au Maghreb, au Moyen-Orient et même en Amérique latine, ont pu prendre librement place sur les écrans québécois.

En 1967, le terme même de censure disparaît de la loi du cinéma, laquelle crée un bureau « de surveillance » qui refuse ou accepte les films tels que présentés, sans possibilité de les couper ou de les modifier, et qui impose une classification par groupes d'âge (Tous, 14 ans, 18 ans). Évidemment, le distributeur d'un film refusé peut l'épurer des scènes problématiques et en présenter une nouvelle copie, ce qui arrive dans presque tous les cas. Il peut aussi attendre quelques années pour que l'évolution du consensus social rende acceptables des images jugées jusque-là inappropriées. Car cette loi de 1967 a opéré un renversement copernicien dans l'esprit de la censure : l'acceptable n'est plus déterminé en fonction de critères fixés par l'autorité politique et religieuse, mais bien par ceux que les nouveaux censeurs perçoivent comme des normes qui correspondent au consensus social et au seuil de tolérance de l'ensemble de la société. Déjà, depuis quelques années, les idéologies politiques circulent tout à fait librement. Pour ce qui est de l'érotisme (nudité, gestes sexuels), le Québec s'aligne petit à petit sur la permissivité que développe l'Occident, jusqu'à ce que, au début des années 1980, la pornographie puisse circuler presque librement, n'étant soumise qu'à des mesures pour en protéger les enfants.

En fin de XXe siècle, l'organisme étatique de censure classifie les films et s'efforce d'informer le public sur leur contenu, mettant l'accent sur l'éducation plutôt que sur les interdits. Anastasie n'est plus la figure d'une vieille grincheuse armée de ciseaux; elle ressemblerait plutôt à une gentille grand-mère en train de visionner le dernier succès de l'écran avec sa progéniture.

DICTIONNAIRE DE LA CENSURE
A-Z

A

L'ACADIE, L'ACADIE ?!?

Pierre Perrault (1927-1999) et Michel Brault (1928-) • Film politique dont la diffusion est retardée (1971)

Dans *L'Acadie, l'Acadie?!?*, deux cinéastes québécois connus pour leur engagement social et politique, Pierre Perrault et Michel Brault, montrent l'univers des étudiants universitaires à Moncton, qui n'est pas sans lien avec l'ensemble de la vie politique et linguistique de la partie acadienne du Nouveau-Brunswick en 1968. Des étudiants francophones occupent l'Université mais en sont délogés par la police municipale. Ils vont manifester au conseil de ville et aux bureaux du maire Leonard Jones, un anglophone unilingue, mais ils y sont très mal reçus. En vacances, ils déplorent l'impossibilité de réaliser leurs rêves dans leur coin de pays. Finalement, la seule solution est de s'exiler (« crisser son camp ») au Québec. Conclusion politique: le fédéralisme égalitaire n'est plus possible pour les francophones du Canada; seul le Québec a encore une chance de survivre en tant que foyer d'une culture s'exprimant en français.

Interrogé par le critique Jean-Pierre Tadros, Sydney Newman*, commissaire de l'ONF*, producteur du film, se réjouit de l'existence d'un tel film, et il souhaite que ce genre de film ne soit pas destiné seulement au public francophone du Québec et de l'Acadie. Il n'en retarde pas moins la diffusion au

Scène du tournage de *L'Acadie, l'Acadie?!?* – *L'Acadie, l'Acadie?!?* connaît une diffusion retardée, puis allégée pour les Canadiens anglophones (Photo ONF).

Québec pendant plus d'un an après l'achèvement du film, qui a sa sortie officielle le 23 janvier 1972 à Radio-Canada. Une version édulcorée de 75 minutes (43 minutes de moins que l'originale, avec *voice-over* et quelques sous-titres; elle est toutefois montée par Perrault) sort plus tard à la télévision de CBC. Comme c'est le cas de plusieurs films du réalisateur, *L'Acadie, l'Acadie?!?* est un exemple d'une censure politique* déguisée, qui consiste à retarder le moment de la diffusion, ce qui en diminue l'impact possible. À la censure étatique, le film obtient le visa « Pour tous » le 2 février 1972.

Presque 10 ans plus tard, Perrault affronte le même problème avec *Gens d'Abitibi* qui donne la parole à Hauris Lalancette, cultivateur, mémoire vive de sa région et ancien candidat du Parti québécois. Bien que tourné surtout en 1973, le documentaire n'est complété qu'au début de 1980, le réalisateur poursuivant parallèlement plusieurs projets. Le 15 avril, la haute direction de l'ONF, avec le commissaire James de B. Domville, décide de retarder la sortie du film après le 20 mai, date du référendum sur la souveraineté du Québec, craignant qu'il ne devienne un instrument de propagande dans les mains des souverainistes. Le lancement n'a lieu que le 26 juin, dans une certaine indifférence, vu les résultats de la consultation populaire. Entre-temps, presque secrètement, sans la campagne de presse qui accompagne habituellement les sorties de films, des copies sont quand même mises à la disposition du public dans les bureaux régionaux de l'organisme. Le Bureau de surveillance du cinéma lui accorde le visa « Pour tous » le 14 avril 1980. *Yves Lever*

PERREAULT, Luc, *La Presse*, 19 avril 1980 ; TADROS, Jean-Pierre, *Cinéma Québec*, 1, 2, (juin-juillet 1971).

L'ACTION

Journal qui fait suite au *Combat*, qui lui-même succède au journal *Les Débats*, condamné par Mgr Bruchési (1903)

◯ *Les Débats*

Logo des *news* de Hearst

ACTUALITÉS

Les actualités, courts films d'information, sont souvent censurées si elles portent sur des sujets inadmissibles

Dès les premières années du cinéma, les cameramans des frères Lumière et de Thomas Edison parcourent le monde pour en ramener des images documentaires. Au Québec, Ernest Ouimet*, le pionnier de l'exploitation, en produit dès 1906. Ces courtes bandes constituent ce qu'on appelle dès les années 1910 des *Actualités* ou des *Newsreels*. Les grands studios de France et d'Hollywood en produisent chaque semaine. Tous les grands moments politiques, culturels, sportifs, même mondains prennent place sur les écrans du monde dans ces montages de nouvelles d'environ 10 minutes que les salles présentent avant l'attraction principale. Ces actualités cinématographiques représentent donc une formidable source d'information visuelle inédite pour les masses. Le cinéma écrit ainsi l'histoire de la première demie du XXe siècle jusqu'à l'arrivée de la télévision.

Avant 1931, les critères* étant peu précis, le Bureau de censure s'intéresse rarement à ces bandes. Le public peut donc voir librement ce qui se passe en Union soviétique et dans les États-Unis des Années folles, sans compter beaucoup de scènes locales. On voit quand même, le 1er mars 1929, une *Review* de Pathé se faire couper «toute la scène se rapportant à l'ivresse dans Montréal». En 1930, dans plusieurs reportages différents, tout ce qui concerne Gandhi et les émeutes en Inde doit disparaître. Aucune justification n'est apportée.

Dès l'adoption des nouveaux critères, en 1931, le Bureau se déchaîne et scrute de près surtout trois points. Ici, il faut souligner que depuis l'amendement de 1928 à la loi du cinéma*, seules les personnes de 16 ans et plus peuvent entrer dans les salles.

Les censeurs surveillent particulièrement tout ce qui concerne le sexe et la nudité. Parmi les événements mondains, les défilés de mode de costumes de bain présentent un attrait visuel certain. Le Bureau les élimine systématiquement ainsi que les scènes de plage. Jusqu'à la fin des années 1950, il fait disparaître tout ce qui est «nouveau style de costumes de bain… scene of girl in bathing suit… entire scene of bathing beauties… scene of girls being suntanned… scène de la baigneuse qui montre ses seins… filles en costumes de bain très ostensibles».

LE CINÉMA CORRUPTEUR

Fuis l'antre où les démons dissimulent leurs sièges,
Où déployant leurs films comme un panorama
Ils enlacent les cœurs qu'ils ont pris en leurs pièges,
Garde ton âme blanche et fuis le cinéma.

Ton âme, ô mon enfant, fraîche de son baptême
Réfléchit comme un lac les splendeurs du ciel bleu,
Fuis les sombres climats qui rendent le teint blême,
Fuis l'air du cinéma qui mine peu à peu.

Fuis les souffles brûlants qui dessèchent les roses,
Et jettent les blancs lys en un mortel coma,
Fuis les vents imprégnés de germes de névrose,
Garde ton âme blanche et fuis le cinéma.

Armand Chossegros, s.j., *Messager du Sacré-Cœur*, 1927

Mais il n'y a pas que des corps féminins qui disparaissent: «coupez scène où l'on voit [un] baigneur avec protubérance sous son costume». Dans les années 1950, les censeurs s'acharnent sur les bikinis (l'un d'eux écrit *békini* à plusieurs reprises); pas un mois sans qu'une telle scène ne soit coupée. Pourtant, même les enfants peuvent les voir dans les catalogues des grands magasins ou à la télévision.

Sous cet aspect, les manifestations sportives sont tout autant surveillées. Ainsi les censeurs seront les seuls à voir ces images: «Lady with nude breast making physical culture… scène lorsqu'un gymnaste descend une échelle et qu'on perçoit son sexe sous son caleçon… Girls skiing in shorts opening their legs, allowing camera to shoot through their legs.»

Il n'y a pas que ce qui bouge qui dérange. Comme dans les autres types de films, on retranche les «peinture de femme nue… scènes de nudité, modèles vivants… scene of nude painting in library… statue montrant le sexe d'un homme». Enfin, il ne conviendrait pas de laisser voir: «Views of woman nursing baby at breast… enfant au sein… sexe chez les enfants qu'on baigne… scène de danseuses nues… scène du salon où l'on voit des seins… danse lascive… danseur qui fait voir sa danseuse la tête en bas… accident où le blessé montre son membre viril… mariage naturiste à Hyères… danse du ventre dans dessin animé, girl sitting in bench with legs raised.»

Si la nudité est perçue comme dangereuse, le communisme* le semble tout autant. Les critères de 1931 disent simplement: «Tout film de nature communiste et bolchéviste [sic], même s'il est déguisé sous le manteau de l'art, sera refusé.» Les censeurs interprètent l'article d'une façon très rigoureuse: pendant trois décennies, ils font disparaître toutes les mentions positives au sujet de l'Union soviétique, du socialisme ou du communisme. Ainsi, dès 1932, dans divers bulletins, il faut couper: «Scene refering to Five year plan and Soviet… Imposante manifestation à Moscou… Scene of soviet soldiers parading… Coupez toute la scène d'inauguration de la centrale électrique de Russie par Staline… Titre et scène de l'inauguration de la nouvelle usine sidérurgique en Sovietie-URSS [sic]; etc. » Toute une édition de *March of Time* est refusée le 23 février 1939 : « Unfit for our Province on account of glorification of communism ». Durant la Seconde Guerre mondiale, un documentaire d'information de l'Office national du film perd une scène, *Inside Fighting Russia** en 1942, et un autre, sur un sujet similaire est totalement interdit en 1944, *Our Northern Neighbour**. Encore en 1955, on voit « couper faussille [sic] russe »; toute parade à Moscou, toute réalisation du régime… même une « scene of shopping in Moscow » en 1956, etc. On se demande bien pourquoi les censeurs agitent encore leurs ciseaux sur ces sujets puisque la télévision les a tous montrés en de plus longs reportages quelques semaines auparavant, au jour même de leur avènement.

En plus de ce qui se passe dans le pays même des Soviets, il faut éliminer aussi : « Scènes de "Reds" et de révolte communiste à Cuba… Scènes des célébrations socialistes et communistes en France… all views of Socialists in Austria… subtitle about communists; scene of communist's flag hoisted by man on statue… Fédération anarchiste d'Ibérie… scène complète du départ des Russes de Prague… "But communists don't believe in Santa Claus"… Varsovie est complètement reconstitué. » En 1949, on ne peut pas entendre le baryton américain Paul Robeson dans un chant russe. Année après année, jusqu'au début des années 1960, les censeurs commandent l'élimination du même genre de scènes, de la même façon qu'ils refusent presque tous les longs métrages venant d'Union soviétique et même des scènes se référant à elle dans des films ordinaires. Ils ont la phobie aussi accentuée que celle des Américains de l'époque maccarthyste (1950-1954). S'il n'avait d'autres sources d'information, le spectateur québécois ignorerait l'existence même de cette partie du monde. Il en va de même pour ce qui touche la Chine. De 1949 à 1954 (rien avant, rien après), seulement quatre coupures sont effectuées au sujet de ce pays qui connaît en 1949 la plus grande révolution de son histoire : « Scene of Chinemen [sic] being killed, leaving only one revolver shot and body lying on street pavement (1949)… La scène du traité entre la Chine et la Russie (1950)… Toute la scène communiste chinoise (1954)… The entire scene of communist China (1958). » On peut penser ici que les actualités ignoraient la Chine communiste, ou bien n'en traçaient qu'un portrait défavorable acceptable; ou tout simplement que les nouvelles télévisées prennent désormais le relais des reportages cinématographiques.

Les actualités liées à la religion reçoivent presque toutes l'aval des censeurs. Il n'y a rien pour provoquer la censure dans les grandes célébrations à Rome ou dans les congrès eucharistiques comme celui de Montréal en 1910 que filme Ernest Ouimet*. Beaucoup de petits films d'information réalisés par des prêtres et des religieuses le sont en 16 mm, format que ne censure pas le Bureau, qui ne s'en inquiète pas, laissant ce soin aux autorités ecclésiastiques. Toutefois, en 1937, il faut retrancher une scène parlant de prêtres pillards et une autre touchant la dîme dans l'Église anglicane. Par ailleurs, bien qu'il y en ait peu de représentations dans les actualités, des sujets tabous dans le catholicisme québécois sont systématiquement écartés : le suicide (« la jeune femme qui se suicide du haut d'une bâtisse, toute la scène ») et le divorce (« Gloria Swanson me dit "vive le divorce!" »; images de Reno, la capitale américaine du divorce).

Beaucoup de références à des criminels célèbres et à leurs procès, comme John Dillinger, Al Capone, Serge Stavisky, etc., sont éliminées, de même que des scènes de prison et des images de la chambre à gaz, des procès comme celui de Harry Thaw* et celui de Bruno Hauptmann (le ravisseur de l'enfant Lindberg en 1932). Des affiches dans des rues de villes non nommées, « Pour notre révolution intellectuelle », « Liberté aux morts », doivent disparaître. Ainsi en est-il du slogan « think America first » à la fin de *newsreels* américaines. Émile Zola étant à l'Index*, il faut enlever même des photos de lui dans un *March of Time* de 1939 (il faut dire qu'on vient de refuser *The Life of Emile Zola**, long métrage hollywoodien de William Dieterle qui a obtenu l'Oscar du meilleur film en 1938).

Les actualités prennent une importance particulière en temps de guerre et elles sont étroitement surveillées ; à la seconde comme lors de la Première Guerre mondiale*, les bureaux de censure provinciaux du Canada doivent s'en charger. Vingt ans plus tard, en 1938, il n'y a pas encore la guerre, mais elle est dans l'air ; le 17 octobre, toute la deuxième partie du *March of Time nº 2*, soit 10 minutes, est interdite parce que « After the Munich declaration of peace, there is no reason to show the comparative strength of the possible belligerent nations to the advantage of any one » ; voyant cela, le distributeur préfère retirer tout l'épisode.

Les actualités françaises cessent de parvenir au Québec en 1940 ; elles ne reviendront qu'en 1945. Les *news* américaines ne peuvent passer à côté de la guerre, mais il faut se rappeler que les États-Unis n'entrent dans le conflit qu'en décembre 1941, 27 mois après les Européens et que leurs reportages ne sont pas encore soumis à la censure militaire. Les reporters tiennent compte de celle-ci au moment de leur montage, de sorte que bien peu d'événements litigieux sont présentés. Le Bureau veille cependant, à la suite de directives reçues d'Ottawa (la *National Defence Regulation*), à gommer des informations qui pourraient avoir une certaine importance pour l'ennemi. Par exemple, « References to ship Queen Mary transporting troops from Australia… all scenes and dialogue of battle between British and French ships off of war… scenes and dialogue pertaining to seizure of french fleet by British… scenes and comments on nazi prisoners arriving to Canada… all scenes and dialogue on Mussolini's visit to hospital, visit on french soil, and of italian fleet putting ruins on sea… name of boat of refugees… battle in Mediterranian sea… all scenes of Pétain government in Vichy… Battle of Oran between French and English war ships. » Un court métrage de l'ONF, *Ferry Pilot*, est amputé le 17 juin 1942 d'indications géographiques et militaires telles : « At Dorval Montreal you will reach New Foundland at dark and signal your identification by two flashs signals like this ; Scene of ships convoy seen from bomber », mais une note indique que ces plans ont été rétablis par après. Un peu plus tard, ce n'est pas sans ironie qu'on le voit couper ces phrases « The United States have the greatest fighting force in the world… The American navy, best of the world… Our American boys the best fighters in the world ; ou celle-ci, en août 1942 « Scene of ship St. Clair leaving United State with a cargo of gasoline to Russia. »

Avec l'arrivée de la télévision en 1952, les actualités perdent peu à peu de leur intérêt : elles ne peuvent que ramener du déjà vu et du déjà su à un public qui a commencé à se raréfier dans les salles de cinéma. Dans *La Presse* du 9 mars 1957, Léon Franque note que les actualités Warner-Pathé et celles de Paramount viennent d'être abandonnées. En France, elles perdurent encore une quinzaine d'années en sachant mettre l'accent, et parfois beaucoup d'emphase, sur les événements sportifs et mondains les plus spectaculaires. Elles suscitent de moins en moins les foudres de la censure précisément à cause de leur insignifiance en regard des événements politiques qui comptent. Dès 1962, selon la nouvelle politique du Bureau, on ne voit plus de cas de refus ou de coupures d'actualités. *Yves Lever*

ANQ-M, fonds Régie du cinéma, E 188, fiches des films.

▶ Guerre (censure), Régie du cinéma du Québec

AFFAIRE DES TEXTES
Polémique autour de textes de Jacques Renaud et d'Yves Thériault (1982)
▶ *Le cassé*

AL CAPONE

Richard Wilson (1915-1991) • Film interdit puis accepté avec coupures (1959)

Alphonse Gabriel Capone (1899-1947), le célèbre gangster des années 1920 et 1930, enrichi grâce à la prostitution et à l'alcool, crée sa propre légende avant d'avoir 30 ans. En 1932, Howard Hawks s'en inspire pour son *Scarface**, mais Capone, sous son nom, entre pour la première fois sur les écrans avec le long métrage de Richard Wilson qui aborde son sujet d'une manière quasi documentaire.

Le Bureau de censure refuse le film le 9 mars 1959; la feuille donnant les raisons est disparue du dossier. Une « reconstruction » est aussi rejetée le 15 juin, bien que le distributeur ait ajouté les prologue et épilogue suivants, probablement à la demande du censeur:

> The motion picture you are about to see depicts the story of how Chicago, one of the finest and richest cities in the U.S.A., fought to overcome crime and corruption during the prohibition era. Only through the co-operation between police and civic minded citizens did they bring to justice this cruel and ruthless racketeer who was the lowest type of criminal in the annals of American crime, which ended in death — CRIME NEVER PAYS

> You have witnessed a motion picture that depicts how Chicago, one of the finest and richest cities in the U.S.A., fought to overcome crime and corruption during the prohibition era. Only through the co-operation between police and civic minded citizens did they bring to justice this cruel and ruthless racketeer who was the lowest type of criminal in the annals of American crime, which ended in death — CRIME NEVER PAYS

Le 29 août 1960, une seconde « reconstruction » d'*Al Capone* est approuvée, après 53 coupures représentant un peu plus de quatre minutes et comportant surtout des bribes de dialogue se référant à la corruption des politiciens et à la fréquentation de l'église. On remarque aussi qu'il faut abréger une scène où les criminels utilisent des armes automatiques. Cela enlève peu à la signification et à l'impact de l'œuvre. Du même coup, il faut retirer de la bande-annonce le titre « Authentic, Uncut ». Le censeur oblige aussi à renommer le film *The End of Al Capone*.

Trois semaines plus tard, le 19 septembre, une version doublée en français est approuvée, avec les mêmes coupures. La fiche officielle ne mentionne pas l'épilogue de l'original. Tel que modifié, le film circule désormais librement dans les deux langues. L'Office catholique l'évalue sévèrement: « L'éloignement dans le temps et les prétentions biographiques de ce film ne sauraient justifier cet étalage complaisant d'amours adultères et de scènes sensuelles. À proscrire. »

Le 12 septembre 1972, en vertu du classement amené par la loi de 1967, *Al Capone* est classé « Pour tous ». Cela indique bien comment la sensibilité à la violence et aux références politiques a évolué dans le consensus social. *Yves Lever*

ANQ-M, fonds Régie du cinéma, E 188, fiche du film et documents annexés; *Recueil des films*, 1962.

▶ Préambules et épilogues; Titres de films

AMADOU

Louise Maheux-Forcier (1929-) • Roman coté « Mauvais » par la revue *Lectures* (1963)

En 1963, le prix* du Cercle du livre de France est accordé à une auteure québécoise inconnue, Louise Maheux-Forcier, pour son premier roman, *Amadou*. La couverture annonce le thème du lesbianisme: un dessin en couleurs vives représente deux femmes entrelacées se regardant avec une adoration mutuelle. Le roman débute par le monologue intérieur de Nathalie qui s'affole devant le cadavre de son mari qu'elle vient de tuer. Elle passe en revue les événements qui l'ont amenée au meurtre: son amour de jeunesse pour Anne qui s'est noyée, la mort de ses parents dans un accident de voiture, la recherche d'aventures amoureuses à travers l'Europe, la rencontre de son futur mari, Julien, son amour naissant pour Sylvia et, finalement, le retour au Canada où Julien et Nathalie s'installent dans une vie bourgeoise étouffante. Lorsque son mari la découvre en train de lire les lettres d'amour de Sylvia, il les déchire dans un accès de jalousie. Après avoir tué Julien, Nathalie décide de se suicider en mettant le feu à la maison. En cherchant des bidons d'essence, elle découvre la source d'une odeur qui la tracassait : douze roses rouges pourries accompagnées d'une carte où son mari lui déclare son amour en promettant de la rendre « à une vie saine et normale ».

La réception critique du roman hésite entre l'indignation morale et l'approbation esthétique. En y accordant la cote « Mauvais » dans *Lectures** (novembre 1963), le père Paul Gay* condamne le manque de remords chez Nathalie à l'égard du meurtre et de ses amours lesbiennes ; il résume ainsi son opinion de ce roman poétique : « Des fleurs sur du fumier, hélas ! » Ayant porté un jugement plutôt favorable sur *Amadou* dans *Relations* (janvier 1964), André Vachon considère ces mots de Gay comme un « affront personnel » ; il défend son point de vue en affirmant qu'*Amadou* n'aurait pas eu ce succès à scandale au Québec si certains n'avaient pas souligné l'aspect « scabreux » de son sujet, et que le roman éveille chez lui un sentiment de fraternité en raison de sa représentation d'une « expérience authentique de souffrance et de solitude ». Impossible de contourner ce thème de l'amour interdit ; Monique Bosco et Jean Ménard se doivent bien d'affirmer qu'ils ne s'attaquent pas à l'inspiration saphique du roman, mais plutôt au caractère superficiel et prétentieux des personnages et des propos. Dans *University of Toronto Quarterly* (juillet 1964), Jean Éthier-Blais déplore

> le jugement cruel que porte (en dehors du cas spécifique de Nathalie) Madame Maheu-Forcier [*sic*] sur la femme canadienne-française : inculte et prétentieuse, emportée par sa sensualité (je ne pense pas au lesbianisme qui est un hors-d'œuvre), malheureuse, ne sachant où tourner ses pas, ayant perdu confiance dans l'homme.

Après cette réception initiale en 1963 paraissent des études plus approfondies. En examinant *Amadou* comme « roman qui défie l'ordre établi », Roseanna Dufault, dans *L'autre lecture. La critique au féminin*, fait remarquer une tendance chez des critiques, dont Maurice Gagnon et Pierre Longtin, à interpréter le désir de Nathalie pour Anne comme manifestation de la nostalgie de l'enfance et à diminuer l'importance de l'amour lesbien adulte chez Nathalie, ce qui réduirait l'impact subversif du roman. Avec *Amadou*, Maheux-Forcier contribue à ouvrir de nouvelles perspectives sur la sexualité au féminin, thématique qu'elle poursuit à travers son œuvre. *Kathleen Kellett-Betsos*

MAHEUX-FORCIER, Louise, *Amadou*, [Montréal], Le Cercle du livre de France, 1963, 157 p.

▶ **Homosexualité**

L'AMANT DE LADY CHATTERLEY
David Herbert Lawrence • Roman qui a fait l'objet d'un procès en vertu de la Loi sur l'obscénité (1960)

La saga censoriale canadienne de *L'amant de Lady Chatterley* commence à Montréal le 5 novembre 1959, alors que cinq exemplaires du roman sont saisis chez un libraire. La Couronne engage dès lors des procédures contre l'œuvre en vertu de la toute nouvelle Loi Fulton sur l'obscénité*, la loi 150 votée au mois de juin de la même année et libellée en ces termes dans le Code civil canadien : « Est réputée obscène toute publication dont la caractéristique dominante est l'exploitation indue des choses sexuelles, ou de choses sexuelles et de l'un quelconque ou plusieurs des sujets suivants : savoir le crime, l'horreur, la cruauté et la violence. » En vertu de cette disposition de la loi, les douaniers* peuvent saisir l'œuvre à son entrée au pays. En 1960, d'après la revue torontoise *Quill and Quire* (août-septembre 1960), *Lady Chatterley's Lover* est nommément proscrit à Hamilton et à Fort William (Ontario), à Brandon (Manitoba) et à Nelson (Colombie-Britannique).

Le 15 décembre, la poursuite présente au juge T. A. Fontaine de la Cour des sessions de la Paix 25 passages incriminés du roman de David Herbert Lawrence (1885-1930). Ces passages représentent en majorité des scènes sexuelles mettant en scène Constance Chatterley et Mellors, le garde-chasse du domaine familial ; la jeune femme a succombé au charme du garde-chasse par insatisfaction sexuelle, son mari Sir Clifford Chatterley étant devenu impuissant à la suite d'une blessure de guerre.

La tactique de l'accusation consiste à fragmenter l'œuvre pour en exhiber les extraits condamnables aux yeux de la loi. Dans cette cause, la défense, assumée par Me Shacter, choisit, quant à elle, de présenter quatre témoins, spécialistes de la littérature, qui viendront resituer le roman dans une perspective littéraire plus large.

Victor Weybright, l'éditeur de la version du roman publiée au Canada par la *New American Library of World Literature*, est le premier appelé à la barre des témoins. En substance, il fait la promotion de la valeur littéraire de *L'amant de Lady Chatterley*. Il le compare aux plus grands textes classiques édités eux aussi par sa maison et, aux reproches qui lui sont faits de diffuser largement le roman, en format poche, pour profiter de son contenu sexuel, Weybright répond que sa maison poursuit un noble but en tentant de « bring the best of classical and contemporary literature to the largest number of possible readers by high-speed production and wide-spread distribution and at low price ». L'éditeur affirme en aucun cas ne chercher à corrompre la société par une diffusion massive du texte incriminé ; au contraire, il renchérit sur sa volonté déterminée de faire rayonner les grands textes littéraires de l'humanité pour l'avantage du plus grand nombre. C'est dire à quel point il n'accepte pas le reproche d'obscénité fait au roman par la Cour.

Le deuxième témoin, Morley Callaghan, est un romancier et conférencier torontois. Il est appelé à comparaître en sa qualité de spécialiste de la littérature qui côtoie, lors des conférences qu'il prononce, différents publics, même des jeunes étudiants. Son témoignage est destiné à prouver que *L'amant de Lady Chatterley* est un roman acceptable, qu'il ne cause aucun ravage chez les lecteurs, peu importe leur condition. Preuve ultime, Callaghan affirme que, même dans un collège catholique où il en a été question, « there was a great deal of acceptance of the intention of that book ».

Harry T. Moore, le troisième témoin, enseigne la littérature à la Southern University of Illinois et il a publié deux ouvrages savants sur D. H. Lawrence. Moore est non seulement un littéraire, mais précisément un spécialiste de l'auteur dont l'œuvre se trouve au banc des accusés. La défense apportée dans le témoignage du professeur s'apparente à un cours universitaire sur *L'amant de Lady Chatterley* donné par un exégète qui en extrapole les conclusions à l'ensemble de la société anglaise d'où le roman est issu. Moore, dans son témoignage, met aussi en cause le terme « exploitation » figurant dans le texte de la loi, en assurant que Lawrence n'a pas *exploité* la sexualité mais qu'il l'a plutôt *représentée*, parmi d'autres aspects de la vie, en suivant la logique interne de son récit qui, elle, le commandait.

Enfin, Hugh MacLennan, romancier et professeur de littérature à l'Université McGill de Montréal, vient témoigner de l'évolution des mentalités, évolution qui permet dorénavant une lecture nouvelle du roman. MacLennan renverse la logique de l'accusation en montrant que *L'amant de Lady Chatterley*, publié pour la première fois en Italie en 1928, a le mérite d'avoir résisté au passage du temps précisément pour ses qualités littéraires. Il affirme que seule une œuvre aux qualités indéniables sur le plan littéraire et moral peut s'adapter à la morale changeante des sociétés à travers l'histoire.

Malgré tous ces témoignages portés à sa défense, *L'amant de Lady Chatterley* reçoit, le 10 juin 1960, un verdict de culpabilité. Le juge Fontaine réitère l'accusation d'obscénité en vertu des nouvelles dispositions du Code criminel en citant la préface d'André Malraux à l'édition française du roman. Malraux y écrit que l'« érotisme [y] devient un état d'âme, un état de vie, comme l'opium pour les Chinois des dernières dynasties ». Suivant Malraux, qui par ailleurs fait l'éloge du roman qu'il préface, et nonobstant les témoignages entendus de la part des spécialistes ayant défilé devant lui, la dimension essentielle de l'érotisme dans *L'amant de Lady Chatterley* constitue l'argument ultime qui permet au juge de condamner l'œuvre.

Dans son *factum* d'appel à l'encontre de cette décision, Me Shacter fait valoir six points d'erreur. Le quatrième dénonce le rejet de la valeur littéraire de l'œuvre par le juge : « It is submitted that no work of genuine literary and artistic merit, such as this book is universally admitted to possess, can be said to have indulged in "indue exploitation" of sex. The artistry excludes the undueness. » Devant la censure judiciaire*, la défense doit revendiquer la considération des mérites littéraires que seuls sont capables de prouver les spécialistes de la littérature appelés à témoigner. Puisque le juge n'en a pas tenu compte en première instance, Me Shacter les rappelle à celui de la Cour du Banc de la Reine où il fait appel dans cette cause.

Le juge Fernand Choquette, ayant reçu et jugé l'appel, condamne à nouveau au mois d'avril 1961 le roman de Lawrence en rejetant du revers de la main les mérites littéraires si importants pour la défense. « Dans le cas d'obscénité, la loi n'accorde aucune immunité aux écrivains de talent et aux éditeurs respectables. » L'exercice de la censure judiciaire* est, jusque-là, intraitable. La loi doit s'appliquer, si le roman est accusé, à savoir s'il est obscène et non s'il est littéraire ou pas. Sa défense n'ayant pas encore été réellement entendue dans le sens qu'il le souhaitait, c'est-à-dire en fonction de la reconnaissance des mérites littéraires de l'œuvre, Me Shacter fait appel au plus haut tribunal du Canada : la Cour suprême.

Toujours sur représentation du *factum* d'appel, neuf juges sont appelés à se prononcer sur le débat entre l'obscénité et la littérarité, dorénavant au centre de l'exercice de la censure judiciaire. Cinq des neuf juges renversent alors les jugements précédents et libèrent *L'amant de Lady Chatterley* de toute accusation. Le juge Judson, dans le texte de son jugement (15 mars 1962), précise un élément désormais capital dans la séparation des sphères de compétences entre le judiciaire et le littéraire : « I can read and understand but at the same time I recognize that my training and experience have been not in literature, but in law and I readily acknowledge that the evidence of the witnesses who gave evidence in this case of real assistance to me in reaching a conclusion. »

Le juge Judson établit clairement que la censure juridique ne peut intervenir dans l'appréciation d'une œuvre artistique ou littéraire ; elle doit donc s'en remettre à des spécialistes de la littérature, dans ce cas-ci les témoins, pour mesurer la valeur littéraire et ensuite arrêter, en second lieu seulement, un jugement sur son obscénité. *Élise Salaün*

LAWRENCE, David Herbert, *L'amant de Lady Chatterley*, Paris Gallimard, 1932, 398 p. Préface d'André Malraux. – Paru en édition originale anglaise en 1928.

Documents officiels du procès, cause 59/13524 ; HÉBERT, Jacques, *Obscénité et liberté. Plaidoyer contre la censure des livres, suivi d'extraits de plaidoirie et de jugements dans quelques cas célèbres : Lady Chatterley's Lover, Histoire d'O et cinq œuvres du Marquis de Sade*, Montréal, Éditions du Jour, 1970.

▶ Face à l'imprimé obscène ; Gay, Paul ; *Histoire d'O* ; *Le mal des anges*

L'AMANT DE LADY CHATTERLEY

Marc Allégret (1900-1973) • Film longtemps interdit (1956) et coté « À proscrire » par l'Office catholique national des techniques de diffusion (1963)

La première adaptation au cinéma du célèbre roman de David Herbert Lawrence, *Lady Chatterley's Lover* (1955), vient de France, où elle ne suscite aucune réaction censoriale. Au Québec, le Bureau de censure la refuse le 9 mai 1956 avec ce commentaire laconique : « Immoral en relation avec le 6ᵉ commandement », ce qui peut surprendre car ce commandement prescrit : « Impudique ne seras, de corps ni de consentement », alors que le censeur aurait pu évoquer le 9ᵉ : « L'œuvre de chair ne désireras qu'en mariage seulement. »

Sept ans plus tard, le 18 juillet 1963, le film est accepté pour Montréal et Québec, puis le 13 décembre suivant pour toutes les grandes villes ; ce qui signifie qu'il peut être vu par toutes les personnes d'au moins 16 ans. L'Office catholique national des techniques de diffusion le cote ainsi : « Ce film bafoue la fidélité conjugale et idéalise l'adultère et l'amour libre. À proscrire. » Comme il n'est pas réévalué selon la loi de 1967 qui impose le classement par groupe d'âge, il se retrouve automatiquement dans la catégorie « 18 ans », ce qui ne signifie rien puisque personne n'exploite désormais le film. Le 21 mai 1993, la copie vidéo est classée « Général ».

Le 15 juillet 1982, un *remake* sous forme de pornographie douce (*softcore*) est réalisé, encore en France, par Just Jaeckin, déjà célèbre pour *Emmanuelle* et pour *Histoire d'O**, et il est classé « 18 ans » par le censeur québécois. En 1993, le réalisateur britannique Ken Russel en tourne une version pour la télévision. Cependant, aucune adaptation pour le grand écran n'a été produite dans le pays d'origine du roman. *Yves Lever*

ANQ-M, fonds Régie du cinéma, E 188, fiche du film ; *Recueil des films*, 1963.

ANASTASIE
Une caricature d'André Gill devenue emblématique de la censure (1874)

On attribue souvent la paternité de la représentation d'Anastasie à André Gill, l'illustre caricaturiste français qui eut souvent maille à partir avec la censure. Le 19 juillet 1874, en effet, Gill publie à la une de *L'Éclipse* un dessin intitulé « Madame Anastasie » figurant une vieille mégère aux ongles crochus, mi-domestique, mi-concierge, portant une chouette sur son épaule, et munie d'une paire de ciseaux gigantesque aux allures de tenaille. Pourtant, si Gill rend célèbre un personnage qui lui survit, il n'est pas l'inventeur d'Anastasie.

Il est d'abord question d'une « *Dame Censure* » ou d'une « *Dame des* (ou) *aux ciseaux* », sous la Restauration, comme en atteste, par exemple, *La Foudre* (1821-1823), périodique où ne figure aucun dessin. On y verra tout particulièrement l'influence des auteurs d'œuvres théâtrales, soumis à l'insupportable pression des interdictions. « *Dame Censure* » est ainsi protagoniste d'une tragi-comédie en un acte et en prose de l'auteur, renommé en son temps, Népomucène Lemercier, qui la présente comme « *Fille du Soupçon et de la Peur* ». Si elle n'a pas tous les traits qu'on lui connaît par la suite, la Censure est déjà un personnage féminin.

Or, à l'époque, comme sous la Révolution et l'Empire, les dessinateurs utilisent plutôt l'éteignoir (opposé à la lumière de la flamme) pour symboliser les entraves à la liberté en général, et à la liberté de la presse en particulier. Grandville (pseudonyme de Jean-Ignace-Isidore Gérard), au début du XIXᵉ siècle, est l'un des rares caricaturistes à représenter la Censure sous la forme d'un être vivant, à sa manière, c'est-à-dire mi-homme, mi-oiseau de proie, et à lui attribuer une paire de ciseaux aux dimensions encore raisonnables.

Sous la monarchie de Juillet, les dessinateurs s'attachent surtout à brocarder les censeurs, et le premier d'entre eux, le procureur Persil, est rendu célèbre par une composition de Grandville, parue dans *La Caricature*, le 5 janvier 1832 : *Résurrection de la censure*. Mais si les ciseaux gagnent en fréquence et en dimension, « Dame Censure » se fait toujours bien discrète. Elle apparaît néanmoins, notamment dans une gravure anonyme, publiée par *La Caricature*, en 1831. Identifiée à l'une des trois Parques, elle aide la Magistrature et la Justice à mutiler les écrits, à coups de ciseaux. Seul personnage féminin parmi les trois, elle se distingue par sa vieillesse, sa fourberie, son incroyable laideur (traits creusés, long nez surmonté de petites lunettes, menton en galoche). La référence à Atropos, l'une des Parques qui coupait le fil de la vie, est alors fréquente.

Quant au nom même d'Anastasie, il paraît plus tardif, et ne devient courant que sous la seconde République. On lit notamment dans *Le Charivari*, en 1850, ce texte en forme d'annonce : « *Taille de plume brevetée mais sans garantie du gouvernement, à l'usage de messieurs les journalistes. S'adresser à Mme Anastasie qui taille, coupe et plume l'oie.* » Comment ne pas voir, alors, l'influence personnelle d'Eugène Sue ? Dans les *Mystères de Paris*, en effet, paru en feuilletons dans *Le Journal des débats* (1842-1843), l'écrivain met en scène Anastasie Pipelet, la concierge inquisitrice qui guette, épie, espionne par le trou de la serrure, faisant ainsi vivre le personnage de la portière parisienne peinte par le célèbre caricaturiste et dramaturge Henry Monnier. Reprendre la figure d'Anastasie, c'est aussi rendre hommage à Sue, proscrit après le coup d'État de Louis-Napoléon Bonaparte en 1851, victime de la censure de Napoléon III.

C'est précisément à la fin du Second Empire et au temps de la République autoritaire de Thiers qu'Anastasie s'impose au crayon des caricaturistes, très surveillés, alors, par le pouvoir. On hésite encore sur son nom, avant qu'André Gill ne lui fournisse sa définitive identité. Domestique intraitable au service de l'État inquisiteur et de l'ordre moral, la concierge aux traits de sorcière s'efface des dessins à la faveur de la liberté de la presse* (loi de 1881), mais rejaillit à toute occasion lorsque l'expression est menacée. Ainsi la Grande Guerre lui offre-t-elle une seconde jeunesse. Les caricaturistes de la presse satirique, et singulièrement du *Canard enchaîné* (créé en 1915), tel Henri-Paul Deyvaux-Gassier, l'adaptent aux circonstances du temps.

Caricature d'André Gill dans *L'Éclipse*, le 19 juillet 1874.

Anastasie est désormais si célèbre qu'une simple main brandissant une monstrueuse paire de ciseaux suffit à signaler sa présence.

Reste qu'avec la fin du premier conflit mondial se terminent les derniers beaux jours d'Anastasie. Par réflexe, par tradition, les dessinateurs la font ressurgir de temps en temps, la drôle de guerre (1939-1940) semblant clore le long chapitre d'une allégorie dominante. Mais le triomphe d'Anastasie dépasse le cadre de sa représentation : après-guerre, et jusqu'à nos jours, appliquée à toutes les formes d'expression menacées, politiques ou culturelles, elle est entrée dans le vocabulaire courant. Anastasie et censure se confondent jusqu'à devenir synonymes.

Christian Delporte

Anastasie est-elle connue au Québec longtemps après la popularité que lui confère Gill ? Difficile de savoir, et il faudrait de minutieuses recherches pour en retrouver les principales traces.

Dans des textes consacrés au septième art, on la retrouve dès septembre 1923 dans le magazine montréalais *Le film*, publié par les compagnies de cinéma. Elle accompagne la bande dessinée (● Régie du cinéma) « Le cauchemar d'un exhibiteur » :

> Anastasie est une vieille grincheuse : *Anastasie*, c'est le nom de *Dame Censure* dans l'intimité. C'est une vieille pudibonde qui a des lubies déconcertantes. […] Elle s'effarouche et pousse les hauts cris devant un costume de bain dans lequel il y a une baigneuse bien faite et même simplement devant un beau mollet bien rond. […]
>
> On ne fera jamais gober au public qu'il est mal d'exhiber la simple image d'un pauvre petit mollet sur l'écran, à l'intérieur d'un théâtre et que, par contre, c'est très bien d'exhiber dans des vitrines publiques certains articles de toilette intime autrement suggestifs. […]
>
> Anastasie, les exhibiteurs t'en supplient, ne fais pas ta chipie !

En juin 1939, Louis Francœur la ramène dans sa chronique « Dégonflages » de *La Revue moderne*, alors qu'il y va d'une charge virulente contre les censeurs du cinéma qui

> sont les pontifes du conformisme, les ennemis de la subtilité. Le sourire ou la nuance ne sont point leur fait. A-t-on idée d'une Anastasie égrillarde ? […]
>
> Ces gens-là expurgeraient la Bible, supprimeraient de l'Évangile la Femme adultère et remplaceraient le vin des noces de Cana par un cola quelconque, s'ils en avaient licence. Car Anastasie, septentrionale et puritaine, étant née après Calvin, n'a jamais admis, compris ou connu la simplicité fraîche et franche des âges de foi.

Dans l'émission de télévision *Premier plan* du 19 décembre 1960, l'animateur Gérard Pelletier l'évoque dans sa visite guidée du Bureau de censure en pleine activité. Jean Pellerin fait de même dans ses « Réflexions sur la censure » que publie *Cité libre* en février 1961. Deux ans plus tard, bien que la censure soit en pleine transformation, Manuel Maître de l'hebdomadaire populaire *La Patrie* titre un long article « Le Québec est encore sous la menace des ciseaux d'Anastasie » au moment où il constate que « la poitrine de B.B. fait frémir les purs », surtout parmi le clergé.

Finalement, dans une allocution lors d'un banquet réunissant les principaux exploitants du Québec, le 16 avril 1964, le député Guy Lechasseur, adjoint parlementaire du ministre Bona Arsenault, responsable de la censure, semble ignorer l'illustration de Gill ; il y va plutôt de longues explications pour lier Anastasie à quelques martyres des premiers temps du christianisme pour en conclure qu'

> Anastasie est presque devenue un personnage de légende. Qui dira après que notre folklore manque de richesse et de pittoresque ? […] Par ailleurs, il faut bien convenir que le nom d'Anastasie jouit d'un crédit certain puisqu'il figure au canon de la messe. C'est dire que la patronne associée à la censure a pour le moins des lettres de noblesse assez anciennes. […] On a oublié son auréole et son martyre. Il n'est pas exagéré de dire qu'en cette qualité nouvelle de patronne de censure, elle a en quelque sorte subi le martyre pour une seconde fois. Dieu sait comment elle a fait parler d'elle pendant des années et, la plupart du temps, en termes très peu flatteurs. On ne se surprend pas trop de ces critiques à l'endroit d'Anastasie quand on se rappelle la façon dont on coupait naguère les ouvrages cinématographiques. Ils en devenaient méconnaissables. […] L'Anastasie québécoise, dévoreuse de pellicule et qui ressemblait plus à une gorgone ou à quelque autre monstre mythologique qu'à une sainte du calendrier, avait commis des abus qui révoltèrent la population.

Dans le domaine littéraire, le journal *L'Ordre** d'Olivar Asselin ne craint pas de s'attaquer aux autorités en place. Il se voit rapidement condamné par le quotidien *L'Action catholique*, mais il ne craint pas de riposter, le 20 juillet 1934, contre ces « quelques fanatiques de l'espèce la plus bornée et la plus malicieuse [qui] se sont démenés pour nous faire condamner ». Par la même occasion, il reproduit la célèbre caricature de Gill.

Journaliste, pamphlétaire, éditeur, Jacques Hébert*, pourfendeur par excellence de la censure, la dénonce souvent en se servant d'Anastasie. Par exemple, dans un long texte reproduit par *Le Devoir* (samedi 4 avril 1970), où il ne craint pas de citer en long le texte que Gill avait repris de la feuille satirique *Trombinoscope*, pour accompagner son célèbre dessin :

> *Censure* (Anastasie), illustre engin liberticide français, née à Paris sous le règne de Louis XIII. Elle est fille naturelle de Séraphine Inquisition et compte de nos jours dans sa nombreuse famille quelques autres personnages également très connus : Ernest Communiqué, Zoé Bonvouloir, le vicomte Butor de Saint-Arbitraire et Agathe Estampille, ses cousins, tante et beau-frère... Le pape Alexandre VI qui avait été l'un de ses premiers pères, avait laissé un petit manuscrit intitulé : *Guide du parfait censeur*, à l'aide duquel Anastasie avait pu faire son éducation. Voici quelques extraits de cet intéressant travail.
> 1) La censure est l'art de découvrir dans les œuvres littéraires ou dramatiques, les intentions malveillantes ;
> 2) L'idéal est d'y découvrir les intentions, même quand l'écrivain ne les a pas eues.
> 3) Un censeur capable doit, à première vue, déterrer dans le mot *ophicléide* une injure à la morale publique.
> 4) La devise du censeur est : « Coupons, coupons, il en restera toujours trop. »
> 5) Le censeur doit être persuadé que chaque mot d'un ouvrage contient une allusion perfide. Quand il parviendra à découvrir l'allusion, il coupera la phrase. Quand il ne la découvrira pas, il la coupera aussi, attendu que les allusions les mieux dissimulées sont les plus dangereuses.

La situation de la censure du cinéma se transformant rapidement, le nom d'Anastasie tombe bientôt dans l'oubli et ne se retrouve plus que dans les conversations de quelques connaisseurs. La caricature paraît néanmoins dans le dossier de la revue *Québec français* consacré à la censure (hiver 2001) ; et à l'hiver 2004, la grincheuse occupe aussi la première page de la *Revue d'histoire de l'Amérique française* (n° 3), où Miriam Levert l'évoque dans son étude « Le Québec sous le règne d'Anastasie : l'expérience censoriale durant la Première Guerre mondiale ».

Yves Lever

Delporte, Christian, « "Anastasie" : l'imaginaire de la censure dans le dessin satirique (xixe-xxe siècles) », dans *La censure en France à l'ère démocratique (1848-...)*, sous la dir. de Pascal Ory, [Bruxelles], Éditions Complexe, 1997.

L'ANGE BLEU
(DER BLAUE ENGEL, BLUE ANGEL)

Josef von Sternberg (1894-1973) • Film d'abord interdit, puis accepté avec coupures (1930)

Le réalisateur d'origine autrichienne Josef von Sternberg poursuit déjà une carrière américaine florissante quand il vient à Berlin tourner le drame *Der Blaue Engel*, inspiré du roman *Professor Unrat* de Heinrich Mann, avec deux grandes vedettes, Emil Jannings et Marlene Dietrich. Dans une petite ville, un professeur sévère, terreur des adolescents, va les traquer dans une boîte de nuit où ils font leurs frasques. Le coup de foudre avec Lola, la vedette du spectacle, le transforme radicalement ; il l'épouse même si elle le trompe, et tout finit lamentablement. Avec les scènes de cabaret, sa vision de la bourgeoisie hypocrite et un ton cherchant souvent la vulgarité, von Sternberg dresse un tableau réaliste d'une Allemagne en pleine décomposition morale.

On assiste sans surprise à l'interdiction du film le 13 janvier 1931, pour ces motifs : « Indecent and suggestive dressing of actress. German dialogues not translated. » Une semaine plus tard, le censeur approuve une « reconstruction » :

> Roll 1 – Elim : Scene of poster and shorten view of Lola in picture with the fan.
> III – Elim : View of woman in pants and Lola showing her thighs.
> IV – View of Lola after having slept with Professor and own bedroom.
> VI – Shorten Lola's song when we see her thighs.

Le film s'en tire plutôt bien. Il faut dire que le Bureau vient de changer de président depuis à peine deux mois et qu'Eugène Beaulac n'a pas encore eu à affronter de crise.

Une nouvelle copie revient devant le censeur le 7 mai 1953 et elle est approuvée, avec de moins nombreuses coupures, mais qui sont plus longues (6 minutes) qu'en 1931 :

> Bob. 3A, début : Eliminate scene of statue and finish cut at close-up of professor smiling.
> Bob. 3A : Eliminate scene of bedroom showing empty bed and scene of old man lying down in Marlene's bed. Start cut in fade-out and finish at the next fade-out.

Le président Alexis Gagnon* (de 1947 à 1961) est le plus rigoriste de toute l'histoire de la censure locale. En 1959, pour une nouvelle copie, il retranche encore :

> Bob. 3A, p. 15 : Scène : Commencer la coupure avant qu'elle ouvre la porte, ne pas voir la chambre vide, reprendre au professeur couché sur le lit.
> Bob. 6A, p. 13 : Dialogue : Do you want to make love to me ... Something first. Come along.
> Bob. 6B, p. 5 : Scène : Éliminer le deuxième baiser dans la coulisse derrière la scène. Reprendre à la scène de l'audience.

Finalement, selon la loi de 1967, *L'ange bleu* est classé « Pour tous » le 2 juin 1972.

Ce n'est qu'en 1961, lors d'une sortie en 16 mm, que l'Office catholique le cote : « Le film se déroule dans une atmosphère pessimiste et sordide atténuée par le caractère devenu classique de l'œuvre. Adultes, des réserves. »

Un *remake*, reprenant le titre *Blue Angel*, est réalisé à Hollywood en 1959 par Edward Dmytryk ; il colle au scénario de 1930, sauf que le professeur ne meurt plus de désespoir, se reprend en main et retourne à son travail. La rédemption chère au cinéma américain s'impose. Le drame subit quelques coupures le 16 septembre 1959. Les catholiques en donnent cette appréciation morale : « Les éléments positifs de ce film résident moins dans la conclusion superficielle que dans la présentation d'un drame aux résonances tragiques. Des scènes osées et suggestives motivent des réserves. »

Les autres films classiques de von Sternberg subissent peu la censure. Réalisés aux États-Unis, ils doivent obéir aux règles du *Production Code* (⊙ Critères de la censure du cinéma*) et ils passent à la censure dès l'étape du scénario. Le 23 juin 1932, *Morocco* (*Cœurs brisés,* 1930) perd quelques plans seulement ; il est classé « Pour tous » le 11 novembre 1971. Le 23 avril 1935, *The Devil Is a Woman* (*La femme et le pantin,* 1935), romance qui met encore Dietrich en scène dans une histoire de déchéance masculine à cause d'une femme, se voit amputé de quelques répliques et des plans du genre « scene of Concha raising skirt » ou « sound of revolver shot », mais le drame reste intact. Pour une raison que nous ignorons, le distributeur rend le permis le 14 juin suivant et retire le film de la circulation. Le 12 septembre 1973, il est classé « Pour tous ». Le *remake* que Julien Duvivier en tourne en 1959, avec une Brigitte Bardot au faîte de sa popularité, voit disparaître seulement cinq secondes : « Éliminer BB quand on la voit nue de dos. »

Viennois devenu américain, même amant de Marlene Dietrich avec qui il tourne six films à la suite de *L'Ange bleu*, von Sternberg tourne le dos à la culture européenne, autocensurant ainsi une partie de sa personnalité et de son dynamisme créateur. Sa carrière ne dépassera jamais la qualité de ses opus entre 1930 et 1935. *Yves Lever*

ANQ-M, fonds Régie du cinéma, E 188, fiches des films ; *Recueil des films*, 1959, 1961.

L'ANGE INTERDIT

Jean Simard (1916-2005) • Pièce de théâtre cotée « Mauvais » par la revue *Lectures* (1963)

En trois tableaux, l'unique pièce de théâtre de Jean Simard, auteur entre autres de *Félix** et d'*Hôtel de la Reine**, met en scène le thème du triangle amoureux. Claire, 20 ans, aime et est aimée de Jérôme, 40 ans et marié. Cette idylle scandalise les bonnes âmes du quartier. Soucieux de protéger sa fille, le père de Claire, Monsieur Portelance, croit bon d'intervenir. Mais, avec ses principes mal compris, ses proverbes débités comme autant de poncifs, il ne fait pas le poids devant Jérôme, dont les arguments sont solidement nourris par sa hargne contre une morale catholique sans envergure. Arrive donc en renfort le vicaire Pruneau, aussi pataud dans son ministère que Portelance dans son rôle paternel, avec pour résultat que Jérôme le renvoie facilement à son bréviaire. L'action est commentée par un narrateur qui, comme le fait la pièce elle-même, laisse le drame en suspens. « Il est intéressant de poser un problème, mais fastidieux de le résoudre », dit-il à la fin.

Ce parti pris narratif de *L'ange interdit*, entre autres, déçoit grandement le père Paul Gay*, critique à la revue *Lectures** des Éditions Fides. Aussi, bien qu'il lui trouve « une valeur dramatique réelle, malgré un sens du théâtre si rare au Canada français », Gay, dans *Le Droit* (18 mars 1961) et encore dans *Lectures* (janvier 1963), attribue à la pièce la cote « Mauvais ». Ce qu'il lui reproche n'est pas tant le fait que Simard, à travers son personnage et à son habitude, dénigre les enseignements traditionnels soutenus par le clergé qui prétend encore, en 1961, au droit de regard sur les valeurs fondant les comportements. Non, ce qu'il lui reproche, c'est bien plus de donner la partie belle, pour ainsi dire, à Jérôme, qui a affaire à des imbéciles – Pruneau et Portelance – qui prêtent malheureusement leur voix stupide à la défense de la cause catholique :

> Si Jean Simard avait mis deux personnages intelligents à la place des deux fantoches Portelance et Pruneau, il aurait écrit la grande pièce moderne et sociale que nous attendons. Avec des adversaires de leur taille, Claire et Jérôme se seraient mesurés. Ils seraient peut-être restés dans leur sensualité et leur orgueil, mais nous aurions eu un drame de haute lutte, et combien poignant !

Cette façon de contourner le vrai débat en ne permettant pas à l'« adversaire » de comparaître avec ses meilleurs arguments déconsidère l'œuvre, même réussie sur le plan esthétique. En outre, elle constitue une attaque déloyale qui ne saurait être prise au sérieux puisqu'on verrait les rieurs changer de côté si seulement il y avait combat à armes égales.

Louise-Marie Brodeur

SIMARD, Jean, *L'ange interdit*, Montréal, Le Cercle du livre de France, 1961, 96 p.

ANGELS WITH DIRTY FACES
(LES ANGES AUX FIGURES SALES)

Michael Curtiz (1886-1962) • **Film de gangsters censuré pour ne pas donner de mauvais exemples à la jeunesse (1938 et 1945)**

Dans un quartier pauvre et dur de New York, deux garçons commettent divers larcins. Après un vol qui tourne mal, l'un se fait prendre et entre dans l'univers carcéral, ce qui en fait finalement un criminel endurci à l'âge adulte ; l'autre devient prêtre et se retrouve dans sa paroisse d'origine. En une finale mélodramatique des plus édifiante, à la demande de son ami prêtre, le bandit joue la lâcheté en marchant à la chaise électrique pour ne plus servir de héros et de modèle aux jeunes de son quartier. *Angels With Dirty Faces* est rapidement considéré comme un classique du film de *gangsters*.

Il est refusé par le Bureau de censure du Québec le 25 novembre 1938 avec la justification « Vols, meurtres, etc. » Dans toute cette décennie de la crise économique, les autorités civiles et religieuses craignent que ce genre de films ne devienne une école de criminalité ; c'est pourquoi les ciseaux censoriaux s'exercent allègrement sur les images d'armes de toutes sortes et sur tout ce qui pourrait enseigner aux jeunes des techniques délictueuses. Une copie légèrement modifiée est refusée le 14 janvier 1939 pour « Insufficient reconstruction ». Le distributeur revient à la charge avec une nouvelle version dont il a soustrait deux minutes et demie de « shooting… close-up of girl's legs… man shot… etc. » pour atténuer le caractère violent de certaines scènes ; elle est acceptée en appel le 11 avril suivant, après que les censeurs eurent aussi retranché d'autres plans du même ordre.

En vue d'une nouvelle sortie, *Angels With Dirty Faces* (copie intégrale) revient devant le censeur le 9 juillet 1945 et est refusé pour «Vulgar language and school of crime». Après un autre refus le 1er août suivant, il n'est finalement accepté, avec quatre minutes et demie de coupures (tout ce qui se réfère à l'argent que le gangster veut donner à l'église de son ami), que le 21 mai 1946. Il n'arrive en version doublée, *Les anges aux figures sales*, qu'en 1954, d'abord en 16 mm (format qui se destine surtout aux collèges et aux salles paroissiales), et est approuvé le 17 juin, mais avec 12 minutes en moins (les principales scènes de violence), puis en 35 mm le 18 octobre, avec le même sort. Il est finalement classé «Pour tous» le 8 janvier 1973. Le Ciné-service catholique le classe «Adultes avec réserves» (*Index de 6000 titres de films avec leur cote morale (1948-1955)*).

Angels With Dirty Faces fait partie de ces films moralisateurs qu'Hollywood produit par centaines, en concordance avec les prescriptions du *Production Code* (▸ Critères de la censure du cinéma) qui veulent que le bien triomphe toujours du mal et que la morale l'emporte en toutes circonstances. Ici, non seulement le crime est condamné, mais il ne doit même pas être une tentation. *Yves Lever*

ANQ-M, fonds Régie du cinéma, E 188, fiches du film.

« L'ANNEAU »
Jacques Ferron • Conte refusé par l'imprimeur du journal *Le Jour* (1944)
▸ *Les demi-civilisés*

ANNUAIRE DE L'INSTITUT-CANADIEN POUR 1868
Conférences de Louis-Antoine Dessaulles • Premier cas de mise à l'Index par Rome d'un imprimé québécois (1869)

Le 17 décembre 1868, une conférence de Louis-Antoine Dessaulles (1817-1895) faite à l'Institut canadien de Montréal* (ICM) reprend le thème de la

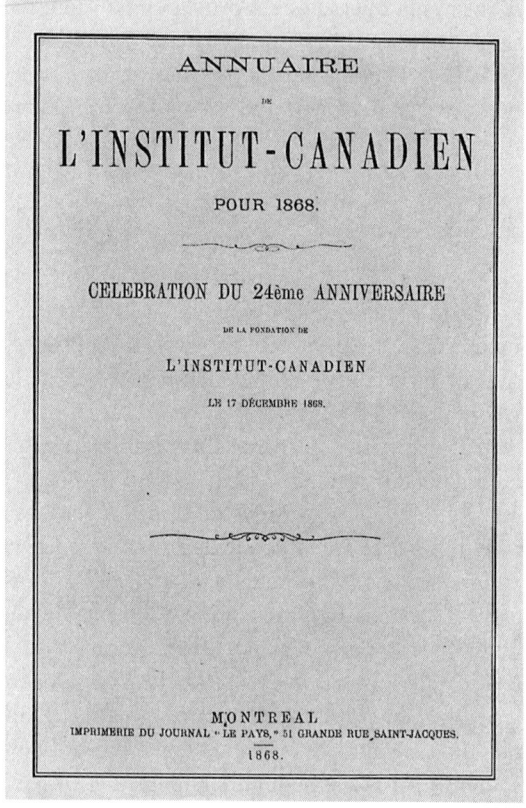

Le 17 décembre 1868, Louis-Antoine Dessaulles prononce une conférence sur la tolérance, reproduite dans l'*Annuaire de l'Institut-canadien pour 1868*. Le 7 juillet 1869, Rome interdit cette brochure, qui devient ainsi le premier cas de mise à l'Index* d'un ouvrage canadien-français.

tolérance que son auteur avait esquissé dans une autre conférence, le 23 décembre 1862. Cette récurrence de l'idée de tolérance exprime bien au fil des ans la trame essentielle de la philosophie de l'ICM en réponse aux censures et autres attaques de l'évêque de Montréal, Mgr Ignace Bourget, et de membres dissidents de l'Institut.

Signe d'ouverture de l'ICM, condamné par Mgr Bourget en 1858 et avec lequel toute tentative de conciliation avait échoué, la conférence est faite au moment où l'on attend encore une réponse de Rome à la Supplique (16 octobre 1865) des membres catholiques de l'Institut, qui avaient vu dans ce recours au pape Pie IX le moyen de faire lever la condamnation de l'institution et l'excommunication de ses membres.

La question directrice de la conférence est toute simple : « l'association entre laïcs, en dehors du contrôle religieux direct, est-elle permise catholiquement parlant » ? Lecteur et admirateur de Félicité de Lamennais depuis la fin des années 1830, Dessaulles s'emploie à rapprocher la tolérance du catholicisme et il la définit comme « la fraternité, l'esprit de la religion bien comprise ». Recourant abondamment aux écrits d'évêques et de docteurs de l'Église, le conférencier puise dans les Évangiles les références à cette fraternité : « Aimez votre prochain comme vous-mêmes », « Aimez-vous les uns les autres », « Faites à autrui ce que vous désirez que l'on vous fasse. »

Les difficultés de l'Institut viennent du fait qu'il compte une quarantaine de membres protestants, que sa bibliothèque* reçoit des journaux protestants et contient une cinquantaine de livres à l'Index*, mais sans caractère obscène. À la question de ses membres : « Pourquoi ces éternelles distinctions entre protestants et catholiques dans l'ordre purement social ? », Dessaulles répond que le parti de « la réaction » ne « se sert de la religion que pour arriver à ses fins temporelles ». Le conférencier qui, tout comme l'Institut dont il fut trois fois président, se bat pour l'administration civile autonome de cette société, estime « que le pouvoir temporel nuit plus à la religion qu'il ne lui sert ». Si la tolérance c'est « l'humilité, l'idée que les autres nous valent », la liberté de conscience de chacun est le point de départ du respect et de la fraternité, et cette liberté fonde la liberté des cultes.

Le conférencier revient sur l'aspect discrétionnaire de la condamnation de 1858, sur le refus d'indication par Mgr Bourget des titres précis des livres défendus aux catholiques, sur le rejet par celui-ci de l'idée de séquestre des livres défendus et sur le fait qu'on ne peut détruire des livres qui sont la propriété commune de catholiques et de protestants. Il résume ainsi son propos :

> Car enfin toute la question est là ! Une condamnation a été portée contre nous sans qu'on nous ait jamais offert l'occasion de présenter une défense et d'exposer nos raisons. Une pareille condamnation est nulle en droit civil ; comment serait-elle juste et régulière en droit ecclésiastique ?

En ces années de l'encyclique *Quanta Cura* (1864) et du *Syllabus* des erreurs modernes qui y est joint, la tolérance est bien cette ligne de crête entre le catholicisme et les principes libéraux. L'abbé Joseph-Sabin Raymond le fait bien voir dans son *Discours sur la tolérance* fait à l'Union catholique des Jésuites de Montréal le 15 mars 1869. Cette ligne de partage devient même le prétexte et la cause de la condamnation de l'Institut par la Sacrée Congrégation de l'Inquisition, qui met à l'Index l'*Annuaire de l'Institut-Canadien pour 1868* le 7 juillet 1869, qui contient la conférence de Dessaulles (*MÉM*, 16 juillet 1869 ; 14 août 1869). Cette mise à l'Index était la réponse de Rome à la demande expresse de Mgr Bourget dans son Mémoire du 27 avril 1869 en réplique à la Supplique de l'Institut.

Ce premier cas canadien de mise à l'Index d'un imprimé par l'Église catholique fait voir que c'est la philosophie de l'Institut qu'on visait et non plus les moyens. Rome n'avait finalement pas jugé bon de répondre à la Supplique de l'ICM de 1865 qui portait sur le membership et sur la bibliothèque ; son intervention prenait une autre direction. L'autorité épiscopale avait condamné la bibliothèque en 1858 ; l'autorité papale mettait sa philosophie et celle de Dessaulles à l'Index en 1869.

Il y avait eu quelque chose de prémonitoire dans la conférence de Dessaulles sur Galilée en 1856 : l'Inquisition d'hier frappe encore, dans l'Ancien comme dans le Nouveau Monde. *Yvan Lamonde*

Annuaire de l'Institut-Canadien pour 1868. Célébration du 24ᵉ anniversaire de la fondation de l'Institut-canadien le 17 décembre 1868, Montréal, Imprimerie du journal « Le Pays », 1868, 31 p.

Dessaulles, Louis-Antoine, *Discours sur la tolérance, suivi du Mémoire de l'évêque Bourget*, présentation et notes par Adrien Thério, Montréal, XYZ éditeur, 2002; L.-A. Dessaulles, *Écrits*, édition critique par Yvan Lamonde, Montréal, PUM, coll. « Bibliothèque du Nouveau Monde », 1994.

▶ Annuaire de l'Institut-Canadien pour 1869

ANNUAIRE DE L'INSTITUT-CANADIEN POUR 1869

Conférences de Louis-Antoine Dessaulles • Mis à l'Index par Rome (1870)

Le 21 novembre 1869, le curé de la paroisse Notre-Dame de Montréal, l'abbé Benjamin-Victor Rousselot, refuse la sépulture ecclésiastique, au cimetière de la Côte-des-Neiges, au typographe Joseph Guibord, décédé le 18 et toujours membre de l'Institut canadien de Montréal*. Les membres de l'Institut ont été excommuniés par Mgr Ignace Bourget en 1858 et son *Annuaire** de 1868 vient d'être mis à l'Index* par Rome le 7 juillet 1869 parce qu'il contient la conférence de Louis-Antoine Dessaulles (1817-1895) sur la tolérance. Des membres de l'Institut canadien de Montréal (ICM) prennent en main la défense de la veuve Guibord, Henriette Brown, et Joseph Doutre est l'avocat de la demanderesse dans un procès transformé en saga judiciaire de 1869 à 1875.

Provoqué par les prises de position du journal *Le Nouveau Monde*, la voix officieuse de l'évêché, et estimant qu'il fallait que « quelqu'un parlât », Dessaulles convoque une assemblée pour le 29 décembre 1869 et précise que sa conférence est son initiative propre et non celle de l'ICM. Le ton est à la polémique et le conférencier s'en prend dès le départ à « l'école veuillotine » et aux « dominateurs » qui « conduisent le troupeau des fidèles par une contrainte forcée » mais qui sont, selon l'apôtre Pierre, « des violents et non des pasteurs ». Le conférencier revient sur les trois points d'une Supplique antérieure acheminée à Rome par l'Institut et conclut de l'absence de réponse que l'appel « n'est clairement pas décidé ».

Dessaulles aborde ensuite le motif de la mise à l'Index de *l'Annuaire de l'Institut-Canadien pour 1868*, qui contenait le texte de sa conférence sur la tolérance. Il rappelle d'abord le fait que l'Institut n'a jamais été entendu sur cette nouvelle accusation avant d'être jugé, accroc au droit ecclésiastique même. Il entend réfuter l'assertion selon laquelle les idées de sa conférence de 1868 sont celles de l'Institut, qui ne peut enseigner et n'enseigne pas comme corps : « Que moi j'aie enseigné mes idées dans une lecture, c'est évident; mais que l'Institut *ait enseigné en m'écoutant*, ou *soit coupable de ce que j'ai pu lui dire*, ces assertions sont difficiles à avaler ailleurs que dans les bureaux du *Nouveau-Monde*. »

Capable de légalisme et d'un peu de tournure sophistique, Dessaulles met habilement en valeur la dimension humaine d'une question litigieuse, dans le but de montrer le régime du « deux poids, deux mesures » du clergé. Peut-on être catholique pour payer des dîmes et non pour avoir droit d'entrée au cimetière, demande-t-il? Peut-on payer une messe pour le repos de l'âme d'un suicidé, d'un criminel, de Judas et refuser les prières ordinaires sur le cercueil de Guibord? Peut-on marier des membres de l'ICM et refuser la sépulture ecclésiastique au même Guibord? Dessaulles multiplie les cas de pratiques discrétionnaires en matière de sépulture et il formule ainsi son argument le plus persuasif sur le plan juridique :

> ces censures détruisent-elles son droit comme citoyen catholique, à la sépulture ecclésiastique? Certainement non en droit ecclésiastique, parce que ces censures ne lui étaient pas nominativement et publiquement appliquées, ce que le droit ecclésiastique exige pour le refus de sépulture. Certainement non en droit civil parce que l'abjuration n'a jamais eu lieu, condition nécessaire définie par le droit civil à la demande même de l'autorité religieuse.

L'autre point litigieux concerne l'enterrement de Guibord dans le cimetière de la Côte-des-Neiges.

Louis-Antoine Dessaulles (Bibliothèque et Archives du Canada). – Le 4 juin 1873, Mgr Bourget écrit au *Nouveau Monde*, journal ultra-ultramontain et voix officieuse du diocèse de Montréal, qu'il tient Dessaulles « comme l'ennemi le plus dangereux qu'ait la religion dans notre bon pays ».

L'argument de Dessaulles, et celui de Doutre au procès qui s'ouvre, veut que ce n'est pas parce que l'Église tient en double copie les registres d'état civil (naissance, baptême, mariage et décès) au nom de l'État d'abord et en son nom pour des raisons qui lui sont propres que cet état de fait lui donne quelque pouvoir sur le droit d'entrée au cimetière. Dessaulles remarque que « le pouvoir ecclésiastique tout en avouant que le cimetière n'est pas béni, agit exactement comme s'il l'était ».

Venu contester la mise à l'Index de l'*Annuaire* de 1868 et de sa conférence et dénoncer l'attitude de l'Église face à Guibord, Dessaulles conclut sur l'enjeu global de cette « affaire » naissante qui vise davantage les vivants que le mort : « Si l'État est l'humble serviteur du pouvoir ecclésiastique et ne peut mettre un frein à sa soif perpétuelle d'omni-potence, mieux vaut le savoir de suite ; mais rien n'indique que nous ne courions ce danger. »

Le 11 janvier 1870, Dessaulles fait une dernière conférence portant cette fois sur « L'Index ». Il y indique on ne peut plus clairement qu'il sait à quelle institution il a affaire lorsqu'il s'agit de critiquer la mise à l'Index récente de l'*Annuaire* de 1868 :

> Pourquoi le clergé est-il partout le pouvoir le plus formidable qui existe au monde ? Parce qu'il obéit comme une armée à une direction centrale et unique ; parce qu'il est le corps le plus admirablement et le plus fortement centralisé qui existe ; parce qu'à un mot d'ordre donné, tout le corps agit simultanément à jour fixe sur tous les points de la surface d'un pays ; parce qu'à un mot ou un ordre parti de Rome, vous avez *deux cent mille chaires* qui répètent ce mot ou transmettent cet ordre, et obtiennent des neuf-dixièmes des catholiques *l'adhésion de l'esprit* même à des choses qui ne touchent pas à l'ordre spirituel […].

À nouveau, la stratégie de Dessaulles consiste à mettre l'Église en contradiction avec elle-même dans ses pratiques relatives à l'Index, alors qu'il n'y a pas « une seule bibliothèque* dans le monde où il n'y a pas de livres à l'Index ». Même au Séminaire de Saint-Hyacinthe, le jeune Dessaulles a pu lire *Paroles d'un croyant** de Félicité de Lamennais et *Voyage en Orient* de Lamartine, tous deux à l'Index. Il faudrait, selon lui, dans la logique de l'Église, condamner les bibliothèques du Mechanics' Institute, de la Mercantile Library, du McGill College, toutes les bibliothèques de Montréal fréquentées aussi par des catholiques. Face à son auditoire, il demande : refuse-t-on l'absolution à l'article de la mort à des gens qui ont lu Pascal, Descartes, Montaigne, Montesquieu, Benjamin Constant et Jeremy Bentham ? À son habitude, l'ex-président de l'ICM ironise sur les pratiques différentes des évêques de Montréal et de Saint-Hyacinthe en matière de condamnation, une façon de faire ressortir le discrétionnaire et l'arbitraire de leurs critères et gestes.

Le conférencier répète que l'Index est une arme au service du pouvoir temporel ; on a, par exemple,

« condamné en bloc *tous les livres* où l'on conteste *l'immunité* (d'impôts) des biens ecclésiastiques ». Et il invite son auditoire à suivre « la Cour de Rome à travers les siècles » pour voir « quelle a été son action politique sur le monde », toujours « en vue d'un effet à produire » tout autant sur les fidèles que sur les gouvernements.

Cette conférence sur « L'Index » est publiée au début de 1870 dans *l'Annuaire de l'Institut-Canadien pour 1869* avec son autre conférence sur « L'affaire Guibord ». On est alors au plus fort des plaidoyers (23 mars) de J. Doutre au procès de Guibord, de la réplique de la défense (2 avril) et du jugement (2 mai) de la Cour de première instance en faveur de la paroisse Notre-Dame.

À la suite de nouvelles démarches de Mgr Bourget, le 31 août 1870, la Congrégation de l'Inquisition met à l'Index l'*Annuaire de l'Institut-Canadien pour 1869*. Dessaulles apprend le 24 octobre, un mois après Mgr Bourget et Mgr Louis-François Laflèche, la teneur de la condamnation signée de la main du cardinal Alessandro Barnabo :

> [...] la dite congrégation a décidé [que] vous signifiez nettement à M. Dessaulles que sa manière d'agir ne peut en aucune manière être approuvée. Car alors qu'il en appelait au St. Siège des plaintes plusieurs fois exprimées contre les ordonnances de son évêque propre, se déclarant prêt à recevoir avec respect les ordres du St. Siège, il a néanmoins inséré dans un certain annuaire certains écrits qui sont en contradiction manifeste avec sa déclaration et ses promesses. Car le dit annuaire fourmille de telles erreurs qu'il a été jugé qu'il devait être défendu tant par le droit que sur son propre mérite.

La question est « définie pour toujours » et Rome ne portera plus aucune attention à quelque plainte potentielle dudit Dessaulles.

Trois conférences de L.-A. Dessaulles, publiées dans deux *Annuaires* de l'ICM, venaient d'être l'objet en deux ans de deux mises à l'Index, les premières au Canada.

Le 10 décembre 1870, le jugement de première instance dans l'affaire Guibord favorable au curé de Notre-Dame est renversé en faveur de la veuve de Guibord, mais il est porté en appel devant le Conseil privé de Londres, dernière instance judiciaire de la colonie canadienne, qui confirme, le 21 novembre 1874, le dernier jugement rendu en faveur de l'inhumation de Joseph Guibord, inhumation dont le bref d'exécution est daté du 29 août 1875. *Yvan Lamonde*

Annuaire de l'Institut-Canadien pour 1869, Montréal, Perreault, 1869. [« Affaire Guibord », 29 décembre 1869, p. 7-50 ; « L'Index », 11 janvier 1870, p. 51-136.]

ACAM, Réponse de l'évêque de Montréal au Recours de quatre membres de l'Institut canadien, 27 mai 1870 ; Opinion de l'évêque de Trois-Rivières sur l'Institut canadien de Montréal, 16 juin 1870 ; Décision de Rome, lettre du cardinal Barnabo à Mgr Baillargeon, 13 août 1870 ; ANQ-M, Procès-verbaux, novembre 1869- , fonds de l'Institut canadien de Montréal – originaux, Fraser-Hickson Library ; [DESSAULLES, Louis-Antoine], *Dernière correspondance entre S.E. le Cardinal Barnabo et l'Hon. M. Dessaulles*, Montréal, Imprimerie d'Alphonse Doutre et Cie, 1871, 39 p. ; LAMONDE, Yvan, *Louis-Antoine Dessaulles. Un seigneur libéral et anticlérical*, Montréal, Fides, 1994.

ANTICOTON [...]

Pamphlet anonyme [César de Plaix ?] • Premier cas de censure connu en Nouvelle-France, cet ouvrage est brûlé sur la place publique (1625)

Premier cas connu de censure en Nouvelle-France, l'*Anticoton ou Réfutation de la Lettre déclaratoire du Père Coton* est brûlé en 1625. Comme l'indique le titre, ce pamphlet anonyme contre le père Coton et les jésuites est la réplique d'une lettre publiée deux mois auparavant.

Pierre Coton, né à Néronde (Loire) en 1564 et mort à Paris en 1626, entre dans la Compagnie de Jésus en 1583. Selon Henri Bremond, il est un représentant de « l'humanisme dévot », auteur de plusieurs écrits de spiritualité, notamment de l'*Institution catholique* et de l'*Intérieure occupation d'une âme dévote*. Il est aussi un prédicateur célèbre et un controversiste redouté. En 1604, il devient le confesseur d'Henri IV puis de Louis XIII, jusqu'en 1617. Écarté de la cour, il se consacre par la suite à la prédication et occupe plusieurs postes de direction à l'intérieur de son ordre.

À la suite de l'assassinat d'Henri IV, le 14 mai 1610, le père Coton publie le 12 juillet suivant la *Lettre déclaratoire de la doctrine des Pères Jésuites*, dans laquelle il réfute l'opinion de ceux qui accusent les jésuites de défendre le régicide. Il présente le point de vue de plusieurs jésuites qui s'opposent à cette doctrine et soutient la thèse qui interdit d'attenter à la vie des Princes, même infidèles. La *Lettre* du Père Coton connaît un grand succès et est rapidement traduite dans les principales langues européennes.

Au cours de la même année 1610 paraît la réplique anonyme *Anticoton*. Ce pamphlet de 74 pages, qui a été attribué à Jean Du Bois-Olivier, à Pierre Du Moulin père et à Pierre Coignet, appartient probablement à César de Plaix (dit Dupleix, sieur de L'Ormoyne), avocat au Parlement de Paris, calviniste et controversiste.

L'*Anticoton* non seulement réfute les affirmations du père Coton, mais il accuse les jésuites d'être impliqués dans l'assassinat d'Henri IV et demande à la Reine de les bannir du royaume de France. Les cinq chapitres de l'opuscule sont les suivants: I « Que la doctrine des Jésuites approuve le parricide des rois et la rébellion des sujets. » II « Preuve de cela même, par les faits de Jésuites. » III « Que les Jésuites sont coupables du parricide de notre roi défunt Henri IV. » IV « Examen de la lettre du Père Coton. » V « S'il est utile pour le bien de l'État, que le Père Coton soit près de la personne du Roi ou de la Reine Régente et si les Jésuites doivent être soufferts (tolérés). »

Après sa publication, l'*Anticoton* provoque des polémiques et des satires acerbes (décrites par Sommervogel dans *Bibliothèque de la Compagnie de Jésus*) et est mis à l'Index* romain le 28 janvier 1617. En Nouvelle-France, « on faisoit courir de chambre en chambre » le pamphlet, écrit le père Charles Lalemant dans les *Relations des jésuites*, et « on l'a bruslé quatre mois après nostre arriuvée ». Antoine Roy note, dans *Les Lettres, les sciences et les arts au Canada*, que cet autodafé* « reste un exemple isolé ». *J. Martinez De Bujanda*

[PLAIX, César de], *Anticoton ou Réfutation de la « Lettre déclaratoire » du père Coton, livre où est prouvé que les jésuites sont coupables et autheurs du parricide exécrable commis en la personne du roy très chrestien Henry IV d'heureuse mémoire*, [l'épître dédicatoire est signée: P. D. C.], s. l., 1610, 74 p.

COTON, Pierre, *Lettre déclaratoire de la doctrine des Pères Jésuites, conforme aux décrets du Concile de Constance, adressée à la Royne mère du Roy Régente en France,* Paris, Claude Chappelet, 1610, 29 p.

L'APPEL DE LA RACE

Alonié de Lestres [Lionel Groulx, 1878-1967] • **Ce premier roman de Lionel Groulx inquiète les autorités religieuses, en particulier les jésuites irlandais, et est menacé d'interdiction (1922-1923)**

Au début des années 1920, Lionel Groulx n'est plus un inconnu dans le monde des lettres. Directeur de la revue *L'Action française*, professeur d'histoire à l'Université de Montréal, auteur de plusieurs essais historiques et d'un recueil de contes, orateur applaudi des foules, il occupe une position de force dans le champ littéraire. Il ne fait pourtant pas l'unanimité. La publication de ses conférences intitulées *La confédération canadienne*, en 1918, lui a déjà créé des ennemis chez les fédéralistes, puisque l'historien y déboulonnait sans vergogne les Pères de la Confédération. La même année, son élection controversée à la Société royale du Canada prouve bien qu'une faction de l'élite intellectuelle le juge dangereux et provocateur.

Avec son premier roman, paru au mois de septembre 1922 et publié sous le nom d'emprunt d'Alonié de Lestres (un compagnon de Dollard des Ormeaux), Lionel Groulx jette un nouveau pavé dans la mare. Souhaitant rappeler à l'ordre la petite bourgeoisie canadienne-française qui manque à ses devoirs nationalistes en s'acoquinant avec les Anglais, l'auteur y dénonce les mariages mixtes. Jules de Lantagnac a épousé une Anglaise convertie, insigne suprême de distinction. Le parvenu prend toutefois peu à peu conscience de la perte d'identité dans laquelle l'a plongée cette union. Grâce aux bons conseils du père Fabien, un oblat, il répond à « l'appel de la race » en se réappropriant sa culture – notamment en tentant de « reprendre » ses quatre enfants à leur éducation anglophone, et surtout en se lançant en politique, déterminé à défendre les droits des francophones au Canada. Tous ces projets de reconquête culturelle provoquent l'éclatement du foyer.

Les réactions des critiques face à ce roman à thèse ne tardent pas à jaillir, et Lionel Groulx lui-même, sous divers pseudonymes* ou grâce au concours de plusieurs amis propagandistes, fait tout pour promouvoir le roman, qui s'avère un véritable succès d'édition. La réception critique reste très divisée : amis et ennemis du romancier croisent le fer dans les plus importants périodiques de l'époque. Parmi la multitude d'accusations auxquelles l'auteur doit faire face, celle qui lui procure le plus de sueurs froides reste certainement la remise en question du bien-fondé théologique du roman. Il est en effet étrange qu'un prêtre puisse en quelque sorte légitimer la rupture des liens sacrés du mariage au nom d'impératifs nationalistes.

Ce n'est certes pas un hasard si aucune des versions de *L'appel de la race* ne porte d'*imprimatur* ni de *nihil obstat*. Sans doute Groulx utilise-t-il le subterfuge du pseudonyme dans le but précis de contourner la censure ecclésiastique car, comme le constate Yves Saint-Denis, il « a soumis la majorité de ses ouvrages à l'approbation diocésaine ». Lorsque, en 1932, il publie un deuxième roman sous le même nom d'emprunt, il ne laisse plus cette question au hasard. En demandant l'*imprimatur* à Olivier Maurault pour son manuscrit *Au Cap Blomidon*, il avoue candidement, dans une lettre du 6 septembre 1932 : « Je ne sais si un ouvrage publié sous pseudonyme a besoin d'un *imprimatur*. Quand j'ai publié *L'appel de la race*, deux graves canonistes m'ont soutenu que la chose n'était point nécessaire. Mais je tiens à me mettre en règle. » Que s'est-il produit exactement lors de la publication de *L'appel de la race*, pour que Groulx tienne par la suite « à se mettre en règle » ?

Groulx est un homme d'action, beaucoup plus qu'un théologien érudit. Aussi prend-il soin d'abord, avant la publication, de solliciter les commentaires des Pères Oblats d'Ottawa, par l'entremise de Jean-Marie-Rodrigue Villeneuve. « J'ai toujours été un peu inquiet au sujet de ma discussion théologique », lui avoue-t-il dans une lettre du 18 juin 1922. Est-ce précisément cette « discussion théologique » qui amène les autorités jésuites irlandaises à voir dans *L'appel de la race* un livre dangereux ? Il faut dire qu'Alonié de Lestres n'y allait pas de main morte dans le roman, faisant de William Duffin, cet « Irlandais anglicisé » arborant un « profil de grand oiseau de proie », l'ennemi juré de Jules de Lantagnac. Dès le 12 octobre 1922, Groulx confie à Villeneuve :

> Je n'ai pas eu la bonne fortune par exemple de gagner les suffrages des gens du Loyola. Je viens d'apprendre qu'il n'y aura de critique ni dans *Le Semeur*, ni dans *Le Messager du Sacré-Cœur*. Le Père Milway-Filion est intervenu personnellement pour calmer le zèle des bons Pères. Et vous voyez cela d'ici : un provincial irlandais imposant la censure à l'organe d'une Association catholique de jeunesse canadienne-française.

Le 22 novembre, il affirme à Marie-Claire Daveluy que les jésuites irlandais lui font une « guerre sournoise », jusqu'auprès « des autorités religieuses ». L'article de Camille Roy, publié dans le *Canada français* en décembre – une dénonciation en règle du nationalisme excessif de Lantagnac – ne peut qu'empirer la situation. Même si, le 16 décembre, Villeneuve badine, en affirmant que « [...] l'article du *Canada français* aura plutôt favorisé la vente du côté de Québec : on aura voulu lire un livre si... immoral ! », Groulx s'inquiète. Il cherche surtout à consolider sa position théologique en obtenant l'appui d'une autorité en ce domaine. Groulx croit avoir trouvé un rempart solide en la personne de Louis-Adolphe Pâquet (qui écrira, en 1924, « Les déviations de l'art »*). Le réputé théologien de l'Université

Laval lui avait justement communiqué ses compliments sur *L'appel de la race* en octobre. Invoquant « l'attaque de flanc qui se dessine contre *L'appel de la race* », Groulx implore Pâquet de déclarer la thèse du roman soutenable. Devant Pâquet, Groulx défend son roman dans une lettre datée du 21 décembre :

> On s'en prend à la thèse du livre (re : mariage) que l'on traite, ce me semble, avec un peu de fantaisie. Je n'ai dit nulle part, si j'en crois mon texte, que les positions de race commandent le divorce, mais tout au plus et bien clairement, que cette disparité expose les conjoints à de pareils malheurs.

Mais Pâquet se retranche derrière les « convenances » et refuse de prendre position publiquement.

L'angoisse de Groulx s'attise et la menace se précise lorsque, le 18 janvier 1923, il affirme à Rodrigue Villeneuve « […] que les jésuites irlandais intriguent à Rome pour y obtenir à tout le moins un *monitum* [avertissement], à l'adresse d'Alonié de Lestres ». Qui est cette « source sûre » qui informe Groulx de ces rumeurs ? Car intrigues il y a, et des deux côtés, puisque Mgr Pâquet, mis au courant du problème, suggère à Lionel Groulx de s'allier à Mgr Joseph-Jean-Baptiste Hallé, du Collège de Lévis, pour contre-attaquer. Le fin mot de l'histoire s'est perdu dans les antichambres des évêchés. Alonié de Lestres a dû soupirer d'aise en recevant une lettre du 20 avril 1923, dans laquelle le Père Villeneuve lui confirme que *L'appel de la race* a reçu une recension élogieuse dans la revue des Pères Oblats de Naples, *La Voce du meria*. L'auteur de la recension souhaite même que le roman soit traduit en italien : « Vous ne serez donc pas à l'Index* ! », s'écrie Villeneuve. De surcroît, en février 1923, le père Villeneuve avait publié dans *L'Action française* un article sur « *L'appel de la race* et la théologie du Père Fabien », qui avait enfin fourni à Lionel Groulx l'appui théologique tant attendu.

Dans ses *Mémoires*, Groulx ne traite nulle part de cet épisode à tout le moins inquiétant pour un prêtre qui avait à cœur de ne pas défier publiquement les hautes autorités ecclésiastiques. Le 20 août 1927, il affirme même, dans une lettre adressée à Jean Bruchési :

> Je vous confesse que bien des choses et bien des procédés m'ont étonné dans la condamnation de l'*Action française* [de Paris]. Mais, enfin, nous sommes catholiques, et, à défaut de doctrine, la discipline nous interdit la révolte contre l'autorité. J'aimerais mieux me tromper avec l'Église que de prendre le risque d'avoir raison contre elle.

Que des dissidences apparaissent publiquement entre catholiques horripilait en effet Lionel Groulx. Peut-être cela explique-t-il en partie le silence à ce sujet dans ses *Mémoires*. Sous le calme apparent de la relative unanimité du clergé face à *L'appel de la race* s'est pourtant caché un torrent. *Marie-Pier Luneau*

Groulx, Lionel, *L'appel de la race*, Montréal, Bibliothèque de l'Action française, 1922, 278 p.

Fonds Lionel-Groulx, Série correspondance, CRLG.

▶ *La réponse de la race* ; *La romance*

APRÈS-SKI

Roger Cardinal (1939-) • **Le seul film québécois condamné par un tribunal (1971-1973)**

Un nouveau moniteur de ski arrive à l'auberge de son employeur. Il est invité à se joindre à la fête perpétuelle dans laquelle ses collègues et les jeunes clientes sont engagés, dans une totale liberté sexuelle. Cette comédie, adaptée d'un roman érotique éponyme de Philippe Blanchont (1965) qui circule sous le manteau, surtout dans les écoles secondaires, *surfe* sur la courte vague de cinéma québécois dit de « sexploitation » qui a cours depuis deux ans.

Le 29 mars 1971, le Bureau de surveillance du cinéma lui attribue le visa « 18 ans ». Deux jours plus tard, *Après-ski* prend l'affiche dans plusieurs villes, au moment où un autre film du genre, *Pile ou face**, commence à susciter des réactions énergiques de la part de deux membres vociférateurs du clergé, le père dominicain Marcel-Marie Desmarais à Montréal et le curé de la paroisse Saint-Roch de Québec, Raymond Lavoie. Ce dernier écrit d'abord au maire Gilles Lamontagne pour lui demander d'interdire les deux films à Québec, mais celui-ci renvoie le problème à l'État. Le 23 avril, au nom du Centre UNEV (Univers-Évangile) de Québec qu'il dirige, Lavoie fait saisir les copies des deux films et entreprend des poursuites judiciaires contre les Cinémas Unis (Famous Players), propriétaire des salles, selon l'article 150 du code criminel relatif à l'obscénité*. Les réactions sont vives dans le milieu politique et celui du cinéma. Chez les catholiques, qui ont abandonné la cotation de « Pour tous » à « À proscrire » au profit d'une évaluation de « la valeur humaine et chrétienne », laquelle est encore publiée par certains grands quotidiens, l'Office des communications sociales se prononce ainsi : « Ce film pour voyeurs dénué de toute qualité se contente d'aligner des scènes égrillardes où s'étale un exhibitionnisme d'une grossière indécence. »

Bien que soumis au même juge de la cour municipale, Yvon Sirois, les deux films ont un procès séparé. Le magistrat acquitte *Pile ou face* le 30 novembre 1972 parce qu'il « n'a pas dépassé le seuil de la tolérance des principes moraux de notre société ». Pour *Après-ski*, les audiences se déroulent en mars 1973. La défense fait comparaître des personnalités comme le cinéaste et écrivain Jacques Godbout, le sociologue Marcel Rioux, la criminaliste Marie-Andrée Bertrand, qui tous jugent que le film n'ex-

C'est la page principale d'un petit dossier sur la campagne que mènent le père Marcel-Marie Desmarais à Montréal et M<sup>gr</sup> Raymond Lavoie à Québec contre le cinéma érotique québécois. (*Manchettes*, un magazine populaire… et éphémère, le 18 avril 1971)

cède pas les normes de tolérance admises dans la société québécoise en 1971.

Le 10 juillet 1973, plus de deux ans après la poursuite, le juge Yvon Sirois trouve Cinémas Unis coupable de la plainte suivante : elle

> a, le ou vers le 23 avril 1971, ayant la charge d'un théâtre, salle de cinéma, à savoir le Théâtre Capitol, rue Saint-Jean, à Québec, présenté, donnée [sic] ou permis qu'y soit présenté un spectacle, divertissement ou représentation immorale, indécente ou obscène, savoir la projection du film *Après-Ski*, commettant une infraction criminelle, contrairement aux dispositions des articles 150 (1), 156 (b) et 21 (1) du Code criminel du Canada.

Il s'en explique ainsi :

> […]
> L'immoralité, un affront aux personnes qui généralement pratiquent des usages et des normes en matière de mœurs, une violation grossière des règles morales, se retrouve également dans le film *Après-ski*. […]
> Un sens de la moralité demeure essentiel dans une société. Il faut en conserver un minimum si nous ne voulons pas qu'elle sombre dans la pollution morale. Et je crois que le film *Après-ski* a dérogé à ce minimum. […]
> Si osé que fut *Pile ou face*, il permettait au spectateur de faire un choix entre le sexe de groupe et la vraie liberté, choix qui n'existait pas dans *Après-ski*.

Il ordonne alors la confiscation des copies du film et condamne l'exploitant à une amende de 400 $. Le juge n'a pas voulu tenir compte de la bonne foi de l'accusé qui croyait pouvoir diffuser sans crainte un film approuvé par un organisme de l'État.

Après-ski demeure le seul film québécois dans toute l'histoire du cinéma à être condamné par un tribunal en vertu du Code criminel. Le 21 mars 1968, à Chicoutimi, le juge René-Louis Lagacé avait déclaré le roman obscène et en avait fait saisir les copies vendues dans une tabagie, déclarant alors :

> La Cour ne fabrique pas les lois, elle les applique. Le but évident et déclaré de l'auteur est d'écrire un livre choc sur les relations sexuelles. Cependant l'époque de l'homme des cavernes est révolue et la vie civilisée impose des restrictions pour rendre la vie commune possible : le législateur édicte des lois destinées à améliorer plutôt qu'à détériorer les relations humaines.
> Ce livre choc dans le contexte de l'article 150 est une exploitation indue des choses sexuelles en ce qu'il tend à dépraver et à corrompre ceux dont l'esprit est sensible à de telles influences immorales. Les scènes décrites dans le volume dépassent ce que l'homme de bonne volonté et de bon sens tolère normalement.

En ce qui concerne le verdict au sujet du film, il étonne d'autant plus les observateurs qu'il apparaît foncièrement anachronique, étant donné ce qui circule dorénavant dans les cinémas.

Un remontage d'*Après-ski* sur vidéo, avec l'ajout (20 minutes) de scènes rejetées en 1971 parce que trop érotiques, sort en 1984, au moment où la loi n'oblige pas à un reclassement des films lorsqu'ils sortent sur ce support. Aucune censure, ni classification, n'est donc exercée sur cette version. *Yves Lever*

ANQ-M, fonds Régie du cinéma, E 188, fiche du film et transcription du procès ; *Recueil des films*, 1971 ; TAJUELO, Telesforo, *Censure et société ; un siècle d'interdit cinématographique au Québec*, thèse en Sorbonne, 1998.

▶ Juridique (censure)

ARCAND, DENYS (1941-)
Cinéaste québécois plusieurs fois victime de censure politique

Denys Arcand engrange plus que son lot d'interdits et de censures à l'ONF* durant sa carrière de documentariste, pendant les années 1960 et 1970. Peu de ses films échappent au scalpel, si ce n'est *La route de l'Ouest* (1965), *Parcs atlantiques* (1967) et, curieusement, *Le confort et l'indifférence* (1981), ce brûlot au sujet du référendum de 1980 sur l'indépendance du Québec.

Tous ses autres documentaires subissent une forme ou une autre d'ostracisme, directement ou par la bande. Le cas le plus tristement célèbre est l'interdiction d'*On est au coton* en 1971, privé de diffusion jusqu'en 1976. Pour ses autres films, des coupures sont exigées ; par ailleurs, pour deux documentaires, *Champlain* et *Volleyball*, l'ONF procède à une forme de révisionnisme en faisant produire des versions alternatives, c'est-à-dire conformes aux programmes didactiques et à une facture stylistique de prétendue pédagogie accessible et « blanchie ».

Denys Arcand explique qu'il a toujours été iconoclaste et libre-penseur, mais que certains traits de ses documentaires devenaient d'autant plus irrecevables, aux yeux de certains censeurs, qu'ils s'appuyaient sur une solide et inattaquable recherche, ainsi que sur des lectures systématiques de documents historiques ou de dossiers de référence.

Par ailleurs, à Radio-Canada en 1978, la série *Duplessis*, dont Arcand écrit le scénario, est attaquée par une plainte officielle au CRTC (Conseil de la radio-télévision canadienne). Cela conduit Radio-Canada à ne pas diffuser immédiatement de reprise, en dépit du grand succès de la série.

Les autres œuvres de fiction d'Arcand ne rencontrent aucun problème avec la censure officielle. Elles arrivent après que la classification par groupes d'âge eut été instaurée (1967) et presque toutes obtiennent le visa « 14 ans » (« 13 ans » depuis 1991), même *Le déclin de l'empire américain* que, dans un premier temps, la Régie du cinéma classe « 18 ans », avant de se raviser. *Love and Human Remains* obtient une cote plus sévère, « 16 ans », à cause de son érotisme. Malgré leur sujet, *La maudite galette* et *Stardom* sont classés « Pour tous » (ou « Général »).

Champlain (1964) – Démarré à la fin de 1962, ce court métrage est tourné en 1963 en même temps que *Les Montréalistes* et *La route de l'Ouest*. Premier d'une série sur l'histoire du Régime français au Canada, ce film est supervisé par deux historiens, J. M. S. (Maurice) Careless et Gustave Lanctot. Le réalisateur y pose en particulier la question d'une possible pédophilie du fondateur de Québec : d'une part, parce que Samuel de Champlain épouse une jeune fille de 12 ans, Hélène Boullé, ce qui n'est pas courant à l'époque sauf pour assurer les dynasties royales ; d'autre part, parce que les Amérindiens lui donnent en cadeau trois petites filles, que l'explorateur nomme Foi, Espérance et Charité. L'ONF, par les soins des administrateurs Pierre Juneau et Fernand Dansereau, oblige Arcand à couper ce questionnement sur un Champlain pédophile.

Ébranlé par la réception négative du film, à Québec, au Congrès de l'Association canadienne des éducateurs de langue française, l'ONF décide de faire un autre « Champlain ». D'abord, l'organisme demande un scénario à Alec Pelletier, travail qui n'a pas de suite ; par après, il confie à Réjane Charpentier de reprendre le matériel d'Arcand et de remonter un film accompagné d'un commentaire idoine pour les écoles, nouveau film fait « d'après le film de Denys Arcand », comme le dit son générique. Réduit de 28 à 15 minutes, ce *reader's digest* élimine toutes les séquences d'actualité du film original, offrant ainsi un bel exemple de révisionnisme et de retouche selon la rectitude politique. Cet ersatz, toujours au catalogue de l'ONF, est intitulé *Québec 1603*.

Les Montréalistes (1965) – Ce court métrage, qui illustre le projet mystique, par des « fous de Dieu » (comme les nomme le réalisateur), de fonder Ville-Marie sur l'île de Montréal, en Nouvelle-France, et de christianiser les « Sauvages », ose montrer une religieuse nue, de dos, pratiquant l'autoflagellation. Les autorités de l'ONF demandent à Denys Arcand de supprimer cette scène, dont on ne voit que l'amorce brève, et qui est remplacée par un carton noir, sur lequel défile ce texte de Marie Morin, religieuse hospitalière de Saint-Joseph, daté de 1659 :

> Comme Notre-Seigneur nous a marqués [*sic*] de son amour plus sensiblement par toutes les peines qu'Il a bien voulu souffrir pour nous pendant sa vie mortelle ; aussi bien ses servantes fidèles animées de son esprit de pénitence travaillent incessamment à mortifier leur chair qu'elles regardent comme l'ennemie de Jésus-Christ… mais ne se trouvant pas contentes de cela, y ajoutoient la pire des disciplines : les chaînes de fer et autres macérations qui estoient son pain quotidien.

C'est le deuxième documentaire d'Arcand à être censuré à l'ONF. Après le troisième volet de ce cycle, *La route de l'Ouest* (1965), non censuré bien que porteur d'un texte iconoclaste, Pierre Juneau fait interrompre le programme des films sur le Régime français.

Volleyball (1966) – Ce film, demandé à l'ONF par le ministère fédéral de la Santé, est refusé par son commanditaire « qui le trouve vulgaire et ennuyeux », comme l'écrit Arcand dans sa présentation. Le réalisateur a bien essayé d'améliorer l'affaire en ajoutant, au début et à la fin du film, une série de dessins humoristiques de Kaj Pindal illustrant un commentaire « didactique », qui n'est en fait qu'une parodie du discours pédagogique des films de l'ONF.

Tout en gardant le film d'Arcand à son catalogue, l'ONF fait refaire ce sujet sur le volleyball pour le ministère de la Santé nationale du bien-être social – direction de la santé et du sport amateur. La réalisation en est confiée à Hector J. Lemieux. Le nouveau film se nomme *C'est le volley-ball*, et son scénario insipidement didactique et en aplat est concocté par Lemieux et Jacques Bensimon.

Il existe donc trois versions de ce sujet. La première mouture de 13 minutes, en version anglaise seulement, avec les dessins de Pindal, est conservée à la Cinémathèque québécoise. La version officielle d'Arcand, de 9 minutes, ne comprend que les scènes du match entre les équipes olympiques américaine et soviétique, filmées en octobre 1965 à l'aréna Maurice-Richard de Montréal. La troisième est celle de *C'est le volley-ball* de Lemieux. Les trois versions apparaissent dans le coffret DVD que l'ONF a produit en 2004 sur l'œuvre documentaire d'Arcand.

On est au coton (1970-1971/1976) – Une double censure s'abat sur ce premier long métrage documentaire d'Arcand. Une première en 1970, quand le réalisateur doit retirer de son montage original, sous peine de poursuites, toutes les scènes où apparaît le patron Edward F. King, directeur de la compagnie Dominion Textile. C'est à la demande de ce dernier, et non de l'ONF, qu'Arcand se plie à cette exigence.

La vraie censure, décrétée par la haute direction de l'ONF, se produit en avril 1971 et touche le second montage. En 1976, quand *On est au coton* est délivré pour la diffusion par l'ONF, c'est cette copie qui devient la version officielle du film.

Comme riposte à ces attaques, ce long métrage est sauvé deux fois, en 1970 et en 1971. La première fois, en 1970, quand le montage original, contenant les interviews avec le patron King, est caché. Le film existe alors en copie de travail, en double bande. Cette copie, devenue la seule matrice existante (Arcand ayant accepté de retirer les scènes avec King, aucun négatif n'est préservé), est alors conservée par la Cinémathèque québécoise. *On est au coton* est sauvé une seconde fois en 1971. Des cinéastes en font une copie vidéo avant l'interdiction du film par le commissaire Sydney Newman*. À partir de cet original électromagnétique, sont tirées d'innombrables copies vidéo et le film, sous cette forme, est abondamment visionné en clandestinité, de 1971 à 1976. L'ONF est au courant, puisque l'organisme fait publier cet avis juridique :

> Toute personne ou tout organisme qui détient ou reproduit des documents cinématographiques, propriété de l'Office national du film du Canada, sans en avoir obtenu préalablement l'autorisation, est passible de poursuites judiciaires. Il en est de même pour quiconque collabore avec ces personnes ou ces organismes afin de programmer ces dits documents. Ces personnes et ces organismes sont par le présent avis priés de retourner à l'Office national du film du Canada toute copie de film ainsi obtenue et détenue illégalement. (dans plusieurs journaux et revues, dont *Le Devoir* le 8 janvier 1972, et *Cinéma-Québec*, 1, 7)

La Société Radio-Canada fournit une réponse à cette large diffusion subversive et libertaire. En 1971, la télévision publique fait produire, dans le cadre de son émission *Dossier* (18 et 25 avril 1971), un document d'une heure, dans lequel les discours officiels des patrons du textile (dont Edward F. King), le gouvernement fédéral et le comité paritaire sur l'industrie du textile tentent de convaincre le public : en dépit de la crise de la mondialisation et de la concurrence internationale, l'industrie du textile au Québec restera rentable et les ouvriers ne seront pas perdants. Tout le contraire du discours d'*On est au coton*. Ainsi, c'est la troisième fois, dans sa jeune carrière, qu'Arcand voit ses idées contrées par des « documents alternatifs ».

Paradoxalement, cette censure politique rend Denys Arcand célèbre et tout le monde connaît *On est au coton*. Si bien que quand ce titre est disponible officiellement en 1976, il ne suscite pas l'intérêt particulier d'un film « qu'on peut enfin voir » ! Il en va autrement de la version originale qui, jusqu'en 2004, n'est connue que d'une centaine de personnes, mis à part les techniciens et les collaborateurs qui avaient participé au montage initial. Une seule fois, en 1994, dans le cadre de ses activités de réflexion et de lutte contre la censure, la Fondation André-Guérin organise un visionnement privé de la copie en double bande conservée par la Cinémathèque, celle-là même qui est présentée durant la rétrospective « Denys Arcand » à la Cinémathèque québécoise, à l'automne 2004.

La version originale d'*On est au coton* apparaît donc au grand jour après presque 35 ans de purgatoire ou de voûte réfrigérée. Elle fait maintenant partie intégrale du coffret DVD des documentaires d'Arcand. Tout vient à point à qui sait attendre.

On est au coton de Denys Arcand qui est, avec Gilles Groulx, le cinéaste québécois le plus souvent victime de la censure lors de la production d'un film. (Photo ONF)

Québec : Duplessis et après… (1972) – Ce deuxième long métrage documentaire à l'ONF, que son réalisateur veut appeler *Duplessis est encore en vie*, subit trois coupures, exigées par l'administration. Arcand obtempère, préférant ainsi sauver son film.

L'ONF oblige le réalisateur à changer de titre et lui impose ce qui est devenu la dénomination officielle. Ensuite, il doit retrancher une allusion au ministre Pierre Laporte, qui vient d'être assassiné durant les événements d'Octobre 70*. Enfin, il se voit obligé de supprimer toute la séquence originale de prégénérique, durant laquelle le ministre duplessiste Rémi Paul, en assemblée électorale, distribue généreusement des billets de banque à ses collaborateurs ; Paul s'étonne ensuite de découvrir un micro inconnu (celui de l'ONF), qu'il s'empresse de faire détruire. C'est Arcand lui-même qui, à la sortie du film, décrit toutes ces coupures avec un malin plaisir. Le Bureau de surveillance classe *Québec : Duplessis et après…* « Pour tous » le 19 juin 1972.

Entre-temps, le troisième volet de long métrage que veut faire Arcand, son projet *Les terroristes* (dans lequel il entend parler de la violence politique désespérée et du FLQ), est rejeté en 1970 par l'ONF, en même temps que sont relégués aux oubliettes des projets d'Hubert Aquin et Jacques Godbout sur l'anarchisme, et de Louis Portugais sur la violence révolutionnaire. C'est aussi à la même époque qu'est interdit de diffusion le film de Jacques Leduc, *Cap d'espoir**, un long métrage nettement felquiste, même s'il ne traite de ce sujet qu'à travers le prisme artistique de la bohème libertaire et contre-culturelle.

Il faut signaler enfin, pour clore ce chapitre onéfien des censures subies par Arcand, que c'est en 1972 qu'il se voit refuser d'entreprendre à l'ONF *Gina*, dont le titre de travail s'appelle *Les Jarrets noirs*. Arcand ne va revenir à l'ONF que pour réaliser *Le confort et l'indifférence*, à la fin des années 1970 et au début des années 1980.

Duplessis (1978) – Le grand succès de cette télésérie de sept émissions de Radio-Canada, en février et mars 1978, peut donner l'illusion que ce scénario d'Arcand a échappé au couperet de la censure et du dénigrement. Il n'en est rien. Fait rarissime, cette production fait l'objet d'une plainte officielle au CRTC, ce qui n'est pas rien. Dirigée par le jésuite Jacques Cousineau, la plainte est signée par Victor Barbeau, Robert Rumilly, Jean-Marc Brunet et Yvon Dupuis. Le jésuite avait déjà vu dans ce scénario une attaque contre l'Église catholique québécoise ; la plainte au CRTC, qui allègue que Radio-Canada n'a pas, en faisant cette série, contribué au développement de l'unité nationale ni respecté la loi de la radiodiffusion, donne comme argument central : « Par imagination maladive, on a déformé les attitudes de certains personnages jusqu'au degré qui se rapproche de la perversité, les étalant dans une atmosphère de fantaisie et de fiction morbide. » (*Le Droit*, 9 mai 1978)

Cette plainte secoue Radio-Canada et, même si le CRTC ne sévit pas contre elle, la société d'État décide de ne pas faire de reprise de la série *Duplessis* (sauf une fois en 1984), en dépit de son grand succès critique et public. Si bien que la Fondation André-Guérin, en 1996, entreprend de remettre en lumière cette histoire de censure et d'obstruction et d'assurer une rediffusion de *Duplessis*.

C'est le dernier affrontement d'Arcand avec la censure idéologique et politique. En 1981, *Le confort et l'indifférence*, le dernier document essai du réalisateur à l'ONF, passe comme une lettre à la poste. Les temps ont sans doute changé, car c'est une bonne partie de la critique et du public qui maintenant s'acharne sur le cinéaste. Car *Le confort* renvoie dos à dos péquistes et fédéralistes, qui ne se privent pas de dénoncer ce long métrage, alors que des critiques le trouvent « méprisant » (par exemple Lise Bissonnette dans *Le Devoir*).

En dépit de leurs grands succès, *Le déclin de l'empire américain* et *Jésus de Montréal* provoquent des critiques acerbes (*Le Devoir*, *Voir*). Plus tard, le public boude *Love and Human Remains* de même que *Stardom*. Après *Jésus de Montréal*, la critique* se montre encore dure vis-à-vis de la production fictionnelle d'Arcand. Les deux films en anglais sont jetés au bûcher. Des attaques cinglantes viennent de Pierre Falardeau, relayé par les revues *24 Images* et *Hors Champ*. *Joyeux calvaire* échappe à la vindicte, mais, à la sortie de *Stardom*, Victor-Lévy Beaulieu, dans *Le Couac*, écrit une diatribe haineuse contre le cinéaste, ligne critique qui continue avec *Les invasions barbares*, pris à parti également dans *Ciné-Bulles*, *Ici* et *Spirale*. Pour une large part de la critique, Arcand est un cinéaste devenu inintéressant et infréquentable depuis *Le déclin de l'empire américain*, un cinéaste hédoniste, bourgeois, réactionnaire. Comme le proclament Gérald Larose et Pierre Falardeau à Radio-Canada, autrefois Arcand défendait les ouvriers et la gauche, aujourd'hui il est passé à la droite.

En regard de toutes les formes de censure, la longue carrière de Denys Arcand est tout sauf « un long fleuve tranquille ». *Réal La Rochelle*

ARCAND, Denys, « Je ne rentre plus à l'ONF », dans *Contre la censure*, Conseil québécois pour la diffusion du cinéma, 19 mars 1973 ; ARCAND, Denys et Gérald GODIN, *Cinéma Québec*, 1, 2 (juin-juillet 1971) ; LA ROCHELLE, Réal, *Denys Arcand. L'ange exterminateur. Biographie*, Leméac, 2004 ; PRIVET, Georges, « Arcand, le coton et l'indifférence », *Voir*, 16 juin 1994 ; VÉRONNEAU, Pierre, *La production canadienne-française à l'Office national du film du Canada de 1939 à 1964*, thèse de doctorat en histoire, Université du Québec à Montréal, 1986.

▶ Politique (censure)

ARIOSO

Louise Maheux-Forcier (1929-) • Téléthéâtre refusé par Radio-Canada à cause de son contenu lesbien (1973)

Louise Maheux-Forcier est un des premiers écrivains au Québec à traiter du lesbianisme. Dans son journal *Le sablier* (1984), elle décrit sa consternation lorsque le scénario du téléthéâtre *Arioso* est refusé par la Société Radio-Canada en 1973 à cause de son sujet, jugé trop controversé. Après le succès à scandale d'*Amadou** en 1963, la réussite de son roman *Une forêt pour Zoé* (prix du Gouverneur général 1970) lui aurait permis de supposer que l'amour entre femmes n'était plus un sujet tabou. Cependant, ce n'est qu'en 1982 que ce téléthéâtre passera à l'écran de Radio-Canada, environ un an après sa publication.

Il s'agit de l'amour entre Julie, jeune écrivaine, et Sandra, sa sœur adoptive, qui s'aiment passionnément mais à l'insu de la société. Voulant assurer l'avenir social et financier de sa fille, la mère essaie d'amener Julie à épouser Laurent, homme d'affaires qui tournait autour de Julie même avant la mort de sa femme. Informé par la mère à propos du restaurant fréquenté par les deux amantes, Laurent les suit dans sa voiture. En essayant de semer Laurent, Sandra a un accident de voiture ; elle meurt et Julie sera confinée à une chaise roulante. Entourée des soins de la mère et du soupirant plein de remords, Julie se résout à écrire cette histoire d'amour sous forme d'arioso.

La réaction du public québécois en 1982 ne justifie nullement l'appréhension initiale de la Société Radio-Canada. Dans ses commentaires sur « *Arioso* ou le scandale qui n'a pas eu lieu », Lise Noël cite des statistiques de Radio-Canada qui indiquent un accueil plutôt favorable, le seul souci de certains auditeurs étant l'heure d'écoute jugée inappropriée pour les enfants. Comme Noël le souligne, le public québécois avait déjà connu le thème de l'homosexualité* à la télévision*, surtout dans les émissions américaines. Dans la presse, rares sont les critiques qui soulèvent des objections morales ; le critique Paul Gay*, qui avait condamné *Amadou* en 1963, s'emporte contre certaines « scènes lascives » d'*Arioso*, dans *Le Droit* (1er mai 1982). Louise Cousineau, dans *La Presse* (2 février 1982), critique la pièce pour sa « mièvrerie » et se demande si le public aurait accepté avec autant d'aplomb de telles scènes d'amour entre deux hommes, et s'il ne s'agit donc pas de l'exploitation de l'amour lesbien. Une autre controverse se présente dans un échange de lettres dans *Le Devoir*. En s'adressant à Maheux-Forcier (6 février 1982), Jeanne d'Arc Jutras, militante des droits gais, s'indigne contre le dénouement du télé-théâtre où la mort de Sandra et la dépendance de Julie impliquerait le triomphe de la société patriarcale; pour elle, cette histoire ne se distingue pas assez d'une longue tradition de littérature misogyne écrite par les hommes. L'auteure Gloria Escomel répond, le 13 février, en invoquant la liberté de l'écrivain, dont ce n'est pas le devoir de produire des récits exemplaires à l'usage du mouvement gai. Par contre, Escomel souligne le thème de l'écriture qui triomphe de la mort, leitmotiv récurrent chez Maheux-Forcier. Dans *Le Devoir*, Jean Basile affirme qu'avec *Arioso*, Maheux-Forcier atteint « la plénitude de son talent », mais lui aussi s'interroge sur l'ambiguïté de cette fin tragique : est-ce la société ou le destin qui rend impossible l'amour entre ces deux femmes ? En 2002, *Arioso* passe encore à la télévision, cette fois-ci dans le cadre de la semaine de la « fierté gaie », annoncée dans *Le Soleil* (31 juillet 2002) comme œuvre d'une époque révolue où l'homosexualité « était encore un sujet bien tabou ».

Kathleen Kellett-Betsos

MAHEUX-FORCIER, Louise, *Arioso* suivi de *Le Papier d'Arménie*, [Montréal], Pierre Tisseyre, [1981], 240 p.

ARISE, MY LOVE

Mitchell Leisen (1898-1972) • Film qui suscite l'ire de *L'Action catholique* à Québec (1940)

Le seul titre de gloire de ce film est d'avoir gagné l'Oscar du meilleur scénario original (Charles Brackett et William Wilder), ce qui n'est pas insignifiant. En 1939, une journaliste américaine de mode, basée à Paris, se rend en Espagne et se fait passer pour l'épouse d'un jeune compatriote condamné à mort pour avoir lutté contre les troupes du général Francisco Franco. Les deux réussissent à s'évader et à parvenir en France, d'où ils se rendent en Allemagne et en Pologne, puis ils se trouvent mêlés à divers événements du début de la guerre.

Le 12 novembre 1940, *Arise, My Love* est approuvé sans restriction par le Bureau de censure, présidé depuis peu par Elzéar Beauregard, un avocat libéral, et il prend l'affiche peu après. Il ne crée aucune vague à Montréal, mais à Québec, Gustave Vekeman, le rédacteur du « Ciné-bulletin »*, chronique quotidienne de *L'Action catholique*, écrit à Beauregard le 9 décembre :

> On ne devrait pas permettre sa circulation, car c'est un film qui, sous prétexte de défendre la démocratie, fait l'éloge de ceux qui ont combattu contre Franco, conséquemment l'éloge des Rouges qui massacraient les religieux et brûlaient les églises. [...]
>
> On oublie dans ce film d'inspiration nettement juive et internationale de dire que la véritable dictature était celle des Rouges d'Espagne et de la franc-maçonnerie*, contre lesquels Franco a défendu son pays. On fait un héros de cet Américain qui est allé combattre contre Franco et, par le fait même, on se trouve à glorifier tous ces volontaires (les faits sont là pour prouver qu'une bonne partie d'entre eux n'étaient que de purs bandits) qui ont combattu pour la franc-maçonnerie et les communistes à la solde de Moscou. [...]
>
> Au point de vue historique, c'est une farce monumentale ; au point de vue moral, c'est une aberration cynique et, au point de vue politique, c'est ce qu'on peut appeler une belle « gaffe » car ce n'est pas l'heure d'exhiber des films contre Franco alors que l'Angleterre s'efforce de se concilier l'amitié de cet homme. Pour ma part, j'ai écrit une note dans le journal à ce sujet et, dans une conférence que je suis à composer et que je donnerai dès que la liberté de parole nous sera de nouveau accordée en ce pays démocratique, je soulignerai les menées sournoises de l'internationale juive qui fait circuler des films à tendance nettement internationale, films dont nos tenanciers de salles de cinéma ne sont pas assez habiles pour découvrir le but caché : répandre l'idée d'une grande république universelle contrôlée par les juifs.

On retrouve ici un condensé de l'attitude de l'Église québécoise en regard de la guerre d'Espagne. Toute critique de ce pays où triomphent les catholiques avec le dictateur Franco et où la censure est aussi sévère qu'ici est malvenue. On y constate aussi l'antisémitisme qui a cours depuis les années 1920 dans les attaques contre le cinéma américain parce que les grands studios appartiennent presque tous à des juifs. On note aussi les préjugés contre les francs-maçons. De là à penser que les volontaires s'étant battus contre Franco étaient souvent des « bandits », il n'y a qu'un pas.

L'ensemble de l'Église* du Québec partage cette vision car elle s'est réjouie de la victoire de Franco sur les communistes, dont elle entretient une peur viscérale (elle approuve la Loi du cadenas* en 1937). Cette tentative de censure n'a pas abouti, mais elle manifeste un esprit largement répandu à la fin des années 1930. *Yves Lever*

ANQ-M, fonds Régie du cinéma, E 188, fiche du film ; Régie du cinéma, correspondance du Bureau de censure ; Tajuelo, Telesforo, *Censure et société ; un siècle d'interdit cinématographique au Québec*, 1998.

ARLETTY
(LÉONIE BATHIAT, 1898-1992)

Actrice française dont les principaux films subissent la censure étatique du Québec

La vie privée d'Arletty la situe loin des parangons de vertu. Fille d'ouvrier, elle devient secrétaire, puis réussit rapidement à entrer au music-hall et à la scène parisienne. Ses amants ne se comptent pas, elle ne se marie jamais, avorte la seule fois où elle tombe enceinte. Durant la Deuxième Guerre mondiale, elle fréquente des officiers allemands (« Mon cœur est français, mais mon cul est international », dit-elle en guise de défense), ce qui lui vaut deux ans d'exclusion des studios et de résidence surveillée à la Libération, en 1945.

Elle interprète rapidement des premiers rôles pour les meilleurs réalisateurs des années 1930 et 1940, dont elle n'est pas étrangère au succès. Le réalisateur Marcel Carné lui confie ses plus beaux personnages dans ses films qui, avec les scénarios de Jacques Prévert, marquent le sommet du réa-

Arletty est ainsi vue lors de la sortie en France du *Jour se lève* de Marcel Carné (1939). Le film est d'abord interdit au Québec pendant un an et cette scène d'Arletty est disparue lors de la présentation ; elle disparaît d'ailleurs en France durant l'Occupation.

lisme poétique français. Elle excelle dans les interprétations de fille facile et de péripatéticienne.

Sa réputation sulfureuse la suit dans le bureau des censeurs. Les films importants où elle joue sont presque tous interdits au Québec dans un premier temps et ils ne sont ensuite vus qu'au prix de nombreuses coupures ou après de longs délais. C'est le cas de *Hôtel du nord**, *Le jour se lève**, *Les visiteurs du soir*.

Au moment de l'affaire *Maxime** (1958), Arletty remarque avec humour : « Je n'ai pas de chance avec le Canada. On avait interdit *Les enfants du paradis** qui a même donné lieu à un incident diplomatique […]. Mais vous pouvez dire que cette fois, je n'y suis absolument pour rien ; je suis très décemment vêtue et rien de ce que je dis ne peut faire l'objet d'une censure ! » (*Le Devoir*, 4 novembre 1958) Avec les années 1960, elle n'obtient plus de grands rôles à cause d'une cécité envahissante. *Yves Lever*

DEMONPION, Denis, *Arletty*, Flammarion, 1996 ; *Douin*, Jean-Luc, « Arletty », *Dictionnaire de la censure au cinéma*, 1998.

« L'ART ET LA MORALE »

Louis Dantin [Eugène Seers, 1865-1945] • Article majeur sur l'autonomie de l'art en regard de la morale, en réponse à une réplique d'Edmond Léo (1926-1928)

Entre 1926 et 1928, un débat met aux prises deux critiques aguerris, Edmond Léo (pseudonyme du jésuite Armand Chossegros) et le critique Louis Dantin. Aucun des articles de cet échange n'est l'objet de censure ; par contre, la réplique de Dantin représente l'une des prises de position les plus fermes en faveur d'une critique littéraire* qui se veut émancipée de la morale. Elle s'écarte résolument de la doxa des années 1920, soutenue entre autres par Mgr Louis-Adolphe Pâquet dans « Les déviations de l'art* » en 1924.

Robert Choquette fait paraître en 1925 *À travers les vents*, un recueil qui se démarque nettement du terroir et du régionalisme triomphants. L'ouvrage est bien accueilli ; Louis Dantin est de ceux qui se sont plu à la lecture de ce recueil, bien qu'il y relève, avec son habituelle délicatesse, des maladresses et des facilités. Dans la première édition, en 1925, Choquette a inséré un avant-propos qui, en contradiction avec l'ensemble de l'œuvre, a soulevé des critiques méritées, dont celle de Dantin, dans *L'Avenir du Nord* (26 novembre 1926) de Jules-Édouard Prévost, à

> J'espère, pour l'honneur du sens commun, que personne ne va prétendre que c'est de l'art que nous offre le cinéma ordinaire. C'est de la pacotille d'art, c'est du camouflé, c'est moins que cela, surtout, quand il s'agit de la majorité des films américains, c'est du poison vif et pour les esprits et pour les âmes. Voilà ce qu'on vous vend dans le cinéma. (Adélard Harbour*, 1927)

Saint-Jérôme : « D'ailleurs, la thèse littéraire de M. Choquette n'exerce aucune influence sur son œuvre, pour l'excellente raison que lui-même en viole tous les principes. » Dantin ramène le débat à l'essentiel et à sa croyance inaliénable, c'est-à-dire à l'art comme seul critère d'appréciation de l'art, position presque subversive pour l'époque :

> Cette préface arbore toute une théorie littéraire qui prêterait à une longue discussion. Ce serait en partie la vieille escarmouche de l'art pour l'art, c'est-à-dire pour le beau, avec l'art pour le vrai, la vertu, la patrie, et une foule d'autres saintes causes. Mais on peut sauter à pieds joints par-dessus cette dispute en notant simplement ceci : pour que l'art serve une cause quelconque, *il faut d'abord que ce soit de l'art*. Et alors on en revient au premier principe : pour être de l'art, il faut que ce soit achevé. La grandeur de la cause peut être un mobile pour l'art, elle ne peut lui servir d'excuse. L'art reste distinct, indépendant, soumis à ses lois intimes et doit être jugé à sa mesure propre.

Il est difficile de se démarquer de manière plus nette du cortège des critiques « moraux » qui dominent alors. Dantin ajoute même cette phrase qui courroucera un membre du clergé : « Il y a des péchés lyriquement beaux, des chutes morales dramatiquement superbes. Il y a des bandits pittoresques et de belles courtisanes. » Trop, c'est trop, et voilà qu'entre en éruption Edmond Léo, dans une réplique parue dans *Le Devoir** du 19 février 1927, et dont le titre touche au cœur de la question : « L'art et la morale ».

Edmond Léo ne nomme ni Dantin ni *L'Avenir du Nord*. Mais, pour le reste, il est clair : « Dans un journal canadien s'étalaient naguère des théories spécieuses sur l'art et la morale, théories de nature à induire en erreur les artistes qui s'y laisseraient prendre. » Sa position est péremptoire : l'œuvre d'art doit respecter la morale, si bien que l'écrivain « est responsable devant Dieu et devant les hommes des péchés et des crimes dont il sera la cause naturelle ». Dès lors, l'art ne peut rien offrir qui conteste radicalement certaines vérités sociales, religieuses, idéologiques ; bien au contraire, il est soumis à la loi morale et aux enseignements de l'Église. Plutôt que la distance, c'est la proximité à la loi qui est le critère de Chossegros, et il n'est pas étonnant qu'à titre de critère pour jauger la responsabilité de l'écrivain, il choisisse l'exemple du crime. Car le crime, le meurtre en particulier, est assurément la représentation la plus vive de l'émancipation vis-à-vis de la loi, et pour cette raison l'une des thématiques les plus importantes pour estimer l'autonomie du littéraire face à la morale ; la solidarité de l'art et de la morale pose une similarité entre le crime réel et le crime littéraire et, de là, confère aux représentations textuelles une influence sur le comportement. Nombreuses sont les censures, dans l'histoire, qui s'appuient sur une vision perlocutoire du littéraire : « Lire, c'est faire. » Croyant régler son compte à Dantin, Chossegros tente l'estocade : « Il faut répondre qu'il n'y a pas de péchés lyriquement beaux, qu'il n'y a pas de beaux crimes. Ce qui est laid moralement reste laid esthétiquement, c'est la loi essentielle des choses. » Cette *loi essentielle*, censoriale, précède et fonde la loi juridique et gouverne les représentations artistiques.

Dantin réplique à Chossegros dans un article reprenant le titre « L'art et la morale » (*La Revue moderne*, 15 septembre 1928), avec sa clarté mais aussi son tact usuel. Cette repartie (que *Le Devoir* a refusé de publier) n'a pas été faite sans prévention, puisqu'il a écrit à Robert Choquette, le 15 juillet :

> Est-ce que vraiment vous publierez l'article sur *l'Art et la Morale*, vous exposant ainsi aux mimes sérieuses des puritains ? [...] Notez bien que ma thèse est non seulement juste, comme l'admettra tout artiste, mais *techniquement orthodoxe*, et qu'elle a les réserves et les distinctions qui la feraient passer devant l'Inquisition elle-même. [...] Malgré tout, elle va bien plus loin que nos petits esprits ne voudraient l'admettre, ou dire tout haut en l'admettant.

Il n'est pas question pour Dantin de reculer sur ses principes artistiques. « Un article récent que le *Devoir* a publié attaque certains passages de mon étude critique sur les poèmes de Robert Choquette. Il le fait avec dignité, mesure et apparence de raisonnement, ce qui est agréable à constater. » Mais la position de Dantin demeure ferme : la beauté morale ne doit pas être le critère unique de toute beauté. Dantin persiste à séparer la beauté esthétique de la beauté morale : « Des tortures qu'il implique, de la plainte cruelle qu'il exhale, l'art tirera un frisson esthétique [...]. » Quoi qu'on en dise, il y a des péchés lyriquement beaux.

Dantin va même jusqu'à prétendre que la censure catholique, que l'Index* reconnaît la beauté artistique du laid. Supposons un orfèvre, dit-il, qui cisèle un crapaud dans l'or d'un vase. La laideur, le mal se voient alors « transfigurés au prisme de l'art ». « Autrement, pourquoi les mauvais livres seraient-ils dangereux ? Pourquoi tant de chefs-d'œuvre de la littérature française seraient-ils à l'Index ? » C'est par là reconnaître qu'il y a de beaux vices. Se plaçant, comme il le fera toute sa vie, « sur le pur terrain esthétique », Dantin conclut :

> Ainsi, il ne s'agit pas de savoir si la morale est au-dessus de l'art, si elle a la mission de le guider, de le régenter, de le soumettre à la censure ; si l'artiste est tenu de la servir, en lui sacrifiant au besoin ses conceptions les plus brillantes ; s'il faut arborer la maxime : « L'art pour le bien », ou cette autre : « Périsse l'art plutôt que la morale. » Je n'ai voulu ni fait cette enquête ; je la laisse à débattre aux moralistes. Mais par contre, de grâce, quand il s'agit de définir et de délimiter le beau, que les moralistes nous laissent tranquilles.

Cet article hante Dantin jusque dans les années 1930. L'éditeur* Louis Carrier, disposé à publier son second recueil de critiques (qui inclut l'article sur l'art et la morale), doit se désister pour des motifs pécuniaires. Dantin écrit alors à Alfred DesRochers, au mois de février 1930 :

> Et mon bon ami Jules-Édouard Prévost va devoir colporter le manuscrit parmi les autres éditeurs, qui n'en voudront probablement pas à cause de ce damnable article sur « l'Art et la morale » qui en fait partie. Carrier lui-même voulait faire deux éditions, l'une *avec*, l'autre *sans* l'article !... Toute cette peur pour un exposé non seulement très modéré, mais *strictement orthodoxe*, et que j'ai offert de soumettre à l'abbé Maurault pour bien élucider ce point ! Mais il ne suffit pas de satisfaire l'orthodoxie ; il faut calmer encore la bigoterie puritaine.

Alfred DesRochers confirme des peurs semblables chez Albert Lévesque, mais davantage pour les contes et en particulier « Le Risque », et à cause du fait que l'éditeur est déjà lui-même surveillé par les autorités religieuses : « [...] il est constamment menacé d'une dénonciation », écrit DesRochers à Dantin (17 mai 1930). Lévesque accepte toutefois la publication du recueil *Gloses critiques* en 1931, sans y retrancher l'article incriminable.

Cette prééminence de la morale sur l'art, fondement de la revue *Lectures** (1946-1966), trouvera un sommet dans *La morale amie de l'art** (1948), d'Eugène Lefebvre ; l'art ne s'affranchira véritablement de la morale catholique qu'à la fin des années 1950. Au milieu des années 1920, Louis Dantin demeure l'un des rares critiques à revendiquer aussi ouvertement la nécessité d'un art libre, poursuivant les exigences de l'art pour l'art du *Nigog* (1918) et annonçant l'autonomisation à venir des lettres à l'égard du pouvoir clérical. *Pierre Hébert*

DANTIN, Louis, « L'art et la morale », *Le Revue moderne*, 9, 11 (septembre 1928), p. 7 et 54 (repris dans *Gloses critiques*, 1931) ; LÉO, Edmond, « L'art et la morale », *Le Devoir*, 19 février 1927, p. 1.
ANQ-S, correspondance Alfred DesRochers-Louis Dantin, fonds Alfred-DesRochers ; DANTIN, Louis, *Essais critiques*, édition critique préparée par Yvette Francoli, I, Montréal, Les Presses de l'Université de Montréal, coll. « Bibliothèque du Nouveau Monde », 2002.

◉ *Foi et littérature* ; *Gay, Paul* ; *L'homme qui va...* ; *Hôtel de la Reine* ; *L'ineffaçable souillure* ; *Maxime* ; *L'offrande aux vierges folles* ; *Oscar Wilde* ; *Rapport Boyer [...]* ; *Trouble in Paradise*

À TOUT PRENDRE

Claude Jutra (1930-1986) • Film coté « À proscrire » par L'Office catholique national des techniques de diffusion (1963)

Claude, cinéaste de 30 ans, célibataire et bohème, a une aventure avec Johanne, mannequin et Noire, sans cesser de coucher à droite et à gauche et en dissimulant mal son attirance pour les garçons. Il met Johanne enceinte, puis il lui trouve l'argent nécessaire à un avortement. Il disparaît ensuite dans ce qui a tout l'air d'un suicide. Voilà, en 98 minutes, l'essentiel de ce que la morale traditionnelle condamne au Québec.

Apporté au Bureau de censure par le Festival international du film de Montréal, *À tout prendre* est accepté officiellement le 15 août 1963 (mais il a été visionné avant puisqu'il est projeté le 10 août au Festival). Il obtient le même verdict le 4 mars 1964 quand le distributeur Columbia le présente en vue de la diffusion commerciale, laquelle débute le 15 mai suivant.

Projeté en compétition dans la section Festival du cinéma canadien, il remporte le grand prix. Mais la critique le reçoit de façon très mitigée. Les chroniqueurs des quotidiens ne savent trop quoi penser et se réfugient dans de vagues considérations esthétiques. Les revues *Objectif* et *Parti pris* le démolissent et réussissent mal à cacher leur antipathie envers le personnage principal, joué par le réalisateur lui-même. Même dans ces revues de gauche, l'aveu de l'homosexualité* de Jutra provoque un rejet qu'on a peine à comprendre quelques années plus tard. La revue de cinéma *Séquences* l'ignore totalement. L'Office catholique national des techniques de diffusion le classe « À proscrire » avec cette justification : « Centré sur une liaison adultère, ce film malsain fait complaisamment étalage des dérèglements de ses héros. »

Une version anglaise, réalisée avec Leonard Cohen, passe à *CBC Television* en avril 1965, mais « a number of cuts were made, ostensibly for reasons of time but actually to remove all references to Claude's homosexual tendencies », affirme Dean Leach dans *Claude Jutra, filmmaker*. Radio-Canada, de son côté, le présente intégralement le 21 décembre 1965 à son Ciné-club.

Le film revient au Bureau le 28 décembre 1967, apporté par Art-Film, et il est classé « 18 ans » le 11 janvier 1968. Une copie apportée par la Cinémathèque québécoise le 21 janvier 1975 est autorisée pour les « 14 ans » et plus. Après 1991, la version sur pellicule ou sur support vidéo peut être louée aux « 13 ans » et plus.

Devenu rapidement *le* film emblématique du cinéma d'auteur québécois, *À tout prendre* est régulièrement projeté à la télévision. Il ne suscite plus de controverse, seulement une grande admiration.

ANQ-M, fonds Régie du cinéma, E 188, fiche du film ; *Recueil des films*, 1964 ; Leach, Dean, *Claude Jutra, filmmaker*, p. 72 ; Régie du cinéma, Répertoire des films sur le site web ; toutes les autres références et une bibliographie visant l'exhaustivité sur ce film se trouvent dans Lever, Yves, *Le cinéma de la révolution tranquille*, 1991, reproduit ensuite dans le site web de l'auteur.

À TRAVERS LES BEAUX LIVRES
Bibliophile [Blanche Gagnon, 1867-1951] • Guide bibliographique pour la constitution d'une bonne bibliothèque (1934)

Auteure de Québec et fille de l'écrivain Ernest Gagnon, Blanche Gagnon fait paraître en 1934, sous le pseudonyme* de Bibliophile, un guide de lectures, *À travers les beaux livres*. L'ouvrage se destine à quiconque voudrait se constituer une bibliothèque* composée d'une « sélection de livres d'une réelle valeur éducative et littéraire et d'une irréprochable moralité ».

D'entrée de jeu, Gagnon cite le philosophe anglais Francis Bacon : « S'il m'était permis de contrôler la littérature qui entre dans les foyers, je serais en mesure de garantir le bien-être de l'Église et de l'État. » Cet appui sans équivoque au contrôle littéraire fait l'apologie de l'œuvre de l'abbé Louis Bethléem*, en particulier son répertoire *Romans à lire & romans à proscrire* (1904) et sa *Revue des lectures* (fondée en 1908). La législation générale de l'Index* est également rappelée brièvement.

Le guide de Blanche Gagnon propose des centaines de titres, répartis en sept grandes catégories : I, ouvrages de culture religieuse ; II, ouvrages de formation ; III, biographies, souvenirs, correspondances, voyages ; IV, ouvrages de culture générale ; V, livres de distraction ; VI, quelques rayons pour enfants ; VII, en marge du catalogue. Parmi les nombreux genres qu'elle aborde, l'auteure fait grand cas du roman, inclus dans la catégorie « livres de distraction ». En effet, écrit-elle, ils peuvent détourner « des meilleurs livres ». Elle s'appuie sur le sénateur Thomas Chapais, très critique à l'égard du genre, qu'elle cite longuement en introduction. Bref, une lecture trop assidue d'œuvres d'imagination « prédispose aux maladies nerveuses et mentales ».

Ce discours sur la nécessité de contrôle de la littérature fait écho aux idées dominantes de l'époque, particulièrement chez des critiques catholiques comme Carmel Brouillard, auteur de *Sous le signe des muses** (1935) : la prééminence de la morale, le refus de l'art pour l'art, etc. Mais surtout, *À travers les beaux livres* désigne l'une des premières entreprises, voire la première, qui attribue aux nouvelles et romans une cote morale. Seuls ces genres se voient accorder des cotes, en l'occurrence I, II ou III, selon que l'œuvre est respectivement « pour les jeunes à partir de 15 ans », « pour la généralité des lecteurs après 18 ans » ou « pour des lecteurs d'un certain âge et d'un jugement bien formé ». Une quinzaine de romans canadiens seulement y figurent, dans une liste de quelque 30 pages. On y retrouve, entre autres, *Les anciens Canadiens* (II) de Philippe-Aubert de Gaspé ; *Angéline de Montbrun* (II) et *La sève immor-*

telle (III) de Laure Conan ; *Maria Chapdelaine* (II) de Louis Hémon ; et quatre romans de Harry Bernard (III), *La ferme des pins*, *L'homme tombé*, *La maison vide* et *La terre vivante*.

Ce répertoire annonce en quelque sorte *Mes fiches* (1937) et, plus tard, l'entreprise de la revue *Lectures**, de l'éditeur Fides. Il reçoit l'approbation entière du quotidien *Le Devoir** (20 mars 1935), qui le vend à son Service de librairie. *Pierre Hébert*

BIBLIOPHILE, *À travers les beaux livres*, Québec, 1934, L'Action sociale limitée, 178 p.

AUTOCENSURE

◐ Chanson ; Critique du cinéma ; *Le débutant* ; Édition ; *Les enfances de Fanny* ; *Le festin des morts* ; Index ; Institut canadien de Québec ; Liberté de presse ; Librairies ; Littérature de jeunesse ; *Marie Calumet* ; Newman, Sydney ; *Octobre* ; Office national du film ; *L'offrande aux vierges folles* ; *Les paradis de sable* ; « Les romans de la jeune génération » ; Télévision ; *Une de perdue, deux de trouvées*

AUTODAFÉ

◐ Anticoton ; *Le débutant* ; Édition ; *L'ineffaçable souillure* ; Institut canadien de Québec ; Liberté de presse ; Librairies

AUTOÉDITION

◐ *La fille du silence* ; *La Scouine*

« AUX CHEVALIERS DU NŒUD COULANT »

Rémi Tremblay (1847-1926) • Poème qui entraîne le congédiement de Tremblay et de deux autres traducteurs (1887-1888)

Aux petites heures du matin, le 12 avril 1888, le gouvernement canadien, dirigé par le Parti conservateur de John A. Macdonald, met le point final à une gênante et litigieuse affaire longue de quatorze mois : en congédiant trois des huit traducteurs attitrés de la Chambre des communes, d'allégeance libérale, il censure, argue-t-il, leur participation à la campagne électorale des mois de janvier et février 1887, activité pourtant naturelle chez nombre de traducteurs. Le véritable leitmotiv de cette commotion, sans précédent dans le monde politique du XIXe siècle canadien, demeure cependant un simple poème qui dénonce avec flamme et colère le comportement des députés québécois conservateurs lors de l'Affaire Louis Riel : « Aux chevaliers du nœud coulant », du journaliste et traducteur Rémi Tremblay, l'une des trois victimes du gouvernement Macdonald et clairement l'homme le plus visé par cette action politique.

Issu d'une famille ayant pris les armes à Saint-Denis en 1837 contre l'armée britannique, le jeune Tremblay (1847-1926) vit les affres des crises économiques canadiennes et, avec sa famille, s'expatrie en Nouvelle-Angleterre au début des années 1860. À 16 ans, il participe à la guerre de Sécession américaine, revient au Québec en 1865, mais faute de travail reprend rapidement le chemin des États-Unis. Sa passion des langues, sa discipline – il est autodidacte –, et sa ferveur patriotique font qu'il devient bientôt correspondant pour divers journaux, dont *Le Pionnier* de Sherbrooke, sa porte d'entrée vers une carrière journalistique. Après diverses aventures fructueuses, entre autres au *Courrier de Montréal* et au *Canard*, où il aiguise cette verve voltairienne que l'on retrouve dans ses recueils *Chansonnier politique du Canard* (1879) et *Caprices poétiques et chansons satiriques* (1883), mais désillusionné par l'ensemble du monde politique canadien, l'indécis conservateur qu'il est devenu cède aux demandes du juge franco-américain Hugo Dubuque et, au printemps de 1885, accepte la charge de rédacteur de *L'Indépendant* de Fall River (Mass.). Il occupe cet emploi parallèlement à sa nouvelle charge de fonctionnaire, puisqu'il a obtenu, l'année précédente, le premier poste de traducteur du *Hansard* sélectionné par le biais d'examens plutôt que par favoritisme politique.

C'est à Fall River que, impuissant, il vit les multiples péripéties de l'affaire Riel, chef métis et fondateur virtuel du Manitoba, dont l'exécution, le 16 novembre 1885, met en lumière l'immobilisme et les promesses creuses des 23 membres québécois du

AUX CHEVALIERS DU NŒUD COULANT

Enfin vous l'avez eu votre jour de victoire :
Vous avez soufflété la patrie aux abois.
Pour vous, la trahison est un titre de gloire,
Vous prodiguez l'opprobre au noble sang gaulois.
Honte éternelle à vous, renégats, mercenaires
Pour qui le vil métal est la suprême loi !
Courtisans d'une secte aux instincts sanguinaires,
Traîtres au sol natal, traîtres à votre foi,
Enfants dégénérés d'une race virile,
Conçus par l'intérêt, enfantés par la peur,
Battez des mains, riez, ô phalange servile :
On nous prend, grâce à vous, pour un peuple sans cœur.
Vous qui d'un zèle outré nous donnâtes la preuve,
Quand la patrie en deuil appela ses enfants,
Vous nous avez trahis au moment de l'épreuve,
Et vous rampez aux pieds des vainqueurs triomphants.

En dépit du courroux que vous fîtes paraître,
Quand le sang d'un martyr eut rougi l'échafaud,
On vous a vu bientôt, sur un signe du maître,
Insulter la victime, exalter le bourreau.
Depuis lors, piétinant sur le cadavre inerte
De celui qui mourut pour défendre les siens,
Vous n'avez eu qu'un but : consommer notre perte.
Triomphez aujourd'hui, vils politiciens !
Ah ! vous avez voulu nous traîner dans la boue
Et souiller dans le sang votre immonde drapeau !
Aux soufflets de vos chefs présentant notre joue,
Vous nous avez livrés comme on livre un troupeau !
Eh bien ! vos propres fils, évoquant la mémoire
De vos tristes exploits, seront saisis d'horreur,
Car vos ignobles noms, abhorrés dans l'histoire,
Rediront notre honte et votre déshonneur.

Stoke Centre, 26 février 1887.

* Cette pièce a été imprimée aux frais du gouvernement fédéral. Elle fait partie des archives officielles de la Chambre des Communes, et elle a valu à l'auteur l'honneur de perdre un emploi qu'il a toujours rempli avec fidélité et compétence, d'après la propre déclaration de ceux qui l'ont destitué.

« Aux chevaliers du nœud coulant », dans *Coup d'œil et coups de plume*, p. 70-71.

gouvernement conservateur durant le procès du Métis. Perçue tant au Québec que dans la Nouvelle-Angleterre catholique et francophone comme l'illustration du fanatisme religieux et des préjugés raciaux du Canada anglais, l'exécution de Riel exacerbe le sentiment patriotique des Canadiens français. Pendant que s'organise le Parti national d'Honoré Mercier, Tremblay et Dubuque fondent la Ligue des Patriotes, vouée à la défense des droits et intérêts de la langue française d'Amérique.

En février 1886, Tremblay retourne toutefois vers Ottawa et continue sagement de s'occuper de ses tâches de traducteur et de correspondant parlementaire lors de la quatrième session du cinquième parlement. La prorogation de la Chambre, le 2 juin 1886, et sa dissolution subséquente, le 15 janvier 1887, ont un effet catalyseur sur lui et sur deux de ses collègues traducteurs, Ernest Tremblay et Eudore Poirier, qui voient dans cette élection l'occasion de dénoncer haut et fort le parti des « pendards ». Rémi Tremblay plonge alors avec toute son énergie dans la campagne, multipliant les rencontres, assemblées et discours publics. Il y défend avec ardeur, dans la circonscription de Richmond-Wolfe où il tient résidence, la cause du conseiller de Louis Riel lors de son procès, le libéral James Naismith Greenshields, contre le député conservateur de l'endroit, l'avocat et homme d'affaires William Bullock Ives, qu'il affronte souvent directement sur les tribunes. Ives est réélu, avec une marge sensiblement réduite, mais il ne pardonne pas à Tremblay ses interventions musclées. Quatre jours après l'élection, déçu et frustré, le traducteur et poète de Stoke complète la rédaction de son fielleux poème, « Aux chevaliers du nœud coulant », dans lequel il vilipende les députés canadiens-français ayant, à toutes fins utiles, entériné la position antirielliste du gouvernement conservateur. Plusieurs journaux libéraux, dont *La Patrie**, publient son texte dans les jours qui suivent.

Cinq semaines s'écoulent et, le 22 mai, William B. Ives et Joseph-Adolphe Chapleau, deux éléments importants de l'équipe de John A. Macdonald, adressent une lettre à l'Orateur de la Chambre des communes, le conservateur Joseph-Aldéric Ouimet, lettre dans laquelle le poème tient une place centrale, et exigent le renvoi des trois traducteurs. « Aux chevaliers du nœud coulant » devient ainsi le compendium de toute l'argumentation des trois traducteurs. Les journaux canadiens-français, la conservatrice *Minerve* en tête, entreprennent alors une virulente campagne médiatique pour ou contre le congédiement de Tremblay. Durant ce temps, à Ottawa, rien toutefois ne semble plus vouloir transpirer de cette affaire ; les mois passent, la Chambre est prorogée, puis rappelée pour le 23 février 1888. Ce n'est qu'à la veille de la reprise des travaux, presque un an jour pour jour après la publication du poème que, à la surprise générale, le couperet tombe et que les trois traducteurs reçoivent la nouvelle officielle de leur mise à pied.

Toute l'affaire se serait perdue dans les méandres bureaucratiques de l'histoire du favoritisme et du fonctionnariat si elle ne s'était bientôt retrouvée, sans doute au grand dam du gouvernement, sur le plancher de la Chambre des communes. En effet, six jours plus tard, le 28 février 1888, le chef de l'opposition, Wilfrid Laurier, soulève une question de privilège pour remettre en question le droit de l'Orateur de congédier des employés de la Chambre. Les députés n'ayant pas en main les documents relatifs à cette affaire, la question est reportée au lendemain. Le 1er mars donc, le chef libéral, rappelant que le congédiement est basé sur des brochures et des articles publiés dans les journaux, suggère qu'il serait naturel, selon l'usage, que lesdits documents soient imprimés dans les *Procès-verbaux de la Chambre des communes* ; conscient du caractère volumineux du dossier, il accepterait cependant que ne soient publiées que les lettres de messieurs Chapleau et Ives, ainsi que la réponse des traducteurs. Au terme d'un débat échevelé et aride sur la question, il est plutôt accepté que soit faite immédiatement la lecture de ces documents, dont les vers de Tremblay. Pris au piège des règlements parlementaires – tout document lu doit être intégré aux documents officiels de la Chambre –, les députés conservateurs québécois, à leur grand désarroi, feignent d'accepter son impression alors qu'ils n'en n'ont plus le choix ; « Aux chevaliers du nœud coulant » entre ainsi, involontairement, dans la grande histoire parlementaire du Canada.

Les documents, imprimés et traduits, ironiquement, par les trois traducteurs congédiés, sont remis aux députés pour discussion, le 11 avril. Le débat qui s'ensuit dure neuf heures et couvre deux sessions. Les écrits et paroles de Rémi Tremblay, résumés par son poème, régulièrement cité, sont au centre des discussions et les libéraux de Laurier gagnent haut la main ce débat, à la fois sur la question technique l'absence du droit de l'Orateur de la Chambre des communes de congédier un traducteur – et sur le fond, parvenant à démontrer à de multiples reprises la dichotomie entre les paroles publiques des députés conservateurs du Québec durant l'affaire Riel et leurs gestes réels, validant ainsi la teneur du poème honni :

> Vous qui d'un zèle outré nous donnâtes la preuve,
> Quand la patrie en deuil appela ses enfants,
> Vous nous avez trahis au moment de l'épreuve,
> Et vous rampez aux pieds des vainqueurs triomphants.
> En dépit du courroux que vous fîtes paraître,
> Quand le sang d'un martyr eut rougi l'échafaud,
> On vous a vu bientôt, sur un signe du maître,
> Insulter la victime, exalter le bourreau.

Majoritaire à la Chambre, le gouvernement Macdonald maintient cependant sa position et appuie la décision finale de l'Orateur.

Nul n'était toutefois dupe ; ce congédiement ne visait qu'à faire taire les auteurs des virulentes attaques contre les députés « pendards » du Québec et à tuer dans l'œuf l'engouement grandissant envers le nouveau Parti national d'Honoré Mercier, qui désirait réunir sous une même bannière patriotique libéraux et conservateurs. « Aux chevaliers du nœud coulant » devint ainsi le symbole de l'ire des Canadiens français, et le seul poème du XIXe siècle à être ainsi censuré par les autorités politiques du pays. Entre-temps, les traducteurs, anciens comme nouveaux, continuèrent de participer activement aux campagnes électorales. *Jean Levasseur*

Tremblay, Rémi, « Aux chevaliers du nœud coulant », dans *Coups d'aile et coups de bec,* [Montréal], Imprimerie Gebhardt-Berthiaume, [1888], p. 70-71.

Tremblay, Rémi, *Un revenant. Épisode de la guerre de Sécession*, Jean Levasseur éd., [Sainte-Foy], Éditions de la Huit, [2003].

▶ Poème (censure d'un) ; Politique (censure)

AVEC OU SANS AMOUR

Claire Martin [Claire Montreuil, 1914-] • Recueil de nouvelles dont deux ont fait l'objet d'une demande de censure par Paul Gay, juré pour le prix du Cercle du livre de France (1958)

Avec ou sans amour, recueil de nouvelles publié par le Cercle du livre de France en 1958, est le premier livre de Claire Martin. L'œuvre a remporté le prix* du Cercle du livre de France cette même année, non sans une tentative de censure exercée par un membre du jury.

Par son contenu et son ton, ce livre rompt avec les valeurs traditionnelles de la famille et de la religion jusqu'alors dominantes dans la littérature québécoise. La voix narrative est ironique et résolument moderne ; le regard sur l'inimitié qui caractérise les rapports humains se révèle impitoyable. Comme l'indique le titre, toutes les nouvelles du recueil traitent de l'amour ou, plus souvent, de son contraire : la haine, la jalousie, la méfiance ou l'indifférence qui règnent à l'intérieur du couple et de la famille. L'amour, dans les rares moments où il apparaît, est un don librement échangé et non possessif, une expérience de jouissance passagère qui ne survit pas à la prison du mariage.

Les deux nouvelles qui ont été l'objet de la tentative de censure, « La portion congrue » et « Confession », ont en commun cette image négative du mariage, ainsi qu'une vision cynique de la mesquinerie et de la cruauté des êtres humains. Dans « La portion congrue », Valérie, qui s'est mariée au premier venu pour réaliser ses rêves adolescents de robe blanche et de maison à aménager, trouve plutôt à l'intérieur du mariage la brutalité, la haine et les viols répétés aux mains d'un mari alcoolique. Après sa mort, assoiffée de sensualité, elle devient obsédée par un homme qui, après une brève visite à la maison, lui avait pincé les fesses et donné une claque avant de partir sans même lui regarder le visage. Espérant le revoir, elle se présente devant sa maison tous les jours, et se laisse amaigrir au point de devenir méconnaissable. Après plusieurs mois, l'homme, revenu de voyage, aperçoit Valérie devant sa maison et court avertir la concierge de dire à cette femme qu'il est parti pour toujours. Dissimulé derrière les rideaux de son appartement, il regarde Valérie s'en aller « avec son dos arrondi, son pas traînant. Avec comme viatique, le pauvre souvenir de ce que l'amour lui avait donné. Une grande claque sonore et un pinçon. » Dans « Confession », un homme paresseux épouse la femme qu'il croit aimer et se trouve condamné à une vie de travail à la ferme que les parents de sa femme leur ont donnée. Après plusieurs années de corvée et de haine mutuelle, il tue sa femme et laisse son corps dans la cave avant de s'évader vers une autre région du pays. La vie de paresse et de liaisons superficielles finit cependant par l'ennuyer et il décide de revenir à la maison abandonnée. Lorsqu'il descend dans la cave, il trouve le cadavre de sa femme, mais non à l'endroit où il l'avait laissé. Sur les murs, son nom est inscrit à la peinture blanche, avec les mots « assassin, assassin ». Il quitte la maison en hurlant et se fait arrêter sur la route.

Le prix annuel du Cercle de livre de France était attribué au meilleur manuscrit de la maison d'édition avant sa publication, ce qui a permis le genre de pression exercée sur Claire Martin, et révélée dans sa correspondance avec son éditeur* Pierre Tisseyre. Dans une lettre du 20 octobre 1958, Tisseyre apprend à Claire Martin qu'un membre du jury, le père Paul Gay*, veut qu'elle supprime les deux nouvelles « La portion congrue » et « Confession », sous prétexte que la première est « trop sensuelle » et la deuxième, « invraisemblable ». En outre, ajoute Pierre Tisseyre, les Frères de Sainte-Croix, propriétaires de l'Imprimerie* Saint-Joseph (sans doute avertis par le père Gay) refusent d'imprimer le livre, qui donc sera imprimé chez Thérien Frères, mais en disposant de moins de temps que prévu pour la correction des épreuves. Le 22 octobre, un autre juré, Pierre Daviault, ayant appris par Claire Martin qu'on exige des modifications substantielles au manuscrit, menace de démissionner publiquement en donnant les raisons suivantes :

> I Comme la majorité des membres du jury, je me suis prononcé pour un certain manuscrit, que je rejetterais peut-être s'il subissait des modifications essentielles. II Je ne puis me soumettre à la dictature occulte d'un membre du jury. Si cette dictature devait s'exercer, je démissionnerais du jury en faisant connaître mes raisons au public. III Je n'admets pas que, implicitement, on ternisse ma réputation d'honnête homme en faisant croire que j'ai approuvé un manuscrit pornographique. IV Je n'admets pas non plus qu'on ternisse à la légère la réputation d'une dame.

Le lendemain, Tisseyre écrit à Claire Martin en l'assurant qu'il respectera entièrement ses vœux quant au contenu de son manuscrit :

> J'ai pensé, lui dit-il, que si ces deux ecclésiastiques [le père Gay et le responsable de l'Imprimerie Saint-Joseph] si différents d'esprit et de point de vue prenaient cette attitude, il était vraisemblable de penser que vous seriez en butte à ce genre de critique de la part de tous les milieux ecclésiastiques et je n'ai pas voulu que vous puissiez me dire, après, que j'aurais dû vous prévenir…

C'est elle, conclut-il, qui doit décider si elle veut risquer d'attirer les foudres des autorités : « Tout dépend de ce que vous désirez éviter. Si vous n'avez pas envie d'être en butte à certaines attaques vous aurez raison de faire des concessions. Si cela vous est égal, vous auriez bien tort de retirer un seul adjectif qui vous plaît. »

Claire Martin refuse de se plier à ces pressions, et le livre paraît en novembre 1958, incluant les deux nouvelles qui avaient scandalisé le père Gay bien en évidence : l'une au début et l'autre à la fin du recueil. *Patricia Smart*

MARTIN, Claire, *Avec ou sans amour*, Montréal, Le Cercle du livre de France, 1958, 186 p.
ANC, fonds Claire-Martin.

L'AVENIR
Journal libéral dénoncé par Mgr Bourget
Institut canadien de Montréal

B

BABY DOLL (POUPÉE DE CHAIR)

Elia Kazan (1909-2003) • Film qui perd plusieurs minutes au Bureau de censure et que les catholiques condamnent (1956)

Tennessee Williams scénarise ce drame psychologique comme il écrit ses pièces de théâtre : avec des personnages tordus qui vivent à fleur de peau. Dans une petite ville du Mississippi, un fileur de coton d'âge moyen a épousé une femme-enfant qui a maintenant 19 ans, mais il a promis au père mourant de ne pas consommer le mariage avant le jour de ses vingt ans. Quand il brûle le hangar d'un concurrent, celui-ce se venge en s'efforçant de séduire la jeune épouse. Elia Kazan réalise cette intrigue avec le réalisme développé dans la méthode de l'Actor's Studio et brave quelques interdits du *Production Code* (▶ Critères de la censure du cinéma), dont il n'obtient le sceau qu'au prix de quelques concessions.

Aux États-Unis, le film et son affiche représentant la jeune femme dans une pose lascive et suçant son pouce font scandale et déclenchent la fureur de l'organisme catholique, la Legion of Decency qui en demande le boycott. Du haut de la chaire de sa cathédrale St. Patrick de New York, le cardinal Francis Spellman le condamne comme « œuvre du diable ». Même le *Time Magazine* le traite de « plus cochon » (« Just possibly the dirtiest American-made motion picture that has ever been legally exhibited ») de tous les films américains. Beaucoup de cinémas annulent leur réservation, mais cela n'entraîne pas l'échec financier. Et la fameuse nuisette est définitivement lancée…

Le Bureau de censure du Québec approuve *Baby Doll* le 13 décembre 1956, après avoir exigé du distributeur qu'il retranche un peu plus de 13 minutes (sur 114), surtout des dialogues et quelques scènes de séduction. Beaucoup de belles images disparaissent, mais la dramatique reste entière, tout autant que la sensualité de l'ensemble et la perversité de certains comportements. Les censeurs québécois, étant au courant de la polémique aux États-Unis, sont relativement peu sévères.

Pour le Centre catholique, qui en reconnaît les qualités esthétiques, « le climat d'érotisme dans lequel baigne cette œuvre, la sensualité de la majeure partie du thème obligent à déconseiller ce film ». On s'attendait à ce qu'il le cote « À proscrire ». Il est rare qu'il diverge ainsi de la Legion of Decency. *Yves Lever*

ANQ-M, fonds Régie du cinéma, E 188, fiche du film ; site Internet *The Greatest Films* ; *Recueil des films*, 1957.

▶ Publicité des films

LES BAISERS

Bertrand Tavernier, Claude Berri, Charles L. Bitsch, Jean-François Hauduroy, Bernard Toublanc-Michel • Film à sketchs amputé de tout un sketch et condamné par les catholiques (1964)

Les films à sketchs connaissent en France une certaine popularité au début des années 1960. Ils sont souvent des coproductions, généralement réalisés par de jeunes cinéastes en pleine ascension (Jean-Luc Godard, Roman Polanski, etc.) ou même des inconnus (Bertrand Tavernier, Claude Berri) : *Les péchés capitaux**, *Les plus belles escroqueries du monde*, *Paris vu par*, *La chance et l'amour*, *La fleur de l'âge* (Michel Brault y représente le Québec). Quel meilleur sujet que les baisers à inscrire dans le nombre ?

Les baisers (1963) représente surtout un tremplin pour de tout jeunes cinéastes. La fiche du Centre catholique le résume ainsi :

> *Baiser d'été* [Toublanc-Michel] : Une femme mariée fait tout en son possible pour séduire un adolescent. *Baiser de Judas* [Tavernier] : Irritée par l'infidélité de son amant, la maîtresse d'un bandit vient près de le livrer à la police. *Baiser du soir* [Hauduroy] : Au cours d'une soirée, Jacques parie avec un ami qu'il embrassera une

mystérieuse invitée. *Cher baiser* [Bitsch] : Un flirt avec une étrangère entraîne un jeune homme dans une aventure imprévue.

À cette liste, il manque le quatrième, *Baiser de 16 ans*, de Claude Berri, retranché entièrement par la censure.

Le film ne cause aucun émoi en France. Quand il arrive au Québec, on n'en est plus à la période où les censeurs raccourcissaient ou faisaient carrément disparaître cette marque d'affection. Même que depuis plus de deux ans, les ciseaux sont définitivement rangés, au moins officiellement. Le film est pourtant refusé le 31 janvier 1964, avec ce justificatif : « Le sketch "Baiser d'été" est d'une moralité ambiguë et l'épisode "Baiser de 16 ans" est "risqué" car il met en scène des garçons et des filles de 14 et de 16 ans qui mettent à profit l'absence des parents pour draguer et bambocher. Le climat de ce film est totalement malsain. »

Le 6 février, le distributeur Copa Films écrit à André Guérin*, président du Bureau de censure :

> Monsieur le président,
> Nous nous permettons de faire appel à la décision d'interdiction de censure concernant le film « Les Baisers ».
> Après un nouveau montage ce film a été modifié de la façon suivante :
> Bobine 1– coupures [Ajouté à la main] : « Toute allusion au fait que le garçon se fera "curé". Scène où la femme se tient les seins. »
> Bobine 4 – Supprimée complètement [Ajouté à la main] : « Baiser de 16 ans. »
> (Ceci correspond aux indications données dans votre lettre du 4 février.)
> Nous nous permettons de vous renouveler [sic] notre demande concernant l'urgence d'une décision sur ce film.

Cette lettre nous apprend d'abord que malgré les prétentions de Guérin devant la presse à l'effet que la censure n'existe plus, un grand nombre d'interdits demeurent, inavoués mais tout aussi contraignants. La « reconstruction » où tout un sketch est disparu, à la demande même du chef censeur, et où un autre perd des réparties et des plans révèle que Guérin demeure parfois sensible aux manifestations de la sexualité, surtout lorsque des mineurs sont en cause, et aux références religieuses. La version approuvée compte 24 minutes de moins que l'originale et elle est acceptée le 25 février.

Même amputé, *Les baisers* est sévèrement jugé par les catholiques : « Ce film se déroule dans un climat d'amour libre et d'amoralité totale. Le caractère particulièrement délétère du premier sketch motive la cote la plus sévère. À proscrire. »

Ce film n'est jamais représenté par la suite à la censure québécoise. Le public n'a donc pu voir que les trois quarts du film. Mais la télévision l'a sans doute projeté intégralement quelques années plus tard. *Yves Lever*

ANQ-M, fonds Régie du cinéma, E 188, fiche du film ; *Recueil des films*, 1964.

BALLETS AFRICAINS
Spectacle de danses folkloriques mis en procès au nom du Code criminel (1967)

Fondés en 1952, les Ballets Africains, troupe folklorique nationale de la Guinée, effectuent une grande tournée pancanadienne à l'automne de 1967. Les 30 danseurs et 13 danseuses sont à Montréal du 5 au 20 décembre à la salle Maisonneuve de la Place des Arts, après avoir livré leur spectacle à Québec, Joliette, Sherbrooke, Ottawa et Sorel. Les éventuels spectateurs montréalais savent déjà que lors de deux scènes, *Fertilité*, *Châtiment et amour prémarital*, et dans la finale, plusieurs danseuses s'exécutent les seins nus.

Le soir de la première, le mardi 5 décembre, les danseuses se produisent avec de larges soutiens-gorge, à la demande de leur impresario montréalaise Élise Pouliot, alertée par la présence de policiers dans la salle et désireuse de ne pas causer d'ennuis au public. La presse s'en gausse le lendemain et s'indigne que la métropole du Canada, qui vient d'offrir au reste du monde une exposition universelle célébrant la modernité, manifeste une telle étroitesse morale. Aussi, la troupe exécute la représentation intégrale le soir même. Se mêlent au public deux agents de l'escouade de la moralité et, à la première rangée, un photographe du service de police qui prend de nombreux clichés des chorégraphies incriminantes. Ils n'interviennent toutefois pas, alors qu'ils auraient pu interrompre le spectacle et arrêter les artistes; seulement, à la fin, ils se rendent dans les coulisses pour obtenir les noms des danseuses, ce à quoi s'oppose l'imprésario. Le lendemain soir, même spectacle intégral; à l'entracte, le lieutenant détective Paul Boisvert vient signifier à cinq danseuses, au directeur de la troupe, Sekou Sakho, et à madame Pouliot des sommations à comparaître en Cour du bien-être social le 11 décembre, les jeunes filles pour « avoir participé, le 6 décembre 1967, comme acteur ou exécutant à un spectacle immoral », les deux autres pour « avoir incité des jeunes filles de moins de 18 ans à participer à un spectacle indécent », en application de l'article 150 du Code criminel canadien. Les jeunes danseuses sont effectivement des mineures, comme une partie de la troupe, où il est de tradition de débuter très jeune. Leurs deux collègues dans la vingtaine, qui se produisent aussi les seins nus, ne sont toutefois pas inquiétées.

Pour toutes les représentations suivantes, la troupe offre aussi le spectacle intégral, sans autre action de la justice. Interrogés à la sortie, les spectateurs ne se scandalisent jamais des seins nus, mais plutôt de l'intervention policière; l'un commente avec humour: « Si la Ligue du Sacré-Cœur ne s'en occupe pas, qu'est-ce que la police fait là-dedans? » (*La Presse*, 9 décembre) Le 14 décembre, un grand nombre de personnalités du monde du ballet et du théâtre, dont Celia Franca (Ballet national du Canada), Gratien Gélinas, Jean Gascon, Yvette Brind'Amour, font parvenir au maire Jean Drapeau un télégramme de protestation contre cette action qui entraîne la risée universelle au sujet de Montréal.

Lors des comparutions, la défense fait intervenir des chefs de file du monde des arts, dont Gratien Gélinas, directeur de la Comédie canadienne et Michel Cartier, directeur de la troupe folklorique des Feux-Follets, qui y a vu « un rituel religieux », et même un jésuite, André-Maurice Bédard, du Collège Sainte-Marie, qui a assisté au spectacle en compagnie d'un collègue et qui n'hésiterait pas à y envoyer ses élèves adolescents. Ils ne manquent pas de souligner qu'il y a un monde de différences entre la scène de la Place des Arts et les clubs

Le caricaturiste Girerd illustre ainsi l'action de la police dans *La Presse* du 6 décembre 1967. Il revient plusieurs fois sur le sujet dans les jours suivants. [Courtoisie de Jean-Pierre Girerd]

de nuit. L'avocat Yves Fortier, de la défense, y trouve l'occasion de rappeler un jugement marquant du juge Wilfrid Lazure de la Cour d'appel renversant, en 1944, le verdict d'indécence du juge Armand Cloutier au sujet de la présence de trois femmes nues sur la scène du théâtre Gayety: elles étaient immobiles et représentaient des statues, donc elles n'étaient pas indécentes. C'est d'ailleurs de cet événement que tire son origine le dicton célèbre attribué à un policier, « Quand ça bouge, c'est obscène. » Fortier convient que les Guinéennes bougeaient, et même beaucoup, mais il soutient qu'elles n'en étaient pas indécentes pour autant, la signification du concept devant être évaluée dans chaque cas.

Le 25 janvier 1968, lors de la remise de son jugement écrit dont *Le Devoir* donne le texte les 27 et 29 qui suivent, le juge Henri Beaulieu résume ainsi la preuve de la Couronne:

> Le sergent Vallée s'est rendu à la représentation du 6 décembre, en service commandé, avec instructions d'aviser les personnes responsables du spectacle « qu'à Montréal on ne tolère pas les danseuses qui dansent les seins nus ». Au premier tableau, il a vu une danseuse les seins découverts et au son saccadé du tambour, elle danse, elle fait des gestes, son corps va de gauche à droite, de haut en bas, et le buste suit. Un peu plus tard, six danseuses entrent en scène, retournent à l'arrière de la scène pour y revenir le buste nu. Elles avaient chacun un compagnon qui se tenait près d'elle et au cours de la danse, elles se touchaient aux seins avec leurs mains comme pour les présenter à l'homme qu'il y avait face à eux et, à un moment donné, un sorcier sort sur la scène, elles s'agenouillent à ses pieds, entourent ses jambes et se frottent les seins contre le sorcier. Dans un deuxième tableau, un jeune homme époussette la jeune fille pour la mettre propre, lui passe la main sur les seins et l'époussette partout et il y a beaucoup de danse qui se fait. À un dernier tableau, deux danseuses reviennent sur la scène les seins nus et dansent aux sons saccadés du tambour.

Voilà la preuve apportée. Le juge note ensuite que si les policiers ont évalué ce spectacle indécent selon la loi, ils n'ont pas été du tout scandalisés en tant que citoyens. L'aspect que les danseuses « délinquantes » soient mineures est rapidement écarté avec la considération que c'est le responsable de la troupe, l'État guinéen lui-même, qui agit comme tuteur. Le magistrat, qui ne dit pas s'il est allé constater *de visu* les faits, doit donc évaluer, avec la jurisprudence, si la séance du 6 décembre, à laquelle il n'assistait pas, était *indécente*, terme utilisé mais non défini par la loi, quoiqu'il soit souvent considéré en droit comme synonyme d'« obscène* », ce terme signifiant juridiquement « dont une caractéristique dominante est l'exploitation indue des choses sexuelles », et qui doit tendre à corrompre les mœurs contemporaines. Il rend ainsi son jugement:

> La cour en vient à la conclusion que cette représentation ne possède pas la caractéristique dominante, telle qu'énoncée à l'article 150, paragraphe 8, du Code Criminel et interprétée par nos Tribunaux. Il appert de la preuve que la représentation donnée par des jeunes filles, originaire [sic] de la République de la Guinée et qui sont choisies pour leur habilité à danser, n'a pu satisfaire ou aiguiser l'appétit sexuel des spectateurs et que, si parmi ces derniers un tel appétit était recherché, ils ne l'ont pas satisfait. La cour tient compte de l'endroit où le spectacle fut présenté et du genre de spectateurs qui habituellement assistent à des représentations semblables. […]
>
> Cette représentation a-t-elle eu une tendance à corrompre nos mœurs contemporaines dans le milieu où elle fut donnée? […] Dans l'opinion de la cour, la représentation mentionnée dans la dénonciation n'est pas une représentation indécente suivant la preuve faite en tenant compte du temps, du lieu et de la façon dont le spectacle fut présenté, parce que la cour ne peut voir dans cette représentation une caractéristique dominante, soit l'exploitation indue des choses sexuelles qui tend à dépraver et à corrompre les mœurs. […] la dénonciation dans ces causes est rejetée et les inculpés déclarés non-coupables.

Pour en arriver là, le juge Beaulieu s'est basé surtout sur un jugement de la Cour suprême affirmant que dans de telles causes, il faut considérer avant tout le consensus social constaté dans le temps présent (« contemporary community standards »), et oublier la morale des plus puritains et celle des plus libertaires, encore davantage les sentiments du juge lui-même. Dans les cas difficiles d'interprétation, il faut préférer la tolérance à la répression. Il s'agit donc d'un renversement considérable de perspective qui, pour rendre le travail de la magistrature plus délicat, oblige à tenir compte de l'esprit des lois en regard de l'évolution de la société plutôt que des visions abstraites et intemporelles des codes. Les observateurs prévoient que ce jugement fera jurisprudence.

Déjà, votée moins d'un an auparavant, la Loi du cinéma* prévoit que le Bureau de surveillance (le terme même de « censure » est disparu du texte) peut autoriser un film « si, à son avis, sa projection ne porte pas atteinte à l'ordre public ou aux bonnes mœurs », ce qui laisse une vaste marge de manœuvre aux censeurs. Quant au spectateur, aussi bien de la danse* que du cinéma, il est désormais invité à privilégier ce que lui dicte sa conscience plutôt que les arguments d'autorité. La vision censoriale considère désormais des horizons complètement différents.

Quant au service de police de la Ville de Montréal, il comporte toujours une section « moralité » qui traite « les dossiers de prostitution de rue, la pornographie juvénile, les agences d'escorte, les maisons de débauche et les actions indécentes », mais il n'intervient plus quand des institutions artistiques reconnues dans la danse et le théâtre présentent des spectacles avec des scènes où acteurs et actrices jouent totalement nus. Il est cependant intervenu pour interdire la troisième et dernière représentation de *Nudité*, pièce de création du Grand Théâtre émotif du Québec à L'Espace libre, le 3 mai 1996, alors que non seulement les comédiens jouaient nus, mais tous les spectateurs devaient aussi l'être. *Yves Lever*

Archives de Radio-Canada sur Internet, dossier Les arts à l'index, « Cachez ces seins… » ; « La décision du juge Henri Beaulieu dans l'affaire des Ballets africains », *Le Devoir*, 27 et 29 janvier 1968 ; *La Presse*, les 6, 7, 8, 9, 14, 15, 16 et 21 décembre 1967, 26 janvier 1968

● Juridique (censure)

BALZAC, AFFAIRE

Projet d'exposition lancé par la Société des écrivains canadiens afin de commémorer le centenaire de la naissance de Honoré de Balzac et exposition interdite par Mgr Albert Valois (1950)

En octobre 1961, le magazine *Maclean* titre avec ironie l'un de ses articles : « Enfin, un dictionnaire conçu spécialement pour nous ». Il s'agit du *Dictionnaire usuel Quillet-Flammarion*, dans sa version approuvée pour le Canada par le Département de l'instruction publique. Dans ce texte, Louise Côté signale quelques « adaptations ». Ainsi, dans le domaine de la peinture, *La vierge et l'enfant*, « qui dévoile un sein rond et ferme », est remplacé par une *Descente de croix*, du même Fouquet. Du côté de la sculpture, « *L'âge d'airain* de Rodin, d'une mâle assurance, nous est épargné. On a cru que son *Penseur* nous serait plus profitable. » Inquisition, Tolstoï et d'autres ont succombé devant les interventions des censeurs qui, pourtant, ont parfois failli à la tâche. À preuve, Louise Côté évoque un épisode de censure majeur survenu quelque dix ans plus tôt : « Et était-il bien nécessaire de mentionner le "génie de Balzac" ? Nos mentors ne savaient donc pas que nous avons vertueusement refusé, au Canada français, de célébrer le centenaire de cet écrivain ? »

Cette « affaire Balzac », comme la qualifiera l'un des protagonistes, a lieu en 1950. La Société des écrivains canadiens (SÉC), fondée en 1936, et qui compte quelque 250 membres à ce moment, est présidée par Jean Bruchési. Le 3 octobre 1949, la SÉC annonce dans son bulletin une louable intention :

> L'année 1950 marquera le centenaire de la mort de Balzac. Il y aura des expositions en France et dans les pays étrangers. Nous nous proposons de souligner cet anniversaire au Canada, avec la collaboration des Relations culturelles de Paris. Nos membres pourraient nous aider à découvrir ici même des documents intéressants : livres, éditions originales ou canadiennes, autographes, photographies, lettres, etc. Qu'ils s'empressent d'en avertir le secrétaire général.

Le 11 février 1950, cette décision est rendue publique dans *Le Canada*. Deux conférences et une exposition provenant de New York figurent d'ores et déjà au programme. Puis, quatre jours plus tard, l'obstacle se dresse.

Mgr Albert Valois, vicaire général et directeur diocésain du mouvement de l'Action catholique à Montréal, se cabre, voyant dans ce geste un défi au catholicisme. Il écrit à Jean Bruchési, le 15 février 1950 :

> Vous n'ignorez pas que les ouvrages de cet écrivain sont à l'Index et nous considérons comme un défi à l'opinion publique catholique de Montréal, ces manifestations que vous organisez. Il y a tant d'écrivains honnêtes dont on a [*sic*] pas commémoré le centième anniversaire.
>
> Nous ne voyons pas pourquoi vous tenez tant à honorer Balzac.
>
> Veuillez croire que si vous persistez dans votre projet, nous serons obligés de protester publiquement dans les journaux contre cette initiative.

Le 18 février, Bruchési lui répond que Balzac n'est pas tout entier à l'Index* et que certaines de ses œuvres « trouvent grâce devant l'abbé Bethléem* ». Il allègue également que des œuvres du célèbre romancier ont paru au Québec, avec une introduction du chanoine Antoine Sideleau : « Je n'arrive pas à comprendre, Monseigneur, que l'on puisse voir, dans les manifestations projetées, un défi à l'opinion publique catholique de Montréal. » Toutefois, Bruchési envisage de renoncer au projet :

> Aussi bien, j'ose espérer qu'à la lumière de ces renseignements, le Comité diocésain d'Action catholique adoptera une autre attitude. S'il n'en devait pas être ainsi, la Société des écrivains canadiens, soucieuse d'éviter toute polémique, s'inclinera. Mais vous comprendrez qu'elle ne pourra le faire sans révéler pourquoi elle renonce à son projet. Ce projet, rien n'empêchera une autre société littéraire, mais protestante celle-là, de le reprendre et de le mettre à exécution, sans toutefois offrir les garanties d'ordre moral que vous apporte la Société des écrivains canadiens.

Le 28 février, dans une longue lettre de trois pages, le Comité diocésain et Valois réprouvent ces manifestations parce qu'elles « seront publiques et serviront, par l'exemple éclatant de notre élite littéraire, à consacrer aux yeux de tous l'influence féconde d'un "mauvais maître" qu'avec bien d'autres, on voudrait peut-être nous imposer ». Moult justifications théologiques conduisent à la conclusion qu'on peut toujours célébrer dans des « cénacles particuliers » mais, sur le fond de la question, rien ne changera : « Vous pouvez apporter tous les témoignages que vous voudrez en faveur de l'auteur de la *Comédie humaine*. Il reste que son œuvre est la peinture et l'exaltation de la vie sociale dans ce qu'elle a de plus tourmenté, de plus âpre, de plus vaine [*sic*]. Son héros, c'est l'arriviste. » Répliquant le 4 mars, la SÉC, par la voix de son président, parle de cette question en termes de censure, de liberté et d'arbitraire :

> L'attitude prise par le Comité diocésain d'Action catholique apparaîtra non seulement aux yeux des membres de notre Société, mais aussi aux yeux de ceux qui ont le moindrement de culture intellectuelle, comme très lourde de conséquence en un temps où la liberté légitime est brimée ou supprimée dans nombre de pays. D'autre part – ce qui est plus grave – combien y verront une preuve de faiblesse ?

Néanmoins, la SÉC réitère son intention de renoncer au projet mais dit qu'elle l'annoncera dans les journaux, ce qui sera fait. « Il y a maintenant une affaire Balzac, même si elle est de nature à donner une triste opinion de notre vie intellectuelle », écrit Adrien Plouffe dans le bulletin de la Société.

La première réaction ne tarde pas, et elle provient d'outre-Atlantique. Le *Figaro littéraire* résume succinctement la question et note, le 18 mars : « Aujourd'hui donc la Société des écrivains canadiens s'est divisée en deux clans ennemis. » « Le centenaire de la mort de Balzac n'aura donc pas lieu au Canada ! C'est triste. » Mais on peut aussi sourire : le *Figaro littéraire* relève, dans son numéro du 15 avril, que 30 romans sur 100 ne sont pas à l'Index, et on suggère de célébrer « trente pour cent du centenaire de Balzac ». Au Québec, *Le Devoir** s'interroge sur la sévérité de l'Index mais sans prendre parti, les *Carnets viatoriens* raillent la décision de la SÉC et en particulier l'expression « Affaire Balzac », *Liaison* y va d'une réaction sibylline, etc.

Le Canada, sous la plume d'Adrien Plouffe, déplore le 22 avril la pruderie janséniste et l'étroitesse d'esprit du Québec : « Objet de la risée du monde civilisé [il est] temps de nous arrêter sur la route [du] ridicule. » Mais c'est surtout *Le Haut-Parleur* de Montréal qui s'oppose à cette censure ; il est même le seul à le faire si ouvertement. Guy Gagnon signe le 19 mars un article intitulé « Jusqu'où peut conduire l'intolérance ? » :

> Depuis quelques années, les forces de l'intolérance ont redoublé leurs efforts pour maintenir le Canadien d'expression française dans un état d'infantilisme politique, social et culturel – infantilisme qui seul pourrait permettre à nos réactionnaires d'instaurer leur état fleurdelisé sur les rives du Saint-Laurent.
>
> [...]
>
> Un récent communiqué de « La Société des écrivains canadiens » démontre bien jusqu'où peut mener l'intolérance de nos petits dictateurs clérico-politiques qui n'hésitent pas à affubler leurs groupements de noms religieux et patriotiques afin de poursuivre en toute sécurité leur œuvre de ténèbres. [...]
>
> Voilà donc jusqu'où peut mener l'intolérance dans la province de Québec. Et cela justifie pleinement les appels répétés de notre journal pour l'union de tous ceux qui, chez nous, croient encore dans la liberté et le respect de l'humain.

Le journal soulignera donc cet anniversaire. Car *Le Haut-Parleur* ne peut se résoudre à ce que le « Canadien de langue française fasse silence autour d'un événement qui est célébré dans tous les pays du monde ». Le 23 juillet, Gagnon explique que

> [...] c'est pourquoi *Le Haut-Parleur* publiera le 20 août prochain un numéro spécial sur Balzac [...]. Ne manquez pas de lire *Le Haut-Parleur* du 20 août prochain. Ce sera une façon inusitée de rendre hommage à Balzac ; aussi, de faire comprendre à nos intolérants qu'ils ne sont pas les maîtres au Québec et que leurs désirs ne sont pas des ordres... du moins pour ceux qui ne se laissent pas leurrer par les qualificatifs patriotiques ou religieux dont ils affublent leurs groupements réactionnaires.

Le libraire Henri Tranquille décide aussi de faire sa part. Tranquille expose les œuvres de Balzac dans sa vitrine, de même qu'un buste de Robert Roussil, dont la sculpture « La famille »* a été censurée l'année précédente. Plus encore, il organise un défilé nocturne que Yves Gauthier, dans *Monsieur livre. Henri Tranquille*, décrit en ces termes :

> Et le soir du jeudi 17 août 1950, c'est la fête à Balzac au centre-ville ! La faune artistique et journalistique, portant flambeaux, forme un cortège précédé d'un magnifique chariot sur roues (qui proclame « Balzac pas mort ») tiré par un cheval et portant une bière où repose Balzac lui-même, personnalisé par le sculpteur André Pouliot.

L'affaire se termine ainsi. Mais comment expliquer cet échec de la Société des écrivains canadiens, ou cette apparente victoire du clergé ? Pourquoi un désistement si prompt ? Cette attitude s'interprète en relation avec les contraintes des deux principaux acteurs de ce cas, de même que dans le cadre général de l'histoire de la censure.

Il faut en premier lieu signaler que la Société des écrivains canadiens compte plusieurs religieux. En plus, fait pour le moins notable, Jean Bruchési est à ce moment sous-secrétaire de la province : peut-on imaginer un instant Maurice Duplessis*, si soigneux de ses relations avec l'Église, voir son sous-secrétaire se mettre dans l'eau bouillante, fût-elle bénite ? Quant à Mgr Valois, il se distinguait déjà pour son zèle contre les mauvais livres et les mauvais films. Le même mois où la SÉC annonçait son intention de commémorer la mort de Balzac, en octobre 1949, Mgr Valois faisait une sortie contre les *pocket-books** et la littérature obscène*, dans le *Bulletin de l'Action catholique*, réclamant l'intervention de la censure gouvernementale ; et à cela il faut ajouter que, comme le rappelle Yves Gauthier, Valois avait même averti Tranquille de ne pas mettre en évidence dans sa librairie *La faute de l'abbé Mouret*, d'Émile Zola, au mois de mai 1949. En outre, la conjoncture favorise le zèle du censeur : il n'y a pas à ce moment d'archevêque à qui en appeler (entre Mgr Joseph Charbonneau, qui a « démissionné », et Mgr Paul-Émile Léger, qui ne sera en poste que le 28 avril), si bien que Mgr Valois a les mains libres. Jean Bruchési note d'ailleurs dans ses mémoires que Mgr Léger aurait reconnu dans un entretien privé « que ces Messieurs et Dames du Comité diocésain auraient peut-être dépassé la juste mesure ».

Cette offensive surannée, dont Mgr Valois a été l'un des initiateurs, représente une victoire contestée par *Le Haut-Parleur* de même que par Henri Tranquille, et fait l'objet de moqueries à l'étranger. Il fissure assurément davantage un pouvoir clérical dont les années sont désormais comptées. *Pierre Hébert*

Fonds SÉC, BNQ, MSS-061.

▶ *Les enfants du paradis*

BANDE DESSINÉE

▶ *La Bêche* ; Bibliothèques ; *Comic books* ; Magazines avec illustrations

BEAU GESTE

William Wellman (1896-1975) • Film d'abord accepté, puis interdit à la suite de pressions de la part de diplomates français (1939)

Depuis que les studios américains se sont donné le *Production Code* (Critères de la censure du cinéma*) qui aseptise leurs réalisations, peu de films hollywoodiens subissent une censure significative au Québec. Tout au plus perdent-ils quelques scènes de violence exacerbée, aussi bien dans les films policiers que dans les westerns.

Dans *Beau Geste*, pour sauver l'honneur familial à la suite d'une fraude, les trois frères anglais Geste (Beau est le prénom du personnage principal) s'engagent dans la Légion étrangère de France. Après divers conflits avec le sous-officier Markoff, particulièrement sadique, ils meurent lors d'une bataille contre des Arabes. Ce film américain d'aventures, avec en vedette Gary Cooper et Ray Milland, est apprécié pour ses qualités de mise en scène et ses personnages édifiants.

Il ne semble pas faire problème lorsqu'il est apporté au Bureau de censure, qui l'approuve le 26 août 1939, avec cette seule indication : « Eliminate: All scenes of Markoff lashing two deserters ». Cinq jours plus tard, le 31, le président Hervé Rock avise par lettre le distributeur Paramount qu'il a reçu la veille du procureur général [en l'occurrence, le premier ministre Maurice Duplessis*, qui dirige aussi ce ministère] instruction de retirer le permis au film, « following protests by French Consulates in Montreal and Quebec ». *Beau Geste* est donc retiré de la circulation. La communication entre le consul de France à Montréal, Noël Henri, et Duplessis s'était sans doute déroulée au téléphone. Le 14 septembre, Henri écrit à Rock :

> Vous avez bien voulu me faire demander quelles raisons avaient motivé notre désir de voir interdire au Canada le film « Beau Geste ».
>
> J'ai l'honneur de vous faire connaître qu'ayant visionné le film, les principaux représentants de la Colonie française ont été unanimes pour juger, avec moi, qu'il était de nature à produire une impression fâcheuse, à une époque où nos deux pays sont alliés pour abattre le germanisme menaçant. L'image que le film donne de notre Légion étrangère est, en effet, bien plus celle d'un bagne que celle de l'Armée française.
>
> Je sais bien qu'aux États-Unis, à la demande de l'Ambassadeur de France à Washington qui avait menacé de faire interdire en France tous les films Paramount si aucune modification n'était apportée à « Beau Geste », il a finalement été décidé que le film pourrait être projeté moyennant certaines coupures. C'est le film rectifié que nous avons vu ; nous l'estimons franchement mauvais. Qu'un tel film soit projeté aux États-Unis, pays neutre, cela ne saurait changer en rien notre conviction de son inopportunité en terre canadienne, pays allié.

Il faut attendre presque un an avant que Paramount en apporte une « reconstruction ». Elle a fait disparaître le prologue « This picture makes no attempt to portray life and conditions in the French foreign legion, either in the past or in the present. The entire story and all the characters are purely fictional » et une ligne de dialogue (Schwartz) : « Do you know what I think of the French Army? After we kill Markoff and you, I'm gonna tear off this uniform and spit on it. » Ce n'est toutefois pas suffisant et le censeur pratique encore 12 coupures, surtout des paroles et gestes du cruel Markoff (métrage non indiqué), avant de l'accepter le 29 juin, après s'être assuré de l'autorisation du bureau du procureur général.

Le 5 mai 1950, une version doublée est approuvée, sans indications de coupures, donc intégrale, et elle se retrouve en salles le 15 juillet, sans même un commentaire de la critique ; il faut dire que la guerre appartient au passé.

Le Centre catholique de Montréal et le « Ciné-bulletin* » de *L'Action catholique* cotent *Beau Geste* « pour tous ».

À de nombreuses reprises, le Bureau de censure se préoccupe des sensibilités nationales face à certaines images et invite des représentants de groupes spécifiques à siéger avec les évaluateurs. *Beau Geste* représente toutefois l'unique cas où un gouvernement étranger intervient directement pour demander et obtenir l'interdiction d'une œuvre. *Yves Lever*

ANQ-M, fonds Régie du cinéma, fiche d'évaluation du film et documents annexés ; Fédération des centres diocésains du cinéma, *Index de 6000 titres de films avec leur cote morale (1948-1955)*, 1955.

▶ Politique (censure) ; Préambules et épilogues

LA BÊCHE
Joseph Charlebois • Album de caricatures réprouvé par la *Semaine religieuse de Montréal* (1911)

Le 4 décembre 1911, la *Semaine religieuse de Montréal* présente un court article chapeauté de la mention « Publication regrettable – officiel » pour rendre compte de la parution récente d'un album de cari-

Cet « album de dessins gais », par Joseph Charlebois, dénonce l'attitude arrogante du clergé catholique irlandais envers les Franco-Américains. « C'est la brutalité des faits représentée par l'image », écrit l'éditeur J. A. Lefebvre. Par exemple, une caricature montre l'entrée du diocèse de Portland, Maine, avec l'affiche « No French priests need apply ».

catures, *La bêche (The Spade) ou les Assimilateurs en action. Dédié aux Franco-Américains de la Nouvelle-Angleterre. Album de dessins gais*. Réalisé par Joseph Charlebois (1872-1935), alors cartographe pour la Ville de Montréal et caricaturiste pour les journaux *Le Nationaliste* et *L'Action*, et édité par J. A. Lefebvre, responsable de la *Revue Franco-Américaine*, *La bêche* décrie l'attitude oppressive du clergé catholique irlandais envers les Franco-Américains. Rien d'étonnant alors à la réaction de la *Semaine religieuse*, qui blâme l'artiste d'adopter une conduite déplorable à l'égard de représentants de la religion.

À l'époque, la situation des Franco-Américains s'avère épineuse pour le clergé du Québec. Il hésite à se positionner trop ouvertement. Il ne peut faire autrement que de désavouer l'attitude assimilatrice du clergé irlandais, qui menace la survivance des catholiques de langue française et, par le fait même, la mission catholique de la nation canadienne-française en terre états-unienne, et il ne peut critiquer l'autorité ecclésiastique d'un autre pays et au sein de la même Église. Pris entre deux eaux, il est probablement embêtant pour lui de définir le cadre de ses actions, car il risque à tout coup d'essuyer soit l'indignation populaire, soit la hargne de ses confrères américains et de ses supérieurs.

Ne pouvant tolérer un manque de respect envers l'Église, l'épiscopat montréalais fustige donc l'album de Charlebois, mais sans en interdire explicitement la lecture. Le commentaire énoncé dans la *Semaine religieuse* insiste surtout sur le sacrilège commis par l'artiste : « Elle [la brochure] indique, de la part de ses auteurs, un grave oubli du respect profond que doivent tous les catholiques sans exception aux rites sacrés et aux ministres de notre sainte religion. » Selon l'auteur du texte, le respect des catholiques envers l'institution catholique doit être inconditionnel, même dans l'abus et l'injustice, car rien ne peut légitimer une offense aux autorités ecclésiastiques. Puisque Charlebois s'accapare le droit de traiter d'affaires religieuses et de les exposer à un tribunal public, le clergé rappelle être seul juge de ses actes et préconise un contrôle effectué de l'intérieur.

La bêche paraît à un moment fort des protestations en Nouvelle-Angleterre. Dans l'album, le Franco-Américain incarne la victime. En plus d'être méprisé par les Irlandais parce qu'il parle français, les évêques irlandais lui font la sourde oreille et s'il ose revendiquer ses droits en vertu du principe de représentation proportionnelle, l'autorité cléricale le punit. Il est pourtant un bon catholique qui contribue généreusement aux finances de la paroisse, mais qui n'en profite aucunement au bout du compte. L'Irlandais et le clergé irlandais l'oppriment ; ils apparaissent racistes et peu dévoués au rayonnement de l'Église. En plus d'extorquer l'argent du Franco-Américain, ils abusent de leur autorité pour compenser leur nombre inférieur. Charlebois les dépeint comme de mauvais catholiques, donnant priorité à l'assimilation linguistique au détriment de la religion. Quant à Rome, Charlebois fait surtout ressortir son inaction, son indifférence relativement aux persécutions qui s'abattent sur la communauté franco-américaine. La plus évocatrice des images portant sur l'immense pouvoir des évêques irlandais en Nouvelle-Angleterre présente, assis sur un simple banc, « l'ouvrier », « le prêtre », « le m.p », « le congressman », « le président de la république » et, assis sur un trône, « l'évêque-roi » tandis que Uncle Sam, qui les surplombe tous, déclare : « This will never do. » Vu les propos hostiles de l'auteur, l'album s'ouvre sur un long avertissement de l'éditeur, qui tente de justifier sa position : « C'est la brutalité des faits représentée par l'image. »

La *Semaine religieuse* n'est pas la seule à avoir répondu au discours factieux de *La bêche*. Aristide Filiatreault, un journaliste anticlérical bien connu des censeurs de l'époque, publie, en janvier 1912, *Mes étrennes. La hache versus La bêche*, un pamphlet qui réagit à l'article de la *Semaine religieuse*. Filiatreault applaudit à la démarche de Charlebois. Lui aussi revendique le droit de réclamer justice même si cela implique de traîner dans la boue des religieux. Le cas de *La bêche* lui donne l'occasion de démontrer que le clergé abat tout ce qui émane d'une libre pensée, concept qu'il a ardemment défendu tout au long de sa vie, ce qui lui a valu des démêlés lourds de conséquences avec le clergé alors qu'il publiait *Canada-Revue**.

Filiatreault souligne pourtant l'étrangeté des mesures choisies par le clergé dans l'affaire. Il estime que les autorités n'ont pas répliqué énergiquement contre *La bêche*, car un tel geste les aurait placées dans une situation précaire: «On n'a pas osé la condamner comme le *Canada-Revue* et *L'Écho des Deux-Montagnes**, parce que l'on craint des représailles.» Il va même plus loin en affirmant que l'évêque voit la publication de Charlebois d'un bon œil puisqu'en portant préjudice aux évêques irlandais, l'album contribue à éliminer les concurrents de Mgr Paul Bruchési dans sa convoitise du cardinalat. Filiatreault exige que le clergé soit conséquent dans ses actions; que la peine à purger soit la même pour ceux qui commettent le même crime. Il réclame ainsi la tête de Charlebois pour que justice soit rendue. Toutefois, l'auteur ne s'en prend pas à Charlebois. La surprenante requête de Filiatreault ressemble à un jeu dont l'objectif ultime serait de défier le clergé avec ses propres armes en le sommant de poser un geste public compromettant. Si l'archevêché décide de ne point sévir à l'égard de Charlebois, il expose ses contradictions au regard de tous; s'il châtie le caricaturiste, il se met à dos la population. Sans doute Filiatreault ne veut pas voir Charlebois incriminé; il se sert du cas pour faire un pied de nez au clergé en ayant la ferme conviction que le caricaturiste ne risque rien.

Bérubé a rédigé plusieurs milliers de ces fiches de *Films à l'écran*. La bouille qui accompagne le texte prend toutes sortes d'expressions selon le jugement rendu.

La bêche de Joseph Charlebois aura suscité des réactions pour le moins inattendues. En fait, puisque d'un point de vue clérical l'album comporte bel et bien matière à censure, tout porte à croire que la sanction émise voile l'intention de ne pas trop se prononcer ouvertement sur le débat. Malgré tout, Charlebois continuera de publier ses caricatures et à travailler pour la Ville de Montréal. *Sara Richard*

Charlebois, Joseph, *La bêche (The Spade) ou les Assimilateurs en action. Dédié aux Franco-Américains de la Nouvelle-Angleterre. Album de dessins gais*, Montréal, J. A. Lefebvre éditeur, 1911, [24] p.

Filiatreault, Aristide. *Mes étrennes. La hache versus La bêche*, Montréal, [s.é.], 1912, 15 p.

BELLE DE JOUR
▸ *Los olvidados*

BÉRUBÉ, ROBERT-CLAUDE (1929-1991)
Le principal auteur ecclésiastique des cotes morales des films

Né à Montréal, Robert-Claude Bérubé est ordonné prêtre de Saint-Sulpice en 1957. D'abord enseignant au Collège de Montréal, puis au Collège André-Grasset, il devient animateur de ciné-clubs, puis il voue toute sa vie adulte à la critique et à l'évaluation des films. Dès 1957, il collabore à *Séquences* et l'année suivante à l'Office catholique national des techniques de diffusion où il y rédige bientôt des fiches de *Films à l'écran*, bulletin hebdomadaire offrant, entre autres éléments d'information, les fameuses cotes allant de «À proscrire» à «Pour tous», lesquelles sont abandonnées en 1967 au profit d'une «appréciation sur la valeur humaine et chrétienne». En 1968, il en devient le seul rédacteur, poste qu'il occupe jusqu'à ce qu'une crise cardiaque le terrasse au volant de sa voiture le 19 juin 1991.

Le 13 juillet 1961, un arrêté en conseil le nomme censeur à temps partiel, au salaire de 100 $ par mois, en compagnie de Suzanne Gignac, institutrice, pour les représentations spécialement autorisées pour les enfants d'au moins 10 ans, lesquels sont admis dans les salles entre 9 et 18 heures en vertu d'un amendement à la loi voté le 9 juin précédent et sanctionné le 17 juillet. Les deux sont remplacés par Nancy MacCallum-Coté, censeure à plein temps, en 1963.

« L'homme aux 25 000 films » (Paul Cauchon, *Le Devoir*, 9 avril 1988) voit pratiquement toute la production et en conserve les données avec une mémoire phénoménale : la « bible du cinéma » dit de lui le critique Luc Perreault (*La Presse*, 21 juin 1991). Ses jugements moraux dans les fiches sont publiés jusque dans les années 1970 par les grands quotidiens ; ses évaluations esthétiques (cote de 1 à 7) sont reprises non seulement par le magazine *TV Hebdo*, mais aussi par tous les guides-horaire publiés par les quotidiens et divers magazines. *Yves Lever*

BONNEVILLE, Léo et autres, « Hommage à Robert-Claude Bérubé », *Séquences*, 153-154 (septembre 1991) ; COULOMBE, Michel, « De *Blanche-Neige* à *Cris et chuchotements*, une interview avec Robert-Claude Bérubé », *Ciné-Bulles*, 3, 6 (mai-juin 1983).

▶ Église catholique et cinéma

BETHLÉEM, LOUIS

Pourfendeur de la mauvaise littérature et auteur du célèbre *Romans à lire & romans à proscrire*

De l'abbé Louis Bethléem, né le 7 avril 1869 à Steenwerck, dans le Nord de la France, à la veille de l'ouverture du concile de Vatican I, mort à Perros-Guirec le 18 août 1940, au lendemain de la défaite de la France, on ne retient généralement qu'une seule œuvre au titre fracassant, le célèbre *Romans à lire & romans à proscrire*. Sorte de bible des censeurs de toute la francophonie catholique – France, Québec, Belgique et Suisse romande surtout – le volume, publié en 1904, devait connaître un tirage cumulé de 140 000 exemplaires lors de sa dernière réimpression en 1932. En fait, tiré à 1000 exemplaires initialement par son imprimeur de Cambrai, puis réimprimé, toujours à 1000 exemplaires en 1905, il connaît un quatrième tirage à 10 000 exemplaires en 1908, à Sin-le-Noble, et totalise 32 000 copies disponibles en 1914. C'est donc entre 1919 et 1928, dates à laquelle le volume atteint 120 000 exemplaires, que Louis Bethléem s'est imposé au monde catholique comme la référence principale en matière de publications destinées au loisir et à la détente. En ce sens, son projet se situe bien dans une perspective de moralisation des lectures qui anticipe sur des projets similaires de prescription en matière de presse, de théâtre et, bientôt, de cinéma. Présent sur tous les fronts, infatigable pourfendeur du vice et du poison des temps modernes, c'est-à-dire le livre, surtout quand il est illustré et vise la jeunesse, Louis Bethléem devait être lu de Paris à Montréal, de Bruxelles à Rome et de Cambrai à Lausanne par la plupart des responsables de collèges, de bibliothèques* et de cercles de lecture, ce qui fait de son best-seller l'un des ouvrages les plus répandus dans la chrétienté avant 1945.

Né dans une famille de laboureurs dont le nom pourrait évoquer une ascendance juive toujours violemment contenue par cet homme dont l'antisémitisme et le nationalisme seront des constantes, Louis Bethléem possède une foi solide, à l'instar de son frère, devenu prêtre lui aussi. Bachelier à 19 ans, élève du Grand Séminaire de Cambrai de 1888 à 1894, ordonné prêtre le 29 janvier 1894, le jeune clerc a été l'élève des lazaristes mais a probablement subi l'influence de l'abbé Jules-Auguste Lemire, pionnier des jardins ouvriers, de la Ligue du coin de terre pour lutter contre l'alcoolisme, élu député de son arrondissement d'Hazebrouck en 1893 et grande figure de la moralisation des travailleurs par le retour à la terre. Vicaire au Cateau près de Tourcoing, puis affecté à la paroisse Sainte-Catherine de Lille en 1898, Louis Bethléem trouve sa voie au moment où il est nommé bibliothécaire de l'évêché

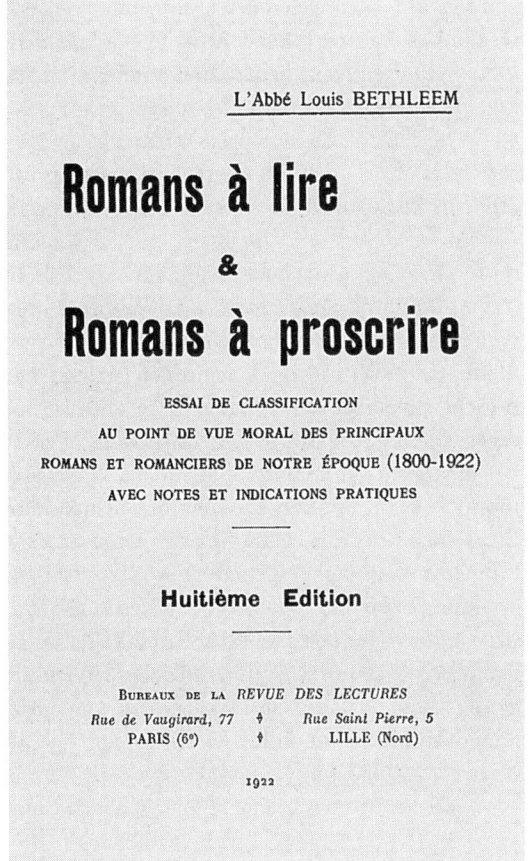

Avec celui de l'abbé Georges Sagehomme, le répertoire de l'abbé Bethléem sert de référence pour connaître la valeur morale des romans, surtout français. Ainsi peut-on lire, à propos de Zola par exemple, que « ses œuvres sont tellement ignobles que ses amis mêmes finissent par en avoir la nausée ».

de Cambrai par Monseigneur Delamaire, l'archevêque titulaire de ce grand diocèse où la lutte contre le socialisme de Jules Guesde et Paul Lafargue marque les consciences.

Devenu chapelain de Sin-le-Noble, dans la banlieue de Douai, Louis Bethléem s'engage à fond dans le mouvement des congrès catholiques qui combattent la loi de Séparation entre les Églises et l'État. C'est dans ce cadre d'un militantisme résolument combatif qu'il lance, le 15 mars 1908, sa première revue bibliographique, *Romans-Revue*, dont le siège sera transféré à Lille en 1912, à la veille de l'érection de cette grande métropole régionale en diocèse détaché de celui de Cambrai. Installé à Paris après la fin de la Grande Guerre, Louis Bethléem donne à son guide périodique un titre susceptible de lui assurer une plus grande audience. Ainsi, de 1919 à 1940, la *Revue des lectures*, dont le siège est situé rue de Vaugirard, se répand à côté de *Romans à lire & romans à proscrire*, qu'elle aide à actualiser pour chacune de ses nombreuses rééditions. Ancré dans la tradition d'un XIXe siècle catholique qui a très tôt considéré qu'il fallait répondre à la soif de lecture des fidèles, notamment des femmes et des adolescents, le prêtre français reprend et prolonge ainsi le travail de l'œuvre des bons livres de Bordeaux apparue en 1820, celui de la *Bibliographie catholique*, active de 1841 à 1889, de la revue de jésuites *Les Études*, qui le prolonge, du *Polybiblion* et de la *Revue des jeunes* qui poursuivent le même but après 1800 ou 1900.

Travailleur acharné, lisant tout ce qui lui tombe sous la main, Louis Bethléem étend rapidement le champ de ses investigations à d'autres domaines que celui de la fiction romanesque. En 1921, il rédige un premier tract de quatre pages intitulé *Avis aux familles sur les illustrés pour enfants* ; puis, en 1923, deux autres aux titres tout aussi évocateurs des dangers qui guettent la jeunesse dans les modernes Babylones, *L'enfant voué à la débauche* et *La vague de boue aux étalages et dans les rues. Les annonces, les dangers qu'elles présentent, surtout pour la clientèle féminine* et *Le cinéma et la jeunesse* suivront le même chemin, en 1926, car cette forme d'action ou de ministère, par le biais de petits imprimés distribués à la sortie des églises ou dans les rues, séduit ce guerrier, inlassable pourfendeur des maux de la société moderne. En plein accord avec la Fédération nationale catholique fondée en 1924 par le général de Castelnau et avec les thèses de Charles Maurras et de l'Action française, avant la condamnation romaine de 1926, il voit dans les Juifs un élément désintégrateur des sociétés. Dès 1913, s'en prenant violemment aux frères Offenstadt, propriétaires des illustrés *L'Épatant*, *L'Intrépide* et *Fillette*, il les accuse d'être des ennemis tapis dans l'ombre. Il écrit en effet dans *Romans-Revue* :

> De plus en plus, je suis douloureusement ému en présence du succès que font les catholiques à certains illustrés pour enfants. Ces journaux sont malsains, criminels, répugnants et détraquants, dirigés par des Juifs, des Allemands et des pornographes.

Dix ans plus tard, en 1923, il récidive et dénonce dans son tract « une officine pornographique et d'origine allemande ».

Inculpé par le tribunal correctionnel pour diffamation, Louis Bethléem demande à Xavier Vallat, le futur champion de l'antisémitisme sous l'Occupation, de le défendre, mais il a trouvé la tribune qu'il recherchait pour élargir encore davantage son influence auprès des masses. Confondant volontairement les illustrés pour la jeunesse de la Société parisienne d'édition avec leurs journaux pour adultes, omettant d'expliquer à ses lecteurs que les Offenstadt sont français quoique d'ascendance germanique, le censeur utilise la méthode bien connue de l'amalgame pour parvenir à ses fins. Son souhait le plus ardent est d'ailleurs de voir les maires et les parlementaires utiliser les ressources de la législation nationale, la loi du 2 août 1882 et les décrets des 16 mars et 7 avril 1898 sur la protection des bonnes mœurs, pour combattre les excès de la grande loi libérale du 29 juillet 1881 qui régira jusqu'en 1940 la librairie*, la presse, l'affichage et le colportage. N'hésitant pas à l'occasion à venir lui-même déchirer les publications jugées offensantes pour les yeux, Louis Bethléem entend obliger les pouvoirs publics à le juger et, au-delà de lui, à réviser leur politique en matière de liberté d'expression.

Étendant de cercle en cercle son action, le censeur publie d'autres livres comparables à *Romans à lire & romans à proscrire*. *La littérature ennemie de la famille, les faits, les droits, les devoirs* en 1923 ; *Les pièces de théâtre*, dès 1910 ; *Les opéras, les opéras-comiques et les opérettes* en 1926 ; *La presse, son influence et sa puissance, ses méfaits et ses dangers, sa nécessité, devoirs qui s'imposent*, en 1928 ; *La lutte contre l'immoralité publique* en 1932 ; et *Mes réponses aux attaques de l'adversaire, aux reproches, aux inquiétudes et aux positions des amis* en 1935 permettent au polémiste de demeurer en permanence présent sur la scène publique. Si certains de ses excès et son goût pour le pugilat peuvent effrayer parfois certains milieux proches de lui, l'Église lui maintient son soutien indéfectible jusqu'à son décès. Inspirateur de l'encyclique *Vigilanti cura* sur le cinéma en 1936, il l'est encore davantage de l'encyclique *Divini illius magistri* du 31 décembre 1929 sur l'édition pour la jeunesse. Exultant de joie à l'annonce de cette décision pontificale, la *Revue des lectures* du 15 avril 1930 cite cet extrait qui vise directement son action et où Pie XI conclut :

> Elles sont donc à louer et à développer toutes ces œuvres éducatives qui, dans une inspiration sincèrement chrétienne de zèle pour les âmes des jeunes gens, s'emploient, par des livres faits tout exprès et des publications périodiques, à signaler spécialement aux parents et aux éducateurs les dangers moraux et religieux, souvent sournoisement insinués par certains livres ou certaines représentations, qui s'appliquent à répandre les bonnes lectures et à promouvoir les spectacles vraiment éducatifs.

Pourvu de cette reconnaissance officielle et fort du soutien de la hiérarchie catholique française, des évêques, archevêques ou cardinaux Alfred Baudrillart, Achille Liénart ou Jean Verdier, Louis Bethléem peut également s'enorgueillir de l'appui que lui apportent les prélats québécois et belges. Diffusé en effet au-delà des frontières de la France dans tous les pays qui subissent l'influence de sa littérature et achètent ses livres et ses journaux,

Romans à lire & romans à proscrire est réédité au Québec en 1943. La même année, les Éditions Fides publient leur premier guide, intitulé *Lectures et bibliothèques: liste des ouvrages et brochures en librairie classés par ordre de sujets et par catégories de lecteurs, suivie d'un index des auteurs cités*, trois ans avant la fondation de la revue *Lectures** (1946). Incontestablement, la publication de « cotes morales » qui accompagnent les bibliographies courantes doit beaucoup à l'exemple de Louis Bethléem que devait encore évoquer, sous forme humoristique, Gérard Bessette, dans son roman *Le libraire* publié en 1960. Au lecteur venu l'interroger au sujet du contenu de *Jésus-la-Caille*, roman non édifiant de Francis Carco, l'apprenti libraire de la fiction répond qu'il lui faut d'abord consulter ses deux bibles en la matière, l'abbé Bethléem et l'abbé Georges Sagehomme. Si le premier s'est ainsi aisément acclimaté au Québec où on le trouve aujourd'hui encore dans le fonds ancien des grandes bibliothèques, il a fait de nombreux émules en Belgique où l'abbé Georges Sagehomme a rédigé un *Répertoire alphabétique de 15 000 auteurs avec 50 000 de leurs ouvrages (Romans et pièces de théâtre) qualifiés quant à leur valeur morale*, si l'on en croit le titre assez considérablement augmenté de la septième édition qui date de 1947 et qui vient compléter la version originale de 1939, laquelle se contentait d'évoquer 10 000 biographies.

Au-delà de ces références, on peut encore attribuer à Louis Bethléem une paternité sur *La cote catholique du cinéma* de l'après-guerre et même, plus profondément encore, sur la rédaction de la loi française du 16 juillet 1949 sur la protection de la jeunesse. De même que son exemple a conduit le prêtre belge Norbert Wallez à diriger lui-même *Le XXe Siècle* de Bruxelles où parurent les premières bandes dessinées de *Tintin*, de même le censeur a-t-il influencé en profondeur l'Union des œuvres catholiques qui, en décidant de publier *Cœurs vaillants*, répondait au désir de l'ecclésiastique de voir l'Église combattre le monde moderne avec des armes adaptées à son évolution. Ne cessant de rappeler son credo : « L'influence du livre. C'est le livre qui fait les révolutions. Voilà ce qu'il faut répéter à satiété », Louis Bethléem n'en conclut nullement qu'il faut se contenter de brûler les livres ou de continuer l'action de l'*Index* librorum prohibitorum* romain. Il faut au contraire faire rédiger de « bons livres » comme antidote aux « mauvais » et, par voie de conséquence, de « bonnes » pièces de théâtre et réaliser de « bons » films, si l'on veut répondre au défi lancé autrefois par les écrivains des Lumières et par tous ceux qui, depuis la Révolution française, ont tenté de saper l'influence de l'Église sur les hommes, leur imaginaire, leurs représentations et même leurs fantasmes.

Antirévolutionnaire, antisémite, maurrassien jusqu'en 1926 mais trop soumis à Rome pour le demeurer après cette date, nationaliste, chauvin, admirateur de Mussolini mais exécrant Hitler par détestation de l'Allemagne, Louis Bethléem voit son nom disparaître de la presse catholique après 1945 parce qu'il est considéré alors comme un peu encombrant. Toutefois, la *Revue des lectures*, interrompue en 1940, est relancée par *Livres et lectures. Revue bibliographique* en 1946. Sous la houlette du père jésuite Alphonse de Parvillez, elle édite des tracts et des affiches, par exemple *Illustrés pour enfants et Lectures (Dangers et conseils)* qui inspire la législation de l'après-guerre. Si Louis Bethléem avait pu visionner le petit film de propagande laïque intitulé *On tue à chaque page!*, diffusé à partir de décembre 1951 en France, il aurait probablement considéré que ses idées avaient fini par convaincre jusqu'aux plus récalcitrants de ses adversaires. De même eût-il applaudi toutes les législations françaises, belges, canadiennes ou britanniques sur les *comics** de l'après-guerre. Elles démontraient à leur manière le bien-fondé de ses campagnes, l'utilité d'une censure active et vigilante en matière de divertissement, et, si la censure ne suffisait pas à ses yeux, elle devait demeurer l'une des armes offertes au chrétien pour combattre le Mal. S'il fallait disposer de romans à lire pour répondre aux attentes en matière de loisir, il fallait continuer à proscrire les mauvaises fictions et traquer impitoyablement celles-ci jusque dans les refuges les plus modernes où elles pouvaient venir s'abriter, le cinéma, la télévision* puis l'ordinateur et Internet*. *Jean-Yves Mollier*

BETHLÉEM, Louis, *Romans à lire & romans à proscrire : essai de classification au point de vue moral des principaux romans et romanciers de notre époque (1800-1904)*, première édition, [Cambrai], O. Masson, 1904.

MOLLIER, Jean-Yves, « Aux origines de la loi du 16 juillet 1949, la croisade de l'abbé Bethléem contre les illustrés étrangers », dans *On tue à chaque page ! La loi de 1949 sur les publications destinées à la jeunesse*, sous la dir. de Thierry Crépin et Thierry Groensteen, Paris, Éditions du Temps, 1999 ; PELLERIN, Violaine, « L'abbé Bethléem (1869-1940). Un pionnier de la lecture catholique », maîtrise en histoire, Université de Versailles Saint-Quentin-en-Yvelines, 1994 ; SAGEHOMME, Georges, *Répertoire alphabétique de 15 000 auteurs avec 50 000 de leurs ouvrages (Romans et pièces de théâtre) qualifiés quant à leur valeur morale*, 7ᵉ édition, [Paris/Tournai], Casterman, 1947.

▶ *À travers les beaux livres* ; *Littérature pour la jeunesse* ; *L'Ordre* ; *Sous le signe des muses*

BIBLIOTHÈQUES

Tout au long de leur histoire, les bibliothèques ont fait l'objet d'un contrôle important, pendant longtemps religieux et, maintenant, politique et judiciaire

Tout au long de l'histoire de la lecture au Québec, la censure est un sujet permanent pour les bibliothèques. Elle s'est exercée sous plusieurs formes et elle a visé divers types de documents au cours des âges. Elle peut être directe, visible, en écartant certaines œuvres après les avoir stigmatisées. Elle peut aussi être plus subtile, plus pernicieuse, en n'intégrant pas à la collection certains ouvrages ou en influençant le développement des collections avec l'objectif explicite de vouloir orienter les lectures de ses usagers. Évidemment, la censure directe, celle qui annonce ses couleurs, est plus spectaculaire. Mais la seconde, qui peut s'exercer sur une longue durée, comme ce fut le cas au Québec, a des effets profonds et durables sur le développement des bibliothèques et sur les collections offertes au public lecteur.

Le problème de la censure se pose clairement dès le Régime anglais, avec la création des premières bibliothèques de prêt accessibles au public. Le premier imprimeur de Montréal, Fleury Mesplet, arrive au Québec dans les fourgons de l'armée américaine et offre à la population montréalaise, dans le cadre d'un cabinet de lecture, des ouvrages à des fins de prêt. Mesplet ne laisse pas les autorités coloniales indifférentes ; le gouverneur Frédérick Haldimand se méfie de lui. De son côté, le supérieur des Sulpiciens, Étienne Montgolfier, n'apprécie pas ses idées libérales empruntées à Voltaire et aux Encyclopédistes, dans *La Gazette littéraire de Montréal**, fondée en 1778. Mesplet est arrêté en 1779 et mis à l'ombre jusqu'à la fin de la guerre d'Indépendance américaine. Quand Montgolfier écrit à son évêque Jean-Olivier Briand, en cette même année 1779 :

> Je suis intimement convaincu que dans tous ces établissements de l'imprimerie et de bibliothèque publique, quoiqu'ils aient en eux-mêmes quelque chose de bon, il y a toujours plus de mal que de bien, même dans des lieux où il y a une certaine police pour la conservation de la foi et des bonnes mœurs […]

le sulpicien fait référence à Mesplet et aussi au projet de Haldimand de doter Québec d'une bibliothèque publique bilingue. D'ailleurs, le clergé exprime des réserves face à cette Bibliothèque de Québec : il obtient toutefois l'assurance lors de sa fondation qu'elle ne contiendra aucun livre contraire à la religion. Cette entente ne semble pas avoir embarrassé le bibliothécaire, qui a acquis l'*Encyclopédie* de Denis Diderot et de Jean Le Rond d'Alembert, 40 tomes de Voltaire et le *Dictionnaire philosophique*. Le clergé retire rapidement son patronage à cette institution, mais en réalité cette bibliothèque vise la faible portion alphabétisée de la population de Québec et ne rejoint donc pas le peuple.

Au cours des quatre premières décennies du XIXᵉ siècle, la très grande majorité des livres de la

Bibliothèque de Québec et de son pendant montréalais, la Bibliothèque de Montréal, du *Mechanics' Institute*, de la *Natural History Society of Montreal*, de même que des publications offertes dans les « news rooms » (salles de nouvelles) à Québec et à Montréal, sont de langue anglaise, et touchent fort peu la population francophone.

À partir de la décennie 1840, la donne est différente à la suite de la création du Canada-Uni. Aux yeux du clergé, les politiques gouvernementales d'alphabétisation rendent la population francophone vulnérable face à la dissémination de l'imprimé. Ce sont d'abord ces « colporteurs de bibles », des ministres protestants provenant de la Suisse romande, qui inquiètent les autorités ecclésiastiques. La création des bibliothèques paroissiales, antidotes à ce mal, faite d'abord à la cathédrale de Québec en 1842, puis par les Sulpiciens à Montréal sous le nom d'Œuvre des bons livres, est entérinée par Mgr Ignace Bourget et ses collègues de l'épiscopat. Ces bibliothèques paroissiales auront pour près d'un siècle et quart des conséquences durables sur le type de lecture publique prônée au Québec, car « pour empêcher le peuple de lire des mauvais livres, il faut lui en procurer de bons » (Concile provincial de Québec, 18 juin 1854). Dans son ordonnance d'organisation de l'Œuvre des bons livres, Mgr Bourget octroie aux associés de l'œuvre un rôle d'assainissement des lectures :

> Ils ne souffriront pas dans leur maison aucun livre contre la foi et contre les Mœurs, et pour se conformer aux instructions de Notre Saint Père le Pape, ils s'empresseront de faire porter soit à l'évêque, soit aux prêtres, tous les ouvrages de ce genre qui seraient ou parviendraient à leur disposition. (*La Minerve*, 20 septembre 1856)

Le directeur de la bibliothèque et fondateur du Cabinet de lecture, le sulpicien Louis Regourd, affirme, dans une série d'articles dans *La Minerve* sur les bienfaits des bibliothèques paroissiales : « Quel beau feu de joie ne pourrait-on pas faire avec tous les mauvais livres qui circulent, nous ne disons pas dans tout le Bas-Canada, mais dans la ville seule de Montréal » (9 septembre 1856) ; il poursuit en soulignant qu'il faut donner aux populations « le bon livre qui les rassure, qui les replace dans le calme de la foi et les porte à reprendre leur vie de travail et de résignation » (13 septembre 1856).

De la même manière, l'Église s'oppose aux bibliothèques scolaires, que les surintendants de l'Éducation Jean-Baptiste Meilleur et Pierre-Joseph-Olivier Chauveau veulent créer dans les écoles, « sur lesquelles [bibliothèques] les curés ne sont pas sûrs d'avoir toujours le contrôle, et où, par conséquent, il pourrait se glisser des ouvrages dont la religion aurait à rougir » (*La Minerve*, 20 septembre 1856). Dans cette opération concertée d'orientation et de contrôle des lectures qui touche aussi la librairie*, Mgr Bourget ne recommande-t-il pas d'encourager les libraires locaux, de façon à pouvoir influencer l'offre de livres de ces libraires ? D'ailleurs, le libraire montréalais Édouard-Raymond Fabre, prenant en compte la nouvelle donne au Bas-Canada, annonce, en juillet 1850, la vente de livres nécessaires à l'établissement de bibliothèques paroissiales, incluant uniquement des collections françaises approuvées, notamment les cent volumes in-18 de la Bibliothèque de la jeunesse, les 160 volumes in-18 de la Bibliothèque instructive et amusante et les 460 volumes in-18 de la Bibliothèque catholique de Lille (*Les Mélanges religieux*, 9 juillet 1850).

Le cas le mieux documenté de censure d'une bibliothèque au XIXe siècle a trait à l'offensive menée par l'évêque Bourget contre la bibliothèque associative de l'Institut canadien de Montréal*. Cette saga se traduit par les trois lettres de l'évêque en 1858 sommant l'Institut de purger sa bibliothèque des livres à l'Index*, par des mesures prises contre les membres de l'Institut allant jusqu'à la fermeture de l'Institut et à la vente de la bibliothèque en 1885 au *Fraser Institute* qui ouvre ses portes. À preuve que la population montréalaise de langue française avait besoin d'une bibliothèque publique, cette collection acquise par Fraser est fréquentée lors de son ouverture par trois fois plus de francophones que d'anglophones, ce qui incite Jules-Paul Tardivel à dénoncer « cette source empoisonnée où le public de Montréal ira chercher la mort » (*La Vérité*, 24 octobre 1885). À Québec, à pareille date, l'Institut canadien de Québec* réussit à éviter ces problèmes censoriaux en se soumettant aux directives de l'épiscopat.

À la fin du XIXe siècle, l'Église et les journaux conservateurs (*Le Courrier du Canada*, *La Minerve*, *Le Nouveau Monde*) se croient directement menacés par la loi permettant aux municipalités d'établir des bibliothèques publiques que le gouvernement d'Honoré Mercier fait voter en 1890 et ils craignent les conséquences de cette loi. En 1892, l'archevêque de Montréal, Mgr Édouard-Charles Fabre, interdit la lecture de *Canada-Revue** d'Aristide Filiatreault qui fait campagne, entre autres, en faveur de la fondation d'une bibliothèque publique à Montréal. Son successeur, Mgr Paul Bruchési, sera constamment sur la brèche en ce qui a trait à la diffusion de l'imprimé. De 1901 à 1913, il condamne quatre journaux montréalais, *Les Débats**, *La Semaine** (entre autres raisons, pour avoir publié un extrait de la future *Scouine**, d'Albert Laberge), *Le Pays** et *La Lumière**. Rendant visite à l'hôtel de ville au moment de la création de la bibliothèque civique, il suggère « la création d'un département civique d'inspection *ad hoc* composé de littérateurs consciencieux et honnêtes » (*La Presse*, 25 février 1904). Après avoir semoncé le conseil municipal pour offrir dans une bibliothèque ouverte à la population notamment les œuvres de Voltaire, de Jean-Jacques Rousseau, d'Honoré de Balzac* et de George Sand, l'archevêque de Montréal revient sur le sujet de la censure quand il fait proposer en 1908 par un échevin un comité de censure de trois membres : le premier serait nommé par le chancelier de l'Université Laval de Montréal, le deuxième par l'archevêque de Montréal et le troisième par le principal de l'Université McGill.

La relation des faits relatifs à la lecture publique de cette époque, notamment le refus par la Ville de Montréal de l'offre financière du philanthrope américain Andrew Carnegie, le compromis d'une bibliothèque technique en 1903, l'achat de la collection de *canadiana* de Philéas Gagnon, la difficile érection de la Bibliothèque municipale en 1917, sont éloquents en ce qui a trait à la difficulté d'offrir des collections qui soient hors du contrôle du clergé. Une bibliothèque ne pouvait être neutre, car il y a de bons et de mauvais livres ; toutefois, à Montréal, à cause de la diversité des religions, une véritable bibliothèque publique se doit d'être neutre. L'ouver-

---

LES CONDITIONS D'UNE BIBLIOTHÈQUE PUBLIQUE EN 1908

Pour être éclairé au sujet de l'opportunité d'une bibliothèque publique, Omer Héroux écrit au chanoine et chancelier de l'archevêché de Montréal, Émile Roy. Ce dernier lui répond, le 9 juillet : « Cette question peut-être comptée [sic] au nombre des plus complexes et des plus difficiles. Sans doute une bibliothèque est une excellente chose en soi ; mais une bibliothèque publique contrôlée par le pouvoir civil peut présenter bien des dangers d'ordre moral et c'est pour cela que l'autorité religieuse ne peut pas s'en désintéresser.

[...] Mais ce qui ne fait pas de doute c'est qu'il faut à tout prix un contrôle dans le choix des livres et dans la séparation à faire entre les livres qui peuvent être donnée [sic] à tout le monde et ceux qui à cause du danger qu'ils présentent, doivent être réservés. Et ce contrôle doit être exercé par des hommes sûrs, compétents, exerçant leur fonction d'une manière stable. Et ce n'est pas faire injure à nos échevins que de dire qu'ils ne peuvent pas résumer ces conditions. » (ACAM)

ture de la Bibliothèque Saint-Sulpice en 1915, avec de grands moyens, rappelle que la lecture publique ne laisse pas l'Église indifférente.

À la Bibliothèque municipale de Montréal, la censure a cours jusque dans la décennie 1960. Dans les attributions du personnel au début des années 1930, une bibliothécaire est chargée de la censure des volumes français et une autre s'occupe des volumes anglais. Le choix des livres devient aussi un moyen détourné de censure ; alors que seulement 15 % des ouvrages religieux font l'objet de prêts à partir des années 1930, ils représentent de 30 à 40 % des achats. La censure ne s'exerce pas seulement dans le choix des livres. Plusieurs livres sont placés dans des espaces réservés ou sont tout simplement retirés du catalogue. Jusqu'à la décennie 1960, les livres suspects ou dangereux sont confinés dans un espace réservé et verrouillé, l'Enfer*, lequel est situé dans l'entrepôt de livres et n'est accessible qu'au conservateur qui en possède les clés. Les livres de l'Enfer sont consignés dans un registre à part. Outre cette censure prohibitive, on retrouve aussi une censure prescriptive établie d'après la valeur morale des livres. On emploie à cette fin le symbole o : plus le nombre de o est élevé (avec un maximum de quatre), plus le livre est considéré comme étant dangereux pour la morale. Sont également utilisées des indications plus explicites : défendu, à l'Index ou R.

La censure s'exerce également dans les bibliothèques d'enseignement supérieur et de recherche. L'Université Laval possède elle aussi, au cours de la décennie 1940, sa « salle de l'Index », et il demeure difficile d'avoir accès aux volumes à l'Index, comme le relate dans son journal, *D'un monde à l'autre [...]*, le professeur Auguste Viatte, qui y enseignait la littérature française.

Pendant la Seconde Guerre mondiale, l'édition française se fait à Montréal. On constate une parenthèse de l'Index et de la censure (à l'exception de la censure de guerre*), principalement à cause de la loi du Séquestre. À la fin de la guerre, la situation est

Bibliothèque municipale de Montréal.

rétablie. Paul-Aimé Martin, fondateur des Éditions Fides, rappelle que « le Québec est devenu un centre de diffusion du livre français » et « les œuvres d'André Malraux, d'André Gide, de Roger Martin du Gard, de Marcel Proust, de Colette, de Gabriel Chevalier, de Raymond Radiguet, de Pierre Louÿs se sont répandues au cours de la guerre » (*Revue des bibliothèques*, juin-juillet 1945). La maison Fides est le centre d'un faisceau d'institutions au service des bibliothèques paroissiales et des bonnes lectures ; l'École des bibliothécaires, fondée en 1937, l'Association canadienne des bibliothèques d'institutions, en 1943, qui devient rapidement l'Association canadienne des bibliothèques catholiques, les périodiques *Mes fiches*, la *Revue des bibliothèques*, *Lectures**, font la promotion des bibliothèques paroissiales confessionnelles, de l'orientation des lectures, du rôle capital de l'Index. Comme l'écrit Marguerite Brunet, dans la *Revue des bibliothèques*, au mois d'avril 1946 :

> La Congrégation du Saint-Office est en quelque sorte le médecin-chef quant à la lecture. [...] Que l'Église, de par la Congrégation du Saint-Office, implicitement, ou qu'elle émette un décret, prohibe telle ou telle lecture, condamne tel ou tel auteur, il n'y a qu'à s'y soumettre. [...] L'Autorité est toujours l'Autorité, il faut obéir à ses commandements, voire à ses simples directives.

Au milieu de la décennie 1940, le cardinal Jean-Marie-Rodrigue Villeneuve rappelle qu'à l'instar de l'école, la bibliothèque ne peut être que confessionnelle. Au congrès de l'Association canadienne des bibliothécaires de langue française de 1951, l'archevêque de Montréal, Mgr Paul-Émile Léger, souligne que « l'activité du chrétien est soumise au jugement normatif de l'Église » et que « la législation de l'Index n'a pas été abrogée et un chrétien doit savoir s'interdire toute une littérature très répandue, qui constitue un danger de perversion ». Au cours du même congrès, le sulpicien Édouard Gagnon, auteur d'une thèse de doctorat sur l'Index, *La censure des livres** (1945), fait une critique acerbe en 1951 du *Bill of Rights* de l'*American Library Association* qui avait pour objectif « de satisfaire aux désirs du lecteur et de respecter en tout sa liberté ». En 1955, toujours à l'Association canadienne des bibliothécaires de langue française, le cardinal Léger rappelle aux bibliothécaires leur devoir : « Par votre vocation, votre rôle social participe de l'incommensurable influence de la bonne lecture. » La tradition de censure a la vie dure. Même en 1963, dans une annexe intitulée « Bibliographie-conseil » à son ouvrage *Montréal et le rayonnement des bibliothèques*, Juliette Chabot expose tout l'arsenal pour le choix de bons livres : l'*Index librorum prohibitorum*, les œuvres de l'abbé Louis Bethléem* et du père Georges Sagehomme, ainsi qu'un grand nombre d'outils bibliographiques d'une orthodoxie à toute épreuve.

Avec la disparition de l'Index en 1966 et l'affaiblissement du pouvoir clérical au cours de la décennie 1960, de religieuse et morale, la censure devient davantage politique et judiciaire. Dans la revue *Argus* (septembre-octobre 1975), Georges Cartier, directeur de la Bibliothèque Saint-Sulpice à partir de 1964 et fondateur de la Bibliothèque nationale du Québec en 1967, relate l'intervention de la Sûreté du Québec pour suspendre le droit à la consultation de tous les ouvrages consacrés au maniement d'armes légères et à la fabrication de bombes que possédait cette bibliothèque. Il mentionne également la saisie de l'ouvrage de Pierre Vallières *Nègres blancs d'Amérique**, de même que la cueillette d'information de la part de la Gendarmerie royale du Canada relativement aux journaux et périodiques « séditieux » au moment de la crise d'Octobre 70.

Plusieurs livres sont censurés parmi ceux offerts en lecture dans les bibliothèques scolaires ou en analyse de texte dans les écoles. En 1984, l'album *Le voyage de la vie* de Darcia Labrosse et de Marie-Francine Hébert, illustré par une lauréate du Conseil des arts du Canada, est refusé par les écoles et les bibliothèques pour cause de nudité dans une illustration sur le thème de l'évolution. Trois romans-jeunesse de Reynald Cantin, *J'ai besoin de personne*, *Le choix d'Ève* et *Le secret d'Ève*, traitant de sexualité adolescente et d'avortement, fort appréciés des jeunes de cette classe d'âge, sont interdits d'achat, en 1991, dans les bibliothèques du Conseil scolaire Chauveau, à Québec. En 1995, devant la Commission des États généraux sur l'éducation, la présidente de l'Association des parents catholiques du Québec juge les romans *Ani croche* et *La course à l'amour* de Bertrand Gauthier « inacceptables » ; ces volumes sont écartés des listes de livres recommandés par la Commission des écoles catholiques de Montréal. En 2001, le recueil de l'illustrateur François Walthéry, *Natacha : nostalgie*, est retiré des rayons de la Bibliothèque municipale de Gatineau à la suite d'une plainte : on juge que ce recueil n'a pas sa place dans la collection jeunesse et il n'est pas non plus transféré du côté des adultes.

En août 2000, à la suite de pressions de quelques citoyens, 180 bandes dessinées*, dont des œuvres de Claire Brétécher, de Marcel Gotlib, des Québécois Bruno et Gilles Laporte et de la série Largo Winch, sont retirées par décision du Conseil municipal des rayons de la Bibliothèque municipale de Hull pour raisons de pornographie et de violence faite aux femmes. Cette décision est prise sans l'accord du directeur de la bibliothèque de la ville. La réaction rapide des autorités municipale qui limite l'accès à un certain type de publication rencontre l'opposition de l'Union des écrivains du Québec et des associations professionnelles de bibliothécaires. Le conseil municipal de la nouvelle ville de Gatineau lève, en février 2002, l'interdit dans ce combat pour le droit à l'information, à la libre expression de toute pensée et à la liberté intellectuelle.

Les bibliothèques ne sont donc jamais à l'abri d'actes de censure, des débordements de la régulation sociale, de quelque nature qu'ils soient. Le politologue français André Siegfried avait d'ailleurs bien jaugé la réalité de la lecture publique au Québec quand il écrivait au début du XXe siècle, dans *Le Canada, les deux races* :

> Ce n'est toutefois pas par l'intermédiaire du volume acheté que les doctrines nouvelles ou subversives risquent de se répandre, c'est par les bibliothèques publiques. Ainsi l'Église leur a-t-elle déclaré une guerre sans merci. Non qu'elle s'oppose à la création ou à l'existence de toute bibliothèque, quelle qu'elle soit ; mais elle tient essentiellement à contrôler souverainement, faute de quoi elle les empêche de naître ou bien les détruit. L'histoire du Canada, depuis un demi-siècle, a fourni plusieurs exemples frappants de cette opposition raisonnée du clergé à la lecture libre, facile et indépendante des livres modernes.

Marcel Lajeunesse

▶ *Annuaire de l'Institut-Canadien pour 1869* ; *À travers les beaux livres* ; *Les Débats* ; *Les demi-civilisés* ; *Index, lectures et morale évangélique* ; *L'ineffaçable souillure* ; *Littérature pour la jeunesse*

THE BIRTH OF A NATION
(LA NAISSANCE D'UNE NATION)

David Wark Griffith (1875-1948) • Film très censuré dans son pays et un peu au Québec (1915)

Dans l'histoire du cinéma américain, la sortie controversée de *The Birth of a Nation* (*Naissance d'une nation*) marque l'année 1915, non seulement à cause de son sujet, la guerre de Sécession américaine et la naissance du Ku Klux Klan, mais surtout parce que sa facture crée l'essentiel du langage cinématographique et parce qu'il consacre à tout jamais le goût du public pour le long métrage de plus ou moins deux heures.

Lucide, D. W. Griffith anticipe les réactions qu'il va provoquer, étant donné que son film s'inspire de la pièce raciste, *The Clansman* (1905), de Thomas Dixon. Entre le carton représentant sa signature et le titre du film, on peut lire cet intertitre :

> Un plaidoyer pour l'art cinématographique. Nous ne craignons pas la censure, car nous n'avons pas l'intention d'offenser par des impropriétés de langage ou par des obscénités, mais nous exigeons la liberté de montrer le mauvais côté du mal, afin de mettre en relief le bon côté de la vertu... C'est la même liberté qui est accordée à la littérature, art auquel nous devons la Bible et les œuvres de Shakespeare [traduction de l'anglais].

Aux États-Unis, le film suscite d'énormes vagues, des émeutes dans quelques grandes villes américaines et provoque le plus important phénomène de censure à ce jour. À Montréal, il est apporté au Bureau de censure le 17 septembre 1915 par The Basil Corporation, en une version de 12 rouleaux de 1000 pieds (environ 180 minutes), ce qui signifie que le distributeur a déjà retranché certaines scènes, la version dite officielle durant 190 minutes, le film étant projeté à 16 images/seconde. Il est approuvé le 20 suivant par Louis-Joseph Lemieux*, président, avec les quelques coupures suivantes inscrites sur la fiche officielle :

> Cut in reel
> II : White man hanging mulatto woman
> IX : Pursuit of girl by negro
> Subtitle : « For her who had learned the stern lesson of Honor, we should not grieve that she found sweeter the opal gates of death »
> XI : Colored woman, immodestly dressed, drinking White girl in the arms of a mulatto

Puis, sur un feuillet à part, non signé, s'ajoute cette exigence :

> IV : Cut all scenes of white girl in mulatto office
> Subtitle : The town being given to drunken negroes

En considérant la version intégrale, on peut dire que le film n'a rien perdu de très significatif. Le spectateur québécois sait déjà que le racisme envers la minorité noire des États-Unis fait partie de la vie courante et que les meurtres de personnes noires ne font plus les manchettes des quotidiens. Sous un autre aspect, on constate que les censeurs ne se sont pas offusqués de la vision favorable de Griffith au sujet du Ku Klux Klan.

Selon les quotidiens, il sort à Montréal le 27 septembre 1915. Quelques jours auparavant, le 23, *La Presse* fait état d'une protestation de la communauté noire de la ville:

> Un groupe important de la population noire de Montréal s'est réuni hier soir, au Union Congregational Church, sous la présidence du docteur J. Arthur Thomas […] pour protester contre la représentation d'un film annoncé pour la semaine prochaine, et intitulé *The Birth of a Nation*. Il appert que nos concitoyens de la race noire ont appris d'une manière certaine que ce drame, tel que mis à la scène, est de nature à provoquer l'antagonisme du public contre les nègres. Ceux qui assistaient à la réunion d'hier soir ont manifesté l'intention de faire tous les efforts pour empêcher cette série de représentations.

Le jour du lancement, dans l'édition de l'après-midi, *La Presse* fait un gros titre avec « Un coûteux incendie se déclare ce matin au théâtre Princess ». L'article est suivi d'un autre texte relatant que la veille,

> un nègre se serait présenté au théâtre Princess et aurait déclaré au gérant, M. Wright, que si on n'arrêtait pas la production de la pièce *Birth of a Nation*, il entendrait parler de lui. Cet incident précédant immédiatement l'incendie de ce matin a, naturellement, porté les intéressés à croire qu'une main criminelle a bien pu diriger l'œuvre de l'élément destructeur.

Une enquête est lancée; elle ne pourra prouver une activité criminelle. Le film prend quand même l'af-

Publicité du film à l'Orpheum en 1916. – Huit mois après sa sortie, *Birth of a Nation* revient à l'affiche à Montréal et la salle annonce le titre en français, mais il faudra attendre encore six mois pour qu'il sorte avec des intertitres français au St-Denis.

fiche le 27 septembre, mais au théâtre Arena, loué pour la circonstance. Un orchestre de 30 musiciens accompagne les deux représentations quotidiennes, offertes à 1,50 $ le soir, 1,00 $ en matinée, un prix quatre à six fois supérieur à l'admission habituelle, ce qui, à sa façon, est une forme de censure. Le succès en est quand même total. Le film revient, dans les mêmes conditions, à l'Orpheum, le 1er mai 1916, et au St-Denis le 26 novembre suivant, cette fois aux tarifs habituels (de dix cents à un dollar pour les sièges réservés) malgré l'ordre exprès du distributeur d'imposer le même prix que partout en Amérique. Le St-Denis a aussi son « orchestre symphonique » et sa publicité annonce fièrement : « avec titres en français et en anglais, pour la première fois dans le monde entier ». Mais la saga de ce film ne s'arrête pas là.

Le 9 novembre 1921, une copie est ramenée au Bureau, qui a maintenant une nouvelle équipe de censeurs, dirigée par Raoul de Roussy de Sales. Il est visionné le 15 et est refusé pour « immorality » et « race prejudice », puis redonné au distributeur, avec les coupures effectuées en 1915.

Le 26 juin 1924, une copie « reconstructed » (ce qui signifie que le distributeur a lui-même effectué des coupures, probablement les mêmes que celles que le Bureau avait faites en 1915), est refusée par Roussy de Sales et C. A. MacDiarmid. La raison évoquée par de Sales demeure la même qu'en 1921 : « Immorality and race prejudices ». Mais sur la même fiche s'ajoute cette note, écrite deux jours plus tard, signée des trois censeurs et du secrétaire de Rousselle :

> Accepted in appeal with the following eliminations
> X. Negro shooting at white man
> XII. Elsie tied in chains + gagged
>   Lynch kidnapping Elsie

Cela signifie sans doute qu'il y a eu alors une nouvelle sortie du film au moins dans une salle. La valeur de spectacle de cette œuvre ne se dément pas. Il demeure impossible de savoir si le public est attiré par la valeur cinématographique ou par le récit qui conforte des attitudes plus ou moins racistes, car cette question n'a pas été documentée.

Le 18 novembre 1931, le son s'étant imposé dans presque toutes les salles, une version de 13 000 pieds, donc l'originale ou ce qui s'en rapproche le plus, est acceptée modifiée, avec les coupures suivantes :

> Eliminate
> VIII – Negro servant tied up and shot for wrong voting
> The passage of Bill providing (?) for the intermarriage of Blacks and whites
> IX – Negro chasing white girl
> X – Negroes shooting at white men
> View of body of negro on steps of Lieut. Governor's house
> XI – Ill treatment of Cameron (father) by negroes
> The master (Cameron) in chains parraded [sic] before his former slaves
> Negro struggling with Elsie
> XII – Girl tied to chair and gagged
> Kidnapping of Elsie by negro.

C'est cette copie, sonorisée avec bruits d'ambiances et une musique enregistrée par un orchestre de 125 musiciens qui est programmée à l'Orpheum, à prix populaires (de 25 à 40 cents) dans les jours suivants et qui fait salle comble. Au sujet de la sonorisation, la critique de Léon Franque dans *La Presse* est mitigée. Il se range du côté des puristes qui croient que le film doit être revu dans sa « première beauté » et son esthétique particulière du muet et il louange le génie de Griffith. Toutefois, il ne donne pas tort à « ceux qui croient à l'évolution du cinéma […] pour qui un film peut toujours être travaillé à nouveau, repris, recommencé et amélioré ».

Finalement, des copies en 16 mm vont entrer, dans les années 1940 ou 1950 et à travers les ciné-clubs, mais on n'en trouve pas de trace dans les archives du Bureau, qui ne censure le 16 mm qu'à compter de septembre 1947. Dans l'*Index des 6000 titres de films avec leur cote morale*, publié en 1955 par la Fédération des centres diocésains de cinéma, il est coté « Adultes », avec les plus hautes « cote artistique » et « valeur d'intérêt ». De temps en temps, il est ensuite projeté par la télévision, avec des intertitres en français.

Si, avec *The Birth of a Nation*, Griffith veut vraiment exalter la vertu en montrant « le mauvais côté du mal », il n'est pas évident qu'il y arrive, car il ne réussit pas à cacher sa fascination pour les grands déploiements de la guerre et pour la violence du Ku Klux Klan, ni à dissimuler son racisme, tout emporté qu'il est par la magie du langage cinématographique et son pouvoir de suggestion. Au moment où naît le cinéma hollywoodien, ce film pose déjà les questions que tant d'autres soulèveront par après, sans que jamais une réponse satisfasse tout le monde :

jusqu'où l'art doit-il s'employer à créer de la beauté avec ce qu'objectivement le sentiment moral et l'intelligence réprouvent? La perfection technique et esthétique doit-elle reléguer au second plan, ou même faire oublier, une vision des choses plus ou moins dégoûtante? L'artiste peut-il être justifié de mettre son talent au service de causes indéfendables, surtout quand il sait que le public saura difficilement faire la part des choses? Dans les réactions provoquées en 1915 par *The Birth of a Nation* comme dans celles des commentaires près d'un siècle plus tard l'expression « chef-d'œuvre dégoûtant… » revient souvent, ce qui indique bien que l'art véritable ne se laissera jamais endiguer dans des formules et qu'il contiendra toujours sa part de provocation.

En 1915, ce n'est pas la première fois que Griffith subit les foudres des censeurs. *A Misunderstood Boy*, un court drame, est le premier film « modifié » par les censeurs (sans indication du contenu coupé) le 16 avril 1913; *The Adopted Brother* est interdit le 27 août suivant, tout comme *Primitive Man* (titre complet: *Primitive Man: A Psychological Comedy Founded on Darwin's Theory of the Genesis of Man*) le 17 novembre 1913 (« Not fit for observation; showing evidence of child birth ») et *Battle of Sexes* le 28 avril 1914. D'autres seront aussi rejetés plus tard: *Scarlet Days* le 20 janvier 1920; *Way Down East* le 5 janvier 1921; *Dream Street*: « Trop de coupures nécessitées pour rendre ce film acceptable », le 26 juillet 1921; *White Rose* pour « Offense to the Christian profession » et cette note est ajoutée: « This feature was submitted to Reverend Canon Shatford and Reverend Mr. Major and was objected to by both gentlemen », le 13 septembre 1923; *Love and Sacrifice* pour « Offensive scenes to the British army » le 12 novembre 1924. Quant à son autre grand chef-d'œuvre, *Intolerance**, il connaît sa part de mésaventures.

Premier parmi les grands réalisateurs dramatiques du cinéma américain, Griffith cherche presque toujours à provoquer sa société en abordant des sujets controversés. Il atteint son but, mais cela en fait souvent une des plus grandes victimes de la censure. *Yves Lever*

ANQ-M, fonds Régie du cinéma, E-188, fiches des films.

LE BLÉ EN HERBE
Claude Autant-Lara (1901-2000) • Film controversé en France et le deuxième plus mutilé par la censure québécoise (1955)

Tiré du roman éponyme de Colette (pseudonyme* de Sidonie Gabrielle Colette), *Le blé en herbe*, tourné en 1954, s'attache surtout à l'initiation à l'amour d'un adolescent de 16 ans par une femme mûre. Il arrive de France avec une réputation sulfureuse, ayant été interdit dans plusieurs villes. Au Québec, Colette n'est pas la bienvenue. Déjà, le 2 février 1951, la censure a refusé *Minne ou l'ingénue libertine* de Jacqueline Audry et ne l'a accepté que retranché de 15 minutes le 26 août 1952, et en faisant disparaître du générique « D'après *L'ingénue libertine* de Colette de l'Académie Goncourt ».

La version intégrale du *Blé en herbe* (106 minutes) est refusée par le Bureau de censure le 18 août 1955, avec ce commentaire: « Immorale. Initiation d'un jeune homme de seize ans, Phil, par une femme d'âge mûr, Mᵐᵉ Hedwige Feuillère. » Le distributeur Ciné France (propriété de Jean-Pierre Desmarais) en apporte une copie « reconstruite » de 90 minutes le 16 novembre suivant. Les censeurs approuvent le film le 22 novembre, mais après lui avoir retranché encore 32 minutes de dialogues. Ils imposent aussi de ne pas mentionner dans la publicité* que le film est tiré de l'œuvre de Colette. Des 106 minutes, il ne reste donc plus que 58 minutes. Avec 48 minutes en moins, *Le blé en herbe* passe à l'histoire en tant que deuxième film le plus charcuté par les censeurs québécois (la palme revenant à *Le rouge et le noir** du même réalisateur). À cette version édulcorée, la Fédération des centres diocésains de cinéma octroie la cote « Adultes avec réserves ».

L'annonce dans les médias était toute petite et très discrète, même si le film jouissait déjà d'une réputation sulfureuse.

Pour l'exploiter, Desmarais loue le Radio-City, à Montréal, anciennement le Gayety, vieille salle de vaudeville et de cinéma qui en a vu de toutes les couleurs et qui deviendra finalement le Théâtre du Nouveau Monde. Avec une publicité racoleuse («Pourquoi un jeune homme est-il attiré vers une femme beaucoup plus âgée que lui? Pourquoi va-t-il reporter ensuite sur sa jeune amie les fruits de son expérience? Pourquoi le flambeau de l'amour se transmet-il?»), il le lance le samedi 3 décembre, en programme double avec *La symphonie fantastique*, film de Christian-Jaque (1942), une biographie d'Hector Berlioz acceptée sans coupures et déjà programmée en 1946. Le film ne reste à l'affiche que quelques jours, selon *Le Devoir* du 14 décembre 1955 qui souligne :

> Ce cinéma, à vrai dire, n'en présentait que des bribes, et il a dû abandonner la partie […]. Le film a subi le même sort que *Le Rouge et le Noir*. On n'en voit que des «morceaux choisis». Les critiques, afin de rester professionnels, doivent s'abstenir de porter un jugement puisque l'ensemble des intentions du film n'est pas accessible.

André Fortier ajoute que les spectateurs mécontents demandent le remboursement du prix d'admission.

Onze ans plus tard, le 9 décembre 1966, France-Film soumet en procédure d'appel une copie 16 mm et il est alors accepté intégralement. L'approbation de l'original en 35 mm n'est plus alors qu'une formalité le 9 juin 1967. Avec le reclassement qui suit la loi du 12 août suivant, il est coté «18 ans». Le 5 janvier 1977, il est coté «Pour tous»; dans le répertoire actuel de la Régie du cinéma, il est classé «Général».

Au moment de sa sortie intégrale, en 1967, l'Office des communications sociales (catholique) le décrit ainsi : «En évoquant les émois amoureux de deux adolescents, le film présente comme naturelles les expériences sexuelles prématurées. L'intervention d'une femme d'âge mûr qui se fait l'initiatrice du jeune héros est décrite avec sympathie.»

À lui seul, ce film permet de mesurer l'évolution de la censure. En 20 ans, de film interdit, puis lourdement amputé, il accède à la cote «réservé aux 18 ans et plus» en retrouvant son intégrité, puis il devient enfin acceptable pour tous. Cela ne signifie pas que l'intrigue de base, l'initiation d'un garçon de 16 ans par une femme mûre, soit banalisée et considérée comme «normale», mais simplement qu'une esthétique de qualité et l'absence d'images ambiguës rendent le produit acceptable. Cela indique aussi que le censeur a bien assumé le sens de la classification, qui ne signifie pas que le film est bon pour tel groupe d'âge, mais simplement qu'il ne peut faire de tort à une personne normalement saine psychologiquement de ce groupe, selon le consensus social de l'heure. *Yves Lever*

ANQ, fonds Régie du cinéma, E 188, fiches du film; FORTIER, André, «Les films français et la censure de 1930 à 1955», *Cultures du Canada français*, n° 8, 1991; *Recueil des films*, 1967.

BONIMENTEURS DES VUES ANIMÉES
Des commentateurs qu'on essaie de faire taire

Au Québec, pendant toute la période du cinéma muet (1896-1928), les films sont souvent commentés par des bonimenteurs que le public local appelle «conférenciers». Plusieurs d'entre eux sont des comédiens de théâtre, qui récitent aussi des monologues ou interprètent des chansons* entre les films, le spectacle de l'époque comprenant d'autres attractions diverses. Comme tous les performeurs, ces conférenciers improvisent et se permettent souvent des commentaires de leur cru. Acceptés en général assez bien par leur public habituel, ils sont souvent critiqués de façon acerbe par les chroniqueurs de spectacle qui s'en prennent surtout à leur élocution ou leur manque d'érudition. Ils semblent toujours échapper à la censure légale, mais ils sont victimes d'une censure institutionnelle qui cherche à contraindre leur embauche ou leur prestation.

Quand les premières salles se multiplient en 1906 et 1907, le boniment est une attraction mise en valeur dans la publicité* et soulignée par les chroniqueurs de spectacle : Forget du Ouimetoscope est « très documenté », Bissonnette a une « voix de stentor » et André de Reusse est reconnu pour « ses explications si curieusement détaillées ». Le boniment est une attraction commerciale, mais sa qualité est déjà évaluée par des gens qui veulent le faire disparaître, ou le remplacer par un autre plus cultivé :

> Quand donc perdra-t-on cette stupide habitude d'expliquer les vues animées ? Le public, d'abord, serait assez content de constater qu'on le croit assez intelligent pour les comprendre tout seul ; et puis nous n'aurions plus le désagrément d'entendre les innombrables cuirs [un vice de langage qui consiste à prononcer à la fin d'un mot un *t* lorsqu'il y a un *s*, et réciproquement, ou à employer à tort l'une de ces deux lettres pour lier deux mots ensemble] et aneries [*sic*] débités par les soi-disants [*sic*] « conférenciers ». (*Le Petit Québécois*, 27 février 1909)

À l'extérieur de l'institution, la critique* est surtout moraliste, et le plus souvent exercée par les journalistes catholiques. À Québec, ville où le clergé catholique est nombreux et puissant, on écrit beaucoup de textes parlant du conférencier, mais très souvent pour le dénigrer :

> Mais il faut toujours compter avec les commentaires du bonhomme qui explique les vues. Dans certains de nos théâtres, il se donne par ce moyen, des vrais cours d'impiété, sans compter les leçons d'immoralité. Ainsi, pas plus tard que vendredi dernier, un de ces savants se payait le luxe de vouloir ridiculiser la dévotion à Saint Antoine [*sic*]. C'est un cas entre dix mille.

Pourtant, ni les critiques de spectacles ni les critiques de la morale ne semblent faire taire les bonimenteurs ; elles conduisent cependant certains d'entre eux au chômage, et quelques-uns en prison : ainsi en 1916 à Québec, le bonimenteur Meussot est arrêté et écroué avec son patron pour avoir commenté des films un dimanche, jour où le règlement municipal interdit l'ouverture des cinémas.

Si la parole est difficilement contrôlable, elle semble du moins être plus sévèrement surveillée pendant la Première Guerre mondiale*. La Loi des mesures de guerre amène la nomination d'un censeur de la presse, dont les pouvoirs sont plus tard étendus au cinéma et aux spectacles. Son rapport insiste particulièrement sur les « numéros » et pièces de théâtre, disant que « des hommes haut placés et de jugement […] ont fait remarquer que les chansons de certains vaudevilles exprimaient une envie pathétique de la paix à tout prix et visaient de toute évidence à provoquer un sentiment de lassitude à l'égard de la guerre ».

Le rapport ne cite aucun texte en particulier, mais les magazines de l'époque publient plusieurs chansons composées par les artistes des scopes, chansons dont le ton antibelliciste et anticonscriptionniste est évident. Armand Leclaire, comédien, revuiste et monologuiste, signe par exemple le couplet suivant :

> Faut n'être pas trop surpris
> Si on coupe les salaires
> Aux rich's tout est permis
> Faut manger d'la misère
> Ou s'enrôler « Oversea » !

Ce texte n'a manifestement pas été soumis à l'attention du censeur ou de ses collaborateurs, car on y critique ouvertement la guerre comme une politique destinée à enrichir les uns aux dépens de la vie des autres. Leclaire était loin d'être le seul à proférer ce genre de critique sarcastique. Un auteur dont le pseudonyme était Paul Rosal et qui écrit beaucoup pour *Le Passe-Temps* compose plusieurs poèmes satiriques traitant de la conscription. Dans un texte intitulé « Nos braves conscriptionnistes », Rosal s'en prend ensuite à ceux qui réclament la conscription pour les autres mais veulent eux-mêmes y échapper :

> Ce sont ceux qui crient le plus fort
> Qui veulent envoyer les autres,
> Mais ils savent « faire le mort »
> Ces enthousiastes apôtres !

Les textes de ce genre disparaissent après l'adoption de la loi sur la conscription, qui les rend illégaux. Ils disparaissent probablement aussi des monologues et chansons, car le censeur laisse entendre que ses interventions ont mis fin à cette subversion. Après la guerre, les bonimenteurs retrouvent leur liberté de parole, mais leur nombre diminue graduellement à mesure que les petits cinémas sont supplantés par les grands palaces qui font du film la seule attraction. Ils continuent à exercer leur métier dans les spectacles de burlesque où le film commenté reste une attraction populaire, mais leur prestation continue de recevoir la même critique méprisante. La bande sonore, produite avec le film et contrôlable d'avance, vient mettre fin au métier du bonimenteur, mais aussi à ses propos « incontrôlables » et à la censure informelle qui cherchait à les limiter ou interdire. Pendant les années 1930 et 1940, des prêtres cinéastes (Albert Tessier, Maurice Proulx, etc.) reprennent cette méthode à leur compte en commentant eux-mêmes plusieurs des films qu'ils tournent, mais, dans leurs projections, la censure ne semble pas poser de problème.

Germain Lacasse

Lacasse, Germain, *Le bonimenteur de vues animées. Le cinéma « muet » entre tradition et modernité*, Québec et Paris, Nota Bene et Méridiens Klincksieck, 2000.

Chambers, Ernest J. « Rapport sur le service de la censure de la presse canadienne », reproduit dans les *Cahiers d'histoire politique* (Montréal), n° 2, hiver 1996 ; Lacasse, Germain, *Histoires de scopes. Le cinéma muet au Québec*, Montréal, Cinémathèque québécoise, 1988.

▶ Guerre (censure)

BOULEVARD SAINT-LAURENT

Jack Zolov (1932-) • Film tourné à la place de celui qu'on empêche Pierre Patry de réaliser (1962)

Le cinéaste Pierre Patry raconte, au sujet du boulevard Saint-Laurent de Montréal :

> On m'a demandé de faire un film sur la *Main*. […] Mais on a refusé mon scénario parce que je voulais montrer la *Main* telle qu'elle était. […] Je ne pouvais pas montrer une vraie image de la *Main* sans montrer deux choses : d'une part la petite pègre, les hommes de main qui tuent pour deux ou trois cents dollars, d'autre part le fait que le lieu numéro un du crime au Canada est à côté du poste numéro un de police. Ça, je ne pouvais pas faire autrement… Ensuite toutes nos belles associations nationales, comme la Saint-Jean-Baptiste, sont sur la *Main* avec le Monument National, et tout ça. Ensuite il y a *La Presse* qui est en plein là […], puis l'église Notre-Dame qui n'est pas très loin et la Comédie Canadienne qui est juste à côté. Alors c'est merveilleux de montrer l'image de notre élite bourgeoise qui côtoyait effectivement les hommes de main. Il n'y avait pas d'insinuation là-dedans ; il n'y avait qu'une constatation de faits.

À l'ONF*, les créateurs peuvent généralement aborder leurs sujets avec une totale liberté. Mais il arrive quelquefois, comme ici, que le montage prévu fasse découvrir des liens que les autorités peuvent craindre de voir exposés au grand jour. Après des mois de recherches et de scénarisation, Patry voit son travail refusé et la commande est refilée à un autre réalisateur. Le court métrage que tourne Jack Zolov, nommé sur certaines copies *Adultes, avec réserves* (en dérision des cotes morales des catholiques), n'est pas insignifiant et il comporte quelques anecdotes rigolotes liées au monde des clubs *cheap* mais, pour citer encore Patry, ce n'est plus qu'un « *skid row* [lieu de clochards] ; les clochards, c'est le folklore de la *Main* ». À un moment où le documentaire québécois participe à la volonté de changement social, le film de Zolov tient effectivement du folklore. *Yves Lever*

Lafrance, André, avec la collaboration de Gilles Marsolais, *Cinéma d'ici*, 1973.

BOUM SUR PARIS

Maurice de Canonge (1894-1979) • **Film qui perd une partie de ses chansons (1955)**

Ce film, tourné en 1954, et que ne retiennent pas les histoires du cinéma, n'a que la prétention de présenter quelques grandes étoiles de la chanson française des années 1950 (Édith Piaf, Mouloudji, Juliette Gréco, Charles Trénet, Mick Micheyl, Jacqueline François, Anny Cordy, Jacques Pills, Gilbert Bécaud, etc.) faisant tour à tour leur petit numéro dans un cabaret devant des publics variés où des vedettes américaines comme Gary Cooper et Gregory Peck viennent faire un moment de figuration.

Le Bureau de censure approuve *Boum sur Paris* le 18 janvier 1955, mais avec huit minutes de coupures pour faire disparaître quelques scènes de coulisses (seins et longues jambes nues), la chanson *Je hais les dimanches* de Charles Aznavour interprétée par Juliette Gréco, une autre d'Édith Piaf et *Comme un p'tit coquelicot* de Mouloudji. Que la censure porte sur des textes de chansons*, voilà qui est inédit. Pour celles de Gréco et de Mouloudji, bien connues, on peut comprendre que des parties semblent inacceptables aux censeurs. Écoutons Gréco se moquer :

> Et tous les honnêtes gens
> Que l'on dit bien-pensants
> Et ceux qui ne le sont pas
> Et qui veulent qu'on le croie
> Et qui vont à l'église
> Parce que c'est la coutume

Cette raillerie sur la religion ne pouvait que déplaire aux rigoristes censeurs québécois. Quant à la chanson de Mouloudji, elle évoque un amour éphémère avec une fille dormant à moitié nue dans la campagne, relation d'un jour qui se termine parce qu'un soupirant éconduit assassine la belle et que trois gouttes de sang forment un coquelicot sur son corsage blanc. Il n'y a pas là une morale à proposer aux jeunes générations...

Dans les cabarets du Québec, Piaf, Mouloudji, Gréco, Trénet et Les Compagnons de la chanson ont déjà popularisé la chanson française de répertoire. La radio la diffuse à longueur de journée. La télévision l'accueille aux meilleures heures d'écoute. Charles Aznavour, auteur de *Je hais les dimanches*, l'a sûrement déjà interprétée dans quelque cabaret du Québec. Les chansons retranchées du film sont déjà sans doute bien connues de tous les spectateurs éventuels. Leur suppression dans un film que seuls les plus de 16 ans peuvent voir dans les salles révèle que les censeurs du cinéma vivent asynchrones avec la réalité ambiante. *Yves Lever*

ANQ-M, fonds Régie du cinéma, E-188, la fiche du film.

BOYER, LOUIS

▶ Rapport Boyer

BROUSSAILLES GIVRÉES

Guy Robert (1933-2000) • **Recueil de poésie qui entraîne le congédiement de l'auteur du Séminaire de Gaspé (1961)**

En septembre 1960, Guy Robert, en tout début de carrière, est engagé pour enseigner la littérature, classes de Belles-Lettres et de Rhétorique, au Séminaire de Gaspé. Ami de Gaston Miron, d'Hubert Aquin, il a déjà publié divers essais et un recueil de poèmes, *Broussailles givrées*. Il consacre ses loisirs à la peinture, qu'il pratique à la manière des automatistes, dont certains sont des amis. Dans ce collège de 350 élèves, presque tous pensionnaires, appartenant au diocèse, on est loin de la Révolution tranquille qui s'amorce dans les grands centres. Quatre ou cinq jeunes laïcs seulement enseignent en compagnie des prêtres ; le dimanche, ils sont tenus d'as-

En janvier 1961, Guy Robert perd son poste de professeur de lettres dans un collège à cause de quelques poèmes.

sister à la messe. Un seul ne s'approche pas de la table de communion, Robert, ce qui n'est pas sans provoquer moult commentaires tant chez les collégiens que chez les professeurs.

Avec ses élèves de rhétorique, il s'écarte souvent du programme pour parler de Charles Baudelaire et d'Arthur Rimbaud, d'Anne Hébert et de Saint-Denys Garneau. Dans l'analyse de textes, il privilégie l'approche symbolique sans aucune référence morale. Il tait son propre recueil. C'est par hasard qu'un collégien en apprend l'existence et que plusieurs le commandent d'une librairie* de Montréal.

Ils en admirent les audaces, surtout dans le poème « Que ta jeunesse flambe ». C'est de la dynamite ; il y a d'abord de la provocation sexuelle, tabou par excellence, mais surtout des phrases comme « incendie les cloîtres… déserte l'encens des églises sermonneuses… gifle les flics et les abbés… » ; et d'autres propos qui paraissent encore plus subversifs : « ose toutes tes libertés… habite l'homme de tes rêves ». Peu habitués à penser en ces termes, apeurés par cette vision anarchiste, les étudiants restent bien tranquilles et ne fomentent bien sûr aucune révolte.

Le 15 janvier 1961, l'évêque Paul Bernier entreprend sa visite canonique annuelle au collège. Un élève des plus pieux lui parle de poèmes révolutionnaires qui circulent. Quelques pages de *Broussailles givrées* lui suffisent pour qu'il convoque Robert et lui signifie illico et sans explication qu'il est congédié et qu'il doit quitter la ville. À cette époque, il n'y a pas de syndicat de professeurs pour le défendre. Personne ne s'élève contre ce renvoi arbitraire. Les élèves n'osent pas écrire une lettre de protestation de peur d'être mis à la porte. La librairie de la rue principale de Gaspé doit retourner tous ses exemplaires à l'éditeur. Robert quitte effectivement Gaspé quelques jours plus tard et il va finir l'année scolaire au Collège de Matane (dans un autre diocèse), où une lettre de recommandation de Mgr Jean-Paul Goupil, le supérieur du Séminaire, écrite à l'insu de l'évêque, lui permet d'être engagé. En deux paragraphes, cette lettre décrit ironiquement toute l'affaire :

> Monsieur Guy Robert, professeur de lettres ici au Séminaire de Gaspé, a dû laisser son enseignement sur l'invitation de Son Excellence Révérendissime Monseigneur Paul Bernier à cause d'un écrit publié en 1959, *Broussailles Givrées*, dont les élèves ont eu quelques exemplaires en main.
>
> Par ailleurs, le Séminaire de Gaspé n'a eu qu'à se féliciter du travail, de l'enseignement littéraire et de la compétence dont nous avons pu faire profiter nos élèves.

À la fin de l'année scolaire, Robert apprend qu'à la demande de Bernier, il est proscrit chez tous les membres de la Fédération des collèges classiques, ce qui veut dire presque partout au Québec. Les jésuites du Collège Sainte-Marie bravent l'interdit et l'engagent, mais il quitte bientôt l'enseignement et il devient un des tout premiers directeurs du Musée d'art contemporain de Montréal. Il poursuit ensuite une fructueuse carrière en tant que critique d'art et auteur de monographies des plus grands peintres du Québec.

Le congédiement d'un écrivain à cause de la publication et la diffusion d'un recueil de poèmes représente un cas unique dans les annales de l'enseignement collégial. Guy Robert s'est heurté à une autorité cléricale encore toute-puissante au début des années 1960, mais qui sera balayée à peine quelques années plus tard. *Yves Lever*

ROBERT, Guy, *Broussailles givrées*, Montréal, Éditions Goglin, 1959, 71 p.
Archives personnelles de Guy Robert et de Yves Lever.

BÛCHERONS DE LA MANOUANE
Arthur Lamothe (1928-) • Film dont le commentaire subit des coupures chez son producteur (1962)

Dans son premier film, un court métrage documentaire de style direct, Arthur Lamothe suit un groupe de bûcherons en Haute Mauricie pendant quelques jours. L'intérêt du cinéaste dans *Bûcherons de la Manouane* porte avant tout sur les aspects humains des travailleurs. À cette époque (1962), les écrits anti-colonialistes de Frantz Fanon (*Les damnés de la terre*, 1961) et d'Albert Memmi (*Portrait du colonisé*, 1957) circulent au Québec. En coïncidence avec l'idéologie ouvriériste qui règne alors à l'Office national du film*, le réalisateur ne peut s'empêcher de formuler des remarques débouchant sur des considérations politiques.

La censure vient des autorités de l'institution. D'abord, Lamothe ne peut donner le nom de la compagnie qui gère le chantier (la Canadian International Paper). Puis il doit retirer ces phrases du commentaire :

> Les capitaux de la compagnie sont américains ; les dirigeants anglo-saxons ; l'anglais la langue des maîtres.
> Produire des millions de profits, des millions d'impôts...
> Et l'évêque du diocèse vient ici une fois l'an, accompagné des *public relation men* de la compagnie ; on prend des photos ; on confesse les bûcherons. Il n'y a pas de syndicat. L'année dernière, c'était au mois de juillet 1961, ici, pendant un repas, un homme se leva. Il en appela à la grève, il déclara la révolte. La grève était illégale. 40 policiers furent détachés sur les lieux, 40 policiers provinciaux, symboles de la légalité.
> [Au sujet des bûcherons amérindiens :] leurs enfants ne peuvent aller qu'à l'école indienne, et l'école indienne est à cent milles d'ici, dans la réserve des Indiens montagnais.

Dans la phrase « Dallaire est canadien-français et ne parle pas anglais ; il ignore Cuba et le séparatisme », il doit retrancher le dernier mot et mettre « Marché commun » à la place.

Ces coupes ne dénaturent pas le propos général, le réalisateur est le premier à en convenir. Les images gardent leur force de suggestion, car rien de l'expression visuelle n'est disparu. La résonance humaine reste entière. Mais ce court métrage révèle que l'organisme chargé de « faire connaître le Canada aux Canadiens et aux autres nations » reste chatouilleux devant la critique du pouvoir économique et celle de l'Église catholique.

Le film est présenté au Bureau de censure le 23 juillet 1963 par le Festival du film de Montréal. Comme tous les documentaires québécois de l'époque, il est approuvé sans réserve. *Yves Lever*

Médiathèque Guy-L.-Coté, Cinémathèque québécoise, dossier Arthur Lamothe ; LAFRANCE, André, avec la collaboration de Gilles MARSOLAIS, *Cinéma d'ici*, 1973.

CANADA-REVUE

Périodique politique et littéraire dirigé par Aristide Filiatreault (1850-1913) • Périodique qui fait l'objet d'une interdiction par Mgr Fabre ; Aristide Filiatreault intente une poursuite contre l'archevêque de Montréal (1892-1894)

Au moment où a lieu l'affaire *Canada-Revue*, les commentaires fusent de toute part dans la presse au Québec. L'événement réussit même à capter l'intérêt des journaux à l'extérieur de la province, notamment au Canada anglais, en France et aux États-Unis. Le cas n'est pas banal car, à la suite d'une censure ecclésiastique visant *Canada-Revue*, les dirigeants du périodique montréalais se sentent lésés dans leur exercice de la presse et décident d'intenter une poursuite au civil contre le responsable de l'interdiction, Mgr Édouard-Charles Fabre. La poursuite n'est pas un précédent, mais un événement exceptionnel. La réaction du *Canada-Revue* fait donc couler beaucoup d'encre, d'autant plus que sont publiés les détails de ses démêlés avec les autorités cléricales, principalement dans le livre *La grande cause ecclésiastique. Le Canada-Revue vs Mgr E. C. Fabre*, qui comporte les pièces du procès, exception faite du jugement.

Aristide Filiatreault lance *Canada-Revue* en janvier 1891. Les postes de rédacteurs sont occupés successivement par lui et un Français, Marc Sauvalle, et la rédaction du journal s'appuie sur une équipe de collaborateurs libéraux réputés. Résolument rouge, le journal, bien qu'indépendant, appuie ouvertement le gouvernement libéral de Wilfrid Laurier et propose au clergé des réformes qui ne sont pas sans gêner les prélats, car elles touchent le système d'éducation et l'administration des finances des communautés religieuses. D'abord modérées, les propositions du journal côtoient certaines observations bienveillantes à l'égard du clergé, mais lorsque *Canada-Revue* constate le refus d'écouter de la part des autorités ecclésiastiques, le ton se radicalise et le journal déploie l'artillerie lourde : les études et les analyses exhaustives et bien documentées fournissent aux lecteurs des arguments solides, démontrant l'urgence des réformes souhaitées et contraignant le clergé à admettre ses erreurs. Ainsi, en juillet 1892, en même temps qu'il passe de mensuel à hebdomadaire, *Canada-Revue* redéfinit son programme et signifie son intention de combattre le cléricalisme. Il réclame la liberté religieuse, politique, de presse*, de parole, de pensée. Mais aussi, il tente d'établir une fois pour toute la séparation entre l'État et l'Église et, par conséquent, d'enlever au clergé son emprise sur les décisions d'ordre politique. Bref, son programme dérange les instances religieuses bien établies. À une époque où les journalistes ne doivent en aucun cas discuter de questions religieuses dans la presse, *Canada-Revue* est rapidement pris en grippe par le clergé, qui n'attend qu'un faux-pas pour brandir l'interdiction.

En outre, *Canada-Revue* publie des feuilletons* et met même à la disposition de ses abonnés une bibliothèque* dont certains des livres sont à l'Index*. Le journal revendique la liberté de parole et pose le pluralisme d'idées comme nécessaire à la démocratie. Il se fait ainsi le porte-parole de la liberté d'expression dans la presse canadienne-française. Les opinions du journal ne sont pas sans susciter l'indignation des journaux ultramontains ; les querelles entre le *Canada-Revue* et ces derniers sont fort nombreuses.

Le 23 juillet 1892, le journal devient la propriété de La Compagnie de publication du *Canada-Revue* et se transforme en un hebdomadaire. Au nom de la vérité, et malgré les remontrances, le journal entend dénoncer publiquement les scandales cléricaux qui surviennent alors au sein de l'Église catholique. Ces abus sont dévoilés dans le but de montrer l'orgueil et la décrépitude ecclésiastique, d'insister sur la nécessité de projets de réforme, mais aussi pour exposer tout le pouvoir de riposte des laïcs. L'affront ultime survient alors que *Canada-Revue* met au grand jour la conduite inconvenante du sulpicien Julien Guihot, qui entretient des relations amoureuses avec ses paroissiennes.

Le premier journal à ébruiter la nouvelle est *Le Monde*, de Montréal, le 29 août 1892. *Canada-Revue* et *L'Écho des Deux-Montagnes** exploitent l'affaire quelques jours après, comme bon nombre d'autres journaux. L'émoi est considérable. Dans l'attente de directives de l'évêque, les journaux conservateurs restent muets sur le sujet, mais déplorent la conduite des journaux libéraux, tout comme le font les prêtres du haut de leur chaire et dans leur confessionnal. Plus acharné, *Canada-Revue* est par conséquent le plus ciblé par les réprobations et les invectives qui fusent de toutes parts, particulièrement de la presse ultramontaine. D'autres pressions pèsent sur le journal; en effet, le secrétaire provincial Louis-Philippe Pelletier, également propriétaire du journal *Le Matin*, menace de congédiement les collaborateurs de *Canada-Revue* qui occupent des fonctions publiques.

La première réaction officielle du clergé survient le 29 septembre 1892 alors que les évêques et archevêques du Québec, ainsi que l'archevêque d'Ottawa, émettent une lettre pastorale invitant les détracteurs à cesser de s'immiscer dans les affaires qui ne regardent que l'Église. Bien que la lettre ne désigne personne en particulier, elle vise les journaux ayant ébruité le scandale Guihot, spécialement *Canada-Revue*. Refusant visiblement de se soumettre aux exigences du clergé, *Canada-Revue* continue de critiquer sévèrement les autorités ecclésiastiques, incite les autres journaux à en faire autant et annonce, le 5 novembre, la parution prochaine en feuilleton des *Trois mousquetaires* d'Alexandre Dumas, dont l'œuvre complète est mise à l'Index depuis 1863. Le 11 novembre, l'évêque de Montréal frappe d'interdit deux journaux: *Canada-Revue* et *L'Écho des Deux-Montagnes*. La lettre est contresignée le 15 novembre par la plupart des évêques du Québec. Les motifs invoqués sont « le mépris, le refus d'obéir, de nouvelles insultes, un persiflage impie à l'adresse de l'autorité religieuse et [...] l'annonce de la publication prochaine d'un roman mis à l'Index ». L'archevêque défend ainsi à tous les fidèles, sous peine de refus des sacrements, « d'imprimer, de mettre ou de conserver en dépôt, de vendre, de distribuer, de lire, de recevoir ou de garder en leur possession ces deux feuilles dangereuses et malsaines, d'y collaborer et de les encourager d'une manière quelconque ».

Canada-Revue se défend bien de contrevenir à la religion catholique. Il argue entre autres que la publicité faite au scandale Guihot vient surtout du milieu clérical, où il a été dénoncé en chaire. Il défie quiconque de relever dans le journal une seule ligne injurieuse envers la religion. En fait, pour *Canada-Revue*, les dénonciations ont été faites dans le but d'aider le clergé. Il reviendra d'ailleurs souvent sur ce point, niant être anticlérical. La sanction réussit toutefois à ébranler la direction du journal qui réaffirme malgré tout le désir de poursuivre son programme. Alors que *L'Écho des Deux-Montagnes* renaît sous le nom de *La Liberté* le 1er décembre 1892, *Canada-Revue* n'entend pas abandonner aussi facilement que son allié et désigne trois émissaires chargés de rencontrer Mgr Fabre pour tenter de renverser la décision. *Canada-Revue* a déjà montré sa bonne volonté en renonçant à présenter le feuilleton défendu – dont il n'a, après tout, rien publié, pas même une ligne – et il se dit prêt à répudier les articles jugés mauvais par l'archevêque si ce dernier les lui désigne. Cependant, Mgr Fabre refuse d'indiquer sur quoi précisément repose la condamnation du journal; il dit exiger la soumission inconditionnelle du *Canada-Revue*. Il admet toutefois aux délégués que c'est le ton du journal qui ne peut être toléré; les affaires religieuses n'ont pas à être

REVUE POLITIQUE ET LITTÉRAIRE
CANADA-REVUE
POLITIQUE — LITTÉRATURE — THÉATRE — BEAUX-ARTS

VOL. III   MONTRÉAL, 24 DÉCEMBRE 1892.   No 27

La Censure Ecclésiastique

Nous publions ci-dessous l'opinion de l'hon. Rodolphe Laflamme sur la validité et les effets de la censure prononcée contre nous par l'archevêque de Montréal :

On demande à l'avocat soussigné si la loi et la jurisprudence reconnaissent le droit de poursuivre devant les tribunaux civils un dignitaire ecclésiastique à raison des faits suivants :

Le CANADA-REVUE est un journal politique et littéraire publié par une compagnie de publication constituée en corporation civile conformément aux dispositions de l'article 4694 et des articles suivants des Statuts Refondus de cette province.

En août et septembre derniers, certains faits comportant un outrage odieux contre la morale furent dévoilés et imputés à un membre du clergé ayant la direction spirituelle d'une paroisse importante de cette ville.

Au nombre des personnes qu'il était chargé de diriger, se trouvaient des femmes et des jeunes filles dont plusieurs devinrent ses victimes. Les actes dont il s'était rendu coupable étaient si révoltants qu'ils jetèrent la consternation dans toutes les familles. La preuve de ses débauches et de sa conduite criminelle était formelle et incontestée.

Toute la presse discuta librement, dans l'intérêt public, les questions soulevées par ce scandale et fit les commentaires qu'elle jugea les plus propres à défendre la morale publique et à empêcher le retour de semblables abominations.

Le 19 septembre dernier, les archevêques et évêques des provinces ecclésiastiques de Québec, Montréal et Ottawa publièrent une lettre pastorale blâmant les journaux, généralement, d'avoir commenté ces faits, et dénonçant leurs rédacteurs comme coupables d'injures graves envers la religion, la discipline de l'Eglise et ses ministres. Cette lettre pastorale ne mentionne aucun journal en particulier et ne précise aucunement les choses répréhensibles qu'elle prétend relever.

Le 11 novembre dernier, l'archevêque de Montréal adressa au clergé de son diocèse une circulaire conçue dans les termes suivants :

" ARCHEVÊCHÉ DE MONTRÉAL, 11 novembre 1892.

" *Mes Chers Collaborateurs :*

" Dans la lettre pastorale en date du 29 septembre dernier, les archevêques et évêques des provinces ecclésiastiques de Québec, Montréal et Ottawa se sont élevés avec force contre certains journaux publiés périodiquement, coupables d'injures graves envers la religion, la discipline de l'Eglise et ses ministres.

" Nous espérions qu'un avertissement aussi solennel suffirait pour faire rentrer dans le devoir ceux qui s'en étaient écartés dans leurs écrits, sans qu'il fut nécessaire de recourir à la censure.

" Malheureusement l'on a répondu à cette lettre pleine de charité par le mépris, le refus d'obéir, de nouvelles injures, un persifflage impi à l'adresse de l'autorité religieuse et par l'annonce de la publication prochaine d'un roman mis à l'index.

" C'est pourquoi je me vois aujourd'hui dans la pénible nécessité de sévir et de prendre des mesures plus efficaces pour protéger le troupeau contre les attaques perverses de ceux qui veulent le disperser et le perdre.

" Le Saint Nom de Dieu invoqué, Nous condamnons donc, en vertu de Notre autorité, deux publications imprimées dans notre diocèse, savoir : le CANADA-REVUE et l'*Echo des Deux Montagnes* ; et Nous défendons jusqu'à nouvel ordre, à tous les fidèles, sous peine de refus des sacrements, d'imprimer ou de conserver en dépôt, de vendre, de distribuer, de lire, de recevoir ou de garder en sa possession ces deux feuilles dangereuses et malsaines, d'y collaborer ou de les encourager d'une manière quelconque.

" Sera la présente circulaire lue et publiée au prône des églises paroissiales et autres où se font les offices publics, le premier dimanche après sa réception.

" Je demeure bien sincèrement, mes chers collaborateurs, " Votre tout dévoué, en Notre-Seigneur,

(Signé),   " EDOUARD-CHARLES,

" Archevêque de Montréal."

Ce mandement fut lu dans plusieurs églises, entre autres dans l'église de Notre-Dame de Montréal, le 13 novembre dernier.

L'intention de ce document est d'arrêter toute circulation du journal, de le suspendre, et de représenter ceux qui le publient comme coupables d'hérésie ou d'immoralité publi-

---

Frappé d'interdit par Mgr Fabre, le 11 novembre 1892, la revue d'Aristide Filiatreault décide de poursuivre l'archevêque de Montréal en justice. Dans ce numéro du 24 décembre 1892, l'avocat Rodolphe Laflamme émet l'opinion que la censure contre la revue « donne le droit à ceux qu'elle frappe dans leur honneur ou leurs biens, de poursuivre son auteur, devant les tribunaux civils, en réparation des dommages soufferts ».

divulguées dans la presse, mais communiquées à l'évêque. Dès lors, le feuilleton apparaît comme un prétexte à la condamnation du journal. Or, les journalistes ne peuvent accepter la condition posée par l'évêque et se retirent.

Les conséquences de l'interdiction sont désastreuses. Déjà, le 17 septembre 1892, voyant la menace qui pesait sur eux, *Canada-Revue* avait décidé de retirer de ses pages la liste de ses collaborateurs ; quelques-uns continuent un temps d'écrire sous des pseudonymes*. Au dire de *Canada-Revue* lors du procès, la perte des collaborateurs entraîna forcément une diminution des lecteurs, car l'équipe d'écrivains reconnus participait grandement à la valeur et à la réussite du journal. Puis, en octobre, *Canada-Revue* signale être victime de la mauvaise volonté de certains facteurs, ayant reçu des plaintes selon lesquelles le journal n'était pas livré régulièrement. Après l'interdiction, en novembre, les ventes chutent radicalement, laissant le journal dans une situation financière précaire. Les marchands de journaux refusent d'accepter les dépôts du *Canada-Revue*. Bon nombre témoignent au procès ; tous confirment la mévente et le changement d'attitude des gens à l'égard du journal, et attestent avoir préféré abandonner leur appui au journal. Filiatreault se voit contraint d'effectuer lui-même, avec ses deux garçons, la livraison des journaux. De surcroît, le milieu ultramontain mène une rude campagne « d'assainissement » ; selon Filiatreault,

> il y avait eu déjà beaucoup de travail de fait pour empêcher la diffusion du journal, à l'époque de l'interdiction, par messieurs les curés de Montréal et d'ailleurs : on avait visité les familles, on avait forcé le renvoi du journal chez beaucoup de gens, ce qui avait déjà causé une diminution considérable.

Les journaux ultramontains tentent par tous les moyens de discréditer *Canada-Revue*. En plus d'encourager les poursuites judiciaires, ces feuilles font circuler de fausses rumeurs, telle la mort du journal. Tout ce branle-bas de combat fera dire au *Canada-Revue* : « On rêve en certains lieux de nous serrer la vis et de nous étrangler par les moyens temporels, les moyens spirituels ayant échoué. »

Convaincus d'avoir été injustement condamnés, les actionnaires du *Canada-Revue*, en assemblée générale le 21 décembre 1892, autorisent le bureau de direction du journal à entreprendre des procédures juridiques contre l'évêque de Montréal. La demanderesse réclame donc que le défendeur soit condamné à payer la somme de 50 000 $ en dommages et intérêts. Il est reproché au défendeur, entre autres, d'avoir accusé le journal d'injures envers la religion dans la circulaire du 11 novembre 1892, d'avoir condamné le journal sans en avoir eu une connaissance suffisante et de l'avoir interdit pour l'avenir, d'avoir refusé de préciser les motifs de l'interdiction, de ne pas avoir donné d'avertissement, d'avoir puni trop sévèrement le journal, mal-

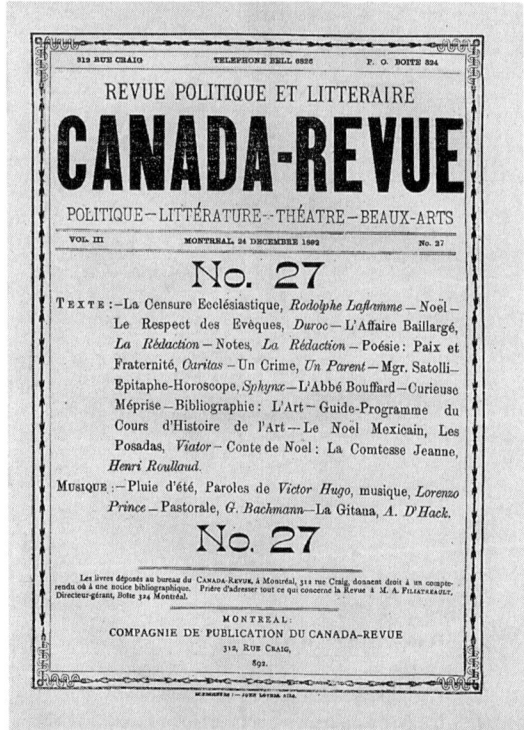

gré les efforts démontrés par *Canada-Revue* pour en venir à une entente. Bref, l'évêque aurait excédé ses pouvoirs en comptant sur son immunité et son influence, ce qui lui donne la responsabilité du dommage subi par la Compagnie de publication du *Canada-Revue*. La défense, quant à elle, répond aux accusations en insistant sur la non-responsabilité de l'évêque, qui a agi sans malice et dans les limites de sa juridiction.

La décision du journal suscite l'indignation dans le milieu catholique. L'archevêque est traîné en cour, de surcroît devant un tribunal civil, et non pas un tribunal romain. Le procès enclenche une série de ripostes entre libéraux et ultramontains, surtout en 1893. L'oblat Zacharie Lacasse publie à la fin du mois de janvier 1893 *Une nouvelle mine. Le prêtre et ses détracteurs ou le prêtre vengé* dans lequel il tente de défendre le prêtre de ses calomniateurs en cultivant le mythe du prêtre sauveur du peuple canadien-français. Les 17 chapitres reprennent presque point par point les dossiers défendus par *Canada-Revue*. En février, Honoré Beaugrand, directeur à *La Patrie**, prend en contradiction le clergé au sujet de l'interdiction de publier l'œuvre d'Alexandre Dumas, et se paie sa tête. Au début du mois de mars, c'est *Canada-Revue* qui tente de faire valoir ses opinions dans un opuscule intitulé *Ruines cléricales*. En mars ou avril suit *Lettre ouverte aux auteurs anonymes de* Ruines cléricales signée par Un Catholique, qui crie au mensonge, à la calomnie, à l'impiété. Les coups portés au journal sont de toutes natures. Selon *Canada-Revue*, les journaux qui l'attaquent « ferment leurs portes à [ses] annonces, refusent, même à prix d'argent, de publier [ses] rectifications ». Finalement, Lacasse récidive en octobre avec *Une quatrième mine. Dans le camp ennemi*, où il s'attaque aux ennemis du clergé, notamment tous ceux qui participent de près ou de loin au *Canada-Revue*.

Malgré son acharnement, *Canada-Revue* perd des forces. Le 4 mars 1893, le journal doit renoncer à publier son feuilleton, faute d'argent. Bénéficiant d'une moins grande circulation, le journal perd ses annonceurs américains et se voit ainsi privé d'un revenu substantiel. Les ennuis financiers obligent même le congédiement de l'employée de bureau du *Canada-Revue*. Dans des appels répétés, en première page, *Canada-Revue* incite ses abonnés à soutenir le journal en payant leur abonnement et en sollicitant de nouveaux clients. Il est déterminé à livrer une bataille féroce, quitte à engloutir tout son capital. L'année 1893 verra d'ailleurs paraître le nombre le plus élevé de numéros, le journal conservant la publication hebdomadaire jusqu'en avril 1894.

L'audition des témoins au procès fait ressortir à quel point le journal, vendu à Montréal, Québec, Ottawa, Saint-Hyacinthe et Sorel, a réellement vu ses affaires ruinées à la suite de la circulaire de l'évêque. Le témoignage d'Aristide Filiatreault fait état des pertes financières en ces termes : « Q. Voulez-vous dire, monsieur, quel a été l'effet de l'interdiction, ou du mandement pour le journal ? R. Ruine complète. »

Le plaidoyer de l'avocat du *Canada-Revue* insiste d'abord sur la lutte inégale dans la cause, vu le statut prépondérant du clergé au Québec. L'avocat rappelle que *Canada-Revue* n'a jamais attaqué la religion et qu'il a tenté de satisfaire aux exigences de l'évêque en ne publiant pas le feuilleton et en demandant une audience pour trouver une entente, mais que Mgr Fabre n'a pas voulu préciser les motifs de l'interdiction. En conséquence de l'absence d'explication, la condamnation se trouve à être un geste malicieux qui représente un abus de pouvoir. Il mentionne d'ailleurs qu'il est illégal de condamner un journal pour l'avenir, alors que son contenu ne peut être jugé. L'avocat fait donc appel à une procédure appelée « l'appel comme d'abus », qu'il soutient être en usage au Québec d'après le droit gallican, et qui permet de renverser une décision ecclésiastique si elle outrepasse le pouvoir de l'autorité cléricale. Quant au plaidoyer de la défense, il évoque surtout le rôle capital du clergé pour les Canadiens français à travers l'histoire pour montrer que l'évêque a rempli son devoir en interdisant aux fidèles le journal *Canada-Revue* et que la juridiction civile ne peut juger son interprétation de la doctrine catholique. L'évêque était dans l'exercice de son droit et, en ce sens, il n'y a pas de diffamation et il n'est pas responsable des dommages subis par la demanderesse.

Alors que le procès tire à sa fin, le ton du *Canada-Revue* laisse entendre un certain pessimisme. À partir du 7 avril 1894, le journal devient bimensuel, et en août, mensuel. Les gens du *Canada-Revue* entrevoient la possibilité de fonder un autre journal. Le dernier numéro du *Canada-Revue* paraît en août 1894. Le journal *Le Réveil* lui succède quelques semaines plus tard, soit le 8 septembre.

La sentence survient le 30 octobre 1894; le juge Charles-Joseph Doherty conclut qu'il n'y a pas libelle puisque la critique est dirigée vers un ouvrage et non pas une personne, car la jurisprudence reconnaît le droit de critiquer une publication. Il dit aussi reconnaître à l'Église le droit d'adopter des règlements internes pour régir ses fidèles et qu'ainsi, Mgr Fabre a agi dans les limites de son mandat. Même si la condamnation a causé un préjudice indéniable au *Canada-Revue* en empêchant la lecture du journal, elle n'a pas enfreint les droits du *Canada-Revue* qui sont de publier.

Canada-Revue interjette appel à la Cour de révision. Le jugement est rendu le 25 novembre 1895; les juges Melbourne McTaggart Tait et Henri-Thomas Taschereau confirment le jugement rendu par Doherty, mais le juge John Sprott Archibald est dissident. Ce dernier estime que *Canada-Revue* a fait les démarches nécessaires pour prouver à l'évêque sa bonne volonté et sa soumission, mais que l'évêque, en refusant d'indiquer les articles contrevenant à la loi ecclésiastique, a abusé de son pouvoir. Il condamne ainsi Mgr Fabre à payer la somme de 10 000 $ au *Canada-Revue*. Fabre, malgré tout, remporte donc le procès.

Après une seconde défaite, le journal dit vouloir porter la cause devant le Conseil privé; il lance donc une souscription dans les journaux afin d'amasser les fonds nécessaires. Il semble qu'il n'a pas pu remplir cette condition et dans les circonstances les démarches durent être abandonnées.

En condamnant ceux qui lisent, vendent ou financent le journal, le clergé ne touche jamais directement les responsables, les véritables agitateurs, évitant ainsi un conflit ouvert avec les Rouges (libéraux radicaux). Stratégie que résumera ainsi *Canada-Revue* : « l'on s'obstinait à nous ruiner d'abord, pour nous étouffer ensuite, et s'expliquer à la fin ». Pour chacun des camps, le procès s'impose comme l'occasion de trancher une fois pour toutes le débat sur les devoirs et les droits de la presse versus les droits et devoirs du clergé en regard de la presse. Avec l'affaire *Canada-Revue*, le clergé, soucieux de préserver l'assise de son pouvoir, se voit forcé de définir le rôle de la presse pour mieux l'encadrer. Au moment même où se déroule le second procès a lieu le premier Concile provincial à Montréal, en septembre 1895. C'est l'occasion pour le clergé de délimiter l'action de la presse : respecter l'Église et être soumise à son autorité. *Sara Richard*

Canada-Revue, janvier 1891–août 1894.

ACAM, [FABRE, Mgr Charles-Édouard, « Lettre à son éminence le Cardinal Ledochowski, préfet de la Propagande à Rome »], RLF. 7; [ANONYME], *Ruines cléricales* [préface de Joseph Doutre], coll. « Au pays des ruines », Montréal, A. Filiatreault, éditeur, 1893; BÉGIN, Richard Michel, « Les nouvelles ruines cléricales : étude comparée de *L'Avenir* (1847-52) et du *Canada-Revue* (1889-94) : leur attitude face au clergé et au cléricalisme », Maîtrise (histoire), Ottawa, Université d'Ottawa, 1972; UN CATHOLIQUE, *Lettre ouverte aux auteurs anonymes de* Ruines cléricales, Montréal, Émile Demers, libraire-éditeur, [1893]; CHASSAY, Jean-François, « Une attitude critique : *Le Canada-Revue* et *Le Réveil* », RHLQCF, 6 (été-automne 1983); La Cie de publication du *Canada-Revue* vs Mgr Fabre, *Rapports judiciaires de Québec. Cour supérieure*, vol. 4, 1893; vol. 5, 1894; vol. 6, 1895; vol. 8, 1895, Montréal, Gazette Printing Company; DE BONVILLE, Jean, « La liberté de la presse à la fin du XIXe siècle : le cas de *Canada-Revue* », RHAF, 31, 4 (mars 1978); FABRE-SURVEYER, E., « Un procès *Canada-Revue* : fin du gallicanisme », SCHÉC: rapport, 1946-1947; *La grande* cause ecclésiastique : le Canada-Revue vs Mgr E. C. Fabre ; procédure, preuve, pièces du dossier, plaidoyers des avocats, reproduction des textes originaux et des notes sténographiques officielles, Montréal, John Lovell & Son, 1894 ; JETTÉ, Pierre, « Le journal Canada-Revue et Mgr Edouard-Charles Fabre, 1890-1895 », Maîtrise (histoire), Montréal, Université McGill, 1972 ; LANDRY, Kenneth, « Le roman-feuilleton français dans la presse périodique québécoise à la fin du XIXe siècle : surveillance et censure de la fiction populaire », Études françaises, 36, 3 (2000) ; MARION, Séraphin, « Canada-Revue et Mgr Fabre », Les lettres canadiennes d'autrefois, vol. 8 : littérateurs et moralistes du Canada français d'autrefois, Hull, Éditions l'Éclair ; Ottawa, Éditions de l'Université d'Ottawa, 1954.

▶ La bêche ; Juridique (censure)

LE CANADIEN

Journal fondé par Pierre Bédard (1762-1829) • Journal saisi par le gouverneur James Henry Craig (1810)

En 1810, la saisie des presses du journal Le Canadien de Québec, suivie de l'arrestation et de l'emprisonnement de ses propriétaires, s'inscrit dans une vaste campagne de dénigrement et de censure, visant explicitement à priver le Parti canadien de son organe de diffusion avant des élections. Il s'agit probablement du geste censorial le plus important dans le Bas-Canada depuis la saisie de la Gazette littéraire de Montréal* de Fleury Mesplet en 1779. L'autorité se trouve à modifier ainsi l'équilibre des forces dans l'espace public, lequel repose sur la coexistence de diverses factions en interaction et en concurrence qui en appellent du jugement du lecteur citoyen. Cet incident constitue le dernier épisode du conflit entre le gouverneur du Canada James Henry Craig et le Parti canadien.

À sa fondation, en novembre 1806, le journal Le Canadien se donne la mission de défendre l'honneur des Canadiens, injustement calomniés dans le journal anglophone The Quebec Mercury (dont le premier numéro est paru l'année précédente), qui avait entrepris une virulente campagne pour défranciser (« unfrenchify ») les Canadiens, considérés comme ne méritant pas le titre de sujets de Sa Majesté. À la Chambre d'assemblée, le Parti canadien (« French Party ») détient une forte majorité de sièges. Cependant, ce parti est rendu fragile par l'absentéisme des membres venant des campagnes et par plusieurs litiges qui l'opposent à ses adversaires du Parti anglais (tory) (« English Party ») : querelle des prisons (mode de taxation), indemnité parlementaire donnée aux députés des circonscriptions éloignées, inéligibilité des juges, question des subsides (contrôle des dépenses par la Chambre). Ces diverses tensions dégénèrent en conflit ouvert en 1808, lorsque le Conseil législatif bloque un projet de loi visant à empêcher les juges de siéger à la Chambre. Des élections générales sont alors déclenchées et le Parti canadien fait campagne contre le Parti anglais, qu'il accuse de collusion avec le Gouverneur dans les concessions de terres faites aux Américains. Craig destitue alors, en juin, à cause de leurs liens avec le journal Le Canadien, plusieurs fonctionnaires et officiers de milice. Néanmoins, à l'automne, le Parti canadien l'emporte. La nouvelle session s'ouvre et rapidement un vote est pris sur la question de l'inéligibilité des juges. Craig proroge alors les Chambres et déclenche de nouvelles élections. Le Parti canadien est de nouveau vainqueur et, lors de la rentrée en Chambre en octobre 1809, le discours de Craig laisse voir une ouverture sur cette question, Londres ayant donné raison au Parti canadien. Mais un vote portant explicitement sur l'exclusion du juge Pierre-Amable De Bonne « qui ne peut ni siéger ni voter dans cette Chambre » (24 février) provoque l'ire de Craig, qui proroge à nouveau la Chambre le 26 février. Bien entendu, Le Canadien proteste, dans son numéro 14 (3 mars), s'appuyant sur le premier ministre britannique William Gladstone pour réclamer le droit et la liberté de légiférer pour la Chambre et ridiculisant les prétentions du journal Le Vrai-Canadien, soutenu par le magistrat De Bonne et dont le prospectus vient de paraître. Le 10 mars, dans son numéro 15, Le Canadien poursuit ses attaques contre Le Vrai Canadien et publie une adresse favorable à Craig, laquelle est ensuite commentée de façon

Entête d'une page frontiscipe du journal *Le Canadien*.

virulente comme une manœuvre visant à infuencer les électeurs, qui seront appelés à élire de nouveaux représentants en Chambre. Le 14 mars, le numéro 16 poursuit sur cette lancée : nouveaux commentaires sur la façon dont sont rédigées les adresses de félicitations au Gouverneur pour la dissolution des Chambres ; article blâmant les auteurs d'une chanson* parue à Québec («Chanson. À l'imitation de celle qui a été vendue sur le marché »), leur reprochant une dernière strophe inutilement violente et méprisante à l'égard du Gouverneur et affirmant que cette publication n'est pas liée au journal ; critique du premier numéro du *Vrai-Canadien*. Le dernier article contient la liste des textes « des gens à place » (ceux qui sont sur la liste civile et profitent du régime) dont on annonce qu'ils seront communiqués au public et vraisemblablement commentés selon l'usage habituel du *Canadien*: une chanson parue dans la *Montreal Gazette* le 6 mars, une caricature, une chanson « sortie de la presse de Mr Perrault et qui se vend six sols sur le marché ». On ajoute que « *Le Vrai-Canadien*, gazette nouvelle imprimée à l'Office du Mercure, et qui doit contenir les travaux réunis de notre petit Ministère, nous fournira un grand nombre de morceaux que nous ne manquerons pas de conserver ». Ce numéro est le dernier paru. Qu'y avait-il de si menaçant dans le programme tracé pour le numéro suivant ? Les dénégations du *Canadien* à l'encontre de la *Chanson* n'étaient-elles pas crédibles ? Il est difficile de ne pas voir une relation entre les promesses de publication du *Canadien* et l'interruption du journal, car « la presse, les types et papiers de toute description [ont été] saisis et déposés dans une des voûtes sous la salle d'audience » (*Le Vrai-Canadien*, 21 mars 1810).

Les gestes censoriaux ainsi posés sont nombreux : saisie des presses et des documents récemment imprimés ou en cours d'impression et arrestation de l'imprimeur* Charles Le François (17 mars) ; mandat de l'Exécutif pour l'arrestation (« pour pratiques traîtresses ») de François Blanchet, Pierre Bédard et Jean-Thomas Taschereau, identifiés par Le François comme rédacteurs et propriétaires du *Canadien* (19 mars) et d'une vingtaine d'autres personnes les jours suivants ; *Proclamation* du Gouverneur à l'encontre du journal, sans mention explicite de son nom, lue le 21 mars, reproduite dans les journaux et affichée sous forme de placard ; lecture en chaire de la *Proclamation* et condamnation du *Canadien* par l'évêque de Québec, Mgr Joseph-Octave Plessis dans son sermon (1er avril), et les curés, invités à le faire dans une lettre circulaire (21 mars) ; campagne de dénigrement tendant à faire croire à l'existence d'un complot dirigé par les rédacteurs du *Canadien* pour renverser le Gouvernement au profit de la France – un premier texte paraît le 19 mars 1810 dans le *Quebec Mercury*, relayé par l'insinuation de la *Proclamation* quant à l'origine inconnue des fonds qui permettent de publier le journal (James Brown, rédacteur de la *Montreal Gazette*, refuse quant à lui de publier une lettre allant en ce sens). Dans leur diversité, ces gestes montrent bien comment la censure, d'abord exercée par les pouvoirs civil et judiciaire, trouve relais et appui, d'abord dans les journaux « gouvernementaux », qui se déchaînent avant même que les faits soient connus, ensuite du côté du clergé, Craig ayant demandé à Mgr Plessis d'appuyer son action par la lecture de sa *Proclamation* en chaire et réprimandé l'évêque de Québec quant à la conduite de ses prêtres, trop proches à son goût « des partisans outrés de la liberté du peuple » (lettre de Mgr Plessis à Jean-Henri Roux, 22 mars 1810).

Du côté strictement judiciaire, la saisie des presses et les arrestations qui s'ensuivent reçoivent un traitement équivoque. D'une part, le Grand Jury affirme dans son verdict que « les Trois derniers Numéros du Papier intitulé *Le Canadien*, viz. N°s 14, 15 et 16, et aussi le papier adressé *À tous les électeurs du Bas-Canada* et signé Votre sincère ami », contenaient des « matières dangeureuses [*sic*] à la paix et à la sûreté de ce Pays » et laissait « à la sagesse de la Cour les mesures à prendre pour amener à Justice les auteurs et les disséminateurs de ces Écrits ». Mais il souligne également que le *Quebec Mercury* contient, « depuis longtemps », « des passages tendant à irriter et offenser les Canadiens, lesquels passages sont d'autant plus répréhensibles qu'il peut exister des soupçons dans l'esprit de quelques-uns, que ces productions sont approuvés par la généralité des anciens sujets de Sa Majesté [les Britanniques] ». Il est clair qu'aux yeux du Grand Jury, le *Quebec Mercury*, comme *Le Canadien*, abuse « du privilège inestimable » de la liberté de la presse*. La conclusion du Grand Jury a d'ailleurs une portée générale : les récents événements devraient servir « d'exemples salutaires à tous les Éditeurs et disséminateurs d'écrits de toute description » et mettre en garde contre la « production de tous écrits tendant en aucune manière à déprécier ou à sapper [*sic*] le Gouvernement de ce pays ou à troubler cette Harmonie et cette bonne intelligence entre toutes les classes des Sujets de Sa Majesté, qui sont essentiels à la sûreté et au bonheur de cette Province » (*Le Vrai-Canadien*, 4 avril 1810).

Si l'appui du Grand Jury aux prétentions de Craig demeure un peu tiède, la cour devant laquelle sont déférées les personnes arrêtées n'a pas à ménager les principes. Pierre Bédard moisira en prison pendant plus d'un an, et il sera donc sous les verrous, comme François Blanchet, au moment où il est élu député, lors des élections d'avril 1810. Bédard, qui refusera toujours de reconnaître les faits dont on l'accuse, sera libéré seulement après le départ de Craig (octobre 1811). Malgré la mise en cause implicite de la légitimité de la censure par le Grand Jury, le pouvoir judiciaire sera donc l'allié objectif d'une faction politique.

La censure exercée par les autres journaux a été moins étudiée, quoique l'historien et archiviste Jean-Pierre Wallot insiste dans sa thèse sur « la presse gouvernementale à l'œuvre ». Ce type de censure ressortit de la conviction qu'on avait à l'époque que la liberté de la presse, qui est un droit constitutionnel, s'apparente à « un exercice censorial [...] qui assure le bon exercice de toutes les parties de la constitution et surtout l'exécution exacte des lois, en quoi consiste la liberté d'un Anglois et qui est à présent celle d'un Canadien », comme l'explique dans son *Prospectus* de 1806 le journal *Le Canadien*. « En un mot, par la liberté de la presse la constitution d'Angleterre est celle dont on peut dire qu'elle ne craint ni l'œil ni l'observation du sujet. » Dans cette perspective, la censure* peut provenir de diverses sources : les journaux censurent le Gouvernement et se censurent les uns les autres. Il ne s'agit pas ici de jouer sur les mots : d'autant que selon le principe de la liberté de la presse – celui-là même que le Grand Jury cherche à ménager – le pouvoir ne saurait censurer les journaux, sauf en cas d'abus. C'est pourquoi il importe de comprendre les mécanismes par lesquels s'est exercée la censure des autres journaux à l'encontre du *Canadien*.

Quelques traits saillants sont à retenir, notamment le caractère symétrique des textes litigieux principaux, qui se répondent. Avant même les événements déclenchant l'escalade politique, les « Étrennes du garçon gazetier » du *Canadien* répondent à une « Chanson sur la mort du Canadien » (prêtée au *Mercury*, décrit selon l'usage comme un apothicaire). Les deux chansons font voir, dans la tension polémique, le désir des ennemis du *Canadien* de le voir disparaître. De la même façon, la chanson indirectement mise en cause lors de la saisie, « Chanson. À l'imitation de celle qui a été vendue sur le marché », et dont l'auteur serait Pierre-Florent Baillargé, selon G. F. Baillargé, dans le *Bulletin des recherches historiques* (1895), doit être lue dans un cadre polémique, puisqu'elle répond explicitement à un autre texte intitulé *Pot Pourri, à L'imitation de la Tentation de Saint Antoine, sur certains Membres du Parlement, cassé dernièrement*. Cette publication, d'origine inconnue, attaque nommément les membres du Parlement dont la réputation se trouve redressée, en quelque sorte, dans l'autre chanson, laquelle se termine sur une strophe qui semble avoir scandalisé les rédacteurs du *Canadien*, qui se défendent vivement de l'avoir publiée : « Quand oserez-vous donc chasser, / Peuple, cette canaille, / Que le Gouverneur veut payer, À même notre taille, / Renommez les Représentants ; / Que les nobles méprisent, / Et conduisez[-]les triomphants, / Pour que tous les élisent. » Mais la dimension électorale du texte fait écho à l'avant-dernière strophe de l'autre chanson : « Chers Canadiens, devenons donc plus sages, / Choisissons mieux pour conserver nos biens, / Profitons tous de l'heureux avantage / D'avoir pour nous Craig, le grand soutien ; / Par sa sagesse, / Il veille sans cesse / Pour arrêter la fougue des vilains. » De vilain à canaille, il n'y a pas différence de degré dans l'injure.

Quant au texte saisi sur les presses et intitulé *À tous les électeurs du Bas-Canada*, dont l'exemplaire conservé porte le paraphe, mais sans signature, de Ross Cuthbert, membre du Conseil législatif, il entre en résonance avec deux autres textes. L'un, intitulé *Aux Canadiens*, avec en sous-titre la devise latine du journal *Le Canadien*, *Fiat Justitia ruat Cœlum* (Que justice soit faite, le ciel dût-il nous tomber sur la tête), est signé Votre sincère ami ; l'autre, intitulé *À tous les électeurs du Bas-Canada*, est signé Votre ami sincère. Ces deux textes – dont les dates de parution ne sont pas établies, ce qui empêche de savoir qui répond à qui – sont en étroite relation polémique. Ils comportent chacun, outre une argumentation quant aux qualités des gens qui doivent être élus, une liste annotée des députés avec les votes qu'ils ont pris et l'état de leur fortune, traduite soit en terme de propriété, soit en terme de *place*, selon le texte. *Aux Canadiens*, qui est vraisemblablement sorti de l'imprimerie du *Vrai-Canadien*, soutient que ceux qui ont voté pour le paiement de la Liste civile par la Chambre et ceux qui ont voté pour l'inéligibilité des juges ne doivent pas être portés au pouvoir, d'autant que ce sont des habitants peu instruits et assez pauvres. *À tous les électeurs du Bas-Canada* soutient le contraire, insistant sur le peu d'indépendance des « gens à place », et sur le fait que la Constitution a été donnée aux Canadiens « pour en user librement ». Le texte saisi par Ross Cuthbert sur les presses du *Canadien* propose une argumentation un peu différente, essayant d'expliquer les raisons qui militent en faveur du paiement de la Liste civile par la Chambre. Il est de toute évidence destiné à un autre public que les deux autres, un public moins au fait des débats en Chambre. La justification du régime parlementaire anglais, le principe de la Constitution, l'état de la question des subsides au moment de la dissolution des chambres sont présentés en termes simples. L'auteur renvoie à un texte précédant comportant des listes placées en deux colonnes (il s'agit sans doute du texte *À tous les électeurs du Bas-Canada* signé Votre ami sincère, qui dispose ainsi les informations nominales sur les députés), avec le désir manifeste d'en rendre plus compréhensible la matière, ne reculant pas devant une comparaison simple, dans laquelle *le Canadien* est un père de famille qui doit entretenir sa femme et ses enfants et qui, pour mieux contrôler leurs dépenses, décide à l'avenir de refuser l'aide de son père afin d'adopter un train de vie qui lui convienne. La Chambre est le père de famille, le roi, son père qui, voulant l'aider, le maintient sous sa tutelle, la femme et les enfants sont les « gens à place ». La comparaison a des visées pédagogiques. Le texte se termine par un paragraphe qui invite les Canadiens à ne pas voter pour les Anglais, non pas parce qu'ils sont Anglais (« Les Canadiens ne sont-ils pas d'aussi bons Anglais que qui que ce soit » ?) mais parce qu'ils sont contre la Liste civile, et par une insinuation : « Soyez fermes mais soyez toujours tranquilles, ressouvenez-vous qu'il y en a qui désireroient bien que vous ne fussiez pas tranquilles – Mettez tout votre courage à espérer. » Le caractère proprement électoraliste de ces textes qui sont en étroite interaction montre bien qu'à travers leur publication, dans le journal ou sous forme de feuilles volantes, les journaux se dénoncent mutuellement, le *Mercury* censurant explicitement *Le Canadien*.

À ce titre, la création du *Vrai-Canadien*, qui veut, en quelque sorte, effacer *Le Canadien*, constitue également un geste de nature censoriale. L'évêque de Québec ne s'y est pas trompé, lui qui incite ses curés à s'abonner au *Vrai-Canadien* pour compléter les actions épiscopales et pastorales. Il importe à ce chapitre de remarquer que *Le Vrai-Canadien*, dont la première livraison est précipitée, paraît avant la disparition du *Canadien*, auquel il entend se substituer. Le 21 mars, après la saisie donc, *Le Vrai-Canadien* insère dans son adresse aux lecteurs une revue des « améliorations qui, de tems en tems [*sic*], ont été faites à la Constitution », publie une critique du texte du « faux canadien, car il faut bien lui donner sa dénomination », intitulée *À tous les électeurs du Bas-Canada* (il s'agit bien sûr du premier des deux textes parus sous ce titre, celui qui a été publié), et annonce la saisie des presses du *Canadien*. Dès le numéro suivant, qui comporte la *Proclamation* de Craig et diverses adresses de félicitations au Gouverneur à la suite de son geste, une « Adresse aux électeurs de la basse-ville de Québec » peint les députés arrêtés comme des conspirateurs. Le journal met en garde contre les idées de révolution et publie de nombreux textes qui rendent hommage aux curés qui font preuve de loyauté. En diffusant ainsi les textes qui implicitement ou explicitement reprochent au *Canadien* des menées séditieuses, *Le Vrai-Canadien* se trouve à la fois à marquer l'opinion et à contribuer à effacer la voix qui lui est opposée dans l'espace public, objectif qu'il croit d'ailleurs avoir atteint un an plus tard puisqu'il affirme, dans le numéro marquant sa première année d'existence : « La suppression d'une feuille qu'on a déjà oubliée ; les mesures sages qui ont été employées ; le zèle et la loyauté avec lesquelles elles ont été reçues, n'ont plus rien laissé à faire à ce papier. »

L'autre texte saisi n'est pas visé par le rapport du Grand Jury, quoiqu'il ait été paraphé par Ross Cuthbert. Il constitue quant à lui, selon son sous-titre, une réplique « à la *Harangue* du Gouverneur du 13 avril 1809, à l'adresse de Montréal et à celle de Terrebonne à Son Excellence du mois de mars 1810 et au *Vrai-Canadien* n° 1 ». Il dresse la liste des problèmes de nature constitutionnelle au Canada depuis 1760. Son titre, *Se prendre le bout du nez*, vient sans doute d'une expression normande. *Se prendre le bout du nez*, dans le droit normand, était une peine imposée à quelqu'un, en expiation d'un mensonge ou d'une calomnie qu'il s'était permis à l'égard d'un autre, comme l'explique Charles Nisard dans *Curiosités de l'étymologie française [...]*, ce qui correspond bien aux « jalousies imaginaires, fausses alarmes, haines et divisions entre les Anglois et les Canadiens » qui sont ici présentées comme bien réelles, de sorte qu'est dénoncée la nature mensongère et calomnieuse des textes auxquels on réplique.

Ces quelques textes placés au cœur du litige montrent bien le caractère tendu du discours journalistique et le rôle du journal *Le Canadien* dans l'espace public. Seule *La Gazette de Montréal* lui apporte quelque appui, d'abord en refusant de participer à l'opération d'invention d'un complot, ensuite en diffusant une variété d'opinions qui vont de la chanson injurieuse du juge de Bonne, où les membres du Parti canadien sont présentés comme les enfants de Robespierre (26 mars), à une lettre enflammée, signée Anglo-Canadien, contre le rédacteur du *Mercury*, accusé d'agir comme s'il n'était pas du pays (2 avril). Ce journal rapporte aussi que des curés « ont reçu avec une indifférence impardonnable l'injonction officielle », montrant ainsi que l'attitude du clergé n'est pas unanime. Les adversaires politiques comprennent à quel point la disparition du *Canadien* aurait pu conduire à un affaiblissement marqué du Parti canadien. En faisant disparaître les signes du conflit, on pouvait espérer faire disparaître le conflit lui-même : en l'absence de la Chambre et du journal, la parole publique devenait dangereusement unanime.

La censure religieuse exercée par Mgr Plessis, à la demande de Craig, était en principe la plus puissante dans une population catholique. Appliquée de manière variable, d'après ce qu'en disent les journaux, elle revêt certaines particularités liées à la crise traversée à l'époque par l'Église canadienne, à l'attitude des curés, dont certains sont proches des idées du *Canadien*, et au rejet par le clergé canadien des idées issues des Lumières – liberté constitutionnelle, souveraineté du peuple, entre autres. La censure ecclésiastique vise des fins légèrement différentes de celles de Craig. Elle permet d'abord de s'assurer de la protection du Gouverneur à un moment où l'autorité de l'évêque est mise en doute à Londres : le clergé montre sa bonne volonté, ce qui est essentiel. Plessis écrit d'ailleurs au grand Vicaire Jean-Henri-Auguste Roux que « c'est de sa protection que dépend le maintien de notre culte ». Cela ne va cependant pas sans difficultés, car s'il est permis de livrer une proclamation profane sur le parvis ou dans le portique de l'église, sa lecture en chaire n'est pas conforme aux règles du rituel. Mais Plessis craint les représailles et il préfère contourner ces règles afin de rester en bons termes avec Craig. Dans la lettre circulaire qui accompagne la *Procla-*

mation du Gouverneur (*MÉQ*, 21 mars 1810), il exige non seulement des curés de lire le texte en chaire, mais aussi de

> faire entendre au peuple, que son bonheur à venir repose sur l'affection, le respect et la confiance qu'il montrera au gouvernement; qu'il ne peut, sans courir les plus grands risques se livrer aux idées trompeuses d'une liberté inconstitutionnelle que chercheraient à lui insinuer certains caractères ambitieux, et ce au mépris d'un gouvernement sous lequel la divine Providence n'a fait passer cette colonie que par l'effet d'une prédilection dont nous ne saurions assez bénir le ciel.

Plessis est conscient que sa position est fragile. Néanmoins, il n'est pas naïf quant aux motifs de Craig, non plus qu'à l'égard des positions de certains membres du clergé. Il écrit:

> Ce n'est pas qu'il faille nous flatter de changer l'opinion publique ni le sort des élections qui me paraît à peu près décidé, mais il faut que le gouvernement puisse dire que nous avons recommandé aux peuples de se maintenir dans leurs devoirs, ce qui peut très bien se faire par des lieux communs, tels qu'en fournit en plusieurs endroits le Nouveau testament… Puisqu'il faut faire les choses, pourquoi ne pas s'y mettre de bonne grâce?

Les circonstances sont favorables: prêchant à la messe pascale, Mgr Plessis lit la *Proclamation* puis développe, devant une foule évaluée à près de 8000 personnes, une argumentation discréditant les idées de liberté et le « système de la souveraineté du peuple », sophismes « dont on a abusé, ces derniers temps, pour leurrer et égarer les nations et les disposer à la révolte ». Si le complot appréhendé dont on fait courir le bruit n'est imaginable que sur fond de guerres napoléoniennes (la France serait venue reprendre son ancienne colonie avec l'aide des conspirateurs du *Canadien*), le sermon de Mgr Plessis se situe quant à lui dans le droit fil de l'idée de Conquête providentielle de la Nouvelle-France, qui aurait évité à la colonie de sombrer dans les horreurs de la Révolution française. Véritable rappel à l'ordre – réitération de la nature divine de l'autorité, rappel de la nécessité des hiérarchies, rejet des idéaux de souveraineté et de liberté –, le sermon de Plessis rejoint plusieurs des éléments de la Proclamation mais infléchit le tout vers des questions plus philosophiques que politiques.

Les journaux rendent compte des prônes des curés mais aussi des réactions pas toujours tranquilles des auditeurs. Certains curés s'inquiètent même, comme le note Jean-Pierre Wallot dans « The Lower-Canadian Clergy and the Reign of Terror (1810) » (*SCHÉC*, 1973). Un curé écrit à Plessis: « Monseigneur, après l'éclat que vient de faire le clergé, nous ne devons plus nous attendre qu'à une haine implacable de la part du parti révolutionnaire. » Pourtant le conflit entre *Le Canadien* et le clergé était déjà mis en représentation dans les journaux avant même l'épisode de la lecture en chaire de la *Proclamation*. Plusieurs textes avaient invité les Canadiens à écouter ceux qui les connaissent bien, les membres de leur clergé plutôt que les auteurs du *Canadien*. Dans le texte intitulé *Aux Canadiens. Fiat Justicia ruat Cælum*, l'auteur recourt même, dans son argumentation, à une comparaison selon laquelle le Gouverneur est le curé alors que « les marguilliers représenteroient le conseil, et cinquante pères de familles la Chambre ». Bien entendu, le bon sens veut que l'on fasse confiance au curé… Si l'on songe que dans le texte adverse, *À tous les électeurs du Bas-Canada*, le bons sens est incarné par le père de famille, qui se trouve donc placé en haut de la structure hiérarchique plutôt qu'en bas, on mesure mieux la nature du conflit « latent » qui oppose le clergé aux idéologues du *Canadien*.

Plusieurs études ont été consacrées à cet épisode de l'histoire de la censure au Québec. Jean-Pierre Wallot parle du règne de la Terreur et de nombreux historiens ont relevé le caractère excessif, voire délirant de la proclamation de Craig. L'examen des discours qui y sont liés en amont révèle cependant que la majorité des motifs présents dans le texte de Craig circulent déjà dans l'espace public : autorité de droit divin, rôle prééminent accordé au clergé comme guide de la nation, dangers de la révolution, conquête providentielle, bonheur des sujets fidèles soumis à des supérieurs pleins de mansuétude, caractère fallacieux du discours opposé aux faits connus par les détenteurs du pouvoir. Les motifs opposés sont tout aussi présents : souveraineté du peuple et légitimité morale des députés qui le représentent, respect de l'esprit de la constitution, évidence de la vérité révélée par des documents, progrès de la société en quête de bonheur. De ce point de vue, on peut affirmer que l'épisode de la saisie du *Canadien* cristallise certaines tensions du discours social et contribue à en consacrer les figures, d'autant plus que la reconfiguration visée par Craig, laquelle devait conduire à faire élire des députés proches du Gouverneur plutôt que les membres du Parti canadien, n'a pas lieu. Le Parti canadien remporte en effet une victoire éclatante. Malgré les arrestations, malgré les menaces à peine voilées contenues dans la *Proclamation* et dans les textes des journaux adverses, malgré les condamnations du clergé, cette majorité fait en sorte que les termes et les enjeux du conflit demeurent vivants. C'est peut-être pourquoi, en aval, les motifs cardinaux mis en place ou réactivés par le geste de censure continueront d'habiter l'espace public et se maintiendront sous diverses formes tout au long du siècle. Par exemple, l'idée d'insurrection appréhendée sera reprise au moment des Rébellions de 1837-1838, tout comme le vocabulaire lié à la Révolution française servira à discréditer les Patriotes. L'opposition entre la vision providentialiste de l'histoire et la vision progressiste de la marche du peuple vers la liberté marquera les débats des historiographes, de François-Xavier Garneau jusqu'à Lionel Groulx. Dans la presse périodique, les divers avatars de l'incarnation du bon sens populaire (le personnage de Jean-Baptiste, le petit gazetier, Ladébauche) continueront à s'opposer à la vérité dogmatique des hiérarchies religieuses et sociales.

L'impact à court terme de cet épisode de censure est considérable, même si le résultat des élections ne s'en trouve pas modifié dans le sens espéré par Craig. D'abord, pour les propriétaires du journal *Le Canadien* : Taschereau et Blanchet quittent la prison malades ; Bédard ne parviendra jamais à faire reconnaître l'abus de procédure et considérera sa nomination à titre de juge comme une réparation. Ensuite, pour les lecteurs, car *Le Canadien* ne reprendra sa publication qu'après l'acquisition de nouvelles presses en 1817. Mais, à moyen et à long terme, les positions du *Canadien* ne sont pas affectées et les idées défendues par le journal continuent à être diffusées, en Chambre et dans d'autres journaux qui maintiennent, par leur adhésion ou leur opposition aux idéaux du *Canadien*, la configuration de l'espace public mis en forme par les débats entre *Le Canadien* et le *Mercury* depuis 1806.

Lorsqu'il publie dans la *Montreal Gazette*, le 9 décembre 1818, la lettre qu'il a refusé de diffuser en 1810 car elle lui paraissait être un « tissu de faussetés », James Brown écrit : « En 1810, on n'osait mettre au jour aucune opposition qui fût tant soit peu contraire aux idées de l'Exécutif ou de ce que l'on appelait alors *le parti ministériel*. À présent, l'on peut s'exprimer et agir avec la liberté que donne notre heureuse constitution. » C'est reconnaître l'échec de la politique du gouverneur Craig et témoigner du caractère structurant des positions politiques et constitutionnelles du *Canadien*, restées vivantes malgré la disparition provisoire du journal. *Micheline Cambron*

Le Canadien, 22 novembre 1806–10 mars 1810.
AAQ, *Registre des lettres*, vol. 7 ; *Gazette de Québec*, 1810, n°s 2333-2351 ; *Montreal Gazette*, 1810, n°s 753-765 et 1818, n°s 1216-1218 ; *Quebec Mercury*, 1810, vol. VI, n°s 1-16 ; *Le Vrai-Canadien*, 1810-1811 ; WALLOT, Jean-Pierre, « Le Bas-Canada sous l'administration Craig, 1807-1811 », Doctorat (Histoire), Université de Montréal, 1965.

▶ Juridique (censure) ; Politique (censure)

CAP D'ESPOIR

Jacques Leduc (1941-) • Film mis sous scellés (1969) par son producteur pendant sept ans

« Attention, ce film n'est pas un spectacle », prévient le réalisateur au tout début de *Cap d'espoir* (1969). Effectivement, ce film de cinéma direct comporte des mises en situation à la manière de *Pour la suite du monde* (Pierre Perrault, Michel Brault), car le réalisateur ne fait pas jouer son personnage d'étudiant universitaire ; il lui demande simplement de libérer son mal de vivre et sa révolte devant la situation politique du Québec, la religion, Power Corporation et le monopole dans les communications, la répression policière, etc. Le tout s'achève sur un « Mangez toutt d'la marde » maintes fois répété. Jacques Leduc vise à alimenter l'esprit de contestation dans les milieux étudiants.

Cap d'espoir figure habituellement dans les trois cas emblématiques de la censure à l'Office national du film* (ONF). Comme pour *On est au coton* de Denys Arcand* et pour *24 heures ou plus* de Gilles Groulx*, l'interdiction de diffusion vient des plus hautes autorités de l'institution. Le 9 décembre 1969, Roland Rainville, gérant de la distribution pour le Québec, adresse la note de service suivante à son directeur, W. S. Jobbins :

> J'estime qu'il ne convient pas de distribuer *Cap d'espoir* pour les raisons suivantes :
> 1. *Cap d'espoir* est un film trop vulgaire. Le public nous reprochera sévèrement d'avoir investi des sommes assez considérables pour la production de ce film.
> 2. *Cap d'espoir* suggère des remises en question qui, en certains cas, méritent considération. Malheureusement, le style provocant choquera les gens qu'il faudrait sensibiliser à ces remises en questions. De sorte que, si le but du film était de sensibiliser le public, il raterait l'objectif. Si le film avait d'autres fins, il dépasse mon entendement.
> 3. Certaines images et des commentaires du film constituent à mon avis une attaque directe à des personnes publiques et à des organismes sans qu'on puisse savoir les tares qu'on leur reproche.
> 4. Le film nomme des personnages politiques importants du gouvernement de la province de Québec et de la ville de Montréal (Jean-Jacques Bertrand, Jean-Guy Cardinal, [Jean] Drapeau, [Lucien] Saulnier, etc.). Il n'appartient pas à un organisme fédéral comme l'ONF d'attaquer les dirigeants de gouvernements provinciaux ou municipaux.

Le 8 mai 1970, une note confidentielle de Jobbins à tous les chefs avise que le commissaire Hugo Macpherson a décidé de ne pas autoriser la distribution de *Cap d'espoir*. Le film reste sous scellés jusqu'au début de 1976 alors que le nouveau commissaire André Lamy le libère en compagnie des deux autres films précités.

De vulgarités, *Cap d'espoir* ne manque pas. C'est le sommet du genre dans l'histoire du cinéma direct québécois. Du début à la fin, la volonté de provocation est évidente. Rien ne permet de distinguer entre les répliques émanant spontanément de l'étudiant et ce que subtilement ou non le réalisateur aurait suggéré. Cinq ans auparavant, *Le chat dans le sac* de Gilles Groulx véhiculait un message du même genre et plus radical encore, mais la façon sereine de le dire le rendait plus acceptable tant pour le producteur que pour le public potentiel.

Au Bureau de surveillance du cinéma, *Cap d'espoir* obtient le 23 avril 1976 le visa « Pour tous ».
Yves Lever

Archives de l'ONF, dossier Jacques Leduc ; EVANS, Gary, *In the National Interest, A Chronicle of the National Film Board of Canada from 1949 to 1989*, 1991.

▶ Politique (censure)

LE CASSÉ
Jacques Renaud (1943-)

ŒUVRE DE CHAIR
Yves Thériault (1915-1983)

Recueils de nouvelles interdits dans des cégeps (1971 et 1982)

Publiée en 1964 aux Éditions Parti pris, *Le cassé* de Jacques Renaud constitue jusqu'à un certain point la pierre d'assise de la littérature joual au Québec.

Cette longue nouvelle raconte l'histoire de Ti-Jean, un chômeur dont la vie est marquée par le travail abrutissant, le chômage, la toxicomanie, et par une violence intérieure qui le pousse à commettre un meurtre sauvage. *Le cassé* constitue une violente contestation de l'aliénation du peuple canadien-français et des conditions de vie de milliers de travailleurs sans éducation, pris dans le cercle de la survie et de la misère.

La parution de cette nouvelle concorde avec le début des activités du FLQ (Front de libération du Québec) et est reçue comme une bombe dans le milieu littéraire. Elle alimente de virulents débats sur la littérature joualisante, mais ne fait pas immédiatement l'objet de censure. La question de la censure retentit pour la première fois en 1971, puis en 1982 dans un contexte similaire : l'œuvre est interdite dans un cégep (collège préuniversitaire) après qu'un enseignant l'eut mise au programme de son cours de français.

Le premier cas se produit à l'automne 1971, au campus de Tracy du Cégep régional Bourgchemin, dans un contexte de tensions politiques et syndicales. Le professeur Robert Barberis demande à ses étudiants un travail de cinq pages visant à les initier aux enjeux idéologiques qui sous-tendent le récit. Dans un essai intitulé *De la clique des Simard à Paul Desrochers… en passant par le joual*, l'enseignant consacre un chapitre à cette « affaire du Cassé », et développe une analyse personnelle de cette histoire.

Le 10 octobre, le curé de la paroisse Saint-Pierre de Sorel, Mgr Jean-Charles Leclaire, dénonce l'ouvrage en chaire, le qualifiant de "livre pornographique, obscène et blasphématoire" qu'on devrait "interdire dans les écoles" et qui ne devrait pas "être mis entre les mains des enfants de cégep" ». À la suite de nombreuses plaintes de parents, le comité exécutif du cégep réagit en votant à l'unanimité une résolution qui considère que « le fait de référer le volume *Le cassé* à des étudiants du Campus de Tracy pour fin d'étude a causé un préjudice sérieux au Collège » ; le comite exécutif exhorte le professeur responsable de ce geste « de retirer le volume immédiatement, d'annuler le travail demandé aux étudiants en rapport avec ce volume et de s'en excuser ». Les accusations de préjudice grave peuvent justifier le renvoi du professeur ; son syndicat dépose donc un grief demandant l'annulation de cette résolution. La question est tranchée en arbitrage le 28 mars 1972 en faveur du professeur, à la suite d'une longue polémique au Cégep et dans la région, qui trouve même écho dans les médias nationaux.

La seconde interdiction survient onze ans plus tard, à l'automne 1982, au Cégep de Shawinigan. Semblable au premier cas, cette seconde interdiction du *Cassé* aura toutefois des conséquences plus graves. À la rentrée, Jean-Pierre Crête, enseignant au Département d'arts et lettres, soumet un recueil de contes et de nouvelles à ses deux classes. Ce recueil de textes est constitué de différentes œuvres classiques de la littérature québécoise et internationale (Claude Jasmin, Antoine de Saint-Exupéry, Edgar Allan Poe, Félix Leclerc, Gilles Vigneault, André Major, etc.). Il contient également la nouvelle *Le cassé* de Jacques Renaud, et trois nouvelles érotiques tirées du recueil *Œuvre de chair* d'Yves Thériault (1915-1983) : « Le gigot réparateur », « Le carré de porc inachevé », et « Le steak au poivre initiateur ». Ces œuvres de Renaud et de Thériault sont au centre de la polémique rapportée par les médias sous le nom de « l'Affaire des textes ».

À la mi-novembre 1982, une trentaine de parents choqués de constater que leurs enfants doivent remettre une dissertation sur des textes qu'ils jugent « pervers » et « parfois d'une cruauté sadique », déposent une pétition auprès de la direction générale du collège, exigeant le retrait immédiat de ces œuvres du programme de français. Cette pétition est accompagnée de l'appui de neuf organismes sociaux de la région : les deux associations de Chevaliers de Colomb de Saint-Tite et de Sainte-Thècle, les Optimistes de Saint-Tite, les AFÉAS de Saint-Tite, Sainte-Thècle et Saint-Georges-de-Champlain, le Cercle des Fermières du Lac-aux-Sables, le CLSC (Centre local de services communautaires) de Saint-Tite et les Filles d'Isabelle.

Les plaignants jugent ces textes « de très mauvais goût, de cruauté sadique, d'incitation à la violence (voir « meurtre de Bouboule ») et de perversion sexuelle donnant une triste vision de ce que plusieurs jeunes pourraient penser être la réalité ». Ils considèrent que les trois dessins inclus dans le recueil de textes et tirés de l'*Œuvre de chair* devraient être nettement réservés aux adultes, et que ces textes et ces dessins sont une entrave directe à la morale de leurs enfants qui sont âgés de 17 ou 18 ans. Ils réclament une meilleure sélection des œuvres au programme du cours et demandent à ce que soit banni ce genre de lecture « obscène* ».

La direction du cégep obtempère en retirant de l'école tous les textes d'Yves Thériault et de Jacques Renaud de façon à ce qu'ils ne soient accessibles à aucun étudiant. De plus, la direction ouvre une enquête et suspend provisoirement le professeur en question et le menace d'une suspension sans salaire jusqu'à la fin de l'année scolaire. Ce dernier réplique et plaide que *Le cassé* avait reçu l'approbation de son département depuis 1974 et qu'il avait été approuvé par les services pédagogiques du collège en mai 1982. Il explique que les étudiants devaient travailler sur sept des douze textes du recueil et qu'ils n'étaient donc pas forcés d'étudier les textes en question. Enfin, le professeur Crête défend la liberté académique et craint que cette affaire crée un grave retour en arrière quant au choix des œuvres au programme.

Le 21 décembre, la direction du cégep annonce la suspension du professeur Crête jusqu'à la fin de l'année scolaire, donc pour une durée de six mois, sans salaire. Cette sentence signifie pour lui une perte de revenus de 18 000 $. La direction explique sa décision en invoquant que l'enseignant a causé « un préjudice grave aux étudiants, au collège ainsi qu'au personnel ».

Une trentaine de cégépiens de Shawinigan manifestent leur appui au professeur par des lettres ouvertes dans le quotidien *Le Nouvelliste* et par une pétition demandant de réintégrer immédiatement l'enseignant dans ses fonctions. L'un des étudiants se dit victime de ces remous moraux, considérant la lecture du *Cassé* bien plus intéressante que *Le Petit Prince* de Saint-Exupéry, « parce que sa réalité brutale nous saute en plein visage. Et c'est la vérité toute crue parmi d'autres réalités de la vie ».

Aux pressions des étudiants s'ajoute le poids des médias nationaux qui s'emparent de l'histoire. Le cégep réagit en mars par voie de communiqué et soutient qu'il n'y a pas eu de censure au Cégep de Shawinigan, bien que les œuvres aient été retirées temporairement du programme et de l'école, et que la suspension de six mois sans salaire ait été maintenue contre l'enseignant.

Dans le milieu scolaire, ces deux épisodes d'interdiction du *Cassé* ne sont sans doute pas uniques. Ils révèlent toutefois le malaise qu'entretient une certaine élite traditionnelle face à une œuvre littéraire qui trace un portait peu flatteur du peuple québécois, de sa culture et de son identité. *Sophie Vincent*

RENAUD, Jacques, *Le cassé*, Montréal, Éditions Parti pris, 1964, 125 p. ; THÉRIAULT, Yves, *Œuvre de chair*, [Montréal], Stanké, [1976], 170 p.

CENSURE (terme)

Le terme *censure* change d'acception au tournant du XIXe siècle, prenant alors son sens moderne d'*interdiction*

Le mot *censure* prend son origine lointaine dans le recensement romain, qui était à la fois identification, mais aussi instauration d'un ordre social et, par là, exclusion. De nos jours, *censurer* signifie le plus souvent *interdire*. Pourtant, le dictionnaire

CENSURE (TERME)

Robert rappelle qu'au XVIe siècle, *censurer* signifiait aussi *reprendre*, *critiquer*; au Québec, c'est vraisemblablement dans la seconde moitié du XIXe siècle que le terme *censure* commence à prendre l'acception contemporaine reconnue de répression ou d'interdiction.

Au XVIIIe siècle, le mot *censure* recouvre le plus souvent le champ sémantique du blâme. Ainsi, en 1765, dans une série d'articles sur la liberté de la presse*, *La Gazette de Québec / The Quebec Gazette* n'utilise jamais le mot *censure* pour désigner quelque atteinte que ce soit à la liberté. Seul le dernier de ces textes s'approche de ce sens : « J'ai parcouru toutes vos Gazettes précédentes ; j'y ai bien vû des chansons et des plaisanteries qui ne tendaient dans la badinerie, qu'au bien général ; c'est-à-dire, à censurer le vice et à louer la vertu. » (17 octobre 1765) De même, on peut lire au sujet de la langue statuante des lois, dans *La Gazette de Montréal*, le 7 mars 1793 : « [...] tout écrit doit être soumis à l'approbation ou à la censure du public [...] ». *Censurer* prend à cette époque le sens de *blâmer*, au pire de *rejeter*, mais rarement interdire.

Au début du XIXe siècle, le sens du mot ne paraît avoir guère changé. Le journal *Le Canadien**, fondé en 1806, est particulièrement révélateur à ce propos. Le journal s'est donné pour rôle d'éclairer les agissements du gouvernement ; voilà pourquoi il déclare, dans son *Prospectus* : « L'exercice de ce pouvoir censorial si redoutable pour tous ceux qui sont chargés de l'administration, est ce qui assure le bon exercice des bonnes parties de la constitution [...]. » Autrement dit, selon le sens du mot *censure* à cette époque, c'est le journal *Le Canadien* qui exerce une censure à l'endroit du pouvoir, lui qui sera censuré en 1810, en vertu cette fois du sens moderne du mot. D'ailleurs, quelques mois après la saisie du journal, Mgr Joseph-Octave Plessis, évêque de Québec, écrit à Mgr Edmund Burke, à Halifax, que les rédacteurs du *Canadien* « ont censuré l'administration publique avec beaucoup trop de licence ».

Seule la signification de l'époque rend compréhensible un tel énoncé ; elle peut aussi éviter des contre-sens. Par exemple, « Un autre électeur » écrit au *Canadien*, le 25 février 1824 : « Que deviendrions-nous sans la censure de la presse [...] ? » Il faut comprendre ici non pas l'interdiction de la presse, mais son pouvoir de porter un regard attentif sur le gouvernement afin de mettre ses actions en lumière. Ce rôle de la presse fait écho à ce texte, quinze ans plus tôt : « nos ministres n'ont guère de punition à craindre, ou de difficulté à combattre, excepté la censure de la presse et l'esprit de résistance qu'elle exerce parmi le peuple » (*Le Canadien*, 11 novembre 1809).

À l'époque, donc, censure et liberté de la presse, plutôt que de s'opposer comme aujourd'hui, se complétaient. *Le Spectateur canadien*, de Montréal, pose clairement l'efficacité de la liberté de la presse et fait de la censure son moyen : « Combien cette censure publique peut-elle faire éclore de grandes actions, de projets utiles et prévenir d'abus ! » Dans sa critique du premier roman québécois, *L'influence d'un livre** (1837), de Philippe Aubert de Gaspé fils, Pierre-André (pseudonyme d'André-Romuald Cherrier) n'écrivait-il pas que cet ouvrage était « exposé à la censure publique » ? (*Le Populaire*, 11 octobre 1837) Afin d'éviter des incongruités, il est donc nécessaire de connaître les changements sémantiques du mot *censure*, qui semble renvoyer surtout au rôle de la presse de scruter les actes posés par le pouvoir ou, dans le dernier cas, de la critique d'une œuvre. S'il est difficile de préciser vers quelle époque *censure* prend principalement le sens d'*interdiction*, il demeure toutefois plausible de croire que le milieu du XIXe siècle rend possible ce nouveau sens, puisque l'ère des interdits cléricaux s'amorce avec l'évêque de Montréal, Mgr Ignace Bourget. *Pierre Hébert*

LA CENSURE DES LIVRES

Édouard Gagnon • Essai (1945) décrivant la législation de l'Index

▶ *Index, lectures et morale évangélique*

CENSURE D'EXEMPLAIRE

La censure d'exemplaire est dirigée vers un seul exemplaire, celui qui se trouve entre les mains du propriétaire-censeur. Cette censure peut s'exercer envers des images ou des textes, ou les deux à la fois

La censure de l'imprimé, pratiquée avant ou après la parution d'un ouvrage, est connue et bien documentée. Ce qui est moins connu et peu étudié, bien que les exemples soient nombreux, c'est la censure qui s'exerce sur l'exemplaire lui-même.

Différente de la pratique qui consiste à mutiler systématiquement tous les exemplaires d'une édition, cette censure d'exemplaire est dirigée en théorie vers un seul exemplaire, celui qui se trouve entre les mains du propriétaire-censeur. Cette censure peut s'exercer envers des images ou des textes, ou les deux à la fois.

Comme dans presque toutes les bibliothèques d'institutions religieuses ou d'enseignement au Québec, certains livres de l'ancienne bibliothèque des Messieurs de Saint-Sulpice (maintenant regroupés dans la collection des livres anciens de la Bibliothèque nationale du Québec) sont victimes de cette pratique. Ces livres, faisant partie de la bibliothèque privée de certains prêtres sulpiciens, sont intégrés éventuellement dans la bibliothèque du Séminaire de Ville-Marie (plus tard Séminaire de Montréal). S'il est difficile d'identifier le censeur en question, un examen plus approfondi de quelques cas-types peut cependant jeter un peu de lumière sur ce phénomène et ses responsables.

La censure la plus commune est le découpage de la vignette gravée sur la page de titre des ouvrages des XVIIe et XVIIIe siècles. Ces vignettes montrent souvent des chérubins dénudés ou quelques déesses aux seins nus. Prenons un exemple parmi beaucoup d'autres.

La bibliothèque ancienne des sulpiciens renferme deux exemplaires du *Passiones Quatuor in majore hebdomada cantari solitae* (Paris, 1691) : le premier exemplaire, appartenant au sulpicien François Citoys de Chaumaux (mort en 1727), a une vignette découpée ; le second exemplaire, appartenant à Claude Dauzat, lui aussi un sulpicien ayant résidé en Nouvelle-France de 1710 à 1717, présente une vignette de titre intacte. L'exemplaire appartenait à Dauzat en 1713 et fit ensuite partie de la bibliothèque du Séminaire de Ville-Marie. Il est étonnant de voir deux exemplaires identiques, un censuré, l'autre intact, se retrouvant toutefois dans la même bibliothèque de Séminaire au XVIIIe siècle. Qui est responsable de la censure ? Le propriétaire sulpicien en achetant l'exemplaire ou avant de le donner à la bibliothèque du Séminaire, ou encore est-ce le Séminaire ?

On trouve également deux exemplaires des quatre tomes des *Desputationes de controversii christianea fidei* du cardinal Roberto Bellarmino (Paris, 1698). Trois des quatre tomes sont censurés dans un exemplaire, contre un seul tome dans l'autre. L'examen de plusieurs autres exemples pourrait peut-être suggérer une procédure de censure courante à l'époque.

Historiquement, les livres de médecine sont souvent censurés parce qu'ils montrent des parties du corps qui, à l'époque, heurtaient la morale. Par exemple, l'*Encyclopédie* de Diderot et d'Alembert fait souvent partie des livres mutilés, ses planches d'anatomie étant manquantes ou censurées. Un exemplaire de *L'anatomie du corps humain avec ses maladies* (Paris, 1698) par M. de St-Hilaire, appartenant à François Vachon de Belmont, supérieur de Saint-Sulpice de 1701 à sa mort en 1732, est amputé de 230 pages de texte et des gravures correspondantes. La table des matières révèle que les sections enlevées (sectionnées avec un couteau) traitent des

« parties qui servent à la génération » chez l'homme et la femme et aussi sur « l'histoire du fœtus ».

On peut également souligner l'exemplaire de *L'Arcenal* [sic] *de chirurgie* de Jean Scultet (Lyon, 1672) qui appartenait à Dominique Thaumur de la Source (1663-1711), chirurgien installé à Ville-Marie en 1689. Les gravures sont censurées à l'encre et, pour vraiment accentuer le message, la note manuscrite *livre dangereux pour des jeunes gens non mariés* est apposée sur la page de garde.

Vachon de Belmont avait certainement une des plus belles bibliothèques privées de l'époque. Musicien averti, il semblait particulièrement priser les tragédies mises en musique par Jean-Baptiste Lully : *Proserpine* (1714), *Atys* (1709), *Roland* (1709), *Thésée* (1711) et *Armide* (1713). Ornées de gravures représentant des scènes à plusieurs personnages, ces éditions ne manquent pas de retenir l'attention du censeur. Non seulement les corsages, les gorges dénudées mais même les visages maquillés s'obscurcissent, victimes du censeur qui couvre la chair de grands traits de plume. De plus, les paroles sont souvent rayées et à plusieurs endroits rien ne paraît que les notes de musique. On sait que Vachon de Belmont donnait des leçons de musique à de jeunes étudiants. A-t-il censuré ses exemplaires pour ne pas exposer ses jeunes élèves aux dérèglements et aux parures osées des femmes de la cour de France ?

Avant d'en arriver à des conclusions concernant le déroulement de cette procédure de censure d'exemplaire, une étude systématique s'impose et celle-ci n'a pas encore été faite pour la bibliothèque des Sulpiciens. Néanmoins, quelques observations générales se dégagent. Premièrement, la censure est ancienne, datant probablement du XVIIIe siècle. L'encre est très foncée et les découpages de vignettes montrent un pourtour inégal et irrégulier rappelant l'usage d'un couteau plutôt que d'une paire de ciseaux. Il est surprenant de constater que des hommes aussi cultivés et respectueux des livres que les Sulpiciens de Montréal se sentent obligés de censurer leurs exemplaires personnels lorsque ceux-ci ne servent que leurs propres besoins. La situation change radicalement quand l'exemplaire est rétrocédé, surtout à une bibliothèque fréquentée par plusieurs personnes dont des jeunes. La responsabilité morale de certains de ces Messieurs de Saint-Sulpice les porte peut-être à censurer leurs exemplaires de peur de débaucher les futurs propriétaires. L'autre possibilité est que l'ouvrage soit censuré par le bibliothécaire du Séminaire. Il demeure difficile, voire impossible, de préciser davantage quand et comment cette censure s'est exercée, chose certaine, la censure d'exemplaires était courante dans cette association de prêtres séculiers à Montréal. Des recherches plus poussées pourraient détailler cette pratique très courante de censure d'exemplaires.

Michel Brisebois

▶ Bibliothèques

LE CENTURION

Adolphe-Basile Routhier (1839-1920) • **Roman apparemment refusé par M**[gr] **Bruchési à l'étape de la censure préalable, à cause de l'intégration de l'Évangile dans la fiction (1908)**

Durant sa soixantaine, le « champion du catholicisme » Adolphe-Basile Routhier trouve le temps de se consacrer davantage « à une grande œuvre, une sorte d'apologie de la religion, seul sujet vraiment digne d'une plume catholique » (Maurice Lemire, *DOLQ*, II). Il s'agit de son « roman des temps messianiques », *Le centurion*.

Cette entreprise de plus de 400 pages, plutôt décousue, emmêle autant les genres (lettres fictives, récit de voyage, narration classique) que les intrigues amoureuse et biblique. *Le centurion* est d'ailleurs assez mal reçu par la critique, qui relève justement la faiblesse de l'intrigue. L'une des charges les plus caustiques provient entre autres de Jules Fournier, dans *Le Nationaliste*, qui ironise dans son style bien à lui : Routhier « sait qu'il a du génie, et que *Le centurion* est un chef-d'œuvre ».

Ce n'est évidemment pas pour ses faiblesses littéraires que le roman de Routhier s'inscrit dans l'histoire de la censure, mais à cause de la réaction circonspecte, voire négative de Mgr Paul Bruchési, à qui l'auteur avait soumis son œuvre pour fin de publication. La réaction de l'archevêque de Montréal se comprend pour de tout autres raisons que sa valeur littéraire.

L'intrigue du *Centurion* se fonde sur l'histoire biblique. Or Mgr Bruchési avait déjà émis un avis négatif, à l'occasion de Pâques, le 3 mars 1902, à propos de « la représentation scénique des mystères sacrés ». Les risques découlant de ce genre de spectacles sont tels que l'archevêque déclare : « Notre conscience nous fait un devoir, dans tous les cas, de défendre à nos fidèles d'assister à ces sortes de représentations. » Cette consigne sera d'ailleurs reprise telle quelle dans *Le Devoir*, en 1921.

Le problème posé par *Le centurion* est précisément celui de l'amalgame de la fiction et de l'Évangile ; les lois de l'Index* exigent pour cette raison que Routhier soumette son manuscrit à la censure préalable ecclésiastique. Le 9 avril 1908, l'auteur transmet son texte à Mgr Bruchési. Celui-ci, loin de louanger l'entreprise, exprime d'importantes réserves :

> Pour moi, je ne vous le cache pas : au sujet d'un ouvrage comme celui que vous me faites l'honneur de me soumettre, une inquiétude me reste et je vous la dis bien sincèrement : « Peut-on approuver un livre dans lequel la fiction et les aventures de roman son mêlées au récit inspiré de l'Évangile ? » Je ne voudrais pas répondre de manière absolue et je serais très heureux que la Congrégation de l'Index fut [sic] consultée secrètement à ce propos. Il n'y a qu'un mot d'elle qui pourrait me tranquiliser [sic] parfaitement.

Donnant suite à une prescription romaine de renforcement des comités de censure, Mgr Bruchési avait institué dans son diocèse, à la toute fin de 1907, « un comité spécial de censure composé de trois membres afin de nous aider à réviser les ouvrages que l'on voudra publier dans le diocèse et pour lesquels l'*Imprimatur* sera requis ». Ces censeurs sont le chanoine Émile Roy, chancelier de l'archevêché, et les abbés Charles Lecoq, supérieur de Saint-Sulpice, et Joseph-Arthur Curotte, secrétaire de l'Université Laval à Montréal. C'est à Lecoq que Bruchési transmet le roman de Routhier : « *Le centurion* est entre les mains de quelqu'un qui vous estime et qui vous aime », conclut-il dans cette même lettre. Cependant, on ne peut connaître que par déduction l'issue de l'histoire, les archives ne contenant aucun autre document que la lettre de Bruchési.

Cette lettre est datée du 9 avril 1908. Or le roman de Routhier avait paru en feuilleton* dans *L'Action sociale*, à Québec, du 27 décembre 1907 au 9 mars 1908. L'auteur a probablement l'intention de le faire paraître en volume chez un éditeur montréalais, d'où sa demande pour l'*imprimatur* épiscopal. Cependant, *Le centurion* paraît non à Montréal, mais à Québec, en 1909, aux éditions L'Action sociale. En déduire que Mgr Bruchési n'a pas levé ses hésitations et a ainsi refusé d'accorder son *Imprimatur* semble plausible. Ces tractations n'ont en rien empêché la diffusion du *Centurion* en Europe, dans des éditions française, italienne, hongroise et espagnole.

Au début du XXe siècle, Mgr Bruchési, à Montréal, et Mgr Louis-Nazaire Bégin, à Québec, ne s'entendent pas sur la manière de contrôler la presse laïque. Le premier préfère intervenir directement, par des monitions (contre les quotidiens *La Patrie** et *La Presse** tout particulièrement) ou des sanctions (contre *Le Pays**, entre autres) ; le second mise sur les journaux catholiques pour contrer la mauvaise presse. Leur attitude à l'égard du *Centurion* semble donc tout à fait cohérente avec leur manière respective d'envisager le contrôle des lettres. *Pierre Hébert*

ROUTHIER, Adolphe-Basile, *Le centurion. Roman des temps messianiques*, Québec, L'Action sociale, 1909, 461 p.

ACAM, dossier « Imprimatur ».

▶ La romance

CHAMPLAIN
◉ Arcand, Denys

CHANSON

En divers moments et en divers lieux, une partie du répertoire est occultée

La censure n'est pas que l'apanage des gouvernements totalitaires. Elle s'exerce aussi dans les pays démocratiques comme le Québec, parfois avec des aspects pernicieux. En effet, il y a une version canadienne, sinon québécoise, de la censure marquée par des types de pouvoirs auxquels la chanson a été ou est confrontée : pouvoirs politique, moral, religieux, commercial, voire, de nos jours, l'autocensure* du politiquement correct. Des pratiques anciennes aux pratiques actuelles, l'histoire de la censure au Québec se greffe à l'histoire universelle du contrôle des idées.

Du folklore québécois, par exemple, les intellectuels du XIXe siècle ont surtout recensé la partie classique que l'époque opposait à un folklore vulgaire, exerçant ainsi une censure réelle, éliminant de la chanson populacière son aspect carnavalesque ou son caractère de résistance. De même, l'éditeur* imposait parfois certaines retouches, offrant au public un répertoire souvent épuré. Combien de chansons patriotiques, nationales ou littéraires, publiées par l'abbé François-Xavier Burque dans son *Chansonnier canadien-français : recueil de chansons populaires, chansons nouvelles et vieilles chansons restaurées* (Imprimerie nationale, 1921), ont été ainsi occultées ou dont les textes auraient subi des mutilations ? La critique accusa le compilateur de falsifier les paroles de chansons qui « doivent rester intactes dans la mémoire du peuple ». Par opposition à ce phénomène, des collectionneurs ont voulu exprimer la poésie populaire en la transcrivant en langue vernaculaire, contestant ainsi le langage trop littéraire des *Chansons populaires du Canada* d'Ernest Gagnon. Ils voulaient rendre gloire à la chanson du terroir, reléguée par les lettrés au second plan. De la même manière, certains ethnologues folkloristes, lors de leurs cueillettes, avaient souvent tendance à passer sous silence les chansons grivoises entonnées par les chanteurs populaires. D'autres, tel Marius Barbeau, ne pardonnaient pas à certains interprètes d'avoir remanié le texte de plusieurs chansons.

L'importance politique de la défense du patrimoine national a naturellement imposé une interprétation nationaliste de la chanson folklorique. Des distinctions sont établies entre chanson historique, chanson canadienne et chanson patriotique, lesquelles doivent affirmer l'existence irrécusable de l'identité québécoise et tracer, chacune à sa manière, la voie d'un réveil national. La chanson patriotique se révèle fondamentalement religieuse par les valeurs communes qu'elle transmet : principalement la fidélité au catholicisme et à la langue française.

Autour des années 1940, un certain nationalisme clérical participe à l'œuvre d'éducation nationale. Des critères moraux doivent présider au jugement des œuvres, car le clergé trouve que les chansons qui passent à la radio sont devenues grivoises. Il faut aussi, du même coup, freiner l'invasion de la chanson américaine sur les ondes. Ainsi, avec *La Bonne Chanson*, de l'abbé Charles-Émile Gadbois, aussi appelée la chanson scolaire, le combat pour la sauvegarde des bonnes mœurs passe par la défense de la langue et de la culture locales. Devenue didactique, ce type de chanson exprime la résistance aux changements. Pour l'idéologie traditionnelle religieuse, véhiculée par *La Bonne Chanson*, la crise des mœurs résulte du progrès matériel considéré comme un mal presque absolu.

Parallèlement à cette œuvre d'éducation nationale, la survivance du genre traditionnel dans le répertoire des artistes de « chez nous », tels Lionel Daunais et Conrad Gauthier, crée une dynamique nouvelle dont profitera la chanson populaire. Ce renouveau a pour but de faire barrage à l'arrivée sur les ondes de la chansonnette française et américaine. Non professionnelle à l'origine, la Bolduc (Mary Travers), parce qu'elle parle du peuple, sera d'abord exclue de la radio et méprisée par la bourgeoisie et une partie des intellectuels de l'époque. Mais la Bolduc aura sa revanche. *La chanson de la bourgeoise*, par exemple, amorce discrètement la contestation d'une société où règnent l'injustice et l'exploitation en utilisant un thème classique : la satire des mœurs bourgeoises. Les chômeurs canadiens-français se reconnaissent d'emblée dans les chansons de la Bolduc. Plus largement, un peu avant les années 1960, naît une chanson de revendication ouvrière, dite aussi chanson syndicale. Dans ce type de chanson, dont *La grève de Murdochville* (1957) est un exemple, on s'aperçoit que c'est la classe ouvrière, dans ce qu'elle a de plus vulnérable, qui s'organise. Encore aujourd'hui, la chanson syndicale n'a ni la diffusion ni la reconnaissance qu'elle mérite. Marginalisée parce que vivant hors des circuits habituels de production, elle a quand même le mérite de créer et d'entretenir des habitudes chansonnières.

Avec les années 1960 vient ce qu'on a appelé « la vérité des chansonniers ». « Un peuple qui parlait peu et mal s'est mis à chanter » dit le politicologue Gérard Bergeron, sous le pseudonyme d'Alain Sylvain, dans *Maclean* (février 1971). Si la chanson désormais québécoise trouve l'oreille du peuple, elle n'accroche pas celle de certains postes de radio. En 1959, une chanson de Gilles Vigneault, *Jos Montferrand*, interprétée et enregistrée par Jacques Labrecque, jugée « grossière et indécente », est interdite sur les ondes de Radio-Canada. « Censurée à cause du mot "cul", précise le chansonnier de Natashquan. Une expression commune à mon père : il ne l'employait pas de manière obscène […]. » C'est le climat de l'époque. Vigneault a saisi l'occasion pour écrire un long poème ridiculisant cette situation et, par le fait même, la censure. La chanson *D'amour et de cul* du poète Michel Garneau est également interdite quelques années plus tard. La chanson *Le pap du rap*, de Steve Faulkner, est aussi censurée à la télévision. Question de morale, de religion ou de politique ?

Bien avant les événements d'Octobre 1970, certaines boîtes à chanson de Montréal sont victimes de censure et de campagnes mensongères. Le chanteur Fernand Robidoux raconte dans son livre *Si ma chanson...* que dans les années 1950, Michèle Sandry, trop identifiée à la boîte ultranationaliste connue sous le nom de Cochon Borgne, fut systématiquement tenue à l'écart de la radio et de la télévision. La censure est une pratique courante en période de crise, celle d'Octobre 70* en particulier. Ni Claude Léveillée ni Raymond Lévesque n'échappent à ce bâillon. Sous la Loi des mesures de guerre, l'un refuse de chanter *Les patriotes* ne voulant pas

Le roman *Marie Calumet**, ouvrage condamné par l'Église, s'inspirait d'une chanson qui remonte au XVIᵉ siècle et qui aurait connu des versions lestes au XIXᵉ siècle. La version québécoise du XXᵉ siècle ne reprend aucun des éléments provocateurs du roman et l'abbé Charles-Émile Gadbois l'inscrit dans sa *Bonne Chanson*.

monter sur scène avec l'impression d'avoir une mitraillette dans le dos, et l'autre n'interprète pas *Bozo-les-culottes*, « par peur », reconnaît-il (*La Presse*, 28 janvier 1971). Ce silence manifeste une certaine morale politique et relève de l'autocensure devant une possible répression. D'autres chansons engagées de ces années-là disparaissent des ondes de la radio d'État : *Mon pays* et *Les gens de mon pays* de Gilles Vigneault, *On a marché pour une nation* de Michel Pagliaro, *Un nouveau jour va se lever* de Jacques Michel. Les productions artistiques possédant une grande force symbolique sont les premières à devenir suspectes.

Par ailleurs, on connaît moins bien les effets pernicieux de l'autocensure lors de la présentation de spectacles ou lors d'enregistrements. Un exemple récent illustre un cas invisible mais pourtant réel de censure. À l'occasion du gala de *Star Académie* (TVA) du dimanche 4 avril 2004, à l'insu, sans doute, de presque tous les téléspectateurs, Paul Piché n'a pas prononcé les paroles « Chu ben écœuré de me masturber ». Laissons au chanteur le soin de déterminer les raisons qui l'ont mené à aseptiser un texte vieux de 30 ans : par pudeur, par honte rétrospective ou pour l'argent. L'exemple est suffisamment éloquent et n'est pas sans rappeler une pratique propre aux entreprises de *La Bonne Chanson*. La falsification des paroles de chansons étant la manière subtile de trafiquer la mémoire d'un peuple, elle a pour conséquence le détournement de la conscience collective.

Un autre exemple où un système de contrôle des idées empoisonne son auteur : le 4 avril 2003, à Radio-Canada comme à CHIK-FM à Québec, Dan Bigras lit un poème de son cru, *L'enfer du président*. L'on y trouve les paroles suivantes : « Nous ne suivrons pas les tyrans / Par haine, par peur ou par serment / Mais si vous touchez à mes enfants / Je vous tuerai, monsieur le président… » Certains animateurs de radio (Jeff Fillion, Gilles Parent, André Arthur du poste CHIK-FM de Québec) accusent Bigras de faire l'apologie de la violence et mobilisent leurs auditeurs en levant une campagne de dénigrement contre le chanteur, l'accusant même de vouloir tuer le président américain George W. Bush. Porte-parole publicitaire de la compagnie Canadian Tire, Bigras perd son contrat. Le Conseil de la radio et de la télévision canadienne (CRTC) et la Gendarmerie royale du Canada (GRC) reçoivent des courriels diffamatoires. Le soir même, à Lévis, Bigras n'ose pas chanter *L'enfer du président*, et il la retire de son spectacle. Pour la première fois de sa vie, raconte-t-il dans *La Presse* (31 mars 2004), il s'est « censuré par peur ». Le chanteur avoue même que cette campagne provoque, chez lui, « la peur de créer ». Comprendre, ici, la peur d'être libre, de créer sans entraves.

Sauf exception, la censure de la chanson au Québec, se faisant de moins en moins radicale, devient plus subtile, développant des mécanismes chaque jour plus raffinés. Tous les pouvoirs de droite comme de gauche savent l'adapter à leur profit. En s'attaquant aux artistes ou en manipulant leurs œuvres, ces mêmes pouvoirs reconnaissent la force de leurs idées. En tentant de les récupérer, ils démontrent que la connivence du culturel et du politique est infiniment plus naturelle qu'il n'y paraît au premier regard. *Bruno Roy*

BURQUE, François-Xavier, *Chansonnier canadien-français : recueil de chansons populaires, chansons nouvelles et vieilles chansons restaurées*, Québec, l'Imprimerie nationale, 1921 ; GAGNON, Ernest, *Chansons populaires du Canada*, Québec, Bureaux du « Foyer canadien », 1865 ; ROBIDOUX, Fernand, *Si ma chanson…*, Montréal, Éditions populaires, 1974 ; ROY, Bruno, *Pouvoir chanter*, Montréal, VLB, 1991 ; ROY, Bruno, « Ils chantent, qu'ils paient ! ou De la censure », in *La chanson dans tous ses états*, GIROUX, Robert (dir.), Montréal, Triptyque, 1987.

▶ *Boom sur Paris* ; *Le Canadien*

« CHANSON CITADINE » « CHANSON INTELLECTUELLE » « CHANSON JAVANAISE »

Louis Dantin [Eugène Seers, 1865-1945] • Poèmes que Louis Dantin hésite à signer et à faire imprimer, par crainte de la censure (1929-1932)

Les trois *Chansons* poétiques de Louis Dantin (1865-1945) l'ont envahi d'inquiétudes à l'égard de la censure, et avec raison. *Chanson javanaise* (1930) évoque l'idylle à l'issue malheureuse d'un marin et d'une « grande fill' d'Afrique » sur l'île de Java ; *Chanson citadine* (1931) dit l'amour impossible entre le poète et une jeune fille de treize ans ; enfin, *Chanson intellectuelle* (1932) célèbre la Vérité, aux accents religieux mais, surtout, profanes.

La première, *Chanson javanaise*, est toutefois celle qui préoccupe davantage son auteur en ce qui concerne la réception qu'elle peut recevoir du public canadien et elle établit toute l'importance de la signature chez Dantin ; quant aux deux autres, elles seront exclues du recueil *Le coffret de Crusoé*, paru en 1932.

Tout au début de sa correspondance avec Alfred DesRochers, qui deviendra fort importante avec le temps, Dantin fait cadeau au poète sherbrookois, le 19 avril 1929, du manuscrit de sa *Chanson javanaise* ; elle est, lui confie-t-il par la même occasion, « *impubliable* dans notre pays ». Suivent ces préventions :

> En attendant, je ne puis même vous conseiller de l'imprimer pour distribution privée ; si vous le faisiez, il faudrait que mon nom (au moins durant ma vie) n'y figurât que par ses initiales. J'ai déjà, pour une pièce bien moins « scabreuse » (« Pour des cheveux »), qu'a imprimée l'an passé la *Revue moderne*, modifié mon pseudonyme* en celui de Louis Danet. À quoi bon scandaliser les « braves gens », quand on peut simplement les mystifier un peu ?…

Le 29 juillet suivant, DesRochers propose à Dantin d'imprimer la *Chanson javanaise*, ce « coffret d'expériences et d'aspirations effrénées », ainsi que l'avait lui-même qualifiée son auteur (22 juillet 1929). Mais au mois d'août, Dantin revient sur la question en ajoutant que, toute réflexion faite, les initiales, c'est déjà trop :

> Si vous pouviez trouver un moyen de garder cet *opus* vraiment anonyme, je n'aurais pas d'objection personnelle à l'édition très limitée que vous projetez : mais il faudrait pour cela beaucoup de précautions. Il faudrait laisser la brochure sans aucun nom d'auteur, pseudonyme ou autre : le titre complet pourrait en être : *Chanson Javanaise : Journal d'un Canadien Errant*. Et je compterais sur votre discrétion absolue pour ne révéler l'auteur à personne : car cela deviendrait très tôt le secret de Polichinelle, et causerait un scandale de tous les diables.

Dans sa lettre du 4 septembre, le poète de l'Orford manifeste son étonnement : « Pourquoi, cette peur de signer ? […] C'est que j'ai pour opinion qu'une œuvre qui suscite de la réflexion ne peut être immorale. Or votre *Chanson Javanaise* est une source inépuisable de réflexion. » La réponse, le 15 septembre, ne laisse aucune équivoque :

> Mais quant à le [son poème] signer, voyons !… Je suis un homme paisible, et à qui il répugne de scandaliser qui que ce soit. Et je n'ai pas, comme Chiniquy [sur lequel DesRochers projette d'écrire un drame], l'instinct de l'apostolat et du martyre !…

Quinze jours plus tard, DesRochers persiste : « Vous êtes un *bigre* d'entêté de ne pas vouloir signer une telle œuvre… » Mais l'intraitable Dantin rétorque, le 30 septembre : « […] je n'aurai plus d'objection à signer quand je ne serai plus là pour voir la grimace des "bonnes âmes"… ». Il en remet quelques semaines plus tard :

> Tant que l'opinion canadienne en sera à pareil niveau, à quoi bon, je vous le demande, se soumettre à ses jugements ? Imprimer la *Chanson* toute seule, sans aucun nom d'auteur, c'est le plus que je puisse permettre, et cela même me fait courir des risques… Le reste, vous le publierez, si vous voulez, après mes funérailles.

DesRochers cédera, mais avec cette idée saugrenue : « Il m'est venu l'idée de mettre au bas du titre le nom d'une localité de Java comme lieu d'édition* : simple fantaisie dont vous ferez ce que vous voudrez, et qui d'ailleurs ne tromperait personne… » (28 novembre 1929) Le poème paraît effectivement en 1930, à 52 exemplaires, avec, comme lieu d'édition fictif, Samarang (Java).

Quoique DesRochers lui ait écrit, le 11 mars 1930, « que [sa] *Chanson Javanaise* est proclamée chef-d'œuvre partout », Dantin n'a pas tort de craindre la censure, ou à tout le moins l'opprobre, car chacune de ses *Chansons* fera face à des résistances de publication. Par exemple, au moment où l'éditeur montréalais Albert Lévesque hésite à publier ses contes, et en particulier « Le risque », Dantin écrit à DesRochers : « Pour achever de le scandaliser, je lui ai envoyé la *Chanson javanaise*, en l'assurant qu'il y avait beaucoup plus de moi dans elle et dans les *Contes* que dans toutes les critiques que j'aie jamais élaborées... » (7 avril 1930)

Au mois d'août 1931, Dantin « songe de loin à rassembler [ses] vers *publiables* en quelque volume ou plaquette [...] » et, même, à y adjoindre ses « autres machines de longue haleine : la *Chanson Intellectuelle*, la *Chanson javanaise*, etc. » Il accepte mal une édition éventuellement amputée de ces pièces : « Voyez comme c'est enrageant de se voir enserré de tous ces liens. Le volume de poèmes en deviendrait forcément futile, sans proportion et sans logique [...]. » (25 septembre 1931) DesRochers insiste, mais avec une réserve : « Mais si j'étais l'auteur de *Chanson citadine* [dont il assurera également l'impression] et de *Chanson javanaise*, je n'hésiterais pas, du moins je crois que je n'hésiterais pas à les publier. *Chanson intellectuelle* est peut-être plus dangereuse. » (27 octobre 1931)

En 1932, Albert Lévesque accepte de publier *Le coffret de Crusoé*, mais les deux Chansons – *Chanson citadine* et *Chanson intellectuelle* – ne devront pas y figurer. Jacques Michon éclaire cet épisode, dans *L'édition littéraire en quête d'autonomie [...]*, en citant une lettre du 28 mai 1932 de l'éditeur au poète : « Pour répondre à votre désir réitéré avec tant de fine ironie dans l'une de vos récentes lettres, j'ai tenté une dernière initiative, en consultant un juge fort bien autorisé. » Cette prudence de Lévesque s'explique entre autres par le fait que sa collection « Les romans de la jeune génération* » l'a rendu

---

LOUIS DANTIN S'INSURGE CONTRE L'INDEX (1929)

Le 25 décembre 1929, Louis Dantin propose d'offrir à son correspondant Alfred DesRochers un exemplaire des *Confessions*, de Jean-Jacques Rousseau. Le poète sherbrookois refuse, alléguant que ce livre est à l'Index. Dantin écrit alors à DesRochers une longue lettre, le 29 décembre, qui constitue l'une des charges les plus virulentes contre le pouvoir de l'Index : « Il ne me viendrait pas à l'idée [...] de me moquer de vous parce que vous avez scrupule à lire les *Confessions* de Jean-Jacques. Mais je puis bien, avec cela, haïr l'obscurantisme qui vous le défend. Et je me demande comment, dans le domaine de l'art littéraire, un esprit peut jamais atteindre à son plein développement, enserré dans ces bornes étouffantes. Il faut sûrement plus que du génie pour pouvoir s'isoler ainsi de toute la tradition des siècles. Vous vous rendez bien compte, n'est-ce pas, qu'une moitié ou plus des chefs-d'œuvres [sic] de la littérature française sont interdits aux catholiques obéissants ? [...] Croyez-vous vraiment qu'on puisse se passer de toute cette éducation intellectuelle, et devenir écrivain ? »

(ANQ-S et *Voix et images*, n° 68)

---

suspect aux yeux du clergé. Le 15 juin, Lévesque donne le verdict de ce lecteur-censeur (dont le nom n'est pas divulgué) :

> [...] Dans la « Chanson citadine », l'auteur suppose une sorte de fatalisme par lequel la femme serait nécessairement vouée à la luxure. C'est une erreur. [...] Dans la poésie N° 2 (chant IV), l'auteur met sur le même pied, comme porteur de vérité, le Christ et tous les philosophes païens et les hérétiques qu'il énumère.

Tout en relevant le grand mérite littéraire des poèmes, le censeur déclare : « C'est pourquoi, après avoir consulté d'autres théologiens, j'en suis venu à la conclusion que ces deux pièces ne peuvent être publiées sans manquer à l'orthodoxie. » Ces chansons ne figureront donc pas dans le recueil de poèmes de 1932. Dantin se résout à cette censure, mais sans la comprendre vraiment. Gabriel Nadeau, dans *Louis Dantin. Sa vie et son œuvre*, cite à ce propos cette lettre à Jean Bruchési, le 30 juillet 1932 :

> Je veux bien croire que la *Chanson javanaise* était un peu forte en couleur, et je n'ai jamais songé sérieusement à l'offrir aux « Mécènes » de l'Action canadienne-française. Mais l'autre, voyons, n'est-ce pas une étude psychologique sérieuse, avec la moralité d'un sermon ? Et, dans l'une comme dans l'autre, pour quiconque est sorti de nourrice, y a-t-il de quoi fouetter un chat ? Une troisième pièce, *Chanson intellectuelle*, est encore inédite ; mais si elle paraît, comme les autres, en édition privée, je vous l'enverrai également. Et si vous y constatez du doute, vous y verrai [sic] aussi de la sincérité et du respect.

Placide Gaboury, dans *Louis Dantin et la critique d'identification*, parle d'un Dantin « atterré par la "pruderie" du public canadien qui ne peut accepter ses Chansons », ce qu'il aurait confié à Rosaire Dion, le 6 mai précédent. Lévesque publiera la même année *Chanson intellectuelle* à deux cents exemplaires.

En 1934, Dantin songe aux Éditions du Zodiaque en vue d'un « *Coffret* de Robinson qui contiendrait *tous* [ses] essais poétiques » s'adressant « à un public moins puritain », confie-t-il à DesRochers, le 24 novembre. Mais un tel souhait ne se réalisera qu'après sa mort, lorsque Gabriel Nadeau publiera les *Poèmes d'outre-tombe* en 1962 : « Ainsi je songe parfois que si un éditeur français avait la complaisance de rééditer *Le coffret de Crusoé* avec l'addition de mes trois "Chansons" maudites, cela arrondirait mon œuvre et mettrait ma vanité en repos », a écrit Dantin à Alfred DesRochers, le 21 juin 1935. *Pierre Hébert*

[Dantin, Louis], *Chanson citadine*, [Sherbrooke. « La Tribune »], 1931, 14 p. ; *Chanson intellectuelle*, [s.l.], [Albert Lévesque], 1932, 7 p. ; *Chanson javanaise, journal d'un canadien errant*, Samarang (Java) [Sherbrooke, « La Tribune »], 1930, 15 p. – Ces trois chansons sont publiées dans Dantin, Louis, *Poèmes d'outre-tombe*, Trois-Rivières, Éditions du Bien public, « Les Cahiers Louis Dantin », 1, 1962, 167 p.

ANQ-S, fonds Alfred-DesRochers, correspondance Alfred DesRochers-Louis Dantin.

⏵ *Sous le signe des muses*

« CHANSON INTELLECTUELLE »

Louis Dantin [Eugène Seers] • Poème que Louis Dantin hésite à signer et à faire imprimer, par crainte de la censure (1932)

⏵ « Chanson citadine »

« CHANSON JAVANAISE »

Louis Dantin [Eugène Seers] • Poème que Louis Dantin hésite à signer et à faire imprimer, par crainte de la censure (1929)

⏵ « Chanson citadine »

CHAPAYEV (TCHAPAÏEV)

Gueorgui Vassiliev (1899-1946) et Serguei Vassiliev (1900-1959) • Film refusé à cause de son origine soviétique (1936)

Cette épopée patriotique soviétique de 1934, tirée du roman de Dimitri Furmanov et transposée à l'écran, met en scène un personnage légendaire, Vassiliy Ivanovich Chapayev, paysan illettré, luttant jusqu'à la mort avec son groupe de partisans contre l'armée blanche lors de la guerre civile (1918-1922). Chef-d'œuvre sur le plan esthétique, reconnu par la critique, il fournit un exemple parfait du réalisme socialiste, avec son héros sans peur et sans reproche, brave, pur révolutionnaire, entièrement dédié à la cause.

Les critères* que le Bureau de censure du Québec s'est donnés en 1931 prévoient que « Tout film de nature communiste et bolchéviste [sic], même s'il est déguisé sous le manteau de l'art, sera refusé. » Le rejet de *Chapayev* le 31 janvier 1936 pour le motif : « Purports to portray favorably a military leader of the Soviets, etc. » était prévisible. Usant de son droit, le distributeur montréalais Regent en présente une copie modifiée, mais le censeur exige trop de coupures supplémentaires, jugées inacceptables le 24 octobre suivant. Le film n'obtient donc pas son permis. Au même moment, un autre film soviétique, *Song of Happiness* (Mark Donskoï, 1934), apporté par le même distributeur, est aussi refusé, le 1er octobre 1936 (« Part of this film is propaganda in favor of the Soviet Regime and its communistic tendencies ; boss exploiting his employees, eulogizes work of Soviet regime »).

Cinq ans passent. L'Union soviétique fait partie des alliés pendant la Deuxième Guerre mondiale. De nouveaux censeurs sont en poste. Le 15 janvier 1942, ils approuvent *Chapayev* tel que présenté par France-Film, avec le même métrage que la toute première copie. Le film peut donc circuler librement. À Québec, le « Ciné-bulletin »*, chronique de *L'Action catholique*, le cote « À déconseiller ».

À cause de la mainmise sur le réseau des salles par les grandes compagnies américaines, le marché québécois est toujours considéré comme une partie du *domestic market*. Sauf pour le cinéma français dès les années 1930, le cinéma « étranger » ne se retrouve qu'au compte-gouttes sur les écrans et, avant 1960, il suffit peut-être des doigts d'une seule main pour compter les films soviétiques. Car après la Seconde Guerre mondiale, la hantise du communisme* reprend toute sa place et le cinéma du bloc de l'Est prend figure du mal à combattre. *Yves Lever*
ANQ-M, fonds Régie du cinéma, E 188, fiches des films.

LE CHAT DANS LE SAC
▶ Groulx, Gilles

CHEMIN DE CROIX
(POUR L'ÉGLISE NOTRE-DAME DE MONTRÉAL)

Antoine Plamondon (1804-1895) • Un ensemble de peintures dont plusieurs sont refusées par l'église qui les a commandées (1839)

À l'été 1836, alors qu'il séjourne à Montréal afin « de faire tous les ouvrages de peinture qu'on voudra bien lui commander, tels que portraits, tableaux d'église, tableaux de genre, de fantaisies, &c. », le peintre québécois Antoine Plamondon reçoit la commande d'un chemin de croix pour la nouvelle église Notre-Dame. Inaugurée en juin 1829, l'église paroissiale de Montréal, dont la prestigieuse desserte est assurée par les Sulpiciens, est alors considérée comme « le plus bel édifice de toute l'Amérique Septentrionale Britannique ». Nul doute que la solide formation qu'Antoine Plamondon a acquise à Paris de 1826 à 1830 auprès du réputé maître Jean-Baptiste Paulin Guérin, peintre officiel du roi Charles X, et sa réputation enviable ont influencé la décision du supérieur de la communauté de Saint-Sulpice, M. Joseph-Vincent Quiblier, de lui confier l'exécution de « 14 tableaux représentant les principaux incidents de la Passion ».

Le chemin de croix de l'église Notre-Dame de Montréal va être la plus importante réalisation de sa carrière et Plamondon entend bien y consacrer toutes ses énergies. En 1839, l'ensemble est terminé. Le peintre, qui a d'abord envisagé de livrer le fruit de son travail à Quiblier « vers le 15 août », décide plutôt ensuite d'exposer « cette immense collection » à « la Garde Robe de la Chambre d'Assemblée » à Québec, « pour quelques jours seulement », à la fin du mois de novembre. Devant le succès de l'entreprise savamment orchestrée (salle prestigieuse, publicité bilingue, prix d'entrée), l'« Exhibition de la Passion de N.S. Jésus-Christ en 14 tableaux de 8 pieds de large sur 5 de haut peints par Ant. Plamondon, Artiste » est finalement prolongée jusqu'au 17 décembre. Alors que l'artiste savoure sans doute ce moment de gloire, le supérieur des Sulpiciens lui fait savoir, par une lettre du 7 décembre 1839, qu'il est placé dans l'obligation de lui refuser ses tableaux pour des raisons d'orthodoxie liturgique.

Si la lettre de Quiblier est disparue, la longue réponse que s'empresse de lui faire suivre Antoine Plamondon permet tout de même de cerner de façon assez précise les enjeux de cette censure ecclésiastique. Rappelons que c'est en 1820 seulement qu'est autorisée au Bas-Canada « cette sorte de dévotion si recherchée en Europe » qu'est le chemin de croix. Comme on l'apprend dans un petit ouvrage de dévotion publié à Lyon au tout début du XIXᵉ siècle et intitulé *Instruction sur le Chemin de la Croix, avec les pratiques de cette dévotion [...]*, cette pratique religieuse doit être considérée dans son essence comme « le chemin figuratif de celui que fit Notre-Seigneur chargé de sa propre croix ». Pour représenter ce chemin, « autant qu'il est possible, on place de distance en distance des tableaux ; ou bien on met [...] des peintures et sculptures qui nous montrent le Sauveur montant au Calvaire, selon les différentes stations que son épuisement lui fit faire dans ce long et pénible voyage ». Si cela ne peut se faire, « on peut se servir de simples croix pour désigner les stations, qui doivent nécessairement être au nombre de 14 ». Non seulement le nombre des stations est-il dès lors fixé de façon immuable, mais le sujet de chacune est strictement défini, comme le confirment ici les nombreux chemins de croix gravés ou peints importés d'Europe et susceptibles de servir de source d'inspiration à nos artistes locaux.

Bien qu'Antoine Plamondon ait reçu des indications très précises quant à la dimension des œuvres à réaliser, on peut penser que, devant sa notoriété, le commanditaire lui laisse une grande liberté sur le choix de ses sources. Quiblier a sans doute supposé que Plamondon s'inspirerait naturellement d'une des séries de gravures du chemin de croix alors en circulation. Quoiqu'il ait envisagé cette solution, le peintre ne peut s'y résoudre, comme il le confie à Quiblier dans sa lettre du 16 décembre 1839 – citée dans sa graphie originale – pour la simple raison que « tous les chemins de la croix que j'ai vue, tant à Montréal qu'à québec, ainsi que ceux que j'ai fait venir moi-même de France, Ce sont toutes [...] des compositions ridicule, tant paraport à la disposition des personnages, qu'au dessin et à l'expression des figures ». Un tel jugement de valeur sur des œuvres remontant tout au plus au XVIIIᵉ siècle – ce n'est qu'à cette époque que le chemin de croix apparaît dans sa forme définitive – ne doit pas surprendre de la part d'un artiste dont la formation académique européenne puise dans la production des maîtres des XVIᵉ et XVIIᵉ siècles. C'est donc tributaire de cette formation qu'Antoine Plamondon réalise les quatorze tableaux de son chemin de croix, en reprenant, pour les adapter, différentes compositions du Titien, de Emanuele Cardi, Nicolas Poussin, Jacques Stella, Nicolas Mignard et Jean-Baptiste Jouvenet.

Plamondon s'en prend également à la vraisemblance « historique » et à la « monotonie » de certains sujets représentés dans l'« ensien chemin de la croix », auquel il oppose avantageusement le sien, « qui est composer que de sujets historiques et de la plus grande piété ». Sur ce dernier point, le peintre montre une connaissance approfondie des récits évangéliques relatant la Passion du Christ, puisque nous savons que des épisodes tels que la rencontre de Marie, l'anecdote de Véronique et les trois chutes de Jésus, tous inspirés de la légende, ne s'imposent que tardivement. Chacune des œuvres de Plamondon trouve au contraire sa justification dans la Bible. Si l'« on peut [...] faire un chemin de la croix qu'avec 14 croix seulement », faisait valoir Plamondon, « on est donc maître de mettre au dessous de chaqu'une de ces croix un tableau de la Passion du Sauveur [...] d'autant-plus que les Papes ont ordonné de méditer sur la Passion, pour gagner les indulgence du chemin de croix ». Pour habile que soit son argumentation, elle ne sait fléchir Quiblier, qui a pris conseil de Rome avant de signifier son refus au peintre. Le supérieur des Sulpiciens ne peut revenir sur sa décision. Il peut, tout au plus, suggérer à l'artiste de reprendre en partie son travail, remplaçant par de nouvelles œuvres les huit tableaux de son chemin de croix jugés litigieux.

Même s'il songe d'abord à revendre les œuvres, Plamondon accepte finalement le compromis proposé par Quiblier. Après les avoir conservés à son atelier de Québec jusqu'en 1841, il expédie ses quatorze grands tableaux à Montréal, où ils sont entreposés dans le chemin couvert reliant le Séminaire de Saint-Sulpice à l'église Notre-Dame, « en attendant les 8 autres qui doivent suivre ». Découragé devant l'ampleur de la tâche à accomplir ou trop occupé ailleurs, le peintre ne reprendra finalement jamais ses huit tableaux « qui ne s'accordaient point avec les stations prescrites dans le livre du *chemin de la croix* ». C'est ainsi que les autorités de la paroisse Notre-Dame de Montréal font appel au peintre italien Giovanni Silvagni pour se doter d'un chemin de croix. Celui-ci, dont plusieurs critiques déploreront les faibles qualités artistiques, est inauguré en décembre 1847. Au même moment, la fabrique Notre-Dame fait don à la nouvelle église Saint-Patrick, « pour en décorer les murs », des « Tableaux faits par M. Plamondon pour un chemin de la croix et qui n'ont pu servir parce qu'ils n'étaient pas faits suivant les règles de l'église ». La pose d'une riche boiserie encadrant le décor intérieur de l'église Saint-Patrick, dont un chemin de croix commandé, tout comme celui de Notre-Dame, à un artiste italien, amène cette église à se départir, au milieu des années 1890, de « la plus belle suite de tableaux qu'il y ait dans le diocèse de Montréal ». Il faut attendre le début des années 1930 pour retracer, du moins partiellement, le chemin de croix de Plamondon, six tableaux, dont quatre faisant partie du lot des huit œuvres non orthodoxes, étant alors offerts à l'Institution des sourds-muets de Montréal. Ils aboutissent, en 1961, au Musée des beaux-arts de Montréal. Le sort des huit autres toiles demeure inconnu ; l'hypothèse la plus plausible veut qu'elles aient été abîmées et détruites en raison des mauvaises conditions d'entreposage.

La trop grande liberté qu'a prise Plamondon avec son chemin de croix, faute de « directions suffisantes », et les événements qui en découlent ont des répercussions inévitables sur le milieu artistique québécois de l'époque. En effet, ce n'est que beaucoup plus tard que les artistes locaux se voient de nouveau confier de pareilles entreprises. Entre-temps, les fabriques préfèrent importer d'Italie ou de France leurs chemins de croix. Pour faire taire les tenants d'un art national à qui cette attitude déplaît, on n'hésite d'ailleurs pas à citer en exemple l'échec de Plamondon. À partir de la fin du xixe siècle toutefois, le prestige des œuvres religieuses européennes, sans jamais être contesté, est de plus en plus confronté à une production locale. Après des débuts hésitants, cette production a appris à s'adapter au marché et à devenir de plus en plus compétitive, avec des peintres comme Charles Huot, Ozias Leduc, Georges Delfosse et même Paul-Émile Borduas. Ce n'est que tardivement, par contre, sans qu'on puisse en donner les raisons, que nos sculpteurs se mettent à leur tour à la tâche. À compter des années 1960, dans la foulée du concile Vatican II, des artistes québécois ont de plus en plus tendance à remettre en cause l'orthodoxie du chemin de croix traditionnel en revenant aux textes bibliques, rejoignant ainsi, à leur insu, la démarche d'un Antoine Plamondon qui apparaît dès lors comme un précurseur. *Yves Lacasse*

LACASSE, Yves, *Antoine Plamondon. Le chemin de croix de l'église Notre-Dame de Montréal / The Way of the Cross of the Church of Notre-Dame de Montréal*, Montréal, Musée des beaux-arts de Montréal, 1983.

LE CHERCHEUR DE TRÉSORS

Philippe Aubert de Gaspé fils • Le premier roman québécois, *L'influence d'un livre* (1837), est censuré par l'abbé Casgrain à l'occasion de sa réédition (1864) et est coiffé d'un nouveau titre

▶ *L'influence d'un livre*

LE CHRÉTIEN ET LES ÉLECTIONS

Gérard Dion et Louis O'Neill • Essai (1960) qui élargit la portée et la profondeur de l'argumentaire présent dans l'article de 1956, « L'immoralité politique dans la province de Québec », dénonçant la corruption politique sous le régime de Maurice Duplessis, et que la censure avait atteint avant et après sa publication

▶ « L'immoralité politique dans la province de Québec »

CINÉ-BULLETIN

Rubrique dans *L'Action catholique* de Québec, le début des cotes morales

Le 20 novembre 1937 débute à Québec la première série de cotes morales établies par un organisme clérical du Québec, le « Ciné-bulletin », rubrique du quotidien *L'Action catholique*, « Organe de l'action sociale catholique » directement contrôlé par l'archevêché. La veille, avec des mots qui ne manquent pas d'humour quand on sait que le journal a toujours refusé systématiquement la publicité* du cinéma et n'a publié que des charges virulentes contre cet « ennemi de la religion », l'éditorialiste Eugène L'Heureux l'annonce ainsi :

> Le *Ciné-bulletin*, une rubrique nouvelle de l'*Action catholique*.
>
> À partir de demain, en avant-dernière page, *L'Action catholique* offrira quotidiennement à ses lecteurs une rubrique nouvelle : *Ciné-bulletin*. Les clients habituels et accidents [*sic*] du cinéma sont priés d'accorder à ces cotes morales une attention aussi vive que celle des spéculateurs pour les tableaux de bourse. Dans la véritable hiérarchie des valeurs, la religion et la morale ne sont-elles pas bien au-dessus de toutes les plus-values matérielles ?
>
> L'Église et le cinéma
>
> Le cinéma est une des plus merveilleuses inventions modernes. Malheureusement, comme toutes les choses accaparées par les hommes d'argent, il a été détourné de sa fin : au lieu de servir à l'instruction, à l'éducation morale, civique et artistique des humains, il a trop souvent contribué à leur perversion.
>
> C'est pourquoi l'Église*, l'institution pourtant la plus sympathique à tout progrès authentique, a jusqu'ici éloigné ses fidèles d'un cinéma généralement inacceptable. […]
>
> Ce que sera cette rubrique
>
> S'inspirant des meilleures sources d'information, *L'Action catholique* publiera dans *Ciné-bulletin* des indications diverses et une appréciation morale sur les films actuellement présentés dans les cinémas de Québec, sans assumer, toutefois, aucune responsabilité quant aux autres parties du programme offert en ces salles.
>
> Au point de vue moral, tous les films seront classés en cinq catégories : 1 RECOMMANDABLE : pour tous, sans danger ; 2 PASSABLE : à peu près inoffensif pour les habitués du cinéma ; 3 SIMPLE RÉSERVE : ne convient qu'aux spectateurs adultes sérieusement formés, présente des éléments mêlés et offre certains dangers ; 4 DOUBLE RÉSERVE : dangereux et à déconseiller fortement, sauf pour le spectateur adulte qui possède une culture intellectuelle et morale vraiment robuste et qui peut se justifier par des motifs sérieux ; 5 À REJETER : à proscrire absolument et à combattre. […]
>
> Le *Ciné-bulletin* produira, espérons-le, les deux effets suivants :
>
> 1 – Mieux éclairés, les catholiques loyaux vis-à-vis leur conscience pourront goûter les avantages du cinéma sans en subir les inconvénients ; 2 – les tenanciers de cinéma, dont la plupart semblent vouloir coopérer avec l'*Action catholique* dans cette entreprise d'éducation populaire verront de mieux en mieux leur intérêt à choisir des films recommandables.
>
> Nous est-il permis d'ajouter une considération finale ? Les personnes qui se sont désintéressées jusqu'ici de l'*Action catholique* parce que ce journal ne fournissait à ses lecteurs aucune information, aucune annonce relative au cinéma seront forcées d'admettre que, maintenant, l'*Action catholique* procure l'information la plus complète, la plus juste et la plus désintéressée, puisque ce n'est pas de l'annonce, mais une série de jugements inspirés des sources les plus autorisées.

Si le cardinal Rodrigue Villeneuve demande la création de cette rubrique, c'est que le pape lui-même, avec l'encyclique *Vigilanti cura*, vient de proposer un changement d'attitude. Le journaliste évoque aussi une « certaine augmentation dans le nombre des films recommandables », ce qui n'est pas sans paradoxe puisque le cinéma français, même charcuté par le Bureau de censure, connaît ses meilleures heures et propose toute une série de comportements fort éloignés de la morale traditionnelle. L'évaluation des films, qui évitera « les écueils du laxisme et du rigorisme », ne doit être considérée ni comme une recommandation ni comme « une exhortation à fréquenter le cinéma ». Villeneuve suggère de s'inspirer de la liste « Choisir », publiée par les catholiques de France et qui représente la « meilleure source d'information », en compagnie des jugements de la Legion of Decency américaine. Jamais ne laisse-t-on entendre que le rédacteur serait lui-même allé voir les films.

Chaque jour, la colonne du « Ciné-bulletin » est précédée d'un court résumé de ce qui précède et de la signification des cinq catégories. Il se termine ainsi :

> Cette classification ne remplace d'aucune façon le jugement de la conscience ; elle veut seulement le faciliter. Munie de nos renseignements, chaque personne doit voir à quelle catégorie elle appartient et, dans le cas d'un danger particulier, déterminer prudemment si elle peut s'y exposer. Il va de soi que le jugement du confesseur prime tout autre en la matière.

De la toute première rubrique, voici trois exemples illustrant bien comment la quantité et le genre d'informations varient avec chaque cas, mais où les noms des vedettes et le genre du film sont privilégiés :

> – Au Classic : *The Prince and the Pauper*. Comédie. Adaptation de l'œuvre de Mark Twain. Aventures d'un jeune mendiant qui, trouvé endormi dans le jardin du roi, devient l'ami du jeune prince. Interprètes : Henry Stephenson, Barton McLane, Eric Portman, Montague Love. Recommandable. [*Note : L'auteur ne nomme pas le nom des deux comédiens vedettes jouant les rôles principaux, Errol Flynn et Claude Rains ; cela laisse supposer qu'il n'a pas vu le film.*]
> – Au Cinéma de Paris : *Pantins d'amour*. Vaudeville. Aventure burlesque qui arrive à Charles Prunier et à ses trois amis. Vaudeville plaisant, mais qui n'évite ni les légèretés ni les inconvenances du genre. Simple réserve.
> – Au Capitol : *Angel*. Production Paramount. Principale vedette Marlene Dietrich. À rejeter. [*Note : il s'agit du film d'Ernst Lubitsch.*]

Un peu moins de deux mois plus tard, le 13 janvier 1938, le cardinal Villeneuve fonde le Centre Catholique d'Action cinématographique, organisme dirigé par l'abbé Léonidas Castonguay. Son rôle est « d'étudier la question du cinéma sous ses divers angles, religieux, moral et culturel, afin de diriger ensuite avec convergence toutes les forces et toute l'armée de l'Action catholique vers l'amélioration du cinématographe ». C'est lui qui fournit les évaluations, et c'est à peu près sa seule activité, quoiqu'on voie le rédacteur des cotes, Gustave Vekeman, le 9 décembre 1940, écrire une lettre à Elzéar Beauregard, président du Bureau de censure au sujet de *Arise, My Love*.*

Les cotes sont publiées jusqu'à la disparition du journal le 4 septembre 1971 ; toutefois, depuis juin 1967, la rubrique avait adopté la nouvelle formule de l'« appréciation humaine et chrétienne » fournie par l'Office des communications sociales. C'est dans le même esprit et souvent dans les mêmes termes que celles qui sont émises à Montréal jusqu'à la fin des années 1960 sont rédigées. Dès le 15 février 1937, *Le Devoir** a un « Ciné-Guide » offrant un jugement de convenance avec une alternative : Pour tous, ou Pour public averti, accompagnant le nom de la salle où il est projeté, les grands noms du générique et un résumé de l'intrigue. En 1948, l'Action catholique du diocèse de Montréal commence la publication de ses « cotes de convenance » : Tous, Adultes, Adultes avec réserves, À déconseiller, À proscrire. Ces cotes ont cours jusqu'en 1967. Celles de 1948-1955 sont publiées dans *Index de 6000 titres de films avec leur cote morale**.

Dans la *Revue dominicaine* de novembre 1937, un texte signé Criticus (pseudonyme du père Marcel-Marie Desmarais) pose une question qui ne manque pas d'humour :

> Est-il vrai que les catalogues de livres prohibés et de pièces condamnables, les revues de bonnes et mauvaises lectures, les bulletins périodiques et les fiches de cinéma, publiés par des compétences et sous le contrôle des autorités catholiques, constituent un danger pour la morale en indiquant à la jeunesse, aux ignorants et aux faibles les productions d'art et de science et les lieux d'amusement où leur curiosité morbide pourra s'alimenter ?

Pour ce « critique », la réponse est claire : de la même manière que l'Index* est publié par Rome, que le pape et les plus hautes autorités religieuses, comme à Québec le cardinal Villeneuve, appuient solennellement ces cotes morales, elles ne peuvent qu'éclairer le jugement et diriger la conduite des « parents restés honnêtes » et des « milliers de jeunes gens et de jeunes filles soucieux de leur vertu ». Et pour les autres ?

> Quant aux chercheurs d'émotions ou d'aventures sexuelles, et quant aux enfants précoces du Marquis de Sade, ils ont en général d'autres tuyaux d'information : v. g. les louches compagnons et les louches compagnes, les affiches, les feuilles d'annonce, ou simplement la vitrine et les catalogues de certaines librairies*. Ils entendent aussi, à satiété, les « propos de théologiens sans soutane, de casuistes dépourvus de doctrine et le plus souvent intéressés » (Card. Villeneuve). Plus qu'il n'en faut pour qu'ils se fichent de nos fiches.

Mis à part les effets de style, ces phrases laissent supposer que Sade et du matériel obscène sont facilement accessibles et que n'importe qui peut prôner n'importe quoi. Ce n'est pas le cas dans le Québec des années 1930.

La réponse élude toutefois la question. Ce n'est pas juste avec humour qu'on a dit pendant longtemps que le premier livre à mettre à l'Index est l'Index lui-même. Un effet pervers de la censure a toujours été de fixer l'attention sur un produit culturel et de le transformer en aimant qui attire plus que la jeunesse. Si la condamnation d'un film ou d'un livre en éloigne quelques fidèles, elle a généralement pour effet de lui fournir un public qui ne s'y serait probablement pas intéressé. Les agences de publicité le comprennent très bien lorsque, au début des années 1960, elles ajoutent l'expression « À proscrire » du Centre catholique dans leurs annonces pour ajouter à l'attraction du produit. C'est ainsi qu'*Onibaba*, en japonais avec sous-titres, gagne de nouveaux spectateurs peu familiers avec le cinéma asiatique. *Yves Lever*

◉ *Lectures*

CINÉ-PARC
(OU DRIVE-IN THEATER)

Dès les débuts du cinéma, on assiste de temps en temps à des représentations publiques en plein air.

> Pour le clergé, c'était un lieu de péché… et Dieu sait que c'est vrai !
>
> (Claude Chabot,
> ancien exploitant de ciné-parcs)

En tant que forme industrielle de diffusion, les ciné-parcs débutent aux États-Unis dans les années 1930 pour offrir le cinéma aux familles qui ont de jeunes enfants. Rapidement, les adolescents s'y retrouvent aussi en quête d'un peu d'intimité. Familièrement, on les surnomme *sin pits*. C'est sans doute ce dernier aspect qui explique qu'au Québec, ils soient directement prohibés en 1947, moment où ils connaissent leur plus grande expansion. Auparavant, bien qu'un peu flou à ce sujet, la loi n'en permettait pas la construction. Ils sont finalement autorisés par la réforme de la loi de 1967. Un arrêté en conseil du 27 novembre 1968 en fixe les modalités d'aménagement et détermine qu'ils ne peuvent projeter que des films ayant obtenu le visa « Pour tous ». Les premiers entrent en opération en juin 1970. Ils connaissent rapidement un grand succès, mais ils déclinent dans les années 1980, puis connaissent un léger renouveau depuis 2000. La loi 1 du 19 juin 1975, dans son article 36, n'établit comme restriction que les films de la catégorie « 18 ans », ce qui demeure dans la loi en cours. *Yves Lever*

CLARTÉ

Journal communiste qui est l'une des premières victimes de la Loi du cadenas (1937)

◉ Loi du cadenas

CLEOPATRA

Film de Charles L. Gaskill (1870-1943), amputé de 40 % (1913) • Film de Cecil B. DeMille (1881-1959), qui perd quelques scènes (1934) • Film de Joseph Mankiewicz (1909-1993), « déconseillé » par les catholiques (1963)

Le cinéma consacre plus de dix films à Cléopâtre et à ses aventures avec les César romains, sans compter tous ceux où la célèbre souveraine d'Égypte joue les seconds rôles. Le plus souvent, les intrigues amoureuses prennent plus de place que les conflits politiques, mais ceux-ci ne sont pas négligés.

L'une des premières versions, le long métrage de Charles L. Gaskill (1912), est examinée par le Bureau de censure le 15 mai 1913 et elle se voit amputée de deux rouleaux sur cinq, les troisième et quatrième, perdant ainsi environ 30 minutes. Les censeurs en sont à leur premier mois de travail et ils ne donnent pas dans la nuance. La fiche officielle n'indique pas de raisons; serait-ce à cause des costumes « sexy » dont parle la critique? Le distributeur Feldstein en appelle de cette décision, mais le procès-verbal de la réunion du 30 mai du Bureau rapporte que la censure est maintenue, d'autant plus qu'une somme d'argent a été proposée à un membre pour qu'il fasse changer la décision du 15 mai. Feldstein n'abandonne pas et il émet un bref de *certiorari* (procédure visant à obtenir une ordonnance par un tribunal supérieur) devant le juge Siméon Beaudin, qui le refuse le 28 juin. Le public du Québec ne peut donc voir que 60 % de ce film.

En 1934, Cecil B. DeMille réalise sa *Cleopatra* juste avant que le *Production Code** ne resserre son emprise sur les studios. Reconnu pour son sens du grandiose et la sensualité de ses images, le réalisateur fait de la comédienne Claudette Colbert (qui lui a donné une éclatante Poppée dans *Le signe de la croix** deux ans auparavant) une véritable séductrice. Le censeur accepte le film le 29 septembre 1934, après les coupures suivantes, dont la durée n'est pas précisée :

> I. Certificate of approval
> IV. Scene of girl when showing breast
> Scene of girl and slaves when showing their breasts
> Scene of Cleopatra
> V. dial: « I'm dressed to lure you »
> VI. Scene of girl coming and dancing
> Scene of girls in net when laid down on the floor
> VII. Scene of girls dancing and wiggling hips.

Une copie, avec les même coupures, est approuvée le 6 octobre, ce qui indique la popularité de cette production, car les films n'arrivent généralement qu'en un exemplaire unique.

Ainsi épuré, *Cleopatra* ne provoque de vagues nulle part, sauf dans la ville de Québec où la Ligue du cinéma et des bonnes mœurs*, très chatouilleuse pour ce qui concerne la décence des costumes et la morale, s'en prend d'abord à l'affiche, ensuite au film lui-même et en demande l'interdiction au premier ministre Louis-Alexandre Taschereau, lequel demande des comptes à Eugène Beaulac, le président du Bureau de censure. La réponse paraît satisfaisante et le film reste en circulation. De Québec encore, le comité de paroissiens de Saint-Sauveur, par son président J. W. Cantin, en demande l'interdiction totale parce que « les personnages dans leur costume sont fort scandaleux. Ils portent un cinglant outrage à la modestie chrétienne ».

Cas relativement rare, la Paramount relance le film en 1953 et en ramène une copie intégrale, qui est acceptée le 16 mars, avec les coupures suivantes, qui totalisent exactement une minute (sur 103) :

> 3A-Fin: Eliminate scene showing girls next to drunken soldiers.
> 3B: Eliminate two scenes of girls after dialogue: « I'll have more chance than a stone wall. »
> 3B: Eliminate scene of dance on cow finish this cut before dialogue: « I should have known that Antony is not Antony ».

La dernière grande production de *Cleopatra*, celle de Joseph Mankiewicz avec Elizabeth Taylor et Richard Burton, celle de la démesure (dans les salaires, les costumes, le coût d'ensemble, copie 70 mm, durée de 5 heures et 12 minutes), arrive à la censure au moment où on ne coupe plus les films et où le libéralisme de la Révolution tranquille commence à s'imposer. Elle est approuvée le 27 juin 1963, ce qui signifie qu'elle peut être vue par toutes les personnes d'au moins 16 ans; elle prend aussitôt l'affiche. Le public peut admirer à loisir les décolletés, même la nudité complète de madame Taylor. Le Centre catholique national des techniques de diffusion évalue ainsi cette production :

> En tentant de donner vie à des personnages historiques dont il montre la grandeur et les faiblesses, le film est une illustration de la ruine apportée par les excès de la passion et de l'ambition. L'insistance qu'on y met à présenter des scènes nettement suggestives motive une cote sévère. À déconseiller.

Un an plus tard, une copie réduite par le distributeur (203 minutes, 35 mm) est également approuvée sans restriction. Finalement, le 25 mars 1982, une version pour diffusion vidéo de 192 minutes est classée « Pour tous » (aujourd'hui : « Général »). *Yves Lever*

ANQ-M, fonds Régie du cinéma, E 188, fiches des films et procès-verbaux des assemblées du Bureau de censure ; Régie du cinéma, archives, correspondance du Bureau de censure ; *Recueil des films*, 1963 ; TAJUELO, Telesforo, *Censure et société ; un siècle d'interdit cinématographique au Québec*, 1998.

LE CLERGÉ CANADIEN, SA MISSION, SON ŒUVRE

Laurent-Olivier David (1840-1926) • Essai historique et politique mis à l'Index par Rome (1896)

Dans toute l'histoire de la censure, seulement trois ouvrages de langue française ont été mis à l'Index* romain : les *Annuaires de l'Institut-canadien** de 1868 et de 1869, et le bref essai de Laurent-Olivier David, *Le clergé canadien, sa mission, son œuvre*. Cette interdiction, en 1896, représente un point culminant de l'histoire de la censure. En effet, jamais les forces en présence n'ont été aussi formidables ; et surtout, le cas David inspirera une nouvelle orientation censoriale de la part du clergé, au début du XXe siècle. Cet épisode d'une grande complexité dure un peu plus de six mois : la querelle scolaire manitobaine, l'arrivée de Wilfrid Laurier au pouvoir, une nouvelle poussée du libéralisme, les réactions du clergé en constituent la trame de fond. De plus, *L'Électeur*, *La Presse**, *Le Monde*, *Le Soleil* sont quelques-uns des journaux qui se prononcent sur ce contentieux.

Des élections fédérales sont prévues pour le 23 juin 1896. Il s'agit d'une élection décisive, puisque les Libéraux, remorqués par le puissant Wilfrid Laurier, se dirigent vers la victoire. Mais cette élection n'est pas qu'un choix entre les libéraux et les conservateurs, car la toile de fond qui divise les opinions touche la question scolaire au Manitoba. Le gouvernement de cette province ayant aboli les « écoles séparées », il convenait de voter pour un futur premier ministre qui restituerait aux francophones leurs pleins droits.

Or tel n'est pas le dessein de Laurier, qui vise plutôt un arrangement de compromis. Voilà pourquoi, ne voulant pas que Laurier remporte ces élections, le clergé juge opportun d'intervenir dans le processus électoral en manifestant une préférence à l'occasion d'une lettre pastorale, le 6 mai 1896. Il faut relever, pourtant, que les évêques semblent croire que leurs indications ne sont point, au sens strict, partisanes, à lire les propos de Mgr Édouard-Charles Fabre au cardinal Vladimir Ledochowski :

> Après trois séances d'une heure chacune, nous sommes tombés d'accord sur une lettre pastorale collective indiquant aux catholiques de nos diocèses, la direction à suivre au cours des prochaines élections pour le parlement fédéral.
>
> [...]
>
> Nous nous sommes abstenus de tout ce qui aurait pu paraître de la partisannerie [...].

Mgr Fabre sait cependant que, dans le contexte de ces élections, il est facile d'y voir un appui aux conservateurs, témoin cette lettre à Mgr Louis-Philippe-Adélard Langevin : « Dans notre dernière réunion, nous étions convenus d'avertir nos prêtres qu'ils auraient à lire notre mandement sans le commenter. Une des raisons que nous avions pour agir ainsi était la diversité d'interprétation qu'il y avait à craindre. »

Cette lettre pastorale s'appuie sur deux principes directeurs : l'épiscopat a le devoir « d'indiquer à tous les fidèles soumis à [sa] juridiction [...] la ligne de conduite à suivre dans les présentes élections », et la question des écoles du Manitoba est « avant tout une question religieuse ». La recommandation qui en découle, quoique les évêques se soient prémunis contre le fait que celle-ci puisse être comprise comme un rejet de Laurier et de son parti, n'en demeure pas moins une censure de la position des libéraux :

> C'est pourquoi, nos très chers frères, tous les catholiques ne pourront accorder leur suffrage qu'aux candidats qui s'engageront formellement et solennellement à voter, au Parlement, en faveur d'une législation rendant à la minorité catholique du Manitoba les droits scolaires qui lui sont reconnus par l'Honorable Conseil Privé d'Angleterre. Ce grave devoir s'impose à tout bon catholique, et vous ne seriez justifiables ni devant vos guides spirituels ni devant Dieu lui-même de forfaire à cette obligation. (*MÉM*, 6 mai 1896)

C'est dire l'enjeu de cette élection : « Dans la province de Québec, réputée intégralement et profondément catholique, la campagne avait pris l'aspect d'une lutte entre le parti libéral et l'épiscopat, entre Laurier et Mgr Laflèche », écrit Robert Rumilly. Certaines factions réagissent assez vivement, dont le journal anticlérical *Le Réveil*, qui parodiera les interdictions religieuses :

> [...] Nous condamnons, en vertu de notre autorité, issue de Notre sollicitude, le mandement collectif des évêques dont la publication a été faite dans notre province et nous défendons formellement à tous les lecteurs du « Réveil » sous peine de refus d'un abonnement de lire, de recevoir, de garder en dépôt, de propager et de tenir compte de ce mandement dangereux et malsain dans ses tendances.
>
> Sera la présente circulaire lue et publiée dans les bonnes familles, par les soins du chef de la maison, le premier jour après sa réception.

Le résultat de l'élection est sans équivoque : le Canada porte Laurier au pouvoir, et le Québec pour sa part élit 49 libéraux et 16 conservateurs. Toutefois, face à cette ingérence cléricale, Wilfrid Laurier n'entend pas rester passif. Bien au contraire, il prend l'initiative d'envoyer deux émissaires à Rome, pour

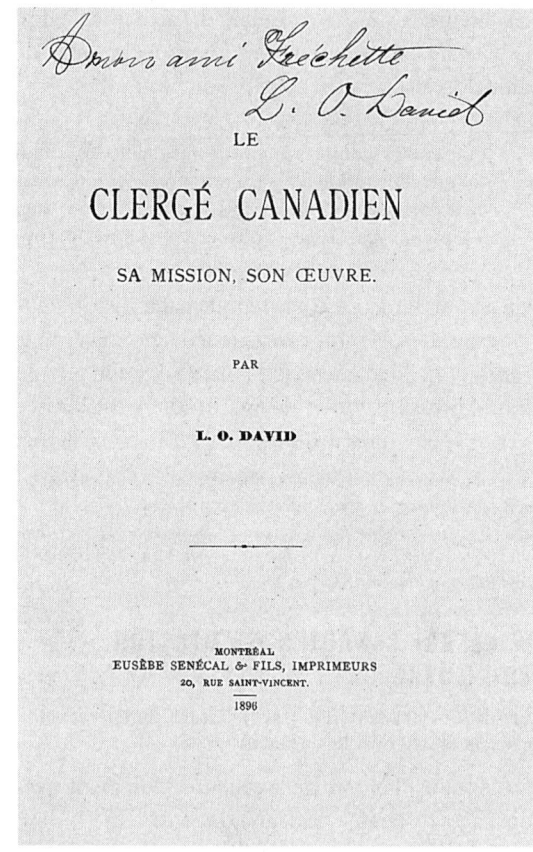

Point de convergence d'un débat politique, l'ouvrage de Laurent-Olivier David, à la suite des *Annuaires de l'Institut-canadien*, est le seul livre mis à l'Index par Rome (1896).

se plaindre de cette immixtion. Le premier à partir est l'abbé Jean-Baptiste Proulx, curé de Saint-Lin, la paroisse de Laurier.

Les journaux de l'époque hésitent sur le sens à donner à la mission de l'abbé Proulx. Dans un premier temps, Laurier nie avoir envoyé « un ambassadeur » à Rome mais, quelques jours plus tard, l'abbé Proulx confirme sa « mission officielle ». *L'Électeur* de Québec reproduit le 17 septembre une lettre de Laurier à cet effet et précise que l'abbé Proulx « s'embarquait samedi [12 septembre 1896] sur un paquebot transatlantique pour l'Europe ». Le *Witness* allègue que le but de ce voyage est de « faire part au Pape de toutes les extravagances de langage de certains prêtres durant la dernière campagne électorale », ce que Proulx s'efforce de démentir.

Quoi qu'il en soit, l'abbé Proulx n'a guère de succès dans sa mission, en apparence du moins, le préfet de la Congrégation de la Propagande (dont relevait à ce moment le Canada comme pays de mission) approuvant « la publication du mandement épiscopal collectif du 6 mai, ainsi que la tenue générale de ce document ». En outre, plusieurs évêques du Québec s'étaient eux aussi rendus à Rome ce même automne, pour expliquer leur position.

Le second émissaire de Laurier, l'ancien zouave pontifical Gustave Drolet, est à l'origine de la parution du *Clergé canadien […]*. Durant l'été de 1896, alors greffier de la Cité de Montréal, Laurent-Olivier David est à rédiger l'un de ses nombreux ouvrages historiques. L'arrivée inopinée de Gustave Drolet déclenche ce qui conduira à la mise à l'Index d'une œuvre qui n'avait jamais été destinée à paraître. David éclaire cette genèse beaucoup plus tard, dans un document écrit à l'intention de l'abbé Élie Auclair, au moment de la parution d'*Au soir de la vie* (1924) :

> Un jour, Drolet, vient me voir à l'hôtel de ville et me trouva occupé à écrire. Il me demanda ce que j'écrivais, et je lui répondis, que, me préparant à publier une histoire politique du Canada depuis l'établissement de la Confédération j'étais à rédiger quelques pages sur l'intervention du clergé dans nos luttes politiques et spécialement dans les dernières élections. « Montre-moi donc cela, me dit-il. » Je lui passai mon manuscrit, et après l'avoir parcouru, il me dit : « Sais-tu que tu pourrais me rendre un grand service. Je pars, comme tu sais, pour Rome, afin de renseigner les autorités ecclésiastiques sur la politique de Laurier relativement à la question des écoles, et je n'ai pas le temps de préparer le *factum* que je devrais leur soumettre. Mais si tu terminais ton travail, je l'apporterais à Rome et ce serait mon *factum*. »

David hésite et dit qu'il n'acceptera que si Laurier approuve le projet. Or non seulement Laurier acquiesce, mais il se charge de faire imprimer le manuscrit. « Quelques jours plus tard », poursuit David, Drolet part « pour Rome avec une cinquantaine d'exemplaires de ma brochure », qu'il distribue parmi les autorités ecclésiastiques romaines.

Cet ouvrage, qui semble écrit à la hâte, fait état des contributions positives du clergé jusqu'aux troubles de 1837-1838, tournant important pour David puisqu'il marque ainsi le début d'une série d'ingérences du clergé dans le domaine politique. David esquisse quelques-uns de ces moments où le clergé aurait dû s'abstenir et, bien sûr, il consacre pour terminer plusieurs pages à la question manitobaine et aux élections de juin 1896.

Gustave Drolet part pour Rome le 21 septembre avec l'opuscule de David. *L'Électeur* en témoigne, le jour suivant :

> M. Drolet emporte avec lui cinquante exemplaires de la brochure de M. L. O. David, intitulé [sic] : « Le Clergé canadien », et qui n'est pas encore en vente. Cette brochure, d'après M. Drolet, est appelée à faire beaucoup de bien, car elle est écrite par un catholique convaincu et pratiquant.

C'est d'ailleurs dans ce journal que, à partir du 23 septembre jusqu'au 1er octobre, paraît en six livraisons *Le clergé canadien […]*. Tout de suite après sa parution, *Le clergé canadien […]* fait beaucoup de bruit et est généralement mal reçu sauf, il va sans dire, dans *L'Électeur*. *Le Courrier du Canada* du 30 septembre résume ainsi l'opinion de plusieurs journaux : « Nous regrettons la publication de cette brochure qui ne peut avoir pour résultat que de fausser les idées de la masse des lecteurs. » Déjà, le ton est incisif et on s'attaque à la personne même de l'auteur : « Sa brochure est un parfait spécimen de naïve audace et d'inconsciente impertinence », poursuit le journal. Dès ce moment, David sent le besoin de s'expliquer publiquement. « Je m'attendais, écrit-il, à des critiques sévères, blessantes même […]. » Mais jamais n'avait-il prévu que *La Presse*, de même que la *Semaine religieuse* de Montréal, seraient à ce point excessives dans leurs jugements. David sait que sa « brochure » sera jugée à Rome, « où elle a grande chance d'être appréciée avec plus de justice », et qu'il n'est point opportun de se plaindre ou de discuter. Toutefois, en octobre 1896, Louis-Adolphe Pâquet, professeur à la faculté de théologie de l'Université Laval à Québec, transmet à Rome une liste des erreurs doctrinales qu'il a relevées dans la brochure. Réprobations, semonces, regrets : Laurent-Olivier David devra en outre subir une attaque soutenue du dominicain Dominique-Ceslas Gonthier qui, sous le pseudonyme* de Pierre Bernard, écrira un pamphlet caustique en deux volumes contre l'auteur et son livre, *Un manifeste libéral. M. L.-O. David et le clergé canadien.*

Un événement inattendu vient brouiller les cartes. *L'Électeur* du 1er décembre transmet le bref entrefilet suivant : « M. L. O. David a reçu le câblogramme suivant de Rome : (Traduction) Je vous ai envoyé une lettre en latin d'un éminent prélat approuvant votre livre. » Cet « éminent prélat » est Mgr Aloysius Lazzareschi, qui répond ainsi à une requête de David qui avait demandé « à plusieurs des principaux docteurs en théologie et personnages éminents de la cour papale » de donner leur opinion, qui est livrée en latin dans *L'Électeur* du 7 décembre, et en français deux jours plus tard. Et surtout elle est, dans l'ensemble, très sympathique au livre de David.

La « presse bleue », comme la nomme *L'Électeur*, n'a d'autre choix que d'attaquer Mgr Lazzareschi lui-même, alléguant qu'il ne jouit pas de l'autorité nécessaire quant à l'approbation des livres : cette prérogative appartient à la Sacrée Congrégation de l'Index. L'un de ceux qui se porte à l'attaque est Pierre Bernard qui, dans un feuillet in-quarto, *M. Laurent Olivier David et Mgr Lazzareschi. Réponse de P. Bernard. Le manifeste libéral de L.-O. David*, récuse ainsi l'autorité de Lazzareschi dans la matière où il se prononce : « Officiellement le jugement privé de tous les théologiens et de tous les Prélats de la cour Pontificale ne signifie rien. » Les autorités romaines et locales s'apprêtent maintenant à intervenir.

Le 9 décembre, le Saint-Office émet un décret contre *Le clergé canadien [...]* et, le 18 décembre, la Sacrée Congrégation de l'Index interdit formellement le volume. Mgr Louis-Nazaire Bégin reçoit un télégramme, le 22 décembre, confirmant le fait. Ce même jour, les évêques de Québec, Trois-Rivières, Nicolet, Rimouski et Chicoutimi condamnent en sus le journal *L'Électeur* pour avoir, entre autres, publié le pamphlet de David ; l'interdiction touche même « tout journal qui osera émettre les mêmes idées malsaines et manifester le même esprit d'insoumission à l'autorité religieuse » (*MÉQ*, 22 décembre 1896). Mais cette condamnation n'empêchera pas *L'Électeur* de paraître, le 28 décembre, sous un nouveau nom : *Le Soleil*. David, pour sa part, se soumettra en ces termes :

UNE MONTÉE D'ANTICLÉRICALISME (1896)

À la suite du procès de *Canada-Revue* contre Mgr Fabre (1894) et la mise à l'Index du *Clergé canadien, sa mission, son œuvre*, de Laurent-Olivier David, la fin du XIXe siècle donne lieu à une montée de l'anticléricalisme. Les attaques sont virulentes, entre autres dans *Curés et bedeaux*, *Saintes comédies* et *Les hommes noirs*, pamphlets tous anonymes. Dans *Les hommes noirs*, on peut lire : « La série de publications anti cléricales [sic] que nous inaugurons aujourd'hui par *Les Hommes noirs*, ce n'est pas une œuvre de haine ; c'est mieux que cela : c'est une œuvre de justice et d'assainissement social. Esclaves d'un clergé implacable et insatiable, nous voulons briser nos fers, reconquérir la liberté de conscience qui nous a été ravie, et jouir paisiblement, au sein de nos familles, du fruit des pénibles labeurs que les nécessités de la vie nous imposent. »

Monsieur le Directeur,

J'avais envoyé ma brochure sur le Clergé, à Rome, m'engageant à accepter le jugement des autorité [sic] romaines. J'apprends qu'elle a été condamnée par la Congrégation de l'Index ; je tiens ma promesse, je me soumets au jugement et je retire ma brochure de tous les dépôts où elle était en vente.

Je crois devoir ajouter que je suis seul responsable de cette brochure que j'ai écrite moi-même depuis le premier jusqu'au dernier mot.

Je ne crois pas devoir publier les autres approbations que j'ai reçues.

Dura lex, sed lex.

Vôtre, etc.

L. O. David.

Le repentir comporte toutefois des limites. Dans une lettre à Mgr Bruchési, trois ans plus tard (29 septembre 1899), David écrit : « Quand il s'agit de morale, j'admets que je ne suis pas aussi indépendant que lorsqu'il s'agit de politique. » Mais il s'empresse d'ajouter : « Je mourrai convaincu quoique je me sois soumis que les évêques et les prêtres ou chanoines qui ont fait condamner ma brochure à Rome, ont commis une grave erreur qui coûtera cher plus tard au clergé, et à la religion elle-même […]. »

Quant à Gustave Drolet, de retour au Canada à la fin du mois de février 1897, il accorde à *La Presse* une étonnante entrevue, le 27 février, dans laquelle cet ancien zouave pontifical dénonce un clergé qui « étouffe la libre discussion de certaines questions d'ordre public ». Cette sortie vaut d'ailleurs une lettre personnelle de réprimande à Drolet et au propriétaire de *La Presse*, Trefflé Berthiaume, de la part de l'administrateur du diocèse de Montréal, le chancelier Florent Bourgeault, qui les dénonce aussi auprès des autorités romaines.

Les limites d'une mise à l'Index apparaissent ici clairement. *L'Électeur* renaît sous un autre nom, David se soumet formellement mais n'en pense pas moins que le clergé a abusé de son pouvoir et Drolet fait une sortie dans l'un des plus importants journaux de l'époque. Enfin, les représentations des Libéraux à Rome conduiront à l'envoi du délégué apostolique Mgr Rafael Merry del Val, qui désapprouvera le comportement du clergé.

Mgr Paul Bruchési, à la tête du diocèse à partir de 1897, ne renoncera pas pour autant à la censure répressive. Il s'attaquera régulièrement à *La Patrie** et à *La Presse*, et condamnera entre autres le journal *Les Débats**, en 1903 ; *Marie Calumet**, de Rodolphe Girard, en 1904 ; *La Semaine*, en 1909, pour avoir publié « Les Foins », d'Albert Laberge, de sa future *Scouine** ; et le journal *Le Pays**, en 1913. *Pierre Hébert*

DAVID, Laurent-Olivier, *Le clergé canadien, sa mission, son œuvre*, Montréal, Eusèbe Senécal, 1896, 123 p. La plupart des exemplaires ne portent cependant pas la mention de l'éditeur.

ACAM, fonds Élie-Auclair, registre des lettres (Mgr Paul Bruchési), théâtre (campagnes de censure), correspondance avec les auteurs ; *Documents pour servir à l'intelligence de la question des écoles du Manitoba avec quelques notes explicatives*, Rome, Imprimerie A. Befani, 1896.

▶ *Les Débats*

CLERICAL CONTROL IN QUEBEC
Edward McChesney Sait (1881-1943)

LE CLÉRICALISME AU CANADA
R. de Marmande [comte de Rorthays de Saint-Hilaire]

THE RISE OF ECCLESIASTICAL CONTROL IN QUEBEC
Walter Alexander Riddell (1881-1963)

Essais étrangers dénonçant le cléricalisme canadien-français (1911 et 1916)

Vers la fin du XIXe siècle et au début du XXe, les critiques les plus sévères à l'endroit de l'« école cléricale » ou ultramontaine au Québec proviennent surtout de journaux libéraux comme *La Patrie**, *Canada-Revue**, *Le Soleil*, *Le Canada* et *Le Pays**, alors que des polémistes comme Henri Roullaud, Louis Fréchette ou Godfroy Langlois s'en prennent régulièrement à l'ingérence du clergé dans la vie politique et sociale. À partir des années 1910 cependant, l'offensive contre le cléricalisme prend une nouvelle tournure, alors que les attaques proviennent également de l'extérieur. Coup sur coup, en 1911 et en 1916 respectivement, paraissent hors Québec trois essais qui font, chacun à sa manière, le procès d'un Québec « théocratique ». Le premier ouvrage, *Le cléricalisme au Canada*, signé du pseudonyme* R. de Marmande, est en réalité l'œuvre d'un littérateur français ouvertement anticlérical, le comte de Rorthays de Saint-Hilaire ; les deux autres sont d'auteurs anglophones protestants. Le premier, *Clerical Control in Quebec*, écrit par un politologue américain, Edward McChesney Sait, est issu simultanément des presses du journal orangiste torontois *The Sentinel* et du journal libre-penseur *The Truth Seeker* de New York, tandis que le second, *The Rise of Ecclesiastical Control in Quebec*, paraît à New York et constitue la thèse de doctorat du sociologue canadien Walter Alexander Riddell, présentée à l'Université Columbia, alors que l'auteur est à l'emploi des Églises méthodiste et presbytérienne en Ontario. Dans les trois cas, sous le couvert d'une étude érudite, les auteurs se fondent sur des données historiques pour formuler l'hypothèse voulant que l'Église catholique ait profité de sa position afin de consolider et d'imposer son pouvoir au Québec.

L'essai pamphlétaire de Marmande paraît à Paris, à la Librairie critique Émile Nourry, dans une collection intitulée « Bibliothèque de critique religieuse ». L'auteur traite du rôle négatif joué par l'Église catholique au Canada en s'attaquant notamment aux abus de l'ultramontanisme au Québec. D'entrée de jeu, il pose deux questions : « Quoi de plus proche d'une théocratie qu'une démocratie où l'ingérence du clergé dans la politique est publiquement tolérée, presque officiellement admise ? Et où cette ingérence apparaît-elle mieux qu'au Canada français ? » Suivent 10 chapitres au cours desquels Marmande répond à sa façon à ces questions en invoquant d'abord la légendaire méconnaissance du Canada en France et en insistant sur l'importance, pour les ultramontains au Québec, de l'arrivée de renforts à la suite de l'exode des religieux français. Dans un chapitre sur les lettres canadiennes, il évoque l'absence d'une critique franche : « Au lieu du régime de la discussion, de la critique comparée, le clergé a instauré le régime de la censure et de l'Index*, écrit-il, avec le résultat que la marque de fabrique des produits littéraires du Canada c'est le respect idolâtre du passé. » Au passage, il écorche Mgr Paul Bruchési et sa « guerre sainte contre les mauvais livres entachés d'immoralité et surtout d'impiété ». Il revient à la charge dans un chapitre enflammé sur la liberté de presse*, lorsqu'il raconte

BIBLIOTHÈQUE DE CRITIQUE RELIGIEUSE

Le Cléricalisme au Canada

PAR

R. de MARMANDE

PARIS
LIBRAIRIE CRITIQUE
ÉMILE NOURRY
62, rue des Écoles, 62
1911
Tous droits réservés

Les ouvrages d'observateurs extérieurs, comme celui de R. de Marmande, sont souvent extrêmement critiques à l'endroit du cléricalisme et de la censure religieuse.

la condamnation du journal *Les Débats**. D'après lui, « l'esprit inquisiteur » et « le langage d'autocrate » de l'archevêque auraient provoqué « le règne de la terreur excommunicatrice » parmi les journalistes canadiens-français. Marmande ne dédaigne pas les excès de langage dans son effort de convaincre le lecteur du bien-fondé de sa critique du cléricalisme : « La liberté se traîne misérablement dans notre ancienne colonie (le Québec) à travers une atmosphère pestilentielle d'asservissement et de terrorisme religieux. » *Le cléricalisme au Canada* ne suscite aucun commentaire ni dans la presse libérale, ni dans la presse catholique.

Paru la même année que l'essai de Marmande, celui de Sait se divise en sept chapitres, qui couvrent les champs suivants : une introduction générale, intitulée « Theocratic Quebec » ; l'expansion démographique canadienne-française au Québec et hors Québec ; l'organisation de la paroisse ; le système d'éducation ; la censure cléricale ; le contrôle clérical du mariage et le problème des mariages mixtes ; enfin, l'influence indue du clergé lors des élections. S'appuyant sur *Le clergé canadien, sa mission, son œuvre** (1896), de Laurent-Olivier David, un ouvrage mis à l'Index par la Sacrée Congrégation de Rome, il fait état d'un sentiment anticlérical croissant au pays, et des dangers d'une « dictature cléricale » à partir des Rébellions de 1837-1838, « date fatale qui marque le commencement de l'intervention du clergé dans la politique et de la diminution de son prestige ». Dans un chapitre sur la censure cléricale, notamment, il est un des premiers à présenter une synthèse des sanctions épiscopales dans le domaine de la presse, du livre et du théâtre. Il s'attarde à la condamnation de *Canada-Revue**, des *Débats**, de *L'Électeur**, de *La Semaine**, puis de la mise à l'Index d'ouvrages comme les *Annuaires** de l'Institut canadien de Montréal et l'ouvrage de David sur le clergé. Quant au théâtre joué, il fait état des lettres pastorales de l'archevêque Mgr Paul Bruchési, qui pointe du doigt des pièces du répertoire français jugées immorales. Sait monte en épingle les circonstances entourant le passage remarqué de la comédienne Sarah Bernhardt au Québec. Sa présence dans *La sorcière* de Victorien Sardou en décembre 1905 suscite invectives et injures raciales de la part du journal catholique *La Croix* de Montréal (le 9 décembre 1905) :

> Va-t'en, juive insolente, au sourire cynique ;
> Toi qui vient [sic] de jeter l'injure à notre sang.
> Va-t'en montrer plus loin ton front neurasthénique
> Sur qui la vieillesse descend.
> Et quand, ailleurs, vers toi les foules accourues
> Admireront ton verbe et pleureront d'émoi,
> Ici nous passerons le balai sur les rues
> Pour qu'il ne reste rien de toi.

Comme s'il voulait disculper l'Église, Sait rappelle qu'elle a longtemps joué un rôle censorial dans la société parce que l'État aurait failli à la tâche : « The church has undertaken a responsibility which the State has failed to assume. » Toutefois, il revient à la charge dans le dernier chapitre de son ouvrage, consacré à des cas d'influence indue du clergé lors d'élections provinciales et fédérales : « Nothing has done more to discredit the church in Quebec or to alienate the affections of her adherents than the continual interference of the clergy in politics. »

En adoptant une stratégie d'écriture agressive, Sait souhaitait-il engager le combat avec ses adversaires ? Tout au long de son essai, il documente et dénonce des cas d'abus de pouvoir chez le clergé francophone. Il a beau s'appuyer sur une documentation solide – des extraits de journaux de l'époque et des interventions publiques de l'épiscopat québécois – le ton pamphlétaire et le parti pris religieux transpirent à chaque page : « Mr. Sait has obviously been actuated, in writing his book by a desire to rouse the Protestant people of Canada to a realisation of the ecclesiastical situation in Quebec » écrit en 1911 un commentateur anonyme dans *Review of Historical Publications Relating to Canada*. Pour leur part, la presse québécoise et le clergé catholique semblent avoir ignoré complètement l'ouvrage.

Quant à Walter Riddell, dans sa monographie *The Rise of Ecclesiastical Control in Quebec*, il tente plutôt d'éviter la polémique en adoptant une approche sociologique et scientifique sur la question des relations entre l'Église et l'État. Son ouvrage porte essentiellement sur la période des débuts de la colonie, sur l'évolution historique des régimes coloniaux français et anglais, de 1625 à 1791, c'est-à-dire du peuplement du pays jusqu'à l'Acte constitutionnel. Ce qui intéresse l'auteur ce sont les facteurs sociologiques et démographiques qui ont rendu possible l'ascendant de l'Église catholique au Québec. Riddell se fonde sur des données statistiques pour étayer son hypothèse voulant que, grâce au clergé, la population francophone et catholique, isolée et homogène, a atteint un tel degré de solidarité sociale, morale, linguistique et religieuse qu'elle a pu résister au modernisme. Pour cette raison, pendant le régime anglais, par exemple, contre toute attente, l'Église catholique a même réussi à augmenter ses pouvoirs : « English ideas were successfully shut out, and […] all French literature was so carefully censored that only those French ideas which were in complete harmony with the church were allowed to get in. » Dans ce cas, la stratégie d'écriture de Riddell diffère considérablement de celle de Marmande ou de Sait ; sur un ton modéré, il argumente en faveur d'une relecture des documents d'archives coloniales afin de démontrer que le « changement de maîtres » en 1760 a été largement bénéfique pour l'Église catholique au pays.

Même si aucun de ces trois ouvrages ne suscite de commentaires au Québec, les porte-voix de la censure, la presse catholique notamment, se sentent menacés. Le rédacteur de *La Vérité*, par exemple, continue de mettre en garde ses lecteurs contre « Les Orangistes, les francs-maçons* et autres ennemis des Canadiens français et de l'Église catholique [qui] ne cessent de dénoncer dans les journaux, voire même dans les temples et au parlement, l'influence cléricale et les effroyables dangers politiques qu'elle fait courir, au Canada » (11 mars 1911). Au moment où ces ouvrages paraissent, les libéraux sont au pouvoir au Québec et les attaques contre le cléricalisme se poursuivent. *Kenneth Landry*

MARMANDE, R. de, *Le cléricalisme au Canada*, Paris, Librairie critique Émile Nourry, coll. « Bibliothèque de critique religieuse », 1911, 203 p. ; SAIT, Edward McChesney, *Clerical Control in Quebec*, Toronto, The Sentinel Publishing Company, 1911, 158 p. ; New York, The Truth Seeker, 1911, 158 p. ; RIDDEL, Walter Alexander, *The Rise of Ecclesiastical Control in Quebec*, New York, Columbia University, coll. « Studies in history, economics and public law », 1916, 195 p.

LE CLÉRICALISME AU CANADA

R. de Marmande [comte de Rorthays de Saint-Hilaire]

◉ *Clerical Control in Quebec*

COGNASSE

Louis Mercanton (1879-1932) • Film qui perd ses réparties politiques (1932)

Dans une usine de papier peint, l'ouvrier Cognasse milite pour le communisme* à coup de slogans. Écartant un gestionnaire malhonnête, le propriétaire, astucieux, en fait son gérant. Disparaît rapidement l'idéal révolutionnaire quand Cognasse goûte aux plaisirs du capitalisme. Le tout est traité sur le mode de la comédie.

Cognasse est approuvé par le Bureau de censure le 26 août 1932, mais avec les coupures suivantes exigées par le président Eugène Beaulac :

I. (bobine) : « La propriété, c'est le vol. »
« Alors, monsieur Fargeot, c'est un voleur ! »
II. « Sale capitaliste »
III. « Le capitalisme est le père du vice, la mère de la galante vie et la nourrice du militarisme ; À bas le capital ; À bas le capital. »
IV. « À ce cochon »
V. « Des capitalistes comme »
« La propriété, c'est le vol »
VI. « À ce cochon »
VII. Scène de la négresse dévêtue et dialogue : « Ma tante la chanoinesse »
Scène de la négresse et un autre invité.

Photocopie d'une partie de la fiche de censure du film *Cognasse*. – L'illustration que la censure surveille aussi les mots, surtout ceux qui s'apparentent au désir de changement social et qui contestent le pouvoir en place.

VIII. Totor : « La propriété, c'est le vol. Cognasse est le propriétaire de la fabrique, donc c'est un voleur »
« du capitalisme jouisseur »
« sacré cochon de sale capitaliste »
IX. « Ni Dieu, ni maître »
« Mais la religion »

Beaulac ajoute une note pour le technicien : « Si vous rencontrez les mots : cochon, sale cochon, cochon de Mingret, enlevez-les. »

Qu'un tel film soit imaginé en France en 1932 n'étonne pas ; on n'est pas très loin du Front populaire. Le scénariste en est Rip, auteur de comédies de boulevard qui lance, entre autres, Arletty*. Cognasse est un patronyme tout à fait ordinaire ; le type d'ouvrier qu'il représente dans sa phase militante se compte par milliers ; son destin reste toutefois singulier, quoique non unique : combien de cas du genre n'a-t-on pas vus depuis sous tous les régimes ? L'ironie méchante du scénario semble échapper à la censure québécoise. Elle ne tient compte que d'éléments du dialogue, slogans ou vulgarités,

à bannir pour mieux défendre le régime en place. Le bon peuple ne doit pas entendre de telles phrases : « Le capitalisme est le père du vice, la mère de la galante vie et la nourrice du militarisme… »

Cette défense du capitalisme surprend dans le contexte de la grande Dépression en cours, causée précisément par ce système où ne comptent que les profits du capital. Au Québec, la peur du communisme athée allait au-delà de toute rationalité et de tout esprit de critique envers les élites économiques.

Le 24 novembre 1942, alors que n'arrivent plus de films français originaux, France-Film ramène *Cognasse* devant la censure en version intégrale, selon le piétage indiqué. Cette fois, il bénéficie d'un simple « O.K. », sans indication de coupures. *Yves Lever*

ANQ-M, fonds Régie du cinéma, E 188, fiches du film.

LE COMBAT

Journal qui succède au journal *Les Débats*, condamné par Mgr Bruchési (1903)

▶ Les Débats

COMIC BOOKS

L'État et l'Église craignent ces illustrés et une loi pour les contrer est votée en 1950

▶ *Face à l'Imprimé obscène*, Bande dessinée ; Gay, Paul ; Lectures ; Livres roses et séries noires ; Magazines avec illustrations

COMITÉ PROVISOIRE POUR L'ÉTUDE DE LA CENSURE DU CINÉMA DANS LA PROVINCE DE QUÉBEC

Comité d'experts qui rédige le « rapport Régis » et recommande l'abolition de la censure du cinéma en 1962

En novembre 1958, l'affaire *Maxime** a entraîné des réactions sans précédent dans la presse. Pour beaucoup de personnes, sauf pour le premier ministre

Maurice Duplessis* et le président du Bureau de censure Alexis Gagnon*, il était devenu clair que toute l'institution de la censure du cinéma devait être radicalement transformée. À l'automne de 1960, les coupures dans *Hiroshima, mon amour** font resurgir les vieux démons et on y porte d'autant plus attention qu'en juin, la revue *Cité libre* a publié une étude fracassante du psychanalyste André Lussier, « Les dessous de la censure »*, à laquelle plusieurs médias ont fait écho. Cette fois, un nouveau gouvernement, libéral en l'occurrence et dirigé par Jean Lesage, a été élu le 22 juin 1960 avec le slogan « Faut qu'ça change » et on commence déjà à parler de « Révolution tranquille ». Le procureur général Georges-Émile Lapalme, ministre de qui relève le Bureau de censure, est un lettré qui aime le cinéma et qui fréquente des artistes. À son initiative, le 6 juillet 1961, un arrêté en conseil crée le « Comité provisoire pour l'Étude de la Censure du Cinéma dans la Province de Québec ». Signe de la volonté de changement du conseil des ministres, André Lussier en est un des premiers membres recrutés (Lapalme a lu son étude), avec Georges Dufresne, psychologue, qui préside le comité ; s'ajoutent Fernand Cadieux, sociologue et ardent cinéphile, associé au Festival international du film de Montréal, Claude Sylvestre, réalisateur à la télévision, et Louis-Marie Régis*, dominicain et professeur de philosophie bien connu pour son ouverture d'esprit, coopté par les quatre autres. Maurice Leroux*, censeur à temps partiel, leur sert de personne-ressource au sein même du Bureau de censure et il coordonne les travaux.

En moins d'un an, le Comité étudie les lois et règlements en vigueur, examine ce qui se passe à l'étranger, rencontre les principaux distributeurs de films, accueille divers mémoires et il livre un rapport très réfléchi où les considérations philosophiques et psychologiques dominent les aspects juridiques. Ce rapport, présenté à l'Assemblée nationale le 20 février 1962, s'intitule *Mémoire du comité provisoire pour l'étude de la censure du cinéma*. Rapidement, on en parle comme du « rapport Régis », en partie parce que la pensée du dominicain colore une bonne partie du texte, en partie parce que c'est de bonne guerre pour les membres du comité de mettre son nom de l'avant à cause des réactions cléricales négatives, mais prévisibles.

Sur la censure, le verdict tombe, catégorique : « Un seul jugement permet de décrire et la pratique de cette institution et l'esprit dont elle s'inspire : c'est un système archaïque que le comité croit irrécupérable » ; la loi actuelle est « nuisible » parce qu'elle se substitue aux éducateurs et ne laisse aucune place à la conscience adulte ; elle est « immorale car elle déséduque la liberté morale des individus au lieu d'en être un précieux auxiliaire » ; elle « perpétue l'infantilisme et l'immaturité » ; elle trahit la peur et l'intolérance ; elle favorise « un penchant accentué et malsain à l'endroit de ce qu'elle cherche à prohiber et à cacher » ; elle limite le champ des expériences humaines, favorise les manifestations clandestines de l'instinct et nuit à l'esprit de création. On y retrouve les grandes lignes de l'article de Lussier.

Parmi les causes de la situation, plusieurs éléments sont pointés du doigt : une réglementation confuse et parfois inopérante ; des pratiques discutables dans l'application des critères ; une tarification « intolérable » ; des pressions venant de groupes qui se jugent « chargés de la moralité publique » (lire : clercs, hommes politiques moralisateurs) ; et surtout, un personnel incompétent nommé pour ses accointances politiques. Le comité rappelle cette loi générale qui veut que les censeurs se recrutent le plus souvent parmi « ceux qui souffrent du besoin de projeter sur les autres leur propre hantise du sexuel ou de la violence » ou qui ont peur de leurs propres faiblesses ; ce qui entraîne le penchant à toujours imaginer plus de vulnérabilité chez les autres qu'en soi et de vouloir les défendre de dangers qui ne les menacent sans doute pas. Par exemple, l'obsession principale des censeurs québécois, alimentée par une éducation janséniste, a toujours concerné surtout la sexualité.

Les auteurs soulignent que la culture cinématographique devient de plus en plus internationale et que les mesures de coercition ne protègent en rien les pratiques locales ; que le Québec doit s'alimenter aux grands courants de la civilisation occidentale et cesser de se prendre pour le gardien de la vertu ; que le cinéma doit être traité au même titre que tous les autres arts contemporains. La philosophie politique sous-jacente à la partie légale du rapport présente toutefois des ambiguïtés pour l'analyste du XXIe siècle : par exemple, la distinction entre la loi positive divine et la loi positive humaine et la soumission de la seconde à la première ; la responsabilité absolue des parents en ce qui a trait à l'éducation. Ici, il ne faut pas oublier que tous les membres du comité sont des catholiques pratiquants. Ils mettent néanmoins de l'avant l'importance de la conscience personnelle et le fait que l'apprentissage à la liberté ne peut se faire que par l'exercice même de la liberté. Si « la responsabilité morale d'importer un film et de le montrer doit être portée par l'exhibiteur, la responsabilité morale de voir un film doit être portée par le spectateur ». La loi ne peut être qu'un auxiliaire à l'éducation en fournissant des informations propres à éclairer le jugement personnel.

Ils formulent ensuite leurs recommandations : l'abandon du système en cours et son remplacement par la classification en groupes d'âge (dès 7 ans, dès 14 ans, dès 18 ans ; dès 21 ans pour des cas particulièrement difficiles) ; la fin de toutes coupures dans les films ; le classement indépendamment du format et uniquement selon le contenu ; la professionnalisation du Bureau avec des employés dorénavant permanents et compétents qui seraient aussi des « personnes jouissant auprès de la population d'un certain prestige » (avec humour, le comité note : « Il paraît difficile, pour ne pas dire impossible, de réunir toutes ces exigences chez des personnes nommées à temps partiel. L'expérience a démontré qu'on y trouve parfois la compétence parfois le prestige, rarement les deux à la fois, et, dans tous les cas, jamais l'efficacité ») ; le changement de nom parce que le terme de censure est devenu trop péjoratif (le comité propose « Régie du cinéma », mais cette appellation ne sera retenue qu'en 1983, et entre-temps, on aura un « Bureau de surveillance ») ; la création d'un conseil de surveillance du nouveau bureau qui serait une vraie cour d'appel des décisions discutables ; enfin, la permission d'établir des ciné-parcs (« qui ne posent pas de problème de morale, mais plutôt d'urbanisme » !).

En conclusion, le comité répète qu'il faut une loi complètement nouvelle. Avec réalisme toutefois, il reconnaît que cela ne saurait se faire très rapidement ; c'est pourquoi il recommande qu'on mette immédiatement en œuvre une série de mesures : réduction des tarifs ; classification des films selon les catégories recommandées ; engagement d'un nouveau personnel à plein temps ; déménagement du bureau actuel ; solution du problème des films pour enfants ; rédaction de nouveaux règlements. Il insiste sur le fait que la nouvelle institution devra adopter une politique de transparence devant l'opinion publique et rendre publics ses rapports annuels.

Bien que le rapport soit très favorablement reçu par presque tous, il faudra attendre plus de 5 ans avant qu'une nouvelle loi soit votée et amendée, le 12 août 1967. Signe de l'accord de l'État sur les changements proposés, Maurice Leroux (membre du comité, rappelons-le) devient président du Bureau dès mai 1962. Dans les limites de la loi, il amorce la transformation des pratiques et des mentalités : cessation de presque toutes les coupures aux films ; davantage de souplesse dans l'approbation ; élimination des critères de 1931 ; libération de certains films interdits depuis longtemps pour des raisons équivoques ; permis de diffusion à des groupes spécifiques (mesure que, à sa suggestion, son prédécesseur avait adoptée dès 1961); attribution d'un visa (non officiel et non publicisé) par groupe d'âge. En juillet, lorsqu'il libère *Martin Luther**, interdit depuis 1953, il fait un grand plaisir à la communauté anglophone protestante. Au même moment, il presse le gouvernement de présenter la loi prévue par le rapport du comité, précisant avec humour que «c'est bien plus difficile d'être large d'esprit que de couper à droite et à gauche, ou de rejeter un film en bloc» (*Dimanche-Matin*, 29 juillet 1962). C'est à ce moment-là que Georges-Émile Lapalme, le ministre responsable, dit que la question de la censure est de la «dynamite» parce qu'il y voit un champ de bataille prévisible avec les autorités religieuses regroupées autour du cardinal Paul-Émile Léger* et faisant la promotion de leur propre mémoire. Pour des raisons professionnelles, Leroux quitte le Bureau 5 mois plus tard, mais André Guérin*, président dès le 30 avril 1963, accentue la réforme et modernise enfin l'institution dans le sens décrit par le comité. La lettre du «rapport Régis» ne devient loi que cinq ans plus tard, mais son esprit anime tout de suite les meilleurs réformateurs de la censure.

Le 11 juin 1962, les revues *Cité libre* et *Liberté* décernent conjointement aux membres du comité le prix* Liberté. *Yves Lever*

Mémoire du Comité provisoire pour l'étude de la censure du cinéma, Montréal, 1962, 124 p.

▶ Église catholique et cinéma; Loi du cinéma

LES COMMETTANTS DE CARIDAD

Yves Thériault (1915-1983) • Roman coté «Mauvais» par la revue *Lectures* (1961)

L'année 1961 représente une période faste pour Yves Thériault. Il publie cinq ouvrages, dont son neuvième roman (pour adultes), *Les commettants de Caridad*, et il remporte deux prix littéraires, celui du Gouverneur général et le prix France-Canada. En dépit de cette reconnaissance de l'écrivain, qui juge que ce roman se retrouve parmi ses œuvres majeures, le livre est loin de faire l'unanimité de la critique, qui demeure fort partagée dans ses jugements.

L'auteur situe son intrigue en Espagne, plus particulièrement en Andalousie. Dans le petit village montagneux de Caridad, aux environs de Séville, les habitants mènent une vie paisible, mais ils cachent un secret, vieux de dix ans. Un jeune homme, Herón, autrefois «le plus beau gars» du village, était promis à Pilár, «la plus belle fille». À la recherche d'aventures avant de se marier, Herón part pour la ville. De retour après quelques semaines seulement, il s'empresse de relater ce qu'il a vu de nouveau là-bas, en particulier le spectacle de la corrida, peu connu chez lui. Un dimanche, en présence des villageois sur la place publique, il pérore un peu plus qu'à l'habitude et il va jusqu'à prétendre qu'un grand matador lui a enseigné l'art de la tauromachie. Il n'en faut pas plus pour que ses auditeurs le mettent au défi de prouver ses dires et d'offrir une corrida en plein cœur du village. Le combat contre la bête tourne au drame lorsque Pilár, portant une jupe écarlate, est tuée par le taureau, qui piétine ensuite Herón. Ce dernier s'en tire, mais il demeure «tordu, défait, mal rassemblé». Voulant expier sa faute (le mensonge et la mort de sa bien-aimée), Herón accepte d'être dorénavant le bouc émissaire de tout le village. «Je me chargerai de tous vos péchés, dit-il, vous serez des commettants.»

Interrogé au sujet du roman, Thériault écrit en 1969, dans *Textes et documents*: «Le roman est espagnol. Et voici un cas précis où mes intentions n'étaient ni "espagnoles", ni "espagnolisantes". J'ai délibérément choisi l'Espagne comme cadre, à cause des facteurs techniques de construction et d'écriture que ce pays me procurait. La trame du récit est universelle. C'est l'histoire d'un bouc émissaire. On en voit la première version dans la Bible.» L'auteur avoue avoir inventé une intrigue à sa mesure, avec «le caractère espagnol, cette vocation du tragique, cet honneur farouche », des éléments combinés à des « appétits sensuels » et un « joyeux érotisme » qui convient à un climat de soleil excessif.

Un jeune critique, Jean Paré, voit en *Caridad* une sorte de petit paradis terrestre et, en Herón, « le nouvel Adam » (*Le Nouveau Journal*, 11 novembre 1961). Au même moment, dans *Le Droit*, le père Paul Gay*, dans une critique qui sera reprise intégralement par la revue *Lectures** le 24 novembre, s'en prend aux deux tiers du livre, « aux pages immorales, absolument inutiles, d'histoires à faire rougir les dragons », d'une grossièreté digne de Rabelais, dit-il. Devant autant de propos égrillards et irrévérencieux, le critique trouve que Thériault a fait fausse route, ce qui justifierait la cote « Mauvais » accordée au roman par les dirigeants de *Lectures*. Le style a du panache cependant, car Gay compare Thériault au romancier provençal Jean Giono, mais « un Giono truculent, féroce, primitif, qui s'étale sans vergogne, dans une naïveté voulue et pleine de charme poétique ». Mais là où certains, comme le prêtre René Daoust (dans *Relations*, février 1963), voient « un langage populaire, primesautier et pittoresque à souhait », le professeur Gérard Tougas, quant à lui, perçoit dans ce récit une fausse note linguistique et du « sous-*Décaméron* canadien ». Daoust va toutefois plus loin : « les narrateurs semblent obsédés par les problèmes sexuels ; ils y reviennent avec un appesantissement prodigieux, un achèvement vraiment rabelaisien. Cette incontinence verbale s'avère d'abord récréative, mais elle finit par lasser. » Il suggère donc de ne montrer ce livre qu'aux « adultes extrêmement avertis ». Même son de cloche chez le critique franciscain Romain Légaré, qui se scandalise devant autant de « pages graveleuses » (*Culture*, mars 1962). Dans son manuel, *Littérature canadienne-française*, le rédemptoriste Samuel Baillargeon mettait déjà ses lecteurs en garde contre Thériault, car « l'atmosphère morale de certains de ses livres révolte notre mentalité catholique ».

Comme dans ses autres romans, Yves Thériault semble préoccupé par le besoin de se rattacher à ce qui est primitif ou instinctif chez l'homme. À partir de cette idée, il crée des personnages élémentaires, dans le sens propre et figuré du terme, des êtres qui luttent pour survivre dans un milieu souvent hostile. Dans le cas des *Commettants de Caridad*, le héros thériausien, devenu mutilé et infirme, réduit à un état d'abjection, ne s'avoue pas vaincu pour autant. Il s'engage à continuer, ayant conclu un pacte avec ses semblables.

Contre le moralisme étroit et les exigences d'une critique encore dominée par des clercs à l'aube des années 1960, Thériault opposera sa façon d'écrire, sa vision du monde. Quant à l'affirmation que ce roman se classe parmi ses meilleurs, l'auteur ne s'est peut-être pas trompé : *Les commettants de Caridad* a connu trois éditions, incluant une réédition en 1966 et une autre, en format de poche, en 1998. « Par bonheur, je n'écris pas pour les critiques, mais pour mes lecteurs », affirmait l'auteur en 1969. *Kenneth Landry*

THÉRIAULT, Yves, *Les commettants de Caridad*, Québec, Institut littéraire du Québec, 1961, 300 p.

COMMUNISME

Justification courante de la censure

▶ Actualités ; *Chapayev* ; *Cognasse* ; Critères de la censure au cinéma ; *Le cuirassé Potemkine* ; *Le destin d'un homme* ; Duplessis, Maurice ; Édition ; *Les fées ont soif* ; *Inside Fighting Russia* ; Loi du cadenas ; *Les mains sales* ; *Métropolis* ; Office national du film ; *Our Northern Neighbour* ; *Les paradis de sable* ; Régie du cinéma du Québec ; *Refus global* ; *Yves Montand chante*

CONFESSION D'UN MÉDECIN
(ICH KANN NICHT LÄNGER SCHWEIGEN)

Jochen Wiedermann • Film coté « À proscrire » par l'Office catholique national des techniques de diffusion (1964)

Ce drame social allemand, qui mise davantage sur la démonstration d'une thèse que sur les ressorts dramatiques et qui n'est pas passé à l'histoire, est approuvé sans restrictions par le Bureau de censure du Québec le 20 août 1964.

Il reçoit toutefois la cote la plus sévère de l'Office catholique national des techniques de diffusion : « Ce film tendancieux constitue un véritable plaidoyer en faveur de la pratique légale – limitée à certains cas – de l'avortement. À proscrire. »

Ici, l'orientation des censeurs va au-delà du consensus social du temps, car non seulement l'Église* catholique, mais aussi l'opinion publique soutient l'interdiction de tout avortement. À cette époque, même les méthodes contraceptives ne sont pas encore décriminalisées, ce qui n'arrivera qu'en 1969.
Yves Lever

ANQ-M, fonds Régie du cinéma, E 188, fiche du film ; *Recueil des films*, 1964.

▶ Féminisme ; *Un gynécologue accuse*

LA CONSCIENCE CATHOLIQUE OUTRAGÉE [...]

Elzéar Paquin (1850-1947) • Brochure contre l'Université Laval, condamnée par Mgr Taschereau (1882)

Dans ce qu'il est convenu d'appeler la « querelle universitaire », deux ouvrages ont été nommément interdits par le clergé : *La conscience catholique outragée [...]*, du docteur Elzéar Paquin, et *La source du mal de l'époque au Canada**, de l'abbé Alexis Pelletier. Les deux auteurs prennent la défense de Mgr Ignace Bourget et attaquent, parfois avec véhémence, Messeigneurs Édouard-Charles Fabre et Elzéar-Alexandre Taschereau.

Le différend se joue autour de la fondation, à Montréal, d'une université autonome, distincte de l'Université Laval. Dès son arrivée au pouvoir, Mgr Bourget caresse le projet d'une université catholique à Montréal, projet qui n'est pas étranger à la naissance de l'Institut canadien*, qui souhaite la présence d'une université laïque.

En 1851-1852, une divergence naît entre Montréal et Québec et s'appuie sur une conception différente de la future université. Mgr Bourget souhaite une grande université provinciale qui serait une association de collèges, avec le Séminaire de Québec comme tête ou centre, et qui serait sous la direction de tous les évêques de la province ecclésiastique de Québec. À Québec, on propose une université plus modeste, rattachée au Séminaire de Québec, mais qui pourrait affilier des collèges, sous la seule autorité de l'archevêque de Québec. Le point de vue de Québec prédomine, grâce à son expertise et ses moyens financiers, même restreints. En 1852, l'Université Laval est créée.

La question n'est cependant pas close. Mgr Bourget craint les effets néfastes de l'Université protestante et anglophone McGill, dans laquelle s'engouffrent de nombreux jeunes Montréalais qui n'ont pas du tout envie d'émigrer à Québec. L'idée d'une université catholique s'impose de plus en plus à Montréal, mais elle se heurte à l'Université Laval, qui ne veut en rien concéder son monopole. À ce propos, Rome déboute Mgr Bourget à deux reprises (1862 et 1865). Ainsi, s'opposer à l'Université Laval et persister dans l'entreprise montréalaise, c'est en quelque sorte, dit-on à Québec, s'opposer à la volonté de Rome.

En 1872, Mgr Bourget revient à la charge ; les positions se cristallisent de plus en plus entre le souhait d'une université montréalaise ultramontaine, et l'Université Laval, devenue depuis quelques années la cible d'une série d'accusations tendant à en faire le porte-parole du libéralisme. L'opposition la plus forte vient en outre de l'École de médecine et de chirurgie de Montréal qui, n'ayant pu obtenir son affiliation à l'Université Laval, joue son autonomie, voire sa survie. Elle reçoit l'appui des ultramontains, ce qui fait dériver cette querelle en une lutte entre les partisans de Mgr Bourget et Mgr Louis-François Laflèche, évêque de Trois-Rivières, et ceux des libéraux que seraient Mgr Taschereau et d'autres. Rome se prononce en érigeant Laval en université canonique et en donnant l'autorisation d'établir simplement une succursale à Montréal. On est alors

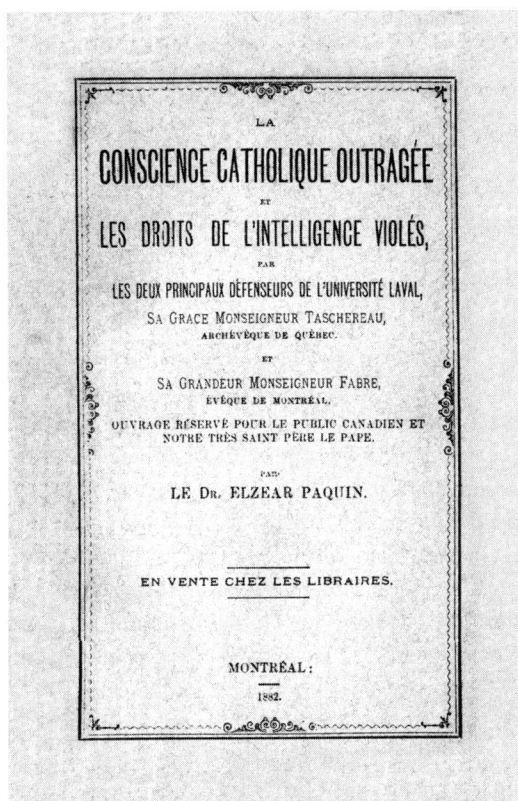

Dans le cadre de la querelle universitaire, le docteur Elzéar Paquin attaque Mgr Fabre et Mgr Taschereau. L'ouvrage est condamné le 13 mars 1882.

en 1876, année de la démission de Mgr Bourget, causée par cette rebuffade.

L'Université Laval de Montréal est inaugurée en 1878, mais elle ne satisfait nullement les partisans d'une université montréalaise autonome. La question mobilise les esprits et les plumes, si bien que l'archevêque et les évêques de la province ecclésiastique de Québec publient, le 21 octobre 1881, une « Déclaration […] concernant certains écrits publiés contre l'Université Laval ». Ils y dénoncent les excès de langage et recommandent fortement « de s'abstenir de tout ce qui pourrait servir à entretenir l'agitation des esprits » ; poussé par son entourage, Mgr Laflèche retire publiquement sa signature quelques jours plus tard.

Le docteur Elzéar Paquin, ancien élève de l'École de médecine et de chirurgie, figure parmi les plus farouches mécontents. Il n'en est pas à son premier essai, ayant publié, en 1881, *La cité du mal contre la cité du bien* […]. Sa position était déjà très claire : « Ces deux cités sont comme des volcans qui menacent à tout instant de faire explosion. Dans la Cité du Bien, on apprend qu'Intrigue, Mensonge et Sophisme viennent de nouveau affirmer en faveur de l'Université Laval les sympathies de l'Archevêque […]. »

Dans *La conscience catholique outragée* […], qui paraît l'année suivante, Paquin ne recourt plus aux allégories ; les bons et les mauvais sont nommés. Il se livre à une attaque en règle contre Mgr Fabre et Mgr Taschereau. Pourquoi à la fois les évêques de Montréal et de Québec ? Parce que ceux-ci appuient l'Université Laval qui,

> ayant dès le commencement manqué à sa mission, n'a jamais mérité autre chose que l'antipathie du peuple canadien. Le résultat de son enseignement porte le nom de libéralisme. C'est pour cette raison grave et pour bien d'autres encore, que les progrès réalisés, en Canada, dans le domaine de la raison, ne sont redevables de rien à cette université. La science sacrée est dans cette institution plus ou moins au service du libéralisme catholique.

Or les responsables de ce mal sont Mgr Taschereau et Mgr Fabre qui, par leur appui à l'Université Laval, « abandonnent les doctrines saintes de M^g [sic] Bourget, de Mgr Laflèche et de tous les défenseurs des bons principes […] ». Le mal qui afflige le peuple canadien se nomme le libéralisme, et il a contaminé le clergé même ; pire encore, « les noms de ceux qui sont causes du mal dont nous souffrons aujourd'hui » sont ceux des plus hauts représentants de l'autorité religieuse au Québec :

> Mais comme le libéralisme catholique trompe les plus fervants [sic] et même quelques-uns des membres les plus hauts [sic] placés dans la hiérarchie ecclésiastique,

il est bon de penser que Dieu pardonnera à l'Archevêque de Québec et à Mgr de Montréal.

Le 13 mars 1882, Mgr Taschereau émet une « Ordonnance pour défendre la lecture d'une brochure contre l'Université Laval » ; il est également interdit de garder en sa possession « cet amas indigeste de grands mots et de phrases creuses, d'assertions et d'accusations gratuites [...] ». Quant à Mgr Fabre, il condamne la brochure par l'entremise des journaux, dont *Le Journal de Québec* (22 mars 1882). L'évêque de Montréal a plutôt choisi le ton de la dérision :

> Cette élucubration indigeste, où le ridicule le dispute à l'audace la plus incroyable, est le fruit d'une imagination un peu vive ; c'est la digne suite d'un autre ouvrage, qui a paru l'an passé, et dans lequel le même auteur a exercé la patience des rares lecteurs qui ont eu le courage de parcourir toutes ces pages d'un style ampoulé et d'un fond d'idées pour le moins risquées et certainement extravagantes.

Comme Paquin annonce d'autres brochures sur le même sujet, terminant même son texte par la mention « À suivre », la censure atteint par avance toute récidive possible, laquelle, par ailleurs, ne semble jamais avoir existé. *Pierre Hébert*

PAQUIN, Elzéar, *La conscience catholique outragée et les droits de l'intelligence violés, par les deux principaux défenseurs de l'Université Laval, Sa Grâce Monseigneur Taschereau, archevêque de Québec et Sa Grandeur Monseigneur Fabre, évêque de Montréal. Ouvrage réservé pour le public canadien et notre très saint père le pape*, Montréal, [s. é.], 1882, 23 p.

CONVERGENCES

Jean Le Moyne (1913-1996) • Recueil d'essais dont la censure a fait l'objet d'une double dénonciation (1961-1962)

Une censure autoritaire génère des pratiques qui tendent à la contourner ou à la combattre. La dénonciation en est une. Elle consiste à désigner comme inadmissible une décision contraignante qui va à l'encontre de principes, par ailleurs, socialement acceptés. *Convergences*, un recueil d'essais de Jean Le Moyne, représente un cas exemplaire d'une double dénonciation, d'abord restreinte puis générale. L'étude de ce cas éclaire le fonctionnement de la censure.

Le document à l'origine de cette dénonciation est un bon de commande de la librairie* Garneau de Québec portant le numéro 9430 et retrouvé dans le dossier *Convergences* des archives de l'éditeur montréalais Hurtubise HMH. Ce bon est adressé au diffuseur de livres Fomac, en date du 22 décembre 1961. Claude Hurtubise dirige alors cette maison. Par ailleurs, il dirige aussi une maison d'édition* qui vient de lancer *Convergences*, une semaine plus tôt. Le bon examiné ici contient une commande de six exemplaires du roman *Le guépard* de Tomasi di Lampedusa que diffuse Fomac au Canada. Au bas du document, on trouve une signature qui, bien qu'indéchiffrable, en authentifie l'auteur. Au milieu du document, une note manuscrite y a été tracée qui se lit comme suit : « M. Cl. Hurtubise. Le volume *Convergences* n'a pas une venue agréable puisque L'Action catholique et Garneau avons reçu l'ordre de le retirer de l'étalage. Que faire. » Cette note est entourée d'un trait gras, fait à la main, probablement par Claude Hurtubise lui-même qui avait l'habitude de traiter sa correspondance de la sorte quand il voulait y donner suite.

Cette note fait état d'un ordre dont la provenance n'est pas indiquée et qui s'oppose à la circulation de *Convergences*. La note parle de le « retirer de l'étalage », c'est-à-dire, si on prend l'expression au pied de la lettre, de ne pas placer ce livre au regard de la clientèle. En effet, laissé sous le comptoir, par exemple, le livre serait vendu seulement à ceux qui en connaissent l'existence et qui en font la demande. Notons au passage que la nécessité de demander un livre à un libraire place le client sous une forme de contrôle social. Mais il est possible aussi que l'expression en question soit métaphorique et qu'elle signifie en réalité l'interdiction complète de vendre le livre. Toujours dans cette note, relevons encore cet euphémisme : « Le volume *Convergences* n'a pas une venue agréable » pour dire qu'il est l'objet d'un interdit de la part des autorités. Enfin, l'auteur de la note spécifie que l'ordre ne touche pas seulement la librairie Garneau, où il travaille, mais aussi la librairie de l'Action catholique, se faisant donc l'écho de deux librairies, rivales d'un point de vue commercial mais pareillement soumises à une même censure.

La connaissance de l'époque peut aider à déchiffrer cette note. D'une part, au début des années 1960, la hiérarchie catholique, s'appuyant sur une position hégémonique, continue d'intervenir dans la société par des pratiques censoriales. Comme l'Église possède encore des collèges et des écoles, qu'elle passe par les librairies pour acheter son matériel scolaire et ses livres, elle a donc un pouvoir de contrainte sur les commerçants avec lesquels elle fait affaire. De plus, la note provient de la librairie Garneau plutôt que de la librairie de l'Action catholique, celle-ci plus près de l'Église que la première et donc plus facilement soumise à l'autorité cléricale. Mais en même temps, sa présence dans la note, comme dénonciatrice de la censure, suggère la dissension qui existe alors au sein de la hiérarchie catholique et les luttes qui s'y déroulent pour le *statu quo* ou le changement social. Ce dernier point est d'autant plus important que *Convergences* est un recueil d'essais dont certains portent précisément sur le rôle social de l'Église. Son auteur, lui-même catholique et connu alors pour ses positions réformistes, travaille activement à l'abandon par l'Église d'une grande partie du champ social qu'elle occupe.

On peut donc supposer que l'ordre de retirer *Convergences* des étalages de deux grandes librairies de Québec provient du courant conservateur de l'Église qui tente alors de faire barrage à la faction catholique qui pousse au changement. Par sa visibilité au centre d'un bon de commande, document qui circule entre plusieurs mains et qui doit être conservé tant par le client que par le fournisseur, ainsi que par sa signature, qui en désigne l'auteur, par son contenu jusque dans sa question finale, « Que faire », cette note donc suggère bien l'existence de ces deux factions et la nécessité qu'il y a désormais pour chacun de choisir son camp. Pour son auteur, la question finale semble être purement rhétorique, ne serait-ce que parce qu'elle ne contient pas de point d'interrogation : il attend simplement le contre-ordre pour résister, voire pour passer à l'attaque. Cette dénonciation entre alors dans une seconde phase.

En effet, l'affaire connaît une suite dans les journaux, au début de 1962. Carl Dubuc, qui tient alors une chronique intitulée « Le Carnet de chasse » dans le quotidien libéral et laïque de Montréal *Le Nouveau Journal*, y revient quatre fois, dans les éditions du 4 janvier, 9 janvier, 10 janvier et en février. Selon une pratique répandue dans le journalisme, la source de l'information n'y est pas donnée. Cependant, il s'agit assurément de la note qui retient notre attention puisque les quatre coupures de presse se trouvent dans le même dossier des archives Hurtubise HMH que le bon de commande à l'origine de la dénonciation. De plus, le rédacteur en chef du *Nouveau Journal*, Jean-Louis Gagnon, est un ami personnel de Claude Hurtubise, chez qui même il publie. Quant à son journal, il participe à cette lutte de sécularisation et de modernisation qui traverse alors la société québécoise.

Le journaliste donne à ses quatre courts articles de dénonciation un ton de persiflage. Il s'agit pour lui, à la fois, de rendre publique la tentative de censure, d'identifier le censeur, de pointer les raisons de la censure et enfin, pour provoquer un effet cathartique auprès de ses lecteurs, de tourner en ridicule la surpuissance supposée de l'Église. Dans le premier article, le censeur est identifié comme « un haut personnage de l'Université Laval » de Québec, dirigée alors par des religieux. De plus, le journaliste signale que le livre se trouve bien dans les librairies de Québec mais qu'il est disponible uniquement sous le comptoir et que la clientèle doit le demander pour l'acheter. Dans le deuxième article, le journaliste rapporte qu'il y aurait eu malentendu de la part du censeur entre le Jean Le Moyne, auteur du livre, et un Jean Le Moyne qui milite dans le Mouvement laïc de langue française, groupe de pression de l'époque qui travaille précisément à bouter l'Église hors des champs qu'elle occupe. Les choses étant clarifiées désormais au sujet de ces deux homonymes, le journaliste goguenard annonce donc le retour du livre faussement incriminé à l'étalage des librairies. Enfin, pour achever de ridiculiser le censeur, dans un troisième article, comme s'il s'agissait d'un secret à garder pour soi, comme si le journal n'était pas un lieu public d'échanges, et pour suggérer enfin le caractère inexpugnable du même journal face au censeur en question, le journaliste railleur révèle que les deux Jean Le Moyne n'en font qu'un, mais que les lecteurs « doivent bien se garder de le dire [...] s'ils ne veulent pas que le livre reprenne sa place sous le comptoir ».

La censure étant un acte social qui bloque la circulation d'une information dans la société, le combat contre elle s'inscrit aussi à un niveau ou l'autre de la sphère sociale. Sa dénonciation publique la force, en déployant sa puissance de contrainte, à montrer l'étendue de son pouvoir. Cependant, si ses sanctions restent sans effets, la démonstration est faite alors de sa caducité. Le cas de *Convergences* comporte deux niveaux de dénonciation : un niveau restreint et un niveau général, le premier ayant entraîné l'autre. Si la dénonciation restreinte ne s'est déroulée qu'entre deux individus, à l'abri du regard censorial et d'une certaine visibilité publique, la dénonciation générale a connu, par sa diffusion médiatique, une réelle extension sociale. Publiée dans un journal, cette seconde dénonciation a forcé la censure à réagir en inventant, pour sauver son image, cette parade au sujet des « deux Jean Le Moyne ». Dans la société d'alors, les événements se sont enchaînés de telle sorte que la censure cléricale en est sortie ridiculisée et donc affaiblie. Du reste, dans un article paru quelques semaines plus tard dans *Le Nouveau Journal*, en février 1962, Carl Dubuc annonce que l'évêque de Nicolet n'a pas jugé bon pour sa part de faire interdire la vente du livre litigieux dans son diocèse. Incidemment, cette décision souligne encore les divergences, voire les luttes qui existent alors au sein de la hiérarchie religieuse canadienne. *Martin Doré*

LE MOYNE, Jean, *Convergences*, Montréal, Éditions HMH ltée, [1961], 324 p.

Fonds d'archives Hurtubise HMH (archives privées), « Bon de commande », dossier « *Convergences* », chez l'éditeur.

LE CORBEAU

Henri-Georges Clouzot (1907-1977) • **Film d'abord refusé par la censure étatique (1948), puis accepté avec de nombreuses coupures**

D'un fait divers d'avant-guerre, le cinéaste français Henri-Georges Clouzot compose en 1943 une chronique féroce d'une petite ville de province où des lettres anonymes, signées Le Corbeau, se multiplient pour mettre à jour les activités inavouables des élites locales. Dans l'atmosphère de soupçon créée par la guerre et l'occupation allemande, la résistance et la collaboration, ce film en vient à symboliser la situation présente et il pointe du doigt les dénonciations qui font les beaux jours de la police au service des Allemands. Ces derniers diffusent abondamment le film, même en Allemagne, réjouis de montrer l'absence de moralité de ce peuple qu'ils viennent d'assujettir.

La guerre finie, Clouzot est accusé de sympathie nazie, d'avoir « pactisé avec les "thuriféraires de l'idéologie nazie" en signant une fresque "d'estropiés, amoraux, corrompus" qui avilit et déshonore la patrie » (Douin, *Dictionnaire de la censure au cinéma*). De plus, ce qui s'apparente à la collaboration, la Continental, une firme à capitaux allemands et plus ou moins dirigée par leur office de propagande, produit le film ; le réalisateur a aussi engagé des comédiens fréquentant régulièrement l'occupant. Sans le formuler clairement, on lui reproche surtout de laisser entendre que la collaboration avec l'ennemi et les lettres de dénonciation ont été plus fréquentes qu'on veut bien le reconnaître. Le film est interdit pendant deux ans et son auteur ne peut trouver de travail avant 1947, malgré l'appui de quelques grands noms de la littérature (Jean-Paul Sartre, Simone de Beauvoir, Henri Jeanson, Jacques Prévert, Jean Cocteau).

Le corbeau n'arrive au Québec qu'en décembre 1948, dans une copie où manquent cinq minutes des 93 originales. Il est distribué par Eagle Lion Films of Canada, une petite compagnie spécialisée dans le film qu'on appellera plus tard « de répertoire », ce qui signifie que France-Film, chef de file de la diffusion du film français, n'a pas voulu courir de risque avec ce film contestataire. Il est d'abord refusé par la censure le 29 décembre pour le simple motif « antisocial » ; cette expression est alors employée pour stigmatiser des films si différents les uns des autres qu'on ne peut savoir exactement ce qu'elle évoque dans l'esprit de l'examinateur. Treize mois plus tard, le 31 janvier 1950, il est approuvé après 47 coupures qui lui ont fait perdre encore huit minutes et demie et dont la liste occupe plus d'une page. Des scènes complètes sont amputées alors qu'elles sont essentielles à la compréhension de ce qui va suivre : celle du début où le médecin a préféré sauver l'accouchante plutôt que son bébé (la morale catholique prescrit de choisir l'enfant s'il n'est pas possible de préserver la vie des deux), celles qui démontrent clairement la relation intime avec le personnage de Denise, les gros plans sur certaines lettres ; d'autres coupures éliminent des extraits de dialogues référant à des amants et maîtresses, à des cocus, à des grues, à des avortements, à des adultères… tous des mots alors bannis par le censeur Alexis Gagnon*. Disparaît aussi cet extrait concernant la religion : « Je ne suis pas croyant. — Vous avez la sécurité d'un athée… — Je prends une assurance, ça coûte si peu, en Jésus-Christ… » ; et cet autre, fort amusant, au sujet des colloques de médecins qui ne servent qu'à provoquer des circonstances où ils peuvent tromper leur femme ! Si les coupures font disparaître beaucoup de détails significatifs, elles n'occultent pas la valeur dramatique de l'ensemble, ni le message final. Demeure cette scène extraordinaire sur la relativité du bien et du mal alors que se balance une ampoule électrique créant des zones d'ombre et de lumière, ce qui suggère une réflexion essentielle sur la question de la vérité. La dénonciation de l'hypocrisie dans une société bourgeoise fermée reste entière.

Le corbeau sort le 11 février 1950 au System, petite salle marginale de la rue Sainte-Catherine à Montréal qui le présente en programme double avec *Birth of a Star*, film américain de second ordre ; il y reste trois semaines, ce qui est considéré comme un grand succès. Il se promène ensuite en province. Tel que censuré, il est coté peu après « Adultes, avec réserves » par le *Ciné-service* des catholiques.

Le 2 février 1967, une nouvelle copie, de 86 minutes, revient au Bureau de censure. Elle est acceptée sans coupures, avec la cote « 14 ans », applicable lorsque la nouvelle loi sera votée quelques mois plus tard. L'Office des communications sociales l'évalue ainsi, laconiquement : « Ce film qui offre une vision nettement pessimiste de l'humanité ne met guère en scène que des personnages tarés. » Ce jugement manifeste une incompréhension totale de la valeur morale du film.

Dans le répertoire courant de la Régie du cinéma, une copie de 91 minutes est classée « Général ».

Malgré une interdiction de courte durée et des coupures, ce chef-d'œuvre du cinéma français a pu rejoindre le public québécois au début de la décennie où s'amorçait une nouvelle réflexion sur la vie sociale et une contestation des élites politiques et intellectuelles traditionnelles. C'est exactement ce que Clouzot avait voulu faire dix ans plus tôt dans sa société en bousculant les bonnes consciences.

En 1950, Otto Preminger vient tourner à Saint-Hilaire et à Saint-Hyacinthe *The 13th Letter*, un *remake* du *Corbeau*, pour le studio hollywoodien 20th Century Fox, dans le cadre du Canadian Cooperation Project, entente conclue entre les grands studios américains et le gouvernement canadien en 1948, laquelle prévoit des tournages au Canada en contrepartie de l'élimination d'un projet de loi prévoyant un contingentement des films américains. L'histoire se déroule maintenant dans une petite ville du Québec et reprend sensiblement le même récit, moins quelques scènes importantes comme celle du début et sans les réparties les plus mordantes, mais sur un ton mélodramatique qui se situe loin du réalisme cynique de Clouzot. On pourrait presque penser que c'est la copie censurée au Québec qui a servi pour établir le scénario du *remake*. Le Bureau de censure l'approuve le 20 mars 1951, avec trois petites coupures : « 2b dialogue : the second time ; […] You didn't talk that way to me last night. Wouldn't it be best if we both forgot last night ? ; 4a dialogue : And I am in a way » totalisant 10,6 secondes, sur les 85 minutes du film. Il sort à Montréal le 6 avril suivant, au Palace, l'une des plus prestigieuses salles, et il y demeure une semaine, ce qui est courant. Aucun texte critique n'est publié dans la presse francophone, seul un court entrefilet de *La Presse* signale qu'il a été tourné en partie au studio de Québec Productions. Dans le *Montreal Star*, Sydney Johnson lui consacre une critique qui le met en parallèle avec *Le corbeau* et, bien que le trouvant beaucoup moins intéressant que l'original, il le recommande fortement. Le *Ciné-service* le cote « Adultes, avec réserves ». Les archives de la censure ne conservent pas de trace d'une version française sous le titre *La treizième lettre*, habituellement attribué en Europe francophone.

Les films les plus importants de Clouzot subissent tous les foudres de la censure. Il y a les cas particuliers de *Manon* * et de *La vérité* *, et puis quelques autres. Le 10 décembre 1946, *L'assassin habite au 21* ne perd que 30 secondes : des expressions comme « Je l'ai traité de cocu » (mot tabou), ou bien « c'est une belle cochonne » ; et « scène d'une femme avec poignard dans le cœur, éliminer le poignard ». Le 20 décembre 1948, *Quai des orfèvres* s'en tire presque aussi bien, seules disparaissent quelques réparties gouailleuses à caractère sexuel dont le cinéma français a le secret, surtout quand ce sont les Bernard Blier ou Louis Jouvet qui les formulent : « pour peloter les cuisses de ma femme

Rien dans cette publicité n'indique que le film est un *remake* du *Corbeau*, une bien pâle copie, qui escamote la trame dramatique essentielle du drame de Clouzot.

[…] dites donc. Montre-leur ton cul, toi aussi […] Ça commence avec les billes et ça finit dans les draps […]. Une de ces poules était en carte, elle a refilé le tuyau. […] Et votre femme avait eu des amants avant de se marier, je présume ! […] C'est toujours le cocu qu'a raison. » Peu de perte aussi, seulement une minute, le 29 octobre 1954, pour *Le salaire de la peur*, avec « les scènes de la laveuse de plancher » et cette expression « quand on plotte [*sic*] une négresse ». Mais *Les diaboliques* est refusé le 15 octobre 1956 : « Allusions au divorce ; scènes dans le bain » ; reconstruit, il reste banni le 3 février 1959 et n'est autorisé, intégralement, que le 15 janvier 1962. *Yves Lever*

ANQ-M, fonds Régie du cinéma, E 188, fiches des films, documents annexes ; *La Presse, Le Devoir*, du 2 février au 3 mars 1950.

LA CORDE AU COU

Claude Jasmin (1930-) • Roman coté « Mauvais » par la revue *Lectures* (1960) et film (1965)

Scénographe-décorateur à Radio-Canada et critique d'art à *La Presse*, Claude Jasmin (1930-) commence sa carrière de romancier avec fracas en 1960 lorsqu'il publie coup sur coup deux romans : *Et puis tout est silence* et *La corde au cou*. Si les deux sont mis en nomination pour le prix du Cercle du livre de France et une bourse de 1000 $, seul le deuxième sera couronné. « Révélation de l'année » écrivent les uns, « un prix Nobel des ordures » (Bertrand Lombard) soutiennent les autres. Les avis sont effectivement partagés, car le jury, présidé par Roger Duhamel, et composé de Pierre Daviault, Jean-Charles Bonenfant, Robert Élie, Paul L'Anglais, Jean Béraud (pseudonyme de Jacques Laroche), Lucette Robert-Beauchemin et le père Paul Gay*, est hésitant : six membres sur sept appuient finalement le manuscrit de *La corde au cou*. Toutefois, la revue *Lectures**, qui joue un rôle de chien de garde moral en matière du choix des livres, lui attribue la cote « Mauvais » lors de sa parution en volume. Selon

Ce roman remporte le prix du Cercle du livre de France en 1960, mais la revue *Lectures* le trouve « Mauvais ».

Rita Leclerc, porte-voix de la revue, « le public lecteur en général n'a que faire de ces écrits où le monde n'apparaît qu'à travers l'optique morbide et déformante d'un malade ». Ce jugement péremptoire n'a pas empêché l'éditeur Pierre Tisseyre, le commanditaire du prix, de faire éditer le roman en France par Robert Laffont, dans la collection « Jeunes romanciers canadiens ».

En 1873, le romancier Émile Gaboriau, auteur des premières fictions policières françaises, avait publié un ouvrage du même titre, *La corde au cou*, chez un éditeur parisien. Le roman de Jasmin ne ressemble en rien à celui de son illustre prédécesseur, sauf en ce qui a trait au même thème exploité par les deux, celui de la criminalité. Jasmin adopte un style dru et énergique, ayant choisi d'écrire l'ouvrage entièrement à la première personne, du point de vue de son protagoniste sans nom. L'ouvrage suit un assassin mal-aimé qui, après avoir tué sa petite amie infidèle par noyade, s'enfuit dans les Laurentides et enlève la vie à différentes personnes qu'il rencontre sur son passage, y compris un oncle, le seul parent qu'il a vraiment aimé.

Devant cet anti-héros meurtrier, la critique demeure perplexe : d'aucuns perçoivent l'ouvrage comme un roman noir, alors que Clément Lockquell, dans *Le Devoir* du 26 novembre 1960, y voit « de la bonne littérature cinématographique », en même temps qu'« une longue confession d'un névrosé au psychiatre d'une maison de détention ». Un lecteur du *Droit* d'Ottawa (le 3 décembre 1960) s'en prend au style du roman, « gluant, vaseux, putride et, par surcroît, mal écrit ». La critique catholique le juge sévèrement, comme en témoigne la *Revue dominicaine* (en avril 1960) : « un roman plutôt faible et tendancieux, surtout invraisemblable et plutôt ennuyeux. C'est aussi un plaidoyer violent et éclaboussant contre une tradition familiale discutable, contre une société hypocrite et pourrie, contre un système d'éducation trop souvent fermé et archéologique. » Bertrand Lombard (pseudonyme de l'abbé Émile Bégin), dans *L'Action catholique* du 18 février 1960, lui trouve quelque mérite mais décide que c'est « un livre grossier ». Le père Paul Gay abonde dans le même sens ; il loue le lyrisme du roman, la nudité des sentiments et la franchise de l'auteur, mais il condamne l'attitude sadique du protagoniste déséquilibré : « Quel déchet », écrit-il. Jasmin n'a pas que des détracteurs cependant, car le critique Jean-Paul Robillard, dans *Le Petit Journal* du 11 décembre 1960, y voit « un violent plaidoyer pour une société fraternelle ».

Et Roger Duhamel, dans *La Patrie du dimanche* du 12 février 1961, trouve que « d'une intrigue banale, Claude Jasmin a su tirer un récit qui se lit de bout en bout ».

Le roman connaît une réédition en livre de poche en 1970, ainsi qu'une brève carrière au cinéma, car Pierre Patry le coscénarise avec Jasmin et il en produit chez Cooperatio un long métrage en 1965. *La corde au cou*, version cinématographique, passe sans encombre à la censure étatique le 3 novembre 1965 et il est ensuite classé « 14 ans » le 7 janvier 1970, selon les prescriptions de la loi de 1967. Dans son appréciation morale, l'Office catholique national des techniques de diffusion note seulement que « ce film constitue une critique sociale assez dure. Le pessimisme de l'ensemble et l'inconduite de divers personnages motivent des réserves. » (*Recueil des films*, 1965) Le film ne suscite pas l'enthousiasme général des critiques, qui se contentent de relever surtout des défauts : un montage bâclé, un scénario mélodramatique, des scènes oniriques mal réussies, une mise en scène d'un esthétisme anachronique et une vulgarité omniprésente dans les dialogues et la mise en scène.

Claude Jasmin n'est pas du genre à s'attarder aux appréciations négatives de son travail de création ; en 1961, il prépare déjà son prochain roman, *Délivrez-nous du mal**. *Kenneth Landry*

JASMIN, Claude, *La corde au cou*, Montréal, Le Cercle du livre de France, 1960, 233 p. ; *La corde au cou*, Coopératio Inc., 1965, 105 min.

CORRESPONDANCE ENTRE L'ÉVÊQUE DE TELMESSE ET LE CURÉ DE SAINT-PHILIPPE AU SUJET DE SA VISITE EN 1824 & 1825

François-Xavier Pigeon • Brochure de l'abbé Pigeon attaquant Mgr Lartigue

◉ Questions sur le gouvernement ecclésiastique du District de Montréal

CORRIDART

Exposition d'art visuel démantelée par les employés de la Ville de Montréal et reléguée à la fourrière (1976)

Les XXIe Jeux olympiques de l'ère moderne se tiennent à Montréal du 17 juillet au 1er août 1976. En plus du spectacle des épreuves sportives, le pays hôte doit présenter à tous les visiteurs diverses manifestations de la culture locale. Au comité organisateur, Laurent Lamy, critique d'art et professeur, dirige le programme Arts et culture; il confie l'organisation d'une exposition « arts plastiques et visuels » à Melvin Charney, artiste et professeur d'architecture qui s'acharne depuis une dizaine d'années à sortir les arts visuels des musées et des galeries. Un jury examine 306 projets et en retient 15; puis d'autres artistes sont invités à participer et finalement, 26 œuvres de facture et de matériaux divers sont offertes à la vue du public sur la rue Sherbrooke, de la rue Université à la rue Papineau. Le ministère des Affaires culturelles du Québec finance l'exposition, mais les œuvres resteront la propriété des créateurs qui, dans plusieurs cas, espèrent au moins augmenter leur renommée, car les Montréalais et les centaines de milliers d'étrangers ne pourront manquer de voir cette immense galerie en plein air. La Ville de Montréal fournit du personnel pour aider à l'installation.

Bien que la mise en place des œuvres ne soit pas complétée, le vernissage a lieu le 7 juillet. L'originalité et la grande variété des techniques (sculptures, photographies, gravure sur pierres, vitrines, bannières) attirent tous les regards, mais les commentaires ne sont pas unanimes sur la signification de beaucoup d'œuvres. Néanmoins, l'exposition semble atteindre pleinement son objectif initial de « fête de l'art » et elle se double, sous l'influence de Charney, d'un commentaire historique et sociologique sur la rue Sherbrooke et sur la ville de Montréal.

Dans la nuit du 13 au 14 juillet, les exposants présents à Montréal apprennent, consternés, que des employés municipaux sont en train de tout démanteler, sans égard à l'intégrité des œuvres, dont plusieurs sont irrémédiablement perdues, et d'emporter le tout à la fourrière municipale. Il leur faut deux jours pour tout enlever et ils ne permettent aucune interférence. Seules les *Sculptures en série* de Guy Montpetit demeurent sur place parce qu'elles sont disposées sur le terrain privé d'une communauté de religieuses qui les protègent de la démolition. Pour Françoise Sullivan et plusieurs autres artistes, le geste est ressenti comme un viol. Le maire Jean Drapeau, qui n'a pas été consulté sur le sens et le contenu de l'exposition, n'évoque pas de faux prétextes : il a donné ordre de tout enlever parce que c'est laid et que ce n'est pas de l'art, rien que « des échafaudages sans intérêt ». Le communiqué émis par l'administration municipale le 14 juillet se résume en deux laconiques paragraphes :

> Divers échafaudages et objets hétéroclites ont été installés le long de la rue Sherbrooke entre la rue Atwater et le Boulevard Pie-IX ainsi qu'à quelques autres endroits de la ville.
>
> Ces installations contrevenaient aux règlements de la ville concernant l'occupation du domaine public et de plus certaines d'entre elles représentaient un danger pour la sécurité publique. Pour ces motifs, la ville a décidé de procéder sans tarder à leur enlèvement.

Dans les annales des beaux-arts québécois, aucun phénomène de censure n'a encore atteint cette envergure, ni touché autant de personnes.

Les jours suivants, les artistes tentent de récupérer leurs œuvres ou du moins ce qui en reste. On leur refuse l'accès à la fourrière. Ils ne peuvent les retrouver que six semaines plus tard, au moment où ils entreprennent des poursuites légales contre la Ville de Montréal en vue d'obtenir un dédommagement pour les dommages subis, le bris de contrat au sujet de l'exposition et pour le saccage des œuvres.

Le procès débute le 1er octobre 1980 et il s'échelonne sur 21 jours, avec un arrêt de deux mois, pour se terminer à la fin de janvier. Ce long délai vient autant de la difficulté des artistes à s'organiser qu'à la volonté de l'administration municipale de laisser traîner les choses. Pour établir la preuve des dommages, les artistes doivent démontrer que les éléments exposés sont vraiment des œuvres d'art. C'est là que le procès dévie dans des considérations qui n'ont rien de juridique, quoiqu'on ne puisse les négliger : si l'on peut facilement établir le coût matériel des matériaux utilisés (bois, carton, métal, plastique, échafaudages), comment évaluer la plus-value que leur confère l'esthétique? Qui doit, ou peut, définir ce qui est art et ce qui ne l'est pas? Seulement les artistes et les experts, rappelle un de leurs avocats, David Appel, selon la tradition bien établie dans l'institution artistique de coter les œuvres et les artisans selon un ensemble de règles qui n'ont rien de mathématique, mais qui fonctionnent depuis des siècles. Il convoque donc à la barre des experts du monde des arts, dont Fernande Saint-Martin, Léo Rosshandler et René Payant, qui viennent certifier que l'exposition représentait une authentique expression artistique; leur parole vaut davantage que celle des politiciens. Cette position n'est pas sans ambiguïté, fait remarquer Jacques Godbout six mois plus tard dans un forum radiodiffusé, car les artistes sacralisent ainsi leur art, avec leurs experts comme grands prêtres et surveillants de l'orthodoxie; on n'est pas loin de la pensée religieuse (Godbout a d'ailleurs déjà réalisé un film sur les jeunes peintres, qu'il a intitulé *Les dieux*).

Le maire Jean Drapeau est évidemment appelé à témoigner. Il s'attendait à une « décoration » de la rue Sherbrooke, Corridart n'est que « pollution visuelle », « des échafaudages sans intérêt », et il ajoute : « Ça m'a choqué, ça m'a insulté de savoir que la rue Sherbrooke deviendrait un dépotoir. Certains de ces éléments étaient vraiment des éléments que l'on trouve dans des dépotoirs. » Le pré-

Pierre Ayot réalise ce format réduit de la croix du mont Royal, mais renversée, illustrant la fin de l'influence de l'Église catholique. Ce ne fut pas le moindre des motifs pour démanteler Corridart.

toire devient un lieu où s'affrontent les tenants des théories classiques sur la beauté et ceux dont le travail tient de la provocation pour faire évoluer à la fois les critères de beauté et l'insertion sociale de l'artiste dans la vie collective. On assiste à l'éternelle polémique entre l'art ancien et l'art moderne, entre la sécurité des modèles acceptés et le choc des formes nouvelles. Ce débat se tient régulièrement dans toute société, mais un tribunal ne semble pas le meilleur lieu pour le faire, comme le démontrent le déroulement et la conclusion du procès.

À l'origine du projet, le choix de Melvin Charney n'est pas innocent, car ce créateur se situe depuis quelques années dans le mouvement d'une avant-garde qui veut faire de l'esthétique une dénonciation sociale, voire politique, dans la même veine que ce qui se passe dans le cinéma québécois, dans la chanson* et dans le théâtre. Pour lui, l'art doit être social et engagé; il s'agit moins de faire quelque chose de beau que de clamer la vérité avec force. Ses installations dans Corridart, comme celles de quelques compères, se révèlent une contestation directe de la façon dont le maire Jean Drapeau gère le patrimoine architectural de Montréal. Par exemple, des mains géantes pointent vers des absurdités architecturales ou bien vers des grands panneaux porteurs de messages comme « Aujourd'hui, on assassine des maisons. Demain ? » C'est pourquoi le procès change alors de niveau et il passe de l'esthétique à la politique ; son principal objet devient la liberté d'expression. Pour les artistes, la censure vient donc avant tout de l'intolérance à la contestation, dont le maire Drapeau a fait sa marque depuis ses campagnes pour la moralité dans les années 1950. En 2002, Charney avance qu'il n'a pas voulu faire de Corridart « a political statement », mais tout ce qu'il fait en 1976 et avant prouve le contraire. Fernande Saint-Martin le reconnaît : « C'était dirigé contre Drapeau ; si cela avait été simplement laid, ça aurait pu survivre. »

Le juge Ignace Deslauriers rend son jugement le 20 mai 1981 et il déboute les plaignants. Pour lui, comme il n'y avait pas d'œuvres d'art et que certaines installations pouvaient, selon des fonctionnaires, nuire à la sécurité du public, la Ville de Montréal avait le droit de tout démantibuler. Après quelques considérations esthétiques, il met en évidence la dimension politique du débat :

> Corridart était une longue série de protestations sur toutes sortes de thèmes, et la liberté d'expression ne peut aller jusqu'à permettre la licence. […]
>
> Personne n'a vu de beauté dans Corridart, pas même les experts des différents demandeurs. Tout en affirmant que certains demandeurs ont du talent et sont des artistes, ce que la cour croit, ils n'ont pas employé envers Corridart l'expression laudative, intéressante, émouvante, discutable. Il est surprenant que des experts n'aient pas voulu donner une définition précise de ce qu'est la beauté en art. […]
>
> Tout le long de Corridart, on a propagé l'idée de destruction, démolition, catastrophe. Le souvenir de tous les événements qui ont suscité des manifestations à Montréal depuis 20 ans ont été ravivés le long de cette exposition. Corridart paraît avoir été une occasion saisie pour la propagation d'une idéologie plus ou moins subversive. On n'a qu'à lire le manifeste du planificateur, pièce PG26, pour s'en convaincre. Il écrit : « Corridart démontre que l'art dans la rue est plus significatif du fait qu'il est le reflet d'une culture créée par des gens qui vivent en société et qui ont un objet commun, objet défini par les besoins de ces mêmes personnes afin de changer les conditions de vie dans cette ville. » Changer la vie, c'est le slogan reconnu des gens de la gauche. Il rejoint facilement la formule marxiste « transformer le monde » [sic]. Les arguments de Corridart pour les conditions de changement de la vie dans cette ville sont tirés d'affirmations discutables et parfois contradictoires. Toutes les administrations sont globalement critiquées. […]
>
> Corridart était de nature à créer des malaises entre les différentes classes de la société montréalaise ou différents groupes ethniques. Corridart comportait une attaque déplorable contre la religion (une réplique de la croix du mont Royal renversée, œuvre de Pierre Ayot). Corridart n'a pas été obscène* dans le sens généralement utilisé pour ce terme, mais il est sûr que l'œuvre du coin Clark et Sherbrooke l'était [dans des cabines téléphonique stylisées, on pouvait entendre plus de 100 messages, dont un reprenait, entre autres, cette phrase d'une chanson des Beach Boys, « Let's masturbate like we did last summer », seule phrase portant à controverse].
>
> Une exposition artistique ne doit pas ignorer les règles de l'esthétique. L'art ne doit pas insulter les gens. Corridart aurait dû propager la joie. Il était plutôt de nature à engendrer la tristesse. La liberté d'expression ne va pas jusqu'à la licence, aux abus. Les abus ne confèrent pas de droits. Dans d'autres circonstances, dans des temps appropriés, certaines revendications auraient pu être écoutées. Pendant le temps des jeux olympiques sur la rue Sherbrooke, les manifestations étaient hors d'ordre, celles qui étaient contenues dans Corridart, comme celles qui auraient pu être suscitées par Corridart.

Les artistes décident le 11 juin suivant de porter la cause en appel, mais cela représente des dépenses telles qu'ils ne font rien pour l'activer. Finalement, avec une nouvelle administration municipale sous la direction de Jean Doré, une entente hors cour, favorable aux artistes, est conclue le 29 septembre 1988 : 85 000 $ sont versés aux plaignants, ce qui représente 5000 $ pour chacun.

La conclusion du procès Corridart représente probablement un cas unique où un jugement de cour mélange les considérations esthétiques et politiques. Elle illustre très bien l'enjeu de Corridart qui, au fond, fut très simple : des artistes, engagés pour la plupart à la fois dans une réforme de leur art en vue de le rendre davantage accessible au grand public, et à la fois dans une contestation des politiques municipales surtout en ce qui a trait au logement social et à l'aménagement des places publiques, s'opposent à une administration toute puissante qui possède une vision conservatrice de l'art et qui ne supporte aucune contestation. Le juge prend parti pour les autorités municipales, ce qui n'a rien d'étonnant, et il se prononce contre des artistes voulant changer la société selon un modèle marxiste qu'il juge inacceptable. Il accrédite une vision de l'art « décoratif » et il discrédite les œuvres contestatrices.

La célébrité de Corridart vient de sa quasi non-existence, de sa disparition juste avant l'événement qui doit en faire une grande fête de l'art populaire. Des dizaines de jeunes artistes des différents arts visuels tentent de transformer à la fois l'art et la société, mais ils se heurtent à des dirigeants qui considèrent que ce n'est pas le moment de poser de tels gestes ; ils vivent alors la censure dans ce qu'elle a de plus brutal, à la fois dans son caractère proscriptif et dans sa visée prescriptive, comme l'exprime bien le critique d'art René Payant :

> Un maire n'aime pas, un juge approuve, une loi s'édicte par conséquent qui dicte aux artistes l'attitude à adopter pour faire des œuvres qui soient « bonnes », c'est-à-dire recevables du point de vue de l'image que se crée et que veut maintenir l'agent du pouvoir.

Des princes du passé aux hommes d'affaires et à l'État d'aujourd'hui, le mécénat fixe toujours les conditions de son exercice.

De Corridart ne subsistent que des photos et quelques œuvres, que des expositions remettent régulièrement dans l'actualité, car les enjeux que l'événement a posés de manière emblématique demeurent toujours présents. *Yves Lever*

Archives de Radio-Canada (radio), émission Débat, « Qui doit juger de la valeur de l'art ? L'affaire Corridart », 24 janvier 1982 ; Ayot, Pierre et autres, *Corridart 1976, sérigraphies et textes*, livre d'art réalisé par Pierre Ayot, 1982 ; Choquette, Pascale, *Corridart : d'un événement culturel à une affaire juridique. Analyse des textes journalistiques et du jugement de l'affaire Corridart (1975-1988)*, Mémoire de maîtrise en lettres, Université de Sherbrooke, Sherbrooke, 1996 (bibliographie importante) ; Gauvin, Kim, « Revoir Corridart : exhumer les restes », *Annales d'histoire de l'art canadien*, 18, 2, 1997 ; Mackenna, Bob, *À propos de l'Affaire Corridart*, documentaire de 90 minutes, 2002.

COTES MORALES

Ciné-bulletin ; *Lectures* ; Télévision ; Église catholique et cinéma

LA COUPE VIDE

Adrienne Choquette (1915-1973) • Roman coté « Mauvais » par la revue *Lectures* (1949)

« On a dit d'Adrienne Choquette qu'elle avait écrit dans son livre quelques-unes des pages les plus osées de notre littérature », note le critique Charles Hamel dans *Le Canada* (13 novembre 1948). L'abbé Émile Bégin le confirme dans *L'Enseignement secondaire*, puis dans *La Revue de l'Université Laval* (mars 1949) : « On a trouvé scandaleux qu'une femme ait signé l'ouvrage le plus osé de la fiction romanesque canadienne. » Il n'est dès lors pas étonnant que la revue *Lectures** lui attribue la mention « Mauvais ».

La coupe vide se passe, pour l'essentiel, au début des années 1930. Quatre adolescents, finissants du cours classique, voient leur fade routine profondément troublée par l'arrivée d'une Américaine, Patricia Foress. Cette « déesse païenne » fort aguichante, émancipée, suscite chez eux l'éveil de la sensualité : « Leur visage luisant rayonnait d'une sensualité crûment offerte à un monde indéfini de choses. » Les descriptions sont à l'avenant, ainsi celle de cette baignade :

> On vit le maillot blanc entrer dans la mousse tiède, disparaître, revenir à la surface pour de nouveau fon-

dre, emporté par la vague, dérivé vers le large. Les garçons cherchaient la femme, la poursuivaient en silence maintenant. Elle nageait admirablement, son corps souple épousait les plis de l'eau, s'y roulait. La nageuse entraîna à sa suite quatre garçons éblouis dont la face mouillée d'écume, avidement, baisait un vertige nouveau.

Géraldine Rollin, la sœur de l'un des quatre adolescents, François, a très bien compris la force de ce qu'elle nomme « une race de femmes ennemies » : « Leur puissance ne vient-elle pas plutôt d'être libres de toute armure, que cela s'appelle morale, traditions, lois ? » Une autre jeune fille, Marielle Fortin, qualifie plus tard Patricia – pourtant mariée – de « vraie ennemie des foyers et de la famille ».

Le roman décrit le trouble profond qu'engendre l'Américaine lors de son séjour, à l'exception du dernier tiers de l'œuvre. En effet, un saut temporel d'une vingtaine d'années permet de représenter l'empreinte indélébile qu'a laissée Patricia sur les adolescents de l'époque.

Sur le plan de la forme, la critique a reconnu chez Adrienne Choquette un talent certain, une voix nouvelle ; mais elle a aussi presque unanimement noté les faiblesses du style et, surtout, l'aspect un peu bâclé, voire invraisemblable du dernier tiers. C'est cependant sur le plan de la morale que cette critique s'est divisée, car si certains ont adopté une approche plus tolérante, d'autres ont crié au scandale.

Jean-Pierre Houle, dans *Le Devoir* (26 juin 1948), se montre plutôt favorable. Dans *Amérique Française*, Solange Chaput-Rolland y voit « un livre courageux » (1948-1949). Certes, le dénouement est précipité, estime Victor Barbeau dans *Liaison*, mais si « c'est là notre premier roman de l'adolescence, c'en est, à coup sûr, par la pénétration de son analyse, le plus neuf, le plus puissant » (novembre 1948). Enfin, dans *L'Action universitaire* (octobre 1948), abordant clairement la sensualité qui se dégage de l'œuvre, Roger Duhamel nuance : « Roman troublant, *La coupe vide* ? Si l'on veut. Mais sensuel, allons donc ! Le jugera d'une moralité douteuse quiconque ignore les problèmes complexes qui se débattent dans les sens des adolescents […]. » Guy Sylvestre en appelle à la même modération dans *Le Droit* (25 septembre 1948) : « […] *La coupe vide* n'est pas destiné à la jeunesse, bien que le roman ne soit pas passible des foudres des moralistes. »

Adrienne Choquette aborde un sujet doublement délicat : la sensualité, de surcroît chez des adolescents. Le roman mérite donc l'opprobre de la part de la critique conservatrice. « Nous ajoutons, écrit Élie Goulet dans la *Revue dominicaine* en octobre 1948, qu'il faut être immunisé pour pouvoir lire impunément *La coupe vide*. » Un certain P. S. statue sur le roman en quelques lignes assassines, dans *La Revue de l'Université Laval* (janvier 1949) : « Invraisemblances, trivialités, anglicismes, cynisme, relents du naturalisme de Zola. Quelques efforts de style, mal réussis. En somme assez mauvais livre. C'est bien dommage pour la littérature canadienne. » Enfin, Julia Richer écrit dans *Notre temps* (12 juin 1948) : « Nous voici donc engagés sur une pente vertigineuse qui nous conduira, si personne ne tente une réaction, à une littérature incompatible avec notre culture chrétienne. »

Lectures, par la voix de son rédacteur en chef Théophile Bertrand, est particulièrement sévère à l'endroit de *La coupe vide*, au mois d'octobre 1948. Son résumé même de la fable l'annonce : « […] il s'agit de quatre mâles irrésistiblement subornés par l'apparition d'une toute-puissante femelle ». La conclusion de l'article justifie l'attribution de la pire des cotes morales : « Hélas, *La coupe vide* demeure une œuvre très perverse, en dépit sans doute des intentions de l'auteur, et l'on peut craindre que les écluses ne soient ouvertes chez nous aux flots dévastateurs de la littérature de la subconscience et du néant. »

Six mois plus tard (avril 1949), Bertrand revient à la charge de façon encore plus virulente, tirant prétexte d'une conférence contre la censure prononcée par Adrienne Choquette dans la série « Votre auteur préféré », le 9 mars 1949. Bertrand n'épargne pas l'auteure, « notre amazone », qui « a réussi à rassembler le plus invraisemblable bataclan de sophismes qu'on puisse imaginer ». Afin de la libérer de ses « besicles libertaires », il lui donne un cours sur l'art et la critique morale, tout en recommandant *La morale amie de l'art** du R. P. Eugène Lefebvre. En plus, les remerciements adressés à la fin de la conférence d'Adrienne Choquette par René Garneau, comme le note Bertrand,

> furent au diapason de la causerie de l'invitée. Il s'en est pris surtout à une « certaine école de critique », à une « certaine revue », – qu'il n'était évidemment pas besoin de nommer, – en y ajoutant une allusion malhonnête à l'abbé Bethléem* et une citation fervente d'André Gide.

Dans ce même article, Bertrand rappelle avoir naguère critiqué « avec beaucoup d'indulgence » *La coupe vide*; il conclut en regrettant que ce roman « illustre ses théories, alors que j'avais espéré un simple faux démarrage ».

La coupe vide, dont le tirage original fut de 1500 exemplaires, a été réimprimé au mois de juin 1949. Sans exagérer l'importance de cette œuvre, il est vrai de dire que c'est l'une des plus audacieuses des années 1940, plus précisément l'année même où *Au-delà des visages*, d'André Giroux, faisait éclater la morale traditionnelle et que *Refus global** la rejetait péremptoirement. *Pierre Hébert*

CHOQUETTE, Adrienne, *La coupe vide*, Montréal, Éditions Fernand Pilon, [1948], 204 p.

CRITÈRES DE LA CENSURE DU CINÉMA (de 1913 à 1963)

Au début de ses opérations, en 1913, le Bureau de censure du cinéma du Québec ne se donne que quelques critères plutôt vagues. En recevant les journalistes le 25 mars, le président Louis-Joseph Lemieux* déclare que le Bureau « aura pour mission de débarrasser des petits spectacles où l'on montrait jusqu'ici des scènes qui, sans être essentiellement dangereuses, devenaient, pour la jeunesse, un élément de fausse éducation, tout ce qui peut blesser la décence et les bonnes mœurs, comme l'impudicité complaisante, les meurtres, les vols, les attaques contre les croyances » (*La Patrie*). Le 9 avril suivant, lui et ses collègues adoptent officiellement les règles suivantes:

> La censure des vues animées sera gouvernée par les principes généraux suivants, que chaque censeur appliquera selon son jugement d'après les circonstances et le mode de représentation, en tenant compte que les enfants constituent une notable portion des habitués des salles de vues animées. Seront prohibées, entre autres, les scènes suggestives et immorales; les scènes de meurtre et de violence; les scènes où la religion et ses ministres sont tournés en ridicule ou exposés au mépris; le suicide; le divorce; les scènes trop vulgaires; les combats pour enjeux trop suggestifs et en général tout ce qui est de nature à déformer le jugement des enfants et à obscurcir, dans leur esprit la notion du bien et du mal, avec leur sanction respective. Si le sujet, dans son ensemble, n'est pas reprehensible [*sic*], il suffira d'en retrancher la scène qui donne lieu à la censure, tel que la commission actuelle de l'acte [*sic*]. Si, au contraire, la scène censurée se rattache essentiellement au sujet, ou en constitue le thème, le sujet entier sera prohibé. Seront également censurées les scènes injurieuses à la fierté légitime et au patriotisme des Canadiens et à la loyauté au roi, de même que celles où le drapeau américain est déployé d'une façon indiscrète ou intempestive.

Un nouveau président, Raoul de Roussy de Sales, les précise quelque peu à la fin de 1921, mais une grande partie du document est disparue des archives. Il ramène la préoccupation des enfants : « veiller à ce que leur jugement ne soit pas faussé et que la notion du bien et du mal reste gravée dans leur esprit ainsi que la sanction respective de l'un et de l'autre ». Parmi les quelques règlements conservés, notons:

> SEXE: Seront prohibées: Toutes les scènes suggestives et immorales; toutes celles qui traitent d'appels exagérés aux sens ou qui exploitent un intérêt sur cette question d'une façon malpropre et suggestive, telles que: le viol, les attentats au viol, l'adultère, l'amour

libre, l'infidélité, le commerce du vice, les ventes de femmes aux enchères, la traite de blanches, les scènes représentant des hommes ou des femmes nus, des femmes en costume ou position suggestifs, des filles vues au premier plan en costume de bain d'une seule pièce, les scènes particulièrement suggestives de chambre à coucher, de salle de bain, de danse, des vues trop prolongées exprimant sans nécessité un amour trop passionné.

RELIGION : Toute moquerie du mariage sera défendue. Aucune religion, aucun clergé appartenant à aucune foi ne devront être donnés en ridicule ni placés dans une situation compromettante, généralement tout ce qui peut offenser la religion ou la [ici il manque une page].

Dans la décennie qui suit, dite des Années folles, la popularité du cinéma croît aussi rapidement que le cours des actions en bourse et les censeurs vont s'en donner à cœur joie dans un cinéma qui se crée avec une grande liberté, même aux États-Unis où des réalisateurs d'origine européenne (Charles Chaplin, Erich von Stroheim, Maurice Tourneur, Josef von Sternberg, etc.) ne craignent pas d'affronter le puritanisme ambiant. Avant que la grande dépression des années 1930 ne vienne mettre fin à l'exubérance des créateurs, les autorités religieuses américaines, catholiques et protestantes, réclament avec de plus en plus de force des mesures de moralisation des écrans. Elles ont assez de poids pour que les producteurs se mettent à craindre une intervention de l'État, ce qui leur répugne avant tout. Ces derniers décident de s'autoréglementer dans une association, la Motion Picture Producers and Distributors of America (MPPDA) et d'engager William Hays, garde-chiourme qui va veiller à l'application, dès 1924, d'un code moral strict dans l'écriture des scénarios. Les règles se précisent en 1927 dans une série d'interdictions, 36 sujets à éviter ou à aborder avec discernement, appelées *Don't and Be Carefuls*, puis elles prennent leur forme définitive dans le *Motion Picture Production Code* adopté en mars 1930 et rédigé par deux catholiques bien connus, Martin Quigley, rédacteur du *Motion Picture Herald*, et le père Daniel Lord, jésuite, professeur de théâtre à St. Louis University. Le sous-titre se lit comme suit : « A Code to Govern the Making of Talking, Synchronized and Silent Motion Pictures ». On y trouve non seulement des directives concrètes mais aussi,

LA CENSURE INTERVIENT SANS RETARD

Le bureau de censure provincial sur les films a défendu la représentation du drame "Eternal City". (La ville éternelle), tiré du célèbre roman de Hall Caine. C'est M. le shérif Lemieux, président de ce bureau, qui a annoncé la nouvelle aux journalistes hier. Parlant au nom de ses collègues, il déclare que cette exclusion d'un film très dramatique et dont la mise à la scène a dû coûter des sommes énormes, est basée uniquement sur le respect des sentiments religieux de la majorité de la population. Le bureau de censure, on le sait, a toute la discrétion voulue pour contrôler les spectacles qui peuvent attaquer la morale et la religion, et froisser maintes susceptibilités.

Pages 156-158 : Intégralité du code québécois mis en parallèle avec le code américain intégral et accompagné de brefs commentaires.

CRITÈRES DE LA CENSURE DU CINÉMA

CODE QUÉBÉCOIS	CODE AMÉRICAIN
PRINCIPES GÉNÉRAUX	GENERAL PRINCIPLES
Aucun film soumis à l'examen ne sera approuvé si dans l'opinion du Bureau de Censure des Vues animées, il amoindrit ou abaisse la morale dans l'esprit de ceux qui le voient. La sympathie de l'auditoire ne doit jamais donc être favorable au crime, aux criminels, à la violation et aux violateurs de la loi. Les sujets de films soumis à l'examen du Bureau de censure des Vues animées devront être des exemples de la vie ordinaire sujets aux lois et aux règles du contraste et de l'Art dramatique. Ce principe n'a toutefois aucunement pour but de restreindre l'imagination de l'auteur. La loi naturelle ou humaine ne devra jamais être ridiculisée et aucun film ne doit créer ou déterminer la sympathie envers la violation de la loi.	1. No picture shall be produced that will lower the moral standards of those who see it. Hence the sympathy of the audience should never be thrown to the side of crime, wrongdoing, evil or sin. 2. Correct standards of life, subject only to the requirements of drama and entertainment, shall be presented. 3. Law, natural or human, shall not be ridiculed, nor shall sympathy be created for its violation.
PRINCIPES PARTICULIERS **Sexe**	PARTICULAR APPLICATIONS II. Sex
a) Le Bureau de Censure des Vues animées devra avoir toujours en vue de faire respecter le mariage et de faire ressortir la valeur de la famille dans la société.	The sanctity of the institution of marriage and the home shall be upheld. Pictures shall not infer that low forms of sex relationship are the accepted or common thing.
b) Le divorce ne devra jamais être présenté de façon attrayante et utilisé comme propagande pour induire l'union matrimoniale. Les allusions au divorce sont permises dans le dialogue.	*Les religions protestantes, qui regroupent la grande majorité des citoyens des États-Unis n'interdisent pas le divorce. Il ne fait donc pas partie du Code.*
c) L'adultère, même s'il est nécessaire ou essentiel à l'intrigue d'un film, ne devra pas être traité de façon trop claire ou explicite et présenté de manière attrayante. Le Bureau de Censure prohibera ce qui pourrait induire l'auditoire à l'imitation. *Cet aspect de l'imitation, qu'il ne faut pas susciter, revient dans plusieurs points, comme si le cinéma était véritablement un important provocateur de comportements, ce qui est affirmé dans les justifications du* Code.	1. Adultery, sometimes necessary plot material, must not be explicitly treated, or justified, or presented attractively.
d) L'infidélité, en ce qui a trait à l'état matrimonial, ne sera pas permise à moins que le film ne comporte la leçon morale qu'elle est mauvaise et toujours punie de manière à décourager toute imitation.	*L'infidélité ne fait l'objet d'aucune directive dans la version américaine.*
e) Les scènes exprimant, sans nécessité, un amour trop passionné ne seront tolérées que dans la mesure où elles seront nécessaires à l'intrigue, pourvu que cela ne viole pas les règles élémentaires de la morale. *Ici, le* Code *est plus précis.*	2. Scenes of passion a. They should not be introduced when not essential to the plot. b. Excessive and lustful kissing, lustful embraces, suggestive postures and gestures, are not to be shown. c. In general passion should so be treated that these scenes do not stimulate the lower and baser element.
f) La perversion sexuelle, la traite des blanches, les scènes d'accouchement, l'allaitement au sein des enfants en public, l'exposition des organes génitaux seront prohibés. *Ici encore, on est moins précis que dans le* Code. *On a laissé tomber le viol, les maladies vénériennes et les mariages interraciaux, comme si ces réalités ne pouvaient pas exister au Québec. On ne précise pas pour les organes génitaux des enfants, ce que le Bureau va beaucoup censurer dans les années suivantes.* *Par ailleurs, on a ajouté l'allaitement en public ; on l'interdira aussi en privé.*	3. Seduction or rape a. They should never be more than suggested, and only when essential for the plot, and even then never shown by explicit method. b. They are never the proper subject for comedy. 4. Sex perversion or any inference to it is forbidden. 5. White slavery shall not be treated. 6. Miscegenation (sex relationships between the white and black races) is forbidden. 7. Sex hygiene and venereal diseases are not subjects for motion pictures. 8. Scenes of actual child birth, in fact or in silhouette, are never to be presented. 9. Children's sex organs are never to be exposed.

CRITÈRES DE LA CENSURE DU CINÉMA

CODE QUÉBÉCOIS	CODE AMÉRICAIN
Crimes Le meurtre et l'homicide involontaire comme effets scéniques ne seront acceptés que s'ils sont essentiels à l'intrigue d'un film. Ils ne devront jamais être accompagnés de détails, et tout ce qui pourrait induire les esprits faibles à l'imitation sera prohibé. Le meurtre de revanche est interdit.	**I. Crimes against the law** These shall never be presented in such a way as to throw sympathy with the crime as against law and justice or to inspire others with a desire for imitation. 1. Murder a. The technique of murder must be presented in a way that will not inspire imitation. b. Brutal killings are not to be presented in detail. c. Revenge in modern times shall not be justified.
Méthodes criminelles : Tout détail sur le vol, le brigandage, le dynamitage des coffres-forts et des voûtes de sûreté est prohibé. Tout détail sur la manière de préméditer et d'allumer les incendies est interdit. L'usage des armes à feu est restreint à l'essentiel. *Les règlements québécois se montrent moins sensibles à la consommation d'alcool et au trafic de drogue qu'aux États-Unis.*	2. Methods of crime should not be explicitly presented. a. Theft, robbery, safe-cracking, and dynamiting of trains, mines, buildings, etc., should not be detailed in method. b. Arson must subject to the same safeguards. c. The use of firearms should be restricted to the essentials. d. Methods of smuggling should not be presented. 3. Illegal drug traffic must never be presented. 4. The use of liquor in American life, when not required by the plot or for proper characterization, will not be shown.
Religion a) Tout film ridiculisant la Religion ou la Foi est interdit. b) Aucun prêtre, ministre de quelque religion que ce soit ne devra être tourné en ridicule ni placé dans une situation compromettante. Les prêtres et les ministres de la religion ne devront pas être présentés dans un film dans les rôles de comiques ou de traîtres. c) Les cérémonies de toutes les religions devront être traitées avec le plus grand respect.	**VIII. Religion** 1. No film or episode may throw ridicule on any religious faith. 2. Ministers of religion in their character as ministers of religion should not be used as comic characters or as villains. 3. Ceremonies of any definite religion should be carefully and respectfully handled.
Patriotisme Le patriotisme national sera constamment respecté et l'Histoire, les institutions et les hommes éminents des autres pays seront présentés honnêtement et loyalement. Cet article ne restreint pas cependant les sujets de film où l'on traite d'une période historique tout en donnant une large part au roman et à l'imagination. Dans ces cas, le producteur du film sera tenu d'insérer un titre mentionnant qu'il n'a pas l'intention de s'en tenir à la vraie version historique enseignée dans les maisons d'éducation.	**X. National Feelings** 1. The use of the Flag shall be consistently respectful. 2. The history, institutions, prominent people and citizenry of other nations shall be represented fairly.
Loyauté envers le Roi Le Bureau de Censure sera rigide et sévère envers tout film tendant à diminuer la loyauté et le respect dus au Roi.	
Bolchévisme et communisme* Tout film de nature communiste et bolchéviste [sic], même s'il est déguisé sous le manteau de l'art, sera refusé. *On craint ce cinéma, rare, mais qui va arriver de plus en plus souvent d'Europe.*	*Aux États-Unis, le communisme n'est pas illégal dans la première moitié du XXe siècle. Comme on ne projette rien d'autre que le produit hollywoodien, nul besoin de bannir le film soviétique.*
Dialogue Tout mot ou geste obscène, toute allusion, chanson, farce à double sens et trop crue, le blasphème, sont interdits. *Ce règlement est moins précis que celui des Américains, mais on peut remettre en cause tout dialogue.*	**V. Profanity** Pointed profanity (this includes the words, God, Lord, Jesus, Christ – unless used reverently – Hell, S.O.B., damn, Gawd), or every other profane or vulgar expression however used, is forbidden.

CRITÈRES DE LA CENSURE DU CINÉMA

CODE QUÉBÉCOIS	CODE AMÉRICAIN
Vulgarités Tout sujet trivial et déplaisant devra être traité avec goût et prudence et en ayant égard à la sensibilité de l'auditoire.	**III. Vulgarity** The treatment of low, disgusting, unpleasant, though not necessarily evil, subjects should always be subject to the dictates of good taste and a regard for the sensibilities of the audience.
Costumes a) La nudité complète est toujours défendue, qu'elle soit réelle ou en silhouette, de même que tout dialogue ou personnage libertin ou lubrique. b) Les costumes de danse* du genre doivent toujours être conformes au bon goût et inoffensifs à la décence. *Les censeurs ne précisent rien pour ce qui est des diverses formes de danse. Ils vont pourtant couper allègrement dans tout ce qui bouge!*	**VI. Costume** 1. Complete nudity is never permitted. This includes nudity in fact or in silhouette, or any lecherous or licentious notice thereof by other characters in the picture. 2. Undressing scenes should be avoided, and never used save where essential to the plot. 3. Indecent or undue exposure is forbidden. 4. Dancing or costumes intended to permit undue exposure or indecent movements in the dance are forbidden. **VII. Dances** 1. Dances suggesting or representing sexual actions or indecent passions are forbidden. 2. Dances which emphasize indecent movements are to be regarded as obscene.
Cruautés Les sujets suivants devront être traités avec beaucoup de prudence et dans les limites du bon goût : a) Pendaison b) Méthodes d'interrogation d'accusés pour obtenir des aveux. c) Toute brutalité. d) La cruauté envers les femmes, les enfants, les animaux.	**XII. Repellent Subjects** The following subjects must be treated within the careful limits of good taste : 1. Actual hangings or electrocutions as legal punishments for crime. 2. Third degree methods. 3. Brutality and possible gruesomeness. 4. Branding of people or animals. 5. Apparent cruelty to children or animals. 6. The sale of women, or a woman selling her virtue. 7. Surgical operations.
Séries Cinquante pour cent de toutes les séries devront être présentées au même examen de façon à ce que le Bureau de Censure puisse se former une idée des épisodes à suivre. *Ceci ne sera pas toujours possible, surtout dans le cas de longues séries, mais il y aura toujours quelques épisodes à la fois.*	
Comédies Les comédies devront être de la même tenue morale que les autres films. En examinant ce genre de films, les membres du Bureau de Censure seront indulgents dans l'application des règlements.	
Copies du dialogue Le président du Bureau de Censure pourra, s'il le juge à propos, exiger, avant l'examen d'un film, la production d'une copie du dialogue dudit film. Cette copie sera remise au propriétaire ou distributeur immédiatement après l'examen. *Le cas se produira très souvent, la copie du dialogue servant pour l'indication des coupures.*	
Département des affiches Le Bureau de Censure refusera son approbation à toute affiche suggestive, obscène, indécente, représentant des scènes où l'on voit des armes à feu, de pendaison, d'électrocution, de suicide, de meurtre, d'hommes, de femmes demi-nues [sic] ou en position suggestive de baisers trop passionnés.	

à leur suite, de longues justifications (« reasons underlying the general principles » et « reasons underlying the particular applications ») pour chaque section, lesquelles sont un mélange de catéchisme et de sociologie. Trouvant que le *Hays Code* n'a pas assez de mordant et surtout que son application manque de rigueur, les catholiques fondent en 1934 la Legion of Decency et obtiennent que l'un des leurs, Joseph Breen, devienne l'homme de la MPPDA à Hollywood. Immédiatement, celui-ci impose une pénalité de 25 000 $ à tout studio qui ne soumet pas ses scénarios ou qui trafique les tournages ; il n'y a plus d'échappatoires possibles et une des censures à la création les plus répressives s'instaure pour presque 30 ans.

Au Québec, *La Presse* du 5 avril 1930 publie le communiqué officiel au sujet du *Production Code* et en reproduit de longs extraits. C'est probablement ce qui donne l'idée à l'assistant procureur général Charles Lanctôt de reformuler les critères de 1921, d'autant plus que le premier ministre Louis-Alexandre Taschereau vient de remplacer le président du Bureau de censure et qu'on a voté en 1928 une loi plus restrictive. Eugène Beaulac, le chef censeur, traduit tout simplement les normes américaines, en retranche quelques-unes et en ajoute d'autres, puis il soumet le tout à Lanctôt qui, au nom du ministre, les agrée le 4 mai 1931. Ces critères sont officiellement adoptés le 11 mai 1931 par les censeurs et ils demeureront officiellement en vigueur jusqu'au 4 mars 1963, alors qu'avec la permission du procureur général Georges-Émile Lapalme, l'assemblée du Bureau les écarte définitivement. L'intégralité du code québécois, mis en parallèle avec l'américain, lui aussi intégral (mais sans les longues justifications ; l'ordre des critères n'est pas le même), et accompagné, en italique, de brefs commentaires, se retrouve aux pages 156-158.

Avec cette série de prescriptions, Beaulac et ses collègues ont un outil relativement clair pour entrer en lutte contre le cinéma français qui commence à revenir sur les écrans après presque quinze ans où, à cause de la mainmise des studios américains sur les réseaux de distribution canadiens, il était presque complètement disparu des salles, comme tout le cinéma européen, d'ailleurs. Quant au cinéma hollywoodien, déjà passablement aseptisé par le *Code*, il n'attire pas autant leurs foudres, mais il reste étroitement surveillé. Au gré des changements de parti au pouvoir, divers présidents vont se succéder jusqu'en 1948 quand arrive Alexis Gagnon*, nommé par son ami, le premier ministre Maurice Duplessis*, un moraliste qui se croit investi d'une véritable mission d'épuration du cinéma et qui va appuyer à la lettre les critères, tel un fondamentaliste religieux. Son règne va durer presque 13 ans, puis il suffira de quelques mois pour que tout ce qui concerne le divorce, la religion, le communisme, en partie l'érotisme, soit relégué aux oubliettes.

Après 1963, les censeurs décident de ne plus formuler de critères, mais de s'aligner sur le consensus social, lequel détermine un seuil de tolérance. Ils se donnent toutefois des « paramètres d'analyse » (site Internet de la Régie du cinéma*). *Yves Lever*

ANQ-M, fonds Régie du cinéma, E 188 : recueil des textes de loi, procès-verbaux des assemblées du Bureau de censure, correspondance ; MacGowan, Kenneth, *Behind the Screen, The History and Techniques of the Motion Picture*, 1965 ; la version intégrale du *Production Code* se retrouve dans de nombreux sites web, en version originale ou en traduction française.

⊙ Loi sur le cinéma ; Obscénité ; Publicité des films

CRITIQUE ET CINÉMA
Les rapports de la critique de cinéma avec la censure

La critique relève-t-elle inexorablement de la censure ? Dans chacune de ses interventions écrites ou audiovisuelles, elle prononce des jugements sur les œuvres, même quand elle se veut simplement analytique ; de tout le propos, et quelle que soit la volonté de son auteur de la dissimuler, ressort toujours une évaluation qui peut osciller entre « inutile de se déranger » et « ne manquez pas cet ouvrage, ou

> La loi qui régit déjà nos représentations cinématographiques devrait ajouter à ses articles, celui-ci : à savoir qu'un film coupé de façon à devenir incohérent et ridicule, ne devrait pas être représenté dans aucune de nos salles de spectacles, et renvoyé tout simplement au producteur. Nous avons tous vu au cinéma des représentations qui n'avaient ni queue ni tête. [...]
>
> [Le client] qui a payé pour voir un film, aurait parfaitement le droit de réclamer avec la dernière des énergies, et d'exiger qu'on le traite avec justice. Il doit y avoir suffisamment de films recommandables, pour distraire et récréer le public, sans être obligé encore de recourir à ces films, coupés jusqu'au point de n'avoir plus aucun sens. [...]
>
> Nous nous insurgeons absolument contre le fait odieux de faire payer au public séduit par un titre, un spectacle tronqué au point de n'être plus qu'une suite de tableaux incohérents qui tourmentent l'imagination, et laissent supposer des scènes beaucoup plus brutales peut-être que celles que l'on a supprimées.
>
> Le spectacle est une marchandise, et le client a le droit d'exiger qu'on lui donne ce qu'on lui a promis. Si une pièce ne peut être donnée dans le texte, qu'on l'enlève tout simplement, mais qu'on n'aille pas la défigurer, sous prétexte de la rendre vertueuse. Les pièces qui exigent de telles coupures sont toujours malsaines d'un bout à l'autre, et elles gagneraient invariablement à n'être pas données en spectacle.
>
> (Jean HARDY, *La Revue moderne*, 15 mars 1921)

ce film ». Par ailleurs, elle se veut généralement le chien de garde de la liberté d'expression ou parfois, à son opposé, le défenseur de son maître. C'est ainsi que paraissent des dizaines de textes s'opposant aux institutions qui censurent et presque autant d'autres qui les justifient. Deux aspects sont donc à considérer : l'effet censorial (proscriptif ou prescriptif) inclus dans toute critique et le discours que les critiques tiennent sur la censure.

Avant les années 1950, il existe peu de critique professionnelle du cinéma au Québec. Les quotidiens ne présentent que des résumés des films en plus d'informations sommaires sur les vedettes, et les textes se terminent par un jugement rapide sur le fait qu'il vaut la peine ou non d'acheter le ticket. Des revues d'information comme *Le film* ou *Panorama* dans les années 1920 et *Le courrier du cinéma* dans les années 1930 et 1940 n'offrent guère plus de contenu. La revue *Relations* des jésuites, fondée en 1941, donne la parole à quelques critiques laïques dans ses premières années, mais cela ne dépasse guère ce qu'on peut lire dans les quotidiens. Il n'y a à vrai dire que dans les revues cléricales s'opposant au cinéma que, dès les années 1920, s'élaborent des éléments d'analyse théorique sur l'influence présumée de ses contenus et de son esthétique. Ils tiennent du discours théologique sur « l'art et la morale »*, l'un ne pouvant être dissocié de l'autre. Aux commentateurs, il est recommandé de mettre en évidence les directives que la hiérarchie prononce au sujet du média et de ses contenus. C'est ce que font par exemple les brochures *Le cinéma corrupteur* d'Euclide Lefebvre, *Notre cinéma, pourquoi nous le jugeons immoral* d'Oscar Hamel, les dizaines d'articles du chanoine Adélard Harbour* (« Notre religion est toute d'autorité ») dans la *Semaine religieuse de Montréal* et ceux d'Harry Bernard dans *L'Action française*. S'y compose en quelques années un discours sur le cinéma et son impact sur la transformation de l'imaginaire qui ne cache pas sa volonté censoriale proscriptive : l'idéal serait la disparition totale du cinéma ; à défaut, qu'en soient privés tous les moins de 16 ans, ce qui est obtenu par une loi en 1928, après l'hécatombe de 78 enfants dans l'incendie de la salle Laurier Palace le 9 janvier 1927. Cet événement a provoqué l'écriture d'un pamphlet au titre resté célèbre, *Parents chrétiens, sauvez vos enfants du cinéma meurtrier*, du père Joseph Papin Archambault, s.j.

On assiste à peu d'interventions de la critique dans les deux décennies suivantes. Seuls *La passion de Jeanne d'Arc** (en 1930) et *Les enfants du paradis** (en 1947), que certains chroniqueurs ont pu voir avant leur interdiction, provoquent des gestes énergiques, efficaces dans le premier cas, vains dans le second. Par ailleurs, le journaliste Louis Francœur, un libre penseur comme il en existe peu à l'époque, y va d'un réquisitoire virulent contre la censure du cinéma dans sa chronique « Dégonflages » de la *Revue moderne*, en deux articles (juin 1939 et juin 1941). Dans le premier texte, il dénonce « le fait de tripatouiller préalablement le film, comme s'il devait être vu seulement par des premières communiantes, [qui] confère à l'ensemble de la population un certificat d'immaturité mentale ». Dans le second, il s'en prend à cette dictature des « purs » qui « n'ont d'autre ambition que d'être les gardiens de leurs frères » et des pharisiens qui « veulent, à tout prix, empêcher leurs frères de penser autrement qu'eux-mêmes ». Il stigmatise la faillite de ce système :

> Si au moins les « purs » nous avaient donné la discipline intellectuelle, l'orgueil de l'effort… Ils n'en ont pas eu le temps. Et pourquoi les en blâmerait-on ? Leur rôle n'est pas de faire s'épanouir mais de tenir sous cloche ; ce n'est pas d'encourager l'évolution d'une personnalité, c'est de la plier, de la contraindre à ne pas dépasser le niveau de médiocrité dont ils se sont fait un idéal.

Il résume ainsi la position cléricale depuis le début du siècle et, d'une certaine façon, annonce la critique radicale que fera André Lussier en 1960 dans « Les dessous de la censure »*.

Avec les années 1950 et l'engagement d'organismes cléricaux dans l'éducation cinématographique par le biais des ciné-clubs, lesquels entraînent la création de revues de cinéma comme *Découpages* et *Séquences*, se structure une vision de « la critique catholique du cinéma », en harmonie avec les documents officiels que le magistère romain a produits en plusieurs occasions depuis l'encyclique *Vigilanti cura* de Pie XI en 1936. Gilles Blain la résume dans ce qu'elle a de plus achevé et de plus nuancé :

> Celui qui est vraiment catholique fait en catholique tout ce qu'il fait. […] La religion est pour lui une seconde nature qui transforme tous ses actes, y compris ses actes de critique.
>
> […] Les conditions de la critique sont les mêmes pour tous, sauf, peut-être, que les doctrines flottantes provoquent des sévérités ou des étroitesses inattendues, et que les doctrines précises, par la sécurité qu'elles donnent à l'intelligence, permettent de plus larges audaces.
>
> […] L'objet de l'œuvre d'art est une réalité qu'il faut considérer dans son entier. Et pas seulement dans son aspect esthétique. […] « La théorie de l'art indépendant ne repose que sur l'équivoque. Considéré en lui-même, l'art est indépendant en ce sens qu'il a son objet à lui, distinct de celui de la morale ; en tant qu'il est exercé par un homme, il doit se soumettre à la loi de l'homme ; il est tributaire de la moralité. » (Sertilanges)
>
> […] Mais si l'aspect esthétique est subordonné aux fins générales de l'homme et du chrétien, cela ne veut pas dire qu'il serait suffisant de ne considérer que l'aspect moral et la valeur chrétienne de l'œuvre. Le formalisme moral est à rejeter aussi bien que le formalisme esthétique, parce qu'il dévalorise comme l'autre la signification totale de l'œuvre.
>
> […] Pour juger en catholique, la science religieuse est requise. Comment n'en serait-il pas ainsi ? On ne parle sagement que de choses que l'on connaît bien. […] Le critique catholique devra souvent fréquenter les grandes œuvres de la théologie morale et de la théologie « tout court ». Sa responsabilité à cet égard est d'autant plus grave que le public catholique a souvent une foi aveugle en sa science religieuse, qu'il attend de lui la lumière, qu'il calque ses propres jugements sur le sien.
>
> Mais la science religieuse est insuffisante ; il faut encore le sens catholique. On l'a ou on ne l'a pas. Si on l'a, on peut l'étouffer, ou le développer par la culture ; si on ne l'a pas, on ne saurait se le donner ni en masquer l'absence. Et qu'est-ce que le sens catholique ? C'est le sens religieux appliqué à la vie. Il consiste dans la vive impression que nous avons de baigner dans le mystère et le divin, dans le sentiment de la puissance de Dieu, de notre déchéance, de notre péché, de notre force dans le Christ, de notre communion au Corps de l'Église.
>
> […] Il revient au critique chrétien d'exposer délicatement les problèmes moraux, d'étaler les raisons qu'il a de les résoudre dans tel ou tel sens et d'amener

le peuple chrétien à former sa propre opinion personnelle. Il doit se souvenir qu'il ne parle pas en Père de l'Église, mais en chrétien, et que ses avis sont faillibles. (*Séquences*, 12, février 1958)

Avec cette réflexion de Blain, on est loin du simplisme de certaines déclarations officielles du genre: « Le critique catholique [...] ne manquera pas de mettre l'accent sur le point de vue moral et de formuler ses jugements en évitant de glisser dans un déplorable relativisme moral et de négliger la hiérarchie des valeurs » (encyclique *Miranda Prorsus* de Pie XII, 12 septembre 1957). Ou encore:

> En insistant sur l'aspect doctrinal et moral, le critique chrétien n'aura pas peur de *s'identifier* avec la position que lui impose son appartenance à l'Église, position que d'aucuns font l'erreur de ne citer que sans engagement et comme pour mémoire. [...] Chaque ligne de chaque article témoignera de la magnifique et vivifiante unité de notre vision chrétienne sur le monde qui nous entoure. (Mgr Jean Bernard, président de l'Office catholique international du cinéma, *Séquences*, 24, février 1961)

Un éditorial non signé de *Relations* (janvier 1958) en fournit la justification ultime: « La morale naturelle trouve sa perfection dans la loi évangélique. De celle-ci, la seule gardienne et maîtresse est l'Église, non l'État. Forte du mandat qu'elle a reçu, l'Église*, société parfaite, peut ainsi imposer des restrictions à ses fidèles dans le dessein de mieux sauver leur liberté intérieure. » Dans la pratique, aussi bien dans la série de fiches *Films à l'écran* que dans *Séquences* (les 10 premières années), la directive papale l'emporte; c'est ce qui pousse Léo Bonneville, directeur de la revue, à endosser la censure officielle au nom de « la moralité publique et l'ordre dans la communauté » tout en l'accusant de ne pas respecter les œuvres qu'elle ampute de scènes importantes. Toutefois, dans les quotidiens, si *Le Droit* ne change pas, Gilles Marcotte donne une nouvelle façon de voir au *Devoir**, en même temps qu'André Laurendeau prend résolument parti contre la censure étatique dès 1958, lors de l'affaire

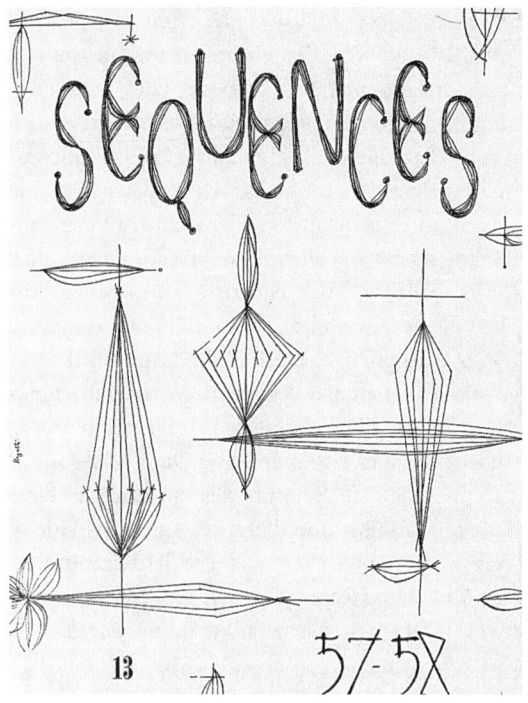

La revue *Séquences* au moment où elle promeut la critique catholique et défend la censure.

Maxime*, moment où le jésuite Jacques Cousineau l'avalise dans *Relations*. Une décennie plus tard, la Révolution tranquille aidant, plus personne, même dans *Séquences* devenue indépendante, n'oserait évoquer une « critique catholique ». En 1964, la revue *Maintenant* des dominicains publie un dossier résolument anti-censure et son critique régulier du cinéma, le jeune laïque Jacques Lamoureux, considère l'esthétique avant tout. Dès 1969, Yves Lever utilise dans *Relations* une grille sociologique et politique.

Il faut attendre 1960 et les mutilations à *Hiroshima, mon amour** d'Alain Resnais pour que la critique non cléricale croise le fer avec la censure. Dans le numéro de décembre d'*Objectif 60*, Robert Daudelin et Michel Patenaude, les directeurs de la revue, présentent en éditorial toute une page où un simple carré noir entoure HIROSHIMA, MON AMOUR en lettres de un centimètre; la page suivante offre deux photos des cinéphiles manifestant devant le théâtre Français où le film est projeté. Deux mois plus tard, la revue consacre 14 pages à son opposition à la censure : éditorial, rappel de ce qui s'est passé avec le film de Resnais, longue interview avec André Laurendeau, Marc Lalonde, Roland Brunet et Guy L. Coté, où il ressort que la censure devrait disparaître pour être remplacée par une classification des spectateurs par groupes d'âge. Dans les années suivantes, la revue reste timide pour ce qui touche la censure. Les rédacteurs savent sûrement quels films sont interdits, bien qu'à l'époque il soit impossible d'aller voir les fiches d'examen du Bureau. Tout de même, ceux qui lisent les *Cahiers du cinéma* pourraient se scandaliser de ne pas voir arriver aussi rapidement les films de la Nouvelle Vague, d'autant plus que ces jeunes intellectuels entretiennent une correspondance régulière avec les cinéastes français et qu'ils ont parfois la chance d'aller voir les films sur place. Dans les quotidiens, ce sont moins les critiques que les éditorialistes et certains journalistes qui reviennent régulièrement sur le sujet, surtout au moment de la parution du Mémoire du Comité* provisoire pour l'étude de la censure du cinéma en février 1962, puis lors de la prise en main du Bureau de censure par André Guérin* en 1963. Pendant ses 25 années à titre de censeur en chef, Guérin reste un chouchou des médias et charme aussi bien les critiques que les journalistes politiques à qui il donne de longs et riches entretiens.

Au tournant des années 1970, la mise au ban chez le producteur (l'ONF*) de films de Jacques Leduc (*Cap d'espoir**), Denys Arcand* (*On est au coton*) et Gilles Groulx* (*24 heures ou plus*) fournit à la critique l'occasion de partir en guerre contre cette forme de censure encore peu connue au pays. Des dizaines d'articles dans les quotidiens et un hebdomadaire (*Québec-Presse*) ramènent inlassablement la question de ces films jusqu'à ce qu'elle soit réglée en 1976, avec leur « libération ». Au passage, la presse cinématographique n'a pas manqué de souligner les cas mineurs de censure liés à d'autres films québécois (*Un pays sans bon sens**, *Les ordres**, *Le soleil a pas d'chance **, etc.).

En 1971, l'ensemble de la critique couvre de ridicule la campagne de presse et les poursuites que le curé Raymond Lavoie de Québec et le dominicain Marcel-Marie Desmarais de Montréal entreprennent contre les films québécois *Après-ski **et *Pile ou face**. C'est l'occasion de souligner le fait que la censure s'est faite intelligente au Québec et qu'elle a bien rangé ses ciseaux au placard. *Cinéma Québec*, qui naît en mai 1971, consacre son deuxième numéro à cette question, en soulignant qu'il faut considérer, au-delà de cette censure qui interdit, celle qui oblige les cinéastes québécois à montrer patte blanche devant les organismes subventionnaires s'ils veulent obtenir l'appui sans lequel il est devenu impossible de tourner. Le sujet revient sporadiquement dans les années qui suivent. En traitant de cas particuliers, personne ne formule toutefois une étude sérieuse du phénomène censorial dans son ensemble.

Dans cette même année 1971 naît aussi la revue-livre *Champ libre* qui entend marquer une rupture radicale avec toute la critique existante, jugée trop idéaliste, et se consacrer à une étude « matérialiste » du cinéma dans son ensemble. La parole de Marx et de Mao remplace celle de Dieu et la volonté de servir la classe ouvrière fournit les slogans. « Pour nous, une revue de cinéma ne pouvait jamais être neutre : elle était soit au service de la bourgeoisie, soit au service des travailleurs », clament les rédacteurs, qui sont surtout des universitaires et des militants d'extrême-gauche. La condamnation radicale de presque tout le cinéma relève du même esprit censorial que les anathèmes religieux des décennies antérieures. Seul trouve grâce aux yeux des militants le filmique correspondant aux textes canoniques, ce qui ne se trouve que très rarement et seulement dans des œuvres qui allient révolution de la forme et du contenu, ce qui permet de se démarquer résolument du réalisme socialiste de triste mémoire. On a ici une forme de censure prescriptive que la « critique catholique » avait mise de l'avant antérieurement. *Champ libre* disparaît après quatre numéros, mais l'idéologie persiste dans *Cinécrits* que rédigent surtout des professeurs et des étudiants de l'Université Laval à Québec, et dans des textes consacrés au cinéma dans les magazines marxistes-léninistes *Stratégie* et *Chroniques*. Reflets de l'engagement radical de groupuscules politiques à la suite des événements d'Octobre 70*, ces revues sont toutes disparues à la fin de la décennie.

Dans les années 1980, les critiques de cinéma des quotidiens ne manquent pas de souligner que la loi 109 (1983) doit poursuivre dans la voie engagée depuis 1967, c'est-à-dire en ne reconnaissant que le consensus social comme critère d'évaluation ; c'est ce qui se produit. En 1987, lorsque le gouvernement fédéral conservateur de Brian Mulroney, sous la pression de ses députés militants de l'Ouest, présente une loi qui entend préciser dans le Code criminel les notions d'obscénité* et de pornographie, ce qui permettrait éventuellement de faire des procès à d'innombrables films, la pression des chroniqueurs politiques et des critiques de cinéma est telle que le projet de loi est finalement retiré. La revue *24 images* (37, 1988), qui vient de changer de propriétaire et de direction avec Claude Racine, amorce à cette occasion sa lutte contre toute forme de censure. On la retrouve dans une défense inconditionnelle de Pierre Falardeau lors de tous ses démêlés avec les organismes subventionnaires, surtout Téléfilm* Canada. Cette fixation l'empêche d'ailleurs d'avoir au sujet des films de Pierre Falardeau le regard critique aigu et pertinent qu'elle a envers tous les autres cinéastes, ce qui représente un très intéressant phénomène d'autocensure*. *24 images* s'illustre aussi en 1993 en dénonçant la Régie du cinéma*, dirigée par Claude Benjamin, lorsqu'elle demande aux télédiffuseurs de présenter en fin de soirée les émissions présentant des histoires de violence pouvant susciter l'imitation chez les enfants et adolescents. La revue soutient alors que la liberté d'expression ne peut subir aucune limitation ; elle est « inaliénable et indivisible, point à la ligne » (Thierry Horguelin). La revue soutient aussi que dans le cinéma présentant des phénomènes de violence, il faut considérer avant tout l'esthétique plutôt que le contenu brut, ce qui permet d'avaliser aussi bien *Reservoir Dogs* de Quentin Tarantino que *C'est arrivé près de chez vous* de Remy Belvaux, André Bonzel et Benoît Poelvoorde, car il ne faut jamais oublier que si la représentation de la violence au cinéma est insupportable, on la supporte facilement quand elle fait partie de la vie ordinaire et qu'elle est évoquée dans un reportage de la télévision.

Une partie de la critique, surtout dans les revues cléricales, a pu se faire l'alliée de la censure étatique à certains moments, et contribuer ainsi à son maintien ou à son renforcement. Mais dans la plus grande partie de l'histoire, elle s'y est opposée ou du moins elle a requis qu'elle s'exerce d'une façon plus respectueuse des libertés individuelles. *Yves Lever*

Association québécoise des études cinématographiques, *Cinéma et sexualité*, Québec, Prospec, 1988.

◉ Rapport Boyer ; *Octobre*

CRITIQUE ET LITTÉRATURE

◉ « L'art et la morale » ; *Doux-amer* ; *Foi et littérature* ; Gay, Paul ; *Lectures* ; *Sous le signe des muses*

LE CUIRASSÉ POTEMKINE

Sergei M. Eisenstein (1898-1948) • Film qui perd quelques intertitres (1961)

Ce classique du cinéma, tourné par Sergei M. Eisenstein, n'arrive au Québec qu'en 1961, soit 36 ans après sa présentation en Union soviétique. Le Bureau de censure n'a jamais eu à le refuser puisqu'aucun distributeur ne l'a proposé, sans doute par crainte des réactions qu'il provoquerait inévitablement à cause de son incitation directe à la révolution par le communisme*. Ce n'est qu'en 1931 qu'un critère censorial édicte : « Bolchévisme et communisme : Tout film de nature communiste et bolchéviste, même s'il est déguisé sous le manteau de l'art, sera refusé », mais l'anticommunisme est déjà virulent au Québec.

Un petit distributeur spécialisé alors dans les ciné-clubs, Astral, le propose en format 16 mm. Il est approuvé le 21 avril, mais avec les coupures suivantes, qui représentent environ 2 minutes :

> Générique : Russia is going through a great historical moment. The revolution has flared up its flames spreading wider and wider enveloping new areas, new strata of society. The proletariat stands in the vanguard of the militant forces of the revolution. Lenin.
> 2e : Released by Sovexportfilm.
> 3e : Sound version by Mosfilm Studio Moscow 1950.
> 4^e : It was the first film to be based on a revolutionary event with the people as its hero.
> Epilogue : The whole of Russia the whole world now know that the revolution may enlist the support of the armed forces.

Les titres sont en anglais. C'est le cas pour un grand nombre de films qui arrivent ces années-là et qui sont destinés aux ciné-clubs. Les distributeurs misent sur le fait que les francophones peuvent lire l'anglais, l'inverse n'étant pas possible pour l'autre groupe linguistique, et ils importent la plupart des films de répertoire avec des sous-titres anglais. Il faut dire que beaucoup de copies des grandes œuvres de répertoire sont tirées aux États-Unis.

L'Office catholique national des techniques de diffusion ne le condamne pas, mais prévient que « Les tendances antireligieuses et violemment révolutionnaires du film motivent des réserves. » (*Recueil des films*, 1961)

Le 3 avril 1967, *Potemkine* est coté « Pour tous ». La crainte maladive du communisme est maintenant chose du passé.

Du même réalisateur soviétique, *Alexandre Nevski* est approuvé en copie 16 mm le 2 mai 1961. Puis *Ivan le terrible* est accepté en 16 mm le 10 janvier 1963 et en 35 mm le 6 octobre 1965. Finalement, *Que viva Mexico!* obtient la cote « Pour tous » le 4 août 1980. Des copies de *La grève* et de *La ligne générale* ont circulé – et circulent toujours – dans les collèges, mais on n'en trouve pas de trace aux archives officielles de la censure.

Il aura fallu attendre le déblocage des années 1960, des décennies après leur création, pour que les œuvres d'un des plus grands maîtres du cinéma rejoignent le public québécois. *Yves Lever*

ANQ-M, fonds Régie du cinéma, E 188, fiches des films.

▶ Préambules et épilogues

D

DANSE
Cette activité de loisir mixte n'échappe pas aux interdits

Dès le début de la Nouvelle-France, la danse est une activité censurée. Le clergé catholique la défend sous peine de péché mortel, pour toutes les classes sociales, du simple citoyen jusqu'à la noblesse. Si on danse, on s'en cache. On exécute le cotillon et la contredanse en France et on a transporté cette habitude en Nouvelle-France.

Mgr François de Laval, vicaire apostolique de la Nouvelle-France et plus tard premier évêque de Québec, donne quelques directives à ce sujet. Dans son mandement du 3 juillet 1683, il demande de mettre fin à ce qu'il nomme le « charivari » et qu'il définit lui-même ainsi : « [...] assemblée tenue en conséquence du mariage célébré dans la ville de Québec où se serait réuni grand nombre de personnes de l'un et de l'autre sexe et auraient commis des actions impies [...] ». Dans ce texte, Mgr de Laval fait même mention que l'on a dû recourir au bras séculier (justice temporelle) pour faire cesser ces sortes d'assemblées. Ces charivaris désignent un banquet de noce, où l'on danse, chante et boit sûrement. La peine encourue pour la participation à cette fête est sévère :

> [...] inhibition et défense à tout fidèle de l'un et de l'autre sexe de notre diocèse de se trouver à l'avenir à aucune des dites assemblées qualifiées du nom de charivari, aux pères et aux mères d'y envoyer ou permettre que leurs enfants y aillent, aux maîtres et maîtresses d'y envoyer leurs domestiques, ou permettre volontairement qu'ils y aillent le tout sous peine d'excommunication.

Le clergé d'alors ne plaisante pas sur le sujet, car l'excommunication est la conséquence d'une faute très grave. La justice religieuse, ainsi que la justice civile, interdisent donc totalement la tenue de réunions ou d'assemblées de danse. Dans un mandement de mars 1694, Mgr Jean-Baptiste de La Croix de Chevrières de Saint-Vallier, successeur de Mgr de Laval, donne aussi son avis à ce sujet au gouverneur Louis de Buade, comte de Frontenac, en tentant de ramener le « pouvoir civil » dans le droit chemin :

> [...] il est d'une grande importance pour la gloire de Dieu et le salut du prochain que Monsieur le Gouverneur et Madame la Gouvernante, sur la conduite desquels la plupart [des citoyens] ne manqueront pas de former la leur, tiennent ferme, non seulement pour ne point aller en des maisons où se feraient des assemblées de bal et de danse, mais encore pour interdire de la leur, l'entrée à ces sortes de divertissements qui se répandent ensuite de chez eux partout d'ailleurs.

Par la suite, plusieurs évêques de Québec (Mgr Henri-Marie Dubreil de Pontbriand en 1742, Mgr Pierre-Flavien Turgeon en 1851, Mgr Louis-Nazaire Bégin en 1914 et en 1924, Mgr Paul-Eugène Roy en 1925, Mgr Raymond-Marie Rouleau en 1927, Mgr Jean-Marie-Rodrigue Villeneuve en 1935) s'expriment sur ce sujet dans des mandements, avis ou ordonnances. Leur position est très précise sur le sujet : la danse et plus particulièrement les danses lascives, celles durant lesquelles on touche le ou la partenaire, même à la main seulement, sont formellement interdites sous peine de péché mortel et même parfois, selon l'évêque, d'excommunication.

À Montréal, les évêques ne sont guère plus tolérants envers ce loisir. Le diocèse est fondé en 1836. C'est donc à cette période que l'on voit apparaître les premières directives au sujet de la danse. Mgr Ignace Bourget, deuxième évêque, consulte le clergé sur la position à prendre sur ce problème dans la « Circulaire à messieurs les curés de Montréal » du 21 décembre 1840.

> Au lieu de défendre absolument ce plaisir [bals et danses] qui n'est pas mauvais, ne vaudrait-il pas mieux le régler de manière à l'isoler de toutes les circonstances capables de le rendre criminel : v.g. en ne tolérant que les rassemblements de parents et de voisins, en obligeant les pères ou les mères à suivre leurs enfants,

et prescrivant à tous de se retirer de bonne heure, etc. Veuillez bien m'écrire au plutôt [sic] ce que vous en pensez.

Les curés de Montréal répondent sans doute positivement à la demande de consultation de leur évêque et – est-ce le fruit de leurs recommandations ? – on peut lire dans une « Circulaire au clergé du diocèse de Montréal » du 16 février 1843 :

> Je crois qu'il faut admettre la pratique des bals, avec certaines précautions [...] et exiger : 1) qu'il n'y ait ni parole, ni chanson*, ni geste, ni danses, ni jeux contraires à la pudeur ; 2) que les parents y conduisent eux-mêmes leurs enfants, sans jamais laisser leurs filles y aller seules avec les jeunes gens qui les fréquentent ; 3) que ces assemblées ne soient pas longtemps prolongées dans la nuit ; 4) qu'il n'y ait pas de boisson, excepté aux repas de famille, qui puisse accompagner ces réunions.

Dans un autre texte intitulé *Extrait du procès verbal de la conférence tenue dans une des salles du séminaire de St-Sulpice* du 15 février 1849, on lit que « Les bals publics pourront être tolérés, conformément à la circulaire du 16 février 1843, quand ils ne seront pas une occasion prochaine de péché ; mais il faudra en éloigner prudemment les fidèles, parce qu'il est rare qu'ils [les bals] soient innocents. »

Au début du XXe siècle, les successeurs de Mgr Bourget donnent des directives semblables au clergé montréalais, entre autres Mgr Paul Bruchési dans la « Circulaire de Mgr l'Archevêque de Montréal au clergé de son diocèse » du 17 février 1914 et dans la « Lettre pastorale de Mgr l'Archevêque de Montréal sur les maux de l'heure présente » du 13 avril 1921. Plus tard encore, on lit la directive de Mgr Georges Gauthier dans la « Circulaire de Mgr l'Administrateur apostolique au clergé de son diocèse » du 25 janvier 1924. Finalement, un mandement de Mgr Paul-Émile Léger* « Au clergé et aux communautés religieuses de son diocèse » du 24 octobre 1952 précise :

> La coutume de danser dans les salles paroissiales et même dans les soubassements d'église s'est introduite en certains endroits. Je rappelle à tous les pasteurs

La représentation de la danse est fustigée partout. Cette annonce (*La Presse*, 20 novembre 1924) est dénoncée par le vicaire général, Mgr Deschamps, auprès du rédacteur en chef du journal, Oswald Mayrand : « Pourquoi faut-il toujours que ce soit des danseurs qui paraissent dans les annonces, après les directives qui ont été données au sujet de la danse, l'an dernier ? » L'annonce sera retirée.

d'âmes, curés, vicaires en charge des loisirs, que cette coutume est contraire aux règlements diocésains. Voici les règles plus précises : a) Il est strictement défendu de danser dans les endroits situés à l'intérieur des murs d'une église. b) Les danses modernes ne doivent pas être autorisées dans tous les endroits où s'exerce la juridiction de l'Église : salles paroissiales, écoles, couvents, hôpitaux. c) Les séances de folklore sont permises, mais à condition que le programme ait été approuvé par le service des loisirs. Et n'oubliez pas de rappeler à tous vos fidèles le mot de Saint François de Sales au sujet des danses : elles sont comme des champignons, les meilleures ne valent rien.

Cette position est la même dans « Circulaire de son Éminence le Cardinal Paul-Émile Léger au clergé de son diocèse » le 25 janvier 1958 : « discipline maintenue au sujet des danses dans les lieux dépendant de l'Église ».

Il n'y a pas qu'à Québec et à Montréal que la danse préoccupe l'ensemble du clergé. En effet, non seulement plusieurs évêques donnent-ils individuellement des directives très précises sur le sujet, mais la danse est discutée lors de plusieurs synodes et conciles provinciaux. Citons à ce sujet le quatrième synode tenu à Québec le 8 octobre 1700, « ôter l'abus qui paraît s'être glissé de danser ou de faire des assemblées nocturnes, surtout entre personnes de différent sexe, comme occasion prochaine de grands péchés. À quoi ils [les prêtres] doivent tâcher de remédier par le refus même de l'absolution. » Ajoutons le troisième concile provincial de Québec du 21 mai 1863, auquel participaient Mgr Turgeon de Québec, Mgr Bourget de Montréal, ainsi que les évêques des diocèses de Ottawa, Saint-Boniface, Manitoba, Trois-Rivières, Saint-Hyacinthe, Hamilton, Sandwich, Kingston et Toronto, la « Lettre pastorale de son Éminence le Cardinal Bégin aux fidèles de son diocèse à l'occasion de synode diocésain » (1923), la « Lettre pastorale de nos Seigneurs l'Archevêque de Québec et les Évêques de la province ecclésiastique de Québec (Québec, Chicoutimi, Trois-Rivières, Nicolet, Gaspé et Rimouski) sur le fléchissement de la moralité et le naturalisme de la vie » du 2 février 1927. Mentionnons finalement la « Lettre pastorale de Mgr l'Évêque de Montréal concernant le sixième concile provincial » du 9 avril 1882.

Les directives données au clergé sont habituellement transmises scrupuleusement aux fidèles. Partout, pendant plus de deux siècles, des sermons sont donc prononcés pour détourner les paroissiens de la danse. Un document traite de deux sermons [instructions] prononcés en janvier 1879 et le 9 novembre 1879, à la Basilique de Québec, dont le curé d'alors est l'abbé Joseph Auclair. On y retrouve intégralement l'orientation donnée par Mgr Turgeon. On y traite de danses scandaleuses et l'on cite la polka, la valse et autres comme étant des danses absolument défendues et réprouvées :

> Nous ferions rougir la pudeur, par la simple description de ce qu'on se permet dans ces danses scandaleuses [...] les danses vives sont réprouvées et absolument défendues. C'est-à-dire qu'aucun catholique, en quelque situation que ce soit, ne peut se les permettre [elles sont] défendues sous peine de refus de sacrements.

Ce document laisse entendre que la danse n'est pas défendue seulement dans la religion catholique. On y cite Gilbertus Vossius, professeur de théologie de l'Académie d'Utrecht (une institution protestante), qui déclare, dans la 4e partie de ses disputes théologiques : « La profession de maître de danse est illégitime et les magistrats chrétiens ne peuvent souffrir qu'on donne des leçons de danse. » Aux États-Unis, toujours selon ce document, on parle d'une position semblable adoptée par le clergé anglican au New Hampshire, à Washington, à Richmond (Virginie) et à Newark (New Jersey).

Ces quelques informations suffisent pour prendre conscience qu'en 1650 tout comme en 1960, le peuple désire danser et que ce désir est constamment réprimé par le clergé. Si ce dernier intervient si souvent contre la danse, c'est que les citoyens dansent effectivement. Les recherches menées par Marius Barbeau, Luc Lacoursière, Victor Morin et Cécile Grenier, au début du XXe siècle, et publiées dans les Archives de folklore de l'Université Laval à Québec, le démontrent clairement. Mais ce qui est convenu d'appeler aujourd'hui « folklore » fait partie de la vie quotidienne des XVIe, XVIIe et XVIIIe siècles. Ce sont ces danses qui sont condamnées par Mgr Laval, Mgr de St-Vallier et leurs successeurs, tout comme la valse et la polka sont les danses « modernes » condamnées par Mgr Elzéar-Alexandre Taschereau et Mgr Édouard-Charles Fabre, vers les années 1900 et le tango par Mgr Bruchési vers les années 1915. C'est pour éviter que le mouvement prenne de l'ampleur que les évêques et les curés le dénoncent si vigoureusement. La danse est un danger pour la morale religieuse, parce que des personnes de sexe différent s'amusent, se côtoient, se touchent les mains, la taille, les épaules. La proximité est associée à promiscuité et la danse est alors perçue comme une première étape vers la réalisation d'autres actions encore plus répréhensibles : les baisers, les caresses et la fornication.

En raison de l'influence du clergé sur le peuple québécois d'alors, il n'existe, ni ne peut exister, aucun mouvement organisé de danse avant les années 1955-1960 au Québec. C'est de la danse folklorique que l'on voit naître les premiers regroupements de danseurs au Québec. Les recherches de Barbeau et de Lacoursière font boule de neige et des pionniers développent, vers les années 1945, à la suite des expériences de l'Ordre de Bon Temps, mouvement de jeunesse actif dans les domaines de la culture populaire, des loisirs et de l'animation sociale et des mouvements scouts de Montréal, une troupe de folklore, « Les Ouaouarons et les Sauterelles ». L'expérience se répète à Québec, à la même époque et par la suite dans quelques autres villes de la province. Ainsi, à Longueuil, en 1952, la troupe « Les Feux-Follets » naît sous l'impulsion de Michel Cartier. Ce groupe oriente son action sur la recherche et la diffusion du folklore canadien et international sous tous ses aspects : chants, costumes, traditions, danses, légendes.

Le mouvement folklorique se développe et Cartier lance, en 1956, l'idée d'une fédération folklorique provinciale, qui regroupe l'ensemble des équipes et des individus intéressés. L'idée s'amplifie d'autant plus que le clergé tolère dorénavant la tenue d'activités de ce genre dans les locaux relevant de sa juridiction. La première assemblée et les premières élections ont lieu en juin 1959. Trois ans plus tard, en 1962, le diocèse de Montréal, par la voie de son Service diocésain des loisirs, publie ses « Normes sur l'organisation de soirées dansantes dans le diocèse de Montréal ». Pour la première fois on assiste à une différenciation de certains types de danse. On y traite notamment 1) de danses artistiques, incluant le ballet classique et le ballet moderne ; 2) de danses populaires, incluant les danses modernes « vite et *slow* », les danses folkloriques et récréatives. On y fait la distinction entre : a) les danses à conseiller ; b) les danses à utiliser modérément ; c) les danses à déconseiller et d) les danses à bannir (non précisées).

Parallèlement à cette démarche, on voit apparaître de plus en plus de studios privés qui dispensent des cours de formation en ballet classique, discipline de danse qui a été apportée, dit-on, à la cour de Louis XIV par des maîtres danseurs italiens. Le mouvement est lent à démarrer au Québec, mais entre les années 1945 et 1960, on inaugure quelques studios de ballet classique. En 1958, Ludmilla Chiriaeff fonde les Grands Ballets Canadiens à Montréal. Cette discipline de danse jouit alors d'une certaine tolérance de la part du clergé, car nulle part, dans les documents consultés, on ne l'interdit. La danse elle-même ne cause pas de réticences, mais madame Chiriaeff raconte qu'il y a souvent eu des critiques virulentes contre les tutus et la tenue des danseurs surtout. Toutefois, le monde du loisir paroissial n'est pas suffisamment structuré à cette période et rares sont les salles paroissiales ou sous-sols d'églises qui accueillent de tels cours.

Vers 1950, les studios privés de danse sociale prolifèrent: on y enseigne le tango, la valse, la samba, le fox-trot, etc. À cette même période apparaît, aux États-Unis, le mouvement rock'n roll, qui se répercute à Montréal dans l'ouverture d'une série de salles privées de danse pour adolescents. Les débits de boisson étant interdits aux moins de 21 ans, à cette époque, ces salles de danse ont un succès énorme.

On peut vraiment situer dans la décennie de 1950 à 1960 l'explosion du mouvement de la danse au Québec. Aucune censure n'est plus possible. Le clergé n'y peut plus rien, la danse est là définitivement et peut se développer en toute liberté. Par ailleurs, pendant plus d'un siècle, d'abord dans le domaine des lettres puis du cinéma, la représentation de la danse a été soit censurée, soit utilisée pour en montrer les dangers, telles les danses avec le diable; cela aussi s'est terminé avec 1960. *Michel Landry*

LANDRY, Michel, *La danse folklorique, valeur éducative et stratégies d'enseignement*, mémoire de maîtrise en éducation, Université du Québec à Montréal, 1982 (reproduit en partie sur le site Internet de l'auteur); Service diocésain des loisirs de Montréal, *Normes sur l'utilisation de soirées dansantes dans le diocèse de Montréal*, Texte inédit, Montréal, 1962.

▶ *Le chercheur de trésor ou L'influence d'un livre*; Critères de la censure du cinéma

LES DÉBATS

Hebdomadaire indépendant fondé par Louvigny de Montigny (1876-1955) et Paul Le Moyne de Martigny (1872-1951) • Journal faisant l'objet d'une censure politique en 1900, puis d'une censure cléricale par Mgr Bruchési en 1903. Paraît sous un nouveau nom, *Le Combat*, censuré en 1904

Journal indépendant, *Les Débats* sont publiés à Montréal, à partir du 3 décembre 1899. Cet hebdomadaire dominical, fondé en réaction à la participation canadienne à la guerre des Boers par Louvigny de Montigny et Paul Le Moyne de Martigny, est le fruit d'une collaboration entre les forces nationalistes politiques et littéraires de l'époque. Le programme éditorial témoigne de cette alliance entre des membres fondateurs de l'École littéraire de Montréal et des partisans du nationalisme canadien. On y traite de la guerre en Afrique, mais on aborde également des problèmes relatifs à l'éducation au Canada. Une population instruite, éclairée, sera plus en mesure de penser par elle-même et pourra s'affranchir du clergé. « C'est la délivrance du peuple que nous voulons. » Ces demandes ne sont pas étrangères au fait que plusieurs rédacteurs des *Débats* sont des francs-maçons* membres de la loge l'Émancipation, reliée au Grand Orient de France.

Quant aux littéraires, ils considèrent que « [l]es *Débats* verront l'art dans l'art. […] Nos journaux moralisateurs mettent une chemise à la Vénus de Milo et consacrent dans la même édition deux ou trois pages aux complots des bandits. Nos idées sur la morale ne sont pas celles-là. »

Le 24 juin 1900, *Les Débats* se disent « menacés du bâillon ». Ils soupçonnent, avec raison, une intervention gouvernementale. Le 7 octobre est publiée une lettre écrite par Louis-Joseph Tarte du journal *La Patrie**, fils d'Israël Tarte, ministre des Travaux publics et organisateur de la campagne électorale de Laurier. En échange de cinquante dollars par semaine, Tarte, désirant nuire à la réélection d'Henri Bourassa au fédéral, s'empare du contrôle politique des *Débats*. Cette affaire mise au jour, l'aile politique du journal démissionne en bloc. Le 3 février 1901, la rédaction dévoile ses nouvelles préoccupations. Dorénavant, le but du journal sera de traiter d'art et d'éducation. Pour y parvenir, les rédacteurs s'inspirent de la situation en France.

Les Débats se font ainsi reprocher par un journal étudiant d'accorder une trop grande place à Émile Zola. « Vous pensez peut-être, bon jeune homme, que nous allons défendre le grand écrivain. Rassurez-vous, Zola n'a pas besoin d'être défendu. Vous ne l'avez pas lu, c'est votre seule excuse et elle est mauvaise. Lisez-le, c'est encore temps. »

L'intérêt pour les réformes du gouvernement français incite Mgr Paul Bruchési à intervenir une deuxième fois en avril 1902. En janvier 1901, il s'était objecté à un article paru dans l'édition du 6 janvier concernant les divorces clandestins. La rétractation demandée fut obtenue et l'affaire ne connut pas de suite. Bruchési s'oppose cette fois au traitement accordé à la Loi sur les associations en France. La loi stipule que pour avoir le droit d'enseigner et de conserver le contrôle sur leurs biens, les congrégations religieuses doivent obtenir une autorisation gouvernementale :

> Quant à la loi sur les Associations votée le 1er juillet 1901, tout le monde reconnaît aujourd'hui qu'elle a consolidé la situation du clergé français, que cette loi était nécessaire, qu'elle a débarrassé le pays d'un tas de sangsues qui le ruinaient et qu'enfin elle restera comme une des meilleures qui aient été adoptées par la Législature.

Le rédacteur défend ses propos en affirmant que la loi concerne toutes les associations civiles et n'est pas destinée spécifiquement aux congrégations religieuses. Toutefois, cette nuance n'empêche pas le curé Louis-Ignace Adam de vouloir interdire la distribution du journal dans la paroisse de l'Immaculée-Conception de Montréal.

Le 25 janvier 1903 paraît un article pour faire suite à une déclaration de Mgr Bruchési affirmant que, sept ans après l'accord Laurier-Greenway, la question des écoles manitobaines n'est toujours pas réglée. Arthur Beauchesne, qui écrit sous le pseudonyme d'Un Conservateur, déplore le fait que l'évêque ne soit pas intervenu avant. L'auteur explique que Wilfrid Laurier aurait acheté le silence de Bruchési en échange de quoi il appuierait une éventuelle nomination de l'évêque au cardinalat. Ces allégations amènent Bruchési à dénoncer le journal dans un sermon, à la suite duquel le directeur des *Débats*, Édouard Charlier, obtient une rencontre avec l'évêque dont les grandes lignes sont rapportées le 8 février suivant. En plus des questions épineuses qui ont déjà été mentionnées, telles les écoles du Manitoba, la Loi sur les associations, les appré-

ciations de Zola, Mgr Bruchési déplore les articles relatifs à l'enseignement dans les écoles et au projet de construction d'une bibliothèque* publique et d'un hôpital civique à Montréal.

Néanmoins, *Les Débats* continuent de traiter de sujets litigieux. Le 29 septembre 1903, Mgr Bruchési condamne par voie de mandement le journal pour avoir « émis des doctrines voisines de l'hérésie » et « insulté de manière ignoble » la mémoire de Mgr Bourget. Le 4 octobre, la direction décide de cesser la publication jusqu'à nouvel ordre. Ce numéro contient une lettre adressée à Mgr Bruchési dans laquelle la rédaction déplore l'arbitraire entourant l'intervention épiscopale.

> Vous avez blâmé M. le ministre Combes au sujet des mesures énergiques qu'il a cru devoir prendre à l'égard des divers ordres religieux qui nuisaient à l'état social de son pays.
>
> Mais vous ne comprenez certainement pas que vous abusez de votre pouvoir, avec moins d'excuses que le ministre français.

La semaine suivante, un nouveau journal voit le jour avec la même équipe de collaborateurs. *Le Combat* reprend les thèmes de son prédécesseur. Bruchési le censure également dans une circulaire le 20 janvier 1904 et le dernier numéro paraît le 24 janvier. Suivra une seule parution de *L'Action* (31 janvier) dans laquelle la rédaction affirme que *Le Combat* a été condamné pour avoir favorisé toujours la mise en place d'un hôpital civique et d'une bibliothèque publique, deux projets avec lesquels l'évêque de Montréal était en désaccord.

> Mgr Paul Napoléon Bruchési a frappé un adversaire de ses théories municipales et de ses opinions civiques. […] c'est le simple citoyen Paul Napoléon Bruchési qui s'est servi de son titre et de son pouvoir religieux pour tenter d'écraser un organe qui se révoltait contre son ambition et son instinct de domination.

Le contrôle du discours nationaliste, puis libéral est au cœur de la courte histoire de ces publications. Ce qui est singulier aux *Débats,* c'est l'intervention directe d'un ministre du gouvernement

Laurier qui voulait ainsi nuire aux chances de réélection d'Henri Bourassa. En ce qui a trait aux revendications concernant l'éducation, elles sont typiques des autres journaux partisans du libéralisme au début du XXe siècle, qui considéraient que l'Église était une institution réfractaire au progrès et aux libertés individuelles. *Véronique Laporte*

Les Débats, 3 décembre 1899–4 octobre 1903 ; *Le Combat*, 11 octobre 1903–24 janvier 1904 ; *L'Action*, 31 janvier 1904.

Pelletier-Baillargeon, Hélène, « *Les Débats* et *Le Nationaliste*, de bien curieux ancêtres pour *Le Devoir* », dans Robert Comeau et Luc Desrochers, dir., *Le Devoir, un journal indépendant (1910-1995)*, Montréal, Les Presses universitaires du Québec, 1996.

▶ Le clergé canadien [...]

LE DÉBUTANT

Arsène Bessette (1873-1921) • Manuscrit autocensuré et roman victime d'une conspiration du silence (1914)

L'unique roman du journaliste Arsène Bessette, *Le débutant* (1914), pose en regard de la censure des problèmes peu communs. D'une part, il est tiré d'un manuscrit autocensuré* de manière très significative ; d'autre part, la censure dont il a – ou aurait – été victime après sa parution est en grande partie constituée de spéculations.

Le débutant représente l'un des premiers romans d'apprentissage au Québec. Comme le veut le genre, on suit Paul Mirot de ses primes années jusqu'à son insertion dans la vie publique, en l'occurrence comme journaliste puis romancier, en parallèle à son éducation amoureuse. Dans les deux cas, le chemin est douloureux. Le journaliste se met à dos la société bien-pensante et l'amoureux assiste à la mort de sa bien-aimée. Il décide de s'exiler aux États-Unis, « seul et malheureux », certes ; mais, « [s]ous l'étreinte de la douleur, il eut conscience qu'un homme nouveau allait naître en lui ».

Paul Mirot n'a cependant rien du héros conventionnel de son époque. Défenseur de la vérité et de la liberté, le journaliste fustige l'éducation désuète des collèges classiques, sympathise avec certaines thèses franc-maçonniques* et, de surcroît, vit une relation amoureuse, entendons aussi charnelle, en dehors du mariage. Arsène Bessette fait de plus s'agiter toute une société de duplicité religieuse et de mensonge politique autour de ses personnages.

Aucun texte officiel, tiré des mandements épiscopaux ou de la *Semaine religieuse*, ne signale la condamnation du roman de Bessette. Seule Madeleine Ducrocq-Poirier, dans sa présentation du roman à l'occasion de sa réédition, écrit : « [...] les curés conseillèrent à leurs ouailles de ne pas lire *Le débutant*, et de le détruire si elles l'avaient inconsidérément acheté. Des membres de la famille Bessette brûlèrent le livre... » Nulle source ne corrobore ce fait, que Docrocq-Poirier tient peut-être de membres de la famille de Bessette.

Il est par contre convenu, dans la tradition critique, de parler d'une conspiration du silence à la suite de la parution de ce roman. Dans son mémoire, Normand Saint-Pierre justifie de cette manière pareille absence de condamnation : « la publication d'un tel mandement eut [sic] été, en soi, une dérogation à la règle du silence que l'on s'était proposé de respecter dans ce cas précis ». Nulle preuve, là aussi, d'une telle entente ; cependant, Saint-Pierre cite un article dactylographié et non daté d'Albert Laberge qui fait foi de cette volonté de laisser *Le débutant* dans l'ombre : « L'hypocrisie et le fanatisme se sont toutefois ligués pour le [Bessette] faire ignorer. L'on a organisé autour de cette œuvre magistrale la conspiration du silence, mais je ne doute pas que le mérite et la valeur du *Débutant* seront reconnus un jour de façon éclatante. »

Il est certain que *Le débutant* était censurable. Mais comment le démontrer et, partant, appuyer davantage la thèse du silence concerté ? Le manuscrit du roman joue, à cette fin, un rôle essentiel.

Ce manuscrit a été découvert par Alphonse Leclerc, qui donne dans son mémoire les deux états du texte ; les différences font toutefois l'objet d'une analyse plus serrée dans le mémoire de Normand

Saint-Pierre. La thèse de ce dernier est la suivante : en examinant là où Bessette s'est volontairement autocensuré, on peut identifier ce qui semblait à l'auteur des thèmes potentiellement incriminants, « certains motifs de la censure officielle », fût-elle celle du silence ; voici quelques exemples qui illustrent le propos.

Le manuscrit s'intitule *Esclaves*. Dans une préface non publiée, Bessette se propose d'évoquer une « histoire de l'esclavage moderne au Canada », c'est-à-dire celle des journalistes : « Des centaines d'individus, comme eux [les journalistes de ce roman], généreux, enthousiastes, depuis cinquante ans, se sont heurtés aux mêmes préjugés, ont été soumis aux mêmes déboires, par amour du Beau, de la Justice et de la Liberté. » Cette condition d'esclaves demeure dans le texte du roman mais, d'*Esclaves* au *Débutant*, le glissement est clair ; on passe ainsi, en conclut Saint-Pierre, d'un roman social à « l'apprentissage individuel de la condition d'ilote ». Les coupures dans le manuscrit touchent pour beaucoup l'aspect social et amenuisent l'isotopie de l'esclavage.

Le roman recourt constamment à l'ironie, et même les changements de nom y contribuent. Par exemple, la paroisse du jeune Paul Mirot, de Beauséjour dans le manuscrit, devient Mamelmont, terre nourricière… qui ne l'est plus. Et Simone Beaumont (mère nourricière) devient par contre Simone Laperle, femme idéale. Saint-Pierre donne également de nombreux exemples d'atténuation significative de l'intervention cléricale dans la censure des journaux, de même que du clergé perçu comme ennemi du progrès. En outre, dans le manuscrit, l'admiration pour la France républicaine transparaît nettement ; là encore, l'auteur anéantit des séquences entières, comme la fondation d'un lycée neutre par Louise Morais, de même que des passages montrant la calomnie contre les francs-maçons. Enfin, la sexualité est décrite avec encore plus d'insistance dans la version manuscrite, de même qu'est supprimée cette attaque qui, dénonçant le fait que le rôle de la mère prime celui de l'épouse, en fait même l'une des causes de la prostitution…

De cette autocensure, Saint-Pierre tire la conclusion suivante :

> Se voyant amputé de nombreuses allusions aux abus du pouvoir de l'Église dans les domaines de la politique, de l'information, de l'art, de la littérature, etc., le texte publié sème la confusion en ce qui a trait à la responsabilité des problèmes sociaux tels la censure, l'absence de formation suffisante, de liberté et de justice, etc. Clairement dénotée dans le manuscrit, la responsabilité de l'Église, dans la publication, devient une connotation lointaine et laisse croire que le gouvernement assume ou partage équitablement cette responsabilité.

Toutefois, la leçon la plus importante de cette autocensure paraît être la suivante : « Bessette aura donc compris qu'il valait mieux remplacer la dénonciation clairement dénotée du clergé par un système de connotations qui permettrait au "public éclairé" de saisir, dans la version remaniée, le sens de l'œuvre originale. » Cette méthode pour tenter de déjouer la censure, qui consiste à écrire entre les lignes, a été analysée par Leo Strauss, dans son article « Persecution and the Art of Writing » (1941). L'auteur qui veut s'adresser au « public éclairé », pour reprendre l'expression de Saint-Pierre, doit écrire d'une telle manière que seul celui-ci puisse comprendre le sens véritable de son œuvre : « a careful writer of normal intelligence is more intelligent than the most intelligent censor, as such », écrit Strauss. Écrire entre les lignes est une tâche périlleuse, et il n'est pas interdit de croire que Bessette s'y est appliqué en retravaillant son manuscrit ; par contre, celui-ci est tellement en rupture avec l'orthodoxie que le but semblait presque impossible à atteindre.

Que Bessette ait cherché à édulcorer la teneur subversive de son manuscrit est probablement la seule certitude que nous ayons quant à l'histoire de

Malgré une importante autocensure* de son manuscrit par l'auteur, le roman d'Arsène Bessette, qui « n'a pas été écrit pour les petites filles » (page couverture), reste un des cas les plus obscurs d'une censure résultant du silence autour d'une œuvre.

ce cas; qu'il l'ait fait dans le but d'éviter la censure est plus que probable; qu'il se soit efforcé d'écrire entre les lignes est plausible, mais l'entreprise n'a pas réussi. La thèse de la conspiration du silence résiste mieux à l'analyse, et plusieurs éléments du contexte de censure du début du xxe siècle l'appuient.

L'époque est marquée au sceau de la censure. À Montréal, Mgr Paul Bruchési condamne officiellement les journaux libéraux *La Lumière** (1912) et *Le Pays** (1913). L'abbé Joseph-Esdras Laberge, aumônier au monastère des ursulines de Québec, publie en 1914 un opuscule intitulé *Index, lectures et morale évangélique**. De plus, la critique littéraire se fait fortement prescriptive, en grande partie inféodée, sous la gouverne de l'abbé Camille Roy, à la nationalisation et au catholicisme. Pourquoi alors ne pas condamner *Le débutant*? Selon Saint-Pierre, le clergé ne veut pas répéter « l'erreur » de *Marie Calumet**, de Rodolphe Girard, condamné en 1904 et qui, jointe à la poursuite de Girard contre le journal *La Vérité*, a fini par donner une trop grande vitrine au roman. Sans doute convient-il de noter également que les condamnations contre *La Lumière* et *Le Pays* n'on pas donné les résultats escomptés, ces journaux refusant de plier l'échine.

Ajoutons à toutes ces raisons le fait que l'auteur lui-même était assurément *persona non grata* dans une institution littéraire fortement dominée par le clergé et ses épigones. Deux événements ont pu contribuer à ce climat de suspicion préalable à l'égard d'Arsène Bessette: sa prise de position contre la censure et son appartenance à la franc-maçonnerie.

À la suite de représentations jugées impies de la part du Théâtre des Nouveautés, Mgr Bruchési réclame au président R.-J. Demers un comité de censure, au mois de septembre 1907; il accepte, le 23 septembre, la proposition de Demers, en l'occurrence Germain Beaulieu et Albert Lozeau. Bessette publie, le 8 novembre, dans le journal libéral *Le Canada Français* où il collabore régulièrement, un article sévère contre la censure théâtrale, après avoir relevé que ces deux censeurs n'ont aucun statut officiel:

> Il est vrai que le Théâtre des Nouveautés s'est payé le luxe, cette année, de deux censeurs. […] S'ils se montraient par trop exigeants, on n'aurait qu'à se priver de leurs services, ce qui ne serait pas une privation trop pénible. En d'autres termes ce sont des censeurs qui ressemblent quelque peu au roi d'Angleterre: ils règnent, mais ils ne gouvernent pas. […]

> Nous avons assez de censeurs honoraires en notre pays sans en inventer de véritables, revêtus officiellement de pleins pouvoirs. [...]
>
> Le théâtre est l'antichambre de l'enfer, le livre, un objet de corruption, les relations mondaines, une occasion de péché. S'il fallait croire tous ces faux moralistes, tout le monde se ferait ermite pour les laisser jouir seuls des plaisirs de la terre.

Le chancelier de l'archevêché de Montréal, l'abbé Émile Roy, écrit alors au directeur du journal, Gabriel Marchand, la lettre qui suit (7 décembre 1907) :

> Mgr l'archevêque de Montréal me charge d'attirer votre attention sur un article publié, il y a quelque temps, dans votre journal contre la censure théâtrale.
>
> Sa Grandeur a été surprise de trouver dans votre journal les idées étranges qu'y exprime M. Bessette.
>
> [...]
>
> Monseigneur, qui connaît les belles traditions de votre famille, est convaincu que de telles idées ne sont pas vôtres et qu'elles ne trouveront plus place dans votre journal.

Nonobstant son amitié pour Bessette, Marchand répond, le 12 décembre :

> [...] permettez-moi de vous informer qu'au lendemain même de la publication de cet article qui avait échappé à mon contrôle, mon premier soin, en arrivant au bureau, fut de demander compte à mon rédacteur de l'impair qu'il s'était permis de commettre.
>
> Et, après l'avoir réprimandé vertement, je lui enjoignis d'avoir à ne pas récidiver.
>
> Vous voyez, M. le Chancelier, par la prompte action que j'ai prise en la matière, mon désir de conserver au *Canada Français* son vieux cachet d'orthodoxie.

Il ne s'agit pas là que d'une simple anecdote ; Arsène Bessette affronte déjà le clergé, en matière de censure de surcroît. Son personnage, Mirot, a bien appris de son créateur, car il s'insurge, dans le roman, contre la censure du Théâtre moderne. Et, pour ajouter à ce portrait « négatif », il est un franc-maçon reconnu.

Saint-Pierre allègue qu'il faut « prendre avec un grain de sel » le lien entre l'appartenance à la franc-maçonnerie et la censure du roman ; Leclerc prétend le contraire et en fait une des raisons importantes de l'accueil négatif accordé au *Débutant*. Sans doute ne faut-il pas sous-estimer l'appartenance franc-maçonnique dans toute cette affaire. Rappelons qu'à la suite de la mise à l'Index* du *Clergé canadien, sa mission, son œuvre**, de Laurent-Olivier David (1896), Gustave Drolet, de retour de Rome comme émissaire de Wilfrid Laurier, accorde une entrevue à *La Presse*, le 27 février 1897. Ancien zouave pontifical fustigeant la censure cléricale, Drolet rappelle qu'à Rome, on a fait courir des rumeurs selon lesquelles Wilfrid Laurier était franc-maçon : « Vous n'ignorez pas qu'à Rome, on tue un homme sûrement, en l'accusant d'appartenir à la franc-maçonnerie. » Le *Poison maçonnique*, pour reprendre le titre d'une brochure d'Antonio Huot (1912), est tout aussi craint au Québec ; Laberge, dans la brochure dont il a été question plus haut, y consacre, toutes proportions gardées, plusieurs pages. Or, en 1910, à la suite du vol d'une liste de noms à la loge L'Émancipation, à Montréal, le nom de Bessette se retrouve affiché publiquement ; et, dans *Le débutant*, le politicien Vaillant doit aussi se défendre contre de telles accusations.

Un adversaire avoué de la censure, reconnu comme franc-maçon, publie « la seule œuvre maçonnique de la littérature québécoise », comme l'indique Roger Le Moine dans *Deux loges montréalaises* [...] ; et cet écrivain aborde tous les sujets tabous de l'époque (sexualité, cléricalisme, etc.). Peut-être en effet valait-il mieux que le censeur ne donnât point de publicité à l'une des œuvres les plus subversives jamais parues à cette date au Québec.

La censure du *Débutant* représente le troisième cas, en dix ans, de censure contre un journaliste romancier. Après *Marie Calumet*, de Rodolphe Girard (1904), « Les Foins », de la future *Scouine**, d'Albert Laberge (1909), c'est au tour du rédacteur du *Canada français* de connaître les affres de la censure. Dans son mémoire sur « Mgr Bruchési et les contrôle des paroles divergentes [...] » (1987), Lise Saint-Jacques fait le constat suivant : au début du XXe siècle, « les journalistes semblent avoir plus de latitude que les écrivains ». Ces trois « preuves par la censure » montrent en effet que, en sus du contenu des œuvres, le déplacement de position de Girard, Laberge et Bessette du champ journaliste au champ littéraire doit être pris en compte dans l'interprétation de la censure. L'interdiction des *Demi-civilisés** de Jean-Charles Harvey, en 1934, corroborera à nouveau la nécessité de telles distinctions. *Pierre Hébert*

Bessette, Arsène, *Le débutant. Roman de mœurs du journalisme et de la politique dans la province de Québec*, St-Jean, Imprimé par la Compagnie de publication « Le Canada français », 1914, 257 p. + errata.

Ducrocq-Poirier, Madeleine, « *Le débutant* et son auteur », Présentation, Arsène Bessette, *Le débutant*, Montréal, Fides, coll. « Bibliothèque québécoise », 2001 ; Leclerc, Alphonse, « Lecture du roman : *Le débutant* d'Arsène Bessette. Problèmes d'analyse sémiotique et socio-historique », M.A. (Études littéraires), UQAM, 1981 ; Saint-Pierre, Normand, « La censure du roman *Le débutant* (1914) de Arsène Bessette : le texte et l'institution », M.A. (Études littéraires), UQAM, 1984.

DEEP THROAT

Gerard Damiano (1928-) • Film emblématique de l'acceptation de la pornographie et interdit au Québec en 1974

De moins en moins respecté depuis le milieu des années 1950, le *Production Code** est officiellement aboli par l'industrie américaine en 1968. De la pornographie dite « douce » (*softcore*) fait immédiatement son entrée dans les grands circuits de salles des États-Unis et du Canada. Quatre ans plus tard, en 1972, pour tester le degré de libéralisation de la société, les exploitants lancent *Deep Throat*, premier produit *hardcore* où la sexualité s'exhibe sans inhibition à être officiellement diffusé dans des salles ordinaires. Le succès est immédiat, et comme des vedettes hollywoodiennes y assistent et le commentent sans réticences, il devient normal de s'y rendre en couple. La pornographie a conquis son droit de cité et marque ainsi sa victoire sur le puritanisme du passé. Cette permissivité réjouit les uns, mais elle va bientôt entraîner une réaction organisée de l'ensemble des mouvements féministes* du monde occidental ; en témoigne, au cinéma québécois, le long métrage documentaire *Not a Love Story : A film About Pornography* (*C'est surtout pas de l'amour – Un film sur la pornographie*) de Bonnie Sherr Klein en 1981.

Au Québec, *Deep Throat* n'est apporté au Bureau de surveillance du cinéma que deux ans plus tard, le 25 octobre 1974, et il est refusé le 15 novembre suivant. Dix mois auparavant, une projection non autorisée par le Bureau a été interrompue et la copie saisie par la police dans un auditorium de l'Université Sir George Williams (aujourd'hui Concordia). De retour devant le censeur, malgré trois minutes de coupures, il demeure interdit le 18 mars 1975. Cinq ans plus tard, il est classé « 18 ans » le 13 février 1980, dans une version coupée de ses scènes les plus *hard*, non encore autorisées. La cassette vidéo intégrale est approuvée pour « 18 ans + » le 26 juin 1990.

Deep Throat, ainsi que quelques *sequels* (suites ou produits semblables), a pu favoriser pendant quelques années la diffusion de la pornographie sur les grandes artères commerciales, mais dès le milieu des années 1980, avec la généralisation du format vidéo, le genre est retourné dans des lieux plus intimes et il n'encombre plus la place publique. Avec le XXIe siècle, il circule désormais dans les sections réservées des clubs vidéo et sur Internet*. *Yves Lever*

ANQ-M, fonds Régie du cinéma, E 188, fiches du film.

DÉLIVREZ-NOUS DU MAL

Claude Jasmin (1930-) • Roman refusé par Le Cercle du livre de France, coté « Mauvais » par la revue *Lectures* (1962) et film (1965)

En 1961, Claude Jasmin (1930-) publie un roman où il est question d'une liaison, une « amitié particulière » à caractère sado-masochiste entre deux célibataires. André Dastous, un « petit-enfant-gâté-de-richard », est un névropathe. Il entretient une relation de dépendance tumultueuse avec Georges Langis, un ami d'enfance et un gigolo, qu'il fait assassiner par des tueurs à gages du monde interlope. L'auteur de cette sordide intrigue romanesque n'en est pas à ses premiers balbutiements, ayant déjà à son actif deux autres romans, tout aussi violents, qui lui ont valu une réputation d'« enfant terrible » dans le milieu littéraire. Puisque ce troisième, qu'il intitule *Délivrez-nous du mal*, porte sur le thème de l'homosexualité*, les éditeurs* demeurent réticents à le publier. Jasmin propose d'abord le manuscrit à Pierre Tisseyre, du Cercle du livre de France, mais ce dernier le refuse après que deux membres de son comité de lecture l'eurent éliminé. L'auteur se tourne alors vers un libraire* montréalais. « C'est le brave René Ferron qui l'édite quand même », dira Jasmin plus tard en entrevue (*La Presse*, 7 février 1981) : « Un désastre : il recevait de partout, de Québec jusqu'à Saint-Boniface, des paquets de livres même pas déballés avec la mention : Nous ne vendons pas ce genre de littérature. » De plus, le fait que l'ouvrage soit édité par un non-professionnel semble nuire à sa distribution et à sa publicité. Le jugement catégorique du critique de la revue *Lectures** en février 1962 ne surprend donc personne : Rita Leclerc déclare que ce livre, coté « Mauvais », est « à déconseiller ».

Malgré le petit nuage de scandale qui entoure le roman lors de sa parution, la critique, positive dans son ensemble, ne s'attarde pas indûment à l'homosexualité des personnages principaux. « D'un sujet qui pourrait être simplement scabreux, [Jasmin] tire le récit d'une lutte entre deux êtres hideusement malades », écrit Jean Paré dans *Le Samedi* du 18 novembre 1961. Deux éléments attirent surtout l'attention des divers commentateurs littéraires : en premier lieu, le contenu, le drame de l'ennui et de l'amour impossible entre un masochiste jaloux et un sadique psychologiquement impuissant ; en deuxième lieu, l'écriture. Comme dans ses romans antérieurs, l'auteur s'exprime dans un style nerveux à la première personne qui prend la forme de longs monologues où le personnage-narrateur se remémore son passé et tente de contrer sa misère morale par la violence. Dans son ensemble, la critique reconnaît le talent vigoureux du romancier. Elle lui reproche, comme le fait Guy Robert dans *Maintenant* en janvier 1962, moins le choix du sujet que la volonté de choquer chez l'auteur et des faiblesses de composition, notamment le décousu de la narration et les extravagances grammaticales.

Comme dans le cas de *La corde au cou**, son roman précédent, *Délivrez-nous du mal* est adapté pour le grand écran. Cette fois, le réalisateur Jean-Claude Lord, alors à ses premières armes, signe le scénario et les dialogues de cette production de Cooperatio, qui porte le même titre que le livre. Tourné en 1965, le film reste sur les tablettes, aucun distributeur ne se montrant intéressé à diffuser ce drame intimiste qui manque de potentiel commercial. Il ne sort qu'en 1969, au moment où *Valérie* (Denis Héroux) génère un engouement subit pour le cinéma québécois et il passe presque inaperçu. Le Bureau de surveillance du cinéma le classe « 14 ans ». La critique cinématographique y voit surtout « une plaisanterie noire sur les cauchemars mélodramatiques dans lesquels la race s'empoisonnait » (Jean Chabot, *Le Devoir*, le 7 juillet 1969). Selon Yves Lever, dans *Le cinéma de la Révolution tranquille*, « L'audace de *Délivrez-nous du mal* se résume à mettre en scène une histoire d'homosexuels, avouant ainsi que le phénomène existe bel et bien au Québec. Il en reproduit les principaux clichés et préjugés, n'apportant rien pour les combattre. »

Dans un ouvrage intitulé simplement *Jasmin*, paru en 1970, Claude Jasmin effectue lui-même un premier bilan de son œuvre et il en profite pour régler ses comptes avec la critique. Il s'en prend surtout à ceux qu'il appelle les « aumôniers » qui, jadis, signaient dans la presse périodique des appréciations littéraires teintées de moralisme catholique. « Si l'écrivain fait parler son héros trop rudement au goût des censeurs, on dira que son récit relève plus de la folie que de la littérature. Quelle engeance que ces petits curés froids », écrit le polémiste, qui choisit de poursuivre, contre vents et marées, son projet d'écriture. *Kenneth Landry*

JASMIN, Claude, *Délivrez-nous du mal*, Montréal, Les Éditions à la page, 1961, 187 p.; *Délivrez-nous du mal*, Cooperatio, 1965, 81 minutes.

LES DEMI-CIVILISÉS

Jean-Charles Harvey (1891-1967) • Roman frappé d'une interdiction par le cardinal Villeneuve, à Québec (1934); dernier cas de censure officielle du clergé à l'encontre d'un ouvrage littéraire québécois

Jean-Charles Harvey (1891-1967), rédacteur en chef du quotidien *Le Soleil* de Québec, se sait surveillé de près en ce début d'avril 1934 quand paraît aux Éditions du Totem d'Albert Pelletier son deuxième roman, *Les demi-civilisés*. L'amour et la sensualité présents dans ses créations précédentes, *Marcel Faure** (1922) et *L'Homme qui va…** (1929), ainsi que le caractère radical des thèmes sociaux mis de l'avant, en opposition aux tenants du terroir, en ont fait un auteur suspect.

La nouvelle œuvre d'Harvey tient à fois du roman de mœurs et du roman social. L'écrivain, a-t-il lui-même écrit, veut cette fois dépeindre un « certain milieu petit-bourgeois de Québec et autres lieux ». À bien des égards, le héros Max Hubert, un jeune révolté en quête de liberté, ressemble à l'auteur.

Plus le lecteur avance dans le récit, plus apparaissent des obstacles dans l'histoire d'amour de Max avec sa belle Dorothée et dans sa vie de directeur d'une revue d'idées, *Le Vingtième Siècle*. Les difficultés viennent de leur environnement. L'hypocrisie, le mensonge et l'étroitesse d'esprit de la bourgeoisie et de l'élite qui les entourent y sont décrits avec un réalisme et un humour parfois corrosif. À ce tableau s'ajoutent les critiques envers le clergé. Harvey n'hésite pas à mettre en lumière le monopole exercé par ce groupe sur

Le cardinal Jean-Marie Rodrigue Villeneuve, dessin d'Arthur Lemay. – Il revient au cardinal Villeneuve d'avoir posé le dernier geste significatif de censure cléricale, contre *Les demi-civilisés*, de Jean-Charles Harvey, le 25 avril 1934.

les connaissances, les écoles, les institutions; avec le confort, le luxe et l'opulence édifiés avec la dîme du paysan ou du pêcheur; […] avec l'autocratie du dogme étouffant toute pensée libre et ne reculant pas devant la ruine voulue de pauvres diables coupables seulement d'avoir osé crier des vérités qui bouillonnaient en eux […].

Ayant dévoré le livre, le journaliste Willie Chevalier, un confrère au *Canada*, s'empresse d'écrire à l'auteur le 21 avril afin de le remercier du plaisir qu'il a eu: « Avec *Né à Québec* d'Alain Grandbois, lui déclare-t-il, votre roman est ce que j'ai lu de mieux en fait de prose canadienne, si l'on peut dire. »

Le 25 avril 1934, soit 19 jours après son impression, le nouveau roman d'Harvey est officiellement condamné par le cardinal Jean-Marie-Rodrigue Villeneuve, archevêque de Québec. Vingt-quatre heures plus tard, la censure prend une dimension publique avec sa publication dans la *Semaine religieuse de Québec* :

> Le roman *Les demi-civilisés*, de Jean-Charles Harvey, décrète le cardinal, tombe sous le droit canon 1399, 3ᵉ, du Code de Droit canonique. Conséquemment, ce livre est prohibé par le droit commun de l'Église. Nous le déclarons tel et le condamnons aussi de Notre propre autorité archiépiscopale. Il est donc défendu, sous peine de faute grave, de le publier, de le lire, de le garder, de le vendre, de le traduire ou de le communiquer aux autres. (Can. 1398,1)

Mais que dénonce au juste l'archevêque dans ces pages ? Des années plus tard, Harvey donnera son interprétation de cette condamnation. L'atmosphère de libre pensée qui traverse le roman et qui détonne par rapport aux valeurs traditionnelles, le caractère beaucoup plus sensuel de l'ouvrage comparé aux autres livres produits jusque-là et, enfin, les passages où le clergé est directement attaqué, voilà autant de griefs qui, en toute probabilité, sont à l'origine du coup de massue.

Vers midi, le jeudi 26 avril, la nouvelle de la sentence se répand dans les salles de rédaction du *Soleil*. Paniqué, Henri Gagnon, le directeur du journal, téléphone en soirée à son employé. De passage à Montréal, le patron a pris soin au préalable d'en causer avec le propriétaire du quotidien, Jacob Nicol. Le Parti libéral de la province et son porte-parole, *Le Soleil*, ne veulent pas être éclaboussés par le scandale. Aussi, la direction du journal, de concert avec le propriétaire et le premier ministre du Québec, le libéral Louis-Alexandre Taschereau, se prononcent sur le sort d'Harvey. Il doit démissionner sur-le-champ. Au téléphone, Gagnon va même jusqu'à conseiller au journaliste de ne pas rentrer au bureau le lendemain.

Pour compenser son départ, son employeur lui versera son salaire pendant au moins six mois. De plus, le Premier ministre Taschereau s'engage à lui trouver un emploi dans la fonction publique provinciale dès la fin de l'été. Toutefois, Gagnon conditionne ces promesses à la rédaction d'une note rédigée par l'écrivain et annonçant publiquement sa décision de retirer son roman de la circulation. Indigné, Harvey se rebiffe. Mais il cède finalement en songeant à l'avenir de sa famille.

Destitué le jour même après avoir occupé pendant sept ans le poste de rédacteur en chef du journal, Jean-Charles Harvey envoie le lendemain matin, 27 avril, le communiqué suivant à la presse : « Après la déclaration de Son Éminence le cardinal Villeneuve, hier, je consens à retirer du marché mon der-

---

ALFRED DESROCHERS APPUIE JEAN-CHARLES HARVEY... MAIS PRIVÉMENT (1934)

La censure fait coup double : le roman *Les demi-civilisés*, de Jean-Charles Harvey, est interdit le 25 avril 1934, et Alfred DesRochers, dans une lettre à l'auteur le 30 avril, se retient de tout appui public, par crainte des conséquences. Il écrit : « La nicolique dont tu es victime prouve qu'il n'y a pas de valeur morale pour le bourgeois. J'ai lu ton livre, et *si j'avais le droit d'écrire*, sans mettre en danger de crever de faim ceux qui dépendent de moi, je dirais que ton livre prouve l'inanité des libertés individuelles pour quoi se battent ou s'efforcent de se battre ceux à qui convient le titre d'intellectuels au Canada.

Il n'y a pas de liberté individuelle dans le domaine intellectuel. Quiconque pense n'a qu'une voie : le socialisme. En prenant le parti du chien écrasé, on a au moins la satisfaction de rendre possible à ceux qui descendront de nous l'accession aux postes qui leur vaudront leurs mérites. Sous le régime actuel, nous n'avons que le contentement de trahir ceux de qui nous sommes issus et ceux qui sont nos frères – et ce, durant "bon plaisir" seulement des crétins que nous avons mis sur piédestal.

Mon parti est pris. J'aime mieux suivre Marx, Lenine, Shaw, Loutatcharsky, Staline, Webb, Thomas que la "classe dirigeante" du Québec.

Je te serre la main, et s'il est quelque service que je te puisse rendre, fais-moi la faveur de me le faire savoir. » (SAUS)

---

nier roman, *Les demi-civilisés*, et je prie les libraires* et l'éditeur* de bien vouloir en tenir compte. » Quant à son employeur, il règle la question en une ligne : « M. Jean-Charles Harvey a cessé, depuis hier, de faire partie de la rédaction du *Soleil*. »

Une fois le décret cardinalice connu, les diocèses de Trois-Rivières et de Sherbrooke ferment à leur tour leurs frontières au roman interdit. Mais l'évêque de Montréal refuse d'emboîter le pas à son confrère de Québec. La bombe des *Demi-civilisés* avec ses allures de fruit défendu provoque plutôt une ruée vers les librairies de la métropole. Les copies s'envolent vite et l'effet est particulièrement contagieux chez les jeunes, qui voient en Max Hubert un modèle. En tout, il se vendra 3000 exemplaires du roman. « Une réclame comme il ne s'en est jamais vu ! s'exclame l'éditeur Albert Pelletier, dans une lettre à Alfred DesRochers, le 28 avril. Je me demande si, en conscience, je ne dois pas payer une commission au Cardinal comme agent de publicité. »

La presse, qui se préparait à publier la recension de l'ouvrage, se terre désormais dans le silence. Dans une lettre à Harvey du 2 mai 1934, Jean Bruchési donne le ton : « J'ai lu ton roman, *Les demi-civilisés* avant la condamnation. Ma conscience est bien tranquille !!! Je me proposais même d'en parler aux lecteurs de *La Revue moderne*. Je doute fort que ce soit possible maintenant. » Dans l'édition du 1er mai 1934 de *L'Ordre** d'Olivar Asselin, Lucien Parizeau s'avance à commenter le roman mais dans des termes qui ne peuvent choquer le pouvoir. « Harvey, conclut-il, vient d'écrire un livre nuageux et excessif. » Il devrait, poursuit le critique,

> reprendre sous une autre forme les bonnes idées de son œuvre et les répandre, avec l'autorisation du cardinal-archevêque de Québec. Cet homme de haute culture [il s'agit de Mgr Villeneuve] sait mieux que personne à quel point nous sommes, à certains égards, des demi-civilisés.

Seul Henri Girard du journal libéral *Le Canada* formule des éloges :

> C'est pour les provinciaux que nous sommes tous plus ou moins un livre extraordinaire. [...] M. Harvey, avec cette lucidité que nous lui connaissons, arrache le voile de vanité sous lequel notre infériorité intellectuelle tentait de se dissimuler. Il met nos cerveaux à nu dans leur faiblesse, leur ignorance et leur peur de la pensée. (27 avril 1934)

À l'automne de 1934, le premier ministre Taschereau offre au chômeur les fonctions de conservateur à la bibliothèque* du Parlement. Mais Harvey, dit-il, doit auparavant demander audience au cardinal afin d'obtenir son approbation. Devant le refus du journaliste, Taschereau consent à ce que ce dernier recoure à la bénédiction d'un membre du clergé de son choix. Le religieux en question, le chanoine Joseph-Alfred Chamberland, se contente cependant de transmettre au requérant les exigences de son supérieur, Mgr Villeneuve : « Le cardinal, dit-il, approuve qu'on vous donne une situation, mais pas la bibliothèque [...] », écrit Harvey dans son autobiographie.

Taschereau prend acte de la volonté de l'archevêque de voir le romancier écarté d'un poste lié au monde des idées. Le premier ministre envoie le chef statisticien, le colonel Georges-Émile Marquis, à la direction de la bibliothèque tandis qu'il nomme l'auteur des *Demi-civilisés* chef du Bureau des statistiques. Le premier ne connaît rien aux livres ; le deuxième ne connaît rien aux chiffres.

Près de deux ans et demi plus tard, au début de 1937, le nouveau gouvernement de l'Union nationale dirigé par Maurice Duplessis* met le fonctionnaire Harvey à la porte. Jeté une nouvelle fois à la rue, l'homme de 45 ans choisit de quitter la capitale. Il part fonder à Montréal un journal de combat axé sur la défense des valeurs démocratiques, dont la liberté de pensée, et sur une réforme de l'éducation. Au cours des neuf années suivantes, il devient l'ennemi numéro un de l'élite clérico-nationaliste de la province en raison des luttes d'idées qu'il mène dans son journal *Le Jour**.

L'interdiction de traduire *Les demi-civilisés* n'empêche pas les Éditions Macmillan de Toronto de s'y aventurer. En 1938, le volume paraît en anglais sous le titre *Sackcloth for Banner*. Au Canada anglais, la réaction de la critique est franchement positive. En préface, le rédacteur en chef du *Saturday Night*, Bernard K. Sandwell, parle d'une œuvre de lucidité et en souligne l'universalité. La presse anglophone loue le talent d'observateur social d'Harvey. J. S. Will, dans *The Canadian Bookman*, qualifie l'ouvrage de livre important. Harvey, écrit William Arthur Deacon du quotidien torontois *The Globe and Mail*, a eu le courage de mettre en lumière de déplaisantes conditions locales comme aucun écrivain de l'Ontario ne l'a fait jusqu'ici dans une œuvre de fiction populaire. Pour sa part, Helen Marsh, dans *The Canadian Forum*, classe *Sackcloth for Banner* comme l'un des trop rares romans canadiens-français à être traduits en anglais.

La consécration vient avec la parution d'une longue analyse élogieuse dans l'édition du 8 janvier 1939 du prestigieux quotidien américain *The New York Times*. Jane Spence Southron, la critique littéraire du journal, trouve le roman extrêmement original et très courageux. L'ouvrage s'avère prophétique, suggère-t-elle, quant au destin de Jean-Charles Harvey. Au même moment, Le Grincheux (Louis Dupire), dans *Le Devoir* du 17 février 1939, taxe *Les demi-civilisés* d'« âneries prétentieuses » et d'« embryons de pamphlets injurieux pour toute une ville, et pour des milliers de braves gens ».

Jean-Charles Harvey revit les heures sombres d'avril 1934 quelques années plus tard, au mois de décembre 1942, à la suite d'un article paru dans *Life*, intitulé « French Canada* ». À *La Patrie** où *Le Jour* est imprimé, le contrat d'impression avec l'hebdo d'Harvey est remis en question, vu la nouvelle censure. Mais une audience avec l'archevêque de Montréal, Mgr Joseph Charbonneau, permet à Oswald Mayrand, directeur de *La Patrie*, de ne pas rompre ses engagements. Toute sanction cléricale est écartée puisque le prélat de la métropole ne se sent pas tenu d'appliquer l'édit de Québec. D'ailleurs, seule une douzaine d'abonnés annulent leur souscription.

Cependant, à compter de cette date, un censeur assigné par *La Patrie* se permet de jeter un coup d'œil sur le contenu du *Jour* avant qu'il ne soit mis sous presse. Le conte « L'anneau » envoyé par le jeune Jacques Ferron est ainsi refusé par cet employé. Dans une lettre du 15 décembre 1944, le rédacteur en chef du *Jour*, Émile-Charles Hamel, s'en explique auprès de Ferron : « Donc, notre censeur, qui craint les foudres de l'archevêché, nous a priés de ne pas publier votre conte, selon lui immoral ! Nous devons nous incliner, et je vous renvoie cette charmante pièce, avec l'expression d'une rage furibonde. »

La réputation de libre penseur, d'anticlérical, de gauchiste et d'homme à scandale traînée par Harvey, écrit Guildo Rousseau dans le *DOLQ*, « a pendant longtemps servi de prétexte à un dénigrement et à une volontaire ignorance de son œuvre ». Gérard Tougas, par exemple, écrit dans son *Histoire de la littérature canadienne-française*, en 1960 : « Les romans de Jean-Charles Harvey sont parmi les plus indigestes de la littérature canadienne. »

Il faut attendre l'année 1962 pour voir enfin brisé le silence sur *Les demi-civilisés*. Le roman, qui a été substantiellement remanié par l'auteur, est réédité par les Éditions de l'Homme. Toujours vivant, Harvey relate en introduction le récit de la persécution qu'il a vécue. La censure de Mgr Villeneuve, signale-t-il dans son introduction aux *Demi-civilisés* (1962), a constitué la dernière condamnation de cette nature puisque depuis avril 1934, « la foudre n'a frappé aucun de nos écrivains les plus hardis ». Il s'agit en effet du dernier exemple de censure officielle pratiquée publiquement par le clergé québécois à l'encontre d'une œuvre littéraire, bien qu'il faille mentionner l'existence d'un cas ultérieur apparenté mais qui n'a pas été sanctionné sur la place publique par un mandement, celui du recueil de poésies religieuses *La romance** de l'abbé Arthur-

M. Viau (1947). « Aurais-je été leur paratonnerre ? » s'interroge le septuagénaire Harvey.

À trente ans de distance, la lecture du roman n'est plus la même. La réhabilitation des *Demi-civilisés* renvoie à la Révolution tranquille alors en cours. Dans la presse, le livre est avant tout reçu comme un témoignage sur une époque étouffante mais révolue. Il permet d'« établir un bilan », soutient Jean Paré dans *Le Nouveau Journal* (20 janvier 1962). Sa relecture, affirme Jean Hamelin, procure « un certain plaisir et beaucoup d'intérêt » (*Le Devoir*, 27 janvier 1962). Harvey est aussi crédité pour son rôle historique. Dans *Le Quartier latin* du 27 février 1962, Jacques Tardif écrit : « Son sacrifice n'a pas été inutile puisqu'après la liberté d'expression avait droit de cité dans notre province. On sait tout le progrès accompli dans ce sens depuis 1934. »

En 1993, à l'occasion de la septième réédition des *Demi-civilisés* chez Typo, le critique de *La Presse* Réginald Martel réserve cette fois à l'œuvre un accueil plus froid. Il laisse aussi de côté l'analyse qui voit en Harvey un « paratonnerre ». « Il faut lire *Les demi-civilisés*, conclut-il, non pas pour la valeur littéraire de ce roman, qui est à peu près nulle, mais pour l'éclairage cru qu'il jette sur une époque encore relativement récente mais déjà oubliée. » (20 juin 1993)

Le mois d'avril 1934 est maintenant considéré dans l'histoire littéraire et intellectuelle québécoise comme un moment qui marque un tournant et *Les demi-civilisés* figure comme une œuvre essentielle de la littérature canadienne-française. Avec ce roman, analyse en postface (1993) Guildo Rousseau, « c'est le Québec moderne qui commence ». L'ouvrage, avait déjà souligné Guy Robert dans *Aspects de la littérature québécoise*, « se plaçait dans l'héritage de l'œuvre de Arthur Buies, dans le sillage de l'affaire Guibord, et préparait Borduas et le Frère Untel ». Toutefois, s'amorce peut-être un nouveau cycle de réévaluation à la baisse de l'importance du livre. Dans *L'émergence des classiques* (2000), Daniel Chartier estime que *Les demi-civilisés* « doit à la maladresse de Jean-Marie Villeneuve sa survie dans l'histoire littéraire ».

Ce roman n'a donc pas encore fini d'interpeller la société d'où il est issu. Son avenir dans le discours savant et dans le discours public apparaît maintenant lié à un enjeu de mémoire, celui du regard des Québécois sur les années 1930 et 1940 et de leur attitude devant cette période. Jean-Charles Harvey, par le caractère avant-gardiste et subversif des propos qu'il a laissés tant sur le plan littéraire que journalistique, contrarie toute reconstruction complaisante de ce passé. Son antinationalisme ne cadre pas non plus avec le récit dominant sur ces années, le récit nationaliste. De là, l'occultation encore importante dans la mémoire collective québécoise de cet écrivain et de cet intellectuel anticonformiste. Cible de la censure de son vivant, Jean-Charles Harvey même disparu subit les effets de mesures censoriales qui s'exercent pour contrôler de manière feutrée le discours sur ce « passé qui ne passe pas ». Dans ce contexte, la perception de son roman paraît à terme destinée à s'en ressentir. En ce sens, la fortune des *Demi-civilisés* sert d'utile baromètre pour mesurer l'état d'esprit d'une société.

Yves Lavertu

Harvey, Jean-Charles, *Les demi-civilisés*, Montréal, Éditions du Totem, 1934, 223 p. ; Montréal, Les Presses de l'Université de Montréal, édition critique par Guildo Rousseau, [1988], 299 p. ANQ-S, fonds Alfred-DesRochers, correspondance ; BNQ, fonds Jacques-Ferron, correspondance ; SAUS, fonds Jean-Charles-Harvey, correspondance, autobiographie ; Gagnon, Marcel-A., *Jean-Charles Harvey, précurseur de la Révolution tranquille*, Montréal, Beauchemin, 1970 ; Lavertu, Yves, *Jean-Charles Harvey. Le combattant*, Montréal, Éditions du Boréal, 2000.

DERNIÈRE JEUNESSE

Jeff Musso (1907-?) • Film refusé par le Bureau de censure, puis modifié par son distributeur (1940)

Le *Larousse* des films résume ainsi ce drame romantique mineur, mais qui réunit un trio de comédiens vedettes (Raimu, Jacqueline Delubac, Pierre Brasseur) : « Une pauvre fille rencontre un ancien colonial qui la sauve de la misère et tombe éperdument amoureux d'elle. Lasse de sa jalousie et n'éprouvant pour lui que de la reconnaissance, elle sort avec un camarade, mais à son retour, l'ex-militaire l'étrangle. »

Quand France-Film propose *Dernière jeunesse* (1939) au Bureau de censure, elle joint l'opinion de son comité d'évaluation, signée par Joseph-Alexandre DeSève, et qui se lit ainsi : « Tel quel, ce film est inacceptable et la cote "à rejeter" lui a été attribuée. […] Amant et maîtresse vivant maritalement sous le même toit. » Le censeur a donc beau jeu de le refuser le 27 mars 1940 avec ce commentaire : « Thème immoral de la vie en commun d'un vieil amant et d'une jeune maîtresse – Excès de jalousie et assassinat. »

Ce refus donne le droit à France-Film d'en proposer une copie modifiée, ce qu'elle fait et le film « reconstruit » est accepté le 12 juin suivant, le Bureau n'enlevant de son côté que quelques lignes de dialogue presque insignifiantes. Rarement un distributeur a-t-il autant manipulé une œuvre pour obtenir l'approbation des censeurs. Non seulement l'a-t-il abrégée d'environ dix minutes, mais il a déplacé une scène et il en a ajouté une nouvelle, de sorte que le récit peut maintenant se lire ainsi dans la fiche qu'il soumet pour examen :

> Georges, qui a fait sa fortune aux colonies s'ennuie, à plus de 50 ans, de vivre seul, et d'errer dans les cafés de Rouen, où il est tapé par des copains. Il recueille une nuit une jeune fille, Marcelle, qu'il garde et dont il s'éprend follement, au point de l'épouser. Pour sa femme, il fait des dépenses, meuble un appartement, s'habille bien, mais veille sur elle avec une passion jalouse. Marcelle a peur de la brutalité de Georges et un soir où elle est rentrée avec un ami, Georges veut assommer le jeune homme qui est sauvé par l'intervention d'amis. Le vieil homme reste seul et fou de douleur et de colère, essaie d'étrangler la jeune femme qui s'enfuit. Cependant, elle revient à son mari, qui promet de ne plus être jaloux.

Afin d'obtenir un tel récit, fort différent du scénario original, DeSève s'y prend de la façon suivante : pour marier les amants, il fait tourner à Montréal un gros plan où, devant un vêtement sacerdotal, une main d'homme glisse un jonc au doigt d'une femme pendant qu'une voix hors-champ récite la formule traditionnelle « Je vous déclare unis par le sacrement du mariage. » Puis, amputée de son dénouement, la scène de l'étranglement ne devient plus qu'une tentative de meurtre et la victime peut réapparaître plus tard. Finalement, une scène de réconciliation, déplacée du milieu du film à la fin, permet un dénouement heureux.

Voilà comment on peut sauvegarder une certaine morale et apporter sur l'écran un produit accrocheur, mais contesté par les censeurs. Le public ne s'en est probablement pas aperçu, habitué qu'il était d'assister à de bizarres effets de montage. *Yves Lever*

ANQ-M, Fonds Régie du cinéma, E 188, fiche du film et documents annexés ; FORTIER, André, « Les films français et la censure de 1930 à 1955 », *Cultures du Canada français*, n° 8, 1991, Les Presses de l'Université d'Ottawa, p. 57.

DERRIÈRE LE SANG HUMAIN
Robert de Vallières [Robert Pelchat, 1923-1999] • Roman coté « Mauvais » par la revue *Lectures* (1956)

Derrière le sang humain est publié aux Éditions Serge Brousseau en 1956, probablement à compte d'auteur, sous le pseudonyme* de Robert de Vallières et réédité par Stanké en 1999 sous le nom véritable de l'auteur, Robert Pelchat. Ce roman laisse sa trace dans l'histoire littéraire du Québec comme le premier ouvertement homosexuel*, après *Orage sur mon corps** d'André Béland. Le récit présente en effet un personnage principal homosexuel suicidaire, en quête de réponses quant aux raisons de son orientation sexuelle déviante. Ces réponses sont parfois provocatrices : « On ignore encore le mystère des chromosomes, mais je sais bien que si une seule unité était changée, l'équilibre du monde entier serait aussi changé et la terre entière serait peuplée d'homosexuels. »

Le roman est coté « Mauvais » par la revue *Lectures* (novembre 1956). Rita Leclerc, en deux courts paragraphes, déplore « le langage le plus grivois et les descriptions les plus obscènes* » et conclut : « quand on veut faire l'éducation dans le domaine de l'homosexualité, ce n'est pas à la formule du roman ou de l'autobiographie qu'on a recours, mais à un écrit spécialisé. »

La réédition fait partie d'une collection littéraire à thématique gaie chez l'éditeur Stanké, « L'heure de la sortie », lancée en 1999 et dirigée par Pierre Salducci. Dans sa « Présentation : le roman d'un précurseur », Salducci précise que si le sujet secoue la population, c'est surtout son caractère autobiographique qui soulève l'indignation. Sous-titré *Une étrange confession, tel que raconté [sic] à l'auteur*, l'intitulé, en plus de référer à un univers religieux, renvoie directement à l'idée de réel et place son auteur dans une position délicate. En effet,

> à cause de toute une série de raisons qu'on devine aisément, l'homosexualité n'avait encore jamais connu de porte-parole. [...] En publiant son roman, Robert de Vallières endosse cette fonction de porte-parole et devient par là même une des premières figures à incarner l'homosexualité au pays.

Par ailleurs, Salducci ne voit pas dans le pseudonyme de Pelchat un signe de dissimulation. Selon lui, un tel usage était très courant à l'époque, principalement pour marquer la séparation entre la vie littéraire, qui n'avait pas une reconnaissance enviable dans toutes les sphères de la société, et la vie professionnelle. Peu de renseignements sont disponibles sur Robert Pelchat, sinon le fait qu'il a « été pressenti comme candidat libéral en 1952 pour les élections fédérales, dans la circonscription de Maisonneuve ».

En 1956, le roman reçoit un bon accueil par la classe intellectuelle qui voit dans *Derrière le sang humain* un portrait social et historique des plus intéressants, notamment dans la description du milieu défavorisé des années 1940 et 1950 dans lequel vivent les principaux personnages ; aussi Salducci affirme-t-il que « le destin des personnages de *Derrière le sang humain* présente bien des points communs avec celui des personnages de Gabrielle Roy ou de Roger Lemelin, par exemple ». La réaction de la population en général ne va toutefois pas dans le même sens et bute sur l'orientation sexuelle de l'auteur et sur le thème principal du roman.

La réédition par Stanké en 1999 est bien reçue, en partie parce qu'elle offre la possibilité aux lecteurs d'entrevoir le chemin parcouru par l'homosexualité au Québec depuis les années 1950. La collection dans laquelle le roman a été publié soulève cependant, comme le signale Robert Chartrand dans *Le Devoir* (22 avril 2000), quelques interrogations chez certains, qui craignent une ghettoïsation des homosexuels. Quoi qu'il en soit, cette collection a été interrompue « sous la pression de Quebecor », peut-on lire dans *Livres d'ici* (29 avril 2003). *Maude Dénommé Beaudoin*

Vallières, Robert de, *Derrière le sang humain. Une étrange confession, tel que raconté [sic] à l'auteur*, Montréal, Éditions Serge Brousseau, 1956, 397 p.

DESÈVE, JOSEPH-ALEXANDRE (1896-1968) ET FRANCE-FILM

Un distributeur qui précensure les films avant de les soumettre au Bureau de censure du Québec (années 1930 et 1940)

Joseph-Alexandre DeSève est connu surtout comme le jeune homme d'affaires astucieux qui voit dès le début des années 1930 l'intérêt de distribuer du cinéma « parlant français » au Québec, alors que les *majors* américaines occupent presque tout ce champ et diffusent presque uniquement leurs produits. Il est alors associé à l'entreprise Les films Édouard Garand qu'il amène, en 1934, à fusionner avec la compagnie de distribution France-Film, dont il prend la direction. Une décennie plus tard, il s'engage aussi, avec Paul L'Anglais, dans la production du petit « Hollywood francophone » dont les films (*Le Père Chopin, Un homme et son péché, La petite Aurore l'enfant martyre, Tit-Coq*, etc.) trouvent leur niche dans ses salles. Avec les revenus considérables que lui procure l'exploitation des films québécois et français, DeSève fonde en 1961 la deuxième chaîne de télévision francophone au Québec, Télé-Métropole (Canal 10).

Dans les années 1930, les films européens importés, surtout ceux de France, subissent fortement les foudres du Bureau de censure à cause des comportements sexuels plus libres qu'en Amérique du Nord. Aussi, dans l'espoir de ne pas les voir trop charcutés par l'organisme officiel, DeSève crée en avril 1938 son comité de précensure avec ses associés Arthur Vallée et Alban Janin. Ils s'adjoignent le chanoine Adélard Harbour*, curé de la cathédrale de Montréal, fer de lance des attaques cléricales contre le cinéma dans les années 1920 et souvent appelé comme consultant par le Bureau de censure. Ils visionnent les films au Théâtre St-Denis de Montréal, puis sur deux feuillets ils rédigent une fiche contenant les éléments principaux du générique, un résumé, une appréciation artistique et morale suivie d'une cote : « Recommandable ; Pour tous (pour public peu habitué au cinéma) ; Convenable (pour public habitué au cinéma) ; Pour adultes (pour public averti) ». Un paragraphe spécifie que « ces notes sont données d'après les directives de l'encyclique Vigilanti cura [Pie XI, 1936] et portent sur les films tels qu'ils sont présentés au public, suivant la Loi de la Province de Québec ». Ces évaluations accompagnent les films soumis à la censure officielle. Souvent, pour attribuer la note « convenable », ils suggèrent quelles scènes ou quels extraits du dialogue pourraient être enlevés.

Parfois, le Bureau exécute exactement les suggestions de DeSève (Les disparus de Saint-Agil de Christian-Jaque). Le plus souvent, il se montre plus sévère, soit en effectuant des coupures alors que le film avait été évalué anodin et coté « pour tous » (Monsieur Breloque a disparu de Robert Péguy) ; soit en retranchant davantage (Le tombeau hindou de Richard Eichberg). Parfois, il est nettement plus sévère : c'est le cas d'Hôtel du Nord* de Marcel Carné et celui de Grisou de Maurice de Canonge, évalué « convenable » avec suggestion de coupures et qui est refusé le 22 juin 1938 parce que « Femme trompe ouvertement et obstinément son mari avec plusieurs hommes et sans aucun repentir. Mauvaise leçon ». Celui aussi de Un train pour Venise d'André Berthomieu, un « vaudeville spirituel et divertissant [...] inoffensif », refusé le 30 septembre 1938 et accepté le 29 août 1939 après de longues coupes.

Dans beaucoup de cas, DeSève va jusqu'à proposer le rejet d'un film, ce qui advient chaque fois. Ce geste demeure pour le moins paradoxal. En effet, pourquoi ne pas retrancher ce qui fait problème, ou simplement ne pas le présenter et ainsi sauver les frais d'examen, le conserver dans ses voûtes et attendre une certaine évolution de la censure ? La réponse est simple : d'une part, la loi interdit de modifier les œuvres avant de les présenter aux censeurs. D'autre part, pour avoir le droit de « reconstruire » (couper, modifier même le montage) ce produit qui a d'autant plus d'intérêt commercial qu'il suscite la controverse, il faut d'abord passer par ce refus. C'est le cas, par exemple du Jour se lève* et du Quai des brumes* de Marcel Carné.

On ne voit qu'un exemple où le Bureau se montre plus indulgent que le comité DeSève. Le 29 août 1936, France-Film se voit refuser La kermesse héroïque (Jacques Feyder) pour les motifs suivants : « adultère collectif des épouses de Boom ; moine cupide, paillard, ivrogne pharisaïque et hypocrite ; ce film ridiculise l'héroïsme, la prudence et les choses saintes ; scènes de massacres et de viols, etc. ». Le 26 juin 1942, elle ramène ce film, mais doublé en anglais sous le titre Carnival in Flanders, en lui attribuant la cote « convenable » et en suggérant d'enlever toute la scène où le moine paraît, dans la dernière bobine, lors du départ des soldats. Le Bureau autorise le film sans aucune modification. La kermesse... ne revient en français que le 24 juillet 1964, en format 16 mm, et il est approuvé intégralement.

Des œuvres que le comité classe « à rejeter » et qui le sont par le Bureau n'y reviennent cependant jamais ; par exemple, *La femme du bout du monde* (Jean Epstein), condamné par DeSève parce que « De cette œuvre se dégage une impression trouble. La présence d'une femme parmi des hommes habitués au veuvage des longs courriers semble déchaîner en eux de mauvais sentiments de sensualité bestiale, etc. » Quant au Bureau, il écrit le 3 juin 1938 : « Le ton général créé par la présence de cette femme au milieu de tous ces hommes et l'éloignement activent la sensualité puis le suicide du mousse. Les tentatives de séduction, etc., rendent ce film inacceptable. » Ou encore *La chaleur du sein* de Jean Boyer, interdit le 30 septembre 1938 sous le motif « divorces, etc. ».

« Reconstruire » le film, opération faite par le distributeur après un refus et avant de le soumettre à nouveau, consiste le plus souvent à éliminer des plans et des répliques. Mais cela va parfois jusqu'à modifier le montage : dans *Les gens du voyage* (Jacques Feyder), le déplacement vers le début d'une scène de mariage fait d'une liaison une relation légitime ; voir aussi *Dernière jeunesse** (Jeff Musso). À quelques reprises, des scènes inédites sont tournées à Montréal pour rendre certaines situations acceptables : *Dernière jeunesse*, encore, et *Orage** (Marc Allégret).

Les producteurs français, bien au fait de la censure québécoise, tournent parfois une fin différente pour le public québécois. André Fortier raconte que pour *La belle équipe* (1936), « le réalisateur Julien Duvivier a tourné deux fins différentes : l'une où Jean Gabin tue Charles Vanel par vengeance ; l'autre où ils se réconcilient et reprennent leur amitié. On devine facilement que DeSève acheta la copie avec la finale optimiste. » De son côté, Henri Decoin substitue une réconciliation du couple au suicide final des *Amoureux sont seuls au monde* (1947). « Ironiquement, rapporte André Fortier, le public français appréciait davantage la fin "canadienne". »

Peu de films français nouveaux arrivent entre 1942 et 1946. Le comité de précensure semble dissous. En juin 1948, on constate que le distributeur l'a ressuscité, ou du moins il demande à Harbour de visionner les films et de suggérer des coupes. Michel de Roussy est maintenant directeur général de la compagnie et il est le deuxième signa-

Cette publicité de France-Film, le plus important distributeur de films français des années 1930 aux années 1950, met l'accent sur la langue française, mais ne délaisse pas la visée morale.

taire de la « reconstruction »; on ne voit que rarement le nom de DeSève, davantage impliqué dans la production des films québécois. Harbour signe parfois seul la liste des coupures envoyées au censeur officiel. Cette fois, le Bureau permet à France-Film de retrancher elle-même des scènes, à condition, bien sûr, qu'elles lui soient remises. Comme 10 ans auparavant, bien que de nouveaux censeurs soient en place, les recommandations sont généralement acceptées. Toutefois, ils ajoutent fréquemment des coupures supplémentaires, par exemple dans le cas du *Briseur de chaînes* (Jacques Daniel-Norman, 1941), évalué le 19 octobre 1948, jugé « convenable » par de Roussy et Harbour, après leurs propres soustractions.

La dernière fiche du comité présente aux archives est rédigée par Mgr Harbour le 4 octobre 1951, au sujet du film *L'étrange madame X* (Jean Grémillon); il écrit :

> Ce mélodrame sentimental est admirablement interprété par d'excellents acteurs. La rencontre de la femme riche et du jeune ouvrier est très peu vraisemblable. [...] Aussi le film va-t-il démontrer que le mensonge d'Irène, sa situation fausse à l'égard de son mari et du jeune ouvrier ne peuvent aboutir à rien. Même le divorce reste en plan. [...] Personne ne sera tenté de suivre l'exemple de *L'étrange madame X*. Ce film n'est pas du tout provocant et nous sommes d'opinion qu'il peut être montré en toute sécurité. La cote convenable lui a été attribuée.

Mais le film est refusé le 12 février 1952. Harbour décède accidentellement le 24 décembre suivant. DeSève ne le remplace pas. Son comité ne semble plus nécessaire, car le Bureau est alors dirigé par le plus intransigeant de tous les présidents, Alexis Gagnon*, moralisateur rigoriste, ami du premier ministre Maurice Duplessis* et probablement plus sévère en matière de sexualité que la grande majorité des clercs. *Yves Lever*

ANQ-M, fonds Régie du cinéma, E 188, fiches des films et documents annexés; FORTIER, André, « Les films français et la censure de 1930 à 1955 », *Cultures du Canada français*, 8 (1991); VÉRONNEAU, Pierre, *Le succès est au film parlant français*, 1979.

« LES DESSOUS DE LA CENSURE »

André Lussier (1922-   ) • Article fondateur dans la lutte contre la censure (1960)

Étudiant en psychologie en 1947, André Lussier est membre du comité culturel de l'Association des étudiants de l'Université de Montréal (AGEUM), qui est au cœur de l'affaire *Les enfants du paradis**. Devenu psychanalyste et professeur à cette même université, il est scandalisé en 1958 de n'avoir pu assister à une représentation intégrale des *Sorcières de Salem* (Raymond Rouleau, d'après la pièce d'Arthur Miller adaptée par Sartre). C'est la motivation pour écrire un retentissant article dans le numéro de juin-juillet 1960 de *Cité libre*.

Malgré sa colère, Lussier garde un ton diplomatiquement serein, mais son verdict est implacable : la censure ne provoque que l'infantilisme pathologique de la population; elle ne peut exister qu'en réponse « à un appel qui vient des profondeurs primitives de l'âme, au niveau du pseudo-sacré magico-religieux »; elle requiert une obéissance totale devant celui qui dit : « Avec sollicitude, je viens encore te mettre les doigts sur les paupières, mon fils, afin de te préserver des tentacules contaminées du monde séducteur. » Plus globalement, « notre morale est une lobotomie, et nous nous traînons tant bien que mal avec nos moitiés de cervelles », surtout en ce qui concerne la réalité charnelle de l'existence.

Véritable cri du cœur articulant une analyse implacable de la censure québécoise sous l'angle psychologique, ce texte suscite plusieurs commentaires à la radio et dans la presse quotidienne, dont un aval sans réserve d'André Laurendeau du *Devoir* (6 juin 1960) et de Jean Pellerin de *La Presse* (11 juin 1960). À l'opposé, dans un long texte qu'il écrit en réponse à Lussier (*Lectures**, janvier 1961), le père G. M. Bertrand, c.s.c., lui reproche de ne pas reconnaître que seule la façon dont la censure est exercée au Québec est mauvaise, alors que l'existence d'une censure ne doit pas être remise en question. À l'expérience clinique du psychanalyste, il oppose celle des prêtres, plus « positive ».

L'influence de ce texte s'accentue à la suite des événements de l'automne 1960 (censure de *Hiroshima, mon amour**, manifestation devant le cinéma Français, nombreux articles dans la presse). Selon Lussier, Georges-Émile Lapalme et René Lévesque, deux ministres influents dans le nouveau gouvernement libéral, y auraient trouvé l'inspiration pour créer le comité* d'enquête sur le sujet, ce qui sera bientôt fait. Lussier est invité à en faire partie et ses principales idées se retrouvent dans le rapport du comité, connu sous le nom de « rapport Régis ».

Trente-quatre ans plus tard, lors de deux interviews d'une demi-heure accordées à Francine Laurendeau pour la série « Les années noir et blanc », dans le cadre de l'émission radiophonique *À l'écran* (été 1994), Lussier y va de commentaires encore plus radicaux que, par diplomatie sans doute, il n'avait pas osé émettre aussi clairement en 1960 : « La censure est toujours une perversité de la pensée et des motifs, lesquels sont toujours cachés, pas toujours délibérément toutefois ; […] elle vient d'un besoin de domination des uns sur l'esprit des autres ; […] elle est une sorte d'hypocrisie. » Au sujet des censeurs : « La psychanalyse nous apprend que quelqu'un devient extrêmement pudique parce qu'il a lui-même des grosses tendances impudiques ; […] la vie personnelle du censeur est souvent pleine d'obscénité ; […] les confesseurs les plus sévères sont généralement ceux qui ont une vie personnelle qui laisse à désirer ; ils veulent faire payer aux autres le poids de leurs propres fautes. […] Au Québec, on a eu à payer cher pour les vœux de chasteté des religieux mal dans leur peau et qui avaient des problèmes avec leur vœu de chasteté. »
Yves Lever

Lussier, André, « Les dessous de la censure », *Cité libre*, juin-juillet 1960, p. 14-21 ; reproduit dans *Les visages de l'intolérance au Québec*, avec un titre légèrement différent : « Les dessous inconscients de la censure », une présentation et un *addendum*, Sillery (Québec), Septentrion, 1997, p. 11-63.
Archives de la radio de Radio-Canada, RA-Montréal-A24770.

LE DESTIN D'UN HOMME
(SUDBA CELOVEKA)
Sergei Bondartchouk (1920-1994) • Film interdit pour cause de communisme (1960)

Première réalisation de l'acteur ukrainien Sergei Bondartchouk, dans laquelle il se met lui-même en scène, *Le destin d'un homme* (1959) raconte le destin d'un ouvrier durant la Seconde Guerre mondiale. Le protagoniste est mobilisé, fait prisonnier, s'évade et revient chez lui pour constater que sa femme et son enfant ont été victimes des Allemands. Loin du héros positif et du réalisme socialiste, le personnage prend figure emblématique du petit peuple souffrant.

Apporté le 4 juillet 1960 par Astral Films, un petit distributeur alors spécialisé dans le cinéma de répertoire, sous le titre *Fate of a Man*, il est refusé par le Bureau de censure le 10 août suivant, avec cette note : « Motifs du refus. Tels qu'exprimés par le Président M. Gagnon : Sympathie marquée pour les prisonniers russes et juifs, et antipathie non moins marquée pour les gardiens allemands. Lucien Desbiens. » Il est soumis de nouveau le 30 mars 1961 sous son titre français *Le destin d'un homme* et il est encore refusé pour la simple raison de « Propagande communiste* ». Le Bureau vient de changer de président, Louis de Gonzague Prévost remplaçant Alexis Gagnon*, mais les autres membres demeurent et il faudra attendre quelques mois pour que s'effectue une ouverture aux films venant de l'URSS et du bloc de l'Est. *Le cuirassé Potemkine** de Sergei Eisenstein est accepté le 21 avril, *Le quarante et unième* et *La ballade du soldat* de Grigori Tchoukraï reçoivent leur approbation le 15 juin et le 2 août. Déjà, la programmation du Festival international du film de Montréal fait une large part à ces cinémas méconnus qui connaissent un nouveau souffle avec l'arrivée d'une nouvelle génération de cinéastes. La censure québécoise ne peut plus les occulter.

Le *Cahier des films visés 1965-1969*, publié par le Bureau de surveillance du cinéma qui a succédé au Bureau de censure en 1967, fait état de *Destiny of a Man* coté « Pour tous », mais il ne dit pas quand il a été classé.

En 1975, le *Recueil des films* de l'Office des communications sociales l'évalue ainsi : « Ce film constitue un réquisitoire contre la guerre dont les manifestations pénibles sont décrites avec dureté. Le désespoir du protagoniste est adouci en finale par son affection pour un orphelin. »

Le destin d'un homme fait partie des derniers films refusés ou subissant des coupures pour raisons de propagande communiste. Un an plus tard, avec la présidence de Maurice Leroux* au Bureau, il n'est plus question de couper les films et les interdits de nature politique disparaissent. *Yves Lever*

ANQ-M, fonds Régie du cinéma, E 188, fiches des films.

« LES DÉVIATIONS DE L'ART »

Louis-Adolphe Pâquet (1859-1942) • Article majeur sur les fondements de la censure catholique (1924)

De nombreux articles décrivent le point de vue de l'Église* catholique sur l'art ; mais celui de Mgr Louis-Adolphe Pâquet (1859-1942), « Les déviations de l'art », mérite une place de choix, car il offre une synthèse remarquable, voire unique, des principes religieux qui entendent gouverner les activités artistiques et desquels découle la nécessité de la censure.

L'abbé Pâquet a fait ses études dans le milieu théologique romain, au moment de la restauration du thomisme par Léon XIII, études suivies d'une longue carrière de professeur de théologie (1883-1938). Surtout, il est l'interprète officiel des directives pontificales sur les questions concernant le Canada français. Le chanoine Adélard Harbour*, de Montréal, le qualifie de « plus grand théologien de ce pays ».

Au Québec, la littérature du début du XXe siècle se plie presque tout entière aux prescriptions, entre autres, de prêtres-professeurs comme le critique littéraire Camille Roy, de Québec et l'historien Lionel Groulx, de Montréal. Or, cette gouverne cléricale du littéraire repose sur un socle fondamental, celui du rapport entre l'art et la morale. C'est ce lien indissoluble qu'expose et justifie Mgr Pâquet.

Le théologien sait la gravité du problème qu'il entend traiter : « Parmi les maux dont la société est menacée et qui lui ont porté les atteintes les plus graves, il faut placer l'oubli ou le mépris des règles morales qui gouvernent les productions artistiques. » Pâquet multiplie ensuite les propos, tous d'auteurs français, qu'il réfute dans son étude, comme par exemple cette prise de position du poète et journaliste Georges Pioch :

> ce qui importe et seulement importe, c'est de garder la beauté où tend l'œuvre d'art des coups de la morale ; c'est de nous insurger contre tout ce qui, peu ou prou, nous peut ramener à ce qu'il y eut de plus imbécile et plus vil en France : l'ordre moral. Il n'y a, dans tout ce qui ressortit à l'art, qu'une justice, qu'une vérité : l'Art.

L'exposé du théologien suit le plan suivant : présentation de la « véritable théorie de l'art » ; identification des « erreurs maîtresses » ; justification de l'attitude de l'Église vis-à-vis des dérèglements de l'art ; enfin, réponses « aux arguments qu'invoquent les partisans de la liberté de tout représenter et de tout dire ».

La théorie de l'Art est ici entièrement fondée sur la doctrine de saint Thomas d'Aquin ; mais elle n'est pas sans rappeler la philosophie platonicienne qui subordonne l'art à un principe supérieur, voire transcendant. La *mimésis* est ainsi détournée du réel vers la divinité : « […] c'est le propre de l'art, créé par l'esprit humain, d'imiter les créations de l'intelligence divine ». Car, à la manière de l'élévation platonicienne vers l'Idée, l'art authentique doit tendre vers la divinité :

Un artiste n'est grand que parce qu'il a su mettre de l'idée divine, dans son œuvre humaine [sic]. La loi suprême de l'esthétique consiste moins dans un réalisme excessif et souvent répugnant que dans la part d'idéalisme empruntée par l'art à l'exemplaire divin. C'est l'une des fonctions de l'art de mener les hommes à Dieu par le rayonnement du Beau, qui est lui-même la splendeur du Vrai.

Cette association du Beau et du Vrai appelle enfin à être complétée par la fin dernière à laquelle toute chose est assujettie, le Bien. Les grands artistes chrétiens l'ont bien compris :

> L'ordre moral, pour eux, dominait les préoccupations de l'art, en conditionnait les conceptions et la mise en œuvre. Ils eussent cru trahir leur génie en ne le tournant point vers Celui en qui réside la raison suprême du monde, et de qui émane toute vérité, toute beauté et toute grâce.

Cette philosophie chrétienne de l'art permet ensuite au théologien de repérer chez les artistes actuels les « dogmes d'une incroyance aveugle qui fausse leur pensée, qui égare leur goût et leur plume ». Ces faux dogmes sont au nombre de trois.

Le premier, et assurément le plus important, est le refus de la faute originelle.

> L'une des vérités fondamentales du Christianisme, écrit Pâquet, c'est que l'homme déchu, par la suite du péché d'Adam, de l'état d'innocence et de grâce surnaturelle où Dieu voulut le créer, porte avec lui, dès sa naissance, l'héritage d'une nature affaiblie dans ses facultés et fortement inclinée au mal.

Refus de reconnaître cet état peccable originel, le rationalisme « est la négation même de tout le système chrétien [...] ».

La seconde thèse erronée accorde la liberté absolue à l'artiste ; une telle erreur procède d'une idée inexacte de la liberté. À cause justement de la faute originelle, la liberté ne peut s'exercer sans « les règles tracées à la conscience par la droite raison », « par les préceptes émanés de Dieu, de l'Évangile et de l'Église ». La conséquence, claire, limite l'exercice de la liberté artistique aux impératifs de la morale, de sorte que « les artistes sont justiciables de la loi, de la loi naturelle gravée au fond des consciences, de la loi religieuse, et de la loi civile ; qu'une censure de ces divers tribunaux peut légitimement les atteindre [...] ».

Le troisième aveuglement dénoncé est que le mal et l'erreur ont des droits. Or ni le mal ni l'erreur n'ont de droits, car alors l'être humain s'écarte de la loi morale, qu'il est tenu de respecter. Pâquet cite Léon XIII : « Il n'est pas permis de mettre au jour et d'exposer aux yeux des hommes ce qui est contraire à la vertu et à la vérité, et bien moins encore de couvrir cette licence du manteau et de la tutelle des lois. »

Ces principes établis, le titre de l'étude de l'abbé Pâquet prend tout son sens :

> C'est donc avec raison qu'on appelle déviations de l'art les œuvres où l'habileté technique, même parfois la plus marquée, se dépare et se déshonore par des expressions d'idées malsaines, des descriptions lubriques, des apologies du vice, des représentations indécentes, scandaleuses, perversement suggestives.

L'Église a donc le devoir de surveiller le mouvement artistique et de proscrire, au besoin, « l'art coupable ». Cette sévérité n'est que prudence, clairvoyance, et les règles de l'Index* sont nécessaires. « Universelle par son but et dans son essence, la loi morale gouverne tout dans le monde », « participe à l'empire absolu de Dieu » et « l'homme lui est soumis avec toutes ses facultés, dans tous ses actes et dans toutes ses œuvres, œuvres scientifiques, œuvres sociales, œuvres politiques, œuvres artistiques ». L'artiste comprend ainsi la nécessité de la censure, car

> la volonté de Dieu, les lois de l'ordre moral, les nécessités du salut, exigent de l'art le sacrifice de certaines hardiesses, de certaines crudités, de certaines peintures voluptueuses et fascinatrices, le sacrifice de ce qui captive l'imagination mais ravale l'esprit [...].

Pâquet termine par la réfutation de la liberté absolue dans l'art. L'imitation de la nature telle qu'elle est ne peut servir de prétexte à évoquer le mal, car « il y a quelque chose de mieux que le réel, c'est l'idéal […] ». Cette *mimésis* s'exhaussera donc le plus possible vers la pureté du Beau subordonné au Vrai, rejetant à la fois l'imitation de la réalité intégrale tout autant que l'art pour l'art car, dans ces deux cas, contenu et forme se prétendent suffisants. « L'art est libre dans son domaine, mais son domaine est subordonné. »

S'il existe quantité d'attaques contre les mauvais romans, sur les dangers de la littérature immorale et sur la nécessité d'endiguer ces fléaux, il est par contre peu commun de trouver dans une revue québécoise un texte qui étale aussi ouvertement les principes qui sous-tendent la censure cléricale. L'exposé de l'abbé Pâquet est donc précieux entre autres pour cette raison. Le système censorial clérical est entièrement démonté dans ses fondements. Ses prémisses apparaissent en toute lumière, et cela encore davantage avec un peu de recul historique.

Cette censure nécessaire, d'essence dogmatique, repose sur des prémisses qui échappent à toute discussion. La question du péché originel représente le meilleur exemple de ce fondement qui précède tout discours, qui en sert même d'appui ; l'échange entre Camille Roy et Jean-Charles Harvey, à propos de *L'homme qui va…**, se clôt sur cette dissension. Une autre prémisse est à ce point limpide qu'il ne vaut peut-être pas la peine de s'y attarder trop longtemps : la croyance dans l'existence de Dieu, qui échappe à toute analyse, car elle relève de la foi et non de la raison. Il est ainsi de bon aloi que l'abbé Pâquet pourfende les rationalistes, dont la croyance est tout entière ancrée dans l'exercice de la raison humaine afin que, comme l'écrit Emmanuel Kant, l'être humain agisse selon son propre entendement.

Cet exposé vise à légitimer la censure. La faiblesse de la nature humaine exige l'exercice d'un pouvoir irréfragable ; ce pouvoir, entre les mains de personnes particulièrement choisies, est d'autant plus nécessaire que l'être humain, à cause de la faute originelle, est lui-même incapable de se gouverner avec assurance. Une telle conception du monde rend donc le censeur indispensable. *Pierre Hébert*

PÂQUET, Louis-Adolphe, « Les déviations de l'art », *Le Canada français*, XI, 10 (juin-juillet-août 1924), p. 757-779 ; repris dans *Nouveaux fragments apologétiques*, Québec, Imprimerie franciscaine missionnaire, 1927.

▶ « L'art et la morale » ; Gay, Paul ; *Lectures* ; *La morale amie de l'art*

LE DEVOIR

Journal fondé par Henri Bourassa (1868-1952) • Tout d'abord d'obédience catholique, le quotidien montréalais tient, dès la fin des années 1940, un discours critique qui contribue de manière très importante à l'émancipation de la littérature en regard du pouvoir clérical ; il en fait autant à l'endroit du cinéma, à la fin des années 1950

Journal de combat et de défense des Canadiens français, comme le confirme sa devise, « Fais ce que dois », *Le Devoir*, depuis sa fondation en 1910 par Henri Bourassa, a toujours joué un rôle de premier plan dans la vie intellectuelle et politique ; en outre, les chroniqueurs littéraires au journal estiment que la littérature participe de cette mission. Toutefois, les rapports entre ce journal et le littéraire se transforment considérablement, entre 1910 et la fin des années 1950. D'abord d'obédience religieuse, *Le Devoir* conteste la tutelle cléricale à la fin des années 1940, au point de devenir le lieu où s'affirme l'émancipation de la littérature à l'égard de la conception catholique dominante. Il en va de même en ce qui concerne le cinéma, le journal se posant contre la censure à la fin des années 1950. Retracer ce changement d'attitude dans ces deux champs artistiques équivaut à suivre l'évolution de la censure jusqu'au seuil de la Révolution tranquille, de même qu'à mettre en lumière le rôle essentiel qu'a joué, paradoxalement, le journal d'abord très catholique d'Henri Bourassa dans l'érosion du contrôle clérical.

Dès son premier numéro, le journal manifeste son intérêt pour la littérature en publiant en feuilleton* *La terre qui meurt*, de l'écrivain français René Bazin ; il accueille également de courtes productions poétiques et une page féminine qui traite à l'occasion de littérature. Toutefois, sa contribution à la littérature canadienne-française se fait principalement par son entreprise éditoriale : *Le Devoir* édite, de 1910 à 1919, 97 ouvrages (55 livres et 42 brochures), palliant l'absence d'éditeurs* qui prendront ensuite le relais, tels la Bibliothèque de l'Action française (1918), Édouard Garand (1923) et Albert Lévesque (1926). *Le Devoir* appose le sceau du régionalisme et du catholicisme sur son travail d'éditeur et sur le discours qu'il tient sur la littérature. *Les rapaillages* (1916), de Lionel Groulx, *Autour de la maison* (1916), de Michelle Le Normand, les deuxième, troisième et quatrième concours littéraires de la Société Saint-Jean-Baptiste représentent quelques-unes des œuvres qui répondent aux impératifs régionalistes du temps. Se distinguent toutefois, par des accents de prémodernité, quelques recueils parus à la fin de cette décennie : *Figurines* (1918), d'Édouard Chauvin, *Les cailloux* (1919), de Jean Nolin, *Le Cap éternité* (1919), de Charles Gill, à tel point que Marcel Dugas a parlé, non sans exagérer quelque peu, d'une « École du *Devoir* » très près du *Nigog*.

Cette voix nouvelle est aussi éphémère que la revue d'avant-garde *Le Nigog* elle-même. Le rôle éditorial du *Devoir* s'amenuise au tournant des années 1920 et l'orthodoxie traverse ses propos sur la littérature et le cinéma jusqu'à la fin de la Seconde Guerre mondiale. Ce que son directeur déclare en 1920 désigne à la fois un bilan et une orientation qui ne se fissurera que dans un quart de siècle : « [...] Le *Devoir* se préoccupe de ramener sans cesse ses lecteurs à cette idée fondamentale que toute préoccupation littéraire ou artistique, toute activité de l'esprit doit tendre à servir Dieu et, par conséquent, rester subordonnée à la pensée religieuse en lui faisant appui. » (8 novembre 1920) Nombreux sont donc les articles qui promeuvent l'indissociabilité de « l'art et la morale* », titre d'un article du jésuite Armand Chossegros, qui entraîne un important débat avec Louis Dantin.

Si ce thème n'étonne pas, il en est un autre qui, apparaissant au milieu des années 1930, préfigure un axe appelé à devenir central dans les années 1950, celui d'une opposition entre la culture et le contrôle littéraire. Rédactrice de la page féminine au journal, Michelle Le Normand pose la question suivante : comment expliquer que *Le Devoir* néglige l'information littéraire ? La situation n'est pas imputable, répond-elle, au manque de ressources, mais à une volonté de ne sélectionner que les bons livres : « Comment un journal catholique, et qui a promis d'éclairer le peuple, pourrait-il rester tel, et jeter en pâture à une proportion de ses lecteurs non préparés ces titres d'ouvrages dont la lecture risquerait au moins de les troubler fort ? » (23 février 1935) Au nom de la transmission de la culture, le journal doit-il livrer toute l'information littéraire, ou doit-il favoriser une culture sélective ? Sa réponse est claire : « Ceux qui s'intéressent au monde des lettres savent d'eux-mêmes où puiser leur information, et les gens cultivés n'en sont tout de même pas moins nombreux [...]. » La culture en tant qu'accès au plus grand nombre de textes littéraires possible, ou au contraire en tant que mise en condition pour une recherche de la vérité, sera abordée explicitement en 1946 par le jésuite Jacques Tremblay. Il pose cette question dans une optique évidemment censoriale : « À quel titre et dans quelle mesure les ouvrages condamnés par l'Index*, soit nommément, soit en vertu de ses lois générales, font-il partie du patrimoine culturel ? » (17 août) Pour Tremblay, la culture ne peut entraîner l'ouverture du barrage : « Croire qu'on a justifié de pareille aberrations en haussant les épaules et en criant *Culture !* C'est pure jobarderie. »

Cette position est à peu près constante jusqu'à la fin de la Seconde Guerre, encore que, au début des années 1940, quelques fissures menacent l'endiguement de la littérature. Roger Duhamel, responsable depuis 1942 de la rubrique «Les lettres au Canada français», donne une nouvelle impulsion aux pages littéraires par sa liberté d'esprit. Son article sur «Les responsabilités de l'écrivain» ouvre une brèche qui ne sera forcée que quelques années plus tard. Duhamel soulève en effet des questions peu communes pour l'époque: la relativité historique et géographique de la morale, la responsabilité du lecteur autant que celle de l'écrivain en ce qui concerne les effets de son œuvre et, enfin, cette gifle contre certains livres pieux, «qui faussent autant les faits que les ouvrages pornographiques qui ramènent tout au mal et au péché». Parmi ces rares voix annonciatrices, l'article de Dom Raoul Hamel doit être aussi signalé pour ses positions détonantes sur la lecture: «Je connais tel personnage qui me regarderait avec quel mépris [...] si je lui disais: "Il vous manque une chose: d'avoir lu des romans".» (21 juillet 1945) Ou encore: «C'est un cliché de dire qu'il faut lire peu. Soyez assuré que je ne le prends pas à mon compte.» Enfin: «Je crains l'homme d'un seul livre. [...] Même la Bible ne suffit pas.»

Cette phase catholique ne se termine pas, cependant, avec ces quelques hirondelles annonciatrices. La réalité est plus complexe, puisqu'un nouvel essor de l'orthodoxie clérico-littéraire marque la fin de la guerre. Plusieurs articles témoignent d'une volonté de resserrement, sans doute à la suite du laxisme entraîné par le conflit mondial. Juliette Chabot fait de la bibliothèque* publique un instrument de l'Action catholique (21 avril 1945); Alceste (Ernest Shenk) s'attaque au père Marie-Alain Couturier (*Art et catholicisme*) et prend parti avec l'*Anarchie dans l'art* de Dominique Laberge (29 septembre 1945); le père Paul Gay* lance un cri d'alarme contre le laxisme dans le domaine de l'édition, causé par la réédition d'ouvrages français, à la suite de la Loi du séquestre (27 avril 1946); des articles appellent la mise sur pied d'une ligue de décence (28 octobre 1946) ou d'un resserrement du contrôle douanier* (31 janvier 1946).

Tous ces propos s'accordent à ceux d'une institution centrale dans le contrôle littéraire, et auquel *Le Devoir* ouvre volontiers ses pages: l'éditeur Fides. Théophile Bertrand, premier rédacteur en chef de la revue *Lectures**, aborde «Le problème des lectures» et du rôle de Fides en rappelant la «primauté pratique de la morale, même dans le domaine de la littérature et des arts» (10 novembre 1945), de même que l'humanisme chrétien à la base de toute l'entreprise éditoriale du père Paul-Aimé Martin. C'est d'ailleurs l'année suivante que *Le Devoir* accorde à Fides une formidable vitrine. Un titre sur 10 centimètres donne le ton: «Fides – Centre d'édition, de bibliographie et d'organisation de bibliothèques au service de l'ordre social chrétien» (9 novembre 1946). Tous les organes de propagande y sont présentés, de même que le rôle de Fides, «une maison d'édition qui a pour but de promouvoir l'humanisme intégral».

Toutefois, le rôle du *Devoir* comme chantre du catholicisme appliqué à la littérature tire à sa fin. À partir de la fin des années 1940, la distance que le journal fondé par Henri Bourassa prend vis-à-vis de la conception catholique de la littérature ne fera que s'agrandir.

À partir de 1947, des changements importants se produisent au *Devoir*. Gérard Filion (1909-2005) prend la direction du journal le 10 avril 1947. Jean-Pierre Houle, «anticlérical bien embouché» se rappelle Gilles Marcotte dans *L'Actualité* (1996), anime les pages littéraires en 1947 et 1948; on lui enlève cependant son poste et le confie à Gilles Marcotte, qui donne à ces pages une ampleur nouvelle à partir de 1949, et cela jusqu'en 1955. Sur le plan littéraire, *Le Devoir* étale de nouvelles perspectives, incompatibles avec l'orthodoxie cléricale.

Deux événements culturels marquent le mitan du siècle: *Refus global** et «l'Affaire Balzac*», exposition prévue en l'honneur du centenaire du décès de l'auteur, événements qui ont eu une résonance importante dans le journal, mais à côté desquels les attitudes de plus en plus incompatibles entre *Le Devoir* et la revue *Lectures* leur confèrent plutôt la qualité de symptômes.

Refus global soulève un débat lancé par l'éditorialiste de la page hebdomadaire « Jeunesse en marche », Gérard Pelletier, qui accuse Paul-Émile Borduas et les 15 autres co-signataires d'un « dogmatisme nouvelle manière ». Quelques articles en octobre, novembre et décembre tournent autour de « L'impossible dialogue »; mais l'occasion n'engendre pas tant un débat de fond sur la censure qu'une crainte de voir les automatistes instaurer une nouvelle dictature de la pensée, appuyée par le seul instinct. Deux ans plus tard, 11 articles traitent de l'exposition Balzac, un projet interdit par l'Action catholique de Montréal. Mais, plutôt que de s'indigner face à l'ingérence cléricale, *Le Devoir* traite, sur un mode descriptif, ou parfois un tantinet ironique, de ce moratoire ecclésiastique plutôt anachronique.

En vérité, c'est ailleurs qu'il faut chercher un nouvel ordre des choses, une partition entre deux modes de pensée révélés par un conflit ouvert entre Fides, représenté par le responsable de sa revue *Lectures*, Théophile Bertrand, et l'approche « laxiste » de la littérature qui marque les pages littéraires du journal *Le Devoir*: là se dévoilent et s'affrontent deux visions du monde entre des frères désormais devenus ennemis. En effet, la belle connivence entre l'éditeur Fides et le journal montréalais tire à sa fin, puisqu'un contre discours s'immisce dans les pages du quotidien et, surtout, un contentieux public dévoile à quel point *Le Devoir* est dans les mauvaises grâces de Fides.

Ce contre discours du *Devoir*, qui insiste davantage sur la liberté que sur le contrôle, apparaît entre autres sous la signature de Jean-Pierre Houle. Il clôt ainsi son article intitulé « La chose littéraire »: « Pour vivre, pour se développer, la chose littéraire a besoin d'un climat d'où soient absents la mesquinerie, l'étroitesse de vue et les préjugés. Seule la liberté lui est favorable. » (30 octobre 1948) La même année, Gérard Pelletier fait une sortie contre un ouvrage intitulé *L'avenir de la jeune fille: que vais-je faire, rester fille ou me marier?*, du R. P. Ernest Manise. Sans doute pourrait-on passer outre si ce n'était que Pelletier y dénonce une série de propos « d'une idiotie consommée » au sujet du mariage, éclaboussant indirectement l'Index : « On serait tenté, parfois, de proposer à l'Église l'institution d'un autre Index dont l'objet propre serait la sottise. Sans doute ce domaine est-il trop vaste, presque indéfini, aussi faudrait-il le spécifier encore. Entendons-nous dès lors pour limiter le rôle de notre Index aux manifestations de la *sottise* pieuse. » (20 novembre 1948) *Le Devoir* s'écarte-t-il d'une certaine orthodoxie chrétienne? Une scission s'ouvre-t-elle l'année même de *Refus global*? Quoi qu'il en soit, cette flagellation exige une réponse, qui vient du père Adrien Grenier: « Continuez donc, mon cher M. Pelletier, cette série d'articles. C'est rigolo. Et, enfin, nos jeunes pucelles canadiennes auront trouvé leur défenseur contre les propagateurs de textes aussi ineptes. » (27 novembre 1948)

Ces nuages sombres devancent un orage violent entre, cette fois, Théophile Bertrand et *Le Devoir*, au sujet de ses critiques littéraires. Ce contentieux marque une partition culturelle décisive entre deux avenues majeures du discours social: d'une part, celle d'un géant de l'édition qui connaît ses heures de gloire dans les années 1950 en poursuivant l'œuvre des mouvements d'action catholique, nourri de l'humanisme intégral; d'autre part, celle d'un quotidien champion d'une revendication de la liberté et de la responsabilité individuelle.

Dans *Lectures*, Bertrand tire trois salves contre *Le Devoir*. La première est mesurée et ressemble davantage à une monition. Dans « *Le Devoir* et la littérature » (février 1949), le rédacteur en chef de la revue prend acte que le journal annonce que *La chartreuse de Parme*, de Stendhal, doit prendre l'affiche au théâtre St-Denis; le journal a même osé parler d'un « immortel chef-d'œuvre de la littérature française » de cet auteur dont « tous les romans d'amour » sont à l'Index. « Le seul quotidien montréalais sérieux auquel l'élite puisse accorder sans remords ses suffrages, souffrirait-il de dilettantisme, d'un dilettantisme mâtiné de snobisme, en ce qui regarde la chose littéraire ? » Bertrand souhaite que Le Devoir prenne ses distances de « l'universelle sottise ».

Quatre mois plus tard, Bertrand éclate de colère. L'article s'intitule à nouveau « Le Devoir et la littérature », avec l'ajout « une page littéraire décevante » (juin 1949). C'est véritablement à une dénonciation que se livre le rédacteur, et il en a tellement gros sur le cœur qu'il lui faut 10 pages de sa revue pour fustiger Le Devoir. Bertrand ravale depuis longtemps : « Je remonte à 1947 et je suis l'ordre chronologique de la publication dans Le Devoir des textes incriminés. » De nombreuses appréciations littéraires y sont mises en cause, de Stendhal, de Henry de Montherlant, d'Adrienne Choquette (La coupe vide*), de Marcel Aymé, de Jean Simard (Hôtel de la reine*). Une sortie au sujet de Ville rouge*, de Jean-Jules Richard, donne le ton du pourfendeur :

> Quant à la critique de Ville rouge de Jean-Jules Richard, elle nous montre un critique littéraire indécis [Jean-Pierre Houle], même s'il reconnaît que certaines de ces nouvelles « sont fortement marquées de sensualisme ». Il y a pourtant pire : en page 3 du même numéro du Devoir, on peut admirer une photo de MM. Filion et Houle en compagnie de M. Richard, l'auteur, et de M. [Henri] Tranquille, l'éditeur, comme si Le Devoir tenait à patronner Ville rouge avec une sollicitude particulière. Il y a toutes sortes de manières d'encourager la « culture ».

Au début de son envolée, Bertrand avait donné l'heure juste sur ses « sursauts devant les frasques régulières du Devoir dans sa page littéraire, [son] malaise devant son libéralisme littéraire intermittent ».

Il ne s'agit pas là d'un simple feu de paille car, plus d'un an après, le même Théophile Bertrand reprend une troisième fois le fouet à l'occasion de la critique de Gilles Marcotte, le 29 juillet, d'un roman de Luc Estang, Les stigmates, et fait un coup double. D'une part, il déclare que « Les stigmates sont, du simple point de vue de la morale naturelle, un mauvais, un très mauvais livre » ; d'autre part, c'est le nouveau responsable de la page littéraire, Gilles Marcotte, qui est pris à parti à cause de cette appréciation dans laquelle il s'était permis de considérer ce roman comme « parfaitement sain, dont le lecteur peut tirer de fortes et utiles leçons ». En fin de compte, c'est encore le quotidien montréalais qui est stigmatisé :

> […] à cause même de ses lecteurs, de son caractère et de son influence, un tel journal affiche une légèreté coupable, une inconscience grave ou une incompétence stupéfaite, en publiant de telles réflexions en marge d'un pareil ouvrage. Il ne s'agit plus de simples écarts d'appréciation mais de divagations sur des principes fondamentaux. […] Si « l'ordre dans les idées prédispose à mettre de l'ordre dans les choses », on peut se demander ce que nous ménage l'avenir en littérature, si le seul quotidien de Montréal où les rédacteurs savent vraiment écrire « en catholiques » se fourvoient de façon aussi effarante à son sujet.

Marcotte rappelle d'ailleurs, dans L'Actualité (1996), que « l'archevêché de Montréal exprimera son mécontentement » à propos de sa critique des Stigmates.

Voilà instaurée une rupture irréversible entre deux institutions majeures du milieu du siècle, entre deux acteurs significatifs. Fides est en pleine gloire et Le Devoir représente l'intelligentsia de Montréal. Plus que deux moyens de communication, ce sont deux visions du littéraire qui ne s'entendent plus et qui témoignent ainsi de l'affrontement d'un discours social polarisé. Or, pour savoir quels chemins prendra désormais Le Devoir, il n'est que d'observer quelques autres débats importants qui coloreront ses pages à partir des années 1950.

Durant cette décennie se multiplient dans Le Devoir les articles qui battent en brèche un discours participant de la censure ou de la contrainte. Maurice

Blain signe l'un des textes les plus virulents contre le contrôle clérical de la littérature, « Où est l'univers concentrationnaire ? » :

> Qui ne voit en effet dans la mise en échec des valeurs sollicitées par des impératifs politiques, les nécessités de la propagande et la tactique d'une guerre froide idéologique, le principe même de l'*enrôlement* de l'esprit, et comme sa pente inévitable vers une *socialisation* de la culture ? La philosophie et la littérature sont au premier rang des conscrits : jusqu'à la religion et à l'art qui sont engagés dans cette croisade de preuves. Ce qu'on tend à prouver, c'est-à-dire justifier, une politique fait insensiblement descendre la liberté individuelle au rang de mensonge diplomatique. (14 janvier 1950)

Cette sortie touche bien évidemment la censure : « Aussitôt qu'une conjuration s'efforce de faire triompher l'excellence politique et économique des idées, apparaissent les phénomènes de la consigne, de la censure et de la caporalisation de l'esprit. »

Suivront des articles de même mouture. Au sujet, encore ici, des *Stigmates* d'Estang et en particulier du fait que l'auteur aurait lui-même interrompu la vente de son roman, *Le Devoir* prend indirectement la défense de l'écrivain par ces propos : celui-ci « doit-il être trouvé coupable de tout ce qui peut germer dans les consciences délicates à propos de son roman ?... »(22 juillet 1950). Cette simple remarque indique un changement d'optique fondamental. En effet, un déplacement crucial fait passer la responsabilité de l'auteur vers le lecteur, mutation essentielle qui disqualifie l'Index, amenuise l'imputabilité de l'auteur et annonce la nouvelle attitude de l'Église : abrogeant l'Index en 1966, elle appuiera ce déplacement de responsabilité, en disant aux fidèles non pas qu'ils peuvent tout lire, mais d'exercer leur faculté de déterminer par eux-mêmes les lectures convenables. En cela, *Le Devoir* est presque prophétique. Poussant plus loin encore la critique, *Le Devoir* remet en question le genre même du « roman catholique » et, après diverses opinions sur le sujet, clôt le débat par cette affirmation péremptoire d'Alberto Moravia : « [...] un roman catholique est un mauvais roman. [...] [À] présent, l'Église n'est pas autre chose sur le plan culturel qu'une secte. » (14 novembre 1953)

C'est d'une morale religieuse que *Le Devoir* se démarque en ces années 1950, autant que de la chape duplessiste, encore qu'on ne puisse affirmer que les deux contraintes, religieuse et étatique, soient indépendantes. À ce propos, Gilles Marcotte froisse un intouchable, Séraphin Marion, justement au sujet d'un tome des *Lettres canadiennes d'autrefois*, et qui de surcroît concerne la censure, « Littérateurs et moralistes du Canada français d'autrefois » : « M. Séraphin Marion, écrit Marcotte, se range infailliblement dans l'armée des bons, sans toujours se demander si certaines condamnations, certaines intransigeances furent complètement justifiées. » (12 février 1955) Marcotte s'indigne même de l'« étroitesse d'esprit » de Marion ! C'est par ailleurs la même année que, à l'occasion d'une critique de *Saint-Pépin, P.Q.*, de Bertrand Vac (Aimé Pelletier), Gilles Carle met en cause la censure en littérature : « Chose certaine, avec *Saint-Pépin P.Q.*, il a voulu se libérer de cette censure intérieure, plus importante que l'autre, qui fait que chez nous un écrivain n'écrit pas telle chose parce qu'il sait que la lecture en sera intolérable, la nature propre à blesser des consciences chatouilleuses, un lecteur dont la sensibilité vit encore au siècle des crinolines. » (23 juin 1955)

Ce sont toutefois les années 1957-1958 qui font entendre d'abord des francs-tireurs, puis les positions les plus fortes. René Garneau décrète « que l'âge théologique de l'esprit canadien-français, si l'on peut ainsi parler, est passé [...] » (30 mars 1957). Dans un article vigoureux et fondamental intitulé « La peur de vivre », Pierre Vallières écrit, à l'occasion d'une critique du *Refuge impossible* de Jean Filiatreault : « La peur de vivre est, dans notre province, un fait vérifiable quotidiennement. Il est impossible de ne pas sentir cette curieuse tranquillité, matérielle et spirituelle, vers laquelle l'on tend de plus en plus. » (1ᵉʳ juin 1957) Vallières poursuit en notant « certains mouvements qui se proposent de rompre la glace », mais c'est quelques semaines plus tard qu'il attaque nommément la censure : « Il faut briser les liens qui nous unissent à la censure et à la crainte puérile du risque […]. » (6 juillet 1957)

Voilà des voix individuelles qui, pour importantes qu'elles soient, ne peuvent avoir le retentissement des phénomènes sociaux que constituent les deux « enquêtes » de Pierre de Grandpré, la première en novembre 1957 sur l'engagement de la littérature canadienne-française, et l'autre, un an plus tard, sur le pessimisme de la littérature d'ici.

Il faut lire ces enquêtes au-delà de leur signification première. Débattre, par exemple, de l'engagement en littérature, c'est poser dans l'espace public l'écrivain comme un intellectuel, comme un membre de la Cité dont la responsabilité consiste à exercer une fonction critique. Qu'un débat sur l'engagement se fasse en 1957 est symptomatique à la fois d'un manque, d'une définition sociale à créer et d'une volonté de marquer l'histoire par la discussion publique. Jean Simard revendique à cette fin la première des conditions, la liberté : « Le devoir de l'écrivain, c'est d'être véridique et de TOUT dire – s'il le peut. La chose ne sera possible […] qu'en autant qu'il jouira de la LIBERTÉ D'EXPRESSION. » (16 novembre 1957)

La seconde enquête, un an plus tard, sur le pessimisme littéraire, soulève tout le rapport de l'individu à sa société, à « l'étouffement », si bien que se trouve posé à nouveau le statut de l'intellectuel : « Les intellectuels sont les premiers à faire des allusions plus ou moins discrètes à l'étouffement de notre milieu, au manque de liberté, à l'asphyxie générale qui se répand. » (15 novembre 1958) Pour Jean-Charles Falardeau, le pessimisme est « l'épi-phénomène d'une réalité plus fondamentale de notre société : celle de la difficulté de l'expression de soi » (15 novembre 1958).

Gérard Filion est résolument catholique, de même que son journal. Mais il n'y a plus une seule manière d'être catholique, semble-t-il, durant ces années 1950. *Le Devoir* est surveillé par un clergé inquiet de cette nouvelle tournure. Sur le plan public, plusieurs rencontres ont eu lieu entre Filion et des représentants de l'autorité religieuse, comme il le relate dans son autobiographie *Fais ce que peux* (1989), rencontres qui semblent avoir été malgré tout relativement cordiales. Filion qualifie ces démêlés d'« incidents presque banals » en regard des autres combats qu'a dû livrer son journal ; mais il n'ose pas imaginer, par contre, ce qui serait arrivé si le clergé avait interdit l'abonnement au *Devoir*. Et il conclut : « Avec le temps, la notion de journal catholique […] s'est avérée sinon fausse du moins impraticable. » Cela n'a pas empêché le clergé de s'inquiéter pendant tout ce temps des tendances du journal, comme en témoignent les diverses correspondances privées qui suivent, tirées de la thèse de Marie-Pier Luneau sur Lionel Groulx, « Le manche et la cognée […] » (2001).

L'avocat Anatole Vanier écrit au *Devoir* afin de protester contre sa position trop libérale à son goût. Et il en remet dans une lettre à Lionel Groulx, le 16 janvier 1952 : « Après la récente annonce, dans *Le Devoir*, d'un prochain livre [*Les paradis de sable**] de Jean-Charles Harvey, je trouve que la surveillance est manifestement insuffisante au *Devoir* et je vous l'écris amicalement. Car je veux croire que nous ne sommes pas en présence d'une courbe voulue du *Devoir* dans le sens opposé de sa traditionnelle inspiration religieuse. » Trois ans et demi plus tard (13 août 1956), Vanier écrit cette fois au cardinal Paul-Émile Léger*, à propos de la lettre des abbés Gérard Dion et Louis O'Neill, « L'immoralité politique dans la province de Québec* » : « Permettez que je vous exprime l'inquiétude de plusieurs devant la présente poussée de désaffection au clergé – toute douce en son premier temps – que *Le Devoir* provoque sous le couvert d'une campagne pour l'assainissement de nos mœurs électorales.» Puis, en 1959, à la suite de propos de Jean-Louis Gagnon selon lesquels il «faut cesser de concevoir le Canada français comme une chrétienté» et que *Le Devoir* a approuvés, le père Gustave Lamarche écrit à Groulx, le 2 janvier 1959 : « Ne pensez-vous pas qu'en endossant comme il le fait l'esprit de Gagnon […], il ouvre la porte vers le laïcisme ? » Même Lionel Groulx, qui a défendu *Le Devoir* aussi longtemps qu'il l'a pu, s'inquiète, cette même année, dans cette lettre à François-Albert Angers (8 janvier 1960) : « Si l'à-propos s'en présentait, ne pourriez-vous pas donner le conseil à nos amis du *Devoir*, de nous épargner, autant que possible, cet aspect de journal à deux visages ? » En vérité, le journal n'a peut-être plus qu'un seul visage, mais non celui qu'une certaine arrière-garde aurait aimé voir préservé.

Pour ce qui concerne le cinéma, la vision du *Devoir* est longtemps demeurée conservatrice, alignée sur les forces les plus réactionnaires et culturellement frileuses ; elle ne se modifiera que dans les années 1950. Pendant ses 10 premières années, le journal s'intéresse peu à ce qui est en train de devenir l'art le plus populaire qui ait existé. Aucune mention n'est faite de la première loi de censure votée le 24 mars 1911 (interdiction des salles aux enfants de moins de 15 ans non accompagnés). Sa chronique de la vie parlementaire ne fait que mentionner en passant, le 26 décembre 1912, qu'il faut mettre au crédit du gouvernement « l'excellente loi de censure du cinéma » votée au cours de la dernière session (le 21 décembre) et qui institue le Bureau de censure, sans évoquer les débats auxquels elle a donné lieu. Le 31 janvier 1913, un entrefilet signale la nomination des trois commissaires, mais ensuite, rien n'est rapporté de la rencontre qu'ils ont avec la presse le 17 avril suivant pour expliquer leurs critères et la procédure à suivre ; et rien non plus lorsque l'application officielle de la loi débute le 1er mai.

Rien n'indique quand la décision est prise de ne pas publier de publicité* pour les salles de cinéma (elle n'est affirmée directement qu'en 1926), mais dès le début on ne voit aucune mention des films à l'affiche. Il se peut aussi que les propriétaires de salles ne jugent pas que ce quotidien qui s'adresse à une élite soit un véhicule publicitaire intéressant, d'autant plus qu'ils se battent contre la censure et s'opposent à la directive de l'Église* catholique de fermer les cinémas le dimanche.

Le 22 décembre 1916, un « Billet du soir » signé Robert Val (Ernest Bilodeau) et intitulé « Baptiste au cinéma » déplore la diffusion d'un film qu'il ne nomme pas – il s'agit de *Nanette of the Wild* de Joseph Kaufman, emblématique de centaines de films du genre (▶ *The Royal Mounted Patrol*) et dont Baptiste Flammant, le vilain de l'histoire, est canadien-français, « scieur de bois par vocation et porteur d'eau par tempérament », présenté comme « sournois et vil à première vue, […] ivrogne avéré, […] face mobile et vicieuse ». Soûl, il assomme sa femme et doit fuir ; il tue un gentil agent de la « Police Montée » (Gendarmerie royale du Canada), un anglophone, qui le poursuit. La compatriote qui l'aide un moment va finalement le dénoncer et épouser le policier qui l'écroue, O'Brien, *of course*. Un lecteur avait invité Val à protester contre ce « libelle indigne à l'adresse de notre race, [où] tous les personnages méprisables sont proclamés Canadiens français ». Le tout se termine sur une envolée nationaliste lyrique, typique du quotidien : « Que pouvons-nous faire devant pareille couche de sottise, si ce n'est lever les épaules avec pitié et passer notre chemin… notre chemin éclairé du flambeau de l'âme française, haute et pure, qui vit en notre âme collective. » Au passage, le journaliste rend « justice » au Bureau de censure parce que « la scène de l'assommade [*sic*] a été rigoureusement supprimée ; il n'en reste que la vision de la victime, allongée à terre ».

Dans la décennie qui suit, *Le Devoir* ramène régulièrement dans ses pages l'attitude de méfiance et d'opposition du milieu catholique envers le cinéma. Le 30 avril 1920, il rapporte les conférences tenues la veille par les avocats Arthur Laramée (futur président du Bureau de censure et futur juge) et Euclide Lefebvre pour mettre en garde contre le média. Pour le premier,

> Les cinémas sont des foyers de corruption. Les statistiques le prouvent bien. Il suffit de lire les comptes-rendus de la cour juvénile pour s'en convaincre. Les enfants qui y comparaissent avouent que c'est au cinéma qu'ils ont appris à voler, à désobéir à leurs maîtres, à leurs parents. C'est là qu'on ridiculise le mariage, les autorités légalement constituées, etc. Ainsi le cinéma est une prime à l'immoralité. Beaucoup de jeunes ménages, jadis heureux, doivent leurs malheurs à la fréquentation du cinéma.

Le second reproche au Bureau son laxisme et son manque de prévoyance parce qu'il ne suffit pas de quelques coups de ciseaux pour rendre acceptable une œuvre mauvaise dans sa vision de la vie.

Le 13 septembre 1920, le journal accueille mal la nomination du marquis Raoul de Roussy de Sales à la présidence de la censure, cette « personne parfaitement étrangère à Montréal » (d'origine française, il vient de travailler 10 ans en Alberta) et il souhaite que les gens qui siègent à la censure « aient moins de panache, mais sachent voir plus clair ». Un mois plus tard, le 7 octobre, sous la plume de Georges Pelletier, il récidive et réclame, en plus d'une plus grande sévérité, qu'on nomme « des membres qui connaissent quelque chose de notre province et de ses sentiments ». Curieusement, il ne souligne pas le fait que les deux acolytes de De Sales sont des anglophones.

Le samedi 17 avril 1926, les studios américains font savoir par *La Presse* qu'ils ne distribueront plus leurs films au Québec à compter du 1er août, à cause de la sévérité de la censure. C'est le moment pour *Le Devoir* de relancer avec éclat la lutte qu'il mène avec l'Église catholique contre le cinéma. En un long éditorial, le lundi suivant, Louis Dupire se réjouit de la nouvelle, qui lui apporte « un grand bonheur »; il espère « pavoiser » le 1er août, si la province est débarrassée de ce

> film américain [qui] fait une œuvre mauvaise. Il est vulgaire. Il pèche contre le bon goût aussi souvent que contre la morale. S'il s'élève à des prétentions historiques, il fourmille souvent d'anachronismes risibles… Il est indéfendable chez nous à aucun point de vue. […] Démoralisateur, le cinéma américain est aussi dénationalisateur. Il introduit chez nous le goût des choses américaines les plus condamnables et contribue à faire pénétrer dans l'esprit des spectateurs cette déformation intellectuelle qui les empêche de comprendre, de goûter et d'aimer les choses de leur pays.

Ce cinéma occupe alors la presque totalité du temps écran depuis une dizaine d'années, la guerre ayant occasionné la fermeture des studios européens, puis les *major companies* américaines ayant pris le contrôle de l'exploitation et de la distribution en 1920. Dupire en profite pour rappeler que, par souci de cohérence, son journal est le seul à refuser les annonces de cinéma, malgré la lourde perte financière que cela occasionne (il ignore peut-être que *L'Action catholique* fait la même chose à Québec). Le premier ministre Louis-Alexandre Taschereau prenant la défense de son Bureau de censure, *Le Devoir* accueille des centaines de lettres de lecteurs et de communiqués produits par des associations catholiques qui appuient tous son attitude. Dupire, puis Omer Héroux, reviennent sur le sujet en éditorial. L'opposition systématique du quotidien à presque tout ce que représente le cinéma y est consacrée (il a quand même dérogé à ses principes le 31 mars précédent et publié une grande publicité pour *La passion et la vie de Jésus, de Bethléem au Golgotha*, projeté au Capitol, grande salle appartenant à des Américains, durant la Semaine sainte; dans les mêmes pages, il annonçait d'ailleurs « Achetez de la Frontenac [une marque populaire de bière] pour Pâques »). Ironiquement, sans commentaire, il est le seul quotidien à faire savoir au début d'août que le boycott n'a pas lieu.

Moins d'un an plus tard, à la suite du tragique incendie qui coûte la vie à 78 enfants à la salle Laurier Palace de Montréal le 9 janvier 1927, l'émotion est à son comble et *Le Devoir*, en compagnie de toutes les associations catholiques, relance la lutte pour que le cinéma soit interdit le dimanche et pour tous les moins de 16 ans. À ce moment encore, pendant les huit mois que se prépare et que s'effectue l'enquête, des centaines d'articles reflètent la position des autorités religieuses, qui est toute d'opposition à la diffusion du cinéma pour les mêmes motifs qu'auparavant.

Pendant les deux décennies qui suivent, le quotidien se contente de rappeler de temps en temps qu'en contravention avec la loi de 1928, beaucoup d'enfants de moins de 16 ans sont acceptés dans les salles et que le Bureau de censure n'est pas assez sévère. Dans les années 1930, il publie désormais des annonces de films et à compter du 15 février 1937, il offre son « Ciné-Guide », ainsi présenté :

Quelques indications sur les films à l'affiche aujourd'hui. Nous nous efforçons de donner ici sur le scénario, la réalisation et l'interprétation des films des indications qui permettent de se reconnaître à travers l'abondante production des studios de France, des États-Unis et d'Angleterre, et de faciliter le choix d'un programme qui réponde aux goûts de chacun. Nous n'avons pas cru devoir adopter les cotations morales de la Centrale Catholique du Cinéma et de la *Legion of Decency* parce qu'elles ne tiennent naturellement pas compte des conditions particulières au Québec, notamment l'absence des enfants et le travail de la censure provinciale. Nous nous en inspirerons cependant, conformément aux directives de l'encyclique *Vigilanti Cura*, pour signaler, d'une part, les films hautement recommandables et, d'autre part, ceux qui appellent des réserves sérieuses ou qui sont nettement condamnables : il est entendu que les autres films sont acceptables pour des esprits avertis.

En plus d'informations sur le film (les grands noms du générique et un résumé de l'intrigue, le nom de la salle où il est projeté) où apparaît un début de critique, cette rubrique offre un jugement de convenance : Pour tous,

Chaque jour pendant cinq ans (1937-1942), *Le Devoir* offre à ses lecteurs son Ciné-Guide qui présente quelques informations et un jugement de convenance sur les films à l'affiche.

Pour adultes ou Pour public averti; parfois s'ajoute une évaluation tirée de la revue française *Choisir*. Le Ciné-Guide disparaît, sans explication, le 30 août 1942.

Le 28 octobre 1940, Maurice Huot dénonce le film *North-West Mounted Police* où Louis Riel est présenté comme un « vulgaire révolté » (▶ *The Royal Mounted Patrol*). Il revient sur le sujet le 1er février 1941, pour blâmer la censure qui « se contente de faire la chasse aux actrices qui dévoilent sans vergogne leur anatomie » et qui laisse passer « les films chargés d'erreurs historiques ». Il l'invite à surveiller « tout ce qui, dans un film, peut blesser le sentiment d'une partie de la population », réaffirmant ainsi la position nationaliste du quotidien.

La présidence du Bureau de censure changeant au gré de l'arrivée d'un nouveau parti au pouvoir, personne ne s'étonne de voir le premier ministre Maurice Duplessis* y nommer Lucien Desbiens, journaliste au *Devoir*, en novembre 1945, ni de constater qu'Alexis Gagnon*, autre journaliste au *Devoir* et ami personnel du premier ministre (écarté par Gérard Filion lorsqu'il prend la direction du quotidien), le remplace en 1947. Le 9 octobre 1946, l'éditorialiste André Vigeant se réjouit de l'augmentation du film français sur les écrans du Québec qui, combinée avec l'arrivée massive de films américains doublés en français, peut faire du cinéma un outil de francisation après qu'il eut été depuis 30 ans un instrument d'anglicisation. Au début de la décennie 50, Gilles Marcotte publie des critiques de films et, s'il conteste parfois le jugement des censeurs, il ne s'oppose pas au principe même de la censure.

L'année 1958 marque le revirement complet du *Devoir* par rapport à la censure du cinéma. Au début de novembre, l'affaire *Maxime** fait grand bruit. C'est l'occasion pour André Laurendeau, le rédacteur en chef, d'écrire, le 7 novembre, un des textes les plus éclairants publiés avant 1960 sur l'esprit de la censure, dont les idées principales (reproduites à l'entrée *Maxime*) consacrent la vision fondamentale que « Le but de l'œuvre d'art n'est pas la morale, c'est la beauté. » Moins de deux ans plus tard (le 6 juin 1960), Laurendeau avalise la pénétrante étude « Les dessous de la censure* » que le psychanalyste André Lussier vient de publier dans *Cité libre*. Quelques mois plus tard, à la mi-novembre, au moment de l'affaire *Hiroshima, mon amour**, il prend encore parti contre la censure, mais son collègue éditorialiste Paul Sauriol s'en fait l'ardent défenseur, arguant, comme toujours, de « la pensée de l'Église ». Deux ans plus tard, Laurendeau presse le ministre Georges-Émile Lapalme de faire voter au plus vite la loi qui, selon les recommandations du « rapport Régis »*, changera la censure en une simple classification des films. Comme le journal confie bientôt la chronique de cinéma à des critiques comme Jean Basile ou Alain Pontaut, la vision esthétique prime désormais toutes les autres considérations.

Le rôle joué par *Le Devoir* a donc été majeur au chapitre de la censure. L'autonomie du littéraire et du cinéma vis-à-vis du pouvoir clérical a bénéficié du rôle émancipateur joué par le journal, dont les origines n'annonçaient en rien de telles positions. Ce virage s'est produit à la suite de la Seconde Guerre mondiale, et le contentieux avec la revue *Lectures* fait figure de moment et de symbole décisif en ce qui concerne le contrôle des lettres. À l'occasion du cinquantième anniversaire de la fondation du journal, *Lectures* formulait en vain le souhait suivant (février 1960):

> Les anniversaires sont quelquefois l'occasion d'un retour aux sources. Aussi nous permettons-nous un souhait qui touche de près au domaine de notre revue: c'est que *Le Devoir* revienne, en ce qui concerne les livres mauvais, à sa prudente politique des débuts, politique exposée en toutes lettres dans son premier numéro en 1910.

Les positions contestataires du *Devoir*, en matière de littérature, ont manifestement consolidé les fondations de la Révolution tranquille, et nul retour à la morale du début du siècle n'était possible. Il en va de même pour le cinéma puisque, durant les années 1950, l'approche censoriale a été ouvertement contestée. *Pierre Hébert et Yves Lever*

Le Devoir, 1910-
COMEAU, Robert et Luc DESROCHERS, dir., *Le Devoir. Un journal indépendant*, Montréal, Les Presses de l'Université du Québec, [1996]; HÉBERT, Pierre, «"Où est l'univers concentrationnaire?" *Le Devoir* et les paradigmes de la censure (1920-1960) », *Voix et images*, 68 (hiver 1998); LUNEAU, Marie-Pier, « Le manche et la cognée : Lionel Groulx, une vie d'écritures », Ph. D. (Études françaises), Université de Sherbrooke, 2001, 2 t.

▶ *Les enfants du paradis* ; *I, a Woman* ; Liberté de presse ; Martin Luther ; *La passion de Jeanne d'Arc* ; Régie du cinéma du Québec

LE DIABLE AU CORPS
Claude Autant-Lara (1901-2000) • Film refusé par le Bureau de censure (1948)

En 1923, le roman de Raymond Radiguet, *Le diable au corps*, fait scandale avec son récit d'amours coupables sur fond de guerre. Le film que Claude Autant-Lara en tire en 1947 provoque en France un scandale au nom du patriotisme («le salut de la nation repose sur la fidélité des femmes de soldats» soutient un critique). Il ne peut sortir que censuré.

Gérard Philippe et Micheline Presle dans *Le diable au corps* de Claude Autant-Lara. Il est interdit au Québec pendant 20 ans.

Le diable au corps est interdit par le Bureau de censure du Québec le 23 janvier 1948 sous le prétexte « Antimilitariste ». Il ne revient devant le censeur que le 4 avril 1968 et est alors classé «18 ans». L'année suivante, le visa est ramené à «14 ans». Toutefois, il a été diffusé par Radio-Canada dès 1963.

Une nouvelle adaptation en 1986, une coproduction Italie-France, par Marco Bellocchio, cette fois sur un fond de lutte aux brigades terroristes italiennes, est classée « 14 ans » le 8 août 1986, malgré une scène explicite de fellation. Une nouvelle version, un téléfilm français en 1990, est classée « Général » le 9 mars 1995, mais avec cet ajout : « Déconseillé aux jeunes enfants ».

À la fois sur le plan de la sensibilité sociologique et psychologique comme sur celui de la représentation, le destin de cette histoire et de ses variations résume l'évolution des mesures censoriales dans la seconde moitié du XXe siècle. *Yves Lever*

ANQ-M, fonds Régie du cinéma, E-188, fiche du film.

DOCUMENTAIRES ETHNOLOGIQUES
La recherche du sensationnalisme entraîne la censure

Dès les premières années du cinéma, alors que la représentation de la réalité constitue la partie principale des spectacles filmiques, les cameramans des frères Lumière et ceux de Thomas Edison parcourent le globe pour rapailler des images du monde inconnu. Arpentant toute la planète, ils vont rencontrer les peuplades de l'Afrique profonde et de l'Asie, celles des régions encore inconnues de l'Amérique latine et ils filment leur vie quotidienne. Les écrits des explorateurs et des anthropologues avaient déjà titillé la curiosité des gens cultivés; les documentaires rejoignent maintenant la masse des spectateurs dans les salles de cinéma. L'écran des salles de quartier donne à voir les rites entourant les moments essentiels de la vie (naissance, passage à l'âge adulte, union matrimoniale, vie familiale, funérailles); ceux de leur propre vie en somme, mais dans des modalités différentes. Les Québécois savaient déjà, à travers les récits des missionnaires, que les Africains et les Amazoniens avaient des façons autres de s'habiller et de se marier, mais ils n'en avaient presque jamais eu de représentation visuelle. À travers le récit de quelque Père Blanc, ils pouvaient tout au plus s'imaginer des gens vivant à moitié nus dans les savanes d'Afrique et dansant au son des tamtam… Voilà que des reporters, généralement sans prétention ethnologique, sans esprit de provocation, le plus souvent par simple désir de répondre à la curiosité générale, filment d'une façon directe et crue ce qui se passe. On est loin des conférences des missionnaires !

Le 20 mars 1924, deux ans après son lancement aux États-Unis, les censeurs québécois avalisent *Nanook of the North*, le documentaire célèbre de Robert Flaherty ; ils ont laissé passer la séquence du coucher où l'on voit très nettement les seins des deux femmes de l'Inuk. Deux ans plus tard, ils refusent *Moana* du même réalisateur sous le simple prétexte de « nudity ». Dans les années 1930, les critères* ont augmenté et se sont précisés. En 1931, une nouvelle équipe censoriale, sous la direction d'Eugène Beaulac, coupe allègrement dans *Tabu**, de F. W. Murnau, dont Flaherty est coscénariste et responsable de la visée ethnologique. Une phobie quasi obsessionnelle de la nudité commande l'attitude des censeurs pendant toute la décennie. On ne s'étonne donc pas de voir retrancher, le 29 mars 1932, dans *Chant du Hoggar* : « Scène où l'enfant montre sa verge ; enfants en rang dont l'un découvre [sic] et paraît nu pendant une seconde ; garçonnet nu ; femme montrant ses seins ; homme envoyant une lance et en frappant un autre ». Le 25 septembre 1933 disparaissent de *Dutch Guiana,*

Dans le documentaire ethnologique se mêle souvent la plus saine des curiosités à un certain voyeurisme (*Ahô… au cœur du monde primitif* de Daniel Bertolino et François Floquet)

Land of the Djuka : « Nature woman nursing baby at breast ; Scene of nature children when sex is shown », tout comme le 31 août 1933, de *Papua and Kalabahai*, « all views of nude woman showing naked breasts ». Beaucoup de scènes de films d'actualité relevant de l'ethnologie sont aussi amputées de tout ce qui peut devenir suggestif, par exemple : « scènes de la Côte d'Ivoire où l'on voit les négresses montrant leurs seins et leurs bébés nus » ; « scène des tirailleurs nubiens lorsqu'on voit des femmes montrant leurs seins » ; « petit nègre nu ».

Après une éclipse relative, le genre revient en force dans les années 1960, mais l'ethnologie n'est plus que prétexte à la présentation de bizarreries, de coutumes violentes et de pratiques sexuelles avec un sensationnalisme qui élimine presque toute visée culturelle. La mise en scène enlève tout sérieux à ces pseudo-documentaires où les scènes de nudité constituent souvent l'ingrédient le plus spectaculaire. Le 26 juillet 1960, le Bureau accepte *Naked Africa* (Cedrick Worth, 1957), avec seulement quelques secondes en moins (« *close-up* of woman's breast »). L'Italien Gualtiero Jacopetti lance vraiment le genre avec *Mondo Cane* (1962), que le Bureau de censure réserve aux grandes villes du Québec le 16 juillet 1963, avant d'octroyer le visa général à la version française le 23 juin 1964. Dans l'atmosphère libertaire des années 1960, des dizaines d'autres films du genre envahissent les salles de cinéma, ne se limitant pas aux peuplades africaines, amazoniennes ou asiatiques, mais présentant de façon tout aussi crue la jungle urbaine de certaines grandes cités, les pratiques déviantes, l'univers des boîtes de nuit et celui de la prostitution.

La plupart de ces films, réalisés surtout par des cinéastes italiens, outrepassent les normes à un point tel que le Bureau de censure les interdit. Ainsi en est-il de *L'incroyable vérité* pour ses « Scènes de folie religieuse, mœurs funéraires aberrantes, enfants défigurés et ainsi de suite » ; même sort pour *Donna nel mondo* (*Women of the World*) pour « Cruauté de certaines images ; séquences nombreuses où sont mises à nu, pour l'évidente fin de faire sensationnel, la souffrance et les monstruosités humaines, de même que différentes déviations sexuelles » ; idem pour *Africa addio* parce qu'il « met l'accent sur les aspects les plus horribles et les plus cruels de l'existence. On y trouve une abondance inédite de massacres et de mutilations d'animaux et d'humains. Caractère morbide et sadique qui porte atteinte à la dignité humaine. » De Romolo Marcellini, *Tabu* est refusé pour « Exhibitionnisme, voyeurisme et sadisme. L'ensemble du film est de caractère morbide ». Jusqu'en 1967, des dizaines de pseudo-documentaires du genre sont refusés pour ces mêmes motifs, par exemple le *Paris secret* (1964) du Français Édouard Logereau, qui subit trois interdictions avant d'être classé « 18 ans » le 5 octobre 1967. D'autres sont acceptés, comme *Kwaheri* de Miki Carter, le 28 août 1965, mais la bande-annonce de ce documentaire sur l'Afrique présente cet avertissement : « This picture shows scenes so daring, so shocking... that only those of maturity and sophistication should see it. Not recommended for the squeamish or the too young » ; de ce film, et cela pourrait s'appliquer à la plupart des autres, l'Office catholique national des techniques de diffusion dit : « Ce film de caractère douteux apparaît surtout comme une exploitation commerciale de mœurs primitives faisant appel à une curiosité malsaine. » (*Recueil des films*, 1965)

Aussitôt après le 5 septembre 1967, date de mise en application des visas par catégories d'âge, une grande partie de ces films interdits reviennent au Bureau pour réévaluation, certains ayant été légèrement modifiés par le distributeur. Ils sont alors cotés « 18 ans » et peuvent rejoindre le public friand de ce type de produits. Le genre perdure dans les années 1970 avec, par exemple, des *Sexual Practices in Denmark*, *Pornography and Prostitution in the Orient*, mais la sexploitation ne tente plus de se draper d'ethnologie, d'autant plus que tous les types de films banalisent maintenant la nudité.

Dans le cinéma québécois, Daniel Bertolino et François Floquet, après avoir réalisé des reportages télévisuels en contrées lointaines et souvent primitives, livrent *Ahô... au cœur du monde primitif* (1976) pour « porter à l'écran des scènes et des coutumes que personne auparavant n'avait osé filmer », avec « un réalisme encore jamais atteint au cinéma ». C'est le seul cas d'espèce. Les réalisateurs ne tombent toutefois pas dans l'outrance et le film obtient « 14 ans » comme visa. *Yves Lever*

ANQ, fonds Régie du cinéma, E-188, fiches des films ; Régie du cinéma du Québec, Répertoire des films dans le site Internet ; TAJUELO, Telesforo, *Censure et société : un siècle d'interdit cinématographique au Québec*, 1998.

LA DOLCE VITA
(LA DOUCEUR DE VIVRE)

Federico Fellini (1920-1993) • Film dont la diffusion est d'abord limitée et que les catholiques déconseillent (1961)

La dolce vita, cette vaste fresque de la décadence romaine, arrive à Montréal au moment où les « ciseaux » disparaissent du Bureau de censure et où débute la période des permis spéciaux dans les cas controversés. À sa sortie en 1960, les censeurs demeurent perplexes devant cette production de Federico Fellini, où rien, ou presque, de visuellement répréhensible n'apparaît sur l'écran, mais où l'ensemble du film bouleverse tous les standards moraux. Il est approuvé le 2 août 1961, mais seulement pour une salle à Montréal (il sort au Snowdon, dans l'Ouest de la ville) et toute sa publicité doit avoir été préalablement autorisée. Par ailleurs, la bande-annonce est refusée, même après modification, le 1er septembre. Le 1er mars 1962, le festival du film tenu dans le cadre du Carnaval de Québec obtient la permission de présenter le film, laquelle est étendue le 14 mars suivant à une salle de cette ville et au cinéma Dorval dans l'ouest de Montréal. Dès le printemps, les permis spéciaux se multiplient, même pour le club Lion's de Coaticook. Une copie doublée, *La douceur de vivre*, peut être distribuée le 18 septembre 1962, mais avec les mêmes restrictions que l'originale. Toutes les versions peuvent circuler librement « dans les grandes villes » dès le 5 octobre suivant. Cette façon de faire de la censure entrave bien peu la circulation du film, car ce type de cinéma d'auteur ne se retrouve habituellement que dans les salles de répertoire et attire peu le grand public. Finalement, après la loi du 12 août 1967, il est coté « 18 ans », puis reclassé « Pour tous » le 12 janvier 1977.

L'Office catholique national des techniques de diffusion l'évalue ainsi :

> Fellini condamne ici, dans un style qui lui est propre, la vie dissolue d'une certaine bourgeoisie. Son film peut être, pour des spectateurs avertis, une occasion de réflexion ; il ne saurait toutefois convenir à l'ensemble du public en raison d'une peinture de mœurs extrêmement réaliste et de la subtilité des éléments de réflexion qu'il comporte. À déconseiller. (*Recueil des films*, 1961)

Dans l'ensemble, l'œuvre de Fellini est peu censurée. Son *Il bidone* (1955) n'arrive que le 11 avril 1963 et il est accepté tel quel. Le 26 septembre 1956, *La Strada* perd environ une minute avec ces deux coupures : « 1B fin/8 : Commencer la coupure avant que l'homme baisse le rideau de la voiture et éliminer toute [*sic*] les scènes où l'on voit le couple couché. (Fade Out). 2B/17-18 : Couper après titre "Did you also do it with Rosa". Finir après le titre "Keep your mouth shut". » On est dans l'époque très puritaine du président du Bureau de censure Alexis Gagnon*. C'est lui aussi qui coupe, le 6 mai 1958, un seul plan, environ cinq secondes des *Nuits de Cabiria* : « fille couchée dans le lit ». L'Office catholique reconnaît les valeurs spirituelles de ces deux derniers films, mais il les réserve aux adultes. Le 14 octobre 1958 et le 22 mai 1959 pour la version doublée, environ trois minutes de *I Vitelloni* (réalisé en 1953) sont retranchées : « 2a : C'est un peu comme si un de vous couchait avec ma sœur ; 3b : Qu'est-ce que vous faites… reprendre à la scène de la rue ; 5b : Commencer après le close-up des danseuses… reprendre quand les filles envoient des baisers ; 5b : Éliminer les danseuses. » L'Office catholique en dit : « Cette peinture de mœurs est de nature à faire réfléchir. Cependant l'évocation suggestive d'amours faciles et une scène assez libre motivent des réserves. Adultes, des réserves. » (*Recueil des films*, 1960)

Fellini réalise en 1962 le premier des trois sketches de *Boccacio 70*, *Le tentazioni del dottore Antonio (La tentation du docteur Antonio)*. Les deux autres sont de Luchino Visconti, *Il lavoro (Le travail)* et de Vittorio de Sica, *La riffa (La loterie)*. Comme pour *La dolce vita*, ce film arrive au bon moment pour ne pas subir de coupures. Une autorisation est accordée le 21 septembre 1962 pour le cinéma Place Ville-Marie à Montréal ; le 8 mars 1963 pour le cinéma

Capitol à Québec ; le 13 novembre suivant pour toutes les grandes villes. Les restrictions sont levées le 26 février 1964. Dans le répertoire de la Régie du cinéma, il est visé « Général ». Ces histoires libertines restent pudiques dans la présentation visuelle, quoique l'aguichante Anita Ekberg ne manque pas de panache dans le premier sketch, celui de Fellini. Le jugement des catholiques est sévère :

> Ces trois sketches se situent au niveau du désir sexuel et comportent des images très audacieuses. S'il y a atténuation par le ton de comédie dans le premier, par contre le troisième croupit dans un climat proche de la bestialité. Le second pose un problème douloureux, mais à travers une empreinte de pessimisme. À proscrire. (*Recueil des films*, 1962)

Voilà une excellente stratégie pour étendre le public de ce film normalement destiné à un public restreint de cinéphiles.

Les productions suivantes du maître italien passent sans obstacles : *Otto e mezzo – 8 1/2* le 24 juillet 1963 ; *Juliette des esprits* le 21 décembre 1965 (ensuite coté « 14 ans »). Les autres, même les lestes *Casanova* et *Cité des femmes*, obtiennent toutes les visas « 14 ans » (depuis 1991 : 13 ans+) ou « Pour tous » (Général). *Yves Lever*

ANQ-M, fonds Régie du cinéma, E 188, fiches des films.

« DOLLARD DES ORMEAUX »

Alfred DesRochers (1901-1978) • Texte dramatique commandé à l'auteur pour favoriser l'effort de guerre (1941)

Le Canada a établi une censure de guerre dès le 1er septembre 1939, le jour même où Adolf Hitler envahit la Pologne (*Règlements concernant la censure, 1939*) puis, le 3 septembre, en imposant les *Règlements concernant la défense du Canada*. Une telle censure couvre les deux volets de contrôle, prescriptif et proscriptif. Sur le plan proscriptif, le roman d'Adolphe Brassard, *Les mémoires d'un soldat inconnu**, s'est vu retirer de la circulation ; en ce qui concerne la censure prescriptive, le cas de la pièce de théâtre radiophonique commandée à Alfred DesRochers constitue un cas exemplaire de littérature au service de l'effort de guerre.

Or, au chapitre de la censure, et cela jusqu'au plébiscite de 1942, Radio-Canada tente de garder une certaine neutralité, encore que des émissions de propagande occupent ses ondes. Cependant, leur proportion ne dépasse pas 10 % en 1941, alors que, de janvier à avril 1942, elle atteindra 51 % de la diffusion, selon Hélène Eck, dans *La guerre des ondes. Histoire des radios de langue française pendant la Deuxième Guerre mondiale*.

La commande faite à DesRochers concerne l'un des héros mythiques du XVIIe siècle, Dollard des Ormeaux. Cet emblème de l'héroïsme, ravivé par Lionel Groulx et l'Action française au début des années 1920, avait un socle encore assez solide, au moment de la guerre, pour être servi sous une nouvelle étiquette. Ainsi, le Service de l'information produit, en 1941, une brochure intitulée *Dollard 1660, héros d'hier et d'aujourd'hui*, et qui propose explicitement une relecture de l'histoire :

> Les événements qui se déroulent de nos jours en Europe et placent le Canada, sur le plan international, dans une position étrangement semblable à celle qu'occupait la Nouvelle-France en 1660, font ressortir de façon frappante son génie militaire.
>
> Sans doute comptait-on parmi la population de Montréal d'alors quelques personnes mal avisées et ignorant tout de l'art des armes, qui insistèrent pour garder derrière la palissade de Ville-Marie les braves jeunes gens qu'ils regardaient avec raison comme leurs plus sûrs défenseurs.

Cet exemple idoine de résistance à l'ennemi peut, durant la Seconde Guerre mondiale, servir d'exemple en faveur de l'enrôlement et de la lutte contre l'Allemagne. Il faut cependant, pour cela, que l'État infléchisse les créateurs et leur demande de soumettre leur art à cette visée. Cette censure prescriptive, c'est Radio-Canada qui la pratique, grâce aux services d'Alfred DesRochers.

Paul Leduc, directeur dramatique de la Société Radio-Canada, écrit à DesRochers pour lui commander, en avril 1941, un texte dramatique portant sur le héros du Long-Sault. DesRochers accepte et fait parvenir à Leduc la moitié du texte. Leduc se dit enchanté mais, pour être bien certain que la thèse passe, il écrit, le 25 avril 1941, une lettre déterminante où se trouve on ne peut plus clairement évoquée la propagande, forme de censure qui infléchit l'art :

> Quant à la fin du programme je ne vois pas dans le résumé que vous m'en faites l'idée que je vous avais soumise et qui vient du Ministère de l'Information. Le dit Ministère tient mordicus à ce que l'exemple de Dollard soit comparé à la situation militaire actuelle du Canada. De même que Dollard a dit : « allons au devant de l'Iroquois », nous de l'an de grâce 1941 nous devons dire : « allons au devant de l'ennemi, l'allemand [sic], l'italien et toutes les gens de cette espèce » Trouvez un moyen d'y arriver, amenez des voix, une vision quelconque, bref, un pathos assez élaboré qui soit clair pour le public, afin que, le programme terminé, tous les « Canayens » se décident à prendre leur fusil de chasse et, comme Dollard, à être au devant de l'ennemi.

DesRochers écrit un « Dollard des Ormeaux » d'une orthodoxie parfaite, et qui est lu sur les ondes de Radio-Canada le 22 mai 1941. Ainsi, le prologue (« La voix des temps présents ») transpose l'exemple du héros du XVIIe siècle en pleine actualité guerrière :

> Le poing de fer du monstre étrangle un continent.
> Seule l'Île résiste à l'assaut allemand ;
> Mais, de ce côté-ci de la mer Atlantique,
> Vingt nations, dans leur jeunesse sympathique,
> Ont juré d'arrêter l'élan dévastateur.

L'émission d'une demi-heure fait abondamment état de la menace de la guerre et appuie, il va sans dire, la conscription :

> [...] Dollard des Ormeaux
> A formé le projet brillant et téméraire
> De guerroyer au loin pour éviter la guerre.
> Ceux-là qui le suivront s'exposent à la mort.
> Qui voudra partager avec lui un tel sort ?

Faut-il s'étonner de l'intervention de « Voix nombreuses » qui s'écrient :

> Moi ! Moi ! J'en suis ! Nous vous suivrons ! À la victoire !

Bien sûr, la fatalité guette Dollard et ses compagnons, mais cet exploit est à nouveau actualisé par « La voix des temps présents », qui conclut :

> Aujourd'hui, nous avons un destin comparable ;
> La rumeur nous parvient de barbares damnés
> Non seulement plus forts et plus nombreux, mais armés
> De tout ce que pouvait imaginer la haine.
> La flamme court encore sur de la chair humaine !
> Mais, pareils aux dix-sept braves de DesOrmeaux,
> D'autres jeunes encore repoussent les assauts !

Le cas de DesRochers soulève le problème du « héros dé-sémantisé », signe vidé de sa substance, qui peut se voir affecter un sens au gré des exigences du temps. Dollard des Ormeaux représente un cas éclairant de ce héros qui s'est progressivement délesté de son contenu, au cours de l'histoire, pour en venir à pouvoir être inféodé aux besoins de la guerre, en l'occurrence. Le héros est ici, paradoxalement, celui qui se creuse de l'intérieur et peut être empli selon les besoins de l'idéologie dominante. Pareille dé-sémantisation offre un terreau censorial propice.

Qu'est-ce qui a poussé DesRochers, esprit généralement indépendant et qui a déjà connu les affres de la censure à l'occasion de son recueil *L'offrande aux vierges folles**, à collaborer ainsi à ce que des Canadiens français appelaient l'« Ottawa stuff » ? L'hypothèse la plus sûre semble résider dans le fait que DesRochers voulait s'évader du journalisme sherbrookois et accéder à la radio montréalaise, à l'instar de Robert Choquette, de Claude-Henri Grignon et de Jovette Bernier.

On peut enfin se demander s'il s'agit bien ici de censure. Sans doute non, du point de vue de DesRochers, puisque sa collaboration, consentie, n'a rien que de légitime, en regard de la loi en vigueur. Néanmoins, il faut reconnaître que cette censure prescriptive ne faisait pas l'unanimité, entre autres au *Devoir** qui s'est vu admonesté à plusieurs reprises pour n'avoir pas suffisamment favorisé l'effort de guerre. Quoi qu'il en soit, la censure de guerre représente une sorte de laboratoire où s'exerce sans gêne le recours promotionnel à l'art, quitte à procéder à quelques « réaménagements » historiques, faits en l'occurrence sur le dos de l'infortuné Dollard.

Pierre Hébert et Marie-Pier Luneau

ANQ-S, fonds Alfred-DesRochers ; LEGRIS, Renée, *Propagande de guerre et nationalismes dans le radio-feuilleton québécois 1939-1952*, Montréal, Fides, coll. « Radiophonie et société québécoise », 1981.

LE DOMPTEUR D'OURS

Yves Thériault (1916-1983) • Roman coté « Mauvais » par la revue *Lectures* (1951)

« C'est à partir de ce roman que la critique se montra moins unanimement enthousiaste », écrit le prolifique Yves Thériault dans *Textes et documents* en 1969. Il fait allusion à son deuxième roman, *Le dompteur d'ours*, paru en 1951, qui a suscité une forte réaction censoriale lorsque la revue *Lectures* l'a stigmatisé en lui attribuant sa cote négative la plus forte : « Mauvais ». Le directeur, Théophile Bertrand, reproche notamment au romancier d'avoir écrit l'un des livres « les plus malsains publiés chez nous » (février 1951). Comme si cela ne suffisait pas, Bertrand note également « des faiblesses de composition et de style étonnantes ». Le livre est encore à l'état de manuscrit que l'auteur est déjà étiqueté : « Il paraît bien, maintenant, que Thériault soit l'enfant terrible de nos lettres. On le discute avec une âpreté qui ne peut manquer d'étonner et qui frise parfois l'injustice », écrit-on dans *La Patrie* du 1er octobre 1950.

Écrivain autodidacte et un des premiers auteurs québécois à vivre de sa plume, Thériault s'initie au métier en tant que scripteur de sketches radiophoniques. Il publie également des contes dans *Le Jour** de Jean-Charles Harvey à partir de 1942. Lui et son épouse (Germaine Blanchet) signent de pseudonymes* une centaine de petits romans à dix sous et, ensemble, ils en publient environ une douzaine par semaine, ce qui leur assure un revenu convenable. Thériault apprend alors à écrire rapidement, une habitude qu'il conservera sa vie durant ; d'ailleurs, *Le dompteur d'ours* lui aurait nécessité seulement cinq semaines d'écriture, « une performance peu ordinaire », selon le critique Gilles Marcotte (*L'Action nationale*, février 1951). Il soumet d'abord le manuscrit au jury du prix* du Cercle du livre de France, espérant ainsi obtenir un contrat d'édition, mais l'ouvrage n'est pas retenu, même s'il récolte quelques voix. Bertrand Vac (Aimé Pelletier) remporte le prix en 1950 avec *Louise Genest**. Thériault aurait fait campagne auprès de quelques membres du jury, ce qui n'a pas plu au directeur du Cercle, l'éditeur Pierre Tisseyre. En 1950, ce dernier décide néanmoins de le publier en l'inscrivant au « Prix des lecteurs », en compagnie de *Solitude de la chair** de Charles Hamel et *Les jours sont longs* d'Harry Bernard. Là encore, Thériault ne gagne pas, mais cette campagne publicitaire à peine déguisée porte fruit, car son roman suscite l'intérêt de la critique, autant pour son contenu que pour son style.

Le protagoniste Hermann, un vagabond sans nom de famille, venu on ne sait d'où, parcourt les routes à la recherche d'aventures. Ce mystérieux étranger arrive un jour d'été dans un village perdu au milieu des montagnes et annonce qu'il va lutter contre un ours. Bel homme, droit et bien musclé, il réveille des instincts d'amour et de liberté chez des femmes du village. Quelques villageoises lui font des avances, mais le visiteur les repousse une après l'autre. Lorsque les villageois s'assemblent pour voir la bête et l'homme aux prises, Hermann s'enfuit dans la forêt.

Le roman n'est pas sans rappeler *Le survenant* (1945) de Germaine Guèvremont, où un errant crée des remous dans une petite communauté fermée sur elle-même, le village de Chenal-du-Moine. Le protagoniste thériausien se distingue cependant de celui de Guèvremont par son caractère instinctif, ce qui fait craindre le pire à quelques critiques bien-pensants, scandalisés par le déchaînement de la sensualité dans le roman et les propos parfois scabreux du narrateur omniscient. Par exemple, dans la *Revue dominicaine* (avril 1951), Jean-Noël Tremblay s'en prend à « un tel débordement de recherche maladive de charnel ». Il trouve surchargé « ce mélange de ferveur érotique, de rêve d'évasion, de réflexions moralisantes » chez Thériault. Le critique Guy Sylvestre, dans *La Nouvelle Revue canadienne* (avril-mai 1951), est tout aussi catégorique face au comportement libidineux des personnages : « Ce sont des forces aveugles de la nature dont le ressort fondamental est l'instinct sexuel, et ils sont dépourvus de conscience. La distance qui les sépare des animaux, voire des plantes, est souvent minime. » Maurice Huot, dans *La Patrie* (20 février 1951), ne peut s'empêcher de faire la leçon au romancier : « Au point de vue du fond, nous classons nettement Thériault parmi nos romanciers naturalistes. Thériault semble un peu trop obsédé par l'aspect charnel de ses héroïnes. Son insistance en ce sens devient choquante à la longue […] nous lui souhaitons de sortir de l'ornière naturaliste où il semble vouloir s'embourber et de se spiritualiser un peu. » Gilles Marcotte, dans *L'Action nationale*, loue l'art vigoureux du conteur, mais il déplore le débordement de sensualité dans le roman : « Avouons-le carrément : la glorification de l'instinct prend ici un caractère d'obsession nettement déplaisant, et nous sommes à plusieurs reprises suffoqués par cette chair omniprésente qui bouche tous les horizons », souligne-t-il. Toutefois, les objections les plus véhémentes au contenu du roman proviennent de Julia Richer, dans *Notre temps* (17 février 1951) : « On croirait que l'imagination de Thériault, enfermée dans un cercle de feu, est prise d'aliénation momentanée. Elle donne cours à une suite d'échafaudages fallacieux d'une invraisemblance telle que le lecteur les refuse dès les premiers chapitres. » Et, pour terminer, elle prend un ton censorial pour mettre en garde l'éditeur* et l'auteur : « Le roman peut cependant faire un tort considérable à la jeunesse à cause de ses descriptions licencieuses. »

Ces critiques n'empêcheront nullement Yves Thériault de continuer d'explorer le thème de la sexualité dans son œuvre romanesque. Peu après la parution du roman, la Société Radio-Canada invite l'auteur à l'adapter pour la radio dans le cadre d'une série d'émissions intitulée « Les grands romans canadiens ». Le 8 avril 1951, une pièce radiophonique tirée du *Dompteur d'ours*, mise en ondes par Guy Beaulne, est présentée sans aucune restriction censoriale. On prévient cependant les auditeurs que « le monde de Thériault, qu'il s'agisse de contes, de récits dramatiques pour la radio, de romans ou de théâtre, est un monde de surprises, de violence, d'incompréhension et de lutte ».

Dix-huit ans après la première publication, l'auteur revient sur la réception somme toute négative de son roman. Dans *Textes et documents*, il explique avoir conçu l'ouvrage comme une sorte de fresque ; là où les critiques n'y voyaient qu'une série de contes disjoints, il répond qu'il s'était inspiré d'une technique du cinéma pour présenter un découpage axé sur un déroulement plus visuel que littéraire. Quant aux objections au contenu impudique, il les balaie du revers de la main : « Malgré tout, écrit-il, je continue de croire que *Le dompteur d'ours* est l'un de mes meilleurs livres. Peut-être choquait-il d'ataviques pudeurs chez nos écrivains ? Il a su conquérir, d'autre part, un public qui va s'accroissant, depuis sa réédition. J'avais donc raison de lui faire confiance. » Le nombre de rééditions tend à confirmer ces dires et attester l'importance de cet ouvrage, devenu un classique de la littérature québécoise, après avoir été malmené par une critique plutôt négative au moment de sa parution. En effet, le roman a été réédité en 1965, en 1970, en 1980, puis en 1998, parfois dans des collections de poche. Il figure même au programme dans quelques institutions d'enseignement secondaire au Québec à partir des années 1960. *Kenneth Landry*

THÉRIAULT, Yves, *Le dompteur d'ours*, Montréal, Le Cercle du livre de France, 1951, 188 p.

LE DOSSIER NELLIGAN

Claude Fournier (1931-) • Film condamné par des cinéastes (1969)

Comme répondant à de fictifs avocats traitant du dossier Nelligan devant un juge mandaté par le ministère des Affaires culturelles, des personnes ayant connu ou étudié spécialement Émile Nelligan (1879-1941) témoignent en interview (les professeurs Gilles Corbeil et Luc Lacoursière ; le psychiatre Guillaume Lahaise ; le comédien Camille Ducharme). Des poètes modernes (Gaston Miron, Michel Beaulieu) évaluent l'œuvre d'une manière divergente. On y cite aussi bien Héraclite, Mao-Tsé-Toung que Frédéric Chopin et Réjean Ducharme. Le dernier mot appartient au fictif juge qui ne prononce aucune autre sentence que celle de l'invitation à lire le poète maudit.

Le passage du film à la censure étatique, le 8 février 1969, n'est qu'une formalité et il est coté « Pour tous ». Il a sa première le 20 février 1969 à la Cinémathèque. Il sort à la télévision de Radio-Canada le 20 avril.

Le 16 mai suivant, *Le Devoir* publie cette lettre :

> **Protestation contre *Le dossier Nelligan* adressée au ministère des Affaires culturelles :**
>
> Un jeune poète de 18 ans, Émile Nelligan, a eu cette année le malheur de tomber dans les pattes d'un potineur, cinéaste sans morale et sans éthique, plus soucieux de gracieusetés de montage syncopé et de crocs-en-jambe indécents à ses interviewés, que de vérité historique complète et de respect pour tout être humain, en particulier s'il s'agit d'un poète maudit et d'un homme dont l'esprit s'effondra.
>
> Ce qui est inacceptable aussi, c'est que Claude Fournier n'ait rien pu trouver de mieux pour parler d'Émile Nelligan et son époque que ce procédé douteux du procès en justice, pire encore qu'un procès, puisqu'il a commandé à des comédiens déguisés en juge et en avocats des mines et des moues insupportables de fausseté, à partir desquelles il a joué celui à qui on ne la fait pas.
>
> Nous reconnaissons à M. Claude Fournier le droit de ne pas aimer la poésie, de mépriser Émile Nelligan, de devoir accepter pour « une poignée de dollars » des sujets qu'au fond il n'aime pas, mais c'est aussi notre droit de dénoncer cette entreprise sinistre parce que superficielle qui a été la sienne, le manque de rigueur du ministère qui a payé ce film coûteux, comme c'est encore notre droit de nous porter à la défense d'un poète maudit, victime après sa mort de ce qu'il faut bien appeler un vicieux qui n'a pas d'excuses. Car Claude Fournier n'a pas le choix, ou il était mal intentionné, ou il est d'une bêtise que même ses amis ne soupçonnaient pas. Dans le premier cas, il mérite le mépris. Dans le deuxième, il est bien à plaindre.
>
> Pour toutes ces raisons, les soussignés demandent :
> Que ce film soit retiré de la circulation ;
> Que le dossier Nelligan qui reste à faire soit confié à un cinéaste qui aime la poésie, qui respecte Émile Nelligan et à qui il ne soit pas nécessaire de rappeler qu'il est gênant pour quiconque de voir un tribunal de comédie se pencher sur un poète mort.
> Ont signé
> Gérald Godin, Jacques Godbout, Pierre Maheu, Marcel Carrière, André Pâquet, Louis Portugais, Guy L. Coté, Brigitte Sauriol, Werner Nold, Denys Arcand, Alain Dostie (et plusieurs artistes d'autres disciplines).

Comme partout, les cinéastes québécois réagissent contre la censure quand un des leurs en est menacé par un pouvoir quelconque. Ici, nous avons le cas unique de gens du cinéma, représentant deux générations, qui demandent le retrait d'un film et s'attaquent cavalièrement à un des leurs qui jouissait jusque-là d'une excellente réputation.

Distribué par l'Office du film du Québec, *Le dossier Nelligan* reste disponible au public. Plus tard, les copies sont versées aux Archives nationales du Québec, à Québec. *Yves Lever*

DOUANE

L'amant de Lady Chatterley ; Gay, Paul ; Librairies ; Magazines avec illustrations

DOUX-AMER

Claire Martin [Claire Montreuil, 1914-] • Roman coté « Mauvais » par la revue *Lectures* (1960)

Premier roman de Claire Martin, *Doux-amer* est publié par Le Cercle du livre de France en 1960 ; il est généralement bien accueilli par la critique malgré quelques réserves exprimées sur «l'amoralisme» de l'univers romanesque de l'auteure. Paru en France la même année aux Éditions Robert Laffont, le roman est en lice pour le prix Fémina.

Si le roman choque la critique bien-pensante, c'est par une vision des rapports homme-femme d'où les valeurs de la famille et de la maternité sont complètement absentes. Narré par un éditeur qui n'a jamais cessé d'aimer la romancière Gabrielle Lubin, qu'il a fait connaître et avec qui il a vécu une liaison paisiblement amoureuse mais sans passion pendant dix ans, le roman montre le coup de foudre de Gabrielle pour Michel Bullard, un écrivain qu'elle épouse tout en reconnaissant son égoïsme et son manque de talent. Après le naufrage du mariage et la mort de Bullard dans un accident de voiture, les dernières pages du roman laissent entrevoir une mince possibilité d'apaisement dans la reprise du rapport entre Gabrielle et le narrateur.

Doux-amer reçoit la cote «Mauvais» dans la revue *Lectures* (novembre 1960), dont la recension loue les qualités littéraires mais en ajoutant que «tout cela est mis au service d'une conception païenne de la vie». La critique Rita Leclerc, qui signe «R. L.», note que la passion de Gabrielle pour Michel Bullard «la fai[t] vivre dans une exaltation des sens qui l'avilit dans l'exacte mesure où elle la comble». Tout en louant Claire Martin d'avoir révélé la «tristesse» d'une telle existence, elle lui reproche de suggérer aux lecteurs «qu'il faut jouir au maximum de l'amour qui passe, précisément parce qu'il passe, peu importe le prix dont il faut payer la rançon du plaisir». Une telle conception de l'amour est inacceptable parce qu'elle se situe en dehors des impératifs de la famille et de la vocation maternelle: «De la fécondité de l'amour, de sa valeur et de son rôle dans le fondement d'une famille, il n'est point question. Claire Martin semble ignorer ou mépriser la famille, et c'est l'amour souverain du couple qu'elle célèbre». La recension se termine par une réflexion sur la possibilité que *Doux-amer* remporte le prix Fémina, possibilité d'autant plus réelle, selon la critique, que les «dames» du jury Fémina ont «flirté naguère avec l'ignoble roman de Christiane Rochefort, *Le repos du guerrier*». Si le roman de Claire Martin remporte le prix*, conclut-elle, «ce ne serait guère à l'honneur des lettres canadiennes».

La réception critique de *Doux-amer* illustre la complexité de l'exercice de la «censure» en ce début de Révolution tranquille; malgré l'irruption de nouvelles valeurs, les critiques littéraires* de plusieurs grands quotidiens sont encore membres de communautés religieuses, et d'autres sentent la nécessité de tenir compte de l'aspect «moral» des livres. Par exemple, Michèle Felz termine une recension très positive du roman dans *Femmes d'aujourd'hui* (août 1961) par la phrase: «Tout ceci dit, il y a lieu de noter certaines réserves sur le plan moral.» En général, les critiques de *Doux-amer* se montrent partagés entre leur admiration pour la finesse de l'analyse psychologique du roman et leur désapprobation du comportement des personnages. Pour le frère Clément Lockquell, c'est «le roman de l'égoïsme», dans lequel les protagonistes «ne songent qu'à leur vanité, à leur instinct de possession ou à leur sécurité»; néanmoins, «c'est le mérite de madame Claire Martin d'avoir projeté sur eux une lumière aussi crue, aussi impitoyable» (*Le Devoir*, 29 octobre 1960). Plusieurs critiques trouvent l'univers du roman trop froid, trop cérébral. Roger Duhamel regrette par exemple chez Claire Martin «l'absence d'une vision poétique de l'humanité: le lyrisme n'est pas son fort. Elle compense ce défaut par des notations psychologiques d'une remarquable justesse» (*La Patrie du dimanche*, 27 novembre 1960).

Plutôt que de «censure», il serait plus juste de caractériser une grande partie de la critique littéraire de cette période de transition comme une manifestation de l'incompréhension de la «vieille» génération pour les valeurs de la nouvelle. Cet écart de perspectives est bien illustré par un échange entre Claire Martin et le père Paul Gay*, qui avait essayé de faire supprimer deux des nouvelles du livre précédent de l'auteure, *Avec ou sans amour**, avant sa publication en 1958. Gay commence sa recension de *Doux-amer* dans *Le Droit* (22 octobre 1960) par le constat que c'est « un livre qu'une conscience chrétienne ne peut lire sans risque », mais sa lecture du roman témoigne d'une admiration évidente pour l'acuité psychologique et le style du roman et surtout d'un véritable effort pour comprendre les mobiles de ces personnages dont les valeurs lui sont antipathiques. « Des êtres de ce genre vivent dans un univers décidément renfermé, conclut-il. Collés à leur chair, empâtés dans leurs charmes, comment peuvent-ils tendre vers autrui ? Comment peuvent-ils atteindre Dieu ? Tournés vers eux-mêmes, fascinés par leurs sens, il leur manque au fond le principal : ils ne sont pas des hommes. » (*Le Droit*, 22 octobre 1960) Le 12 novembre suivant, le quotidien d'Ottawa publie une lettre de Claire Martin adressée au père Gay, dans laquelle elle le remercie de sa critique. « J'en ai été très émue », écrit-elle :

> Je vous assure qu'il est rare qu'un romancier ait l'impression que son livre a été compris, il est même rare d'avoir celle qu'il a été vraiment lu. Dieu sait si je n'ai pas cette impression en lisant votre article. J'en suis d'autant plus touchée que je comprends tout ce qui peut vous éloigner de ma « littérature ». Je vous remercie bien chaleureusement.

Patricia Smart

MARTIN, Claire, *Doux-amer*, Montréal, Le Cercle du livre de France, 1960, 192 p.

LA DROGUE FATALE

Joseph-Arthur Homier (1875-1934) • Un des premiers longs métrages de fiction au Québec perd quelques images (1924)

De ce drame, un des premiers longs métrages de fiction réalisés par un Québécois en 1923 et malheureusement disparu, il ne reste que des coupures de presse et quelques photos. Joseph-Arthur Homier, photographe et auteur de théâtre, a fondé en 1922 une compagnie de production de films et a d'abord réalisé *Madeleine de Verchères*, premier film de fiction québécois. Avec *La drogue fatale*, il dénonce les méfaits des narcotiques alors populaires, l'opium et la cocaïne. C'est aussi le moment où, selon les potins arrivant d'Hollywood, la consommation de stupéfiants fleurit dans les studios de cinéma.

La drogue fatale est approuvé par le Bureau de censure le 15 janvier 1924, avec les coupures suivantes :

– Picking Pocket of man asleep at table
– attack of dope fiend on girl friend
– shooting.

Le film sort le 20 janvier suivant au St-Denis ; il bénéficie d'une critique excellente et il obtient un bon succès en salle, mais sa diffusion reste limitée au Québec.

Qu'on fasse un film sur ce problème dans le Québec des « folles » années 1920 laisse entendre

Ainsi s'annonce un des premiers longs métrages de fiction québécois en janvier 1924. Il dénonce l'usage de narcotiques populaires comme la cocaïne.

qu'on affronte alors de réels problèmes liés à la drogue. L'auteur Loïc le Gouriadec (Paul Gury) crée d'ailleurs, à la même époque, la pièce *Les dopés*. C'est un sujet peu évoqué dans l'histoire officielle.

Yves Lever

ANQ-M, fonds Régie du cinéma, E 188, fiche du film; (non signé), *La Presse*, 19 janvier 1920; TURNER, D. John, « A. Homier photographe, le pionnier oublié du cinéma québécois », *24 images*, 11 (décembre 1981).

DROIT D'AUTEUR ET LIBERTÉ D'EXPRESSION

Quelques cas d'utilisation du droit d'auteur à des fins censoriales, en particulier l'affaire Turgeon c. Michaud

Les législations de protection du droit d'auteur ayant pour buts de favoriser l'activité créatrice, d'assurer la reconnaissance de l'auteur, le respect de l'intégrité de sa production et de favoriser la publication et la diffusion de ses œuvres, il peut sembler inapproprié, voire incongru, qu'elles puissent aussi être utilisées à des fins censoriales comme muselières de la liberté d'expression.

Pourtant, les tribunaux canadiens sont assez régulièrement appelés à examiner des affaires où le droit d'auteur est invoqué pour freiner l'impulsion de créateurs dont la production risque de heurter les intérêts de leurs « victimes ». Certains l'invoqueront par exemple pour faire taire une critique qu'ils jugent leur être préjudiciable, ou pour empêcher la diffusion d'une parodie ou d'une caricature qu'ils estiment susceptible de les ridiculiser. On pourra même recourir aux dispositions de la *Loi sur le droit d'auteur* – dont la version courante, modifiée maintes fois depuis, remonte à 1924 – pour empêcher la diffusion d'informations que l'on voudrait garder confidentielles ou à tout le moins privées. C'est dans ce contexte que doivent être examinées les décisions judiciaires rendues, à titre d'exemple, dans l'affaire *Turgeon c. Michaud* (C.S. 1998 ; C.A. 2003).

Toutefois, pour être en mesure de bien saisir sous cet angle la teneur du débat judiciaire qui a opposé l'auteur, historien et éditeur Pierre Turgeon à ses commanditaires Pierre Michaud et Réno-Dépôt, ainsi qu'à l'éditeur* montréalais Sogides, il importe de préciser ce qu'il faut comprendre de ce droit à la « liberté d'expression ».

Au Canada, le droit à la liberté d'expression est un droit fondamental consacré et expressément garanti depuis 1982 par la Charte canadienne des droits et libertés, laquelle fait partie intégrante de la Constitution canadienne. Au Québec, ce droit est également reconnu et protégé par la *Charte québécoise des droits et libertés de la personne*, adoptée par l'Assemblée nationale en 1975.

La Cour suprême du Canada, qui a eu à plus d'une reprise à se pencher sur le sens et la portée de ce concept, rappelle dans une décision de 1989, dans l'affaire *Irwin Toy Ltd. c. Québec (Proc. Général)*, que la fonction d'une telle liberté fondamentale est (p. 968) d'« assurer que chacun puisse manifester ses pensées, ses opinions, ses croyances, en fait, toutes les expressions du cœur ou de l'esprit, aussi impopulaires, déplaisantes ou contestataires soient-elles ». Ainsi comprise, la liberté d'expression peut être encore plus simplement définie de la manière suivante (p. 970) : « En fait, la liberté d'expression est la garantie que nous pouvons communiquer nos pensées et nos sentiments, de façon non-violente, sans crainte de la censure. » Les tribunaux auront dès lors la responsabilité de faire en sorte qu'aucune loi ne vienne indûment restreindre l'exercice de ce droit. Le terme « indûment » revêt d'ailleurs ici une importance toute particulière, puisqu'un droit fondamental doit toujours être évalué à l'aune du principe de l'article 1 de la Charte canadienne des droits. On y déclare en effet ce qui suit :

> La *Charte canadienne des droits et libertés* garantit les droits et libertés qui y sont énoncés. Ils ne peuvent être restreints que par une règle de droit, dans des limites qui soient raisonnables et dont la justification puisse se démontrer dans le cadre d'une société libre et démocratique.

Dans le contexte de l'affaire *Turgeon*, la question qui se pose aussitôt est celle de savoir si, eu égard à la Charte canadienne, la *Loi sur le droit d'auteur* ou l'une ou l'autre de ses dispositions peut être invalidée parce qu'elle a pour effet de restreindre la liberté d'expression. Les plaideurs pourront aussi faire appel à la *Charte québécoise des droits et libertés* pour faire cesser toute atteinte illégitime à un droit fondamental reconnu par la Charte et pour assurer la réparation de tout préjudice moral ou matériel qui en résulte (*cf.* articles 3 et 49).

Ces prémisses posées, les faits qui ont donné ouverture à l'affaire *Turgeon* c. *Michaud* sont les suivants. En 1993, Pierre Michaud, un neveu de P. H. Desrosiers et l'un des co-héritiers de l'entreprise Val-Royal – laquelle allait devenir par la suite Réno-Dépôt inc. –, confie à Pierre Turgeon, auteur, historien et éditeur professionnel, la tâche de rédiger la biographie de son oncle, le fondateur de l'entreprise. En plus de rappeler à la mémoire de ses employés les faits d'armes de son oncle et les talents de ce bâtisseur, ce document devait servir en outre à mousser l'image de l'entreprise en ce 60e anniversaire de fondation. Turgeon accepte ce mandat contre des émoluments de 45 000 $. Ce dernier accepte même de signer une clause réservant à Michaud et à Réno-Dépôt (ci-après Michaud) le soin de décider de publier ou non l'œuvre à leur discrétion. Cette clause est ainsi libellée (C.A. ¶ 12) : « Il est toutefois entendu que l'on pourra mettre fin à cette entente de part et d'autres au terme de la phase de recherche et d'entrevues […] sans aucune forme de dédommagement. »

Après un long retard et diverses péripéties entourant la rédaction qu'il nous semble peu pertinent de rappeler ici, l'éditeur Sogides, choisi par Michaud, finit par refuser la publication du manuscrit de Turgeon parce que, souligne le tribunal, aux dires du représentant autorisé de l'éditeur, « l'œuvre est inacceptable, car elle ne raconte pas suffisamment l'histoire de Réno-Dépôt et est beaucoup trop axée sur la vie privée de Desrosiers, portant ainsi atteinte à sa réputation et à celle de l'entreprise ». Turgeon, de son côté, refuse de procéder à toute modification autre que mineure de son manuscrit et se tourne vers un autre éditeur (Lanctôt éditeur inc.) pour le publier, d'où la demande d'injonction adressée à la Cour supérieure par Michaud en vue d'interdire à Turgeon et à son nouvel éditeur de publier le manuscrit dont les demandeurs avaient eux-mêmes refusé la publication.

L'injonction est aussitôt émise d'abord de façon temporaire, puis de manière interlocutoire, avant d'être confirmée à titre permanent dans un jugement où l'essentiel de la motivation judiciaire se fonde sur l'appréciation des points de droit suivants :

– la cession de droit d'auteur qu'aurait consentie Turgeon à Michaud lors de la signature du protocole d'entente l'empêcherait d'exercer les droits de publication dont il s'était alors départi en faveur de Michaud ;

– l'accès à l'information privilégiée (registres et documents de famille) que lui avait accordé Michaud imposait à Turgeon une obligation implicite de confidentialité accessoire à la cession de droit d'auteur qu'il avait consentie à Michaud, obligation à laquelle il aurait nécessairement contrevenu en publiant chez un autre éditeur.

Quant à la question de savoir si l'ordonnance de ne pas publier risque d'enfreindre la vie privée du donneur d'ouvrage en même temps que la liberté d'expression de Turgeon, le juge Georges Audet de la Cour supérieure déclare à ce propos (¶ 33) :

> […] [L]e débat dans cette affaire n'en est pas un de conflit entre le droit à la vie privée d'une part et la liberté d'expression de l'auteur, d'autre part. Nous sommes plutôt en présence d'un problème d'interprétation d'un contrat privé, dont l'objet et les modalités sont régis par la Loi sur le droit d'auteur. Cette Loi prévoit spécifiquement qu'une personne peut céder son droit d'auteur ou certains de ses attributs et restreindre, dans cette mesure, sa liberté d'expression.

Insatisfait de cette décision, Turgeon demande à la Cour d'appel du Québec de réviser la décision de la Cour supérieure. Selon la Cour d'appel (¶ 46-47),

> [l]e pourvoi soulève trois questions :
> 1. Le premier juge a-t-il erré en concluant que les intimés détiennent le droit exclusif de refuser toute publication du manuscrit ?
> 2. Le premier juge a-t-il erré en concluant que le protocole d'entente impose à l'appelant un devoir de confidentialité à l'égard des renseignements obtenus des intimés ou de personnes désignées par eux ?
> Une réponse négative à ces questions scellerait le sort du pourvoi. Autrement, il faudra répondre à une troisième question.
> 3. À défaut de pouvoir s'appuyer sur le protocole, les intimés peuvent-ils s'autoriser de l'article 35 du Code civil du Québec, modifié en 2002 [qui se lit comme suit : « Nulle atteinte ne peut être portée à la vie privée d'une personne sans que celle-ci y consente ou sans que la loi l'autorise. »], pour interdire la publication du manuscrit et, le cas échéant, cet article est-il inconstitutionnel parce que contraire à la liberté d'expression ?

La Cour d'appel du Québec confirme le bien-fondé de la décision de première instance. Après s'être livrée à une analyse assez technique des motifs qui justifiaient la position de la Cour supérieure, elle conclut (¶ 112) :

> Dans la mesure où le protocole librement consenti accorde aux intimés le droit exclusif de publier le manuscrit et soumet l'appelant à un devoir de confidentialité à l'égard des renseignements obtenus des intimés ou de personnes désignées par eux, il constitue un fondement valide à l'injonction. Il n'est donc pas nécessaire dans les circonstances d'examiner la troisième question.

Pour la Cour d'appel du Québec, il semble évident que le droit à la liberté d'expression, garanti tant par la Charte canadienne que la *Charte québécoise des droits et libertés*, si fondamental soit-il, demeure néanmoins un droit dont l'exercice peut être librement restreint par l'effet d'un contrat privé de cession de droits d'auteur.

En somme, les Chartes sont des lois générales qui garantissent à chacun la pleine liberté de s'exprimer, mais si une personne convient par une convention privée de limiter l'exercice de cette liberté, celle-ci accepte volontairement de s'assujettir à cette loi particulière des parties qu'est leur contrat et elle doit dès lors s'y astreindre, à défaut de quoi les tribunaux pourront l'y contraindre.

Bien sûr, tous les droits et libertés fondamentaux ne peuvent faire l'objet de contrats privés. Sont en effet exclues du domaine contractuel, les conventions qui dérogent à l'ordre public (*cf.* article 1413 C.c.Q.).

À cet égard, bien qu'il s'agisse d'un concept assez diffus et qui peut sans doute laisser place à diverses interprétations, l'ordre public est généralement présenté comme une « Conception d'ensemble d'une société, s'exprimant dans un faisceau d'institutions fondamentales, de principes généraux et de normes impératives, destiné à protéger et à promouvoir les valeurs essentielles de la collectivité » (*Dictionnaire de droit privé et lexiques bilingues*, 1991).

C'est donc à travers le prisme de l'ordre public que les tribunaux sont appelés à circonscrire les droits fondamentaux qui peuvent faire l'objet de conventions privées. Ils auront sans doute beaucoup plus de scrupules à reconnaître la validité d'un contrat de suicide assisté (droit à la vie) que de sanctionner une convention ayant pour un auteur l'effet de restreindre l'exercice de sa liberté d'expression.

Mais, eu égard à la Charte canadienne, aurait-on pu plutôt invoquer que la *Loi sur le droit d'auteur* est en tout ou en partie inconstitutionnelle, puisqu'elle peut servir de frein à la liberté d'expression ? La question a déjà été posée à nos tribunaux, mais aucune décision judiciaire ne l'a examinée de manière aussi appropriée et aussi détaillée que celle rendue par le juge Teitelbaum de la Cour fédérale du Canada, en 1996, dans l'affaire *Michelin* c. *TCA Canada*.

Il s'agissait, dans cette affaire, de décider si le fait pour Michelin d'invoquer son droit d'auteur sur le dessin de son personnage Bibendum, pour empêcher le syndicat de l'entreprise d'en diffuser une parodie dans ses prospectus de recrutement de ses membres, constituait un restriction indue à sa liberté d'expression, mettant en cause la constitutionnalité de certaines dispositions de la *Loi sur le droit d'auteur*. Le juge Max M. Teitelbaum déclare à ce propos (¶ 105):

> Il importe maintenant de décider si l'utilisation par les défendeurs du bien de la demanderesse est une forme interdite d'expression. [...] [U]ne personne utilisant le bien privé d'autrui, comme une œuvre faisant l'objet d'un droit d'auteur, doit démontrer que son utilisation du bien est compatible avec la fonction du bien avant que la Cour puisse statuer que l'utilisation est réputée être une forme protégée d'expression en vertu de la Charte. Dans le cas présent, jeter le ridicule sur le « Bibendum » de la demanderesse en en faisant l'objet d'une parodie n'est pas compatible avec la fonction de l'œuvre faisant l'objet du droit d'auteur. Un « Bibendum » sur le point de réduire à l'obéissance des travailleurs infortunés ne correspond pas à l'intention de l'auteur initial de présenter une image favorable de l'entreprise ni ne constitue une incitation à rémunérer les artistes pour l'intégrité de leur vision.

Il ajoute (¶ 106):

> Je suis d'accord avec les défendeurs pour dire que la norme applicable pour l'interdiction de formes d'expression est élevée. Les formes violentes représentent certainement un extrême, mais une forme n'a pas à être violente pour être interdite. Dans l'arrêt Irwin Toy [précitée], à la page 970, le juge en chef Dickson n'a pas « défin[i] précisément dans quel cas ou pour quelle raison une forme d'expression choisie pour transmettre un message sort du champ de la garantie ». La norme à appliquer pour interdire des formes d'expression n'est pas si élevée que l'utilisation du bien d'autrui soit une forme acceptable d'expression.

Et il mentionne encore (¶ 106):

> [...] Pour ce qui est d'évaluer les intérêts et les droits, si les défendeurs n'ont pas le droit d'utiliser le « Bibendum » de la demanderesse, ils disposent par contre d'une multitude d'autres moyens d'exprimer leur point de vue. Mais en revanche, si la demanderesse perd son droit de contrôler l'utilisation de l'œuvre faisant l'objet de son droit d'auteur, il reste peu de chose de son droit de propriété privée.

Comme on peut le constater, établir que l'exercice du droit d'auteur constitue un obstacle inconsidéré à la liberté d'expression s'avère déjà une tâche passablement ardue pour la personne qui l'invoque.

Il importe d'ailleurs d'ajouter qu'une fois cette étape franchie, le titulaire du droit fondamental n'est pas au bout de ses peines lorsqu'il entend mettre en cause la constitutionnalité des dispositions incriminées. Pour accéder à sa demande, il faudra en outre que le tribunal soit convaincu que la législation (ou certaines de ses dispositions) qui limite l'exercice de ce droit fondamental ne puisse « se justifier dans le cadre d'une société libre et démocratique » (Charte canadienne, article 1).

Pour ce faire, le tribunal devra vérifier si l'objectif de la loi incriminée est « suffisamment important » pour justifier cette limite au droit fondamental; il devra de plus s'assurer que les moyens utilisés pour mettre en œuvre ces objectifs sont raisonnables, c'est-à-dire qu'ils ont été conçus pour affecter le moins possible les droits fondamentaux en cause (*cf.* critères développés à cet effet par la Cour suprême dans l'arrêt *La Reine* c. *Oakes*, 1986).

À cet égard, le juge Teitelbaum déclare dans sa décision de l'affaire *Michelin* c. *TCA Canada* (¶ 109) qu'il aurait :

> [...] conclu, aux termes de l'article premier [de la Charte], que les articles 3 et 27 de la Loi sur le droit d'auteur constituent « des limites raisonnables prescrites par une règle de droit, dont la justification peut se démontrer dans le cadre d'une société libre et démocratique ».

En effet, précise-t-il (¶ 109):

> [...] Je n'aurais eu aucune hésitation à décider que l'objectif de la Loi sur le droit d'auteur est « urgent et réel », critère de l'objectif suffisamment important. La protection des auteurs et la rémunération de leur énergie et de leurs œuvres créatrices sont à elles seules une valeur importante dans une société démocratique. De plus, le caractère urgent et réel de l'objectif visé par la Loi sur le droit d'auteur est corroboré par les obligations

internationales du Canada découlant de traités comme la Convention de Berne 1886 [Convention Internationale pour la protection des œuvres littéraires et artistiques], révisée à Berlin en 1908 et à Rome en 1928 : annexe III (article 71) de la Loi sur le droit d'auteur, et arrêt Bishop c. Stevens, [1990] 2 R.C.S. 467], [...], aux pages 473 et 474.

De plus, souligne-t-il encore (¶ 111) :

> Qu'il suffise de dire qu'outre ce qui a déjà été dit précédemment, les objectifs de la Loi sur le droit d'auteur ont un lien rationnel avec une action en violation de droit d'auteur. Il y a un lien explicite et effectif entre l'objectif de protéger les intérêts des auteurs et des titulaires du droit d'auteur par l'attribution d'un monopole sur le droit d'utiliser et de reproduire leurs œuvres, et la capacité de défendre ces intérêts dans une action en violation du droit d'auteur. La Loi sur le droit d'auteur n'interdit pas les attaques contre les auteurs ou leurs idées. Les contrefacteurs engagent seulement leur responsabilité s'ils reproduisent l'œuvre ou une partie importante de celle-ci. De plus, le droit d'auteur porte une atteinte minimale au droit des défendeurs à la liberté d'expression étant donné la structure bien conçue de la Loi sur le droit d'auteur, notamment la liste d'exceptions des paragraphes 27(2) et (3) [devenus, depuis cette décision, les articles 29 et s.].
>
> [...] De toute façon, je conclus que les objectifs de la Loi sur le droit d'auteur sont mis en œuvre de manière à porter atteinte le moins possible aux droits des défendeurs. En fait, au paragraphe 34 des aveux judiciaires soumis le 6 juin, les défendeurs reconnaissent [Traduction] « que l'utilisation du "Bibendum" par le défendeur dans ses documents n'était pas le seul moyen par lequel ce syndicat pouvait transmettre son message aux travailleurs dans le contexte de la campagne de recrutement ».
>
> Finalement, j'estime qu'en ce qui concerne les effets préjudiciables de la Loi sur le droit d'auteur, le troisième élément du critère de proportionnalité de Oakes [précité] confirme qu'il s'agit bien d'une limite raisonnable prescrite par une règle de droit dans une société libre et démocratique. La demanderesse a versé en preuve un tas de dépliants et de brochures syndicaux anti-Michelin qui n'utilisent pas le bien de la demanderesse en contravention de la Loi sur le droit d'auteur [...]. Interdire l'utilisation du « Bibendum » de la demanderesse protégé par le droit d'auteur ne cause donc pas de difficultés excessives aux défendeurs pour ce qui est de transmettre leur message aux travailleurs de Michelin.

À la lecture de ces propos, on peut se demander avec une certaine inquiétude jusqu'à quel point le droit d'auteur demeure toujours compatible avec le droit à la liberté d'expression. Pourtant, il faut tenir compte qu'en d'autres circonstances les tribunaux ont aussi fait preuve d'ouverture face à des expressions créatrices qui se heurtaient directement au droit exclusif d'un auteur. Pour ce faire, ils ont accepté de donner tout son effet à l'exception d'utilisation équitable que reconnaît la *Loi sur le droit d'auteur* (a. 29 et s.). Deux exemples illustrent ces propos.

Au cours des années 1960, les tribunaux anglais sont appelés à décider d'une poursuite intentée par L. Ron Hubbard, le fondateur et chef suprême de l'Église de scientologie, contre un certain Vosper (*Hubbard* c. *Vosper*, C.A. 1972). Même s'il s'agit d'une décision rendue par un tribunal britannique, il faut mentionner qu'elle a fait jurisprudence au Canada, puisque la disposition applicable du *Copyright Act* anglais correspondait à l'époque en tout point à celle de notre *Loi sur le droit d'auteur*. Vosper vient de publier un livre pamphlétaire mettant en cause la doctrine et les pratiques plutôt asociales de cette institution dite religieuse.

Vosper, qui a franchi un très grand nombre d'échelons dans la hiérarchie de cette organisation avant d'« apostasier » et de quitter cette Église, fait état dans sa publication de plusieurs positions assez peu orthodoxes de Hubbard. Il appuie ses propos de citations et de passages compromettants tirés directement des écrits confidentiels du grand maître, qu'il rend publics et critique avec véhémence.

Hubbard invoque alors l'usurpation de son droit d'auteur pour faire taire l'ex-disciple récalcitrant et s'adresse aux tribunaux pour obtenir une injonction afin d'empêcher la publication de cette œuvre qu'il juge blasphématoire. Les tribunaux refusent toutefois la demande de Hubbard et permettent à

Vosper de publier son œuvre au nom de l'intérêt public; ils prennent alors appui sur l'exception d'utilisation équitable (*fair dealing*) qui permet à la partie poursuivie d'invoquer ce moyen à l'encontre d'une action en contrefaçon, lorsque cette partie entend démontrer qu'elle a utilisé équitablement l'œuvre d'autrui à des fins de critique. Il n'est sans doute pas inapproprié de mentionner que la *Loi sur le droit d'auteur* prévoit également la possibilité d'invoquer d'autres fins comme utilisations équitables. Il en est ainsi de l'étude privée ou de la recherche (a. 29) ou encore du compte rendu (a. 29.1) ou de la communication de nouvelles (a. 29.2)].

Plus récemment, la Cour d'appel du Québec a pour sa part fait montre d'une certaine ouverture en ce qui a trait à la reconnaissance de l'utilisation équitable de l'œuvre d'autrui à des fins de parodie; elle a même accepté de considérer la création parodique comme pouvant constituer une œuvre autonome (*cf. Productions Avanti Ciné-Vidéo inc.* c. *Favreau*, C.A. 1999).

Bien qu'il s'agisse en l'occurrence de l'opinion toute doctrinale d'un des juges qui, sans avoir à l'appliquer directement aux faits de l'affaire soumise à la Cour, profite de l'occasion pour commenter la portée d'une règle par ailleurs pertinente au litige (opinion qualifiée d'*obiter dictum*, dans le langage des juristes), cette position du juge Paul-Arthur Gendreau mérite d'être signalée comme manifestant un net parti pris judiciaire en faveur de la reconnaissance de la liberté d'expression. Celle-ci peut revêtir les formes les plus diverses et s'exprimer dans les circonstances les plus controversées. Comme le signale l'honorable juge (¶ 67-68):

> […] Il semble bien que la parodie peut être vue sous deux aspects: une exception à l'atteinte aux droits d'auteur selon l'article 27(1) (maintenant 29) de la Loi ou une œuvre originale en soi. Dans la première situation, il est clair que la Loi est restrictive et que l'exception ne trouve d'application que dans les cas qu'elle définit, nommément les fins de critique. Or, on le sait, la critique d'une œuvre intellectuelle ou artistique n'est pas que sérieuse ou savante; elle peut aussi être humoristique ou drôle grâce à une opération d'amplification, de déformation ou d'exagération de l'œuvre visée, en un mot, elle emprunte les voies de la caricature; elle en sera souvent que plus mordante. En ce sens, elle pourrait constituer une exemption pourvu que les exigences de la Loi soient satisfaites. Mais ce n'est généralement pas à cette situation que l'on réfère mais à la seconde suivant laquelle la parodie est vue comme une œuvre en soi, originale, distincte et indépendante de l'œuvre parodiée et dont la création nécessite labeur, imagination, talent, ce qui la distingue de l'imitation trompeuse.

Ces deux exemples permettent de prendre conscience qu'il existe au sein même de la *Loi sur le droit d'auteur* une mécanique de protection, voire de promotion de la liberté d'expression que ses défenseurs auraient grand avantage à exploiter: celle de l'exception d'utilisation équitable.

Du même coup, dans leur combat qu'ils mènent contre la censure, les plaideurs, en optant pour invoquer la Charte des droits et libertés, ont peut-être tendance quelquefois à déployer une artillerie un peu trop lourde, complexe et somme toute assez peu performante. En matière de droit d'auteur, il leur est plutôt demandé de livrer bataille directement sur ce terrain et d'utiliser les armes spécialement conçues et adaptées à cette fin; telle est la fonction des exceptions consacrées par la *Loi sur le droit d'auteur*, aux articles 29 et suivants. *Marcel Dubé*

Références législatives: Charte québécoise des droits et libertés de la personne, L.R.Q. c. C-12; Code civil du Québec, L.Q. 1991, c. 64; *Loi constitutionnelle de 1982*, Partie I - annexe B de la Loi de 1982 sur le Canada (1982, R.-U., c. 11); *Loi sur le droit d'auteur*, L.R.C. 1985, ch. C-42.

Références jurisprudentielles: *Bishop* c. *Stevens*, [1990] 2 R.C.S. 467; *Compagnie générale des Établissements Michelin – Michelin et Cie* c. *Syndicat national de l'automobile, de l'aérospatiale et des autres travailleurs et travailleuses du Canada (TCA-Canada)*, [1997] 2 C.F. 306 (1ère instance); *Hubbard* c. *Vosper*, (1972) 1 All E.R. 1023 (C.A.); *Irwin Toy Ltd.* c. *Québec (Proc. Général)*, [1989] 1 R.C.S. 927; *Productions Avanti Ciné-Vidéo inc.* c. *Favreau*, [1999] J.Q. no 2725 (C.A.); *La Reine* c. *Oakes*, [1986] 1 R.C.S. 103; *Turgeon* c. *Michaud*, [1998] A.Q. no 822 (C.S.), confirmée par [2003] J.Q. no 7722 (C.A.).

Références doctrinales : BAUDOUIN, J.-L. et P.-G. JOBIN, *Les obligations*, 5ᵉ éd., Cowansville, Les Éditions Yvon Blais inc., 1998 ; *Dictionnaire de droit privé et lexiques bilingues*, Centre de recherche en droit privé et comparé du Québec, 2ᵉ éd., Cowansville, Les Éditions Yvon Blais inc., 1991.

▶ Juridique (Censure)

DUEL IN THE SUN (DUEL AU SOLEIL)

Produit par David O. Selznick (1902-1965), avec plusieurs réalisateurs, dont King Vidor (1894-1982) • Un des films américains de la tradition hollywoodienne les plus amputés par les censeurs du Québec, ce western est accepté, puis interdit, puis approuvé avec 31 minutes en moins (1947 et 1948)

Duel in the Sun (1946) s'inspire d'un roman du même titre, publié par Niven Busch en 1944. En plus de contenir la plupart des ingrédients ordinaires du western classique, il comporte une trame psychologique inhabituelle à la production hollywoodienne de l'après-guerre en présentant des drames de haine, de jalousie et de rivalité à l'intérieur d'une famille. À la fin, les amoureux, seuls personnages positifs, ne survivent pas. S'y mêle le racisme puisque l'héroïne est une métisse convoitée par deux frères de race blanche. La morale ne triomphe pas dans ce récit à l'allure de tragédie antique qui ne suggère aucun espoir de rédemption pour personne.

Le Bureau de censure, présidé par Lucien Desbiens, l'approuve le 27 octobre 1947, après en avoir retranché 2 minutes et 6 secondes (sur 138 minutes), essentiellement des réparties et une scène suggérant un adultère. Un mois et demi plus tard, avec un nouveau président, Alexis Gagnon*, qui annonce ainsi ses couleurs, le permis est retiré le 17 décembre avec cette justification : « Infidélité conjugale, situations scabreuses, immoralité et langage vulgaire ». Le 30 décembre, le distributeur revient avec une « reconstruction », refusée le lendemain. Il en présente une autre le 17 février 1948 et elle est encore refusée le 23 suivant avec ce commentaire : « Pour scènes et thèse immoralité ». Finalement, une copie amputée de plus de 31 minutes (32 coupures faites par la compagnie et par le Bureau) est acceptée le 15 mars ; elle a perdu des scènes de baisers et de début de relations sexuelles (lesquelles ne sont jamais montrées dans le cinéma de l'époque, seulement suggérées à cause des prescriptions du *Production Code**), des éléments de dialogue amoureux, quelques images de violence.

Trois ans plus tard, une version doublée en français de 118 minutes, donc déjà amputée d'une bonne partie des mêmes extraits que l'originale, est approuvée le 26 juin 1951 par les mêmes censeurs, mais avec des coupures supplémentaires totalisant 14 minutes. Cette copie n'est plus que de 104 minutes. Beaucoup de dialogues sont encore disparus, comme si on les craignait davantage que les images. L'intention est nettement marquée d'éliminer les références à l'adultère. Dans la bande-annonce, il faut aussi « Éliminer le sous-titre "Des moments de passion", ainsi que toute la scène de baisers et caresses prolongés. Éliminer toute la scène du pasteur après sous-titre "Des moments de comédie" jusqu'au sous-titre "Des moments de tendresse". Exclusivement. »

Chez les catholiques, aussi bien la rubrique « Ciné-bulletin » de *L'Action catholique* à Québec que le *Ciné-service* (18 août 1951) du diocèse de Montréal cotent le film « À proscrire » (« L'histoire abonde en *scènes de cruauté, de sensualité et de débauche. Moralement, le héros est en contradiction constante avec la religion, la morale et la loi. Malgré toutes les coupures qui ont été faites à ce film, il n'en reste pas moins très nocif* »). Dix ans plus tard, une fiche du Centre catholique atténue ce jugement : « La présentation d'un amour libre, la vengeance et le mépris de la vie humaine motivent ici de nettes réserves. » (*Recueil des films*, 1961)

Duel in the Sun est un des films américains de la tradition hollywoodienne les plus amputés par les censeurs du Québec, qui tentent d'éliminer l'atmosphère trouble se dégageant de l'ensemble et l'immoralité de presque tous les personnages. *Yves Lever*

ANQ-M, fonds Régie du cinéma, E 188, fiches du film et documents annexés.

DUPLESSIS, MAURICE (1890-1959)
Premier ministre de la province de Québec, Maurice Duplessis semble craindre davantage le cinéma que la littérature

Avocat de formation, fils de député, Maurice Le Noblet Duplessis s'intéresse très tôt à la politique. Il est élu député du comté de Trois-Rivières en 1927 et il le reste jusqu'à sa mort le 7 septembre 1959. Choisi chef de l'Union nationale en 1935, il prend le pouvoir le 17 août 1936. Le parti perd le pouvoir le 25 octobre 1939, mais il le reprend le 8 août 1944 et il le conserve jusqu'au 22 juin 1960, 10 mois après la mort de son chef.

Les relations de Duplessis avec la censure du cinéma demeurent difficiles à documenter, bien qu'elles soient incontestables. Comme beaucoup de ses prédécesseurs, le premier ministre dirige aussi le ministère du Procureur général, dont relève le Bureau de censure. La presse rapporte ses principales décisions, mais pour beaucoup de gestes importants, les ouvrages historiques ne peuvent citer que des « vers telle date… », parce que le « chef » donnait souvent ses ordres par téléphone et parce qu'on n'en retrouve des traces écrites que dans des conférences de presse rapportées par les quotidiens, ou bien des mois ou des années plus tard dans des lettres se référant à ces interventions.

Les moments où Duplessis détient le pouvoir correspondent à ceux où la censure du cinéma est la plus sévère. Entre 1936 et 1939, le cinéma français est particulièrement censuré. Après la Seconde Guerre mondiale, le premier ministre intervient directement auprès du Bureau de censure pour donner ses directives ou faire interdire certains films. Dès 1946, il défend au Service de Cinéphotographie du Québec de distribuer les films de l'Office national du film*, qu'il considère comme un repère de communistes* athées (cela n'empêche toutefois pas l'ONF de diffuser ses films par ses propres Conseils du film et surtout, dès 1952, par la télévision de Radio-Canada). Lors de l'affaire *Les enfants du paradis** en février 1947, il se contente devant la presse d'un laconique « Le Bureau de censure fait bien son travail » mais il se serait personnellement immiscé dans le

Ce film de Denys Arcand, lui-même victime d'une légère censure, reflète bien l'attitude censoriale du chef de l'Union nationale (Publicité ONF).

processus de décision; par la suite, il se moque des diplomates français qui protestent contre cette insulte à la culture française. Le 20 mars 1947, il fait voter un amendement à la loi du cinéma pour confirmer l'interdiction des films en plein air (cinéparcs*), formule qui connaît alors une grande expansion aux États-Unis et qui ne sera finalement instaurée au Québec qu'en 1970. Le 1er septembre de la même année, il rend obligatoire la censure de tous les films en format 16 mm par le Bureau de censure, visant surtout le produit onéfien. En décembre qui suit, il nomme Alexis Gagnon* à la tête du Bureau. Cet ami personnel le consulte régulièrement tout au long de son mandat et demeure un de ses travailleurs d'élection. En 1952, il entend imposer à la télévision* naissante la censure de tout ce qu'elle diffuse sur pellicule en plus de surveiller tout ce qu'elle programme; toutefois, Radio-Canada se moque de sa loi, qui reste lettre morte. Finalement, par le biais du Département de l'instruction publique (qui tient alors lieu de ministère de l'Éducation), il bannit les films de l'ONF dans le réseau scolaire en 1954.

Il semble que Maurice Duplessis se soit peu immiscé dans le champ littéraire proprement dit, quoique cette question reste encore à vérifier. Son intervention auprès de Jean-Charles Harvey, près de trois ans après la parution des *Demi-civilisés*, demeure assurément la plus célèbre: il demande au romancier de quitter la ville de Québec, au début de 1937. L'instauration de la Loi du cadenas*, « Loi protégeant la province contre la propagande communiste », au mois de mars de la même année, vise entre autres quelques journaux suspects, jusqu'à son abrogation en 1957. On sait par ailleurs que Duplessis abhorrait les journaux qui le contraient, communistes ou non, tel *Le Devoir**, et il salira en Chambre le journal *Vrai*, de Jacques Hébert*.

Pour le premier ministre Duplessis, tout l'appareil de l'État doit obéir au chef élu. Il ne serait donc pas question d'une certaine autonomie pour un organisme comme le Bureau de censure. En plus de correspondre à la censure la plus sévère, les 12 dernières années de son « règne » correspondent à celles où le « bon plaisir » du pouvoir s'est aussi le plus manifestement exercé: le nombre de censeurs croît en flèche, atteignant 12 en 1959 (il était de 3 depuis 1913), alors qu'il n'y a pas davantage de films à évaluer; c'est qu'il y a beaucoup d'amis à qui offrir un travail à temps partiel bien rémunéré. *Yves Lever*

ANQ-M, fonds Régie du cinéma, E-188, correspondance, recueil de lois, fiches de films; EVANS, Gary, *In the National Interest, A Chronicle of the National Film Board of Canada from 1949 to 1989*, 1991.

DUPLESSIS
◯ Arcand, Denys

E

L'ÉCHÉANCE

Maurice Gagnon (1912-1999) • Roman coté « Mauvais » par la revue *Lectures* (1957)

Le prix du Cercle du livre de France couronne trois ouvrages en 1956 : *Les inutiles*, d'Eugène Cloutier, *Mon fils pourtant heureux*, de Jean Simard et *L'échéance*, de Maurice Gagnon. Ce prix continue d'ébranler la morale de l'époque : les deux premiers sont classés « Dangereux » et *L'échéance* reçoit la cote « Mauvais » dans la revue *Lectures**.

Maurice Gagnon n'est pas sans affinités avec l'un de ses contemporains, Yves Thériault. Sans être un autodidacte comme ce dernier, il se situe en retrait du milieu littéraire. Chauffeur de camions, pilote de bombardier durant la Seconde Guerre mondiale, industriel, publiciste pour la compagnie Molson au moment de la parution de *L'échéance*, Gagnon possède de la vie une expérience, voire une vision personnelle qui transparaît dans son roman.

Plusieurs romans de l'époque contestent la morale cléricale ; le héros de *L'échéance* n'a en cure. Julien Harcourt, industriel prospère, apprend qu'il doit subir dans quelques mois une opération au cerveau dont l'issue est à toutes fins utiles imprévisible. Or, en l'absence de sa femme Madeleine, tout juste partie pour plusieurs mois à Paris (et qui ignore l'état de santé de son mari), Julien connaît une liaison profondément amoureuse avec une jeune artiste dans la vingtaine, Dominique Duprez. Cette idylle se vit dans la sérénité, à tel point qu'il s'en confie à sa fille, Sonya, chez qui il trouve la compréhension souhaitée. En outre, sa secrétaire, Simone, est aussi amoureuse de lui ; elle s'en ouvre à Julien mais n'a pas, selon ses propres mots, le courage de son amour. Se trouvent entrelacées trois figures amoureuses : l'épouse, la maîtresse et… la velléitaire. Quelques mois plus tard, rendu à Paris, Julien Harcourt discute avec son épouse de cette situation ; encore là, nulle condamnation, mais toujours la compréhension. Le roman se termine au moment où, de retour au Québec, Harcourt est sur le point d'être opéré.

En parallèle à cette intrigue, Harcourt poursuit avec succès son travail d'industriel, mais c'est évidemment le volet amoureux du roman qui choque la critique. Car les amours ne sont point ici exclusives, bien au contraire. « Tu l'aimes ? », demande Sonya à son père, à propos de la jeune Dominique. À la suite d'une réponse positive, elle ajoute : « Et maman ? » Julien est clair : « Si je te disais que je l'aime autant que toujours, le croirais-tu ? » La conversation est la même avec son épouse qui, tout en reconnaissant que Julien aime Dominique, lui demande s'il l'aime, elle, également. « Je t'aime », répond-il ; « C'est tout ce que je voulais savoir », de dire à son tour Madeleine. Rarement, peut-être même jamais n'a-t-on vu encore, dans les lettres canadiennes-françaises, le sentiment amoureux briller ainsi au faîte des valeurs et primer toute convention ou morale.

L'échéance épuise le spectre des réactions critiques, de l'encensement à la condamnation catégorique. Ainsi, Pierre de Grandpré, dans *Le Devoir* (1er décembre 1956), trouve le roman un peu mièvre, mais il en apprécie l'allure libre ; Solange Chaput Rolland (*Points de vue*, janvier 1957) et Jean-Claude Robillard (*Le Petit journal*, 16 décembre 1956) figurent parmi ceux qui ont goûté cette première œuvre de Gagnon. Quant à Guy Robert, il exprime un enthousiasme total : « Je crois qu'une seconde édition, quelque peu retouchée dans les détails et dans le ton général, le placerait au niveau des *meilleurs romans que je connaisse*. » (*Revue dominicaine*, mars 1957)

Le père Paul Gay* compte parmi ceux qui désapprouvent le contenu moral de *L'échéance*. Moyen sur le plan littéraire, « ce livre est immoral, et, parce qu'il est immoral, il n'est pas un grand livre », écrit-il dans *Le Droit* (21 novembre 1956). Il fait écho en cela à Julia Richer qui, dans *Notre Temps* (17 novembre 1956), y avait déploré l'absence de remords ou de sentiment du péché. Rita Leclerc, dans la revue *Lectures* (1er mai 1957), reconnaît le talent de l'auteur, mais rabroue Guy Robert : « Le critique de la *Revue dominicaine* fait preuve d'une inconcevable légèreté d'esprit en cherchant à l'éluder au nom du droit qu'a le romancier de peindre la réalité. » Car le romancier n'a pas le droit « de donner à un sybarite la prestance d'un héros. Dans l'optique du romancier, Julien Harcourt est admirable en tout temps, dans son indifférence devant la mort comme dans tous les méandres de sa vie dissolue, et c'est ce qui fait de *L'échéance*, un mauvais livre. »

Il est vrai que *L'échéance* conteste de manière inédite la morale cléricale, au milieu des années 1950. Dans *Le Droit* du 24 avril 1957, Paul Gay fait le bilan du rapport des écrivains à la religion catholique : ou ils y voient un appareil formaliste (*Le poids du jour* de Ringuet), ou c'est la haine et le procès en règle (le plus grand nombre, dont *Mathieu**, de Françoise Loranger, *Les paradis de sable**, de Jean-Charles Harvey, *Évadé de la nuit**, d'André Langevin), ou c'est enfin l'incompréhension (*Saint-Pépin, P.Q.*, de Bertrand Vac). « Les seuls romans qui ont essayé de dégager le prêtre canadien-français de la peinture superficielle me semblent être *Le temps des hommes* d'A. Langevin et *Pierre le Magnifique* de R. Lemelin. » Quant à *L'échéance* de Gagnon, il figure, note Paul Gay, parmi ceux qui ne parlent pas de la morale cléricale. Une telle attitude, il est vrai, porte un pouvoir de contestation extraordinaire ; le personnage, plutôt que de se comporter en adversaire de la morale dominante, n'en tient nullement compte et agit selon son propre entendement. Ce type de liberté supérieure, qui ne se définit pas par l'opposition, se place au-dessus des conventions de son époque. N'est-ce point Pascal qui, dans ses *Pensées*, prétendait que la vraie morale se moque de la morale ? *Pierre Hébert*

Gagnon, Maurice, *L'échéance*, Montréal, Le Cercle du livre de France, 1955, 283 p.

L'ÉCHO DES DEUX-MONTAGNES
Journal dirigé par Godfroy Langlois (1866-1928) • Journal condamné par Mgr Fabre (11 novembre 1892)

Fondé par deux partisans libéraux, Godfroy Langlois et J. D. Leduc, en novembre 1890, le journal d'opinion *L'Écho des Deux-Montagnes* est condamné par l'archevêque de Montréal, Mgr Édouard Fabre, en novembre 1892.

Le jeune Godfroy Langlois n'est pas inconnu de l'Église. Dans *Le Clairon*, son premier hebdomadaire publié pendant quelques mois en 1889-1890, il déclare, le 8 février 1890 : « Nous avons le courage d'exprimer ce que tout le monde pense, c'est-à-dire que notre province est arriérée sous le rapport des traitements du clergé, que la dîme est une institution infiniment injuste. » *Le Clairon* cesse de publier sans intervention cléricale quelques mois plus tard. S'il gagne l'attention de l'Église, Langlois est aussi remarqué par Honoré Beaugrand, qui l'embauche pour le compte de *La Patrie**.

Sans jamais quitter son poste auprès de son idole Beaugrand, Langlois s'unit à J. D. Leduc pour fonder *L'Écho des Deux-Montagnes* à peine huit mois après la disparition du *Clairon*. Même si le journal traite des affaires des Laurentides, *L'Écho des Deux-Montagnes* n'hésite pas à porter une attention particulière aux grandes questions sociales et politiques : par exemple, la réforme de l'éducation, les privilèges du clergé et la politique partisane sont discutées à fond.

Sur le plan canadien, *L'Écho des Deux-Montagnes* aborde également la question des écoles du Manitoba (◑ *Le clergé canadien [...]*). Dans son appel à un plus grand sens de la fierté nationale, il évoque l'image de Louis-Joseph Papineau et celle du combat des Patriotes de 1837 et lance un débat sur l'érection d'un monument à la commémoration des rébellions. Langlois en profite pour allier à son sentiment nationaliste un anticléricalisme très net. « Il faut un granit, écrit-il le 16 avril 1891, à ceux que la religion a persécutés jusque dans la fosse, à ceux auxquels le prêtre a refusé le pardon malgré qu'ils fussent morts pour le pays. »

Au fil des numéros, les attaques de *L'Écho des Deux-Montagnes* contre le clergé et son influence se multiplient. L'Église réagit et, le 11 novembre 1892, une circulaire de Mgr Édouard Fabre, archevêque de Montréal, sévit contre *L'Écho des Deux-Montagnes* ainsi que *Canada-Revue**, la publication d'Aristide Filiatreault. Il est interdit « d'imprimer, de mettre ou de conserver en dépôt, de vendre, de distribuer, de lire, de recevoir ou de garder en leur possession ces deux feuilles dangereuses et malsaines, d'y collaborer et de les encourager d'une manière quelconque ».

Tout comme Aristide Filiatreault dans le cas de *Canada-Revue*, Langlois demeure impénitent. « Nous prions tous les bons amis de *L'Écho des Deux-Montagnes* de ne pas trop s'alarmer au sujet de l'interdiction qui vient de frapper notre journal », demande-t-il à ses lecteurs, dans son éditorial du 17 novembre 1892. En vain, Langlois se rend à l'archevêché pour plaider sa cause en personne, insistant sur le fait que ses propos ne se dirigent pas contre l'Église et son pouvoir, mais bien contre quelques-uns qui en abusent. La décision de Mgr Fabre est inébranlable, mais Langlois reste lui aussi obstiné. « *L'Écho des Deux-Montagnes* n'est pas mort, déclare-t-il au reporter de *La Presse**, le 4 novembre. Ses rédacteurs ne capituleront pas. Nous n'avons rien à nous reprocher et nous ne regrettons pas une ligne de ce que nous avons écrit. » Indomptable, il change le titre de la publication sans toucher à la facture du journal.

Ainsi, à *L'Écho des Deux-Montagnes* succédera *La Liberté*, le 1er décembre 1892, un hebdomadaire qui survivra jusqu'en 1895, alors que Langlois, devenu directeur du quotidien *La Patrie*, consacre ses efforts à la situation montréalaise. *Patrice Dutil*

L'Écho des Deux-Montagnes, 6 novembre 1890–24 novembre 1892.

Dutil, Patrice, *L'avocat du diable : Godfroy Langlois et le libéralisme progressiste dans le Québec de Wilfrid Laurier,* Montréal, Éditions Robert Davies, 1996.

ÉDITION

L'arrivée de l'éditeur professionnel dans les années 1920 entraîne un changement décisif dans les rapports entre la censure cléricale et le milieu du livre, au point de constituer un véritable contre-pouvoir à partir de la Seconde Guerre mondiale

La censure découle des droits que détiennent les pouvoirs établis – politiques, religieux, administratifs ou militaires – dans le contrôle, voire l'interdiction, de la diffusion dans l'espace public d'écrits, de paroles ou d'images. Sa nature varie en fonction des pouvoirs dominants à une époque donnée. Elle est tantôt politique, tantôt religieuse et, dans certaines circonstances, à la fois politique et religieuse.

L'histoire de la censure des imprimés canadiens commence à la fin du XVIIIe siècle après l'introduction des premières presses. Le gouvernement colonial voit d'un bon œil l'implantation de l'atelier de William Brown et de Thomas Gilmore à Québec en 1764 ; il servira à transmettre les décisions politiques et administratives du gouverneur à ses sujets ainsi qu'aux nouveaux conquis. Les presses serviront notamment à combattre les idées révolutionnaires qui commencent à circuler en Amérique. Un imprimeur qui s'écarte de la voie officielle, comme Fleury Mesplet, arrivé à Montréal avec Benjamin Franklin en 1776 et qui dans sa *Gazette littéraire de Montréal** ne cache pas ses sympathies pour la philosophie des Lumières, est arrêté et jeté en prison par le gouverneur Frederick Haldimand trois ans à peine après son installation dans la colonie. Entre 1789 et 1815, l'administration publique finance aussi la publication à Québec et à Montréal d'un grand nombre d'écrits contre-révolutionnaires. En 1810, le journal *Le Canadien**, soupçonné de semer l'agitation au Bas-Canada, est saisi par le gouverneur James Craig et ses propriétaires sont incarcérés.

Après 1840, toute tentation révolutionnaire et libérale est jugulée dans la population francophone. Les autorités ecclésiastiques prennent alors le relais des gouvernements civils dans le contrôle des idées. Avec Mgr Ignace Bourget en tête, l'Église catholique resserre son emprise sur le Canada français et prend le contrôle de son système d'enseignement, notamment en faisant venir d'Europe de nombreuses congrégations religieuses spécialisées dans la formation de la jeunesse. La censure ecclésiastique s'exerce d'abord sur les instances de diffusion du livre et de l'imprimé, c'est-à-dire bibliothèques* et librairies*. L'Église crée des bibliothèques paroissiales et ouvre des cabinets de lecture pour encourager les bonnes lectures et s'applique à contrôler une grande partie du marché du livre qui est entre les mains d'entrepreneurs laïques. Pour être viable, le commerce du livre dont l'école représente le principal débouché doit tenir compte des demandes du clergé et se plier à ses exigences morales. Ainsi la Librairie Rolland, l'une des plus importantes maisons de la deuxième moitié du XIXe siècle, fait-elle sa publicité en s'engageant à brûler les « mauvais livres » qui se trouveraient sur ses rayons. En 1890, la Librairie Saint-Joseph, propriété de la maison Cadieux & Derome de Montréal, propose une collection modèle dont les titres ont reçu l'approbation d'un censeur ecclésiastique : *Catalogue de la Bibliothèque nationale et religieuse approuvée par monseigneur l'archevêque de Montréal*. En 1910, la Librairie Beauchemin, qui fait la réclame d'une collection littéraire de Flammarion, y retire tous les ouvrages qui sont à l'Index*. Des pans entiers de la littérature mondiale (philosophie des Lumières, poésie symboliste, écrits positivistes ou naturalistes, etc.) sont ainsi écartés de la librairie québécoise. Si parfois on relève dans la presse populaire de discrètes réclames pour des livres d'Alexandre Dumas, de Victor Hugo ou d'Émile Zola, en réalité ces ouvrages sont introuvables sur la place publique. Les liens étroits que les grossistes entretiennent avec les pouvoirs publics et le clergé font en sorte que seuls les livres au-dessus de tout soupçon sont mis en vente.

Lorsque le contrôle des livres importés s'avère en soi insuffisant, les autorités religieuses n'hésitent pas à utiliser des moyens plus spectaculaires comme la condamnation publique. C'est ainsi que, dans les années 1850 et 1860, Mgr Bourget livre à l'Institut canadien* une guerre à finir qui vise à la fois les écrits et la bibliothèque des membres de cette société. Dans les années 1890, Mgr Édouard-Charles Fabre s'attaque à *Canada Revue** d'Aristide Filiatreault (1892) et fait mettre à l'Index l'opuscule de Laurent-Olivier David, *Le clergé canadien, sa mission, son œuvre** (1896). Mgr Paul Bruchési continue cette « œuvre d'épuration » au début du XXe siècle avec la condamnation de *Marie Calumet** (1904) de Rodolphe Girard. En 1914, *Le débutant** d'Arsène Bessette, est également victime du même type de censure. À la suite de l'interdiction de *Marie Calumet*, son auteur perd son emploi à *La Presse** et doit s'exiler en Ontario. Ces condamnations exemplaires visent à produire un effet répressif global sur l'ensemble de la production canadienne-française et à bloquer toute écriture dissidente à sa source même. Un écrivain naturaliste comme Albert Laberge en tire la leçon quand vient le temps de publier *La Scouine** en 1918, neuf ans après la condamnation ecclésiastique du chapitre de ce récit intitulé « Les Foins ». Pour préserver sa liberté d'expression, Laberge éditera lui-même toute son œuvre et en distribuera des exemplaires en nombre limité à ses amis. Mais pour un Laberge, combien y a-t-il eu d'auteurs avortés, victimes de l'autocensure* ?

Il faut attendre l'arrivée des éditeurs professionnels dans les années 1920 avant de voir se produire un changement dans les rapports entre la censure cléricale et le milieu du livre. Alors que l'imprimeur-éditeur du XVIIIe siècle et le libraire-grossiste du XIXe siècle étaient des exécutants au service d'une clientèle presque exclusivement gouvernementale et religieuse, l'éditeur professionnel qui voit le jour après la Première Guerre mondiale se présente comme un joueur indépendant des pouvoirs en place. Il s'adresse à des publics variés – femmes, enfants, jeunes gens, jeunes filles, étudiants, hommes d'affaires, universitaires – pour lesquels il crée des collections spécialisées. Il ouvre de nouveaux marchés et conduit le livre au lecteur en élaborant de nouvelles stratégies de ventes et de diffusion.

L'éditeur de l'entre-deux-guerres conçoit un programme de publication, recrute des auteurs, crée des collections, prend en charge tous les aspects de la production matérielle du livre et assure la promotion des œuvres. Il s'appuie sur un financement diversifié (fonds privés, banques et subventions gouvernementales) qui lui assure une relative indépendance vis-à-vis les pouvoirs religieux. Son entrée en scène est étroitement associée à l'essor combiné du nationalisme canadien-français et de la société de consommation. La matérialisation d'une instance médiatrice entre l'offre des créateurs et les demandes d'un public de plus en plus émancipé est devenue une nécessité. Cette fonction d'intermédiaire dans la transmission des idées et des valeurs se confirme avec le succès d'éditeurs comme Albert Lévesque (Librairie d'Action canadienne-française), Édouard Garand (Éditions Édouard Garand), Louis Carrier (Éditions du Mercure / Mercury Press), Albert Pelletier (Éditions du Totem) et Eugène Achard (Librairie générale canadienne) qui sont à la fois des publicistes, des hommes d'affaires et des hommes de lettres. Pour la première fois, grâce à eux, des outils publicitaires adaptés à la société de consommation sont développés. Dans ce nouveau contexte, la censure peut même devenir une alliée et la condamnation publique d'un ouvrage en faire augmenter les ventes comme ce sera le cas après l'interdiction des *Demi-civilisés** de Jean-Charles Harvey (Éditions du Totem, 1934) par le cardinal Jean-Marie-Rodrigue Villeneuve. Ce sera d'ailleurs l'une des dernières condamnations publiques d'un ouvrage littéraire par les autorités ecclésiastiques.

Dès cette époque, l'Église commence à mettre en œuvre des stratégies moins coercitives. Plutôt que de réagir après coup, elle entreprend d'investir le champ de production lui-même en créant ses propres structures éditoriales. Déjà à la fin du XIXe siècle, les congrégations religieuses s'étaient dotées d'ateliers afin de publier des annales, des livres de piété et des manuels scolaires*. Dans les années 1920, elles dominent tout le marché du livre scolaire. Puis l'influence de l'Église va bientôt s'étendre à toutes les catégories d'ouvrages grâce à la création de maisons d'édition catholiques comme l'Action sociale et les Éditions du Lévrier. À partir des années 1940, les Éditions Fides prennent le leadership de ce mouvement et s'imposent comme l'entreprise de publications catholiques la plus influente au Québec. La nouvelle stratégie de l'Église consiste dès lors moins à condamner les mauvais livres qu'à faire lire les bons livres, notamment en inondant le marché d'ouvrages et de brochures à bon marché, parfois même à perte. À défaut de pouvoir interdire tout ce qui se publie, l'Église utilise son pouvoir économique afin de lancer des titres conformes à sa doctrine. Elle concurrence les éditeurs laïques sur leur propre terrain et lance des produits équivalents. Elle réussira ainsi, dans les années 1950, à régner sur tout le champ de production du livre pour l'enfance et la jeunesse.

La Seconde Guerre mondiale va toutefois contribuer à renforcer la position des éditeurs laïques. Un arrêté du gouvernement fédéral daté de 1940 leur donne l'autorisation de réimprimer tous les ouvrages français qui ne sont plus disponibles sur le marché québécois. Grâce à cette mesure exceptionnelle et provisoire qui découle de l'interruption des relations commerciales avec la France, les éditeurs peuvent continuer le travail d'émancipation culturelle commencé dans les années 1920 et 1930 et constituer ce qu'on pourrait appeler un véritable contre-pouvoir.

Ainsi, les éditeurs font entrer dans la librairie des années 1940 des œuvres qui y étaient auparavant introuvables. Profitant de la suspension de la censure cléricale, plusieurs maisons lancent des collections de classiques français où figurent des œuvres interdites, *Le discours de la méthode* de René Descartes, *Les misérables* de Victor Hugo, *Madame Bovary* de Gustave Flaubert et *Les fleurs du mal* de Charles Baudelaire. Ces œuvres, rééditées dans des collections de prestige, sont destinées autant aux étudiants qu'au grand public. Les œuvres des auteurs catholiques non conformistes de l'entre-deux-guerres, Léon Bloy, Georges Bernanos, Paul Claudel et François Mauriac et même les récits d'Henry de Montherlant et d'André Gide (*L'immoraliste*, *Les nourritures terrestres*) sont réimprimés et distribués à Montréal par une dizaine de maisons différentes. Les revenus générés par la vente de titres européens réédités sous licence temporaire servent également à financer la parution d'ouvrages canadiens. Les œuvres locales autrefois frappées d'interdit comme *Marie Calumet* sont rééditées et des nouveautés qui n'auraient jamais pu voir le jour avant la guerre, comme *Orage sur mon corps** d'André Béland, sont lancées sans susciter la moindre interdiction officielle.

Les éditeurs de cette époque font également connaître de nouveaux courants de pensée dans tous les domaines de l'activité intellectuelle et artistique. Ils donnent la parole aux auteurs européens exilés en Amérique, dont certains sont reconnus comme anticléricaux ou non-croyants (G. A. Borges, Étiemble, Victor Serge) et aux résistants européens, souvent socialistes ou communistes*, comme Paul Rivet, Léon Blum et Louis Aragon. Le prestige des écrivains étrangers que les éditeurs montréalais réussissent à s'attacher leur permet de se faire connaître à la fois sur la scène locale et sur les marchés extérieurs, en particulier aux États-Unis. Plus de la moitié des tirages de l'édition québécoise de cette période sont destinés au marché américain. Cette ouverture sur le monde extérieur donne un formidable essor à l'industrie qui profite aussi aux auteurs locaux. En six ans, de 1940 à 1946, le nombre d'ouvrages de fiction signés par des auteurs canadiens-français va plus que doubler. Certains de ces auteurs, Gabrielle Roy, Roger Lemelin, Yves Thériault et Anne Hébert, seront diffusés ou traduits à l'étranger.

Après cette période exceptionnelle d'ouverture sur le monde, l'étau de la censure cléricale se resserre à nouveau à la fin des années 1940. La disparition de la plupart des jeunes éditeurs affaiblit la position des auteurs qui ne bénéficient plus de la protection de maisons d'édition indépendantes. Certains écrivains, comme François Hertel, Thérèse Renaud et Anne Hébert, prennent la route de l'exil. Le retour de Maurice Duplessis* à la tête de la province en 1944, après l'interrègne du gouvernement d'Adélard Godbout, intensifie la surveillance des publications mises en circulation au Québec. À cet égard, Fides joue un rôle prépondérant en fournissant aux librairies et aux bibliothèques des outils bibliographiques destinés à identifier les livres à lire et à proscrire. L'introduction des cotes morales dans *Mes Fiches*, en mars 1943, marque le début d'une campagne de propagande pour les bonnes lectures qui s'accentue en 1946 avec le lancement de la revue *Lectures**, publiée avec l'appui du cardinal Villeneuve. Avec *Lectures*, il ne s'agit plus d'attribuer une cote morale à un certain nombre de publications choisies comme dans *Mes Fiches*, mais d'étiqueter toutes les publications disponibles en librairie au Québec. Dès lors pendant plus d'une décennie, les répertoires établis par Fides constitueront les seuls instruments bibliographiques sérieux et complets utilisés par les libraires et les bibliothécaires.

Les éditeurs des années 1950 vont déjouer ces contrôles en adoptant des stratégies de contournement. La distribution des ouvrages par le truchement de clubs du livre constituera l'un des moyens les plus efficaces pour échapper au circuit de la librairie encore sous surveillance. Paul Michaud et Pierre Tisseyre réussiront par ce moyen à faire circuler nombre de livres qui autrement auraient été inaccessibles. Paul Michaud, de l'Institut littéraire du Québec, écoulera par ce truchement les trois quarts de sa production. La librairie de Michaud n'échappera pas à la vigilance des zélateurs en soutane, mais ses clubs du livre, eux, lui donneront toute la latitude nécessaire pour distribuer les ouvrages qui ne peuvent être affichés en vitrine ou accessibles sur les rayons de sa boutique. C'est aussi pour éviter les effets néfastes de la censure cléricale et profiter éventuellement de la publicité que pourrait lui apporter une condamnation publique des évêques que l'éditeur de Québec met à l'abri dans un entrepôt de Toronto une partie du tirage du roman anticlérical d'Yves Thériault, *Les vendeurs du temple*, lancé en 1951.

Pour combattre les publications des éditeurs délinquants et limiter l'influence d'une distribution parallèle, les autorités religieuses entreprennent alors des démarches privées, profèrent des menaces voilées, reprises par les critiques des périodiques religieux, et exercent un contrôle étroit sur les publications qui sortent des imprimeries dont elles sont les propriétaires. C'est ainsi que, dans les années 1950, le cardinal Paul-Émile Léger* cherche à imposer un censeur à Pierre Tisseyre, propriétaire du Cercle du livre de France qui fait imprimer ses ouvrages à l'imprimerie Saint-Joseph, dirigée par les frères de Sainte-Croix. Pour préserver sa liberté d'expression et son pouvoir de production, Tisseyre confie à des imprimeurs laïcs, notamment à Thérien Frères et à Pierre Des Marais, les ouvrages refusés par l'imprimerie Saint-Joseph.

La Révolution tranquille mettra brusquement fin à ce régime autoritaire. La laïcisation des structures de l'État, notamment du système d'éducation, et l'abolition de l'Index romain en 1966 mettent un terme au contrôle religieux des publications. Quelques mois auparavant, en septembre 1965, la revue *Lectures* elle-même abandonne la publication des cotes morales. C'est un revirement complet de situation. Tout comme durant la Seconde Guerre mondiale, l'édition québécoise s'émancipe et devient même un lieu d'accueil pour les écrivains étrangers en quête de liberté. Plusieurs objecteurs de conscience américains qui fuient la conscription pour le Vietnam trouvent refuge au Canada et au Québec et expriment leur dissidence dans la presse *underground* de Montréal. En 1974, le directeur des Éditions québécoises, Léandre Bergeron, réédite *Main basse sur le Cameroun* de Mongo Beti, dont la première édition lancée à Paris chez François Maspero en 1972 vient d'être saisie par le gouvernement français. Après le coup d'état d'Augusto Pinochet au Chili en 1973, des écrivains chiliens émigrent au Québec et font paraître à Montréal, dans les années 1980, plusieurs titres en espagnol, notamment aux Éditions d'Orphée.

Sur le plan politique, le XXe siècle est toutefois marqué par l'adoption de plusieurs lois répressives. La Loi du cadenas*, votée en 1937 par le gouvernement de Maurice Duplessis, donne au procureur de la province le droit de fermer une entreprise ou d'emprisonner des personnes soupçonnées de véhiculer des idées communistes. L'article 150 du Code criminel du gouvernement fédéral, aussi appelé la loi Fulton (1959), procure des armes aux pourfendeurs de publications dites obscènes*. Peu de temps après l'adoption de cet article, on voit d'ailleurs se multiplier les procès contre des œuvres littéraires jugées pornographiques comme *L'amant de Lady Chatterley** de David Herbert Lawrence (condamné en 1960, jugement annulé en 1962), *Le mal des anges** d'André Loiselet (condamné en 1969, jugement annulé en 1971) et *Histoire d'O** d'Anne Desclos (condamné en 1968, jugement annulé en partie en 1973). En 1969, les bureaux des éditions Parti pris sont perquisitionnés en rapport avec la publication de *Nègres blancs d'Amérique** de Pierre Vallières, publié deux ans plus tôt et sous-titré « autobiographie précoce d'un "terroriste" québécois ». En 1970, la censure politique atteint des sommets avec la résurrection par Pierre Elliott Trudeau de la Loi des mesures de guerre. Au cours des événements d'Octobre*, le gouvernement libéral de Trudeau profite de la situation politique pour réactiver cette loi de 1914 qui lui donne le droit de suspendre les libertés civiles dans la province de Québec. De nombreux intellectuels et écrivains québécois sont alors incarcérés. Des maisons privées sont fouillées et des publications perquisitionnées.

Ainsi, au fil des ans, les pouvoirs judiciaires et politiques remplacent le pouvoir religieux dans la condamnation publique des imprimés, de leurs auteurs, voire de leurs propriétaires. L'interdiction de la vente publique des *Fées ont soif**, la pièce de théâtre de Denise Boucher publiée en 1978, constitue la dernière manifestation à ce jour de ce type de censure. *Jacques Michon*

MICHON, Jacques (dir.), *Histoire de l'édition littéraire au Québec au XXe siècle*, 1: *La naissance de l'éditeur, 1900-1939*, Montréal, Fides, 1999; *Histoire de l'édition littéraire au Québec au XXe siècle*, 2: *Le temps des éditeurs, 1940-1959*, Montréal, Fides, 2004; MICHON, Jacques et Josée VINCENT, « La librairie française à Montréal au tournant du siècle », dans *Le commerce de la librairie en France au XIXe siècle, 1789-1914*, 1997; ROY, Fernande, *Histoire de la librairie au Québec*, Montréal, Leméac, 2000.

▶ « L'art et la morale »; Autoédition; *Avec ou sans amour*; *Chanson citadine*; *Convergences*; *Délivrez-nous du mal*; *Le Devoir*; *Le dompteur d'ours*; Droit d'auteur et liberté d'expression; *La fille du silence*; Jacques Hébert; *Inutile et adorable*; *Julie Papineau* [...]; Littérature pour la jeunesse; Magazines avec illustrations; *Le mal des anges*; *Mathieu*; *Les mémoires d'un soldat inconnu*; *La participation des Canadiens français* [...]; Prix; « Les romans de la jeune génération »

ÉGLISE CATHOLIQUE ET CINÉMA

Institution qui participe activement à toutes les formes de censure du cinéma

L'Église universelle voit d'un œil sympathique le cinéma naissant. Les premières bandes documentaires fournissent des connaissances inédites sur le monde; les premières fictions mettent sur grand écran des *Passions* qui pourraient remplacer les vitraux des cathédrales comme représentations visuelles des drames bibliques pour les analphabètes. Elle n'en empêche pas moins les projections dans les églises et, à mesure que les histoires s'allongent et montrent tous les types de drames humains, la méfiance s'installe.

Au Québec, il faut peu de temps pour que l'Église catholique perçoive le cinéma comme dérangeant; aussi veut-elle en limiter la diffusion. Elle ne peut en régenter la création comme elle le fait pour le livre car tous les films arrivent d'ailleurs. À l'exemple de l'Église universelle, elle l'interdit dans ses temples. Puis, dès 1899, elle mène une lutte pour le faire interdire le dimanche, « jour de repos sanctifié par la religion », ce qu'obtient sans peine l'évêque Louis-Zéphirin Moreau de Saint-Hyacinthe dans son diocèse. Le 3 août 1903, l'archevêque de Montréal, Paul Bruchési, lance dans une lettre pastorale lue dans toutes les églises:

> Ne voyez-vous pas que ces divertissements organisés par des spéculateurs trop avides conduisent des centaines de personnes à la désertion de la messe, à l'abandon des sacrements, à l'ignorance des vérités de la foi, à la destruction de la vie de famille, à l'affaiblissement sinon à l'extinction complète des bonnes mœurs?

Dans la métropole, l'autorité religieuse, même écoutée, ne peut dicter leur conduite aux hommes d'affaires comme elle le fait dans une ville de province. Les salles restent ouvertes, car au début du XXe siècle, tout le monde travaille six jours par semaine et pour le monde ouvrier, le dimanche reste le seul jour de loisir. Pour les exploitants, la recette dominicale égale celle du reste de la semaine.

Le 25 novembre 1907, un mandement de Bruchési ordonne aux catholiques de s'abstenir du cinéma le dimanche et met de la pression sur les édiles municipaux montréalais pour qu'on applique avec rigueur un règlement municipal, édicté comme application du Code criminel canadien qui interdit le travail dominical et qu'une récente loi du Québec vient de renforcer. Mais ce règlement est contesté par Léo-Ernest Ouimet*, le principal exploitant, et en 1912, il obtient victoire en Cour suprême. Entretemps, la plupart des salles sont restées ouvertes et le public n'a jamais cessé d'y affluer en nombre croissant, ce qui signifie que la masse n'obéit plus aussi facilement à ses maîtres spirituels.

Dès la fin de la Première Guerre mondiale, au tournant des années 1920, l'Église mène la lutte sur deux fronts : le premier la concerne directement, c'est celui de la représentation religieuse et morale ; le second se rapporte au nationalisme en vertu du principe que la langue est gardienne de la foi.

Hollywood commence à peine à se développer qu'on parle déjà d'« usine à rêves » (*dream factory*). Non seulement les films diffusent un imaginaire éloigné de la religion, une culture sans absolu et sans vérité révélée, mais ils créent un panthéon qui fait oublier le martyrologe et les vies de saints. La plus grande expansion que connaît le cinéma coïncide avec les « années folles » de la décennie 1920 et un développement économique générateur d'un nouvel hédonisme qui se situe bien loin de la morale de sacrifices proclamée par le christianisme. De plus, les *major companies* américaines s'emparent des réseaux de salles canadiens et on ne voit plus sur les écrans du Québec que le produit hollywoodien avec intertitres anglais, reflétant le triomphalisme d'un impérialisme conquérant. « Notre américanisation vient du cinéma », s'inquiète le chanoine Lionel Groulx en 1918.

L'Église catholique voit donc rapidement le cinéma comme une « école du soir tenue par le diable », « la grande cause des désastres moraux que nous constatons tous les jours », une « occasion prochaine de péché », un « dévergondage de l'imagination », un « flot impur… plus redoutable que le fléau alcoolique », un « engin de mort », une « mort des bonnes mœurs », un « agent corrupteur », l'« université des imbéciles », etc. L'obscurité dans laquelle il se déroule le rend encore plus dangereux, car elle est propice à tous les dérèglements sexuels. De plus, l'unilinguisme anglophone dans les salles va amener à court terme l'effritement de la culture canadienne-française. Dès les années 1920, les *Semaine religieuse* de Montréal et de Québec, organes officiels du clergé, supportées par les quotidiens *Le Devoir** à Montréal et *L'Action catholique* à Québec, lesquels s'enorgueillissent, malgré une situation financière précaire, de refuser toute publicité* cinématographique, assistés par *Le Droit* d'Ottawa, montent au front. Plusieurs brochures de l'Œuvre des Tracts (entre autres, *Le cinéma corrupteur* d'Euclide Lefebvre en 1921, *Comment lutter contre le mauvais cinéma* de Léo Pelland en 1926) et de l'École sociale populaire (*Notre cinéma, pourquoi nous le jugeons immoral* d'Oscar Hamel en 1928), des articles de *L'Action française*, surtout sous la plume d'Harry Bernard et d'Hermas Bastien, en font un « ennemi dans la place ». Dans la chaire comme dans les publications, les clercs et leurs supporters réclament une censure toujours plus sévère, l'abolition des représentations le dimanche et l'interdiction des enfants en tout temps dans les salles. À Québec, des groupes de pression se mobilisent : l'ACJC (Association catholique de la jeunesse canadienne-française), la Ligue des bonnes mœurs et la Ligue du cinéma* font des enquêtes et revendiquent une observation plus rigoureuse des lois existantes, surtout pour ce qui est de l'âge requis pour entrer dans les salles. Dans cette ville, un prêtre obtient même, en 1917, que les voyageurs de commerce signent cet engagement :

1) Que tous les membres du Cercle Catholique des Voyageurs de commerce s'engagent sur l'honneur à ne jamais fréquenter les théâtres de vues animées et à refuser toute invitation d'entrer dans ces théâtres ;
2) que tout en donnant l'exemple par la parole et par l'action, les membres du Cercle Catholique des Voyageurs de Commerce sont prêts à suivre les ordres du

clergé et à collaborer avec lui dans toute campagne qui sera organisée contre les théâtres de vues animées […].

Qu'on arrache une telle promesse à ces représentants qui circulent dans tout le pays pour vendre tout ce qu'offre la société de consommation états-unienne et ont la réputation de bons vivants, même de don Juan, traditionnellement les spécialistes des histoires grivoises et les champions des aventures illicites, tient du tour de force, mais elle n'a rien d'unique. À la même époque, en plusieurs endroits, les conditions d'admission dans la Ligue du Sacré-Cœur (adultes) et la Croisade Eucharistique (enfants) exigent l'abstention totale du cinéma.

Des dizaines d'associations ou regroupements catholiques se manifestent partout dans les moments de crise pour appuyer la hiérarchie: syndicats, sections locales des Sociétés Saint-Jean-Baptiste ou de l'ACJC, Voyageurs de Commerce, Ligues du Sacré-Cœur, anciens de telle école, comités paroissiaux. Nul ne doute que la parole de leurs aumôniers prédomine, à tel point que dans le Rapport Boyer* (sur l'incendie du Laurier Palace), le juge enquêteur parlera d'« influence indue ».

Quand le premier ministre libéral Lomer Gouin fonde le Bureau de censure le 21 décembre 1912, il entend y nommer « des gens de jugement, de bonnes mœurs et intelligents ». Cela n'exclut pas les clercs… Mais Gouin n'en nomme aucun et ainsi feront tous ses successeurs. Connaît-il le décret du cardinal Respighi qui, en 1909, interdit aux prêtres d'aller au cinéma? Aucun membre du clergé ne siège donc au Bureau de censure dans toute son histoire (Robert-Claude Bérubé*, prêtre de Saint-Sulpice, y occupe le statut spécial de censeur de films pour enfants en 1961-1963, mais il n'a aucune voix aux assemblées régulières). Toutefois, plusieurs sont souvent appelés en consultation dès le début des années 1920. L'Église trouve toujours à s'accommoder des « père Gaucher »… Des centaines de fiches de censure portent l'indication que le film a été vu en présence de divers prêtres ou autorités religieuses. Il y a des représentants de l'archevêché comme les abbés Boileau, Lacroix, Valois; des jésuites du Collège Sainte-Marie, comme les pères Reid, Bélanger, Cambron, Roy, Dunn; des ministres protestants et anglicans, des rabbins (les seuls pouvant comprendre les films en yiddish et en évaluer la moralité), même des représentants de l'Armée du Salut. Il y a surtout, dès 1924, le chanoine Adélard Harbour*, curé de la cathédrale et directeur de la *Semaine religieuse de Montréal*. Son église étant sise à un jet de pierre du Bureau de censure, il lui est facile de venir, généralement accompagné d'un vicaire ou d'un autre curé, donner son avis.

La lutte atteint son paroxysme lorsqu'un événement malheureux, l'incendie de la salle Laurier Palace, à Montréal, le 9 janvier 1927, cause la mort de 78 enfants. *Parents chrétiens, sauvez vos enfants du cinéma meurtrier!*, lance le père Joseph-Papin Archambault, le mois suivant, dans un tract au ton enflammé qui restera célèbre. Dans la *Semaine religieuse de Montréal*, Harbour multiplie les articles pour démontrer que le cinéma est le pire ennemi de la civilisation chrétienne et il ne voit de solution que dans l'obéissance stricte à la requête de l'Église de s'abstenir de tout cinéma:

> C'est aux évêques qu'il appartient de donner aux populations des directions spéciales, selon les besoins qu'ils constatent, selon les désordres qu'ils croient devoir réprimer ou prévenir.
>
> Et cela, pour nous, catholiques, est d'une vérité élémentaire. Notre religion est toute d'autorité. La lumière nous vient d'en haut. *Rigans de superioribus*. C'est au chef qu'il appartient de commander et à lui seul. À nous le devoir, beaucoup plus simple, d'obéir.

À l'enquête royale qui suit, dirigée par le juge Louis Boyer, les évêques mettent tout leur poids d'influence et réclament, encore une fois, la fermeture des salles le dimanche et l'interdiction du cinéma pour tous les moins de 16 ans. Dans les modifications à la loi du cinéma qui sont votées en 1928, ils n'obtiennent pas la cessation des représentations le dimanche, mais seuls les 16 ans et plus seront désormais admis dans les salles ; en outre, toute la publicité du cinéma sera désormais censurée elle aussi. Les enfants ne seront toutefois pas complètement privés de cinéma puisque les institutions d'enseignement, à peu près toutes contrôlées par l'Église, obtiennent la permission de projeter des œuvres choisies dans leurs locaux. Dans la *Revue moderne* (juin 1927), Jules Jolicœur plaide pour que l'école utilise davantage le film comme outil pédagogique.

Pour illustrer le radicalisme de la position cléricale, *La Presse* rapporte le 15 décembre 1930 un événement plutôt loufoque : à Québec, Fernand Boisseau, élève du séminaire, a lacéré les affiches du cinéma Victoria annonçant le film *Dancer* et il est arrêté à la suite d'une plainte. Il explique avoir agi selon les ordres de l'abbé Édouard Lavergne, curé de Notre-Dame de Grâces. Depuis janvier 1926, ce dernier était parti en guerre contre le cinéma dans son bulletin paroissial *La Bonne nouvelle* ; le 5 février 1927, il avait même écrit : « À défaut de l'intervention des pouvoirs publics, on se demande s'il ne faudra pas que bientôt, dans un geste vengeur, les particuliers prennent sur eux de lacérer ces affiches. » Le curé Lavergne veut se constituer prisonnier, mais la police refuse de l'arrêter… Il n'y a pas de suite à cette affaire. Un tel passage à l'acte est unique, mais toutes les publications catholiques requéraient depuis 10 ans l'épuration de la publicité.

Avec les années 1930, l'arrivée du cinéma français au Québec apporte une diversité inédite dans les salles. Venant de groupes de pression, surtout de la Ligue du cinéma de Québec, les plaintes contre certains films ou contre leur publicité affluent au bureau du premier ministre Louis-Alexandre Taschereau ; il les renvoie à Eugène Beaulac, président du Bureau de censure qui essaie d'en tenir compte, mais qui considère ces catholiques de Québec trop rigoristes. Les catholiques surveillent attentivement l'application de la loi du 16 ans et plus et en dénoncent les fréquentes infractions. Ils surveillent aussi tout ce qui concerne la morale – on peut montrer la sanction du péché, mais pas le péché lui-même ! – et même la pureté de la doctrine religieuse, comme le révèlent les interdictions temporaires de *La passion de Jeanne d'Arc** et de *Frankenstein**.

Par ailleurs, l'opposition systématique à tout le cinéma commence à s'atténuer. Peut-être ne considère-t-on pas les documentaires comme du « vrai cinéma », mais beaucoup de clercs commencent à utiliser le film comme instrument de propagande et comme outils pédagogiques. Les abbés Albert Tessier et Maurice Proulx, le curé Jean-Philippe Cyr à Cabano, le père Louis Lafleur, l'abbé Charles-Émile Gadbois (aussi apôtre de la « bonne chanson »*) entre autres, promènent leurs images sans contraintes dans tout le Québec ; leur objectif est clairement de propagande pour les valeurs religieuses et la culture traditionnelle. Ils n'ont pas à passer par le Bureau de censure puisqu'ils utilisent le format 16 mm alors que seuls les films en 35 mm sont examinés. Bientôt des religieuses se mettent aussi de la partie ; Jocelyne Deneault en a recensé des dizaines qui inscrivent sur pellicule l'histoire de leur communauté, qui tournent des « films prières » et des outils de recrutement. Il faut dire qu'en 1936, avec son encyclique *Vigilanti Cura* consacrée entièrement au cinéma, le pape Pie XI incite à le considérer comme un outil dont on peut tirer autant de bien que de mal et il invite les fidèles à s'engager dans la production. Il n'en déclare pas moins que « les progrès de l'art et de l'industrie du cinéma, plus ils devenaient merveilleux, plus ils se montraient pernicieux et funestes à la moralité et à la religion, même à l'honnêteté de la civilisation » ; c'est pourquoi il demande aux évêques de « surveiller cette puissance moderne » et d'établir des bureaux de classification des films au point de vue moral. Les attitudes se transforment lentement. On en voit un signe certain dans les évaluations que le comité de précensure de Joseph-Alexandre DeSève*, avec le chanoine Harbour comme porte-voix privilégié, porte sur les films français: elles sont presque toujours moins sévères que celles des censeurs de l'État.

Le 20 novembre 1937, en réponse à la demande papale et à celle du cardinal Rodrigue Villeneuve (dans une longue conférence à Radio-Canada, reprise ensuite en tract sous le titre *Le cinéma, périls-réactions*), débute à Québec la première série de cotes morales établies par un organisme clérical du Québec, le « Ciné-bulletin »* du quotidien *L'Action catholique*, « Organe de l'action sociale catholique », directement contrôlé par l'archevêché. Cette rubrique dure jusqu'à la mort du journal, le 4 septembre 1971. Bientôt, elle est fournie par le Conseil directeur du centre catholique d'action cinématographique que fondent Villeneuve et l'épiscopat de la province civile de Québec le 13 janvier 1938. L'organisme est dirigé par l'abbé Léonidas Castonguay et il a pour rôle « d'étudier la question du cinéma sous ses divers angles, religieux, moral et culturel, afin de diriger ensuite avec convergence toutes les forces et toute l'armée de l'Action catholique vers l'amélioration du cinématographe » (*Semaine religieuse de Québec*, *Action catholique*, 13 janvier 1938).

Pour le public en général, l'Action catholique du diocèse de Montréal produit dès le 3 janvier 1948 un bulletin hebdomadaire, *Ciné-service*, qui donne une évaluation morale des films formulée selon diverses catégories. Ce sont les fameuses cotes : « Tous ; Adultes et adolescents ; Adultes ; Adultes, des réserves ; À déconseiller ; À proscrire », que l'on retrouve, avec une justification longuement élaborée, dans l'*Index de 6000 titres de films avec leur cote morale (1948-1955)**. Les jugements locaux sont souvent calqués sur ceux de la Centrale catholique du cinéma de France, lesquels influencent aussi les censeurs officiels, qui les reçoivent. *Le Devoir* les publie régulièrement. En 1954, le bulletin prend le nom *Les films de la semaine* ; puis celui de *Films à l'écran* en 1957 et il est dorénavant publié par l'office national ; le père Jules Godin, jésuite, puis l'abbé Robert-Claude Bérubé* en sont les principaux rédacteurs ; ce bulletin disparaît en 1995. En 1967, les cotes sont remplacées par un court paragraphe indiquant la « valeur chrétienne et humaine », car la mention « À proscrire » est devenue un élément accrocheur largement utilisé par les maisons de publicité. Quelques quotidiens, dont *Le Devoir, Le Soleil, La Presse* publient régulièrement ou occasionnellement un résumé des fiches jusqu'au début des années 1970.

Dès le 1er septembre 1947, le Bureau de censure doit aussi examiner les films en 16 mm. Son président, Alexis Gagnon*, ex-journaliste au *Devoir* et catholique fervent, demande un avis au Comité d'action catholique de Montréal. Celui-ci, dirigé par Me Eugène Simard, madame Willie Major et Mgr Albert Valois, lui répond le 26 août 1948 :

> Considérant que ce genre de films est représenté dans les salles paroissiales et dans les milieux scolaires, nous vous serions reconnaissants
> 1- d'éliminer tous les films dont la thèse est mauvaise, douteuse, ou en contradiction avec la doctrine de l'Église ;
> 2- de couper toutes les scènes immorales, sensuelles, suggestives et même disgracieuses ;
> 3- de retrancher les scènes qui provoquent des réflexes dangereux, v.g. : ridiculisant les parents ou nuisant à toute autorité établie, ou encore, dans les films dits « Western » les scènes de violence et de brutalité ;
> 4- de supprimer ce qu'il peut y avoir de grivois, d'immoral on de tendancieux dans le dialogue ;
> 5- d'enlever tout ce qui ne serait pas éducateur.

Ainsi se trouve réaffirmée la position de l'Église, qui n'a pas changé depuis les années 1920. Alexis Gagnon se sent sûrement à l'aise dans ces orientations puisqu'il devient rapidement le censeur le plus rigoriste qu'ait connu le Bureau.

Les premiers ciné-clubs étudiants naissent dans le cadre des activités de la Jeunesse étudiante catholique (JEC) dès 1949. Parmi les premiers organisateurs, Michel Brault, Gilles Sainte-Marie, Pierre Juneau, Jacques Giraldeau deviendront à divers titres des personnalités marquantes dans l'histoire cinématographique du Québec. En 1952, l'archevê-

La revue *Maintenant* des pères dominicains, qui a une attitude très libérale envers la censure, ne manque pas d'humour en coiffant chaque critique d'un père aux ciseaux. *Relations*, des jésuites, quant à elle, supporte la censure sans réserves jusqu'en 1968.

que Paul-Émile Léger* se méfie des jeunes cinéphiles qui prennent trop d'initiatives et il tient à la présence d'un « modérateur » (terme officiel, comme dans l'ensemble des organismes de jeunes), prêtre ou religieuse, dans tous les groupes. Il les encadre dans des « Comité des ciné-clubs ».

En septembre 1953, Léger (promu au cardinalat) fonde le Centre catholique du cinéma de Montréal, sous la direction de l'abbé Jean-Marie Poitevin, « un organisme chargé de coordonner, et de promouvoir tous les efforts des catholiques dans le domaine du cinéma »; son directeur précise :

> Le but qu'il poursuit est évidemment la prévention et la lutte contre les mauvais films et le mauvais cinéma mais aussi, et en y attachant une importance plus grande encore, la formation cinématographique, au sens plein du mot, de l'ensemble du public, depuis l'enfant jusqu'à l'adulte qui fréquente les salles commerciales en passant par l'adolescent si friand de ce genre de divertissement. En résumé, il s'agit de faire du cinéma, selon le mot de Pie XI, un puissant collaborateur à la grande œuvre de « la véritable éducation des hommes et du relèvement de la dignité des mœurs ». (Encyclique *Vigilanti Cura*)

Un an plus tard, il est bien en place ; il fabrique les cotes morales des films, publie la revue *Ciné-orientations* pendant 3 ans, supervise les activités des ciné-clubs dans les collèges, dont la commission publie *Séquences*, revue de critique* du cinéma, dès octobre 1955. Il devient en novembre 1956 le Centre catholique national des techniques de diffusion, renommé Office catholique national des techniques de diffusion en 1961 et enfin l'Office des communications sociales (OCS) en 1967. À Ottawa, le père Paul Gay*, qui dirige le Service de presse et cinéma du diocèse, publie sous forme de catéchisme, avec questions et réponses, dans le format du *Prie avec l'Église*, la brochure *Les catholiques et le cinéma* qui est distribuée à des dizaines de milliers d'exemplaires dans les paroisses en 1956. On y invite les fidèles à promettre ce qui suit, à la manière des adhérents à la Legion of Decency américaine :

> J'encouragerai **les bons films** dans la mesure où je le pourrai, par exemple par ma présence, mes conseils et mes interventions auprès des responsables.
> Je condamne **les films indécents et immoraux** et ceux qui exaltent le crime et les criminels. Je promets de ne jamais aller les voir. Je promets de collaborer avec les personnes qui protestent contre ces films.
> Je reconnais que je dois me former **une conscience droite** vis-à-vis des films qui sont **dangereux** pour ma vie morale, et je m'abstiendrai d'aller les voir.
> En cas de **doute** sur la valeur morale d'un film que je veux voir, je **reconnais** mon devoir de me renseigner auprès d'une source fiable.
> Je ne permettrai pas à mes enfants d'aller voir des films réservés aux **adultes**, mais seulement ceux qui sont notés **pour tous**.

Les résultats de cette invitation n'ont pas été publiés. Elle représente la dernière intervention s'apparentant à celles des années 1920.

Avec les années 1960, on n'assiste plus qu'à des actions isolées qui révèlent la fin du pouvoir clérical sur la censure comme sur tout le reste. Les transformations du système d'éducation signifient la quasi-disparition des ciné-clubs; là où ils subsistent, il n'est plus question de « modérateurs » ! En 1961, quand le ministre Georges-Émile Lapalme crée le Comité provisoire pour l'étude de la censure du cinéma*, l'Office catholique national des techniques de diffusion choisit de ne pas présenter de mémoire mais plutôt d'en proposer un directement au ministre. Une bonne partie des recommandations ressemblent à celles du rapport officiel (« rapport Régis* »), mais on y maintient le principe de la censure et le droit de mutiler les œuvres. Le cardinal Léger continue à intervenir devant le Bureau de censure pour faire interdire certaines productions (*L'eau à la bouche*, *Strip-tease**) et la petite histoire raconte qu'il appelle souvent André Guérin* pour le disputer au sujet de l'approbation de certains films, mais on ne voit plus d'actions concertées à part la publication des cotes morales, que bien peu de personnes prennent au sérieux. Un peu plus tard, des francs-tireurs comme le père dominicain Marcel-Marie Desmarais partent en guerre à Montréal contre certains films pendant qu'à Québec le curé Raymond Lavoie intente des procès à *Pile ou face** et à *Après-ski**, puis à *Salò**. Ils ne suscitent plus que moqueries.

L'OCS devient autonome en 1975, mais il reste financé en partie par les instances religieuses qui lui confient des mandats afin de promouvoir les valeurs chrétiennes dans les médias. Dès 1992, dans cet esprit, il attribue à un long métrage canadien le prix* de l'OCS (devenu le prix Robert-Claude-Bérubé en 1999) pour ses valeurs humanistes. Les lauréats en sont successivement Sophie Bissonnette (*Des lumières dans la grande noirceur*), Paul Tana (*La Sarrasine*), Tahani Rached (*Médecins du cœur*), Robert Morin (*Windigo*), Richard Lavoie (*Rang 5*), Pierre Hébert (*La plante humaine*), Atom Egoyan (*The Sweet Hereafter*), Richard Desjardins (*L'erreur boréale*), Denis Chouinard (*L'ange de goudron*). En 1995, sa division Médiafilm cesse la publication de *Films à l'écran* et ne retient que les simples cotes d'intérêt (entre 1 et 7) que publient les horaires de télévision.

Dans *Séquences* (174, septembre-octobre 1994), Léo Bonneville, frère de Sainte-Croix, qui en a été le directeur et rédacteur en chef depuis le numéro 6 d'octobre 1956 (avec une absence pour études en 1961-1962), signe son dernier article. Depuis ce temps, la revue est entre les mains de laïcs. C'est la fin de la présence cléricale dans la critique de cinéma.

Signe de la maturité acquise depuis les années 1960, des films qui ont provoqué des tollés et fait monter des évêques aux barricades en France et aux États-Unis, par exemple *Suzanne Simonin, la religieuse de Diderot** de Jacques Rivette, *Je vous salue Marie* de Jean-Luc Godard, *La dernière tentation du Christ* de Martin Scorcese, n'ont ici suscité l'intérêt que des cinéphiles. En 1989, Denys Arcand* peut montrer un *Jésus de Montréal* citant Dostoïevski,

« Il faut détruire l'idée de Dieu dans l'esprit de l'homme... » et ne provoquer que des émotions esthétiques. *Yves Lever*

ANQ-M, fonds Régie du cinéma, E 188, procès-verbaux des Réunions du Bureau de censure, correspondance, diverses fiches de films et documents annexés ; DENAULT, Jocelyne, *Dans l'ombre des projecteurs, Les Québécoises et le cinéma*, Sainte-Foy, Presses de l'Université du Québec, 1996 ; HARBOUR, Adélard, *Dimanche vs cinéma, Debout les catholiques*, 1927 ; LEVER, Yves, *L'Église et le cinéma au Québec*, 1977.

▶ Bethléem, Louis ; *Clerical Control in Quebec*, « Les dessous de la censure », « Les déviations de l'art » ; Foi et littérature ; Index ; *Martin Luther* ; Nouvelle Vague ; Préambules et épilogues

L'ÉLECTEUR

Journal censuré à l'occasion de la mise à l'Index du *Clergé canadien, sa mission, son œuvre* de Laurent-Olivier David (1896)

▶ *Le clergé canadien, sa mission, son œuvre*

LES ENFANCES DE FANNY

Louis Dantin [Eugène Seers, 1865-1945] • Roman posthume, dont la publication est reportée par crainte de la censure (1951)

Les enfances de Fanny occupe une place toute particulière dans l'œuvre de Louis Dantin. Commencé en 1936 et terminé en 1944, ce roman autobiographique est terminé à l'arraché, un an avant la mort de son auteur, déjà malade et affligé de cécité. Au chapitre de la censure, Louis Dantin est convaincu du scandale que causerait ce roman et n'entrevoit sa parution, au mieux, qu'à titre posthume ; le récit ne paraîtra en effet qu'en 1951.

Marcel Perzan, dans *L'Âge nouveau* (octobre 1951), estime avec justesse que cette œuvre « présente à n'en pas douter toutes les séductions et toutes les faiblesses d'un roman autobiographique, mais aussi l'accent d'une œuvre forte empreinte d'une grande humanité ». Le personnage central est Fanny Johnston, une jeune Noire qui épouse monsieur Lewis et qui, à la suite de l'étiolement de cette relation, va à Boston rejoindre trois de ses fils. Une liaison plus heureuse avec Donat Sylvain – anagramme de Louis Dantin – se termine pourtant par la mort de Fanny, tuée accidentellement par un ancien amoureux, Charlie Ross.

Louis Dantin n'a cessé de répéter que ce roman ne serait pas publiable de son vivant. Il écrit à Alfred DesRochers, le 4 janvier 1939 :

> Et j'ai tout un roman, passablement avancé, qui, je pense bien, ne verra jamais le jour [...]. Un roman si peu « canadien » que personne au pays, sans doute, n'y trouverait le moindre attrait, mais dont l'exotisme voulu, peut-être les résonnances [sic] humaines, seraient comprises de vous...

Accepter la parution d'une telle œuvre lui est impensable : « En plus de son intrigue risquée, elle semblera une trahison à l'"idée canadienne" », écrit-il le 10 janvier suivant. En même temps qu'il en transmet quelques pages au poète sherbrookois, le 23 janvier, il exprime un sentiment qui revient souvent dans sa correspondance : « Pourquoi faut-il que [je] verse toujours par quelque côté dans quelque hérésie ?... »

Dantin tient les mêmes propos à l'endroit de Rosaire Dion-Lévesque, le 12 mars 1942. La lettre est citée par Gabriel Nadeau, dans *Louis Dantin. Sa vie et son œuvre* :

> Comme cette histoire ne sera jamais publiée, je n'ai pas de raison de me presser très fort. Quand on en trouvera le manuscrit après ma mort, daté de son dernier feuillet, on s'exclamera peut-être : « Voyez, il a fini ce conte de jeunesse, à soixante-dix-huit, ou à quatre-vingts ans ! » Ou bien on le trouvera inachevé, et l'on devinera qu'il y a des choses qu'on sent si fortement qu'il est presque impossible de les exprimer.

C'est d'ailleurs Rosaire Dion-Lévesque, légataire du manuscrit, qui signe l'avant-propos de l'œuvre. Dion-Lévesque est clair en ce qui concerne des mesures dilatoires causées par une autocensure* chez Dantin : « À cause du caractère autobiographique de ce roman il craignait que sa publication, de son temps, fut cause de scandale. Ce scrupule l'empêcha de le livrer au public. »

Il est vrai que le roman défie plusieurs conventions : amour avec grand écart d'âge, liaison entre une Noire et un Blanc, suicide pour préserver la qualité de la vie, tentative de meurtre, tout, sauf la forme du roman, pose un écart à la norme. Dantin avait-il raison de craindre la censure, lui qui l'avait connue entre autres avec ses *Chansons**? Pour une des rares fois dans la vie de cet auteur, la réponse est négative.

Les enfances de Fanny jouit d'un accueil généralement favorable, et les seules réserves concernent – avec raison – la forme lâche du roman. Roger Duhamel est au seuil du dithyrambe (*Montréal-Matin*, 8 mai 1951) et même le père Paul Gay*, à part le manque d'unité, ne relève rien de mal ; mais il faut noter que ce dernier jugement est posé en 1968 (*Le Droit*, 15 mars). Rex Desmarchais montre à quel point Dantin s'était mépris à propos de cet « ouvrage qui fait honneur et à son auteur et à nos lettres ; un livre à lire, à répandre » (*L'École canadienne*, juin 1951). Guy Sylvestre est de ceux qui trouvent le « roman médiocre », pour des raisons littéraires (*La Revue de l'Université d'Ottawa*, 1952).

Le seul jugement sévère, sur le plan moral, revient à Jean-Paul Pinsonneault, de la revue *Lectures**, en novembre 1952. Le roman est coté « Dangereux », la pire cote avant « Mauvais ». À ce « roman noir » manquent « les lumières d'une conscience authentiquement chrétienne » ; à cause de sa sympathie pour son personnage, le romancier est conduit à « fausser en lui les perspectives morales d'une vie où l'héroïsme demeure assez suspect ». Les autres critiques sont plus nuancées, comme celle de l'Illettré (pseudonyme d'Harry Bernard), dans *Le Droit* du 1er juin 1951 : « Le livre n'est pas pour les enfants, mais les personnes formées le liront sans danger. Il offre cette originalité, traitant d'un sujet scabreux, d'être plutôt propre. » *L'Action catholique* (9 mars 1951), sous la signature de Rodolphe Laplante, ne condamne pas le roman, lui non plus : « [...] ce roman dru et vigoureux est pour lecteurs avisés et non pour garçonnets et fillettes... », note-t-il tout simplement.

« Mais je n'ai nulle idée qu'une œuvre de ce genre puisse être lue au Canada avant cent-cinquante [*sic*] ans. » Dantin partageait ce jugement sans appel avec DesRochers au mois de janvier 1939. En 1951, les lecteurs apprécient généralement le roman, lui reprochant surtout ses carences formelles. Autrement dit, Dantin ne pouvait sans doute pas s'imaginer l'importance du changement qui se produirait dans le Québec au tournant des années 1950 ; son roman ne risquait nullement d'engendrer un esclandre en compagnie de *Mathieu**, de Françoise Loranger, ou d'*Évadé de la nuit**, d'André Langevin. En outre, à la suite de tous les problèmes qu'il avait connus, Dantin s'était-il créé une figure d'éternel censuré ? Il lui était probablement devenu impossible de croire que l'une de ses œuvres ne connût point les affres de la censure. *Pierre Hébert*

DANTIN, Louis, *Les enfances de Fanny*, Montréal, Les Éditions Chanteclerc ltée, 1951, 286 p.

ANQ-S, correspondance Alfred DesRochers - Louis Dantin.

L'ENFANT NOIR

Donat Coste [Daniel Boudreault, 1912-1957] • Roman coté « Mauvais », puis « Dangereux » par la revue *Lectures* (1950)

La réception critique de *L'enfant noir* offre toutes les raisons pour que l'histoire littéraire ait oublié ce roman. Sur le plan de la forme, la majorité des critiques déplorent un style ampoulé et une intrigue prévisible ; sur le plan du contenu, la critique catholique se scandalise de certaines audaces, si bien que la revue *Lectures** attribue à l'unique roman de Donat Coste la cote « Mauvais ». Toutefois, le mois suivant (janvier 1951), la revue note que cette cote « était le fait d'une erreur » et lui attribue la mention « Dangereux ».

L'enfant noir est celui que concevront Madeleine Chaloute, femme de chambre chez les Pindus, et leur jardinier sénégalais, Gilles Gélos. Dénoncé, Gélos se suicide ; son amante tente de le suivre mais, sauvée de la noyade, elle épouse un ami de jeunesse, accouche de l'enfant... noir et use d'un stratagème loufoque pour justifier la couleur du nouveau-né, qui mourra d'ailleurs très tôt.

Le style du roman est décrié par plusieurs, et Roger Duhamel résume bien cette déception, dans *Montréal-Matin*, le 23 octobre 1950 : « Il a recherché des phrases entortillées, des images tellement tarabiscotées, qu'elles frisent le ridicule et font sourire. » En plus de souscrire à ces faiblesses, Théophile Bertrand, dans *Lectures* (décembre 1950), déplore la morale retorse de l'œuvre : « Bref, la passion est ici souveraine, les exigences de la chair apparaissent fatales. » « Certains passages débitent des sornettes sur l'éducation donnée au couvent, sur l'amour, sur la religion. » Le père Paul Gay* (*Le Droit*, 21 octobre 1950) affirme péremptoirement que « le livre de M. Donat Coste n'aurait pas dû être imprimé ».

Dans *Le Canada* (21 octobre 1950), Arthur Prévost indique cependant une autre piste à suivre, celle de la hardiesse thématique de *L'enfant noir* : « [...] Donat Coste a été audacieux dans ce qu'il laissait entendre. Il faut chercher longtemps pour trouver un écrivain du Canada français qui "risque" ainsi de "s'avancer assez loin". Ce dernier point est aussi tout en son honneur. »

Critique de la religion, homosexualité*, suicide : il semble que le romancier ne craint pas les tabous. Devançant une sensibilité à venir, l'auteur fait même dire à un de ses personnages qu'il ne faut pas parler de nègre, mais d'un homme de couleur. Sur le plan formel, le roman s'ouvre sur une présentation individuelle des personnages qui place ceux-ci au centre de leur univers. Autrement dit, *L'enfant noir* s'ajoute aux œuvres des années 1950 qui secouent les idées reçues. Dans une perspective esthétique, le roman déçoit ; dans une optique morale, il inquiète. Toutefois, dans le cadre d'une histoire des ouvrages qui ont bravé les idées reçues, *L'enfant noir* doit assurément être salué. *Pierre Hébert*

COSTE, Donat, *L'enfant noir*, Montréal, Les Éditions Chanteclerc ltée, 1950, 242 p.

LES ENFANTS DU PARADIS
Marcel Carné (1909-1996), scénario de Jacques Prévert (1900-1977) • Film interdit pendant 20 ans (1947)

En 1827, sur le Boulevard du crime, le mime Baptiste tombe amoureux de Garance, fille de rien que convoitent aussi le comédien Lemaître et Lacenaire, écrivain public. Leurs amours s'enchevêtrent, remplies de passion et de fureur pendant que se dessine la vie mouvementée de ce quartier de Paris.

Tourné par Marcel Carné durant la dernière année de l'Occupation, le film ne sort à Paris qu'après la Libération, le 15 mars 1945. C'est le succès immédiat. Toutefois, la Centrale catholique du cinéma et de la radio de France le cote « À déconseiller ». Mais les très sérieuses revues *Études* des jésuites et *La vie intellectuelle* des dominicains le louangent. Aucun distributeur québécois ne prend le risque d'en acheter les droits.

En novembre 1946, l'Association des étudiants de l'Université de Montréal (AGEUM) contacte le consulat français pour qu'il l'aide à obtenir une copie du film en vue d'une présentation lors de son prochain gala annuel le 7 février 1947. L'ambassadeur accepte de se compromettre, mais à la condition que la demande soit cautionnée par Mgr Olivier Maurault, recteur de l'Université. Celui-ci signe une lettre d'appui et les démarches aboutissent. Le film est expédié à Montréal par voie diplomatique et il y arrive à la dernière minute, la veille de la présentation. Les étudiants sont conscients de la nécessité du passage du film à la censure, mais Mgr Maurault leur a dit qu'elle serait d'un genre particulier étant donné qu'il s'agit d'un auditoire clos, d'une représentation privée dans une salle où la seule censure doit normalement être celle des autorités universitaires.

L'affiche du film emblématique de la censure à la fin des années 1940 ; elle ne se retrouve toutefois jamais à l'entrée des salles du Québec.

Le Bureau de censure ne l'entend pas ainsi. Il n'accepte pas le principe de l'immunité universitaire, surtout que la projection se ferait devant huit cents jeunes adultes. Pour ce qui est des *Enfants du paradis*, les censeurs connaissent l'évaluation des catholiques de France, laquelle influence souvent leurs propres jugements. Le président Lucien Desbiens fait savoir que toute projection publique doit être approuvée par lui. Il y a visionnement du film le vendredi 7 février au matin. Desbiens a accepté que trois organisateurs de l'événement soient présents. Le père Raymond Dunn, jésuite, aumônier général de la Jeunesse indépendante catholique, représente Mgr Maurault et l'archevêque de Montréal, Mgr Joseph Charbonneau. Pendant la pause à la fin de la première partie, Dunn dit aux étudiants, ainsi que le rapporte l'un d'eux, André Lussier : « Garance est en voie de s'engager dans une liaison adultère avec Baptiste ; si dans la deuxième partie elle ne se ravise pas et n'exprime pas de repentir, ou encore si elle n'est pas ouvertement punie pour cette intention immorale, le film ne pourra pas passer. » Cette conclusion catholique ne se produit évidemment pas. Le verdict des censeurs est unanime : « Le film est trop immoral pour être présenté. » Les étudiants en appellent à l'archevêque, reconnu pour son ouverture d'esprit, mais celui-ci, n'ayant pas vu le film, ne veut pas désavouer son émissaire.

Le soir même, devant une salle comble, l'organisateur de la soirée se présente devant les invités et la foule, et annonce que *Les enfants du paradis* ne peut être présenté à cause de la censure; à la place, la compagnie France-Film offre gracieusement *Sortilèges* (Christian-Jaque, scénario de Jacques Prévert, 1945). Au moins une personne n'assiste pas au film, l'attaché culturel René de Messières représentant l'ambassade de France, qui quitte la séance en protestant violemment contre ce qu'il appelle « une insulte à la France ».

La presse fait état de l'événement dès le lendemain et il occupe beaucoup d'espace médiatique dans les semaines suivantes; même le *New York Times* (16 mars) en fait écho. Les suites en sont de deux ordres. D'un côté, il y a l'incident diplomatique, abondamment commenté, qui prend une nouvelle dimension le lundi suivant quand l'ambassadeur de France, Jean de Hautecloque, envoie une note au gouvernement du Québec où, après un rappel des faits, il déplore le « manque d'égard vis-à-vis un représentant de la France ». Il communique ensuite cette note à la presse. Le diplomate nargue aussi les autorités québécoises en annonçant une projection du film dans une grande salle d'Ottawa. À la demande expresse de l'archevêque du lieu, Mgr Alexandre Vachon, cette séance n'a pas lieu mais à la fin de février, l'ambassade projette le film trois fois devant un public composé de membres de la presse, de députés, de sénateurs et de membres du corps diplomatique. Devant ce qu'il considère comme une impertinence, le premier ministre du Québec Maurice Duplessis* riposte: « Les censeurs ont bien fait leur devoir [...]. Ceux qui ne respectent pas la loi se rendent coupables d'un manque d'égard à l'endroit de l'autorité constituée, ce qui est plus grave qu'un manque d'égard envers la susceptibilité. » (*Le Devoir*, 24 février) En cela, il est approuvé par Émile Benoist du *Devoir** et par de nombreuses lettres des lecteurs reproduites dans ce même journal et ailleurs dans les jours suivants. Dans ces écrits, le vieux complexe d'infériorité face à la culture française s'accompagne de francophobie et de reproches à l'immoralité de « la fille aînée de l'Église ». En éditorial (non signé), la revue *Relations* de mars en fournit le meilleur exemple:

> Nous n'acceptons pas ce genre de cinéma [...] pour plusieurs raisons:
> 1. Nous tenons au spiritualisme chrétien qui a fait la force de la France et la nôtre;
> 2. Nous refusons le libéralisme charnel qui tue la famille française et qui tuerait la nôtre;
> 3. Nous ne prenons pas la licence de l'esprit et des mœurs pour le comble de la civilisation, ni française, ni autre;
> 4. Nous sommes assez adultes pour savoir, sans l'aide de « conseillers culturels » étrangers, ce qui nous plaît et ce qui nous dégoûte; pour distinguer entre l'art et la pourriture de l'art;
> 5. Nous tenons enfin, nous aussi, que « charbonnier est maître chez soi ».

De l'autre côté, il y a les réactions causées par la censure elle-même. Aucun article n'en remet en cause le principe, mais quelques-uns contestent son application. Des dizaines de personnes et d'associations (Institut Pie XI, Ligue de décence, Comité diocésain d'action catholique, etc.), sans avoir vu le film, manifestent leur appui inconditionnel au Bureau de censure. Il s'en trouve quand même quelques-uns pour briser l'unanimité. Dans *L'Autorité* (15 février), Escobar se moque du *Devoir* et du « p'tit Lucien Desbiens », ce « nabot » issu du *Devoir*, pour qui « ce ne sont plus des règlements qui régissent la censure, mais des canons ecclésiastiques » et qui fait passer le Québec pour « un repaire de crétins ». Dans *Le Canada* (5 mars), l'écrivain Louis Morissette questionne: « La censure serait-elle borgne? », elle qui ne dit mot devant la violence du cinéma d'Hollywood et s'offusque de la moindre nudité dans le cinéma français. Ce quotidien publie aussi, le 21 mars, une lettre de « protestation contre ce geste ridicule » envoyée à l'ambassadeur du Canada en France, Georges Vanier, par une vingtaine d'étudiants et de boursiers québécois à Paris (dont Jean Gascon, Jean-Paul Riopelle, Pierre Elliot Trudeau, Guy Viau). Dans *Le Devoir* (13 mars), Jacques Poisson commence par féliciter, sur un ton ironique, Émile Benoist pour ses positions, puis il essaie d'élever le débat de la censure à un autre niveau :

> Je veux attirer votre attention sur ce que je tiens pour une illusion de la censure. J'espère me tromper, mais j'en doute. Voici. Le matérialisme du cinéma américain, parce qu'il a une figure de « bon enfant », me semble jouir d'une grande tolérance. Cependant, nous l'absorbons à petites doses presque imperceptibles mais non moins dangereuses. Il se cache d'abord sous la recherche du confort, mais il progresse et pratique une brèche près de laquelle l'existentialisme et la pornographie deviennent des maux bénins.
>
> Par ailleurs, il semble qu'on exagère le danger de l'épicurisme subtil, des scènes osées et des pensées voluptueuses du cinéma français, qui n'a dû d'ailleurs troubler que bien peu d'ingénues.

Mais ce type de questionnement au sujet du cinéma américain n'a pas de suite avant plusieurs années.

Dans *Notre temps* (8 mars 1947), Guy Sylvestre, qui a vu le film à l'ambassade de France, résume bien ce qui a pu faire peur dans *Les enfants du paradis* :

> L'éternel conflit entre la vie et le rêve, l'art et la réalité, la parole et le silence, la passion amoureuse et l'amour platonique, thème préféré de tous les romantiques, est évoqué avec intelligence et art dans le grand film de Marcel Carné et Jacques Prévert. [...]
>
> *Les enfants du paradis* n'est sans doute pas un film moral, mais il n'est pas plus immoral que la moyenne des films, il est simplement amoral, voulant être la peinture objective de la vie des comédiens et de ceux qui les entouraient au temps du romantisme triomphant.

Dans *Le Devoir* (le 18 mars), le père Dunn réplique qu'il s'agit bien d'immoralité parce que « ce film est ni plus ni moins que la glorification de l'amour libre ».

Dans un billet qui ne manque pas d'humour (*Combat*, 25 avril 1947), François Mauriac met son grain de sel :

> Une Delly est irremplaçable, quand ce ne serait que pour l'exportation. Savez-vous qu'au Canada français, la censure a interdit *Les enfants du paradis* et qu'à propos de ce film jugé obscène il y a eu un incident diplomatique. Et que d'articles sur notre pourriture. Je les ai lus ; c'est à ne pas croire ! Eh bien, je propose un envoi à dose massive des œuvres de Delly à nos chers amis canadiens : ils verront que nous ne le cédons à personne pour la « vertu » telle qu'ils la conçoivent, ni pour ce qu'ils appellent les « bons livres ».

Dans *La Nouvelle Relève* (juin 1947), Robert Charbonneau n'apprécie guère l'intervention de Mauriac :

> Quand la pensée française rayonnait incontestablement dans le monde, que tout ce qui est spirituel convergeait vers Paris, les écrivains français n'avaient à notre égard aucune curiosité, mais en revanche, ils ne nous insultaient pas. Aujourd'hui cherchant à reconquérir leur influence, ils le font d'une façon agressive, donnant par là une impression pénible de faiblesse.

Le *Quartier latin*, hebdomadaire des étudiants, reste muet sur toute l'affaire : le recteur Maurault les a avertis que tout commentaire sur l'événement vaudrait à son auteur le renvoi immédiat de l'université. Personne n'ose braver cette censure.

La fiche officielle du Bureau de censure est datée du 10 février : « Refusé. Thèse immorale et inacceptable. »

Le 5 août de la même année, France-Film soumet de nouveau le film. Le verdict reste impitoyable : « Refusé. Thèse immorale et antifamiliale glorifiant l'amour libre. » Le 23 mai 1951, le distributeur Ciné-France tente sa chance avec une copie 16 mm ; elle est aussi interdite.

Vingt ans plus tard, le 26 juillet 1967, peu avant la sanction de la loi qui va transformer complètement la censure (le 12 août), *Les enfants du paradis* est finalement autorisé. Le 23 avril 1968, il obtient le visa « 14 ans ». Entre-temps, la télévision* n'ayant pas à se plier à la loi de la censure l'a projeté à quelques reprises dès le 5 juillet 1962 (*Le Devoir*, 21 juillet 1962), en avril 1963, etc.

L'Office des communications sociales le juge ainsi en 1977 : « Situé dans un milieu aux mœurs libres, ce film met l'accent sur la passion amoureuse échappant à toute règle. » On est loin de la condamnation de 1947. *Yves Lever*

ANQ-M, fonds Régie du cinéma, E 188, fiches du film ; Lussier, André, *Les visages de l'intolérance au Québec*, 1997 ; *Recueil des films*, 1977.

▶ « L'art et la morale » ; Balzac, Affaire ; *Le quai des brumes*

ENFER
Section d'une librairie ou d'une bibliothèque où sont confinés les « mauvais » livres

Dans le monde du livre, l'enfer désigne la section d'une bibliothèque* où sont gardés les livres dont la lecture n'est pas autorisée au public sans une permission spéciale. La formation et le contenu de ces fonds surveillés, qui ont existé dans les bibliothèques de tous les temps, ont évolué en suivant les critères qui établissent l'orthodoxie religieuse, la moralité et les principes politiques et sociaux.

Les historiens des bibliothèques ne s'accordent pas pour établir la date précise où on commence à utiliser le mot « enfer ». Pascal Pia fait remarquer que le feu est un des éléments de la mythologie du livre. Les livres condamnés par les autorités religieuses et civiles ont été brûlés pendant des siècles, mais les écrits classés dans les enfers des bibliothèques sont ceux qui, au moins temporairement, ont échappé aux flammes de la destruction. Ils demeurent confinés et leur survie dépend du bien vouloir des geôliers des bibliothèques.

Le souci du contrôle de la lecture et du contenu des bibliothèques a toujours été une préoccupation de ceux qui se considèrent gardiens de la foi et des bonnes mœurs. Mais c'est avec la multiplication de l'écrit par l'imprimerie* et l'utilisation qu'en fait la Réforme protestante que la police du livre s'intensifie. Depuis les débuts cependant, les responsables de l'application de la censure reconnaissent que les lois ne peuvent pas s'appliquer d'une façon uniforme pour tous. Déjà en 1559, à la suite de la publication du premier *Index** romain des livres interdits, de nombreux intellectuels et plusieurs maisons d'enseignement demandent de pouvoir garder les livres dont ils ont besoin pour leurs études. Les jésuites, les premiers, obtiennent ainsi le privilège de posséder certains exemplaires d'auteurs anciens et d'humanistes, comme Érasme par exemple, qui figurent parmi les écrits proscrits. Les inquisiteurs gardent aussi les ouvrages prohibés pour consultation. Déjà au XVIe siècle, la Bibliothèque du Vatican possède une section de livres condamnés et au XVIIe siècle, le Secrétaire de la Congrégation de l'Index réunit dans la Bibliothèque Casanatense de Rome un fonds spécial des livres à l'Index. En Espagne, la Bibliothèque royale de l'Escurial obtient en 1586 le privilège de garder les ouvrages interdits, auxquels s'ajoutent de nombreux livres confisqués aux juifs et aux musulmans.

Au cours des siècles suivants, dans les bibliothèques publiques et dans celles des séminaires et des collèges se constituent graduellement des fonds spéciaux de livres réservés pour certaines catégories de personnes. Le plus célèbre de ces fonds est l'Enfer de la Bibliothèque Nationale de Paris qui, selon les études de Jeanne Veyri-Forrer, s'est formé dès 1836 ; il est constitué principalement d'ouvrages considérés obscènes*, qui mettent en danger la morale. Les volumes, initialement au nombre de 900 et qui, postérieurement, augmenteront à 1700, sont décrits par Pascal Pia dans *Les livres de l'Enfer [...]*.

Avant la Révolution tranquille et le Concile Vatican II, les bibliothèques du Québec, principalement celles des maisons d'enseignement, ont aussi leur enfer. Dans la majorité des cas, les livres qui se trouvaient dans cet endroit réservé ont été intégrés depuis ce temps à la collection générale ou sont disparus. Cependant, des vestiges de cette pratique se trouvent dans des fiches dactylographiées des catalogues de certaines bibliothèques avec la cote de localisation « Enfer », notamment celles du Séminaire de Québec. Quand j'ai demandé une fois au bibliothécaire d'un couvent s'il me permettait de consulter quelques ouvrages qui, selon les fiches du catalogue, se trouvaient dans la section « Enfer », il m'a répondu qu'il les avait envoyés au paradis. Il est dommage qu'on n'ait pas gardé mémoire de ces fonds qui auraient été un élément important pour connaître le nombre et les titres des ouvrages mis à l'Index ou interdits par les autorités diocésaines, ou encore jugés malsains par les responsables des bibliothèques. Un rappel physique de cette pratique se trouve à la mezzanine de la grande salle de la bibliothèque du Séminaire de Saint-Hyacinthe où l'on conserve encore aujourd'hui des grillages en métal et la porte grillagée en bois qui indiquaient le lieu où se trouvait l'enfer ou le local de l'Index. Cet endroit était gardé fermé et seuls le Supérieur du Séminaire et le bibliothécaire en détenaient la clé. *J. Martinez De Bujanda*

Bibliothèque du Séminaire de Saint-Hyacinthe : www.bibssh.qc.ca ; DROUIN, Sébastien et Lan TRAN, « Le ciel aux enfers. L'hétérodoxie religieuse au Séminaire de Québec du XVIIe au XVIIIe siècle, suivi d'une bibliographie en appendice », *Mens*, 5, 2 (printemps 2005) ; VEYRIN-FORRER, Jeanne, « L'enfer vu d'ici », dans *La lettre et le texte. Trente années de recherches sur l'histoire du livre,* Paris, École Normale Supérieure des Jeunes Filles, 1987.

◯ *L'ineffaçable souillure* ; Institut canadien de Québec ; Librairie

ET DIEU CRÉA LA FEMME

Roger Vadim (1928-2000) • **Film coté « À proscrire » et combattu par les catholiques (1962)**

Et Dieu créa la femme (1956), quasi mélodrame dans le ton de la Nouvelle Vague* française, fait découvrir une nouvelle vedette du cinéma, Brigitte Bardot, épouse du réalisateur Roger Vadim, qui n'avait joué jusque-là que des petits rôles. Dans ce film, elle provoque un scandale en France et encore davantage aux États-Unis, où la projection est interdite dans plusieurs États.

Le film n'est présenté à la censure québécoise que le 5 mars 1962, dans une version en 16 mm en prévision d'une décision pour la copie en 35 mm destinée aux salles, et qui est amputée de 10 minutes. Il est accepté tel quel le 9 mars. Mais, deux mois plus tard, dans la conjoncture plus favorable créée par l'arrivée de Maurice Leroux* à la présidence du Bureau de censure, le distributeur Jean-Pierre Desmarais soumet, pour nouvel examen, une copie intégrale de 90 minutes en 35 mm, laquelle est approuvée le 30 mai. Le même jour, une version de 90 minutes doublée en anglais reçoit son aval. L'autorisation ne vaut que pour deux salles dans la ville de Montréal, une restriction qui est toutefois levée le 1er octobre suivant. Ce n'est qu'à ce moment-là qu'il est programmé, à cause d'un imbroglio sur la propriété des droits, auxquels prétend aussi le distributeur Columbia, et qui doit être tranché en cour ; le juge Paul-Émile Côté n'accorde pas son injonction à la compagnie américaine, puis celle-ci accepte le compromis de ne diffuser que la copie doublée.

L'Office catholique national des techniques de diffusion en dit : « Centré sur la passion et le désir charnel, ce film se déroule dans un climat de matérialisme et de sensualité. À proscrire. » Dans quelques villes de province, Alma, Donnacona, Victoriaville, Jonquières, Saint-Georges de Beauce, animées par des organismes comme les Sociétés Saint-Jean-Baptiste et les Ligues du Sacré-Cœur, des manifestations diverses tentent de faire interdire ce film où « il est blasphématoire de mêler le nom de Dieu à une ordure semblable ».

Il est finalement classé « Pour tous » le 16 janvier 1981.

De Vadim, reconnu pour ses audaces, *Les liaisons dangereuses* (1959) est interdit le 28 juillet 1964 surtout à cause de la séduction d'une mineure; mais il est autorisé le 15 septembre 1965. *Le repos du guerrier* (1962) est refusé le 5 mai 1964, accepté le 31 juillet 1967 et coté « 18 ans » le 5 septembre suivant; il a maintenant le visa « Général » dans le répertoire de la Régie du cinéma.   Yves Lever

ANQ-M, fonds Régie du cinéma, E 188, fiches des films et procès-verbaux des assemblées du Bureau de censure; *Recueil des films de 1962*; TAJUELO, Telesforo, *Censure et société; un siècle d'interdit cinématographique au Québec*, 1998.

ÉVADÉ DE LA NUIT

André Langevin (1927-) • Roman coté « Mauvais » par la revue *Lectures* (1951)

Les trois premiers romans qui se sont vu couronner par le prix* du Cercle du livre de France, *Mathieu**, de Françoise Loranger, en 1949 (bien que le prix ne lui fut pas vraiment attribué), *Louise Genest**, de Bertrand Vac, en 1950, et *Évadé de la nuit*, d'André Langevin, en 1951, ont tous mérité la cote « Mauvais » de la revue *Lectures**. Toutefois, le roman de Langevin présente un intérêt additionnel, engendrant un débat sur les rapports entre l'art, la critique et la morale, et annonçant une nouvelle sensibilité à l'endroit de l'individu, prémisse à la « morale de situation » qui sera interdite par Rome.

Le 19 septembre 1951, le manuscrit d'un nouvel auteur de 24 ans, André Langevin, remporte le prix du Cercle du livre de France avec 6 voix, contre 3 pour *Une autre année sera meilleure*, du romancier Harry Bernard. Le jury comprend 11 membres, mais 2 sont absents, René Garneau et le père Paul Gay*; ce dernier refuse en plus de participer au vote. *La Revue populaire* donne déjà le ton:

> Cet ouvrage que personne n'a lu [on en annonce la parution] en dehors des membres du jury a soulevé des controverses passionnées, le bruit s'étant répandu qu'il s'agissait d'un ouvrage de type « roman noir » et qu'il contenait des passages de nature à choquer certaines personnes. (Décembre 1951)

On n'attendra pas longtemps pour le savoir: *Évadé de la nuit* est lancé le 7 novembre.

Jean Cherteffe, personnage principal, représente un nouveau type de héros romanesque, tourmenté, seul, qui ne réussit aucune des entreprises qui eussent pu adoucir sa condition humaine. Ni sa relation avec Roger Benoît, qui se suicide, ni celle avec Micheline Giraud, qui meurt en donnant naissance à leur enfant, ne lui permettent de s'évader d'un destin par ailleurs durement fixé. « Noir » en effet, *Évadé de la nuit* se clôt sur l'ultime évasion, le suicide de Jean Cherteffe.

Ce premier roman de Langevin partage la critique en deux clans, tant sur le plan littéraire que moral. Une partie de la critique y voit, à l'instar de Gilles Marcotte (qui, comme juré, a voté contre le manuscrit), « le mauvais livre d'un bon écrivain » (*Le Devoir*, 24 novembre 1951); un autre membre du jury, Jean-Pierre Houle, y perçoit toutefois, comme plusieurs, une promesse remarquable. Sur le plan moral, les critiques acceptent volontiers le pessimisme de l'auteur, mais Julia Richer, Jean-Paul Pinsonneault et Paul Gay condamnent péremptoirement *Évadé de la nuit*.

« Il faut donc mettre la jeunesse en garde contre le Prix du Cercle du livre de France. Le roman d'André Langevin d'inspiration anti-catholique et amorale, n'est définitivement pas à mettre entre les mains de lecteurs non avertis. » Ce conseil de Julia Richer, dans *Notre Temps* (24 novembre 1951), est appuyé par *Lectures*, le mois suivant: « On ne dira jamais assez, écrit Jean-Paul Pinsonneault, toute l'ordure et toute la pestilence de cet ouvrage où Dieu est ignoré, la morale, traitée avec la plus cavalière impudence, le mariage, relégué au rang d'invention désuète, l'Église, souillée avec un cynisme éhonté. »

Quant au père Paul Gay, sa position est connue dès le mois de septembre, par cette remarque de Maurice Blain: « Un membre du jury m'assure que le P. Guay [sic] s'est retiré pour des raisons d'ordre moral. » Le spiritain corroborera lui-même cette nouvelle, quelques jours plus tard (*Le Droit*, 29 septembre 1951) : « Je ne le cache pas : je regrette beaucoup que mes confrères du jury, au nombre de six, aient donné leur vote au roman *Évadé de la nuit* d'André Langevin. »

En plus de s'être prononcé sur le roman en novembre 1951, Gilles Marcotte lance un débat qui n'est pas sans rappeler celui qu'a soulevé, quelque 25 ans plus tôt, Louis Dantin, sur les rapports entre « L'art et la morale* ». Le roman de Langevin, écrit Marcotte dans un article intitulé « Deux doigts de morale » (*L'Action nationale*, janvier-février 1952), « a soulevé l'une des questions les plus épineuses qui puisse [sic] être posées à la critique catholique : jusqu'à quel point des carences morales obligent-elles à réprouver un livre ? » Il signale la démission de Gay (seul membre ecclésiastique du jury), la sortie de Richer dans *Notre temps*, le reste de la critique « se gardant bien, par prudence, de suivre la critique officiellement catholique sur son terrain ». Or, pour Marcotte, ce qui importe c'est la motivation profonde du livre, sa « bonne volonté ». Et un chrétien ne « peut, sans faillir aux exigences les plus strictes de sa foi, refuser audience à un tel drame, même s'il emprunte par endroits des formes qui paraissent attentatoires à cette foi elle-même ». On croirait entendre Dantin : il y a, en effet, des « péchés lyriquement beaux », comme il le prétendit lui-même en 1926. Paul Gay avait pris le parti de ne rien écrire sur *Évadé de la nuit*, mais la sortie de Gilles Marcotte le détermine à prendre position à son tour. Il réitère l'avis que le roman est « tout à fait inutile » et que « la critique catholique a donc eu raison de classer ce livre dans la catégorie des livres mauvais » (*Le Droit*, 15 mars 1952).

Il est généralement reconnu qu'*Évadé de la nuit*, à l'instar de plusieurs romans des années 1940 et 1950, fait partie des « romans psychologiques », des « romans intérieurs » ou « du cas de conscience ». Quelle que soit l'appellation choisie, ces romans placent au centre le personnage qui essaie de construire sa propre morale. Dostaler O'Leary l'a perçu très nettement : « *Évadé de la nuit* est le premier roman canadien typique de cette philosophie du salut de l'homme, le premier […] où l'homme soit réellement le centre de l'œuvre. » (*La Patrie*, 23 décembre 1951) Dans la revue *Lectures* (décembre 1951), Jean-Paul Pinsonneault prétend que le roman a déçu ceux qui s'efforcent encore d'être imperméables « à une émancipation et à un dévergondage désormais consacrés par les tenants du libéralisme intellectuel et de l'éclectisme décadent […] ».

Or cet « homme au centre de l'œuvre », mais sans le recours à la divinité, acquiert une nouvelle prétention, celle de décider par lui-même du bien et du mal. Le 26 avril 1956, la « Partie officielle » de la *Semaine religieuse de Québec* donne le portrait le plus juste de cette nouvelle philosophie, dans un article intitulé « Condamnation de la "Morale de situation" ». Ce texte « interdit et prohibe l'enseignement et l'approbation de cette "morale de situation" sous quelque nom qu'on la désigne, dans les universités, les athénées, les séminaires et les maisons de formation religieuse […] ».

Le directeur de la *Semaine religieuse*, Paul-Émile Crépeault, en remet dans les pages suivantes en décriant les « erreurs lamentables » qui doivent être corrigées au profit de l'éclairage du thomisme. S'affrontent, en ces années 1950, deux conceptions du monde et de la morale : d'une part, une morale objective fondée sur la *philosophia perennis* de saint Thomas d'Aquin et, d'autre part, « une morale purement subjectiviste » où les fidèles « veulent juger de tout suivant leur sens personnel, sans tenir compte des lois objectives de l'éthique ». Un cadre de morale objective ou subjective change, et de manière absolue, le rapport à la lecture et, bien sûr, à l'écriture. Dans le contexte objectif et dogmatique, la lecture est soumise aux lois et règlements d'un Index* dont la pérennité, à l'abri des aléas de l'histoire, s'inscrit dans une vérité unique et révélée ; dans le cadre de la philosophie subjective (existentialiste ou autre), les fidèles « admettent volontiers des compromissions dangereuses, en prenant des libertés dans les lectures […] ».

Évadé de la nuit, par son contenu et au moyen du discours critique qu'il suscite, ouvre ce nouveau rapport à la vérité, à la liberté, et par conséquent à la censure. L'homme ainsi placé au centre de l'univers romanesque préfigure le lecteur qui, bientôt, se placera lui-même au cœur de l'univers littéraire et revendiquera la responsabilité de ses choix de lecture. L'abolition de l'Index, en 1966, n'est pas tant la disparition de la censure que le déplacement de la responsabilité, de l'auteur vers le lecteur. Le jésuite Paul-Émile Racicot, dans *Relations* (septembre 1952), en plus de rejeter la thèse de Gilles Marcotte à propos de l'art et de la morale, entrevoit cette mutation vers le lecteur qui s'annonce : « Un jeune critique a tenté de distinguer la faute objective de l'acte mauvais. Intervention visant à excuser l'auteur, sans doute. Mais, encore une fois, est-ce au lecteur à compenser les faiblesses de l'écrivain ? »

Pierre Hébert

LANGEVIN, André, *Évadé de la nuit*, [Montréal], Le Cercle du livre de France, [1951], 245 p.

F

FACE À L'IMPRIMÉ OBSCÈNE
PLAIDOYER EN FAVEUR D'UNE LITTÉRATURE SAINE

Gérard Tessier (1916-) • *Essai contre les imprimés obscènes* (1955)

Professeur à la Commission des Écoles catholiques de Montréal, Gérard Tessier (1916-), dans un souci éducatif, publie en 1955 *Face à l'imprimé obscène*, qui constitue une charge virulente contre ce qu'il appelle les « publications corruptrices ». Il vise surtout les *comic books** et il affirme que son objectif est d'éradiquer ces publications afin qu'elles ne contaminent plus la jeunesse par les modèles de comportements déviants qui y sont représentés. Ce livre de Tessier se présente sous forme de collage ; il est difficile d'y cerner une logique argumentative ou même une quelconque progression organisée des idées. *Face à l'imprimé obscène* est en fait un condensé du discours censorial d'après-guerre au Québec, dans son aspect le plus grossier, agressif, utilisant un ton qui frôle parfois l'hystérie et la paranoïa. Tessier recourt à tous les moyens – prévention, menace, dénonciation, attaque – pour dénoncer les mauvaises lectures et il tire à boulets rouges sur « les fabricants de corruption, souvent acoquinés au communisme* […] ».

Comme pour se donner plus de poids, Tessier commence son ouvrage en décrivant les actions récentes des clergés canadien-français et français contre la littérature obscène*. Les deux clergés ont entrepris, après la guerre, un combat contre les *comic books* américains qui, à la faveur de la libre entreprise, pénètrent massivement dans les foyers catholiques. Au Québec, ce combat a pris nom de « Croisade de pureté » et il a été mené par le cardinal Paul-Émile Léger*. Tessier reproduit intégralement dans son livre le texte du communiqué épiscopal contre les imprimés obscènes. Plus loin, il publie aussi, en neuf points sur cinq pages, les directives du clergé de France concernant les mauvaises lectures.

Dans le chapitre qui suit, intitulé « Nos journalistes catholiques en guerre contre l'imprimé obscène », Gérard Tessier se donne l'occasion de reproduire les extraits les plus chocs de nombreux articles parus dans les journaux ; il peut ainsi reconduire son message censorial plusieurs fois, sous différentes plumes. Le chapitre se termine sur un appel au lecteur : « Et vous, que faites-vous pour participer à cette croisade nécessaire ? » La question ainsi posée permet à Gérard Tessier d'y répondre dans le chapitre suivant, « Sépulcres blanchis ». Fidèle à sa tournure délicate, l'auteur accuse tout le monde de complicité avec le phénomène de diffusion et de consommation massive de littérature populaire corruptrice :

> En effet, sépulcres blanchis, nous les fervents catholiques qui nous pensons « très bien » parce que nous donnons trente minutes et trente sous au bon Dieu, par semaine. Après avoir entendu une messe, la plus courte possible et sans sermon s'il y a moyen, nous courons tête première au premier kiosque de journaux et achetons d'abord ce qui est grivois, immodeste, lascif, etc… Il faut bien que dimanche se passe, que diable !

Après avoir touché les fidèles catholiques dans leur ensemble, Tessier interpelle les politiciens, les marchands, les savants professeurs, les éditeurs* hypocrites, les parents insignifiants et stupides, les enfants têtus, les artistes complaisants qui, tous, sont responsables à leur manière de la diffusion des imprimés obscènes.

Pour montrer l'ampleur du mal, le chapitre « Faits et observations » s'attache à donner, à coup de statistiques, une idée des ravages commis par les mauvaises lectures. Des millions de *comic books* entrent au pays, des millions de femmes et d'enfants les consomment. Les conséquences ne manquent pas d'être graves, l'exemplarité de ces publications

Cet ouvrage fait partie de la croisade contre les *comic books* et s'ajoute aux voix qui exigent une nouvelle loi sur l'obscénité.

à bon marché étant immédiate et fulgurante, ce que démontre l'observation suivante parmi d'autres : « Dernièrement, dans notre métropole, trois jeunes enfants dont l'âge varie entre 8 et 10 ans ont entraîné un compagnon dans une maison de construction et lui ont brûlé le corps avec des bouts de chandelle – ils extériorisaient certains *Horror Comics* qu'ils avaient feuilletés. »

Après avoir tant dénoncé les dangers des mauvaises lectures, après avoir fait intervenir des discours d'autorité provenant directement du clergé de différents pays ou encore de textes journalistiques nombreux et variés, Gérard Tessier en arrive à la définition de ce qui est obscène selon le dictionnaire, et il y rajoute un ingrédient de sa sauce pour la parfaire :

> Pour donner une définition exacte de ces genres d'écrits, nous pourrions suivre le dictionnaire et assurer que ces publications deviennent obscènes, immorales lorsque leur contenu est **vil, sale, dégoûtant, indécent, lubrique et lascif**. À cela on peut ajouter : tout ce qui souligne indûment l'horreur, la cruauté, la violence et la perversion sexuelle.

Sauf qu'une définition de dictionnaire n'a pas beaucoup de pouvoir d'action. Tessier se retourne donc vers le texte de loi, tel qu'il apparaît à l'article 1, chap. 12 du Code criminel à l'époque. Y sont considérés obscènes « tous les écrits ou illustrations évoquant des scènes réelles ou fictives, de crime ou de la vie habituelle des criminels, ou des situations morbides ou indécentes tendant à corrompre la jeunesse ou à dépraver les mœurs ». Encore une fois, la définition apparaît inefficace à Tessier, parce que trop sujette à interprétation. C'est pourquoi, en instance ultime, il recourt encore une fois à une source d'autorité *catholique*, comme il le précise dans son texte, la NODL (National Organization of Decent Literature), organisme américain de contrôle des lectures. Les éléments suivants, constitutifs de la définition de l'obscénité, sont détaillés par l'auteur : a) louent ou admettent des personnages ou des actes répréhensibles ; b) contiennent une matière provocante pour la passion sexuelle ; c) mettent en vedette l'amour défendu ; d) utilisent un langage blasphématoire ou obscène ; e) comportent des illustrations indécentes ou suggestives ; f) annoncent des marchandises pour esprits pervertis.

Face à l'imprimé obscène se poursuit par une dernière dénonciation en règle de la dimension commerciale et marchande donnée à la lecture à travers la publication massive des *comic books* :

> […] le monde entier est inondé de magazines, de livres de poche et d'illustrés de toutes sortes. Il y en a des millions et des millions, de quoi abrutir tous les habitants de la terre.

> Évidemment les catholiques sont les derniers à s'en apercevoir, les enfants des ténèbres étant plus habiles que les enfants de lumière.

Étrange façon de conscientiser que de présenter la pureté et la naïveté des bons catholiques comme un empêchement à l'esprit critique et à l'action ; peut-être est-ce pour expliquer le retard accumulé par ses détracteurs dans le combat contre la mauvaise littérature qui, c'est là un fait accompli, est déjà partout. Tessier s'attaque donc aux marchands et commerçants qui la diffusent dans les espaces publics de leurs magasins, la rendant ainsi disponible à tous même aux enfants. Car, depuis le début de *Face à l'imprimé obscène*, l'objectif de protection des enfants et de la jeunesse revient comme un leitmotiv, énoncé par Tessier lui-même ou alors relayé dans le discours de figures d'autorité importantes comme le cardinal Paul-Émile Léger : « La corruption systématique de l'enfance par l'imprimé obscène est le premier objectif des ennemis de l'Église. » En fait, ce souci pour la jeunesse sous-tend une crainte de voir la jeune génération imiter les comportements étalés dans les *comic books* et donc se soustraire au pouvoir social de l'institution catholique. Cela explique pourquoi les derniers chapitres de l'ouvrage de Tessier traitent de la manière de protéger la jeunesse par l'entremise des bibliothécaires* qui doivent prendre leurs responsabilités dans le classement, mais aussi dans l'éducation à la lecture. Les parents sont aussi conviés à initier des pratiques de lecture qui éloigneront leurs enfants de la mauvaise littérature. Enfin, Gérard Tessier donne les éléments qui devraient créer un antidote au poison des mauvaises lectures : le bon comique – car dans les instructions pour rédiger un bon *comic book*, le mot s'écrit dorénavant *comique* – catholique. Voici les prescriptions dirigeant la création d'un bon comique : les comiques doivent d'abord être moraux, vivants, intéressants, instructifs ; ils doivent respecter la vie humaine et renoncer à l'obscénité et la violence.

Face à l'imprimé obscène se termine avec des listes de « Revues prohibées par la censure de Québec », presque toutes de langue anglaise, et de revues « à lire », cette classification ayant pour but à la fois de combattre les mauvais *comic books* en les nommant et de guider les lecteurs vers de bons illustrés.

Toute la rhétorique censoriale est à l'œuvre dans l'ouvrage de Tessier, qui énonce sa position avec son titre même. Que faire face à l'imprimé obscène ? Il faut le dénoncer, le redouter, le combattre, l'anéantir et, enfin, le remplacer par une lecture plus saine, c'est-à-dire plus conforme aux prescriptions catholiques en matière de représentation du monde. *Élise Salaün*

Tessier, Gérard, *Face à l'imprimé obscène. Plaidoyer en faveur d'une littérature saine*, Montréal, Les Éditions de la Feuille d'érable, 1955, 182 p.

▶ *La favorite et le conquérant* ; Magazines avec illustrations

LA FAMILLE
Robert Roussil (1925-) • Sculpture qui connaît de multiples mésaventures (1949-1966)

Les tribulations de la célèbre *Famille* de Robert Roussil, un groupe de trois personnages sculpté à l'été 1949 à même « une épinette de neuf pieds de circonférence à la base » et représentant « un homme debout, et, devant lui, une femme assise qui lui présente son enfant » (Arthur Prévost, *Le Petit Journal*, 25 septembre 1949), débutent véritablement au matin du 10 novembre de la même année lorsqu'on rapporte dans le *Montreal Daily Star* que l'œuvre « was taken to the police station [poste n° 10 de la police municipale de Montréal, rue Saint-Mathieu] this morning after a number of citizens had objected to its presence in a yard on Ontario avenue, not far from the Art Gallery, where it had been exposed to public view since 10 o'clock last night ». Le journaliste prend bien soin d'ajouter : « All three figures are unclad ». Cette nudité, vraisemblablement avant tout la virilité bien affirmée du père de famille, a déjà attiré, outre l'attention de quelques voisins d'Arthur Prévost sur le terrain duquel, rue Pasteur à Bordeaux, son ami Roussil avait sculpté son groupe de plus de trois mètres de haut, celle du vicaire de la paroisse qui était intervenu pour qu'on fasse disparaître la statue.

C'est pour ne « pas être responsable de ce qui pourrait arriver à la statue, enlèvement, lacération et le reste », qu'Arthur Prévost demande finalement à Robert Roussil « de placer son œuvre en lieu sûr ». Ce dernier ne trouve rien de mieux que de l'apporter sur le terrain du Musée des beaux-arts de Montréal où, sans que la direction de l'établissement en soit informée, elle est installée le soir du 9 novembre 1949 en vue d'être intégrée à l'exposition annuelle des professeurs de l'École d'art et de design du Musée, où le sculpteur enseigne depuis peu. C'est de là que, dès le lendemain matin, *La famille*, partout recouverte d'une toile, est « embarquée » dans un « panier à salade », comme le montre une célèbre photographie publiée dans *Le Petit Journal* quelques jours plus tard, à laquelle fait écho la photographie de *La famille* « en prison », les organes génitaux du père pudiquement voilés d'un linge. Dès le 12 novembre, l'artiste reprend possession de son œuvre qui est transportée directement du poste de police aux Galeries d'art Marchant, situées rue Sherbrooke Ouest, où est alors présentée une importante exposition des œuvres de Roussil. Devant le scandale provoqué par sa *Famille*, le contrat de professeur de sculpture de Robert Roussil n'est pas renouvelé par les autorités du Musée des beaux-arts en janvier suivant.

L'affaire n'en reste pas là. En effet, au début de l'année 1950 est mis sur pied le « comité provisoire du procès d'un sans-culotte », dont le but est « de provoquer un procès de réhabilitation d'un sans-culotte victime d'erreur judiciaire. Ce sans-culotte est le père de famille du groupe statuaire de l'artiste montréalais Robert Roussil ». La lettre ouverte publiée à cette occasion par le comité (*Le Canada*, 18 et 25 février 1950 ; *Le Devoir*, 18 février 1950) pré-

La statue, au poste de police, avec un pudique caleçon.

Pour la statue de Roussil, offrant un sexe de forte taille à la hauteur du visage de sa compagne, ce n'est que le début d'une suite de mésaventures (*Le Petit Journal*, 18 novembre 1949).

cise que « le procès aura lieu sous forme de débat, dans une salle de spectacle à Montréal ». Une réunion préliminaire est prévue le « 27 février, à 9 heures du soir, à la librairie Tranquille, 67 ouest, rue Sainte-Catherine » afin « de choisir un juge, des assesseurs, un ou des accusateurs publics, un ou des avocats de la défense et un jury, de tracer la marche du procès et de décider si l'accusé devra se présenter nu ou culotté dans la boîte ». Certaines personnalités du monde des arts, des lettres, du journalisme et du sport, dont Roger Lemelin, René Lévesque et Nicole Germain, acceptent de participer à ce « procès de réhabilitation » qui n'est pas, convenons-en, dépourvu d'ironie. S'il faut en croire le poète Claude Gauvreau, qui se trouvait le 27 janvier à la librairie Tranquille, la soirée, qui restera sans suite, semble avoir tourné en beuverie.

Après avoir passé une partie de l'hiver 1949-1950 sous la neige, *La famille* est présentée à l'exposition dite des « Rebelles », organisée par les automatistes pour contester la décision du jury du Salon du printemps du Musée des beaux-arts de Montréal de refuser des œuvres de Jean-Paul Mousseau et de Marcelle Ferron. Roussil insiste alors « pour que le sexe de son personnage mâle [soit] disposé du côté du mur afin que des sentiments de salacité ne [soient] pas mis de l'avant au détriment du contenu esthétique de sa sculpture », comme le rapportera Claude Gauvreau.

Un an plus tard, le sculpteur soulève de nouveau la controverse alors qu'il expose à l'extérieur de la Galerie Agnès Lefort, rue Sherbrooke, un groupe en bois de sept pieds de haut intitulé *La paix*. Représentant un couple nu et enlacé portant à bout de bras un embryon qui se transforme en colombe de la paix, cette sculpture est attaquée par un passant le 9 mars 1951. Dès son installation, les journaux ne manquent pas de s'intéresser à cette nouvelle œuvre « scandaleuse » de Roussil et de multiplier les rapprochements avec *La famille*. Quelques années plus tard, les deux œuvres sont réunies à Paris, à la Galerie Raymond Creuze où *La famille* sera de nouveau présentée en 1957, l'année où Robert Roussil décide de s'établir à Tourrettes-sur-Loup. C'est peu de temps après qu'il rapatrie son œuvre de Paris pour l'installer sur la place publique de ce petit village du sud de la France, non sans créer tout un émoi. Comme nous l'apprend un article intitulé « Une statue à la virilité trop "évidente" vient de semer l'émoi à Tourrettes-sur-Loup » publié dans un journal hexagonal en janvier 1958, « tout le village vint défiler devant ce "Groupe familial", dont la précision anatomique suscita aussitôt l'indignation d'une partie de la population, qui dépêcha une délégation auprès de M. le curé et une autre auprès de M. le maire, pour obtenir qu'on ôte de la vue des passants cet objet de scandale ». Finalement, décision fut prise que « la statue resterait sur la place publique mais [qu']un pagne cacherait sa virilité aux yeux des enfants […] Les vertueux Tourrettans menèrent alors grand tapage et obtinrent enfin satisfaction. La statue est aujourd'hui enlevée et placée dans un magasin, à l'abri des regards des gens prudes ». Cette nouvelle tribulation de *La famille*, qui a des échos jusque dans *Le Figaro*, n'échappe pas à la presse québécoise (*La Presse*, 30 janvier 1958). Il en est de même, en 1964, du retour au Québec de la fameuse œuvre de Roussil à l'initiative de Bernard Janelle, qui s'en est porté acquéreur en vue de l'installer dans la section dite de la « Cabane à sucre » de sa brasserie Le Gobelet, rue Saint-Laurent, dont l'entrée allait longtemps être exclusivement réservée aux hommes.

Du 18 novembre 1965 au 2 janvier 1966, *La famille* figure en tant qu'œuvre sur bois la plus ancienne de l'exposition *Roussil: vingt ans de sculptures* qui se tient au Musée d'art contemporain de Montréal. Guy Robert, le directeur de l'établissement, ne manque pas de rappeler dans le catalogue de cette exposition que la sculpture a été « arrêtée et emprisonnée, dans une société hypocrite et mesquine où l'ordre établi n'était peut-être qu'imbécillité érigée en pouvoir ». Cela ne l'empêche nullement, le soir du vernissage, de donner l'ordre aux gardiens du Musée de décrocher des murs un certain nombre d'affiches que Vittorio Fiorucci avait conçues spécialement pour l'occasion, affiches qui reprennent un détail de *La famille*, à savoir les organes génitaux du personnage masculin. Comme on peut le lire dans *La Presse* du lendemain, « les artistes s'étant levés d'un seul bloc pour protester contre le "puritanisme", il en est résulté une belle échauffourée où les coups pleuvaient à un point tel que l'on a dû fermer les portes du musée après avoir évacué les nombreux artistes et invités qui s'y trouvaient ». À sa défense, Guy Robert soutient que ces affiches avaient été posées sans sa permission et que c'est uniquement pour cette raison qu'il les fit enlever et non par « puritanisme », comme on l'en accusa. La même affiche est utilisée pour publiciser l'exposition de gravures de Roussil qui se tient à la Galerie du Gobelet du 12 juillet au 12 août 1966. Dans un texte bien senti publié à cette occasion, Gaston Miron salue en Roussil un chantre de « la liberté totale d'expression » chez qui « il n'y a pas de divorce […] entre l'art, la vie, une époque ».

En 1977, dans l'ouvrage *Vers l'universalité le cul par terre* qu'il signe avec Robert Roussil, Michel Gaudet revient sur le célèbre groupe *La famille*, qui

> présente toute la noblesse de la hiératique de l'homme, dressé dans sa responsabilité. […] L'épouse et l'enfant qu'elle supporte sont infiniment délicats dans la taille. Séparés du Maître, ils sont dans leur gracilité le témoignage d'une humilité amoureuse et en même temps le complément indispensable que la force demande, la poésie intégrée à la puissance.

C'est en fait cette vision machiste des rapports homme-femme, et non la nudité des personnages, qui est le plus susceptible aujourd'hui de déranger le visiteur qui contemple l'œuvre de Roussil dans les salles du Musée des beaux-arts de Montréal, où elle est conservée depuis 1990 à la suite d'un généreux don de Bernard Janelle. Survenant peu de temps après le scandale suscité par la publication de *Refus global** et presque en simultané avec l'affaire Balzac*, l'« arrestation » et l'« incarcération » de *La famille* de Robert Roussil en novembre 1949 constituent l'un des plus « beaux » cas de censure de l'histoire de l'art du Québec. Comment ne pas donner raison à Léo Rosshandler (*Robert Roussil. Bronze 1989-1990*), pour qui « la série d'incidents dont fut l'objet la sculpture et son auteur, incidents auxquels furent mêlés le Musée des beaux-arts de Montréal, la police municipale, le pouvoir politique, la presse et naturellement, le public […] font partie aujourd'hui de l'histoire de l'art et des idées au Québec. Il suffit de dire que "La famille" de Robert Roussil marquera à jamais un point tournant dans la pensée intellectuelle et sociale ». *Yves Lacasse*

LACASSE, Yves, Rapport de recherche versé au dossier de l'œuvre (n° d'inventaire : 1990.37), Montréal, Musée des beaux-arts de Montréal ; LAMARCHE, Lise, « *La famille* de Robert Roussil. Chronologie d'une sculpture » dans *Textes furtifs. Autour de la sculpture (1978-1999)*, Montréal, LIEUdit, 1999 ; *Roussil ou le curieux destin d'un anarchiste impénitent*, film de Werner Volkmer, 2003, 65 minutes.

LE FANTASQUE
Napoléon Aubin (1812-1890) • Journal satirique saisi par les autorités civiles (1839)

Dans un pays démocratique, la presse sert de forum ou de tribune publique pour débattre des idées, mais un journal n'est jamais complètement à l'abri de la censure, surtout lorsqu'un rédacteur fait fi des autorités, qu'elles soient politiques, civiles ou religieuses. L'histoire de la presse québécoise révèle qu'au XIXe siècle, quelques journalistes téméraires ont tenté d'explorer les limites de la liberté de la presse* et ils en ont payé le prix. À la suite de Pierre Bédard, du journal *Le Canadien**, saisi en 1810, Étienne Parent (1802-1874) et Aimé-Nicolas, dit Napoléon Aubin, sont de ceux-là. Dans la tourmente de la Rébellion de 1837-1838, alors que le pays est encore en pleine crise politique, ils sont écroués

Avec sa devise désinvolte et son contenu satirique, le journal de Napoléon Aubin s'expose à la censure des autorités.

sans procès et accusés de « menées séditieuses » et de « crime de haute trahison » : le premier, pourtant considéré comme un « modéré », est envoyé en prison pour l'ensemble de ses éditoriaux, jugés favorables aux patriotes ; le deuxième est incarcéré après avoir publié dans son journal *Le Fantasque*, un texte jugé séditieux. Dans le contexte du soulèvement politique au Bas-Canada vers la fin des années 1830, le journalisme joue un rôle tout aussi significatif que la Chambre d'assemblée dans la revendication des droits des Canadiens et il n'est donc pas surprenant que les dirigeants militaires et civils aient les journalistes à l'œil.

Pendant le deuxième tiers du XIXe siècle québécois, diverses publications périodiques, des gazettes et des revues pour la plupart, se disputent une clientèle. Si la presse marchande, composée des *Gazette* de Montréal et de Québec, respecte une certaine neutralité de ton, ce n'est pas le cas de la presse d'opinion, qui ne dissimule aucunement ses objectifs politiques. Porteuses de commentaires sur les nouvelles du jour, ces feuilles hebdomadaires, composées généralement de quatre pages de texte, prennent position et défendent des intérêts particuliers. Les élus du peuple, qui s'appuient sur l'opinion publique, se servent du journal partisan pour la susciter et, parfois, pour l'orienter, imposant ainsi un type de journalisme axé sur la formation du public. À partir des années 1830, dans l'atmosphère troublée à la veille du soulèvement des patriotes, les débats à la Chambre d'assemblée, où les Canadiens sont majoritaires, mobilisent l'intérêt du public pour la discussion politique. Le climat d'instabilité avant et pendant la Rébellion de 1837-1838 donne naissance à bon nombre de journaux d'opinion. Il y a d'abord deux journaux durables, *Le Canadien* (à Québec) et *La Minerve** (à Montréal), dirigés respectivement par Étienne Parent et Ludger Duvernay. S'ajoutent à ces deux piliers du journalisme canadien quelques périodiques qui s'identifient à l'une ou l'autre des factions politiques, qui vont de modérées à extrémistes : *L'Ami du peuple, de l'ordre et des lois* (1832-1840), de Montréal, défend également les intérêts du clergé ; *L'Écho du pays* (1833-1836) de Saint-Charles ; *L'Impartial* (1834-1835) de Laprairie ; *Le Populaire* (1837-1838) ; *La Quotidienne* (1837-1838) de Montréal ; enfin, *Le Libéral* (1837) de Québec. Ces feuilles éphémères, dont certaines sont bureaucrates et d'autres, réformistes, possèdent une caractéristique commune : elles ont comme *modus operandi* de dialoguer les unes avec les autres, puis de croiser le fer et d'engager la polémique lorsque l'occasion se présente.

L'arrivée de l'émigré Napoléon Aubin dans ce décor journalistique a l'effet d'un catalyseur. Le 1er août 1837, il lance à Québec un journal d'opinion d'un genre nouveau au pays : un « papier » à la fois satirique et littéraire, au titre évocateur : *Le Fantasque*. Ce curieux journal « rédigé par un Flâneur paraît autant que possible chaque Samedi », comme le signale la devise irrévérencieuse qui accompagne l'en-tête de chaque numéro. Si cette devise annonce clairement ses intentions, elle attire cependant l'attention des autorités en place : « Je n'obéis ni ne commande à personne, je vais où je veux, je fais ce qui me plaît, je vis comme je peux et je meurs quand il le faut. »

Le jeune rédacteur est né à Chaynes, près de Genève dans la Suisse française, mais il a émigré aux États-Unis à l'âge de 17 ans. Il se fixe à Montréal, puis à Québec en 1835. Pendant ce temps, il se fait la main au journalisme en collaborant à *La Minerve*, puis à *L'Ami du peuple*, en tant que courriériste parlementaire. De concert avec un ami, le jeune romancier Philippe Aubert de Gaspé fils, auteur de *L'influence d'un livre**, il tente même de publier un journal littéraire et réformiste à Québec, *Le Télégraphe*, mais l'expérience ne dure que quelques mois, du 22 mars au 3 juin 1837. Journal d'un seul homme, *Le Fantasque* poursuit des objectifs à la fois littéraires, politiques et humoristiques et se situe dans la tradition des périodiques français frondeurs, comme *Le Charivari* ou *Le Figaro*. Si le journal renferme surtout des textes non signés, c'est sans doute parce qu'Aubin cherche à éviter des ennuis. De plus, il essaie de tourner ses articles de manière à ne pas les rendre libelleux. Par sa technique d'écriture, qui comprend l'ironie et le sarcasme, il tente de désarmer ses adversaires. Comme il le souligne avec un brin de fausse modestie lors du premier numéro, le 7 août 1837 :

> Serez-vous bureaucrate, constitutionnel, loyal, whig, tory, patriote modéré juste milieu, aristocrate forcené et démocrate enragé ? Eh bon dieu ! Comment voulez-vous que je sois quelque chose, moi, pauvre petit fantasque ; comment faire un choix dans un pareil dédale d'opinions qui sont toutes les meilleures ? – s'il faut à toute force que je sois quelque chose, je serai Démocrite : je rirai, j'essaierai de vous exciter à la joie et si j'y puis parvenir, ce sera ma plus douce récompense […] je resterai toujours fidèle à ma devise : indépendant comme un Huron, gai comme un artiste, fou comme un enfant, sage comme un fou, sensible comme une jeune fille : me voilà !
>
> On dit qu'il est impossible de subsister sans s'attacher à une cause, un parti ; j'ai donc droit de vie plus que tout autre, car je les avocasserai tous, je les observerai tous, j'applaudirai à tous les succès et je prendrai le parti du fort contre le faible sans distinction de couleur ni de rang.

Ce programme éditorial, en apparence neutre, devient de plus en plus engagé en cours de route, à mesure que le journaliste appuie le parti libéral et réformiste. À l'occasion, il se permet de critiquer le pouvoir. Parmi les principales têtes de Turc du rédacteur, quelques hommes politiques se retrouvent dans la mire de ce franc-tireur, mais ce sont principalement les représentants du gouvernement anglais, John Colborne (commandant des forces militaires britanniques, qu'Aubin appelle dérisoirement *Coq-borgne*) et le gouverneur général, Lord John George Lambton Durham, qui lui offrent les plus belles cibles, ainsi que le chef de police de Québec, Thomas Ainslie Young et son adjoint, Robert Symes, qui reviennent souvent dans les colonnes du *Fantasque*. Durham, envoyé au pays par le Parlement britannique, est rappelé en Angleterre à l'automne de 1838. Aubin lui lance quelques flèches lors de son départ :

> Vous partez, milord ! vous partez mécontent ; mécontent du pays, de ses habitants, de l'Angleterre. Vous avez raison, mais vous l'auriez davantage encore si vous partiez mécontent de vous-mêmes […].
>
> Lorsque vous fîtes votre début, je ne vous flattais point, et sous d'innocentes pasquinades vous eussiez pu trouver, si vous l'aviez voulu, de profondes vérités. Vous les avez négligées ; ce que j'ai prédit jusqu'ici se réalise à la lettre et cependant nous n'en seront [sic] pas

plus avancées [*sic*] l'un et l'autre. Vous aurez dépensé quelques millions à l'Angleterre, moi j'aurai usé quelques plumes; il y a proportion. Vous aurez votre place dans la chambre des Lords, moi j'aurai peut-être la mienne à l'hôpital; mais ici il n'y a pas égalité, car j'aurai pour moi les rieurs. (6 octobre 1838)

Visiblement, les observations malicieuses et le ton de raillerie sarcastique du rédacteur du *Fantasque* n'ont pas l'heur de plaire aux autorités civiles et militaires. Devant l'échec des patriotes, Aubin ne se contente pas de prôner, comme d'autres rédacteurs le font, des moyens constitutionnels de défense et de lutte. Le 3 décembre 1838, dans un article éditorial facétieux, intitulé « *Le Fantasque* est rebelle », Aubin semble prendre position en faveur des insurgés. Il a beau vouloir se disculper par la suite en expliquant que les rebelles avaient été dupés par leurs chefs ambitieux, il est dorénavant sous haute surveillance. Le 26 décembre de la même année, il commet un autre impair en reproduisant en première page du journal un poème inédit, rédigé par Joseph-Guillaume Barthe, un jeune étudiant de droit à Trois-Rivières, et intitulé : « Aux exilés politiques Canadiens ». Dans cette ode plutôt anodine, Barthe glorifie les prisonniers politiques déportés aux Bermudes :

> Les fils des Canadas, amans [*sic*] de liberté,
> Perdant leur vain espoir dans un sceptre insensé,
> Et d'un généreux sang rachetaient leur patrie,
> Bravèrent dans nos champs la mitraille ennemie.

En voulant « accorder une place à la pièce de vers de Mr. Barthe dont nous ne prétendons point, pour cela, partager les opinions ni la manière de voir », Aubin dit faire simplement son devoir de journaliste impartial. Les autorités croient y voir plutôt un appel à la révolte.

Le 31 décembre, *Le Fantasque* condamne l'emprisonnement du directeur du *Canadien*, Étienne Parent, et de son imprimeur*, Jean-Baptiste Fréchette, accusés de trahison : « Nous ne pouvons nous empêcher […] d'adorer cette liberté individuelle que le plus ignoble des estafiers de la police peut garotter en pleine rue et envoyer pourrir sous l'infect grabat des cachots. » Trois jours plus tard, le chef de police se rend aux ateliers typographiques du *Fantasque* et saisit les presses, les caractères d'imprimerie ainsi que des documents trouvés sur place. Young procède ensuite à l'arrestation d'Aubin et de son imprimeur, Adolphe Jacquies. D'autres journalistes avaient été mis sous les verrous pendant une vague d'arrestations qui a frappé également *Le Libéral*. Au même moment, à Trois-Rivières, Barthes est jeté en prison pendant trois mois pour avoir appuyé les insurgés. Pendant et immédiatement après les insurrections, cette forme de persécution politique envers les sympathisants à la cause des patriotes devient monnaie courante.

L'emprisonnement en plein hiver, dans des conditions de détention malsaines, a des conséquences néfastes sur les journalistes : Aubin tombe malade et Parent, qui reste en prison jusqu'au 25 avril, devient sourd. Aubin est relâché le 25 février, après avoir été incarcéré pendant 53 jours. Les deux rédacteurs reprennent leurs journaux respectifs. Le « Flaneur-en-chef » recommence à publier *Le Fantasque* le 8 mai 1839 : « On a beau torturer *Le Fantasque*, l'affamer, l'incarcérer, l'étrangler, le tuer, l'assommer, le crucifier, l'enterrer, *etc. etc. etc.* ; au moment où l'on s'y attend le moins, crac ! le voilà qui ressuscite ! preuve probante, s'il en existe au monde, que c'est un esprit. » Le 3 juin suivant, il revient à la charge :

> *Le Fantasque* est bien le jouet des vicissitudes les plus étonnantes que la capricieuse destinée tient en réserve pour tout ce qui est de ce monde. À peine ressuscité, il meurt ; à peine mort il ressuscite, en dépit des efforts que font des vampires pour étouffer sa verve, pour anéantir et sucer un sang qui va soutenir leur frêle et problématique existence. Mais tranquillisez vous chers lecteurs ; et vous, adorables lectrices, laissez sécher vos larmes et vos mouchoirs de poche ; *le Fantasque* n'est pas mort : il ne peut mourir !

Pendant encore six ans, Aubin continue de publier son journal de façon intermittente, jusqu'à l'incendie qui consume le quartier de Saint-Roch, où se trouvent ses ateliers, après le 24 mai 1845. Un séjour en prison ne semble pas avoir diminué la verve gauloise, la désinvolture ou le style facétieux du rédacteur, qui continue de défendre les intérêts des Canadiens français. Il suit fidèlement l'évolution politique du pays et il ridiculise de temps à autre le nouveau gouverneur général, Charles Edward Poulett Thomson (qu'il traite de « poulet ») ou les journaux *tory* (qu'il traite de « poules mouillées »), mais il se garde bien de proférer des propos séditieux. Cette prudence l'incite également à modifier le frontispice de son journal en 1839 et d'y inscrire les armes royales, avec la devise bien connue de l'ordre de la Jarretière : « Honni soit qui mal y pense ».

Kenneth Landry

Le Fantasque, Québec, 1er août 1837–24 mai 1845.

TREMBLAY, Jean-Paul, *À la recherche de Napoléon Aubin*, Québec, Les Presses de l'Université Laval, coll. « Vie des lettres canadiennes », 1969.

LA FAVORITE ET LE CONQUÉRANT

Bertrand Vac [Aimé Pelletier, 1914-] • Roman coté « Mauvais » par la revue *Lectures* (1963)

Pendant vingt ans (1946-1966), la revue catholique *Lectures** mène non seulement une propagande contre les mauvais imprimés de langue française diffusés au pays, elle s'efforce également d'établir une codification des œuvres honteuses ou malsaines sur le plan moral. À partir des années 1960 cependant, les effets de la Révolution tranquille se font sentir et cette forme rigide de réprobation devient de plus en plus difficile à appliquer. Quand Bertrand Vac publie *La favorite et le conquérant* en 1963, un des rares romans exotiques à paraître au Québec, il souhaite échapper au jugement sévère de *Lectures*. Toutefois, sa feuille de route comporte trois romans, parus au Cercle du livre de France, qui avaient déjà été étiquetés « Mauvais » (*Louise Genest**, 1950) ou « Dangereux » (*Deux portes… une adresse*, 1952, *Saint-Pépin, P.Q.*, 1955). Les censeurs l'ont à l'œil ; ils sévissent de nouveau et *La favorite et le conquérant* se retrouve à son tour parmi les mauvais livres. « Roman agaçant » écrit le père Paul Gay* (*Lectures*, juin 1963), qui s'oppose vivement à ce tableau des mœurs de l'Asie centrale et occidentale au XIVe et au XVe siècles.

Le « conquérant » en question n'est nul autre que le redoutable Tamerlan, un des guerriers les plus brutaux que l'humanité a connu. Appelé aussi Timour-le-Conquérant ou Ti~mu~r Lang (1336-1405), seigneur de la guerre tartare, il réussit à bâtir un vaste empire depuis la Chine jusqu'au cœur de l'Asie Mineure, devenant ainsi le fondateur du second empire mongol. Quant à la « favorite », l'auteur mentionne, dans une entrevue avec Claude Gingras dans *La Presse* (4 mai 1963), qu'il l'a découverte d'une manière fortuite : « Ce sont deux lignes au hasard d'un livre sur Tamerlan de l'auteur anglais Harold Lamb, qui m'ont amené au sujet de mon livre. Deux lignes disant qu'une esclave avait réussi à mettre la main sur l'empire de Tamerlan. Cette esclave, qui s'appelait Shadi Mulk, l'histoire en parle très peu, pour ne pas dire jamais… J'ai voulu en savoir plus long ». Avant de rédiger ce roman historique de 400 pages qui lui a demandé onze ans d'efforts, l'auteur s'est patiemment documenté en France, en Angleterre et aux États-Unis, où il a eu accès à une documentation manuscrite. Dans cette fresque où les guerres et les conquêtes de Tamerlan servent de toile de fond à l'intrigue, Shadi Mulk, captive et concubine, est courtisée par le petit-fils (le Prince Kahlil) et successeur du conquérant. Le romancier raconte comment elle parvient à écraser ses adversaires et à devenir impératrice après le décès de Tamerlan.

Dans son analyse du roman, le père Paul Gay loue d'abord la science de l'auteur et les pages brillantes et artistiques de l'ouvrage, qu'il apparente aux *Mille et une nuits*, mais il ne prise pas le climat de violence et de sensualité qui s'y trouve :

> Les « héros » innombrables de ce roman, une fois vainqueurs, ne rêvent que de ripaille et de volupté. Les

scènes de débauche reviennent à un rythme tellement régulier, avec des détails tellement grossiers et impudiques, que ce roman en est immoral. On a vraiment l'impression, à la fin du livre, que le débridement des instincts de violence et de volupté est le dernier mot de la liberté de l'homme.

Peut-être en raison de son exotisme, le roman, pourtant tiré à 3000 exemplaires et largement diffusé par le Cercle du livre de France, ne soulève pas l'enthousiasme de la critique. L'ouvrage se résume à « du sang, de la volupté et de la mort », soutient Gilles Marcotte dans *La Presse* (18 mai 1963), en faisant remarquer qu'un livre de ce genre, situé à mi-chemin entre l'histoire et la fiction, demeure trop diffus, trop peu centré pour offrir un divertissement satisfaisant. Selon lui, « les personnages sont de simples marionnettes, qui ne suggèrent aucune réflexion sur le sens et la portée de l'aventure humaine. Ils intriguent, combattent, forniquent – et Bertrand Vac décrit leurs ébats avec une précision quasi médicale qui confine à la grossièreté – meurent, sans se poser, sans nous poser de questions ».

Cette histoire d'un souverain iconoclaste, avide de conquêtes et assoiffé de sang, ne devait pas, en principe, choquer le lecteur familier avec l'histoire et les mœurs du XIVe siècle. Vac ne prétend ni présenter un portrait flatteur du règne de Tamerlan, ni justifier le comportement immoral des personnages. Les combats et les orgies font partie de leur mode de vie. Il se pourrait cependant que la « censure » de cet ouvrage repose sur autre chose que l'immoralité, notamment sur les déclarations bien connues de Pelletier au sujet de l'abolition des mesures censoriales dans la société québécoise. En 1955, le médecin-romancier avait prononcé une conférence en Mauricie, rapportée par Gérard Tessier dans son essai polémique *Face à l'imprimé obscène**, où il s'opposait au caractère infantilisant des censures et des entraves morales sur la formation intellectuelle des Canadiens français :

> Il y a chez nous telles entraves que certaines attitudes étroites de la censure, telles mesures excessivement restrictives sur la danse*, les liqueurs alcooliques, la liberté d'expression, etc… Que de sottises on commet au nom de la moralité ! Les Canadiens qui sortent de leur pays ont un comportement d'enfants : on dirait qu'ils se sentent libérés de la contrainte sociale de leur milieu.

Au moment de la parution de son ouvrage en 1963, Vac explique en entrevue que « le but du roman, pour moi, c'est le dépaysement. Si le lecteur n'est pas dépaysé en lisant *La favorite et le conquérant*, je me demande bien ce qui va le dépayser ! » Quant aux amateurs d'histoire, ils pourront trouver leur compte en consultant un ouvrage illustré, paru également en 1963, *Le mémorial des siècles-Tamerlan*, présenté par l'historien de l'art français Marcel Brion. *Kenneth Landry*

Vac, Bertrand, *La favorite et le conquérant*, Montréal, Le Cercle du livre de France, 1963, 397 p.

LES FÉES ONT SOIF

Denise Boucher (1935-) • Pièce de théâtre faisant l'objet de censure religieuse et judiciaire (1978-1979)

À l'automne 1977, deux comédiennes, Michèle Magny et Sophie Clément, désirent porter sur scène une parole de femmes à l'heure où la création féministe* est en pleine effervescence ; elles contactent Denise Boucher, à qui elles commandent une pièce. Boucher entreprend l'écriture des *Fées ont soif*. Désignant le dogme de l'Immaculée Conception comme un des piliers symboliques de l'aliénation des femmes, la pièce met en scène trois archétypes féminins promus par la religion catholique : la Vierge (le personnage de la Statue, incarné par Louisette Dussault), la Mère (Marie, jouée par Michèle Magny) et la Putain (Madeleine, jouée par Sophie Clément). Toutes trois prennent conscience de leur condition (« Nous sommes des prisonnières politiques ») et s'affranchissent des rôles patriarcaux. Après avoir été battue par son mari, Marie le quitte. De son côté, tandis qu'elle projette de « flanquer [ses] clients à la porte » et de changer de vie, Madeleine se fait violer. La mise en scène de ce passage figure le violeur en oiseau, lequel représente, selon la symbolique chrétienne, le Saint-Esprit. Madeleine intente un procès au violeur, qui s'en sort innocenté. La pièce se termine sur un appel à la réconciliation avec les hommes, invités à « déserter [leurs] hystériques virilités », et à « imaginer » ce que pourraient être des relations émancipées des rôles aliénants. Les comédiennes et l'auteure proposent le texte à Jean-Louis Roux, directeur artistique du Théâtre du Nouveau Monde (TNM), qui l'accepte et l'intègre à sa demande de subvention pour la saison 1978-1979 – dans laquelle la pièce de Boucher est la seule création québécoise.

Le 16 mai 1978, Jean-Louis Roux apprend que *Les fées ont soif* n'a pas trouvé grâce aux yeux du comité de lecture du Conseil des Arts de la région métropolitaine de Montréal (CARMM, fondé en 1956, aujourd'hui le CACUM). Le comité, formé de 6 des 20 membres du conseil d'administration (Jacques Vadeboncœur, président, Éric Maclean, 1er vice-président, Thérèse Lamarche, 2e vice-présidente, Fernand Denis, trésorier et Guy Carmel et Fernand Rochon, conseillers) considère la pièce « irrecevable » – Vadeboncœur la qualifie de « cochonnerie » – et recommande au Conseil qu'elle ne soit pas subventionnée.

À sa réunion du 29 mai, le conseil d'administration du TNM prend la décision de maintenir la pièce à sa programmation malgré le risque couru d'une coupure de 12 000 $. Le 3 juin, *La Presse* rapporte les propos du juge Vadeboncœur dans un article intitulé : « Il faut cesser de montrer de la m… sur nos scènes », dans lequel il défie les journaux de publier des extraits de la pièce. Le 5, *La Presse* relève le défi.

À l'origine de ce litige se trouve un règlement du CARMM édicté en mai 1970 et portant sur les critères d'attribution de subventions à la création. Ce règlement stipule que le Conseil des arts « ne considère comme éligible [*sic*] à des subventions de production que les pièces du répertoire » et que « les créations ne seront éligibles à des subventions de production que si le texte existe et peut être lu avant que la subvention ne soit accordée ». De nature manifestement contradictoire, ce règlement fut formulé « en grande partie suite à la présentation, par le TNM, de deux productions jugées peu orthodoxes […], *Faut jeter la vieille* de Dario Fo (1969) et *Gens de Noël, Tremblez*, une création collective », et il n'était que très peu appliqué dans la réalité.

La nomination, en juin 1977, du juge Jacques Vadeboncœur à la présidence du CARMM constitue un autre facteur déterminant. Bien que le nouveau président assure, dans son discours d'intronisation, « ne pas voir son rôle comme président d'un "comité de censure" », il conseille à ses membres

> d'être « très vigilants ». Il [met] aussi en garde les membres du Conseil contre la mauvaise utilisation des fonds publics qui encouragerait la diffusion de « pièces subversives » qui viseraient « à détruire l'ordre social par la base en se moquant de l'autorité et en ridiculisant les principes ».

Un dernier élément utile à la compréhension du récit a trait à la présentation par le TNM, à l'automne 1977, de *Ti-Jésus, bonjour* de Jean Frigon, que le président du CARMM juge « affreux et ordurier ». Pour signifier son désaccord, le CARMM décide, en décembre, de retenir la tranche de subvention du TNM préalablement accordée pour *Ti-Jésus, bonjour*, au prétexte du règlement ci-haut mentionné. Pourtant, le manuscrit avait bel et bien été envoyé, mais dans une version préliminaire – processus de création oblige. Après l'annonce du retrait de la subvention, Rudel-Tessier, journaliste siégeant au CARMM, démissionne. Toutefois, comme aucun règlement ne peut justifier ce refus, la part de subvention sera finalement remise au TNM accompagnée d'une lettre d'admonition, datée du 21 avril : « Nous [du CARMM] ne voulons pas poser au censeur. Vous [du TNM] avez présenté cette pièce en toute connaissance de cause ; c'est votre droit. Mais c'est aussi le nôtre d'avoir un droit de regard sur la façon dont sont dépensés les deniers publics. »

Devant ce qui est perçu comme un acte de censure, l'auteure, entourée de plusieurs artistes (Jean-Pierre Ronfard, Janou Saint-Denis, Michel Garneau et d'autres), tient une conférence de presse-happening [sic] le 7 juin 1978. On y présente une pétition signée par 2000 personnes « au nom du droit à l'existence de la culture québécoise [et] au nom du droit des femmes à l'écriture ». Dès lors, les prises de position publiques se multiplient. Débute une véritable polémique dans les journaux : près de 300 articles – hormis les articles informatifs – sont publiés entre le mois de juin 1978 et janvier 1979, la plus grande portion entre décembre 1978 et janvier 1979. Divers points de vue se font entendre. Michel Vaïs, de la revue *Jeu*, écrit dans *Le Devoir* du 10 juin 1978 : « L'obligation faite aux compagnies théâtrales de quémander l'approbation préalable, sur texte, des nouvelles œuvres québécoises prévues pour la saison suivante, est [...] une forme pernicieuse de limitation de l'acte de création. » Le 9 juin, lors de son assemblée générale annuelle, la Ligue des droits de l'homme vote à l'unanimité une résolution proposée par Simonne Monet-Chartrand condamnant « toute forme d'arbitraire qui maquille en rigueur procédurière et réglementaire un attentat à la liberté de l'écriture et de l'écrivain ». Le 12 juin, l'Association des directeurs de théâtre émet un communiqué dans lequel elle prend position contre le Conseil qui a déterré l'article du règlement, jugé désuet.

Le conseil d'administration du CARMM se réunit le 14 juin. Au même moment se tient une manifestation devant le lieu où délibèrent les membres du CARMM, au 700 rue Saint-Antoine. Au terme d'une longue réunion, le conseil entérine la décision du comité de lecture et apporte un amendement au règlement de 1970. Cet amendement stipule que le

> conseil se réserve le droit de réviser, s'il le juge à propos, toute subvention, même déjà recommandée, cette recommandation ne créant aucune obligation contractuelle envers les intéressés. Toutefois, ceux-ci seront entièrement libres de présenter au public, à leurs frais, le spectacle de leur choix [...].

Le CARMM se dote ainsi du pouvoir d'intervenir *a posteriori*, ainsi qu'il avait tenté de le faire le printemps précédent en retenant après coup la tranche de subvention allouée pour *Ti-Jésus, bonjour*. À la suite de cette réunion, la vice-présidente de l'organisme et seule femme membre du comité de lecture, Thérèse Lamarche, démissionne.

Le TNM va de l'avant et le 10 novembre 1978 a finalement lieu la création des *Fées ont soif*. Le public lui réserve « un véritable triomphe à la fin de la représentation ».

Ceci clôt le premier épisode. Au-delà des échanges virulents sur la nature censoriale ou non du geste posé par le CARMM et des questions liées aux fonctions des directions artistiques des compagnies de théâtre qui seraient usurpées par les membres de l'organisme bailleur de fonds qui le constituent, cet épisode a surtout pour effet d'attirer l'attention des groupuscules d'extrême droite sur la pièce.

C'est ici qu'entrent en scène les protagonistes du deuxième épisode. Tout au long du mois de novembre, les Jeunes Canadiens pour une civilisation chrétienne (JCCC) et les mouvements Jésus-Marie et Notre Temps diffusent des publicités contre la pièce et recueillent, lors de tournées paroissiales, les signatures de quelque 15 000 personnes qui condamnent la pièce sans l'avoir lue ni vue. La pétition allègue que les « représentations impunies » des *Fées ont soif* « ne pourraient manquer d'exposer la population canadienne [...] à de graves châtiments de la Providence ». Ils réclament en outre de Mgr Paul Grégoire et du maire de Montréal Jean Drapeau qu'ils en appellent à l'interdiction de la pièce.

Le 20 novembre, l'évêché fait acte de réparation à la cathédrale (*Le Devoir*, 25 novembre 1978). Puis, le 25 novembre, au lendemain de la mise en vente du texte publié aux Éditions Intermède, les JCCC tiennent une manifestation – au cours de laquelle on récite des chapelets – devant le TNM, contre ce qu'ils estiment être « une insulte et une œuvre blasphématoire envers la Vierge Marie et la foi chrétienne ». Le 29 novembre, Mgr Grégoire publie une lettre dans *Le Devoir* intitulée « Au nom du droit au respect ». La déclaration, prudente, ne va cependant pas plus loin que l'expression de tristesse, de déception et d'indignation, et se contente d'inviter chacun à profiter de ces circonstances pour « approfondir leurs convictions touchant la dignité de la femme et le rôle magnifique que Dieu lui a confié dans le monde ». D'autres membres du clergé prennent part au débat. J.-Alphonse Beaulieu, prêtre de Mont-Joli, estime que la pièce, « profane et blasphématoire », est allée trop loin (*Le Soleil*, 7 décembre 1978). Le vicaire général du diocèse de Montréal, M. Jean-Marie Fontaine, tout en assurant qu'« [i]l ne saurait être […] question de vouloir bannir toute expression publique de l'incroyance », réaffirme le dogme de l'Immaculée Conception et identifie la scène du viol comme étant l'objet légitime de la colère des chrétiens : « Cette pièce a osé faire consommer le viol de la femme par Dieu lui-même, plus précisément par l'Esprit-Saint, représenté dans la symbolique chrétienne par un oiseau, une colombe. » Mais « [i]l y a aussi des chrétiens qui partagent la "soif des fées"… » et qui se font entendre (*La Presse*, 15 décembre 1978).

Le 4 décembre, Me Émile Colas, qui se proclamera plus tard « le représentant du "Christ, de la Vierge Marie et de la Sainte Trinité" », dépose, devant le juge Paul Reeves, une double requête d'organismes et d'individus (ces derniers en lien direct avec les associations) qui réclament l'arrêt des représentations ainsi que le retrait de la circulation des textes de la pièce. Débute alors une véritable saga judiciaire. En plus des JCCC, la requête est formulée par le Conseil d'état des Chevaliers de Colomb du Québec, l'Association des parents catholiques du Québec, les Cercles des fermières du Québec, le Mouvement des Cursillos, la Famille du Sacré-Cœur de Jésus et la Fédération nationale des communautés de vie chrétienne. Me Claude-Armand Sheppard est l'avocat des défenseurs. La requête contient 35 allégués qui dénoncent notamment l'utilisation d'« un langage grossier, ignoble, vicieux, truffé de sacres et de blasphèmes » et une attaque à « la foi catholique dans ses dogmes et ses mystères ». Selon les requérants, « les propos séditieux et irrévérencieux tenus par les intimés […] constituent un crime de "lèse catholicité et de lèse-société" ». Même si l'entièreté du texte déplaît, il est une phrase, semble-t-il, qui aurait particulièrement choqué : « Au nom de la queue, du Père et du Fils ». La conscience de son potentiel subversif fait qu'elle était tue durant les représentations. Ailleurs, on évoque la scène de viol comme étant celle « qui semble avoir causé tout le trouble ».

Le juge consent à interdire provisoirement l'impression, la publication et la diffusion du texte de la pièce, mais pas les représentations, étant donné qu'elles touchent à leur fin et qu'elles atteignent un public limité. L'injonction a pour effet d'accélérer la vente du livre. Le distributeur, Dimédia, rapporte que « de 3,000 copies du livre, les deux-tiers [*sic*] ont déjà été distribuées dans les librairies et sans doute été vendues » dès le début du mois de décembre. Mais les requérants réussiront, d'injonction provisoire de dix jours (maximum de temps prévu par le code de procédure civil pour ce genre d'injonction) en injonction provisoire (successivement en date du 4 décembre, 14 décembre, 21 décembre, 28 décembre, 5 janvier, 15 janvier), à suspendre la diffusion et la vente du livre. Le débat de fond en ce qui a trait à la requête visant à transformer l'injonction temporaire en injonction permanente est fixé au 15 janvier.

Entre-temps, une défense s'organise. Le 8 décembre, le Regroupement des femmes du Québec rallie divers groupes (de femmes, de créateurs, d'étudiants, de professeurs, de chrétiens, de groupes politiques, des organismes de défense des droits de la personne, des syndicats, des éditeurs, etc.) s'érigeant contre la censure du texte et met sur pied le « Mouvement pour les fées ont soif », qui tient une manifestation le 14 décembre, en face du Palais de justice. Le 9 décembre, une lettre demandant la levée immédiate de l'injonction signée par plus de 250 personnes – artistes, intellectuels, penseurs – est publiée dans les journaux. Le Mouvement reçoit aussi l'appui de 44 intellectuels français, parmi lesquels Simone de Beauvoir, Christiane Rochefort, Annie Leclerc, Philippe Sollers, Julia Kristeva et Ariane Mnouchkine. Toujours le 9 décembre, on publie un article informatif sur les JCCC. C'est là qu'on apprend qu'installé depuis 1975 au Québec, le mouvement, dirigé par Michel Renaud, s'inspire grandement de la doctrine et des prescriptions de Plinio Corrêa de Oliveira (1908-1995), chef de file du mouvement catholique au Brésil, et fondateur, en 1960, de l'association « Tradition, Famille, Propriété » qui lutte « contre l'infiltration communiste* et socialiste ».

Le 15 janvier, au moment où le débat de fond doit être amorcé, les avocats des intimés déposent une requête en irrecevabilité (à Me Claude-Armand Sheppard, l'avocat du TNM, s'est jointe Me Joyce Yedid, représentant Denise Boucher, désireuse de faire entendre une voix de femme). Le 25 janvier, l'injonction est finalement levée. La cause achoppe sur un point de droit. La juge Gabrielle Vallée en arrive à la conclusion que

> même si l'injonction pouvait être un remède indiqué, en pareille situation, ceux qui avaient présenté une telle demande d'interdiction devant la cour n'avaient pas d'intérêt légal nécessaire pour faire cette requête […] [En effet, en ce qui concerne les] individus dont les noms apparaissaient dans la requête, le tribunal remarque qu'aucun n'a démontré devant la cour l'apparente existence d'un préjudice individualisé que les « Fées » auraient pu lui causer,

donnant raison aux défenseurs sur ce point. Car sur le plan légal, en ce qui a trait au préjudice causé à la société, seul le procureur de la province aurait pu en demander la réparation. Celui-ci – il s'agit en l'occurrence de Marc-André Bédard – interpellé par les requérants, se refuse à toute intervention.

Dès le 29 janvier 1979, Me Colas inscrit sa cause en Cour d'appel. Il adresse une lettre aux requérants qu'il représente, une autre au ministre de la Justice et une autre aux journaux, missive dans laquelle il menace la paix sociale et laisse planer la possibilité d'une réaction violente si justice n'est pas rendue : « Puisqu'ils – les tribunaux – semblent momentanément fermés pour entendre de tels litiges, devrons-nous voir ces mêmes groupes dissidents s'affronter les armes à la main et mettre en danger la sécurité et la liberté des citoyens ? » Le 3 avril 1979, trois organismes retirent leur appui : les Chevaliers de Colomb, le Mouvement des Cursillos et la Fédération nationale des communautés de vie chrétienne.

En mai et juin 1979, la pièce est reprise à Montréal, ce qui permettra au TNM de renflouer ses coffres après les dépenses juridiques encourues. *In fine*, fin novembre, la Cour d'appel rejette pour de bon la demande d'injonction interlocutoire permanente. En septembre 1979, le texte en est à sa quatrième réédition et la compagnie entreprend une tournée qui débute à Québec. Le soir de la première, au Palais Montcalm, se tient une manifestation d'une trentaine de catholiques convaincus, chantant des cantiques chapelet en mains. Initialement annoncée du 20 septembre au 14 octobre 1979, il faut ajouter des supplémentaires – 12 000 personnes voient la pièce. Elle part ensuite en tournée dans plus d'une vingtaine de villes du Québec, du 30 octobre au 18 décembre. Depuis, la pièce est jouée à diverses reprises. En janvier 1981, elle est jouée en traduction anglaise à l'Université Concordia. Puis, à l'occasion de la visite du pape en septembre 1984, une lecture publique de la pièce est présentée à Montréal par le Théâtre des Cuisines, avec Pauline Julien, Luce Guilbeault et Katherine Mousseau. Devant le succès récolté, on la remet à l'affiche du

6 au 9 décembre. Elle connaît aussi une carrière internationale. À l'automne 1979, la pièce est montée en Belgique, en France en 1980, à Vancouver en 1981, à Edmonton en 1982, à Toronto et à Madrid en 1984, au Vénézuela en 1985. En 2004, le Festiv'elles souligne le 25e anniversaire des *Fées* en organisant une table ronde en présence de l'auteure et une lecture publique. Quant au texte, il est réédité dans la collection « Typo » en 1994, passant ainsi au rang de classique.

Dans cette affaire, plusieurs aspects sont mis en cause. Premièrement, le TNM avait déjà connu des démêlés avec l'organisme bailleur de fonds l'année précédente. À ce titre, la pièce fait les frais d'une lutte à finir entre le CARMM et le TNM. Deuxièmement, la notion d'autorité artistique en matière de choix esthétiques se heurte à la fonction de l'administrateur, car la présence d'un comité de lecture au sein d'un organisme bailleur de fonds ouvre la porte à la censure préalable. Ce deuxième aspect se prolonge dans un troisième, celui de la création, qui présente plus de risques sur les plans artistique et idéologique, comparativement au confort que procure, aux divers contrôleurs, le répertoire. Par définition, la création est une forme d'exploration de territoires inconnus, d'où le danger qu'une parole subversive puisse s'échapper. En quatrième lieu se révèle aussi, à travers ce cas, la question de la spécificité du théâtre et de sa double dimension, textuelle et scénique, ce que souligne Michel Vaïs : « Il faut stigmatiser l'aberration qui consiste à punir un auteur d'avoir conçu un projet scénique, destiné à prendre corps et sens qu'à la représentation. » Enfin, parmi les autres éléments probants se trouve le lieu de diffusion et, plus précisément, le hiatus entre les destinataires de la pièce et ses récepteurs effectifs. Des pièces beaucoup plus osées – tant sur le plan « blasphématoire » que sur le plan féministe – étaient jouées à Montréal à la même époque et depuis plusieurs années ; pensons, par exemple, à certaines productions du Théâtre expérimental des femmes.

Cependant, ces pièces plus audacieuses étaient représentées sur des scènes plus discrètes et moins officielles que le TNM. La position de cette compagnie dans l'institution théâtrale québécoise fait que son affiche, censée garantir le « bon goût » du répertoire présenté, est plus étroitement surveillée. *Isabelle Boisclair*

Boucher, Denise, *Les fées ont soif*, [Montréal], Éditions Intermède, 1978, 157 p.

La censure des *Fées ont soif* a donné lieu à la publication de plusieurs centaines d'articles de journaux, de même qu'à plusieurs thèses et études dans des revues. L'édition de la pièce en 1979 s'accompagne d'un dossier de presse ; voir aussi *DOLQ*, 6.

● Juridique (censure)

FÉLIX

Jean Simard (1916-2005) • Roman coté « Mauvais » par la revue *Lectures* (1948)

Le premier livre de Jean Simard, peintre et professeur à l'École des Beaux-Arts de Montréal, vaut à son auteur bon nombre d'éloges et même une reconnaissance de l'Académie française, le prix Kormann, en 1947. Pourtant, au Québec, *Félix* se voit attribuer la cote « Mauvais » par le rédacteur en chef de la revue *Lectures**, Théophile Bertrand (juin 1948).

Félix tient à la fois du roman et du conte philosophique. Roger Duhamel le qualifie d'essai sous forme humoristique, alors que l'auteur le décrit en sous-titre comme un « livre d'enfant pour adulte ». Avec un humour apparemment détaché qui confine au cynisme, le « livre d'enfant pour adulte » raconte l'histoire du héros, depuis sa naissance (on remonte même aux parents et grands-parents dans une sorte de chronique familiale peu flatteuse) jusqu'à ses vingt ans. Le livre est composé de brefs tableaux amusants qui retracent les événements ordinaires de la vie de Félix. Ainsi, après le préambule (« Le pays que nous habitons appartenait anciennement aux Indiens, que nous nommons aussi "Sauvages"… ») défilent, entre autres : Généalogie ; Le Grand-père ; Fiançailles ; Épousailles ; Vie conjugale ; Euphorie ; Jeux ; ABC ; Les tantes ; Le collège, etc.

Sans avoir l'air d'y toucher et d'une façon qui rappelle le *Candide* de Voltaire – ce que bon nombre de critiques ont fait remarquer – l'auteur de *Félix* décoche autant de traits qu'il y a de thèmes observés dans cette peinture qui pourrait être l'histoire, typique, du bourgeois canadien-français. Tout passe devant l'œil moqueur mais impitoyable de l'auteur qui, selon Alain Grandbois, « dit tout haut ce que beaucoup pensent tout bas ». L'homme, la femme, la vie, l'amour, la mort, mais aussi le travail, la famille et la parenté, l'éducation, la société, la religion ; tout y passe et les façades irréprochables craquent, laissant voir derrière le vernis des apparences la bêtise, la méchanceté, le mauvais goût, le ridicule vaniteux, l'hypocrisie, l'ignorance.

Or, pour Théophile Bertrand, dont la fonction au sein de la revue *Lectures* lui donne pour ainsi dire charge d'âmes, cette description de la société canadienne-française, et surtout la critique que celle-ci implique de ses pasteurs et éducateurs – entendre ici le clergé – est hautement répréhensible. Certes, le livre possède toutes les qualités esthétiques :

> Quant à la forme, cette satire est savoureuse et pittoresque, amusante et même hilarante quelquefois. Toutes les illustrations, de la couverture aux culs-de-lampe, illustrent bien le genre et attestent un artiste délicat, un esprit subtil et caustique.

Cependant, il pèche par le contenu et le ton :

> Quant au fond […] tout révèle chez lui [Félix] un pessimisme étouffant, un scepticisme suffisant, un cynisme résolu, un dilettantisme libertin. On songe aussitôt à *Candide* de Voltaire et Félix lui-même vient confirmer le rapprochement : « Imitons Candide […]. »

Pour Bertrand, une conclusion s'impose : « La compagnie de Félix semble tout à fait indésirable, surtout pour les jeunes en pleine formation. » Que ceux à qui Félix est sympathique se consolent à la pensée que le critique est lui-même peiné de sa condamnation : « […] je blâme Félix avec un regret d'autant plus cuisant que j'ai su apprécier ses qualités. »

Ainsi, au tout début de sa carrière d'écrivain, Jean Simard se joint aux rangs des auteurs à la fois admirés et réprouvés, ce qui illustre encore une fois le paradoxe qui permet qu'une œuvre soit bonne sur le plan esthétique, tout en étant moralement mauvaise, antinomie irréductible dans la critique catholique de l'époque. *Louise-Marie Brodeur*

SIMARD, Jean, *Félix. Livre d'enfant pour adultes*, Montréal, Les Éditions Variétés, 1947, 135 p.

FEMME, FÉMINISME

🔘 *Confession d'un médecin* ; *Les fées ont soif* ; *La Petite Revue* ; *Poupée* , *Un gynécologue accuse* ; *Régie du cinéma du Québec* ; *Le soleil a pas d'chance*

« L'oncle de Félix était curé de son village. Il était grand, gris, osseux dans sa soutane verdâtre. Il passait, dans la famille, pour n'avoir pas inventé le fil à couper le beurre ; mais tous reconnaissaient que c'était un saint homme. » (p. 43) (dessin de Jean Simard)

Photo d'un jeune père avec des Indiennes qui veulent jouer avec lui. – Le *Festin des morts* de Fernand Dansereau : une des scènes soustraites pour favoriser la mise en marché du film (Photo ONF).

LE FESTIN DES MORTS

Fernand Dansereau (1928-) • **Film raccourci par son producteur pour des raisons de mise en marché (1965)**

Le festin des morts, production de l'Office national du film*, raconte l'épopée missionnaire jésuite des années 1630 en Nouvelle-France. Un jeune père, non nommé, vit le déracinement de sa France natale et son incapacité à composer avec la civilisation du pays qu'il veut convertir à la foi chrétienne. Troublé par la culture amérindienne qui ne cherche de sens que dans la vie plutôt que dans la mort, qui ritualise le passage à l'au-delà dans une fête des sens, qui voit dans l'abondance des dieux une plus-value, qui vit l'érotisme libre sans culpabilité, il éprouve une profonde crise de foi. Au-delà de la reconstitution historique, le film relate avant tout le drame des intellectuels québécois de la trentaine au milieu des années 1960, mal à l'aise dans la culture de leur formation dans les collèges classiques catholiques et éprouvant des difficultés à entrer dans le nouveau réseau de valeurs que la Révolution tranquille est en train de mettre en place.

Le 14 mai 1965, le Bureau de censure l'approuve sans réserves. Comme prévu à l'origine, le film sort d'abord à la télévision de Radio-Canada le dimanche soir 30 mai 1965. Le réalisateur Fernand Dansereau espérait aussi une sortie en salle, mais elle n'a pas lieu parce que les distributeurs se méfient de ce film qui ne leur apparaît pas conforme à l'esprit du temps. Pourtant, la critique est presque unanime à proclamer qu'une grande œuvre a vu le jour. Les jésuites du Québec trouvent à chicaner sur quelques scènes, alors que certains collègues du cinéaste rejettent violemment cette illustration sereine d'un thème religieux, ce qui fait du *Festin des morts* un film contesté à la fois par les croyants et par les mécréants.

L'Office catholique national des techniques de diffusion a également des réticences :

> Ce film contient des éléments valables de réflexion spirituelle. Cependant, par suite de certaines outrances et du mélange de la fiction aux données historiques, il risque de minimiser la personnalité des missionnaires de l'époque et leur travail apostolique. Il comporte en outre de brèves scènes de femmes indigènes peu vêtues. Adultes avec réserves.

Pour des raisons qui relèvent davantage de la mise en marché que de l'esthétique et de l'idéologie, surtout dans l'espoir d'une distribution en France, le film est abrégé de 95 à 79 minutes peu après sa première. Disparaissent des scènes de la jeunesse du héros en France et sont abrégées des séquences où il est confronté à de jeunes Amérindiennes. Le réalisateur et la scénariste Alec Pelletier ne s'y opposent pas. L'œuvre perd ainsi une partie de sa résonance historique. Au XXIe siècle, on s'explique mal pourquoi l'ONF ne fait voir et ne vend que la copie de la version abrégée à sa Cinérobothèque. *Yves Lever*

ANQ-M, fonds Régie du cinéma, E 188, fiche du film ; Correspondance privée avec Fernand Dansereau, avril 2005 ; *Recueil des films*, 1966.

FEUILLETON

▶ Roman-feuilleton

LA FILLE DU SILENCE

Jean-Charles Harvey (1891-1967) • Recueil de poèmes érotiques pour lequel Harvey ne trouve pas d'éditeur, et qui est coté « Mauvais » par la revue *Lectures* (1958)

Dans la foulée de la publication de son roman *Les paradis de sable** (1953), Jean-Charles Harvey, embauché il y a peu comme cadre au *Petit Journal*, soumet aux Éditions Chanteclerc de Montréal un manuscrit de poèmes, dont certains érotiques, rédigés tout au long de sa vie. En mars 1954, l'éditeur lui fait part de son refus de les publier en invoquant le « marasme actuel du marché du livre … surtout dans le domaine de la poésie ». Les années passent mais l'écrivain persiste dans ses démarches.

Près de quatre ans plus tard, la réponse négative du bureau montréalais du Cercle du livre de France éclaire les véritables fondements de la résistance à la publication de ce recueil. Dans une lettre du 15 octobre 1957, le président Horace Marston affirme qu'il n'aurait pas déplu à son équipe de publier un livre de Jean-Charles Harvey. « Malheureusement, déclare Marston, d'autres éléments, dont je suis forcé de tenir compte, me déterminent à renoncer définitivement à ce projet. » Sur le plan commercial, allègue-t-il, ce sera une entreprise déficitaire. Sur les autres plans, poursuit l'éditeur, « je ne vois que des inconvénients à ne pas tenir compte d'une opinion qui nous a été communiquée avec beaucoup de force et dont nous vous avons déjà fait part ».

Au cours des années 1950, les écrits à caractère érotique représentent pour l'Église catholique du Québec une source majeure de préoccupation sur laquelle elle entend exercer un contrôle. Ainsi, lors de l'édition* des *Paradis de sable*, l'imprimeur* s'était fait la courroie de transmission du pouvoir clérical en s'érigeant lui-même en censeur. Cette fois, le conditionnement des autorités religieuses semble affecter le comportement des éditeurs.

Déterminé à sortir tels quels ses poèmes des tiroirs, Jean-Charles Harvey, en homme d'expérience ayant engagé depuis longtemps une épreuve de force avec la censure, opte pour la seule solution qui lui reste. Il se tourne vers André Goulet des Éditions d'Orphée et s'entend avec lui pour publier le recueil sous l'étiquette de sa maison mais à ses propres frais. Les coûts de production du livre sont estimés à 300 $. Goulet se charge de l'impression et de la distribution et lui refile ensuite la facture.

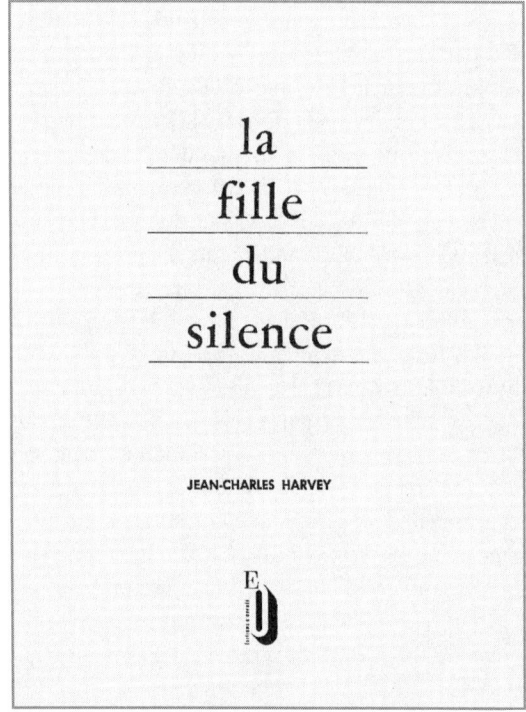

Jean-Charles Harvey, qui a connu des problèmes avec la censure durant toute sa carrière, a beaucoup de difficulté à se trouver un éditeur pour publier ce recueil de poèmes érotiques.

Imprimé à 500 exemplaires, *La fille du silence* paraît au printemps de 1958. Dans la préface, Harvey justifie le faible tirage en expliquant que ses vers ne s'adressent pas au grand public mais à un tout petit nombre d'esthètes, voire à une poignée d'originaux, « en raison de leur franchise d'expression, de leur réalisme et de leur sincérité ».

Sur les 50 poèmes, composés pour la plupart à la gloire de la femme et de la liberté, bon nombre sont effectivement érotiques. Ainsi en va-t-il de la pièce « Aphrodite » : « Sur les reins durs ondoie une taille féline / sa hanche a le roulis de nos esquifs sur l'eau. / Sa cuisse de couleur écorce de bouleau / s'allonge doucement en colonne dorique. » Dans « Fin de nuit », les descriptions physiques se colorent même d'une teinte locale : « Très belle, pure et nue, / la rondeur féminine / des mamelons de neige / que caresse sans fin / le vent du nord […]. » Enfin, dans « Prière de Don Juan », le poète exprime en ces termes sa reconnaissance envers Dieu : « Merci d'avoir voulu que de mon cœur, / de mon esprit, de toute la chaleur / d'un fol élan, j'aie semé tant de vie / au puits d'une Ève attendrie et ravie. »

Paradoxalement, compte tenu de la réaction plutôt négative des éditeurs, l'accueil du livre dans la presse est, somme toute, assez positif. « C'est la première fois peut-être, avance-t-on dans *La Revue populaire* (juillet 1958), qu'un écrivain canadien-français parle avec tant de franchise, en une langue limpide, mesurée, chaude, imagée, de la joie de vivre, d'aimer, de la beauté faite de chair et d'idéal. » « On apprendrait beaucoup de choses sur notre société canadienne-française, note pour sa part la poétesse Andrée Maillet, si l'on cherchait à savoir pourquoi l'amour évoqué tout naturellement par Jean-Charles Harvey est un thème que les poètes de carrière semblent chez nous tenir en défaveur. » (*Photo Journal*, 24 mai 1958)

Il y a bien Rita Leclerc, dans la revue *Lectures**, pour parler du « dégoût que l'on ressent à lire ces pages imprégnées d'un sensualisme obsédant » (1er-

15 juin 1958). « On ne peut que déconseiller fortement un livre aussi malsain », conclut la publication cléricale qui classe le recueil sous la cote « Mauvais ». Mais la position en porte-à-faux du périodique se noie au milieu de la réception et sa faible résonance trahit les limites du type de contrôle dont il a le mandat. Pour les tenants de la censure, l'édition puis l'aura de légitimité accordée à *La fille du silence* font sans doute la démonstration une énième fois de l'urgente nécessité d'une législation sur la littérature jugée immorale. Cheval de bataille du clergé depuis des années, la Loi sur l'obscénité* est d'ailleurs adoptée en 1959.

Mû par un grand désir de liberté, l'artiste Harvey avec son nouveau livre a transgressé un autre tabou. En 1964, à l'émission « Témoignages d'écrivains » sur les ondes de Radio-Canada, il résume devant le journaliste Michel Roy les conceptions qui, au fond, l'ont inspiré pendant des années dans sa démarche de créateur :

> Si l'écrivain est incapable d'exprimer sa propre personne, d'exprimer ce qu'il porte en lui-même, s'il est incapable de livrer son message à lui, il est inutile pour lui d'écrire. La seule œuvre qui compte, c'est l'œuvre qu'on fait de soi-même, avec sa propre pensée, avec sa chair et son sang.

Yves Lavertu

HARVEY, Jean-Charles, *La fille du silence*, Montréal, Éditions d'Orphée, 1958, 127 p.

SAUS, fonds Jean-Charles Harvey, correspondance, manuscrits du recueil ; succession Jean-Charles Harvey, correspondance Harvey-Pelland ; GAGNON, Marcel-Aimé, *Jean-Charles Harvey, précurseur de la Révolution tranquille*, Montréal, Beauchemin, 1970.

▶ Autoédition

LA FILLE LAIDE

Yves Thériault (1915-1983) • Roman coté « Mauvais » par la revue *Lectures* (1951)

Au début des années 1950, la censure cléricale mène ses dernières grandes campagnes pour contrôler la littérature ou du moins pour mettre en garde le lectorat francophone contre des imprimés jugés nocifs du point de vue moral. Fer de lance de cette stratégie censoriale, la revue *Lectures** vise particulièrement le roman québécois, qui connaît alors un regain de vie après la guerre. En 1950, quand Yves Thériault publie son premier roman, *La fille laide*, chez l'éditeur Beauchemin, *Lectures* lui accole l'étiquette « Mauvais ».

Vers la même date, en avril 1950, Théophile Bertrand, responsable de la rédaction de *Lectures*, fait de la censure préventive lorsqu'il énonce les « Critères de la moralité d'une œuvre littéraire ». Selon lui, deux caractéristiques générales sont à retenir dans l'évaluation des œuvres romanesques : « un roman qui excite les passions est mauvais » ; « un roman dont le sujet est malsain, les personnages pervers, est mauvais ». L'ouvrage de Thériault, qui raconte une histoire sombre et brutale, répond en partie à ces critères, car l'atmosphère morale du livre pourrait heurter la mentalité catholique. Un « roman d'horreurs », écrit le critique Jean-Paul Beausoleil (*Lectures*, mai 1950), qui justifie la sévérité de sa cote en proposant une longue litanie d'accrocs à la morale dans le déroulement de l'intrigue :

> Un assassinat, une ébauche de noyade criminelle, de multiples brutalités, des intentions bien arrêtées de tuer, une vulgaire rixe de cabaret, deux récits lourds de passion, un rapport heureusement lapidaire de deux crimes inavouables, les préjugés farouches des protagonistes contre le mariage religieux, quelques violentes disputes matrimoniales, tout ce flot de monstruosités traversé par un fort courant d'appétit charnel tantôt satisfait, tantôt inassouvi, voilà le panorama de *La fille laide*.

Il termine ce réquisitoire impitoyable sur une note encore plus négative : « Dommage que l'atmosphère naturaliste et lourdement charnelle de *La fille laide* en fasse une œuvre des plus malsaines. »

Dans un petit hameau montagneux fictif nommé Karnac, une jeune fille de la plaine, Édith, rejetée par sa famille parce qu'elle est laide, est recueillie par une veuve, Bernadette Loubron, qui l'engage pour les travaux de la maison. En même temps, la veuve engage un beau jeune homme (Fabien) pour travailler la terre. Aimé des deux femmes, Fabien repousse Bernadette, la plus belle des deux, car il est amoureux d'Édith. Il tue la veuve froidement et jette son corps dans le ruisseau de la Gueuse. Les gens du hameau ne sont pas tous convaincus qu'il s'agirait là d'un suicide. Fabien et Édith vivent en union libre sur la ferme et ils ont un fils qui naît aveugle et sourd. Malgré les objections d'Édith, qui crie au châtiment de Dieu, Fabien voudrait le noyer pour lui épargner une existence de malheur. Il se ravise à la dernière minute; le couple élèvera l'enfant sur la terre des Loubron. À la dernière page du roman, Fabien conclut alors que son malheur est peut-être une punition du Créateur: « Il y a notre vie sans mariage qui est une faute. Autre chose aussi peut-être... Nous méritons, probable, le petit que nous avons. C'est à Dieu à savoir ça. Pas à nous. »

Exception faite de la critique désobligeante de Beausoleil, le roman est bien reçu dans le milieu littéraire. Les commentateurs ne s'arrêtent pas tellement à des considérations d'ordre moral dans leur analyse du roman. Plusieurs se portent même à la défense de l'auteur, qui réussit un tour de force en rompant avec le traditionnel roman de la terre. On y découvre un prolongement des *Contes pour un homme seul*, parus en 1944, ainsi qu'un style poétique qui l'apparente à Jean Giono (auteur de *Que ma joie demeure* et *Regain*) ou à l'écrivain suisse Charles-Ferdinand Ramuz (*La grande peur dans la montagne*).

Le meurtre et le concubinage non punis, pointés du doigt comme des sujets indignes de la littérature d'imagination par le critique de *Lectures*, jouent donc un rôle primordial dans le dénouement de l'intrigue. Le commentateur montréalais Victor Barbeau, dans *Liaison* (avril 1950), résume bien l'opinion de la plupart de ses collègues au sujet du

Ce premier roman d'Yves Thériault connaît des démêlés avec des critiques de la revue *Lectures*, qui trouvent que l'ouvrage vient heurter la mentalité catholique.

caractère primitif ou instinctif des personnages du roman: « Dans une nature tourmentée, puissante, quoique irréelle, des primitifs subissent leur condition animale, instruits de la seule loi du sang. » Il trouve que le roman est bien construit, quoique noir, un peu comme *La Scouine** (1918) d'Albert Laberge. Pour sa part, Guy Sylvestre, dans la *Revue de l'Université d'Ottawa* (octobre-décembre 1951), y voit « une mystique de la terre, un des récits les plus originaux et les plus puissants des années récentes. » Même Julia Richer (*Notre temps*, 4 mars 1950), qui a l'habitude d'endosser les positions de *Lectures*, y décèle de grandes qualités et « une morale toute naturelle : la rançon du péché par une justice que la superstition populaire veut immanente ». À l'étranger, un critique belge, Albert Ayguesparse, écrit dans *Le Peuple* de Bruxelles, propos rapportés dans *Le Devoir* du 4 avril 1953 : « Thériault fait vivre des femmes et des hommes qui, aux prises avec des puissances élémentaires, déchirent le manteau des préjugés sociaux et religieux. » Il n'y a pas que la critique qui valorise le roman. Dès sa parution, *La fille laide*, tiré à 5000 exemplaires, est choisi comme « livre du mois » par l'Institut littéraire du Québec (*Le Canada*, 11 février 1950). Le roman est également en lice pour le prix* international du roman (prix Charles-Veillon), institué par la Suisse romande en 1948. « Il a failli triompher », affirme l'écrivain belge Franz Hellens (*Le Devoir*, 30 juin 1951).

Le projet d'écriture de ce roman mijotait depuis quelque temps, puisque Thériault avait d'abord présenté deux extraits de *La fille laide* sous forme de contes radiophoniques (*La fille laide* et *L'enfant sans joie*), diffusés le 23 janvier 1947, dans le cadre de la série « Le radiothéâtre de Radio-Canada ». C'est essentiellement le même texte que l'auteur reprend sur les ondes le 17 août 1950, dans la série « Les grands romans canadiens ». Réédité en 1962, 1971, 1980, 1981, 1994, 1996 et 2003, l'ouvrage a non seulement survécu à l'épreuve du temps, il s'est imposé à plusieurs générations de lecteurs. Interrogé sur le succès de son livre, l'auteur avoue dans *Textes et documents* (1969) qu'il appréhendait le pire en 1950, compte tenu du climat intellectuel d'alors : « Jamais par la suite je n'ai publié un livre avec autant d'angoisse, d'espoir, de frayeur et de joie. » Manifestement, Thériault reste étroitement surveillé par la censure cléricale car, parmi ses romans subséquents, *Le dompteur d'ours**, *Agaguk* et *Les commettants de Caridad* héritent de cotes réprobatrices aux mains des censeurs de *Lectures*. *Kenneth Landry*

THÉRIAULT, Yves, *La fille laide. Roman*, Montréal, Éditions Beauchemin, 1950, 224 p.

FOI ET LITTÉRATURE

Pierre Angers (1912-2005) • Recueil d'essais qui posent le problème de la critique littéraire et des lectures dans le contexte d'un catholicisme ouvert à de nouveaux courants de pensée (1959)

Le jésuite Pierre Angers représente dans les années 1940 et 1950, avec François Hertel (pseudonyme de Rodolphe Dubé) et Ernest Gagnon, un courant de renouveau dans la Compagnie de Jésus, alors dirigée par des autorités plutôt conservatrices.

Docteur en philosophie et en lettres (Louvain), Pierre Angers occupe des fonctions qui lui confèrent une légitimité. Il est notamment professeur de lettres au Collège Sainte-Marie (1937-1940), au Scolasticat de la Compagnie de Jésus (1945-1947), directeur des études (Lettres) au même scolasticat et au Collège Brébeuf (1951-1955), et professeur de lettres françaises à l'Université de Montréal (1945-1961).

Foi et littérature, publié aux Éditions Beauchemin en 1959, comprend sept chapitres, dont les deux premiers reprennent des articles publiés dans la revue jésuite *Relations*, entre 1951 et 1953, et posent de manière très nuancée le problème de la critique littéraire* et des lectures dans le contexte d'un catholicisme ouvert à de nouveaux courants de pensée.

Le premier chapitre, intitulé « La critique littéraire et son objet », décrit le modèle du « critique du jour » et en justifie la nécessité. Ce critique « suit les écrivains du jour ; il écoute, recueille et interprète les courants d'idées et l'actualité ; il en constate les déviations, les sources d'erreur, les modes éphémères ; il en souligne les richesses authentiques et leur signification ». La critique littéraire va au-delà du plan proprement littéraire ou esthétique pour interroger le « plein sens d'une œuvre, de descendre jusqu'au foyer où elle émerge ». Selon le père Angers, cet aspect de la critique relève de l'intelligence spéculative qui situe une œuvre dans la « totalité du réel » qui est le point de vue de Dieu engagé dans le salut du monde. Le refus de prendre en compte les courants du jour compromet la mission même du catholique qui a à configurer ce monde au Christ. Dès lors, le critique, qui évalue l'œuvre comme œuvre d'art, ne doit pas être un moraliste qui évalue l'œuvre du point de vue de son effet sur le bien du lecteur. Ce sont deux fonctions complémentaires, la première précédant la deuxième.

Le deuxième chapitre, intitulé « Le problème des lectures et la foi », s'inscrit dans le débat lancé par le Comité diocésain des œuvres de l'Action catholique en 1951 sur le problème des lectures. L'auteur voit dans « l'expansion en rafale du livre […] un bienfait pour notre milieu canadien-français : elle dissipe ses préjugés, élargit ses horizons, rabat son amour-propre ». Angers déplore l'étroitesse de certains membres du clergé :

> Il est arrivé à une orthodoxie intégriste de faire peser les condamnations massives sur la production contemporaine, de dénoncer sans réserve des hommes de bonne foi au risque de paralyser l'élan de la création littéraire et la fécondité de la pensée chrétienne elle-même dans notre milieu.

L'auteur reconnaît le bien-fondé de mesures d'interdiction, notamment l'*Index**, compte tenu que tout ouvrage n'est pas à la portée de tout lecteur. Les « consignes d'interdiction – toujours nécessaires à titre de poteaux indicateurs, pour démarquer les frontières du vrai et du faux, du bien et du mal – sont impuissantes ici à jouer un rôle fécond ». En effet, le jugement prudentiel, qui relève du moraliste, ne dispense pas le critique catholique d'une exigence d'ouverture qui lui permette d'« accueillir avec sympathie les grandes œuvres contemporaines » tout en sachant user de discernement.

Pierre Angers fait appel à un intellectuel catholique doté d'une « spiritualité ferme et souple ». Grâce à une foi réfléchie et à une solide doctrine, le chrétien « cesse d'entretenir à l'égard de l'œuvre des incroyants l'attitude négative et hostile de l'abstention […], il peut manifester à l'égard des doctrines les plus diverses une disposition de bienveillante sympathie ». *Yvan Cloutier*

Angers, Pierre, s.j., *Foi et littérature*, Montréal, Éditions Beauchemin, 1959, 107 p. Deux chapitres ont paru précédemment dans *Relations* : « Le problème des lectures et la foi », avril 1951, p. 87-90 ; « La critique littéraire », septembre 1952, p. 243-245 ; « La critique littéraire », juillet 1953, p. 180-182.

▶ « L'art et la morale » ; *La morale amie de l'art*

« LES FOINS »
Chapitre du futur roman d'Albert Laberge *La Scouine* (1918), censuré par Mgr Bruchési (1909)

▶ *La Scouine*

FOOLISH WIVES (FOLIES DE FEMMES)
Eric von Stroheim (1885-1957) • Film interdit pendant 30 ans et dont on ne voit finalement que le tiers (1922)

Un don Juan corrompu se fait passer pour un aristocrate russe et vit, aux dépens de ses nombreuses victimes, dans des palaces de Monte-Carlo en compagnie de deux maîtresses qui se font passer pour des cousines. Il réussit à séduire la femme de l'ambassadeur américain, mais celui-ci le tue et il jette son corps dans les égouts. *Foolish Wives* (1922), drame de maîtresses, d'orgies, de tromperie, d'usurpation d'identité et d'escroqueries tombe dans la démesure. Aux États-Unis, les ligues de moralité font campagne contre le film et demandent son interdiction. Il n'est diffusé qu'au prix de nombreuses coupures qui le font passer de deux heures et demie à moins de deux heures selon les endroits. Si la durée varie selon la source d'information, une seule chose est attestée, c'est que Stroheim a lui-même réduit son film des huit heures tournées à un peu moins de trois heures.

Le Bureau de censure du Québec l'interdit le 22 septembre 1922 parce que le distributeur refuse les coupures imposées. Il ne revient devant le censeur qu'en 1952, en version « reconstruite » de 70 minutes, donc déjà très épurée, et il n'est accepté le 4 avril qu'après les coupures suivantes, totalisant environ 45 secondes.

> [Bobine] 3A : Éliminer le baiser au début du rouleau.
> 3A : Dial. : Tu vas l'épouser alors… Je l'espère.

Cette affichette anonyme met von Stroheim au centre de la toile, où les femmes viennent toutes se faire prendre, ce qui est typique de son cinéma où toute morale conventionnelle est absente.

> 3A : Dial. : Entendu – Alors je vais demander le divorce.
> 3A : Dial. : Au sujet de son divorce… Finir avant Dialogue « As-tu invité Diane ? »
> 3A : Dial. : Ce soir nous sommes là pour empêcher ses [sic] deux idiots de divorcer.
> 3A : Dial. : D'un pareil divorce.
> 3A : Dial. : Le divorce sera prononcé.
> 3A : Dial. : Mais hélas trop souvent le divorce vient toute [sic] effacer.
> 3A : Dial. : La cour de Hillboro décrète quand [sic] raison des circonstance [sic], que le divorce sera accordé à la demanderesse.
> 4A : Éliminer le baiser.

À son habitude, le censeur fait disparaître les allusions au divorce, sujet tabou autant que l'adultère, la nudité et les baisers prolongés.

Chez von Stroheim, Allemand émigré aux Etats-Unis en 1909, qui s'invente de toutes pièces une origine noble en arrivant à Hollywood en 1914 et qui se réjouit de devenir « l'homme qu'on aime haïr », la noblesse apparaît toujours corrompue et irrémédiablement condamnée. Réelle ou simulée, elle trompe tout le monde, se marie pour l'argent, rend l'entourage malheureux et se fait le plus souvent assassiner. Ce sont là des sujets que la censure ne prise guère, quel que soit le talent du cinéaste. Les avanies subies écourtent la carrière du réalisateur, une dizaine d'années et presque seulement au temps du cinéma muet. Subsistera le prodigieux acteur, surtout dans des films européens. Voici ce qu'il advient de ses principaux films en regard de la censure :

Greed (*Les rapaces*, 1924) est, comme presque tous les films de Stroheim, mutilé par le studio, mais il est convenablement distribué. À la censure québécoise, il ne serait passé que le 14 août 1956, sous son titre français, et il est alors approuvé. Il n'est coté par l'Office catholique national des techniques de diffusion qu'en 1962 et il est alors réservé aux adultes : « Le vieillissement de l'œuvre atténue la portée de cette peinture féroce de l'avarice et de ses ravages. »

The Merry Widow (*La veuve joyeuse*, 1925), adaptation de l'opérette de Franz Lehar, est d'abord refusé pour ces motifs : « Nudity. Bedroom scenes. Duel », le 21 octobre, puis le 28 suivant, parce que « Not sufficiently reconstructed ». En appel le 3 novembre 1925, il obtient son permis.

The Wedding March (*Symphonie nuptiale*, 1927), coupé en deux parties et retravaillé par Josef von Sternberg, n'a qu'une diffusion erratique. Il n'est présenté à Montréal pour la première fois que le 9 août 1964, par la Cinémathèque canadienne, à la Place des Arts, dans le cadre du Festival international du film de Montréal. Jacob Siskind, du *Montreal Star* (10 août 1964), précise qu'il n'a « jamais été montré sur ce continent depuis 40 ans [sic] ». Une exposition de photos, de manuscrits et de souvenirs du réalisateur accompagne la projection. Par la suite, une copie 16 mm est classée « 14 ans » le 25 janvier 1968.

Queen Kelly (1929) est interrompu avant la fin du tournage, puis il est terminé sans Stroheim ; le producteur ajoute une bande son à ce film muet, qui ne connaît qu'une distribution modeste dans les années 1950 aux États-Unis. Au Québec, il n'a de classement que le 29 juillet 1985 : « Général ». Mais le fait qu'il ait été coté « À déconseiller » par le « Ciné-bulletin » de *L'Action catholique* laisse supposer qu'il a été diffusé avant les années 1960. *Yves Lever*

ANQ-M, fonds Régie du cinéma, E 188, fiches des films ; *The Greatest Films*, site Web : fiche de *Greed* ; Internet Movie Database, fiches des films et documents annexes ; *Recueil des films*, 1962.

FRANCE-FILM

▶ DeSève, Joseph-Alexandre (1896-1968) et France-Film

FRANC-MAÇONNERIE

L'adhésion réelle ou soupçonnée à la franc-maçonnerie sert à l'occasion de justification à la censure

▶ *Arise, My Love* ; *Les Débats*, *Le débutant* ; Index ; *ndex, lectures et morale évangélique* ; *L'ineffaçable souillure* ; *Marie Calumet* ; *L'Ordre* ; *Le Pays*

FRANKENSTEIN

James Whale (1889-1957) • Film qui soulève des discussions théologiques (1931)

En 1910, avant l'instauration de la censure, un court métrage a déjà porté à l'écran le récit de Mary Wollstonecraft Shelley, *Frankenstein, or The Modern Prometheus* (1818). Le premier long métrage inspiré du conte anglais est refusé par le Bureau de censure le 15 décembre 1931 avec les motifs suivants : « Morbidity ; carries the idea of murder. Man trying to put himself as God ». Les censeurs consultent ensuite deux prêtres, dont l'abbé Avila Derome de l'archevêché, professeur au Séminaire de philosophie de Montréal, qui recommandent l'interdiction du film parce qu'il laisse sous-entendre qu'un homme peut créer de la vie, ce qui est contraire au dogme de la création. Une « reconstruction » (version coupée) est encore refusée le 4 janvier 1932 avec les motifs directement inspirés par les prêtres : « Fashioning creation by man and it being a dogma of the Catholic Church that only God can create, it is not advisable to be shown on screen in the Province of Quebec. » Consulté de nouveau, Derome ne change pas d'avis, la scène où Frankenstein se compare à Dieu est retranchée.

Le distributeur Universal ne s'en tient pas là et il joue la carte prêtre contre prêtre, réussissant à mettre de son bord pas moins de sept jésuites ! C'est ainsi que le gérant D. Leduc écrit une lettre à Beaulac le 2 février 1932 : « J'ai montré le film *Frankenstein* aux Jésuites, les Pères Louis Lalande, Alexandre Dugré et Léon Lebel, qui tous sont d'opinion que le film n'attaque aucunement le dogme de la création. En plus, je l'ai montré à quatre Pères Jésuites du Collège Ste-Marie, les Pères Reid, Bélanger, Cambron et Roy. Ces derniers sont du même avis que les précédents mais suggèrent l'emploi d'un préambule* rédigé par eux pour le film. » Leur texte se lit ainsi :

> *Frankenstein* est le titre d'un roman dû à l'imagination extraordinaire de Mary Wollstonecraft Shelley. Écrit il y a déjà cent ans et plus, cet ouvrage fut l'œuvre primée d'un concours entre le poète Shelley et sa femme, où il s'agissait d'inventer l'histoire la plus fantastique. Par une suite de scènes émouvantes et horribles jusqu'au frisson de la terreur, l'auteur rend extrêmement réaliste l'idée fixe d'un jeune médecin qui se croit capable de produire, par les agents matériels, non seulement la vie à un degré quelconque mais la vie d'un homme complet, avec intelligence et volonté libre. Le monstre qu'il paraît réaliser est bien la personnification de cette illusion des demi-savants matérialistes qui appliquent tout leur génie à donner au mystère de la vie humaine une solution athée et matérialiste. Rien d'étonnant qu'ils n'obtiennent comme résultat de leurs efforts que l'anéantissement de leurs illusions et, parfois même, la perte de leur génie et de leur raison.

Les archives ne disent pas si le préambule est ajouté au film, ce qui est probablement le cas, mais il est accepté en appel le 13 mars 1932.

Cette censure cinématographique représente une des rares fois où une question uniquement doctrinale est soulevée. Ce genre de discussion n'est guère plus fréquent en littérature, et on le croise entre autres dans les cas de *L'appel de la race** de Lionel Groulx (1922) et du recueil de poèmes religieux *La romance** de l'abbé Arthur-M. Viau (1947). Habituellement, la susceptibilité religieuse porte surtout sur la représentation des membres du clergé et sur la morale. *Yves Lever*

ANQ-M, fonds Régie du cinéma, E 188, fiche du film et document annexé.

« FRENCH CANADA »

Reportage photographique paru dans *Life* et repris dans *Le Jour*, qui entraîne une protestation de la part des archevêques du Canada (1942)

En 1947, dans la section « Réponses du service de presse » du journal *Le Droit* d'Ottawa, le père Paul Gay* traite en ces termes la question « Est-ce qu'un jeune adolescent peut lire *Life* ? » :

> Très intéressant pour ses articles documentaires, ce magazine doit être cependant réservé aux grandes personnes. On déplore que chaque No [sic] laisse passer des déshabillés et des nus choquants. En conséquence, si les parents reçoivent *Life*, ils ne peuvent le laisser entre les mains des enfants, sans le censurer à l'avance.

Il faut dire que, cinq ans auparavant, un numéro de cette revue s'était attiré l'opprobre du clergé canadien tout entier.

En effet, *Life* publie un reportage photographique intitulé « French Canada », le 19 octobre 1942. Sans fustiger clairement les Canadiens français, l'article et les nombreuses photographies qui l'illustrent, de John Phillips, sont tous en demi-teintes ironiques, particulièrement en ce qui touche l'omniprésence, voire l'omnipotence de la religion. John Phillips a pris la plupart de ses photographies à Saint-Fidèle, dans le comté de Charlevoix, avec l'accord du curé Thomas Louis Imbault. Il nous montre, par exemple, l'ouverture d'une séance du conseil de ville, les personnes présentes agenouillées pour réciter la prière, ou encore une partie du village également agenouillée devant une croix de chemin, au moment de l'angélus du soir. Tout concourt à suggérer l'image d'un peuple rétrograde et soumis au clergé.

Le texte de l'article est à l'avenant. On peut y lire : « God is always very close to the little people of Saint-Fidèle and the Church is even closer. […] It is exceedingly uncomfortable for anyone in Saint-Fidèle who would defy the village curé. » Il y est question du refus de la conscription, d'une dîme de 4 % que le clergé prélève sur les récoltes, de la Loi du cadenas*, de ce que le Québec soit la seule province où l'école n'est pas obligatoire. Bref, « [t]he flock is kept firmly French, Catholic, compact and productive ».

La décision de Phillips de prendre pour exemple ce petit village de Charlevoix a été prise à la suite d'une suggestion faite par le journaliste Jean-Charles Harvey, peut-on lire dans les notes autobiographiques de ce dernier. En outre, Harvey prend l'initiative, le 31 octobre suivant, de reproduire en traduction le texte de *Life*, sans les photographies, dans son journal *Le Jour*. L'introduction évite tout jugement explicite :

> Nos lecteurs trouveront ci-dessous le texte complet, en français, du récent article paru dans le magazine *Life* et qui a suscité les protestations officielles de S. E. le Cardinal Villeneuve et de l'honorable Adélard Godbout, premier ministre de la Province.
>
> *Le Jour* n'a pas à prendre parti ; il laisse à *Life* la responsabilité de son opinion comme il fait état des protestations soulevées.

Il faut toutefois savoir que deux jours plus tôt, le 29 octobre, Harvey avait écrit à John Phillips ce qui suit : « Je t'envoie sous pli séparé *Le Jour* de cette semaine. Tu liras en dernière page la traduction de ton excellent reportage sur la province de Québec. Dans la proportion d'au moins 95 %, ce reportage est véridique et objectif. M. Godbout a sans doute protesté à la demande du cardinal lui-même. » Il termine sa lettre sur ces mots : « Tu peux dire à la direction de *Life* qu'un très grand nombre de Canadiens français ont approuvé ton reportage. Il est

« FRENCH CANADA » [276]

Life, 19 octobre 1942. – Ce reportage de la revue *Life*, qui entre autres met en lumière le conservatisme religieux du Québec, est dénoncé par les archevêques du Canada.

bon que certaines vérités soient connues en dehors de la province de Québec. »

La réaction du clergé est énergique, d'abord contre le magazine, et ensuite à l'endroit du journal de J.-C. Harvey. *L'Action catholique* publie le 28 octobre un communiqué du cardinal Villeneuve, repris dans la *Semaine religieuse de Québec*, le 5 novembre ; l'archevêque se fait le porte-parole de la protestation du premier ministre Adélard Godbout et, pour sa part, il exprime son indignation en ces termes :

> De Notre côté, puisqu'on Nous attribue et qu'on attribue à l'Église du Canada français des attitudes et des sentiments qui ne sont pas les Nôtres, Nous tenons à exprimer Notre absolue réprobation d'un mépris aussi flagrant des lois de l'hospitalité et des droits de la justice autant que de la vérité.

Ce communiqué est suivi, dans le même numéro, d'une « Protestation des Archevêques du Canada contre l'article de *Life* intitulé "French Canada" ». Les neuf signataires « protestent avec véhémence » contre des propos « faux et préjudiciables au bon renom de l'Église […] ».

Ce n'est certes pas un hasard si, le 10 décembre suivant, on peut lire dans la *Semaine religieuse de Québec* :

> À leur assemblée du 1er décembre 1942, Nosseigneurs les Archevêques et Évêques de la province de Québec ont porté la décision suivante :
>
> *Le Jour* est un périodique dont l'esprit chrétien, la moralité et le patriotisme sont pour le moins douteux, et l'on s'étonne que des catholiques s'en permettent la lecture.

Une telle « censure », au sens large, est représentative de l'impéritie cléricale de cette époque. Depuis *Les demi-civilisés** (1934) de Jean-Charles Harvey, les interdictions sont rarissimes et, en sus, un magazine tel que *Life*, à la faveur de l'éloignement géographique et d'une diffusion massive – plus de vingt millions de lecteurs, selon Harvey – est pratiquement hors d'atteinte. *Pierre Hébert*

« French Canada », *Life* (19 octobre 1942), p. 103-108, 110 et 112 ; « Le Canada français vu par *Life* », *Le Jour* (31 octobre 1942), p. 10.

SAUS, fonds Jean-Charles Harvey.

G

GABIAS, YVES (1920-2002)

Un Secrétaire provincial qui veut choisir les censeurs

Avocat à Trois-Rivières, Yves Gabias devient député de l'Union nationale le 22 juin 1960, au moment où le Parti libéral de Jean Lesage accède au pouvoir. Quand son parti, dirigé par Daniel Johnson*, reprend le pouvoir le 16 juin 1966, il est nommé Secrétaire de la province et, à ce titre, responsable du Bureau de censure. Quelques mois plus tard, le 11 novembre, selon la tradition qui a perduré 50 ans, le ministre use de son privilège pour congédier une censeure (Florence Martel, âgée de 73 ans, en poste depuis 1961, nommée pour services rendus au Parti libéral) pour désigner à sa place Lévis Lorrain, frère d'un ancien ministre de Maurice Duplessis* et employé du parti au pouvoir en tant que consultant en relations publiques et organisateur d'élections. Il semble oublier que même si la loi prévoit toujours que les censeurs sont nommés par le cabinet sur recommandation du ministre responsable, la règle s'est établie depuis trois ans que le président du Bureau doit être consulté et surtout que la politique établie est désormais de ne nommer que des personnes avec une compétence reconnue, libres de tout engagement politique et de tout groupe de pression. En tant que président du Bureau, André Guérin* refuse cette nomination en conversation privée avec Gabias, mais tout le monde est rapidement mis au courant. L'Association professionnelle des cinéastes appuie Guérin et dénonce ce « cas aussi flagrant de favoritisme et de prime à l'incompétence », ajoutant qu'elle souhaite être consultée pour toute nomination importante de ce genre, cette dernière suggestion n'étant pas sans ambiguïté puisqu'elle procède de la même manière de penser que celle des politiciens et pourrait enlever tout autant de liberté à l'élu. À la surprise générale, le premier ministre Johnson reste coi, ce qui équivaut à un désaveu de son ministre. On apprend plus tard que Lorrain, devant le refus de Guérin, aurait lui-même refusé sa nomination, ce qui était la façon la plus élégante de sortir de l'impasse.

Une semaine plus tard, Gabias repart en guerre contre Guérin au moment de la controverse causée par l'interdiction du film suédois *Le serpent**. Il demande encore la démission du censeur en chef, ce qui est de nouveau refusé. Le premier ministre ne se mêle pas de la querelle.

Le 10 mai 1967, lors de l'étude des prévisions budgétaires de son ministère, Gabias se plaint de ce que le Bureau de censure soit « un État par-dessus l'État » et qu'en plus il fasse mal son travail en laissant passer des films pornographiques. Il mène une charge à fond de train contre Guérin, « une présence qui est au-dessus de toutes les autorités… au dessus de la loi, au-dessus du ministre, au-dessus de premier ministre, au-dessus du conseil des ministres ». Fait inusité, le bouillant ministre reçoit l'appui inattendu d'un député de l'opposition, le libéral Émilien Lafrance, traditionaliste catholique bien connu qui fait souvent l'objet de caricatures dans la presse écrite. Même l'éditorialiste Claude Ryan du *Devoir* (11 mai 1967) trouve qu'il est allé trop loin en laissant entendre que Guérin et les autres censeurs n'avaient pas de morale. C'est la première escarmouche d'une bataille qui durera plus d'un mois, car le projet de loi que tout le monde attend depuis quatre ans est finalement déposé en première lecture le 16 mai et sa troisième lecture précède son acceptation le 15 juin (mais sanctionné seulement le 12 août), après de très longs débats, tant à l'Assemblée nationale que dans tous les médias. Ironie du sort, Gabias doit défendre un texte adopté par le cabinet, mais auquel il ne croit pas, car il milite pour une loi plus sévère. Pour lui, « tout le monde

Le journaliste se montre très méchant : à la citation du ministre, « On veut me faire passer pour un arriéré », il accole le sceau « Approuvé » du Bureau de censure, comme si c'était André Guérin qui l'apposait.

sait ce que sont les bonnes mœurs et l'ordre public » et la censure doit interdire ce qui va à l'encontre de ces paramètres ; il suffit d'avoir des censeurs qui ont une morale ! Il ajoute qu'il faut prendre garde, car « les peuples qui ont le plus de liberté sont les plus exposés à la décadence » (*Le Devoir*, 20 mai 1967). La menace d'un retour à une censure des ciseaux provoque une réaction considérable. Que les associations liées au cinéma et les journalistes réagissent avec vigueur n'étonne pas, mais même le Syndicat des écrivains du Québec et la Ligue des droits de l'homme expriment leurs craintes de voir diminuer la liberté d'expression.

La diplomatie de Johnson et la discipline de parti font que la loi de classification des films (où le mot censure est absent) est votée à peu près dans le sens qu'avait souhaité le *Mémoire du comité* provisoire pour l'étude de la censure du cinéma* (dit « rapport Régis »), au moins dans sa partie touchant le contrôle du cinéma. Yves Gabias aura été le dernier politicien à tenter, sans succès, de maintenir une vision morale étriquée du cinéma et un système de favoritisme pour les membres du parti. Il quitte la vie politique le 29 avril 1969 pour accéder à la magistrature en tant que juge à la Cour provinciale à Trois-Rivières où il siège jusqu'en décembre 1990. *Yves Lever*

La Presse des 10, 12 et 14 novembre ; *Le Devoir* des 10, 12, 14 et 15 novembre ; « Gabias critique le bureau de censure et les films qu'on projette au Québec », *La Presse*, 10 mai 1967 ; BENOIT, Jacques, « On veut me faire passer pour un arriéré. Me Yves Gabias », *La Patrie*, semaine du 21 mai 1967.

GAGNON, ALEXIS (1898-1980)
Le plus rigoriste de tous les censeurs québécois

Alexis Gagnon est journaliste au *Devoir** de 1920 à 1947, occupant divers postes : reporter, chroniqueur parlementaire à Québec et à Ottawa, éditorialiste et directeur intérimaire.

Le 5 décembre 1947, il remplace Lucien Desbiens à la présidence du Bureau de censure, nommé par le premier ministre Maurice Duplessis*, dont il est un ami personnel. La notion de conflit d'intérêt semble lui être inconnue. Gagnon écrit souvent à son chef et mentor pour lui demander conseil au sujet de certains films. De plus, non seulement les deux communiquent-ils souvent par téléphone pour des affaires personnelles et le censeur accepte-t-il des cadeaux du premier ministre, mais il s'offre également pour lui rendre divers services en campagne électorale, dont celui de lui écrire des discours. Il accepte aussi avec plaisir le laissez-passer annuel que lui offre l'exploitant Consolidated Theatres Limited.

Durant les 13 ans de son mandat (Louis de Gonzague Prévost lui succède le 17 février 1961), avec l'aide de Lucien Desbiens, aussi un ancien journaliste du *Devoir*, et celle des autres censeurs, il bannit des haut-parleurs tous les « faire l'amour », « amant » et « amante », « maîtresse », « cocu », « divorce », « concubinage ». Des scènes complètes disparaissent pour éliminer un bout de sein entrevu une fraction de seconde ou l'évocation d'un adultère ; les bikinis disparaissent aussi bien des scènes de cabaret que des actualités*. Des finales sont retranchées pour éliminer des suicides, des séparations de couples ou des retrouvailles d'amants. Le passage du temps ne le rend pas plus indulgent, comme le démontrent les affaires *Maxime** en 1958 et *Hiroshima, mon amour** en 1960.

Nul ne symbolise autant que Gagnon, représentant exemplaire du régime duplessiste, la censure poussée jusqu'à la caricature, d'abord pour sa nomination par favoritisme politique (le « patronage » duplessiste à son meilleur), puis par sa volonté ferme d'appliquer les critères* de 1931 de la manière la plus rigoureuse, sans considération de l'évolution des mentalités, comme si rien n'avait changé au Québec dans les 30 dernières années. *Yves Lever*

ANQ-M, fonds Régie du cinéma, E 188, fiches des films, correspondance et procès-verbaux des assemblées du Bureau de censure.

GAY, PAUL (1911-2005)
Critique littéraire qui a joué un rôle majeur dans l'appréciation morale des œuvres, à partir du milieu des années 1940

La critique littéraire*, au Québec, collabore au contrôle clérical dès le milieu du XIXe siècle. L'abbé Henri-Raymond Casgrain, du Séminaire de Québec, fait émerger une critique « sacerdotale », « alignant l'ensemble de la production littéraire en cours sur l'accomplissement providentiel d'un peuple agriculteur », écrit Jacques Allard dans *Traverses de la critique littéraire au Québec*. L'abbé Camille Roy, de l'Université Laval, prend le relais de cette littérature « croyante et religieuse », selon les mots mêmes de Casgrain, imprégnant les premières décennies du XXe siècle. Allard ajoute : « Ainsi va la première critique, cléricale, dominant pendant près d'un siècle, appuyée au besoin par l'Index* […]. » Condamnant le vice, tolérant parfois la médiocrité vertueuse, ces « critiques bénisseurs » (l'expression est de Jacques Blais) balisent et même infléchissent les lettres canadiennes-françaises. À Montréal, Victor Barbeau qualifie d'ailleurs les critiques des années 1920 de « douaniers de la pensée et de l'écriture » (*La Presse*, 3 juin 1919).

Au milieu du siècle, le père Paul Gay poursuit cette tradition. Pendant près d'une vingtaine d'années, il signe plus de mille articles divers, dont près d'une centaine abordent les lettres dans une perspective de censure.

Né à Bourg-en-Bresse, en France, Paul Gay obtient une licence en théologie à Rome, en 1937. Père de la Congrégation du Saint-Esprit, il passe une bonne partie de sa vie à titre de professeur et supérieur au Collège Saint-Alexandre de Limbourg, à quelques kilomètres de Hull. Son enseignement le conduit aussi à l'Université d'Ottawa, en 1970. Son activité de critique littéraire est particulièrement intense entre 1945 et 1975, surtout dans le quotidien d'Ottawa *Le Droit*. De plus, le père Gay collabore à la revue *Lectures**, de 1945 à 1966. Enfin, il siège au jury du prix du Cercle du livre de France durant 23 ans. C'est dire à la fois l'importance quantitative et qualitative de sa présence critique.

Ce qui frappe le plus dans les textes critiques du père Gay, c'est un discours imbu de principes fermes et clairs, à côté de sa faiblesse d'action en regard de la diffusion des imprimés immoraux et obscènes*, qu'il perçoit comme le grand mal des années 1940-1950. Cet important écart entre le discours et la réalité, entre les mots et les maux conduit même à se demander si la censure, du moins à cette époque, n'existe pas davantage dans le discours social que dans la réalité.

Ce discours, lui, procède de principes péremptoires. Dans un article intitulé « Quand les prêtres se mêlent de critique… » (*Le Droit*, 12 juin 1948), le père Gay, en dépit de nuances, proteste contre une réduction de la critique cléricale : « Qu'il soit donc bien entendu [...] que nous n'aimons pas seulement les œuvres édifiantes, pieuses, larmoyantes, humides d'eau bénite [...]. » Cependant, si une œuvre d'art « est pleine d'idées, c'est avec des idées qu'il faut critiquer des idées, et c'est avec le goût qu'il faut apprécier sa valeur artistique. Jugeons l'art d'après l'art et la morale d'après la morale. »

Si on ne peut juger d'une œuvre d'art uniquement du point de vue moral, à l'inverse, la même œuvre ne peut être envisagée non plus du seul point de vue artistique ; il s'agit plutôt d'appliquer à l'œuvre le critère qui sied à sa nature particulière. Or, « la moralité d'un acte est la qualité qui établit, entre cet acte et la fin de la vie humaine, une relation de conformité ». Que faut-il en déduire ? L'art n'est pas indépendant de la morale, chrétienne en l'occurrence, car il participe de ses fins dernières ; si la morale ne gouverne pas l'art, elle le limite.

Quant au livre, le père Gay lui reconnaît un immense pouvoir : « Qui peut nier, par exemple, que la distribution des ouvrages de Voltaire et de Rousseau n'ait préparé, hâté et causé la Révolution de 1789 ? » (*Le Droit*, 30 novembre 1946) Il lance même cette affirmation : « Après la croix et l'Église, l'indice certain de la civilisation est le livre. » (*Le Droit*, 28 juin 1952) Le livre appelle à être diffusé, certes, mais aussi contrôlé ; c'est pourquoi sont cités à satiété des guides et classifications, c'est-à-dire l'Index, la revue *Lectures* et les ouvrages des abbés Georges Sagehomme et Louis Bethléem*.

En outre, métaphorisation intéressante, toute une rhétorique corporelle sert de support imagé à des principes autrement confinés à l'abstrait. Dans une bonne dizaine d'articles, dont certains sont entièrement gouvernés par une métaphore corporelle, le père Gay argumente, à l'instar de la plupart des censeurs, en recourant à cette analogie. Le lien entre la lecture et l'activité corporelle n'est-il pas déjà inscrit dans l'imagerie populaire ? On *dévore* un livre, il faut *assimiler* ses lectures, les *digérer*, etc. L'écrivain peut-il tout dire, tout raconter ? La réponse provient d'une analogie avec le spécialiste de la santé du corps :

> Tout auteur a le droit d'étudier et de peindre le mal, tout comme le médecin a celui de sonder la plaie. MAIS CE SONDAGE N'EST PERMIS AU MÉDECIN QUE POUR OBTENIR LA GUÉRISON, principe essentiel auquel on songe trop peu. Le praticien dont les études ne serviraient qu'à répandre la contagion serait un malheureux ou un monstre. (*Le Droit*, 4 décembre 1952)

Si l'artiste, l'écrivain est rapproché du médecin, le libraire* s'apparente pour sa part au pharmacien :

> De même qu'un pharmacien est diplômé par l'État et autorisé à tenir boutique pour des produits qui concernent la santé du corps, ainsi un libraire devrait au moins posséder aux yeux du public cette même garantie intellectuelle pour la vente de publications qui atteignent directement les intelligences, les cœurs et les âmes. (*Le Droit*, 30 novembre 1946)

Et le lecteur ? Bien sûr, sa lecture sera une nourriture, bonne ou mauvaise. Répondant à une question sur le contrôle des lectures à la maison, le critique du *Droit* (17 mai 1947) recourt à sa pensée par analogie : « Quelle folie, Madame, de vous voir si attentive à la nourriture matérielle du corps de vos enfants et si indifférente à leur nourriture spirituelle ! Vous devez être l'éducatrice du cœur de vos petits ! »

Les expressions pour qualifier les mauvaises lectures procèdent du même paradigme corporel/alimentaire : « ces œuvres sont du poison », « tout est contaminé », « la tuberculose de l'âme ». Le père Gay raconte même l'histoire, rapportée par un médecin de Hull, d'une jeune fille de douze ans qui avait développé une hystérie à cause « de centaines de petits romans et *comics* ingurgités à tort et à travers » ! (*Le Droit*, 26 février 1949) Il est désormais clair que « la vraie santé intellectuelle – comme la vraie santé corporelle – demande le CHOIX de la qualité de la nourriture absorbée ». Ainsi écrit-il au sujet de la critique de l'Index dans *Le Libraire* de Gérard Bessette, le 3 septembre 1960 : « Comme on ne donne pas de viande solide à un bébé, on ne fait pas lire à un adolescent un livre qui le dépasse. » Et pour clore tous ces exemples recourant au discours corporel, cette formulation percutante : « Il y a enfin des œuvres qui, d'elles-mêmes, sont poison POUR TOUS. La strychnine reste la strychnine. Il est faux de soutenir – comme l'ont fait certains – qu'il n'y a pas de mauvaise nourriture, qu'il n'y a que de mauvais estomacs. » (*Le Droit*, 9 mai 1953)

Les articles du père Gay traitent en grande partie du contrôle des *comic books** et de la littérature populaire, par un appel à l'intervention du pouvoir judiciaire. De 1949 à 1959, ils éclairent l'importance de la loi séculière en matière de censure. L'Église s'était déjà prononcée sur la question de l'obscénité et de l'érotisme, dans l'article 9 du canon 1399 : sont condamnables « les livres qui traitent *ex professo* des choses lascives ou obscènes, les racontent ou les enseignent ». Cependant, cette interdiction entraîne de faibles effets, le clergé ne pouvant interdire les innombrables ouvrages visés, pas plus que de s'assurer que les fidèles appliquent d'eux-mêmes la loi canonique. Voilà pourquoi le pouvoir religieux se veut épaulé par le juridique : « Depuis plusieurs années, la Ligne de Décence du diocèse de Montréal réclame d'Ottawa une censure plus sévère dans l'importation de toute cette littérature de basse inspiration […] », reconnaît Albert Valois dans la revue *Lectures* (« Popularité de la littérature sexuelle », novembre 1949).

Lorsque le député conservateur-progressiste de Kamloop, E. David Fulton, fait voter son « bill », projet de loi qui vise à la fois l'obscénité et « une histoire illustrée de crime ou *crime comic* », refonte de l'article 207 du Code criminel, le père Gay s'écrie, dans *Le Droit* (26 février 1949) : « Trop de personnes, en effet, ont jusqu'à présent crié à l'exagération, lorsque nous stigmatisons la presse "criminelle", les comics absurdes et les petits romans douceureux, à titre et couverture alléchante. »

Le débat sur le projet culmine le 4 octobre, et le 5 décembre 1949 marque la refonte de l'article 207. Dans « La nouvelle loi sur les "comics" » (*Lectures*, mars 1950), le père Gay se réjouit avec mesure : « Ces Messieurs ont été effrayés (le mot n'est pas trop fort et il est tout à leur honneur) des millions de *comics* qui s'impriment par année : le dernier calcul sérieux parle de 720 millions par an aux États-Unis. » Cependant, deux faiblesses grèvent cette loi : la douane* lui échappe, et le cœur même de ce qu'elle vise, l'obscénité, n'est défini qu'en vertu d'une loi vétuste du XIXe siècle.

La douane représente une passoire dont se plaint abondamment le père Gay. Le principe est pourtant clair :

> Chacun sait que le Ministère du revenu [sic] est chargé de l'entrée des livres, revues et magazines de toutes sortes. Personne n'ignore également que ce même ministère consigne sur des listes très précises les volumes ou les publications qui n'ont pas le droit de franchir les frontières du Canada. (*Le Droit*, 19 février 1952)

Mais la réalité est décevante, ce ministère ne pouvant vraiment exercer un contrôle efficace à cause du « fait que son personnel est inadéquat ». À cette plainte s'ajoute un grief encore plus sérieux : la réimpression au Canada même de ces ouvrages nocifs. C'est à la suite d'une petite enquête faite à Ottawa que le père Gay découvre en effet treize *pocket-books** interdits par le Canada, vendus par centaines. Faut-il imaginer toutes ces boîtes de livres cachées au moment de passer la douane ? Non, la méthode est autrement plus simple et efficace, qu'il décrit dans « Scandale dans la vente des "pocket-books" » (*Le Droit*, 19 février 1952) :

Ouvrez ces « pockets-books » et vous trouvez en bas de la 4ᵉ page l'inscription suivante : « Printed in Canada ». On tourne [sic] donc la loi en faisant venir un exemplaire à titre personnel (une copie dans un cas très précis et avec permission spéciale peut passer) et en le reproduisant au Canada. Ainsi, un pocket-book qui ne peut entrer au pays peut cependant y être vendu à des centaines de numéros !

Le père Gay identifie les points vulnérables de la Loi contre l'obscénité :

– L'article 207 du Code criminel, quoique remanié en 1949, et qui devient l'article 150, « est pratiquement inapplicable. Le mécanisme d'une condamnation est tellement compliqué qu'il décourage les plus courageux ».

– Le ministère du Revenu ne suffit pas à la tâche, non seulement parce le personnel n'est pas assez nombreux, mais aussi parce qu'il « n'y a pas de loi qui prohibe la réimpression au Canada des livres interdits par la censure de la frontière ».

– Et « si encore on s'entendait sur la définition du mot obscène » ! La définition en cours date de 1868, et « semble bien ne rien définir du tout ».

– Enfin, il faudrait que la Commission sénatoriale, qui fait enquête sur le sujet, « produise un texte paralégislatif qui préciserait l'esprit selon lequel les éditeurs et les imprimeurs devront rénover et assainir les revues et les imprimés de tout genre ».

L'année 1959 marque la fin de ce débat puisque, en juin, Ottawa vote « une loi qui [définit] enfin l'obscénité et [met] en condition inférieure les éditeurs de revues condamnables ». Cette loi aura des effets concrets, entraînant par exemple les procès contre *L'amant de Lady Chatterley** et *Histoire d'O**. Cette victoire tardive a pour fonction de transférer à ce moment le pouvoir censorial du religieux au judiciaire. Le père Gay est l'acteur et le témoin le plus révélateur de l'impéritie censoriale du clergé, puis de sa disparition.

« Le discours de la défaite » n'apparaît évidemment pas subitement avec la Révolution tranquille, et plusieurs propos antérieurs à l'arrivée au pouvoir des Libéraux traduisent l'érosion de la censure. Ainsi, dès 1946 (30 novembre), dans un article rappelant les devoirs du libraire*, le père Gay reconnaît incidemment une certaine faiblesse : « Il est temps que tous les libraires catholiques du Canada se ressaisissent et se soumettent pleinement aux lois de l'Église. » (*Le Droit*, 14 décembre 1946) On peut multiplier les déclarations creusant l'écart entre le discours censorial et la réalité : « Le monde actuel n'a plus de principe : partout les notions traditionnelles de pudeur sont ébranlées ; c'est l'anarchie : l'homme peut tout se permettre s'il l'ose. » (*Le Droit*, 19 février 1952) Le pouvoir juridique, appui de l'Église durant les années 1950, et en particulier la loi Fulton sont opportunément qualifiés, par le titre même d'un article, de « Colosse aux pieds d'argile » : « [...] il y a de quoi rester stupéfait devant l'étalage aussi abondant des revues obscènes. Bien loin de s'améliorer, la situation ne fait qu'empirer. » (*Le Droit*, 29 août 1956) C'est toutefois dans un article sur le cinéma que s'exprime la plus criante prémonition :

> Au train où circulent les magazines stupides et indécents (que la Loi canadienne n'a pas réussi encore à arrêter), au train où rentrent les films les plus osés, on est en droit de se demander ce que deviendra le catholicisme du Canada dans une dizaine d'années. (*Le Droit*, 13 mars 1956)

Dès l'entrée dans la Révolution tranquille, le père Gay, sans nécessairement capituler, tient des propos absolument révélateurs d'une défaite imminente. Parue en 1962, cette reddition s'intitule avec à-propos « Le séparatisme dans la littérature » (*Le Droit*, 7 avril). Séparatisme politique ? Évidemment pas. Le père Gay fait remonter un mouvement, qu'il désigne par « séparatisme religieux », à Jean-Charles Harvey qui, relayant les « abus de la société cléricale » à Roger Lemelin, Carl Dubuc, Gérard Bessette, Gilles Leclerc et Jean Simard, a exacerbé une dénonciation de « ce que Dostaler O'Leary appelle "Le rideau clérical" ». Le père Gay décrit ainsi ce changement : « En attendant, un résultat paraît certain : le préjugé, chez nombre de Canadiens français cultivés, ne joue plus en faveur du prêtre et de l'Église et ce que j'appelle le séparatisme religieux commence à marquer des points. »

À ce moment apparaissent dans la correspondance du père Gay des réponses d'auteurs qui contestent le critique et le censeur. Le premier échange est symptomatique : il a lieu en 1959, avec Pierre Tisseyre, directeur du Cercle du livre de France ; on sait le rôle du père Gay comme juré pour l'attribution du prix éponyme. Le contentieux porte sur *Le grand dadais*, de Bertrand Poirot-Delpech, à propos duquel le père Gay a écrit un article réprobateur, dans *Le Droit* du 9 mai 1959 : « Image peut-être d'une certaine jeunesse française, *Le grand dadais* n'aurait jamais dû être réimprimé à Montréal, non seulement parce qu'il ne rend pas justice à la France, mais encore et surtout parce qu'il est l'héritier direct des grands négateurs, genre Sartre. » Pierre Tisseyre, cependant, ne recule pas, insistant sur l'orthodoxie du roman qu'il vient d'éditer. Il écrit au père Gay, le 12 mai 1959 :

> Pour ma part, outre les mérites littéraires du livre qui me paraissent indiscutables, je ne peux m'empêcher de trouver cet ouvrage moral. J'ai passé, comme vous le savez, cinq ans en captivité et je sais par conséquent ce que représentent cinq ans de prison et je vous assure que *Le grand dadais* de M. Poirot-Delpech a chèrement payé son cynisme et son immoralité.

Le père Gay se justifie auprès de Tisseyre, le 16 mai suivant, l'assurant avoir « fait lire le livre à un de [ses] confrères, très ouvert, qui a jugé comme [lui] le livre immoral ». Le héros de ce roman a beau avoir connu les affres des camps de concentration qui poussent « à l'immoralité et au cynisme », « ce n'est pas une raison pour propager ce cynisme et cette immoralité, à un moment où, précisément, le monde a besoin d'être remonté ».

Un autre échange porte sur un essai majeur au début de la Révolution tranquille, *Les insolences du Frère Untel**, paru en 1960. Le père Gay tire le premier, dans *Le Droit* du 24 septembre. En plus de décrier cet essai, il laisse insinuer une imposture littéraire : « Je regrette (souriez, ami lecteur!) que ce léger volume, si vraiment il sort de la plume d'un authentique frère, n'ait pas d'Imprimatur. Et je ne comprends pas qu'un homme de la taille d'André Laurendeau ait préfacé ce bric-à-brac excentrique. » Jean-Louis Lemieux lui répond dans la section *Opinion du lecteur*, le 29 septembre : « Si notre critique, homme expérimenté et au courant des dessous du monde littéraire, sait pertinemment qu'il s'agit d'une fraude, il nous rendrait service en nous le disant clairement. » Le père Gay le relance personnellement (cette lettre n'est pas au dossier), mais c'est la dernière missive de Lemieux qui, de toute façon, est la plus révélatrice. Dans cette réplique à la fois ferme, polie et… soumise, Lemieux adresse au critique son principal reproche, le 25 octobre :

> Il reste cependant que vous avez écrit : « Si vraiment ce volume sort de la plume d'un authentique frère » … Cher Père, je serai franc avec vous (comme au confessionnal!) et je vous dirai que c'est là une tournure littéraire qui me répugne, surtout quand elle est employée par des gens responsables. Le procès d'intention, l'insinuation sournoise, me fait toujours sursauter. […] Vous sachant très au courant de la chose littéraire, j'estimais que vous auriez dû nous dire clairement ce qui en était.

Cette missive dévoile par ailleurs les tensions entre les paroles laïque et cléricale :

> Je ne vous cache pas que mon intervention m'a valu la désapprobation ouverte des autorités religieuses du diocèse d'Ottawa. Comme je fais partie de l'A.C. [Action catholique], ma situation est quelque peu délicate. Afin de ne nuire en rien au mouvement que je représente, j'ai donc dû assurer mes supérieurs laïques et religieux que je ne recommencerais plus. Le dialogue public entre religieux et laïcs n'est décidément pas bien porté.

D'autres échanges épistolaires montrent la fin d'une parole dogmatique. Ainsi, Paul Gay écrit à

Adrien Thério que son livre *Le printemps qui pleure** (1962) est immoral ; Thério de lui répondre (18 avril 1962), à propos de ce qu'il décrit dans son roman : « Je crois qu'il vaut mieux connaître la vérité, même si elle est dure. » Dans la même lettre, au sujet de son *Flamberge au Vent* (1961) attaqué par « un certain Bastin », Thério affiche ses couleurs : « À me fier à toutes les bonnes intentions, je devrais cesser d'écrire. Je n'en ai pas l'intention. » Paule Saint-Onge, auteure de *Ce qu'il faut de regrets…* (1961), est victime elle aussi de commentaires désobligeants du père Gay, qui avait écrit au sujet de ce roman qui porte atteinte au mariage :

> Il y a – pourquoi ne pas le dire, puisque le roman se passe dans la catholique province de Québec – le sacrement de mariage. Comme tant de romans canadiens, Dieu ne paraît pas dans le roman de Paule Saint-Onge, ni le besoin de prier. Ce qui est, à mon avis, non seulement fausser le récit, mais encore se priver d'une étude qui serait autrement riche. (*Le Droit*, 8 septembre 1962)

Paule Saint-Onge réplique privément, le 20 septembre : « Il me semble que le malentendu entre vous et le roman canadien en général provient du fait que vous attendez de l'écrivain d'ici qu'il décrive les gens tels qu'ils devraient être et non pas tels qu'ils sont. » Enfin, Jean Simard et Paul Gay échangent une assez longue correspondance, le père Gay ayant critiqué les ouvrages de Simard, en particulier *Répertoire* et *Nouveau répertoire*, de même que *Les sentiers de la nuit*, en signalant qu'il s'agissait d'ouvrages majeurs, de réussites, particulièrement *Répertoire*, mais ternis par des propos douteux sur le plan moral. Cette correspondance est généralement cordiale, mais Jean Simard exprime bien leur relation dans cette phrase lapidaire : « Vous m'aimez bien, mais vous me comprenez mal. »

L'attaque la plus vive dont a été l'objet le prêtre-critique et membre d'un jury provient de Bertrand Vac (Aimé Pelletier). Dans *Le Devoir*, Vac, qui vient de remporter pour la troisième fois le prix du CLF, jette du fiel lors d'une entrevue, répondant à la question « Quelles réflexions les prix littéraires vous inspirent-ils ? » :

> Celle-ci, entre autres. Je ne comprends pas qu'il y ait des curés qui fassent partie de jurys. Membre de celui du Cercle, le père Guay [*sic*] m'a dit fort directement qu'il n'avait pas voté pour moi. Si son état civil lui interdit de se prononcer objectivement sur la valeur purement artistique d'un ouvrage, l'honnêteté devrait lui interdire d'être juré. On ne lui demande pas de donner des bons points à des enfants de chœur mais de juger une œuvre littéraire. Ou il faut qu'ils se conduisent en gens civilisés, en homme de culture, ou bien qu'ils restent dans leur sacristie. (*Le Devoir*, 20 novembre 1965)

Bertrand Vac ajoute : « Si l'on veut faire de nous des gens cultivés, qu'on commence par bannir les censures […]. » Jacques Michon a raison de dire, dans son étude sur les clubs du livre et les prix du CLF, que Pierre Tisseyre a nommé le père Gay comme juré afin « de se dédouaner auprès du clergé ».

Si c'est à partir des années 1960 que le père Gay semble recevoir plus de correspondance mettant en cause la nature de ses jugements moraux sur la littérature, il ne faut pas en conclure pour autant qu'il ne s'agit là que des seuls témoignages privés qu'il ait reçus. Bien au contraire : le grand mérite de ce critique fut de lire les œuvres avec conscience, professionnalisme, voire empathie. Claire Martin, à propos de *Doux-amer**, lui livre ce témoignage (31 octobre 1960) qui peut être appuyé par plusieurs autres écrivains canadiens-français : « Je vous assure qu'il est rare qu'un romancier ait l'impression que son livre a été compris. Il est même rare d'avoir celle qu'il a vraiment été lu. »

Entre 1945 et 1965 s'effrite une institution séculaire, l'Église catholique, de même que son pouvoir de contrainte. Le père Gay dont il est question ici n'est pas le professeur ou l'ambassadeur des lettres ; il s'agit plutôt du témoin, privilégié de par la tribune qu'il occupait, de ces deux décennies majeures en ce qui concerne la nature et la transformation

des liens entre la littérature, la critique et la censure.
Pierre Hébert

CRCCF, fonds Paul-Gay ; KARCH, Pierre et O'NEILL-KARCH, Mariel, « Paul Gay et la critique humaniste », *Revue d'histoire littéraire du Québec et du Canada français*, 14 (été-automne 1987), p. 67-94.

◉ « *L'art et la morale* » ; *Avec ou sans amour* ; *L'échéance* ; *Manon* ; Prix littéraires ; *Quand j'aurai payé ton visage*

GAZETTE LITTÉRAIRE POUR LA VILLE & DISTRICT DE MONTRÉAL

Journal de Fleury Mesplet (1734-1794) • **Le journal est saisi et Fleury Mesplet, de même que Valentin Jautard, sont emprisonnés (1779)**

Lorsqu'en juin 1778, l'imprimeur français Fleury Mesplet fait paraître à Montréal, d'abord sous le titre de *Gazette du commerce et littéraire, pour la Ville & District de Montréal*, le premier périodique francophone du Canada, la nouvelle colonie britannique est menacée d'une seconde invasion par les rebelles américains, en guerre contre l'Angleterre. Nerveuses, les autorités anglaises de la « Province of Quebec » surveillent ceux qui avaient manifesté leur sympathie à la cause américaine. Mesplet est du nombre, tout comme Valentin Jautard, avocat d'origine française et rédacteur de la *Gazette littéraire pour la Ville & District de Montréal*, de son titre définitif. C'est comme imprimeur pour le second Congrès continental que Mesplet arrive à Montréal en 1776, tandis que Jautard appuie ouvertement les révolutionnaires américains lors de l'occupation de Montréal en 1775.

Second périodique publié dans la province après *The Quebec Gazette / La Gazette de Québec*, fondée en 1764, la *Gazette littéraire* s'engage publiquement, ainsi que son « concurrent », à ne publier aucun écrit contre la religion, l'État et le gouvernement. Journal littéraire plutôt que commercial, l'hebdomadaire montréalais se veut un lieu d'échanges et de réflexion. Usant de la liberté de la presse* pour diffuser les idées des Lumières et combattre l'obscurantisme dans la province, les animateurs de la *Gazette littéraire* en viennent à critiquer les pouvoirs religieux et civil en place. L'indépendance d'esprit et de ton qu'ils affichent à une période d'instabilité politique conduit Mesplet et Jautard sous les verrous pour plus de trois ans, sans que les autorités fassent clairement connaître les motifs de leur incarcération. Le périodique montréalais est supprimé en juin 1779, au terme d'une seule année d'activité, par une série d'interventions larvées de membres influents du clergé et de la magistrature auprès du gouverneur Frederick Haldimand.

C'est la correspondance du mercenaire suisse, dépêché dans la province pour « en préserver l'intégrité territoriale, [...] repousser toute attaque extérieure et [...] réprimer toute agitation intérieure » qui nous révèle les véritables enjeux de ce cas de censure publique officieuse. En arrêtant les personnes susceptibles de « jeter toute la Colonie dans une confusion », le gouverneur espère refroidir les esprits rebelles. Dès son entrée en fonction en juin 1778, Haldimand veut en effet expulser Fleury Mesplet « dont l'abord dans la Province, méritait plutôt châtiment qu'un accueil favorable ». Cependant, la pétition que le gouverneur reçoit des notables montréalais en faveur de l'imprimeur le pousse à accorder un sursis à ce dernier, le laissant peut-être avec l'impression qu'il est à l'abri des représailles.

Toutefois, quelque six mois après la fondation de la *Gazette littéraire*, l'attitude frondeuse des auteurs du journal est portée à l'attention du gouverneur par le supérieur des sulpiciens à Montréal. Dans une lettre personnelle envoyée à Haldimand, Étienne Montgolfier se plaint du périodique montréalais. En quelques mois, le journaliste et l'imprimeur se sont fait un ennemi de taille. D'abord, en disputant le monopole de la diffusion du savoir au Collège de Montréal, dirigé par les sulpiciens ; ensuite, en s'attachant à faire la promotion des idées de Voltaire, un auteur honni par le clergé (notamment pour ses pamphlets antireligieux).

(75) (1778.)

GAZETTE LITTERAIRE,

Pour la Ville & District de MONTREAL.

MERCREDI, 21 OCTOBRE.

PRESSE.

De la liberté de la Presse.

L'ADMIRATEUR.

Pourquoi ne voulez-vous pas qu'on écrive en paix tout ce qu'on voudra ? L'homme que vous voudriez gêner, fait fleurir la Librairie. Sa *collection complette in-*8°. a épuisé pendant 10 ans quatre papeteries. Sa *Rédaction générale in-*4°. en occupera dix. Que ferions-nous de nos chiffons, s'il n'y avoit pas de bons Ecrivains qui les fissent valoir ?

LE CENSEUR.

Je n'ai prétendu gêner que les ennemis du Christianisme & de l'Etat ; que les autres écrivent en paix, fassent valoir les droits de la raison, sans violer ceux de la Religion, rien de plus juste ; mais parce que vous setez embarrassé de vos chiffons, faudra-t-il permettre qu'on imprime tout impunément ?

L'AMIRATEUR.

Et pourquoi non ? l'Etat ne s'en trouveroit que mieux. Le talent de convertir des lambeaux de linge en de gros volumes de prose & de vers, fait circuler en France l'argent des étrangers ; & pour quelques pensées de nulle valeur ou de peu de valeur, nous avons des choses solides.

LE CENSEUR.

Cet avantage est grand sans doute ; mais que vous le payez cher ! les mœurs se corrompent, la probité s'évanouit, & nos *Diagoras* ont produit plus d'un *Cartouche*.

L'ADMIRATEUR.

Si cela est ainsi, je n'ai rien à dire. Mais si quelques Ecrivains gâtent l'esprit & le cœur, il faut les réprimer. Il ne faut pas empêcher nos Apothicaires de vendre du Quina, parce que quelques-uns de leurs Confreres auront débité du poison.

LE CENSEUR.

Je ne veux pas non plus autre chose. Que la Librairie

Tome I.

fleurisse, à la bonne heure, mais que ce ne soit pas aux dépens des mœurs. Je sais qu'il y a une multitude d'hommes employés à fabriquer du papier, à le charger de blanc & de noir, à le convertir en brochures. Il est juste qu'ils vivent. S'ils cultivoient la terre, ils seroient peut-être plus utiles à l'Etat ; mais enfin puisqu'ils ont une profession honnête, qu'ils la gardent. Mais quelqu'un d'eux mourra-t-il de faim, parce qu'on n'aura pas voulu permettre le débit ou l'impression d'une brochure impie d'une centaine de pages ? Non, le commerce typographique n'en ira pas moins son train.

L'ADMIRATEUR.

Vous voudriez donc qu'on réduisît la faculté de penser & la liberté d'écrire au seul utile, au seul honnête. Voilà un projet digne des premiers siécles du Christianisme ; mais ce projet resserrera bien le génie de nos Ecrivains modernes.

LE CENSEUR.

Point du tout. *Fenelon*, *Bossuet*, *Boileau* & tant d'autres Auteurs du dernier siécle en ont-ils moins valu, parce qu'ils ont renfermé leurs talens précisément dans les bornes qui vous paroissent des entraves ?

L'ADMIRATEUR.

Mais si nos Poetes du jour les avoient imités, aurions-nous tant de jolies bagatelles, la *Pucelle*, la *Chandelle d'Arras*, les *Contes de Guillaume Vadé*, le *Dictionnaire Philosophique* ?

LE CENSEUR.

Nous ferions à la vérité moins riches en pareils chef-d'œuvres. Mais n'avoir que des trésors de cette espéce, c'est être dans l'indigence. Il vaut mieux avoir une fortune solide, que de posséder des billets chimériques qui ruinent, ou qui font pendre celui qui les posséde.

L'ADMIRATEUR.

Nous n'avons vu encore aucun Auteur donner des scenes sur la Gréve.

LE CENSEUR.

Mais vous avez vu des Libraires ruinés pour avoir

V

Un dialogue sur la liberté de presse entre l'Admirateur et le Censeur.

Suivant la tradition des journaux littéraires du XVIIIe siècle, la majorité des écrits paraissent sous pseudonymes* dans la presse montréalaise. C'est donc entre autres sous la plume du « Spectateur tranquille » que Jautard signe la majorité de ses interventions. Sévère critique, il n'épargne aucun des correspondants de la *Gazette littéraire* et se fait de nombreux adversaires. Le « Spectateur », qui se donne pour mission de former la jeunesse canadienne aux idées des Lumières, va jusqu'à remettre en cause l'enseignement du Collège de Montréal, parlant même d'une « indigne politique qui tend à éterniser, pour ainsi dire, l'ignorance dans un pays où le génie national est aussi apte à acquérir des connaissances ».

Les écrits de « l'Anonyme », pseudonyme du jésuite Bernard Well, engagent les membres de l'Académie de Montréal, qui publie ses délibérations dans la feuille montréalaise, dans un débat houleux autour de Voltaire. Alors que l'Académie souhaite répandre les sciences dans la province en suivant les préceptes du philosophe, l'Anonyme se pose en détracteur de Voltaire, forçant ainsi les académiciens à commenter le déisme de leur « idole ».

Si Montgolfier n'apprécie nullement qu'on lui dispute le domaine des intelligences, croyant que les collaborateurs de la *Gazette littéraire* ne cherchent qu'à « corrompre l'esprit et le cœur des jeunes gens en les retirant de la subordination et du respect qu'ils doivent à leurs maîtres, par les traits satiriques qu'ils ne cessent de lancer contre le Collège de Montréal », il ne voit pas d'un meilleur œil ces discussions qui remettent en question l'ordre même de la société. C'est pourquoi, lorsque l'Académie de Montréal présente, en première page du journal du 30 décembre 1778, une demande de reconnaissance au gouverneur Haldimand, Montgolfier décide d'intervenir auprès de ce dernier pour que cesse cet affront :

> Tous ces traits n'annoncent que trop un dessein formé de jeter du trouble dans votre province, et de saper, s'il était possible, les fondements de toutes les religions, si nécessaires, même dans l'ordre purement politique, à la tranquillité des peuples et à la conservation des États.

À ce moment, l'avenir du périodique montréalais se joue à l'insu de ses animateurs. Car alors que Montgolfier s'adresse à Haldimand, Mesplet, convaincu d'avoir respecté son engagement auprès du gouverneur, sollicite sa protection pour contrer les persécutions qu'il subit de la part du clergé :

> Qu'il est disgracieux pour moi d'avoir tant d'ennemis sans sujet. Mon papier est sous vos yeux. Je n'ai rien touché qui regarde le gouvernement, et je peux dire avec vérité que ces Messieurs seuls [Well et Montgolfier] cherchent à me nuire. J'espère, Monsieur [...], que vous voudrez bien opposer à leur petite tyrannie les sentiments nobles et équitables qu'il vous a plu me témoigner.

Haldimand décide plutôt de faire surveiller discrètement le journal. Il demande ainsi à Étienne Montgolfier d'en être le censeur :

> Comme je connais votre zèle et l'attachement que vous avez pour ce même gouvernement, et que j'ai une parfaite confiance en votre prudence et discrétion, je vous prie, Monsieur, de veiller de près aux publications de cet imprimeur, et de m'avertir au plus tôt s'il lui arrive encore de s'écarter de la conduite qui lui a été prescrite de ma part.

L'imprimeur et le rédacteur n'en continuent pas moins de se faire des ennemis. Lorsque la *Gazette littéraire* fait paraître, en avril 1779, une série d'articles où Valentin Jautard, qui pratiquait toujours comme avocat, dénonce certaines irrégularités judiciaires, cela vaut à Mesplet un avis de la Cour. L'imprimeur informe ses lecteurs de la fâcheuse situation dans laquelle il se trouve :

> À mon arrivée en Cour je fus cité par M. de Rouville, un des juges, lequel me dit que la Cour n'entendait pas qu'aucun individu osât réfléchir sur la conduite ou sur les jugements de la Cour ; qu'il était dans le papier périodique un écrit qui n'était point de son goût [...] que si cela continuait, le juge de la Cour des plaidoyers communs ordonnerait à l'avocat du roi de sévir contre

moi & la presse. Je répondis que j'irais mon droit chemin.

À la suite de cet avertissement, Jautard n'en poursuit pas moins ses attaques contre les juges Edward Southouse et René-Ovide Hertel de Rouville, si bien qu'il finit par être interdit à la Chambre d'audience. En faisant part de son cas au public dans le numéro du 26 mai, Jautard dépasse le seuil de tolérance des magistrats. Cette fois, de Rouville ne passe pas outre l'effronterie du journaliste. Le lendemain, joignant à sa lettre la dernière parution de la gazette montréalaise, le juge demande à Haldimand de prendre des mesures coercitives contre le journaliste et l'imprimeur qui auraient insulté les officiers du gouvernement. Haldimand lui répond quelques jours plus tard afin de le prévenir qu'il a pris des dispositions « pour arrêter le cours des insolences des Sieurs Jautard et Mesplet ».

Les animateurs de la *Gazette littéraire* savent probablement, avant de publier le dernier numéro du journal, que les jeux sont faits, car l'article « Tant pis, tant mieux », qui paraît le 2 juin 1779, annonce l'interruption de la publication. De leur cachot, l'imprimeur et son rédacteur tentent à leur tour de faire pression sur Haldimand en lui écrivant plusieurs missives dans l'espoir de subir un procès, mais il semble qu'en cette période de guerre, l'*habeas corpus* ne s'applique pas aux prisonniers politiques. Néanmoins, durant l'aventure de la *Gazette littéraire* tout comme durant les trois années difficiles qui s'ensuivent, Mesplet et Jautard emploient comme ils le peuvent la seule arme qu'ils connaissent pour défendre leurs idées, la liberté d'expression. Au sortir de prison, Fleury Mesplet fonde, au nom de la liberté de la presse, un autre journal qui connaîtra une longue carrière, la *Montreal Gazette / Gazette de Montréal*.   Nova Doyon

Gazette littéraire pour la Ville & District de Montréal, 3 juin 1778–2 juin 1779.

ANC, « Papiers Haldimand », MG 21, Add. Mss. 21 843-21 845 ; DE LAGRAVE, Jean-Paul, *L'époque de Voltaire au Canada, biographie politique de Fleury Mesplet, imprimeur (1734-1794)*, 2e éd., Montréal-Paris, L'Étincelle Éditeur, 1993 ; DE LAGRAVE, Jean-Paul et Jacques G. RUELLAND, *Valentin Jautard (1736-1787), Premier journaliste de langue française au Canada*, Sainte-Foy, Le Griffon d'argile, 1989 ; DOYON, Nova, « Valentin Jautard (1736-1787) et la *Gazette littéraire de Montréal* (1778-1779) : vers un paradigme du littéraire au Québec », maîtrise (études littéraires), Université du Québec à Montréal, 2002.

GENS D'ABITIBI

◉ *L'Acadie, l'Acadie ?!?*

GONE WITH THE WIND

Victor Fleming (1883-1949) • Un classique qui perd quelques paroles (1940)

La grande saga du Sud américain sur fond de guerre de Sécession porte bien peu à la censure. Pourtant, aux États-Unis, il a fallu se battre âprement pour que ne soit pas retranchée la fameuse phrase de Rhett Butler « Frankly, my dear, I don't give a damn », le dernier mot étant interdit par le *Production Code**.

L'expression ne fait pas sourciller le Bureau de censure du Québec quand il approuve le film le 30 janvier 1940. Ce jour-là, il n'impose qu'une petite coupure : « Eliminate moans of soldier after "Where's the wine?", in the dialogue. » Sortie au Loew's, à Montréal, le 16 février, la superproduction connaît le succès que l'on sait, de sorte qu'elle ressort régulièrement et qu'il faut apporter de nouvelles copies aux censeurs. Le 9 août 1954, alors que sous la gouverne du président Alexis Gagnon*, tout ce qui peut sembler porter atteinte au mariage est systématiquement banni, un bref extrait du dialogue est retranché : « If you still love me. Rhett. — That I'm not the marrying man. » Le 8 mai 1961, nouvelle sortie et nouvelle copie ; cette fois, l'autorisation est inconditionnelle. À ce moment, l'Office catholique national des techniques de diffusion le classe « Adultes » en se réjouissant que « La grandeur d'âme d'une jeune femme est mise en évidence alors que l'amoralité de l'Héroïne et de son partenaire est généralement désapprouvée ». Après la nouvelle loi, la cote 14 ans est attribuée le 11 octobre 1967. Depuis le 1er février 1973, le visa « Pour tous » (puis « Général ») est apposé sur les copies de tous formats.

Selon les fiches du Bureau, la première version doublée, *Autant en emporte le vent*, est approuvée le 25 février 1955 avec la même coupure que l'original anglais de 1954. Cela signifie que les unilingues francophones auront dû attendre 15 ans avant de goûter ce classique. *Yves Lever*

ANQ-M, fonds Régie du cinéma, E 188, fiches du film.

LA GRANDE GUERRE ECCLÉSIASTIQUE [...]

Louis-Antoine Dessaulles (1818-1895) • Livre interdit par Mgr Bourget (1873)

L'essai de Louis-Antoine Dessaulles, *La grande guerre ecclésiastique [...]*, paraît en juin 1873. Le dogme de l'infaillibilité pontificale en matière doctrinale a été proclamé lors du Concile du Vatican de 1870. À Montréal, on est toujours en pleine « Affaire Guibord » et son initiateur, le curé Benjamin-Victor Rousselot, s'en est pris à Louis-Joseph Papineau, décédé le 25 septembre 1871, trois mois avant la disparition du *Pays**, la dernière grande voix du libéralisme radical. L'ultramontanisme et le cléricalisme triomphent au moment où on lance le « Programme catholique », manifeste d'un parti politique catholique, et où l'on fête, le 29 octobre 1872, les noces d'or sacerdotales de Mgr Ignace Bourget.

Constituée de deux lettres (31 juillet et 15 décembre 1872) adressées à Mgr Ignace Bourget, l'opuscule prend prétexte d'une série de lettres (de novembre 1871 à juin 1872) de l'étudiant en théologie Alphonse Villeneuve au journal ultramontain *Le Franc-Parleur* et réunies en une brochure intitulée *La comédie infernale*, pour dénoncer le « droit chrétien » et « l'idée ultramontaine » ou la volonté « de suprématie du Clergé sur le temporel », et pour souligner la multiplication des dissidences et « l'esprit de parti » au sein du clergé où l'on « se jette le déshonneur à pleins pamphlets ». Ces dissensions,

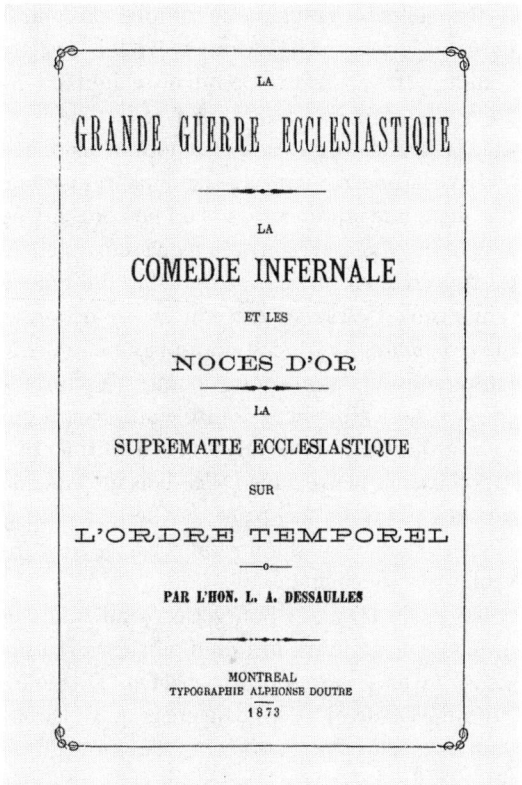

Mgr Bourget interdit cet opuscule de Louis-Antoine Dessaulles au mois de juin 1873, à la suite de la mise à l'Index des *Annuaires* de 1868 et de 1869 de l'Institut canadien.

ce sont les conflits entre Mgr Bourget et les Sulpiciens, l'animosité entre Mgr Bourget et l'archevêque de Québec à propos, entre autres, d'un projet d'université à Montréal, et magnifiée dans les sermons du jésuite Antoine-Nicolas Braun et de l'abbé Alexis Pelletier, alias « Luigi », lors des noces d'or de l'évêque de Montréal ; ce sont les vues opposées, selon Dessaulles, des évêques de Rimouski et de Québec et des évêques de Montréal et de Saint-Hyacinthe à propos de l'intervention du clergé dans la politique et des écoles du Nouveau-Brunswick.

Dessaulles avait expliqué au cardinal Alessandro Barnabo, le 3 juin 1871, la cause inévitable de cette grande guerre ecclésiastique, qui ne se limitait plus au conflit durable depuis 1848 avec les libéraux: « [...] il devait être évident à tout homme sensé que le clergé ne pourrait jamais rester *toujours unanime* une fois sur le terrain toujours un peu orageux de la politique ». C'est la conviction que seul le peuple est souverain en matières temporelles qui pousse l'infatigable Dessaulles à dénoncer « ce débordement d'ambition ecclésiastique qui est peut-être le plus grand scandale de notre époque », à pourfendre « ceux qui aspirent au contrôle universel et qui se contrôlent si peu eux-mêmes » et à affirmer que « les choses ne peuvent bien aller dans un pays que quand chacun est à sa place: le Clergé à l'autel, l'État aux affaires », sinon « On organise un couvent, jamais une nation ».

Le 4 juin 1873, Mgr Bourget écrit au *Nouveau Monde*, journal ultra-ultramontain et voix officieuse du diocèse de Montréal, qu'il tient Dessaulles « comme l'ennemi le plus dangereux qu'ait la religion dans notre bon pays ». Le 13, l'évêque diffuse une circulaire au clergé à propos de la brochure de Dessaulles dans laquelle il s'autorise d'un pouvoir d'Index* pourtant réservé à Rome:

> Ce nouvel écrit de l'Hon. L.A. Dessaulles doit être traité comme l'a été *l'Annuaire de l'Institut-Canadien pour 1868**, qui a été mis à l'Index, c'est-à-dire, qu'il ne peut être permis, sous peine de refus de sacrements, ni de le vendre, ni de l'acheter, ni de le lire, ni de le faire lire en le prêtant ou en le donnant à qui que ce soit, ni de le garder chez soi, ni de le déposer chez les libraires, afin qu'il y soit mis en vente, pour entrer ainsi dans le domaine public.

Dans sa *Réponse honnête à une circulaire assez peu chrétienne [...]*, datée du 13 juillet 1873, Dessaulles écrit: « J'attendrai donc le moment opportun, et quand je croirai qu'il sera utile de donner encore une leçon à l'épiscopat, j'amènerai Votre Grandeur devant les tribunaux pour voir si Elle peut infliger à plaisir des dommages pécuniaires aux individus. »

Ce sera le plaidoyer des rédacteurs de *Canada-Revue** condamnée par Mgr Fabre en 1892; les pièces du procès intenté contre l'évêque paraîtront dans une brochure intitulée *La grande cause ecclésiastique* (1894). L'année suivante, Dessaulles décède à Paris, après vingt ans d'exil. *Yvan Lamonde*

DESSAULLES, Louis-Antoine, *La grande guerre ecclésiastique. La comédie infernale et les noces d'or. La suprématie ecclésiastique sur l'ordre temporel*, Montréal, Alphonse Doutre, 1873, V-130 p.
ACAM, 901.135, 872-3 et 872-4; ANQ-Q, fonds Dessaulles, « Penn Letter Book »; LAMONDE, Yvan, *Histoire sociale des idées au Québec*, I: *1760-1896*, Montréal, Fides, 2000; *Louis-Antoine Dessaulles. Un seigneur libéral et anticlérical*, Montréal, Fides, 1994.

LA GRANDE ILLUSION

Jean Renoir (1894-1979) • Film légèrement censuré (1937), ce qui n'est pas le cas pour les autres films du réalisateur

Fils du peintre impressionniste à succès Auguste Renoir, Jean Renoir hérite de lui un sens aigu de l'observation des moindres gestes de la vie quotidienne, qu'il développe dans une sorte de réalisme poétique lorsqu'il se retrouve derrière la caméra. Dans la demeure familiale, avec le travail des domestiques, il a l'occasion de prendre conscience des classes sociales et il devient très sensible aux relations subtiles qui unissent maîtres et valets, aristocratie et plèbe. Il développe un humanisme proche de la société égalitaire promue par le parti communiste, mais qui laisse une grande place à l'esthétique et à l'humour.

Presque tous ses films ont maille à partir avec la censure québécoise qui, pendant quatre décennies, n'apprécie pas la liberté de ton et l'art de vivre qui se dégagent de ces drames et comédies où tout le monde est à la fois bon et méchant, dominateur et soumis, aristocrate et vulgaire, où la seule valeur clairement énoncée consiste en un mélange de tolérance et de provocation qui vise à réunir les êtres humains en une seule communauté de désirs. Beaucoup d'œuvres sont rejetées pour des motifs moraux ou religieux et elles ne peuvent rejoindre le public québécois que des années ou des décennies plus tard. D'autres ont plus de chance et ne subissent que des coupures mineures qui n'en altèrent pas le sens profond.

La grande illusion (1937) demeure pour beaucoup de cinéphiles le plus grand chef-d'œuvre du réalisateur. En France, le film perd 18 minutes parce que « la censure […] y voit une entreprise de démoralisation et le juge trop bienveillant à l'égard des Allemands » (Jean-Luc Douin, *Dictionnaire de la censure au cinéma*). Au Québec, il est approuvé le 23 novembre 1937 avec les deux petites coupures suivantes qui ne représentent que quelques secondes : « III-Dial. : On doit se figurer qu'on couche avec un garçon ; VI-Dial. : Vingt-deux nuits d'amour. » Autre pays, autre sensibilité. L'antimilitarisme et le rêve de coexistence pacifique demeurent entiers dans la copie québécoise. Dans les années 1950, le Centre catholique en reconnaît le caractère de chef-d'œuvre et il le recommande aux ciné-clubs. Il considère que « la note religieuse est juste et sobre » et réserve le film aux adultes à cause du « thème et certaines libertés dans le dialogue » (*Recueil des films*, 1957).

Les autres films du réalisateur n'ont pas bénéficié de la même indulgence.

Nana (1926, d'après Émile Zola) n'a pas été apporté à la censure et n'a vraisemblablement jamais été montré au Québec.

La chienne (1931) est refusé le 18 novembre 1931 pour ces motifs : « Amant et maîtresse ; souteneur et prostituée ». Il revient au Bureau de surveillance du cinéma le 18 janvier 1977 et il est alors classé « Pour tous ». Le *remake* qu'en fait Fritz Lang en 1946, *Scarlet Street* (*Rue rouge*), ne subit que quelques petites coupures le 8 septembre 1947. Il est classé « Adulte avec réserves » par les catholiques.

Madame Bovary (1933) est refusé le 21 février 1935 pour « Amant et maîtresse, infidélités, dialogues grivois ». Il n'est pas revenu devant le censeur québécois par la suite.

Adapté d'une œuvre d'Émile Zola, *Nana* n'a même pas été apporté à la censure tellement il faisait peur.

Les bas-fonds (1936) subit aussi l'interdiction le 31 mai 1937 pour le motif suivant : « Peinture de déchets d'humanité où les éléments mauvais l'emportent, etc. » Il ne revient à la Régie du cinéma que le 29 juin 2004, en copie DVD, classée « Général ». Mais il a été diffusé par Radio-Canada dès 1963.

Le crime de monsieur Lange (1936) est refusé le 18 mars 1936 : « Séduction d'une jeune fille, amant et maîtresse, escroquerie, escroc habillé en prêtre, etc. » Il est diffusé à la télévision de Radio-Canada à quelques reprises au début de la décennie 1960. Il est classé « 14 ans » le 29 septembre 1967.

La Marseillaise (1938) est approuvé intégralement le 15 juin 1938. Puis il est classé « 14 ans » le 11 juillet 1968. Dans le répertoire de la Régie du cinéma, il a maintenant le classement « Général ». Portant sur le même sujet, la Révolution française, un film américain, *Captain of the Guard* (Pal Fejös et John S. Robertson, 1930), a été apporté à la censure avec le titre *La Marseillaise* et a subi quelques coupures le 5 mai 1930 : « II. "…. Girl them cakes."; IV. Long Kiss ; V. Soldiers violence on the girl ; Coups de feu sur le père ; VII. Le roi mangeant du raisin pendant le ballet ; VIII. Louis XVI flirtant avec une femme. »

La règle du jeu (1939) est interdit par l'État français parce qu'il pourrait donner une mauvaise image de la France ; la censure militaire l'interdit ensuite en le qualifiant de « démoralisant ». Il n'arrive au Québec que longtemps après la guerre. Le Bureau de censure du Québec l'accepte sans condition le 12 janvier 1965, mais il a sûrement été vu auparavant puisque dès 1958, le Centre catholique l'évalue ainsi :

> Axé sur le mensonge, ce film complexe risque de déconcentrer les esprits les mieux avertis. La satire sociale cède le pas au tragicomique, si bien qu'on ne sait plus quel élément l'emporte. Les faits s'enchaînent logiquement et le montage est un modèle du genre. Tout est amoral dans ce film envahi par une amertume ténue mais continuelle, dans un monde à l'envers que l'on est incapable de remettre à l'endroit. À déconseiller.

Le 30 décembre 1940, *La bête humaine* (1938) est interdit pour

> Conduite désordonnée de Séverine, depuis l'âge de 16 ans ; meurtre de son amant, par son mari qui, par des menaces et des mauvais traitements, obtient l'aveu de son inconduite et la contraint de donner un rendez-vous à son amant ; crime impuni du meurtrier ; parjure de Lantier qui, pour obtenir les bonnes grâces de Séverine, trompe la justice quand il devait dénoncer le coupable, meurtre de Séverine par Lantier ; suicide de Lantier.

Il n'est reclassé que le 13 décembre 1971 et coté « Pour tous ». Il a toutefois été projeté à la télévision entretemps.

The River (*Le fleuve*, 1951) est accepté intégralement le 17 janvier 1952.

Le carrosse d'or (1953) ne vient à la censure que le 5 mai 1967, où il est approuvé sans restriction.

French Cancan (1955) est refusé le 8 mai 1957, puis accepté le 5 septembre suivant après sept minutes de coupures par le distributeur et une de plus par le Bureau. Disparaissent ainsi une « danse du nombril », des scènes de seins nus, « Jean Gabin couché dans le lit avec María Felix », des réparties du genre « Tu connais pas les directeurs de théâtre… avec eux, c'est l'habitude, faut y passer ou y a rien à faire ! » ou bien « la tentation de Saint Antoine, eh bien, c'est moi ». Le Centre catholique en reconnaît la valeur artistique, mais il le cote « Adultes, avec réserves » parce que « l'évocation des mœurs faciles, l'amoralité des personnages exigent des réserves » (*Recueil des films*, 1958). Le 14 décembre 1971, *French Cancan* est classé « Pour tous ».

Journal d'une femme de chambre (*Diary of a Chambermaid*) (1946) n'arrive chez le censeur que dix ans plus tard. Il est approuvé le 10 décembre 1956 après ces 20 secondes de coupures : « Bobine : 3 : Scène et dialogue : Vous voulez toutes les clefs… (ainsi que la tape au visage). Reprendre avant dialogue : Allez mettre l'argenterie sur la table. 3 : Dial. : Vous l'avez tué pour le voler… C'est pas vrai. 4 : Dial. : Aussi. » Pour le Centre catholique, le film est « À déconseiller » parce qu'il est « une œuvre inspirée d'une histoire malsaine, malsaine elle-même, où l'immoralité s'en donne à cœur joie dans un climat de crimes, d'amour passionnées, de pessimisme et de révolte ».

Elena et les hommes (*Paris Does Strange Things*), 1956. Étrangement, c'est la copie doublée en anglais qui vient d'abord à la censure ; elle est acceptée le 2 avril 1957, après cinq petites coupes totalisant 54 secondes :

 1B/4 : Dial. : Rolland's mistress.
 1B/4 : Dial. : François, can we go.
 3A/5 : Dial. : How'd you like a little apartment… Naturally [sic] (laughing).
 3B/1 : Dial. : It's, it's destiny… In the face of the Kaiser.
 3B/3 : Racourcir [sic] la scène dans la loge (seins).

Chez les catholiques, on le cote « Adultes avec réserves » à cause d'un « dialogue assez leste et d'une illustration complaisante de la galanterie et du libertinage » (*Recueil des films*, 1957). Il revient, en version originale, le 17 février 1965 et il est approuvé sans réserves.

Le déjeuner sur l'herbe (1959) est autorisé le 5 août 1960 pour ses projections au Festival international du film de Montréal de cette année. Il est spécifié qu'il doit revenir devant le censeur pour toute exploitation commerciale, ce qui se produit le 25 juillet 1963, et il est approuvé sans réserve. Le Centre catholique, qui voit bien que le cinéaste rejoint esthétiquement les célèbres tableaux de son père, l'évalue ainsi : « Le sujet et son traitement dans une optique de naturalisme païen motivent de nettes réserves. Adultes, avec réserves. » (*Recueil des films*, 1960)

Profondément morale, l'œuvre de Renoir cherche ses « règles du jeu » dans un humanisme qui se situe à côté du moralisme religieux et bourgeois de la société française de son époque. Son regard décapant fait peur aux censeurs, mais la qualité de son esthétique et la subtilité de son humour lui permettent de rejoindre un large public. *Yves Lever*

ANQ-M, fonds Régie du cinéma, E 188, fiches des films.

GREED (LES RAPACES)
Foolish Wives

GROULX, GILLES (1931-1994)
Il est la principale figure emblématique de la censure chez les réalisateurs québécois

Gilles Groulx voit plusieurs de ses courts et moyens métrages censurés de diverses manières, soit à l'Office national du film*, soit à l'Office du film du Québec. La difficulté à terminer *24 heures ou plus…*, puis la mise au coffre-fort de ce film pendant cinq ans provoquent la réflexion la plus élaborée au sujet de la censure politique*. D'autres films subissent aussi diverses modifications. Groulx excelle dans l'art de détourner les sujets pittoresques ou vaguement publicitaires en documents politiques souvent radicaux, ce qui n'a pas toujours l'heur de plaire à ses producteurs.

Les raquetteurs (1958, coréalisateur Michel Brault) – En février 1958, les deux auteurs (Brault à la caméra et Groulx au montage) filment à Sherbrooke le « congrès » des raquetteurs venant de partout au Québec et même des États-Unis. Commande pour la série *Coups d'œil* diffusée à Radio-Canada, le documentaire ne doit durer que quelques minutes et se présenter sous la forme traditionnelle : de belles images accompagnées d'un commentaire explicatif et d'une musique de circonstance. Devant l'intérêt du matériel recueilli, Groulx fait un montage de 14 minutes, son ambiant seulement, sans commentaire ni musique ajoutés. Le directeur de la production, Grant McLean, refuse le film sous le prétexte de « détournement de projet » et parce qu'il ne respecte ni la technique cinématographique ni les personnes filmées, qu'il traite avec trop de désinvolture. L'été suivant, la diffusion est débloquée et le film devient le manifeste d'un nouveau cinéma appelé d'abord « cinéma vérité » et ensuite « cinéma direct » ; il est rapidement considéré comme une œuvre charnière dans la production documentaire québécoise.

Normétal (1959) – Mélange de documentaire traditionnel et de cinéma direct, ce court métrage dresse le portrait d'une petite ville minière du Nord-Ouest québécois. La commande est d'environ 20 minutes, mais le réalisateur présente une version de 40 minutes, qui est refusée. S'ensuit ce que Groulx a appelé un « tripatouillage » du film par diverses personnes de l'ONF : rejet du commentaire choisi, coupures, remontage ; les justifications sont esthétiques et pédagogiques. Michel Régnier, un des seuls à avoir vu le premier montage, parle de « mutilation » et décrit les coupures. La version finale dure 17 minutes. Groulx refuse de la signer et toute l'équipe fait de même par solidarité. Le documentaire, poème visuel avant tout, demeure consistant et s'inscrit parfaitement dans l'œuvre du cinéaste. On ne pourra jamais juger si cette censure n'a pas simplement été épuration salutaire.

Voir Miami (1962) – Peut-on filmer Miami en 1962 sans montrer que cette ville est devenu le refuge des Cubains ayant fui le régime castriste ? Dans ce court métrage, Groulx aimerait bien aborder la crise cubaine, mais la tension internationale au sujet des missiles soviétiques et l'affrontement des deux chefs d'État, John F. Kennedy (É.-U.) et Nikita Krouchev (URSS) l'en empêchent. Devant l'impossibilité d'aller filmer à Cuba, le réalisateur va quand même y prendre des photos et compose une séquence sur le sujet qui, pour des raisons directement politiques, est retirée du court métrage sur ordre de la direction de l'ONF. Groulx doit aussi retrancher une scène où un touriste québécois s'amuse à descendre la bretelle du maillot de bain de sa compagne. Ce portrait subtil de la ville touristique, destination privilégiée des Québécois en hiver, n'en demeure pas moins une excellente réflexion sur l'américanité.

Un jeu si simple (1963) – Ce court métrage porte sur le hockey, sport national des Québécois qui a parfois servi d'expression nationaliste. Un premier montage inclut une scène d'actualité célèbre de 1955, celle de l'émeute au Forum de Montréal, provoquée par la suspension du hockeyeur Maurice Richard par le directeur de la Ligue nationale de hockey, Clarence Campbell. Cette scène doit être retirée sur ordre de la direction, bien que les mêmes images captées par la télévision aient été – et sont encore – abondamment utilisées lors de rétrospectives télévisuelles (on peut les visionner par Internet sur le site des archives de Radio-Canada).

Le chat dans le sac (1964) – Devenu spécialiste des détournements de mandat à l'ONF, Groulx ne connaît toutefois pas de problèmes avec *Le chat dans le sac*, le long métrage de fiction qu'il livre, avec la complicité du producteur, à la place d'un court métrage documentaire. « Témoignage d'un cinéaste sur l'inquiétude de certains milieux de jeunes au Canada français », *Le chat dans le sac* est tourné avec une presque totale liberté. Cependant, on ne lui permet pas d'utiliser des actualités de Radio-Canada qui auraient servi à contextualiser la démarche de son héros ; le réalisateur doit se contenter de coupures de presse.

L'Office catholique national des techniques de diffusion évalue ainsi ce film qui se destine surtout à la jeunesse : « Certaines interrogations du jeune héros peuvent fournir matière à réflexion, mais le climat d'amour libre qui imprègne l'ensemble motive de nettes réserves. Adultes, avec réserves. »

Groulx souhaite une sortie à l'Élysée, la salle de répertoire, mais les programmateurs n'en veulent pas, comme ceux de toutes les autres salles. Le film est confiné au réseau des ciné-clubs, et Radio-Canada le fait connaître du grand public le 20 décembre 1964.

Québec… ? (1967) – Produit par l'Office du film du Québec pour le ministère de l'Industrie et du Commerce, ce court métrage montre un reporter (Gérald Godin) qui visite quelques hauts lieux de la vie économique, politique et culturelle du Québec. La visée est publicitaire avant tout, le film devant être

Claude dans *Le chat dans le sac* : « Suis-je un révolté, oui. Un révolutionnaire ? J'sais pas. » (Photo ONF)

utilisé pour la promotion de l'émigration française au Québec. Le pavillon du Québec à l'Exposition universelle de Montréal (1967) le projettera de façon continue. Le commanditaire impose cependant plusieurs modifications du commentaire qui atténuent quelque peu la position nationaliste de Groulx et donnent un ton plus positif à la vision historique. Par exemple, l'expression « retards à combler » est remplacée par « des bouchées doubles à prendre » ; au lieu de « les Français d'Amérique, groupés dans le Québec, sont à la recherche d'un équilibre jamais trouvé entre leurs aspirations et le fédéralisme canadien-anglais », il faut mettre « ... sont encore à la recherche d'un équilibre à trouver entre leurs aspirations et le fédéralisme canadien » ; il faut enlever complètement cette phrase : « Le Québec ne s'est jamais remis de la défaite de 1760 ou 1763 et que notre histoire n'est qu'une lutte pour révoquer l'histoire et redevenir la France d'Amérique. » Le film n'en reste pas moins typique de la vision du cinéaste dans son ensemble.

24 heures ou plus... (1976) – En novembre et décembre 1971, un an après les événements d'Octobre 1970, Gilles Groulx veut « enregistrer l'actualité sociale au jour le jour, montrer que les choses ne se produisent pas par hasard mais qu'elles sont reliées par la réalité de l'ensemble qui, lui, est politique » (début du film). Au gré des événements, il filme un conflit syndical au quotidien *La Presse*, un grand ralliement syndical au Forum de Montréal où le syndicaliste engagé Michel Chartrand raconte l'histoire « jonchée de cadavres de travailleurs », un lancement de la revue *Recherches amérindiennes* où on évoque les problèmes dans le développement hydroélectrique de la baie James, une conférence de presse pour annoncer la vente du club de hockey Canadien, une manifestation pour la fête des patriotes à Saint-Denis, un défilé du père Noël dans les rues de Montréal, le congrès de la FTQ, etc. Il interviewe des jeunes travailleurs dans diverses usines, la femme de Vincent Meloche qui vient d'assassiner trois cadres de la compagnie DuPont, des jeunes « drop out » vivant en commune, etc. S'ajoutent à cela des extraits de reportages télévisés, la reproduction de coupures de presse. De temps en temps, dans un cadre au milieu de l'écran, le réalisateur lui-même ou son complice Jean-Marc Piotte (ancien collaborateur de la revue *Parti pris* et professeur de sciences politiques à l'Université du Québec à Montréal) interviennent pour commenter politiquement les scènes. Ils en arrivent à la conclusion qu'« il faut remettre en question le système établi », tant celui des médias que celui des politiques gouvernementales. La visée socialiste n'est pas clairement énoncée, mais elle forme la toile de fond des principales interventions.

À l'automne de 1972, alors que la postproduction est presque achevée, la rumeur commence à circuler : le film ne sera pas terminé par ordre du commissaire Sydney Newman*. Le 12 décembre, celui-ci publie un communiqué officiel dans *Le Devoir* et dans les quotidiens anglophones (extrait) :

> Je maintiens que si *24 heures ou plus…* était distribué dans sa forme présente, la majorité des Canadiens qui appuient le système démocratique canadien ne pourrait l'accepter de la part de l'ONF. Il serait inexcusable que l'ONF distribue un film qui préconise le rejet complet du système politique et économique en cours au Canada.

Cinq jours plus tard, Groulx réagit dans le magazine *Québec-Presse* :

> Vu que M. Sidney Newman ne s'adresse plus aux cinéastes qu'il censure qu'à travers les journaux, je lui adresse ici mon billet doux. Toute cette sinistre histoire d'interdiction dont vous frappez mon film *Vingt-quatre heures ou plus…* se passe comme si nous n'étions pas là, nous qui avons travaillé à ce film : pas la moindre consultation avec le producteur, pas même une note émanant de votre bureau, à moi adressée, me signifiant votre volonté de censure. Vous régnez au-dessus de nos têtes comme un petit dictateur d'Amérique latine. Vous allez jusqu'à faire du prêchi-prêcha dans les journaux, sur la démocratie, tout en déclarant du même souffle que vous allez museler un film, que vous allez mettre des idées en prison.

Plusieurs textes de *La Presse*, *Le Devoir* et *Québec-Presse* appuient le cinéaste au nom de la liberté de l'artiste. À l'initiative de *Québec-Presse*, une pétition, signée par plusieurs centaines d'artistes, d'intellectuels et de syndicalistes, exige la levée de l'interdit et demande du même coup celle de *Cap-d'espoir** (Jacques Leduc) et d'*On est au coton** (Denys Arcand*). À l'intérieur même de l'ONF, des cinéastes sont menacés d'expulsion s'ils appuient Groulx.

En début de janvier 1973, Newman revient sur sa décision et permet à Groulx de terminer le film. Il se remet à la tâche le 15, mais il ne réussit pas à s'entendre avec le producteur et laisse tout tomber juste avant que soit produite la copie finale. La copie de montage est rangée définitivement au « coffre-fort ». En septembre 1973, Groulx demande en vain à acheter son film.

En 1975, André Lamy, qui a été l'assistant de Newman, devient commissaire. Après avoir autorisé la diffusion des autres cas en litige, il permet à l'automne 1976 à Groulx de préparer la copie de tirage de son film. Le Bureau de surveillance du cinéma lui accorde le visa « Pour tous » le 8 février 1977. Finalement, *24 heures ou plus…* est lancé officiellement à la Cinémathèque québécoise le 10 février 1977. L'association québécoise de critique de cinéma lui décerne son prix annuel.

Avec *24 heures ou plus…*, Groulx a voulu tester jusqu'où pouvait aller la tolérance d'une institution publique en regard de la contestation globale du système économique et politique. Il a constaté que l'État fédéral canadien ne peut accepter un tel procès et qu'il n'hésite pas à exercer la censure politique appropriée. Quand le film sort finalement, il apparaît quelque peu obsolète. Ce qui était discours enflammé de militant tient maintenant un peu de la langue de bois. *24 heures ou plus…* n'en demeure pas moins un extraordinaire document sur le début des années 1970. S'il n'a pas su faire fléchir la censure à court terme, il en a très bien posé la problématique et les limites, voire les contradictions. *Yves Lever*

Archives de l'Office national du film, dossiers Gilles Groulx ; Archives nationales du Québec à Québec, fonds E6, S7.

GUÉRIN, ANDRÉ (1928-1989)
Une figure emblématique de la fin de la censure du cinéma (1963)

André Guérin naît à Montréal le 30 avril 1928. Son père, avocat réputé et proche du Parti libéral, a des communautés religieuses parmi ses clients ; le cardinal Paul-Émile Léger* fréquente la famille. Il fait le cours classique au Collège Brébeuf (dirigé par les jésuites), puis il est diplômé en philosophie de l'Université de Montréal, où il étudie aussi en sciences sociales, économiques et politiques; il complète sa formation en allant chercher un diplôme de maîtrise en administration publique à l'Université Harvard. Il réalise d'abord un rêve d'adolescent en travaillant deux ans dans la diplomatie canadienne (1955-1957), puis il œuvre dans la distribution internationale à l'Office national du film*, institution où il retrouve des amis qu'il côtoie au comité de rédaction de la revue *Liberté* (Jacques Godbout, André Belleau, Hubert Aquin).

En quittant la présidence du Bureau de censure, Maurice Leroux* le recommande comme successeur au premier ministre Jean Lesage. Guérin occupe le poste le 30 avril 1963, en même temps qu'il est nommé à la direction de l'Office du film du Québec. En priorité, il doit effectuer la réforme totale de la censure que le *Mémoire du Comité* provisoire pour l'étude de la censure du cinéma* (dit « rapport Régis ») a recommandée l'année précédente. Cultivé, diplomate, esthète, fin causeur, déterminé, présent dans le milieu artistique, éternel célibataire, possédant des appuis tant chez les ministres les plus influents que chez les cinéastes, catholique pratiquant mais libéral, il a tous les atouts pour foncer. Il commence par congédier presque tous les censeurs à temps partiel nommés précédemment en récompense de services rendus au pouvoir politique, comme c'est la coutume depuis la fondation de l'institution, pour les remplacer par quelques permanents qui, bien que provenant de la filière catholique (Pierre Saucier a récemment cofondé la revue *Maintenant* des pères dominicains, Jean Tellier a assuré la permanence de l'Association des scouts catholiques du Canada, Nancy MacCallum-Coté a œuvré dans les ciné-clubs et est l'épouse du cinéaste Guy L. Coté), ont tous une connaissance sociologique et cinématographique développée et manifestent une grande ouverture d'esprit. Il peut ensuite instaurer une gestion moderne et efficace du Bureau, le mettre à l'abri des pressions politiques et assurer son indépendance, réorganiser son fonctionnement, instituer une échelle de salaires convenable, créer un service de documentation.

La première préoccupation de Guérin consiste à consolider l'esprit instauré et l'orientation prise par Leroux. Modification fondamentale, les ciseaux sont déjà disparus: approuvées ou non, ne ressortent du Bureau que des versions intégrales des films. Des permis spéciaux permettent la projection aux adultes d'œuvres que la loi en place, permettant l'entrée dans les salles dès 16 ans, ne permet pas d'autoriser; cela vaut aussi bien pour une diffusion restreinte que pour les festivals de films et pour des œuvres audacieuses ou contestées qui se retrouvent dans des salles spécialisées. Le nouveau président abolit toutefois cette dernière mesure dès le 20 décembre 1963 parce qu'il la juge trop discriminatoire et qu'il espère une nouvelle législation pour très bientôt, ce en quoi il se trompe, car il devra attendre quatre ans. Les organisateurs de festivals surtout sont déçus; cela causera bientôt problème avec *Le serpent** et *High**.

Mais le principal reste à faire; il faut insuffler un esprit nouveau et opérer une révolution copernicienne de l'orientation censoriale: des décisions d'autorités (politiques et religieuses), elle doit passer au consensus social et au seuil de tolérance généralement admis à ce moment où tout l'Occident vit une intense révolution culturelle; elle remplace les diktats théologiques par des études sociologiques. La société québécoise entre alors dans un pluralisme qu'elle n'a encore jamais connu et qui appelle à une tolérance inhabituelle. Dans une conférence à Rimouski, le 12 décembre 1963, usant de la culture religieuse de ses auditeurs (méthode qu'il affectionne pendant longtemps), il cite la parabole de l'Évangile au sujet du bon grain et de l'ivraie, mais il en retourne le sens en disant que ce n'est pas à lui de départager (tel Dieu), mais au public responsable et bien informé. Cela ne va pas de soi pour tout le monde. Avec humour, Guérin raconte dans une interview à Serge Dussault (*La Presse*, 28 décembre

André Guérin préside les organismes étatiques chargés de la censure du cinéma durant 25 ans. Il est en grande partie responsable de la révolution copernicienne que connaît le Québec en ce domaine.

1974) qu'« en 1963, le cardinal [Léger] me convoquait pour me demander des explications si un film lui paraissait osé. Le premier ministre [Jean Lesage] était toujours inquiet. » Il use avec intelligence des médias pour publiciser ses positions et rallier le plus de monde possible; pour lui, l'éducation du public est plus efficace que les interdits, et il croit en l'évolution de cette réalité toujours mouvante du « consensus social » et des limites de l'acceptabilité, limites qu'il entend repousser régulièrement. À cet effet, et pour démontrer la transparence du Bureau, il nomme Pierre Saucier, ancien journaliste, responsable des relations avec la presse et le public. En janvier 1964, il s'explique dans la revue *Maintenant* (« L'État et la censure ») et il profite de toutes les tribunes possibles, aussi bien celle de l'Association des propriétaires de cinéma que celle des policiers du Québec métropolitain ou celle des clubs Richelieu, pour expliquer la nouvelle orientation; il se rend toujours disponible pour la presse. Il multiplie les interventions auprès du ministre responsable du cinéma, soit pour défendre ses décisions, soit pour réclamer des changements à la loi dans l'esprit du « rapport Régis ». Saucier, son fidèle assistant, répond aussi à toutes les demandes de causeries. Il s'agit de mettre le Québec au diapason de l'Occident, de passer « De la tutelle collective à la responsabilité personnelle », selon le titre d'une conférence de Saucier qui reprend des termes maintes fois utilisés par son patron. Paradoxalement, le censeur en chef ne visionne que peu de films autres que les cas problèmes; le temps manque à ce cinéphile invétéré qui doit gérer deux institutions dans deux villes différentes et parcourir tout le Québec pour sensibiliser le public aux nouvelles politiques.

Dans une visée pédagogique, il prête la salle de projection du Bureau à la toute jeune Cinémathèque canadienne (fondée en 1963) pour ses projections régulières, dès le 20 octobre 1964 et pour deux ans. Il jouit de la confiance du milieu du cinéma à tel point que plusieurs cinéastes québécois viennent lui faire lire leurs scénarios avant le tournage, simplement pour s'assurer que la censure n'aura rien à redire aux quelques audaces qu'ils se permettent. Ainsi en est-il de Pierre Patry pour *Trouble-fête*, de Camil Adam pour *Manette*, de Roger Fournier pour *La résurrection des corps* (qui deviendra *L'amour humain*). Guérin regrette d'ailleurs que Jean-Paul Bernier ne soit pas venu le consulter avant de tourner *La terre à boire**, car il se serait évité ainsi bien des désagréments. Il entreprend à quelques reprises le pèlerinage au Festival de Cannes, question de bien sentir comment tourne le vent. Il entretient aussi de bonnes relations avec les dirigeants d'autres institutions liées au cinéma comme l'Office national du film et la Cinémathèque, avec d'autres instances culturelles comme le Théâtre du Nouveau Monde. Il a de bons contacts à Radio-Canada.

Les relations ne sont cependant pas toujours au beau fixe avec les politiciens provinciaux. Si Jean Lesage peut résister aux autorités religieuses qui lui demandent de mater Guérin, la prise du pouvoir par Daniel Johnson* et l'Union nationale le 16 juin 1966 marque un certain retour des forces conservatrices, bien que le souffle de la Révolution tranquille demeure. En novembre, le ministre Yves Gabias* veut revenir aux pratiques anciennes et nommer censeur un ami du parti. Cela tombe d'autant plus mal que Guérin est en train d'achever la professionnalisation du Bureau et de préparer l'intégration des employés à la fonction publique où l'embauche est régie par des normes strictes d'où tout « patronage » est exclu. D'autres escarmouches mettent aux prises les deux hommes pendant presque un an, notamment au moment de l'affaire *Le serpent*, et Gabias demande à plusieurs reprises la démission de Guérin, disant même de lui qu'il est « une présence qui est au-dessus de toutes les autorités, au-dessus de la loi, au-dessus du ministre, au-dessus du premier ministre, au-dessus du conseil des ministres », un « censeur qui fait mal son travail en laissant passer des films pornographiques » et qui a fait du Bureau de censure « un État par-dessus l'État ». Signe de l'évolution des mentalités, le premier ministre Johnson refuse de s'engager dans le débat, donnant ainsi raison à Guérin, qui apparaît de plus en plus indélogeable. Il peut ainsi piloter les travaux préparatoires à la réforme fondamentale de la loi en 1967, laquelle avalise toute la réforme entreprise depuis cinq ans et consacre ainsi les principes fondamentaux de ce qui s'appelle dorénavant la « surveillance » du cinéma plutôt que la censure, terme qui n'apparaît d'ailleurs nulle part dans la loi. Depuis trois ans, il a multiplié les études et les rapports sur l'ensemble de l'activité cinématographique, s'efforçant d'inclure dans la loi à venir une politique globale de l'État québécois, car il souhaite faire passer les Québécois de simples consommateurs à créateurs de films; cela ne se réalisera toutefois que huit ans plus tard.

Partout dans le monde, les bureaux de censure agissent comme des outils du pouvoir politique ou religieux et ne sont rien d'autre que chargés de limiter la liberté d'expression ou de faire taire les contestataires. Avec Guérin se passe un phénomène unique: les censeurs deviennent dans la majorité des cas des défenseurs des films contre les velléités censoriales de toutes les formes d'autorité. Non seulement n'utilise-t-il les services judiciaires que dans des cas extrêmes, quand, par exemple, un exploitant projette des films sans permis, mais en général, il se bat contre les interventions policières commandées par les politiciens. Il se crée ainsi chez les intellectuels un énorme capital de sympathie. « C'était un fonctionnaire chargé de la censure qui incarnait la liberté », dira de lui l'avocat Claude-Armand Sheppard.

Indélogeable, André Guérin le demeure pendant 25 ans. Son sens diplomatique et son éternel sourire, quel que soit son bouillonnement intérieur, lui permettent de survivre à toutes les crises, lesquelles ne manquent pas, parfois provoquées par lui. Ce sont, au tournant des années 1970, des contestations judiciaires de films qu'il a autorisés (*I, A Woman**, *Pile ou face** et *Après-ski**), des pressions politiques pour limiter l'explosion de l'érotisme sur les écrans (*Quiet Days in Clichy**) et pour resserrer les règlements au sujet de la publicité* cinématographique. On lui demande d'arbitrer le bon et le mauvais goût, le moral et l'immoral, ce qu'il fait avec autant d'humour que de tact:

> Le cinéma connaît décidément un regain de popularité si l'on s'en rapporte au nombre d'interventions suscitées par certains films. Les sports d'hiver sont terminés, mais l'après-ski prolonge ses agréments dans les salles obscures ou devant les prétoires et, à Montréal comme à Québec, de petits notables d'autrefois en mal de clientèles perdues jouent à pile ou face avec les bonnes mœurs, l'obscénité* et autres friandises qui excitent leur verve (causerie en 1971).

On voit qu'il a pris ses distances face au monde religieux. Quelques décisions maladroites (par exemple pour *La pomme, la queue et les pépins**) lui retirent certains appuis. Lors des discussions préparatoires à la loi de 1983, il mesure mal l'opinion publique, sous-estime la sensibilité féministe et le débat en cours au sujet de la pornographie; il se prononce avec éclat en faveur de la création d'un réseau de salles XXX, ce qui n'est pas sans embêter ses amis. Cela lui vaut beaucoup de critiques et presque son poste. Son goût des caméras et des déclarations parfois intempestives lui aliènent des alliés traditionnels chez les cinéastes. Mais encore intouchable, il est nommé à la présidence de la Régie* que crée la loi 109. Cependant, l'État revient à la formule de trois membres, dont un président, en somme l'équivalent de ce qui existait en 1913, et il adjoint à Guérin le producteur Pierre Lamy et, ce qui doit être ressenti comme un soufflet, Claire Bonenfant, militante féministe bien connue, jusque-là présidente du Conseil du statut de la femme et intervenante énergique depuis plusieurs années. Nouveauté, la loi prévoit que « la durée du mandat des membres de la Régie est d'au moins trois ans et d'au plus cinq ans. Un membre de la Régie ne peut être nommé pour plus de deux mandats consécutifs ».

Le 9 septembre 1988, la nouvelle éclate comme un coup d'État : à son expiration le 20 décembre suivant, le mandat d'André Guérin ne sera pas renouvelé, même si, selon la loi, il aurait pu l'être. La ministre responsable, Lise Bacon, ne donne aucune raison, sinon que le geste fait partie d'un ensemble de changements à la tête des sociétés d'État. La rumeur murmure que depuis quelques années Guérin n'aurait pas été suffisamment à l'écoute du public. Flamboyant comme toujours, il démissionne le 26 septembre, peu après que le nom de son successeur fut connu. Il n'a que 60 ans. Claude Benjamin, fonctionnaire de carrière, ancien président du Conseil supérieur de l'éducation, le remplace deux jours plus tard. La mort surprend Guérin soudainement le 16 juin 1989, avant qu'il n'ait eu le temps de réorienter sa carrière.

Jour pour jour, trois ans plus tard, une fondation André-Guérin est créée par plusieurs de ses amis et en collaboration avec la Cinémathèque québécoise, on projette ce soir-là *Hiroshima, mon amour**. Elle demeure active jusqu'en 1996. Pendant quelques années, dès 1990, la Société Saint-Jean-Baptiste de Montréal attribue le prix* André-Guérin à une personnalité qui s'illustre dans le domaine du cinéma : André Forcier, Jean-Claude Labrecque, Jacques Bobet, Anne Claire Poirier en sont les lauréats. *Yves Lever*

ANQ-M, fonds Régie du cinéma, E 188 : procès-verbaux des assemblées du Bureau de censure, du Bureau de surveillance du cinéma et de la Régie du cinéma ; textes de diverses conférences d'André Guérin et de Pierre Saucier.

▶ Loi du cinéma

GUERRE (CENSURE DE)

▶ Actualités ; Bonimenteurs ; *Le Corbeau* ; « Dollard des Ormeaux » ; Liberté de presse ; *Les mémoires d'un soldat inconnu* ; *Nègres blancs d'Amérique* ; *Les ordres* ; *La participation des Canadiens français à la Grande Guerre* ; Première Guerre mondiale

GUIBORD, JOSEPH

▶ Annuaire de l'Institut-canadien pour 1868

H

HARBOUR, ADÉLARD (1884-1952)
Curé montréalais engagé dans la censure du cinéma pendant trente ans

Adélard Harbour est ordonné prêtre le 16 août 1908. Après avoir occupé divers postes, il devient chanoine et curé de la Cathédrale de Montréal en 1917 et il y demeure jusqu'à sa mort accidentelle le 25 décembre 1952. Dès 1922, il est aussi directeur de la *Semaine religieuse de Montréal*, revue destinée aux membres du clergé, qui contient les directives épiscopales, les annonces officielles à faire en chaire, la position officielle de l'Église* sur tous les sujets d'actualité, des commentaires de l'Évangile, en somme tout ce dont les curés de paroisse ont besoin pour leurs prêches du dimanche. Depuis 1907, beaucoup de textes officiels y sont publiés pour lutter contre le cinéma, réclamant d'abord la fermeture des salles le dimanche, puis une censure plus sévère. Harbour continue la tradition. Il se signale surtout en 1927 après le terrible incendie du Laurier Palace et le Rapport Boyer*; ses articles hebdomadaires reflètent ou élaborent la position que l'Église de Montréal maintiendra pendant les dix années suivantes. À ce moment, il a une piètre opinion du cinéma : c'est une « lèpre [qui menace] le corps, l'esprit et l'âme des enfants ». Son argumentation tient dans ce syllogisme tendancieux : « La majorité des films sont des romans. Les romans sont le dévergondage de l'imagination ou le jeu des passions. Les passions, c'est ce qu'il y a de moins humain dans l'homme. Il faut les combattre, les refréner et non pas les exciter. » De plus, les évêques se sont prononcés contre les dangers du cinéma, « et cela, pour nous catholiques, est d'une vérité élémentaire. Notre religion est toute d'autorité. La lumière nous vient d'en-haut. *Rigans de superioribus!* Les directives aussi. C'est au chef qu'il appartient de commander et à lui seul. À nous le devoir, beaucoup plus simple, d'obéir. »

Dès le 6 juin 1924, il est sollicité au Bureau de censure (lequel est situé à un jet de pierre de son église) comme conseiller moral pour *Perfect Flapper* (comédie de John Francis Dillon). Un décret romain interdit à tout prêtre d'aller au cinéma depuis 1909, mais l'Église s'accommode toujours des « père Gaucher »… Il vient souvent accompagné d'un autre prêtre de l'archevêché. Jusqu'à son décès, il conseille les censeurs épisodiquement, à des dizaines d'occasions. Il refuse pourtant de le faire en avril 1934, lorsqu'on lui demande de se prononcer sur *Fanny*, de la célèbre trilogie de Marcel Pagnol, après qu'elle eut été approuvée, parce que cette production soulève l'ire de la Ligue du cinéma de Québec*; Harbour, qui a probablement vu le film, ne veut pas donner son avis, sans doute par solidarité avec les catholiques de Québec, alléguant que ses opinions s'arrêtent aux limites de son diocèse, argument qui n'a jamais été avancé depuis dix ans et que le censeur de l'État n'a sûrement jamais imaginé, considérant que ce que le clergé de Montréal n'interdit pas peut être approuvé pour tout le Québec.

En avril 1938, J. A. DeSève* de la compagnie de distribution France-Film crée un comité de pré-censure avec ses associés Arthur Vallée et Alban Janin ; il recrute le chanoine à la réputation bien établie, espérant ainsi amadouer les censeurs de l'État. Les quatre visionnent les films et ils font leurs recommandations au Bureau. La rouerie fonctionne peu : les quatre années qui suivent, malgré les changements de censeurs (à cause des remplacements du parti au pouvoir), leurs recommandations ne sont jamais considérées assez sévères. Par exemple, *Hôtel du nord*, chef-d'œuvre de Marcel Carné, est d'abord refusé malgré leur note « convenable », qui précise que « M. le Chanoine Harbour a vu le film trois fois », ce qui peut signifier que son sens esthétique et moral s'est ouvert sur d'autres réalités. Harbour s'implique aussi dans les « reconstructions » que le distributeur fait de certains films : dans *Orage**, c'est lui qui rédige la lettre d'adieu d'une maîtresse au mari pour l'inviter à retourner chez son épouse, que DeSève fait tourner spécialement pour la diffusion au Québec.

Dans une lettre du 4 janvier 1939 à Arthur Laramée, président du Bureau, en réponse à une demande d'information au sujet de *Frankenstein**, le chanoine rappelle qu'il arrivait de temps en temps que des distributeurs, mécontents de son avis, demandent ensuite l'opinion de jésuites du Gésu (église publique attenante au Collège Sainte-Marie, à Montréal) et d'autres prêtres aussi « pour avoir d'eux une autre manière de voir » et qu'« alors, l'autorité prise entre ces deux opinions pouvait au meilleur de son jugement appliquer le vieil axiome *in dubiis libertas* ». Avec cette relativisation de son jugement, Harbour témoigne d'une attitude fort éloignée de son intransigeance des années 1920.

Avec la pénurie de films français due à l'occupation allemande pendant la guerre, le comité DeSève disparaît en 1942. Après le conflit, Harbour conseille régulièrement J. M. de Roussy, le nouveau directeur de France-Film, de même que les censeurs de l'État. La dernière fois où son nom apparaît dans les archives du Bureau, c'est dans une lettre du président Alexis Gagnon* au ministre Antoine Rivard, solliciteur général, le 5 février 1953, pour justifier sa position au sujet de deux films, *Les sept péchés capitaux**, accepté avec plusieurs coupures le 26 septembre précédent, et *Les mains sales**, autorisé après cette seule coupure « Éliminer le sous-titre : film tiré de la pièce célèbre de Jean-Paul Sartre » le 14 novembre ; il souligne que « ces deux films ont été soumis à Monseigneur Harbour et les coupures qu'il a suggérées ont été faites. Monseigneur Harbour a, de plus, revu ces films une fois modifiés et les a acceptés ».

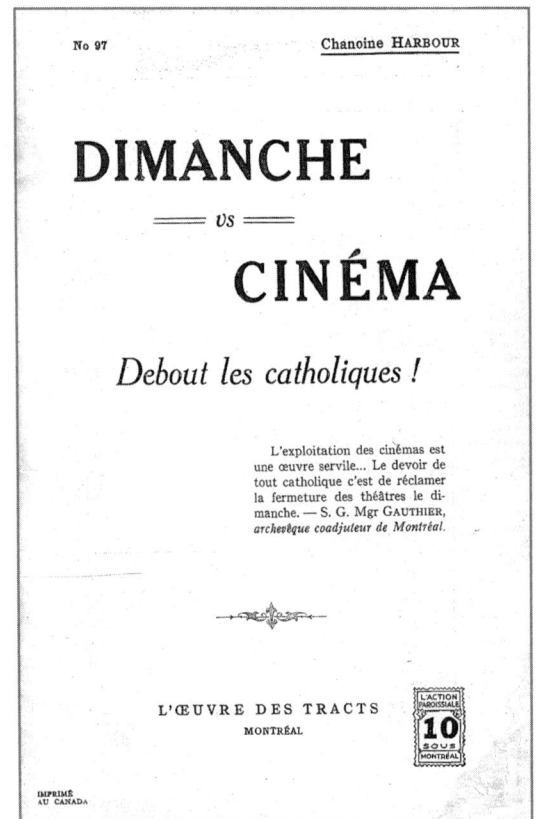

Pendant presque trente ans, Adélard Harbour, curé de la cathédrale de Montréal et directeur de la *Semaine religieuse de Montréal*, revue porte-parole de la hiérarchie catholique, a conseillé les censeurs de l'État.

De nombreux articles des quotidiens décrivent sa mort tragique et ses funérailles, mais aucun ne mentionne son activité censoriale, comme si elle était toujours demeurée secrète. Son *curriculum vitae* dans les archives du diocèse de Montréal occulte également cette participation de 30 ans, pourtant très importante, aux mesures officielles et officieuses de contrôle du cinéma. *Yves Lever*

ANQ-M, fonds Régie du cinéma, E 188, fiches des films et documents annexés, correspondance ; HARBOUR, chanoine Adélard, *Dimanche vs cinéma, Debout les catholiques*, 1927.

▶ *Marius, Fanny, César* ; *Le quai des brumes*

HÉBERT, JACQUES (1923-)
Auteur et éditeur, farouche adversaire de la censure

Il n'est pas aisé de séparer les multiples engagements de Jacques Hébert de ses prises de position contre la censure ou pour la liberté d'expression. Ses innombrables voyages, la fondation du journal *Vrai*, des Éditions de l'Homme et des Éditions du Jour, son combat pour que justice soit faite dans le cas de Wilbert Coffin, entre autres, concourent tous à une même défense de la vérité.

L'initiation à la liberté s'amorce à l'extérieur du Québec. En 1939, Jacques Hébert échoue ses examens de Méthode, la troisième année du cours classique. Son père décide alors de l'envoyer au Saint Dunstan's College, à Charlottetown (Île-du-Prince-Édouard). « Tu verras, m'avait dit mon père, tu aimeras Saint Dunstan's. Tu y découvriras la liberté ! » Se produit un choc culturel qui marque sa vie, qu'il raconte dans *Bonjour, le monde !* :

> Dans cet humble collège, où on faisait vraiment confiance aux élèves, où, par conséquent, rien n'était tout à fait interdit, j'ai vécu mon premier apprentissage de la liberté. […]
>
> À *Saint Dunstan's*, j'ai aussi compris qu'on découvre tout sur soi-même et sur les autres quand on est confronté avec une autre culture, d'autres valeurs.

Après une licence en sciences commerciales à Montréal (1945), Hébert entreprend une série de voyages : l'Amérique latine, l'Afrique, l'Asie. Il publie ses récits de voyage, qui sont de véritables succès, de même que de nombreux articles dans les journaux. La sensibilité à la liberté s'y pointe encore. Il écrit, dans *Aventure autour du monde*, en 1952 :

> Il est une chose pour laquelle j'admire les Anglais sans réserve : leur grand respect pour la liberté de presse*. Même dans leurs colonies, ils permettent à leurs administrés de les injurier autant que ça leur plaît. Et dans certains journaux de Nigeria ou de Hong-Kong, j'ai lu des choses qui feraient frissonner les ultra-nationalistes canadiens les plus enragés.
>
> À Hong-Kong, les librairies sont pleines de publications communistes* ; les journaux et les revues communistes ne sont jamais censurés. Les Anglais n'ont pas peur des mots. On n'en saurait dire autant des Américains qui, au Japon, interdisent toute publication, tout livre qui ne leur est pas franchement favorable.

L'année 1954 s'avère déterminante. Amorçant ce qu'il appelle « sa deuxième carrière », Jacques Hébert fonde l'hebdomadaire *Vrai*, principalement afin de « combattre les excès du régime Duplessis, qui n'en finissait plus de se décomposer ». Critiquer le régime en place, reconnaît Hébert, « n'est possible qu'en possédant un journal. Et ça, c'est très difficile, parce que la publicité n'entre pas quand un journal devient contestataire, en marge de l'establishment. » Dans son opuscule *Duplessis, non merci !* (2000), le fondateur de *Vrai* éclaire cette difficulté :

> Plusieurs annonceurs dans *Vrai* ont été forcés de retirer leur annonce du journal sous peine d'être inscrits sur une liste noire. Je n'oublierai jamais la visite pathétique d'un brave ingénieur civil, lecteur de *Vrai*, qui avait signé un petit contrat de publicité : un espace de 2 pouces sur 1 pouce au tarif de 10 $ par semaine ! Au bout d'à peine trois semaines, il se présente à mon bureau, l'air penaud : « Comme ingénieur, j'ai besoin d'un contrat du gouvernement de temps en temps. On vient de m'apprendre que je ne dois plus en solliciter aussi longtemps que ma carte d'affaires paraîtra dans *Vrai*. Voici mon chèque pour les six mois à venir… à condition de ne plus publier mon annonce ! »

C'est cependant l'événement suivant qui marque un tournant dans la vie de Jacques Hébert. En 1953, un garde-chasse, Wilbert Coffin, est accusé du meurtre de trois touristes américains en Gaspésie ; il subit son procès et, le 10 février 1956, il est exécuté par pendaison. Cette « Affaire Coffin » poursuivra Jacques Hébert toute sa vie, car il est convaincu de son innocence et des malversations de la justice. Après l'exécution, son journal publie incessamment des articles sur cette troublante question. Convaincu que l'impact du livre est supérieur à celui du journal, un nouveau mode d'action s'ouvre pour Hébert, qui fonde les Éditions de l'Homme en 1958 dans le but très précis de publier son pamphlet *Coffin était innocent* : « Personne ne voulait se mettre l'Establishment à dos en éditant ça. Mais la grande contestation commençait. […] Mais l'Homme au départ n'était qu'un à-côté de *Vrai*. »

Hébert quitte son journal en 1959 et publie cette même année *Scandale à Bordeaux*. Il poursuit de cette manière un autre rôle que *Vrai* s'était donné, celui de la dénonciation du mauvais sort réservé à certains prisonniers ; cette croisade attire d'ailleurs l'ire de Duplessis*, épisode qu'Hébert décrit en ces termes :

> Ces suggestions précises découlaient des accusations non moins précises portées par le journal *Vrai*. Enfin, un député de l'Opposition, M. Alcide Courcy, se leva en chambre, quelques numéros du journal à la main, et demanda au gouvernement de faire une enquête sérieuse sur la prison de Bordeaux.
>
> Le premier ministre, M. Duplessis, avec son habileté et son cynisme habituels, déclara d'abord que le journal *Vrai*, qui se permettait de dénoncer l'administration de Bordeaux, était « l'une des feuilles les plus sales dans la province de Québec… » « Un journal… que les gens respectables ne lisent pas. » « Source empoisonnée et pestilentielle » et blablabla.

Comme éditeur, Hébert innove. Par exemple, il publie des livres à 1 $, imprimés sur du papier journal et distribués dans les tabagies. Son ouverture d'esprit et son flair le conduisent à publier *Les insolences du Frère Untel**, du frère Pierre-Jérome (Jean-Paul Desbiens) : « Là encore, note Claude Janelle dans *Les Éditions du Jour* […], Jacques Hébert avait vu juste, car ce livre, imprimé avec réticence par Edgar Lespérance qui craignait quelques représailles du clergé tout-puissant de cette époque, connaît un succès retentissant. »

En 1961, Hébert quitte les Éditions de l'Homme et fonde les Éditions du Jour, dans le but, entre autres, de publier davantage de littérature. Or, même à cette époque, l'éditeur n'est pas à l'abri de la censure :

> Très vite, ça s'est mis à proliférer, les manuscrits nous arrivaient à un rythme étonnant. Il y avait un besoin à combler. L'édition* littéraire était d'ailleurs entravée par toutes sortes de censures. Les libraires* refusaient de vendre nos livres. Celle de Dupuis Frères commandait des placards dans les journaux pour dire qu'elle ne vendrait pas tel ou tel roman du Jour, alors qu'il n'y avait rien dedans, vraiment rien, qui puisse choquer. Je me souviens que j'avais voulu publier *L'épanouissement sexuel de la femme* et que je comptais beaucoup sur la publicité dans le *Petit journal* pour le faire vendre. Les autres, il ne fallait pas y penser, mais le *Petit journal* était quand même le plus osé de son temps. Il a refusé. Il a refusé jusqu'à ce que je change le titre, une semaine avant la publication, pour *L'épanouissement sexuel de l'épouse*.
>
> C'était une traduction, que nous avons encore au catalogue d'ailleurs, et dont nous avons rechangé le titre il y a quelque temps. Et cet incident n'a pas eu lieu dans la Grande noirceur, mais bien en 1964.

Hébert ajoute :

> La production du Jour était contestataire. Elle ne le paraît plus aujourd'hui, parce que de plus jeunes maisons font ce travail, mais il faut se replacer dans le contexte. Quand j'ai édité *Les fous crient au secours* [Jean-Charles Pagé, 1961], et que Camille Laurin a écrit la préface, il a perdu sa job. Ce fut un best-seller – et un scandale – énorme.

C'est aux Éditions du Jour, donc, qu'Hébert publie en 1963 un deuxième essai sur Coffin, *J'accuse les assassins de Coffin*. Ce livre connaît d'importantes suites : une commission d'enquête sur l'affaire Coffin est créée, mais Hébert est emprisonné à cause de sa prise de position. Il faut reconnaître que le pamphlétaire ne mâche pas ses mots. Il revient en ces termes sur la pendaison de Coffin :

> Parmi les témoins se trouvait le capitaine Alphonse Matte de la Police provinciale à qui on avait confié la tâche de trouver le meurtrier des trois chasseurs américains assassinés dans les bois près de Percé.
>
> Le capitaine Matte décida un jour que Coffin était le coupable ; puis avec un sadisme qui relève de la clinique psychiatrique, il s'acharna contre *son* coupable jusqu'à ce qu'il fut [sic] condamné à mort.

Le 8 janvier 1964, un arrêté en conseil institue une Commission d'enquête sur l'Affaire Coffin (Commission Brossard), contre laquelle Jacques Hébert tiendra plus tard, dans *L'Affaire Coffin [...]*, des propos très critiques. Le 27 novembre 1964, le juge Brossard dépose son rapport, qui dénonce *J'accuse les assassins de Coffin* et suggère presque des poursuites judiciaires contre son auteur. Jacques Hébert raconte ainsi la suite :

> L'Honorable Claude Wagner, procureur général du temps, ardent apôtre du «law and order», cher au Commissaire Brossard, ne se fit pas tirer l'oreille. Le 23 février 1965, des agents de la Sûreté du Québec venaient m'arrêter dans les bureaux des Éditions du Jour (où je les attendais !) et, *quelques heures* plus tard, le juge S. Challies de la Cour supérieure me condamnait à trente jours de prison et à trois mille dollars d'amende ou à trente autres jours.

En réalité, Hébert passe trois jours en prison, puis est libéré sous caution de 1000 $; il publie en 1965 *Trois jours en prison [...]*. Le 31 janvier 1966, Maurice Marquis et Pierre Elliot Trudeau, les avocats d'Hébert, plaident sa cause devant la Cour d'appel ; il est acquitté 8 mois plus tard.

C'est assurément en 1970 que Jacques Hébert affirme ses positions à l'égard de la censure. Tout d'abord, il prononce un discours au banquet d'ouverture du salon du livre de Québec, le 1er avril, reproduit le 4 avril dans *Le Devoir* : « La censure, ce vice impuni ! » Ce discours fleuve deviendra la première partie de son livre *Obscénité et liberté*. Depuis *L'Index** de Raymond-M. Charland et *La censure des livres** d'Édouard Gagnon, aucun essai au Québec n'avait touché cette question. Hébert aborde le sujet dans une perspective tout à fait différente de ses prédécesseurs. La première partie, « Témoignage », retrace les origines de la censure et en brosse un portrait au Québec et au Canada. Par la suite, Hébert traite des difficultés, voire des contradictions de la censure. Dans la seconde partie, il donne une chronologie et reproduit des documents sur l'affaire Sade en France, de même que sur les procès, au Québec, de *L'amant de Lady Chatterley** et d'*Histoire d'O**.

Celui qui est à ce moment président de l'Association des éditeurs canadiens et qui termine son mandat comme président de la Ligue des droits de l'Homme prend position, le 8 février 1972, avec *À propos d'un «vulgaire commerce»*. Il s'agit d'une causerie faite devant les membres de la Chambre de commerce de Montréal, protestant avec vigueur contre la mainmise de l'éditeur français Hachette sur le marché du livre québécois. Hébert y voit une forme de censure :

> On peut donc affirmer que la prédominance de Hachette sur le marché canadien ne se traduira pas par une augmentation du nombre de titres mis à la disposition du public, mais par une modification dans le choix de ces titres, et ce changement équivaudra à une sorte de censure car les ouvrages qui ne sont pas disponibles au moment où on désire les acheter, bien souvent, on ne les achète jamais. Seuls les bibliothécaires ont la patience d'attendre plusieurs mois pour recevoir un livre qu'ils ont commandé. L'acheteur habituel qui entre dans une librairie parce qu'il vient de lire un article dans lequel on a parlé d'un ouvrage et qui désire le lire, s'il apparaît qu'il n'est pas disponible au Québec, 9 fois sur 10, il renoncera à se procurer.
>
> Cette forme insidieuse de censure est d'autant plus agaçante qu'on sait les liens intimes qui unissent Hachette et le gouvernement français, *quel qu'il soit*. La liberté d'écrire, de publier, de diffuser et de lire les livres qu'on veut est un droit trop précieux pour qu'on en cède la moindre parcelle à des étrangers.

Hébert appuie la requête du Conseil supérieur du livre demandant au gouvernement du Québec «[...] qu'il limite à 20 % la participation maximale des non-québécois [sic] dans les entreprises d'édition littéraire, d'édition scolaire au niveau élémentaire et secondaire, ainsi que dans les entreprises de distribution et de librairies ».

Nul n'est à l'abri d'accusation de censure... pas même Jacques Hébert. Après avoir été le directeur littéraire de la maison pendant plusieurs années, Victor-Lévy Beaulieu claque la porte des Éditions du Jour, en 1973. Il accuse Jacques Hébert d'être un éditeur fédéraliste qui se donne bonne conscience en publiant des écrivains québécois. Le conflit est important, puisque Beaulieu tente d'entraîner avec lui les autres écrivains du Jour, affirmant presque que l'éditeur censure les indépendantistes. Les écrivains du Jour décident de demeurer avec Hébert, ce qui permet de croire que, malgré les affirmations de Beaulieu, Hébert ne censure pas les écrivains indépendantistes, comme il s'en explique lui-même dans l'ouvrage de Claude Janelle :

> Il suffirait de consulter n'importe lequel de nos jeunes romanciers ou de nos jeunes poètes, dont plusieurs sont d'ardents indépendantistes, pour savoir que jamais une ligne de leurs œuvres n'a été censurée pour des raisons politiques. Et il faut lire leurs œuvres pour comprendre qu'il s'y trouvait souvent « matière à faire frémir un fédéraliste. »

En 1980, Hébert revient sur l'Affaire Coffin et plus particulièrement sur la Commission Brossard, dont il relève toutes les contradictions, dans la réédition de ses ouvrages sur la question, précédée d'*Une petite autopsie de l'affaire*.

Sa plus récente intervention, au nom de la liberté, est une sorte de devoir de mémoire. Hébert est contre le mouvement de réhabilitation envers Maurice Duplessis, qu'il fustige dans *Duplessis, non merci !* : « [...] comment se réconcilier avec un être qui a corrompu toute une société, d'un bord à l'autre, depuis l'humble cantonnier jusqu'à l'archevêque, et qui a avili le processus démocratique au point que le Québec était devenu la risée du monde ? » Il rappelle quelques-unes de ses interventions radicales. Ainsi, Duplessis aurait voulu la tête du père Georges-Henri Lévesque, de l'Université Laval. Il aurait menacé de couper une subvention de 50 000 $ à la faculté des Sciences sociales si Lévesque n'était pas renvoyé. C'est M#gr# Maurice Roy qui a réussi à convaincre Duplessis de changer d'idée. Ou encore :

> *L'Action catholique*, quotidien de Québec généralement dévoué à l'Union nationale, s'était permis un ou deux éditoriaux critiques à l'endroit du régime. Sans tarder, le gouvernement lui avait retiré des contrats d'imprimerie évalués à 10 000 $ par an, somme énorme à l'époque. [...] Non, Duplessis ne met pas les journalistes en prison. Il se contente de ruiner leur réputation en les faisant passer pour des communistes, accusation d'une extrême gravité dans le Québec des années 1950. Il prend tous les moyens pour acculer leurs journaux à la faillite ou les maintenir dans une misère qui, forcément, limite leur action.

Inlassablement, pendant près d'un demi-siècle, Jacques Hébert (qui a été nommé sénateur en 1983) a lutté contre les égarements du pouvoir. Au début de *Bonjour, le Monde !*, il écrit : « Si je me sens immunisé contre le virus autobiographique, c'est que le passé m'ennuie prodigieusement : je ne peux rien changer à cette nuit-là, alors que l'instant présent, lumineux et frémissant comme un oiseau des îles, m'étonne toujours. » En réalité, le seul passé qui intéresse Jacques Hébert, c'est celui qui serait obscurci par le mensonge ou la déformation des faits, qu'il s'agisse du passé d'une personne, comme pour Coffin, ou du Québec tout entier en ce qui concerne la mise au point sur Duplessis ; l'instant présent, c'est l'occasion d'ébranler la province avec le brûlot d'un jeune frère mariste, ou de se prononcer ouvertement contre la censure. Dans tous ces cas, on retrouve la même recherche de la vérité, sans laquelle la liberté n'a pas de fondement. *Pierre Hébert*

L'HÉRITIER

Simone Bussières (1918-) • Roman coté « Mauvais » par la revue *Lectures* **(1951)**

Présenté par l'éditeur comme un roman « expos[ant] un problème auquel pas un écrivain canadien n'a encore touché », *L'héritier* paraît à la fin du mois de février 1951. Roman à thèse, *L'héritier* raconte le dilemme auquel doit faire face Louise, une jeune femme de Québec âgée de 30 ans restée célibataire après que Pierre, architecte montréalais à la carrière prometteuse, l'eut délaissée pour épouser Jeanne, qu'il fréquentait déjà avant de la connaître. Ne pouvant avoir d'enfant, Jeanne propose l'adoption à son mari. Mais Pierre répugne à transmettre son nom à un être dont il ne connaîtra pas les ascendants («Je ne pourrais pas adopter un enfant né on ne sait de qui ni de quoi, à qui nous donnerions notre fortune, notre vie, à qui je donnerais mon nom!»). À l'insu de sa femme, il se rend donc auprès de son ancienne amie et lui demande de porter l'enfant qu'il adoptera avec sa femme, si c'est un fils. Car il est entendu que si l'enfant est une fille, Louise la gardera seule, Pierre promettant de subvenir à leurs besoins. Au prix d'un dur combat intérieur, Louise accepte, alléguant la profondeur de son amour comme justification de son geste. Elle accouche d'un garçon qui lui est enlevé à la naissance. Désirant le voir, elle profite de l'absence de Pierre chez lui pour s'en approcher mais, nerveuse et maladroite, elle dévoile son identité à Jeanne.

Bien que le texte mette indubitablement la question des rapports sexuels hors mariage en avant-plan, une défense sous-jacente des filles-mères – encore frappées d'ostracisme à l'aube des années 1950 – est nettement perceptible. Par ailleurs, il aborde aussi le phénomène non encore nommé des mères porteuses. Mais cette dernière question, pas encore à l'ordre du jour, échappe à la critique. C'est bien l'aspect moral que retiennent les censeurs, condensé autour du péché de la chair commis par les amants adultères – la culpabilité incombant d'ailleurs plus lourdement à Louise, comme si elle était seule à avoir commis «la faute». N'y voyant que «des relents fétides d'une littérature prématurément gangrenée», Jean-Paul Pinsonneault, de la revue *Lectures** (mai 1951), lui attribue la cote «Mauvais».

L'auteure, anticipant sur la réception, a naïvement prévenu la condamnation par la mise en place, dans la diégèse, d'un personnage de prêtre qui absout Louise, de même qu'en montrant celle-ci fortement ébranlée par le dilemme qui est le sien. Il est vrai cependant qu'elle le dissout bien rapidement par une interrogation sophistique. «L'amour étant le commandement suprême, peut-il y avoir des péchés d'amour?» Ce n'est pas suffisant pour tromper Louis-Philippe Roy, pour qui «l'amour charnel ne supprime pas les commandements de Dieu». Certes, «la miséricorde divine est infinie» poursuit-il, mais encore faut-il «que le pécheur ait la volonté de la contrition […] et […] implore le pardon» (*L'Action catholique*, 7 mars 1951). Or, au prêtre à qui Louise se confie et qui l'exhorte à «regretter son péché», celle-ci répond qu'elle n'a pas péché, puisqu'elle a commis son geste par amour. Au-delà des «quelques passages […] par trop suggestifs», c'est donc le refus, jugé orgueilleux, de placer l'individu sous la loi divine qui offense. Roy reproche à l'auteure de laisser l'«impression» selon laquelle «on ne pèche pas quand on agit par amour». Même son de cloche chez Pinsonneault: «Impossible de concevoir orgueil plus monstrueux que celui qui, non content de nier Dieu et la loi morale, substitue aux voix de la conscience les appels fiévreux de la passion et prend conseil d'une nature déchue.» Il eût donc fallu que le personnage fasse acte de contrition, que l'auteure ne suggère pas que l'amour, invoqué pour légitimer le geste, efface le péché. C'est pourtant bien Louise qui meurt à la fin, figurant ainsi le héros tragique, celui qui, par excès d'orgueil, commet la faute et meurt.

Même si Roy souligne le talent de Bussières, l'incitant à le mettre au service d'une œuvre qui serait «vraiment chrétienne» et que Prévost estime que le roman «aurait mérité qu'on parle […] plus de lui», les critiques ont raison de l'auteure («*L'héritier* n'aura pas de descendants! C'est une œuvre ratée» décrète Roger Duhamel dans le *Montréal-Matin*), qui se convertit dans la production de matériel pédagogique et de contes pour enfants, puis dans l'édition. Elle fonde les Presses laurentiennes en 1969 et ne publie son deuxième roman, *L'enfant de l'aube*, que près de 50 ans après le premier. *Isabelle Boisclair*

BUSSIÈRES, Simone, *L'héritier*, [s l], Les Éditions du Quartier Latin, 1951, 195 p.

HIGH

Larry Kent (1937-) • Film interdit en 1967 puis autorisé avec coupures un an plus tard

À Montréal, au cœur de la période *hippie* des années 1960, un jeune homme sans métier mène une vie de bohème et survit en faisant le gigolo et en vendant de la drogue. Avec une copine, il en vient au meurtre d'un type qui semble fortuné. Anarchie, contestation de l'ordre social, recherche du plaisir sous toutes ses formes et absence totale de moralité caractérisent ces jeunes marginaux.

Le Festival du cinéma canadien, qui se tient dans le cadre du Festival international du film de Montréal, annonce la première mondiale de *High*, réalisé par Larry Kent, dans sa compétition officielle, le 11 août 1967. Il est apporté au Bureau de censure le 31 juillet et refusé le 7 août; la lettre de justification évoque ces motifs: « Séquence à trois et un duo. Épisode de marijuana. » À cette date précise, le Bureau est dans un entre-deux fâcheux: la loi du cinéma en application permet à toute personne âgée de 16 ans et plus d'entrer dans les salles de cinéma; la nouvelle législation votée en juin, qui impose la classification des œuvres par groupes d'âge, ne sera sanctionnée que le 12 août. Or, *High* s'adresse manifestement à un public adulte.

Les quatre autres auteurs en lice pour le prix du long métrage (Pierre Perrault pour *Le règne du jour*, Michel Brault pour *Entre la mer et l'eau douce*, Jean Pierre Lefebvre pour *Il ne faut pas mourir pour ça* et Allan King pour *Warrendale*) signent une déclaration qui est lue avant les projections des jours suivants:

> Nous blâmons la censure de la province de Québec
>
> a) d'avoir, en refusant le film de M. Larry Kent, porté atteinte à la liberté d'expression de l'individu et à la liberté de choix du spectateur, droits qui nous semblent fondamentaux en démocratie et en cinéma;
>
> b) d'avoir ouvertement insulté les membres du comité de présélection du 5ᵉ Festival du cinéma canadien qui ont à l'unanimité retenu le film de M. Larry Kent.
>
> Nous blâmons par ailleurs le gouvernement du Québec de maintenir une situation confuse et des lois équivoques qui permettent les décisions les plus arbitraires.

Les films de Lefebvre et de King obtiennent le grand prix (5000 $), mais en guise de geste contre la censure, les deux réalisateurs décident de le partager avec les autres compétiteurs, en incluant Kent. L'événement est abondamment commenté dans la presse. C'est la première fois qu'André Guérin*, le président du Bureau, est aussi violemment pris à parti par le milieu du cinéma; habituellement, les politiciens lui reprochent son laxisme et les artistes le défendent.

Présenté de nouveau au censeur en vue de la diffusion commerciale, *High* est refusé le 8 février 1968, puis de nouveau rejeté en appel le 28 mars suivant, surtout pour ces motifs: « Séquence d'accouplement (celle qui suit la séquence où Tom et les deux filles fument de la marijuana) et le caractère répugnant d'une séquence avec plusieurs couples au lit dans la même chambre en présence d'un enfant. » Il est finalement accepté le 20 août, dans la classe « 18 ans », mais avec cinq minutes en moins, enlevées par le distributeur Film Canada, avec l'accord présumé du cinéaste. Le cinéma Guy le présente à compter du 31 octobre.

Dans *La Presse* (2 novembre 1968), le critique Luc Perreault, qui a vu la version intégrale, proteste énergiquement contre les coupures qui « ont pour effet d'enlever à *High* toute espèce de signification » et qu'ainsi « il ne reste du film qu'une suite de tableaux inconsistants, d'un ennui presque mortel ». Dans *Sept-Jours* (9 novembre), Jean Chabot avance que les censeurs « ont tué le film » qui, pour lui, est un film « très moral ». Dans *Le Petit Journal* (10 novembre), René Homier-Roy, qui n'a vu que la version censurée, intitule sa critique « *High*, la révolte des poupons » et il trouve le film « affreusement bourgeois ». Des autres textes critiques, dont une longue table ronde réunissant des cinéastes et des critiques avec le psychiatre Jacques MacKay

(*Sexus*, no 2, octobre-décembre 1967), ne se dégage aucun consensus sur l'intérêt du film, mais tous s'entendent pour dire que sa censure ne rapporte rien à personne. L'Office [catholique] des communications sociales l'évalue ainsi : « Ce film confus met en scène des inadaptés sociaux qui affichent une conduite immorale et manifestent un cynisme marqué à l'occasion d'un meurtre. »

Depuis 1960, le Bureau de censure n'avait refusé ou coupé aucun film présenté par le festival majeur qu'est devenu celui de Montréal, la qualité esthétique ou la signification sociologique tenant lieu de justification quand les questions morales faisaient problème. Avec *High*, malgré une certaine recherche formelle qui reflète surtout la pauvreté des moyens de production, il semble injustifiable au censeur d'autoriser une œuvre se situant trop en marge du consensus social du moment présent. S'il lui suffit d'à peine un an pour changer d'avis, c'est moins l'évolution de la tolérance qui le motive que la perception du peu d'impact que le film de Kent peut provoquer, ce en quoi il semble avoir raison, étant donné le peu de succès du film. *Yves Lever*

ANQ-M, fonds Régie du cinéma, E 188, fiche du film ; *Recueil des films*, 1968 ; STRARAM, Patrick, dossier dans *Sept-Jours*, 19 août 1967 ; VÉRONNEAU, Pierre, « Censure et discours de la critique », *Cinéma et sexualité*, Québec, Prospect, 1988.

HIROSHIMA MON AMOUR

Alain Resnais (1922-) • Film qui devient un cas emblématique de la censure (1960)

Parler de la censure d'*Hiroshima mon amour*, ce n'est pas seulement décrire des coupures, c'est surtout s'attarder sur un geste censorial qui déclenche ce que l'on peut identifier comme « l'affaire » *Hiroshima mon amour*.

Hiroshima mon amour (1959) est le premier long métrage d'Alain Resnais, d'après un scénario de Marguerite Duras. Resnais a, derrière lui, une carrière exceptionnelle de réalisateur de courts métrages, dont plusieurs provoquent des gestes de censure en France ; ceci est particulièrement vrai pour *Les statues meurent aussi* (film sur l'art nègre censuré par des Blancs) et *Nuit et brouillard* (on s'oppose à une évocation du rôle de collaborateur du gouvernement de Vichy avec le régime nazi).

Hiroshima mon amour met en scène une histoire d'amour extraconjugal entre un Japonais et une Française qui entremêle des souvenirs de la Deuxième Guerre mondiale : pour elle, une histoire d'amour avec un Allemand dans sa ville de Nevers ; pour lui, des effets de la bombe atomique d'Hiroshima sur sa vie et sur celle de sa société.

Le film est apporté au Bureau de censure, présidé par Alexis Gagnon*, une première fois, le 5 août 1960, en vue de sa présentation au Festival international du film de Montréal. Il ne reçoit son aval qu'après une âpre discussion des organisateurs avec Gagnon.

Ce film est approuvé sans modification pour les spectacles exclusifs du 1er Festival international canadien de Cinéma (du 12 au 18 août 1960) au théâtre Loew's seulement. Advenant une exploitation ultérieure de ce film, à des fins commerciales, le film devra être présenté de nouveau à l'examen du Bureau de censure.

Effectivement, pour sa sortie en salle, le film repasse devant le Bureau de censure le 28 octobre 1960. À cette occasion, il subit 17 coupures, pour un total de 1164 pieds, ou environ 13 minutes (le premier chiffre indique le numéro de la bobine, le second la page de la transcription des dialogues) :

> 1A/1 : Éliminer au début du film la scène de l'homme et la femme dans le lit… Reprendre au dialogue : « Tu n'as rien vu, à Hiroshima. »
> 1A/1 : Éliminer la scène du lit et dialogue : « Quatre fois au musée. Quel musée ? À Hiroshima. »
> 1A/2 : Éliminer la scène du lit et dialogue : « Les reconstructions ont été faites le plus sérieusement possible. »
> 1A/2 : Éliminer la scène du lit.
> 1B/3 : Éliminer la scène du lit et dialogue : « Écoute. »
> 1B/4 : Éliminer la scène du lit et dialogue : « Écoute-moi. »

1B/5 : Éliminer la scène du lit et dialogue : « Je te rencontre. »

1B/5 : Dial. : « Comment me serais-je doutée que tu étais fait à la taille de mon corps. »

1B/5 à 7 : Commencer la coupure après dialogue : « Je t'en prie… » Finir à la fin de la même bobine. (Laisser la scène des bicycles [sic]).

2A/8 : Éliminer toute la scène sous la douche.

2A/10 : Dial. : « Hier soir. »

3A/16 : Éliminer au début de la bobine dialogue : « Assieds-toi… » Reprendre au dialogue : « Tu ne travailles pas l'après-midi. » (*Fade in*)

3A/16-17 : Dial. : « Il était français, … Je veux partir d'ici. »

3A/18 : Insérer toutes les scènes de Nevers enlevées à la page 16-17.

3B/21 : Dial. : « Je n'en peux plus d'avoir envie de toi. »

4B/26 : Dial. : « Ton mari, il sait cette histoire… Oui. »

5A/28 : Dial. : « Avec lui chaque nuit. À Hiroshima. Je vais rester là. Là. »

5A/29 : Dial. : « Faim d'infidélités, d'adultère. »

Ainsi amputé, le film sort le 11 novembre à Montréal, aux cinémas Français (rue Sainte-Catherine, devenu le Métropolis) et Rivoli (6906 rue Saint-Denis), en programme double avec *La millième fenêtre*, une comédie dramatique de Robert Menegoz. Le cinéma Avenue, rue Greene, projette une version originale avec sous-titres anglais.

Des réactions contre la censure d'*Hiroshima* sont déjà commencées. Le 9 novembre, *Le Devoir* publie une pétition signée par une centaine de personnes : « Écrivains, speakers, comédiens, enseignants et réalisateurs s'élèvent contre la censure. » Ce quotidien publie ensuite de nombreuses lettres de lecteurs, presque toutes contre les coupures. André Laurendeau et Paul Sauriol signent chacun trois éditoriaux ; le premier, rédacteur en chef, pourfend le Bureau de censure, alors que le second, éditorialiste, tente d'en défendre les orientations. Puis il y

C'est la première fois, et la seule, que des cinéphiles manifestent dans la rue contre la censure du cinéma. Ils ne le font pas en vain et ils contribuent à faire bouger les hommes politiques.

a une soirée de piquetage devant le cinéma Français, tenue bruyamment par une quinzaine de cinéphiles brandissant des pancartes avec des inscriptions ne manquant pas d'humour : « Hiroshima coupé de son amour », « La censure la plus moyenâgeuse », « Les censeurs pour l'échafaud », « Quand aurons-nous une censure adulte ? », « Down with the scissors ». Cette manifestation, qui sert à alerter l'opinion publique, est la première à faire le procès des censeurs québécois dans la rue. La revue de cinéma *Objectif* s'implique aussi dans cette lutte (novembre et décembre 1960 ; février 1961).

À la radio de Radio-Canada, René Ferron en fait le sujet d'une *Enquête* le 14 novembre. La télévision fait également un écho au problème de la censure en présentant deux émissions sur ce sujet dans les séries *Premier Plan* du réseau français (19 décembre 1960) et *Let's Face It* du réseau anglais. La première, prudente, discute du statut juridique de l'organisme provincial de censure, mais elle montre bien comment les coupures peuvent déformer complètement le propos d'une œuvre. Le procureur général Georges-Émile Lapalme laisse entendre que des réformes sont imminentes. La seconde émission est beaucoup plus variée et plus intéressante : ses participants prennent plus clairement position et concluent à l'incohérence du système de censure du Québec.

Qu'en est-il au juste des coupes ? Si on se fie aux textes, publiés à l'époque, elles portent surtout sur les scènes d'ébats amoureux. Il s'agit d'extraits situés principalement dans la première partie du film : on entrevoit des bras enlacés, recouverts de cendres atomiques, puis des étreintes plus réalistes. Effectivement, les ciseaux coupent les quatre premiers plans du film, qui sont de ce type, pour un total de 61 secondes. Trois minutes de scènes équivalentes dans la première bobine disparaissent aussi. Quiconque a vu ce film sait que la nudité, les « étreintes réalistes », sont beaucoup plus suggérées que montrées ; censeur et voyeur vont de pair. Dans la première partie du film, on coupe aussi des plans où le dialogue est trop explicite sexuellement, comme lorsque que la Française dit au Japonais « Tu me tues. Tu me fais du bien. […] Comment me serais-je doutée que tu étais fait à la taille de mon corps même ? Tu me plais. »

Dans le reste du film, qui comporte beaucoup moins de passage où les corps sont dénudés, la censure va s'exercer sur la situation d'adultère. De toute évidence, c'est même cet aspect-là du film qui rebute le plus le Bureau de censure. Une coupe veut laisser ignorer qu'ils sont mariés tous les deux ; le Japonais dit qu'il est seul à Hiroshima, que sa femme est à la montagne et qu'elle va revenir dans quelques jours ; et il ajoute : « Je suis un homme qui est heureux avec sa femme » ; elle répond : « Moi aussi je suis une femme qui est heureuse avec son mari. » Auparavant, elle a dit : « C'est pour ça que tu m'as laissée monter dans ta chambre hier soir ? » Finalement, elle dit : « Je vais rester à Hiroshima. Avec lui chaque nuit. À Hiroshima. » L'expression de son besoin d'infidélité culmine dans « J'avais faim. Faim d'infidélité, d'adultère, de mensonges… »

Si on fait le total, les coupes qui concernent des scènes de « nudité » (incluant une scène de douche, et une scène des amants couchés, où il n'y a pratiquement que des gros plans des visages, et aussi une scène « d'étreinte des mains ») cela équivaut à un peu plus de trois minutes. Il y a donc dix minutes, reliées strictement au texte de Marguerite Duras, qui ne concernent que l'aventure extra maritale. Les comportements adultères, voilà bien ce qui est le plus intolérable pour le censeur, ce qui ne fait que prolonger une phobie déjà présente tout au long des années 1950.

Le Centre catholique national du cinéma, de la radio et de la télévision va dans le même sens lorsqu'il rédige sa cote du film ; d'une part, il admire le travail artistique :

> Ce film est avant tout une rencontre du cinéma et de la littérature. La collaboration entre scénariste et metteur en scène est tellement liée, qu'il devient difficile de dissocier leur travail. La caméra se joue comme jamais encore de l'espace et du temps. Esthétique exceptionnelle, style méditatif, images soignées, dialogue d'une pureté de langue remarquable sont à souligner.

D'autre part, il déplore le contenu amoral :

> Tout en dénonçant les atrocités de la guerre, ce film idéalise une conception amorale de l'amour. (*Recueil des films*, 1960, et repris ainsi en 1962) :
>
> Tout en dénonçant vigoureusement les atrocités de la guerre, cette œuvre expose avec sensibilité la souffrance intérieure d'une femme déçue dans sa recherche d'amour et de bonheur. L'amoralisme des personnages et des scènes d'alcôve motivent de nettes réserves. Adultes, des réserves.

En 1961 et 1962, divers ciné-clubs demandent une permission spéciale pour présenter la copie intégrale du film. Le Procureur général considère qu'il faut étudier chaque cas à son mérite. Le permis est d'abord refusé, puis accordé pour les universités et pour la salle L'Élysée en 1962. Finalement, le 15 avril 1964, *Hiroshima mon amour* est approuvé sans restriction, ce qui signifie que, selon la loi en cours, il peut être projeté devant les spectateurs de 16 ans et plus. Le 6 mai 1974, en accord avec la loi de 1967, le Bureau de surveillance le classe « 14 ans et plus ».

Quand les organisateurs du festival décident de programmer *Hiroshima mon amour*, ils sont conscients de poser un geste politique. Deux ans plus tôt, l'affaire *Maxime** a fait grand bruit ; un mois plus tôt, le psychanalyste André Lussier a publié son célèbre article « Les dessous de la censure »* dans *Cité libre*. Ce nouveau procès des censeurs entraîne la création du Comité* provisoire pour l'étude de la censure du cinéma dans la province de Québec, origine d'une réforme globale de toute la question dans l'esprit de la Révolution tranquille.

Pierre Pageau

ANQ-M, fonds Régie du cinéma, E 188, fiche du film et procès-verbaux des assemblées du Bureau de censure, 1961-1962 ; *Revue de la Cinémathèque*, 17 (juillet-août 1992).

HISTOIRE D'O

Pauline Réage [Anne Desclos, 1907-1998] • **Roman traduit en justice en vertu de la Loi sur l'obscénité (1967)**

Roman érotique à succès, paru en 1954, traduit dans une vingtaine de langues et diffusé à l'échelle mondiale, *Histoire d'O* est écrit par une femme. L'auteure n'est pas Pauline Réage, comme on l'a longtemps cru, mais bien Anne Desclos, une traductrice longtemps à l'emploi des Éditions Gallimard. Après sa publication en France, le roman devient rapidement un objet de scandale. Au Québec, par un curieux détour, la censure judiciaire s'abat sur *Histoire d'O* à Montréal.

Tout au long des années 1960, l'escouade de la moralité de la police de Montréal patrouille les kiosques à journaux, les librairies*, les restaurants, en vue d'y saisir toutes sortes de publications corruptrices. En juin 1967, les policiers saisissent *Story of O* chez Bryan Melzack, un libraire montréalais ; ils en confisquent immédiatement tous les exemplaires. L'ordre est alors donné de saisir toutes les versions et traductions de ce roman. Ainsi, deux mois plus tard, le 7 août 1967, le libraire Guy Delorme est intimé pour avoir en sa possession *Histoire d'O*, que les policiers prenaient pour une traduction de *Story of O*, croyant que la version originale du roman était en anglais. Il peut paraître étonnant qu'une œuvre littéraire soit à nouveau citée à comparaître en vertu de la loi 150 sur l'obscénité*, puisqu'une certaine jurisprudence a été établie en la matière depuis l'acquittement de *L'amant de Lady Chatterley** par la Cour suprême en 1962, sur qui pesaient les mêmes accusations d'obscénité. Réginald Hamel, professeur de littérature à l'Université de Montréal à l'époque et témoin dans la cause d'*Histoire d'O*, explique pourquoi le roman d'Anne Desclos n'a pu, en vertu de ces antécédents favorables, échapper à la censure juridique* (entrevue, 24 janvier 1995) :

> Il y a eu beaucoup d'ouverture des mentalités dans les années soixante ; sans doute que le récit légèrement érotique des aventures d'une « lady » n'aurait pas donné lieu à un procès en 1967, mais *Histoire d'O* comportait, malgré une langue très littéraire, des scènes de sadisme, de masochisme, de sodomie, d'homosexualité* et de domination humaine assez impressionnantes, même dans une société qui se voulait plus libertaire.

Alors que l'Index* romain est abrogé depuis un an (1966), les autorités civiles québécoises sanctionnent une œuvre littéraire pour son contenu sexuel, non pas tant explicite que, surtout, déviant. Les scènes sexuelles représentées dans *Histoire d'O* sont très différentes, comme le souligne Réginald Hamel, de celles de *L'amant de Lady Chatterley*. Alors que Constance Chatterley s'adonne à des pratiques hétérosexuelles assez convenues, dont toute l'« illégalité » réside dans leur dimension adultérine, O est un personnage féminin sans nom qui subit les pires sévices et outrages sexuels allant des pénétrations vaginale et anale jusqu'aux mutilations génitales en passant par l'infibulation (perçage des organes génitaux). O porte des colliers et des chaînes, se déplace à quatre pattes et répond docilement à toutes les exigences sexuelles, souvent avilissantes et dégradantes pour elle, de René et de Sir Stephen. Il est possible de résumer *Histoire d'O* à une allégorie de l'esclavage humain, symbolisé ici par la domination sexuelle totale des hommes sur une femme. Dans le contexte d'une poursuite judiciaire, la défense doit se montrer très adroite pour défendre ce roman qui choque par ses représentations érotiques déviantes, loin de faire consensus dans la société, même en cette décennie d'ouverture des mentalités.

Premier témoin appelé à la barre par Me Laurent Drouin, avocat de la défense, Réginald Hamel présente une analyse visant à rien de moins que de nier la présence d'érotisme dans *Histoire d'O*. Pour y parvenir, il fait le calcul suivant (*Témoignage de la défense*, mai 1968), résumant le roman à la suite de ses pages et de ses lignes, plutôt qu'à son contenu signifiant :

> Sur 243 pages, dont la moyenne des lignes est de 27 à la page, soit 6423 lignes de texte en tout et partout, j'ai relevé, touchant sur le point sémantique, 1625 lignes de texte, soit 39,52 % de texte que l'on pourrait qualifier d'érotique ou traitant d'érotisme non pas dans le sens péjoratif du mot, mais en ce qui a trait à l'amour. Alors, Votre Seigneurie, à partir de cette statistique, je ne vois pas comment ce livre pourrait être érotique en soi ou consacré totalement à l'érotisme.

Plutôt que de discuter du contenu des scènes incriminées, le témoin nie complètement la primauté de l'érotisme dans le roman par un argument statistique qu'il veut imparable. 39,52 % du roman consacré à l'érotisme n'est donc pas une « exploitation indue de la sexualité » telle que la condamne la loi 150. *Histoire d'O* n'a pas atteint son *quota* de représentations sexuelles et cela quelles que soient la nature ou l'intensité des scènes en question et, pour Réginald Hamel, c'est tout ce qu'il faut démontrer. Ce n'est qu'à la toute fin de son témoignage qu'il est question d'érotisme en littérature et le professeur esquive la question en la renvoyant à une autre discipline :

> Là, sur le plan littéraire, c'est très difficile de déterminer ce qui est pornographique et ce qui ne l'est pas. Je crois, selon moi, si je me mets dans la peau du sociologue, que ça correspond à un état de société donné et ça n'existe pas dans l'absolu, l'obscénité n'existe pas dans l'absolu.

La défense avait prévu recourir à une personne en mesure de prouver la tolérance sociale à *Histoire d'O* et même d'en faire une qualité collective des Québécois. Le deuxième témoin appelé à la barre par Me Drouin, Franz Manouvrier, est sexologue et directeur de l'Institut de sexologie de Montréal. En tant que spécialiste, il affirme que l'art est un puissant vecteur d'enseignement social et d'ouverture des mentalités en ce qui concerne les pratiques sexuelles. Dans son témoignage, Manouvrier accorde une utilité scientifique à *Histoire d'O* ; il considère le roman comme un révélateur de mécanismes sexuels et comportementaux, pulsionnels, enfouis au creux de l'inconscient de tous les êtres humains. En fait, la lecture d'*Histoire d'O* permettrait de prendre conscience de ces mécanismes et de mieux les vivre, personnellement et collectivement. Outre le fait que le roman d'Anne Desclos est d'une importante utilité sociale, Manouvrier affirme que la population québécoise fait preuve d'une émancipation remarquable au sujet de la sexualité. La population, loin d'être menacée par le roman, serait plutôt prête à le recevoir et le comprendre dans ses enjeux réels d'évolution sociale :

> Dans la plupart des congrès auxquels j'ai assisté, on peut sentir que la population ici cherche la vérité contrairement à beaucoup de pays où ils ont peur de l'affronter. Il y a eu une évolution au Québec, dramatique, extraordinaire qui nous met franchement au premier plan de la sexologie et je crois que dans la francophonie, ce qui sortira de la province d'ici quelques années pourra être considéré comme chef de file dans cette science nouvelle à cause de la très grande réceptivité, il faut le dire, de la maturité de la population.

La stratégie de la défense consiste à faire valoir l'ouverture des mentalités et la tolérance de la société québécoise vis-à-vis des représentations hétérodoxes de la sexualité – telles qu'on en trouve dans *Histoire d'O* – comme des attitudes positives, à l'honneur de la province, en comparaison avec l'attitude prude et timorée qu'adoptent d'autres pays. La fonction de révélateur de tabou accordé au roman jointe à la réceptivité remarquable de la société québécoise devrait invalider l'accusation. L'obscénité ne trouve plus de justification puisque le témoin nie l'existence d'un quelconque écart moral entre les représentations érotiques d'*Histoire d'O* et leur réception par la société ; autrement dit, Manouvrier présente le roman non pas comme un mauvais exemple mais comme un révélateur de tabous bénéfique dont profitent les lecteurs émancipés du Québec.

Le troisième et dernier témoin appelé dans la cause *Histoire d'O* c. la Couronne, Louis Morisset, écrivain pour la télévision, vient faire part des qualités littéraires indéniables d'*Histoire d'O*. Il établit la réputation du roman par le prestige de celle de son auteur, encore inconnu :

> […] ce qui me confirmerait dans cette opinion qu'il s'agit d'une œuvre littéraire et d'une œuvre artistique hors de l'ordinaire, c'est que lorsqu'on a cherché à en attribuer la paternité à quelqu'un, on a invariablement vu sortir le nom d'un grand écrivain, soit celui de Jean Paulhan, de l'Académie française, on a même été jusqu'à prétendre qu'il avait été écrit par André Malraux.

Morisset insiste aussi sur le style et la qualité de l'écriture d'*Histoire d'O* qui le rangent dans la catégorie des chefs-d'œuvre littéraires, intouchables en principe par la censure juridique.

Le 30 octobre 1968, le juge Hermann Primeau de la Cour municipale de Montréal prononce un verdict de culpabilité contre *The Story of O* détenu par le libraire Melzack. Automatiquement, ce jugement est valide pour toutes les versions et traductions de l'œuvre. Il faut dès lors que la défense dans la cause d'*Histoire d'O*, saisie chez Guy Delorme et incriminée par procuration, fasse appel. Me Claude-Armand Sheppard prend le relais et présente un appel à la Cour du Banc de la Reine. Il conteste surtout l'ouvrage incriminé chez Melzack en comparaison avec la version originale détenue par Delorme :

> L'ouvrage devant le Tribunal n'est pas du tout le même que la version anglaise vendue en format de poche pour un prix dérisoire (1,25 $) et dont on ne peut affirmer que la qualité littéraire était le principal attrait, pas plus que l'on est certain qu'il s'agit d'une traduction fidèle.

Me Sheppard dénonce la traduction populaire du roman qui, selon lui, dénature les qualités littéraires de la version originale qu'il défend. Pourtant, le 10 juin 1969, presque deux ans après la première saisie, *Histoire d'O* est condamné à nouveau, cette fois par le juge Jacques Anctil, qui rejette l'utilité sociale accordée au roman par les témoins, surtout par Franz Manouvrier : « La morale publique ne peut être sacrifiée au progrès. »

En 1970, Me Sheppard lance un autre appel à la Cour du Banc de la Reine, mais cette fois il n'invoque que des points de droit pour faire renverser le jugement. Ce n'est qu'en 1973 que les juges Montgomery, Robert Turgeon et Louis-Philippe Gagnon répondront à l'appel de la défense. Sans toutefois acquitter le roman, ils en annulent la confiscation. Les dossiers judiciaires ne font plus état d'*Histoire d'O* après cette date, la cause se perd dans des fragments d'archives.

La censure juridique ne trouve plus réellement d'objet dans la poursuite d'œuvres littéraires en vertu de la loi 150-1-a sur l'obscénité. Il devient de plus en plus difficile d'interdire la distribution, la vente et la lecture de romans qui contreviennent à sa définition de l'obscénité. Dans le cas d'*Histoire d'O*, la défense se fait assez forte et se retourne presque contre la justice en affirmant que la lecture du roman constitue une preuve d'émancipation sociale et que vouloir le condamner serait aller à l'encontre de ce progrès. Finalement, le pouvoir censorial abandonne *Histoire d'O* ; il semble que le progrès social ait eu raison de la conception juridique de la morale publique. Le film qui en est tiré par Just Jaeckin en 1975 ne subit aucune censure ; il est simplement classé « 18 ans » par le Bureau de surveillance du cinéma le 13 novembre de la même année ; puis il est reclassé « 16 ans et plus / Érotisme » le 23 avril 2004. *Élise Salaün*

Documents officiels du procès, cause 67/20917 et 69/24344 ; cause 17/10092 ; Hébert, Jacques, *Obscénité et liberté. Plaidoyer contre la censure des livres, suivi d'extraits de plaidoiries et de jugements dans quelques causes célèbres : Lady Chatterley's Lover, Histoire d'O et cinq œuvres du Marquis de Sade*, Montréal, Éditions du Jour, 1970.

▶ Pseudonymie

L'HOMME QUI VA...

Jean-Charles Harvey (1891-1967) • Recueil de contes qui fait l'objet d'une tentative de censure et qui entraîne un échange épistolaire important entre l'auteur et Camille Roy (1929)

Le recueil *L'homme qui va…* inaugure, selon le critique Louis Dantin, le « conte philosophique » dans les lettres canadiennes. Ces contes de Jean-Charles Harvey, que Marcel-Aimé Gagnon qualifiera plus tard de moraux, s'écartent de la littérature régionaliste dominante. À cette distanciation à la fois esthétique et thématique s'ajoute, comme ce sera le cas pour chaque œuvre de Harvey, la présence de la sensualité.

Dans *La Revue populaire* (juillet 1929), un critique anonyme résume parfaitement le dilemme de l'époque : « Peu de livres, croyons-nous, ne [sic] mirent nos critiques en un si grand embarras. Pour une fois, – est-ce la première ? – ils se sont trouvés devant un livre parfaitement écrit […], mais aussi très audacieux. » Dans *L'Enseignement secondaire au Canada*, au mois de mai précédent, Camille Roy avait amorcé son appréciation dans les mêmes termes : « Je suis fort embarrassé pour rendre compte de ce livre. C'est probablement l'un des plus vigoureux et des mieux écrits que nous ayons ; c'est assurément l'un des plus troublants. »

La critique accueille favorablement le recueil. Albert Pelletier, qui n'a pas l'habitude d'être complaisant, s'emporte dans *La Revue moderne*, au mois de mai 1929 : « En toute justice, l'auteur mérite un triomphe. Et qu'on me permette de devancer la consécration de la critique française et d'écrire tout de suite que ces nouvelles sont de purs chefs-d'œuvre. » *L'homme qui va…* se voit accorder le prix* David, ce qui fait dire à l'abbé Félix Charbonnier, dans *La Vie canadienne*, au mois de septembre : « Les juges qui ont attribué à cet ouvrage le Prix David ne se sont pas trompés. L'œuvre n'a pas eu son égal depuis longtemps. »

Les réserves viennent de ceux qui n'ont pas goûté les valeurs morales de l'œuvre. Au *Devoir*, le 13 avril 1929, Georges Pelletier traduit la déception de plusieurs critiques, dont Séraphin Marion, Léopold Richer et Harry Bernard, dans ce commentaire : « Une doctrine domine : la vie, c'est l'ivresse de l'esprit et des sens, des sens plus que de l'esprit. […] Tout là-dedans, presque, est d'inspiration matérialiste. » Il poursuit, quelques lignes plus loin : « Son *Marcel Faure** a des qualités, mais il y traîne déjà l'*odor di femina* qui s'accuse davantage dans ses derniers contes. »

Louis Dantin, de son lieu d'exil, Boston, écrit au poète québécois Alfred DesRochers, le 29 décembre 1929 : « N'y a-t-il pas eu des prêtres zélés courant, tout récemment, les librairies de Québec pour faire enlever des vitrines *L'homme qui va* de Harvey ? Et l'on se demande pourquoi la littérature canadienne reste étroite, mesquine et médiocre ! » En effet, le curé de la basilique de Québec, Mgr Eugène-Charles Laflamme, a demandé à la librairie* Garneau de ne pas vendre le recueil et, même, de retirer tout livre de Harvey de ses comptoirs. Harvey se plaint à ce propos dans une lettre à Camille Roy : « Un membre du clergé de Québec s'est permis – je ne sais au nom de qui et de quel droit – d'aller faire enlever mon volume de la vitrine de la librairie Garneau. Le bruit court même que quelque bigot aurait fait des démarches pour me mettre à l'Index*. » Ces velléités censoriales demeureront toutefois sans suite.

Couverture, dessin de Simone Routier. – Ouvrage audacieux, ce recueil de contes laisse au moins un critique, Mgr Camille Roy, dans l'embarras. L'auteur se défend en soutenant que l'écrivain n'est pas tenu de se substituer au prêtre.

L'homme qui va… a en outre donné lieu à un échange épistolaire entre Mgr Camille Roy et Harvey, échange qui pose d'importantes questions en regard de la censure. Ces lettres poursuivent une conversation téléphonique qu'ont eue Harvey et Roy, au cours de laquelle Roy se serait montré déçu de l'absence de surnaturel et de la « forme sensuelle de certains passages ». Intraitable, Harvey ouvre les échanges dans une longue lettre de trois pages, le 12 avril 1929 : « L'écrivain laïc, écrivant des contes pour grands enfants, est-il obligé de se substituer au prédicateur ? » Harvey en rajoute :

> Or, je prétends – et je ne demande pas mieux qu'on me prouve que je suis dans l'erreur –, que nous n'aurons jamais jamais [sic] de littérature tant que nous comprimerons les cerveaux en les forçant à penser, à imaginer et à exprimer ce qu'ils ne veulent ni ne peuvent penser, imaginer ou exprimer convenablement.

Huit jours plus tard, Roy répond clairement : « Nous ne partons pas, évidemment, du même point. Vous prétendez faire de l'art sans vous inquiéter de théologie ou de morale. Et je ne puis vous suivre en toutes les applications de principe. » Ainsi, il y a « trop de lèvres qui s'unissent et pas assez d'âmes qui respectent ces lois évangéliques auxquelles vous me dites que vous croyez ». Un autre point essentiel sépare les deux hommes : « Je crois à la Chute originelle. Et dès lors, je ne crois pas qu'il soit bon de représenter l'homme en tous ses excès où peuvent le conduire ses intérêts. »

Harvey rapplique avec fermeté, le 28 avril : « C'est généralement au nom de la morale qu'on porte atteinte aux libertés les plus chères. Cette morale, telle que comprise et pratiquée chez nous me semble au moins discutable. Ne pousse-t-on pas trop loin la phobie de la femme ? » Et il ajoute : « Il a fallu une interminable série de docteurs et de conciles pour nous inventer un Christ gynophobe comme celui qu'on nous présente infatigablement de nos jours. » L'humain est assurément peccable, reconnaît Harvey ; mais sera-t-on surpris, tout en l'entendant reconnaître que « la nature humaine est capable de bien des excès », de le voir poursuivre ainsi le raisonnement : « Mais, de ces excès, celui du sexe est certainement l'un des moins graves. » Rien ne l'arrête : s'il y a péché originel, on ne sera pas trop prétentieux et on l'attribuera aussi aux loups qui s'entre-mangent, aux « chiens qui souffrent et crèvent ». L'échange se poursuit dans quatre autres lettres, les 1er mai (Harvey), 4 mai (Roy), 7 mai (Harvey) et 10 mai (Roy). C'est Roy qui met fin à cet impossible dialogue : « D'ailleurs, vous connaissez bien les réponses que je puis vous faire à vos questions. [...] Mais sur ces points, je ne vois pas qu'il soit opportun de discuter davantage. »

La discussion entre Roy et Harvey sur la nature humaine met au jour le fondement de la censure cléricale. Leur échange est un impossible dialogue : d'une part, un prêtre explique l'état déchu des humains par la Faute originelle, comme Louis-Adolphe Pâquet l'a déjà posé dans « Les déviations de l'art* », et insiste sur la nécessité d'un redressement moral et censorial ; d'autre part, un laïc récuse cette déchéance primordiale et s'arroge le droit de tout représenter, ou presque.

Jean-Charles Harvey active manifestement les censeurs. Marcel-Aimé Gagnon écrit, dans *Jean-Charles Harvey, précurseur de la Révolution tranquille* : « Hier, un chanoine s'est indigné ; aujourd'hui, un monseigneur s'offusque. Harvey monte en grade dans l'estime des clercs ! Parions que demain (comme si nous l'ignorions) un cardinal interviendra. » *Pierre Hébert*

HARVEY, Jean-Charles, *L'homme qui va... Contes et nouvelles*, [Québec], Imprimerie Le Soleil, 1929, 213 p.
ANQ-S, fonds Alfred-DesRochers, correspondance Alfred DesRochers-Louis Dantin ; SAUS, fonds Jean-Charles-Harvey, correspondance Jean-Charles Harvey-Camille Roy ; autobiographie manuscrite.

HOMOSEXUALITÉ

Justification occasionnelle de la censure

▶ *Amadou* ; *Arioso* ; *À tout prendre* ; *Délivrez-nous du mal* ; *Derrière le sang humain* ; *L'enfant noir* ; *Histoire d'O* ; *Libraries* ; *Les mouches* ; *Oscar Wilde* ; *Orage sur mon corps* ; *Télévision* ; *Ville rouge*

HÔTEL DE LA REINE

Jean Simard (1916-2005) • Roman coté « Mauvais » par la revue *Lectures* (1949)

Publié en 1949, ce deuxième roman de Jean Simard reprend le personnage fictif de Félix au moment où ce dernier, ulcéré par un double revers de fortune et de cœur, s'en va panser ses plaies dans le petit village de Saint-Agnan (Rivière-du-Loup) dans le Bas du Fleuve. L'Hôtel de la Reine où il se réfugie lui fournit une abondante matière pour alimenter ses réflexions sur la nature humaine. De gentiment ironique qu'il était dans *Félix**, le jeune homme devient incisif et d'un cynisme qui n'épargne rien ni personne. Ainsi, ni la faune locale, ni les touristes en villégiature, pas même les lieux qui les abritent ou qu'ils fréquentent n'échappent à la loupe impitoyable de Félix, qui donne au lecteur l'impression de se considérer comme « l'arbitre suprême des élégances, du bon ton et du bon goût ».

Si encore une fois tout le monde reconnaît à Jean Simard un talent littéraire peu courant au Québec, il n'en demeure pas moins que, dans son second livre, on trouve généralement l'auteur et son personnage non seulement prétentieux mais d'un cynisme outré. C'est cet aspect qui vaut au livre la cote « Mauvais » que Théophile Bertrand, critique de la revue *Lectures** (juin 1949), justifie ainsi :

> Autant que jamais la fréquentation de ce critiqueur systématique demeure dangereuse, surtout à une époque comme la nôtre où « la philosophie de l'absurde » conquiert tant d'adeptes. Cette « philosophie » revêt de multiples formes et celle que vit Félix n'est pas la moins pernicieuse. Au fond, en effet, Félix est un « existentialiste » au sens le plus péjoratif du terme : il remplace simplement l'ordure sartrienne par une ironie qui farfouille et moque sans relâche gens et choses. Car Félix est distingué et garde une dignité instinctive qui atteste sa noblesse de nature, sa culture authentique.

Dans le papier qu'il consacre au roman de son ami Simard dans le journal *Le Droit* d'Ottawa (11 juin 1949), le père Paul Gay*, qui est aussi membre de la rédaction de la revue *Lectures*, cite du père Antonin-Gilbert Sertillanges, auteur de *L'art et la morale**, ces propos confirmant de façon péremptoire l'appréciation de Théophile Bertrand : « Si [l'œuvre d'art] compromet la dignité de l'homme en l'écartant de son but supérieur, la morale est en droit de lui demander des comptes; chacun a le devoir de la condamner. […] [L'art] peut n'être pas apôtre du bien; il doit en être le sujet fidèle. S'il ne veut pas prier, du moins qu'il ne blasphème pas. »

C'est bien pourquoi Bertrand, bien que dithyrambique pour ce qui est de l'écriture du roman, rejette absolument l'œuvre de celui qu'il qualifie de « maître-écrivain, […] l'un des plus robustes de toute notre littérature » et s'il « regrette de devoir [s']en prendre à la pensée d'un tel écrivain, l'*Hôtel de la Reine* [demeure] un livre à condamner radicalement, en raison de son scepticisme voltairien ».

Encore une fois, c'est le recours au paradoxe habituel qui conduit à porter une œuvre aux nues sur le plan esthétique tout en la condamnant sur le plan de la morale, qui caractérise le discours tenu par les critiques catholiques sur le livre de Jean Simard. *Louise-Marie Brodeur*

SIMARD, Jean, *Hôtel de la Reine*, Montréal, Éditions Variétés, 1949, 205 p.

HÔTEL DU NORD

▶ *Le quai des brumes*

HUIS-CLOS
« LA LITTÉRATURE FRANÇAISE DE 1914 À 1945 ET SPÉCIALEMENT DE 1940 À 1945 : LA LITTÉRATURE CLANDESTINE »
LES MOUCHES

Jean-Paul Sartre (1905-1980) • Pièces de théâtre et conférence qui constituent des cas de censure réussie ou avortée (1946)

La querelle engendrée par le succès de *Huis clos* au théâtre du Gesù, au début de 1946, et par la conférence de l'écrivain Jean-Paul Sartre à Montréal, en mars 1946, constitue un cas de censure avortée. Il éclaire en outre les conditions de l'exercice efficace de la censure et lève le voile sur ces années d'ouverture que sont les années 1943-1946, dans un Québec devenu centre éditorial de la francophonie et lieu de passage de nombreux écrivains.

Huis clos, joué à Montréal par la troupe L'Équipe de Pierre Dagenais du 27 janvier au 2 février 1946, obtient immédiatement un succès de salle et de critique. André Langevin, dans *Le Devoir* du 28 janvier, y reconnaît une « œuvre de théâtre remarquable » et « bouleversante » sur la souffrance des hommes qui sont les bourreaux les uns des autres à cause de leur égoïsme. Sous le titre « Il faut voir *Huis clos* », Jean Ampleman de *Notre Temps* du 2 février parle de l'« œuvre du génie de Jean-Paul Sartre ».

Dès le 29 janvier, André Bissonnette fait état dans *Le Quartier latin* d'une « querelle » dans les journaux parisiens autour de ce « système obscur »; nous lui devons les premières indications générales sur la philosophie de Sartre. Ce dernier avait fait un premier séjour au Canada en mars 1945 à l'occasion de la tournée de journalistes français aux États-Unis organisée par l'*Office of War Information*.

Un article du magazine new-yorkais *Time* de janvier 1946 consacré à Sartre et des articles de la revue jésuite française *Études* sonnent l'alarme et suscitent des réactions censoriales. Des critiques, enthousiastes dans un premier temps, affichent un recul par rapport à leur position première, en prenant soin de distinguer le théâtre de la philosophie sous-jacente.

Le *mea culpa* d'André Langevin dans *Le Devoir* du 2 février illustre bien le glissement rapide de l'engouement à la rétractation en quelques jours. Il confesse s'être fait piéger par cette pièce :

> L'autre soir, écrit-il, nous n'avons pas pu nous défendre d'un certain enthousiasme devant la brillante interprétation de l'Équipe, devant l'admiration réelle du public et aussi devant les solides qualités de l'œuvre. Aujourd'hui, nous nous apercevons que "Huis clos" nous a trompés.

Il pointe vers l'existentialisme, ce système qu'il appartient aux philosophes et non aux critiques de théâtre de critiquer. Ce recul de Langevin est accompagné, le même jour, d'un article intitulé « Les derniers romans de Sartre », texte repiqué de la revue jésuite française *Études*.

Deux articles publiés dans *Le Jour** du 2 février font état d'une polémique à propos de Sartre. Le fait que la querelle soit connue du public va compliquer le travail des censeurs qui devront, en plus de contrer l'engouement du public de théâtre, prendre en compte les divergences de points de vue entre les journaux et les résistances d'intellectuels catholiques, tel Guy Sylvestre et Robert Charbonneau.

Dans *Le Jour* du 2 février, Pierre Gélinas fait état d'une querelle montréalaise, en indique la source – l'article du *Time* de janvier 1946 – et il signale un effet de censure : le père Émile Legault, c.s.c., directeur de la troupe Les Compagnons de Saint-Laurent, renonce à jouer *Les mouches*. Gélinas écrit :

> *Huis clos* a soulevé ici un grand intérêt, diversement manifesté. Certains, des plus malins, ont averti que l'Équipe s'engageait dans une voie difficile… Sartre est un nom qui brille parmi nous avec l'éclat des choses lointaines – y a-t-il au Canada un seul exemplaire de *L'être et le néant* ? On le dénigre sous la foi du *Canard*, on en sourit avec *TIME* qui ne trouve mieux à lui reprocher que l'admiration de Madame de Beauvoir, on s'ennuie avec *La nausée*, le seul ouvrage que l'on puisse se procurer de lui à Montréal… ou on le monte aux nues avec la conviction effrénée de l'ignorance… Je ne dirai mot des bien-pensants : à la suite de M. Gabriel Marcel, ils ont poussé de petits cris effarouchés. Le Père Legault s'est recueilli, en sa retraite de la rue St-Viateur, et décidé de ne point jouer les *Mouches*… il a découvert que Sartre [sic] une « une manière de communiste […] ».

Time rapporte que la pièce met en scène une femme infanticide, une lesbienne et un déserteur et que, sous l'influence du philosophe Martin Heidegger, Sartre fait l'économie de Dieu.

Un deuxième texte du *Jour*, signé F. M. et intitulé « Sartre à Montréal », confirme que les Compagnons « ont brusquement décidé de ne pas donner suite à […] leur projet » de monter *Les mouches* et que la conférence de Sartre, prévue pour mars 1946, pourrait ne pas avoir lieu. Sartre était l'invité, le 10 mars, au thé causerie annuel de la Société d'étude et de conférences. Le responsable de la visite de Sartre à Montréal est le journaliste et éditeur Lucien Parizeau, connu pour ses positions libérales. Il a rencontré Sartre à New York en 1945 et possède une entente verbale pour publier en Amérique deux livres de Sartre : le *Baudelaire* et *Morts sans sépulture*.

Sur le conseil du dominicain Ceslas-Marie Forest, conseiller spirituel de la société et doyen de la Faculté de philosophie de l'Université de Montréal, le comité d'organisation de la conférence demande l'avis de Mgr Joseph Charbonneau, archevêque de Montréal, qui répond à Madame Dupuy, sa présidente : « J'aime mieux le voir parler à la Société d'étude et de conférences que partout ailleurs. » Mgr Charbonneau n'avait pas prévu toute la couverture médiatique qui allait être accordée à l'événement.

Le 10 mars 1946, Sartre donne la conférence prévue devant 600 personnes. La Société Radio-Canada enregistre la conférence de 86 minutes intitulée : « La littérature française de 1914 à 1945 : la littérature clandestine ». Les principaux journaux, entre autres *Le Canada*, *La Presse**, *La Patrie**, *Le Devoir**, *Notre Temps* et *Le Quartier Latin*, en font état. Sartre apparaît même à « la une » du *Canada* le 11 mars 1946.

André Langevin récidive contre Sartre dans *Le Devoir* du 21 septembre 1946. Il justifie la prohibition des romans de Sartre, qui sont « avilissants » pour la jeunesse. Il s'en prend ainsi aux lecteurs canadiens de Sartre :

> Le lecteur canadien, trop heureux de pouvoir goûter à nouveau cette nourriture (nouveautés de France) trop longtemps restée rare que sont les œuvres de l'esprit français a tout accepté avec le même enthousiasme, avec la dévotion inconsciente du disciple qui lâche des « oh » d'admiration à chaque parole du maître […]. L'expérience existentialiste, par exemple a soulevé ici un immense intérêt. Je n'entends pas juger, j'en serais d'ailleurs bien incapable, l'œuvre philosophique de

> M. Sartre, mais l'on me permettra d'avouer que les romans de ce messieur [sic] sont de pures goujateries qui dépassent, en cynisme mauvais et nauséabond, tout ce que le vieux Zola a fait de plus scandaleux et de plus crapuleux [...]. Je ne prise pas outre mesure la méthode prohibitive en matière d'art, mais ici je la préconise fortement parce que lorsque l'art s'avilit jusqu'au vice il faut lui donner un autre nom [...]. [J]e parle ici peu longuement des romans de M. Sartre parce que je sais pertinemment que les œuvres de ce faux bonhomme ont été répandues sur notre jeunesse sur une grande échelle.

Aux critiques frontales, concentrées dans *Le Devoir*, s'opposent des appels à l'ouverture critique. Catholiques et libéraux convergent. Lucien Parizeau, Robert Charbonneau et Guy Sylvestre revendiquent le droit à la connaissance et à la discussion. Charbonneau et Sylvestre proposent une lecture «récupératrice» de Sartre : un existentialisme catholique prend en compte le malaise profond dont la vogue Sartre est le symptôme. À la demande de Robert Charbonneau, Guy Sylvestre donne, le 14 mars 1946, une conférence au Cercle universitaire sur l'existentialisme. Le texte de la conférence est distribué aux journalistes et Robert Charbonneau le publiera *in extenso* dans le numéro d'avril 1946 de *La Nouvelle Relève* sous le titre «Qu'est-ce que l'existentialisme?».

L'étude de la réception de Sartre illustre les conditions pour que la censure puisse devenir opérante. Le fait d'interdire suppose une information préalable, un pouvoir direct sur les moyens de diffusion et une certaine unanimité chez les intellectuels qui influent sur l'opinion publique. Or, les censeurs québécois ignorent au départ le danger que présente l'œuvre de Sartre. L'engouement suscité d'abord par la critique théâtrale crée un événement médiatique qu'il devient difficile de contrer. La simple condamnation a peu d'effet sur une opinion publique que l'on avait d'abord fascinée et qui assiste à un débat public. La résistance active d'un réseau d'intellectuels associés au journalisme ajoute à la difficulté. Le seul acte de censure réussi, soit l'abandon par les Compagnons de Saint-Laurent du projet de jouer *Les mouches*, tient notamment à l'appartenance de son directeur à une congrégation religieuse.

L'échec de la censure directe n'a pas empêché une autre forme de censure intelligente, la censure récupératrice exercée par Sylvestre et Charbonneau. Ici, la stratégie consiste à prendre appui sur la position incriminée pour lui opposer un substitut qui prétend apporter une valeur ajoutée, soit l'existialisme chrétien. Il faut rappeler ici que Sartre ne sera mis à l'Index* (*opera omnia*) qu'en août 1948. Les catholiques n'étaient pas unanimes face à l'existentialisme, qui aura son versant chrétien avec Gabriel Marcel et Karl Jaspers. *Yvan Cloutier*

ANC, Jean-Paul Sartre, «La littérature française de 1914 à 1945 : la littérature clandestine», 86 minutes, archives sonores.

CLOUTIER, Yvan, «Sartre à Montréal en 1946 : une censure en crise», *Voix et images*, «La censure 1920-1960», 68 (hiver 1998); «Sartre au Québec (1945-1954)», thèse de doctorat en philosophie, Université du Québec à Trois-Rivières, 1988; «Sartriana québécoise. Chronologie, bibliographie et médiagraphie commentées», *Philosophiques*, XVI, 2 (automne 1989); «Philosophie et marketing : Sartre à Montréal, mars 1946», *Philosophiques*, XV, 1 (printemps 1988).

▶ *Mathieu*; *Les mains sales*

I J

I, A WOMAN
(JAG-EN KVINN ; MOI, UNE FEMME)
Mac Ahlberg (1931-) • Film accepté par l'État, mais qui se retrouve devant le tribunal (1968)

L'histoire du cinéma ne retient pas parmi les classiques *I, a Woman* (1965), production Suède-Danemark du jeune réalisateur suédois Mac Ahlberg, qui veut combiner l'esprit de la Nouvelle Vague française avec la liberté sexuelle que son pays affiche en réaction au puritanisme protestant traditionnel. À partir d'un roman de Siv Holm, on y raconte simplement l'histoire d'une jeune infirmière en rupture avec son milieu très religieux, qui se découvre plus ou moins nymphomane et qui multiplie les aventures.

Une version sous-titrée en anglais de 88 minutes (ce qui signifie 7 minutes de moins que l'originale, donc déjà amputée par le distributeur) est classée « 18 ans » par le Bureau de surveillance du cinéma (BSCQ) le 6 décembre 1967. Elle prend l'affiche le 23 février 1968 au cinéma Snowdon de Montréal, sans réaction particulière ; Luc Perreault, de *La Presse* (2 mars), insiste sur l'absence de censure, qui rend possible l'expression sexuelle. Le 3 juin de la même année, une copie de 92 minutes avec sous-titres français est aussi classée « 18 ans » et elle prend l'affiche au cinéma Papineau le vendredi 12 juillet. Ce même jour, en soirée, des policiers de l'escouade de la moralité de la Ville de Montréal se présentent aux deux salles, interrompent la projection, saisissent les copies du film et arrêtent les gérants en vertu de l'article 150 du Code criminel canadien qui interdit les spectacles « indécents ». Déjà, 172 000 personnes ont assisté aux projections ; et 268 000 autres le feront dans les mois suivants, car elles reprennent presque immédiatement, mais dans d'autres municipalités que Montréal, par exemple au Fairview de Pointe-Claire, où Jean-V. Dufresne réalise pour Radio-Canada un micro-trottoir qui ne manque pas de piquant le 30 juillet (Archives sur Internet) : les interviewés sont unanimes à dire qu'il n'y avait rien de scandaleux et la plupart avouent qu'ils ne seraient pas venus s'il n'y avait pas eu l'intervention policière. La semaine suivante, André Guérin*, le censeur en chef, s'étonne de ces gestes et pose crûment la question : un organisme provincial comme celui qu'il dirige, le Bureau de surveillance du cinéma, n'est-il pas au-dessus des autorités municipales ? Le 19 juillet, la Fédération québécoise de l'industrie du cinéma (associations des distributeurs, des cinéastes, des producteurs, syndicat des techniciens et Union des artistes) émet un communiqué que *La Presse* (22 juillet) titre ainsi : « On veut savoir qui mène en matière de film à Montréal ; Québec ou la police ? » Elle veut savoir « si la ville de Montréal constitue un État autonome de type policier indépendant du cadre politique du Québec ». Si c'est le cas, le Bureau de surveillance doit être dissous.

Voilà la question qui fixe l'attention des intervenants dans les mois qui suivent. Il s'agit moins de discuter de *I, a Woman* que des pouvoirs réels du Bureau provincial de censure. Dans un long éditorial du *Devoir** (15 août), Claude Ryan s'étend longuement sur les audaces du film (comportements sexuels, nudité) et il évite le jugement moral : « On ne peut qu'en retirer une impression de malaise et de vacuité morale, et aussi des doutes sur l'opportunité d'offrir un tel film en pâture au public général. » Puis, après avoir rappelé que le BSCQ évalue tout film selon « la règle d'une certaine conformité de l'œuvre avec les critères de morale sociale généralement acceptés en Occident », ce qu'il ne conteste pas, il établit clairement la problématique en cours sur la place publique :

> Il y a une frontière à fixer quelque part : autrement, on risquerait d'ouvrir la porte toute grande à ces interventions multipliées [l'affaire récente des Ballets africains*,

celle de la troupe de théâtre Les Saltimbanques] des corps policiers dans l'art. […] Autant je refuse d'admettre que cette frontière soit établie par la police, autant je suis convaincu qu'elle ne doit pas non plus être définie sans discussion par quelques fonctionnaires à qui personne ne demande des explications publiques.

Comme Ryan a « l'impression que le Bureau évolue dans un climat de tanière, qu'il est coupé de l'opinion », il lui demande d'agir « en pleine lumière ». André Guérin répond dès le lendemain dans un texte fleuve, que *Le Devoir* publie. Il rappelle d'abord que son bureau s'est doté depuis 1963 d'un service de relations publiques et qu'il vise la plus grande transparence, mais que par ailleurs, en tant qu'organisme quasi judiciaire, il n'a pas à justifier chacune de ses décisions. Il souligne ensuite qu'il n'a pas à porter de jugement esthétique sur l'œuvre, mais qu'il doit simplement évaluer si elle porte atteinte à l'ordre public et aux bonnes mœurs, en tenant compte de son impact global. Pour ce faire, son personnel est plus compétent que n'importe qui :

> L'obligation de viser, bon an mal an, environ huit cents ouvrages cinématographiques fournit assurément aux examinateurs du BSCQ des points de repère qui échapperont aux critiques, aux cinéphiles et, à plus forte raison, aux spectateurs ordinaires. Et que dire des moralistes en uniforme… Un bureau de surveillance comme le nôtre étant exposé à l'ensemble de la production, cette vue panoramique permet de prendre le recul nécessaire pour fixer avec une sûreté raisonnable les difficiles frontières de la liberté et de la morale publique.

Personne ne remet en question la responsabilité de ce personnel éclairé, mais l'argument n'est pas complètement convaincant, car Guérin n'a jamais nié vouloir faire évoluer le consensus social en provoquant le grand public ; il ne cache pas aimer faire partie de cette avant-garde intellectuelle qui remplace les clercs et dont font partie les artistes et les écrivains, et certains hommes politiques comme le premier ministre Pierre Elliott Trudeau, qui vient

Une invitation pour les couples… Un film qui se retrouve en cour. (Publicité dans les quotidiens et hebdomadaires de Montréal)

de présenter à la Chambre des communes d'Ottawa des projets de loi qui décriminalisent l'avortement, le contrôle des naissances, l'homosexualité*, ou qui éliminent la peine de mort, toutes des mesures qui vont au-delà de l'opinion publique. Quoiqu'il se défende des jugements esthétiques, il n'en a pas moins accordé souvent des permis spéciaux de distribution à certains films à cause du traitement qui leur confère le statut d'œuvre d'art (une scène érotique dans une réalisation d'Ingmar Bergman mérite un regard différent de la même scène dans une production de troisième ordre) ; sur ce point, l'Office catholique adopte souvent la même attitude.

Dans *La Presse* du 16 août, l'éditorialiste Guy Cormier se porte aussi à la défense du BSCQ, dont il loue la compétence. Avec humour, « pour qu'on cesse une fois pour toutes de se gratter », il propose que l'État organise un référendum avec cette seule question : « Citoyen du Québec, veux-tu voir les films comme les voient la majorité des peuples de la terre ? Réponds par oui ou par non. » Après quoi, on pourra arrêter de parler de la censure.

La cour municipale, présidée par son juge en chef Louis Champagne, ne siège vraiment sur cette affaire que plus de deux ans après la saisie du film, en novembre 1970. Elle doit décider si *I, a Woman* est une œuvre obscène* au terme de la loi. La défense fait intervenir le sociologue Marcel Rioux, le conseiller matrimonial Gérard Labrosse, le critique de cinéma Gilles Sainte-Marie, le romancier et professeur Jean Simard, et le père Émile Legault, c.s.c., bien connu dans le monde du théâtre et celui des médias. Le juge rend son verdict le 14 avril 1972, après hésitation, avoue-t-il, et en ayant tenu compte des témoignages des experts, surtout celui du père Legault : le film n'est pas obscène au terme de la loi. Il décroche cependant une flèche au Bureau de surveillance en affirmant que le visa octroyé au film ne suffisait pas à démontrer la bonne foi du défendeur, en somme que le censeur n'a pas préséance sur le jugement d'un tribunal et que son aval à un film ne préjuge de rien dans toute poursuite éventuelle. Le procureur général et le service de police gardent donc toute liberté pour intervenir lors de plaintes de citoyens.

Dès sa sortie, l'Office des communications sociales, qui a abandonné ses classifications « adultes » ou « à proscrire » depuis 1967, se prononce ainsi : « Le film se réduit à une description très réaliste des expériences sexuelles d'une jeune nymphomane. Il contient des passages très suggestifs et des scènes de nudité. »

Il aura fallu presque quatre ans pour que le tribunal se prononce sur une cause dépendant du seuil de tolérance de la société à un moment donné, réalité mouvante s'il en est. Pendant ce temps, le film a fait son plein de spectateurs et a terminé son temps d'exploitation sans problème. Dans le répertoire actuel de la Régie du cinéma, *I, a Woman* est classé « 13 ans+ » depuis le 29 avril 1998.

Le 21 février 1969, une suite, *I, a Woman, part 2*, du même réalisateur, est refusée par le censeur, mais après deux versions modifiées et la perte de 5 minutes d'images, il est visé « 18 ans » le 23 mai suivant ; dans le répertoire actuel de la Régie du cinéma, il est classé « 16 ans+ ». Une autre « séquelle », *I, a Woman, part 3*, toujours de la même équipe, est approuvée pour les « 18 ans » le 13 mars 1972. *Yves Lever*

ANQ-M, fonds Régie du cinéma, E 188, fiches des films ; différents articles d'information dans *La Presse* des 15, 16, 17 et 22 juillet 1968, dans *Le Devoir* du 15 avril 1972 ; LAPLANTE, Laurent, « Le bon aboutissement d'un dossier douteux », *Le Devoir*, 18 avril 1972 ; *Recueil des films*, 1968.

▶ Juridique (censure)

I CONFESS
(LA LOI DU SILENCE)
Alfred Hitchcock (1899-1980) • Film tourné sous la surveillance d'un abbé de Québec (1952)

Un sacristain déguisé en prêtre commet un meurtre puis s'en confesse à un vicaire de la paroisse, l'abbé Michael Logan. Les soupçons portent sur ce dernier, incapable de se défendre à cause du secret de la confession. Alfred Hitchcock vient tourner cette sombre histoire à Québec, en partie attiré par l'atmosphère catholique de la ville, mais surtout pour satisfaire au Canadian Cooperation Project, entente conclue entre les grands studios américains et le gouvernement canadien en 1948, laquelle prévoit des tournages hollywoodiens au Canada en contrepartie de l'élimination d'un projet de loi prévoyant un contingentement des films américains.

Au générique d'*I confess* (sorti en 1953), on voit le nom de Paul La Couline en tant que « technical consultant ». C'est un abbé du diocèse de Québec dont le rôle est d'enlever du scénario tout ce qui ne serait pas conforme à la vision catholique de la réalité religieuse et tout ce qui pourrait déplaire

I CONFESS

aux autorités locales. Le réalisateur doit accepter cette contrainte censoriale parce qu'il a besoin de leur coopération pour tourner dans une vraie église. Ainsi, La Couline fait enlever la scène où Logan dit aux policiers qu'il ne peut parler à cause du secret de la confession, car même cela ne peut être évoqué en autodéfense. Il assiste aussi à la plus grande partie du tournage au Québec (une partie des intérieurs ayant été tournés à Hollywood), mais se contente de vouloir faire abréger un baiser trop ardent, ce qui n'est pas accordé (Interview avec Jean-Claude Marineau, *Cinema Canada*, mars 1985). En 1995, Robert Lepage transpose bien ces pourparlers avec l'Église dans *Le confessionnal*.

La copie officielle d'*I Confess* comprend 95 minutes. Mais le distributeur en apporte à la censure une de 90 minutes, de laquelle sont retranchées environ deux minutes et demie avant son approbation le 6 février 1953 :

Bobine/page du scénario
2B/4 : Dial. : You're still in love with him… Finish after dialogue : « Michael, Michael, Michael. »
3A/1 : Dial. : Think of him before I think of you ? I've never been able to do that.
3A/1 : Dial. : I love you, Michael… You've always been in love with me.
3B/2 : Dial. : He told me the thoughts… The war had changed him (Baiser).
4B/4 : Start cut after dialogue : « I refuse to answer such a question… On the night of the murder… Yes… Then.
5A/5 : Dial. : Take off that color.
5B/1 : Dial. : Preach us a sermon, Logan.
5B/1 : Eliminate scene of laughing, chattering (Mobbing the priest).
5B/1 : Crowd mobbing priest.

De la copie de 90 minutes, il est impossible de savoir ce qui a été enlevé puisqu'elle n'existe vraisemblablement plus. C'est cette copie, utilisée pour la première le 12 février, qui fait dire à un Hitchcock

Photo de deux personnages principaux du film, le curé et le policier. – Avec *I Confess*, tourné à Québec, Alfred Hitchcock a subi une double censure : celle du scénario et celle de la diffusion.

furieux au point d'annuler la rencontre prévue avec l'archevêque Maurice Roy, que les Québécois seraient les seuls à voir une copie mutilée alors que le reste du monde verra le vrai film. Fait étonnant, le 26 février suivant, les censeurs approuvent une copie de 95 minutes à laquelle ils n'imposent que les coupures exigées à celle de 90 minutes. Pour la version en français (*La loi du silence*), de durée intégrale, autorisée le 5 octobre 1955 (ce délai de deux ans et demi est habituel pour le doublage), il faut retrancher les mêmes plans. Enfin, le 21 mars 1969, *I Confess* est coté « Pour tous ».

La censure peut sembler ici tatillonne, mais l'enjeu est capital car il s'agit avant tout de la possible mauvaise représentation d'un membre du clergé. Quand Logan, tout juste de retour de la guerre et pas encore prêtre, revoit son amoureuse d'avant son départ et qu'ils s'embrassent passionnément, il ne sait pas qu'elle s'est mariée entre-temps, mais le spectateur le sait et il ne peut y voir qu'une forme d'adultère; impossible d'écarter toute la scène parce qu'elle génère un pivot important de l'action, mais la disparition des baisers et de la déclaration d'amour en diminue la portée. Les trois dernières coupures éliminent le fait que même si Logan est acquitté du meurtre, la foule le croit coupable d'infidélité à sa chasteté et ne craint pas de railler et de molester un membre du clergé. Par ailleurs, le censeur a laissé passer la suggestion que c'est par dépit amoureux que Logan est entré dans les ordres. Malgré tout, de l'ensemble ressort une image positive du jeune prêtre, car le respect absolu du secret du confessionnal n'est pas mis en cause.

Le bulletin *Ciné-service* de l'Action catholique du diocèse de Montréal le cote « Pour adultes », mais en même temps, il l'inclut dans sa liste de films proposés aux ciné-clubs étudiants. *Yves Lever*

ANQ-M, fonds Régie du cinéma, E 188, fiches du film; Fédération des centres diocésains du cinéma, *Index de 6000 titres de films avec leur cote morale (1948-1955)*, 1955.

ILS SONT NUS

Claude Pierson (1932-) • Film refusé, puis accepté avec coupures (1966)

Si *Ils sont nus* fait beaucoup de bruit à sa sortie, ce n'est pas en raison de sa valeur cinématographique ou de sa prégnance sociale : le public québécois s'intéresse au personnage principal, interprété par le chanteur humoriste Jacques Normand, alors au faîte de sa renommée à cause de la télévision. Aussi, cette production figure parmi les tout premiers fruits des accords de coproduction que le Canada vient de signer avec la France. La scénariste, Huguette Boisvert, une Québécoise, est la femme du réalisateur Claude Pierson. Normand y joue le rôle d'un marin ivrogne qui vivote sur les plages de Normandie pendant que sa femme le trompe avec des amants de passage. On est à l'époque où, de mois en mois et dans tout l'Occident, les scénaristes se permettent plus d'audace avec l'espoir de repousser toujours plus loin les limites de la censure.

Le Bureau de censure du Québec refuse le film le 7 janvier 1966, avec ce commentaire : « Des séquences montrant directement et sans art des comportements sexuels qui sont eux-mêmes dans le contexte du film accomplis par des personnages dépravés et brutaux. Quasiment de véritables pièces pornogra-

Cette publicité aguichante, mettant en vedette le chanteur et humoriste populaire Jacques Normand, n'a pas réussi à attirer un large public.

phiques. » La lettre de refus au distributeur précise, selon Telesforo Tajuelo, « vulgarité, exhibitionnisme, violence, sadisme et perversion. Parmi les scènes d'un érotisme de très mauvais goût, on cite celle où "un voisin lèche la petite fille" ». Si le censeur accepte déjà des comportements sexuels osés lorsqu'ils sont justifiés par une intrigue solide et que la valeur artistique en atténue l'aspect provocant, il est ici sans pitié pour cette piètre réalisation.

Le distributeur Cinépix (André Link et John Dunning) apporte une version légèrement raccourcie le 13 janvier, laquelle est refusée le 21. Il récidive 10 jours plus tard avec d'autres coupures et il essuie un autre refus le 3 février, avec ce commentaire :

> Le public québécois ne mérite pas de servir comme espèce de poubelle pour de tels déchets qu'on n'oserait pas lancer dans le commerce ailleurs, d'autant plus que le film aurait pour ce public un intérêt tout spécial à cause de la présence parmi les interprètes d'un des leurs.

L'avertissement est ici lancé que le consensus social, devenu la norme des censeurs, a ses frontières et qu'il ne peut s'appuyer sur des prémisses aussi factices que la popularité de telle vedette pour faire passer en douce un produit que personne d'autre qu'un commerçant n'a le goût de défendre. Finalement, une quatrième version est acceptée le 9 février ; elle comporte 4 minutes de moins que l'originale, ce qui, somme toute, enlève peu à ce film de 92 minutes et ne change pas la dramatique d'ensemble.

L'Office catholique l'évalue ainsi : « Ce film apparaît surtout comme un étalage gratuit de dérèglements, d'inconduites et d'images suggestives. À déconseiller. »

En 1969, selon les normes de la loi de 1967, une version intégrale de *Ils sont nus* est classée « 18 ans ». Le 20 février 2003, une copie VHS reçoit de la Régie du cinéma le visa « 16 ans+ érotisme ». *Yves Lever*

ANQ-M, fonds Régie du cinéma, E 188, fiches des films et procès-verbaux des assemblées du Bureau de censure ; *Recueil des films*, 1966 ; TAJUELO, Telesforo, *Censure et société ; un siècle d'interdit cinématographique au Québec*, 1998.

« L'IMMORALITÉ POLITIQUE DANS LA PROVINCE DE QUÉBEC »

Gérard Dion (1912-1990) et Louis O'Neill (1925-) • Article dénonçant la corruption politique sous le régime de Maurice Duplessis, et que la censure atteint avant et après sa publication (1956)

En 1956, les abbés Gérard Dion, alors directeur du Département des relations industrielles à l'Université Laval, et Louis O'Neill, professeur de philosophie et d'éthique sociale à la même université, signent un texte intitulé *Lendemain d'élections*, qui paraît dans la revue « *Ad usum sacerdotum* » – à l'usage des prêtres –, un petit bulletin « rédigé à l'intention des clercs et des pasteurs intéressés aux questions sociales ». Ils ne se doutent pas que les quelques pages rédigées en réaction au scrutin québécois du 20 juin 1956 vont provoquer une véritable tempête. Ils ont pourtant obtenu le *nihil obstat* du censeur habituel de la revue, l'abbé Ernest Lemieux, « reconnu pour son orthodoxie, son bon jugement et aussi pour sa largeur d'esprit », écrit O'Neill en 2003 dans son autobiographie *Les trains qui passent*.

Dans un premier temps, du moins selon Louis O'Neill, le texte « suscita quelques réactions discrètes ici et là ». Dans *Les trains qui passent*, O'Neill explique la suite des choses :

> Des exemplaires de la revue atterrirent sur le pupitre du directeur du journal *Le Devoir**, Gérard Filion. Le texte étant déjà public, le directeur avait toute liberté de le reproduire en indiquant les sources. Ayant appris qu'il avait le document en sa possession, je communiquai avec lui par téléphone, l'informant que les deux auteurs n'avaient pas d'objection à ce que *Le Devoir* le reproduise, mais en omettant de mentionner leurs noms.

Le 7 août 1956, le texte paraît sous le titre qu'on lui connaît, « L'immoralité politique dans la province de Québec », avec la signature de « deux théologiens ». Une semaine plus tard, on le reproduit à nouveau dans les pages du quotidien. L'impact est tel que l'anonymat devient alors impossible pour ses auteurs.

Au sens premier du terme, il ne s'agit pas d'un cas de censure. Si ce texte peut néanmoins être associé à une forme de censure, c'est dans la mesure où il marque clairement le retard de la dénonciation. La problématique censoriale est donc plus diffuse et plus complexe parce qu'elle épargne le texte lui-même pour s'inscrire en amont et en aval de la publication. Pour démêler le processus, il convient d'esquisser d'abord le contexte sociopolitique d'alors.

La société québécoise des années 1950 est caractérisée par le maintien de l'« infériorité » économique et sociale de la majorité francophone. Cette situation s'explique essentiellement par une articulation de deux structures : la structure sociodémographique et la structure politique. Si le Québec est majoritairement urbain, une proportion importante de la population continue d'habiter dans les campagnes et dans les régions semi-urbaines. On y retrouve une petite bourgeoisie francophone qui partage son pouvoir avec l'Église. Par opposition, la ville, du moins dans le champ discursif, est le lieu des « Anglais » et celui d'un certaine « corruption » de l'identité canadienne-française. Agriculturisme, conservatisme et catholicisme traditionnel sont les composantes du discours qu'on retrouve à l'extérieur des grands centres. Or, bien que minoritaire depuis les années 1920, cette portion de la population a la mainmise sur l'appareil politique par une logique fort simple : la carte électorale favorise systématiquement ces zones rurales, car les circonscriptions de Montréal sont surpeuplées et le poids des électeurs urbains représente souvent la moitié de celui d'un électeur de la campagne. C'est là la base électorale de l'Union nationale et le mécanisme qui lui assure des victoires solides en 1944, 1948, 1952 et 1956. Il y a pire encore : le parti de Maurice Duplessis* dispose d'une caisse électorale occulte, bien garnie grâce à un système de ristournes sur les contrats publics. Les règles régissant la conduite des scrutateurs favorisent aussi systématiquement le parti au pouvoir. En somme, la majorité francophone, déjà implantée dans les zones métropolitaines de Montréal et de Québec, ne peut recourir pleinement au pouvoir politique pour faire valoir ses objectifs et obtenir un rattrapage. Les élections étant détournées au profit des notables conservateurs, la majorité francophone urbaine reste en marge des processus décisionnels et la « modernité » tarde à s'imposer.

La contestation de ce maillage des deux structures est éclatée. Quatre pôles peuvent être identifiés. Le premier est composé d'artistes et d'écrivains qu'on retrouve autour de *Refus global** (1948). Liés par l'automatisme, mariant la recherche esthétique et la contestation politique, cet ensemble regroupe entre autres, autour de Paul-Émile Borduas, Jean-Paul Riopelle, Fernand Leduc, Thérèse Renaud, Françoise Sullivan et les frères Gauvreau, Claude et Pierre. Ce courant se définit par un anticléricalisme militant. Incapables de supporter l'étroitesse qui marque les rapports sociaux, plusieurs s'exileront. Le peintre Leduc écrira en 1947 : « Paris et ses privations valent mieux que l'ambiance crétinisante du Québec » (dans Thérèse Renaud, *Un passé recomposé [...]*).

Le second pôle se constitue autour de Pierre Elliott Trudeau et de Gérard Pelletier. La revue *Cité libre* leur sert de véhicule et de réseau. D'après les ténors de ce groupe, le conservatisme qui prévaut dans la « province de Québec » s'explique selon deux facteurs : le premier renvoie directement à la culture de l'autoritarisme héritée d'un catholicisme rigide, le second, au nationalisme et vise le mythe de la survivance/résistance nationale qui a conduit, selon eux, à une banalisation des droits individuels.

Les néo-nationalistes forment le troisième pôle. Ils ne mettent pas au ban des accusés le nationalisme comme tel. Ils estiment plutôt que c'est la collusion avec l'Église, dans la foulée de la Conquête, qui a donné aux revendications autonomistes leur caractère autoritaire et conservateur. L'École historique de l'Université de Montréal, avec les professeurs Maurice Séguin, Guy Frégault et Michel Brunet, livre alors un combat contre le duplessisme et contre l'interprétation historique de Trudeau. André Laurendeau, du *Devoir*, participe également à une redéfinition du nationalisme québécois. Dans un article publié le 8 août 1956 (cité par Conrad Black dans *Maurice Duplessis*), au lendemain de celui de Dion et O'Neill, il écrit à propos des entreprises minières internationales : « Qu'est-ce que ce serait après tout pour une compagnie comme l'Iron Ore que de verser cinq millions à la caisse électorale de M. Duplessis, si elle a la garantie que, pour tant d'années à venir, elle ne paiera en réalité qu'un cent la tonne ? »

Le quatrième et dernier pôle se retrouve au sein de l'Église elle-même. Le père Georges-Henri Lévesque, fondateur de la faculté des sciences sociales de l'Université Laval (1938) et Mgr Joseph Charbonneau, archevêque de Montréal (démis de ses fonctions en janvier 1950), constituent les deux figures les plus connues de ce quatrième foyer de contestation. Celui-ci s'inscrit d'ailleurs dans une mouvance déjà en place depuis le milieu des années 1930. Au cœur de la crise économique, un certain nombre d'organismes centrés autour de la jeunesse catholique (JOC, JEC et JAC) font valoir des revendications sociales spécifiques et réclament une « autonomie pour les laïcs », autonomie qui heurte les tenants d'un catholicisme traditionnel.

Malgré les divergences et les querelles, les acteurs de ces quatre pôles ont beaucoup en commun. Plusieurs lieux servent de points de jonction : le Paris de l'après-guerre, le journal *Le Devoir* et le mouvement ouvrier. Ils ont tous en commun une critique sans réserve du duplessisme. Ils ont également tous la conviction que le Québec doit entreprendre un processus radical de modernisation qu'on nommera au début des années 1960 « Révolution tranquille ». Pour la plupart de ces intellectuels, la grève de l'amiante de 1949 constitue l'événement phare et l'élection de 1956, la preuve patente d'une démocratie tronquée.

Le texte de Dion et O'Neill émerge donc du quatrième pôle, tout comme *Refus global* est l'expression la plus connue du premier pôle. Le vocabulaire choisi par les deux abbés montre d'emblée l'état des lieux : « crise », « immoralité », « déferlement de bêtise ». On y dénonce « le mensonge érigé en système ». Plus concrètement, on relève : l'« achat de vote », les « menaces de représailles » et la « corruption des officiers d'élection ». Dans *Le chrétien et les élections* (1960), les auteurs préciseront que, lors du scrutin de 1956, « les abus commis dépassaient de beaucoup ce qui s'était vu jusque-là ». Selon eux, les « Anglais » ont réussi alors à corriger en grande partie les déficiences du système. Au Québec, « elles se sont aggravées ».

Par ailleurs, l'attaque est formulée selon les termes du paradigme propre à ce pôle : « [...] Une morale chrétienne [...] ne peut que s'émouvoir devant un état de faits devenu manifeste. » Dion et O'Neill ajoutent : « Une période électorale comme celle que nous venons de traverser s'avère un instrument de démoralisation et de déchristianisation. » Les chrétiens ont ainsi un devoir :

> Nous sommes terriblement responsables devant Dieu si le peuple finit par croire que le Royaume de Dieu, c'est cette macédoine de sentimentalité pieuse, d'immoralité civique effrontée et de fascisme à peine larvée. [...] Nous récoltons ici ce que nous avons semé.

Les auteurs dénoncent avec force la banalisation de ces pratiques :

> [...] ce qui doit le plus nous inquiéter, c'est que peu de gens semblent se scandaliser de tout cela. [...] Au pays du Québec, elles obtiennent rapidement une généreuse absolution populaire. Même on s'en vante et on en rit comme s'il s'agissait de tours innocents.

Les abbés soulignent enfin la dualité, voire l'hypocrisie des conduites :

> Le plus curieux, c'est que la plupart de ces gens vont continuer de dire le chapelet en famille [...] Il fait vraiment pitié ce peuple qui concilie avec une si extraordinaire facilité une vénalité aussi manifeste et communément acceptée avec une religiosité non moins manifeste et acceptée.

En conclusion, cette phrase, qui donne la mesure de l'étendue de la critique : « Et un peuple devenu esclave de cette façon n'est plus chrétien. »

On a d'abord craint des représailles contre les auteurs. *Le Devoir* du 15 octobre 1956 faisait sa une avec le titre suivant : « L'abbé O'Neill réduit au silence ». Dans sa biographie, O'Neill relate une rencontre avec Mgr Alphonse-Marie Parent, alors supérieur général du Séminaire et recteur de l'Université Laval, qui lui aurait demandé « de ne pas publier d'article pendant un an » ; « c'est ainsi que j'interprétai ses propos », ajouta-t-il. Quand cette menace de bâillon fut rendue publique par *Le Devoir*, via un « informateur », Mgr Parent convoqua à nouveau l'abbé : « Il m'assura qu'il y avait eu malentendu. Il me voulait prudent, pas obligé au silence. Je pouvais publier ce qui me plaisait, ça me regardait. À moi de faire usage de discernement. L'incident était clos. » Le lendemain, *Le Devoir* coiffait un article de ce titre correcteur : « L'abbé O'Neill est libre d'écrire et de parler en public ». Léon Dion écrira, dans *Québec 1945-2000* : « Leurs titres de professeurs à l'Université Laval et, surtout selon une confidence du regretté Gérard Dion, la protection efficace de l'archevêque Maurice Roy, leur épargnent la mise au ban que Duplessis leur destinait. » Pour les auteurs du texte, ce type de critique interne constitue un mécanisme d'autorégulation : « C'est tout simplement une forme de "correction fraternelle", ou encore "d'autocritique" d'usage courant et qui a contribué énormément à la force et à la pérennité de l'Église. » (*Le Devoir*, 11 août 1956)

Lors d'une entrevue accordée au journal *Le Devoir* et publiée le 11 août 1956, Gérard Dion s'explique :

> Quand nous l'avons rédigée pour le périodique ecclésiastique *Ad Usum Sacerdotum* dont je suis le directeur-fondateur depuis dix ans et dont chaque numéro est soumis à un censeur ainsi qu'il est de règle pour les publications religieuses, nous étions loin de penser qu'elle connaîtrait une telle diffusion et un tel retentissement.

Selon Gérard Filion : « [...] la renommée faite au Canada et à l'étranger au manifeste Dion-O'Neill, en rend les auteurs invulnérables aux attaques des politiciens. [...] Non seulement leur texte a fait le tour du Canada, mais il est en train de faire le tour du monde. » (*Le Devoir*, 17 octobre 1956) Le *New York Times* en fait même l'objet d'une nouvelle.

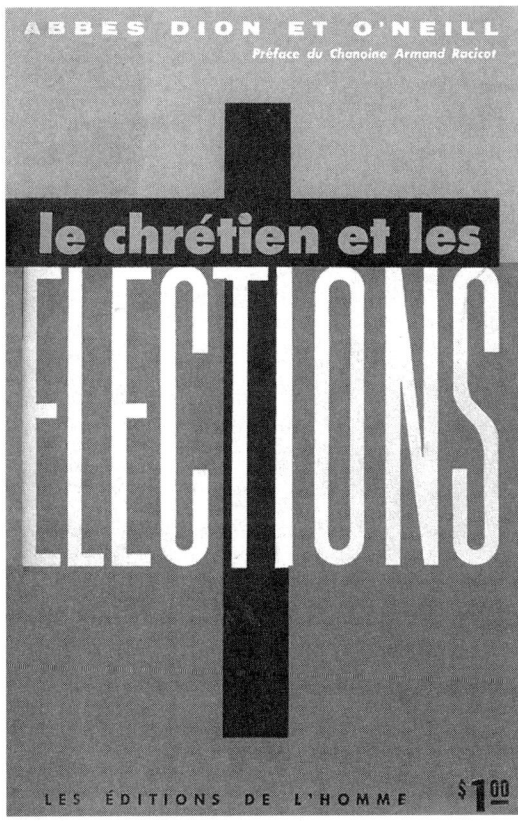

Deux prêtres anti-duplessistes s'en prennent au régime politique dans la société québécoise des années cinquante.

Quand il paraît en français et en anglais sous la forme d'un opuscule publié par la Ligue de la moralité publique, c'est plus de 100 000 copies qui trouvent preneurs.

Quelques années plus tard, les auteurs publient d'ailleurs deux ouvrages qui élargissent la portée et la profondeur de l'argumentaire présent dans l'article de 1956. Ainsi paraissent aux Éditions de l'Homme *Le chrétien et les élections* (1960) et *Le chrétien en démocratie* (1961). Près de vingt ans plus tard, dans *Nous avons connu Duplessis*, Gérard Dion ajoute : « Duplessis ne m'a jamais parlé après mon article. Mais je sais que cela l'a ébranlé. Il était vraiment en maudit. Pendant trois mois, il ne donna aucune conférence de presse. » Des intellectuels de *Cité libre* (novembre 1957) soulèvent bien le caractère singulier de cette réception :

> La publicité qui a suivi la publication de l'article n'a bénéficié en définitive qu'à ses auteurs et, par ricochet, au clergé dont ils sont les membres fidèles et dévoués. Depuis ce temps, le moindre geste qu'ils font est enregistré, le moindre mot qu'ils balbutient est parole d'évangile.

Pierre Charbonneau poursuit en relevant le fait suivant :

> Je ne m'en prends pas au contenu de la déclaration cléricale ; les faits qu'elle apporte pour décrire notre corruption politique ne correspondent que trop à la vérité […]. La différence est cependant que, si l'article avait été signé par deux laïcs, il serait passé inaperçu.

Puis il ajoute : « Quand serons-nous assez adultes pour agir de notre propre chef dans le règne temporel sans quêter l'*imprimatur* clérical ? »

L'appréciation des auteurs converge avec cette évaluation dans *Le Devoir* (11 août 1956) :

> En somme, qu'y avons-nous dit de plus que ce que tout le monde savait déjà ? N'est-il pas troublant de constater que dans notre province, la vérité pure et simple ne puisse apparaître au grand jour sans provoquer ce qu'on pourrait appeler le scandale des faibles ? Je conviens avec mon collègue que certains passages rendaient un son nouveau, notamment ceux où, en tant que prêtres, nous faisons notre *Mea Culpa*.

Un demi-siècle plus tard, O'Neill reprend et développe cette logique du dévoilement dans son autobiographie :

> Peut-être le fait que les auteurs étaient des clercs, peut-être surtout parce qu'à l'époque on avait développé l'habitude de ne pas dire ouvertement ce qu'on pensait, parce qu'une sorte de prudence timorée était devenue une règle de vie, aussi bien chez les laïcs que chez les clercs. La peur régnait. On accusait Duplessis d'en être responsable. Mais celui-ci tirait tout simplement avantage de cette peur connaturelle [*sic*], inscrite tel un virus dans les gènes ; vieille trouille issue d'un passé de domination et de pauvreté.

Selon le politologue Gérard Bergeron, dans *Du duplessisme à Trudeau et Bourassa [...]*, il s'agit peut-être de notre « premier best-seller politique ». Selon lui, les événements de 1956 constituent une sorte de « *furor populi* », une indignation majeure de l'opinion publique. Sur la période qui s'écoule de 1930 à 1960, on n'en compterait que quatre : le scandale des comptes publics, qui provoqua la chute du régime Taschereau (1936) ; la crise de la conscription (1944) ; la crise provoquée par la grève de l'amiante (1949) et, finalement, les événements de 1956 ici relatés. Le premier et le dernier événement seraient similaires : « Dans l'un et l'autre cas, il y a eu prise de conscience de la corruption généralisée d'un régime autocratiquement fort. » En ce sens, le texte a contribué à la défaite des unionistes aux élections de 1960 et au déclenchement de la Révolution tranquille. Pour Bergeron, un de ses effets fut « d'enrayer dans l'œuf un fort courant d'anticléricalisme ».

Par contre, en prenant du recul par rapport aux événements et en les inscrivant dans une échelle temporelle plus étendue, cette évaluation des impacts s'avère limitée et trompeuse. Il convient de jeter un regard analytique en amont et en aval du texte des deux abbés.

Refus global et le texte de Dion et O'Neill présentent quelques similitudes. Placés côte à côte, on y voit deux pamphlets de quelque 3500 mots, porteurs d'une dénonciation incendiaire qui vise l'appareil et surtout la culture politique d'alors. Les ressemblances s'arrêtent cependant là. *Refus global* n'a, du moins en 1948, qu'une audience limitée à des cercles d'initiés; il entraîne la réprimande des signataires et le renvoi de Borduas de l'École du meuble. La société québécoise de 1948 n'est pas en mesure d'absorber cette critique d'elle-même; il faut attendre douze ans avant que le texte ne soit édité à nouveau. Le contexte de la réception du texte de Dion-O'Neill est quant à lui très différent : en 1956, le régime duplessiste est à bout de souffle et les processus de modernisation, marqués par l'arrivée de la télévision*, fissurent déjà le conservatisme moral.

Les paradigmes utilisés pour dénoncer l'hypocrisie et l'injustice sont également en cause dans l'asymétrie des réceptions. Dans un cas, la critique est formulée selon les principes mêmes de l'idéologie dominante; elle attaque les mœurs politiques à partir des dogmes de la « chrétienté »; l'intertextualité, surtout dans le cas des livres de 1960 et de 1961, renvoie aux lettres pastorales des évêques et du pape, aux évangiles ou aux théologies de l'Église catholique romaine. Dans l'autre cas, les auteurs se situent à l'extérieur de l'idéologie dominante; la critique est formulée selon le paradigme des automatistes, groupe et courant associés au surréalisme. De façon presque unanime, on rejettera *Refus global* et on applaudira les abbés, même au sein du clergé. En effet, les co-auteurs ont reçu quelque 326 pièces de correspondance, dont 98 % leur aurait été favorable, note Gérard Bergeron (*Du duplessisme à Trudeau et Bourassa [...]*). Selon *Le Devoir*, 95 % des 900 prêtres qui reçoivent *Ad Usum sacerdotum* se sont dits d'accord avec les propos des abbés (dans Léon Dion, *Québec 1945-2000*).

Mais il y a plus. L'accueil triomphant réservé aux abbés montre par contraste combien cette société demeure, du moins jusqu'à ce moment précis, dans un silence, une censure sur ses propres comportements, et que seuls des intellectuels se situant à l'intérieur du cadre de l'Église peuvent rompre la règle de l'indifférence qu'on impose aux autres intellectuels.

Un exercice similaire peut être fait en aval en examinant la suite de l'histoire. Tous les intellectuels anti-duplessistes appartenant aux quatre pôles précédemment identifiés auront un impact certain dans les années subséquentes. Inutile d'insister sur le poids des Trudeau et Pelletier; on sait combien la critique formulée dans les années 1950 contre l'autoritarisme de Duplessis sera consacrée dans la *Charte canadienne des droits* de 1982. On sait aussi que les néonationalistes permettront l'émergence d'un nationalisme moderne, libéré du carcan religieux, dont le Parti libéral du Québec et, surtout, le Parti québécois seront les porteurs. On utilisera l'État et le capital collectif qu'il concentre pour permettre le rattrapage de la majorité francophone. La Révolution tranquille dans son ensemble, mais plus précisément la réforme de la carte électorale de 1962 et 1971, de même que la Loi sur le financement des partis politiques de 1977, s'inscrivent comme des prolongements directs du pamphlet de 1956. « Désormais », selon le mot de Paul Sauvé, successeur de Maurice Duplessis en 1959, la majorité francophone des grands centres urbains ne pourra plus être reléguée au second plan. Quant au pôle des signataires de *Refus global*, leur reconnaissance sera bien postérieure, mais néanmoins réelle dans le paysage des arts et des lettres. Reste le quatrième pôle, celui des « religieux ». La mort de Pie XII, l'arrivée de Jean XXIII et surtout le vent de réformes provoqué par Vatican II marqueront la victoire des progressistes sur les traditionalistes. Il n'en reste pas moins que l'anticléricalisme, parfois larvé, parfois virulent, obligera une laïcisation des hôpitaux et des écoles. En moins de vingt ans, les séminaires et les églises seront pratiquement désertés. Au bout du compte, le pamphlet de 1956 ne fera pas le poids dans la balance quand viendra le temps de juger les rapports Église-État; l'effet d'endiguement entrevu par Charbonneau et Bergeron fut donc de courte durée.

Par ailleurs, le sort qu'allaient connaître les deux auteurs illustre bien la complexité des mutations dont la société était déjà porteuse en 1956 : Gérard Dion, décédé en 1990, restera prêtre et continuera d'être un des intellectuels les plus interpellés du Québec pendant les deux décennies suivantes. En 1980, lors du référendum sur la souveraineté du Québec, il appuiera le camp du « Non », celui de Pierre Elliot Trudeau. De son côté, Louis O'Neill quittera la prêtrise, rejoindra les rangs du Parti québécois pour devenir ministre de 1976 à 1979. Quant à la postérité du texte de 1956, qui fut l'objet d'un si grand battage publicitaire et médiatique, elle est quasi nulle ; aujourd'hui, le texte est tombé dans l'oubli. Ironie du sort et des mécanismes de la mémoire collective, le manifeste des automatistes, lui, quasi ignoré en son temps, est érigé en symbole dans les manuels d'histoire parce qu'il anticipe, du moins aux yeux de notre temps, l'émergence du Québec moderne. *Jean-Herman Guay*

DION, Gérard et O'NEILL, Louis, « Lendemain d'élections », *Ad usum sacerdotum* (juin-juillet 1956), [s.p.] ; « L'immoralité politique dans la province de Québec », *Le Devoir* (7 août 1956), reproduit dans *Le chrétien et les élections*, [Montréal], Les Éditions de l'Homme, p. 113-123 ; *Le chrétien en démocratie*, [Montréal], Les Éditions de l'Homme, 1961, 158 p.

▶ *Les insolences du frère Untel* ; pseudonymie

IMPRIMEUR

▶ *Avec ou sans amour* ; Édition ; Enfer ; *Le Fantasque* ; *Gazette littéraire de Montréal* ; Hébert, Jacques ; Index ; *La Lanterne* ; *Le mal des anges* ; Manuels scolaires ; *Nègres blancs d'Amérique* ; *Les paradis de sable* ; *Les paroles d'un croyant* ; Questions sur le gouvernement ecclésiastique du District de Montréal

INDEX
(INDEX LIBRORUM PROHIBITORUM)

Règles de censure et liste des livres interdits par l'Église catholique, du XVIe siècle à 1966

L'Index des livres interdits – *Index librorum prohibitorum* – énonce les règles de censure et contient la liste officielle des auteurs et des écrits dont l'impression, la diffusion et la lecture sont défendues par l'Église catholique ; il a été en vigueur du milieu du XVIe siècle jusqu'en 1966.

Même si l'exercice de la censure de la part de l'Église, qui a d'ailleurs des précédents gréco-romains, existait déjà aux temps apostoliques et pendant tout le Moyen-Âge, l'organisation systématique de la censure ecclésiastique date de la fin du XVe siècle, peu après l'implantation de l'imprimerie*. On établit alors une censure antérieure à l'impression pour tous les écrits religieux ou profanes et une surveillance des écrits déjà publiés.

Après la révolte de Martin Luther en 1517, la publication d'un grand nombre de pamphlets et de livres réformés provoque la réaction de ceux qui restent fidèles à l'Église romaine et qui essaient d'empêcher par tous les moyens l'impression, la vente, la possession et la lecture des ouvrages des réformateurs. Les universités, les autorités ecclésiastiques et civiles ainsi que les inquisitions locales publient plusieurs listes d'ouvrages et d'auteurs réformés et d'humanistes comme Rabelais et Érasme de Rotterdam, qui prennent position contre les enseignements de Rome.

Le premier Index des livres interdits à être imprimé est celui de la Faculté de Théologie de l'Université de Paris, en 1544, et suivi des éditions de 1545, 1547, 1549, 1551 et 1556. La Faculté de Théologie de l'Université de Louvain publie aussi des catalogues en 1546, 1551 et 1558, qui regroupent les condamnations antérieures. Par la suite, les inquisitions locales ou nationales prennent la relève des universités, notamment en Italie avec les catalogues de Venise en 1549 et 1554, au Portugal avec les éditions de 1547, 1551 et 1561 et en Espagne avec les Index de 1551 et 1559. L'Inquisition romaine prépare le premier Index romain publié par Paul IV en 1559, lequel contient plus d'un millier d'interdictions divisées en trois classes : les auteurs dont on interdit tous les ouvrages, les écrits particuliers avec le nom de l'auteur et, enfin, les livres anonymes. L'Index préparé par une commission du concile de Trente et publié en 1564 par Pie IV se caractérise principalement par les dix règles générales qui forment la loi cadre de la censure catholique pendant la période moderne. Pie V crée en 1571 la Congrégation de l'Index qui devient un organe permanent du gouvernement de l'Église chargé de la mise à jour de l'Index avec les attributions nécessaires pour interdire de nouveaux écrits, expurger certains ouvrages suspects et permettre la circulation de ceux qui ne sont plus considérés comme nocifs. L'Index publié en 1596 par Clément VIII ajoute plus de 1100 condamnations à celles du catalogue du concile de Trente.

À partir du début du XVIIe siècle, la Congrégation de l'Index procède à l'interdiction de livres par décrets particuliers qui regroupent ses condamnations et celles prononcées par le Saint-Office de l'Inquisition et les Souverains Pontifes. À des intervalles différents paraissent des éditions de l'Index qui incorporent les contenus des décrets de condamnation. Trois catalogues publiés au XVIIe, au XVIIIe et au début du XXe siècles sont d'une importance toute particulière. L'Index d'Alexandre VII de 1664 supprime les divisions des condamnations par classes et regroupe toutes les interdictions dans une liste unique par ordre alphabétique. L'Index de Benoît XIV de 1758, avec sa constitution *Sollicita ac provida*, réorganise la matière condamnée et libéralise considérablement la procédure d'inclusion de nouveaux écrits. Ces dispositions restent en vigueur jusqu'à la réforme de Léon XIII qui promulgue des nouvelles règles générales sur la censure par la constitution *Officiorum ac munerum* et publie en 1900 un nouvel Index des livres interdits dont le contenu est considérablement réduit par rapport aux éditions antérieures ; ainsi, plus de 2000 interdictions du XVIe siècle n'apparaissent plus, quoique ces ouvra-

ges continuent d'être interdits. Sont aussi enlevés quelque 700 écrits dont l'interdiction n'apparaît plus opportune. En promulguant le Code de droit canon en 1917, Benoît XV supprime la Congrégation de l'Index, et ses attributions sont transférées au Saint-Office. La dernière édition de l'Index date de 1948 et reste en vigueur avec de nouveaux ajouts jusqu'à sa suppression en 1966.

Pendant toute la période moderne, les Inquisitions d'Espagne et du Portugal publient aussi leurs propres catalogues, d'énormes volumes in-folio à deux colonnes, qui sont en vigueur dans la Péninsule ibérique et dans leurs colonies américaines, africaines et asiatiques.

Les Index espagnols et portugais sont à la fois prohibitifs et expurgatoires, tandis que l'Index romain est, à quelques exceptions près, seulement prohibitif. Un nombre minime d'interdictions figurent avec la mention « *donec corrigatur* » (en attendant d'être corrigé).

En tête des différentes éditions de l'Index romain se trouvent les documents pontificaux et les règles générales qui proscrivent d'une façon absolue plusieurs catégories d'ouvrages et déterminent les modalités selon lesquelles doit être exercé le contrôle sur le livre imprimé. Les règles générales de l'Index du concile de Trente interdisent tous les livres des auteurs hérétiques qui traitent de religion, les écrits lascifs et obscènes*, les écrits d'astrologie, de divination et d'arts occultes. La lecture de la Bible en langue vulgaire est permise uniquement à ceux qui détiennent une licence écrite de l'inquisiteur ou de l'évêque. De nouvelles règles qui s'ajoutent à l'Index au cours des siècles interdisent certaines catégories d'ouvrages comme les livres qui prennent la défense du divorce, du duel, de la franc-maçonnerie* et d'autres sociétés secrètes.

Le nombre total d'interdictions qui figurent à l'Index romain au cours de son existence est approximativement de 8000, dont un bon nombre d'écrits anonymes, et les auteurs de ces ouvrages sont près de 5000. Ces chiffres ne sont pas en soi très élevés pour quatre siècles, mais il faut tenir compte du fait qu'un bon nombre d'autres titres tombaient sous les interdictions des règles générales de l'Index.

Créé dans le but d'empêcher la diffusion des écrits de la Réforme, l'Index évolue avec le temps, tout en conservant un double objectif : défendre l'Église catholique contre les attaques extérieures et protéger l'homogénéité de la foi et de la morale contre les dangers qui surgissent de l'intérieur. La défense contre l'hérésie protestante demeure toujours une préoccupation majeure des censeurs romains. La protection des droits et des privilèges politiques et juridiques de l'Église, du pape et de la hiérarchie trouve aussi un grand écho dans l'Index. Ainsi les écrits favorables au gallicanisme et ceux qui défendent le droit d'intervention de l'autorité civile dans les affaires ecclésiastiques sont nombreux. On n'oublie pas non plus les écrits polémiques sur les interventions politiques du Saint-Siège.

Les écrits favorables au jansénisme représentent une partie importante des condamnations des XVIIe et XVIIIe siècles. Il y a également de nombreux écrits polémiques concernant les débats sur la casuistique et le probabilisme. La littérature mystique est représentée par de nombreux écrits, comme ceux qui soutiennent le quiétisme de Miguel de Molinos et le pur amour de Jeanne-Marie Bouvières de La Mothe Guyon et de l'abbé François de Salignac de la Mothe-Fénelon. La lutte contre la superstition populaire explique l'interdiction de nombreuses prières, fausses indulgences, neuvaines, histoires et légendes apocryphes des saints. Tout à fait remarquable est la présence dans l'Index des œuvres des grands philosophes : Blaise Pascal, René Descartes, Nicolas Malebranche, Baruch de Spinoza, Emmanuel Kant, Francis Bacon, Thomas Hobbes, John Locke, David Hume, George Berkeley, et des plus grands écrivains français de la période des Lumières : Pierre Bayle, Denis Diderot, Jean-le-Rond D'Alembert, Voltaire, Jean-Jacques Rousseau. L'interdiction des écrits de Nicolaus Copernic en 1616 et de Galilée en 1634 et leur retrait de l'Index en 1822, l'héliocentrisme étant universellement admis, sont les exemples les plus frappants du malentendu entre l'Église et la science.

L'opposition réelle ou appréhendée entre le message révélé contenu dans l'Écriture et dans la tradition et l'interprétation de la loi naturelle par le magistère à l'égard des avancées des sciences physiques et humaines, explique la méfiance et l'interdiction d'un bon nombre d'ouvrages. La condamnation du modernisme au tournant du XIXe siècle et la mise à l'Index de ses principaux représentants est la manifestation éclatante de la méfiance de l'Église à l'égard de la critique historique considérée comme une discipline subversive. Au cours des années 1940-1950, pendant le pontificat de Pie XII, sont inclus dans l'Index, à côté des écrivains contemporains de grand renom comme Jean-Paul Sartre, Simone de Beauvoir, Nikos Kazantzakis et Alberto Moravia, certains écrits d'auteurs catholiques d'avant-garde comme ceux du dominicain Dominique Chenu, du psychanalyste et moraliste l'abbé Marc Oraison, du professeur de biologie le chanoine Camille Muller, du médecin et psychiatre Ange-Louis-Marie Hesnard et du philosophe Henry Duméry.

L'Index étant une loi ecclésiastique, son application dépend du pouvoir de coercition dont disposent les autorités ecclésiastiques et de la collaboration que leur offrent les autorités civiles. Une directive de l'Inquisition impose à tous l'obligation de dénoncer les livres et les propositions qui à leur avis pouvaient être contraires à la foi et aux bonnes mœurs. Dans ce climat de dénonciation et de soupçon, l'autocensure* ne peut qu'empêcher l'expression d'idées originales. En apprenant la condamnation du livre de Galilée, René Descartes retire son manuscrit du *Traité du monde* en écrivant : « Le désir que j'ai de vivre en repos m'impose de garder pour moi mes théories ». Plusieurs catholiques libéraux du XIXe siècle, comme Lord Acton et Franz Xavier Kraus, s'autocensurent et renoncent à écrire des ouvrages projetés.

Dans le domaine de la lecture, le Saint-Office adopte une approche préventive en essayant d'empêcher que les fidèles aient un accès facile aux livres dangereux. Encore au milieu du XXe siècle, l'Index hante de nombreuses bibliothèques* des établissements d'enseignement qui possèdent leur « enfer* » des ouvrages défendus et dangereux. Les armes utilisées auprès des individus sont principalement spirituelles. L'obligation morale de se soumettre à ces dispositions de l'Église a toujours été contestée par des groupes hétérodoxes ou progressistes, surtout des intellectuels. Si on examine, par contre, l'attitude de l'ensemble du peuple chrétien, on constate que la mainmise imposée sur la presse est graduellement considérée comme une pratique acceptable qui appartient à la mission pastorale de l'Église.

Les permis de lire les livres défendus sont accordés par les inquisiteurs et les évêques, à partir des premières lois sur la presse. Cette pratique varie considérablement selon les époques, et les licences accordées sont révoquées en certains moments de crise. Au cours des derniers siècles, la licence était accordée pour des raisons valables, la plus acceptable étant les études. La permission contient toujours deux restrictions qui excluent les livres obscènes et les ouvrages qui attaquent la religion. Comme il s'agit d'une permission personnelle, des précautions particulières doivent être prises en gardant les livres « dans un lieu sûr, à l'abri de toute indiscrétion ». Malgré l'autorisation accordée, on exhorte le bénéficiaire à prendre, selon ses besoins, l'avis d'un confesseur prudent.

L'examen du contenu de l'Index révèle la présence uniquement de trois ouvrages canadiens-français condamnés nommément : l'*Annuaire de l'Institut canadien pour 1868** et celui de *1869** interdits en 1870, *Le clergé canadien, sa mission, son œuvre** de Laurent-Olivier David interdit en 1896,

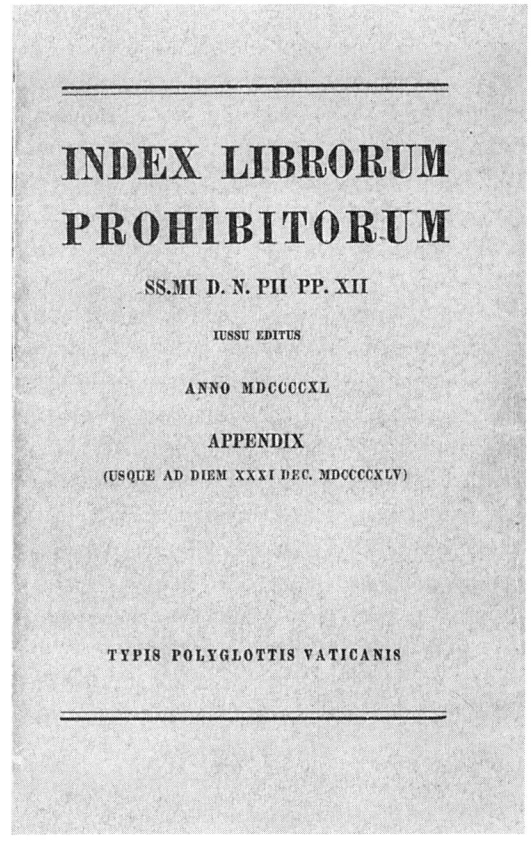

et l'écrit en anglais de l'abbé Telesphor Smyth-Vaudry, *The Christ-Founded Order of the Secular Priesthood or a Suppressed Page of Theology Restored to Light*, condamné en 1909. Ceci ne signifie pas que l'Index a eu peu d'influence sur la production, la diffusion et la lecture des ouvrages interdits pour les Canadiens français. L'efficacité de la censure des évêques du Canada est peut-être une des raisons de la presque absence d'auteurs canadiens dans l'Index. La Congrégation de l'Index et le Saint-Office sont très conscients de la publicité que peut procurer à un ouvrage sa condamnation. Après la Constitution *Solicita ac provida* de Benoît XIV au milieu du XVIIIe siècle, la mise à l'Index est le résultat d'une longue procédure qui commence ordinairement avec la dénonciation et qui est suivie de plusieurs examens et délibérations d'experts. Souvent, quand il s'agit d'un ouvrage d'un auteur catholique qui n'a pas eu une grande diffusion, on demande à son évêque ou à l'auteur de retirer le livre de la circulation. C'est une pratique qui a duré jusqu'à la veille du concile Vatican II, au début des années 1960.

Après la suppression de l'Index en 1966, le Saint-Office, devenu la Congrégation pour la doctrine de la foi, publie plusieurs documents, surtout entre 1966 et 1975, qui présentent une nouvelle orientation. Tout en reconnaissant le principe de la liberté religieuse, Rome réaffirme le droit que possède la hiérarchie par mandat divin de surveiller, censurer et interdire des écrits ou autres moyens de communication qui attaquent la vérité de la foi et les principes de la morale chrétienne ou naturelle. Le nouveau *Code de droit canon* (canons 822-832) publié en 1983 affirme le principe que le droit et le devoir de censurer font partie de la mission pastorale de l'Église. Elle prescrit que la censure préalable à l'impression est nécessaire pour les livres des Saintes Écritures et leurs traductions, les livres liturgiques, les catéchismes et autres écrits concernant l'instruction chrétienne et les manuels traitant de questions religieuses et morales. *J. Martinez De Bujanda*

DE BUJANDA, J. Martinez, *Index des livres interdits*, Sherbrooke, Centre d'Études de la Renaissance - Genève, Librairie Droz, 1984-1996, 10 vols; *Index librorum prohibitorum*, Médiaspaul / Droz, Montréal / Genève, 2002.

▶ *L'appel de la race*; *La censure des livres*; «Les déviations de l'art»; *Le Devoir*; *L'index et les films*; *Index, lectures et morale évangélique*; *Les insolences du frère Untel*; *Lectures*; Librairies; Littérature pour la jeunesse; *Marie Calumet*; *L'offrande aux vierges folles*; *Sous le signe des muses*

L'INDEX

Raymond-Marie Charland • Essai (1938) décrivant la législation de l'Index

▶ Index, lectures et morale évangélique

INDEX DE 6000 TITRES DE FILMS AVEC LEUR COTE MORALE (1948-1955)

Fédération des centres diocésains du cinéma • Un outil d'information pour les catholiques

Dans les années 1940 et 1950, comment les catholiques peuvent-ils savoir quels films ils peuvent voir sans danger s'ils veulent s'en tenir aux directives formulées par la hiérarchie ecclésiastique? Si on vit à Québec, on lit le «Ciné-bulletin»*, rubrique du quotidien *L'Action catholique* publiée depuis 1937. Si on vit à Montréal, on dispose du *Ciné-service*, publication hebdomadaire d'un comité de l'Action catholique du diocèse depuis le 3 janvier 1948. Dans les deux cas, une cote morale est attribuée à chaque long métrage diffusé dans les salles publiques.

En 1955, alors que plusieurs diocèses se sont donné un organisme pour coordonner leurs activités relatives à la diffusion du cinéma dans les salles paroissiales et dans le mouvement des ciné-clubs, la Fédération des centres diocésains du cinéma publie la liste des «6000 titres» de films évalués à ce jour par le *Ciné-service* montréalais. Cet *Index de 6000 titres de films avec leur cote morale (1948-1955)* paraît chez l'éditeur Fides qui, depuis les années 1940, est également l'éditeur de *Mes fiches* puis de *Lectures** qui, jusqu'en 1965, attribuera des cotes morales aux ouvrages littéraires français et canadiens-français.

Le titre du recueil indique «6000 titres», mais le décompte pour établir chacune des catégories n'indique que 5296 titres. Et encore, cela comprend tous les titres, ceux des versions doublées s'ajoutant aux originaux, de sorte qu'il n'y a guère plus de 3000 films différents qui sont cotés. Même si on ajoute les 319 titres des sections finales (sélections pour ciné-clubs et pour enfants), on est encore loin des 6000 annoncés. Ce chiffre demeure donc symbolique. L'avant-propos indique qu'il s'agit de tous les films sortis à Montréal de 1948 à 1955, ce qui s'avère sans doute; en plus des nouveautés, cela comprend de nombreuses productions diffusées jusqu'à des décennies auparavant, mais qui arrivent en version française (par exemple, *City Lights* de Charles Chaplin, *Gone With the Wind* * de Victor Fleming, etc.) ou en format 16 mm, ou encore qui connaissent une nouvelle carrière. Un encadré met en évidence que « la classification morale a été établie sur les films tels qu'approuvés par le Bureau de censure de la province de Québec », donc qu'il s'agit des copies déjà censurées par l'État, ce qui veut dire qu'elles ont souvent subi des coupures importantes. On ne s'étonne donc pas de l'absence de films interdits durant cette période (par exemple, *Les enfants du paradis** et *Martin Luther**).

Au tout début, les auteurs rappellent la classification utilisée dès 1948, laquelle sera en vigueur jusqu'en 1967, quoique certaines précisions atténuent avec le temps la rigueur des proscriptions :

TOUS : *Films qui, en général, peuvent être vus sans danger par tous les spectateurs ordinaires des salles de cinéma (16 ans et plus).*

Dans cette catégorie sont rangés les films admissibles et même souvent recommandables pour les jeunes, depuis l'âge légal de leur admission aux salles de cinéma.

Films dont les thèses ne peuvent inciter les jeunes, ni explicitement ni implicitement, au mépris de la loi, de l'autorité ou de la morale. Les manifestations de l'amour (dialogues, chansons, images) demeurent discrètes. Les toilettes et les attitudes ne peuvent troubler sérieusement les adolescents de 16 ans et plus, éduqués sainement dans leur famille et quelque peu habitués au grand spectacle cinématographique.

ADULTES : *Films qui ne conviennent qu'aux gens formés, soit qu'ils présentent des problèmes moraux d'adultes, soit qu'ils traitent d'un sujet trop sérieux pour les jeunes. Les adultes n'en tireront pas d'impression malsaine, à condition de vouloir réfléchir et réagir. Ces films ne conviennent donc généralement pas aux adolescents.*

Ces films décrivent la vie telle qu'elle est, avec ses misères et ses tares ; toutefois, celles-ci ne sont pas montrées sous un jour sympathique mais plutôt désapprouvées. Les éléments bons dominent et aucun élément mauvais n'est intolérable. On classera notamment dans cette catégorie les films dont la valeur récréative atténue, pour les adultes un peu expérimentés, l'absence de portée morale et les films qui présentent des images réalistes dont l'effet bénin sur les adultes serait néfaste sur les enfants et généralement sur les adolescents. Le terme « adulte » signifie ici moins un âge qu'un certain degré de maturité spirituelle et morale. Cette maturité implique deux importantes qualités : un jugement sûr et sain et une certaine fermeté de la volonté.

POUR ADULTES AVEC RÉSERVES : *Films qui présentent des dangers, soit à cause des scènes suggestives, de la thèse qu'ils développent, de certaines idées qu'ils émettent, soit encore en raison de l'atmosphère qui s'en dégage. Ces films s'adressent donc à un public d'adultes particulièrement avertis et ne conviennent jamais aux adolescents.*

Ces réserves peuvent concerner le fond ou la forme du film, ou l'un et l'autre. Par exemple, un film demande toujours des réserves quand la trame présente une solution fausse, telle le divorce, l'amour libre, le suicide, comme chose nécessaire ou simplement normale.

Par ces mots « d'adultes particulièrement avertis » la *Commission de classification* entend des adultes dont la formation intellectuelle, religieuse et morale dépasse sensiblement la moyenne. Il ne peut donc s'agir ici que d'une élite de chrétiens et d'une faible minorité du public qui fréquente les salles de cinéma.

À DÉCONSEILLER : *Films dangereux pour tous, ne pouvant que nuire à la majorité des adultes et porter préjudice à la santé spirituelle et morale de la société.*

Dans cette catégorie sont rangés les films qui exigent une mise en garde spéciale. Même les adultes avertis n'assisteront pas à de tels films sans motifs sérieux. Pour les adolescents, ils sont absolument inadmissibles.

À PROSCRIRE : *Films franchement condamnables au point de vue religieux et moral.*

Films qui prônent ouvertement des idées mauvaises ou subversives, qui attaquent la religion ou qui la rendent méprisable, odieuse ou ridicule ; qui font complaisamment étalage de vices, de crimes ou de dérèglements, sans la compensation d'éléments bons de réelle valeur ou sans atténuation sensible de l'impression mauvaise par le ton burlesque, l'ambiance d'invraisemblance ou le caractère historique.

Il faut insister ici : le « Tous » ne comprend que les plus de 16 ans, les seuls qui, selon la loi, sont admis dans les salles de cinéma. Quant aux « Adultes », ils ont plus de 21 ans. Toutefois, cette classification apparaît bientôt insatisfaisante puisque dans le *Recueil des films* de 1957, le « Tous » devient « Films visibles par tous, y compris les enfants », et sa définition de 1948 s'appelle maintenant « Adultes et adolescents ». *Grosso modo*, cette taxinomie servira de base à la classification que l'Office catholique national des techniques de diffusion tentera de faire accepter en 1962 dans son mémoire présenté directement au procureur général Georges-Émile Lapalme lors des discussions en vue d'une nouvelle loi de censure.

Une note finale précise que

> Tout catholique doit considérer comme un grave devoir de conscience de s'abstenir formellement d'assister à la projection de films notés « À proscrire ». De telles œuvres sont néfastes pour tous, sans exception.
>
> Passer outre cette règle serait, dans certains cas, s'exposer volontairement à l'occasion de pécher. Ce serait toujours donner un déplorable exemple et coopérer à une mauvaise action en contribuant par sa présence et son argent au succès de réalisations pernicieuses.
>
> Sans être aussi dangereux, les films notés « à déconseiller » sont cependant nuisibles à la majorité des adultes. En conséquence, un chrétien sincère ne saurait se permettre d'y assister sans raison sérieuse.

Après le décompte des films dans chaque catégorie, le lecteur pourrait rester surpris du petit nombre de films cotés « À proscrire ». Il n'y en a que six : *Black Narcissus*, *Le deuil sied à Électre* (*Mourning Becomes Electra*) de Dudley Nichols, *Duel au soleil**, *L'innocente pécheresse* (*Das Bad auf der Tenne*) de Volker von Collande, *Manon** et *Le pays sans étoiles* de Georges Lacombe. Ce sont tous des films où l'érotisme occupe une place importante. Il n'y a aussi que 27 films « À déconseiller », dont *Le quai des brumes** et *Les sept péchés capitaux**, *The Flame and the Flesh* de Richard Brooks, *Les aventures de Casanova* de Jean Boyer (les films français dominent largement). Les deux cotes les plus restrictives ne sont donc attribuées qu'à 0,6 % des titres. Suivent les « Adultes, avec réserves » au nombre de 887, soit 16,7 % ; on y retrouve *All About Eve* de Joseph Mankiewicz, *Angels with Dirty Faces**, *Los Olvidados**, *Allemagne, année zéro* de Roberto Rossellini, *Tabu**, *Asphalt Jungle* de John Huston, *Le corbeau**, etc. Sont ensuite cotés « Adultes », 2662 titres, soit 50 %. Les films réservés aux plus de 21 ans comptent donc pour 67 % du total, le reste de la liste, 1747 titres, s'adressant à « Tous », c'est-à-dire aux 16 ans et plus.

Les auteurs proposent ensuite 143 films en 16 mm pour les ciné-clubs, lesquels regroupent presque uniquement des élèves de moins de 21 ans. C'est pourquoi ils sentent le besoin d'établir une nouvelle catégorie « Tous avec moniteur », dont la présence peut rendre accessibles aux adolescents des œuvres classées pour adultes, car la présentation, la discussion et l'étude permettent une interprétation plus large de la cote morale. C'est ainsi que la cote « Adultes » peut parfois convenir aux élèves de 12e année, de 3e et 4e année de l'Institut familial, des brevets C, B et A (I-II) à l'École normale, aux classes de Belles-lettres et Rhétorique du cours classique, donc de 17 et 18 ans. De plus, pour les élèves des deux classes supérieures du brevet A et ceux des deux années de philosophie du cours classique, quelques films cotés « Adultes avec réserves » sont inclus, entre autres, *Jeux interdits* de René Clément, *Orphée* de Jean Cocteau, *Rashomon** d'Akira Kurosawa, *Quai des orfèvres* d'Henri-Georges Clouzot. Cette liste comprend la plupart des films, parfois anciens et reconnus comme « classiques », que tout ciné-club, même sans affiliation religieuse, a intérêt à présenter, par exemple *An American in Paris* de Vincente Minelli, *L'Atalante* de Jean Vigo, *The Birth of a Nation**, *La grande illusion**, *Le journal d'un curé de campagne* de Robert Bresson, *Metropolis**, *On the Waterfront* d'Elia Kazan, *Rome, ville ouverte* de Roberto Rossellini, *The Treasure of Sierra Madre* de John Huston, etc. En sont toutefois absents, pour cause de refus par la censure de l'État, des titres essentiels comme *Le cuirassé Potemkine** et *Les enfants du paradis**. Aucun des films de la production québécoise des dernières années ne s'y retrouve. La liste comporte aussi ses titres édifiants, qui ne sont pas nécessairement des films mièvres : *Monsieur Vincent* de Maurice Cloche, *La fille des marais* d'Augusto Genina (la fameuse Maria Goretti), *Les clefs du royaume* de John M. Stahl, *Le petit monde de don Camillo* de Julien Duvivier, etc. Une telle *Sélection de films pour ciné-clubs* sera proposée à quelques reprises dans les années suivantes, surtout en 1970, dans un volume de 224 pages publié par l'Office des communications sociales. Cette fois, les choix ne sont que cinéphiliques et comprennent aussi bien les œuvres que les organismes catholiques précédents avaient coté « À proscrire » (films de Claude Autant-Lara, de Jean-Luc Godard, de Luis Buñuel, etc.) que celles que la censure officielle a libérées (films de Sergei Eisenstein, de Marcel Carné, etc.).

Enfin l'*Index* soumet deux listes de longs métrages convenant particulièrement aux enfants (103 en français, 73 en anglais) parmi lesquels figurent des films d'aventures, de pirates, de cape et d'épée, de guerre, de Robin des Bois, de Tarzan, de féérie (*Wizard of Oz*), sans oublier, évidemment, les films d'animation comme *Blanche Neige*, *Cinderella*, *Pinocchio*, *Alice in Wonderland*, etc. Les films à caractère religieux abondent : *Le chant de Bernadette*, *Loyola le chevalier du Christ*, *Don Bosco*, *Les mains vides*, *Le miracle de Fatima*, etc. Quelques productions québécoises y trouvent une place : *À la croisée des chemins* de Jean-Marie Poitevin, *Le curé de village* de Paul Gury, *Le rossignol et les cloches* de René Delacroix.

L'effet censorial de cet ouvrage prend plusieurs formes. À un certain public croyant qui prend au mot les proscriptions de la hiérarchie, il indique ce dont il doit s'abstenir. À tous les programmateurs de salles paroissiales et de projections dans les écoles, qui sont le plus souvent des prêtres et des membres de communautés religieuses, il prescrit un catalogue officiel dont bien peu oseraient sortir. Aux distributeurs qui alimentent le réseau parallèle aux salles commerciales, il suggère quels produits aller chercher et offrir. À tous les spectateurs concernés, il détermine une vision du cinéma et de la moralité.

Précédant l'*Index de 6000 titres [...]*, le *Ciné-guide perpétuel : une compilation de plus de 10,000 films dans un seul ordre alphabétique, avec indication de leur valeur morale* de l'abbé Eustache Brault a été publié en 1942. Il porte l'imprimatur de Philippe Desranleau, évêque du diocèse de l'auteur. Une première partie comprend tous les films français, américains et autres qui ont été censurés par la Centrale catholique du film de Paris, de ses débuts en 1936 jusqu'en juin 1940, ou qui ont été évalués par la revue française *Choisir*. La seconde offre les cotes décernées par la Legion of Decency américaine depuis sa fondation en 1934. Amalgamant les catégories des deux organismes, Brault offre quatre cotes morales présentées par un simple chiffre : I : sans danger pour tous ; II : convient aux adultes sérieusement formés ; III : condamné en partie (« Même un adulte devrait l'éviter [...] il contient des épisodes ou une thèse générale que la saine morale ne peut accepter ») ; IV : totalement condamné (anti-religieux, enseigne le vice, justifie le divorce et le suicide, thèse fausse, etc.). À tous les acheteurs du livre, l'éditeur envoie un appendice annuel jusqu'en 1946, lequel ne comprend que les films américains, mais en 1946, il en expédie un qui évalue la production française de 1939 à 1946. Ce dernier n'indique pas la catégorie par un chiffre, mais par Pour tous, Presque pour tous, Adultes, Strictement pour adultes, À déconseiller, À rejeter (À proscrire). En 1949, Brault présente une deuxième édition de son *Ciné-guide*, mais elle ne comprend que les films cotés par la Legion of Decency entre 1934 et 1948 (8000 titres, avec parfois une ou deux phrases expliquant la cote) puisque le *Répertoire des films* cotés par les catholiques français est distribué par le même éditeur. Jusqu'en 1952, Fides offre encore un appendice annuel à cet ouvrage. *Yves Lever*

Fédération des centres diocésains du cinéma, *Index de 6000 titres de films avec leur cote morale (1948-1955)*, Montréal, Fides, 1955, 200 p., suivi de 14 pages de publicité pour des compagnies amies liées à l'activité cinématographique.

▶ Loi du cinéma ; Préambules et épilogues

L'INDEX ET LES FILMS

Le film vaut-il le livre ?

« Pèche-t-on contre la loi de l'Index* en assistant à l'adaptation cinématographique d'un livre condamné, comme par ex : *Les Misérables* de Victor Hugo, ou *Jocelyn* de Lamartine ? »

Ainsi débute la « Causerie de la semaine » de la *Semaine religieuse de Québec* du 5 avril 1934. Les exemples cités sont bien choisis puisque les deux œuvres connaissent déjà plus d'une adaptation pour l'écran, certaines très récentes. La réponse de l'abbé Arthur Douville à sa propre question, puisant au droit canon, vient immédiatement : « Non, car un livre n'est pas un film, pas plus que la vue d'une image n'est une lecture ; et, aux termes du can. 19, les lois portant prohibition d'œuvres ou d'actes déterminés, sont d'interprétation stricte. » Il développe ainsi son argumentation :

> Nous savons bien que le film traduit les suggestions essentielles du livre, tantôt en les atténuant, tantôt en les aggravant, mais il ne reproduit pas le livre, objet de la prohibition de l'Index ; au contraire, le film se déroule selon un enchaînement où se donne libre carrière la fantaisie du metteur en scène, au studio. Et puis, autre différence importante, le livre se lit lentement, il offre à l'imagination et à l'intelligence matière à impressions prolongées, à méditations réfléchies d'où naissent ou peuvent naître des perturbations de pensée et de sensibilité, des erreurs de jugement et des émotions sensuelles singulièrement dangereuses parce que moroses.
>
> Tels sont les motifs principaux qui peuvent faire mettre un livre à l'Index ; le film a bien ses inconvénients, sans doute, mais pas ceux-là précisément.

> Ajoutons à cela que le livre « prend » son homme, et ne le lâche plus pendant tout le temps de la lecture, alors que la vue du film, et les impressions successives qu'en reçoit le spectateur sont instantanées ; dangereuses quand même, ajoutons-nous, mais à un degré moindre, parce que plantées moins à fond dans l'intelligence ou la sensibilité que l'erreur et le vice distillés tout au long de centaines de pages.

Douville ajoute que l'assistance à ces adaptations filmiques ne devient pas automatiquement permise, car demeurent toutes les « prohibitions communes de la morale », qui interdisent de s'exposer non seulement au péché, mais à toute occasion prochaine de pécher, sans compter qu'il ne faut pas collaborer à une œuvre mauvaise.

Cette curieuse filmologie révèle que l'abbé Douville ne fréquente probablement pas souvent les salles. Elle étonne quelque peu parce que depuis une quinzaine d'années, des dizaines de textes de clercs insistent sur la mauvaise influence que le cinéma exerce sur les jeunes. On peut se demander comment il aurait commenté, beaucoup plus tard, l'interdiction par le Bureau de censure des *Lettres de mon moulin** alors que les écoliers doivent les étudier.

Le censeur de l'État connaît probablement cette position d'autorité. Il ne refuse donc pas les films adaptés d'un ouvrage à l'index, mais il lui arrive plusieurs fois d'en tenir compte directement. Ainsi, c'est sans doute la principale raison pour laquelle il interdit *Voltaire**, puis *The Life of Emile Zola**, faisant aussi des misères à tous les films tirés de ses romans. Avec *Les mains sales**, il oblige à enlever du générique le titre spécifiant que le film est adapté de la pièce de Jean-Paul Sartre. Nous n'avons trouvé qu'un titre condamné expressément à cause du catalogue catholique : le 11 janvier 1952, le Bureau prohibe *Normandie de Flaubert* avec ce simple commentaire : « Motif : film documentaire sur une œuvre à l'Index, *Madame Bovary*. » Il avait déjà refusé le *Madame Bovary* de Jean Renoir (1933) pour « Amant et maîtresse, infidélités, dialogues grivois », mais n'avait imposé qu'une brève coupure (« Accusez donc la société au milieu de laquelle nous sommes. La vérité peut être gênante. ») à la version de Vincente Minelli (1949). Au sujet de ce dernier film, le centre catholique prononce ce verdict :

> Cette adaptation très hollywoodienne de la vie de madame Bovary est très minimisée du fait que son inconduite semble davantage due à la société où elle vit qu'à son éducation et à son caractère frivole. Cette idée d'irresponsabilité jointe au discrédit indirectement jeté sur les décisions de la congrégation de l'Index (par l'apologie que l'on fait sur l'écran de l'œuvre de Flaubert) nous oblige à déconseiller ce film.

Le rédacteur des cotes morales (non identifié) n'oublie pas ses références essentielles.

Le Bureau de censure possédait-il son exemplaire de l'*Index Librorum Prohibitorum* et l'ouvrage de Louis Bethléem* ? Cela est peu probable, car une note dans un procès-verbal de 1964 indique qu'il n'avait pour toute documentation que quelques revues et les listes de films condamnés par la Legion of Decency américaine. Toutefois, le chanoine Adélard Harbour*, curé de la cathédrale et pendant longtemps directeur de la *Semaine religieuse de Montréal*, souvent appelé en consultation des années 1920 jusqu'en 1950, ne pouvait manquer d'être au courant. *Yves Lever*

ANQ-M, fonds Régie du cinéma, E 188, fiches des films et procès-verbaux des assemblées du Bureau de censure ; *Recueil des films*, 1955-56.

INDEX, LECTURES ET MORALE ÉVANGÉLIQUE
Joseph-Esdras Laberge (1862-1948)

L'INDEX
Raymond-Marie Charland (1903-)

LA CENSURE DES LIVRES
Édouard Gagnon (1918-)

Brochure (1914) et essais (respectivement en 1938 et 1945) décrivant la législation de l'Index

Parmi les nombreux articles ou opuscules québécois qui ont traité de l'Index*, les essais de Raymond-M. Charland, o.p., *L'Index* (1938), et d'Édouard Gagnon, p.s.s., *La censure des livres* (1945), méritent une mention toute particulière. Ils sont en effet les seuls à avoir traité de la question de l'Index de manière complète, avec la rigueur historique et canonique qu'exigeait un tel sujet, précédés en cela par la brochure de l'abbé Joseph Esdras-Laberge, *Index, lectures et morale évangélique* (1914).

Au XIXe siècle, les rares ouvrages abordant la question ont surtout fait œuvre de dénonciation. Louis-Antoine Dessaulles fustige cette institution séculaire dans une suite à l'*Annuaire de l'Institut-canadien** de 1869, intitulé justement *L'Index*. En 1895, Louis Fréchette publie « L'Index » dans *La Patrie** du 25 mai 1895, une repartie toute empreinte d'ironie.

Les propos se transforment avec l'entrée dans le XXe siècle, plusieurs articles prenant la défense de l'institution de contrôle clérical. En 1914, l'abbé Joseph-Esdras Laberge fait paraître une brochure intitulée *Index, lectures et morale évangélique*. Aumônier au monastère des ursulines de Québec et docteur en théologie, l'abbé Laberge aborde en premier lieu la législation de l'Index, indiquant quels sont les ouvrages prohibés. Il rappelle incidemment les devoirs des libraires* et des bibliothécaires* et s'insurge contre la facilité avec laquelle on peut se procurer des mauvais ouvrages « dans les bateaux, dans les gares ou les convois de chemin de fer [...] ». Dans la deuxième partie, il souligne le devoir d'obéissance des chrétiens et s'attaque à des fausses raisons de s'écarter de l'Index, telle la liberté individuelle. Enfin, il aborde la presse catholique et pourfend la franc-maçonnerie*. Les propos se concluent sur la nécessité de bonnes lectures chrétiennes. Amorcé de manière rigoureuse, l'opuscule adopte de plus en plus un ton lyrique : « Quand les navires voguent sur un fleuve dans la nuit, on allume les phares sur les côtes et au sommet des écueils. »

L'heure est néanmoins, si l'on peut dire, aux Lumières : il est temps que les catholiques s'instruisent sur la question. Au mois d'octobre 1924, le père Auguste Leduc signe dans la *Revue dominicaine* « Pourquoi l'Index », article très étoffé qui transpire l'assurance cléricale de l'infaillibilité en la matière : « Les sociétés humaines peuvent dépasser les limites de leurs attributions ; l'Église est sûre que son divin Fondateur la protège toujours contre toute méprise de ce genre. » La nouvelle édition de l'Index, en 1930, donne l'occasion à Joseph Bureau et à Henri Grenier, dans la revue universitaire *Le Canada français* (décembre 1930), « de rappeler brièvement la législation *canonique* en ce qui regarde la lecture des livres défendus par l'Église ». La tendance est au traitement positif, rigoureux du sujet.

Docteur en droit canonique, le dominicain Raymond-Marie Charland fait paraître en 1938 *L'Index*. « Trop souvent la législation de l'Index est l'objet de confusion regrettables, de critiques acerbes, d'interprétations erronées. » Charland entend donc « projeter un peu de lumière sur ce problème compliqué ». Il en retrace tout d'abord l'historique, en une trentaine de pages. Le sens et le fonctionnement de l'Index sont ensuite décrits, suivis d'une série de questions auxquelles l'auteur apporte une réponse, telles que : puis-je lire n'importe quelle Bible ? puis-je lire des livres contre ma religion ? puis-je lire des romans ?, etc. Le dernier chapitre décrit l'attitude obéissante que doit avoir le catholique devant les décrets de l'Église.

Le sulpicien Édouard Gagnon vise sensiblement les mêmes objectifs que Charland :

> Aider les censeurs dans l'intelligence et l'application des lois de censure, exposer aux écrivains catholiques la légitimité et les précieux avantages d'un recours confiant à l'autorité censoriale de l'Évêque, le présent traité *de la censure des livres* n'a point d'autre fin, ni d'autre justification.

Thèse de droit canonique oblige : l'ouvrage est cependant beaucoup plus rigoureux, voire scientifique, appuyé par une documentation abondante. Il ne porte que sur la censure préalable, c'est-à-dire sur les « moyens par lesquels l'Église exerce son droit d'examiner et de juger avant leur parution les œuvres de ses sujets ». La première partie étudie les fondements théologiques et l'évolution historique

Cet opuscule de l'abbé Joseph-Esdras Laberge, paru en 1914, est l'un des tout premiers textes au Québec à traiter de la législation de l'Index.

des lois ecclésiastiques de la censure préalable, et la seconde en aborde les aspects canoniques.

Durant les vingt années qui suivront, l'Index sera soutenu, questionné et, enfin, abrogé. Dans *Collège et famille* (1949), le jésuite André Pâquet s'en fait l'apologiste raisonné dans « L'Index et vous »; Rita Leclerc répond positivement à la question « L'Index, est-ce sérieux ? », dans *Lectures* (novembre 1955); *Les insolences du frère Untel** soulève un débat sur la question; Raymond Charland, o.p., à la question « Faut-il encore l'Index ? » posée dans *Maintenant* (1962), répond en demandant un assouplissement des règles et, surtout, identifie le déplacement imminent du dogme à la responsabilité du lecteur :

> En dernière analyse, c'est sur la conscience éclairée du lecteur qu'on devrait pouvoir compter dans le choix de ses lectures, en lui rappelant qu'il ne peut s'exposer volontairement, et cela en vertu d'un principe de droit naturel, aux dangers sérieux de perdre la foi ou le sens de la morale.

Enfin, Guy Robert, qui a déjà connu la censure avec *Broussailles givrées**, signe « Index et liberté intellectuelle » en 1964, dans la revue *Maintenant* : « L'Index dans sa législation actuelle nous semble désuet et inopérant [...]. » Cela n'empêche pas Juliette Chabot, « conservateur adjoint » de la Bibliothèque municipale de Montréal, d'admettre « la loi morale et la discipline de l'Église », d'ouvrir sa bibliographie-conseil par des ouvrages sur la censure et la morale et de fournir en appendice les « Lois de l'Index », dans son ouvrage *Montréal et le rayonnement des bibliothèques publiques*, en 1963. Quoi qu'il en soit, en 1966, l'Index ne sera plus. *Pierre Hébert*

CHARLAND, Raymond-M[arie], o.p., *L'Index*, Ottawa, Les Éditions du Lévrier, coll. « Nos problèmes », 1938, 191 p.; GAGNON, É[douard], p.s.s., *La censure des livres. Thèse présentée à la Faculté de droit canonique de l'Université Laval pour l'obtention du doctorat et publiée simultanément dans la collection des thèses canoniques de Laval*, Montréal, Grand Séminaire, « Theologica montis regii », 1945, 223 p.; LABERGE, J[oseph]-E[sdras], *Index, lectures et morale évangélique*, Québec, Imprimé par la compagnie de L'« Événement », 1914, 31 p.

L'INEFFAÇABLE SOUILLURE
Arsène Goyette (1881-1969) • Roman dénonçant l'effet des mauvaises lectures (1926)

L'abbé Arsène Goyette a écrit plus d'une vingtaine d'ouvrages, dont quatre romans à caractère social; dans une lettre à Louis Dantin, Alfred DesRochers le qualifie d'ailleurs du « plus fécond auteur des Cantons de l'Est ». *L'ineffaçable souillure* (1926) intéresse ici parce qu'il est tout entier consacré aux mauvaises lectures et à la presse jaune; roman à thèse sans grand intérêt littéraire, il traduit par contre le discours prosélyte de l'époque.

L'action se passe au début des années 1920. Le juge Edwin Madore prépare un essai qui entend réfuter les fondements de l'éducation religieuse au profit d'une éducation plus moderne. Sa fille Ruth a été éduquée dans une institution protestante, contrairement à sa sœur Gratia; son fiancé, Kenneth Langlais, a pareillement reçu sa formation dans une université anglo-saxonne. Quant au père de ce dernier, il est rédacteur d'un journal jaune, *La Sensation*.

Mais Kenneth est retors. Il extirpe une forte somme à Ruth, se fait flouer au jeu et commet une tentative de meurtre contre les tricheurs; arrêté, il est condamné à trois ans de prison. Quant à Ruth, apprenant que son père sait tout, elle sombre dans une dépression qui a des accents de folie. Certes, leur éducation explique ce comportement dévoyé ou neurasthénique, mais ce sont également les mauvaises lectures qui sont à la base de leurs déviations.

C'est le début d'une crise morale pour le juge Madore : « [...] par vos importations de livres malsains, Ruth et Kenneth ont contracté une tare que je crois indélébile », lui dit leur médecin. La voici, cette « ineffaçable souillure », celle des mauvaises lectures. Bouleversé, Madore répudie ses principes, renonce à écrire son essai et purge sa bibliothèque*; le père de Kenneth ferme son journal et fonde plutôt *Le Labarum*, qui mènera « une guerre à mort

Le roman de l'abbé Arsène Goyette constitue un plaidoyer enflammé contre l'effet délétère des mauvaises lectures.

contre la juiverie, la franc-maçonnerie* et la mauvaise littérature. »

La thèse est transparente : les mauvaises lectures, le « banditisme lettré », corrompent l'âme de manière irréversible. Le cinéma n'est pas en reste. Le juge avait déjà été confronté à cette influence néfaste, lors d'une visite à un gardien de prison. Celui-ci lui avait dit, à propos de ce nouveau fléau : « D'autres m'ont confessé qu'en fréquentant les vues animées où l'immoralité coule à flots continus sur l'écran, ils avaient puisé l'idée première de leurs débauches exécrables [...]. » Et – comme par hasard – il avait attaqué par la même occasion la presse jaune et en particulier la feuille de Langlais : « À bas *La Sensation* et sa maudite engeance ! Elle aussi, c'est une pourvoyeuse de pénitencier. Pourquoi ? Parce que tous les détails des méfaits s'impriment dans la mémoire des lecteurs. »

Le livre demeure toutefois au cœur de ce réquisitoire. Source de cette perdition, la bibliothèque de son père est un véritable gouffre où Ruth se perdait à la faveur de la nuit : « Le démon des mauvaises lectures l'attire vers le mauvais lieu où Voltaire, Zola, Paul Marguerite et toute la canaille littéraire font profession d'avilir les âmes pour mieux les assassiner. » Le narrateur en profite pour donner ce conseil : « [...] elles n'ouvraient de romans que ceux qu'une jeune fille peut lire à haute voix en présence de sa mère. » Ses crises morbides seront, selon son médecin, « l'aboutissement naturel d'une débauche de lectures immorales. » À cet égard, trois chapitres sont particulièrement significatifs : « La nature outragée se venge » (VII), « L'autodafé » (X) et « La revanche de M. Duval ».

Déjà passablement perturbée, Ruth décide de se venger. Elle se rend à nouveau en catimini dans la bibliothèque paternelle, mais pour y saisir « un vieux sabre de 37 » avec lequel est saccagé l'enfer livresque et les bustes de leur auteurs :

> Le buste de Voltaire, généralissime des cyniques adultères de la plume, culbutait sur le parquet, la bouche difforme comme celle d'un blasphémateur. [...] L'hystérique Jean-Jacques Rousseau perdait un œil, de telle sorte qu'il eût pu rejoindre à l'hospice les enfants illégitimes qu'il y avait abandonnés. Le puant Zola attrapait une blessure sur la poitrine, comme si l'agresseur avait tenté de lui arracher son cœur de pornographe.

Plusieurs livres seront ensuite lancés au feu ou maculés d'encre.

Dans « L'autodafé », Edwin Madore poursuit lui-même « l'assainissement de [sa] bibliothèque » en compagnie de quelques amis. Ils jettent au feu tous les mauvais livres des auteurs honnis : Voltaire, Jean-

Jacques Rousseau, Honoré de Balzac, Anatole France, etc., accompagnant leur geste de propos accusateurs. Toutefois, un des témoins de la scène, le Français Lafitte, outré par cet autodafé*, s'écrie : « Je défie qui que ce soit, Canadien ou Français, de monter une grande bibliothèque en ostracisant les auteurs qu'on a essayé d'anéantir ce soir. » Ce défi entraîne « La revanche de M. Duval », un autre témoin du bûcher livresque. Au dernier chapitre, à l'occasion de son cinquantième anniversaire, le notaire Duval et d'autres amis offrent au juge Madore une bibliothèque tout entière constituée de bons auteurs français et canadiens : Homère, Bossuet, Louis Bourdaloue, Jacques-Marie-Louis Monsabré, Hervé Bazin, Henri Bordeaux, de même que Pierre-Joseph-Olivier Chauveau, Octave Crémazie, Pamphile Le May, etc. L'énumération couvre des pages... C'est le prêtre qui pose les bases de cette sélection en s'adressant à Lafitte : « Ne jugez point rien qu'à travers vos lunettes de Français, recommanda l'abbé Desportes, mais tenez compte aussi de votre qualité de catholique. »

Le roman de l'abbé Goyette se veut une illustration de l'ineffaçable souillure des mauvaises lectures sur le comportement. Il est fortement inscrit dans la réalité de son temps, reproduisant même une lettre que Mgr Paul Bruchési de 1904, comme l'évêque de Montréal en a tant envoyé aux directeurs de *La Presse** ou de *La Patrie**, afin de leur demander davantage de retenue, en particulier en ce qui concerne la relation des crimes. Les journaux recommandés sont par ailleurs des feuilles catholiques comme *Le Devoir**, *L'Action catholique* et *Le Droit*.

Dans une lettre qui constitue l'un des plus vigoureux réquisitoires contre l'Index*, le 29 décembre 1929, le critique Louis Dantin énumère tous les grands auteurs qui sont refusés aux catholiques : Honoré de Balzac, Victor Hugo, etc. Et il ajoute : « Et je me demande comment, dans le domaine de l'art littéraire, un esprit peut jamais atteindre à son complet développement, enserré dans ces bornes étouffantes. Il faut sûrement plus que du génie pour s'isoler ainsi de toute la tradition des siècles. » Le roman de Goyette illustre et justifie cet isolement par la voix du Français Lafitte : « La morale et la vérité, mieux que le chauvinisme, permettent de juger à son mérite la valeur d'un écrivain. » *Pierre Hébert*

GOYETTE, Arsène, *L'ineffaçable souillure,* Sherbrooke, Imprimerie « La Tribune », 1926, 259 p. ; Sherbrooke, Bibliothèque des bons livres, 1929, 287 p.

ANQ-S, fonds Alfred-DesRochers, correspondance Alfred DesRochers-Louis Dantin.

L'INFLUENCE D'UN LIVRE

Philippe Aubert de Gaspé, fils (1814-1841) • **Le premier roman québécois, paru en 1837, est censuré par l'abbé Casgrain à l'occasion de sa réédition (1864)**

Dans son avant-propos à l'anthologie *La littérature canadienne de 1850 à 1860*, l'abbé Henri-Raymond Casgrain annonce la réédition du premier roman québécois, *L'influence d'un livre*, de Philippe Aubert de Gaspé, fils, à la demande pressante de ses admirateurs : « Nous l'avons réimprimé à la sollicitation d'un grand nombre d'amis quoique cet opuscule ait paru à une date antérieure à l'année 1850. » Toutefois, il ne s'agit pas d'une simple réimpression du texte : Casgrain entend bien présenter une version censurée du roman.

En 1837, à la veille de la première édition, l'auteur ne s'illusionne pas sur l'accueil que les contemporains réserveraient à son ouvrage. Le 23 février, il écrit à l'avocat Lewis Thomas Drummond, son ancien camarade de classe, pour lui demander de faire circuler des listes de souscription à Montréal : « L'impression sans la brochure va me coûter £64 et ce n'est pas dans Québec que je puis trouver 256 souscripteurs. » L'ouvrage paraît effectivement le 22 septembre 1837. Treize ans plus tard, dans son *Répertoire national*, le compilateur James Huston reprend deux textes de fiction, *La terre paternelle* de Patrice Lacombe et *La fille du brigand* d'Eugène L'Écuyer, des nouvelles qui ne sont guère plus courtes que *L'influence d'un livre*. Cependant, Huston ne retient que les morceaux d'anthologie du premier roman : « L'étranger » et « L'homme de Labrador ». Encouragés par le succès du *Répertoire national* dont les quatre volumes rassemblent des pièces publiées avant 1850, l'abbé Casgrain et la direction du *Foyer canadien* décident d'en faire autant avec la production des années 1850 en offrant deux volumes aux abonnés. Ils décident d'exclure les écrits déjà parus en volume comme le *Charles Guérin* de Pierre-Joseph-Olivier Chauveau (1853) et de se contenter surtout des discours d'Étienne Parent ou des notes d'histoire de l'abbé Jean-Baptiste Ferland : des morceaux plutôt indigestes pour un public habitué aux romans-feuilletons*. Mais Joseph-Norbert Duquet vient de démontrer l'appétit du public pour un autre type de littérature avec le succès phénoménal de son essai, *Le véritable Petit Albert ou Secret pour acquérir un trésor* (1861), un opuscule destiné aux âmes superstitieuses. Casgrain est d'autant plus attentif à la réussite de Duquet (3000 exemplaires vendus en six mois) que la première édition des *Anciens Canadiens* (1863) par Philippe Aubert de Gaspé père vient de confirmer la popularité des thèmes à odeur de soufre. La note insolite qui accompagne des chapitres comme celui intitulé « Une nuit chez les sorciers » provient des mêmes croyances populaires qui donnent au *Véritable Petit Albert* son ton. Duquet s'était-il souvenu de *L'influence d'un livre* en décrivant ses scènes de conjuration et ses épisodes de chercheurs de trésors ? La ressemblance entre plusieurs scènes reste indéniable. Chose certaine, Casgrain est très attentif à cette parenté. Il décide donc de remanier le roman dans ce sens, à commencer par le titre. L'abbé avertit le lecteur : « Nous avons cru devoir faire précéder le titre original d'un nouveau titre qui indique mieux la nature de l'ouvrage [...]. » *L'influence d'un livre* devient donc *Le chercheur de trésors ou L'influence d'un livre*.

Le prêtre peut d'autant mieux adapter le texte à la formule du succès qu'Aubert de Gaspé père lui donne carte blanche. Ce dernier lui écrit :

> [...] il m'est absolument impossible de faire des changements que je proposais à « L'Influence d'un livre ». Tout bien considéré je n'en vois pas même l'utilité. Mon fils n'avait que 20 ans lorsqu'il a écrit cet ouvrage ; je préfère le laisser tel qu'il est. Vous pourriez noter ce fait, dans la futile notice que vous publierez dans le « Foyer Canadien ». Il y a plusieurs fautes d'impres-

En 1864, l'abbé Henri-Raymond Casgrain veille à la réédition du premier roman canadien (1837). Il y effectue de nombreuses altérations : restauration d'une bonne morale, suppression des passages touchant le libéralisme, la danse, etc. Ce sera cette version expurgée qui sera rééditée pendant plus d'un siècle.

sions [sic] dans l'épreuve que vous m'avez transmise ; et libre à vous de faire les changements que vous signalez ; et qui me paroissent très à propos : vous avez carte blanche.

En préparant la nouvelle édition du roman, le vicaire de Notre-Dame de Québec ne pouvait demander mieux. Pour ce qui touche au style et à la grammaire, l'abbé ne fait que des remaniements jugés essentiels : correction de l'orthographe et de la ponctuation, emploi rationnel des majuscules, élimination des fautes de sens. Cependant, il ne corrige pas de nombreux solécismes, tel « *Aussi*. Différents minéraux que Charles considérait d'un air pensif sur un âtre » ; et il ne croit pas nécessaire d'enlever tous les anglicismes. Enfin, il tente d'aérer le texte en détachant les dialogues de paragraphes massifs. Mais le parrain des *Anciens Canadiens* ne s'en tient pas qu'à l'orthographe et à la ponctuation. Plume et ciseaux en main, il va jusqu'à défigurer le texte. Sans doute pour satisfaire à l'Index*, Casgrain pratique des coupures censoriales, faisant disparaître des citations ou des allusions aux écrivains à proscrire, comme Eugène Sue et le comte de Volney, et Sheridan Knowles, un polémiste anticatholique. Des citations comme « Ne buvez pas à la coupe du crime ; au fond est l'amère détresse et l'angoisse de la mort » vont au panier parce qu'elles proviennent de la plume de Félicité Robert de Lamennais, auteur des *Paroles d'un croyant** (1834), excommunié par le pape Grégoire XVI. Mais cette virulence à retrancher des passages dangereux comporte également des caprices : Voltaire, par exemple, survit à titre de poète classique, même si un de ses vers, « Tout ce fatras fut du chanvre en son tems », est tiré d'un poème anticlérical. Ce n'est d'ailleurs pas la seule fois que la fatuité du lettré accentue la myopie du censeur. Casgrain retranche allègrement les vers attribués au comte de Volney mais, curieusement, il laisse passer la citation de Chassebœuf (nom de Constantin-François de Chassebœuf, comte de Volney).

Philippe-Aubert de Gaspé, fils (dessin anonyme). — Le jeune auteur du premier roman québécois, *L'influence d'un livre*, décédé en 1842, ne verra pas la réédition de son unique ouvrage en 1864.

On ne peut pas attribuer toutes les coupures au gardien du dogme ou à l'ennemi du libéralisme : à plusieurs reprises, les scrupules pudibonds du censeur se manifestent. Casgrain retouche des passages qui peuvent sembler inoffensifs. Le fragment « lorsque le curé, prompt comme l'éclair l'avait prévenu en passant son étole autour du col de la jeune fille et, la serrant contre sa poitrine [...] » (p. 45) devient « lorsque le curé, prompt comme l'éclair, l'avait prévenu en passant son étole autour du cou de la jeune fille, et la *rapprochant* [nous soulignons] de sa poitrine [...] ». Bien entendu, les passages scabreux sont enlevés. Par exemple, une confession comme « Mon premier pas fut vers les femmes ; mais des femmes qui méritent à peine ce nom » disparaît. Le censeur se montre impitoyable même envers des passages qui emploient le langage de la médecine. Ainsi, il supprime le fragment : « Ah ! que j'aurai de plaisir à faire sur son corps une incision cruciale et à lui ouvrir le ventre depuis le cartilage xiphoïde jusqu'aux os pubis. » Les passages qui ont rapport à la danse*, au théâtre, aux jurons ou à tout autre vice sont également raturés ou retouchés. L'exhortation du curé de la chanson* de Pierre-Jean Béranger, « Dansez gaîment sous un vieux chêne et le bon Dieu vous bénira », est supprimée. Le juron du contrebandier, « Tors [sic] mon âme au bout d'un piquet », connaît le même sort.

Le texte de la version mutilée du *Chercheur de trésors* qui paraît en 1864 constitue ainsi un document littéraire de premier ordre. Avec le récit louisianais autocensuré*, *Une de perdue, deux de trouvées*, de Georges Boucher de Boucherville, dont la première partie commence à paraître en 1849, c'est une pièce essentielle qui permet de mesurer la progression d'une certaine ingérence cléricale dans le domaine des lettres de 1837 à 1864. Il est possible de mesurer toute l'étendue de cette ingérence en comparant la version originale de *L'influence d'un livre* à celle de l'abbé Casgrain ou en répertoriant les remaniements que Boucher de Boucherville apporte à *Une de perdue, deux de trouvées*. En 1864, lorsque l'auteur soumet à la direction ultramontaine de *La Revue canadienne* une version expurgée de son récit louisianais, cette version satisfait pleinement Casgrain, qui la juge bien au-dessus des œuvres d'Eugène Sue. Quant au *Chercheur de trésors*, cette version émondée et retouchée du roman connaît pour ainsi dire une fortune auprès des écoliers, car elle paraît en volume à Québec en 1878, avant d'être réimprimée trois fois à Montréal en 1885 pour être largement distribuée dans les écoles à titre de livre de récompense par le Conseil de l'instruction publique. *André Senécal*

Aubert de Gaspé, Ph[ilippe], Junr., *L'influence d'un livre. Roman historique*, Québec, Imprimé par William Cowan & fils, 1837, 122 p.; *Le chercheur de trésors ou L'influence d'un livre*, dans *La littérature canadienne de 1850 à 1860*, Québec, G. et G. E. Desbarats, imprimeurs-éditeurs, tome 2, 1864, p. 123-220.

THE INSECT WOMAN
(NIPPON KONCHUKI)
Shohei Imamura (1926-) • Film japonais condamné par les catholiques (1964)

Avec un regard de documentariste scientifique (littéralement, le titre original *Nippon konchuki* signifie *entomologie japonaise*), Shohei Imamura raconte en 1963 le destin d'une campagnarde pauvre, de sa naissance vers 1920 jusqu'au moment où elle devient grand-mère. Tel un insecte, elle n'a de réactions que celles de la survie, dans des milieux toujours hostiles, en traversant une enfance miséreuse, le viol, la prostitution, la maternité, la prison. Même la société japonaise de la reconstruction après la Seconde Guerre mondiale lui est hostile ; le tableau qu'en dresse le réalisateur est celui d'un monde dépourvu de toutes valeurs morales.

Le Bureau de censure du Québec approuve le film sans restrictions le 7 octobre 1964. Il tient compte du fait que la version proposée, en japonais avec sous-titres anglais, s'adresse à un public de cinéphiles avertis ; elle peut donc être vue par toutes les personnes de 16 ans et plus, selon les termes de la loi en vigueur. Le 20 juin 1968, selon les normes de la loi de 1967, le censeur classe l'œuvre dans la catégorie « 18 ans+ ».

De son côté, l'Office catholique national des techniques de diffusion le cote « À proscrire » parce que « Le film se complaît dans la description d'une situation sordide. Les détails scabreux abondent et les personnages sont d'une immoralité totale » (*Recueil des films*, 1964).

Cette production japonaise confronte le spectateur nord-américain non seulement à une culture différente, mais surtout à une vision du monde où l'individu ne compte pas devant des codes sociaux rigides qui nient les fondements des valeurs occidentales (l'égalité des personnes, la liberté de mouvement et d'expression, l'espoir de toujours améliorer son sort). Les êtres humains n'auraient-ils pas plus de valeur que les insectes ? On comprend qu'il choque les catholiques, mais ceux-ci n'ont plus de pouvoir sur la diffusion d'une telle œuvre, ni sur l'interprétation que les gens en développeront. Quant à la censure officielle, elle démontre l'ouverture qui caractérise l'esprit de la Révolution tranquille et sa sérénité devant les questions même les plus troublantes. *Yves Lever*

ANQ-M, fonds Régie du cinéma, E 188, fiches du film.

INSIDE FIGHTING RUSSIA
(LA RUSSIE SOUS LES ARMES)

Stuart Legg (1910-1988) • Film combattu par certains catholiques à cause de sa propagande communiste (1942)

Ce court métrage d'information fait partie de la série de documentaires que l'Office national du film* produit durant la Seconde Guerre mondiale. Les salles de cinéma les diffusent avant le programme principal. Comme tous les autres films, ils doivent obtenir un visa du Bureau de censure. Le répertoire de l'ONF décrit ainsi *Inside Fighting Russia* de Stuart Legg : « Ce film révèle comment la Russie a pu déjouer les plans d'Hitler pour finalement gagner la guerre. Renforcée par la détermination de ses dirigeants, la Russie puise dans son immense capital humain et matériel pour se façonner un régime industriel et une armée moderne et ainsi résister aux assauts de l'ennemi. »

Inside Fighting Russia est approuvé le 2 mai 1942, mais avec la coupure suivante : « Scene of the Tsar of Russia appearing before his people and all dialogue referring to the old regime. » Il prend l'affiche immédiatement en salles. Le 28 mai, Louis-Philippe Roy de *L'Action catholique* part en guerre au nom de la religion :

> De la propagande communiste* au cinéma
> [...]
> Tout le monde admet que la résistance de l'armée et du peuple russes mérite des éloges. Mais les Canadiens français catholiques, tout comme plusieurs Canadiens anglo-protestants, s'objectent à ce qu'on profite des circonstances pour faire l'apologie de la révolution bolchéviste.
> Et nous ne comprenons pas que les autorités tolèrent une telle propagande.
> Nous battons-nous pour la sauvegarde de la civilisation chrétienne, oui ou non ? En laissant exalter les soi-disant prodiges du *régime bolchéviste*, nous laissons vanter un régime athée, subversif, antidémocratique. [...]
> Le régime de Staline est officiellement athée et l'ambition avouée de la IIIe Internationale sustentée par l'État, est de provoquer la révolution mondiale pour substituer aux régimes existants, la dictature bolchéviste. [...]
> [...] ne laissons pas exalter le bolchévisme comme l'idéal à atteindre ; ne laissons pas dire faussement aux masses laborieuses que leur salut est dans le communisme. Autant vaudrait laisser placer des explosifs sous les assises du pays. [...]
> Une chose est certaine : chez lui, Staline ne permet pas la projection de films vantant la religion qu'il a persécutée, le régime économico-social qu'il a chambardé, le système politique qu'il a renversé. Que les démocraties n'imitent-elles cette prudence... et cette logique ?

Le procureur général fait parvenir cet éditorial au président du Bureau, Elzéar Beauregard, et lui demande des comptes. Celui-ci lui répond le 3 juin :

> Nous devons vous dire que ce film est une unité dans la série de film du National Film Board d'Ottawa et que cette agence du gouvernement fédéral ne pourrait concevoir que le Bureau de Censure de notre Province refusat [sic] un de leur [sic] films, qui après tout, fait partie de l'effort de guerre du Canada sous le nom de Propagande. Il est de toute évidence que si le Fédéral considère un sujet de nature à aider notre effort de guerre nous serions mal venus de le refuser.

Le texte de Roy est emblématique de l'extrême sensibilité des catholiques envers tout ce qui touche le communisme. De son côté, la réaction de Beauregard étonne, parce qu'il est très rare que le Bureau prenne position à la fois contre le ministre responsable et contre le puissant groupe de pression que représente l'Église*.

La petite coupure effectuée par le censeur n'enlève rien à la valeur d'information du film. À sa façon, l'éditorialiste de *L'Action catholique* a raison d'y voir de la propagande communiste, car l'éloge des réalisations du régime soviétique avant le conflit paraît inconditionnel, tout comme l'admiration du réalisateur pour la révolution russe. On sait que John Grierson, directeur de l'ONF, avait une sympathie marquée pour le socialisme et qu'il pouvait prendre plaisir à narguer les conservateurs. On ne s'étonne donc pas que, en compagnie de *Our Northern Neighbour**, qui présente un sujet similaire deux ans plus tard, *Inside Fighting Russia* serve d'exemple au premier ministre Maurice Duplessis*, après la guerre, pour traiter l'ONF de « nid de communistes » et pour imposer l'examen par le Bureau de censure de tous les films en 16 mm le 1er septembre 1947. Au début des années 1950, il interdira toute la production onéfienne dans le réseau scolaire. *Yves Lever*

ANQ-M, fonds Régie du cinéma, E 188, fiche du film, correspondance du Bureau de censure.

▶ Actualités

LES INSOLENCES DU FRÈRE UNTEL

Jean-Paul Desbiens (1927-) • Essai majeur qui fait l'objet de tentatives de censure et qui marque une rupture dans l'histoire de la censure cléricale (1959-1960)

Les insolences du frère Untel représente un cas unique dans les lettres québécoises. D'une part, cet essai connaît un formidable succès d'édition et de librairie, dépassant rapidement les 100 000 exemplaires ; d'autre part, il joue un rôle considérable, particulièrement auprès des couches populaires, à une époque qu'il sera plus tard convenu d'appeler la Révolution tranquille. Cet ouvrage marque par ailleurs une rupture dans l'histoire de la censure cléricale.

Le frère Untel (le frère Pierre-Jérôme – Jean-Paul Desbiens) a du mordant, par ses propos et son style. Dans la première partie de son essai (« Frère Untel démolit »), il se montre impitoyable envers la langue française au Québec, et il fustige en outre un usage particulier de la langue populaire, le joual ; puis, il s'en prend à l'ineptie du système d'enseignement et à l'inculture des enseignants du système public ; enfin, il dénonce l'étroitesse de pensée et la religion fondée sur le conformisme et la peur. Un « simple frère » réussit à attaquer presque tous ceux qui sont en poste de pouvoir : ses propres supérieurs, des curés, des professeurs de philosophie, les mandarins du département de l'Instruction publique, entre autres. Dans la seconde partie, « Frère Untel ramollit », Desbiens se « paye le luxe d'écrire à l'encre rose ». Autrement dit, il prodigue des conseils constructifs, adressés en premier lieu aux éducateurs laïques et, ensuite, dans une « Lettre à un Jeune-Frère », aux frères eux-mêmes.

Les insolences tire son origine d'une série de lettres publiées dans *Le Devoir** par Desbiens, signées du pseudonyme* Frère Untel, à l'automne 1959. Le directeur du journal, André Laurendeau, l'encourage à poursuivre. Or tant cette première prise de parole publique que l'essai lui-même attirent sur son auteur l'ire des autorités religieuses, sous forme de monitions, d'interdits, d'exil. Le sociologue Léon Dion fait ce constat : « L'un des cas le plus attristant du caractère répressif de l'ancien régime est celui du frère Untel (Jean-Paul Desbiens), à l'époque frère Pierre-Jérome. » La genèse et la publication des *Insolences* montrent que chaque étape est accompagnée d'une réaction de la part des autorités religieuses.

Le 3 novembre 1959 paraît la première lettre dans *Le Devoir*. Jacques Hébert* écrira à ce propos, en 1988 : « Il en parut une douzaine entre novembre 1959 et juin 1960. Autant de coups de tonnerre dans le ciel lourd d'un Québec au bord du grand orage. » Directeur des Éditions de l'Homme, qu'il a fondées en 1958, Hébert écrit à Desbiens, le 18 juillet 1960, pour lui proposer de tirer un livre de ces lettres. Le

25 juillet, une rencontre entre Desbiens, Hébert, Jacques Tremblay et le frère Louis-Grégoire, son supérieur local, se conclut par la signature d'un contrat d'édition; le 5 août, le manuscrit est mis à la poste.

Mais un premier interdit tombe, le 22 août. La Sacrée Congrégation des religieux demande au Supérieur « de faire arrêter *immédiatement* toute action du "Frère Untel" dans le genre que vous connaissez, *sous n'importe quelle forme*; de lui faire à ce sujet, ou de lui faire faire, les monitions qui s'imposeraient […] ». Desbiens est ainsi obligé d'avouer que, en sus des lettres au journal, il a rédigé un essai sur le point d'être publié. Le lendemain, Desbiens et l'assistant général des frères maristes rendent visite à l'éditeur Hébert, afin d'arrêter le processus de publication. Ce dernier dit qu'il va réfléchir… mais sa décision est prise, et l'impression du volume est même en cours ! Quelques jours plus tard, l'assistant général va jusqu'à offrir de payer les frais encourus par une interruption de publication, c'est-à-dire plus de 7000 $. Desbiens conclut ainsi, en ce qui concerne sa propre attitude, dans son autobiographie *Sous le soleil de la pitié* : « En fait, je fis plusieurs démarches contradictoires, mais la dernière des dernières, celle où je mobilisai la fine pointe de ma volonté, fut une démarche de renonciation. » Mais pour l'éditeur, il n'en est pas question.

Le 6 septembre 1960, jour du lancement au Cercle universitaire, rue Sherbrooke, Desbiens est bien sûr absent. La notoriété déjà acquise par les lettres au *Devoir* s'amplifie, et on veut voir le frère Untel. Il est donc invité à l'émission de télévision « Premier plan » de Judith Jasmin mais, toujours sous le coup de l'interdiction, il ne peut paraître en public. Le 5 novembre, il est convoqué par le cardinal Paul-Émile Léger*, qui intervient ensuite auprès du supérieur provincial afin que l'interview ait lieu. Le 21 novembre, toute la province a enfin l'occasion de voir le frère Untel.

Mais les difficultés ne sont pas terminées, loin de là. L'historien Jean Hamelin écrit, dans *La Presse* du 7 septembre 1960 : « La Sacrée Congrégation des religieux fait parvenir un avertissement au *Devoir*, un rescrit au cardinal Léger, une lettre au supérieur général des Frères Maristes […]. » Dans cette lettre (30 novembre), le père Paul Philippe, dominicain à Rome, déplore la parution du livre :

> […] j'ai le regret de vous dire qu'on a transmis à la Sacrée Congrégation un volume écrit par un Frère Mariste du Canada : *Les insolences du Frère Untel*. La Sacrée Congrégation des Religieux […] ne peut que déplorer la publication d'un tel livre destiné à faire, malheureusement, beaucoup de tort surtout chez les jeunes non affermis dans le véritable esprit religieux.

Il faut donc, poursuit-il,

> avertir sérieusement le Frère Jérôme, de lui dire qu'il a manqué gravement à son devoir en osant publier sans les permissions requises des articles et un volume qui sont de nature à désorienter les âmes et les Instituts eux-mêmes. Il est dommage, d'ailleurs, que les Supérieurs immédiats de Frère Untel ne soient pas intervenus lors de la publication des premiers articles dans les journaux.

L'étau se resserre. Le 11 décembre, Desbiens écrit au cardinal Paul-Émile Léger et lui demande de le libérer « complètement de l'interdit injuste dont [il est] encore la victime. » C'est que sa présence à l'émission de Judith Jasmin, dit-il, a donné l'impression, selon ses mots, qu'il était « dégelé »… Mais le 19 décembre, Desbiens reçoit la visite du frère provincial : « Il avait l'ordre de passer dans chaque poste de sa province pour y lire publiquement, devant les frères rassemblés, la lettre de condamnation émanant de la Sacrée Congrégation des Religieux. » Ce même jour, l'infortuné auteur des *Insolences* reçoit une lettre du cardinal qui reconnaît que la lettre du 30 novembre lui interdit toute intervention. Desbiens revient à la charge, mais le cardinal Léger, le 4 janvier 1961, dit qu'il vaut mieux se tenir silencieux, surtout que « la lettre de votre Supérieur général circule sous le manteau ». Le

28 janvier 1961, le frère Eudore-Joseph, provincial par intérim, prie le frère Jérôme d'accepter les décisions qui s'imposent à la suite de cette lettre du 30 novembre. En fait, il lui interdit de participer à une émission de télévision de même qu'à la semaine d'éducation à Alma.

Deux mois plus tard, le 28 mars très exactement, le frère Louis-Grégoire, qui a eu un rôle important dans la genèse des *Insolences*, écrit à J.-Claude Pâquet: «Nous serons probablement, Jérôme et moi, évincés du diocèse.» Le Prix* de la liberté, que reçoit Jean-Paul Desbiens de *Cité libre* et *Liberté*, le 22 juin 1961, entraîne en effet des conséquences néfastes. Le frère Untel écrira en 1965: «[...] on décidait que j'allais apprendre ma leçon dans un endroit plus tranquille.» Desbiens ira donc un an à Rome et deux ans à Fribourg, ce dont on le prévient le 2 août. Le frère Louis-Grégoire avait donc vu juste; le 9 juillet, lui-même s'était fait dire de se préparer pour un séjour en Italie, et ce n'est que sur place, écrit Alain Fournier, «qu'il apprend que la Sacrée Congrégation des Religieux l'a condamné».

Même plusieurs années plus tard, le frère Untel n'est pas dédouané. Au mois de juin 1968, *Le Devoir* lui fait une offre: «M. Claude Ryan m'avait invité à me joindre à l'équipe éditoriale du *Devoir* et j'avais tenu à consulter Laurendeau, dont je savais qu'il retournerait bientôt au journal. Le projet n'a pas eu de suites, mon supérieur ne m'ayant pas autorisé à accepter cette invitation. Deux ans plus tard, je me retrouvais à *La Presse*...»

L'année 1960 fut, sur le plan de l'essai, une année faste. *Le journal d'un inquisiteur*, de Gilles Leclerc, de même que *Le chrétien et les élections**, de Gérard Dion et Louis O'Neill (paru au printemps), ébranlent la société de l'époque. Ce dernier ouvrage est assurément l'un des intertextes les plus cités dans la critique des *Insolences*, et Achille Lavallée résume ainsi leur lien: «Tout porte à croire que les *Insolences* seront à l'éducation ce que la désormais fameuse déclaration des abbés Dion et O'Neil [sic] a été à la politique.» Par ailleurs, il ne faut pas négliger le rôle de l'éditeur Jacques Hébert qui, dans le cas des ouvrages de Dion et O'Neill et de Desbiens, recourt à une stratégie novatrice pour favoriser une grande diffusion: le livre à un dollar.

Les insolences du frère Untel gagne la faveur populaire et, remarque André Gaulin dans le *Dictionnaire des œuvres littéraires au Québec*, la critique «reçut généralement très bien l'auteur [...]». L'opprobre vient d'ailleurs: des autorité religieuses – et là encore, il faut noter l'appui que reçut le frère mariste du cardinal Léger –, de même que des plumes ultra-catholiques. Julia Richer, dans *Notre temps* (24 septembre 1960), écrit que *Les insolences*

> font déjà les délices des anticléricaux et des révolutionnaires en smoking et elles créeront l'effervescence souhaitée par les éditions de l'Homme auprès des religieux et religieuses. Le but sera atteint. Les dégâts imprévisibles, surtout dans l'esprit malléable de certains sujets ouverts à une laïcisation dont ils seront les premières victimes.

Un dénommé Pax signe, dans *Les Cahiers de la Nouvelle-France* (juillet-septembre 1960), une critique presque hargneuse. Que reproche-t-on au frère Untel? Certes, la virulence de certains de ces propos mais, sur le plan des lois de l'Index*, d'avoir fait paraître son essai sans que celui-ci fût muni des autorisations nécessaires, *nihil obstat* et *imprimatur*.

Dès le 7 septembre 1960, Jean Hamelin attache le grelot: «On aura remarqué que l'ouvrage ne porte pas d'imprimatur ecclésiastique.» Hamelin explique que Jacques Hébert dit avoir consulté un membre éminent de l'archidiocèse de Montréal, «qui a déclaré que l'ouvrage n'avait pas besoin d'imprimatur puisqu'il s'agit ni de foi, ni de morale, ni de dogme, mais d'éducation.» Il ajoute que le livre a reçu l'approbation du supérieur immédiat de la communauté. Mais le pavé est lancé: Mgr Theodore Mooney, c.s., du Tribunal régional de Montréal, répond dans *La Presse*, le 14 septembre suivant. Il rectifie sans ambages : le frère Untel avait besoin de la permission de l'Ordinaire pour publier son livre.

« Je regrette (souriez, ami lecteur) que ce léger volume, si vraiment il sort de la plume d'un authentique frère, n'ait pas d'imprimatur. Et je ne comprends pas qu'un homme de la taille d'André Laurendeau ait préfacé ce bric-à-brac excentrique. » Ainsi s'exprime à son tour le père Paul Gay*, dans *Le Droit* du 24 septembre. Cette remarque lui vaut une réponse de Jean-Louis Lemieux, le 25 octobre. Lemieux y montre la difficulté pour un laïc de s'opposer à l'Église :

> Je ne vous cache pas que mon intervention m'a valu la désapprobation ouverte des autorités religieuses du diocèse d'Ottawa. Comme je fais partie de l'A.C. [Action catholique], ma situation est quelque peu délicate. Afin de ne nuire en rien au mouvement que je représente, j'ai donc dû assurer mes supérieurs laïques et religieux que je ne recommencerais plus. Le dialogue public entre religieux et laïcs n'est décidément pas bien porté.

Le débat autour de l'imprimatur crée une belle occasion pour critiquer les lois de l'Index. *Cité libre* avait déjà fait paraître, en juin-juillet 1960, « Les dessous de la censure* », d'André Lussier. Un certain J. D., dans cette même revue, poursuit l'offensive, en novembre. Le frère Untel, ironise-t-il, a « négligé l'étiquette sur le colis ». Puis il devient plus sérieux :

> Quand les gens négligent d'obtenir toutes les permissions requises pour écrire ou qu'ils sont tentés de passer par des voies d'évitement, c'est peut-être parce qu'il est très compliqué ou presque impossible d'obtenir de telles permissions. Un canoniste compétent, prudent et pondéré nous a laissé entendre que les lois de censure des livres ne devraient pas relever d'une interprétation arbitraire, et n'avaient pas comme but de faire entendre toujours le même son de cloche. Pourtant, en certains lieux, la censure vous est peu favorable, à moins que vous ne soyez de droite et que vous ne disiez des banalités.

La question de l'imprimatur est plus complexe qu'il n'y paraît de prime abord, ce que Desbiens reconnaît, à l'occasion de la réédition des *Insolences*, en 1988 : « J'avais obtenu le *nihil obstat* et l'*imprimatur* pour le chapitre intitulé "Lettre à un Jeune-Frère". Quant au reste, j'avais estimé que l'autorisation du censeur de ma communauté pouvait suffire. C'était pour le moins "passer sur un feu jaune". »

Se trouve d'ailleurs posée plus généralement toute la question de la censure. Au moment de la rédaction de son essai, Desbiens en est indirectement averti par l'abbé Gérard Dion lui-même : « [...] je lui faisais lire le manuscrit des *Insolences*. Il me conseilla d'ajouter quelques pages touchant mon engagement envers l'Église. Cette précaution, chez lui, était tactique et fondamentale à la fois. » Devant une publication imminente, le frère Untel semble comprendre qu'il importe de se protéger : il insiste pour que la préface de Laurendeau fasse

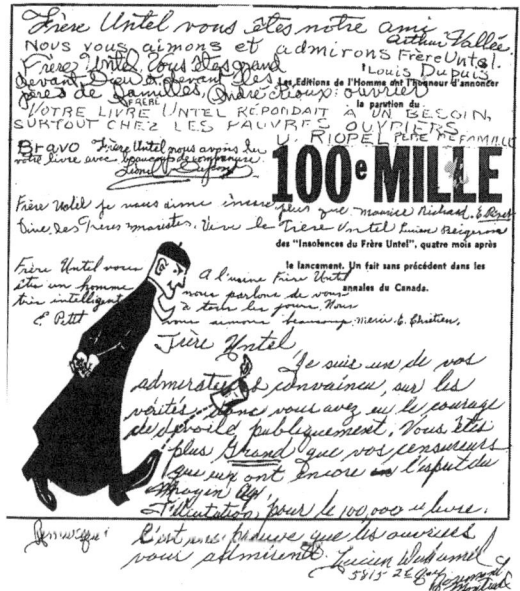

Carton autographié, annonçant le 100ᵉ mille.
Tiré de Jean-Paul Desbiens, *Les insolences du frère Untel*, texte annoté par l'auteur, Montréal, Éditions de l'Homme, 1988. – Des lecteurs soulignent à leur façon leur appréciation du livre de Jean-Paul Desbiens.

partie de l'essai, « sa meilleure garantie civile », mais il hésite à inclure le chapitre de Sœur Une Telle, chapitre très mal reçu dans les milieux ecclésiastiques. Mais surtout, le frère mariste a compris que son parement le plus efficace demeure, paradoxalement, la publication même de l'ouvrage. Il a dit à Jacques Tremblay, à plusieurs reprises : « Si mon livre n'est pas publié, je suis un homme fini. La seule chose qui peut me sauver, c'est la publication de mon livre. »

La critique a aussi flairé les risques d'une censure. Georges Dufresne écrit, dans *Cité libre*, en novembre 1960 : « On va essayer, on essaie les moyens consacrés (!) pour empêcher cet éveil : la conspiration du silence d'abord, puis, si la pâte continue à lever, quelque forme de condamnation. Espérons que cette politique s'avèrera inefficace à brève échéance. » L'ironie à l'endroit de la censure est de mise. Après avoir énuméré des problèmes contemporains (chômage, respect des droits, etc.), J. D. écrit que ces problèmes ne sont pas

> aussi sérieux que celui de la censure des livres. C'est ce dernier problème qui exige une lettre pastorale, une lettre que les curés de paroisse de colonisation liront à leurs ouailles. Un document qui montrera qu'il y a des gens d'Église qui savent être présents aux vrais problèmes de notre temps.

L'Index connaît en effet des ratés. Jean Hamelin montre bien, dans l'*Histoire du catholicisme québécois*, la division qui a caractérisé le clergé : être ainsi pris à partie par un « prolétaire de l'Église », comme aime à le dire le frère Untel, ajoute l'insulte à l'injure. « En décembre 1960, le cas du frère Untel, écrit Hamelin, figure à l'ordre du jour de l'assemblée trimestrielle épiscopale. » Il n'y a pas unanimité sur la conduite à tenir, et les évêques montréalais se montrent les plus réservés. « À Rome, la Sacrée Congrégation des religieux aurait préféré une intervention publique. » Au mois de mars 1961, l'assemblée des évêques a « en main un projet de communiqué du provincial des Maristes », mais l'opposition du cardinal Léger déplace le processus vers l'Ordinaire du frère Untel.

Mais si l'Index s'essouffle, la censure continue néanmoins de s'exercer contre les personnes. On pense à l'exil qui frappe les frères Pierre-Jérôme et Louis-Grégoire. Mais il n'était pas indiqué, non plus, pour un jeune collégien de prendre parti en faveur du frère Untel. André Major, alors étudiant chez les eudistes, est aussi l'un des rédacteurs du journal local. Il dévore les *Insolences* : « J'en fis une critique évidemment favorable, pour ne pas dire polémique, mais que l'aviseur moral refusa de publier. » Major publie alors « un bulletin clandestin, *Liberté étudiante* », où se trouve son article. « Le premier numéro qui avait l'attrait de l'inconnu et du clandestin se vendit comme des petits pains chauds. Un second numéro parut avec le même succès. » Mais un délateur dévoile les noms des coupables au Père Supérieur (Major écrivait sous le pseudonyme de Cyrano), et il est mis à la porte du collège, avec ses deux collaborateurs, raconte-t-il dans *L'Action nationale* (1965-1966).

Les insolences du frère Untel ont marqué l'évolution culturelle du Québec, mais elles désignent aussi un moment historique en regard de la censure. L'éditeur Paul Michaud, dans sa réponse au frère Untel, *Mon p'tit frère*, allègue qu'un tel essai n'aurait pas connu ce retentissement s'il fût venu d'une plume laïque. La remarque est juste, mais ce n'est pas seulement parce que les religieux disposent encore à ce moment d'une bonne audience auprès des fidèles ; c'est également, et surtout, parce que la contestation, tout en entraînant la population presque tout entière, provient de l'intérieur. Elle ameute l'opinion publique et fracture l'unanimité chez les évêques. Une partie du peuple ne comprend pas pourquoi l'on cherche à bâillonner l'un de ses plus grands hérauts. Pour être déjà survenue dans l'histoire, cette situation n'en signale pas moins, en 1960, l'impéritie de la censure cléricale publique.

Pierre Hébert

[Desbiens, Jean-Paul], *Les insolences du frère Untel*, Montréal, Les Éditions de l'Homme, [1960], 158 p.

CRCCF, fonds Paul-Gay ; Fournier, Alain, *Les insolences du frère Untel*, Québec, Créliq, 1988 ; Hébert, Jacques, « La petite histoire des *Insolences* », dans Desbiens, Jean-Paul, *Les insolences du frère Untel*, [Montréal], Les Éditions de l'Homme, 1988.

INSTITUT CANADIEN DE MONTRÉAL

Lieu de résistance aux efforts d'intimidation de l'Église catholique de Montréal à compter de 1844 et durant quelque 25 ans, l'Institut canadien de Montréal représente la tentative la plus cohérente et la plus soutenue d'empêcher une cléricalisation de part en part de la culture et de la société montréalaises, voire québécoises

Fondé le 17 décembre 1844, l'Institut canadien de Montréal (ICM) est, avec *L'Avenir* et *Le Pays**, pendant 25 ans, au cœur des initiatives d'interdiction et de censure de l'évêque du diocèse de Montréal, Mgr Ignace Bourget. Sa résistance se porte sur plusieurs fronts de 1848 à 1875 et elle fait appel à une panoplie de moyens et de stratégies probablement inférieurs en nombre à ceux de l'Église catholique ; les objets du litige, et donc les motifs des condamnations, se multiplient et se déplacent au fil de l'antagonisme entre l'institution et l'autorité épiscopale puis papale.

De 1844 à 1880, l'ICM réunit en son sein les deux formes essentielles du développement culturel et intellectuel de Montréal et du Bas-Canada : l'imprimé et l'éloquence. Sa bibliothèque* est à l'origine de la bibliothèque publique à Montréal ; sa salle des périodiques diffuse une presse en pleine expansion ; ses conférences publiques et ses débats fournissent une tribune à l'éloquence civile, sans compter son modeste musée, contemporain de la fondation (1864) de l'Art Association of Montreal, ancêtre du Musée des beaux-arts.

Les difficultés entre l'ICM et l'évêque commencent en 1848, année de tensions internationales, nationales et internes à l'Institut. La Révolution en France et la grande poussée des mouvements nationalitaires, inspirée du principe des nationalités en

Mgr Ignace Bourget (dans Laurent-Olivier David, *Biographies et portraits*, 1876). – Deuxième évêque du diocèse de Montréal, Mgr Ignace Bourget mène une lutte opiniâtre contre l'Institut canadien de Montréal.

Europe, posent en Italie la question romaine, celle du statut des États pontificaux et du pouvoir temporel de la papauté dans une Italie en voie de faire son unité territoriale. Au Canada-Uni, après l'échec des Rébellions de 1837 et de 1838, l'opposition consensuelle des Canadiens français n'a pas empêché l'établissement du nouveau régime constitutionnel d'Union du Bas et du Haut-Canada au moment où, à la fin de 1848, Louis-Joseph Papineau, chef des Patriotes revenu en 1845 d'un exil de huit années, se voit marginaliser par les Réformistes de Louis-Hippolyte La Fontaine. Dans une possible démarche de compensation, le radicalisme libéral se déplace alors à l'ICM où, en mai 1848, « le parti de *L'Avenir* », journal des libéraux en passe de radicalisation, finit par dominer le conseil d'administration aux dépens du « parti de *La Minerve** ». L'histoire des tentatives d'interdiction et de censure de l'ICM connaît trois phases : la visée de *L'Avenir* et des « instituts littéraires » de 1849 à 1855 ; la visée explicite de l'ICM et du *Pays*, de 1858 à 1864 ; puis le déplacement du litige à Rome, à l'initiative de l'Institut, de 1865 à 1870.

Mgr Bourget utilise d'abord la circulaire au clergé et la lettre pastorale pour dénoncer *L'Avenir* en janvier 1849, ce journal critique du pouvoir temporel du pape qui « cherche à répandre des principes révolutionnaires ». Utilisant le confessionnal et l'absolution des péchés, l'évêque défend aux curés d'y absoudre les lecteurs de *L'Avenir*. L'année suivante, c'est le populaire prédicateur des grandes campagnes de tempérance, l'abbé Charles Chiniquy – le futur apostat et pourfendeur du confessionnal – qu'on met à contribution pour tenter de faire interdire à la salle des périodiques de l'Institut les journaux opposés au pouvoir temporel du pape. En mai 1851, on veut faire exclure *L'Avenir* de l'Institut même, quelques mois avant que celui-ci ne change sa constitution (octobre 1851) pour faire admettre anglophones et protestants comme membres de l'association.

Une règle disciplinaire du Concile des évêques de Québec de juin 1854 entend encadrer les formes nouvelles de culture et de communication :

> Lorsqu'il est constant qu'il y a dans un institut littéraire des livres contre la foi ou les mœurs ; qu'il s'y donne des lectures [anglicisme « lectures », pour conférences] contraires à la religion ; qu'il s'y lit des journaux immoraux ou irréligieux, on ne peut admettre aux sacrements ceux qui en font partie, à moins qu'il n'y ait sujet d'espérer que, vu la fermeté des bons principes, ils pourront continuer à les réformer.

Le refus de l'extrême-onction administrée à l'occasion de la mort n'est ni explicitement mentionné ni exclu comme recours, et il semble qu'on ait déjà espéré sinon pensé à des « réformateurs ». L'un de ces réformateurs, Hector Fabre, appuie le 28 février 1855 une proposition à l'effet d'abonner la bibliothèque de l'Institut au journal *L'Univers* de Louis Veuillot, emblème de l'ultramontanisme français ; en mars, l'opposition intérieure à l'Institut qui se dessine met au vote la proposition de désabonnement de la salle des périodiques à des journaux religieux, en particulier au *Semeur canadien*, journal protestant montréalais. Dans les deux cas, le vote prépondérant du président de l'Institut sauve la mise ; c'est dire la vigueur des tensions internes.

De 1844 à 1858, l'ICM a tenu plus de 200 assemblées régulières, présenté 73 conférences publiques, 37 essais ou conférences par des membres pour les membres et 100 des 213 débats qu'il connaîtra durant son existence.

Dans trois lettres pastorales de 1858, date du début de la deuxième phase des attaques auxquelles doit faire face l'association, Mgr Bourget s'attaque directement à l'Institut. La première, du 10 mars, suite logique de l'initiative du Concile des évêques de Québec de 1854, constitue une nouvelle mise en garde contre les instituts littéraires qui posséderaient des « livres contraires à la foi et aux mœurs » ; le document, lu dans toutes les paroisses du diocèse comme toutes les directives publiques de l'évêque, propose des moyens pour « purger » leurs bibliothèques et prescrit aux fidèles des directives à propos de nouveaux dangers, le roman et le feuilleton* : « Ne souscrivez à aucun journal capable, par ses doctrines anti-religieuses, ses romans passionnés et ses feuilletons immoraux, de gâter l'esprit et le cœur de vos enfants. »

L'opposition intérieure fait alors chorus avec les initiatives de l'évêque de Montréal. Le 13 avril, le secrétaire-correspondant de l'Institut, Éraste d'Orsonnens, fait la double proposition qu'on renonce au principe d'autonomie de l'Institut à l'égard de sa bibliothèque et qu'on forme un comité, dont H. Fabre ferait partie, qui aurait le mandat d'établir la liste des livres dont la bibliothèque devait être « purgée ». La proposition est battue à 110 voix contre 88, d'Orsonnens est destitué de ses fonctions le 15 et les tensions internes aboutissent le 22 avril à la démission de 138 membres sur un total de 741, soit près de 20 % du membership. H. Fabre, qui est du nombre, part fonder une association concurrente, l'Institut canadien-français, qui vivra quelques années et auquel se joignent ou se joindront, pour faire concurrence, des associations catholiques, le Cabinet de lecture paroissial (1857), adaptation circonstanciée de l'Œuvre des bons livres (1844) sulpicienne, et l'Union catholique (11 avril 1858) des Jésuites.

La deuxième lettre de Mgr Bourget, du 30 avril 1858, porte « sur l'Institut canadien et contre les mauvais livres » et fait explicitement référence à la proposition d'Orsonnens du 13 avril et à la démission des 138 membres, s'en servant longuement comme argument. Il y a donc front commun. Selon l'évêque, l'ICM a commis deux erreurs. La première est de renoncer à son autonomie dans la direction de l'Institut et de prétendre être « seul compétent à juger la moralité de sa bibliothèque », alors que le Concile de Trente (1545-1563), « autorité infaillible », a établi le « droit » de l'évêque « d'approuver et d'examiner les livres ». N'obtempérant pas et feignant de regarder l'autorité de l'Église comme une « influence étrangère » en matière d'administration, l'Institut « cesse d'être catholique » aux yeux de Mgr Bourget. La deuxième erreur de l'Institut consiste à garder en « trop grand nombre » des livres à l'Index*, comme l'attesterait le contenu du *Catalogue de la bibliothèque de l'Institut canadien*, publié en 1852. Après avoir expliqué les fonctions des congrégations pontificales de l'Inquisition et de l'Index, Mgr Bourget précise que la garde et/ou la lecture de livres à l'Index « encourra aussitôt la sentence d'excommunication », précisant qu'il « est bien à remarquer ici, que ce n'est pas Nous qui prononçons cette terrible excommunication [...], mais l'Église dont Nous ne faisons que publier les salutaires décrets ».

La troisième lettre du 31 mai 1858 reprend la logique de dénonciation de *L'Avenir*, disparu en 1852, et vise maintenant *Le Pays*, voix officieuse de l'Institut, jugé « irréligieux », « hérétique », « impie », « libéral » et « immoral ». Irrespectueux de Jésus-Christ, ce journal manque conséquemment de respect envers

Dans ces trois lettres pastorales de 1858, Mgr Bourget s'attaque directement à l'Institut. « La première, du 10 mars, suite logique de l'initiative du Concile des évêques de Québec de 1854, constitue une nouvelle mise en garde contre les instituts littéraires qui posséderaient des "livres contraires à la foi et aux mœurs"; le document, lu dans toutes les paroisses du diocèse [...], propose des moyens pour "purger" leurs bibliothèques et prescrit aux fidèles des directives à propos de nouveaux dangers, le roman et le feuilleton. » (Yvan Lamonde)

le prêtre : « L'autorité dont [celui-ci] est revêtu, étant celle de Jésus-Christ lui-même, ce serait attaquer cette dernière autorité que de vouloir faire perdre au clergé son influence. » On ne peut être plus explicite sur le sens de ces démarches à incidences temporelles, civiques sinon politiques.

Cette excommunication explicite des membres de l'ICM est l'aboutissement d'un éventail de moyens et de stratégies mis en œuvre par l'épiscopat : lettres pastorales et circulaires au clergé lues chaque fois dans toutes les églises du diocèse, règle disciplinaire d'un concile épiscopal, usage du confessionnal et de l'absolution comme moyens de persuasion, appel à la figure populaire de Chiniquy, dénonciations de L'Avenir et du Pays, tentatives d'exclusion de journaux, création d'associations catholiques et de bibliothèques concurrentes. Ces initiatives soutenues et l'excommunication ont des effets sur les activités de l'Institut : le nombre des membres chute de 741 en 1857 à 336 en 1858 pour revenir à 784 en 1870 ; le nombre de volumes de la bibliothèque demeure croissant mais le nombre de prêts passe de 3130 en 1858 à 2784 en 1859 et à 470 en 1860 pour retrouver le plateau des 3000 en 1873 ; le nombre de périodiques reçus à la « salle des nouvelles » passe de 126 en 1857, à 117 en 1858, à 113 en 1859, à 87 en 1860.

Une polémique entre H. Fabre et Louis-Antoine Dessaulles, où le premier fait appel au comte de Montalembert pour disqualifier l'ICM, remet le feu aux poudres au moment où Dessaulles devient président de l'Institut, de mars 1862 à novembre 1863, mandat qui lui sera renouvelé de mai 1865 à mai 1867. Les présidences du radical Dessaulles couvriront et marqueront les grandes années de défense de l'ICM.

Cette défense trouve sa première illustration dans la conférence « sur l'Institut canadien » qu'il fait le 23 décembre 1862, conférence d'appel à la tolérance, qui préfigure celle de 1868 reproduite dans L'annuaire de l'Institut-canadien* […] :

> Quel mal peut nous faire, à nous, Bas-Canadiens, la proclamation ouverte, formelle du principe de tolérance, dans une population mixte où nous sommes en minorité ? Quel mal ne pourra pas nous faire, éventuellement, la proclamation du principe contraire ? Croit-on donner de la force au catholicisme, en déclarant qu'il ne veut rien souffrir autour de lui ? […] L'esprit religieux consiste-t-il à se déclarer les uns aux autres la guerre des idées ? N'est-ce pas ainsi que, dans tous les temps et dans tous les pays, on a réussi à amener ces conflits terribles qui ont ensanglanté l'Europe ?

Cet esprit de tolérance préside à la mise sur pied à l'ICM d'un Comité de conciliation en octobre 1863 et à une vaine rencontre le 27 du même mois avec Mgr Bourget. En mai 1864, celui-ci refuse à deux membres de ce Comité d'indiquer les titres de volumes de la bibliothèque défendus aux catholiques et d'acquiescer à la proposition de mettre dans « une espèce de séquestre » ces livres défendus. C'est la fin des recours possibles de l'Institut à l'autorité religieuse locale et l'amorce de la troisième et dernière frappe de la censure à son endroit.

Dix-huit membres catholiques de l'Institut, dont L.-A. Dessaulles, Joseph Guibord et Wilfrid Laurier, décident donc de faire appel au pape et lui adressent le 16 octobre 1865 une Supplique de l'Institut canadien au Pape Pie IX qui fait l'histoire des litiges entre l'évêque et l'association « littéraire » qui, parce que littéraire et qu'elle avait exclu toutes discussions religieuses, pouvait admettre des membres protestants dans un pays mixte où prévalait la liberté des cultes. La Supplique à Pie IX insiste sur le fait qu'en 1858, la « minorité » avait demandé la formation d'un Comité « qui affirmait précisément ce qui était en débat » et souligne la « singulière contradiction » d'une Église qui, d'une part, identifie les membres du haut de toutes les chaires du diocèse, donne ordre aux confesseurs de leur refuser l'absolution, permet aux confesseurs de faire pression sur les mères et les épouses pour que leurs fils ou époux cessent d'appartenir à l'ICM, et qui, d'autre part, ne se prive pas de solliciter ces mêmes membres et leurs familles pour des « souscriptions volontaires » au profit des mille et un besoins du culte catholique. La Supplique rappelle que l'Institut a été condamné sans être entendu, sans qu'on ait consenti à indiquer les livres défendus sous prétexte que « cela ne pouvait conduire à aucun résultat » et que si sa bibliothèque, comme celle d'autres bibliothèques, contient une cinquantaine de livres à l'Index, ceux-ci n'offrent « aucun caractère obscène ». Les signataires considèrent donc la condamnation comme « *illégitime en droit et injuste en fait* » et supplient le pape de les entendre en espérant voir la condamnation levée.

Un an plus tard, Mgr Bourget achemine à Rome un *Mémoire sur l'Institut canadien* daté du 21 septembre 1866 dans lequel il rappelle que l'Institut a reconnu posséder des livres à l'Index et qu'il a refusé l'idée d'un séquestre. Étonnamment, il affirme n'avoir pu faire lui-même enquête sur sa bibliothèque et rappelle que ce n'est pas lui qui a condamné l'ICM mais l'Église. Il ajoute des précisions sur les positions de L.-A. Dessaulles sur la question romaine et le pouvoir temporel du pape et joint à son mémoire les articles d'H. Fabre publiés lors de la polémique de 1862.

La réponse de Rome tarde alors que Dessaulles fait, le 17 décembre 1868, une conférence, reprise à l'Institut canadien de Saint-Hyacinthe, sur la tolérance, suite de celle de 1862 sur l'Institut canadien, où il demande : « D'où viennent nos difficultés ? De ce que nous avons des membres protestants, de ce que nous recevons des journaux protestants, et de ce que nous avons quelques livres philosophiques à *l'Index* ».

Quatre mois plus tard, Mgr Bourget envoie un nouveau mémoire à la Sacrée Congrégation de l'Inquisition, daté du 27 avril 1869, *Mémoire de l'évêque de Montréal concernant l'appel de l'Institut canadien à la Sainte Congrégation de l'Inquisition générale*. Il y affirme que l'ICM est mauvais, qu'il n'est point réformable, car il lui faudrait alors renoncer à la tolérance dans sa constitution et ses activités. Il demande à Rome la condamnation de l'ICM et la mise à l'index de l'*Annuaire* de l'ICM de 1868 qui contient la conférence de Dessaulles sur la tolérance. La réponse de Rome arrive le 7 juillet 1869 ; ce n'est pas une réponse à la Supplique de 1865, mais une condamnation par le Tribunal de l'Inquisition de l'ICM et la mise à l'Index de « ses » doctrines imprimées dans l'*Annuaire* de 1868. Le motif de la condamnation s'est déplacé des livres à l'Index et de la présence des protestants à la tolérance, aux « doctrines enseignées par le même institut ». Le 16 du même mois, l'évêque de Montréal expédie une circulaire au clergé du diocèse précisant qu'on « peut assurer que c'est ce mauvais livre [l'*Annuaire* de 1868] qui a fait juger et condamner ce mauvais Institut ». À la suggestion de Rome, Mgr Bourget met en place tous les moyens pour informer des dangers de l'Institut : curés, confesseurs, supérieurs de collèges, journalistes et associations catholiques. Une annonce aux Prônes du 29 août précise la double défense de faire partie de l'ICM, et de publier, garder et lire l'*Annuaire* de l'ICM de 1868 au risque d'être privé des sacrements y compris à l'article de la mort.

La réaction de l'Institut à cette condamnation est double : soumission des membres catholiques, mais prise de position à l'effet que comme corps, l'Institut n'enseigne pas, et ne peut donc être condamné. Dans la foulée de cette prise de position, Gonzalve Doutre porte à Rome, à la Sacrée Congrégation de l'Inquisition, un Recours (12 octobre 1869) de l'Institut en trois points : l'ICM n'enseigne aucune doctrine, le Canada est un pays religieusement mixte et on ne peut exiger des membres protestants la signature d'un acte de foi catholique. Mgr Bourget est entendu par Rome et répond à ce Recours le 27 mai 1870 en affirmant qu'une association « ne peut être indifférente » au point de vue religieux et laissant entendre que tout peut, doit être confessionnalisé. Appelé en consultation, l'évêque ultramon-

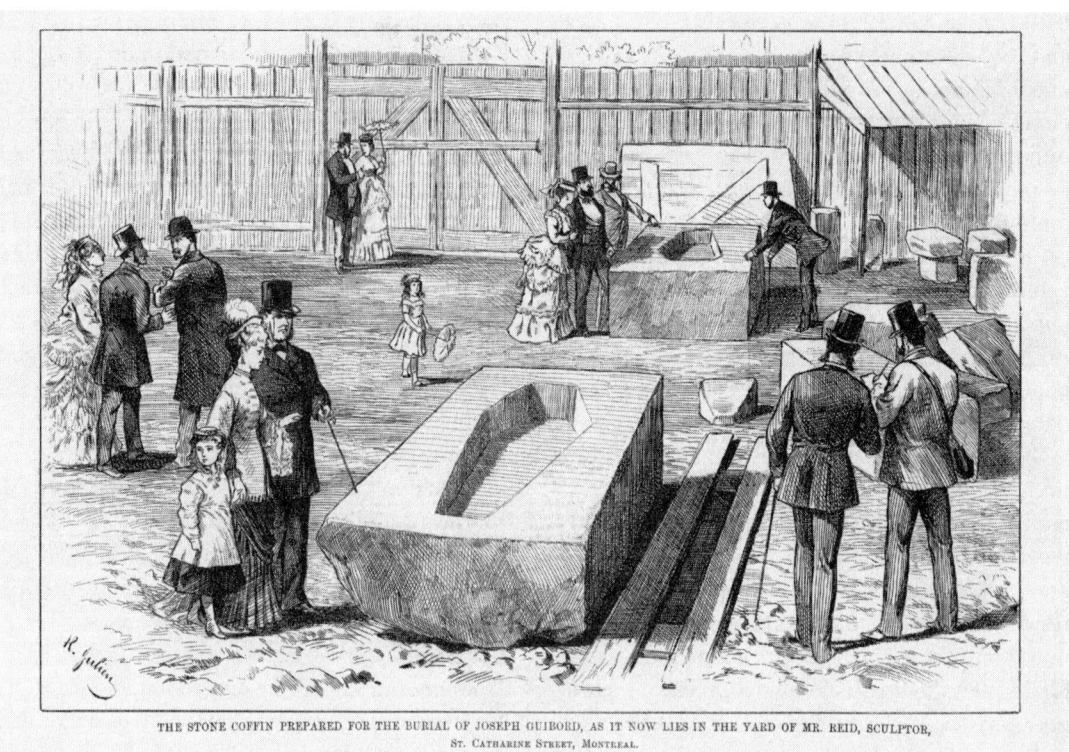

THE STONE COFFIN PREPARED FOR THE BURIAL OF JOSEPH GUIBORD, AS IT NOW LIES IN THE YARD OF MR. REID, SCULPTOR, St. Catharine Street, Montréal.

Canadian Illustrated News (6 novembre 1875). – Parmi ses nombreuses illustrations à propos de l'enterrement de Joseph Guibord, le journal anglophone montre ici les mesures extrêmes qui sont prises pour assurer la sécurité de la dépouille du célèbre membre de l'Institut canadien.

tain de Trois-Rivières, Mgr Louis-François Laflèche, soumet aussi un Mémoire le 16 juin, *Opinion de l'évêque de Trois-Rivières sur l'Institut canadien de Montréal*.

Entre-temps, la mort du typographe Joseph Guibord le 18 novembre 1869 allait révéler dramatiquement les conséquences véritables de cette longue saga. Membre de l'Institut et signataire de la Supplique de 1865, Guibord meurt donc excommunié et l'on va plus loin encore que le refus des sacrements: on lui refuse la sépulture ecclésiastique et l'accès au cimetière. Le 21 novembre, le cortège est refoulé et dévié vers le charnier du cimetière protestant. L'affrontement est destiné à se poursuivre.

Dessaulles fait deux autres conférences à l'ICM, l'une sur Guibord, le 29 décembre 1869, l'autre sur l'Index, le 11 janvier 1870. De nouvelles démarches de Mgr Bourget résultent en une nouvelle condamnation de l'ICM et en la mise à l'Index de l'*Annuaire** de 1869, qui contient le texte des deux dernières conférences de Dessaulles.

D'instance judiciaire en instance judiciaire, Guibord finira par être enterré dans le cimetière de la Côte-des-Neiges, dans un lot désacralisé par Mgr Bourget qui trouve là une façon de continuer à manifester son pouvoir au-dessus de celui du comité judiciaire du Conseil Privé de Londres, ultime instance judiciaire de la colonie alors.

Le nombre de membres de l'ICM se maintient jusqu'en 1871 alors que membres et abonnés de la bibliothèque ouverte au public se confondent. Le nombre de volumes continue à croître de même que la circulation des livres. L'Institut présente une dernière conférence publique le 24 avril 1871 et ferme sa bibliothèque, encore fort active, en 1880. Après un refus de la Ville de Montréal, de l'Université McGill et du Club canadien, la bibliothèque et les archives seront accueillies par le « protestant » *Fraser Institute*, qui ouvre ses portes en 1885. C'est cette saga d'un quart de siècle qui inspirera, en bonne partie, à Dessaulles sa brochure de 1873 sur *La grande guerre ecclésiastique**.

Cette résistance de quelque 25 ans de l'ICM aux efforts d'intimidation de l'Église catholique de Montréal représente la tentative la plus cohérente et la plus soutenue d'empêcher une cléricalisation de part en part de la culture et de la société montréalaises, voire québécoises au XIXe siècle. Vingt-cinq années de combats contre une condamnation « illégitime en droit et injuste en fait » ont définitivement infléchi le développement intellectuel et culturel du Québec, ne serait-ce qu'en bloquant le processus d'émergence d'un système de bibliothèque publique, municipale, autonome sur le plan civil. Les membres de l'Institut et des individus ont été marqués par cette histoire, comme le précise leur biographie dans le *Dictionnaire biographique du Canada* : Joseph Doutre, la veuve Guibord, Charles Laberge, Rodolphe Laflamme, Jean-Baptiste-Eric Dorion, Wilfrid Laurier, démissionnaire le 13 mai 1867 pour pouvoir se marier catholiquement, lui qui récoltera les fruits des combats de l'ICM après son fameux discours de 1877 sur le libéralisme et qui fera d'Hector Fabre une de ses éminences grises. Gonzalve Doutre vivra une véritable crise de conscience, qui lui fera écrire à Mgr Bourget :

> Je suis tellement convaincu de la rectitude de ma conduite, sur les points en dissension, que je plaindrais sincèrement Votre Grandeur d'avoir à rendre compte à Dieu, en même temps que moi, de nos actes respectifs [...]. Je ne me convaincrai jamais que pour être catholique, il faille se dépouiller des attributs inaliénables de l'homme, et n'être plus qu'une espèce de polype, livré aux caprices d'un homme qui n'est pas devenu un Dieu, pour avoir été sacré Évêque.

Dans sa conférence – finalement autobiographique et prémonitoire – de 1856 à l'Institut sur Galilée, Louis-Antoine Dessaulles, un Don Quichotte selon certains, avait affirmé : « Ce n'est pas tant Galilée que l'on persécutait que les principes de libre arbitre moral, d'indépendance philosophique [...]. »
Yvan Lamonde

ACAM, [« Mémoire sur l'Institut canadien »], 21 septembre 1866, RLB, 16 ; [Mémoire de l'évêque de Montréal concernant l'appel de l'Institut canadien à la Sainte Congrégation de l'Inquisition générale »], 27 avril 1869, 901.135, 869-4 ; « Réponse de l'évêque de Montréal au Recours de quatre membres de l'Institut canadien », 27 mai 1870, 901.135, 870-4 dont copie de la décision du Tribunal de l'Inquisition ; ANQ-M, fonds ICM, Institut canadien de Montréal, Procès-verbaux, septembre et octobre 1869, fonds de l'ICM (originaux, Fraser-Hickson Library) ; DESSAULLES, Louis-Antoine, « Discours sur l'Institut canadien », 23 décembre 1862, dans L.-A. Dessaulles, *Écrits*, édition critique par Yvan Lamonde, Montréal, Presses universitaires de Montréal, « Bibliothèque du Nouveau Monde », 1994 ; LAMONDE, Yvan, *Louis-Antoine Dessaulles. Un seigneur libéral et anticlérical*, Montréal, Fides, 1994 ; *Histoire sociale des idées au Québec I : 1760-1896*, Montréal, Fides, 2000.

● Institut canadien de Québec ; *La Lanterne*

INSTITUT CANADIEN DE QUÉBEC

Contrairement à l'Institut canadien de Montréal, l'Institut canadien de Québec échappe à la censure en se soumettant aux directives de l'Église

Au XIXe siècle, les autorités cléricales surveillent étroitement les lieux de culture laïques et portent une attention particulière au contenu des bibliothèques* d'associations volontaires dans les centres urbains. Une société littéraire comme l'Institut canadien de Montréal* connaît sa part d'ennuis à cause de sa bibliothèque, condamnée par l'évêque en 1858, mais l'Institut canadien de Québec, lui, échappe à cette censure répressive en se soumettant aux directives de l'Église en matière de lectures.

À Québec, l'Institut se trouve à quelques pas seulement de l'Évêché. Dès sa fondation en 1848, il offre à ses sociétaires une salle de lecture et une bibliothèque, toutes deux gérées par un bibliothécaire (en l'occurrence, le jeune libraire Octave Crémazie) et un comité de surveillance, appelé aussi «comité de révision», qui s'occupe activement du choix des livres sur les rayons de la bibliothèque. Ce comité pratique une sorte de censure préventive, puisque la bibliothèque est constituée en grande partie de dons provenant des sociétaires. En 1850, Pierre-Joseph-Olivier Chauveau et l'historien François-Xavier Garneau font partie de ce comité et ils dénoncent le fait «qu'un grand nombre de lecteurs donnent une préférence marquée aux ouvrages de littérature légère, tels que romans, nouvelles, études de mœurs et impressions de voyage». En 1857, Garneau dresse une liste de «livres prohibés» et fait retirer les œuvres d'auteurs classiques qui font l'objet d'interdictions, tels Ovide, Lucrèce, Pétrone, Flaccus, Martial, Apulée, Valérius, Tibule et Suétone. Les membres doivent dorénavant obtenir une permission écrite du président de l'Institut afin de les emprunter. En 1861, on acquiesce à une demande du curé Joseph Auclair, conseiller à l'archevêque de Québec, de retirer un roman de Samuel Richardson, *Pamela, ou la vertu récompensée*, un ouvrage offert en don. Deux ans plus tard, l'Institut crée un Comité de censure de trois personnes, chargé de repérer des «ouvrages condamnés par l'Index*, ou contraires à la morale et [...] les placer à part dans une armoire fermée à clef». Il arrive cependant qu'un sociétaire tente d'expurger la bibliothèque d'ouvrages jugés immoraux sans passer par le comité de censure. En 1866, le bureau de direction accuse l'abbé Henri-Raymond Casgrain, professeur du Séminaire de Québec et ancien bibliothécaire à l'Institut, d'avoir enlevé un certain nombre de livres sans aucune autorisation, incluant des œuvres d'Alphonse de Lamartine et d'Alfred de Musset. Casgrain reconnaît avoir non seulement enlevé mais brûlé des ouvrages appartenant à l'Institut. Il promet toutefois de les remplacer ou de les payer. Pendant les années 1880, le journaliste ultramontain Jules-Paul Tardivel, alors bibliothécaire de l'Institut, déplore dans ses rapports que les membres ne s'intéressent qu'aux «ouvrages de littérature légère» et délaissent les livres «sérieux».

À partir de 1898, la bibliothèque de l'Institut canadien de Québec déménage à l'Hôtel de ville et forme le noyau de la bibliothèque publique municipale. Cependant, la surveillance de la collection

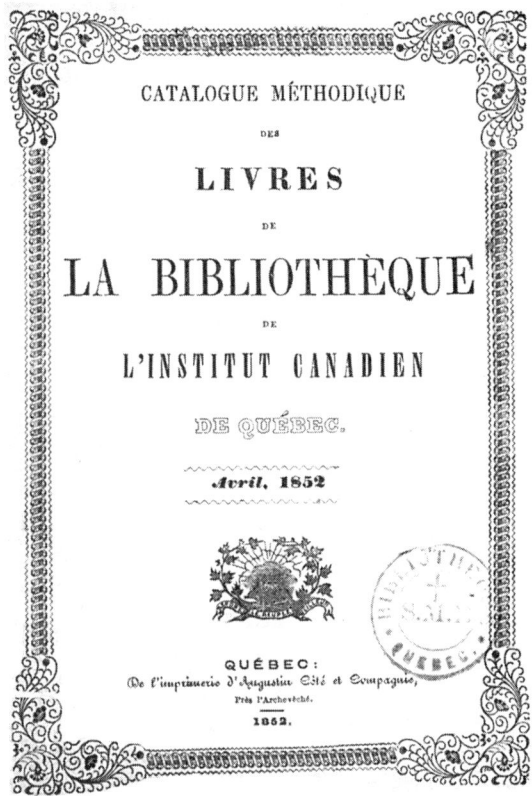

Les usagers de la bibliothèque avaient accès à un catalogue sur papier afin de commander les ouvrages qui se trouvaient derrière le comptoir de prêt. Toutefois, ces catalogues ne répertoriaient pas tous les ouvrages, car certains étaient à l'Index.

n'échappe pas tout à fait aux autorités ecclésiastiques. En 1925, l'abbé Victorin Germain inspecte la bibliothèque et découvre une centaine d'ouvrages condamnés nommément par la Congrégation de l'Index à Rome. Dans son rapport, intitulé *Observations sur certains livres de la bibliothèque de l'Institut canadien*, il pointe du doigt certains ouvrages aux reliures usées, notamment ceux d'Ernest Renan, Turmel, Honoré de Balzac, Anatole France et Victor Hugo et demande que ces livres soient confiés à l'Université Laval pour être enfermés dans « l'enfer* » de sa bibliothèque.

Les stratégies adoptées par la direction de l'Institut canadien de Québec pendant tout le XIXe siècle tiennent compte de l'échec et de la condamnation de l'association montréalaise. Ces stratégies portent fruit là où les Montréalais échouent car, à Québec, l'Institut canadien évite la confrontation avec l'épiscopat. Il dessert une population majoritairement catholique en lui offrant une bibliothèque conforme aux règles de la morale et de la foi. Au fil des ans, il montre patte blanche en pratiquant l'épuration et l'autocensure* de sa collection de livres et de journaux et en suivant à la lettre les directives des représentants du clergé. *Kenneth Landry*

[En collaboration], « Le 150e anniversaire de l'Institut canadien de Québec », *Cap-aux-Diamants*, numéro hors série, 1998.

L'INTERDIT
Pierre Maheu (1939-1979) • Film sur une commune psychiatrique qui soulève beaucoup de controverses (1976)

En 1974, le psychiatre Roger Lemieux fonde une commune thérapeutique qu'il nomme L'Abri d'Érasme (1469-1536), au nom de l'auteur de l'*Éloge de la Folie*, un pamphlet contre les classes dirigeantes de son temps, longtemps à l'Index*. Pierre Maheu, fondateur de la revue *Parti pris*, devenu documentariste non conventionnel, en filme l'idéologie et le fonctionnement dès l'automne 1974 jusqu'à l'été de 1975. Le Bureau de surveillance du cinéma cote *L'interdit* « 14 ans et plus » le 20 septembre 1976.

Lemieux, 55 ans, a rompu avec la thérapie conventionnelle qui tend trop à isoler les malades de la société et qui n'accepte pas l'atypique. Il prône l'abolition des barrières entre vie professionnelle et vie privée, s'étant rendu compte que dans sa pratique, son meilleur atout vers la guérison est sa chaleur humaine et la qualité de la relation établie avec les malades, ce qui va toutefois à l'encontre de la neutralité que doit observer le médecin. Il démédicalise les traitements. L'« interdit » principal qu'il franchit, c'est celui de ne plus refouler Éros dans sa relation avec les malades. Dans la grande maison en campagne, ses « patients » schizophrènes sont des « invités » avec qui il peut aller jusqu'au contact intime pour établir avec eux une nouvelle réalité. Des scènes très fortes le montrent, l'une en faisant l'amour avec une jeune « invitée », l'autre en *trip* de LSD (hallucinogène de synthèse, illégal, mais très populaire à l'époque). En ce milieu des années 1970, dans la foulée du mouvement antipsychiatrique de Ronald David Laing, la relation sexuelle entre le thérapeute et sa cliente ne suscite pas toujours l'opprobre, du moins chez une certaine partie des psychiatres. La notion de « normalité » est remise en question, perd de sa rigidité et devient un lieu d'expérimentation de modèles non répressifs.

À l'Office national du film*, on est conscient du caractère iconoclaste et provocateur du documentaire. Sa présentation à une « Semaine de la folie », au début de novembre 1976, à l'Université de Montréal, suscite un large débat et provoque presque l'unanimité contre lui. Le comportement de Lemieux est pris à partie par ses collègues. L'Association des psychiatres le menace de radiation. Au nom du Département de psychiatrie de l'Université de Montréal, le docteur Yvon Gauthier conteste ce type de thérapie en lui opposant « une certaine sagesse thérapeutique et la plus élémentaire éthique ». Des groupes de femmes ne manquent pas de souligner que ce type de thérapie exercée par Lemieux semble convenir surtout à des malades jeunes et belles. Par ailleurs, un psychiatre plus jeune, Pierre Migneault, sans avaliser la méthode Lemieux, fait une remarquable analyse cinématographique du film et le replace dans la tradition symbolique québécoise. Devant toutes ces réactions, l'ONF en limite le nombre de copies et sa diffusion demeure restreinte.

Yves Lever

Archives de l'ONF ; BEAULIEU, Janick, « *L'interdit* », *Séquences*, 88 (avril 1977) ; GAUTHIER, Yvon, « À propos de *L'interdit* et du traitement de la psychose », *L'Union médicale du Canada*, 106 (février 1977) ; GRÉGOIRE, Pierre, « *L'interdit*, un film limite », *Cinéma Québec*, 48 (printemps 1977) ; LEMIEUX, Roger R., *Accueillir la folie*, Piedmont, Noir sur blanc, 1995 ; MIGNEAULT, Pierre, « De la frilosité des singes nus ou de la folie des uns et des autres », *L'information médicale et paramédicale*, avril 1977.

INTERNET
Le réseau planétaire d'information impossible à censurer et qui élimine plusieurs formes de censure

À cause de l'envahissement de la pornographie, qui y circule librement, à cause des informations biaisées qui y côtoient les plus sérieuses, à cause de la quasi-impossibilité de préserver la confidentialité des données personnelles ou de contenir les secrets d'État, à cause de la diffusion sans retenue de produits culturels piratés, il ne se passe pas une semaine sans qu'un organisme ou un groupe de pression demande de trouver un moyen de censurer Internet.

Même si, sous certains aspects, un contrôle du réseau peut apparaître souhaitable, il semble que cela soit physiquement impossible, à moins d'éliminer tous les ordinateurs ou de faire disparaître l'électricité, ce que personne ne désire, évidemment. Le gouvernement de Beijin peut ordonner la fermeture de milliers de cafés Internet, mais il ne peut empêcher des millions de jeunes Chinois de trouver une façon de communiquer par courriels avec le reste du monde et de consulter les grandes bases de données occidentales. La Corée du Nord interdit la création de tout serveur sur son territoire, mais son voisin du Sud et le Japon hébergent des sites où toute l'information qui lui semble indésirable se retrouve à court terme.

Bien qu'existant depuis les années 1960 dans les milieux militaire et universitaire, Internet ne commence à largement s'étendre qu'après 1995. Très rapidement, des universités hébergent dans leurs puissants ordinateurs des sites qui souhaitent mettre à la disposition de toute la population mondiale des reproductions de tous les trésors culturels que l'humanité a créés au cours des siècles. En 2006, ce travail n'est qu'amorcé, mais déjà des milliers d'œuvres littéraires quasi introuvables, si ce n'est dans les grandes bibliothèques nationales ou universitaires, et des ouvrages que la censure du passé a menacés de disparition peuvent apparaître sur l'écran de n'importe quel ordinateur branché dans un bureau montréalais, brésilien ou turc. La censure exercée par les bibliothèques*, les librairies*, en plus de celle émanant des autorités politiques et des Églises, l'Index* et l'enfer* sont définitivement choses du passé. Cependant, demeure le débat séculaire au sujet de la liberté d'expression et celle de l'accès sans réserves à ce que peut désirer un adulte *versus* la diffusion tous publics de n'importe quel contenu.

Avec un ordinateur, même de bas de gamme, on peut numériser en « millions de couleurs » aussi bien les plus belles peintures impressionnistes que la photo pornographique la plus crue. Puis déposer l'une ou l'autre sur le Net est jeu d'enfant. C'est ainsi que s'y trouve tout ce qu'un cerveau sain ou ce qu'un esprit détraqué peut concevoir. Le flot est devenu rapidement impossible à endiguer. Musiques et films de partout et de tous genres peuvent surgir inopinément sur l'écran, même lorsqu'un écolier de 8 ans effectue une « recherche » pour un devoir scolaire. Quand il est question de censurer Internet, c'est surtout la protection de l'enfance qui est évoquée, comme pour le cinéma. Comment contrer l'irruption du matériel indésirable ? Des logiciels de filtrage programmables permettent d'en exclure la majeure partie tout en permettant d'obtenir d'une façon plus efficace le contenu souhaité. Mais tous les experts s'entendent pour dire que l'éducation au libre choix demeure la seule manière possible de naviguer dans les eaux souhaitables. *Yves Lever*

◉ Droit d'auteur et liberté d'expression

INTOLERANCE
David Wark Griffith (1875-1948) • Un plaidoyer pour la tolérance victime d'intolérance (1916)

Pionnier du cinéma américain, D. W. Griffith réalise *Intolerance* en 1916, en réaction aux protestations que *Birth of a Nation** a suscitées l'année précédente ; il lui donne comme sous-titre *Love's Struggle Throughout the Ages*. Quatre destins individuels se déroulant lors d'un événement historique majeur s'y entremêlent : la prise de Babylone en 539 avant Jésus-Christ ; quelques épisodes de la vie du Christ, dont la crucifixion ; le massacre de la Saint-Barthélemy en 1572 ; les difficultés d'un jeune chômeur à l'époque contemporaine.

Intolerance est apporté au Bureau de censure le 15 décembre 1916. Il est accepté, mais avec plus de 30 coupures dont le piétage n'est pas indiqué et qui comportent des scènes (Girls on divan... Girls half naked... Girls in bath... Scene of naked statue... All scenes of the massacre of St Barth'y... Scenes in temple of Love... Peeping thro' key hole & girl fixing her stocking... Shorten scene of fight and Murder... Naked woman... All scenes of scaffold & men in death cell, etc.) et des intertitres (« By God's death, etc. kill them all », « I will not consent », « Last sacrament », etc.).

Les enfants ayant alors accès aux salles de cinéma s'ils sont accompagnés d'une personne d'au moins 15 ans, le censeur élimine ou atténue ainsi l'érotisme de plusieurs séquences (même une statue de femme nue) et il coupe dans tout ce qui est violent, surtout les massacres et les images des échafauds. Il veille aussi à ce que la responsabilité des catholiques devienne moins évidente dans le massacre de la Saint-Barthélemy. L'œuvre perd ainsi une partie de sa force.

Dans *La Presse* du 23 décembre, le théâtre His Majesty's en annonce la projection à compter du 25 en matinée. La vignette insiste sur le coût de production (2 000 000 $) et souligne que cette « plus magnifique production de tous les temps » sera accompagnée par un orchestre de 30 musiciens. Les prix sont semblables à ceux que les grandes salles imposent habituellement, de 25 cents à 1,50 $ pour certains sièges en soirée, même si dans les villes américaines les prix du théâtre, plus élevés, sont exigés.

Au lendemain de Noël, une critique dithyrambique paraît dans *La Presse* et dans les quotidiens anglophones. Cela réjouit sûrement l'exploitant qui a annoncé des projections pour une durée illimitée.

Mais le 8 janvier 1917, le film est retiré de l'affiche parce que son visa d'exploitation lui est enlevé le jour même, le distributeur n'acceptant plus les coupures imposées. Sur la fiche de censure, un ajout du président Louis-Joseph Lemieux* indique « The film was condemned at *Intolerance* request ». La fiche mentionne que les coupures sont alors remises au distributeur le même jour. Une question vient naturellement : durant les deux semaines de présentation, a-t-on projeté la version intégrale ou la modifiée ? Probablement qu'on a utilisé la version modifiée puis, constatant que les coupures dénaturaient des parties du film, a-t-on décidé qu'il valait mieux ne pas montrer cette version amputée. Il est fort possible que l'ordre de retirer le film soit venu de Griffith lui-même pour protester contre la mutilation de son œuvre.

Un an plus tard, le 25 février 1918, le Bureau retire sa condamnation à condition que toutes les coupures lui soient remises, ce qui est fait ce jour même. On revient donc à la version mutilée du 13 décembre 1916. La décision avait dû être prise auparavant, puisque l'Orpheum l'annonce, mais sobrement cette fois, dans *La Presse*, le *Montreal Daily Star* et *The Gazette* dès le 21 février. *Intolerance* reprend donc l'affiche, pour une semaine, à compter du 28 février 1918. La presse fait peu état de cette reprise et n'évoque pas le phénomène de censure de l'année précédente.

Une copie est apportée au Bureau le 14 février 1968 par le Conservatoire d'art cinématographique et elle est visée « Pour tous ».

En 1987, les frères Paolo et Vittorio Taviani réalisent *Good Morning Babylonia*, qui amène les deux plus jeunes fils d'une famille d'artisans toscans restaurateurs de cathédrales à Hollywood, en 1915, où ils travaillent à la construction de décors pour *Intolerance*. Peu avant la fin, ils font prononcer un mémorable discours à Griffith où il affirme sans équivoque que le génie qui, hier, construisait les cathédrales se retrouve aujourd'hui dans les studios à construire des films qui formulent les grandes valeurs spirituelles de l'humanité. Son plaidoyer contre l'intolérance, en plein cœur de la Première Guerre mondiale, va exactement dans ce sens d'affirmation d'une nouvelle morale. À sa manière, il est aussi un réquisitoire contre la censure. *Yves Lever*

ANQ-M, fonds Régie du cinéma, E 188, fiches du film.

INUTILE ET ADORABLE
Roger Fournier (1929-) • Roman érotique victime de censure éditoriale et coté « Mauvais » par la revue *Lectures* (1963-1964)

Premier roman de Roger Fournier, *Inutile et adorable* (1963) est aussi la première œuvre québécoise à accorder autant de place à l'érotisme. L'intrigue générale peut se résumer tout entière à un prétexte favorisant la répétition de descriptions sexuelles : Robert, le narrateur, amant de Margot la nymphomane, va-t-il ou non coucher avec Julienne, une femme frigide, mariée avec Gilbert de surcroît ? Oui, le narrateur fera l'amour avec Julienne, mais cette dernière, incapable de se libérer de sa frigidité, se suicide. De son côté, le narrateur prend conscience que, malgré sa vie sexuelle remplie, il ne sait pas aimer ; il se laisse déchoir, quitte amis et maîtresses et meurt parmi les clochards du carré Viger, à Montréal.

Les épisodes érotiques transgressent allègrement, souvent par provocation, la norme catholique restreignant la sexualité au mariage car l'érotisme d'*Inutile et adorable* fait de l'adultère un adjuvant et non un frein dans les rencontres érotiques entre les personnages. Plus encore, le récit contient des propos antimariage on ne peut plus clairs : « Est-ce que j'ai besoin du mariage pour faire ma vie ? [...] on peut très bien se reproduire sans se marier, si j'ai bien compris le mécanisme par lequel on fabrique les enfants. » Évacuant ainsi la nécessité du mariage, le récit s'attarde sur des descriptions très explicites dans lesquelles le sexe de la femme est donné en gros plan : « Je m'avance, je me place entre ses jambes [...]. Ses cuisses prennent des proportions énormes, de même que ses fesses et voilà que ses lèvres vaginales sont comme deux portes entrouvertes. » Les organes sexuels masculins deviennent des instruments de puissance : « Un mâle devrait toujours être bandé comme une lame de sciotte prêt à passer à travers n'importe quelle bûche de pitoune ! » Les descriptions des activités sexuelles sont à l'avenant, passant des relations hétérosexuelles plus convenues à la masturbation et au triolisme.

En plus de la dimension réaliste accordée à la sexualité, la narration verse dans le fantastique, par l'entremise des rêves de Robert, pour donner encore plus d'ampleur à des fantasmes sexuels fondés sur l'exagération, sinon la provocation. L'illustration la plus probante de ce phénomène se trouve dans la séquence où le narrateur rêve qu'il entre tout entier dans le corps de sa maîtresse et y découvre une forêt de pénis, figuration métonymique des amants de la jeune femme. Le roman se termine sur le suicide de Julienne, l'épouse de Gilbert, qui ne peut supporter ni l'adultère qu'elle a finalement commis avec Robert ni la frigidité sexuelle. Hors du sexe libéré, point de salut.

Le contenu sexuel omniprésent d'*Inutile et adorable* donne lieu à deux effets de censure. Le premier se produit au moment même de la publication du roman ; une confusion règne encore à ce sujet au début des années 1990. Voici ce que dit J. Z. Léon Patenaude, grand amateur et collectionneur d'érotisme dans les arts, au sujet d'*Inutile et adorable* lors d'une entrevue accordée à Bertrand Gervais (*Voix et images*, hiver 1990) :

> Du côté québécois, il y a le premier roman de Roger Fournier publié aux Éditions Denoël à Paris, dans les années soixante. Mais il faut faire attention, ce roman est inconnu au Québec. Il n'est pas répertorié comme un roman québécois, mais comme un roman français. [Gervais note ici qu'il n'est répertorié nulle part.] Fournier ne pouvait pas publier cela au Québec, c'était trop érotique.

Le premier roman publié par Roger Fournier est bel et bien *Inutile et adorable* paru au Québec en 1963 au Cercle du livre de France. Le commentaire de Patenaude au sujet du contenu érotique trop choquant pour la société québécoise de l'époque indique que l'éditeur* aurait hésité à publier le livre. Même dans les années 1960, l'érotisme est toujours matière à scandale et l'éditeur. Le Cercle du livre de France, ne voulant sans doute pas mettre sa réputation en jeu, se montre tenté par une censure préalable. La suite indique que l'éditeur finalement ose cette publication qui donne lieu à de fortes réactions de la part des lecteurs.

Le second effet de censure se produit donc au moment de la publication. La critique émanant des revues religieuses dénonce vertement le roman et Yvan MacDonald, après lui avoir attribué la cote « Mauvais » dans *Lectures** (mars 1964), le résume ainsi : « Il s'agit en l'occurrence d'une sorte de tragédie, mais d'une tragédie érotique. » Le suicide de Julienne, l'impossibilité d'aimer qui conduit le narrateur à sa perte constituent les éléments tragiques d'*Inutile et adorable*. Il semble que le critique eût pu comprendre la tragédie si elle avait été d'essence autre qu'érotique. Le suicide de Julienne est le résultat de sa frigidité sexuelle et le narrateur ne peut aimer mais, par contre, il peut accumuler les rencontres sexuelles et jouir de plusieurs partenaires sans s'attacher plus à l'une qu'à l'autre. La sexualité comme cause de la tragédie l'invalide aux yeux de MacDonald. Il décrit le personnage principal en ces termes : « C'est un détraqué sexuel, entièrement consumé et desséché par la sombre flamme de la luxure jusqu'à n'être plus qu'une bête réduite au seul instinct de reproduction. » Le registre animalier est repris dans la description des personnages féminins ; Margot est « une chatte lascive » et Julienne, « un bel animal à la chair rétive ». Dans sa vision hiérarchique, la théologie chrétienne place au plus bas niveau les réalités matérielles, dont les animaux font partie, sous les réalités humaines et spirituelles. Ainsi, la sexualité prend valeur de comportement animal, sous-humain, auquel se livrent des êtres déchus. Dans *Relations* (mai 1964), André Vachon, s.j., souligne le fait que la sexualité est dissociée de l'amour, ce qui la rend inacceptable, animale : « […] le récit forme un ensemble homogène bien structuré autour d'un thème, celui de la sexualité, volontairement isolé du contexte global de l'amour. […] Il baigne tout entier, pour ainsi dire, dans une atmosphère saturée de sécrétions glandulaires. » Le frère Clément Lockquell est, quant à lui, beaucoup plus direct dans *Le Soleil* : « […] ce n'est pas là de la chair, même triste, c'est de la viande moche. » Même remarque, tournée plus subtilement cette fois, chez Léandre Bergeron (*Livres et auteurs canadiens*, 1964) : « Je crois que l'auteur a voulu écrire un roman d'amour, ou plutôt un roman de manque d'amour : l'amour physique seul détruit son homme. » Quelques années plus tard, dans *Culture* (décembre 1967), Odoric Bouffard, o.f.m., reprend la même dialectique de la dissociation du sexe et de l'amour, mais dans un esprit beaucoup plus nuancé et dans une perspective sociologique plus large et lucide :

Roger Fournier revendique pour le sexe une place congrue. À la manière tapageuse – il me semble – des enfants trop bien élevés qui crient leurs insultes une fois dans la rue, loin de leurs parents. Il témoigne à sa façon de nos difficultés à prendre en charge les valeurs du sexe et de l'amour. Mais alors, la leçon qu'il nous impose est lourde et pénible.

Le récit érotique a effectivement cette caractéristique de représenter explicitement, et en premier plan, les actions sexuelles ; ces dernières ne nécessitent d'aucune façon, pour le bon déroulement de l'intrigue littéraire, une histoire d'amour entre les personnages. Alors se confrontent deux visions : l'idéologie catholique avec ses principes relationnels fondés sur l'amour sanctifié par le mariage dans lequel la sexualité est permise, et un thème littéraire – l'érotisme – qui ne demande rien d'autre que les mots pour le dire. La séparation entre la sexualité et l'amour choque les critiques. Ils la dénoncent donc de même que, et de façon acharnée et vindicative, le langage utilisé pour décrire les nombreuses scènes érotiques d'*Inutile et adorable*. Ainsi le roman n'est-il pas seulement mauvais sur le plan éthique, il l'est aussi au niveau esthétique, comme le dit Yvan MacDonald, toujours dans *Lectures* :

> L'écrivain, affirme Flaubert, ne peut dépasser une certaine limite dans la description des réalités les plus communes sous peine de ne plus faire œuvre d'art. À cet égard, on peut se demander dans quelle mesure le livre de Roger Fournier ressortit à l'esthétique. Il est écrit dans un style âpre, populacier, scatologique [...].

Un collaborateur anonyme du *Quartier latin* (février 1964) affirme quant à lui que « c'est très difficile de faire une œuvre d'art avec des mots vulgaires » et que Fournier n'a pas réussi l'exploit. Il tourne en dérision certains extraits érotiques du texte pour prouver son argumentation. En revanche, André Vachon (*Relations*, mai 1964) perçoit de son côté que le langage correspond à une exigence du récit lui-même, de façon à ce que la forme traduise le fond, fond qui en définitive n'est pas qu'érotique :

> [...] on est frappés par l'extrême vulgarité du langage que le romancier impose à ses personnages masculins, surtout lorsqu'ils parlent de sexualité. Ceux-ci tombent alors dans un vocabulaire qui rappelle les graffitis des salles de bain publiques. Ce langage demeure pourtant dans la logique du roman : il exprime le mépris profond des hommes pour la femme.

Il est indéniable que la publication d'un récit aussi ouvertement érotique qu'*Inutile et adorable* a causé une commotion dans le milieu littéraire québécois du début des années 1960. Monique Bosco (*Maclean's*, février 1964) explique que, jusque-là au Québec, l'effet conjugué de l'idéologie catholique, négative et suspicieuse au sujet de l'amour littéraire en général et la censure cléricale, qui promettait d'être brutale à l'encontre des représentations de l'érotisme, avait anéanti la création de textes érotiques :

> En fait, l'amour assimilé à l'idée d'une maladie et de maladie honteuse de surcroît, n'était jamais représenté, dans sa dimension physique tout au moins. Si d'aventure, un naïf s'y risquait parfois, c'est justement avec une telle naïveté et maladresse que l'on aurait eu envie de lui indiquer l'adresse de l'Arthur Murray ou du Dale Carnegie de la chose. Sans compter que l'autocensure* fonctionnait. Les ciseaux d'Anastasie* pouvaient rouiller en paix.

Toujours selon Bosco, il n'est alors pas étonnant que la libération des mentalités se traduise par une « explosion de la sexualité dans le domaine littéraire ». Cette explosion, amorcée par *Inutile et adorable*, a contribué à l'émancipation de la littérature québécoise de la tutelle censoriale. *Élise Salaün*

Fournier, Roger, *Inutile et adorable*, [Montréal], Le Cercle du livre de France, [1963], 204 p.

J'ACCUSE

Abel Gance (1889-1981) • Film antimilitariste interdit en 1919, mais dont le remake est approuvé en 1938

De *J'accuse*, seul le titre est emprunté au célèbre manifeste d'Émile Zola, paru dans *L'Aurore* du 13 janvier 1898, mais il en connote tout le pouvoir lorsqu'il est proféré par le personnage principal. Un triangle amoureux sur fond de Première Guerre mondiale*, dont aucun protagoniste ne sort vivant, sert à Abel Gance pour lancer un vibrant plaidoyer pacifiste. Les scènes de bataille sont tournées au moment même de vrais affrontements avec l'ennemi allemand, ce qui donne un caractère hyperréaliste à l'ensemble. À la fin, juste avant de mourir sur un champ de bataille, le héros lance « Debout les morts ! » à toutes les victimes avec l'espoir que cette guerre soit « la der des der ».

Le Bureau de censure du Québec refuse *J'accuse* le 20 mars 1919 avec ce simple justificatif : « On religious ground ». En 1921, une version est adaptée pour le public américain, mais avec une fin heureuse où les amants se retrouvent au lieu de mourir ; elle n'est pas présentée à la censure québécoise et elle n'est vraisemblablement jamais diffusée au Québec.

En 1937, Abel Gance présente un *remake* de son film, utilisant toutefois les mêmes images documentaires pour garder toute leur force aux images de batailles et de souffrances. Cette fois, le censeur l'accepte intégralement le 5 mai 1938. *Yves Lever*

ANQ-M, fonds Régie du cinéma, E 188, fiches des films.

JEUNESSE ANNÉE 0
Louis Portugais (1932-1982) • Documentaire que son producteur refuse de laisser voir (1964)

À l'été de 1964, en prévision d'un prochain congrès, la Fédération libérale du Québec (FLQ), vitrine du Parti libéral qui va bientôt changer de nom pour éviter toute confusion avec le FLQ (Front de libération du Québec), veut connaître les opinions des jeunes Québécois et Québécoises, dont la population se chiffre à près d'un million. Ces personnes vont bientôt voter pour la première fois, car l'État vient d'accorder le droit de vote à 18 ans. Maurice Leroux*, conseiller en communications et ami du premier ministre Jean Lesage, recommande la fabrication d'une enquête filmique, laquelle pourra ensuite servir d'outil d'animation et de propagande.

Le documentaire est tourné en toute liberté. Certains jeunes sont choisis au hasard, d'autres pour leur participation à des groupes de pression ou à des organismes d'animation sociale. Qu'ils aient un travail ou qu'ils chôment, les interviewés disent crûment ce qu'ils pensent. Le portrait apparaît dévastateur au premier ministre. Les jeunes ne lui font pas confiance, ni à ses ministres, ni à aucun des « vieux » partis ; ils revendiquent des réformes plus rapides et se disent solidaires du Front de libération du Québec ; ils proposent l'obligation pour tous d'aller à l'école jusqu'à 20 ans, avec le système de bourses nécessaires ; ils ne font plus confiance aux médias, vendus aux politiciens ; certains parlent de socialisme et d'indépendance, d'autres rêvent simplement d'un « gros char » ; la plupart ignorent tout de la vie politique ; etc. L'ensemble reflète un profond malaise.

Lesage voit le documentaire en projection privée et il en interdit la diffusion et l'utilisation. Il faut tout le poids de René Lévesque, ministre influent mais surtout ancien journaliste qui fait confiance à la vérité d'un tel document, pour qu'il soit présenté au congrès de septembre. La presse en retient surtout le « pessimisme de vieillards » qui semble l'apanage de la jeunesse. Le commanditaire, de son côté, tire sur le messager plutôt que d'analyser le message et il refuse de défrayer la production. Il ne la paye qu'en partie lorsqu'il récupère les éléments de tirage, mis sous scellés. Le producteur Claude Fournier en conserve une copie, que certains critiques et historiens peuvent ensuite visionner. Elle se retrouve maintenant dans les voûtes de la Cinémathèque. *Yves Lever*

Médiathèque Guy-L.-Côté, Cinémathèque québécoise, dossier Claude Fournier ; FOURNIER, Claude, *René Lévesque, portrait d'un homme seul*, Montréal, Éditions de l'Homme, 1993 ; interview de Claude Fournier par Yves Lever, février 2004.

▶ Politique (censure)

JOHNSON, DANIEL (1915-1968)

Un ex-censeur puritain (1945) qui fait adopter une loi progressiste (1967)

Daniel Johnson, jeune avocat, militant d'action catholique, engagé dans le parti de l'Union nationale, est nommé au Bureau de censure par Maurice Duplessis* et il entre en fonction, à temps partiel, le 7 novembre 1945, lors du remplacement des censeurs qui suit habituellement l'arrivée d'un nouveau parti au pouvoir. On voit peu souvent sa signature sur les fiches d'évaluation ; il est sans doute trop occupé par ses divers engagements et par son entrée dans la vie politique active. Un an plus tard, il abandonne le poste juste avant de devenir député le 18 décembre 1946.

Devenu premier ministre lors des élections du 16 juin 1966, il préside à l'adoption, le 15 juin 1967 (sanction le 12 août suivant), de la première loi réformant la censure en profondeur depuis 1928. Cette loi consacre la libéralisation en cours depuis 1961 et crée le système des visas par paliers d'âge. Il lui faut beaucoup de détermination pour s'opposer à des membres influents de son parti qui veulent ramener le patronage duplessiste. Par exemple, en novembre 1966, son ministre Yves Gabias* nomme un employé du parti au Bureau de censure et contrevient ainsi à la loi de la fonction publique ; il entreprend aussi, vainement, de faire congédier le chef censeur André Guérin*. C'est davantage pour rouerie politique que par conviction que Johnson se fait défenseur de la nouvelle censure, car il sait prendre la direction du vent. Ironie de l'histoire, c'est un ex-censeur puritain qui aura entériné la loi de censure la plus progressiste. *Yves Lever*

ANQ-M, fonds Régie du cinéma, E 188, fiches des films et documents divers.

LE JOUR

Journal fondé par Jean-Charles Harvey en 1937 et qui connaît quelques difficultés avec la censure

▶ *Les demi-civilisés* ; « French Canada » ; *Huis clos*

LE JOUR SE LÈVE

▶ *Le quai des brumes*

JULIE PAPINEAU : UN CAS DE MÉLANCOLIE ET D'ÉDUCATION JANSÉNISTE

Fernand Ouellet (1926-) • Essai historique pour lequel l'auteur et l'éditeur se voient intenter un procès (1961)

En 1950, l'historien Fernand Ouellet est à l'emploi des Archives de la province de Québec (rebaptisées les Archives nationales du Québec), de telle sorte qu'il a accès aux papiers de la famille du célèbre homme politique et tribun Louis-Joseph Papineau. Il perçoit Papineau comme un chef raté, qui a amené les Québécois sur une voie stérile, au lieu de les guider vers la modernité. En compulsant les documents contenus dans ce fonds, il en vient à la conclusion que Papineau était le chef impuissant d'une famille dysfonctionnelle.

Au cours des années 1950, Ouellet publie divers articles dans lesquels il fait part de son diagnostic de la famille Papineau, en portant une attention particulière à l'épouse du chef politique. Dans un article publié dans le *Bulletin des recherches historiques* en 1958, il présente un « portrait psychologique » de cette femme, Julie Bruneau-Papineau. En se fondant sur des preuves assez minces, il soutient que la femme du chef des Patriotes était « excitable à l'extrême. Les événements, même les plus inoffensifs, les êtres étaient pour elle une source d'angoisse, de crainte et de douleur. » Manifestement, Ouellet a peu de sympathie pour elle car il affirme qu'elle profitait de ses déficiences mentales et physiques pour « séduire et dominer son entourage ». Ouellet avance des affirmations qui sont encore plus sujettes à contentieux dans le manuscrit d'un ouvrage qu'il tente d'éditer en 1961 et qui porte le titre *Julie Papineau : un cas de mélancolie et d'éducation janséniste*. Ce manuscrit a provoqué des disputes judiciaires qui ont duré plus de dix ans. Environ la moitié de l'ouvrage comporte des articles que

La famille Papineau intente un procès contre l'historien Fernand Ouellet, alléguant entre autres que les propos de l'historien peuvent entraîner « des dommages sérieux et irréparables à leur réputation et à leur sensibilité ».

l'auteur avait déjà publiés sur le sujet. L'autre moitié présente des propos inédits au sujet de l'instabilité mentale des enfants de la famille Papineau, le but de l'auteur étant d'appuyer l'hypothèse voulant que cette famille québécoise soit anormale.

Si Ouellet présente les fils de Julie Papineau d'un point de vue plutôt sympathique, puisqu'ils avaient souffert des manigances d'une mère dominatrice, il voit les filles d'un tout autre œil. Il les tient responsables d'un problème qui sévit à l'époque dans la société québécoise, notamment celui de l'ascendant des femmes sur les hommes, alors que celles-ci ne sont pas toujours à la hauteur de la tâche. L'auteur découvre

> un malaise généralisé, produit de l'inadaptation des hommes et des valeurs traditionnelles aux réalités nouvelles. De Marie-Anne Robitaille (mère de Julie Bruneau), en passant par Julie Bruneau-Papineau à Azélie Papineau (-Bourassa), trois générations de femmes autoritaires, scrupuleuses, inquiètes, pessimistes, fatalistes et de plus en plus déséquilibrées.

En 1960, le contenu du manuscrit est porté à l'attention d'Anne Bourassa, la petite-fille d'Azélie Papineau et la fille d'Henri Bourassa. Au printemps de 1961, elle rencontre l'historien qui lui signifie qu'il est à quelques semaines seulement de publier l'ouvrage aux Presses de l'Université Laval. Ouellet permet à madame Bourassa d'examiner le manuscrit en cours de publication. Elle réagit d'une façon négative à ce portrait de la famille, aux « détails pénibles d'une nature extrêmement intimes, détails qui n'ont rien à voir avec l'histoire et qui causeront inévitablement des dommages » à la famille Bourassa, comme elle l'affirmera au procès. Elle demande donc à Ouellet d'enlever quelques passages jugés injurieux mais, quand ce dernier refuse et que la publication semble imminente, elle et ses sœurs décident qu'elles n'ont d'autre choix que d'intenter un procès à l'auteur et à l'éditeur*.

Le procès, commencé vers la fin du mois de mai 1961, se déroule pendant près de dix ans et porte sur deux points. D'abord, les sœurs Bourassa remettent en cause le droit de publier des extraits de documents d'archives faisant partie du fonds Papineau-Bourassa depuis plus de 20 ans, alléguant qu'il y avait des restrictions sur ces papiers de famille et que Fernand Ouellet avait tenté de circonvenir à ces dispositions en tant qu'employé des archives. Lorsque le juge Frédéric Dorion rend sa décision en janvier 1970, il rejette catégoriquement cet argument des sœurs Bourassa et souligne que les documents en question avaient été « cédés à la province sans aucune réserve ». Ensuite, le procès des Bourassa

L'HISTOIRE DU CANADA DE FRANÇOIS-XAVIER GARNEAU ET LA CENSURE (1913)

Fernand Ouellet n'est pas le premier historien à se heurter à la censure. L'*Histoire du Canada*, de François-Xavier Garneau, a connu les affres de la censure, qu'a retracés l'historien Pierre Savard (*RHAF*, mars 1975). La réédition en deux tomes (1913 et 1920) n'échappe pas à de telles pressions, remettant en cause « ce délicat équilibre » entre le Garneau patriote et l'autre, libéral. Hector Garneau, petit-fils du célèbre historien, adresse le premier volume à l'évêché de Montréal (sans doute à Mgr Bruchési). Ce dernier, dans sa lettre du 26 septembre 1913, critique certaines interprétations de l'historien national : « Mais me permettrez-vous quelques réserves ? Veuillez les accueillir comme venant d'une amitié franche et sincère. […] » Ne lui récusant pas le droit d'interpréter le passé, Bruchési note néanmoins : « Mais ses jugements, dont je suis prêt à reconnaître la sincérité parfaite, sont-ils toujours justes ? Les acceptez-vous comme tels et sans appel ? Peut-on souscrire, par exemple, à son appréciation du rôle joué au Canada par le grand évêque, le <u>Vénérable</u> Mgr de Laval, et de la spiritualité de l'illustre Marie de l'Incarnation, une autre <u>Vénérable</u> dont l'Église a reconnu et proclamé les héroïques vertus ? Vous avez "inséré, entre crochets, des additions et des remaniements" que le texte semblait demander. N'y aurait-il pas eu lieu également à des modifications ou explications relativement aux passages que je viens de signaler et à quelques autres ? La chose ne serait-elle pas possible dans une nouvelle édition ? » (ACAM)

porte une attention particulière à la façon dont Ouellet avait interprété les documents. Celles-ci soutiennent que l'ouvrage de Ouellet est de nature diffamatoire et que sa publication occasionnerait « des dommages sérieux et irréparables à leur réputation et à leur sensibilité ». Elles se disent outragées par le fait que Ouellet monte en épingle « les détails les plus sordides […] des membres de la famille Papineau-Bourassa. » Si elles demandent seulement la somme de 600 $ sous forme de compensation, elles veulent en revanche empêcher la publication du livre et, le cas échéant, sa distribution en librairie*.

Du point de vue de la jurisprudence, ce procès constitue une récusation du droit de l'historien d'interpréter le passé comme il le voit, en se fondant sur la documentation disponible. Ouellet maintient qu'à titre d'historien, « son ouvrage [était] un ouvrage d'histoire fondé sur la véracité des faits ». Cette position est défendue énergiquement par la Société historique du Canada (SHC), qui aide le défendeur à défrayer le procès, avant et après le jugement du juge Dorion.

En dernière analyse, si Dorion n'a pas émis d'injonction contre la publication du livre, il a tout de même obligé Ouellet à payer une amende de 400 $ pour avoir indisposé les sœurs Bourassa. Le défendeur et ses collègues de la SHC s'en sont pris au fait qu'un historien pouvait être poursuivi devant les tribunaux et se voir obligé de verser une amende, même symbolique, pour avoir fait des commentaires au sujet de personnes décédées. À la lumière de la décision du juge, la SHC est allée en appel, d'abord devant le Banc de la Reine et ensuite à la Cour suprême, mais sans obtenir gain de cause. Subséquemment, la SHC a essayé de convaincre l'éditeur qu'il avait une obligation morale, sinon légale, de publier et de distribuer l'ouvrage de Ouellet, puisque le juge Dorion n'interdisait pas sa publication. Cependant, à la lumière des démêlés avec les Bourassa, ni les Presses de l'Université Laval, ni aucun autre éditeur ne s'est montré intéressé à poursuivre ce projet.

Une bonne partie des propos de Ouellet au sujet de la famille Papineau était déjà parue sous forme d'articles avant la publication du livre. En outre, puisque le livre était prêt à être distribué avant que le procès commence, il existe plusieurs exemplaires en circulation, preuve que le livre est paru de façon officieuse. Toutefois, la suppression d'une distribution étendue du *Julie Papineau [...]* demeure révélatrice. Dans la société québécoise des années 1960, quelques individus bien placés peuvent réussir à empêcher l'expression libre des idées. En outre, Fernand Ouellet a pu faire des affirmations au sujet de la famille Papineau qui n'étaient pas nécessairement soutenues par des preuves suffisantes, mais il n'a pas eu à les défendre à cause de la suppression de son ouvrage. *Ronald Rudin*

ANQ, Fernand Ouellet, « *Julie Papineau : un cas de mélancolie et d'éducation janséniste* », Cour supérieure de Québec (T 11), Boîte 68, dossier 110-644 ; OUELLET, Fernand, *Julie Papineau. Un cas de mélancolie et d'éducation janséniste*, [Québec], Les Presses de l'Université Laval, coll. « Cahiers de l'Institut d'histoire de l'Université Laval », n° 4, 1961, 123 p. ; RUDIN, Ronald, *Faire de l'histoire au Québec*, Québec, Septentrion, 1998.

▸ Censure juridique ; Droit d'auteur et liberté d'expression

JURIDIQUE (CENSURE)

▸ *L'amant de Lady Chatterley* ; *Après-ski* ; Ballets africains ; *Le Canadien* ; *Canada-Revue* ; *Le Cassé* ; Droit d'auteur et liberté d'expression ; Édition ; *Les fées ont soif* ; *Histoire d'O* ; *I, a Wowan* ; *Julie Papineau [...]* ; Liberté de presse ; *Le mal des anges* ; *La Minerve* ; Magazines avec illustrations ; *Nègres blancs d'Amérique* ; Ouimet, Léo-Ernest ; *La Petite Revue* ; *Pile ou face* ; *La pomme, la queue et les pépins* ; *Salò ou Les 120 jours de Sodome* ; *Le soleil a pas d'chance* ; *Sweet Movie*

L

LA LANTERNE CANADIENNE

Arthur Buies (1840-1901) • Journal censuré (1868-1869) puis interdit par Mgr Taschereau lors de sa réédition (1886)

À Paris, le journal *La Lanterne* du pamphlétaire Henri Rochefort paraît peu de temps après l'adoption de la loi du 11 mai 1868, qui supprime l'autorisation préalable, mais non le délit d'opinion. Toutefois, le journal connaît un tel succès que le Second Empire en interdit la publication sur le territoire français à partir du numéro 14. À Montréal, *Le Pays**, d'allégeance libérale, en publie des extraits à partir du 1er juillet et dans les numéros subséquents. Le jeune Arthur Buies, qui s'est embarqué pour la France le 1er juillet 1867 dans l'espoir de faire carrière dans le journalisme parisien, est rentré au pays depuis le mois de janvier 1868, son rêve brisé, mais déterminé à poursuivre la lutte en faveur du libéralisme au sein de l'Institut canadien de Montréal* dont il est élu secrétaire correspondant à la mi-mai. Le 13 août 1868, *Le Pays* publie la lettre d'Henri Rochefort aux journaux de Paris à la suite de l'interdiction de vente de *La Lanterne* et, le 12 septembre, il annonce la parution d'un nouveau journal, *La Lanterne canadienne* par Arthur Buies.

Dès le début de 1858, Mgr Ignace Bourget a sommé l'Institut canadien de Montréal d'expurger sa bibliothèque* des livres à l'Index*, sommation suivie quelques mois plus tard d'une menace d'excommunication, entraînant par la même occasion la défection de 140 membres de l'Institut au profit d'un nouvel Institut canadien-français. Au début de 1862, alors que Buies rentre d'un premier séjour de cinq ans en France, une nouvelle escarmouche éclate entre l'évêché et *Le Pays* : cette fois, Mgr Bourget exige que *Le Pays* publie sept de ses lettres dans lesquelles il accuse le journal de propager l'esprit révolutionnaire et de bafouer l'autorité du Pape. Buies s'engage résolument du côté de l'Institut canadien de Montréal, y donne des conférences, en est élu le secrétaire correspondant une première fois en 1863, en assume la vice-présidence en 1865 et collabore régulièrement au *Pays*.

Il importe de souligner que le délit d'opinion n'existant pas au Canada, la liberté d'expression, inconnue en France à l'époque où Buies y a séjourné, est par contre totale ici. D'où le paradoxe : dans un pays qui, sur le plan des libertés politiques et civiles, se compare avantageusement aux régimes démocratiques les plus avancés de l'époque, la liberté de penser et son expression sont un leurre dans la mesure où une autorité, l'autorité religieuse, peut entraver, voire interdire son exercice. D'ailleurs, dans son propos « Aux Lecteurs » du premier numéro de *La Lanterne canadienne* du 17 septembre 1868, Buies écrit : « Je publie cette *Lanterne* sans crainte qu'elle soit supprimée. Je n'ai pas, Dieu merci, à redouter des ministres absolus, comme mon confrère Rochefort. Si je suis supprimé, ce sera grâce à vous, et surtout grâce à moi-même qui n'aurai pas su montrer autant d'esprit que j'en ai positivement. »

Montrer de l'esprit c'est, pour l'essentiel, dans le cas du pamphlet, mettre les rieurs de son côté au détriment de ses adversaires. Et Buies n'a guère de difficulté à relever les âneries glanées dans les journaux conservateurs, car c'est contre eux surtout qu'il va polémiquer. Néanmoins, *La Lanterne canadienne*, comme son nom l'indique, entend aussi éclairer ses lecteurs, les encourager dans la voie du progrès intellectuel. Buies se veut le prophète du progrès, l'apôtre d'un nouvel âge, celui de la science et de la raison. Avec une naïveté touchante et un admirable courage, il se donne pour mission de libérer le peuple québécois de la peur et de l'ignorance. Ou encore, comme il l'annonce d'entrée de jeu : « J'entre en guerre ouverte avec toutes les stupidités, toutes les hypocrisies, toutes les infamies ;

c'est-à-dire que je me mets à dos les ¾ des hommes, ce qui est lourd. »

Parmi les lignes de force du journal se trouve l'humour. Les organes de presse, exception faite des journaux nommément humoristiques, adoptant le plus souvent un ton sérieux, voire solennel, Buies convient de s'en démarquer : « La dite *Lanterne* n'est inspirée que par les sottises et les ridicules de la presse torye qui les a monopolisés au point qu'il m'est impossible d'en trouver parmi les libéraux, pas même pour la variété. » Et Buies de donner un exemple d'annonce parue dans *La Minerve** : « On demande un jeune homme pieux pour un magasin de chaussures », qu'il commente en ces termes : « Comment trouvez-vous ce rapprochement du cuir et de l'eau bénite ? Quelle consolation pour les gens bien-pensants que d'enfermer leurs pieds dans des chaussures vendues par un jeune homme qui a fait ses pâques ! »

Suivent les informations ou propos de nature à instruire. En digne héritier d'Étienne Parent, du *Canadien**, Buies revient constamment sur l'importance primordiale de l'éducation, un thème qui ne cessera de le hanter toute sa vie : « J'écris, dit-il, pour instruire, non pour satisfaire des haines. […] Je veux maintenir ma *Lanterne* à la hauteur d'un pamphlet, et non l'abaisser au libelle. » Sa profession de foi ? La voilà en deux mots : « Un homme est un être intelligent et raisonnable. Voilà ma croyance. » Et d'ajouter : « L'homme ne sera libre que lorsque la femme sera émancipée. »

Attaqué par ses adversaires, lâché par ses alliés naturels, il ne peut s'empêcher de crier son indignation :

> Ici, la servilité n'est pas imposée ; elle est volontaire, gratuite, adulée, recherchée à cœur-joie, avec transport. Nous sommes bien faits pour être méprisés par les races qui nous entourent, et nous ne le volons point, merci. […] Les libraires, les seuls qui méritent ce nom dans Montréal, sont des Anglais. Les autres ne sont tous plus ou moins que des vendeurs d'images. […] Jeune gens, l'avenir est à vous ; assez des phraseurs, des discuteurs, des conciliateurs, des épargneurs, il faut maintenant des hommes d'action.

Au fil des semaines, Buies tient ses lecteurs au courant de la campagne de dénigrement dont *La Lanterne* est l'objet et des manœuvres d'intimidation exercées à l'endroit des dépositaires de journaux et des jeunes camelots. Les ennuis ne vont guère tarder. La consigne du silence qu'observe dans un premier temps la presse conservatrice fait bientôt place aux attaques perfides, puis aux admonestations, aux menaces, et enfin aux sanctions. Un des dépositaires, M. Chapleau, est le premier à refuser de continuer à vendre *La Lanterne*, suivi de M. Perry, à la suite de pressions cléricales. « Un libraire* n'est pas libre, mais il vend dans l'arrière-boutique ce qu'il n'étale pas dans les vitrines ou sur ses rayons. » Puis, c'est au tour des camelots, dont les parents reçoivent la visite du curé de la paroisse, ou encore l'enfant est sommé de brûler les exemplaires qui lui restent. Plus grave, son imprimeur* cède bientôt à la menace de se voir enlever l'impression du journal clérical l'*Écho du Cabinet de Lecture*. D'ailleurs, il est symptomatique qu'aucune raison sociale francophone n'apparaisse dans les rares notices publicitaires. Le vingt-septième et dernier numéro de *La Lanterne* paraît le 18 mars 1869.

On peut légitimement se demander pourquoi les autorités religieuses n'interviennent officiellement que quinze ans plus tard contre *La Lanterne canadienne*. Ses lecteurs se recrutent surtout chez les membres de l'Institut canadien, qui a fait l'objet d'une condamnation par l'évêché de Montréal et subi les foudres du Saint-Office par deux décrets en date du 7 juillet 1869 et du 31 août 1870, interdisant d'être membre de l'Institut sous peine de refus des sacrements, de même que chez les « Anglais », donc les protestants ; il est par conséquent permis de penser que le clergé jugea qu'une campagne de presse, doublée de dénigrement de bouche à oreille, serait plus efficace.

Buies s'en explique dans sa nouvelle édition de *La Lanterne*, en date du 30 juin 1884. Dans un *Article posthume* il écrit :

> Depuis plusieurs semaines, l'auteur luttait péniblement, isolément, non seulement contre les ennemis naturels et déclarés de son pamphlet, contre la propagande ouverte ou sourde, contre les moyens déguisés ou non […] mais encore, et ce qui était bien plus douloureux et plus dangereux pour lui que tout le reste, contre l'effroi qu'on était parvenu à répandre jusque dans l'esprit de ses meilleurs amis, de ses plus fermes soutiens. […] Elle ne pénétrait plus dans aucun foyer. On la lisait secrètement et on se hâtait de la détruire après l'avoir lue ; c'est pour cela qu'il n'en était resté que très peu d'exemplaires conservés religieusement par des partisans ou des adeptes sans peur et sans reproche.

Cette nouvelle édition, qui s'intitule simplement *La Lanterne*, ne contient que 319 pages des 448 de l'édition originale. L'auteur a choisi d'en retrancher « les reproductions, les variétés et les articles divers qui, tout en se rattachant à l'esprit de l'œuvre, n'en constituent pas moins des éléments étrangers ». En revanche, en plus de la *Préface* et de l'*Article posthume*, il ajoute en annexe le texte intégral de la *Deuxième lettre sur le Canada*, publiée pour la première fois en 1864, et dans laquelle il déclare notamment : « […] je suis profondément chrétien ; et c'est parce que je suis chrétien que je veux que la conscience des hommes soit respectée. » C'est là, sans doute, une façon de se dédouaner par rapport aux autorités ecclésiastiques, dont l'intransigeance s'est quelque peu assouplie depuis le départ à la retraite de Mgr Bourget en 1876. Néanmoins, peu de temps avant la réédition de *La Lanterne*, le 20 mai 1884, Mgr Elzéar-Alexandre Taschereau écrit au Grand Vicaire de Québec, le Très Révérend Cyrille-Étienne Légaré : « […] Vous vous rappelez que j'ai condamné autrefois le journal *Le Réveil** du fameux Buies. Il recommence dans *La Patrie**. Je vous prie et vous autorise à condamner ce dernier journal en disant que c'est par mon ordre. Est-ce que Mgr Fabre ne dit rien […]. »

En 1882, terrassé par une crise de *delirium tremens* dont il conte le détail dans une série d'articles publiés en décembre 1882 et janvier 1883 dans *La Patrie*, Buies fait amende honorable dans une lettre à son ami M. Bégin – le futur Mgr Louis-Nazaire Bégin – et dans laquelle il avoue que « […] depuis ma sortie de l'affreux abîme où j'avais roulé, enveloppé de fange et de honte, j'ai prié, j'ai supplié mon Dieu de ne pas m'abandonner seul au milieu de tant d'écueils. […] Je me suis confessé, mais n'ai

Couverture, réédition en volume (1884). – Ce journal (1868-1869) d'Arthur Buies est victime de diverses stratégies de censure puis, lors de sa réédition en volume, il est formellement interdit par Mgr Taschereau en 1886.

pas encore communié. Cela aura lieu dans quelques jours. » (30 décembre 1883)

Il est déjà à l'époque le collaborateur et l'ami du curé François-Xavier Antoine Labelle, prêtre énergique, bâtisseur plutôt éloigné des questions doctrinales, et qui devait se soucier fort peu de la réédition de La Lanterne. On peut toutefois se demander pourquoi c'est Mgr Taschereau, élevé à la pourpre cardinalice, il est vrai, le 7 juin 1886, et non Mgr Fabre, devenu archevêque le 13 juin de la même année, qui prend la décision de condamner par le mandement du 8 novembre 1886 adressé aux curés du diocèse de Québec, la nouvelle édition de La Lanterne, « amas confus de blasphèmes, d'attaques contre l'Église catholique, sa hiérarchie, ses œuvres, son enseignement, ses institutions » ; il condamne du même coup, mais a posteriori, les éditions de 1868-1869.

Il ne s'agit plus cette fois-ci, il est vrai, d'un hebdomadaire mais d'un volume, et on peut penser que cette condamnation est demeurée sans effet. Buies se moque bien de l'opinion de la hiérarchie ecclésiastique, et dans une lettre ouverte à La Patrie publiée moins de deux ans avant sa mort (15 avril 1899), il proclame sa plus vive admiration pour Voltaire et Diderot. Quant à La Lanterne, on la relit encore avec beaucoup de plaisir. Sans être un monument littéraire, elle n'en demeure pas moins l'illustration toujours vivante d'un talent unique de pamphlétaire, de liberté d'esprit et de courage intellectuel dans le Québec du XIXe siècle. *Francis Parmentier*

La Lanterne canadienne, 17 septembre 1868–18 mars 1869 ; BUIES, Arthur, La Lanterne. Nouvelle édition, Montréal, [s.é.], 1884, 336 p.
LAMONTAGNE, Léopold, Arthur Buies. Homme de lettres, Québec, Presses de l'Université Laval, 1957 ; PARMENTIER, Francis, « Réception de La Lanterne par la presse canadienne-française », RHAF, 34, 2 (septembre 1980).

LAURIER PALACE
▶ Rapport Boyer

LECTURES
Revue mensuelle de bibliographie critique des Éditions Fides qui, entre autres, attribue aux ouvrages une cote morale (1946-1966)

En 1937, une enquête sur la lecture au Québec menée par la Jeunesse étudiante catholique (JÉC) dévoile un problème criant : les jeunes lisent peu et, surtout, sans direction aucune. Le père Paul-Aimé Martin lance alors la même année *Mes fiches* ; il est loin de croire, à 20 ans, que toute sa vie sera consacrée à l'édition*. Paul-Aimé Martin (1917-2001) est entré le 2 août 1933 au noviciat de la Congrégation de Sainte-Croix. Il a prononcé ses vœux temporaires un an plus tard et fait des études de philosophie et de théologie qui l'ont mis en contact, entre autres, avec l'humanisme intégral de Jacques Maritain, philosophie fondatrice des futures Éditions Fides. En 1937, il participe à la fondation de l'École de bibliothécaires de l'Université de Montréal.

Mes fiches paraissent deux fois par mois, chaque jeu de 16 fiches donnant aux usagers, professionnels et étudiants, un outil de référence au classement continu, grâce au système décimal. L'entreprise connaît un départ remarquable, tirant à 10 000 exemplaires ; il faut dire qu'elle est intégrée au réseau de diffusion de la JÉC et reçoit l'appui officiel du cardinal Jean-Marie-Rodrigue Villeneuve.

Après quelques publications sous le nom de « Fides » en 1941, la Corporation des Éditions Fides est établie en 1942. *Mes fiches* ne sont pas pour autant abandonnées ; elles ajoutent même, en mars 1943, une nouvelle dimension à leur contenu, des comptes rendus de livres accompagnés de cotes morales, et s'adjoignent un bulletin critique, « Lectures et bibliothèques ». Les cotes utilisées sont : I, franchement mauvais ; II, dangereux au point de vue doctrinal ou moral ; III, livres à défendre de façon générale aux gens non formés intellectuellement et moralement ; IV, livres convenables pour adultes. Avant 1946, *Orage sur mon corps** d'André

Béland (1944) est le seul ouvrage de littérature canadienne-française à obtenir la cote I.

Fides lance en 1946 la revue *Lectures*, qui remplace le bulletin « Lectures et bibliothèques » et, surtout, en élargit la portée. Le père Martin écrit dans la revue, en septembre 1946 (« À nos lecteurs ») :

> Car ce n'est pas tout d'indiquer ce qu'il importe de lire et ce qu'il ne faut pas lire ; il est d'une importance souveraine de poser le problème des lectures dans toute son ampleur, de le situer dans le cadre réel qui est celui de l'humanisme intégral à atteindre ; il faut aussi répandre les notions de base sur les rapports de l'art et de la morale, sur la législation de l'Église en matière de lectures, etc.

Mes fiches reviennent à leur rôle bibliographique et *Lectures* diffuse la critique doctrinale, morale, appuyée sur la philosophie de Jacques Maritain, l'humanisme intégral.

Lectures vise davantage à orienter le lecteur qu'à prononcer des anathèmes. À cette fin, la revue complète ses appréciations critiques par une cote qui, sans déconsidérer l'aspect esthétique, place la morale comme pierre angulaire de l'œuvre : « […] un culte dilettante du beau, de la forme pour la forme, dans l'oubli ou le mépris des exigences de la morale, n'est pas légitime et doit être condamné. » Cette position du père Martin, au moment de la fondation de la revue, *Lectures* la tiendra jusqu'à sa disparition, en 1966.

Les nouvelles cotes sont les suivantes : M, ouvrage mauvais ; D, ouvrage dangereux ; B ?, appelle des réserves, pour gens formés intellectuellement et moralement ; B, pour adultes. Elles se raffineront quelque peu ultérieurement, tenant compte par exemple de la jeunesse. Le principe de ces cotes se justifie ainsi, poursuit le père Martin :

> Les livres sont tout simplement classifiés selon l'influence bonne ou mauvaise qu'ils peuvent exercer sur les esprits et les cœurs, plus concrètement selon l'occasion plus ou moins prochaine de péché qu'ils peuvent comporter pour la plupart des lecteurs de telle ou telle condition, ou pour des lecteurs de tout âge et de toute condition.

Le premier changement significatif ne survient que 18 ans plus tard, lorsque Roland-M. Charland, c.s.c. (Congrégation de Sainte-Croix), devient responsable de la rédaction, en 1964 ; les cotes n'apparaissent alors que dans une section bibliographique intitulée « Cote morale des nouveautés en librairie ». Puis, au mois de septembre 1965, *Lectures* fait une volte-face historique : « La revue *Lectures* prend une nouvelle attitude ; elle n'étiquettera plus désormais de cotes morales les ouvrages. » Plus qu'une abolition, c'est un retournement radical dont il s'agit ; alors que l'Index*, dont les jours sont désormais comptés, fait porter la responsabilité sur l'auteur, le déplacement s'oriente maintenant vers le lecteur. L'éditorial de Roland-M. Charland, en septembre 1965, décrit ce retournement majeur :

> On sait bien que le problème des lectures est avant tout celui des lecteurs, qu'il ne saurait se résoudre à une simple question d'âge ou de capacité d'absorption, qu'il faille aussi mettre en ligne de compte beaucoup d'autres facteurs plus ou moins pondérables, comme l'éducation reçue, les milieux fréquentés, l'expérience de la vie, etc.

Un an plus tard, l'abrogation de l'Index romain entérine cette nouvelle responsabilité du lecteur. Pareil virage est d'autant significatif que cet éditorial de *Lectures* s'intitule « L'État adulte » et que, comble d'ironie, il est suivi d'une étude sur Jean-Charles Harvey, l'un des auteurs les plus censurés du Québec, et qui a revendiqué cette liberté dès les années 1920.

Quels auteurs québécois ont été stigmatisés par *Lectures* ? Si l'on retient à cette fin les ouvrages qui se sont vu attribuer la cote M ou D, et que l'on distingue les auteurs qui ont eu trois ouvrages ou plus ainsi cotés, on obtient le résultat suivant :

— Jean Simard, M : *Félix**, *Hôtel de la reine**, *L'ange interdit** ; D, *Mon fils pourtant heureux*.
— Bertrand Vac, M : *Louise Genest**, *La favorite et le conquérant** ; D : *Deux portes… une adresse*, *Saint-Pépin, P.Q.*

— Yves Thériault, M: *Le dompteur d'ours**; *Les commettants de Caridad**; D: *Agaguk*.
— Claire Martin, M: *Doux-amer**, *Quand j'aurai payé ton visage**; D: *Avec ou sans amour**.

Ont obtenu des cotes réprobatrices pour deux ouvrages:

— André Langevin, M: *Évadé de la nuit**; D: *Le temps des hommes*.
— Eugène Cloutier, D: *Les témoins*, *Les inutiles*;
— Jean-Charles Harvey, M: *La fille du silence**, D: *Les paradis de sable**.
— Gérard Bessette, M: *Anthologie d'Albert Laberge*; D: *Le libraire*.

Par ailleurs, 29 auteurs ont compris que l'une de leurs œuvres était mauvaise ou à déconseiller. Plusieurs sont tombés dans l'oubli: *Impasse* (Serge Roy), *L'Héritier** (Simone Bussières), *Philtres et poisons* (Philippe LaFerrière), *Visage de fièvre* (Viviane Da Silva), *Solitude de la chair** (Émile-Charles Hamel) entre autres. Sont davantage demeurés dans la mémoire littéraire *La coupe vide** d'Adrienne Choquette, *Mathieu** de Françoise Loranger, *Malgré tout la joie* d'André Giroux, *La corde au cou** de Claude Jasmin et *Inutile et adorable** de Roger Fournier.

En ce qui a trait aux éditeurs, la tendance est claire: des 51 ouvrages mauvais ou à déconseiller, le Cercle du livre de France en a publié la moitié (26), suivi de loin par l'Institut littéraire du Québec (5) et Variétés (4). Le reste se répartit entre plusieurs éditeurs, tels Beauchemin, Serge Brousseau, Sept, Tranquille, Chantecler, etc.

Enfin, la distribution dans le temps des cotes indésirables n'est pas sans révéler deux moments forts, la fin des années 1940 et le début des années 1960. En effet, 17 cotes M ou D apparaissent entre 1948 et 1951, et 14 entre 1961 et 1964. Ces deux groupes de quatre années recueillent un peu plus de 60% des interdictions. Ces pointes montrent que la fin des années 1940 et le début des années 1960 sont particulièrement prolifiques en ouvrages hétérodoxes.

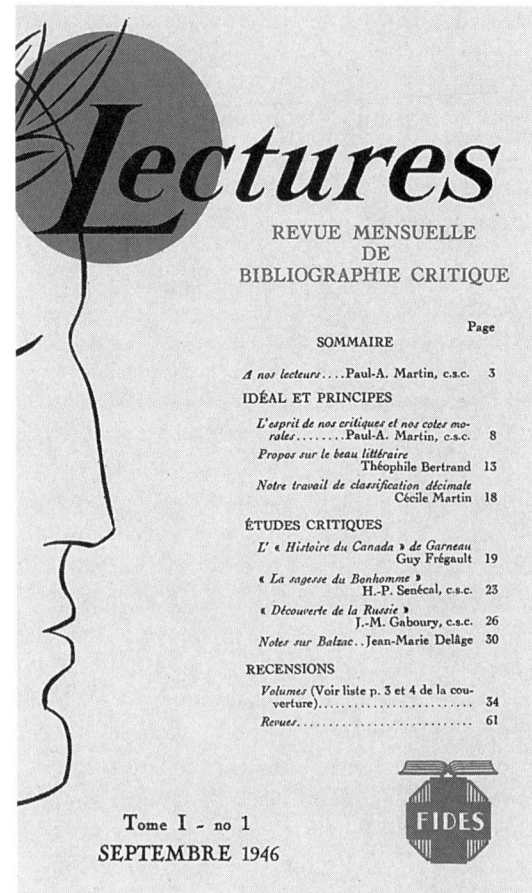

La revue *Lectures* donnera de 1946 à 1965 les cotes morales des ouvrages, en plus des grands principes qui doivent guider l'auteur et le lecteur catholiques. Elle cote « Mauvais » (la pire cote) 33 ouvrages littéraires québécois.

Deux grands thèmes traversent la revue de 1946 à 1966: la littérature obscène et les rapports entre l'art et la morale, fondement de la censure.

La notion de littérature obscène, ou d'obscénité*, ne recouvre pas une réalité précise durant les années 1940. Ce ne sera que lorsqu'une nouvelle loi définira l'obscénité, en 1959, que cette notion désignera l'exploitation indue des choses sexuelles, de même que du crime, de l'horreur, de la cruauté et de la violence. Durant les années 1940 et 1950, c'est tout ensemble la littérature immorale, les magazines, les *crime comics* ou *comic books** et le roman populaire bon marché qui sont attaqués puis réunis sous le chapeau de la loi de 1959.

Dès novembre 1946, dans « L'art d'abrutir le peuple », le père Paul Gay* lance la première attaque contre les magazines, les romans à 10 ¢ et les *comics*, « la grande maladie du xxe siècle, avec le jazz ». Presque obsédé par la question de l'obscénité, le père Gay entrevoit la solution dans l'encouragement accordé aux bonnes revues, aux romans populaires sains, tels « Récits et légendes » chez Variétés ou « Contes et aventures » de Fides ; la même solution prévaut en ce qui a trait aux *comics*, les collections « François » ou « Hérauts » devant supplanter les illustrés délétères. Le discours issu tout droit du siècle précédent attribue à ces mauvaises lectures un effet perlocutoire ; en d'autres mots, lire, c'est faire. *Lectures* reproduit (décembre 1948) l'avis d'un médecin de New York, Fredric Wertham, qui, ayant été témoin de nombreuses exactions de la part des jeunes, de nature sadique ou sexuelle, les attribue aux illustrés : « La cause déterminante est en fait le petit illustré "comique". »

Mais la solution durable se situe dans la sphère du juridique : « Le débat si important soulevé par M. E. D. Fulton (Kamloops) le 4 octobre 1949 à la Chambre des communes au sujet des *crime comics* s'est terminé le 5 décembre suivant par une profonde modification de l'art. 207 du Code Criminel », souligne le père Gay, en mars 1950. En janvier 1951, *Lectures* reproduit un article de *L'Action catholique* de Québec, qui porte un jugement sur ces illustrés assorti de la cote morale d'une longue liste de *comics* publiés en anglais et en français (« Les *comics* : essai de cotation ») ; un article de fond de Jean-Paul Pinsonneault, « Les *comics*, denrée infecte », en mai 1952, resserre le débat autour d'une nouvelle définition de l'obscénité. Le père Martin reproduit son « Rapport présenté à la Commission sénatoriale sur la littérature obscène le 23 février 1953 » ; au mois d'avril, *Lectures* ouvre ses pages au président de l'Association canadienne des bibliothécaires de langue française, Raymond Tanghe, qui envoie une lettre d'appui au président de ladite Commission, le sénateur J. J. H. Doone, « Contre le trafic de la littérature ordurière ». Enfin, le « Mémoire des évêques sur la littérature obscène » est reproduit dans la revue, au mois d'octobre. En juin 1959 est adoptée la loi Fulton sur l'obscénité (Art. 150 du Code criminel canadien).

Parallèlement à ce débat de nature juridique, de nombreux articles parsèment *Lectures* au sujet du second grand thème, les rapports entre l'art et la morale*. Il est bien entendu que ce débat n'évoluera pas, la position catholique à ce sujet pouvant être assurément qualifiée de pérenne. Le seul ingrédient imprévu sera, au début des années 1950, la « culture ».

Dès sa lancée, *Lectures* étale sa conception de l'art et de la morale. Dans « le respect de la hiérarchie des valeurs », Théophile Bertrand ouvre ses « Propos sur le beau littéraire » (septembre 1946) par une section traitant de l'art et de la morale et soulignant « la naïveté ou la mauvaise foi de ces prétentions de l'art pour l'art » ; il appuie « le barrage d'une critique littéraire à point, souple et ferme à la fois, qui saura démasquer les sophismes des partisans d'un art libertaire et défendre les principes d'une vie de l'esprit saine et vraiment progressive ». Sont rejetés l'autonomie du beau de même que l'individualisme contemporain, cette attitude négligeant de prendre en compte le fait que l'auteur est un sujet moral. À l'occasion d'un autre article, « Littérature et humanisme » (octobre 1946), Bertrand précise sa pensée en postulant le lien indissociable de la littérature avec la sagesse ; cependant, cette sagesse est celle d'un « humanisme théocentrique » ou « intégral ». Il s'agit en l'occurrence d'une conception verticale du monde qui place en son sommet Dieu ; il s'ensuit une hiérarchie des valeurs et de leurs porte-parole qui doit être respectée. Le contraire de cet ordonnancement est la « Mascarade des valeurs » (novembre 1946), et la critique littéraire* que pratique *Lectures* tient « ce respect de la hiérarchie des valeurs pour un critère capital dans l'appréciation des livres. » Bertrand décrit dans cet article les principes thomistes qui animent la revue qu'il dirige, véritable credo :

> Tâchant d'être fidèle à toute la pensée thomiste, nous croyons, pour notre part, que c'est de l'âme tout entière de l'artiste que sourd son œuvre, mais sous l'unique régulation de l'habitus artistique ; que l'art est spiritualiste non par le moyen d'ajoutés extrinsèques, mais en vertu d'un ferment intérieur ; que dans son objet l'art n'est subordonné à aucune vertu, mais que dans le sujet il est conditionné au bien du sujet ; que les dispositions du sujet conditionnent l'art ; que si le prudent et l'artiste s'entendent difficilement, le contemplatif et l'artiste ont tout ce qu'il faut pour s'entendre en raison de leur communion à l'ordre transcendantal ; qu'enfin l'art et la prudence doivent s'harmoniser dans la splendeur architectonique de la sagesse.

De ces principes, Bertrand tire un exposé détaillé appliqué au *Poids du jour* de Ringuet et à *Mathieu*, de Françoise Loranger. Enfin, à ses lecteurs qui craindraient que les renouvellements des années 1950 ne l'affectent (format, nouvelle manière d'indiquer les cotes, etc.), la revue fait le point en affirmant l'immuabilité de sa mission et de ses fondements ; à cette fin, rien de mieux qu'un texte fondateur, en l'occurrence une partie du discours du cardinal Rodrigue Villeneuve, à l'occasion de la bénédiction de l'immeuble Fides, en 1946, et toujours valable treize ans plus tard.

Pareille intimité entre l'art et la morale se découvre toutefois un étrange ennemi dès les années 1940, la culture. En effet, au nom de la culture, l'on peut rapidement sombrer dans l'individualisme et prétexter l'impératif de tout connaître afin de parfaire le jugement. Dans une optique chrétienne où la vérité prime le savoir, ce problème est abordé dès mai 1947 par Bertrand, dans ses « Propos sur la critique littéraire » : « À notre époque de libéralisme intellectuel, de laxisme des consciences et d'entreprises en *culturellisation*, le rappel des principes est plus que jamais nécessaire [...]. » Bertrand souligne les écueils d'une mauvaise conception de la culture : « C'est que l'évolution du monde et de la culture actuelle s'est produite au nom de la liberté, d'une liberté frappée au cœur par toutes les erreurs modernes. » Le problème s'élargira et, douze ans plus tard, dans un compte rendu d'un livre de l'Action catholique, *Les Chrétiens et la culture* (octobre 1959), Paul-Émile Roy soulève également le débat social qui traverse le Québec. Ce problème de la culture est

> un sujet d'actualité car la pensée catholique du Québec semble actuellement passer par une crise. En s'ouvrant depuis un quart de siècle à des diverses manifestations de la culture, elle a éprouvé un certain malaise. Elle ne réussit pas facilement à accorder les différentes expressions de la culture moderne à des normes qui s'étaient parfois un peu durcies.

Il poursuit : « L'intégration de la culture à une conception chrétienne de l'existence n'est possible, cela va de soi, que dans une fidélité totale aux normes de l'Évangile. »

Il convient d'associer la question de l'art et de la morale à celle de la censure et de l'Index*. À ce sujet, la pensée de *Lectures* ne change évidemment pas : la censure est nécessaire. J.-B. Desrosiers, à propos du cinéma, justifie l'intervention censoriale de l'État ; lors d'une première rencontre de l'Association canadienne des bibliothèques* catholiques, Édouard Gagnon, auteur d'un ouvrage de droit canonique, *La censure des livres** (1945), fait une conférence sur les « Aspects canoniques et moraux de l'Index des livres ». On peut multiplier les propos appuyant la nécessité de l'Index, tirés du journal *L'Homme nouveau*, d'un feuillet du Service de presse et du cinéma de l'Université d'Ottawa et intitulé « Les lois de l'Église sur les lectures », de *Collège et famille* titrant « L'Index et vous », etc. Le cardinal Paul-Émile Léger* profite par ailleurs du quinzième anniversaire de Fides pour prononcer une conférence légitimant la censure religieuse (« Les catholiques et le livre », décembre 1952).

Cette catholique assurance n'ira pas sans quelques doutes, voire des attaques de plus en plus vigoureuses. En 1953, Mgr Émile Chartier fait une allocution au Mont Notre-Dame de Sherbrooke, devant l'Association des bibliothécaires de langue française. Il y réitère le « devoir moral et social » du contrôle des lectures mais, surtout, il énumère les erreurs qui pourraient ébranler cette nécessité, en cette ère où « notre jeunesse surtout passe par une véritable crise de dévergondage intellectuel ». Les signes de cette dissolution sont, entre autres, le fait que l'on expose trop de jeunes à un jugement personnel sur des auteurs dangereux : « Comme si le jugement de l'Église ne valait pas celui de ces jouvenceaux ! » Mgr Chartier trahit une vive inquiétude devant les attaques que doit parer l'Église, dans sa volonté de diriger les lecteurs. En 1958, la chroniqueuse Germaine Bernier réagit fortement à l'endroit de Jeanne Chaton qui, à l'occasion d'un discours au congrès de la Fédération des femmes universitaires, s'est prononcée contre la censure (« Tolérance ou choix dans les nourritures intellectuelles », octobre).

Dans un éditorial intitulé « Cette censure dont on a marre » (octobre 1960), *Lectures* proteste contre le barreau canadien, qui voudrait abolir toute forme de censure. Enfin, le père Martin lui-même doit se défendre contre le rapport Bouchard, à la suite d'une Commission d'enquête sur le commerce du livre, qui qualifie de discriminatoire la politique de choix des livres de la revue. La fin d'une ère est imminente.

La revue *Lectures* constitue un épisode essentiel dans l'histoire de la censure littéraire. En plus d'éclairer les stratégies de son époque, elle soulève un pan décisif de l'histoire de la censure au Québec, celui des dernières années de son exercice. Participant de la censure séculaire de Rome, le clergé a contrôlé pendant plus d'un siècle et demi les productions de l'esprit, non sans peine. La revue de Fides croit, dès sa fondation, à la possibilité de poursuivre cette gouverne, aménagée en contrôles prescriptif et proscriptif et appuyée par un humanisme intégral cautionnant à l'excès la prééminence du divin dans les choses humaines. Pourtant, nul n'aurait prévu à cette époque que vingt ans suffiraient pour que se produise l'écroulement du pouvoir de l'Église catholique sur la production culturelle. Ne serait-ce que pour cette raison, pour ce témoignage, *Lectures* occupe une position-clef : véritable effigie dans l'histoire, elle nous livre plusieurs enseignements sur la fin de la censure cléricale, en particulier en ce qui concerne sa stratégie de récupération.

Tout au cours de son histoire, la censure cléricale a dû affronter divers ennemis : le théâtre, le journal, le livre, le cinéma, la radio, etc. Sa stratégie n'a que rarement varié, consistant à dénoncer, puis à récupérer. Au mauvais journal, le clergé a opposé le bon journal ; face au mauvais cinéma, il a lancé les ciné-clubs catholiques et produit son bon cinéma. Sans cesse dépassé par les nouveaux moyens de communications et d'art, il a toujours tenté de les reprendre à ses propres fins.

La revue *Lectures* désigne l'aboutissement de cette stratégie, par le biais de l'humanisme intégral. Est-il vrai, comme l'écrit Nathalie Viens, que « [c]es apôtres de la bonne lecture prêchent désormais dans le désert […] » ? On a souvent comparé l'Église des quelques années précédant la Révolution tranquille à un colosse aux pieds d'argile. Il convient de préciser cette image. Le colosse repose sur des pieds d'argile, nul n'en disconviendra ; et c'est surtout dans le discours que l'Église se donne des airs colossaux. Il se présente une sorte de rapport inversé entre la parole et le pouvoir, l'emphase de celle-là camouflant la faiblesse de celui-ci. Autrement, comment comprendre l'anachronisme de l'Affaire Balzac* ou ces nombreuses campagnes de moralité des années 1950, ces prières contre le mauvais livre, croisades d'un autre siècle? *Lectures* ne fait que jouer de sa propre parole. Une nouvelle réalité, de nouvelles façons de comprendre le monde fracasseront ses propos bien trempés dans la certitude du dogme.

Contrairement à *Mes Fiches*, *Lectures* n'a jamais été rentable. Qu'elle se soit adressée à un public plus restreint explique en grande partie ses difficultés; toutefois, un écart grandissant entre une culture en pleine transformation dès la fin des années 1940 et un discours clérical de plus en plus suranné a certes contribué à placer la revue de Fides en porte-à-faux. Mais l'Église catholique du Québec ne laisse voir ni dépit, ni nostalgie, dans *Lectures* du moins, lorsqu'elle remet sa volonté et son pouvoir de contrôle, en ce qui concerne l'obscénité, à la justice étatique et, pour les autres questions de morale, à la responsabilité des lecteurs. Dans cette joute séculaire entre la Cité de Dieu et les revendications de liberté personnelle, Protagoras a le mot de la fin: l'homme est « mesure de toutes choses ».

Pierre Hébert

« *Lectures* », revue mensuelle de bibliographie critique des Éditions Fides, 1946-1966. Dirigée par Paul-A. Martin, c.s.c., de 1946 jusqu'en novembre 1964, puis par Roland-M. Charland, c.s.c. Rédaction: Théophile Bertrand de 1946 jusqu'en mars 1951; Jean-Paul Pinsonneault, jusqu'en juin 1954; Rita Leclerc, jusqu'en septembre 1965.

HÉBERT, Pierre, « Chant du cygne de la censure cléricale au Québec. La revue *Lectures* (1946-1966) », *Bulletin des bibliothèques de France*, 6 (2003); MICHON, Jacques, *Fides. La grande aventure éditoriale du père Paul-Aimé Martin*, [Montréal], Fides, 1998; VIENS, Nathalie, « L'humanisme intégral comme doctrine censoriale: la revue *Lectures* des Éditions Fides (1946-1951) », *Voix et images*, 68 (hiver 1998).

▶ *À travers les beaux livres*; *Ciné-bulletin*; *Le Devoir*; *Index de 6000 titres [...]*; *La morale amie de l'art*; *Sous le signe des muses*

THE LEFT HANDED GUN
(LE GAUCHER)

Arthur Penn (1922-) • Western d'abord refusé, puis accepté avec coupures (1958)

Au moins une quarantaine de films, plus ou moins remplis d'affabulations, racontent la vie du légendaire William Bonney, mieux connu sous le sobriquet de Billy the Kid (1860-1881), ce jeune New-Yorkais transplanté au Nouveau-Mexique, rapide tireur devenu féroce tueur, finalement abattu par le shérif Pat Garret à l'âge de 21 ans. *The Death of Billy the Kid*, une pièce de l'auteur américain Gore Vidal, fournit la matière du film d'Arthur Penn, qui se veut la version la plus proche de l'histoire.

Il est assez rare que des westerns soient refusés par la censure au Québec. *The Left Handed Gun* (1958) l'est pourtant le 29 avril 1958. Nous ne pouvons savoir pourquoi, le document donnant les motifs ayant disparu. Le distributeur Warner Bros. « reconstruit » le film en lui enlevant environ 6 minutes (sur 102), coupures qui, curieusement, consistent surtout en des extraits de dialogues qui ne font que souligner les gestes accomplis et qui ne semblent pas plus répréhensibles que ce qu'on trouve dans toutes les autres productions du genre. Il est alors accepté le 30 juillet suivant. D'autres qualités compensent la violence, comme le souligne l'évaluation du Centre catholique national du cinéma, de la radio et de la télévision (*Recueil des films*, 1958):

> Par la qualité de la mise en scène, ce western, du moins dans sa version intégrale, sort des sentiers battus. Psychologie et symbolisme se côtoient sans cesse dans des décors mexicains reconstruits avec art. On peut cependant reprocher au réalisateur un certain penchant à l'esthétisme dans la recherche des cadrages. Paul Newman a une forte tendance à parodier Marlon Brando, mais sa création reste quand même intéressante.

L'esprit de vengeance qui anime le héros et l'entraîne à rendre lui-même justice crée un climat d'exaspération qui fait réserver l'ensemble aux adultes.

Ce classique du cinéma évite le manichéisme qui a eu cours jusque-là dans le film d'action. Il donne le premier rôle à un antihéros, sans moralisme étroit, et il présente une esthétique qui suggère une lecture à un autre niveau, ce qui donne à la violence exprimée une dimension bien secondaire. Il fallait peut-être un deuxième visionnement aux censeurs pour s'en rendre compte. *Yves Lever*

ANQ-M, fonds Régie du cinéma, E 188, fiche du film.

LÉGER, PAUL-ÉMILE (1904-1991)
Le cardinal de Montréal a peur du cinéma et il le réprime

Fils du marchand général de Saint-Anicet, un village de la banlieue de Montréal, Paul-Émile Léger est ordonné prêtre à Montréal le 25 mai 1929. Après avoir occupé plusieurs postes au Québec et à l'étranger (France, Japon, Rome), il est sacré archevêque de Montréal le 25 mars 1950, puis nommé cardinal le 12 janvier 1953. Le flamboyant personnage intervient à plusieurs reprises en ce qui concerne la censure des magazines* illustrés et celle du cinéma.

Léger vient à peine d'occuper son poste que le premier ministre Maurice Duplessis* fait voter la « Loi concernant les publications et la morale publique » (29 mars 1950) et charge le Bureau de censure du cinéma de son application. Non seulement l'archevêque se réjouit-il, mais il collabore immédiatement à ce travail d'élimination des magazines contenant des illustrations, en collaboration avec Alexis Gagnon*. Le 11 septembre 1950, il écrit à Duplessis : « Les Chefs doivent travailler à surveiller le climat moral de la Cité. Aussi dois-je souligner la collaboration éclairée que j'ai trouvée auprès des membres du bureau de censure en ce qui concerne la condamnation des revues immorales. » Cette collaboration se fait à double sens, comme le rapporte la correspondance du président de la censure Alexis Gagnon : pendant plusieurs années, au lieu de passer par la voie normale du bureau du procureur général, Léger lui envoie directement des exemplaires de revues « plutôt lestes », « à condamner » (que lui ont fournies des Chevaliers de Colomb). En contrepartie, Gagnon lui envoie régulièrement la liste des revues interdites, de sorte qu'il peut diffuser l'information aux paroisses.

Micheline Lachance, biographe officielle de Léger, décrit ainsi son attitude envers le cinéma :

> Le cinéma pose cependant un sérieux problème. Monseigneur Léger le perçoit comme un art magnifique mais dangereux. Pour lui, le septième art agit comme une soupape qui permet à l'individu de laisser s'échapper des profondeurs de son instinct les sentiments de violence contenus par les pressions sociales. Mais, parce qu'au cinéma tout est permis, l'Église considère que la vie intérieure de plusieurs peut s'en trouver faussée. […] L'archevêque condamne particulièrement les films qui présentent comme chose normale le divorce, les attentats à la pudeur et qui jugent surannées la morale, la modestie et la charité. Monseigneur Léger n'est pas au bout de ses peines car la télévision commence à pénétrer dans les foyers et là, il n'est pas facile d'assurer des contrôles efficaces.

À l'automne de 1949, le plus actif des mouvements étudiants, la Jeunesse étudiante catholique (JÉC), fonde sa Commission étudiante du cinéma qui débouche peu après sur les premiers ciné-clubs étudiants du Québec avec l'objectif, comme ils l'expriment dans leur revue, « d'intégrer le cinéma à notre culture chrétienne ». Dans un premier temps, l'épiscopat se réjouit de l'initiative : « De tout cœur je bénis les responsables de la JEC qui ont organisé ces journées d'études », dit Léger le 30 août 1951, mais bientôt, il s'inquiète du caractère trop « esthétisant » et « pas assez moral » des actions de la Commission. Il la désavoue en 1952 parce qu'elle est devenue « trop indépendante » et qu'on y accepte moins bien les « modérateurs » (c'est ainsi qu'on appelle le religieux ou la religieuse qui supervise les activités au nom des autorités). Pour le cinéaste et promoteur de ciné-clubs Guy-L. Coté, ce fut « un épisode noir et honteux qui a soustrait à la cause de l'éducation cinématographique une poignée d'hommes solides et doués [Claude Sylvestre, Fernand Cadieux, Pierre Juneau, Arthur Lamothe, Gilles Ste-Marie], qui ont depuis fait leurs preuves ailleurs ». Pour pallier, en septembre 1953, il charge l'abbé Jean-Marie Poitevin de fonder un organisme diocésain du cinéma et celui-ci, sous le nom de Centre catholique du cinéma de Montréal (CCCM), reçoit sa constitution officielle le 11 avril 1954. Sa mission : « Coordonner, et promouvoir tous les efforts des catholiques dans le domaine du cinéma. » Il prend donc à sa charge le réseau des ciné-clubs, la rédaction des cotes morales et diverses publications, dont la revue *Séquences*. Après l'extension de son mandat et divers changement d'appellation, le centre devient l'Office des communications sociales en 1967. Entre-temps, le cardinal Léger prononce diverses conférences où il réitère sa vision fondamentale au sujet du cinéma. Il ne manque pas de rappeler le lien essentiel avec la morale :

> Qui refuse la morale dans l'art refuse la rédemption du monde. […] l'artiste a reçu le don de saisir la Beauté et de la transmettre au public qui ne sait pas toujours la rechercher dans la Nature. […] Dès qu'une œuvre – peinture, roman, film – expose sérieusement la volonté humaine à se complaire dans des sentiments que réprouve le décalogue, elle est immorale. […] personne n'a le droit de pousser autrui à s'engager sur le chemin de l'abîme. (*Le Devoir* 23 novembre 1955)

Encore en 1957, il invite les catholiques à obéir aux directives des autorités telles que manifestées par les cotes morales.

Le cardinal est-il cinéphile ? Des notes manuscrites aux archives du Bureau de censure (entre le 28 mai 1956 et le 11 avril 1958), intitulées « Séance pour le Cardinal », indiquent qu'il peut bénéficier de projections spéciales à plusieurs reprises. Cela n'entre pas en contradiction avec la façon de faire d'Alexis Gagnon, le président du Bureau de 1947 à 1961 : qui oserait s'opposer au désir du plus puissant homme d'Église du Canada, même si la loi interdit la présence de toute autre personne que les censeurs aux projections ? Les notes offrent des listes de films dont l'un (parfois deux) est coché, vraisemblablement le choix du prélat. Ainsi, on voit que dans un choix de huit titres, dont *Los olvidados** et *Citizen Kane* d'Orson Welles, son choix aurait porté sur *Si tous les gars du monde* de Christian-Jaque ; une autre fois, il aurait vu *Crime in the Streets* de Don Siegel ou *Chiens perdus sans collier* de Jean Delannoy. Il lui arrive de suggérer quoi lui montrer : *Rebel Without a Cause* de Nicholas Ray, *Postmark for Danger* de Guy Green.

Les années 1960 au Québec apportent leur part de mutations. Le cardinal Léger change-t-il ? S'il a des opinions théologiques presque révolutionnaires au moment du concile Vatican II (1962-1965) qui provoque une modernisation considérable (mais momentanée) de l'Église catholique dans les domaines de l'ouverture aux autres religions et aux autres

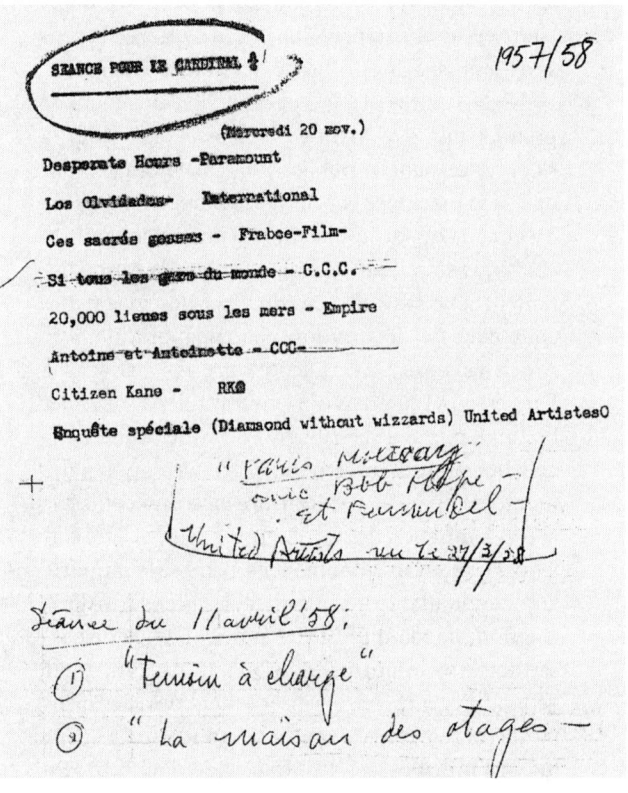

Une feuille des séances organisées pour le cardinal Léger. Deux autres feuillets du genre comportent ainsi des choix offerts au prélat quand il a le goût de voir un film.

cultures du monde, dans ses relations avec les milieux les plus pauvres et avec le Tiers-Monde, sa position au sujet de la morale n'évolue guère rapidement. Quand le cardinal s'intéresse au cinéma, son prestige fait qu'il peut demander des comptes aux censeurs et même s'imposer à certains visionnements pour ensuite essayer d'orienter leurs décisions. Pendant quelques années, alors qu'André Guérin* dirige le Bureau, Léger intervient souvent. Cela lui est d'autant plus facile qu'il est un ami des parents du censeur depuis longtemps. Dans une interview avec Serge Dussault de *La Presse*, en 1974, Guérin raconte : « En 1963, le cardinal me convoquait pour me demander des explications si un film lui paraissait osé. » Il lui faut quelques années avant de se libérer de cette forme de tutelle. Entre-temps, on a pu assister à l'affaire *Strip-Tease** et à celle de *L'eau à la bouche* au sujet de laquelle Pierre Saucier raconte que le cardinal, sans avoir vu le film (dont il déforme le titre en *La bouche pleine d'eau*) serait personnellement intervenu auprès de Guérin en ces termes :

> C'est très douloureux pour un pasteur comme moi d'avoir à intervenir auprès du fils d'un homme que j'estime beaucoup, à savoir monsieur votre père, avocat de certaines congrégations religieuses. Je vous assure que j'ai du mal à m'expliquer cette attitude d'hostilité envers l'Église encore une fois. J'ose malgré tout espérer que vous tiendrez compte désormais des remontrances qu'il est de mon devoir de vous servir.

Catholique pratiquant, Guérin cède au désir de Léger et interdit le film peu après, mais c'est la dernière fois qu'il se laisse influencer ; il n'ose toutefois pas lui fermer la porte du Bureau et celui-ci continue à venir assister à des films de temps en temps.

Le cardinal Léger a transporté jusque dans les années 1960 la peur du cinéma construite par ses prédécesseurs dès les années 1920. Comme eux, il ne semble pas avoir perçu qu'un imaginaire parallèle se construisait à côté de la vision religieuse et qu'il était en train de la supplanter. Quand il décide de quitter son poste d'archevêque de Montréal et de se faire simple missionnaire en Afrique, c'est un peu par dépit de voir son univers devenu étranger à la grande partie de la population. L'évolution de la censure, dont les critères définis dans un langage religieux disparaissent pour laisser place au consensus social et à la liberté de conscience individuelle, en est un signe éclatant. *Yves Lever*

Ciné-Orientations, 1, 1 (octobre 1954) ; LACHANCE, Micheline, *Le prince de l'Église : le cardinal Léger*, Montréal, Éditions de l'Homme, p. 332 ; LÉGER, Paul-Émile, cardinal, « Allocution du président d'honneur », dans *Influence de la presse, du cinéma, de la radio et de la télévision*, Institut social populaire, 1957 ; Régie du cinéma, archives du Bureau de censure ; RUMILLY, Robert, *Duplessis et son temps*, tome 2, Montréal, Fides, p. 377 ; TAJUELO, Telesforo, *Censure et société ; un siècle d'interdit cinématographique au Québec*, 1998.

▶ L'art et la morale ; Édition ; Église ; Nouvelle vague

LEMIEUX, LOUIS-JOSEPH (1869-1952)

Médecin, shérif de Montréal et premier président du Bureau de censure des vues animées en 1913

Né à Montréal, Louis-Joseph Lemieux devient médecin en 1893 et travaille d'abord à Portland (États-Unis), pendant trois ans. De retour à sa ville natale, parallèlement à sa pratique, il enseigne à l'Université Laval de Montréal. En 1904, il se fait élire député de Gaspé et quitte cette charge en 1910 pour devenir shérif de Montréal, poste occupé jusqu'en 1925. C'est à ce titre qu'on lui confie en janvier 1913 la présidence du Bureau de censure des vues animées* que la loi du 21 décembre 1912 vient de créer, un poste à temps partiel, au salaire annuel de 1000 $ (ce qui représente peu pour un homme de sa stature). Un autre ancien député libéral, Michael James Walsh, devenu agent d'assurances, et un journaliste, G. Maxwell Sinn, complètent le trio des commissaires. Ces nominations, « selon bon plaisir » du législateur, sont des récompenses pour services rendus au parti, comme le seront toutes les autres jusqu'en 1963.

Après être allé voir comment fonctionne l'organisme similaire créé un an plus tôt à Toronto, Lemieux organise celui de Montréal, qui se réunit et commence les visionnements dès le 15 avril 1913, après s'être donné des critères* quelques jours auparavant. Quand il reçoit la presse, le 17 avril, il précise: « Nous siégeons ici en nous figurant que nos enfants sont à côté de nous. » Sans en être conscient, il détermine ainsi les deux axes essentiels de ce que sera la censure pendant 50 ans:

1) Le censeur ne se considère jamais lui-même le destinataire de la censure; c'est toujours en pensant que ça ne convient pas aux autres qu'il veut interdire une œuvre ou en retrancher une partie. Lui-même, à cause de sa culture et de la solidité de ses valeurs, pourrait assister sans dommage moral ou psychologique à telle pièce de théâtre ou à tel film, mais il évalue que l'ensemble de la société n'a pas la formation ou l'éducation nécessaire pour le faire. Il se situe au-dessus de la masse, capable de supporter ce qui ne peut convenir aux autres. Si d'aventure il se retrouve vulnérable devant des images dérangeantes qui questionnent ses propres comportements, il a tout le loisir de se justifier en pensant qu'il n'est que mandaté par une autorité supérieure pour sauver les autres. En quelque sorte, il est comme le père Gaucher du célèbre conte d'Alphonse Daudet qui est absous d'avance de son « péché mortel » d'alcoolisme parce que lui seul peut évaluer jour après jour la qualité de la liqueur dont la vente assure la survie de sa communauté.

2) Le censeur ne fait pas de distinction entre différents groupes d'âge; tout est déterminé en pensant aux enfants qu'il faut protéger des films vus comme « délétères » ou qui pourraient suggérer des comportement différents. En 1913, le cinéma n'a pas encore inventé son esthétique définitive et la formule du long métrage d'environ deux heures débute à peine; les récits demeurent très simples et en eux rien ne semble vouloir bouleverser les codes traditionnels de la morale. Pourtant, c'est en pensant uniquement aux enfants, qui ne sont pas, et de loin, les uniques spectateurs du cinéma, qu'on détermine des critères. Comme si toute la population était considérée en situation d'enfance. L'*Index* *librorum prohibitorum* ne pensait pas autrement qui laissait au seul jugement des prêtres ce qui pouvait être lu même par les adultes universitaires les plus avertis.

Le 31 août 1916, sur une proposition de Sinn, le Bureau adopte une proposition à l'effet que « les films soumis pour examen aient leurs titres et sous-titres dans les deux langues officielles de cette province ». Lemieux et ses collègues seraient-ils devenus nationalistes? Toutefois, ce règlement n'est pas inscrit à la Gazette officielle et il n'a donc pas force de loi. Il n'est jamais appliqué. Au moment où le cinéma américain occupe presque tous les écrans à cause de la pénurie de films européens en raison de la guerre, il le fait en anglais seulement et telle restera la situation pendant plus d'une décennie. Cet unilinguisme anglophone constitue à sa façon une censure subie par les francophones.

Le 25 juin 1920, Lemieux cède son poste à Raoul de Roussy de Sales; aucune explication n'est apportée; nommé « selon bon plaisir », il part de la même façon. Il demeure shérif, puis se retrouve agent général de la province de Québec en Angleterre de 1925 à 1936. *Yves Lever*

ANQ-M, fonds Régie du cinéma, E 188, procès-verbaux des assemblées du Bureau de censure; « Les parlementaires depuis 1792 », site Internet de l'Assemblée nationale du Québec.

LEROUX, MAURICE (1924-)
Une figure marquante de l'évolution de la censure en 1961-1962

Après le cours classique et un court séjour dans une communauté religieuse, Maurice Leroux étudie en sciences sociales et en droit avec, comme idéal, une carrière dans la diplomatie. Engagé à Ottawa avant la fin de ses études de droit, il renonce rapidement à son rêve et il part étudier la télévision à New York.

De retour à Montréal, Radio-Canada l'engage pour réaliser *Le survenant*, téléroman de Germaine Guèvremont qui le consacre dans le métier. Le futur premier ministre Jean Lesage le recrute en 1959 comme conseiller en communication télévisuelle ; son expertise n'est pas étrangère aux deux victoires successives du Parti libéral aux élections de 1960 et de 1962. Il n'en continue pas moins d'écrire pour la télévision. L'affaire *Hiroshima, mon amour** causant beaucoup de remous, Lesage le nomme le 9 mai 1961 membre (à temps partiel) du Bureau de censure pour voir ce qu'il est possible de faire pour désamorcer le conflit. La solution rapidement trouvée est la création du Comité* provisoire pour l'étude de la censure du cinéma dans la province de Québec le 6 juillet 1961. Homme de confiance du premier ministre, Leroux en fait partie et agit comme coordonnateur du groupe, tant pour les réunions que pour la rédaction du mémoire final connu sous le nom de « rapport Régis » remis à l'Assemblée nationale le 20 février 1962.

Personne idéale pour mettre en branle la réforme radicale proposée, il se retrouve président du Bureau le 10 mai suivant. Avant même sa nomination, il a, dans l'esprit du mémoire, fait adopter la politique de ne plus couper dans les films et celle de l'octroi de permis spéciaux pour des œuvres auxquelles le Bureau ne saurait donner le permis général. On lui doit donc la fin du règne des « ciseaux » qui avait prévalu depuis 1913. À peine nommé, il se signale, au grand plaisir des quotidiens anglophones surtout, en libérant *Martin Luther** (Irving Pichel) refusé pour des motifs religieux depuis 1953. Au même moment, il presse le gouvernement de présenter la loi prévue par le rapport du comité provisoire, précisant avec humour que « c'est bien plus difficile d'être large d'esprit que de couper à droite et à gauche, ou de rejeter un film en bloc » (*Dimanche-Matin*, 29 juillet 1962).

En octobre 1962, engagé à plein temps en tant que directeur des communications pour le Parti libéral et conscient du conflit d'intérêt, il quitte son poste de censeur et propose André Guérin* comme son successeur. Il poursuit ensuite une carrière de conseiller en communications, de lobbyiste et de professeur en techniques de relations publiques. *Yves Lever*

ANQ-M, fonds Régie du cinéma, E 188, fiches des films et procès-verbaux des assemblées du Bureau de censure ; Interview de Maurice Leroux par Yves Lever, le 18 juin 2003.

LETTRE À MONSEIGNEUR BAILLARGEON […]
RÉPONSE AUX DERNIÈRES ATTAQUES […]

George Saint-Aimé [Alexis Pelletier, 1837-1910] • Brochures gaumistes interdites par Mgr Baillargeon (1868)

Enseignant au Petit Séminaire de Québec, l'abbé Alexis Pelletier s'associe à un professeur de l'Université Laval, l'abbé Jacques-Michel Stremler, et à quelques confrères pour propager et défendre les thèses du prélat français Mgr Jean-Jacques Gaume sur la nocivité du recours trop exclusif aux classiques païens gréco-latins dans la formation de la jeunesse et sur la nécessité d'une réforme chrétienne des programmes des collèges. Le plus prolixe du groupe, Pelletier publie, en 1865 et de façon anonyme, deux brochures sur *Mgr Gaume, sa thèse et ses défenseurs* et sur la *Situation du monde actuel*. Attaqué dans les journaux par l'abbé Thomas-Aimé Chandonnet, le futur principal de l'école normale Laval de Québec, il répond, toujours en 1865 mais en signant « Un chrétien », par un écrit réfutant les « rectifications » et « critiques » de son confrère du Séminaire de Québec, intitulé *La question des classiques […]*. En 1866, il récidive, sous le pseudonyme* de George Saint-Aimé, dans *La méthode chrétienne considérée dans ses avantages et sa nécessité et réponses à certaines difficultés* ; il annonce qu'il va « prêcher derechef la croisade contre le paganisme dans l'éducation » et il conclut que la « méthode chrétienne peut seule former de bons citoyens ».

Le 23 novembre 1866, jugeant cette brochure « injurieuse à l'autorité ecclésiastique et aux maisons de haut enseignement sur lesquelles elle exerce sa vigilance », Mgr Charles-François Baillargeon, administrateur de l'archidiocèse de Québec, s'adresse à la Sacrée Congrégation de l'Inquisition et du Saint-Office pour savoir la valeur de cinq propositions tirées de *La méthode chrétienne [...]*, dont les deux suivantes :

> si l'étude des classiques payens [sic], telle que pratiquée dans nos collèges, est de nature à inculquer le paganisme dans l'esprit des jeunes gens, à mettre en danger leur foi et leurs mœurs, à en faire des sceptiques et des incrédules, et si enfin cette étude est bien réellement une des causes de tous les maux qui menacent aujourd'hui la société, comme on a voulu le prétendre, de sorte qu'un des moyens de salut pour la société chrétienne serait de cesser d'enseigner les auteurs payens, au moins dans les basses classes.

Mgr Baillargeon transmet sa supplique par l'intermédiaire de l'abbé Chandonnet, alors aux études à Rome, et l'accompagne d'un exemplaire de *La méthode chrétienne [...]*.

La réponse, datée du 15 février 1867, réfute et condamne les idées de Pelletier et des gaumistes, du moins selon l'interprétation qu'en fait Mgr Baillargeon qui profite de sa publication (en latin) pour demander à son clergé de se soumettre à cette décision et « d'éviter de donner [son] approbation à des doctrines non seulement hazardées, mais encore tout-à-fait répréhensibles [sic] ».

Les gaumistes font une tout autre lecture du document romain. Dans une lettre du 16 mai 1867, Mgr Gaume lui-même assure que la réponse du Saint-Office est plutôt une solennelle approbation de ses idées. Pelletier, pour sa part, dans une *Lettre à Monseigneur Baillargeon [...]*, réfute l'accusation d'injure contre l'autorité religieuse et les maisons d'enseignement et, décortiquant chacun des énoncés de l'évêque, explique lui aussi que « les partisans de la réforme chrétienne sont en parfait accord avec le Cardinal [Costantino] Patrizi [le signataire du

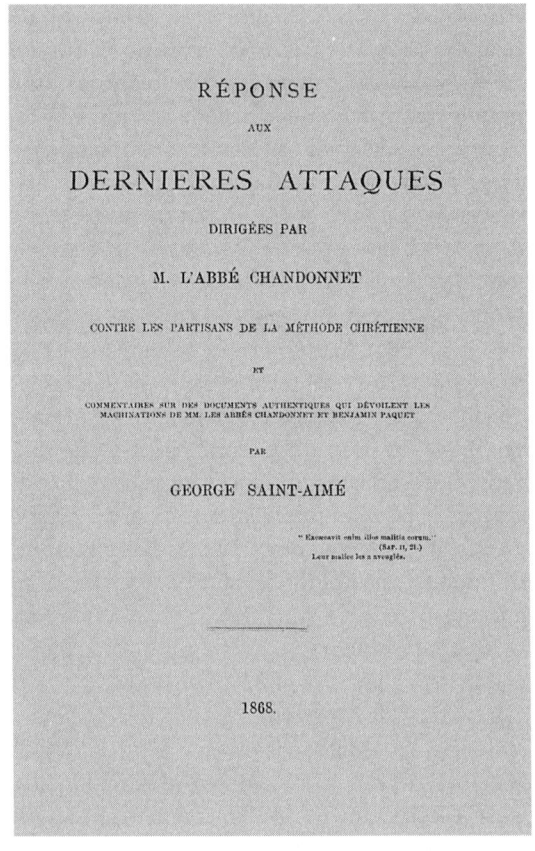

La censure intervient quelquefois à l'intérieur du champ religieux : l'abbé Alexis Pelletier, partisan de Mgr Gaume, se voit interdire deux brochures par Mgr Baillargeon.

document romain] : leurs écrits ne sont que le rigoureux développement des règles qu'il pose avec tant de sagesse ». Pour lui, seule une machination peut expliquer l'interprétation erronée de Mgr Baillargeon : « Plusieurs passages de votre circulaire [...] m'ont porté à croire, et j'ai accueilli cette pensée avec bonheur, qu'ils étaient inspirés par d'autres que par vous-même. » Il précise son insinuation dans une deuxième brochure intitulée *Réponse aux dernières attaques [...]*. Dans une charge qui s'appuie surtout sur deux lettres de l'abbé Chandonnet à l'abbé Benjamin Pâquet, du Séminaire de Québec, il les accuse d'avoir « indignement trompé un prince de l'Église » et d'avoir « mis en œuvre des moyens que réprouve toute âme, tant soit peu honnête, pour satisfaire leur vengeance, leur orgueil et arriver à leurs fins ».

Le 12 août 1868, Mgr Baillargeon publie un « Mandement pour condamner les deux brochures de George Saint-Aimé » : défense de lire, prêter, posséder ces ouvrages ; obligation de les brûler « dans les trois jours » ; défense « de rien publier » sur cette question de la réforme chrétienne et même de posséder ou lire des écrits sur ce sujet ; obligation pour le ou les auteurs « de réparer le scandale donné par leur mépris de l'autorité épiscopale, et le tort causé au prochain par leurs détractions », dans les 30 jours qui suivront la connaissance du mandement. Les peines encourues sont l'excommunication *ferendae sententiae* (infligée par sentence) pour les laïcs et la suspense *ipso facto* pour les membres du clergé.

Sur les conseils de ses amis gaumistes, Pelletier ne se considère pas touché par cette censure, puisqu'il n'est pas nommément désigné dans le document, et il fait fi de la condamnation. Il continue de polémiquer dans les journaux – *La Gazette des campagnes* de Sainte-Anne-de-la-Pocatière et *Le Franc-Parleur* de Montréal (où il s'est fait incardiner au diocèse en 1872) ; par prudence et pour éviter la censure, il utilise divers pseudonymes, dont Abbé Ste. Foy, Un Conservateur, Luigi, et aborde tout aussi bien la question du libéralisme que celle des classiques païens, car, dit-il plus tard dans *La source du mal de l'époque au Canada** (1881), « puisqu'il n'était pas connu comme auteur des brochures condamnées, la raison du respect et de la soumission dûs [sic] à l'autorité, *ne l'obligeait point à se considérer publiquement comme censuré* » avec toutes les conséquences (dénonciation et « terribles persécutions ») qui en résulteraient.

En 1876, comme son nom apparaît de plus en plus souvent comme étant le George Saint-Aimé sanctionné en 1868, il révèle qu'il est George Saint-Aimé et qu'il n'a pas tenu compte de la condamnation de son évêque. Le cardinal Prospero Caterini avise Mgr Édouard-Charles Fabre de Montréal que Pelletier a bel et bien encouru les peines portées contre lui et qu'elles seront levées s'il reconnaît ses torts et renonce à écrire sur la question de la réforme chrétienne. Mgr Elzéar-Alexandre Taschereau, archevêque de Québec, qui est partie prenante au dossier et qui a été consulté, ne se satisfait pas d'excuses et d'un engagement privés et oblige Pelletier à publier une déclaration publique de soumission, ce qu'il fait dans *Le Franc-Parleur* du 19 janvier 1877 sous la signature de « Luigi, alias Alexis Pelletier, ptre ». C'est la fin de sa carrière publique de polémiste. Nive Voisine

[Pelletier, Alexis], *Lettre à Monseigneur Baillargeon, évêque de Tloa, sur la question des classiques et commentaire sur la lettre du cardinal Patrizi par George Saint-Aimé*, [s.l.s.é.], [1867], 51 p. ; *Réponse aux dernières attaques dirigées par M. l'abbé Chandonnet contre les partisans de la méthode chrétienne et commentaires sur les documents authentiques qui dévoilent les machinations de MM. les abbés Chandonnet et Benjamin Paquet par George Saint-Aimé*, [s.l.s.é.], 1868, 56 p.

Baillargeon, Mgr Charles-François, « Circulaire au sujet des classiques », 14 mars 1867, MÉQ, 4, p. 564-571 ; Charland, Thomas, o. p., « Un gaumiste canadien : l'abbé Alexis Pelletier », RHAF, 1, 2 (sept. 1947) ; Voisine, Nive, « Pelletier, Alexis », *DBC*, XIII.

LETTRES DE MON MOULIN
Marcel Pagnol (1895-1974) • Film interdit par la censure du Québec en 1959

En 1954, Marcel Pagnol tourne trois récits, tirés des fameuses *Lettres de mon moulin* d'Alphonse Daudet : *Les trois messes basses*, *L'élixir du père Gaucher* et *Le secret de maître Cornille*. Le film n'est examiné par le Bureau de censure que le 9 février 1959 (cependant, dans *Le Devoir* du 1er novembre 1958, le critique Jean Hamelin affirme qu'il était déjà « banni ») et il est refusé par six censeurs sur sept. La fiche d'examen ne dit rien de leurs motifs. On peut imaginer que la truculence des deux premiers récits et

LIBERTÉ DE PRESSE

Extrait de « L'élixir du père Gaucher », bande dessinée de Mittéï dans son adaptation des *Lettres de mon moulin*.

la représentation peu flatteuse des prêtres et des moines qu'ils offrent ne peuvent être agréées. Le 21 avril 1988, la Régie du cinéma lui donne le « Visa général ».

Le paradoxe vient du fait que dans tous les collèges classiques, le livre de Daudet est à l'étude au niveau secondaire. Ainsi, les enfants peuvent se délecter de ces récits alors que ni eux ni les adultes ne peuvent les voir représentés sur grand écran. Par ailleurs, la télévision de Radio-Canada, qui n'est pas assujettie à la loi du Québec, projette le film durant la célèbre grève des réalisateurs dès janvier 1959. *Yves Lever*

ANQ, fonds Régie du cinéma, E 188, fiche du film.

LIBERTÉ DE PRESSE

L'institution de la liberté de presse et sa codification à la fin du XVIIIe siècle visait à imposer un frein à l'arbitraire, tant royal que religieux, qui prévalait alors par rapport aux publications et aux autres activités de différents ordres, qui sont en quelque sorte les ancêtres des médias actuels. C'est avant tout aux philosophes européens, anglais et français principalement, des XVIIe et XVIIIe siècles, que l'on doit les principes de base qui ont inspiré les révolutions politiques par lesquelles ont été reconnues les différentes composantes essentielles de ce qu'on appelle aujourd'hui la démocratie, dont la liberté de presse.

Dès 1644, dans son *Areopagitica*, John Milton « s'élève contre la censure que l'État exerce sur les pensées et les écrits et il prône le pluralisme des opinions comme seule source possible d'où puisse émerger la vérité » (J. Herbert Altschull, *From Milton to McLuhan*). Plus tard, les philosophes de Lumières, Jean-Jacques Rousseau, Voltaire et Montesquieu ont à leur tour mené la bataille des idées et cherché, outre l'abolition du règne de l'arbitraire et de la censure sous toutes les formes qu'elle prenait à l'époque, l'instauration d'un État de droit, caractérisé entre autres par une liberté d'opinion, d'expression et la libre diffusion des idées.

Dans la France de 1789, la *Déclaration des droits de l'homme et du citoyen* pose en termes universels cette liberté de publication et en fait « l'un des droits les plus précieux de l'homme ; tout citoyen peut donc parler, écrire, imprimer librement... » (Armande Saint-Jean, *Éthique de l'information [...]*). Les Américains se situent dans la même mouvance et adoptent en 1791 le tout premier amendement à la nouvelle Constitution des États-Unis : « Le Congrès ne fera aucune loi restreignant la liberté de parole ou de la presse. » Il est clair que dès l'origine, le concept de la liberté de presse se place en opposition à toute forme d'arbitraire, de contrainte ou d'intrusion du genre de ce qu'on appellera plus tard la censure. C'est là le fondement de la doctrine libérale de l'information, qui prévaut encore de nos jours, et qui « oppose un refus catégorique de toute subordination de l'information à quelque autorité que ce soit, en particulier à l'État » (*Éthique de l'information*).

Héritiers tant de la tradition monarchique que de la philosophie républicaine, les habitants de la Nouvelle-France savent mal se prémunir contre les interventions abusives dont seront l'objet les différentes publications qui naissent aux premiers jours de la colonie. Ces difficultés persistent encore aujourd'hui, bien qu'elles se manifestent de manière fort différente. Au départ, les assauts les plus soutenus contre la liberté de presse proviennent surtout du pouvoir politique. Par la suite, à la fin du XIXe siècle et dans la première moitié du XXe, c'est au clergé, qui se pose en cerbère de l'interprétation et de l'application des doctrines de l'Église, que sont opposés éditeurs, scribes et journalistes, au nom de la liberté d'opinion et d'expression. Depuis le milieu du XXe siècle, c'est surtout du côté du pouvoir politique, mais aussi du judiciaire, que proviennent les plus intenses menaces à la liberté de l'information.

Aux premières heures de la Nouvelle-France, l'histoire rapporte déjà des cas de censure. Le premier incident connu est le pamphlet anonyme intitulé *Anti-Coton**, qui s'en prend au jésuite Pierre Coton, et qui est brûlé quatre mois après l'arrivée des jésuites en Nouvelle-France.

Au siècle suivant, Fleury Mesplet, fondateur en 1778 de la *Gazette littéraire de Montréal**, et son rédacteur Valentin Jautard, utilisent ce périodique à vocation surtout littéraire pour exprimer leur appui à la philosophie républicaine qui s'épanouit chez les voisins du Sud et pour critiquer les positions obtuses et rétrogrades qui prévalent chez les dirigeants de la colonie. Ces opinions les conduisent en prison et entraînent la fermeture du journal, les velléités de sédition étant sévèrement réprimées par l'administration du gouverneur Frederick Haldimand.

Déjà, derrière l'interdit politique, se fait sentir l'influence du clergé, en la personne d'Étienne Montgolfier, le supérieur des sulpiciens, qui redoute la promotion des idées issues du siècle des Lumières et y voit une menace qu'il faut enrayer rapidement. C'est que l'influence de Voltaire ou de Rousseau, tout comme celle de Milton ou de John Locke, ne saurait être tolérée dans la colonie où elle risque de nourrir les ferments de rébellion contre l'ordre établi, tant religieux que politique. Dans *La presse québécoise de 1764 à 1914*, Jean de Bonville écrit :

> En 1784, Pierre Du Calvet prédit avec justesse que la tyrannie du gouvernement anglais à l'égard de la presse libérale obligerait les journalistes indépendants à fuir aux États-Unis. Un de ceux-ci [Ludger Duvernay], dut subir diverses persécutions avant de s'exiler dans ce pays, où il publia *Le Patriote canadien*. Effrayés par la liberté de la presse, les journaux tories des deux Canada combattirent bassement ce journal.

Selon certains historiens, « la liberté de la presse existait théoriquement au Canada dès la fondation de *La Gazette de Québec* en 1764 », mais c'est le journal *Le Canadien** qui l'introduit de manière concrète. Ce journal parle de liberté et se réclame des mêmes droits qui prévalent ailleurs, notamment en Grande-Bretagne et aux États-Unis, entre autres de la liberté de la presse. Pourtant, c'est en raison de sa participation à la fondation du *Canadien* en 1806 que Jean-Thomas Taschereau, député et membre du barreau, « perd, deux ans plus tard, son grade de capitaine de milice » (De Bonville). Quelques années plus tard, après l'Union des deux Canadas en 1840, *Le Canadien* joue un rôle de premier plan dans la défense des intérêts des Canadiens français et fait partie du mouvement de contestation que l'Acte d'Union soulève dans la presse francophone.

L'opposition politique fait l'objet à l'époque d'une répression féroce qu'exercent surtout les autorités britanniques. C'est aussi à cette période que monte le mouvement des Patriotes, qui se termine dans le sang. Ne voulant courir aucun risque face à ces menaces de subversion, le gouverneur James Craig, qui redoute une insurrection, fait saisir les presses du *Canadien* au mois de mars 1810 ; de plus,

Pierre Bédard, Jean-Thomas Taschereau et François Blanchet sont emprisonnés.

Un tel climat fournit un terreau fertile pour les ferments de l'émancipation et c'est ainsi qu'en 1844 est créé l'Institut canadien de Montréal*, qui apparaît comme un phare dans cette quête de l'émancipation et le parangon de la lutte pour la liberté. Le journal *L'Avenir*, propriété de Jean-Baptiste-Eric Dorion à partir de 1847, reprend les idées libérales de l'Institut canadien et se heurte lui aussi à l'Église, dont il réfute la domination. Ce journal libéral doit cesser de paraître en 1852 mais l'Institut canadien continue pendant de nombreuses années à mener la bataille contre l'ignorance et l'obscurantisme tout en essuyant les foudres des autorités cléricales.

Plusieurs autres accidents de parcours jalonnent l'histoire de la presse au Québec au cours de la première moitié du XIXe siècle: arrestation pour libelle des imprimeurs et éditeurs de *La Gazette de Montréal* en décembre 1827; emprisonnement, à trois reprises en 1827, 1832 et 1836, de Ludger Duvernay en raison de ses textes publiés dans *La Minerve**; suspension de *La Quotidienne* en 1838 et arrestation de son propriétaire, François Lemaître, pour avoir blâmé la conduite de militaires; saisie au début de 1839 des presses du périodique littéraire *Le Fantasque** et mise aux arrêts de son éditeur, Napoléon Aubin, et de l'imprimeur Adophe Jacquies, à qui l'on reproche leur appui aux Patriotes.

Ces événements et tous les autres que l'histoire n'a pas retenus servent à illustrer le rapport de pouvoir intense qui existe entre, d'une part, des autorités politiques ou religieuses pointilleuses et, de l'autre, des éditeurs, journalistes ou intellectuels qui réclament pour le Canada français de l'époque un régime de droits et de libertés qui leur semble plus répandu au-delà des frontières. Toutefois, plusieurs reconnaissent la nécessité de lois pour contrer les abus et de sanctions destinées à maintenir la loi et l'ordre. Comme l'écrit l'avocat Dominique Mondelet, en 1835, dans son *Traité sur la politique coloniale du Bas-Canada*: « Au Bas-Canada, personne ne voudrait d'une liberté absolue de la presse, et une répression judiciaire semble inutile et dangereuse. La censure demeure donc l'unique moyen de protéger la société contre la licence des journaux politiques. » (Dans de Bonville)

En fait, l'imprimeur Mesplet est sans doute le premier d'une longue lignée de personnes qui eurent à subir des sanctions au nom d'un arbitraire politique ou religieux qui prenait appui sur les tribunaux. Vers la fin du XIXe siècle, la situation s'aggrave davantage alors que sévissent des autorités ecclésiastiques particulièrement revêches, comme l'évêque de Chicoutimi, Thomas Labrecque. Ce dernier refuse l'absolution à ses ouailles quand elles avouent lire des journaux libéraux et ordonne à ses prêtres « d'enquêter dans les bureaux de poste afin d'identifier les abonnés »; durant l'hiver de 1896-97, il fait brûler « sur la place publique, à la sortie de la messe, les journaux libéraux. Le jeune journal *Le Soleil* [...] est la première victime de l'autodafé*. » (Louis-Guy Lemieux, *Le Soleil*, 12 mai 1996)

À Montréal, l'évêque sévit aussi. En 1858, Mgr Bourget condamne l'Institut canadien et frappe d'interdit des journaux comme *La Lanterne** et *Le Réveil** d'Arthur Buies. Plus tard, c'est Mgr Paul Bruchési qui réclame et obtient la tête d'un journaliste de *La Presse*, Rodolphe Girard, auteur de *Marie Calumet**, un roman populaire truculent qui vaudra à son auteur d'être chassé du journal et même de quitter la ville de Montréal. Quelques années plus tard, le même évêque demande à nouveau la tête d'un journaliste de *La Presse*. Mais cette fois, Albert Laberge, auteur du roman *La Scouine**, qui est publié sporadiquement dans des périodiques, résiste et, contrairement à ses prédécesseurs, réussit à sauver sa peau et son poste au journal.

Ces assauts des ecclésiastiques contre la liberté de presse et les journaux ne vont pas sans protestation. Entre 1892 et 1894, l'affrontement culmine entre l'évêque de Montréal, Édouard-Charles Fabre,

et Aristide Filiatrault, éditeur d'un hebdomadaire libéral radical, le *Canada-Revue**. Le journal réclame essentiellement une réforme de l'éducation, des revenus du clergé et de la moralité. La condamnation épiscopale entraîne de lourds dommages matériels au journal de sorte que son propriétaire décide d'intenter une poursuite en justice contre l'archevêque de Montréal; il sera cependant débouté.

Il faut encore longtemps avant que l'Église du Québec ne desserre son emprise sur les journaux, tout comme sur l'ensemble des productions littéraires, théâtrales ou culturelles. Les autorités cléricales considèrent la liberté de la presse comme une menace potentielle, la source d'abus pouvant mener au détournement des consciences et à la perversion. Dans une conférence prononcée en 1908 et dont le compte rendu paraît dans *L'Action sociale*, l'abbé Philippe Perrier précise:

> La liberté illimitée de parole et de presse ne peut constituer un droit, car elle ne repose sur aucune faculté morale. Sans contrainte, cette liberté conduit à briser le frein religieux et à encourager l'obscénité et l'anarchie. On peut, par contre, envisager des libertés sagement exercées, comme le démontre l'Église en permettant les divergences d'opinion sur les questions simples qui ne touchent pas aux fondements de la foi. (Cité par Jean de Bonville)

Du reste, le Premier Concile provincial de Montréal en 1895 s'était prononcé sur les devoirs et abus de la presse et avait précisé que «[e]n matière religieuse, la presse doit respecter l'Église et la défendre lorsqu'elle est attaquée. En politique, la presse a le devoir de surveiller les gouvernements, de protéger les minorités, d'exprimer l'opinion publique.» Toutefois, les prélats estimaient qu'il est du devoir de l'État de «prohiber les publications contraires aux lois naturelles et limiter la liberté de la presse» et que l'Église a «le devoir de condamner les journaux qu'elle juge dangereux et susceptibles de nuire à ses fidèles» (De Bonville).

Au début du XXe siècle, la presse se modifie, avec le changement de paradigme bien connu: les journaux cessent d'être des organes de partis ou de factions politiques et le journalisme s'oriente vers l'information plutôt que l'opinion. Cette tendance marque tout le siècle et favorise l'émergence de grands empires qui tirent leur origine dans les familles propriétaires de journaux qui composent le paysage des entreprises de presse autour des années 1900. Déjà sont en place les grands quotidiens du Québec qu'on retrouve encore cent ans plus tard: *La Presse**, *Le Devoir**, *Le Soleil*. D'autres naîtront plus tard, dont certains qui disparaîtront au fil des ans. Toutefois, quelques cas de figure retiennent l'attention à cette époque et illustrent les paradoxes qui marquent le rapport entre liberté de la presse et censure tout au cours du XXe siècle.

On a évoqué précédemment les tentatives multiples de l'évêque de Montréal, Mᵍʳ Paul Bruchési, pour tenter de museler des journalistes-romanciers au quotidien de la rue Saint-Jacques, *La Presse*. D'autres admonestations sont également adressées à *La Patrie**, alors concurrent de *La Presse*, qui ne donnent pas toujours les résultats escomptés. Dans son *Histoire de « La Presse »*, journal où il œuvra pendant toute sa carrière, Cyrille Felteau évoque le « climat intellectuel et moral très spécial qui régnait au Québec, et tout particulièrement à Montréal, au tournant de ce siècle », un climat qui ne favorisait nullement l'échange d'idées progressistes, ni même tout simplement libérales, et qui « était peu favorable à la liberté de parole et de presse telle qu'on l'entend aujourd'hui ». Éditeurs et rédacteurs se soumettent pour la plupart aux exhortations du clergé et tentent d'observer une conduite dictée par une politique éditoriale prudente et respectueuse. Toutefois, l'abondante correspondance entre le propriétaire de *La Presse*, Trefflé Berthiaume, et l'archevêque de Montréal révèle des velléités d'autonomie et une relative résistance aux impératifs, souvent abusifs, du prélat montréalais.

Par ailleurs, *Le Devoir*, quotidien montréalais fondé en 1910 par Henri Bourassa, doit lutter contre d'autres adversaires. Son opposition à la conscription, à l'approche de la Première Guerre mondiale, en fait une cible de choix pour les autorités politiques fédérales. En 1917, Ottawa songe même à « interdire, au moins pour quelque temps, la publication du *Devoir*. Juste le temps de voter la loi ! » (L.-P. Gingras, *Le Devoir*). Or c'est une intervention de Mᵍʳ Bruchési qui lui permet d'éviter la sanction fédérale. C'est sans doute à la profession de foi catholique qu'il fait, au moment de la fondation de son journal, que Bourassa doit cet appui qui semble pour le moins inattendu.

Pourtant, à partir du milieu du XXᵉ siècle, *Le Devoir* saisit plusieurs occasions de marquer ses distances par rapport au clergé québécois autant qu'au pape, le chef de l'Église. Au moment de la grève de l'amiante, à Asbestos en 1949, et par la suite lors de nombreux événements, le rédacteur en chef Gérard Filion, l'éditorialiste André Laurendeau et le jeune reporter Gérard Pelletier se prononcent à maintes reprises en opposition avec les positions de l'Église et celles du régime de Maurice Duplessis*. La dénonciation de la Loi du cadenas*, de la corruption du régime de l'Union nationale et des immoralités multiples qui marquent les années 1950 valent au *Devoir* les foudres non seulement du *Chef*, comme s'appelait le premier ministre Duplessis, mais aussi l'anathème d'une certaine petite-bourgeoisie conservatrice et bien-pensante qui profite de ce qu'on a appelé par la suite la Grande Noirceur.

Pendant toute la durée de la guerre, de 1939 à 1945, les activités militaires et les impératifs de la sécurité nationale justifient un contrôle serré de l'information. Les interdits gouvernementaux et le déploiement de la censure atteignent alors un summum. « Les censeurs, recrutés au sein de la profession journalistique, émettent des directives auxquelles doivent se conformer les publications. […] Plusieurs quotidiens ont fait fi des décisions des censeurs. » (Suzanne Clavette et Robert Comeau, « Grandeur et misère d'un antiduplessisme de 1947 à 1959 ») Si les rapports entre la presse et les militaires sont très tendus entre 1939 et 1942, à partir de l'entrée en guerre des États-Unis et du raid de Dieppe en 1942, les choses changent radicalement et la presse accepte de se plier à la censure. Ironiquement, après la Guerre, le patron du bureau de censure, Wilfrid Eggleston, « reprochera aux journalistes de n'avoir pas contesté avec plus de virulence les décisions arrêtées par les censeurs » ! (*Id.*)

> Au chapitre de la censure, l'action du gouvernement et de ses mandataires n'est soumise à aucune surveillance, à aucune forme de contrôle politique. La censure « légale » ne relève plus du champ juridique. Elle est le lieu de l'arbitraire. Elle se justifie par des considérations de sécurité nationale. Le gouvernement détermine de façon souveraine l'objet de la cen-

sure, la nature et l'ampleur de sa mise en œuvre. Bref, la censure émarge à l'ordre démocratique et constitue une entorse de taille à ses fondements. (*Id.*)

Officiellement, la censure de guerre* est abolie au Canada le 15 août 1945. Toutefois, d'aucuns voient dans cet extraordinaire appareil mis en place au nom de la sécurité nationale l'origine des mécanismes sur lesquels l'État continuera de s'appuyer pour contrôler l'information au sujet des affaires gouvernementales. Par exemple, c'est au nom d'une prétendue insurrection appréhendée que, 25 ans plus tard, sera mise en vigueur la Loi des mesures de guerre, en 1970, qui permettra rien de moins que le musellement formel et légal, à défaut d'être légitime, des médias au sujet des événements entourant les actions du FLQ et de la crise d'Octobre.

> Le ministre de la Justice du Québec, M. Jérôme Choquette, a interdit pendant une dizaine de jours la publication et la diffusion de tous documents émanant du Front de Libération du Québec. Les journalistes n'étaient pas d'accord avec cette interprétation et finalement, à la suite d'une fuite dans le quotidien *The Gazette* de Montréal et le ministère de la Justice renonçant à poursuivre les organes d'information, ceux-ci ont repris la publication des documents émanant du F.L.Q. (*Manifeste pour la liberté de l'information*, Claude-Jean Devirieux)

Outre l'arrestation et la détention sans motif de plus de 500 innocents citoyens et citoyennes du Québec, soupçonnés de sympathies felquistes, la Loi des mesures de guerre a permis l'arrestation et la détention, pendant des périodes allant de quelques heures à plusieurs jours, de nombreux journalistes, œuvrant pour divers médias comme la Société Radio-Canada, *L'Action* de Québec, le *Journal de Montréal*, *Québec-Presse*, *Montréal-Matin* et même le magazine allemand *Stern*! Il est clair que l'épisode d'Octobre 1970 constitue la plus virulente atteinte à la liberté de la presse. Au nom d'un arbitraire politique, le pouvoir fédéral imposa une forte censure de l'information, justifiant ce geste par des motifs de sécurité nationale.

Depuis 1970, soit au cours du dernier quart du XXe siècle, les assauts contre la liberté de presse sont plutôt venus de l'institution juridique*. Certes, il ne s'agit pas ici à proprement parler de censure, au sens où on l'entend généralement. Toutefois, les décisions des tribunaux, les sanctions et les amendes qui s'accumulent et qui constituent désormais une imposante jurisprudence, ont des effets pervers en regard de la liberté de la presse. Ultime recours d'individus qui se sentent lésés, soit dans leur vie privée ou dans leur droit à la réputation, les poursuites en diffamation contre les entreprises de presse se sont multipliées au cours des dix ou quinze dernières années. De plus en plus, les tribunaux font droit aux réclamations des parties qui s'estiment lésées et imposent de lourdes amendes aux médias qui, plutôt que de rechercher des règlements hors cour, osent persister dans le processus judiciaire, quitte à se rendre jusque devant la Cour suprême, plus haute instance judiciaire au pays. Ces défaites, puisqu'elles en sont pour les médias qui perdent leur cause, de même que les fortes pénalités dont sont assorties les jugements des tribunaux, ont pour effet d'inculquer à la presse une prudence que d'aucuns jugent excessive. Avant de publier un dossier compromettant, de critiquer un politicien ou de dévoiler les agissements d'une personnalité publique, on s'interroge deux fois plutôt qu'une quant aux répercussions éventuelles. Personne ne veut encourir des poursuites longues et onéreuses. Il est à craindre que cette prudence qui s'accumule, si elle peut certes générer une bienfaisante réserve, ne risque d'entraîner une tendance à l'autocensure*.

Après s'être libérée de la tutelle politique, de la main-mise cléricale et de la censure politique, l'information risque maintenant de faire les frais de ces décisions judiciaires. Dans de tels cas, il s'agit de la victoire de droits individuels à qui des juges donnent préséance à un droit collectif, la liberté de l'information, pourtant considérée comme l'un des fondements de la démocratie. *Armande Saint-Jean*

RIVARD, Adjutor, *De la liberté de la presse*, Québec, Librairie Garneau Ltée, 1923 ; SAINT-JEAN, Armande, *Éthique de l'information. Fondements et pratiques au Québec depuis 1960*, Montréal, Presses de l'Université de Montréal, 2002.

LIBRAIRIES

Du début du XIXe siècle à nos jours, les librairies se positionnent d'abord face au pouvoir religieux, puis civil ; et s'il se trouve des libraires pour contourner ces pouvoirs, d'autres par contre recourent à l'autocensure

Comme l'écrit Jean-Louis Roy dans « Une région culturelle mal connue : le pouvoir des libraires ou les libraires du pouvoir » (1980), « la librairie n'est pas, et ne saurait être considérée comme un instrument culturel neutre. Ses activités constituent une "dynamique de la communauté" ». D'après lui, la sélection des titres qui composent le fonds d'une librairie est loin d'être innocente. Au cours de l'histoire, des libraires ont subi les foudres de la justice pour avoir vendu des titres défendus, d'autres ont été condamnés sur la place publique ou ont subi de fortes pressions en privé, d'autres encore n'ont vendu que des livres à mettre entre toutes les mains et ont pu tirer profit de leur bonne relation avec les pouvoirs publics.

Les premiers commerçants à importer du livre pour le vendre dans la colonie sont les imprimeurs* qui s'installent après la Conquête. À Québec, l'atelier des imprimeurs successifs William Brown et Thomas Gilmore, puis Samuel Neilson constitue en même temps la principale librairie jusqu'en 1820. On y trouve surtout du livre religieux ou pratique, des manuels scolaires* et des almanachs. Mais, malgré la demande limitée pour les ouvrages littéraires et leur prix élevé, le fonds du libraire semble s'étendre à tous les auteurs en vogue. Comme le notent John Hare et Jean-Pierre Wallot, dans « Le livre au Québec et la librairie Neilson au tournant du XIXe siècle » (1988),

> dès les années 1770-1780, la librairie Brown-Gilmore vend régulièrement les auteurs des Lumières et ceux qui marquent la pensée occidentale à l'époque, depuis Montesquieu, Diderot, Voltaire, Condorcet, Puffendorf, Helvetius, Rousseau, Bernardin de Saint-Pierre, Linné et Condilla à Franklin, Adam Smith, Blackstone, Burke, Bentham, Malthus, Dodsley, etc.

Les mêmes auteurs se retrouvent dans le catalogue de 1818 de la librairie. En fait, la principale contrainte semble alors être le problème de l'approvisionnement, puisque les guerres franco-britanniques compliquent l'importation du livre français au Canada, car les *Navigation Acts* britanniques (abolis en 1849) forcent tout le commerce à transiter par des bateaux anglais.

Hector Bossange, le premier véritable libraire à s'installer à Montréal, arrive de France en 1815. Dès janvier 1816, l'abbé Louis-Joseph Desjardins, de Québec, ne tarde pas à le féliciter et le « prie d'être très délicat sur le choix des ouvrages », ainsi que le note Yvan Lamonde (« La Librairie Hector Bossange de Montréal (1815-1819) et le commerce international du livre », 1988). Bossange retourné à Paris, la librairie la plus populaire et la plus influente de 1823 à 1854 est celle de son successeur Édouard-Raymond Fabre. Le libraire est bien branché sur le plan politique (sa librairie est un lieu de rencontre des leaders patriotes dans les années 1830, et Fabre lui-même est élu maire de Montréal en 1849), mais il est assez strict au plan de la morale : en 1827, « il met fin à son association avec Hector Bossange, parce qu'il n'apprécie guère un choix de "mauvais livres" (au sens moral) que le libraire parisien lui a fait parvenir. » (*VLQ*, II) En 1829, quand Théophile Dufort ouvre une nouvelle librairie en réunissant les fonds de deux anciens libraires, il annonce à sa clientèle qu'il « a eu soin d'épurer de ce qui pouvait s'y rencontrer d'immoral ou d'irréligieux » (*Le Spectateur canadien*, 7 février 1829).

Au milieu du XIXe siècle, la clientèle ecclésiastique représente une large partie du chiffre d'affaires des libraires et le nom de celles-ci reflète cet état de fait. À Québec, on trouve ainsi la Librairie catholique, ouverte en 1846 par Augustin Côté, et la Librairie ecclésiastique et classique, ouverte en 1833 par Joseph Crémazie, qui prend son essor lorsque son frère Octave se joint à lui en 1844. Non seulement la librairie prospère-t-elle sur le plan économique, mais elle est fréquentée par un cénacle intellectuel qui comprend François-Xavier Garneau, Louis Fréchette, Antoine Gérin-Lajoie, Étienne Parent, l'abbé Henri-Raymond Casgrain, Pierre-Joseph-Olivier Chauveau et Pamphile Le May. Peut-être est-ce la raison pour laquelle on y trouve à côté des ouvrages religieux, dans le catalogue de 1861, des titres d'Honoré de Balzac, de François-René de Chateaubriand, de Casimir Delavigne, d'Alexandre Dumas père et fils, de Théophile Gauthier, de Victor Hugo, d'Henri Michelet, d'Alfred de Musset, de Pierre-Joseph Proudhon, de Stendhal et de George Sand.

À Montréal aussi certains libraires prennent des libertés malgré la surveillance du clergé. Par exemple, John McCoy

> prend des initiatives sur un terrain où peu de ses homologues francophones osent le suivre. Le 24 décembre 1847, par exemple, il publie dans *La Revue canadienne* une liste de livres français en vente dans son établissement. Dans cette collection, il présente 11 titres d'Eugène Sue, dont quelques-uns sentent le fagot, comme *Le Juif errant*. Il revient à la charge en 1848, avec de longues listes d'auteurs français les plus populaires, parmi lesquels se trouvent les Dumas, père et fils, Sand, Balzac, Sue, mais également Émile Souvestre, Élie Berthet, Léon Gozlan, Marco de Saint-Hilaire, etc. À l'époque, McCoy semble avoir été un des seuls libraires à oser promouvoir ouvertement des auteurs – romanciers surtout – dont les œuvres pouvaient heurter les autorités ecclésiastiques francophones. Le libraire continue d'exercer son métier au moins jusqu'en 1851 [...]. (*VLQ*, III)

La seconde moitié du XIXe siècle est le théâtre de l'irrésistible montée en puissance de deux grandes librairies-imprimeries de Montréal fondées dans les années 1840, la Librairie Beauchemin et la Librairie J.-B. Rolland, dont les activités sont principalement axées sur le livre scolaire et sur le livre religieux. En 1857, un incident symbolise l'orthodoxie dont se parent ces maisons. L'anecdote veut que Jean-Baptiste Rolland, en ouvrant une cargaison de livres arrivée de Paris, en découvre quelques-uns au contenu peu recommandable. Il fait venir un prêtre; celui-ci examine les livres et met de côté 1500 volumes qu'il juge dangereux. N'écoutant que son devoir, le libraire allume aussitôt le bûcher et condamne à l'autodafé* les livres en question. Le sacrifice est « élevé jusqu'aux nues [...] par la plupart des journaux canadiens » (*Le Pays*, 26 nov. 1857), mais un lecteur du *Pays* affirme connaître des gens qui ont acheté les *Œuvres complètes* de Georges Sand ou encore les *Contes* de Jean de La Fontaine chez J.-B. Rolland et met en doute la véracité de la bonne action du libraire.

On ne peut confirmer si le bûcher a bel et bien été allumé, mais il n'en demeure pas moins que cette période donne lieu à des récriminations croissantes contre les libraires de la part du clergé. Le 9 novembre 1871, une lettre circulaire de Mgr Ignace Bourget demande aux curés « de faire considérer les librairies où se vendent ces productions ordurières comme des fontaines empoisonnées ou comme des lieux infectés dont il faut s'éloigner avec crainte ». Le 19 mars 1894, Mgr Édouard-Charles Fabre, le fils de Édouard-Raymond Fabre, s'en prend dans une lettre pastorale aux « libraires qui se disent catholiques mais qui n'en ont que le nom, étalent dans leurs vitrines des ouvrages dont le seul titre est une provocation au crime et un danger pour la morale publique ».

À Québec, le cardinal Elzéar-Alexandre Taschereau proteste lui aussi dans une lettre circulaire, le 13 mai 1892, contre la circulation

> des livres contraires à la foi et à la morale, des journaux absolument mauvais, importés de France, des gravures obscènes; on peut les voir étalés au grand scandale des chrétiens sincères, dans les vitrines de certains libraires peu scrupuleux et plus soucieux de leurs intérêts matériels que du salut des âmes.

La *Semaine religieuse de Québec* n'est pas en reste. Le 24 février 1889, le journal s'indigne de l'existence de « certaines librairies qui sont de véritables foyers pestilentiels, et où l'on peut se procurer à peu près tous les poisons du jour […]. Ces librairies ont leur large part de la clientèle catholique, qui n'est pourtant pas toujours ignorante de l'existence de l'arrière boutique destinée à l'emmagasinage des productions *piquantes*. » Le 4 août 1894, le journal s'élève à nouveau contre les « libraires qui sont assez pervers pour faire venir de l'Europe de ces publications immondes, romans et journaux » : ce sont de « véritables assassins des âmes, malfaiteurs publics ».

Ces critiques enflammées laissent croire que les livres interdits circulent dans certaines librairies. Le 5 septembre 1888, Aristide Bonnefoy écrit dans *La Minerve* :

> on oublie que l'école naturaliste et réaliste tient aujourd'hui le haut du pavé ; qu'elle est très nombreuse et qu'elle inonde la France et le monde de ses productions. […] Eh bien, ces romanciers, nous les avons à Montréal, représentés par leurs œuvres. Nous avons vu, même dans des librairies catholiques, les livres qui ont pour auteurs les Dumas, Hugo, Murger, Flaubert, Feydeau, Guy de Maupassant, Theuriet, Droz, Camille Lemonnier, Hector Malot, Armand Silvestre, etc.

De quelles librairies est-il question ? Les informations sont parcellaires à ce sujet. Outre John McCoy, dont la carrière semble avoir été assez brève, un libraire francophone protestant (une espèce rare) laisse sa marque au xixe siècle. Il s'agit de Laurent-Édouard Rivard qui, en 1869, est dépositaire de la librairie évangélique et éditeur propriétaire de *L'Aurore*, organe des protestants de langue française. En tant que protestant, Rivard reste indifférent aux menaces des autorités catholiques. Édouard-Zotique Massicotte, dans « Cinquante ans de librairie à Montréal » (1943), révèle que Rivard possède « un stock des ouvrages de propagande sur l'Église "réformée", presque toutes les œuvres des philosophes du xviiie siècle, et quantité de livres à l'Index* ».

À l'opposé de ces quelques indépendants, les librairies les plus prospères sont celles qui comptent parmi leur clientèle le clergé et les institutions scolaires et, partant, s'imposent une rigoureuse autocensure*. En 1889, la librairie Cadieux & Derome, de stricte obédience catholique, refuse d'honorer une commande de 300 exemplaires des œuvres complètes de Victor Hugo (dont deux œuvres, *Les misérables* et *Notre-Dame-de-Paris*, sont à l'Index*) que lui transmet Louis-Hippolyte Taché, son agent d'Ottawa. Ce dernier porte le litige devant les tribunaux civils et gagne sa cause, ce qui oblige la librairie, malgré son refus de vendre les livres, à verser à son agent la commission que celui-ci aurait dû percevoir.

Dans la première moitié du xxe siècle, les librairies Beauchemin et Granger Frères à Montréal, et Garneau à Québec occupent le champ rentable et orthodoxe du livre scolaire et du livre religieux. Le défi des autres librairies est d'atteindre une taille suffisamment grosse pour pouvoir s'approvisionner elles-mêmes en Europe et exercer ainsi le contrôle sur la sélection de leurs titres. Les librairies Déom (fondée par Cornélius Déom en 1896) et Pony (fondée par Aristide Pony en 1894), installées dans le Quartier latin et profitant d'une clientèle intellectuelle (pour Déom) ou populaire (pour Pony), sont alors les principales importatrices de livres français. On peut trouver chez Déom des « mauvais ouvrages » comme *Le feu* de Henri Barbusse ou *Monseigneur voyage* de Gaston Chérau, ou encore plusieurs titres de Léon Bloy. Pony, lui, ne se préoccupe pas davantage des prescriptions religieuses et offre à ses clients, d'après Claude-Henri Grignon,

> des romans populaires, des beaux romans d'amour, de cape et d'épée, tous les ouvrages du père Dumas, de Ponson du Terrail […], de Mérouvel, de Decourcelle et toute la kyrielle des auteurs de romans-feuilletons*, depuis *Les Deux Orphelines* jusqu'à *La Porteuse de pain*. (*Le Journal des Pays d'en Haut*, 1967)

On note aussi

un phénomène curieux des années 1920, […] la vogue du livre d'occasion. Joseph Ouvrard, Paul Coutlée, Gonzague Ducharme et, finalement, Henri Tranquille se spécialisent dans ce commerce […]. Le résultat en est heureux car des livres qui avaient jusqu'alors circulé sous cape sont ainsi mis en vente sans aucune restriction. On croirait que la censure ne concerne que les livres neufs. (*DOLQ*, II)

En définitive, s'il est vrai que peu de libraires jouissent de l'indépendance requise pour refléter la variété de la production française, il n'en demeure pas moins qu'un « titre en vogue à Paris ne prenait à le devenir à Montréal que le temps de la traversée de l'Atlantique », se rappelle Victor Barbeau dans *La Tentation du passé* (1977), et que « [q]uiconque veut se procurer un livre interdit trouve toujours le moyen de parvenir à ses fins », déplore un certain G. H. D. dans *L'Action catholique* (4 novembre 1944).

L'Action catholique joue d'ailleurs un rôle-clé dans la censure à laquelle doit faire face Paul Michaud, le libraire le plus audacieux de la ville de Québec. Ce dernier raconte avoir conclu un accord avec une succursale des magasins à rayons Kresge, vers la fin des années 1940, pour y vendre des livres. Mais cette percée commerciale est remise en cause quand un abbé, après avoir visité ce comptoir, condamne du haut de sa chaire le fait qu'on y vende notamment le roman *Au pied de la Pente douce*, de l'auteur québécois Roger Lemelin. Cet anathème est repris dans *L'Action catholique*, où le père Eugène Lefebvre, auteur de *La morale amie de l'art** (1948), ajoute que la librairie vend également les œuvres d'Honoré de Balzac, de Gustave Flaubert et de Victor Hugo : « les auteurs qu'il citait étaient à l'Index, et l'Index, en ce temps-là, c'était l'interdit », se plaît à rappeler Paul Michaud dans *Au temps de l'Index* (1996). Michaud perd son contrat avec le magasin Kresge, en plus de voir une grande partie de la clientèle déserter sa librairie et d'être victime de harcèlement par le truchement de lettres, d'appels téléphoniques et de graffitis ; il est alors forcé de se replier vers son Club de lecture, qui se révèle moins vulnérable à la censure parce que ses clients sont dispersés aux quatre coins de la province.

Avec la Seconde Guerre mondiale qui multiplie le nombre de titres en circulation et la génération du *baby-boom* qui arrive en âge de lire à la fin des années 1950, le jeu du chat et de la souris avec le clergé tire toutefois à sa fin. C'est dorénavant le pouvoir civil que doit craindre le libraire trop audacieux.

Déjà, en 1930, deux jeunes épiciers de Québec plaident coupable à l'accusation « d'avoir vendu des mauvais livres » (*L'Action catholique*, 27 et 28 janvier 1930). Le premier reçoit des commandes et les transmet à une librairie de Montréal ; le second achète du premier et reçoit les livres directement de la librairie. Il revend ensuite aux gens de la ville. Le premier, cerveau de l'opération, reçoit une amende de 100 $, tandis que le second doit payer une amende plus lourde de 225 $ parce qu'il avoue au juge avoir vendu des livres à de grands écoliers. Parmi les livres présentés à la cour, *L'Action catholique* note des ouvrages « de la plus moderne pornographie » ornés de couvertures immorales et de titres suggestifs, de même que certains titres de Émile Zola et… plusieurs traités médicaux. En 1937, la Loi du cadenas* de Maurice Duplessis* est appliquée à une librairie alors que la Modern Bookshop de Montréal voit la police provinciale saisir tous ses livres. D'après la police, la majorité des titres de la librairie ont pour sujet la Russie, la situation espagnole et Karl Marx (*The Gazette*, 11 novembre 1937). En 1942, au milieu de la Seconde Guerre mondiale, le libraire René Sarazin est condamné à une amende de 50 $ « pour avoir eu en magasin des pamphlets subversifs » (*Le Maître Imprimeur*, 1942). Et en 1969, c'est en vertu de la Loi sur l'obscénité* que le libraire Guy Delorme est reconnu coupable d'avoir vendu le roman *Histoire d'O** de Pauline Réage (pseudonyme d'Anne Desclos) et condamné à une amende de 200 $.

Une autre loi susceptible de s'appliquer aux libraires est celle qui régit l'importation des livres. En effet, depuis la Confédération de 1867 jusqu'en 2005, la douane* canadienne a le pouvoir de bloquer l'entrée au pays de toute publication jugée séditieuse ou obscène (dans ce dernier cas, depuis les années 1990, on parle plutôt de représentation dégradante de l'être humain). Au cours des années, les trouvailles continuelles des douaniers mènent à la constitution d'un volumineux fichier, jamais rendu public, contenant des centaines de titres interdits d'accès. *Ulysses*, de James Joyce, est par exemple interdit d'entrée au Canada jusqu'en 1949. De nombreux titres de Balzac et de Maupassant sont aussi apparus sur la liste, de même que plusieurs périodiques français. Cependant, cette censure à l'importation est difficile à mettre en œuvre, en raison de la multiplicité des titres et des points d'entrée, et semble affecter davantage les publications anglophones que les francophones. Certains destinataires, dont les librairies spécialisées dans les publications homosexuelles*, sont particulièrement ciblés par Douanes Canada. La librairie Little Sister's de Vancouver doit s'adresser au tribunal, au milieu des années 1990, pour faire cesser le harcèlement dont elle est victime. À Montréal, la propriétaire de L'Androgyne, une librairie qui s'adresse depuis le début des années 1970 à une clientèle gaie, lesbienne et féministe, raconte en 1996 qu'on a au fil des ans « saisi des exemplaires de *Naked Lunch*, de William Burroughs, destinés à L'Androgyne, alors que le livre se trouvait dans des librairies s'adressant à la clientèle générale !... Le cas de *Empire of The Senseless*, de Cathy Acker, est du même ordre. » (*La Presse*, 7 janvier 1996)

Enfin, la loi la plus efficace est sans doute celle que le libraire s'impose à lui-même. La direction des librairies *Chapters/Indigo* en fournit un bon exemple lorsqu'elle indique en 2001 que l'entreprise refuse dorénavant de vendre *Mein Kampf*, d'Adolf Hitler. « Notre point de vue est que *Mein Kampf* est de la littérature haineuse, et nous refusons dorénavant de vendre cet ouvrage. » (*Le Devoir*, 30 novembre 2001) Une telle autocensure est d'autant plus efficace lorsqu'elle s'étend, comme les succursales de cette librairie, d'un océan à l'autre.

Par ailleurs, ce n'est pas tout d'avoir certains titres en magasin ; une importante facette du métier du libraire consiste à bien les mettre en valeur… ou, au contraire, à les cacher. Le fameux « dessous de comptoir » et « l'arrière-boutique » font en effet partie de l'imaginaire rattaché au libraire.

Ces décisions quotidiennes des libraires – la place que tel ou tel livre occupe dans la librairie – ont une importance déterminante sur les ventes, mais laissent malheureusement peu de traces. D. T. McAinsh, qui possède des librairies à Montréal et à Toronto au début du XXe siècle, est de ceux qui avouent garder des livres sous le comptoir :

> Now and again a book which is a little too frank but written by a well-known author will come in here. It is put out of sight, and the sort of person to whom it should be sold is carefully considered. There was an enormous demand, for instance, for the [Marie] Stope's books. We never refused to sell them to adults who had a good sound reason and to medical students. These books were never displayed, but were kept in a closed bunk (*Bookseller & Stationer*, August 1925)

Dans deux tracts intitulés *Lecteurs et libraires* (1948), le père Paul Gay* cautionne cette pratique. Il écrit que le libraire doit garder hors de portée du public les livres dangereux, un peu comme le pharmacien doit obtenir un billet du médecin pour délivrer des poisons ou des remèdes potentiellement destructeurs. Le libraire serait en droit d'en vendre, mais pas à n'importe qui :

> Les livres classés *dangereux* par les répertoires catholiques, un libraire catholique n'a pas le droit de les mettre en montre derrière la vitrine de son magasin. En effet, […] ces livres constituent un danger grave de chute morale pour la majorité des gens. Or, on n'a pas le droit d'offrir constamment au grand public le risque du scandale. Le libraire peut évidemment en posséder

pour la vente, mais dans des rayons spéciaux et cachés aux regards du public.

Certains libraires, cependant, refusent de se cacher et mettent en valeur des livres qui sont provocants pour d'autres. Henri Tranquille, par exemple, qui en 1948 avait accueilli le lancement du controversé manifeste *Refus global**, de Paul-Émile Borduas, et en avait écoulé la majeure partie du tirage, est mis en demeure en 1949 par Mgr Albert Valois, du Comité diocésain d'Action catholique de Montréal, de ne plus exposer dans sa vitrine *La faute de l'abbé Mouret*, une œuvre « pornographique » d'Émile Zola. Le libraire répond en tapissant sa vitrine d'œuvres de Zola, et le Comité cesse alors de l'importuner. En novembre 1972, à l'émission télévisée de Lise Payette, l'animatrice lui demande s'il a déjà vendu des livres en cachette. Tranquille répond :

> Je n'ai jamais eu de livres cachés dans l'« enfer* », comme on dit. Tous mes livres étaient en avant. Si je vendais un livre, disons Henry Miller – à un moment donné, les deux *Tropiques* étaient interdits, ce qui est inimaginable aujourd'hui – je le tenais toujours en avant. Je me disais : « Si par hasard il me vient un ennui, c'est en avant que l'ennui aura lieu, et on me parlera avec les livres sur la table, non en cachette. » Je me vantais d'avoir un livre qui semblait être interdit, parce que je savais avoir raison.

L'illustration la plus spectaculaire de l'enfer évoqué par Tranquille est sans doute le *capharnaüm* immortalisé en 1960 par le roman *Le libraire* de Gérard Bessette. Ce que le propriétaire de la Librairie Léon (installée à Saint-Joachin, une ville de campagne) appelle son *capharnaüm* est un caveau de béton à la porte discrète, rempli de « livres à ne pas mettre entre toutes les mains », et dont il a confié la clé à Hervé Jodoin, son nouveau commis. Mais Léon Chicoine est catastrophé lorsqu'il apprend que Hervé a vendu *L'essai sur les mœurs*, de Voltaire, à un collégien et que celui-ci s'est fait prendre par les Pères du Collège. Pour éviter la ruine dans le cas où son secret serait découvert, Léon Chicoine est forcé de se débarrasser des livres. Le roman de Bessette illustre la conscience aiguë qu'ont les libraires de ce qui est permis ou non, ainsi que le rapport de force qu'ils entretiennent avec les autorités politiques et morales de leur société.

Du milieu du XIXe jusqu'au milieu du XXe siècle, les plus grosses librairies, soit celles qui bénéficient de commandes de la part des institutions scolaires et religieuses, s'imposent une autodiscipline stricte quant à la probité morale des ouvrages qu'elles mettent en vente. Ces libraires s'assurent ainsi de maintenir la qualité de leur réputation et de leur relation avec le clergé. En revanche, chez les autres libraires – les critiques acerbes qui leur sont adressées en font foi –, il semble que la liberté de choix ait été plus grande, et que des titres controversés aient trouvé place non seulement dans l'arrière-boutique, mais aussi dans les vitrines. Le défi majeur de ces librairies consiste à atteindre une taille suffisante pour pouvoir s'approvisionner elles-mêmes auprès des fournisseurs européens : la voie de l'importation, en effet, est longue et coûteuse. À partir de la Révolution tranquille, en 1960, l'assouplissement des règles morales et la multiplication du nombre de librairies améliorent considérablement la variété et l'accessibilité des titres offerts. Il ne faudrait pas pour autant croire à une disparition de la censure. Dans le cas des libraires, celle-ci prend aujourd'hui la forme d'un cadre légal ou d'un possible blocage des livres à la frontière. De plus, puisque la tâche du libraire consiste précisément à sélectionner des titres et à les présenter au public, l'autocensure s'immisce facilement dans ses décisions – l'exemple de *Chapters / Indigo*, cité plus haut, en témoigne éloquemment. *Frédéric Brisson*

▶ *Broussailles givrées* ; *Convergences* ; *Les demi-civilisés* ; Édition ; Hébert, Jacques ; *L'homme qui va...* ; *Index, lectures et morale évangélique* ; *Julie Papineau [...]* ; *La Lanterne* ; Littérature pour la jeunesse ; *Le mal des anges* ; *Marcel Faure* ; *Les mémoires d'un soldat inconnu* ; *Nègres blancs d'Amérique* ; *Steak haché*

THE LIFE OF EMILE ZOLA
(VIE D'ÉMILE ZOLA)

William Dieterle (1893-1972) • Film interdit pendant 25 ans (1937); les autres films tirés de l'œuvre de Zola

William Dieterle, cinéaste américain progressiste, d'origine allemande, livre en 1937 un portrait chaleureux de l'écrivain français Émile Zola (1840-1902). Il accorde beaucoup d'importance à l'affaire Dreyfus (1898), ce qui transforme le film en un plaidoyer rigoureux contre l'antisémitisme. En 1938, les Oscar du meilleur film, du meilleur scénario et du meilleur acteur dans un rôle secondaire lui sont accordés.

The Life of Emile Zola est refusé par le Bureau de censure du Québec le 19 octobre 1937 pour les raisons suivantes:

> a) Propaganda for the works of Zola who is represented as a benefactor of mankind.
> b) Attraction of bad books.
> c) Inopportune film.
> d) False and immoral as conception of life: suicide, perjury, anti-militarist, anti-christian.
> e) Tries to demonstrate that Dreyfus was persecuted because he was a Jew and that it was necessary that another Jew takes up the fight to have him cleared of the accusation of high treason.

Eugène Beaulac, le président du Bureau, ajoute cette note: «This film was screened at the St. Denis theatre, at 4 p. m., 19-10-37, for canon A[délard] Harbour*, manager of the Diocese and Rector of the Cathedral, Delegate of the Archbishop, who did not want the film approved for the reasons set aside.»

Il est de nouveau refusé le 7 juin 1941, pour les raisons suivantes:

> 1. Represents falsely Émile Zola as benefactor of mankind; is nothing less than propaganda for bad books.
> 2. Revolutionary ideas and principles.
> 3. Offensive comparison of Dreyfus with our saviour.

Les œuvres complètes de Zola figurent dans l'*Index* librorum prohibitorum*. Le censeur québécois, bien au fait de l'Index des livres prohibés depuis ses études collégiales, veut interdire ce film qui est une «propagande pour les mauvais livres» en plus de comparer Dreyfus avec le Christ. Un autre facteur a pu jouer aussi, un certain antisémitisme qui a cours dans les milieux catholiques du Québec durant les années 1930.

Une copie 16 mm est approuvée sans réserve le 6 mai 1964, puis une copie en 35 mm le 11 juin suivant. La présentation en salle d'une version doublée en français reste problématique. Toutefois, il est possible que la télévision l'ait présenté dès les années 1960.

Le *Recueil des films* de 1964 de l'Office catholique national des techniques de diffusion l'évalue ainsi: «Ce film illustre le courage de son héros s'employant à réhabiliter un homme victime d'une injustice. Adultes et adolescent.»

Quel sort subissent les films tirés d'œuvres de Zola?

Le *Nana* de Jean Renoir (1926) n'a pas été apporté à la censure et n'a vraisemblablement jamais été montré au Québec. Cependant, celui de Dorothy Arzner (1934, États-Unis) est approuvé avec plusieurs modifications en février 1934. La version de Christian-Jaque (1955) n'est présentée au Bureau qu'en février 1962 et elle est autorisée le 8, mais avec cette restriction que le film ne peut être projeté que dans deux salles à Montréal. Le *Recueil des films* de 1962 le cote «À déconseiller» parce que «si le film montre la déchéance à laquelle mène le libertinage, il n'en présente pas moins avec une évidente complaisance la vie débauchée des personnages. Des images suggestives créent de plus un climat de sensualité.» Un an plus tard, le 4 février, il peut être vu dans la plupart des villes du Québec. Finalement, il est coté «Pour tous» le 8 février 1968.

Le 30 décembre 1940, *La bête humaine* (Jean Renoir, 1938) est interdit pour «Conduite désordonnée de Séverine, depuis l'âge de 16 ans; meurtre de son amant, par son mari qui, par des menaces et des mauvais traitements, obtient l'aveu de son inconduite et la contraint de donner un rendez-vous à son amant; crime impuni du meurtrier; parjure de Lantier qui, pour obtenir les bonnes grâces de Séverine, trompe la justice quand il devait dénoncer le coupable, meurtre de Séverine par Lantier; suicide de Lantier. » Il n'est reclassé que le 13 décembre 1971 et coté « Pour tous ». Il a toutefois été projeté à la télévision entre-temps. Une nouvelle adaptation de *La bête humaine* est réalisée en 1954 par Fritz Lang à Hollywood sous le titre *Human Desire*. Elle est refusée le 15 septembre 1954 et n'est jamais re-soumise.

Au bonheur des dames (André Cayatte, 1943) est permis avec quelques coupures mineures le 14 janvier 1948.

Thérèse Raquin (Marcel Carné, 1953) est approuvé le 1er août 1961. Pour les catholiques, c'est « Adultes, des réserves » parce que « même si l'inconduite des héros est suivie d'un châtiment, la présentation sympathique de leur amour adultère et le fatalisme de l'ensemble motivent de nettes réserves ».

Gervaise (René Clément, 1956) est refusé le 22 janvier 1958, puis accepté avec environ 30 secondes de coupures le 10 avril 1961. Les catholiques veulent le limiter aux « Adultes, avec réserves » à cause du « climat pessimiste et l'amoralité de la plupart des personnages ».

Les différentes adaptations de *Germinal* arrivent au moment où la censure s'est libéralisée. Celle d'Yves Allégret (1963) est approuvée sans réserves le 22 avril 1965, mais les catholiques le cotent « À déconseiller » parce que « le film dénonce des abus en se plaçant dans une perspective marxiste. Des scènes inacceptables motivent une cote sévère ». Il est reclassé « 14 ans » le 9 mars 1970. Celle de Claude Berri obtient « 13 ans+ » le 6 octobre 1993.

La curée (Roger Vadim, 1966) est approuvé le 22 février 1967 et coté « 18 ans » après la loi du 12 août.

La faute de l'abbé Mouret (Georges Franju, 1970) est coté « 14 ans » le 3 mars 1971 (« 13 ans+ », dans le répertoire actuel de la Régie du cinéma).

Dans l'ensemble, le cinéma a bien rendu la vision sociale et l'atmosphère des romans de Zola. C'est pourquoi les films ont suscité les mêmes craintes et les mêmes désirs de censure. Mais celle-ci n'a pu être qu'éphémère parce dès le milieu du XXe siècle, l'évolution des libertés la rendait de plus en plus impossible. *Yves Lever*

ANQ-M, fonds Régie du cinéma, E 188, fiches des films, procès-verbaux des assemblées du Bureau de censure.

LIGUE DU CINÉMA ET DES BONNES MŒURS
Une ligue de Québec résolument opposée au cinéma pour motifs religieux (années 1920 et 1930)

À Québec, en 1916, un comité de l'Association catholique de la jeunesse canadienne-française (ACJC) effectue une grande enquête dont l'objectif consiste à démontrer l'immoralité du cinéma. La publication de ses résultats amène le quotidien *L'Action catholique* (16 avril 1919) à souhaiter « qu'une *ligue contre le mauvais cinéma* soit fondée, afin d'entreprendre, après avoir réveillé la conscience publique, [une] lutte nécessaire » contre le « cinéma malfaisant ». On voit bientôt surgir une telle « Ligue du cinéma de Québec », dont la date de création demeure floue et dont les archives du diocèse de Québec ne conservent aucune trace. Dans une conférence à Radio-Canada le 27 septembre 1937, le cardinal Rodrigue Villeneuve affirme qu'elle a été fondée en 1925. Mais de son côté, le notaire Oscar Hamel (1887-1961), son fondateur et son président pendant plusieurs années, affirme qu'elle s'est manifestée dès la fin de 1924 en entreprenant, sous sa direction et celle de l'avocat Léo Pelland, professeur à l'Université Laval, une nouvelle enquête sur les dangers du cinéma. Hamel était alors un ancien président de l'Union régionale québécoise de l'ACJC.

En 1926, c'est sous le nom de « Ligue du cinéma et des bonnes mœurs » qu'elle appuie le premier ministre Louis-Alexandre Taschereau lorsqu'il adopte une position ferme devant la menace de boycott des salles du Québec par tous les distributeurs américains: il faut conserver une censure sévère, sans céder un pouce devant ceux qui ne s'intéressent qu'à l'argent (*Le Devoir*, 21 avril 1926). Pendant les dix années suivantes, c'est aussi bien sous cette appellation que sous celle de « Ligue du cinéma de Québec », qu'on la retrouve, comme l'atteste l'entête de la correspondance (accompagnée de « Combattre le mauvais, Aider le bon »), toujours envoyée de la même adresse. Lors de l'enquête du juge Louis Boyer* au sujet de l'incendie du Laurier Palace, en mai et juin 1927, le notaire Hamel témoigne au nom de la Ligue. Il ramène les réclamations traditionnelles: l'interdiction du cinéma le dimanche et celle des moins de 16 ans en tout temps, une censure encore plus sévère, la surveillance de la publicité, surtout celle des « placards » (affiches). Après la remise du rapport du juge, qu'il désapprouve à cause de son affirmation que « le cinéma, généralement parlant, n'est pas immoral », il publie une longue brochure pour résumer les enquêtes de 1916 et de 1924 et tenter de prouver la nocivité du cinéma. Les centaines d'exemples qu'il fournit permettent de dresser un tableau vivant de la diffusion du cinéma à Québec.

En 1931, alors que se développe la diffusion du cinéma français, Hamel demande au principal distributeur, Robert Hurel, de visionner les films avant leur entrée en salle afin de lui indiquer ce qu'il faudrait enlever (après leur passage à la censure de l'État). Hurel accepte, sans doute uniquement pour le passage du film dans la ville de Québec, mais à condition que cela se fasse à Montréal. La Ligue étant confinée à Québec, cette demande reste lettre morte. Mais la Ligue devient de plus en plus active; de 1930 à 1936, elle envoie plusieurs dizaines de lettres au premier ministre Taschereau tantôt pour demander l'interdiction de tel film, tantôt pour protester contre la publicité et en réclamer la suppression totale. Le plus souvent, l'homme politique répond pour dire qu'il va demander des comptes au président du Bureau de censure, Eugène Beaulac, et celui-ci se défend le mieux qu'il peut, trouvant exagéré le moralisme de Hamel et de ses successeurs, le lieutenant-colonel Henri Desrosiers en 1933 et Onis Chalifour en 1935. Dès 1936, la Ligue se fait plus discrète. Dans sa conférence radiodiffusée, le cardinal Villeneuve invite à

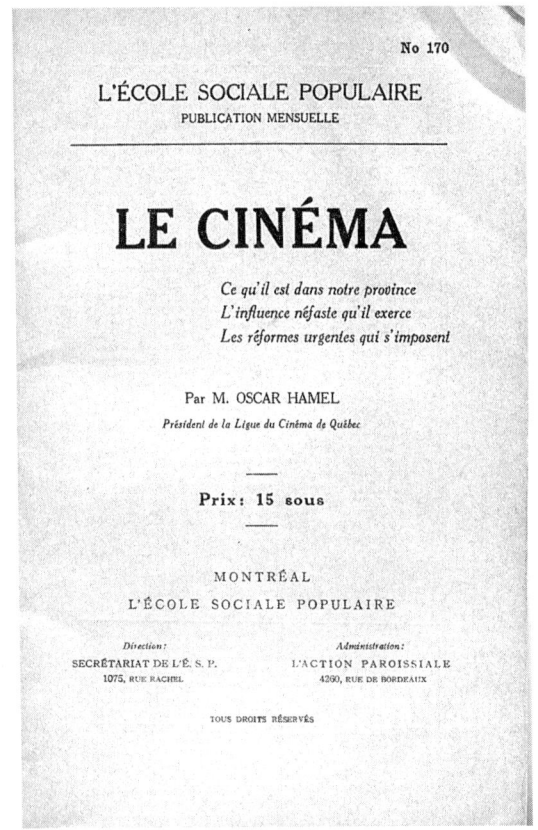

Pendant une dizaine d'années, le notaire Oscar Hamel dirige à Québec un groupe anticinéma très actif.

> transformer *la Ligue du Cinéma* en un organisme de masse, puissant et discipliné, destiné à réaliser dans notre Province une campagne de solidarité catholique, analogue à celle de la Légion de Décence des

États-Unis, dans un commun effort pour seconder l'Action catholique sur le terrain du cinéma. Cette Ligue du Cinéma, encadrant tous ceux qui auront fait leur promesse, entraînera le public dans une poussée énergique et décisive, en vue des redressements qui s'imposent en la matière.

Le Centre catholique d'action cinématographique qu'il crée à Québec le 13 janvier 1938 rend la Ligue caduque. L'équivalent de la Légion américaine, que souhaitait Villeneuve, ne sera jamais fondé. Un autre mode d'intervention est privilégié, la diffusion de cotes morales par les quotidiens.

Les Montréalais n'ont apparemment jamais fondé de « ligue du cinéma ». Toutefois, dès 1920 et jusqu'au début des années 1930, on assiste à quelques interventions anticinéma de la Ligue des bonnes mœurs, que préside pendant longtemps l'avocat Arthur Laramée (futur président du Bureau de censure), associée aux autres ligues (du Sacré-Cœur, du dimanche, des Retraitants, etc.). Quelques lettres sont envoyées par elle au *Devoir*, au premier ministre et au président du Bureau de censure, mais elle ne mène pas une action concertée et durable. *Yves Lever*

ANQ-M, fonds Régie du cinéma, E 188, correspondance du Bureau de censure ; HAMEL, Oscar, *Le cinéma - Ce qu'il est dans notre province, l'influence néfaste qu'il exerce, les réformes urgentes qui s'imposent*, 1928 ; LEFEBVRE, Euclide, *Le cinéma corrupteur*, 1921 ; TAJUELO, Telesforo, *Censure et société ; un siècle d'interdit cinématographique au Québec*, 1998.

▶ Église

LILIOM
▶ Metropolis

« LA LITTÉRATURE FRANÇAISE DE 1914 À 1945 ET SPÉCIALEMENT DE 1940 À 1945 : LA LITTÉRATURE CLANDESTINE »

Jean-Paul Sartre • Conférence qui constitue un cas de censure avortée (1946)

▶ *Huis clos*

LITTÉRATURE POUR LA JEUNESSE

La censure est un phénomène constant en littérature pour la jeunesse même si, à l'heure actuelle, elle revêt les formes plus subtiles de politique éditoriale, de rectitude politique, de choix « éclairés » par les instances scolaires

On situe traditionnellement en 1920 la naissance de la littérature québécoise pour la jeunesse, coïncidant avec le lancement de la revue *L'Oiseau bleu* par la Société Saint-Jean-Baptiste de Montréal (1921). Pourtant, durant la période coloniale française jusqu'à la Conquête anglaise, en 1759, même si l'enfance ne se singularise guère par rapport à l'âge adulte, les enfants de la colonie sont en contact avec des livres, que ce soit dans la famille ou à l'école primaire. Toutefois, l'Église, qui a la mainmise sur l'éducation, exerce déjà un contrôle serré sur la lecture, qui est avant tout considérée comme un instrument d'édification morale et religieuse ou d'acquisition de connaissances. Après les alphabets et les syllabaires servant aux apprentissages de base, ce sont exclusivement les livres de piété, les psautiers, les catéchismes et autres vies de saints et de la Vierge qui servent à l'entraînement à la lecture. Le *Petit catéchisme* restera longtemps le premier livre de lecture qu'on donnera aux enfants, même après la Conquête. Les lectures à la maison sont également contrôlées par l'Église, comme en témoigne la dixième « obligation du chrétien » émise par Mgr de Saint-Vallier (1653-1727), alors évêque de Québec, qui préconise une liste de bons livres à avoir chez soi et à lire en famille tous les jours, mais surtout les jours de Fêtes et les dimanches. En fait, les ouvrages servant à l'apprentissage de la lecture sont pour la plupart destinés aux adultes, ceux réservés aux enfants ne se distinguent des précédents que par les titres auxquels on a ajouté le mot « jeunesse » ou « enfants ».

En 1840, l'Acte d'Union, qui réunit le Bas-Canada au Haut-Canada, provoque une crise identitaire profonde au sein du peuple canadien-français. L'instruction publique se désagrège et l'analphabétisme s'accentue dans les couches populaires. Jusqu'en 1849, date de l'abolition des *Navigations Acts* qui empêchaient le commerce direct avec les pays européens, les livres importés de France se font rares et le contexte socio-politique est peu favorable à l'éclosion d'une littérature nationale, ce qui n'est pas le cas dans la communauté anglophone. Par contre, la France du XVIIIe siècle a déjà commencé à prendre en compte les capacités et les besoins particuliers de l'enfance, favorisant ainsi la naissance d'une littérature pour la jeunesse à la fois didactique et moralisante, tout à fait recevable pour les censeurs de l'Église. Dès le XIXe siècle, l'Église sait tirer parti de la conjoncture que lui fournit la lutte contre les « mauvais » livres par la diffusion de « bons » livres. La vente d'ouvrages français pour la jeunesse est ainsi permise dans les librairies* du Canada français fréquentée par une certaine élite libérale. Les membres du clergé deviennent même de fervents clients de ces libraires dans le but d'approvisionner en « bons » livres les nouvelles bibliothèques* paroissiales. Fortes de leur mission religieuse et éducative, ces bibliothèques contribueront à parfaire l'instruction de la jeunesse et à contrer les mauvaises lectures. La première bibliothèque paroissiale est inaugurée à la cathédrale de Québec en 1842. Par ailleurs, la seconde moitié du XIXe siècle voit l'éclosion d'une littérature canadienne-française récréative, privilégiant les œuvres de genre romanesque, du moins pour les lecteurs adultes. À cette période, on assiste aussi à l'avènement de la distribution de prix* dans les écoles, pratique qui deviendra officielle à partir de 1856. Au départ, la grande majorité des livres de prix sont des romans pour adultes, importés de France. Il faut attendre la liste préparée par l'abbé Henri-Raymond Casgrain, en 1876, à la demande de Gédéon Ouimet, alors surintendant du Département de l'instruction publique, pour que des œuvres canadiennes-françaises soient reconnues comme étant dignes d'être distribuées comme prix scolaires. En fait, pendant un demi-siècle, entre 1870 et 1920 environ, la littérature populaire et la littérature pour la jeunesse se destinent au même public. Toutefois, les romans d'aventures dont la jeunesse raffole, voire la fiction en général, continuent d'alimenter la méfiance des éducateurs catholiques, qui préfèrent les récits de faits héroïques issus de l'histoire canadienne, beaucoup plus aptes à relever le sens moral et littéraire des jeunes et à parfaire leur éducation patriotique.

À l'ombre de l'*Index* librorum prohibitorum* instauré par l'Église au XVIe siècle et qui ne sera abrogé qu'en 1966, des censeurs européens comme l'abbé Louis Bethléem* et Georges Sagehomme, s.j., s'imposent des deux côtés de l'Atlantique et infléchissent les lectures du début du XXe siècle, particulièrement celles des jeunes. Ainsi, Bethléem publie en 1904 *Romans à lire & romans à proscrire*, ouvrage qui connaîtra onze éditions successives jusqu'en 1932. Son répertoire, construit sur une appréciation liée essentiellement à la morale catholique, s'avère un guide utile aux familles, aux éducateurs et aux lecteurs adultes. Fortement inspiré par Bethléem, Sagehomme publie en 1926 le *Répertoire de 22 000 romans et pièces de théâtre appréciés*, répertoire régulièrement enrichi d'autres auteurs et titres jusqu'en 1955. Cette censure cléricale qui s'exerce sur la lecture des jeunes relève de la prescription mais, aussi, de la proscription. Certes, Bethléem et Sagehomme prescrivent de « bons » livres, mais ils en condamnent d'autres.

Du côté canadien-français, la censure proscriptive en littérature pour la jeunesse s'exprime notamment dans la presse à grand tirage comme *La Tribune*, journal de Sherbrooke, fondé en 1910, ou dans des revues comme *Mes Fiches* (1937-1965) et *Lectures** (1946-1966), toutes deux lancées par le père Paul-Aimé Martin, qui fonde les Éditions Fides en 1941. Dans ces deux revues, la doctrine censoriale se réclame de l'humanisme chrétien et de l'humanisme intégral. Les ouvrages recensés – la littérature pour la jeunesse y a sa place dans différentes

> **LE CONTRÔLE D'UN RÉSEAU ESSENTIEL, LE MILIEU SCOLAIRE (1924)**
>
> Si un auteur souhaite voir son volume pénétrer le réseau scolaire, il lui faut l'appui du clergé. De nombreux auteurs sollicitent l'appui de l'archevêque de Montréal, Mgr Bruchési : Ernest Mayrand pour la seconde édition de *Noëls anciens de la Nouvelle-France*, William Chapman pour ce qui est également une seconde édition, celle des *Aspirations*, etc. Ainsi Marie-Claire Daveluy écrit-t-elle à Mgr Deschamps, le 19 mars 1924 : « J'ai l'honneur de vous adresser par le même courrier le roman historique que je viens de publier pour la jeunesse canadienne : *Les aventures de Perrine et Charlot*. ¶ Vous m'avez toujours accueillie avec tant de bienveillance, Monseigneur, que je me fais un plaisir de vous présenter aujourd'hui mes deux petits héros. ¶ [...] Pourriez-vous, Monseigneur, m'accorder votre appui auprès de la Commission scolaire ? Mais je ne vous le demande que si mon ouvrage vous en paraît digne. » (ACAM)

rubriques telles que « Livres pour enfants » – sont appréciés à la lumière de l'Action catholique et de l'apostolat. On leur attribue une valeur intellectuelle et morale afin d'enrayer le mal des mauvaises lectures.

Plus subtile et moins répressive, la censure prescriptive s'inscrit également dans le champ de la doxa, cet ensemble de présupposés, de codes communs, produisant un discours orthodoxe tout en dénonçant l'hétérodoxie. Il ne s'agit plus de proscrire mais d'agir en amont sur les lecteurs et l'opinion publique par l'entremise d'associations, de guides de lectures, de périodiques ou des maisons d'édition*. Cette censure prescriptive peut revêtir différentes formes allant de la promotion des « bons » livres à une censure normative qui encadre ceux qui désirent écrire pour la jeunesse. Elle passe également par des choix éditoriaux, idéologiques certes, mais également dans un but de rentabilité, qui influent sur les œuvres pour la jeunesse à leur production.

Ainsi, à la suite de la promulgation de la loi Choquette en 1925, qui exige une proportion de 50 % de livres canadiens-français dans la liste des livres retenus comme prix de fin d'année par les inspecteurs d'école, le père Paul-Émile Farley, c.s.v., sur les traces des censeurs français ci-haut mentionnés, s'autorise, avec *Livres d'enfants* (1929), à guider les enseignants dans l'organisation des bibliothèques scolaires et l'achat d'ouvrages jugés « bien écrits, d'inspiration saine et convenant à la jeunesse ». En décembre 1931, l'abbé Camille Roy, chroniqueur régulier dans *L'Enseignement secondaire au Canada* de 1929 à 1933, consacre une chronique à la littérature pour enfants où il louange, par exemple, quatre récits de Maxine (Marie-Caroline-Alexandra Bouchette) pour leur dimension à la fois moralisatrice et littéraire. L'année suivante, Maurice Hébert, dans *Le Canada français* (novembre 1932), signe un article traitant des livres de récompense où il encense ceux « qui orienteront à jamais [la] vie morale et nationale » des enfants. En outre, des critiques littéraires, tel Albert Pelletier dans *Carquois* (1931), qui se sont exprimés sur la littérature pour la jeunesse plus dans un but d'encourager la diffusion du livre canadien et l'essor d'une littérature nationale que de promouvoir de « bonnes » lectures, ont été récupérés par les maisons d'enseignement, jouant involontairement un rôle de prescripteur.

Qu'elles soient d'obédience religieuse ou laïque, la plupart des maisons d'édition de l'époque qui s'intéressent à l'enfance et à la jeunesse (de 1912 à 1959) adhèrent à cette forme censoriale. On trouve des traces d'un discours doxologique sur la lecture des jeunes dans les catalogues, les périodiques, le paratexte éditorial ou auctorial. Ainsi, à partir des années 1910, la Librairie Beauchemin, éditeur laïque, diffuse *La Semaine de Suzette*, un périodique publié en France par des éditeurs catholiques, en tout point conforme à l'idéologie dominante. Dans les années 1920 et 1930 apparaîtra une presse religieuse pour la jeunesse, notamment pour contrer la mauvaise presse et plus particulièrement l'influence néfaste des *comics** américains. Ainsi, la Société Saint-Jean-Baptiste publie pour les jeunes *L'Oiseau bleu* (1921-1940), les Frères de l'Instruction chrétienne éditent *L'Abeille* (1925-1964), la Librairie générale canadienne, *La Ruche écolière* (1927-1930) puis *La Ruche littéraire* (1934-1945), les Éditions Fides lancent la revue *Hérauts* (1944-1965). À cela s'ajoutent des chroniques régulières centrées sur la lecture des jeunes comme dans la revue *L'Action nationale*, ainsi que de nombreux articles comme dans les *Cahiers d'Action catholique* ou dans *Relations*. Apparaissent également des anthologies et autres guides au service des médiateurs de la lecture enfantine, tels que *Poésies choisies pour les jeunes*, de Jeanne et Guy Boulizon en 1955, et *Livres roses et séries noires**, de Guy Boulizon, en 1957.

La censure prescriptive se fait sentir non seulement à la réception de l'œuvre, mais également à sa production. En effet, la production éditoriale pour la jeunesse, tout embryonnaire qu'elle est, est d'ores et déjà balisée par le discours officiel (religieux et politique) sur la lecture des jeunes: certains genres (contes et légendes, récits historiques) sont privilégiés, la création de collections promouvant des valeurs morales et religieuses est favorisée, même les prix littéraires (prix d'Action intellectuelle et prix David), par le truchement de leurs jurys, contribuent à la valorisation des ouvrages pour la jeunesse allant dans le sens de cette mission édifiante.

Au milieu du XXe siècle, la censure prescriptive prend une nouvelle tournure qui se perpétuera jusqu'à aujourd'hui. Comment mieux lutter contre les mauvaises publications qu'en les confrontant sur leur propre terrain, c'est-à-dire en publiant des livres convenables pour la jeunesse? La littérature pour la jeunesse étant intentionnelle par essence, il s'agira non plus d'intervenir sur la réception de l'œuvre par l'adulte prescripteur, mais sur sa création avec comme intention explicite, celle de former le goût des jeunes pour les lectures saines et utiles. C'est dans cette mouvance qu'on peut situer la véritable naissance de la littérature québécoise pour la jeunesse avec, comme texte fondateur, l'article de Béatrice Clément, «Des livres pour notre jeunesse», paru dans la revue *Relations*, en mars 1954. La lutte contre les mauvaises publications étant une tâche ardue, il serait préférable d'écrire des livres convenables directement dédiés à la jeunesse; c'est pourquoi Clément propose plusieurs principes de base de ce qu'on entend par livre convenable, principes qui seront largement repris par les auteurs et les éditeurs.

Au début des années 1960, le commerce du livre est en plein marasme, comme en témoigne le *Rapport de la Commission d'enquête sur le commerce du livre dans la province de Québec*, mieux connu sous le nom de Rapport Bouchard (1963). À partir de 1965, les livres ne sont plus à l'honneur comme prix de fin d'année scolaire, ce qui porte un coup fatal à l'édition pour la jeunesse dont le principal débouché est le marché scolaire. La littérature pour la jeunesse devient alors moribonde et ce déclin se perpétue jusqu'en 1971. Plusieurs autres facteurs expliquent cette lente agonie, telles l'importation étrangère, les luttes idéologiques et la remise en cause des valeurs traditionnelles initiées par la Révolution tranquille, la laïcisation et la démocratisation de l'éducation.

Au tournant des années 1970, face à cette asphyxie de la littérature pour la jeunesse, le milieu littéraire se mobilise. En 1971, à l'initiative de l'écrivaine Paule Daveluy, on assiste à la fondation de Communication jeunesse, organisme à but non lucratif dont la mission première est de promouvoir cette littérature. Dès 1977, le gouvernement fédéral institue un programme d'aide à l'édition par l'entremise du Conseil des arts du Canada. L'essor de la littérature pour la jeunesse qui s'ensuit n'est cependant pas étranger à la mainmise grandissante de l'institution scolaire sur elle. Ainsi, dans la foulée de l'Année internationale de l'enfant en 1979, le ministère de l'Éducation du Québec propose un *Guide pédagogique de littérature de jeunesse* (1981), enrichi de plusieurs documents au service des enseignants. Les romans retenus sont accompagnés d'un jugement global de qualité à partir de critères clairement exposés. Au début des années 1980, le ministère de l'Éducation publie plusieurs guides au service des auteurs de manuels scolaires*, essentiellement dans un but de lisibilité et d'accessibilité. Dès lors, sans doute partiellement pour courtiser le marché scolaire, les maisons d'édition s'emparent de ces critères de qualité et se réclament des mêmes conditions de lisibilité en vigueur dans les manuels scolaires. L'édition scolaire doit toujours être approuvée par le ministère de l'Éducation, ce dernier imposant notamment la chasse aux stéréotypes sexistes ou racistes; on ne peut l'en blâmer, même s'il s'agit d'une sorte de discrimination forcée, voire artificielle, jouant de la rectitude politique. Là encore, les maisons d'édition se sont approprié ces critères incontournables, gages de rentabilité pour elles. La censure prescriptive, c'est donc l'instrument garantissant la mainmise grandissante du monde de l'éducation sur la littérature pour la jeunesse et la soumission de l'éditeur aux politiques éducationnelles, dans l'intérêt du marché. Devant cette censure normative à la fois éditoriale, scolaire et idéologique, il devient alors très difficile pour un auteur de résister aux pressions des éditeurs et du ministère de l'Éducation, qui établissent des standards et des normes qui mènent à un certain conformisme dans l'écriture.

Les instances scolaires ne sont pas les seules à imposer cette forme de censure prescriptive. Cette dernière vient aussi implicitement de l'institutionnalisation même de la littérature pour la jeunesse, qui la rend tributaire de l'institution littéraire. Cette emprise s'exprime à travers les chroniques et autres rubriques dans les quotidiens ou les revues spécialisées, à travers les organismes de promotion du livre pour les jeunes, les sélections de livres, les salons du livre, les services gouvernementaux qui octroient des prix littéraires et autres bourses de mérite, les tournées des écrivains dans les écoles, les politiques d'achat de livres dans le milieu scolaire et dans le réseau des bibliothèques publiques.

En ce qui a trait à la censure proscriptive, elle existe toujours en littérature pour la jeunesse. Si elle n'est plus une censure de répression et d'interdiction, elle tient toutefois compte des tabous à transgresser ou à dépasser qui posent des questions d'ordre moral ou éthique. Il y en a à chaque époque. Cette forme de censure se concrétise dans une sorte de mise à l'Index, d'expurgations des textes à lire en classe par exemple, dans le non-achat par les instances scolaires et autres institutions publiques telles les bibliothèques, souvent sous le couvert de la sélection. Elle se révèle dans le refus des écoles de recevoir tel ou tel auteur. Il y a des livres qui dérangent à cause de leur sujet controversé, voire tabou comme la sexualité, le suicide, l'avortement, la violence, à cause de leurs mots qui choquent et de l'audace de leurs auteurs.

Ainsi, Michèle Marineau, pourtant doublement lauréate du prix du Gouverneur général, soit en 1988 pour *Cassiopée ou l'été polonais* (1988) et en 1993 pour *La route de Chlifa* (1992), se voit presque interdite d'entrée dans une école de Princeville en 1991 à cause de son roman *Cassiopée ou l'été des baleines* (1989) qui traite de la sexualité féminine dans un langage jugé non approprié. Les livres de Reynald Cantin, *J'ai besoin de personne* (1987), *Le secret d'Ève* (1990) et *Le choix d'Ève* (1991), sont non seulement boycottés en 1991 par l'école même où il enseigne mais aussi interdits d'achat par les bibliothèques du Conseil scolaire Chauveau à cause du langage employé, mais surtout du thème de l'inceste qui y est abordé et des mœurs sexuelles adolescentes.

Il existe pour les écoles un Programme de rencontre avec les écrivains, programme financé par le MEQ et administré par l'Union des écrivaines et écrivains québécois (UNEQ). Or, en 1994, le roman *Un été western* (1994) de Roger Poupart est frappé d'interdit par l'UNEQ car ses personnages y parlent trop crûment. À l'instar de Poupart, plusieurs auteurs sont insatisfaits du contrôle de l'UNEQ leur bloquant ainsi l'entrée dans les écoles. Le cas de Charles Montpetit est également de notoriété publique. Les deux tomes de l'anthologie dirigée par lui, *La première fois* (1991), après avoir suscité un vif intérêt de la part des médias, ce qui engendre une explosion du nombre de ventes, seront bannis du monde scolaire. Ces récits de vie ont le tort bien sûr de raconter une première expérience sexuelle, qu'elle soit heureuse ou non. En 1995, des milliers d'exemplaires de cet ouvrage ont fait partie du solde des invendus de Québec/Amérique.

Dans un mémoire déposé aux États généraux sur l'éducation en 1995, l'Association des parents catholiques du Québec (APCQ) lutte pour enlever des bibliothèques scolaires de la Commission des écoles catholiques de Montréal les livres qui véhiculent de la violence et de l'érotisme. Bertrand Gauthier, président fondateur de la maison d'édition La Courte échelle, y est particulièrement visé pour deux de ses romans, *Ani Croche* (1985) et *La course à l'amour* (1987). Ils sont qualifiés « d'inacceptables » et « quasiment pornographiques » alors qu'ils s'inscrivent dans un contexte de prévention et d'éducation. L'écrivain Stanley Péan, de son côté, subit les foudres du milieu scolaire, tant en Alberta qu'au Québec. En effet, sous le couvert de raisons religieuses, son roman *La mémoire ensanglantée* (1994) est retiré d'une bibliothèque scolaire albertaine. Il s'avère par la suite que c'est une scène par trop sensuelle qui dérange. Au Québec, en 1998, c'est son roman *L'appel des loups* (1997) qui scandalise un enseignant, car l'auteur y fait soi-disant l'apologie des sectes et du suicide collectif. Pourtant, ce roman gagne le prix littéraire du Centre régional des services aux bibliothèques publiques du Saguenay-Lac-Saint-Jean la même année.

Plus récemment, Francine Allard, qui écrit pour la jeunesse depuis 1995, voit son roman pour adolescent *Mon père ce salaud!*, publié aux Éditions Vents d'ouest en 2000, censuré par des enseignants et des responsables de bibliothécaires scolaires. Ce roman, jugé rapidement et sans appel à partir du simple titre, parle pourtant de pardon. Francine Allard a été présidente de l'Association des écrivains québécois pour la jeunesse (AEQJ) de 1996 à 1998, mandat durant lequel elle instaure le prix Cécile-Gagnon dans le but d'encourager la relève en littérature pour la jeunesse.

À ce constat de double censure prescriptive et proscriptive, subtile mais bien réelle encore de nos jours, ajoutons qu'à la genèse de l'œuvre, l'auteur pour la jeunesse a tendance à s'autocensurer*, se pliant aux normes éthiques et esthétiques de son époque. Il impose en quelque sorte une censure *a*

---

36   LIVRES ROSES

QUE PEUT-ON REPROCHER AUX « COMICS » ?

Sur le plan artistique: vulgarité des couleurs, crues et sales, des formes, de la mise en page, du papier; violence des éclairages.

Sur le plan intellectuel: valeur puérile de l'histoire, texte insuffisant ou réduit, aucun effort exigé pour suivre le récit, style élémentaire, avec un vocabulaire restreint: Onomatopées, raccourcis phonétiques; car si le mot s'adresse à la pensée, l'image ne s'adresse qu'à l'imagination.

Sur le plan moral: Amoralisme complet. En face de certains êtres privilégiés (ceux qui sont des forts, des rusés, des astucieux; celles qui sont des pin-up et des bagarreuses) il y a la police qui a toujours tort et les honnêtes gens qui sont des nigauds. Goût de la violence, d'un certain sadisme. Présence indispensable de la « Glamour-girl ». Recette suivie par les fabricants: « Sur la couverture du « comic » une belle fille: sur la belle fille, pas de couverture... »

Disons qu'une génération enfantine nourrie de « comics » est mûre pour faire une génération adulte qui ne lira que des « digests » ou des « pocket-books ».

Une page éloquente à propos des *comic books*.

priori – la « prioricensure […] ou censure *avant le fait* » dont parle Daniel Sernine (*Lurelu*, 1989) – à sa vision globale de la vie et du monde.

On le constate, la censure est un phénomène récurrent en littérature pour la jeunesse même si, avec le temps, elle revêt les formes plus subtiles de politique éditoriale, de rectitude politique, de choix « éclairés » par les instances scolaires. Ainsi exige-t-on du livre destiné aux jeunes qu'il représente un monde qui ne heurte pas. Mais imposer des livres qui sont « bons » pour eux, ignorer et surtout censurer ceux qui semblent mauvais, sans aucune discussion accompagnant ces choix, c'est également aller contre l'éclosion d'une émancipation, d'une liberté, d'une subjectivité, d'une prise de parole.

Noëlle Sorin

Lepage, Françoise, *Histoire de la littérature pour la jeunesse. Québec et francophonie du Canada*, Orléans (Ontario), Les Éditions David, 2000 ; Pouliot, Suzanne, « Le discours censorial sur la littérature de jeunesse québécoise de 1900 à 1960 », *Présence francophone*, 51 (1997) ; Pouliot, Suzanne et Noëlle Sorin, « Le discours éditorial sur la lecture des jeunes », *Cahiers de la recherche en éducation*, 3, 3 (1996).

LIVRES ROSES ET SÉRIES NOIRES

Guy Boulizon (1906-2003) • **Guide psychologique et bibliographique de la littérature de jeunesse (1957)**

Livres roses et séries noires, de Guy Boulizon, s'adresse « aux éducateurs, aux éducatrices et à tous les parents qui se préoccupent de la lecture des jeunes » ; il s'adresse également aux adolescents eux-mêmes, afin de les aider dans leur choix de lectures.

Guy Boulizon naît à Nevers, en France. À la Sorbonne, il rédige une thèse sous la direction de Jacques Maritain, dont l'humanisme intégral servira de philosophie fondatrice aux Éditions Fides. Il émigre au Québec à la fin des années 1930, et il devient l'un des acteurs importants de la littérature pour la jeunesse*, tant par son engagement dans diverses associations que par ses œuvres littéraires.

Son « Guide » prend la forme d'un répertoire bibliographique divisé en une trentaine de catégories : Imageries et albums, Au royaume des fées, La comtesse de Ségur, Littérature canadienne pour la jeunesse, etc. Le but n'est pas de souligner les mauvais ouvrages, mais de donner la liste des livres les meilleurs et les plus récents.

Malgré cette visée positive, Boulizon ne peut évidemment exclure les *comic books** de son répertoire. Durant les années 1950, ces petits livres illustrés, importés des États-Unis pour la plupart, pullulent et constituent, avec le roman populaire, le principal « fléau » auquel les autorités religieuses doivent faire face. La Loi sur l'obscénité* (article 150 du Code criminel), adoptée en 1959, résulte entre autres des pressions cléricales à ce propos. Le chapitre VI, intitulé « Le ravage des "comics" ou un nouveau "massacre des innocents" », constate d'abord le succès des *comic books*. Toutefois, on peut leur reprocher, sur le plan artistique, la « vulgarité des couleurs, crues et sales, des formes, de la mise en page, du papier ; violence des éclairages ». Sur le plan intellectuel, tout est réduit, puéril. Enfin, sur le plan moral, le portrait est accablant :

> Amoralisme complet. En face de certains êtres privilégiés (ceux qui sont des forts, des rusés, des astucieux ; celles qui sont des pin-up et des bagarreuses) il y a la police qui a toujours tort et les honnêtes gens qui sont des nigauds. Goût de la violence, d'un certain sadisme. Présence indispensable de la « Glamour girl ». Recette suivie par les fabricants : « sur la couverture du "comic" une belle fille : sur la belle fille, pas de couverture…

Boulizon recourt à la stratégie usuelle du clergé, et même celle de tout pouvoir, la récupération :

> Mais enfin, il faut prendre les jeunes tels qu'ils sont et, puisqu'ils adorent ces images multicolores qui n'exigent aucun effort, des éducateurs ont cru pouvoir adapter la formule en la contrebalançant d'ailleurs par des pages sérieuses, formatrices, exigeant l'activité de l'esprit.

Et Boulizon de citer les collections « François » (JÉC) et « Hérauts » (Fides). À ces deux titres, l'auteur ajoute des illustrés français tels *Bayard et Bernadette*, *Tintin*, *Spirou*, etc. Sont ensuite donnés les sept critères d'un bon ouvrage illustré pour la jeunesse : intelligence, bon goût et fantaisie, véracité, humour, connaissance du monde, éducation manuelle et respect du français.

Le chapitre XXIX, « 300 romans divers pour adolescentes et adolescents », intéresse à cause du corpus littéraire québécois qui est conseillé aux jeunes lecteurs : entre autres, plusieurs romans de Laure Conan, de Léo-Paul Desrosiers, de Félix Leclerc, de Michelle Le Normand, de Gabrielle Roy, de Félix-Antoine Savard, et *Jean Rivard* d'Antoine Gérin-Lajoie, de même que *Trente arpents* de Ringuet. Nulle mention, il va sans dire, des romans de Françoise Loranger ou d'André Langevin.

En définitive, il s'agit de mettre en garde les jeunes lectrices et lecteurs :

> À côté des romans noirs (dont la tradition romanesque est plus ancienne qu'on ne le croit et qui n'ont pas tous pris naissance dans les caves existentialistes de Saint-Germain des Prés), il y a l'immense marée des romans roses qui constituent, pour d'innombrables lectrices, une sorte de tentation permanente.

À l'ère des « guides bibliographiques » qu'a inaugurée la revue *Lectures** en 1946, *Livres roses et séries noires* fournit un portrait unique des ouvrages recommandés à la jeunesse durant les années 1950. En outre, s'ajoutant au propos du père Paul Gay*, qui a fait des *comic books* l'objet de sa principale croisade, l'analyse de Guy Boulizon constitue l'une des dénonciations les plus explicites des mauvais illustrés importés des États-Unis. *Pierre Hébert*

BOULIZON, Guy, *Livres roses et séries noires. Guide psychologique et bibliographique de la littérature de jeunesse*, Montréal, Éditions Beauchemin, 1957, 188 p.

LOI CONCERNANT LES PUBLICATIONS ET LA MORALE PUBLIQUE

▶ Magazines avec illustrations ; Obscénité

LOI DU CADENAS
Loi protégeant la province contre la propagande communiste (1937)

La loi protégeant la province contre la propagande communiste, que l'on nommera « Loi du cadenas », est adoptée à l'unanimité par l'Assemblée législative du Québec le 17 mars 1937. Son adoption constitue une réponse du gouvernement québécois à l'abrogation l'année précédente de l'article 98 du Code criminel canadien qui rendait illégal le Parti communiste du Canada depuis 1931. Dans le contexte de crise économique des années 1930, les mouvements de gauche, qui offrent une alternative au libéralisme économique, représentent une véritable menace aux yeux des autorités politiques et religieuses de la province. Les manifestations populaires des années 1930 organisées par le Parti communiste, le Parti socialiste, le Parti ouvrier ou la Co-operative Commonwealth Federation (CCF) et s'adressant tout particulièrement aux chômeurs et à la classe ouvrière connaissent d'ailleurs beaucoup de succès, attirant souvent des milliers de participants.

La nouvelle loi provinciale permet au procureur général de la province, en l'occurrence le premier ministre Maurice Duplessis*, de « cadenasser » pour une année au maximum toute maison ou édifice utilisé à des fins de propagande communiste* ou bolcheviste. En outre, l'article 12 de la loi édicte

> qu'il est illégal d'imprimer, de publier de quelque façon que ce soit ou de distribuer dans la province un journal, une revue, un pamphlet, une circulaire, un document ou un écrit quelconque propageant ou tendant à propager le communisme ou le bolchévisme [sic].

En vertu des articles suivants, la police peut saisir et confisquer toute documentation qu'elle juge douteuse, le procureur général peut en ordonner la destruction, et une personne qui commet une infraction à l'article 12 est passible d'un emprisonnement de trois à douze mois.

Les bureaux du journal communiste *Clarté* font les premiers les frais de la nouvelle loi. Imprimé à 3000 exemplaires, le journal compte à ce moment près de 300 abonnés. Le 5 novembre 1937, le procureur général signe l'ordonnance qui permet de fer-

Ce tract de l'abbé Camille Poisson en 1938 contre la menace communiste au Québec appuie la Loi du cadenas, adoptée en 1937 sous le gouvernement de Maurice Duplessis.

mer les locaux du journal pour une année, ce qui se produit le 16 novembre. Avant d'apposer un cadenas sur la porte, on saisit les livres de comptabilité, les listes d'abonnés, les caricatures, les clichés et les archives du journal. La même journée, la police provinciale visite la maison de Jean Péron, rédacteur en chef du journal, et saisit trois caisses de livres et de documents divers. Dans les jours suivants, la police confisque livres, magazines et brochures à la librairie* « rouge » Modern Bookshop, autrefois dirigée par la militante syndicale Léa Roback, tandis que les imprimeries Artistic Print Shop et Old Rose Printing, l'imprimerie de *Clarté*, font également l'objet de saisies. Antiduplessiste, le journal s'était opposé au projet de loi en mars 1937 par le biais de Stanley Ryerson, secrétaire du Comité provincial du Parti communiste du Canada, qui y voyait alors « une menace directe au mouvement ouvrier tout entier ainsi qu'à toute opinion progressiste dans la province » (*Clarté*, 13 mars 1937). Malgré la fermeture de ses bureaux, *Clarté* continue son travail sur une base clandestine et radicalise ses positions face au gouvernement de Maurice Duplessis qu'elle assimile dorénavant à un pouvoir fasciste.

Dans ce contexte, les dirigeants communistes deviennent des cibles de choix des autorités. Chez Évariste Dubé, président provincial du Parti communiste, on saisit des livres et des exemplaires de journaux de gauche, mais aussi des coupures de journaux du *Jour**, de *La Presse**, du *Canada* et même de *L'Action catholique*. Stanley Ryerson, pour sa part, voit disparaître plus de 40 livres de sa bibliothèque, une centaine de brochures et, comble d'ironie, la documentation ayant servi à la rédaction de son *Birth of Canadian Democracy* : « Tous les livres d'un caractère anti-fasciste traitant de l'Espagne, de Nazisme ou de la question de la paix furent saisis en plus des ouvrages marxistes. » (*Clarté*, 1er janvier 1938) À la Librairie ouvrière de la rue Saint-Laurent, c'est plus de 800 volumes qui sont saisis. Ainsi, durant l'année 1938, des dizaines de perquisitions et arrestations ont lieu à Montréal et à Québec, tant chez les dirigeants communistes que chez leurs sympathisants. Entre novembre 1937 et avril 1938, la police provinciale fait exécuter 124 ordonnances qui mènent à la fermeture de cinq établissements communistes et à la confiscation de 532 volumes rédigés par 312 auteurs, 4000 exemplaires de *Clarté*, 1500 exemplaires d'autres journaux dont le *Daily Clarion*, l'organe torontois du Parti communiste du Canada, et 268 pamphlets, brochures et tracts.

Fait à souligner, la loi ne définit pas les termes « communisme » et « bolchevisme », ce qui ouvre la porte à certains abus comme c'est le cas à l'hiver 1938 au moment où la police visite les bureaux de la CCF et les résidences de ses dirigeants. Duplessis profite ainsi de la loi pour combattre ses ennemis politiques en faisant saisir des exemplaires du journal *En Avant!* du libéral Télesphore-Damien Bouchard, ainsi que *Le Monde ouvrier* de Gustave Francq, dirigeant syndical et anticommuniste notoire. Plusieurs organisateurs syndicaux ainsi que des membres de la Société des droits de l'homme subissent également les foudres du procureur général.

Si le gouvernement libéral d'Adélard Godbout délaisse l'application de la loi durant son mandat (1939-1944), Maurice Duplessis la remet à l'ordre du jour au moment de sa réélection en 1944. Cette fois, les groupes visés sont les Témoins de Jéhovah, les syndicats industriels affiliés au Congress of Industrial Organizations (CIO) et les associations de gauche comme le Montreal Peace Council, le Parti ouvrier-progressiste, la Fédération des Sans-Travail et The Association of United Ukrainian Canadians. Évidemment, les communistes et leurs publications comme le journal *Combat*, qui prend la relève de *Clarté* en 1947, et *The Canadian Tribune* demeurent des cibles de choix.

En 1957, vingt ans après son adoption, la loi est déclarée inconstitutionnelle par la Cour suprême du Canada, qui statue qu'elle empiète sur le droit criminel, un champ de compétence fédérale. Malgré son caractère répressif et l'application rigoureuse qu'en fit le premier ministre, la Loi du cadenas n'aura finalement pas empêché les communistes de publier journaux et pamphlets, de recruter un grand nombre de nouveaux membres, de participer activement à la syndicalisation des travailleurs, d'organiser des associations de chômeurs et de travailler à conscientiser la population aux dangers du fascisme.

Éric Leroux

« Loi protégeant la province contre la propagande communiste », *Statuts de la province de Québec*, 1 Geo. VI, 1937, c. 11.

Débats de la Chambre des Communes, 2 George VI, 1938 ; LAURIN, Lucie, « Communisme et liberté d'expression au Québec : la loi du Cadenas, 1937-1957 », dans Robert Comeau et Bernard Dionne (dir.), *Le droit de se taire. Histoire des communistes au Québec, de la Première Guerre mondiale à la Révolution tranquille*, [Montréal], VLB éditeur, [1989].

▶ Actualités ; *Arise, My Love* ; *Cognasse* ; *Our Northern Neighbour*

LOI DU CINÉMA

Historique de la législation du cinéma, qui devient de plus en plus inclusive

À tous les niveaux de gouvernement au Canada et au Québec, de nombreux articles de loi et encore davantage de règlements régissent l'ensemble de l'activité cinématographique, de l'attribution des permis de tournage au zonage des salles de cinéma. Quelques lois et règlements concernent la censure des films et la mise en marché du cinéma.

Dès son apparition, le septième art est relié à la culture et, de ce fait, régi par les provinces plutôt que par le pouvoir central canadien. Toutefois, c'est le gouvernement fédéral qui vote le Code criminel, dont quelques articles de la partie V : « infractions d'ordre sexuel, actes contraires aux bonnes mœurs, inconduite » peuvent être invoqués pour des poursuites légales relatives à la diffusion de certains films.

Le gouvernement du Québec vote son premier article de loi sur le cinéma, appelé alors « vues animées », le 24 mars 1911 ; il le greffe à la loi des « Exhibitions publiques » de 1909, article 3713 qui se lit comme suit :

> Toute exhibition publique de monstres, d'idiots ou d'autres personnes imbéciles ou difformes tendant à compromettre la sûreté ou la morale publique, peut être prohibée par les conseils locaux de la province ; toute personne contrevenant à toute telle [sic] prohibition est passible d'une amende de quarante piastres, recouvrable avec dépens, à la poursuite de la corporation municipale qu'il appartient [sic], par action ou

procédure civile, pour son propre bénéfice, devant tout tribunal ayant juridiction, jusqu'au montant ci-dessus, sur le témoignage d'un témoin digne de foi.

On peut ironiser sur le fait que la première loi du cinéma soit rattachée à celle des « exhibitions de monstres, d'idiots ou d'autres personnes imbéciles ». La vision qu'une bonne partie de l'élite partage au sujet du nouveau mode de spectacle n'est pas étrangère à cette conception. En 1911, le législateur ne fait que limiter l'accès des salles aux moins de 15 ans :

> 3713 a. Il est prohibé à toute personne ou à toutes personnes en charge d'une salle de vues animées où il est donné des spectacles au moyen du cinématographe, et, dans le cas d'une compagnie ou société, à tout gérant ou autre personne en charge de l'établissement, de recevoir, de quelque façon, à ces spectacles, des mineurs âgés de moins de quinze ans révolus, à moins qu'ils ne soient accompagnés de leur père, de leur mère, de leur tuteur, de leur précepteur ou d'un gardien spécialement autorisé par leur père ou par leur mère.

L'année suivante, le 21 décembre, par un nouvel ajout à cette même loi et en imitant la province voisine de l'Ontario, Québec crée son Bureau de censure. La loi en fixe la composition, les modes de fonctionnement, les pénalités relatives aux infractions et la date du 1er mai 1913 pour le début des opérations officielles. Elle détermine surtout :

> 3713e. Il est loisible au lieutenant-gouverneur en conseil de nommer une commission qui portera le nom de : « Bureau de censure des vues animées », composée de trois commissaires et d'un secrétaire, qui tous resteront en fonction durant bon plaisir. […]
> 3713n. Il sera du devoir de la commission d'examiner tous films ou autres appareils de ce genre, que l'on se proposera d'employer dans la province pour les exhibitions de vues animées au moyen de cinématographes, machines de vues animées ou autres moyens semblables et d'accorder ou refuser l'autorisation d'en faire usage, après avoir entendu celui qui en fera la demande.

L'entrée en vigueur de cette loi est prévue pour le 1er mai 1913 ; elle est promulguée par un décret du lieutenant-gouverneur en conseil la veille. Dès lors, aucun film ne peut être projeté publiquement sans l'approbation du Bureau de censure qui a tout loisir d'approuver, de modifier ou de condamner (en tout ou en partie) les films qui lui sont soumis. Le Bureau est et sera toujours situé à Montréal. Une nouvelle version des règlements est sanctionnée le 4 avril 1914 et publiée par la *Gazette officielle* le 11 suivant. Il y a peu de changements significatifs, sauf qu'un droit d'appel d'une décision est accordé (mais c'est encore le Bureau, siégeant au complet, qui tranche), et que :

> X. Les films soumis au Bureau de Censure ne devront pas être modifiés avant l'examen. Si le Bureau de Censure les approuve, sujets à modification, il fera lui-même les modifications avec le consentement du requérant et les parties enlevées resteront dans les archives du Bureau aussi longtemps que le film sera en usage dans la province. Elles ne seront remises au propriétaire ou locataire que sur retrait de l'autorisation et de l'étiquette. Si le propriétaire ou locataire d'un film objecte à ce qu'il soit modifié, il en donnera avis et le film lui sera remis sans autorisation.

Cet article, qui aura un impact considérable, se retrouve presque identique dans toutes les versions de la loi avant 1975. Ici, la pratique québécoise diffère de l'ontarienne puisqu'à Toronto, dès 1921, un règlement recommande aux distributeurs de pré-censurer leurs films avant de les soumettre. La loi amendée de 1928, à l'article 20, prévoit une amende de 500 $ dollars pour celui qui modifierait un film avant de le soumettre. En 1930 s'ajoute la permission à l'ayant droit de « reconstruire » le film déjà refusé, mais il doit apporter au Bureau les coupures qu'il a effectuées avec un *affidavit* affirmant que toutes les coupures sont remises avec le film. Plusieurs aspects sont à retenir de ce règlement. D'abord, vu positivement, il interdit aux distributeurs de modifier les films, ce qui, d'une façon, garantit l'intégralité de l'œuvre. Du point de vue des spectateurs, cette mesure s'avère bienfaisante. Le bureau peut couper « avec le consentement du requérant » ;

mais ce dernier a-t-il le choix ? Son refus implique l'interdiction du film. C'est pourquoi il ne l'utilise que rarement au début, et encore durant un temps limité, pour des films exceptionnels (*Intolerance**, par exemple, en 1917). À l'époque, il est rare que l'exploitation dure longtemps ; le film fait sa tournée à Montréal et dans un certain nombre de villes, puis il retourne chez son propriétaire étranger ; les reprises sont rares et dans ces cas, une nouvelle copie est apportée à la censure. Dans la pratique, les parties enlevées sont rarement réclamées ; après un certain temps, qui varie selon les époques, en général tous les six mois, le Bureau les détruit.

La loi évolue peu avant 1928. En 1919, un changement minime fait passer de 15 à 16 ans l'âge pour entrer dans les salles sans être accompagné d'un plus vieux. Cela ne change rien, car cette loi n'est pas observée du tout : les parents eux-mêmes envoient leurs enfants seuls au cinéma, les caissiers sont seuls juges de l'âge et des gens « bien intentionnés » font entrer avec eux des enfants qu'ils ne connaissent pas. En 1925, avec la nouvelle édition des Statuts refondus, les articles de loi concernant le cinéma prennent leur existence propre sous le terme de « Loi des vues animées » (S.R. 1925, vol. III, chap. 174).

À la suite du « rapport Boyer »* sur la tragédie qui coûte la vie à 78 enfants dans l'incendie d'une salle de cinéma le 9 janvier 1927, des modifications importantes sont sanctionnées et entrent en vigueur le 22 mars 1928. Le gouvernement en profite pour réécrire l'ensemble de la loi et lui ajouter quelques mesures. Il y est d'abord stipulé que :

> 2. Il est défendu à toute personne ou à toutes personnes en charge d'une salle où il est donné des spectacles au moyen du cinématographe, et, dans le cas d'une compagnie ou société, à tout gérant ou autre personne en charge de l'établissement, de recevoir, de quelque façon, à ces spectacles, des mineurs âgés de moins de seize ans, qu'ils soient accompagnés ou non.
>
> La présente disposition ne s'applique pas aux représentations cinématographiques données gratuitement dans les collèges, couvents ou institutions éducationnelles.
>
> 5.a. Les représentations cinématographiques en plein air sont prohibées. Cependant, le procureur général peut, aux conditions qu'il détermine, permettre qu'il soit dérogé à cette disposition lorsque la représentation est donnée dans un but religieux, éducatif ou patriotique.

Puis de nouveaux articles élargissent le mandat des censeurs. Ils doivent dorénavant censurer les affiches (article 25), mesure jusque-là effectuée par divers organismes municipaux, et celle des annonces dans les journaux (article 30a, promulgué le 28 janvier 1931). Cette loi de censure est maintenant complète : elle limite le public (les moins de 16 ans sont interdits dans les salles publiques en tout temps) et elle donne toute latitude aux censeurs de couper ou modifier films, affiches et annonces pour les journaux. Ils ne s'en priveront d'ailleurs pas. Ils rajusteront même leurs critères* le 11 mai 1931, multipliant par cinq ceux qu'ils s'étaient donnés en 1913 et préci-

---

Les enfants commencent à aller au cinéma et cela devient alors une passion telle qu'ils ne peuvent plus s'en passer. L'expérience de la Cour juvénile m'a appris qu'au lieu d'aller à l'école, ils vont au théâtre. De retour à la maison ils apprennent à mentir à leurs parents. Ils apprennent aussi à voler un dix sous dans la bourse familiale, pour pouvoir aller au cinéma. Et cela dure parfois deux mois avant que les parents s'en aperçoivent. La mère alors met l'argent en lieu sûr et l'enfant commence à voler, très souvent du charbon ou des épiceries. L'habitude du vol se prend ; les montants volés augmentent, tout reste d'honnêteté disparaît. Dans les districts scolaires où les visiteurs rapportent aux parents les absences scolaires, les parents peuvent parfois prendre le mal à temps et il est à espérer qu'il y aura des visiteurs pour chaque école dans tous les districts. Depuis deux ans, j'ai deux cents noms d'enfants qui ne sont rien autre que de véritables victimes du cinéma.

(Joseph Olias Lacroix, juge de la Cour Juvénile, dans *La place des enfants n'est pas au cinéma*, 1933)

---

sés en 1921. Ces critères ne seront abolis que le 4 mars 1963. Pour l'essentiel, cette loi de 1928 demeure quasi inchangée jusqu'en 1967. Des exploitants contestent légalement l'interdiction totale aux moins de 16 ans dès l'été 1928, mais ils sont déboutés.

Dans les décennies suivantes, plusieurs modifications sont apportées. Le 20 mars 1947, au moment de l'expansion phénoménale des *drive-in theater* aux États-Unis, le gouvernement de Maurice Duplessis* vote un petit ajout à l'article 5a pour confirmer la prohibition du cinéma en plein air ; le Québec est le seul endroit en Amérique du Nord où ce qu'on ne nommera que 20 ans plus tard les « ciné-parcs »* sont expressément bannis. Quelques mois plus tard, après avoir constaté que la loi ne prévoit pas la censure des films diffusés dans le format 16 mm (le Bureau n'a même pas l'équipement pour les visionner) et croyant que plusieurs films de ce format diffusent librement de la propagande communiste*, Duplessis en exige l'examen à compter du 1er septembre, avec l'exigence d'être plus sévère que pour les films en 35 mm, car ces films alimentent surtout le réseau scolaire et celui des salles paroissiales. En 1950, la « Loi concernant les publications et la morale publique » confie au Bureau de censure du cinéma la charge d'examiner tous les magazines* que le procureur général va lui faire parvenir en vue de faire interdire toute « illustration immorale », c'est-à-dire « qui évoque des scènes, réelles ou fictives, de crime ou de la vie habituelle des criminels, ou des situations ou attitudes morbides ou obscènes, tendant à corrompre la jeunesse et à dépraver les mœurs » ; ce mandat perdure jusqu'en 1967 alors que le législateur décide que les articles du Code criminel suffisent en cette matière. Le 10 décembre 1952, trois mois après l'arrivée de la télévision*, une loi détermine que tout son contenu sur film doit être examiné par le Bureau de censure, mais cette loi n'a aucun effet puisque le petit écran est de juridiction fédérale. Le 9 juin 1961, un amendement à la loi permet l'admission des enfants dans les salles de cinéma avant 18 heures, à condition que les films aient reçu une approbation spéciale. À cet effet, un arrêté en conseil nomme deux censeurs spéciaux (Robert-Claude Bérubé* et Suzanne Gignac).

La modification radicale de la loi arrive avec celle du 15 juin 1967, sanctionnée le 12 août suivant (15-16 Eliz. II, ch. 22, a 2), en gestation depuis 1962, à la suite du « rapport Régis »*. Déjà, avant même la remise officielle du document, dès 1961, les censeurs avaient pu décider, en s'en tenant à la lettre même de la loi existante, de ne plus modifier (couper) les films et de les accepter ou de les refuser dans leur intégralité. Pour leur évaluation, ils avaient abandonné en 1963 les critères de 1931, et même l'idée d'en formuler de nouveaux, pour adopter la règle du consensus social et du seuil de tolérance généralement admis. Ils acceptaient aussi que les ayants droit précensurent les films. Le nouveau texte ne leur donne plus le droit d'utiliser les ciseaux. Le terme même de « censure » disparaît de la loi pour être remplacé par « surveillance » et le Bureau peut autoriser un film « si, à son avis, sa projection ne porte pas atteinte à l'ordre public ou aux bonnes mœurs ». On peut désormais ouvrir des ciné-parcs, mais ils ne doivent présenter que des films « pour tous ». L'élément principal de la loi est l'instauration d'une classification des films par catégories de spectateurs :

a) « Films pour tous » : spectateurs de tous âges ;
b) « Films pour adolescents et adultes » : spectateurs âgés d'au moins 14 ans ;
c) « Films réservés aux adultes » : spectateurs âgés d'au moins dix-huit ans ;
Le Bureau peut aussi, conformément aux règlements, autoriser la projection d'un film offrant un intérêt spécial pour une catégorie particulière de spectateurs, au moyen d'un visa spécial indiquant la catégorie de spectateurs devant laquelle il peut être projeté, ainsi que les endroits et les moments où il peut l'être.

Aussitôt implantée, la classification révèle son efficacité. Le législateur a prévu que toute personne peut en appeler d'une décision du Bureau, mais ce

Le 12 juin 1975, au moment où le Québec se donne pour la première fois une loi du cinéma qui énonce clairement une politique de la création, le caricaturiste Girerd, de *La Presse*, voit ainsi la disparition de la censure. [Courtoisie de Jean-Pierre Girerd]

droit est peu exercé par les distributeurs. Toutefois, certaines autorités et des citoyens utilisent le Code criminel pour faire interdire des films cotés « 18 ans » : *I, a Woman** ; *Après-ski** ; *Pile ou face**.

Une réforme majeure de la loi du cinéma a lieu le 19 juin 1975, mais c'est surtout pour établir une politique québécoise générale envers tout ce qui touche la création. Pour ce qui est de la censure (« surveillance » dans le texte de loi), des légers amendements en réjouissent plusieurs et déplaisent à d'autres. Les ciné-parcs peuvent maintenant présenter des films cotés « 14 ans ». La personne « qui détient les droits d'auteur appropriés », ce qui inclut les distributeurs, alors qu'auparavant on n'acceptait que les producteurs, peut dorénavant modifier un film avant de le présenter à la classification. Jusqu'à ce jour, le Bureau avait quelques orientations au sujet de la publicité* cinématographique, mais la loi n'en déterminait pas les paramètres ; elle permet maintenant au censeur de n'autoriser une réclame que « s'il est d'avis qu'elle n'est pas de nature à tromper le consommateur et qu'elle ne va pas à l'encontre de l'ordre public, des bonnes mœurs et du respect des convenances généralement admises ». Il faut dire que depuis le début de la décennie 1970, on a pu constater une escalade dans l'étalement de l'osé et dans la provocation, sans que le bon goût soit toujours au rendez-vous ; l'aspect « protection du consommateur » vient toutefois en première place.

Moins de dix ans plus tard, le 23 juin 1983, est sanctionnée la loi 109 (appelée « sang neuf » par certains) qui transforme le Bureau de surveillance en Régie du cinéma*, laquelle voit ses pouvoirs étendus à l'attribution de toutes sortes de permis, mais sans que le classement des films soit sensiblement modifié. Il est toutefois spécifié que la Régie ne classe un film que « si elle est d'avis que le contenu du film ne porte pas atteinte à l'ordre public ou aux bonnes mœurs, notamment en ce qu'il n'encourage ni ne soutient la violence sexuelle », l'ajout à la formule habituelle étant une concession aux groupements féministes qui ont abondamment manifesté durant tout le processus parlementaire menant à l'adoption de la loi. Petit détail, le « pour tous » devient « visa général ». Des articles nouveaux réglementent la circulation du matériel vidéo, sans imposer son classement à l'égal des films. C'est un marché considérable qui vient de s'ouvrir avec l'explosion des visionnements domestiques. Parallèlement, dès le 1er février de cette même année 1983, la télévision payante est entrée en ondes, ce qui relève du gouvernement fédéral canadien, mais des dizaines d'organismes réagissent vivement quand il est question qu'une licence soit attribuée à une chaîne destinée à la programmation de films pornographiques, ce qui n'a finalement pas lieu.

Le 18 mars 1985, deux amendements sont apportés. Le matériel publicitaire du cinéma (affiches, annonces dans les journaux) n'a plus à être approuvé. Le « 14 ans » devient indicatif seulement, non prescriptif ; cela signifie que la Régie évalue que le film mérite réellement cette cote, mais qu'elle laisse aux parents le soin de décider s'ils permettent à leur enfant de le voir. « Défi intéressant. Du moins pour ceux qui croient encore au dialogue et à l'échange dans une famille », se réjuit Jean-Guy Dubuc, éditorialiste à *La Presse* (21 mars 1985). De son côté, l'exploitant doit présumer de cette permission des parents et laisser entrer tout le monde. Pour beaucoup, la situation est confuse : n'existe-t-il désormais que le visa général ? La plupart des gens pensent que si et ils acceptent mal la situation.

C'est pourquoi la classification est de nouveau modifiée dans la loi 117 sanctionnée le 20 juin 1991. Le texte stipule que c'est « en vue de la protection de la jeunesse » que le classement s'effectue. Entre le « visa général » et le « 18 ans et plus », on retrouve désormais « 13 ans et plus » (mais l'enfant accompagné d'une personne majeure est admis), et « 16 ans et plus » ; cela permet davantage de nuances et renvoie, à toutes fins utiles, le « 18 ans » à la seule pornographie, dite « sexploitation » dans les fiches de la Régie. Il arrive parfois à celle-ci de refuser de classer des films, ce qui signifie leur interdiction totale, parce qu'ils

> reposent généralement sur l'exploitation indue de la sexualité, s'inscrivant dans un contexte non fictif de violence, de cruauté et de déshumanisation des protagonistes. On considère alors que cette exploitation dépasse le seuil de tolérance de la société québécoise contemporaine et que le film ne peut être diffusé sous cette forme.

Dans les cas de refus, le distributeur peut apporter une version modifiée du film.

Cette même loi étend considérablement le mandat de la Régie puisqu'elle lui impose l'examen et le classement, à l'égal du film sur pellicule, de tout film vidéo produit pour la diffusion commerciale. Jusque là, les cassettes reproduisant les films présentés dans les salles ou offrant des produits originaux circulaient librement dans les clubs vidéo ou pouvaient être vendues sans avoir été évaluées par la Régie ; rien n'interdisait, par exemple, la location ou la vente d'un film pornographique à des enfants. Désormais toutes les copies de films, quels qu'en soient le genre (fiction, documentaire, série produite pour la télévision) et le support (cassette, vidéo-disque, DVD) doivent avoir été classées et porter l'étiquette attestant de la catégorie de spectateurs. Les commerçants doivent s'assurer de l'âge des clients. Sont dispensés du classement les films produits à des fins éducatives ou pédagogiques, de promotion industrielle, sur des événements sportifs, et présentés lors d'un festival de films ou de tout autre événement analogue reconnu par la Régie. De plus, depuis 1992, un règlement impose de placer le matériel vidéo « 18 ans et plus » et caractérisé de « sexualité explicite » dans un espace distinct et séparé par des divisions, où est bien indiquée la mention « ADULTES ».

Avec l'expansion phénoménale d'Internet* depuis 1995, tout ce que les lois du cinéma ont réglementé depuis un siècle se retrouve en circulation libre, ou presque. Pour le moment, il semble impossible de légiférer sur ce nouveau support de transmission de données. Cette absence de règles renvoie à la nécessité de l'éducation à la liberté. *Yves Lever*

ANQ-M, fonds Régie du cinéma, E 188, recueils des lois, documents annexes ; Régie du cinéma, site Internet.

◉ Magazines avec illustrations ; Obscénité

LOUISE GENEST

Bertrand Vac [Aimé Pelletier, 1914-] • Roman coté « Mauvais » par la revue *Lectures* (1950)

En 1950, avant même de paraître en volume, *Louise Genest*, premier roman de Bertrand Vac, soulève déjà la controverse. Après avoir vu son manuscrit refusé par trois éditeurs*, l'auteur le soumet au prix* du Cercle du livre de France, créé l'année précédente. Vac est alors en bonne compagnie ; parmi 43 concurrents se trouvent les finalistes Yves Thériault, Charles Hamel et Harry Bernard. Le jury, composé de onze membres choisis parmi les critiques littéraires les plus en vue, ne lui accorde que trois voix au premier tour de scrutin, un de moins

Refusé à l'état de manuscrit par trois éditeurs, *Louise Genest* remporte le Prix du Cercle du livre de France en 1950. La revue *Lectures* lui accorde toutefois la cote « Mauvais ».

que Bernard. Par la suite, le jury a besoin de cinq autres tours avant de pouvoir rendre son verdict. Vac, qui a pris le nom de la déesse de la parole aux Indes, remporte éventuellement par six voix contre quatre (et une abstention) le concours du meilleur roman de l'année et il reçoit un chèque de 1000 $. La maison d'édition se charge également des frais d'impression et de diffusion du livre.

De tels débuts littéraires prometteurs ne laissent présager aucun nuage à l'horizon. Pourtant, les ennuis de l'auteur avec la critique catholique ne font que commencer : à peine un mois après la publication du roman, la revue *Lectures** lui accorde la cote « Mauvais », celle réservée aux ouvrages à l'Index* et aux « livres qui mettent la majorité des lecteurs dans une occasion prochaine de péché grave ». Ce n'est pas la seule note négative : on lui reproche également son immoralité ou, plutôt, son amoralité (Louis-Philippe Roy, dans *L'Action catholique*, le 22 novembre 1950 et Julia Richer dans *Notre Temps*, le 11 novembre 1950).

Le jeune auteur ne manque pas d'audace, car l'intrigue de son roman, inspirée d'une légende locale, raconte l'histoire d'une femme adultère. Dans un petit village dans la région de Joliette, Louise Genest, épouse d'un marchand acariâtre et mère d'un garçon de seize ans, mène une vie sans histoire jusqu'au jour où, éprise d'un trappeur métis, elle décide de partir et d'aller vivre avec lui en forêt. Pour la punir, son mari retire son fils du collège et le confine au magasin. Plus tard, le jeune homme décide d'aller travailler dans les chantiers. Lors d'une excursion de chasse, il se perd dans la forêt ; Louise apprend la nouvelle et part seule à son secours. Elle découvre le fusil de son fils en plein bois, mais pas son cher Pierre. Affolée et épuisée, elle tombe dans un marais et se noie.

L'éditeur, Pierre Tisseyre, profite de la parution de son deuxième prix du Cercle du livre de France pour raviver la petite polémique autour de la parution de *Mathieu*, de Françoise Loranger.

En transposant cette légende, Bertrand Vac présente une histoire connue des gens de l'endroit, la tragédie de « la femme au métis », qui abandonna son mari pour suivre un métis et qui mourut noyée en cherchant son fils disparu. Le romancier a toutefois des visées plus universelles, car l'intrigue traite du drame de l'infidélité et de la désertion du foyer. Toutefois, ce cas patent d'amour libre en fait un livre choquant aux yeux des lecteurs catholiques. « *Louise Genest*, c'est le cri de la femelle en rut qui doit abandonner son petit pour suivre irrésistiblement son mâle majestueux et inassouvi », écrit Jean-Paul Beausoleil dans *Lectures* (décembre 1950). Il ne peut s'empêcher de faire la leçon au romancier : « Quel malheur que quelques-uns de nos jeunes auteurs, tout pleins de promesses, veuillent emboîter le pas de certains de leurs aînés français jusque dans leurs plus pénibles erreurs ! » Selon Louis-Philippe Roy, de *L'Action catholique*, l'auteur a raté une belle occasion de produire un roman chrétien, « celui qui pose le problème de la grâce et du salut » : « Bertrand Vac avait tout ce qu'il fallait pour bâtir une œuvre chrétienne à la Mauriac, à la Greene, à la Bernanos. » Le frère Clément Lockquell, dans la revue *Culture* (décembre 1951), reproche à l'ouvrage sa psychologie superficielle ; il trouve que

> cette Louise Genest apparaît comme une femme sans énergie, sans conscience chrétienne, comme un être d'instinct, une sorte de femelle, quoi ! qu'il s'agisse de son amour de l'homme ou de l'amour de son fils ; et ce fils égaré dans les bois, elle le recherche éperdument comme une femelle inquiète rechercherait son petit...

Décidément, *Louise Genest* a mauvaise presse. Malgré de bonnes pages sur la vie en forêt, le choix d'une héroïne adultère soulève l'indignation de la critique officielle. Même Gilles Marcotte, dans *Le Devoir* (11 novembre 1950), soulève des objections : « Je me vois forcé de dire que c'est un assez mauvais roman, de maigre substance psychologique et mal, très mal écrit. » L'auteur, sans doute insatisfait de la réception initiale de son livre, entreprend de livrer lui-même au public ses réactions. Dans une conférence prononcée à la Bibliothèque municipale de Montréal devant la Société des écrivains canadiens et la Canadian Authors' Association le 3 novembre 1950, il fait cette mise au point, sur un ton mi-badin, mi-sérieux sur le choix d'un sujet de roman :

> Au Canada, il faut faire édifiant, il faut des romans dans lesquels la vertu sorte victorieuse, il faut faire plus de « bons » romans, même si c'est « moins mieux ».
>
> De quels défauts peut-on traiter dans nos romans ? des péchés capitaux, probablement. Certains péchés ne sont pas à la mode : la paresse, par exemple. L'orgueil aussi ; voilà un péché qui n'est plus à la mode. Quelle serait la réaction du clergé, si on décidait de reparler de ces péchés : la paresse et l'orgueil ?
>
> Il reste l'égoïsme, défaut qui existe encore. Quant au péché de l'impureté, il ne faut pas en parler ; dès qu'il se montre la tête, on a, pour l'abattre, la censure, la croisade, le procès, les campagnes de presse et la radio. La Ligue de la jeunesse féminine décide des costumes de bain et la presse prend, certains jours, l'allure d'un missel enluminé et il y a la radio qui fait la confession. Il reste bien l'avarice, mais M. Grignon fait bien là-dedans. […] Ayons donc une littérature édifiante, quitte à chasser les mauvaises pensées qui sont pourtant d'excellentes compagnes quand on n'a rien à faire *(La Presse*, le 4 novembre 1950).

De pareilles déclarations chez un romancier à ses débuts n'ont rien pour le rendre plus sympathique aux yeux des censeurs cléricaux, ce qui expliquerait pourquoi les romans subséquents de Bertrand Vac sont passés au peigne fin par la revue *Lectures*.

Entre-temps, la Société Radio-Canada a l'heureuse idée de présenter au réseau français, chaque dimanche soir, des adaptations d'une heure de 22 romans canadiens récents. Le premier roman diffusé à l'émission « Les grands romans canadiens » le 1er avril 1951 n'est nul autre que *Louise Genest*, adapté par Jean Desprez (pseudonyme de Laurette Larocque-Auger). Dans une entrevue parue dans *La Semaine à Radio-Canada* (1-7 avril 1951), le docteur Aimé Pelletier mentionne que l'histoire lui avait été racontée par des garde-feux de la région du nord de La Tuque, où elle est passée à l'état de légende. Quant à ses « modèles littéraires », c'est d'abord dans l'œuvre de l'écrivain anglais Somerset Maugham (*Of Human Bondage* et *Fil du rasoir*) que le romancier a trouvé son inspiration et ce qu'il appelle « la recette » du roman : un récit traité de la façon la plus simple, la plus dépouillée possible. Et il nomme ensuite les écrivains modernes à qui vont ses préférences : André Gide, Colette, William Saroyan, John Steinbeck et Ernest Hemingway. *Kenneth Landry*

Vac, Bertrand, *Louise Genest*, Montréal, Le Cercle du livre de France, 1950, 231 p.

LA LUMIÈRE

Revue mensuelle fondée par A. Morin • Revue condamnée par Mgr Bruchési, le 3 juin 1912

Le 15 avril 1912 paraît à Montréal le premier numéro de *La Lumière*, « revue mensuelle paraissant le 15 de chaque mois ». De petit format (15 x 23 cm), la revue de 24 pages se vend 10 cents. La couverture est déjà un programme : y apparaît une noble figure de femme portant de sa main gauche un flambeau, la lumière, tandis que sa main droite repose sur une tablette donnant les noms des grands hommes qui ont apporté la lumière à l'humanité : Socrate, Galilée, Voltaire, Darwin, Renan. Qui en sont les responsables ? Les numéros 1 à 3 indiquent : A. Morin, éditeur-gérant ; à partir du n° 4, on peut lire : Aristide Bourgeois, propriétaire-éditeur. La liste des points de vente laisse voir que la revue circule surtout dans l'est de Montréal (rues Notre-Dame Est, Sainte-Catherine Est, Saint-Denis).

Se proclamant « l'organe d'avant-garde des Canadiens-Français », *La Lumière* réclame dès le premier numéro « une réforme radicale de notre enseignement » :

> Et l'on se demande aujourd'hui SI L'INSTRUCTION À NOUS DONNÉE N'A PAS PLUTÔT ÉTÉ UN MOYEN DE DOMINATION EMPREINT D'UN OBSCURANTISME COUPABLE PUISQUE PRÉMÉDITÉ. On a soigneusement entretenu chez nous des préjugés et des superstitions d'un autre âge, nous environnant des plus

épaisses ténèbres. À ces ténèbres, nous opposerons « La Lumière ».

On y fait grand cas de la condamnation, pour ses thèses évolutionnistes, du livre *La vie – Considérations biologiques*, du Dr Albert Laurendeau, médecin de Saint-Gabriel de Brandon, par l'évêque de Joliette, Mgr Joseph-Alfred Archambeault. Pour *La Lumière*, c'est « un livre à répandre ». C'est donc sans aucune surprise qu'on voit Mgr Paul Bruchési condamner la revue dans une lettre pastorale du 3 juin 1912. Le texte complet de l'évêque précède une plus longue monition au *Pays** :

> Il vient de paraître à Montréal une revue mensuelle intitulée *la Lumière*, dont le but avoué est de combattre la religion et la morale chrétiennes.
>
> Elle ne respecte rien de nos croyances ; elle tourne en dérision les plus augustes enseignements de l'Église ; elle recommande des ouvrages antireligieux et impies. La libre-pensée ne saurait désirer un plus fidèle organe. Une telle publication, nous n'en doutons pas, sera méprisée comme elle doit l'être par tous les vrais catholiques. Mais notre charge de premier pasteur nous impose l'obligation d'empêcher qu'elle se répande et nous en interdisons immédiatement la lecture aux fidèles de notre diocèse.

Contrairement à d'autres journaux condamnés auparavant par Bruchési, comme *La Semaine** par exemple, la revue ne se soumet pas et poursuit sa publication. À la première page du numéro du 15 juin – la lettre a été lue dans les églises le dimanche 9 – les rédacteurs publient une « lettre ouverte à M. Paul Bruchési, archevêque de Montréal », où ils se félicitent de la publicité que leur a value la condamnation, qui leur a apporté « 145 nouveaux abonnés et des souscriptions émanant de gens qui ignoraient jusqu'à l'existence de notre modeste organe d'émancipation populaire ».

S'adressant à l'évêque, la lettre poursuit : « Nous voulons démontrer au peuple que son ignorance est votre œuvre, que cette ignorance est exploitée avec profits par vous et les vôtres, entretenue avec un soin jaloux par les mêmes adversaires du progrès, et que vous n'avez assumé le soin de diriger l'éducation des gens que pour en faire vos esclaves, les complices inconscients de votre ambition ». La revue se réclame même de 2000 lecteurs. Et le numéro publie un article d'un auteur anonyme de Nicolet qui revendique sans ambages « l'école laïque, école qui a placé la France à la tête de la civilisation et qui lui a valu une admiration universelle ». « CE QU'IL FAUT À UN PEUPLE, poursuit-il, C'EST UN ENSEIGNEMENT LAÏC, DONNÉ PAR DES PROFESSEURS EXCLUSIVEMENT LAÏCS. »

La revue continue donc, impénitente, dans la veine anticléricale et libre-penseuse. Elle disparaîtra finalement après huit numéros, en novembre 1912. *Guy Laperrière*

La Lumière, 15 avril 1912–15 novembre 1912.

LAPERRIÈRE, Guy, *Les congrégations religieuses. De la France au Québec, 1880-1914*, t. 3, Québec, Les Presses de l'Université Laval, 2005.

M

MAE WEST (1893-1980)
Actrice et scénariste beaucoup censurée dans les années 1930

De toutes les actrices du cinéma américain, aucune n'a autant marqué les années 1930 que Mary Jane West, mieux connue sous le nom de Mae West, coscénariste de ses films et aussi auteure de pièces de théâtre. Humour, gouaille, mots d'esprit à double sens, vulgarités, tenues osées sur une poitrine plantureuse, elle utilise tout ce qui peut provoquer. Ses réparties filmiques font le tour de l'Occident («When caught between two evils, I generally pick the one I've never tried before… When women go wrong, men go right after them… So many men, so little time… A hard man is good to find… Is that a gun in your pocket, or are you just glad to see me?… I generally avoid temptation unless I can't resist it… Et en langue française: La chasteté rapporte, mais pas au box-office… Croyez-vous au coup de foudre? – Je ne sais pas, mais ça fait gagner pas mal de temps… Facile de se marier, pas facile de le rester.»).

Sex, sa pièce sur Broadway en 1926, est condamnée pour obscénité* et elle lui vaut de séjourner dix jours en prison, où ses geôliers la traitent comme dans un hôtel et dont elle tire un récit qui lui rapporte une grosse somme. Aux États-Unis, la Legion of Decency part en guerre contre elle à chaque production, ce qu'elle commente ainsi: «I believe in censorship. After all, I made a fortune out of it.» Pendant les dures années de la crise économique, ses succès sauvent de la faillite le studio Paramount.

Le Bureau de censure du Québec surveille attentivement la flamboyante blonde. Son *Night After Night* est refusé le 22 octobre 1932 pour «Touch of gangstering and reprehensible dialogue», mais une version amputée de plus de 30 segments de dialogues et de scènes de violence est acceptée le 9 novembre suivant après la soustraction additionnelle de «sounds of machine guns» et de quelques autres répliques. *She Done Him Wrong*, sa plus célèbre comédie, est accepté le 15 février 1933, à son premier passage, mais au prix d'une trentaine de coupures («view of nude painting on the wall», «girl pulls up her skirt revealing her legs», des bruits de coups de feu, des dialogues sur le mariage et sur l'argent: «One way to get rich is to make one's own money», etc.). Pour sa sortie, le 11 mars 1933 au Palace de Montréal, il bénéficie de très grandes annonces dans le *Montreal Daily Star*, avec la photo de l'actrice comme élément principal, mais le film ne reste à l'affiche que la durée habituelle d'une semaine avant

La fin de semaine du 11 mars 1933, tous les médias saluent ce film de Mae West avec de larges annonces; n'en sort toutefois que la version originale anglaise.

d'entreprendre sa tournée en province. À Québec, Henri Desrosiers, de la Ligue du cinéma*, se plaint au premier ministre Louis-Alexandre Taschereau de l'acceptation du film par la censure locale alors que « la censure viennoise a banni Mae West dans *She Done Him Wrong*. Raison : "rien qu'un érotisme baroque et grossier, un appel aux plus bas instincts" ». *I'm No Angel* (titre particulièrement choisi pour l'actrice) subit aussi quelques coupures (la fiche dit seulement « modifié ») le 5 janvier 1934. *Belle of the Nineties* perd aussi quelques plans le 10 septembre 1934 pour faire disparaître le mot « maîtresse », un vol de bijoux et « Scene of Ace spreading kerosene around room ». Le 29 février 1936, alors que la censure s'est beaucoup resserrée dans les studios américains depuis 1934, *Klondike Annie* ne perd que deux petites scènes de violence et deux réparties : « I couldn't give you up if you'd killed a million guys ! » et « What's the good of resistin' temptations. There'll always be more. » *Every Day's a Holiday* n'est que légèrement coupé le 13 janvier 1938. Les autres films passent sans encombre.

À elle seule, la censure des films de Mae West résume les deux motifs principaux de répression dans les années 1930 : ce qui touche la sexualité, d'abord, mais aussi, ce qui est typique à cette décennie, les expressions de violence. Dans des centaines de westerns, dans les drames policiers, des images de révolvers faisant feu ou le bruit qu'ils font, des attaques au couteau et des gros plans de blessures disparaissent. Cette sensibilité s'explique sans doute par le climat de violence suscité par la crise économique et qu'il faut éviter d'exacerber. *Yves Lever*

ANQ-M, fonds Régie du cinéma, E 188, fiches des films et documents annexés.

MAGAZINES AVEC ILLUSTRATIONS
Une loi réglemente les publications illustrées en 1950

Après la Première Guerre mondiale, les magazines liés au monde du spectacle se multiplient et présentent de plus en plus de photos attrayantes de vedettes. Hollywood fait ainsi prospérer les publications de William Randolf Hearst et des autres grands éditeurs. Avec la fin des années 1940, les illustrations, suivant la mode et une certaine évolution des mœurs, se font souvent plus osées. D'origine presque uniquement étrangères, les revues provoquent beaucoup de réactions de la part des autorités religieuses au Québec, qui demandent une réglementation de l'État. Le 29 mars 1950 est sanctionnée la Loi concernant les publications et la morale publique dont l'article principal décrète :

> 2. Nul ne doit, dans la province, imprimer, publier, distribuer ou offrir au public une publication, ni la faire imprimer, publier, distribuer ou offrir au public avant que l'éditeur, s'il est domicilié dans la province, ou son agent de distribution, si l'éditeur est domicilié hors de la province, ait déposé au secrétariat provincial une déclaration indiquant le titre de la publication, ainsi que les noms et adresses de son éditeur et de toute personne agissant comme agent de ce dernier pour la distribuer aux dépositaires chargés de la vendre dans la province.

Comme dans toute loi, l'article 1 comprend les définitions des termes utilisés dans la loi. C'est ainsi que « publication » signifie : « Toute revue, magazine ou autre écrit publié périodiquement et offert au public, sauf les journaux et autres écrits régis par la Loi des journaux et autres publications (Statuts refondus, 1941, chapitre 53). » Il est précisé que « cette définition ne comprend pas les publications de caractère religieux ».

Après la liste des peines prévues pour toute infraction à cette loi, l'article 4 prévoit que le procureur général *peut* soumettre au Bureau de censure du cinéma « toute publication contenant à l'intérieur ou à l'extérieur, quelque illustration, afin de faire décider par le Bureau de censure s'il s'agit ou non d'une publication immorale au sens de la présente loi ». Les termes de cette phrase sont ainsi définis : « illustration : tout dessin, photographie ou figure » ;

« illustration immorale : toute illustration, au sens du paragraphe précédent, qui évoque des scènes, réelles ou fictives, de crime ou de la vie habituelle des criminels, ou des situations ou attitudes morbides ou obscènes*, tendant à corrompre la jeunesse et à dépraver les mœurs ».

Le Bureau de censure, après examen d'un magazine, décide s'il contient des « illustrations immorales » et lorsque cela s'avère, il émet une ordonnance d'interdiction de diffusion, qu'il peut révoquer lorsque l'éditeur s'engage à éliminer tout ce qui fait problème. Concrètement, cela signifie que si un distributeur d'une revue, de quelque origine qu'elle soit, soustrait les pages incriminées, il peut quand même la mettre en marché. Remarquons ici qu'il ne s'agit que d'illustrations, non des textes.

Avec cette loi, les censeurs des films ont désormais un pouvoir étendu, celui d'évaluer le contenu visuel de tous les magazines et de toutes les revues soumises par le procureur général et de décider s'ils tendent à « corrompre la jeunesse et à dépraver les mœurs ». Ils peuvent interdire toute la publication ou exiger le retrait d'une ou de quelques pages. C'est un pouvoir énorme, qui sera exercé de façon stricte pendant toute la décennie 1950, avec souplesse et libéralisme la décennie suivante, jusqu'au moment où la nouvelle loi du cinéma de 1967 le fait disparaître. La tâche arrive au moment où le Bureau de censure est dirigé par Alexis Gagnon*, le plus rigoriste de tous les censeurs, en même temps que le plus inféodé au pouvoir politique de Maurice Duplessis*. Pour que le premier ministre soit bien renseigné, Gagnon lui envoie souvent certaines de ces publications interdites. Il s'entend aussi très bien avec le cardinal Paul-Émile Léger* qui, au lieu de s'adresser au procureur général, ne se gêne pas pour lui envoyer à plusieurs reprises des revues lestes à interdire (recueillies par des Chevaliers de Colomb, dit l'ecclésiastique) ; en retour, il lui expédie régulièrement la liste des parutions prohibées. En 1965, le Bureau dresse une liste de tous les magazines interdits depuis 1950. Il y en a 251, dont 9 seulement qui ont vu l'interdiction rescindée. Neuf seulement portent un titre français (ce qui n'est pas une garantie de leur origine) : *À la loupe, Fou rire, Monsieur, L'Œil vif, Nus, Photo, Rirathon, Rire, Vue*. Les autres sont probablement tous américains et sont interdits pour cause de nudité féminine ; ils portent des noms comme *Beautiful Girls, Glamorous Starlets, Eve, Peep Show, Pin Up*… Des revues artistiques comme *Art Photography* ou *Prize Winning Photography* subissent le même sort probablement à cause des quelques nus qui s'y trouvent, la dimension artistique n'étant pas davantage une justification que dans le film. Le même sort advient aux revues consacrées au naturisme. Certains magazines comme *Fun O Rama, Humorama* offrent sans doute des bandes dessinées grivoises. Parfois, des distributeurs demandent des révisions ou des explications, mais Gagnon refuse toujours d'en donner. Il arrive qu'une seule parution soit prohibée ; à la fin des années 1950, une couverture du *Time Magazine* en empêche la distribution parce que des ballerines africaines, représentant officiellement leur pays, y sont photographiées les seins nus. Effet rare de la loi, puisqu'on n'en connaît qu'un cas avéré, l'éditeur de *Sir* en fait une version pour les États-Unis et le reste du Canada, et une épurée pour le Québec.

La censure empêche-t-elle la circulation sous le manteau des magazines les plus salaces ? Sûrement pas. Le fameux *Playboy* qui existe pourtant dès octobre 1953, n'est interdit que le 12 février 1958, puis autorisé le 8 octobre 1965, mais tous les garçons qui ont eu 16 ans au tournant des années 1960 savent qu'il a abondamment circulé partout. Il en est probablement de même pour des dizaines de produits qui passent clandestinement la frontière sans jamais faire l'objet de déclaration officielle au bureau du procureur général. Les corps policiers saisissent fréquemment des exemplaires divers, mais aucune poursuite n'est envisageable en dehors du Québec, d'où ils proviennent.

Après la réorganisation du Bureau de censure dès l'automne de 1963, l'examen des publications devient très secondaire. Le problème est soulevé une dernière fois en janvier 1966 quand le service de police de Québec saisit un lot de magazines soi-disant obscènes et les apporte pour jugement. Sous la direction d'André Guérin*, les censeurs se demandent sérieusement s'il ne faudrait pas confier ce mandat à une autre commission. Ils décident finalement que non parce qu'« il y aurait danger que, parallèlement à la politique des films, une politique très différente s'applique aux publications. Il est donc préférable qu'un seul et même organisme examine tous les problèmes d'images ou illustrations (fixes ou mobiles) au plan de la moralité publique ». Comme pour le film, la notion de consensus social remplace une critériologie précise. C'est ainsi que les *girlie magazines* genre *Playboy* deviennent acceptables, que le nu plastique est de bon aloi, car « il est préférable que l'adolescent découvre la nature humaine sous un jour attrayant et de bon goût ». Par ailleurs, la violence sexuelle, le sadisme et les déviations de caractère pathologique restent susceptibles de refus, tout comme la complaisance soutenue dans l'horreur et la cruauté.

La Loi du cinéma sanctionnée le 12 août 1967 ne confie plus la tâche de censurer les magazines au Bureau de surveillance du cinéma. Quelques mois plus tard, le 27 novembre, le juge Harry Batshaw de la Cour supérieure du Québec déclare la Loi concernant les publications et la morale publique *ultra vires*, illégale et contraire à la constitution canadienne, donc nulle. Après 1967, le ministère de la Justice, de qui relèvent dorénavant les publications, peut recevoir des poursuites intentées en vertu des lois sur l'obscénité inscrites dans le Code criminel. Les « normes sociales canadiennes », toujours évolutives et par là un peu floues, balisent l'acceptable à la mesure de l'ouverture d'esprit des juges appelés à se prononcer dans les différents niveaux de cour. La diffusion des publications étrangères est régie par la Loi sur les douanes, dont une circulaire définit ce qui peut être intercepté. À la suite de plaintes de citoyens sur la présentation des magazines dans les stands et les comptoirs, des règlements municipaux imposent que les produits « pour adultes », ceux qui présentent des contenus érotiques, soient scellés sous une enveloppe de cellophane pour éviter que de jeunes enfants ne puissent les consulter et qu'ils soient placés à 1,5 mètre du sol, avec seulement le nom de visible.

À l'heure où le matériel pornographique le plus cru circule en toute liberté sur Internet*, l'idée même de censurer le contenu visuel des publications serait plus que farfelue. *Yves Lever*

Lois du Québec, 14 Georges VI, chapitre 12, Bill n° 34, Loi concernant les publications et la morale publique ; ANQ-M, fonds Régie du cinéma, E 188, procès-verbaux des assemblées et correspondance ; Montpetit, Charles, *Liberté d'expression : guide d'utilisation*, 2003.

▶ Comic books ; Édition ; « French Canada »

LES MAINS SALES
Fernand Rivers (1879-1960) • **Film dont il ne faut pas dire qu'il est tiré d'une pièce de Jean-Paul Sartre (1952)**

Les mains sales offre une fidèle adaptation de la pièce de Jean-Paul Sartre lancée en 1948, année où l'œuvre tout entière du philosophe est mise à l'Index*. Sartre n'est pas encore « compagnon de route » du parti communiste* et l'œuvre critique l'éthique à laquelle les militants doivent se conformer tout en questionnant profondément, à la lumière de l'existentialisme, ce que doit représenter l'engagement à une cause. On peut facilement considérer le film comme une production anticommuniste, ce qui explique sans doute le fait qu'il soit distribué par France-Film, compagnie qui mise toujours sur des valeurs sûres et non contestables au plan politique.

Au Québec, le Bureau de censure l'approuve le 8 octobre 1952 avec cette seule restriction : « Éliminer le sous-titre : Film tiré de la pièce célèbre de Jean-Paul Sartre. » Avec la même logique, le 14 novembre suivant, il impose d'enlever de la bande-annonce les titres suivants : « Un succès mondial sans précédent ; 2000 représentations théâtrales en France ; Un record de vente en librairie ; Des émissions successives à la radio ; Le chef-d'œuvre de Jean-Paul Sartre. » Un an plus tard, le 29 décembre 1953, il autorise une copie 16 mm du film avec la même coupure que pour l'original, ce qui est un bon indice de l'innocuité avec laquelle il est considéré, puisque les copies de ce format sont destinées surtout aux salles paroissiales et aux collèges.

Les mains sales prend l'affiche pour une semaine au théâtre Saint-Denis le samedi 22 novembre 1952, en programme double avec *Rendez-vous à Grenade* (romance de Richard Pottier avec Luis Mariano). L'encadré publicitaire annonce « Une œuvre d'une force incroyable ». Le lundi suivant, le 24 novembre, un petit texte non signé de *La Presse* félicite le Saint-Denis pour avoir présenté ce « film à voir si l'on veut enfin comprendre l'essence même du danger communiste [...] l'œuvre théâtrale la plus révélatrice de notre époque [dont] la résonance est profonde et nous plonge dans un monde de réflexions ». Dans *Le Devoir** du même jour, Gilles Marcotte en propose une critique surtout positive :

> *Les mains sales* est l'une des quelques œuvres de Jean-Paul Sartre qui ne se résument pas aux syllogismes existentialistes. Elle est taillée en pleine pâte humaine. Elle est touffue, désordonnée comme la vie. Elle ne dégage pas un sens unique, et aucune conclusion péremptoire n'y met le point final. C'est un drame d'hommes, qui pose avec une angoisse extrêmement émouvante le problème des liens de l'éthique et du politique, dans un monde de révolutionnaires sans Dieu mais qui se veulent honnêtes avec eux-mêmes et avec leurs frères. Le sujet des *Justes* de Camus en somme ; mais beaucoup plus complexe, parce que plus profondément enraciné dans l'existence.

Il poursuit toutefois en rappelant que le Saint-Office a mis l'œuvre de Sartre à l'Index* ; il se demande s'il est bien « opportun » de présenter ce film au Québec, surtout parce qu'

il peut être dangereux dans les circonstances actuelles, de présenter le parti communiste – on l'appelle ici « Prolétarien », mais personne ne s'y trompe – comme le porte-parole des intérêts véritables du peuple. Il a pu se passer qu'à un moment de l'histoire, dans tel pays, dans telles circonstances particulières, il ait vraiment été le porte-parole d'une partie au moins de ces intérêts ; mais aujourd'hui, il se confond avec un impérialisme athée dont nous n'avons aucun bien à attendre.

Monseigneur Charles-Omer Garant, évêque auxiliaire de Québec, fait parvenir le texte de Marcotte au Solliciteur général de la province, Antoine Rivard. Ce dernier l'envoie à Alexis Gagnon*, président du Bureau, le 30 janvier 1953, « pour action que vous jugerez opportune ». Gagnon répond laconiquement le 5 février que le film a été visionné par Monseigneur Adélard Harbour*, qui l'a approuvé après la modification.

Le Centre catholique du cinéma de Montréal le cote « Adultes avec réserves » dans son *Index de 6000 titres**. Deux ans plus tard, le Centre, devenu « catholique national du cinéma de la radio et de la télévision », conserve la même cote et la justifie ainsi : « S'il inclut la condamnation du crime politique, ce film incline par contre vers une philosophie à base de nihilisme et de désespérance ».

L'acceptation des *Mains sales* par la censure demeure ambiguë ; d'un côté, il faudrait le refuser à cause de son athéisme et parce que Sartre est à l'Index* ; de l'autre, ce film perçu comme anticommuniste peut servir de bonne propagande. Le Bureau se croit toutefois obligé de demander l'aval d'un clerc reconnu comme censeur par les autorités religieuses et il tente de gommer toute référence à l'auteur du scénario, ce qui semble inutile, car il doit bien savoir que tout critique le moindrement compétent connaît déjà la pièce de Sartre et ne manquera pas d'établir un rapport avec l'ensemble de son œuvre.

Le public du Saint-Denis qui, le même soir, entend Pierre Brasseur et Daniel Gélin discuter d'engagement politique et de morale, puis, après un court entracte, revient écouter Luis Mariano chanter *Granada* et d'autres romances, doit se sentir un peu dérouté.

Autre adaptation d'une œuvre de Sartre, *La p… respectueuse* (Charles Brabant et Marcelo Pagliero, 1952), n'est apportée à la censure que le 4 février 1960 et elle est refusée ; elle n'est pas soumise à nouveau, mais elle se retrouve à la télévision dans les années 1960. *Huis clos**, que réalise Jacqueline Aubry en 1954 et *Les séquestrés d'Altona*, que met en scène Vittorio de Sica en 1962 ne sont pas soumis et ils ne sont vus au Québec que si la télévision les a programmés. Comme scénariste, Sartre écrit *Les jeux sont faits* pour Jean Delannoy, que le censeur interdit le 9 novembre 1948. Il livre plusieurs autres scénarios à la maison de production Pathée entre 1944 et 1947, mais ils ne sont pas tournés. Il scénarise *Freud* que réalise John Huston pour la *major* américaine Universal en 1962, mais à cause du remaniement de son texte (qui aurait duré huit ou neuf heures !), il exige de disparaître du générique ; ce film est approuvé sans restrictions le 13 mars 1963. Ainsi en est-il de toute production filmique ou télévisée adaptée ou inspirée du philosophe après 1962. *Yves Lever*

ANQ-M, fonds Régie du cinéma, E 188, fiches des films et correspondance du Bureau de censure ; *Recueil des films*, 1957.

LE MAL DES ANGES

André Loiselet (André Loiseau, 1948-) • Recueil poétique qui fait l'objet d'un procès en vertu de la Loi sur l'obscénité (1969-1971)

Alors que l'industrie cinématographique entreprend en 1969 de déshabiller la « p'tite » Québécoise avec le film *Valérie*, les Éditions Parti pris prennent un peu d'avance en 1968 en dévoilant le sexe des anges… en joual. L'ouvrage en question, *Le mal des anges*, est un recueil de six nouvelles écrites en vers par André Loiseau (sous le pseudonyme d'André Loiselet), un travailleur journalier qui n'a pas de liens avec le milieu littéraire.

Ses vers s'inscrivent parfaitement dans le style et l'idéologie des Éditions Parti pris. Alternant joual et français normatif, l'auteur traite de l'aliénation culturelle et économique des Québécois à travers des vers choquants, qui trahissent la plupart du temps une qualité d'écriture étonnante. Dans la même tradition littéraire et idéologique que *Le cassé** de Jacques Renaud, *Le mal des anges* décrit, souvent avec violence, l'endoctrinement religieux et la difficulté d'aimer et de vivre une saine sexualité chez l'homme québécois de la classe ouvrière. Avec des images scatologiques, une sexualité perverse et des jurons surabondants, l'auteur cherche assurément à provoquer le lecteur.

À Montréal, l'escouade de la moralité saisit l'ouvrage le 28 février 1969 dans 120 kiosques à journaux et librairies*, en vertu de l'article 150 du Code criminel sur l'obscénité*. Les autorités policières perquisitionnent également l'imprimerie* Bernard de Berthierville et l'Agence de distribution populaire, où elle saisit 120 exemplaires du livre ainsi que des rapports de ventes. Chez Gérald Godin, l'éditeur*, la police saisit le manuscrit, une maquette, des factures et trois exemplaires du *Mal des anges*.

Les journaux rapportent qu'un citoyen de Montréal a déposé une plainte à la police après avoir acheté une série de livres, dont *Le mal des anges*, qu'il aurait mis à la disposition de sa fillette de 12 ans, pensant qu'il s'agissait d'un conte inoffensif. Le 3 mars 1969, le journal *Montréal-Matin* rapporte que, « après avoir lu quelques pages, la fillette s'est posé des questions, puis les a posées à son père qui, devant "l'aspect" des questions, s'est révolté et a communiqué avec l'escouade de la moralité laquelle a décidé d'étudier la question dans son ensemble ».

Cette explication soulève de sérieux doutes sur les véritables motifs de cette saisie, puisque ce livre peut difficilement être pris pour de la littérature pour la jeunesse*. Petite plaquette blanche ne con-

Le recueil d'André Loiselet fait l'objet d'un procès, en vertu de la Loi sur l'obscénité de 1959.

tenant aucune illustration, l'ouvrage rappelle, par sa présentation graphique, la signature classique des romans publiés chez Gallimard. Son titre évoque une littérature plutôt grave, et il suffit de lire la note de l'éditeur ou d'ouvrir le recueil à n'importe quelle page pour constater rapidement que ces vers ne s'adressent pas aux fillettes. De deux choses l'une : ou bien le père qui a déposé la plainte a fait preuve d'une bonne dose de naïveté, ou bien cette explication cache des motifs politiques. La guerre à finir avec les imprimés érotiques et le succès d'une maison d'édition qui dérange par son engagement politique de gauche et ouvertement prorévolutionnaire pourraient constituer des motifs non avoués pour embêter l'éditeur Gérald Godin.

Les Éditions Parti pris ont connu leur lot d'ennuis judiciaires à cette époque, avec deux procès (*Le mal des anges* et *Nègres blancs d'Amérique**), qui se sont déroulés à peu près simultanément. Le procès concernant *Le mal des anges* se déroule devant le juge Gérard Tourangeau qui, le 13 octobre 1969, déclare Parti pris et Gérald Godin coupables d'avoir publié un livre à caractère obscène, au sens de la loi. La sentence rendue condamne l'éditeur à une amende de 400 $ ou à trois mois de prison. Gérald Godin porte la cause en appel, et le jugement est renversé un an et demi plus tard, le 19 mai 1971, par le juge Ignace-J. Deslauriers, de la Cour du banc de la Reine (Cour d'appel du Québec depuis 1974), dans un jugement nuancé et sensible aux motivations idéologiques et esthétiques de l'auteur. Le juge Deslauriers déclare que « ce livre manque assurément de bon goût et de distinction », mais précise que ce « n'est pas ce que vise l'article 150 du Code criminel ». Ce même juge rendra une décision différente dans le cas de l'Affaire Corridart*, en 1981.

En 1971, dans un entretien radiophonique accordé à Jacques Godbout et à Réginald Martel, Gérald Godin déplore les conséquences économiques et culturelles de cette affaire judiciaire : « [O]n a gagné en appel. Ça nous a coûté 1100 $. C'est un maudit trou ; ça veut dire qu'il y a un poète, cette année, qui ne sera pas publié à cause de Jean Drapeau et de son avocat, Michel Côté. Messieurs les poètes, vous savez quoi faire. » *Sophie Vincent*

LOISELET, André, *Le mal des anges*, [Montréal], Parti pris, 1968, 63 p.

ANQ-M, fonds Parti-pris, MSS-140, carton 6, dossier « André Loiselet » ; Deslauriers, juge [Ignace-J.], « Jugement de la Cour du banc de la Reine contre Gérald Godin », cause 69-30310, 19 mai 1971 ; VINCENT, Sophie, « L'apprentissage de la liberté : mutations de la censure au Québec, de l'abolition de l'*Index* aux lendemains de la crise d'Octobre (1966-1971) », Mémoire (études littéraires), Université de Sherbrooke, 2002.

▶ Juridique (censure)

MANON

Henri-Georges Clouzot (1907-1977) • Film d'abord refusé, puis accepté avec coupures et coté « À proscrire » par les catholiques (1950)

Adapté librement du roman classique *Manon Lescaut* de l'abbé Prévost (1731), *Manon* (1949) se situe en France, surtout à Paris, dans l'immédiat après-guerre de 1945. Des histoires de marché noir, de gangstérisme en milieu bourgeois et de maisons closes, des drames familiaux compliquent l'amour malheureux de Manon et de Des Grieux. Clouzot décrit un milieu complètement amoral, ce qui provoque les catholiques français. Ils qualifient le film de « condensé de turpitudes » et le condamnent sévèrement. Le jury du Festival de Venise lui accorde pourtant le Lion d'or en 1949 et la critique française en fait bientôt un classique du cinéma national.

Apporté au Bureau de censure par France-Film, *Manon* est refusé le 26 janvier 1950, ce qui n'est une surprise pour personne. Le distributeur en apporte une copie « reconstruite », c'est-à-dire avec 23 coupures totalisant 12 minutes sur 105, qui est acceptée le 14 mars suivant. Quelques images de « tenue très légère » et de chambre à coucher disparaissent, une scène d'étranglement est raccourcie, mais ce sont surtout des dialogues qui sont retranchés, alors qu'il est question de moralité, de virginité, de prostitution, de coucherie. Le 8 mai 1952, une copie 16 mm est acceptée avec les mêmes coupures que l'original. La critique Francine Laurendeau raconte que ce fut son premier contact, à 16 ans, alors qu'elle pouvait enfin fréquenter les salles de cinéma, avec les effets de la censure : « La copie est bizarrement hachurée. Des personnages s'immobilisent, la main sur la poignée de la porte d'une maison où ils semblaient pourtant bien vouloir entrer. Et puis on les retrouve plus tard, plus loin, faisant allusion à des événements, à d'autres personnages qui ne sont plus là. C'est insupportable, c'est insultant. Les ciseaux de la censure ont tronqué, défiguré, violenté le film de Clouzot. » (*La revue de la Cinémathèque*, 28, mai-juin 1994)

Le Centre diocésain du cinéma, de la radio et de la télévision de Montréal cote ce film « À proscrire », parce que

> c'est avant tout une fresque, brossée d'un large pinceau impitoyable, du déséquilibre d'un bouleversement mondial. La maîtrise de Clouzot s'affirme une fois de plus quoiqu'on puisse rejeter la façon farouche et amère dont il aime voir les événements et les hommes. Un film cinématographiquement bien fait, mais dans lequel aucun élément moralement sain ne vient corriger l'atmosphère morbide et inacceptable de l'ensemble.

Réévaluant le film en 1958, l'organisme reprend sensiblement les mêmes termes, mais lui accorde la cote moins sévère « À déconseiller ».

Ce jugement de l'organisme catholique décrit très bien le dilemme auquel étaient confrontés les censeurs depuis des années et qui revenait régulièrement : que faire quand un film est manifestement une œuvre d'art dans l'ensemble de ses caractéristiques, quand elle n'a presque rien de visuellement répréhensible selon les critères* du temps, alors que son atmosphère générale et l'ensemble des comportements relèvent d'un amoralisme nihiliste et pessimiste ? D'un côté, le public peu enclin au questionnement philosophique ne verra qu'une malheureuse histoire d'amour et de crimes punis, admirablement interprétée par de bons comédiens, et il ne comprendra pas que des censeurs s'acharnent contre des images où il ne voit rien d'excitant. D'un autre côté, comment ne pas voir que la séduction d'une esthétique efficace peut transformer profondément l'imaginaire des spectateurs et les amener dans un univers différent, même si rien ne propose des changements de comportements dans l'immédiat ? Se pose là toute la question quasi intemporelle entre l'art et la morale, question d'autant plus difficile qu'il faut accéder à un deuxième niveau de lecture pour découvrir les véritables enjeux proposés par l'œuvre.

À la fin de l'année 1951, lorsqu'il est programmé à Hull (Gatineau), à la demande de l'archevêque Alexandre Vachon, tous les curés demandent aux catholiques de ne pas aller voir ce film condamné par l'épiscopat français et par la centrale catholique du Québec. Si cette interdiction n'a aucun effet sur l'assistance, elle fournit tout de même l'occasion, quelques mois plus tard, au père Paul Gay*, responsable du service de presse et de cinéma du diocèse d'Ottawa, de relancer de vieilles questions dans

Le Droit (5 juin 1952) : « On dit : "Si vous interdisez *Manon* du haut de la chaire le dimanche, c'est le meilleur moyen de remplir le théâtre de catholiques précisément. Vous feriez mieux de ne rien dire, il y aurait moins de mal". » Gay reconnaît le fait et parle de *Manon* comme d'un « cas douloureux », mais il n'en continue pas moins à dire qu'il faut continuer à fournir ce type d'information qui, à la longue, va faire l'éducation du public, car « les catholiques sont en retard dans la formation morale en ce qui concerne le cinéma. C'est au clergé de l'éduquer ». Il ajoute : « Que penser de ces catholiques qui méprisent l'avertissement de leur évêque ? Ce ne sont certainement pas de bons catholiques et, dans un cas comme celui-ci, il peut y avoir faute grave. » Aux États-Unis, compare-t-il, quand les autorités religieuses demandent l'abstention à un film, les salles se vident. Déjà dans les années 1920, le Québec se distinguait de ses voisins pour ce qui est de l'obéissance aux autorités religieuses ; 30 ans plus tard, cela s'est accentué. L'attitude devant le cinéma n'est qu'un symptôme d'une problématique plus large, celle de la transformation de l'éthique.

Une autre adaptation contemporaine du roman de l'abbé Prévost, *Manon 70* (Jean Aurel, 1968), est classée « 18 ans » le 26 mars 1970. *Yves Lever*

ANQ-M, fonds Régie du cinéma, E 188, fiches des films ; DOUIN, Jean-Luc, *Dictionnaire de la censure au cinéma*, 1998 ; *Recueil des films*, 1955-1956, 1958.

▶ « L'art et la morale »

MANUEL SCOLAIRE

Depuis les années 1840 jusqu'à nos jours, le manuel scolaire connaît toutes les formes de censure, tant proscriptive que prescriptive

Jusqu'en 1841, aucune structure gouvernementale n'encadre le monde scolaire au Québec, l'État se contentant de voter sporadiquement quelques lois visant à encourager les initiatives en ce sens. Toutefois, à deux reprises le législateur démontre un intérêt certain pour l'imprimé utilisé dans les écoles ; en 1829 et en 1831, il demande aux administrateurs locaux ou à des inspecteurs chargés de visiter les écoles de faire un rapport sur les livres qu'on y utilise ; n'intervenant pas encore, le gouvernement se contente de se tenir au courant de ce que lisent les élèves. Cette intervention plutôt symbolique annonce une politique plus musclée à venir.

En 1841, à la suite de l'Acte d'Union des Haut et Bas-Canada, le gouvernement se donne les moyens d'agir et élabore une politique d'encadrement du manuel scolaire. Sous son contrôle délégué à un surintendant de l'éducation, il crée un réseau d'administrations locales auxquelles il confie, par loi, un certain nombre de responsabilités, dont celle de choisir les livres utilisés en classe.

Devant le peu de succès de sa loi de 1841 – un certain nombre des administrateurs locaux devant choisir les manuels scolaires étaient eux-mêmes analphabètes – l'État renforce son contrôle en créant, en 1856, un organisme central, le Conseil de l'instruction publique, équivalent d'un ministère de l'Éducation, auquel il confère le pouvoir de choisir les manuels autorisés pour l'ensemble du Québec : c'est la politique d'approbation toujours en vigueur. Le contrôle est ainsi déplacé des instances locales vers une administration centrale qui aura à se prononcer sur ce qu'il est permis ou interdit de lire en classe. Les modifications ultérieures, comme la création d'un véritable ministère de l'Éducation en 1964, ne changeront rien au contrôle que l'État entend jouer sur le choix des livres de classe ; tout au plus précisera-t-on, toujours dans cette loi de 1964, que le Ministère crée deux comités confessionnels pour exercer ce droit de surveillance, l'un catholique et l'autre protestant. Il faut dès lors compter avec un deuxième joueur d'importance dans la gestion de l'univers scolaire : l'Église, ou plutôt les Églises.

Dès 1846, les Églises, tant catholique que protestante, se voient accorder un droit de regard sur la littérature scolaire alors que la loi stipule que, dans chaque paroisse, le curé, prêtre ou ministre desservant « [a] le droit exclusif de faire le choix des livres qui auront rapport à la religion et à la morale, pour l'usage des enfans [sic] de sa croyance religieuse ». L'étanchéité des deux systèmes scolaires – un pour les catholiques et un pour les protestants – devait, en principe, laisser à chacun le contrôle des imprimés. Mais, face à une population restreinte, certaines écoles sont mixtes, ce qui oblige le surintendant Gédéon Ouimet, en 1877, à trancher à la Solomon : dans ces quelques cas, les livres devront recevoir l'aval du représentant de chacun des deux cultes.

Cette forme de censure est donc affaire d'Églises au pluriel : chacune des deux confessions majoritaires s'assure que rien dans les écrits utilisés en classe ne mette en cause sa doctrine. Le surintendant Meilleur avait fait une mise en garde dès 1849 : « Dans les localités où les habitants sont de croyance religieuse mixte, il est important de faire usage de livres dont les principes de morale et de religion ne portent atteinte à la foi particulière d'aucun. » Et le haut fonctionnaire d'y aller d'un conseil : utilisez les manuels produits en Irlande car ils sont scrupuleusement neutres.

Comme pour le contrôle par l'État, le pouvoir censorial des Églises se déplace ensuite du territoire vers l'administration centralisée, lui assurant une plus grande efficacité. À partir de 1875, le comité catholique du Conseil de l'instruction publique est composé, pour moitié, de tous les évêques et ces derniers, presque régulièrement, siégeront majoritaires au sous-comité des livres dont relève directement l'approbation. Avec la création du ministère de l'Éducation en 1964, le droit de regard des Églises en matière de littérature pédagogique sera maintenu, voire renforcé : deux comités confessionnels – catholique et protestant – auront pour charge « d'approuver, au point de vue religieux et moral, les programmes, les manuels et le matériel didactique » ; alors que la loi de 1846 limitait le droit de regard des Églises aux seuls manuels affectant l'enseignement religieux ou moral, la nouvelle loi leur confiera le pouvoir de se prononcer sur tous les manuels, quelle que soit la discipline traitée.

Se situant en marge des Églises chrétiennes, le judaïsme se fait concéder à son tour un droit de regard sur les livres utilisés dans les écoles de sa confession par la loi de 1903, mais avec une formule qui relève d'une sorte de censure par la négative : « [...] aucun élève de croyance judaïque ne pourra être contraint de lire ou d'étudier dans aucun livre religieux [...] auquel s'opposera le père [...] de cet élève. »

L'État et les Églises s'arrogent ainsi le droit de déterminer ce qui est acceptable ou inacceptable comme livre de classe. Mais quels critères guident les instances administratives, critères que devront connaître les auteurs et éditeurs* sous peine de voir leurs publications interdites ?

Jusqu'aux années 1970, aucun texte gouvernemental ne définit les critères auxquels doivent se conformer les manuels scolaires. Les quelques cas de censure formelle en vertu de critères non énoncés explicitement sont l'exception. Par exemple, en 1880, les Frères des écoles chrétiennes sont avertis d'enlever d'un de leurs livres un poème jugé inconvenant : on y discourait sur les ébats amoureux d'un couple de pigeons pour terminer par quelques vers consacrés « au bon gros porc anglais » : difficile de savoir si les censeurs ont été motivés par la pudibonderie ou la crainte de nuire aux relations ethniques ; l'éditeur se plie et remplace, dans les tirages ultérieurs, la poésie incriminée par la fable « Les animaux malades de la peste ». En 1885, la méthode de dessin du pédagogue Edmond-Marie Templé est refusée car, dans le projet que soumet l'auteur, « se trouvent annoncés quelques modèles qui ne sont pas convenables » ; la version originale ne nous est malheureusement pas parvenue. Une autre préoccupation des administrateurs concerne le patriotisme : le *Practical English Grammar* de l'Américaine Mary Hyde (1895) n'a pas droit de cité dans les classes car il n'est pas écrit selon « un point de vue canadien » ; en fait il contenait trop de symboles américains, comme le drapeau.

La religion représente un autre sujet délicat. En 1884, l'inspecteur d'écoles Bernard Lippens fait une sortie contre l'approbation, par un comité où siègent les évêques, d'une grammaire française rédigée en France, la grammaire de B. Bonneau, grammaire athée car on ose y prétendre que les hommes ont formé leur langage alors que tous savent que Dieu a créé l'homme : à cette époque, le débat sur le darwinisme fait rage. La *Semaine religieuse de Québec* s'empresse, en 1906, de rapporter la condamnation, par l'évêque anglican d'Ottawa, d'une géographie dans laquelle on s'appuie sur les thèses darwiniennes pour affirmer que l'homme a évolué à partir d'une forme de vie inférieure : comme quoi les deux Églises mènent parfois le même combat d'intolérance. Membre du comité catholique, l'évêque Jean Langevin s'oppose, en 1879, à l'utilisation, dans les écoles pour catholiques, de la traduction d'une géographie publiée par l'éditeur protestant John Lovell : on y a mis sur le même pied les deux religions alors qu'il aurait fallu établir clairement que la religion catholique est la seule vraie. En 1897, l'éditeur anglo-catholique James Sadlier met le Conseil de l'instruction publique en garde contre l'utilisation de grammaires anglaises rédigées aux États-Unis, et donc forcément protestantes ; toutefois, dans la même lettre de dénonciation d'un produit américain, Sadlier propose sa propre grammaire pour fin d'approbation : le zèle censorial n'est donc pas uniquement motivé par des considérations théologiques.

L'enseignement de l'histoire présente une autre source de problèmes. John William Dawson, recteur de l'Université McGill, reproche à un livre de lecture en anglais des Frères des écoles chrétiennes son « anglophobia » : non seulement a-t-on trouvé moyen d'y citer des textes de protestants « *in favour of the Romish Church* », mais on y décrit les pseudo-persécutions dont les catholiques d'Irlande auraient été victimes de la part des Anglais. Le plaignant est cependant heureux d'annoncer qu'on lui a donné l'assurance que la prochaine édition du manuel sera expurgée de ce qui offense les anglo-protestants.

Il semble que la censure pour motifs religieux n'ait pas été omniprésente. Se fondant sur la loi de 1846 consacrant le droit de regard des pasteurs locaux sur les livres traitant de religion, le curé de l'Isle Verte tente, en 1899, d'imposer son choix à l'école de sa paroisse pour le manuel d'histoire sainte ; après avoir consulté le contentieux du Département de l'instruction publique, le surintendant Gédéon Ouimet lui rétorque que ce droit se limite aux seuls livres de catéchisme et de prières. À l'encontre de l'évêque Langevin opposé à l'utilisation d'une géographie éditée par un protestant, le cardinal Taschereau de Québec ne voit rien, en 1892, dans les livres de l'éditeur protestant Copp, de Toronto, qui offenserait la foi ou les mœurs. On est même surpris qu'on ne fera pas grief, au contraire, aux rédacteurs de livres en histoire de la littérature française, d'évoquer Voltaire et Victor Hugo, et ce au début du XXe siècle.

Ces quelques critères balisant le discours accepté dans les manuels scolaires nous sont connus par des décisions ou des prises de position ponctuelles en l'absence de tout texte formel – tout au moins jusqu'aux années 1970 – explicitant la pensée des décideurs. Par contre, une autre littérature, officielle celle-là, sème des indices pour connaître le discours permis, voire voulu, indices que devront décoder obligatoirement auteurs et éditeurs : les programmes d'enseignement.

À ce sujet, Louise Charpentier écrit :

> Parmi les moyens dont disposent ceux qui contrôlent l'École, le programme d'études officiel constitue sans doute l'expression la plus explicite de cette *conscience totale*. […] Par rapport au programme d'études et à son contexte d'élaboration, le manuel ne constitue qu'un épiphénomène. Il demeure cependant l'instrument par

excellence de traduction et de diffusion du message de l'École auprès de l'enfant.

Tant que les programmes se contentent d'indiquer les notions à acquérir et les moyens d'y parvenir – ce qui constitue le champ pédagogique – il n'y a aucun risque de censure, mais il en va autrement quand on définit la formation que doit donner l'école et les valeurs qu'elle doit inculquer aux jeunes. Balises, directives, quel que soit le terme qu'on utilise, les auteurs devront obligatoirement s'y conformer sous peine de se faire refuser l'approbation.

Cette préoccupation pour la censure prescriptive perce pour la première fois dans le programme de 1878 : « Toutes les matières sont enseignées moins comme connaissances que comme discipline, moins comme destinées à meubler l'esprit qu'à le former. » D'un énoncé de principe peu compromettant, on passe à des indications ponctuelles. S'ils veulent rendre leurs manuels d'histoire sainte et d'histoire de l'Antiquité conformes au programme de 1905, les auteurs devront expliquer aux enfants « que les desseins providentiels [...] ont présidé à la succession des grands empires païens ». Pour l'histoire romaine, ils devront « appuyer sur la royauté et la république, glisser sur l'histoire personnelle des empereurs » ; le Canada n'est-il point une démocratie faisant partie intégrante de la monarchie anglaise ? La littérature pédagogique pour l'enseignement de l'histoire de l'Église – catholique il va sans dire – fera ressortir « la marche bienfaisante de l'Église à travers les âges » ; pour se conformer au programme de 1939, il faudra parler sans ambages de « la vraie Église » et rappeler aux élèves que « c'est aux apôtres seuls, et non à la communauté chrétienne, que Jésus-Christ a conféré le pouvoir de gouverner » et que « ce pouvoir, toutefois, a été conféré aux apôtres, non à titre personnel, mais pour le transmettre à leurs successeurs ». Est-il besoin de rappeler que l'organisme qui approuve les manuels est composé pour la moitié des évêques dont l'autoritarisme n'est pas la moindre des vertus ?

Il va de soi que les manuels d'histoire nationale doivent favoriser le patriotisme. Il est intéressant de noter que le législateur attend jusqu'en 1923 pour donner sur ce sujet une directive claire aux auteurs potentiels, comme le notent Michel Allard et Bernard Lefebvre, dans *Les programmes d'études catholiques francophones du Québec* [...] (1998) :

> Le but [de l'histoire du Canada] est de faire connaître les faits caractéristiques qui donnent à notre histoire son cachet particulier, et de faire aimer nos origines et notre pays. L'élève des écoles doit *connaître* son histoire pour en parler avec fierté ; il doit l'*aimer* pour conserver et défendre, suivant ses ressources, l'héritage reçu des ancêtres.

D'une propagande patriotique dans laquelle les auteurs de manuels sont forcément embrigadés, on passe à une vision providentialiste de l'histoire que devront véhiculer les livres de classe, comme en témoigne le *Programme d'études des écoles primaires élémentaires* [...] de 1948 :

> L'enseignement de cette matière doit faire ressortir les traits distinctifs qui donnent à notre histoire son relief particulier propre : le but apostolique en même temps que national poursuivi par les découvreurs, les fondateurs, les organisateurs de notre pays ; la pureté de nos origines canadiennes-françaises ; le caractère religieux, moral, héroïque et idéaliste de nos ancêtres ; la lutte constante contre les difficultés de toutes sortes ; la protection visible de la Providence sur la survivance de notre nationalité.

À côté des sujets qu'on doit traiter obligatoirement dans les manuels et de la façon dont on doit les présenter, il y a ceux qu'il faut taire. Par exemple, au reproche d'ordre pédagogique adressé en 1884 à une grammaire des Frères des écoles chrétiennes – l'explication sur la règle du féminin est jugée déficiente –, un défenseur répond par un argument d'ordre moral : il faudrait « féliciter les chers Frères du soin avec lequel ils écartent toute expression capable de chatouiller l'imagination des enfants et provoquer peut-être, de leur part, des questions naïves et fort embarrassantes ». À cet égard, une analyse du discours des manuels d'hygiène serait sans doute très révélatrice.

Les chambardements que connaît le Québec dans tous les secteurs durant la décennie 1960 – l'expression « Révolution tranquille » qui caractérise cette période en témoigne – se répercutent dans l'approche gouvernementale face aux manuels scolaires et les formulations des programmes les traduisent. Ainsi, en 1982, on avertit les auteurs que « les orientations du programme d'histoire du Québec et du Canada [...] se traduisent par des considérations relatives à l'élève, à la société et à l'histoire [...]; on invite [l'élève] à s'interroger méthodiquement sur sa propre collectivité » (*Histoire du Québec et du Canada – 4ᵉ secondaire [...] Programme d'études*). Les auteurs potentiels se font épargner certaines des œillères qui limitaient le champ de leur prédécesseurs, ce qui ne veut pas dire pour autant qu'ils aient toute latitude.

Peu après la création du ministère de l'Éducation en 1964, un nouveau type de documentation voit le jour. Au programme définissant la nature et les objectifs de tel cours s'ajoutent désormais des textes s'adressant non seulement aux professeurs mais aussi aux auteurs et éditeurs: les devis de tout poil. Ces devis sont souvent plus volumineux que le programme lui-même: le programme d'histoire du Canada de 4ᵉ secondaire de 1982 compte 67 pages et le devis qui l'accompagne s'étend sur 119 pages. L'analyse de ce même devis faite par Michel Allard, dans *Société des professeurs d'histoire du Québec – Bulletin de liaison* (avril 1983), montre que les nouveaux auteurs doivent se plier à des directives tout aussi précises, mais seulement différentes de celles qui limitaient la créativité de leurs prédécesseurs; citant la directive 22 selon laquelle

> le manuel d'histoire devra permettre aux élèves de développer leur compréhension des conditions du développement démocratique en société et distinguer progressivement les institutions actuelles du système politique québécois et canadien [...] et devra faire comprendre le rôle actif du citoyen à l'intérieur de la vie politique,

Allard conclut: « De nouveau, l'enseignement de l'histoire frise l'apologie; de nouveau l'on confond histoire et civisme. » Les contraintes imposées aux auteurs ont changé, et on en ajoute même de nouvelles.

De nouveaux débats d'opinion vont attirer l'attention des censeurs sur de possibles distorsions auxquelles les manuels doivent échapper: le sexisme et le racisme. C'est ainsi que le ministère de l'Éducation publie, en 1982, et à l'intention de ses propres évaluateurs, une *Grille d'analyse des stéréotypes discriminatoires [...]* pour débusquer, dans les manuels qu'on soumet à l'approbation, tout ce qui pourrait s'apparenter, de près ou de loin, à ces deux questions; cet imposant document de 153 pages truffé de tableaux de toutes sortes et se terminant par pas moins de 28 questions sert à traquer toute expression ou illustration, formelle ou subliminale, que l'auteur doit absolument éviter de façon à ce que

> les textes et les illustrations présentent environ 50 % (+ ou – 5 %) de personnages de chaque sexe et 30 % (+ ou – 5 %) de personnages associés aux groupes minoritaires mentionnés à l'article 10 de la Charte québécoise des droits et libertés de la personne – et d'autre part, à ce que ces personnages aient accès à une variété de rôles et d'activités illustrés dans le matériel didactique, de façon telle qu'ils puissent devenir des modèles propres à susciter des attitudes sociales positives et favoriser l'identification chez les étudiants.

Nouvelle conception de la censure: non seulement les modèles proposés passent de la sphère religieuse au comportement civique, mais encore, au lieu de préciser de quoi on doit parler dans les livres, préfère-t-on indiquer de quoi on ne doit pas parler. Ainsi le comité protestant, en 1976, édicte « des lignes de conduite négatives »: on refusera l'approbation à « du matériel qui cherche à endoctriner les étudiants vers des idées spécifiques raciales, culturelles ou religieuses ».

Officialisée par les pouvoirs politiques ou les instances administratives qui en sont le bras, la censure peut être en outre, sinon pratiquée, du moins demandée par des groupes de pression dont les réclamations trouvent parfois écho chez les décideurs. Ainsi, au début de la décennie 1860, l'abbé Alexis Pelletier mène une lutte contre l'utilisation des auteurs païens pour l'enseignement du latin, appuyé en cela par les thèses du prélat français Mgr Jean-Jacques Gaume ; voilà un groupuscule qui tente d'interdire l'utilisation d'ouvrages qui ne reflètent pas sa vision « catholique » du monde. (⏵ *Lettre à Monseigneur Baillargeon* [...])

Les rédacteurs de manuels, religieux ou laïques, assument une part de la censure, notamment dans le discours contre les mauvaises lectures. Qu'on ne se méprenne pas sur l'ouverture d'esprit que semble manifester le programme de 1905 quant à l'enseignement de Voltaire et consorts. Le livre de lecture des sœurs de la congrégation de Notre-Dame, en 1913, balise étroitement l'usage de tels auteurs, comme le note Monique Lebrun, dans *Cahiers de la recherche en éducation* (1996) :

> Cependant, nous tenons à prémunir nos élèves contre certains [...] auteurs dont nous n'entendons nullement, par ces citations, recommander la lecture. Si Voltaire, J.-J. Rousseau, V. Hugot [sic], G. Sand et quelques autres ont habilement manié la langue française, par contre, leurs ouvrages, pour la plupart impies et immoraux, ne sont pas ceux qu'une femme [il s'agit d'élèves du cours supérieur] puisse lire sans danger.

Cet aspect de la censure demeure propre à la littérature didactique : alors qu'habituellement les auteurs en sont la victime, il arrive, comme dans ce cas, qu'ils y participent.

Une autre facette de la censure est propre au manuel scolaire : alors que la notion de censure est habituellement associée à l'interdiction de lire, en classe, on oblige à lire. Peut-on obliger quelqu'un à lire un livre qui offense ses croyances ? En 1865, un directeur d'école protestante fait une sortie contre le surintendant, car les candidats au poste d'enseignant peuvent être interrogés sur les manuels dont ils devront se servir ; or, se plaint-il, des protestants auraient dû se farcir un livre de lecture très répandu, *Les devoirs d'un chrétien*, qui contient des « articles on the dogmas and practices of Roman Catholics, which are highly offensive to most Protestants ». Donc, au nom de la censure, on ne peut obliger quelqu'un à lire.

La censure du manuel scolaire relève de la censure en général et obéit aux mêmes dictats : l'autorité doit encadrer ce que lit le peuple. Or, ce que lit, ou tout au moins ce que lisait le peuple, c'est d'abord le manuel scolaire. Dans son étude sur l'éditeur montréalais *Beauchemin et l'édition au Québec*, un des grands producteurs de littérature pédagogique, François Landry fait remarquer, à propos de la première loi qui commence à encadrer l'utilisation du manuel scolaire, celle de 1841 précitée, que « dès lors, tous auront, en principe, accès à la lecture, mais à une lecture commandée, commanditée, téléguidée, chapeautée et contrôlée [...] ».

Certes, on relève des points communs entre la « grande » censure et celle appliquée aux manuels scolaires, mais aussi de nombreuses différences. Ainsi, alors que la censure a pour résultat de freiner la lecture, l'enfant en classe est obligé de lire : « Tout enfant doit fréquenter l'école, c'est-à-dire qu'il est, dans une certaine mesure, un captif du système éducatif. » (Ministère de l'Éducation, *Que veut dire « acceptable »* ? [...]) Il ne lui est donc pas loisible de refuser la lecture de son manuel. De plus, compte tenu de son jeune âge, il lui est impossible de porter un jugement personnel sur les textes dont la lecture lui est imposée pas plus qu'il n'est en moyen d'infléchir les décisions auxquelles doivent se soumettre tant auteurs qu'éditeurs alors qu'il est le premier visé par cette littérature.

Étonnamment, l'application de la censure aux manuels scolaires n'a suscité aucune querelle ; nulle part ne trouve-t-on dans nos archives quelque chose qui se rapproche de la situation étudiée par Christian

Amalvi pour la France du XIXe siècle, dans la *Revue d'histoire de l'Église de France* (janvier-juin 1995). Peut-on alors parler de consensus entre les auteurs, les éditeurs et les autorités scolaires? S'il y a eu fort peu de manuels censurés *a posteriori*, est-ce parce que les auteurs/éditeurs connaissaient les règles du jeu et s'y pliaient, ou est-ce qu'ils partageaient les vues des décideurs quant au message à véhiculer dans les livres destinés aux enfants? Et si ce consensus existe, peut-on l'expliquer uniquement par l'unanimisme de pensée? Certes, pendant très longtemps, auteurs et éditeurs sont souvent des clercs partageant les mêmes vues que les décideurs. Mais alors, comment expliquer que même chez les laïcs on ne relève aucune objection aux directives limitant ou tout au moins encadrant la liberté d'expression? Ne faudrait-il pas y voir une assurance faisant l'affaire de ces mêmes auteurs et éditeurs: se plier aux normes assurait une participation aux bénéfices du secteur de l'imprimerie* le plus rentable? Si telle est l'explication, on devrait conclure que, pour la promotion des idéologies, les producteurs de l'imprimé pédagogique et les censeurs avaient accordé leurs violons. *Paul Aubin*

AUBIN, Paul, *Les communautés religieuses et l'édition du manuel scolaire au Québec - 1765-1964*, coll. «Cahiers du GRELQ, no 8», Sherbrooke, Éditions Ex Libris, 2001; AUBIN, Paul et Michel SIMARD, *Les manuels scolaires dans la correspondance du Département de l'instruction publique 1842-1899: inventaire*, coll. «Cahiers du GRELQ, no 4», Sherbrooke, Éditions Ex Libris, 1997; CHARPENTIER, Louise, «Le programme et les manuels d'histoire du Canada de la réforme scolaire de 1948», M.A. (histoire), Université de Sherbrooke, 1983; [Ministère de l'Éducation], *Grille d'analyse des stéréotypes discriminatoires dans le matériel didactique imprimé*, Édition révisée, Québec, Ministère de l'Éducation, 1982; *Le matériel didactique de base nécessaire à l'enseignement du programme d'histoire du Québec et du Canada, 4e secondaire, formation générale et professionnelle – Devis – Document d'information*, s.l., Ministère de l'Éducation, 1982; *Que veut dire «acceptable»? – Critères utilisés par le Comité protestant pour l'approbation de matériel éducatif*, Québec, Ministère de l'Éducation, 1976; THIBAUDEAU, Michel, *Guide pour l'élimination des stéréotypes discriminatoires dans le matériel didactique*, s.l., Ministère de l'Éducation, Direction générale de l'évaluation et des ressources didactiques, 1988.

◉ Édition; Littérature pour la jeunesse; *L'Ordre*

MARCEL FAURE

Jean-Charles Harvey (1891-1967) • Le premier roman de Jean-Charles Harvey annonce déjà les difficultés que l'auteur connaîtra avec la censure (1922)

De tous les ouvrages signés par Jean-Charles Harvey, seuls *Les demi-civilisés**, en 1934, connaît une censure cléricale officielle. Toutefois, *L'homme qui va…** (1929), *Les paradis de sable** (1953) et *La fille du silence** (1958) subiront des attaques censoriales de divers types. Les résistances et l'odeur de censure qui entourent la parution du premier roman de Harvey, *Marcel Faure*, préfigurent déjà ces difficultés.

Le roman paraît à l'automne 1922, au moment où Harvey a déjà quitté Montmagny pour travailler au *Soleil*, à Québec. Il a écrit *Marcel Faure* alors qu'il était employé à La Machine agricole nationale, une importante société qui l'avait engagé comme publiciste en 1918, pour y fonder un journal ouvrier. *Marcel Faure* s'apparente à la fois au roman à thèse et à l'utopie, cette réponse littéraire à une situation sociale ou politique jugée insatisfaisante. Il s'agit en effet pour Marcel Faure de construire une Cité idéale, Valmont, où le Canadien français accéderait, surtout grâce à un renouveau du patriotisme et à un système d'éducation réformé, aux compétences pratiques et économiques qui lui manquent.

Le roman est dans l'ensemble assez favorablement reçu, car il se distingue de la production à dominance terroiriste de l'époque et apporte une thématique et même une écriture nouvelles, malgré des défauts apparents. Si la censure rôde, c'est surtout parce que l'auteur se permet une critique de l'éducation, attaquant incidemment le clergé, et parce qu'il introduit dans son œuvre une dimension sensuelle, voire érotique.

Le romancier lui-même ne peut plaider l'ignorance: «Un peu avant sa mise en librairie*, un de mes amis, que je n'ai cessé d'estimer, me conseillait de supprimer toute l'édition, de peur d'indisposer certaines puissances», reconnaîtra-t-il dans *La Revue moderne* (avril 1935). Les problèmes sociaux qu'il aborde font dire à Zéphirin Rousseau: «Passé en sous-main comme ces bouquins défendus de notre temps de collège, le livre de M. Harvey avait déjà entraîné, avant de paraître en librairie, des commentaires et des discussions.» (*La Revue moderne*, mars 1923)

Au *Soleil* depuis le mois de février 1922, Harvey remet un exemplaire de son roman au rédacteur en chef, Henri Gagnon: «Ce livre vous fera des ennemis et me mettra moi-même peut-être dans l'embarras. Pourquoi vous créer des complications, mon cher Harvey? Vous êtes ici à Québec et non à Montréal. C'est une ville où l'opinion du clergé fait loi. Si vous le permettez, je soumettrai votre volume à un prêtre de mes amis.» Ce prêtre, Antonio Huot, déclare péremptoirement: «Ce livre est un mauvais livre, et ne devrait pas être en librairie.» Harvey révèle, lors d'un entretien avec Michel Roy à Radio-Canada, en 1964 («Témoignages d'écrivains»), qu'Henri Gagnon lui propose alors de payer l'édition de son livre afin de brûler ensuite les exemplaires. Harvey préfère obtenir un second jugement, auprès de Camille Roy, de l'Université Laval, qui tempère: «Ce livre n'est pas pour tous, mais il serait regrettable qu'il fût retiré du marché.» Plus tard, dans une lettre à Harvey, le 7 novembre 1922, Roy reconnaît les mérites du roman, mais lui adresse clairement ce reproche: «Pourquoi faut-il que, sur une trame honnête, vous ayez jeté tant de mots malsains, tant de phrases sensuelles, tant de comparaisons suggestives, j'allais dire imprudentes?» Une lettre de Lionel Groulx va dans le même sens. Citant l'un de ses amis à qui il a passé le roman: «Beaucoup de bon, le petit roman qui accompagne la thèse est parfois très émouvant. Mais œuvre de jeunesse rêveuse et trop sensuelle.»

Le roman fait donc sa carrière, et la critique, reconnaissant ses vertus novatrices, l'écorche sur le plan moral. *L'Enseignement secondaire* s'en fait le porte-parole, en juin 1923: «[…] il nous est permis de souhaiter que M. Harvey, s'il aborde de nouveau le roman, relègue bien loin certaines expressions qui relèvent plutôt de la clinique d'obstétrique ou de l'alcôve que de la saine littérature.»

En 1924, à l'Assemblée législative, *Marcel Faure* cause un certain émoi, que Guildo Rousseau résume ainsi, dans le *DOLQ*: «L'achat de cent cinquante exemplaires de *Marcel Faure* par l'État provincial irrita en effet l'opposition conservatrice, qui accusa le gouvernement libéral du premier ministre Louis-Alexandre Taschereau d'encourager la diffusion d'un livre dangereux dans les écoles de la province.»

Dans son autobiographie (inédite), Harvey n'a certainement pas tort de dresser le bilan suivant: on ne lui a pas pardonné d'avoir introduit l'amour physique dans la littérature canadienne-française et la liberté de l'écrivain, conclut-il, était impossible sous le régime clérical de l'époque. *Pierre Hébert*

HARVEY, Jean-Charles, *Marcel Faure*, Montmagny, Imprimerie de Montmagny, 1922, 214 p.

SAUS, fonds Jean-Charles-Harvey, correspondance et autobiographie.

MARIA CHAPDELAINE

Julien Duvivier (1896-1967) • Film légèrement censuré (1934)

Peu après sa parution initiale en volume (1916), le roman de Louis Hémon *Maria Chapdelaine* se hisse parmi les classiques de la littérature québécoise et française. Il est aussi largement diffusé à l'étranger. En 1934, il n'y a rien d'étonnant à ce qu'on en fasse une adaptation cinématographique avec de grandes vedettes du cinéma français (Madeleine Renaud, Jean Gabin, Jean-Pierre Aumont) dirigés par un réalisateur tout aussi prestigieux, Julien Duvivier. Une autre équipe française reprend le drame en 1950, avec aussi de grands noms: Marc Allégret à la réalisation, Michèle Morgan et Philippe Lemaire sur l'écran. Finalement, une équipe québécoise dirigée par Gilles Carle y revient en 1983.

Des trois versions cinématographiques, seule la première subit des coupures de la censure, pour des raisons inattendues et plutôt cocasses. Le 18 décembre 1934, le Bureau de censure autorise le film mais il en retranche les éléments suivants :

> I- Dans le préambule, toute la phrase explicative relatant que les artistes n'ont pas pris le parler canadien parce qu'ils n'auraient pas été compris en France.
> III- Scène de la danse des sauvages.
> IV- Scène de la danse des Indiens.
> VI- Dial. : On aurait été bien emmaudits [sic] si on avait passé les fêtes sans voir personne.

Par une sorte de fierté nationale, le censeur Eugène Beaulac réagit d'abord à ce qu'il perçoit comme du mépris de la part du producteur français pour l'accent québécois. Tient-il à ce que les Canadiens français ignorent les différences de leur parler avec celui des Français ? Ceux qui ne sont jamais allés en France s'illusionnent-ils sur la qualité de leur langue ? Nous sommes pourtant à un moment où le distributeur France-Film oriente sa publicité sur la défense du bon parler : « La France-Film fait respecter notre langue. France-Film défend notre langue et ne manquera jamais à cette tâche qu'elle s'est imposée avec foi. Encourager le film français, c'est aider à la survivance de notre race […]. Une fois par semaine, plus souvent si vous le pouvez, fréquentez le cinéma français ! » Même préoccupation pour la langue avec la dernière coupure qui enlève le « maudit », souvent considéré comme un sacre dont il faut épurer le lexique populaire.

Maria Chapdelaine n'a pas qu'une bonne réputation chez les intellectuels au Québec. En 1924, dans un long texte aux accents antisémites paru dans *L'Action française* de Montréal, le critique Harry Bernard s'en prend aux juifs américains et à leur cinéma :

> Non seulement [le producteur juif américain] ignore tout de notre histoire, de notre vie nationale et de nos aspirations, mais quand il affecte de s'intéresser à ce pays de neige qu'est le Canada, il le représente sous des couleurs fausses, ou n'en montre qu'un aspect, comme il arriva lors de l'engouement pour les histoires de la gendarmerie à cheval canadienne, à la suite des romans de James-Oliver Curwood et de Ralph Connor. Il nous rend en quelque sorte, auprès de l'étranger, le même mauvais service que *Maria Chapdelaine*.

Bernard n'explicite pas ce « mauvais service », sinon pour avancer dans le paragraphe suivant que « les Canadiens n'apprendront pas à s'enorgueillir de leur race ». Cette idée était sûrement partagée par Beaulac, lui-même ancien journaliste au *Canada*, et qui va censurer également les films inspirés des deux auteurs cités, le premier américain, le second canadien, où le rôle négatif principal est toujours un coureur des bois ou un aventurier canadien-français à la mine patibulaire alors que le héros, le beau et jeune policier s'exprime en anglais et va arracher l'héroïne des griffes de son gros méchant compatriote et l'amener finalement dans sa propre communauté.

Quant à la danse des « sauvages », elle est probablement perçue comme simplement vulgaire, d'un exotisme qui séduit les Français, mais qui ne mérite pas de prendre place sur grand écran.

Quand les organismes catholiques commencent à coter moralement les films en 1948, ils réservent *Maria Chapdelaine* aux adultes. *Yves Lever*

ANQ-M, fonds Régie du cinéma, E 188, fiche du film ; « Le film français conquiert le Canada », *Le courrier du cinéma*, 1, 4 (mars 1936) ; BERNARD, Harry, « Théâtre et cinéma », *L'Action française*, août 1924.

▶ DeSève, J. A. ; Préambules et épilogues ; *The Royal Mounted Patrol*

MARIE CALUMET

Rodolphe Girard (1879-1956) • Roman fustigé par la *Semaine religieuse de Montréal* et interdit par Mgr Bruchési ; l'auteur est congédié du journal *La Presse* (1904)

Le 30 mai 1903, le journal *La Presse** annonce que l'un de ses journalistes prépare « une étude de mœurs canadiennes » fondée sur l'histoire de Marie Calumet. Ce journaliste, c'est Rodolphe Girard et le roman, qui paraît au mois de janvier 1904, succède à *Florence* (1900) et à *Mosaïque* (1902). Toutefois, son destin est

Page couverture de l'édition de 1904.

bien différent des deux précédents, puisque *Marie Calumet* donne lieu à l'un des cas de censure les plus importants dans l'histoire des lettres canadiennes-françaises.

Dans une entrevue précédant la parution, Girard semble pressentir les difficultés que pourrait engendrer son roman :

> D'aucuns, peut-être, pour la trivialité apparente des expressions dont se servent mes personnages, m'accuseront d'avoir fait un livre de patois. Je ne songerai pas à m'en défendre autrement, adepte que je suis de cette école réaliste qui met la vérité historique au-dessus du conventionalisme littéraire. (*La Presse*, 4 janvier 1904)

Il est vrai que cette peinture de mœurs de 1860, appuyée par un langage populaire et une satire des mœurs religieuses, s'écarte des conventions de l'époque. Marie Calumet est embauchée par le curé Flavel, de la paroisse de Saint-Ildefonse, pour s'occuper du presbytère, ce qu'elle fait à merveille. Plusieurs situations se prêtent à des lectures soit drolatiques, soit équivoques. En sus de ce tableau de mœurs se développe l'amour de Narcisse pour Marie Calumet, qui l'épousera. La noce donne cependant l'occasion à Zéphirin, soupirant éconduit, de se venger en mettant un laxatif dans le repas des convives. Parce qu'on y cite le *Cantique des cantiques*, que le curé n'a pas toujours un comportement orthodoxe, que certaines scènes sont à la limite du scabreux, *Marie Calumet* bouleverse les codes moraux et esthétiques de son époque.

Le roman est en vente durant la dernière semaine du mois de janvier 1904. Mais le 30 janvier paraît ce texte sibyllin dans *La Presse* : « Nous ne sommes même pas capables de commenter le ton général de l'ouvrage et surtout les passages incriminés, parce qu'il y a des immoralités et des persiflages grossiers qu'il vaut mieux passer sous silence. » Comment s'explique cette subite volte-face d'un journal qui avait annoncé en grandes pompes la parution de l'œuvre de l'un de ses journalistes ? « Passages incriminés », certes, mais par qui ?

Sans doute, comme la pratique était courante à l'époque, un membre de l'archevêché de Montréal a-t-il communiqué avec le propriétaire du journal, Trefflé Berthiaume. L'archevêque de Montréal, Mgr Paul Bruchési, ne se privait d'ailleurs jamais d'intervenir directement auprès des journaux libéraux. La lettre suivante, « personnelle et privée », adressée à Berthiaume le 1er février, laisse clairement entendre les volontés de l'archevêque :

> *La Presse* a fait son devoir en flétrissant comme il le mérite le livre qu'a récemment publié M. Rodolphe Girard. Je viens de parcourir ce livre. J'en suis écœuré. C'est une œuvre aussi impie qu'immorale, produit

d'un cerveau mal équilibré ou d'un cœur gâté. Mais les choses ne doivent point en rester là. Voulez-vous avoir la bonté de me dire si M. Girard doit continuer de faire partie des rédacteurs ou des collaborateurs de votre journal.

Le 3 février, la réponse de Berthiaume à Mgr Bruchési ne laisse aucune équivoque : « […] j'ai l'honneur de vous informer que M. Rodolphe Girard doit donner sa démission à *La Presse* sans délai ; si non [sic], nous le remercierons de ses services. »

Le 8 février, la *Semaine religieuse de Montréal* fait écho à *La Presse*, dans un article intitulé « Un mauvais livre » :

> Jamais condamnation [celle de *La Presse*] et désaveu ne sauraient être mieux justifiés.
>
> […]
>
> Quoiqu'il en soit [sic], cette publication, à notre avis, est une honte pour la littérature canadienne. Et nous comprenons que même Jean Richepin ait refusé le parrainage d'une œuvre semblable.

Le même jour, une circulaire de Mgr Bruchési émet une interdiction contre le roman, reproduite dans *La Presse* du 15 février :

> La *Semaine religieuse* vient de flétrir comme il le méritait de l'être un livre paru récemment à Montréal, livre aussi grossier qu'immoral et impie. Ce n'est pas la peine de le nommer : il est déjà tombé sous le mépris de quiconque l'a ouvert sans le connaître. Mais que l'on sache que des productions de ce genre n'ont pas besoin d'être condamnées nommément : les lois générales de l'Index* en interdisent la lecture.

Cette interdiction n'est pas sans soulever la question de l'efficacité même de la censure. En effet, selon Madeleine Charlebois-Dirschauer, auteure d'une étude sur Girard, les mille exemplaires de *Marie Calumet* se sont vendus en quelques jours. Certes, il se peut que les lecteurs n'aient pas pris connaissance de l'interdiction de l'archevêque de Montréal, et que la curiosité ait été davantage émoustillée qu'entravée par le désaveu de *La Presse*.

Quoi qu'il en soit, en quête d'un emploi, Girard obtient une entrevue avec Mgr Bruchési qui, toujours selon Charlebois-Dirschauer, lui permettrait de réintégrer son poste en échange d'une lettre de désaveu. Charlebois-Dirschauer cite cette lettre datée du 4 mars, rédigée avec l'aide du docteur Adelstan de Martigny, un ami de l'auteur. Se disant bon père de famille, Girard répudie son récit :

> « Errare humanum est » – je me suis trompé. D'autres avant moi, et des plus vénérables, en ont fait autant. Je regrette mon erreur, erreur que je m'efforcerai à l'avenir de ne plus commettre.
>
> Et, comme preuve de ma sincérité, j'ai retiré de la circulation tous les volumes de mon œuvre. Je voudrais pouvoir faire plus encore.

Étrangement, une autre version de cette lettre se trouve dans le fonds de l'archevêché de Montréal, écrite d'une autre main que Girard, mais signée par ce dernier. La lettre est plus explicite encore que celle qui, selon Charlebois-Dirschauer, se trouve dans les papiers de la famille Girard. Le remerciant de sa bienveillance lors d'une entrevue préalable, Girard écrit :

> Cette bienveillance me rend facile la soumission que je dois faire, comme écrivain catholique, aux lois édictées par la Congrégation de l'Index. Vous avez jugé que mon dernier volume tombe sous les règles générales d'interdiction, dont ce tribunal enveloppe certaines catégories de livres ; et que, par conséquent, la lecture en est interdite à tous les fidèles.
>
> Je reconnais pleinement l'autorité de ce tribunal, institué par le Saint-Siège, pour protéger la foi et les mœurs contre les publications qui pourraient leur porter atteinte ou leur faire injure. Et je me soumets à votre décision.
>
> Veuillez croire, Monseigneur, que cette soumission est intégrale et sans restriction aucune. Je regrette vivement de m'être trompé, et je m'efforcerai de ne plus tomber dans la même erreur.
>
> Comme preuve de ma sincérité, j'ai déjà retiré de la circulation tous les volumes non vendus. Je voudrais pouvoir faire plus encore.

Cette version du désaveu est également datée du 4 mars. Il est frappant de constater son appui théologique beaucoup plus concis que lors de la lettre précédente ; mais il est impossible de résoudre le problème créé par l'existence de ces deux rétractations.

Une chose est certaine, c'est que ni l'une ni l'autre des lettres n'entraîne l'effet escompté. Selon Charlebois-Dirschauer, Girard a téléphoné à l'archevêché et, devant le manque d'empressement des autorités, il a interdit la publication de sa rétractation dans les journaux. Girard quitte ensuite Montréal puis, au mois de mars 1904, accepte un poste au journal *Le Temps*, à Ottawa. L'année suivante, il se trouve un emploi au secrétariat d'État du gouvernement fédéral.

Mais l'histoire de *Marie Calumet* n'est pas finie pour autant. Le journal ultramontain de Québec *La Vérité*, de Jules-Paul Tardivel, s'attaque occasionnellement au roman. Le 21 novembre 1908, il s'en prend ouvertement au « calumettiste » Girard, « qui passe, sans beaucoup s'en défendre, pour participer notablement à l'esprit de la Ligue de l'Enseignement, filiale de la franc-maçonnerie* ». Avec son avocat Gonzalve Desaulniers, Girard intente une poursuite en libelle diffamatoire ; *La Vérité* se moque de cette poursuite et se dit prête à se servir de *Marie Calumet* pour preuve. Le 27 octobre 1911, le juge William Alexander Weir donne raison à Girard, à qui les intimés doivent verser 1000 $ et assumer les frais de cour. Toutefois, les défenseurs interjettent appel et, au mois de novembre 1913, le juge Horace Archambault réduit cette somme à 500 $, « chaque partie payant ses frais ». L'un des arguments qui atténue le premier jugement est que « la Cour aurait dû permettre la preuve du contenu de cet ouvrage », en l'occurrence *Marie Calumet*.

Girard songe à une réédition de son roman. Madeleine Charlebois-Dirschauer dit qu'il écrit à son collègue journaliste Albert Laberge à cet effet, en 1926, mais sans qu'il n'y ait de suites. Quelques années plus tard, le 5 décembre 1930, Alfred DesRochers écrit à Louis Dantin : « C'est sur mes conseils qu'il [l'éditeur Albert Lévesque] s'est décidé à ajouter quelques noms à sa liste d'écrivains et c'est moi qui l'ai mis en relation avec le groupe des "hérétiques" : Pelletier, Grignon, Parizeau, Dansereau, Girard et autres, dont il éditera les œuvres prochainement. » Cette fois encore, le projet ne fait pas long feu. Charlebois-Dirschauer écrit à ce sujet : « Lévesque renvoya le manuscrit à son auteur et expliqua son refus en parlant de l'intrigue faible du roman. » Il y a plutôt à parier que « [c]ette œuvre condamnée par Mgr Bruchési en 1904 pouvait encore effaroucher le lecteur catholique de 1930 », propose Jacques Michon dans l'étude sur Albert Lévesque, *L'Édition littéraire en quête d'autonomie* [...].

Après la fin de la Seconde Guerre et le retour du major Rodolphe Girard au pays, *Marie Calumet* est finalement réédité aux éditions montréalaises Serge Brousseau, en 1946. Cet éditeur avait déjà assumé la publication d'*Orage sur mon corps**, d'André Béland, en 1944 ; en outre, les fastes de l'édition durant la guerre ont aussi entraîné une certaine licence dans le choix des œuvres. Brousseau semble fréquenter les auteurs à scandale, mais *Marie Calumet* ne possède plus cette vertu. Girard a considérablement remanié son roman, l'améliorant sur le plan de l'écriture, mais le privant par la même occasion de certaines scènes qui ont pu offenser quelque 40 ans plus tôt ; la suppression la plus radicale est assurément le chapitre de la noce. Même la revue *Lectures* (avril 1947), sous la plume généralement intransigeante de Rita Leclerc, cote le roman « B », c'est-à-dire pour adultes. À l'occasion d'une adaptation radiophonique du roman, en 1951, un article du journal *Le Devoir* (25 août) en donne un long résumé et, ne faisant pas la moindre allusion à la censure dont il a été la victime, il fait plutôt ressortir que « *Marie Calumet* restera également dans l'histoire comme notre premier roman comique ».

L'intérêt de *Marie Calumet* dans l'histoire de la censure n'est pas que sociologique ; l'opprobre que le roman s'est attiré s'explique par l'audace et la nouveauté de ses thèmes. Même la *Semaine religieuse de Montréal*, dans sa condamnation du 8 février

1904, ne s'est pas laissé leurrer : « Pour tout dire, à lire ce livre, il y aurait danger de perversion morale, esthétique et littéraire. »

Ce triple danger de perversion provient en fait d'une seule et même origine : le réalisme, voire le naturalisme du roman. Avec *Marie Calumet*, Girard a bousculé les conventions littéraires du classicisme et du romantisme qui sacralisaient jusque-là les relations amoureuses par des descriptions sentimentales éthérées. Ce faisant, il a remis en cause la notion esthétique du beau, car le réalisme s'attache à décrire le vrai, non pas une vérité transcendante venue d'en haut, mais plutôt, et c'est là où le bât blesse pour les autorités censoriales, une vérité toute relative énoncée par les personnages. Il suffit de s'attarder à la description des corps pour comprendre que, contrairement aux conventions littéraires traditionnelles, la beauté, ainsi envisagée, s'écarte dangereusement de la morale et n'a pas nécessairement l'amour pour fin. De surcroît, dans son entreprise de dire le vrai, *Marie Calumet* désacralise non seulement plusieurs symboles religieux importants mais, plus grave encore, les représentants mêmes de l'Église, allant du curé jusqu'à l'évêque. Sous couvert d'humour bon enfant, une ironie puissante sape la structure de pouvoir du clergé dans son lieu d'exercice le plus commun et le plus proche du peuple : la paroisse et le village.

Dans le premier chapitre, lors d'une visite au curé Flavel, le curé Lefranc de la paroisse voisine se montre très sensible, malgré son statut, aux charmes physiques de Suzon, la jeune nièce de son collègue qui assume, plutôt mal que bien, l'entretien domestique du presbytère :

> Le curé Lefranc admira à la course une cheville délicate qui laissait soupçonner un mollet bien tourné et une jambe sans pareille s'enfuyant sous la jupe de calicot bleu pâle parsemé de pâquerettes blanches et pures comme l'âme de la petite. Les hanches arrondies, la taille svelte, les seins frémissants, que l'on soupçonnait, dans leur fermeté neigeuse et leur épanouissement, auraient remué un homme moins austère que le curé Lefranc.

La description est éloquente : le corps érotisé par le regard du curé est détaillé de bas en haut, contrairement aux prescriptions classiques en la matière. En effet, selon les normes de l'esthétique classique, les descriptions corporelles doivent toujours s'effectuer de haut en bas, donnant ainsi préséance au visage avant de passer au corps vu dans son ensemble afin de respecter la primauté de l'esprit, logé

En 1946, Rodolphe Girard fait paraître une version édulcorée de son roman de 1904. La colonne de gauche est la version originale.

dans la partie supérieure; le corps appartient quant à lui à la basse sphère du monde matériel. Le curé Lefranc en rajoute: «Crois-moi mon cher, c'est une perle ta nièce… As-tu vu, quelle taille, quel…» Les points de suspension ne laissent pas beaucoup de doutes quant à l'appréciation que fait le curé du postérieur de la jeune femme. Le curé Flavel se montre choqué de ce commentaire: «Mon ami, ces paroles, dans ta bouche, me surprennent énormément, et l'avouerai-je, cette admiration profane m'afflige au même degré.» Le désir du curé Lefranc pour le corps de Suzon prend effectivement une valeur profane puisqu'il émane d'un prêtre, un homme ayant fait vœu de chasteté. Le curé pris en défaut ne se démonte pas et répond sur un ton badin: «C'est que tu manques d'esthétique […].» Il définit ainsi ses propres normes du beau, et il va sans dire qu'elles ne concordent pas avec celles édictées par la religion.

Tout au long du roman, la narration entérine le regard voyeur du curé Lefranc en décrivant Suzon d'un point de vue érotique. La jeune femme se trouve souvent à moitié dénudée; à une occasion, le col de sa robe est entrouvert, à une autre, sa chemise de nuit «s'[est] immodestement relevée au cours du sommeil». À la question de Roland Barthes, dans *Plaisir du texte*: «L'endroit le plus érotique du corps n'est-il pas *là où le vêtement bâille*?», il serait possible de répondre par l'affirmative dès qu'il est question de Suzon. D'ailleurs, le curé Lefranc évoque la tentation qu'une jeune femme si attirante peut provoquer chez son collègue naïf et innocent ou, à tout le moins, les commentaires que sa présence au presbytère peut susciter chez les paroissiens:

> – Et toi l'homme aux mœurs rigides, tu ne crains pas de faire parler les gens. Car enfin, ce n'est pas impunément que l'on garde, dans son presbytère, une jeune fille aussi charmante. Elle est belle cette enfant là, et, si…
> – C'est ma nièce.
> – Ah bah! en voilà une raison, ma nièce. Tu n'es pas sans ignorer le mal qui se commet entre nièces et oncles, entre beaux-frères et belles-sœurs. L'occasion est plus propice, voilà tout.

Un curé en informe un autre du danger d'inceste qui le guette à garder sa jeune nièce dans son presbytère et sur le soupçon qu'entretiennent les gens à ce sujet dans sa paroisse; rien pour faire honneur au vœu de chasteté ou au respect dû à un homme d'Église. L'évocation de l'inceste convainc le curé Flavel d'engager une femme de ménage qui éliminerait toute occasion éventuelle de péché charnel et c'est là que Marie Calumet entre en scène. Antithèse de Suzon, Marie Calumet n'incarne pourtant pas la vertu mais, comme pour presque tous les autres personnages, elle n'a aucune intention de commettre des sacrilèges, ce que, pourtant, elle fait à répétition.

Peu de personnages sont moins «sexy» que Marie Calumet dans la littérature québécoise, comme le révèle la caricature de cette jeune femme par Edmond-Joseph Massicotte dans l'édition originale de 1904. Dans cette première version, la narration précise que «cette femme, cependant, se rapprochait plus du baobab que de l'églantine». Ce détail est retranché de l'édition de 1946, qui la fait plutôt connaître ainsi: «Grande, forte de taille et de buste, elle débordait de santé et de graisse.» Contrairement à celui de Suzon, le visage de Marie Calumet est décrit avec précision, presque à la loupe:

> Faut-il ajouter qu'elle avait la peau très blanche, les joues rouges comme une pomme fameuse, sans une ride, tant sa vie jusqu'à présent avait été calme et pacifique? Pas un nuage dans son ciel, pas un nuage sur son front. Certains envieux, il est vrai, lui trouvaient un nez trop retroussé, la bouche un peu large. Dans la fossette du menton, une toute petite touffe de poils follets n'atténuant en rien la grâce rustique de Marie Calumet.

L'utilisation du détail contribue à briser la beauté de Marie Calumet. Pourtant, suivant la comparaison avec la pomme, le fruit défendu, elle devient, sans être belle, l'objet de la convoitise de Narcisse et Zéphirin qui se battront âprement pour obtenir ses faveurs.

Marie Calumet a pour fonction de remettre de l'ordre dans le presbytère mal tenu par Suzon et de faire taire les soupçons concernant la moralité du curé. Or, c'est par elle qu'arrivent les plus grands bouleversements. Ce personnage chamboule l'ordre des valeurs par le rabaissement, au sens où l'entend le critique Mikhaïl Bakhtine dans *L'œuvre de François Rabelais* : « Le rabaissement est enfin le principe artistique essentiel du réalisme grotesque : toutes les choses sacrées et élevées y sont réinterprétées sur le plan matériel et corporel. » La pudeur et la dignité sont requises de la ménagère du curé ? Elle fait pourtant preuve du contraire un matin que sa coquetterie – le projet de s'acheter une jupe ballon – la distrait. Elle se présente alors devant le curé, ayant tout simplement *oublié* de mettre « sa jupe et son jupon. [...] Marie Calumet ne se trouva pas, il est vrai, dans une nudité complète, mais enfin, dans un travesti peu convenable, avouons-le, pour une enceinte aussi respectable ». Les effets de l'exhibition sont foudroyants : Marie Calumet court se cacher et pleure de honte, « comme si un œil d'une audace et d'une indiscrétion lascives avait violé le sanctuaire de sa virginité ». Sans doute que d'avoir été victime de voyeurisme aurait été moins tragique pour la ménagère que d'avoir montré elle-même ses parties « honteuses », surtout devant un prêtre.

Le contexte catholique représenté dans *Marie Calumet* condamne bien sûr les outrages à la pudeur. Dans *Histoire de la pudeur*, Jean-Claude Boulogne rappelle une croyance ancrée dans la mentalité catholique à l'égard de la nudité :

> La chair est impure parce que vulnérable (incapable de résister à la tentation) et vulnérable parce qu'impure (le péché originel a introduit la mort dans le monde). La nudité dévoilée témoigne donc de la luxure et de la souillure de l'âme. La chair impure, c'est la chair des femmes, du diable, des hérétiques.

Or, dans *Marie Calumet*, le réalisme ironise sur la représentation directe de la nudité d'une femme qui se veut dévouée au curé et qui jamais n'aurait de pensées perverses. L'ironie se trouve donc dans le contraste entre la vertu de la ménagère restée vieille fille et l'indécence de ses comportements.

Les choses empirent quand, après avoir acheté la fameuse jupe à cerceaux (jupe ballon) à Montréal, Marie revient au village. Lors d'une fête, elle descend triomphalement de charrette, affublée de son acquisition. Tout le village rassemblé regarde la fière ménagère qui, malencontreusement, trébuche sur une racine de noyer. L'héroïne tombant à la renverse, la jupe ballon, plutôt que de se mouler contre son corps, fait un grand cercle autour du sexe de Marie Calumet qui, bien qu'elle « portait constamment un caleçon, l'avait oublié dans sa hâte ». À la suite de cette exhibition publique, le curé n'a d'autre choix de sermonner ses ouailles sur les conséquences d'une telle vision et sur l'importance de la modestie :

> Vous avez été témoins d'une scène vraiment scandaleuse. Je veux bien croire, toutefois, qu'il n'y avait pas de mauvaise intention de la part de ma fille engagère. Quant à moi, je vous jure que je ne connaissais absolument rien de cette affaire. Vous avez là, mes chers frères, un exemple frappant de ces modes honteuses des grandes villes. Maintenant, écoutez-moi bien, mes chères sœurs. Je vous défends de porter ces jupons révoltants, ces ballons. Si jamais quelqu'une parmi vous s'avise de me désobéir, qu'elle soit vouée au ridicule et au mépris publics et exclue de mon église !

Le sermon paraît alors d'une impuissance totale devant l'énormité de l'événement qui vient de se produire dans la prude société rurale. Seul Narcisse, l'homme engagé du curé, a la présence d'esprit de remettre Marie Calumet sur ses pieds. Il pourrait sembler alors que Narcisse symbolise enfin la vertu dans ce monde où, même si c'est par inadvertance, elle se trouve constamment bafouée. Mais non, après la chute de Marie Calumet, l'héroïque et le pudique Narcisse se trouve envahi par des mauvaises pensées: « Durant la nuit qui suivit cette journée mémorable, Narcisse fit des rêves d'une choquante lubricité. Pour ne pas être prolixe, je dirai tout simplement que le soupirant rêva qu'il était marié. » Le narrateur fait preuve de retenue, sinon d'autocensure* dans la description des rêves érotiques de Narcisse, mais il n'évite pas l'ironie en ramenant tout le concept du mariage à l'unique consommation de l'acte sexuel.

L'aide de Narcisse à Marie Calumet a pour conséquence d'unir les deux célibataires au service du curé. Peu de temps après, pour sauver son honneur, Marie accepte la demande en mariage de Narcisse pour qui elle n'éprouvait jusque-là aucun intérêt. « Alors c'est correct. Narcisse t'es t'un brave garçon; tu l'as prouvé hier. Viens m'voir honnêtement, et pis, si on s'accorde, eh ben! on fera les épousailles. »

Le mariage a lieu quelques semaines plus tard et la noce se fait au presbytère. Ici entre en jeu le personnage du bedeau, Zéphirin, l'amoureux éconduit de Marie Calumet. La toute fin de la version originale de Marie Calumet contient un chapitre intitulé « La vengeance d'un bedeau », qui a été retranché par l'auteur de l'édition de 1946, presque assurément pour des raisons relevant de l'autocensure, et où Zéphirin fomente une vengeance scatologique contre les nouveaux mariés. Pour annoncer avec emphase le choix des moyens de cette vengeance, la narration ironise sur les styles classique – maîtresse poignardée – et romantique – duel entre les amoureux rivaux – qu'ils auraient pu prendre :

> Le bedeau, pas plus que les autres, ne restait inactif. Sa vengeance, oh! il tenait sa vengeance.
> Allait-il, teintant de pourpre la blancheur virginale des draps, transpercer d'un coup de poignard le sein que n'a pas encore maculé la main de l'homme?
> Allait-il, pour apaiser la fièvre de la jalousie, qui coule plein les veines, éclabousser les murs de la cervelle de son rival?

Ni l'un ni l'autre, poursuit la narration ironique, en affirmant que tuer n'a pas d'intérêt puisque la vengeance est trop brève. Fidèle au réalisme, qui verse ici dans le naturalisme, le roman raconte que la vengeance du bedeau consiste à incorporer un laxatif puissant dans le ragoût de pattes de cochon servi en repas de noces. Évidemment, les conséquences sont prévisibles; toute l'assemblée quitte la table pour se précipiter aux toilettes dans un exercice incontrôlé de défécation collective. C'est dans la fange que Marie Calumet et son nouveau mari vivent leur première union charnelle :

> Premier sacrifice de sa vie matrimoniale, l'homme engagé du curé mit sa belle chemise en pièce pour en faire des torchons.
> Sa femme s'allongea sur le sable en tournant le dos aux étoiles, qui semblaient se faire des clins d'yeux.
> La froidure automnale baisotait brutalement les chairs pouacres de la mariée.
> – I fait fret! fit-elle remarquer en claquant des dents.
> Cette plainte alla droit au cœur de Narcisse.
> Et il frotta, il frotta jusqu'à ce que la peau eut [sic] repris son éclat d'avant les noces.
> Toute sa chemise y passa.
> Et lorsque Marie Calumet se fut relevée, honteuse comme après la première faute :
> – Allons nous coucher, dit Narcisse, en l'embrassant gloutonnement.

Le mariage résultant de l'exhibition du sexe de Marie Calumet a pour objectif de redonner son honneur à la ménagère impudique malgré elle. Encore une fois, la narration renverse les choses et fait du mariage non pas un sacrement dûment respecté, mais un banquet qui tourne à l'explosion excrémentielle. Le mécanisme de rabaissement est encore à l'œuvre pour désacraliser le moment le plus important de la vie des époux. Les autorités cléricales sont sans doute choquées par la dimension non seulement profane, mais scatologique, qui vient entacher un sacrement chrétien fondamental dans la structure sociale.

Outre les personnages et les événements qui sont bouleversés au profit d'une représentation réaliste renversant l'ordre des valeurs, les symboles religieux subissent aussi un traitement qui les ravalent au rang du matériel le plus concret, c'est-à-dire le corporel. L'action de *Marie Calumet* se situe en majorité dans un presbytère, la maison du représentant de Dieu sur terre. Dans cette maison sacrée, un curé apprécie les charmes physiques de la servante, il prévient son collègue d'un soupçon d'inceste qui pèse sur lui, la servante se fait surprendre à plusieurs reprises en déshabillé, la ménagère se montre sans culotte, le repas de noces tourne en une défécation collective. Ce lieu, dévoué à l'administration de la vie chrétienne, est contaminé à plusieurs reprises par des scènes de nudité ou d'érotisme qui ne devraient jamais se produire en une telle maison.

Les symboles d'autorité attribués aux fonctions des représentants de l'Église ne sont pas épargnés. Le curé Lefranc fait étalage de son désir sexuel pour Suzon ; Zéphirin, le bedeau qui doit normalement veiller à l'entretien des possessions religieuses, outrepasse ses fonctions en souillant un mariage et, pire encore, le chapitre « Ousqu'on va mettre la sainte pisse à Monseigneur » écorche un dignitaire supérieur. Dans ce chapitre, comme c'est la tradition une fois l'an, l'évêque visite la paroisse. Il reçoit tous les honneurs dus à son rang lors de la messe et de la bénédiction du village mais déjà la narration le ramène à sa position d'homme parmi les hommes lors du dîner au presbytère : « Je passerai sous silence le compte rendu de ces agapes où les convives prouvèrent que l'homme après tout, à quelque hiérarchie sociale qu'il appartienne, n'est qu'un homme et qu'un bon repas est l'une des jouissances de l'humanité. » Ainsi dépouillé de sa supériorité dans la hiérarchie catholique par son plaisir à manger, il apparaît tout normal que l'évêque accomplisse aussi ses fonctions d'évacuation, ce qu'il fait pendant la nuit qu'il passe au presbytère. Les tâches de Marie Calumet, en tant que ménagère, comprennent le nettoyage quotidien des pots de chambre des habitants et des invités. Or, dans sa naïve dévotion, elle ne sait quoi faire de la pisse de l'évêque, sacrée pour elle. La scène ne manque pas de renverser encore une fois le sacré et le profane :

– D'la pisse d'évêque pensa-t-elle, v'là quelque chose de sacré !
Qu'allait-elle en faire ?
Elle déposa le vase sur le parquet, devant elle, et s'asseyant sur le lit, elle se prit à songer, les yeux fixes.
Et longtemps, elle songea, immobile.
Elle ne pouvait certainement pas la jeter comme une eau vulgaire.
Oh ! un sacrilège…
D'un autre côté, elle n'allait pas la laisser dans la chambre ?
Ce n'eût pas été bien propre, ni hygiénique.
Un moment, Marie Calumet eut l'idée de l'embouteiller.
En avait-elle le droit ?
Indécise, elle reprit le vase de nuit, avec des précautions infinies, et alla demander conseil au curé, qu'elle trouva en train de se hacher du tabac dans son cabinet.

Le curé, affolé par l'arrivée imminente de l'évêque dans la pièce, résout brutalement le dilemme moral de Marie Calumet en jetant le pot de chambre et son contenu par la fenêtre. Pour ajouter au comique de la scène, le tout tombe sur la tête du pauvre Narcisse. Dans un premier temps, un résidu excrémentiel humain provenant d'un personnage exerçant la plus haute fonction d'autorité aux yeux de la population villageoise est sacralisé par Marie Calumet et, dans un deuxième temps, il retombe brutalement à son niveau matériel en se répandant sur la tête d'un autre personnage. Le mouvement circulaire accompli par la « sainte pisse » contribue dans tous les sens – tant dans son élévation au sacré que dans sa redescente au matériel vulgaire – à ridiculiser l'importance accordée au personnage de l'évêque qui se trouve presque, par métonymie, résumé au déchet laissé par son corps pendant la nuit. Il n'est d'ailleurs plus question de lui dans le roman une fois que le curé a disposé de sa pisse.

Marie Calumet contient aussi plusieurs allusions bibliques plus ou moins évidentes. La Bible constitue le symbole par excellence de l'enseignement catholique, la référence ultime en matière de croyance et de comportement chrétien. Suzon, le personnage le plus érotisé du roman, se trouve au cœur d'un jeu de déformation du sens biblique. D'abord, son histoire constitue une allégorie ironiquement menée de celle intitulée *Suzanne et les vieillards* qui figure dans le livre de Daniel et que la tradition catholique a incorporée dans l'Ancien Testament. Dans la Bible, Suzanne est surprise au bain, donc nue, par deux vieillards lubriques qui la convoitent. Par une transformation onomastique légère, Suzanne devient Suzon dans *Marie Calumet* et elle est surprise en petite tenue à l'heure du coucher par les curés Lefranc et Flavel, qui prennent ainsi les rôles des deux vieillards. D'ailleurs, le curé Lefranc exprime clairement sa convoitise en voyant la jeune femme :

> La nièce du curé, en robe de nuit, et les cheveux en nappe sur le dos, était sortie pour une affaire quelconque de sa chambrette, voisine de celle de ses hôtes. Au haut de l'escalier, elle se vit en présence des deux hommes. Avec un cri de détresse, elle détala comme une biche, portant pudiquement la main à l'échancrure que faisait le col entr'ouvert de sa robe de coton jaune.
> Le curé Flavel, pas à son aise du tout, toussa. Son ami jubilait.
> – Ah ! Saint-Antoine, s'exclama-t-il en crispant ses gros poings, comment as-tu pu résister à tant d'attaques, si les femmes, tes tentatrices, ressemblent à celle-ci ?

L'histoire biblique originale est déplacée dans un contexte villageois où deux curés sont associés à deux vieillards lubriques, l'association étant renforcée par le désir à peine réfréné de l'un des deux à la vue du vêtement qui bâille de la jeune femme.

Suzon, la beauté par qui le mal arrive, habite toujours au presbytère malgré la présence de Marie Calumet ; la jeune femme doit seconder la ménagère officielle dans ses tâches. Or, la narration, qui ne cesse depuis le début d'érotiser la jeune Suzon, choisit ce personnage pour la mettre en lien direct avec la Bible. Le curé Lefranc, suivant son mandat, lui interdit d'abord la lecture du livre sacré. Pour y accéder la jeune femme doit donc mentir et attendre que le curé soit parti pour feuilleter la Bible restée ouverte, – est-ce par hasard ? –, au *Cantique des cantiques*. Comme Ève, Suzon, qui incarne plusieurs figures bibliques féminines à la fois, est poussée par une curiosité dévorante vers l'ouvrage qui lui est interdit et son contact avec lui est comparé à rien de moins qu'un plaisir d'ordre sexuel :

> Quel motif la faisait agir ? Rien, si ce n'est la curiosité inhérente à la nature humaine. Elle marcha jusqu'à la table de son oncle, et là, vit le livre redoutable dont on prohibe la lecture à la masse des fidèles. La possession immédiate du fruit défendu fit passer, rapide, dans son être, une sensation indéfinissable.
> Elle s'approcha du livre, comme l'éphèbe se rencontrant pour la première fois face à face avec la femme qui se donne. Elle s'assit et dévora des yeux les versets les plus captivants, sautant les autres.

Les versets en question sont bien sûr ceux du *Cantique des cantiques*, le texte biblique considéré comme le plus érotique et sensuel de toute la Bible. *Marie Calumet* met en scène la transgression réussie de l'interdit censorial concernant la lecture biblique. La transgression permet aussi la reproduction dans le roman lui-même des versets incriminés. Non seulement les versets interdits sont lus par le personnage ; ils sont également reproduits et disponibles pour tous les lecteurs de *Marie Calumet*. La censure est outrepassée avec succès, ce qui n'a pas l'heur de plaire au clergé de l'époque.

Enfin, quand le curé entre et surprend Suzon absorbée dans sa lecture, il la semonce et range le livre sous clé, « dans son humble bibliothèque de bois teint, [avec] tous les livres qu'il avait mis à l'index ». Dernier clin d'œil ironique, la Bible se retrouve avec des ouvrages interdits, comme s'il s'agissait essentiellement d'un mauvais livre.

Plusieurs aspects du roman concourent à déplaire aux autorités cléricales du début du siècle, au moment de la parution de *Marie Calumet* en 1904. Le réalisme du roman qui présente les vérités subjectives des personnages et leurs interprétations du beau et du bien, l'ironie constante qui tourne le sacré en profane pour en rire, le jeu sur les textes bibliques, tout cela tend à réduire l'autorité de l'Église. Le plus dangereux dans *Marie Calumet* réside dans le fait que ce travail de sape s'effectue au cœur d'un village, à la base de la structure du pouvoir catholique. Et rien n'augure de bon pour la tenue de l'édifice quand la base est minée. Cela explique en grande partie la forte réaction des critiques catholiques à la lecture d'un roman que son auteur avait créé à partir d'une chanson* populaire, qu'il voulait drôle et léger ; mais les effets transgressifs de son humour réaliste et ironique ont sans doute dépassé sa volonté.

Pierre Hébert et Élise Salaün

Girard, Rodolphe, *Marie Calumet*, Montréal, s. é., 1904, 400 p.; Montréal, Éditions Serge Brousseau, 1946, 283 p.

ACAM, dossier « Journaux » (780-034) et 902-025 ; Charlebois-Dirschauer, *Rodolphe Girard (1879-1956). Sa vie, son œuvre*, Montréal, Éditions Fides, 1986.

MARIUS, FANNY, CÉSAR

Alexandre Korda (1893-1956), Marc Allégret (1900-1973) et Marcel Pagnol (1895-1974) • Trilogie irrévérencieuse de films qui s'en tire à bon compte devant la censure officielle (1931, 1934, 1937) ; les autres films de Pagnol (1933-1959)

Marius (1931) et *Fanny* (1932) transposent sur grand écran les pièces qui viennent de consacrer Marcel Pagnol grand dramaturge. *César* (1936) est écrit pour l'écran et son auteur ne le retravaille pour la scène que dix ans plus tard. L'intrigue de la trilogie est plutôt ténue : à Marseille, un amour réciproque unit Marius, fils de César, et Fanny, mais le jeune homme a la bougeotte et il part sur un bateau, abandonnant son amoureuse sans savoir qu'elle est enceinte. Sans nouvelles, celle-ci épouse Panisse, vieux garçon qui a deux fois son âge, pour donner un père à son enfant. Deux ans plus tard, au retour de Marius, Fanny reste fidèle à son mari. Vingt ans se passent, Panisse décède, le jeune Césariot retrouve son vrai père et les amants se retrouvent. Plus que dans le récit, l'art de Pagnol se trouve plutôt dans les dialogues.

En soi, l'intrigue est foncièrement immorale selon les critères de l'époque : coucherie avant les noces, abandon, mariage de convenance… Eugène Beaulac, président du Bureau de censure, a dû jongler avec l'idée d'interdire complètement le film, mais comment priver le public de telles réparties amusantes et d'un tel jeu de comédiens, surtout qu'avec la finale, la morale traditionnelle l'emporte ? Il choisit de ne faire dans *Marius* (le 23 décembre 1931) que des coupures mineures :

> X- « Il verra que je n'ai pas couché à la maison »
> Scène où Marius et Fanny entrent dans la chambre
> Mère de Fanny apercevant la ceinture de Marius et allant jeter un coup d'œil dans la chambre
> XI- « Elle n'a pas dû crier bien fort. »
> « Fille perdue ; est-ce que ce n'était pas plus convenable de vous marier avant ? »

S'il est impossible de cacher le fait que Marius et Fanny couchent ensemble, puisque cette dernière se retrouve enceinte, le censeur peut en gommer les signes visibles de l'entrée dans la chambre. Le spectateur ne s'y laisse sûrement pas tromper. Quand le film revient à la censure, le 12 mai 1951 (20 ans plus tard), en version 16 mm destinée surtout au public des salles paroissiales et des écoles, il subit exactement les mêmes coupures.

Un peu plus de deux ans après *Marius*, le 13 janvier 1934, le censeur Eugène Beaulac adopte la même attitude avec *Fanny* et ne retranche que des allusions à la légèreté des mœurs sexuelles :

> VI- Dial. : Elle n'a pas encore couché avec tout Marseille.
> VII- Dial. : Mais du moment que la jeune fille a eu pour ainsi dire un amant, eh bien, ça rétablit un peu l'équilibre et je peux me marier avec toi sans perdre ma propre estime. Je me garde ma sympathie… sympathie qui m'est personnelle et que j'y tiens énormément.
> Dial. : Et je n'ai même plus le droit de me tuer.
> IX- Dial. : Il y a déjà eu sa tante Zoé qui n'a jamais eu le temps de remettre ses pantalons.

Dial. : D'après l'état de la mère, la position de la question et la vitesse du vent, ça va se passer exactement comme s'il était venu à terme.

Le film, qui offre un éloge à la fidélité conjugale, n'obtient que des louanges de la part de la critique, mais à Québec, la Ligue du cinéma*, groupuscule marginal et fort rouspéteur, écrit à Beaulac, au distributeur France-Film et même au premier ministre Louis-Alexandre Taschereau ; elle demande ni plus ni moins l'interdiction de ce film « démoralisateur » qui propose « l'exaltation du désir d'adultère, [qui] rend sympathique l'infidélité d'intention » et où on trouve des « blasphèmes contre Dieu ». Ce n'est que coup d'épée dans l'eau. Beaulac répond qu'il n'a même pas senti le besoin de soumettre ce film au chanoine Adélard Harbour*, tellement le film lui a paru anodin ; d'ailleurs, après quatre semaines de projections à Montréal, il n'a reçu aucune plainte.

En version 16 mm, le 13 novembre 1950, *Fanny* perd presque les mêmes réparties, sauf que s'ajoute le juron typiquement français « nom de Dieu » dont on peut s'étonner qu'il ait été autorisé en 1934.

2 : Dial. : Et je n'ai même plus le droit de me tuer.
3 : Dial. : Elle est bien chatouilleuse ta mère, elle était la maîtresse de ton père.
3 : Dial. : Il y a eu ta tante Zoé qui n'a jamais eu le temps de remettre ses pantalons.
3 : Dial. : Nom de Dieu.
3 : Dial. : Nom de Dieu, qui c'est le père ?

À son tour, le dernier épisode de la trilogie, *César*, qui vient conclure la saga familiale de façon harmonieuse, ne subit du même censeur que deux toutes petites coupes (le 27 février 1937) :

IX- Dial. : Je me marie de temps en temps, sans déranger le maire et monsieur le curé, bien entendu.
XII- Dial. : Pour avoir le droit de l'aimer.

Cette indulgence peut surprendre, car le film contient un long dialogue sur Dieu qui aurait pu faire tiquer. C'est d'ailleurs ce qui arrive quand une version 16 mm n'est autorisée par le Bureau, maintenant présidé par Alexis Gagnon*, le 20 novembre 1950, qu'avec les coupures suivantes :

Bobine :
1 : Éliminer la discution [sic] sur les Dieux à partir [sic] du dialogue : Le pauvre mort… Jusqu'à : Voilà Mr Brun.
1 : Commencer la coupure après dialogue : Ce n'est pas un péché de ne pas en parler………. Jusqu'à après : Mes suppositions son (sic) moins sauvage [sic] que les vôtre [sic].
2 : Dial. : Toi tu n'est [sic] peut-être pas aussi complètement veuve que je le croiyait [sic].
2 : Dial. : Un jeune riche… Ça n'a pas empêcher [sic] d'être un saligaud.
2 : Dial. : Alors ton Marius a coucher [sic] avec Maman.
2 : Dial. : En somme je me pensais un fils de commerçant honorable.
3 : Dial. : Et pas même le goût du péché… Le goût du péché…
3 : Dial. : Je l'ai garder [sic] pendant cinq ans.

La première coupure comprend le dialogue suivant :

César : *Oui, peut-être. Mais moi, il y a une idée qui me tracasse : le Bon Dieu d'Elzéar, – le nôtre, enfin – si ça n'était pas le vrai ?*
Escartefigue : *Oh, coquin de Diou !*
Honorine : *Mais qu'est-ce-que vous dites ?*
César : *Je veux dire que je connais des musulmans, des hindous, des Chinois, des nègres. Leur Bon Dieu, ce n'est pas le même, et ils ne font pas comme nous !… Nous, nous avons des péchés que chez eux c'est une bonne action, et vice versa… Peut-être qu'ils ont tort, remarquez bien… Seulement ils sont des millions de milliasses… S'ils avaient raison, Monsieur Brun ?*
[…]
César : *Le pauvre Honoré est tout préparé, bien au goût du Bon Dieu d'Elzéar. Et si, en arrivant au coin d'un nuage, il se trouve en face d'un Bon Dieu à qui on ne l'a jamais présenté ? Un Bon Dieu noir, ou jaune, ou rouge ? Ou un de ces Bons Dieux habillés en guignol, comme on en voit chez l'antiquaire, ou celui qui a le gros ventre ? Ou bien celui qui a autant de bras qu'une esquinade ? Le pauvre Panisse, qu'est-ce-qu'il va lui dire ? En quelle langue ? Avec quels gestes ? Tu te vois, toi, déjà fatigué par ta mort, et tout vertigineux de ton voyage, en train de t'expliquer avec un Dieu qui ne te comprend pas ? Et tu as beau lui faire des prières, il te dit : « Quoi ? Comment ? Qu'est-ce que vous dites ? » Et il te le dit en chinois ?*
Escartefigue : *Situation terrible. Là, tu me donnes le grand frisson.*

Honorine : *Taisez-vous, grand mécréant. Et la Sainte Bible, alors, c'est des mensonges ? Et les Évangiles ? Vous n'avez pas honte de dire des choses pareilles devant l'enfant de chœur ?*
Claudine : *Si vous alliez un peu plus souvent à l'église, au lieu de boire tant de pastis, vous sauriez qu'il n'y a qu'un Bon Dieu ! Et ce Dieu, c'est le nôtre.*
César : *Oui, évidemment, le bon, c'est le nôtre. Mais alors, sur la terre, il y a beaucoup de gens qui sont couillonnés. Ça me fait de la peine pour eux. N'est-ce pas, Monsieur Brun ?*

Si ce discours sur le doute religieux a pu être autorisé au milieu des années 1930, ce n'est pas le cas 15 ans plus tard, au plus fort de la période duplessiste ; ces répliques ont été retranchées. Il ne faut pas négliger non plus le fait que les pellicules 16 mm sont destinées avant tout au réseau parallèle des salles paroissiales et des collèges et qu'une directive officielle demande d'être plus sévère à cause de l'audience (ce qui reste paradoxal, les collégiens et le public paroissial ne sont-ils pas en théorie les plus « convertis » à la religion ?).

Dès 1936, les pièces de Pagnol sont jouées sans censure et sans critique négative dans les théâtres de Montréal. Après 1952, la télévision les inscrit dans ses téléthéâtres et diffuse les films sans problème.

Sauf pour *Manon des sources*, accepté tel quel le 29 juin 1954, presque toutes les œuvres de Pagnol ont quelques démêlés avec la censure.

Topaze, pièce de 1928 mise sur écran en même temps que *Marius* par Louis Gasnier avec Louis Jouvet et Edwige Feuillère, subit plusieurs coupures lorsqu'elle est acceptée par les censeurs le 3 avril 1933, dont :

VI- Dial. : Alors pourquoi êtes-vous à lui ?
Dial. : Parce qu'il me fait une vie honorable.
Dial. : Honorable ? Mais vous êtes une femme vénale, une femme entretenue.
Dial. : Toutes les femmes sont entretenues. Que ce soit un mari ou un amant, la différence est-elle si grande ?
Dial. : Pourtant l'argent ne fait pas le bonheur.
Dial. : Non, mais il l'achète à ceux qui le font.

Le *Topaze* que Pagnol réalise en 1936 est accepté le 17 décembre de cette année aussi avec beaucoup de coupures pour éliminer les références à des amants, à des maîtresses. Une nouvelle version avec Fernandel est refusée le 19 juin 1951. De cette dernière, l'Office catholique dit en 1958, ce qui laisse supposer que le film a été accepté peu avant : « Cette œuvre dangereuse montre la société sous son jour le plus mauvais. Même si son outrance manifeste en atténue un peu la portée morale, ce film n'en demeure pas moins à déconseiller. »

Le 11 juin 1935, *Angèle* est refusé. Mais une copie reconstruite est acceptée le 20 août, sans que les coupures effectuées soient mentionnées.

Le 20 mars 1946, *La fille du puisatier* est accepté avec 45 secondes enlevées, surtout pour faire disparaître les mots « cocu » et « bâtard » mais aussi cette répartie savoureuse : « Si tous les cocus tuaient les pendules, on ne pourrait plus savoir l'heure. »

Le 12 décembre 1950, *Le schpountz* perd 48 secondes : « La scène du pape à partir du dialogue dit par Napoléon "Avec un tiers…" jusqu'à la scène où on voit le gardien ouvrir la barrière. »

Réalisé en 1954, *Les lettres de mon moulin** est interdit en 1959.

Dans l'ensemble, l'œuvre de Pagnol s'en tire à assez bon compte avec les censeurs. Il semble qu'ils aient tenu compte du fait que le ton de comédie atténue quelque peu l'immoralité des comportements. *Yves Lever*

ANQ, fonds Régie du cinéma, E 188, fiches des films ; Régie du cinéma, correspondance du Bureau de censure ; *Recueil des films*, 1958.

MARTIN LUTHER

Irving Pichel (1891-1954) • **Film interdit pendant neuf ans pour des motifs religieux (1953)**

Produit par la Lutheran Church of America et interprété par des comédiens peu connus, ce film présente le théologien allemand Martin Luther (1483-1546) comme un réformateur habile dans une chrétienté en pleine dégénérescence. Jouissant d'une diffusion adroitement organisée par les milieux protestants, il obtient un immense succès aux États-Unis.

Le Bureau de censure l'interdit le 11 décembre 1953 pour le motif suivant: «Would cause undue antagonistic sentiments and might offend various religious groups.» Comme cette interdiction soulève l'ire de *The Gazette* (31 décembre 1953), Alexis Gagnon*, le président du Bureau, s'en explique ainsi dans une lettre au premier ministre Maurice Duplessis* en date du 20 janvier 1954:

> Cher Monsieur Duplessis,
>
> Comme il est fortement question de *Martin Luther*, je prends la liberté de vous soumettre les faits.
>
> J'ai remis à la C.P. [Canadian Press], par téléphone, le communiqué suivant: «The film *Martin Luther* was refused by the majority of the Board of Censors of the Province of Québec because the Board feels that it would be against the real interest of the population to have a film that would cause antagonistic religious sentiments.» […]
>
> Comme question de fait, j'ai reçu nombre d'appels téléphoniques tous violemment pour ou contre le film. N'avoir pas donné de raison dans le temps aurait été interprété par les tenants du film comme un acte de fanatisme catholique. Comme le gouvernement a toujours maintenu comme politique que la province de Québec respecte les religions, les races, les minorités respectables, nous avons pensé qu'il convenait de suivre la même conduite et le film a été refusé parce que nous ne voulions pas de guerre religieuse dans Québec, de quelque côté que ce soit.
>
> Comme question de faits, c'est le premier film que nous refusions parce qu'il se trouve à offenser les sentiments de la population catholique. Le pape y est représenté comme un vil personnage, pour faire de Luther un grand homme.
>
> J'ai dit au représentant de la *Gazette* que les gens qui protestent pour le film ne diraient probablement pas un mot si l'on refusait un film représentant Luther comme un vil personnage.

L'interdiction de *Martin Luther* par le Bureau de censure provoque surtout des réactions négatives, mais tant chez les francophones que chez les anglophones, il s'en trouve pour l'approuver (*Le Petit Journal*, 24 janvier 1954).

Dans un long texte du *Devoir** (15 janvier 1954), Gilles Marcotte décrit bien la situation du personnage historique de Luther. Il en évoque toute la complexité, que le film n'a pas su évoquer clairement, rappelant que la fameuse querelle des indulgences ne saurait être évaluée avec un regard du xxe siècle. Il reconnaît que la moralité du pape et des cardinaux de l'époque se situait souvent bien loin des préceptes évangéliques. Avec beaucoup de perspicacité, il sait reconnaître que le film raconte davantage la vision d'un pasteur protestant de 1950 que le drame vécu par Luther. Il situe le film dans une concordance entre les idées du réformateur du xve siècle avec celles de la démocratie américaine des années 1950, le héros étant présenté comme

> le champion 1) de la confiance en Dieu contre le terrorisme de la spiritualité catholique du temps; 2) de la liberté de penser; 3) de la résistance aux abus d'une dictature spirituelle. Ce Luther-là est bien moderne!

Une telle lucidité cinématographique est rare dans la critique québécoise. Mais si Marcotte se réjouit de ce discours américain, il ne va pas jusqu'à faire un lien avec la situation religieuse du Québec. Il ne donne toutefois pas tort au Bureau de censure car il trouve que le film force la caricature dans sa description des dignitaires ecclésiastiques, particulièrement dans celle du pape Jules II. De son côté, *Le Petit Journal* (24 janvier 1954) présente l'opinion de deux collaborateurs, « Pour ou contre » : Paul Lafrenière appuie la censure parce que les catholiques ne doivent pas accepter de se voir offenser ; Alain Chapdelaine n'accepte pas ce jugement « étroit d'esprit » qui opère un « nivellement par le bas » qui place les Québécois « sans exception au niveau cérébral des enfants de huit ans ». Plusieurs lettres à l'éditeur commentent l'événement dans *The Gazette* (15, 20, 24 janvier 1954), dont celles de Murray Ballantyne, un intellectuel catholique, qui dénonce cette censure qui ne peut que détériorer les relations entre les communautés protestantes et catholiques de Montréal, tandis que le jésuite Henry Smeaton l'approuve parce que le peuple ordinaire ne saurait faire les nuances historiques qui s'imposent.

L'écho de ce rejet se rend même en Pennsylvanie d'où un monsieur F. L. Hemming, de Fremont, envoie le 20 janvier 1954, cette carte postale à Gagnon :

> Dear Mr Gagnon, I read in the paper today that you have banned the motion picture *Martin Luther*, because it shows a pope in a bad light. Either you must never have read the history of the papacy, our wonderful members of the Borgia family and a half dozen others, or you want to hide the truth and are afraid of it. You must feel the Church has not enough truth to stand by itself. Such acts show the Church in a bad light.

Quelques jours plus tard, le 27, la Protestant Federation of Patriotic Women of Canada lui écrit aussi, avec copie de la lettre à Duplessis et au premier ministre du Canada, Louis Saint-Laurent, pour déplorer cette censure.

Ces protestations n'empêchent pas les censeurs de le refuser à nouveau le 8 mars suivant quand le jugement est porté en appel.

Il faut attendre le 3 juillet 1962, alors que Maurice Leroux* préside le Bureau, pour que le film soit accepté sans réserve. Il prend l'affiche le 17 août suivant.

L'Office catholique national des techniques de diffusion l'évalue ainsi : « Ce film dénature plusieurs faits historiques, ce qui a pour effet de faire apparaître comme justifiés la révolte et les écrits de Luther. De plus des théories contraires à la doctrine catholique y sont exposées et défendues. À déconseiller. » (*Recueil des films*, 1962)

Le censeur de 1953 a probablement bien saisi le sens de la provocation à la liberté que livre *Martin Luther* et il la trouvait inacceptable dans le contexte du règne triomphaliste du cardinal Paul-Émile Léger*, combiné à la force du régime duplessiste. Le gouvernement libéral de Jean Lesage, en 1962, bénéficiant d'une conjoncture où « toute vérité est bonne à dire », évalue qu'il est temps de faire appel à de nouvelles libertés. *Yves Lever*

ANQ-M, fonds Régie du cinéma, E 188, fiches du film, correspondance et procès-verbaux des assemblées du Bureau de censure.

MATHIEU

Françoise Loranger (1915-1995) • Roman qui divise le jury du premier prix du Cercle du livre de France et qui est coté « Mauvais » par la revue *Lectures* (1949)

Paru au mois d'octobre 1949, *Mathieu*, de Françoise Loranger, représente un moment important dans l'histoire de la censure littéraire. Ce roman inaugure le prix* du Cercle du livre de France dans un climat de controverse ; il représente dans sa trame même certaines stratégies de la censure cléricale et, enfin, il se voit attribuer la cote « Mauvais » par la revue *Lectures**.

Mathieu, un jeune homme tourmenté qui ne croit pas au bonheur, est cynique et porte toujours des vers fumés : « Oh ! moi, je ne respecte rien pour une bonne raison ! […] Je n'ai encore rien trouvé qui mérite d'être respecté. » Sa déchéance, dont témoignent de manière privilégiée ses cahiers personnels,

Le roman *Mathieu* désigne un moment important dans l'histoire de la censure littéraire : il inaugure le prix du Cercle du livre de France dans un climat de controverse, il représente dans sa trame même certaines stratégies de la censure cléricale et, enfin, il se voit attribuer la cote « Mauvais » par la revue *Lectures*.

le conduit jusqu'au seuil du suicide. L'audition de la Toccate et Fugue en ré mineur de Jean-Sébastien Bach le sauve du geste fatal, mais c'est principalement l'effet d'Émile Rochat, qui dirige une colonie de culturistes dans les Laurentides, qui amène Mathieu à un salut qui passe par la ressaisie de son corps. Ce sont surtout les attaques contre la religion, de même que la représentation de la censure que l'on retiendra ici.

« J'ai été comme tous les enfants de la province, gavé de religion. On m'en a tellement fait absorber qu'elle me sort aujourd'hui par tous les pores de la peau », déplore Mathieu dans son cahier intime. Aussi s'étonne-t-il de la liberté qui se dégage de l'appartement de Bruno et Danielle, ses amis :

> Pourtant, Bruno et Danielle n'appartenaient-ils pas au même milieu ? N'avaient-ils pas reçu, comme Nicole et lui, une éducation fondée sur les préjugés sociaux, les conventions mondaines et une religion toute extérieure ? […] Qui leur avait appris qu'il y avait au monde d'autres valeurs que celles qu'ils tenaient de leur famille et des couvents et collèges où ils s'étaient instruits ?

En outre, Mathieu associe Dieu aux mirages du père Noël :

> Comment aurais-je pu croire longtemps à son existence puisqu'il ne m'entendait pas crier, puisque ce miracle que j'attendais de lui ne se produisait pas ? Quelle conclusion un enfant épris de certitude pouvait-il tirer de cet accablant silence du ciel, sinon qu'on lui avait menti ?

Un tel questionnement n'épargne rien, pas même la prétendue justice divine : « Passe encore que la récompense soit illimitée, cela pourrait être un effet de la bonté de Dieu, mais l'idée d'un châtiment éternel est inadmissible quand on a le sens de la justice. » Ce n'est plus la chair qui est triste, ici, mais bien la religion, devenue ennemie de la joie : « Jamais il n'était question de joie ; tout, au contraire, tendait à l'abolir et à faire ramper les âmes vers le confessionnal. » Le réquisitoire contre la religion est radical et sans appel.

La représentation de la censure est également fort révélatrice. Une troupe que Bruno anime a l'intention de monter *Les mouches**, de Jean-Paul Sartre. Le cas est d'autant intéressant que les Compagnons de Saint-Laurent avaient eu l'intention de monter cette pièce, en 1945, et qu'ils ont dû abandonner le projet à cause de la censure ; en 1946, *Huis clos** fut joué à Montréal. L'« effet Sartre » ne tarde pas à s'emparer des acteurs, qui discutent même des risques de censure : « Depuis qu'ils avaient commencé à travailler *Les mouches*, un grand mouvement existentialiste avait soulevé la troupe. »

Voulant se venger de Danielle qui l'a déjà traité de larve, Mathieu, journaliste au *Matin*, sait que l'on peut se servir de la censure comme arme. Il « n'eut pas à réfléchir longuement pour comprendre que le moyen le plus sûr de nuire à la troupe était de souligner le caractère immoral et anti-religieux de la pièce ». Il est prêt à jouer contre ses propres principes, contre « une liberté d'esprit, d'action et de paroles encore si mal assurée dans la province ». Car son désir de vengeance est plus fort :

> Simple jeu. N'importe quel Canadien français intelligent, élevé dans un milieu bien pensant, ayant passé par un ou deux collèges de la ville ou de la campagne, aurait su aussi bien que lui quel point il était important de faire ressortir pour attirer sur la représentation les foudres du clergé. Ne suffisait-il pas de mentionner que son autorité était directement menacée, que cette pièce était un défi à Dieu et à son Église, et qu'à ce titre elle devait être promptement supprimée comme tout ce qui, de près ou de loin, risquait d'attenter à un ordre religieux ou moral, qui, dans les époques inquiétantes et troublées que nous traversons, etc. etc.

Mathieu écrit son article mais, tenté par le suicide, il ne veut pas que ses derniers gestes soient empreints de haine. Incapable d'arrêter la publication du journal où la troupe sera attaquée, Mathieu s'en remet à son parrain, Étienne, qui réussira à en éviter la parution.

C'est d'ailleurs à Étienne Beaulieu qu'appartient le mot de la fin. Danielle lui demande de quoi il est à la recherche, dans sa propre vie : « Mais d'un art de vivre, je suppose ? répond-il en souriant. D'un moyen d'atteindre au bonheur, non pas pour le plus grand nombre, mais pour chaque individu en particulier... » On comprend pourquoi Étienne Beaulieu a été si près de Mathieu, tous les deux se démarquant par une morale individuelle.

Candidat au premier prix du Cercle du livre de France, le manuscrit de Françoise Loranger ne peut faire l'unanimité, les jurés étant partagés à raison de cinq contre cinq quant à l'opportunité de couronner l'œuvre. Pierre Tisseyre publie néanmoins le roman, profitant même de cette petite controverse pour susciter l'intérêt autour de *Mathieu*.

Bon nombre de critiques apprécient *Mathieu* à divers degrés, la principale réserve touchant la forme ou le style du roman : Charles Hamel, Roger Duhamel, Guy Robert, Solange Chaput-Rolland entre autres. Ce sont des raisons touchant le fond qui justifient les détracteurs ; plusieurs raisons valent à *Mathieu* le qualificatif de « mauvais roman ».

Julia Richer, dans *Notre Temps* (29 octobre 1949), accorde un certain intérêt au roman, mais déplore l'absence de Dieu : « C'est bien dommage. Madame Loranger a assez de talent pour ne pas donner dans une mode qui passera, nous en sommes persuadée. Car, au fond, ils sont un peu risibles ces beaux tenants de l'abstentionnisme religieux en art. » Paul Gay* est plus sévère, dans *Le Droit* (5 novembre 1949) : « *Mathieu* est un livre qui fera beaucoup de mal. Il fera beaucoup de mal — enfin et surtout — parce que l'auteur n'a pas apporté de solution au problème de la souffrance. » Théophile Bertrand, dans la revue *Lectures* (avril 1950), s'inquiète des nombreux épisodes « qui, s'ils n'ont rien de pornographique par exemple, ne nous montrent pas moins une légèreté et même une licence distinguée aux conséquences désastreuses [...] » ; Bertrand nous donne même les pages où trouver ces épisodes... Il se charge de l'estocade : en plus du Mathieu dévoyé, « [l]es autres personnages de cette société frelatée ne valent pas mieux d'un point de vue intégralement humain et chrétien ». « Certains développements réalistes du sujet indiquent donc déjà la cote mauvais. »

Mathieu représente parfaitement la contestation religieuse qui s'amorce durant les années 1940, appuyée par la morale individuelle. « L'abstentionnisme religieux en art », quoi qu'en ait pensé Julia Richer, n'en était qu'à ses débuts. Et si, pour les lecteurs de 1949, *Mathieu* semblait « mauvais », le pire était-il néanmoins à venir ? Car en 1952, Paul-Émile Racicot écrira, à propos des prix du Cercle du livre de France: « De ces trois livres, le premier [*Mathieu*] est le meilleur; le second [*Louise Genest**, de Bertrand Vac], médiocre; le troisième [*Évadé de la nuit**, d'André Langevin], mauvais. » Quant à l'éditeur Pierre Tisseyre, il ne s'en plaint pas. Dans les exemplaires de *Louise Genest*, il a glissé un feuillet où il s'adresse en ces termes aux acheteurs:

> Si vous avez aimé *Louise Genest* de Bertrand Vac, Prix du Cercle du Livre de France 1950, vous serez, sans doute, heureux d'apprendre que nous avons encore quelques exemplaires de *Mathieu* de Françoise Loranger qui, l'année dernière, obtint le plus grand nombre de voix pour le même Prix. Les discussions passionnées qu'a suscitées *Mathieu* ne sont pas près de s'éteindre et cet ouvrage, avec le recul du temps, prend chaque jour une place plus importante dans les lettres canadiennes.

C'est dire, par la même occasion, à quel point le clergé perd de son pouvoir sur les lettres, au tournant des années 1950. Il ne contrôle plus l'attribution des prix, et des éditeurs* comme Tisseyre et Paul Michaud, de l'Institut littéraire du Québec, publient des livres fort peu orthodoxes. *Pierre Hébert*

LORANGER, Françoise, *Mathieu*, Montréal, Le Cercle du livre de France, 1949, 347 p.

MAXIME

Henri Verneuil (1920-2002) • Film dont la censure crée un événement (1958)

Du lundi 3 au dimanche 9 novembre 1958, à l'initiative d'Unifrance-Films (organisme du ministère de la Culture de France) en collaboration avec le distributeur France-Film, une Semaine du film français est présentée au théâtre Saint-Denis et à la Comédie canadienne à Montréal. Huit longs métrages sont prévus, dont deux premières mondiales: *Maxime* d'Henri Verneuil à l'ouverture et *Les grandes familles* de Denys de La Patellière le lendemain. Les autres films sont: *L'eau vive* de François Villiers et Jean Giono, *Ascenseur pour l'échafaud* de Louis Malle, *Celui qui doit mourir* de Jules Dassin, *La loi, c'est la loi* de Christian-Jaque, *Le bourgeois gentilhomme* de la Comédie-française sous la direction de Jean Mayer et *Mon oncle* de Jacques Tati. De très grandes vedettes sont présentes: René Clair, Charles Vanel, Arletty*, Mijanou Bardot, Daniel Gélin, Dany Robin, Louis Malle, Jacques Tati, François Périer. L'événement de la semaine est la non-représentation de *Maxime*, que le Bureau de censure coupe de 40 minutes et que Unifrance refuse de projeter.

Le *Larousse* des films résume ainsi *Maxime*: « À la veille de la Grande Guerre, un vieux beau et un jeune homme fortuné se disputent les faveurs d'une jolie Parisienne. Une reconstitution soignée de la "Belle époque". »

Le film est visionné par Lucien Desbiens et Alexis Gagnon*, le président du Bureau, le 29 octobre et il est approuvé à condition de faire des coupures totalisant 40 minutes (sur 124). Sont éliminés des rendez-vous galants dans des chambres, des dialogues évoquant d'anciennes conquêtes, des réparties comme « J'ai un lit… et je sais recevoir; Demain matin, elle prendra le chocolat dans mon lit; Toute chaude dans mon lit, comme une bouillotte; Je vous désire, corps compris; Et je fais très bien l'amour… » Des bouts de scènes et des phrases complètes disparaissent simplement parce qu'ils contiennent les mots « amant… maîtresse… concubinage », mots tabous quel que soit le contexte où ils sont proférés.

Les organisateurs français ne peuvent accepter cette dénaturation du film. Ils présentent à la place *Montparnasse 19** de Jacques Becker, que le Bureau trouve aussi le tour de falsifier. Dans *Le Devoir** du 5 novembre, Jean Hamelin rapporte l'événement tout en faisant une critique favorable du film de Becker. Il souligne aussi que « les autorités civiles, comme presque toujours lorsque des manifestations culturelles sont à l'ordre du jour, étaient absentes ».

Le mardi matin, la conférence de presse avec les organisateurs et les vedettes françaises prend rapidement le ton d'un procès de la censure. Le représentant d'Unifrance ne se gêne pas pour la déclarer plus sévère que celles de l'Espagne et de l'Argentine, réputées les plus féroces. En entrevue avec des journalistes, Arletty*, qui est de la distribution de *Maxime*, remarque avec humour : « Je n'ai pas de chance avec le Canada. On avait interdit *Les enfants du paradis** qui a même donné lieu à un incident diplomatique […]. Mais vous pouvez dire que cette fois, je n'y suis absolument pour rien ; je suis très décemment vêtue et rien de ce que je dis ne peut faire l'objet d'une censure ! » (*Le Devoir*, Jean Hamelin, 4 novembre 1958)

Le mardi soir, avant la projection des *Grandes familles*, au moment de présenter les invités français, le populaire comédien québécois Paul Dupuis jette de l'huile sur le feu. Il fait une longue intervention non prévue, mais non improvisée puisqu'il lit un texte. Au début, les spectateurs sont tentés de prendre cette intervention pour de l'humour noir, mais le comédien se fait très sérieusement un défenseur de la censure au nom de la survie de la famille :

> Nous admettons tous d'un commun accord qu'un peuple sans loi est un peuple voué à la déchéance, à l'anarchie, à la corruption la plus abjecte.
>
> Nous admettons tous d'un commun accord que le fondement d'une société bien organisée se trouve dans le principe même de la magistrature.
>
> La censure relève directement de ce principe puisqu'elle a le droit, le devoir et le pouvoir de discerner le bien du mal.
>
> Habitant un pays civilisé, membres d'une société bien organisée, nous avons donc, nous Canadiens français, notre législature, notre magistrature et notre censure.
>
> La censure doit représenter une synthèse des traditions politiques d'un peuple et la synthèse de ses croyances religieuses et morales. Elle n'est pas l'affaire d'une minorité dont vous êtes ce soir, mais bien l'affaire de la majorité.
>
> Notre censure à nous s'explique dans un mot qui dit toute l'histoire de notre survivance, le mot famille. Notre censure tend à protéger la famille qui demeure d'ailleurs la meilleure garantie de notre attachement à la France. Et nous, Canadiens français, quand nous parlons de notre censure, que ce mot-là au moins soit respecté. (*Le Devoir*, 6 novembre 1958)

L'ironie est d'autant plus grande que le film projeté dans les minutes suivantes malmène l'esprit de famille. Interrogé deux jours plus tard par Wilfrid Lemoyne à l'émission télévisée *Carrefour*, Dupuis renchérit en critiquant certains comédiens français, dont Charles Vanel, qui ont dit ne pas comprendre comment nos censeurs réagissaient : « Les étrangers qui viennent ici ne devraient pas critiquer les fonctionnaires du gouvernement qui font leur devoir et ils doivent respecter le pays dans lequel ils sont de passage. »

Ce même jeudi, le Bureau au complet revoit le film et l'interdit complètement devant le refus du distributeur d'effectuer les coupures. Le lendemain, nouveau visionnement : « À suite de votre suggestion, écrit Gagnon au premier ministre Maurice Duplessis*, nous avons présenté le film *Maxime* à un représentant de l'Archevêché, à un représentant des Dominicains et à un représentant des Franciscains. Ils ont opiné que le dit film était inacceptable et qu'aucune circonstance ne pouvait en justifier la présentation dans la province de Québec. » Cette initiative ne plaît pas au jésuite Jacques Cousineau, de la revue *Relations* (décembre 1958), qui se scandalise que « le Centre catholique du Cinéma, de la Radio et de la Télévision, seul organisme mandaté par l'épiscopat canadien pour porter des jugements autorisés et officiels sur la valeur morale des films, n'ait pas été consulté » ; c'est que lui-même, l'âme dirigeante de ce Centre, aimerait bien pouvoir donner ses avis aux censeurs. Il reproche au Bureau de faire appel à des prêtres non officiellement qualifiés et non désignés par l'Épiscopat, ce qui lui permet, à la suite d'un raisonnement dont la logique n'est pas évidente, de souligner que l'Église n'a rien à voir avec les bévues du Bureau ! Parmi les leçons qu'il faut tirer de cette affaire *Maxime*, il ajoute :

> Enfin, se demander si une révision de la politique actuelle de censure des films au Québec ne s'imposerait pas : composition représentative du Bureau, détermination plus précise des critères*, autocritique plus

judicieuse des interventions, considération accordée aux groupes culturels. Poser la question n'est pas la résoudre, ni laisser entendre que tout est à refaire. Affirmer qu'elle ne se pose pas, c'est nier l'évidence.

Ces propositions de bon sens, presque étonnantes sous la plume d'un curé ardent défenseur de la censure, se retrouvaient déjà dans un article de Jean Hamelin (*Le Devoir*, 1er novembre), la veille de l'ouverture de la Semaine, rapportant les propos tenus lors de l'émission récente *Les idées en marche* à Radio-Canada, que le journaliste avait titré « La censure se défend (mal) ».

Parmi les textes les plus éclairants écrits avant 1960, il convient de citer ici assez longuement l'éditorialiste André Laurendeau du *Devoir* (7 novembre 1958), qui tire d'autres leçons :

> Le problème de la censure québécoise du cinéma vient d'être posé avec éclat. Dans ce domaine, nous ne faisons pas les choses à moitié. Nous choisissons les grandes occasions. Nous nous arrangeons, semble-t-il, pour récolter tout le ridicule possible. Et ce ridicule fera son petit tour du monde. Après quoi, nous retraiterons dans nos vérités éternelles, remerciant le Seigneur de ne pas être comme le reste des hommes et regrettant que devant tant de vertu, le monde se montre si léger et si ingrat. Il y a dans l'Évangile un personnage qui affectionne ce ton-là.
>
> Or les Canadiens français qui n'aiment pas ce rôle et doutent de sa vérité sont de plus en plus nombreux. Minorité si l'on veut, mais minorité qui croît vite. Gens sortis une fois de leur village qui ne mettent pas en cause le principe de la censure mais la manière dont elle est exercée ; qui s'étonnent par exemple que le beau film soit souvent la principale victime des censeurs, soit qu'ils le refusent, soit qu'ils le charcutent ; et qui se demandent, devant la durée du phénomène, s'il est possible que nous ayons toujours raison et les Européens, nos victimes, toujours tort.
>
> [...]
>
> Le but de l'œuvre d'art n'est pas la morale, c'est la beauté, mais c'est une beauté humaine, atteinte par conséquent à l'intérieur d'un univers moral. Donc il est vrai qu'on ne se délivre pas de la morale. Mais dans cette perspective, si elle est aussi contraignante, elle se montrera moins tatillonne.
>
> Beaucoup de gens croient encore que l'art doit d'abord proposer des exemples de vertu. Et si le crime apparaît, il doit être immédiatement puni. [...] Peut-être. Mais c'est une morale dont les enfants eux-mêmes ne sont point dupes. C'est en tous cas une morale sociale, surtout chargée de nous montrer que la société a le bras long, et dont le contenu religieux est d'une étrange faiblesse.
>
> Les adultes savent que le crime paye souvent ; que la vertu est mal récompensée ; que le monde est plein de réussites insolemment fondées sur l'injustice. Néanmoins le crime est un crime, et si glorieux qu'il apparaisse, le mal reste le mal : là réside précisément la tragédie. Ou bien on prend l'agent de police pour le commencement du Royaume de Dieu.
>
> Le grand film est celui qui pose des problèmes humains. Et même s'il lui arrive, chemin faisant, de blesser ou d'étonner, il nous permet d'entrer dans plus de vérité que l'univers rose des *musicals* américains (même avec un mariage au bout). Notre censure croit trop aisément aux morales décoratives.
>
> [...]
>
> J'ai le sentiment que les masses ont évolué plus vite que nos censeurs. [...] On ne saurait leur imposer les mêmes barèmes qu'il y a trente ans : non que l'essentiel des principes moraux ait bougé ; mais la capacité de recevoir et d'accueillir des expériences qui, hier, eussent été scandaleuses, paraît s'être accrue. Il faut en tenir compte.
>
> Il faut en tenir compte, car autrement le public a le sentiment d'être frustré et il se comporte en collégien. Sitôt hors du Québec il se hâte de chercher ce qu'on lui refuse ici, et qui lui semble normal. Qui aime habiter une prison ?
>
> Ainsi la façon dont s'exerce la censure provinciale apparaît-elle comme mal ajustée. Cela tient peut-être à une législation simpliste, qu'il faudrait réexaminer. Ou encore aux pressions qui s'exercent sur les censeurs, dont la besogne est ingrate et difficile. Mais le résultat d'ensemble est déplorable.
>
> On comprend mal que notre censure soit souvent plus sévère que les cotes des moralistes européens. On comprend mal que le système qui prévaut ici prive même les ciné-clubs d'une partie importante de la production européenne. On comprend mal qu'il puisse exister une morale pour le théâtre, une autre pour le magazine, une autre encore pour le film. On comprend mal que la question reste toujours confuse, vague, et comme sirupeuse.

Le public vient de manifester contre notre censure. En riant aux éclats de l'un de ses rafistolages, en ovationnant Charles Vanel, n'est-ce pas un peu ce qu'il voulait signifier ?

Plusieurs autres textes, dans le *Montreal Star* (4 novembre), dans *La Presse* (4, 8 et 10 novembre) rapportent les faits et appellent à la libéralisation de la censure.

Finalement, la projection de *Maxime* que tous les festivaliers espèrent malgré tout pour le lundi suivant n'a pas lieu. Ce n'est que le 11 avril 1961, deux ans et demi plus tard, qu'il est approuvé, avec moins de deux minutes de coupures, du genre de celles qui sont évoquées plus haut.

En 1961, l'Office catholique national des techniques de diffusion juge ainsi cette œuvre en reconnaissant, ce qui est rare, que l'esthétique peut transcender la morale :

> Ce film au dialogue pétillant mais facile recrée bien l'atmosphère du début du siècle. Charles Boyer et Michèle Morgan mènent bien le jeu. Il s'agit en somme d'une comédie amusante et légère qui se suit avec un certain intérêt.
> Le ton de comédie et le cadre d'une époque révolue atténuent la portée de ce film axé sur le thème de la séduction et des amours faciles. Adultes, de nettes réserves. (*Recueil des films*, 1961)

Les péripéties entourant *Maxime* suscitent une réflexion nouvelle au sujet de la censure et révèlent qu'en moins de trois ans, à la fois au Bureau de censure et dans le milieu catholique, l'opinion a beaucoup évolué. *Yves Lever*

ANQ-M, fonds Régie du cinéma, E 188, fiche du film, correspondance du Bureau de censure ; HAMELIN, A. M., ofm, « L'incident *Maxime* et la censure du cinéma », *Culture*, XIX, 4 (décembre 1958).

▶ « L'art et la morale » ; André Guérin

LES MÉMOIRES D'UN SOLDAT INCONNU

Adolphe Brassard (1889-1962) • Roman retiré de la circulation à cause de la censure de guerre (1939)

Le 1er septembre 1939, Hitler envahit la Pologne ; ce même jour, le Canada établit la censure au moyen

Adolphe Brassard se voit contraint de retirer son roman de la circulation, même si celui-ci est paru quelques mois avant la censure de guerre.

des *Règlements concernant la censure, 1939* puis, le 3 septembre, en imposant les *Règlements concernant la défense du Canada*. Cette censure sera régulièrement révisée et abrogée le 15 août 1945.

Or au mois d'avril 1939, cinq mois avant le début de la guerre, Adolphe Brassard a fait paraître *Les mémoires d'un soldat inconnu*, sans mention d'éditeur ; il s'agit cependant de Bernard Valiquette. Ce roman du début de l'âge adulte, sorte de *bildungsroman* à la manière de ceux du XIXe siècle, raconte la découverte de la vérité que fait un soldat volontairement enrôlé durant la Première Guerre mondiale.

Deux soldats découvrent le corps de celui qu'on appelait « Le Canadien » ; celui-ci porte sur lui son journal, qui raconte son dur apprentissage de la réalité de la guerre, sa désillusion et, quoique l'action se passe durant la Première Guerre, le message est d'actualité en 1939, Brassard essayant de convaincre la jeunesse canadienne de rester au pays : « Et toi, belle jeunesse de ma province, belle jeunesse de mon pays, reste chez toi. […] Garde tes forces, ton talent, ta vaillance pour ton pays : les dépenser ailleurs, c'est le trahir. » De tels propos allaient carrément contre l'interdiction de défavoriser de quelque manière que ce soit l'effort de guerre.

Il était évidemment impossible pour Brassard de savoir que son roman tomberait sous le coup de la censure de guerre*, sept mois plus tard. En effet, le « Censeur de la presse », Claude Mélançon, écrit à l'éditeur*-distributeur Valiquette, le 4 novembre 1939 :

> J'ai lu attentivement cet ouvrage et il est hors de tout doute qu'il renferme plusieurs passages qui sont des violations flagrantes des règlements concernant la défense du Canada. L'esprit du livre est lui-même condamnable dans les circonstances actuelles. Pour votre protection et celle de l'auteur, il serait donc sage d'empêcher la diffusion de cet ouvrage pendant la guerre.

Valiquette écrit le lendemain, 5 novembre, à Adolphe Brassard pour lui conseiller de retirer son livre de la circulation : « […] nous serions à la merci d'une simple dénonciation et […] nous serions à la fois passible d'amende et d'emprisonnements [sic], vous à titre d'auteur, et moi à titre d'éditeur et de distributeur, comme traîtres et rebelles… » Valiquette conclut : « Il ne nous reste aucun choix. »

C'était sans compter sur la réplique de Brassard. Il proteste auprès de Claude Mélançon et de Victor Barbeau, président de la Société des écrivains canadiens : « J'ai eu ce pouvoir d'écrire un livre en contravention d'une loi… qui n'existait pas. » Victor Barbeau va d'ailleurs à son tour répliquer, au nom de la Société des écrivains canadiens, auprès du ministre de la Justice, Ernest Lapointe, déterminé « à pousser l'affaire jusqu'au bout dans la mesure de nos faibles moyens ». À son tour, Mélançon prend bien soin de noter que ce qu'il refuse, c'est l'intention de Valiquette « de lancer une campagne de publicité en faveur du livre, c'est-à-dire de le traiter comme une nouvelle édition […] ». La sagesse, prétend-il, serait de garder le livre confiné jusqu'à la fin de la guerre.

Cette guerre dans la guerre se termine par la capitulation de Barbeau et de Brassard. Le 15 janvier 1940, après une entrevue avec Mélançon, Barbeau écrit à Brassard : « […] il n'y a rien d'autre à faire que de s'incliner. » Brassard en remet, s'excusant de son « intempestive et vaine intervention » auprès du ministre Lapointe et écrivant à Mélançon qu'il ne se révoltera pas davantage. Dans une lettre à Valiquette (21 mars 1947), Brassard rappelle (quoiqu'il semble douter que cela ait été fait) que ses « livres devaient être retirés des librairies* ».

Ce cas de censure de guerre répressive est l'un des rares, sinon le seul, à l'endroit de la littérature ; « Dollard des Ormeaux* », d'Alfred DesRochers, montre bien par ailleurs la force prescriptive de cette censure. Enfin, le cas Brassard soulève à quel point l'impunité du littéraire peut se déplacer, même *a posteriori*, à la faveur d'un changement de législation. *Pierre Hébert*

BRASSARD, Adolphe, *Les mémoires d'un soldat inconnu*, Montréal, [s.é.], 1939, 208 p.
ANQ-M, fonds Société des écrivains canadiens, MSS 061 ; ANQ-M, fonds Bernard-Valiquette, MSS 216 ; BEAUREGARD, Claude, *Guerre et censure au Canada, 1939-1945*, Québec, Septentrion, 1998 ; HÉBERT, Pierre et Marie-Pier LUNEAU, « L'écrivain conscrit : la Seconde Guerre mondiale, la censure et les positions de trois écrivains québécois », dans *L'inscription sociale de l'intellectuel*, Manon Brunet et Pierre Lanthier, dir., Québec, Les Presses de l'Université Laval/L'Harmattan, 2000.

▶ La participation des Canadiens français à la Grande Guerre […]

METROPOLIS

Fritz Lang (1890-1976) • Film d'abord interdit, puis accepté avec des coupures (1927); les autres films du réalisateur

Dans les années 1920, le Bureau de censure n'a pas encore de directive concernant l'idéologie socialiste ou communiste*. Pourtant, *Metropolis* (1927) est refusé le 27 juillet 1927 parce que « Featuring Bolchevik ideas ». Que signifient ces mots pour les censeurs ? Que le capitalisme monopolistique mène à la dégradation de la dignité ? Qu'il faut briser la lutte des classes ? Le réalisateur allemand affirme tout cela et bien d'autres idées contestatrices, à tel point qu'on peut facilement voir dans son film aussi bien une critique prémonitoire des exactions communistes qu'une préfiguration des avatars dus à la mondialisation de la fin du XXe siècle. Certains voient aussi une parabole chrétienne dans les catacombes où se réalise la survivance des valeurs.

Les données d'une « reconstruction » demeurent introuvables, car partout, même en Allemagne, il n'y a que des copies mutilées qui circulent. Pourtant, cette « reconstruction » est approuvée le 1er octobre 1927, après que le Bureau de censure eut fait les deux coupures suivantes :

> Coupez :
> V. La fille presque nue (Vue la 1ère fois, la laisser lorsqu'elle semble faire partie du couvercle du coffret);
> VIII. Mary dans les flammes (laisser seulement un flash).

Metropolis est ensuite diffusé normalement dans les grandes villes du Québec. Premier grand film de science-fiction, il est considéré comme un chef-d'œuvre du cinéma muet. Une version intégrale en 16 mm est approuvée « pour tous » le 13 janvier 1966. La réédition produite avec une nouvelle musique par Giorgio Moroder obtient le même visa le 2 octobre 1984.

Parmi les autres films de Fritz Lang, *M* (ce titre est souvent accompagné de *Eine Stadt sucht einen Mörder*, ce qui signifie « les assassins sont parmi nous »; le titre français : *M... le maudit*), 1931, n'arrive au Québec que 22 ans plus tard, ce qui peut s'expliquer par le nazisme en Allemagne, la Seconde Guerre et la lenteur à doubler les films. Il est accepté intégralement le 16 octobre 1953 et il est classé « Pour tous » le 20 septembre 1972.

Das Testament des Dr. Mabuse, *Le testament du Dr Mabuse* (1933) est accepté le 21 août 1935 après ces seules coupes : « II : dial : véritable pédagogie du crime; V : dial. L'évangile selon Saint-Mabuse; l'évangile; VII : scène du suicide, coups de feu. » Présenté de nouveau à la censure le 16 février 1945, il est approuvé intégralement. Le *Docteur Mabuse* que Lang a tourné en 1922 n'a pas été présenté à la censure.

Liliom (1934, fait en France), une fantaisie qui ramène le héros du purgatoire sur la terre pour tenter de réparer ses gaffes, est d'abord refusé le 31 juillet 1934 pour les motifs suivants : « maîtresse et amant, séduction, dialogue au sujet de la justice, etc. ». Puis il est accepté le 12 septembre suivant après ces coupes :

> I- Scène du tableau d'Adam et Ève.
> Voir scène du couteau.
> Dial. : cherchant à allumer l'homme.
> III- Dial. : laquelle des deux, j'attends.
> Scène de Liliom lorsqu'il presse les seins de la jeune fille Julie.
> V- Scène de la vendeuse de fleurs lorsqu'elle se colle sur Liliom.
> Dial. : On se retrouve après.
> Dial. : Je te dirai cela plus tard.
> VII- Dial. : coup de couteau dans l'épaule.
> Scène où on prend le couteau.
> Dial. : Les gros, le Bon Dieu s'en occupe; pour nous, il a son commissaire. Les anges, c'est pour les gros. »

Érotisme, violence, références religieuses sont les trois éléments les plus sensibles pour les censeurs. *Liliom* ne provoque pas de réactions spéciales au Québec, mais l'Église catholique de France le dénonce à cause de sa vision frivole du paradis. Même si Lang entreprend tout de suite après ce film une importante carrière aux États-Unis, *Liliom* n'y est pas présenté avant d'y apparaître en format vidéo vers la fin du xxe siècle. Dans le répertoire de la Régie du cinéma, il est maintenant classé « Général ».

Quant à la production de Lang derrière les caméras d'Hollywood, elle ne provoque pas de mesures censoriales particulières. Ses films, tournés au moment où sévit rigoureusement le *Production Code**, sont généralement approuvés sans restriction, ou avec des coupures minimes, par exemple le 8 septembre 1947, dans le *remake* de *La chienne* (Jean Renoir) qu'il réalise en 1945 sous le titre de *Scarlet Street* (*Rue rouge*). Yves Lever

ANQ-M, fonds Régie du cinéma, E 188, fiches des films.

LA MINERVE

Journal d'Augustin-Norbert Morin (1803-1865) et de Ludger Duvernay (1799-1852) • Ludger Duvernay est emprisonné pour libelle diffamatoire (1832)

Le journal *La Minerve* a joué un rôle déterminant dans la diffusion des idées libérales et révolutionnaires au Bas-Canada. Fondé le 9 novembre 1826 par Augustin-Norbert Morin, ce journal est dirigé, à partir du 17 janvier 1827, par Ludger Duvernay ; considéré comme l'organe d'expression du Parti patriote, il témoigne des luttes constitutionnelles pour l'établissement de la démocratie dans un contexte colonial où l'action des représentants élus du peuple était entravée par l'arbitraire de l'oligarchie bureaucratique. Durant cette décennie de contestation politique, la politique éditoriale du journal vise à faire l'éducation politique du peuple canadien, à défendre les intérêts du pays et à promouvoir les libertés démocratiques.

La Minerve dénonce alors les abus de pouvoir de la clique du château dans l'administration de la colonie. Cette clique est composée d'un petit groupe influent, généralement des membres de la communauté marchande anglophone, qui domine les conseils exécutif et législatif du Bas-Canada. Le journal réclame le contrôle par les représentants élus de la

LUDGER DUVERNAY.

Le journaliste de *La Minerve* est condamné pour avoir critiqué le Conseil législatif.

perception des taxes et des dépenses du gouvernement, ce qui implique l'attribution des contrats et des nominations aux postes dans la fonction publique.

Alors que la Constitution de 1791 reconnaît aux sujets britanniques des deux Canadas des droits similaires à ceux des citoyens britanniques en métropole, dans les faits le pouvoir colonial est peu respectueux des libertés civiles. Les journaux canadiens se réclament alors des principes de la liberté d'expression et de la liberté de la presse* pour critiquer l'administration coloniale. Ainsi, Ludger Duvernay est accusé de diffamation et emprisonné à trois reprises (en 1827, en 1832 et en 1836) pour avoir publié des critiques de l'administration de la justice et de la collusion entre le pouvoir exécutif et le pouvoir judiciaire. Retenons comme illustration de cette politique de bâillonnement de la presse le procès de 1832.

Le 9 janvier 1832, Duvernay publie un article qui analyse les avantages d'élire le Conseil législatif, ce qui constitue une critique implicite de cette institution dont les membres sont nommés par le Conseil exécutif. Le 17 janvier, le rédacteur du journal est cité à comparaître devant le Conseil pour répondre à une accusation de libelle diffamatoire, ce qui est contraire à la saine administration de la justice puisque les Conseillers législatifs se trouvent en conflit d'intérêt, étant à la fois juge et partie. Le Conseil n'en condamne pas moins Duvernay à l'emprisonnement pour toute la durée de la session parlementaire. Les Patriotes profitent de ces incidents pour dénoncer la persécution et l'oppression dont ils sont victimes en invoquant la liberté de tout sujet britannique d'émettre son opinion sur le gouvernement. Les articles incriminés ne disaient rien de plus que ce qui avait été maintes fois affirmé par la presse libérale et les membres de la Chambre d'assemblée. *Denis Monière*

Monière, Denis, *Ludger Duvernay et la révolution intellectuelle au Bas-Canada*, Montréal, Éditions Québec-Amérique, 1987.

▶ Politique (censure) ; *Les paroles d'un croyant*

LE MONDE

Journal qui publie en version expurgée *Les trois Mousquetaires* d'Alexandre Dumas (1893-1894)

▶ Roman-feuilleton

MONROE, MARILYN (1926-1962)

L'actrice est une proie de choix pour les censeurs québécois

Née à Los Angeles d'une mère mentalement instable et d'un père qui disparaît avant même sa naissance, la petite Norma Jean Mortenson vit jusqu'à 16 ans en foyers d'accueil. Dès 18 ans, avec sa beauté et son corps sculpturalement sensuel, elle sert de modèle pour la vente de maillots de bain et elle pose pour des photographes. Elle prend le nom de Marilyn Monroe (patronyme de sa grand-mère) en 1946. Remarquée par les patrons de plusieurs stu-

Figure emblématique de l'érotisme cinématographique américain dans les années 1950, Marilyn Monroe est une proie toute désignée pour la censure au Québec, mais elle s'en tire en général assez bien.

dios pour son *sex-appeal*, elle obtient dès 1947 des petits rôles, qui deviennent de plus en plus importants, jusqu'à en faire le *sex-symbol* numéro 1 de l'Amérique, surtout après que sa photo, où elle apparaît nue pour un calendrier, a fait le tour du monde et qu'elle pose pour le premier numéro de la revue *Playboy* en décembre 1953. Ses réparties en interview (« Que portez-vous pour dormir ? – Quelques gouttes de Chanel no 5 ») accentuent la vision érotique qu'elle provoque. Dès lors, ses rôles misent autant sur son corps que sur son talent, ce qui en fait, pour le Bureau de censure du Québec, alors présidé par le rigoriste Alexis Gagnon*, une proie toute désignée.

Le 8 avril 1959, *Some Like It Hot* du réalisateur Billy Wilder est approuvé avec 12 coupures totalisant deux minutes et demie (sur 121). De cette comédie, devenue un grand classique du cinéma hollywoodien, disparaissent des plans et des scènes liés aux costumes provocants de l'actrice. La fiche décrivant toutes les coupes n'indique que le début et la fin des scènes retranchées, mais le censeur ne cache pas son intention : « All cuts were made because of over exposure of M. Monroe. » En visionnant la copie intégrale, on voit bien que tel fut le cas. Des scènes retranchées se dégage un érotisme sulfureux, presque agressif, dû à la mise en scène, aux gestes ambigus, au costume presque transparent de l'actrice dans une scène de spectacle, à la façon apparemment naturelle, mais hautement provocante, de mettre ses seins en valeur. Une telle sensualité est rarement atteinte depuis, malgré la nudité qui s'installe petit à petit. Le Centre catholique ne s'y trompe pas : « Des éléments inacceptables sur le plan de la morale chrétienne et l'atmosphère suggestive de l'ensemble obligent à déconseiller ce film. » Plus tard, *Some Like It Hot* est classé « Pour tous » le 7 mars 1972 ; sa présentation à la télévision s'accompagne maintenant d'un avis de convenance pour les « 8 ans+ ».

Avant 1959, les ciseaux de la censure ont déjà retranché des images de Marilyn Monroe pour exactement les mêmes motifs. Le 9 mars 1953, *Niagara* (Henry Hathaway) s'en tire avec seulement une minute et 7 secondes en moins (sur 89), mais c'est surtout pour « Éliminer toute la scène de Rose en déshabillé lorsqu'elle répond à la porte » et pour « Éliminer la scène d'étranglement après le dialogue I loved you Rose. (long plan) ». Le 25 juin 1954, *River of No Return* (Otto Preminger) perd un peu plus de deux minutes, dont « part of song where Marilyn's legs are seen in close-up ». Le Centre catholique le réserve aux « adultes avertis ». Le 14 juillet 1955, *The Seven Year Itch* (comédie de Billy Wilder, 1955) est amputé de plus de 5 minutes, surtout des dialogues, d'une scène dans le bain et des baisers. Pour les catholiques, « ce film relève de la satire et le rire qu'il provoque atténue sa portée morale. Des situations risquées et des attitudes provocantes motivent cependant de nettes réserves ». Le 21 février 1961, seulement trois plans, totalisant à peine 6 secondes, sont éliminés de *The Misfits* (John Huston) : « Quand Roslyn se lève le bras (seins) ; quand Roslyn se lève du lit (seins) ; quand Roslyn se penche sur Gay (seins) », mais déjà les représentants du producteur, la United Artists, ont retranché, contre la volonté du réalisateur et parce que le public américain n'est pas encore prêt pour une telle audace, une scène de chambre à coucher où Monroe révèle sa poitrine dans toute sa nudité.

Dans les États-Unis puritains des années 1950, avec la complicité de quelques bons réalisateurs, Marilyn Monroe brave les interdits du *Production Code** en adoptant un ton d'ingénue, souvent naïve et comme inconsciente de ses attributs physiques. La censure élimine quelques plans et des scènes plus explicites et plus provocantes, mais elle ne réussit pas à cacher tout ce que l'actrice suggère de sensualité naturelle et libre. *Yves Lever*

ANQ-M, fonds Régie du cinéma, E 188, fiches des films ; *Recueil des films*, 1956, 1958, 1959.

MONSIEUR VERDOUX

Charles Chaplin (1889-1977) • **Film d'abord refusé, puis accepté avec coupures (1947, 1950)**

Comme dans la plupart de ses films, Charles Chaplin combine ici le drame et la comédie. Mais il n'y a pas de finale heureuse et le personnage de monsieur Verdoux qui, pour faire vivre sa famille, assassine de riches héritières après les avoir séduites, ne peut pas facilement susciter la sympathie, même si l'action se déroule à l'époque de la crise économique des années 1930.

Monsieur Verdoux est soumis à la censure québécoise le 7 juillet 1947. Le verdict ne tombe que le 26 novembre, ce qui représente un délai anormal.

Il est refusé parce que le distributeur n'accepte pas les coupures imposées et ne veut diffuser que la version intégrale. Le 15 décembre, la United Artists se ravise et accepte les sept coupures (scènes de suicide, répartie où Verdoux dit ne pas avoir de remords pour ses actions, etc.), qui totalisent environ une minute sur les 124 de l'ensemble, ce qui n'altère pas le sens de l'œuvre. Quand une version doublée est présentée le 16 mars 1950 (ce délai de plus de deux ans pour une copie en français est alors coutumier), là aussi la décision retarde anormalement puisqu'elle n'est rendue que le 21 avril. L'approbation est sujette aux coupures suivantes qui, paradoxalement, ne sont pas les mêmes que pour l'original (le « p.1 », etc., renvoie à la copie du scénario que les censeurs ont en main) :

> Bobine 1A-p.1 : Dial. Un honnête employé de banque. (Éliminer le mot « honnête »).
>
> Bob. 2B-p.19 : Scène Éliminer le *close-up* où l'on voit que la femme de Verdoux est une infirme ; ainsi que le dialogue suivant « Dix ans... des années merveilleuses. » (Fin)
>
> Bob. 4B-p.41 : Couper la scène immédiatement après le dialogue suivant : « Une heure vingt-cinq avant d'arriver et finir la coupure dans le (*dissolve*) quand le train entre en gare. (Fin) (Cette coupure élimine la scène où le détective meurt empoisonné).
>
> Bob. 6B-p.59 : Dial. : vous et de votre ami. (Fin)
>
> Bob. 6B-p.61 : Dial. : J'aurais pu prendre la chose en main. (Fin)
>
> Bob. 7A : Dial. : Du juge – Avez-vous quelque chose à dire avant la sentence... je vous reverrai bientôt... très bientôt. (Fin)
>
> Bob. 7A : Couper au *dissolving* quand le photograph [*sic*] va s'asseoir. Et finir cette coupure lorsque le prêtre tourne le dos à Verdoux juste avant l'entré [*sic*] des officiers de la prison. (Fin)
>
> Bob. 7A. Dial. : Non merci... Une minute... je n'ai jamais goûté au rhum. (Fin)

Dans cette version, il manque maintenant 5 minutes. Le sens de certaines scènes est quelque peu modifié. Le film garde quand même sa valeur propre. On peut penser que, au courant, Chaplin n'en aurait pas fait un drame.

L'original anglais est soumis à nouveau le 14 octobre 1973 et il obtient le visa « Pour tous », ce qui signifie que dorénavant toutes les versions peuvent circuler intégralement.

Avant *Monsieur Verdoux*, l'œuvre de Chaplin subit peu les foudres de la censure. Les courts métrages passent sans embâcle, sauf *The Rink* (1916) dont on élimine : « scene II, view of Chaplin actually sitting astride the mermaid's abdomen while she lies on floor. » Les examinateurs ne voient rien de répréhensible aux longs métrages comme *The Gold Rush*, *The Circus*, *Limelight* pas plus qu'ils ne semblent conscients du caractère subversif de *Modern Times*.

Pour *City Lights*, le 12 mars 1931, l'approbation est conditionnelle à « Elim. : I- Nude statue of woman in square ; V- View of girl in underwear standing on table. »

De retour devant les censeurs le 12 septembre 1950, aucune coupure n'est imposée. Même chose le 8 février 1951 quand arrive pour la première fois une version doublée en français, *Lumières de la ville*. Le 30 décembre 1971, le visa « Pour tous » est accordé à toutes les versions de tous formats.

Le 2 novembre 1940, *The Great Dictator* obtient son approbation sans restriction. Toutefois, pour la version doublée en français, le 10 avril 1948 (huit ans plus tard), *Le dictateur*, le Bureau de censure coupe cet extrait du dialogue : « Mais si Dieu n'existait pas, croyez-vous qu'la vie s'rait pire ? – Ouah – Moi je crois qu'non. » Le 27 août 1958, la copie intégrale en français peut prendre l'affiche. *Yves Lever*

ANQ-M, fonds régie du cinéma, E 188, fiches des films.

MONTPARNASSE 19

Jacques Becker (1906-1960) • Film où la censure coupe des scènes et invente un mariage au peintre Modigliani (1958)

Dans *Montparnasse 19* (1958), le comédien Gérard Philippe joue les dernières années du peintre maudit Amedeo Modigliani, mort à 36 ans en 1920.

Le distributeur Rank apporte le film au Bureau de censure le 29 septembre 1958, avec le titre* *Les amants de Montparnasse* que le producteur lui a d'abord donné avant de le renommer *Montparnasse 19* (qui représente l'adresse de l'atelier de l'artiste), son titre définitif. Perplexes devant cette œuvre de qualité mais sortant de la morale convenue, les censeurs le mettent « En suspens », ce qui équivaut à un refus provisoire. Le 28 octobre, il est approuvé avec les coupures suivantes :

Bobine :

> 1A : Changer le titre « Les amants de Montparnasse » pour « Montparnasse 19 ».
>
> 1A : Éliminer le sous-titre Scénario de Michel Georges Michel. Etc. (Cette coupure a été faite pour continuité de la musique) (Éliminé dans l'original mais laissé dans copie)
>
> 1A : Éliminer le titre : « Les auteurs de ce film romancé » etc. Et remplacer par le suivant : « Le présent film ne prétend pas et n'a pas voulu être une biographie d'Amedeo Mogliani » [sic] (Voir le dossier ci-joint).
>
> 1A : Dial. : Bravo, après l'amour vous devenez éloquents… Reprendre au dialogue : Alors c'est fini les faux délires.
>
> 1A : Dial. : Il fallait que tu sois saoul pour coucher avec moi.
>
> 1B : Dial. : Béatrice… Cette nuit. Eh bien.
>
> 1B : Dial. : Mais nous n'avons pas fait l'amour… Oh, si, entre-temps.
>
> 3A : Dial. : Où as-tu passé la nuit ?
>
> 4A ou B : Éliminer la scène des toits de Paris ainsi que la chambre à coucher où l'on voit le couple couché et placer celle-ci après la scène champêtre et la mer. (Fade-Out)
>
> 4B : Dial. : Pourquoi ne m'as-tu pas écrit… Tu me l'as donné. (Ce dialogue est dans la chambre à coucher entre le couple au lit)

Rien de nouveau dans le refus du titre, car le mot *amant* fait partie des tabous de l'époque. Les coupures n'ont rien pour surprendre non plus ; elles ne totalisent qu'environ une minute sur les 108 du film, ce qui réjouit presque, étant donné la vie du peintre. La critique s'offusque toutefois du préambule* imposé :

> Le présent film ne prétend pas et n'a pas voulu être une biographie d'Amédéo Mogliani [sic]. C'est à l'Histoire qu'il appartient de raconter dans ses détails la vie turbulente de ce peintre désormais célèbre.
>
> Qu'il nous suffise de savoir que, d'après une Note de l'éminent scénariste Jean Cocteau, Mogliani [sic] naquit en Italie, en 1884, épousa Jeanne Hébuterne et mourut à Paris en 1919 [sic].
>
> Il n'en faut pas plus pour donner naissance à l'émouvante histoire d'amour que nous avons appelée : « Montparnasse 19 », et qui s'inspire de quelques épisodes de la vie du peintre.

Le document ne dit pas qui, du Bureau, a rédigé ce texte. Mais l'ignorance de l'auteur l'amène, par deux fois, à mal écrire le nom du peintre. Quant à la note de Cocteau qui marie Modigliani, c'est une fausseté puisque le peintre ne s'est jamais marié. Même le jésuite Jacques Cousineau, ardent défenseur de la censure, en convient :

> Cette addition, contraire à la vérité historique, constitue une malhonnêteté ; par son caractère grotesque dans les circonstances, elle jette du ridicule sur l'exercice de l'autorité et, soulignant aux yeux des spectateurs avertis l'irrégularité de la situation, ne fait qu'accentuer cet aspect douteux du film. Le mode d'intervention de la censure prend parfois autant d'importance que la nécessité de son exercice et requiert délicatesse et intelligence cinégraphique [sic] ». (*Relations*, décembre 1958)

Montparnasse 19 est présenté pour la première fois le 3 novembre 1958, en film d'ouverture de la Semaine du film français, en remplacement de *Maxime**, que le Bureau a trop charcuté pour que le distributeur accepte de le présenter. Les festivaliers huent le générique, avant de goûter le film lui-même que la critique des jours suivants va proclamer un des meilleurs de la manifestation. Il revient souvent dans les conversations lors du procès que le milieu du cinéma fait à la censure durant toute la Semaine.

Il sort ensuite en salle le samedi 29 novembre. Le Centre catholique le classe ainsi : « L'idéalisation de l'amour libre, les liaisons de l'artiste motivent des réserves cependant atténuées par le caractère biographique de l'œuvre. Pour adultes avec réserves. »

Le 2 février 1966, une copie en 16 mm est approuvée sans modifications, ce qui signifie qu'il peut être diffusé aussi dans le format original. Cette copie, apportée par la Cinémathèque canadienne, revient au Bureau le 26 février 1968 et elle est alors visée « 14 ans ». *Yves Lever*

ANQ-M, fonds Régie du cinéma, E 188, fiche du film et procès-verbaux des assemblées du Bureau de censure ; *Recueil des films*, 1958.

LES MONTRÉALISTES
▶ Arcand, Denys

LA MORALE AMIE DE L'ART
Eugène Lefebvre (1911-1984) • Essai qui prône l'inséparabilité de l'art et de la morale (1948)

La préface de Léo-Paul Desrosiers situe *La morale amie de l'art*, du rédemptoriste Eugène Lefebvre, c.ss.r., dans le contexte culturel de l'après-guerre qui requiert, selon le préfacier, un vigoureux redressement basé sur les principes moraux traditionnels. Le livre, écrit-il, « vient à son heure chez nous. La morale traditionnelle a toujours son corps puissant et musclé ; elle est capable, comme autrefois, de faire sauter d'un seul effort les ceintures de faussetés et les entraves de niaiserie avec lesquelles on tente de la ligoter, de la jeter par terre pour la poignarder. »

Selon Lefebvre, l'essor rapide de l'édition* québécoise en temps de guerre a apporté le meilleur et le pire. Il dénonce dans un premier temps la dissociation entre l'art et la morale défendue par un « groupe déjà considérable de nos hommes de lettres ». La situation est telle, selon lui, que rares sont les critiques qui ont une vision orthodoxe de la lecture. Sous prétexte d'une émancipation littéraire, ces derniers emboîtent le pas à ces écrivains décadents que sont, entre autres, Jules Romains, Marcel Proust, Roger Martin du Gard, André Gide, Colette, André Malraux, Raymond Radiguet, Jean-Paul Sartre.

En 1948, l'Église prône toujours l'indissociabilité de la morale et de l'art.

L'auteur reprend l'argumentaire du débat français des années 1930 sur le droit du romancier français à décrire le mal sans le condamner. Il attaque le présupposé amoraliste implicite dans la position de François Mauriac selon laquelle la connivence de l'artiste avec son sujet serait indispensable, sinon la condition même de l'art du romancier.

Lefebvre prend à parti le critique Guy Sylvestre qui défend une autonomie de l'art et de l'artiste. S'appuyant sur Jacques Maritain, Sylvestre affirme que la moralité d'une œuvre vient de la manière de traiter le sujet et non du sujet lui-même. L'auteur oppose à Sylvestre sa propre interprétation de Maritain. Selon ce dernier « [l]a question essentielle est de savoir à quelle hauteur [le romancier] se tient pour faire cette peinture, et si son art et son cœur sont assez purs, et assez forts, pour le faire sans connivence ». La limite de la position de Maritain, qui consiste à ne pas voir de connivence avec le mal, tient à ce qu'elle ne prend pas en compte la connivence avec le mal induite par le roman. L'honnêteté et les bonnes intentions de l'artiste ne suffisent pas, car elles n'assurent pas la protection du public qui est moins protégé que l'écrivain devant l'immoralité artistique, car « [p]our la plupart, la seule vue du mal le suggère ». Il oppose à Mauriac et à Guy Sylvestre la position maritainienne revue et corrigée.

La critique morale est incontournable. Le caractère prioritaire du point de vue moral sur toute considération esthétique découle de la faiblesse de la nature humaine marquée par le péché originel. La « forme » n'est là que pour le « fond ». Distinguer, mais ne pas séparer. « Le seul renoncement qui est demandé [au romancier], c'est de ne pas porter atteinte, sous prétexte d'art, à l'âme du prochain ». La responsabilité sociale de l'artiste lui impose de ne pas induire le lecteur en tentation.

Le droit et le devoir moral de protéger le lecteur découlent du droit naturel qui proscrit non seulement ce qui est obscène* *ex professo*, mais encore ce qui est dangereux ou léger parce que susceptible d'induire au mal. L'Église a l'obligation de sauvegarder la vérité et de protéger les fidèles. Dès lors, tout homme et tout catholique se doit de respecter l'Index* et les autres mesures d'interdiction de livres dangereux. La vie chrétienne passe avant l'art, comme l'écrit Lefebvre. À Robert Charbonneau qui affirme que « [b]rûler les livres ne sera jamais que l'aveu d'une défaite, la réaction de la brute devant l'Esprit », l'auteur répond :

> Le chrétien cultivé lui-même n'a pas le droit de lire les ouvrages que l'Église, qui sait ce qu'il y a dans l'homme de penchants au mal, a condamnés. Qu'il ne cesse jamais de s'appliquer à « tonifier » son christianisme ; c'est précisément ce christianisme tonifié qui lui inspirera de « brûler » les livres qui porteraient atteinte en lui au règne de l'« Esprit » sur la « brute ».

Une importante bibliographie commentée de 20 pages, en fin de volume, offre un outil précieux pour qui veut reconstituer le débat sur la relation entre l'art et la morale* en France et au Québec dans les années 1930 et 1940. *Yvan Cloutier*

LEFEBVRE, Eugène, c.ss.r., *La morale amie de l'art* (avec une préface de Léo-Paul Desrosiers), Sainte-Anne-de-Beaupré, Librairie Alphonsienne, [1948], xx, 295 p.

▶ « Les déviations de l'art » ; *Foi et littérature* ; Gay, Paul ; *Lectures*

MORALE

▶ « L'art et la morale »

LES MOUCHES

Jean-Paul Sartre • Pièce de théâtre que la troupe Les Compagnons de Saint-Laurent renonce à jouer (1946) et présentée comme cas de censure dans le roman de Françoise Loranger, *Mathieu* (1949)

▶ *Huis clos* ; *Mathieu*

N

NÈGRES BLANCS D'AMÉRIQUE

Pierre Vallières (1938-1998) • La saga judiciaire entourant cet essai controversé constitue un point central dans l'histoire de la censure (1968-1973)

Issu d'une famille ouvrière, Pierre Vallières interrompt ses études à la fin de sa rhétorique et fait une année d'études chez les Franciscains, à Québec. Il épouse ensuite un parcours qui lui permettra de se tailler une place dans l'élite intellectuelle montante du tournant des années 1960. Il codirige d'abord brièvement la revue *Cité libre*, en 1963-1964, puis fonde en 1964 la revue *Révolution québécoise* avec Charles Gagnon. Les deux comparses se joignent au Front de libération du Québec (FLQ) et sont arrêtés à New York en 1966, lors d'une manifestation qui a pour but de sensibiliser les Nations Unies à l'exploitation du peuple canadien-français. Incarcéré à New York, Vallières y écrit son autobiographie à partir de sa cellule. Rédigé sous l'impulsion d'un sentiment d'urgence, cet essai est finalement publié en février 1968 par les Éditions Parti pris, sous la direction du journaliste et poète Gérald Godin.

À travers son enfance et ses expériences de vie, Vallières se fait le témoin et le porte-voix des travailleurs opprimés. Il dénonce la dictature du capitalisme qui maintient les Canadiens français dans un rôle de soumission politique et économique. Par son ton subversif et revendicateur, il devient l'une des figures emblématiques du FLQ et une source d'inspiration pour toute une génération de révolutionnaires plus ou moins radicaux.

Le 31 octobre 1969, le ministre de la Justice Rémi Paul ordonne la perquisition au bureau personnel de Gérald Godin. La Sûreté du Québec saisit une grande quantité de livres, de revues, de documents et de dossiers ayant un rapport plus ou moins direct avec Pierre Vallières et Charles Gagnon. Des accusations de sédition sont portées contre ces derniers. La justice en a précisément contre *Nègres blancs d'Amérique*, dont le sous-titre est *Autobiographie précoce d'un « terroriste » québécois*. Le 1er novembre, *Le Devoir* apprend que cette saisie vise non seulement le bureau de l'éditeur*, mais également toutes les étapes de production de l'ouvrage, de l'auteur jusqu'au libraire*. La police perquisitionne au bureau de Parti pris, dans certaines librairies et chez l'imprimeur* (Payette et Payette, à Saint-Jean), où elle saisit les plaques d'impression et les épreuves. Les forces de l'ordre poussent le zèle jusqu'à saisir les deux exemplaires de *Nègres blancs d'Amérique* déposés par l'éditeur à la Bibliothèque nationale du Québec.

Cette opération policière donne lieu à des mises en accusation formelles de sédition déposées contre Vallières et son livre, son éditeur Gérald Godin, son acolyte Charles Gagnon, Jacques Larue-Langlois (porte-parole du Comité Vallières-Gagnon) et Claire Dupond (militante de la CSN qui a dactylographié le manuscrit).

Pour Godin, les accusations de sédition laissent planer de nouveaux ennuis et un ralentissement des activités de la maison d'édition, deux semaines à peine après avoir été condamnée à payer 400 $ d'amende à l'issue du premier procès contre *Le mal des anges**. La perquisition de *Nègres blancs d'Amérique* annonce de nouvelles procédures longues et coûteuses, qui risquent d'avoir des conséquences fâcheuses sur les activités de Parti pris.

La vague d'accusations de sédition autour de *Nègres blancs d'Amérique* s'inscrit dans une pluie de griefs du même ordre déposés par le ministère de la Justice contre plusieurs personnes liées de près ou de loin au FLQ, ce qui rend fort complexe la distinction des différentes sagas judiciaires qui se jouent au même moment. Il est d'ailleurs facile de confondre cette affaire avec le procès qui est passé à l'histoire sous le nom de « Procès des Cinq » qui s'ouvre en 1971, alors que la date du procès de *Nègres blancs d'Amérique* n'a pas encore été fixée ; comme s'y retrouvent sensiblement les mêmes accusés, pour des motifs semblables, on est tenté de les associer, mais il n'en est rien. Le Procès des Cinq regroupe les accusés Vallières, Gagnon, Larue-Langlois ainsi que l'avocat Robert Lemieux et le syndicaliste Michel Chartrand sous le chef d'accusation de conspiration séditieuse. Ils sont accusés d'avoir comploté pour renverser par la force le gouvernement fédéral. Ce procès se conclut par un verdict de non-culpabilité.

La Couronne utilise *Nègres blancs d'Amérique* comme pièce à conviction dans la plupart des multiples procès que subit simultanément Vallières. Il suffit de suivre celui d'incitation au meurtre pour le constater. Ce procès survient en 1969, à la suite d'un attentat à la bombe du FLQ à l'usine Grenade Chaussures, lequel a causé la mort d'une employée.

Autant de procès simultanés provoqués en vertu d'un chef d'accusation aussi inusité imposent de définir ce que la justice canadienne entend par « sédition ». Dans un article du *Devoir* du 14 novembre 1969, « La jurisprudence est pauvre dans les causes de sédition », le chroniqueur judiciaire Guy Deshaies présente les articles du Code criminel qui traitent de sédition et la jurisprudence canadienne en cette matière. Il présente les articles 60, 61 et 62 du Code criminel, qui définissent l'acte d'accusation, les arguments de défense recevables et les peines encourues par un verdict de culpabilité.

Les accusations qui intéressent plus particulièrement ici sont celles en lien avec l'édition même de l'essai, celles de « libelle séditieux ». L'article 62 démontre bien le sérieux de l'offense ; il ne s'agit plus, comme dans le cas de la publication d'une œuvre obscène*, d'une amende. Gérald Godin et Pierre Vallières s'exposent à une peine de prison de 14 ans. Mais curieusement, avec la mise en vigueur de la Loi des mesures de guerre par le gouvernement fédéral, la peine maximale des crimes de sédition est réduite à cinq ans. Cette réduction s'explique parce que la Loi des mesures de guerre ne permet pas d'imposer des peines supérieures à cinq ans.

En vertu des accusations criminelles qui pèsent contre eux, Vallières et Godin se défendent en faisant la preuve de leur bonne foi et en misant sur la valeur littéraire de l'essai. Godin veut établir la crédibilité de Vallières en inscrivant sa démarche intellectuelle dans le contexte sociologique et historique d'un Québec en ébullition. Que *Nègres blancs d'Amérique* soit une œuvre reconnue par les sociologues et qu'elle soit étudiée dans les écoles et les universités lui confère, sinon l'impunité, du moins des appuis stratégiques. D'autres arguments, tels que la reconnaissance à l'étranger de la valeur de cet ouvrage, notamment par de nombreuses traductions qui lui ont assuré une diffusion en Allemagne, aux États-Unis, au Canada anglais et en Italie, jouent également en faveur des accusés.

Plusieurs intellectuels et groupes culturels donnent publiquement leur appui au tandem Vallières-Godin. L'Association des éditeurs canadiens proteste contre la censure et réclame des règles plus claires pour les éditeurs. Des collègues réunis à l'occasion de la 9ᵉ Rencontre des écrivains québécois exigent la libération de Vallières et demandent au gouvernement de rayer du Code criminel la notion de sédition appliquée à des textes ou à des paroles. Le Comité d'aide au groupe Vallières-Gagnon, constitué de plusieurs personnes des milieux de l'enseignement, du syndicalisme, du clergé, du spectacle et du journalisme, organise de nombreuses activités bénéfices, dont des spectacles auxquels participent plusieurs artistes québécois, tels Pauline Julien, Raymond Lévesque et Georges Dor. Plus tard, en juin 1971, le Mouvement pour la défense des prisonniers politiques du Québec prend la relève pour appuyer l'ensemble des personnes arrêtées en vertu de la Loi des mesures de guerre.

Après le dépôt des accusations à l'automne 1969 contre l'auteur et l'éditeur de *Nègres blancs d'Amérique*, les mois passent sans que ne soit jamais arrêtée la date du procès. Durant ce temps, une question fondamentale se pose : le livre est-il interdit ? Les libraires et l'éditeur craignent de subir d'autres poursuites s'ils continuent de distribuer l'ouvrage, mais ils voudraient profiter de la publicité générée par les différents procès de Vallières pour mousser ses ventes au Québec. Alors que les Éditions Parti pris et les libraires s'interrogent sur la légalité de distribuer l'ouvrage, *Le Devoir* annonce, le 19 mars 1971, que « [t]ant et aussi longtemps qu'un tribunal des assises ne se sera pas prononcé à ce sujet et n'aura pas déclaré Pierre Vallières coupable de sédition pour son livre, la publication, la distribution, l'affichage et la vente du volume sont permis ».

Cette affirmation ne semble pas convaincre Gérald Godin. Il s'adresse au ministère de la Justice pour préciser une fois pour toutes le statut de l'ouvrage et déterminer si la distribution et la vente de l'édition française et de l'édition anglaise sont permises au Québec. Le ministère de la Justice répond évasivement que « l'auteur et l'éditeur devant prendre eux-mêmes leur responsabilité, compte tenu des dispositions législatives en vigueur ; le ministère de la Justice n'intervenant dans ce domaine que si une publication enfreint l'une ou l'autre des dispositions du Code criminel ».

En février 1970, les accusations conjointes pesant contre Pierre Vallières, Gérald Godin, Jacques Larue-Langlois, Charles Gagnon et Claire Dupond, accusés d'avoir participé à une conspiration pour répandre des propos séditieux en publiant *Nègres blancs d'Amérique*, sont rejetées, avant même la tenue d'un procès, par le juge Émile Trottier de la Cour des sessions de la paix, puisque « le tribunal considère que la poursuite n'a pas établi [...] une preuve suffisante ». Les accusations de libelle séditieux sont toutefois maintenues encore quelques mois contre Vallières et son livre. L'édition de 1994 de *Nègres blancs d'Amérique* indique que le ministère de la Justice aurait finalement abandonné les chefs d'accusation en 1973, pour une question d'argent selon Vallières. D'autres sources laissent plutôt croire qu'ils auraient été retirés en douce au cours de l'automne 1971.

Déjà, le 26 juin 1971, *Le Devoir* affirme, sur la foi d'un informateur jugé comme « une très bonne source », que le ministère de la Justice étudie la possibilité d'abandonner un nombre important de causes de sédition en raison de « sa moyenne peu élevée » de victoires dans une série de procès qui ont à peu près tous mené à des verdicts de non-culpabilité. Cette succession d'échecs, conjuguée à un climat sociopolitique plus calme, a certainement contribué à retirer les accusations de libelle séditieux maintenues contre Vallières et son livre.

À la lumière du procès intenté contre Vallières et Godin, la sédition et la montée nationaliste sont alors perçues par les autorités comme un danger réel, bien plus inquiétant que l'érotisme ou la pornographie qui prolifèrent à la même époque. Les accusations de sédition et de libelle séditieux déposées contre Vallières ont engendré de longues procédures judiciaires et des débats musclés. Puis, la répression sans précédent exercée à l'occasion de la crise d'Octobre 70* avec la mise en vigueur de la Loi des mesures de guerre confirme qu'on est loin de la désinvolture du discours sur la nudité. La menace de la sédition est plus sourde, plus dangereuse ; elle met en danger les fondements mêmes du pouvoir. *Sophie Vincent*

VALLIÈRES, Pierre, *Nègres blancs d'Amérique. Autobiographie précoce d'un « terroriste » québécois*, Montréal, Éditions Parti pris, 1968, 542 p.

ANQ-M, fonds Gérald-Godin (MSS-464), « Correspondance – Gérald Godin, signataire » et « Q (P) Ministère de la Justice » ; fonds Gaétan-Dostie (MSS-434), « Gagnon-Vallières-Procès » ; VINCENT, Sophie, « L'apprentissage de la liberté : mutations de la censure au Québec, de l'abolition de l'*Index* aux lendemains de la crise d'Octobre (1966-1971) », Maîtrise (études littéraires), Université de Sherbrooke, 2002.

▶ Politique (censure)

NEWMAN, SYDNEY (1917-1997)
Celui par qui la censure arrive, à un niveau inégalé, à l'Office national du film (1970-1976)

Sydney Newman est cinéaste à l'Office national du film* (ONF) et à la CBC (réseau anglais de Radio-Canada), puis producteur en Angleterre. En août 1970, il accepte de diriger l'ONF, sis à Montréal, malgré son unilinguisme anglophone et sa méconnaissance de la société québécoise. Sa nomination ne s'explique que par la volonté du gouvernement fédéral dirigé par Pierre Elliott Trudeau de refréner, à l'intérieur de l'institution, les ardeurs des cinéastes québécois à proposer des changements radicaux de toutes les institutions canadiennes. On lui adjoint André Lamy, jeune producteur québécois, mais il est clair qu'il n'y a qu'un patron (« Lamy runs the ship based on what I want him to do », dira plus tard Newman). Dès sa nomination, il se retrouve aux prises avec le cas de *Cap d'espoir** dont son prédécesseur, Hugo McPherson, vient tout juste d'interdire la diffusion et qui suscite des remous dans la presse. Il ne peut que la confirmer. Puis, fidèle à la logique du gouvernement Trudeau, il se trouve à l'origine des cas de censure les plus importants qu'aura connus l'organisme : *On est au coton**, *Un pays sans bon sens**, *24 heures ou plus**, sans compter les coupures mineures imposées à plusieurs autres productions et l'autocensure* à laquelle succombent bien des cinéastes pour éviter les problèmes ou encore le congédiement. Pour lui, l'ONF

« I'm not a censor, I'm the boss », dit Sydney Newman, avec humour. Peut-être est-il l'exemple de la bonne personne se retrouvant à un poste qui ne lui convient pas, au pire moment possible...

ne saurait remettre en cause les régimes politique et économique canadien, quelles que soient leurs limites. Il refuse de se voir en censeur : « I'm not a censor. I'm the boss », dit-il avec un certain humour.

Yves Lever

EVANS, Gary, *In the National Interest, A Chronicle of the National Film board of Canada from 1949 to 1989*, 1991.

NORMÉTAL
◯ Groulx, Gilles

NOUVELLE VAGUE
Les réactions suscitées par les films significatifs des Truffaut, Godard, Resnais et compagnie

Étiqueté « Nouvelle Vague » par la critique, ce courant du cinéma français, qui va de 1958 à 1962 approximativement, ne rejoint le Québec que sous formes de vaguelettes. Les films n'arrivent qu'au compte-gouttes et presque tous quelques années après leur sortie parisienne. Le retard s'explique en partie parce que le principal distributeur de films français, France-Film, s'intéresse davantage aux productions de Claude Autant-Lara et d'Henri Verneuil qu'à celles de François Truffaut et de Jean-Luc Godard. La principale raison relève toutefois de la crainte de la censure. Tant que le Québec n'est pas fermement engagé dans sa révolution morale et sa libération du pouvoir religieux, il faut craindre de présenter des œuvres dont le ton et les valeurs font fi de l'éthique traditionnelle. Encore en 1961, Jacques Cousineau, s.j., déplore le « comportement licencieux » de la Nouvelle Vague dans *Relations* de décembre. Voici quelques cas emblématiques du mouvement et certains qui se situent dans son prolongement.

Les quatre cents coups (François Truffaut, 1959) est approuvé intégralement le 14 octobre 1959. Truffaut est un des rares réalisateurs de la Nouvelle Vague dont les films arrivent au Québec presque en même temps qu'à Paris. Ses autres films ne subissent que des coupures mineures (*Tirez sur le pianiste*) ou évitent les ciseaux (*Tire au flanc, La peau douce, Fahrenheit 451*). *Jules et Jim*, qui présente un ménage à trois, est accueilli un peu moins favorablement. Il est approuvé le 18 mai 1962, avec la restriction qu'il ne peut être présenté qu'à la Comédie canadienne à Montréal, où il sort en juillet (en Alberta, il est interdit). Toutefois, moins de quatre mois plus tard, le 6 septembre, l'aval est donné pour tout le Québec. Le 30 avril 1971, il est coté « 18 ans ». En 1986, il obtient le visa « Général ». L'Office catholique en dit en 1962 : « Ce film présente une conception de la vie où les valeurs morales sont faussées. Le libertinage et les relations adultères sont considérées comme choses normales. À déconseiller. » Après 1962, toutes les productions de Truffaut sont approuvées sans réticences et elles sont généralement classées « Pour tous ».

Hiroshima mon amour * d'Alain Resnais (1959) provoque un événement important en 1960. Les autres films du réalisateur, *L'année dernière à Marienbad, Muriel, La guerre est finie* (l'Office catholique le cote « À déconseiller » parce qu'il « comporte des scènes d'alcôve très suggestives ») ne rencontrent pas d'obstacles à la censure étatique.

Une copie 16 mm d'*À bout de souffle* (Jean-Luc Godard, 1960) est refusée le 20 juin 1961 ; aucun motif n'est avancé. Mais nous entrons alors dans une période où le Bureau de censure accorde parfois des permis spéciaux. Ainsi, après une demande du docteur Jean-Paul Ostiguy du Centre d'art de l'Élysée, permission est accordée le 2 février 1962 pour deux représentations au Ciné-club de l'Élysée, à la condition que la publicité soit approuvée par les censeurs. Mais le distributeur Astral n'accepte pas ces limitations. Le 19 mars, Ostiguy demande alors de le projeter dans sa petite salle de 128 places, ce qui est refusé le 30 suivant. Ce n'est qu'un an plus tard, le 23 juillet 1963, qu'une autorisation est octroyée (quel que soit le format), mais pour une seule salle à Montréal et une à Québec. Il faut attendre le 16 février 1965 pour que le visa général soit émis (ce qui signifie 16 ans et plus, à l'époque). Le 10 septembre 1974, il est coté « 14 ans ». Dans le répertoire actuel de la Régie du cinéma, il est « 13 ans+ ». Ce n'est donc que trois ans après sa sortie en France qu'*À bout de souffle* est vu au Québec. L'Office catholique le juge ainsi : « Ce film d'esprit nihiliste met en scène un personnage amoral et cynique dont la conduite n'est compensée par aucun élément de valeur. À proscrire. » Pour les autres films du réalisateur, il y a des acceptations sans réserves : *Tous les garçons s'appellent Patrick, Le petit soldat, Les carabiniers, Bande à part, Alphaville, Pierrot le fou*, etc.) D'autres subissent des restrictions provisoires : *Une femme est une femme* (1961) n'est d'abord approuvé que pour la clôture du Festival international du film de Montréal en 1962, puis pour « grandes villes moins Québec » (aucune explication n'est donnée au sujet de cette restriction de la ville de Québec) le 25 novembre 1963, avant d'obtenir le visa général le 24 mars 1964; *Vivre sa vie* n'est autorisé le 20 janvier 1963 que pour une seule salle à Montréal; le permis est étendu aux grandes villes (Québec, Sherbrooke, Rouyn-Noranda, Drummondville, Granby, Trois-Rivières, Valleyfield, Sorel, Sept-Îles, Hull) le 13 novembre suivant; la restriction est levée le 11 juin 1964. L'Office catholique en dit : « Ce drame peut être une occasion de réflexion sur le sort pénible d'une jeune fille qui en vient à se prostituer. Cependant, le fait de s'attarder avec minutie sur la pratique de la prostitution et la présentation de scènes très osées font déconseiller la vision de ce film. » Le 29 juillet 1964, le Festival international du film de Montréal et International Films Distributors apportent *Le mépris* aux censeurs. Une sortie commerciale est prévue pour après le Festival. Fait peu fréquent quand il s'agit de cette manifestation, ils le refusent le 31 pour les motifs suivants : « Même si la population québécoise a évolué sensiblement quant au cinéma depuis quelques années, il est encore de nombreux milieux qui ne sont pas prêts à recevoir le "message"… fort harmonieux et aguichant, de B. B. [Brigitte Bardot] et, étant donné les politiques actuelles du Bureau (pas de modifications et pas de restrictions de temps ou de lieu), il nous est impossible de recommander un visa général. » Mais trois jours plus tard, le 3 août, après un visionnement par tous les membres du Bureau, le visa est accordé. Reclassifié selon la loi de 1967, il obtient le visa « 18 ans » le 30 mai 1969; dans le répertoire actuel de la Régie du cinéma, il est coté « Général ». L'Office catholique en dit en 1964 : « Des scènes d'exhibitionnisme, des vulgarités appuyées dans le dialogue et une conception pessimiste de l'amour font nettement déconseiller ce film. » *Une femme mariée* ne suscite pas d'objections le 11 mars 1965, mais les catholiques en disent : « Le film est centré sur un amour adultère présenté avec indulgence quoique non dénué d'amertume. Un exhibitionnisme constant et de nombreuses scènes d'alcôve créent une atmosphère malsaine. À proscrire. » *Deux ou trois choses que je sais d'elle* est approuvé le 2 février 1967, mais déjà on lui attribue la cote « 18 ans », qui ne sera effective que le 12 août suivant, à cause « d'extraits de dialogues aussi précis que "Voulez-vous le [l'amour] faire à l'italienne, vous debout, moi à genoux, comme cela vous pourrez voir" et "Avez-vous peur de dire : Mon sexe est entre mes jambes ?". Le jury estime que des phrases aussi crues ne conviennent à des adolescents. » Il n'a pas été apporté pour reclassement, mais on peut penser qu'il aurait maintenant un visa « Général ».

Les amants (Louis Malle, 1958) n'arrive au Québec que trois ans après sa sortie française qui a provoqué beaucoup de controverses. Le Bureau de censure le refuse le 23 janvier 1961 : « Infidélité conjugale; amants et maîtresse; scènes de chambre à coucher; scène impliquant un cunnilingus. » Il est présenté de nouveau, avec dix minutes en moins, et approuvé le 20 novembre 1964; André Guérin* regrette ces coupures, pratique abandonnée depuis 1962, mais

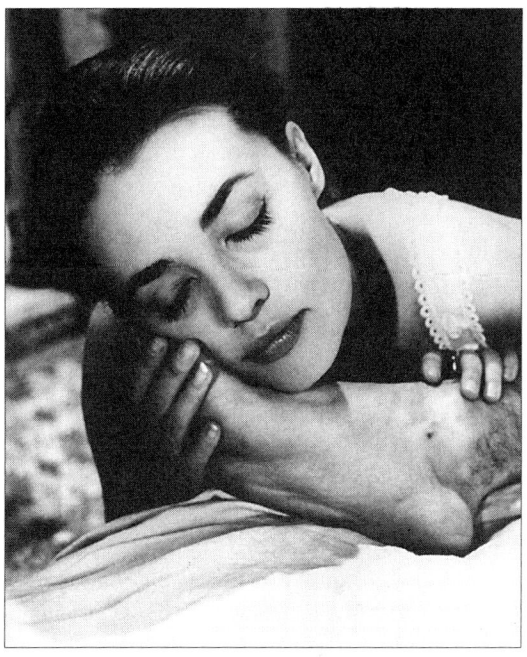

Jeanne Moreau dans *Les amants*. Ce film de 1958 ne peut être vu au Québec qu'en 1964.

il dit qu'il n'avait pas le choix. En appel, une copie intégrale reçoit son aval le 8 juin 1965; il peut donc être montré à tous les plus de 16 ans. Il aura donc fallu attendre sept ans avant de voir la version intégrale des *Amants*. Le 14 février 1968, selon la nouvelle loi, il est coté «18 ans»; dans le répertoire actuel de la Régie du cinéma, il a le visa «Général». En 1965, les catholiques l'évaluent ainsi: «Ce film immoral constitue une idéalisation de l'amour adultère et comporte des scènes d'alcôve inacceptables. À proscrire.» Depuis, la télévision l'a maintes fois projeté dans son intégralité. Le réalisateur est déjà connu pour *Ascenseur pour l'échafaud*, autorisé avec deux coupes (environ 4 minutes) le 29 juillet 1958: «La scène de Véronique et Louis dans la chambre; La scène de Véronique et Louis dans le lit.» *Zazie dans le métro* (1960) ne connaît que la restriction d'une salle à Montréal et une à Québec le 29 août 1963 avant de recevoir le visa général le 11 décembre suivant. Le 13 janvier 1964, *Le feu follet* (1963) passe sans embâcle et il en est ainsi pour tous les films suivants de Malle.

L'eau à la bouche de Jacques Doniol-Valcroze (1959) présente un destin particulier. Rien d'étonnant au fait que ce film amoral soit refusé le 4 juillet 1961, puis accepté en appel le 3 avril 1962, mais pour la projection dans une seule salle à Montréal et sans publicité, dans un contexte de ciné-club pour adultes (à la Comédie canadienne). Peu après, le premier ministre Jean Lesage reçoit des plaintes des autorités religieuses au sujet de ces projections. L'Office catholique l'évalue ainsi: «L'immoralité foncière et l'impudeur de ce film motivent la cote la plus sévère. À proscrire.» Quand le distributeur André Pépin demande la même autorisation l'année suivante, en vue de nouvelles projections à la Comédie canadienne et aussi dans quelques villes, elle est refusée le 4 février. Mais comme on espère pour bientôt une nouvelle loi qui permettrait de réserver ce film aux 18 ans et plus, le cas reste en suspens. Selon un article de Léo Bonneville dans *Séquences* (mars 1964), il aurait été présenté dans un ciné-club de collège. Au milieu de 1964, selon des notes manuscrites de Pierre Saucier, vice-président du Bureau, le cardinal Paul-Émile Léger* serait personnellement intervenu auprès d'André Guérin pour en exiger l'interdiction. Catholique pratiquant, Guérin laisse le Bureau rejeter le film le 2 novembre 1964, avec la justification suivante: «Nombreux épisodes d'alcôve. Climat d'amoralité et de libertinage. Ambiance générale d'amoralisme complet.» Il n'est ramené devant les censeurs que le 10 juin 1977 et il obtient le visa «Pour tous», avec ce commentaire: «De l'avis de tout le Bureau qui a revu ce film étape, ce marivaudage aimable [...] ne pose pas de problème: graphisme sobre selon l'aulne actuelle, dialogue vif et libertin, en bref une comédie de mœurs qui se regarde encore avec agrément.» Entre-temps, il a été présenté à la télévision.

Les bonnes femmes (Claude Chabrol, 1960) n'arrive à Montréal qu'en octobre 1963 et il est approuvé le 19 novembre suivant pour un seul cinéma à Montréal. Aucune justification n'est apportée à cette restriction et rien n'indique quand elle est levée. Dans le répertoire de la Régie du cinéma, il a un visa « Général » depuis le 2 mars 1981. L'Office catholique en a dit : « Ce film déprimant place l'expérience sentimentale de quatre jeunes filles dans une perspective générale d'échec. Une scène d'exhibitionnisme et des dialogues très crus s'ajoutent à cette orientation pessimiste. À déconseiller. » Du même réalisateur, *Le beau Serge* (1957) n'est soumis et accepté que le 12 janvier 1962. Retard encore plus considérable pour *Les cousins* (1958), approuvé le 11 juin 1964.

Le bonheur (Agnès Varda, 1965) est approuvé sans restriction le 19 juillet 1965. Le Bureau de censure demande simplement que l'on retire l'avertissement au début du film « Interdit aux moins de 18 ans », car au Québec, les 16 ans et plus peuvent le voir. L'Office catholique en dit : « L'amour adultère est présenté ici comme un complément de bonheur conjugal. Ce thème immoral ainsi que des scènes d'alcôve inacceptables motivent une cote extrême. À proscrire. » Dans le répertoire actuel de la Régie du cinéma, il est coté « Général ». Les autres films de Varda, *La pointe courte* et *Cléo de 5 à 7*, passent haut la main.

De Roger Vadim, *Et Dieu créa la femme* (1956) ne fait pas partie de la Nouvelle Vague, mais il lui est souvent associé à cause de la proximité dans le temps et par un certain ton. Il n'est présenté à la censure québécoise qu'en mars 1962, longtemps après les scandales en France et surtout aux États-Unis, et il est approuvé le 30, mais pour seulement deux salles dans la ville de Montréal, restriction qui est levée le 1er octobre suivant. On demande toutefois au distributeur Jean-Pierre Desmarais d'avertir le Bureau des endroits où il loue le film. L'Office catholique en dit : « Centré sur la passion et le désir charnel, ce film se déroule dans un climat de matérialisme et de sensualité. À proscrire. » Il est finalement classé « Pour tous » le 16 janvier 1981. De Vadim encore, *Les liaisons dangereuses* (1959) est interdit le 28 juillet 1964 surtout en raison de la séduction d'une mineure ; mais il est autorisé le 15 septembre 1965. *Le repos du guerrier* (1962) est refusé le 5 mai 1964, accepté le 31 juillet 1967 et coté « 18 ans » le 5 septembre suivant ; il a maintenant le visa « Général » dans le répertoire de la Régie du cinéma.

Parmi les autres films de réalisateurs associés à la Nouvelle Vague, beaucoup sont avalisés sans restrictions : les films d'Eric Rohmer, dont *Le signe du lion* ; *Les abysses* de Nico Papatakis ; *Paris nous appartient* de Jacques Rivette ; *Adieu Philippine* de Jacques Rozier ; *La baie des anges* et *Les parapluies de Cherbourg* de Jacques Demy… De son côté, *Le bel âge* de Pierre Kast ne subit que des coupures mineures ; et du même auteur, *Liaisons amoureuses (Morte saison des amours)* n'est d'abord autorisé que pour une salle à Montréal, puis dans d'autres villes ; par ailleurs, l'Office catholique le condamne : « Cette apologie désinvolte du libertinage sape à sa base même la fidélité conjugale en prônant une solution immorale, le ménage à trois. À proscrire. »

Presque aucun des films cités ici n'a laissé les censeurs et le public indifférents. Un grand nombre ont obtenu la cote la plus sévère de l'Église catholique, mais dans l'atmosphère des années 1960, cela ne comptait plus. La succession des « vaguelettes » amenait lentement, mais sûrement, les uns et les autres à une liberté nouvelle devant l'émergence de formes d'art et de comportements inédits. *Yves Lever*

ANQ-M, fonds Régie du cinéma, E 188, fiches des films et procès-verbaux des assemblées du Bureau de censure ; *Recueils des films*, 1960 à 1965.

OBSCÉNITÉ

Une grande partie des lois et des mesures censoriales invoquent l'obscénité comme motif pour la proscription d'œuvres diverses (littérature, cinéma, beaux-arts), tant par les juristes que par les moralistes. Le terme vient du latin *ob* (en face, devant, à l'encontre) et *scæna* (scène) et signifie donc, littéralement, ce qui ne fait pas partie de la « scène », de ce qui est montrable. La définition qu'en donne le *Robert*, « qui blesse la délicatesse par des représentations ou des manifestations grossières de la sexualité », avec ses renvois à indécence, immodestie, grossièreté, licencieux, pornographique, inconvenance, salacité, cochonnerie, saleté, etc., ouvre bien des fenêtres de sens et permet de lancer des accusations tous azimuts pour les prêcheurs de la moralité. Toutefois, elle n'est guère opérationnelle pour la rédaction d'un texte de loi. Dans toute l'histoire juridique demeure un flou lorsque le terme est utilisé. Suivent, parfois avec de brefs commentaires, les extraits du Code criminel canadien qui s'y rapportent et l'interprétation fournie par la jurisprudence.

Dans le Code criminel, adopté en 1892 (Lois du Canada, S.R. 1906), on lit ce qui suit :

> 207. Est coupable d'un acte criminel et passible de deux ans d'emprisonnement, celui qui, avec connaissance de cause et sans justification ni excuse légitime,
> (a) produit, ou vend ou met en vente, ou expose à la vue du public, ou distribue ou met en circulation, ou fait distribuer ou mettre en circulation, quelque livre obscène, ou d'autres matières imprimées ou écrites soit à la machine, soit autrement, d'une nature obscène, ou quelque image, gravure, photographie, maquette, figure ou autre objet tendant à corrompre les mœurs ; ou,
> (b) exhibe publiquement quelque objet dégoûtant ou quelque spectacle indécent ; ou,
> (c) offre en vente, annonce, a pour les vendre ou en disposer, quelque médecine, drogue ou article destiné ou représenté comme servant à prévenir la conception ou à causer l'avortement ou une fausse couche, ou publie une annonce de cette médecine, drogue ou article. [...]
> 208. Quiconque étant locataire, ou agent d'un théâtre ou en ayant la charge ou la direction, y représente ou donne en spectacle ou permet qu'on y représente ou donne en spectacle, quelque pièce, opéra, concert, exposition acrobatique ou spectacle de variétés ou autre représentation ou divertissement immoral, indécent ou obscène, est coupable d'un acte criminel et passible, sur conviction par voie de mise en accusation, d'un an d'emprisonnement, avec ou sans travaux forcés, ou d'une amende de cinq cents dollars ou de l'une et de l'autre peine, et sur conviction par voie sommaire, de six mois d'emprisonnement ou d'une amende de cinquante dollars, ou de l'une et de l'autre peine.
> 2. Quiconque prend part ou figure comme acteur, exécutant ou comparse, ou aide en quelque capacité que ce soit, dans quelque pièce, opéra, concert, exposition acrobatique ou spectacle de variétés ou autre représentation ou divertissement immoral, indécent ou obscène, est coupable d'une infraction et passible, sur conviction par voie sommaire, de trois mois d'emprisonnement, ou d'une amende n'excédant pas vingt dollars, ou de l'une et de l'autre peine.
> 3. Quiconque agit ou figure ainsi qu'il est dit plus haut, en costume indécent, est coupable d'une infraction et passible, sur conviction par voie sommaire, de six mois d'emprisonnement ou d'une amende de cinquante dollars, ou de l'une et de l'autre peine. (3 E. VII, c. 13, art. 2)

Dans ce texte, on retrouve les notions d'*obscénité*, d'*indécence*, d'*immoralité*, d'*objet dégoûtant*, mais aucune description de ces termes n'est fournie. Toutefois, lors des causes portées en cour par la suite, on se réfère toujours à la définition acceptée en Angleterre par la Chambre des Lords dans l'affaire *R. v. Hicklin* en 1868, lors d'une cause portant sur une publication, et qui est devenue la « Hicklin Rule » maintes fois citée dans presque tout le monde anglophone :

> I think the test of obscenity is this, whether the tendency of the matter charged as obscenity is to deprave and corrupt those whose minds are open to such immoral influences and into whose hands a publication of this sort may fall.
> (J'estime que le critère de l'obscénité est celui de savoir si l'objet que l'on prétend obscène a tendance à dépraver et à corrompre les personnes susceptibles de subir ces influences immorales et d'avoir en leur possession une publication de ce genre.)

À ceux qui pensent que le caractère obscène réside dans la chose même, dans la cause, en quelque sorte, ce jugement affirme qu'il est plutôt dans l'effet sur certaines catégories de personnes, donc dans un préjudice qui leur est causé. Il n'y a obscénité que lorsqu'il y a des *personnes susceptibles* d'être dépravées par tel objet (publication, illustration, photographie, film, etc.), ou seulement une partie, qui se retrouve devant eux, lequel a bien certaines caractéristiques pouvant entraîner telles conséquences, mais dont il ne saurait être tenu responsable. C'est ce qui fait dire aux délégués d'un congrès du Barreau canadien à Montréal que « l'obscénité existe dans l'esprit de chacun » et que ce n'est pas à l'État d'en fixer les frontières (*Le Devoir*, 1er septembre 1972). À la limite, avec ce critère, la Bible pourrait être qualifiée de livre obscène parce que des lecteurs se diraient scandalisés des poésies érotiques du *Cantique des cantiques*. Il préfigure ce qui deviendra la règle fondamentale environ un siècle plus tard (années 1960), celle du seuil de tolérance, une réalité évolutive que les sociétés occidentales élaborent et déterminent. Par ailleurs, un tel critère demeure d'une application très difficile et très arbitraire puisqu'il laisse à tout individu la possibilité d'affirmer que telle œuvre le déprave et le corrompt, donnant ainsi une voix à tous les extrémistes, religieux ou autres.

Au Canada, malgré ses ambiguïtés, cette définition sert de critère jusqu'en 1959, alors qu'une modification à ce qui est devenu l'article 150 du Code criminel stipule que

> Pour l'application de la présente loi, est réputée obscène toute publication dont une caractéristique dominante est l'exploitation indue des choses sexuelles, ou de choses sexuelles et de l'un ou plusieurs des sujets suivants, savoir : le crime, l'horreur, la cruauté et la violence. (Statuts du Canada, 1959, 7-8, Eliz. II, vol. 1, p. 267)

Avec ce critère, l'obscénité est ramenée dans l'œuvre plutôt que dans son effet possible (son préjudice). La responsabilité est transférée du consommateur au créateur. Son caractère régressif est toutefois compensé par le fait que la « règle Hicklin » n'est pas complètement abandonnée, et que parallèlement, la notion de « consensus social » commence à s'imposer, ce qui rétablit la considération du consommateur. Le critère comporte aussi des nuances capitales. D'abord celle de « caractéristique dominante » qui, malgré la difficulté de déterminer à quel moment il y a dominance, exclut la condamnation d'une œuvre à cause de quelques paragraphes ou de sa couverture. Pour reprendre l'exemple évoqué plus haut, celui de la Bible, personne ne pourrait plus l'interdire, mais un tiré à part du *Cantique des cantiques* pourrait se retrouver devant un juge. Puis, pour la première fois, la loi sort de l'imprécision du terme « immoralité » et stipule que la matière exploitée est d'ordre sexuel ou violent. À ce jour, sans que personne ne l'avoue clairement, l'idée d'obscénité était presque toujours liée à des représentations d'ordre sexuel ; elle est maintenant légalement avérée comme telle, mais non limitée aux « choses sexuelles », quoique, dans l'espace public et dans l'imaginaire collectif, elle y reste confinée. D'ailleurs, c'est invariablement pour des questions d'érotisme et de pornographie que des accusations d'obscénité sont portées en cour.

Par ailleurs, la formule « exploitation indue des choses sexuelles » cause problème : qui peut décider du moment où une exploitation devient *indue* ? Une première décision rendue par la Cour suprême du Canada sur ce point est l'arrêt *R. c. Brodie* (1962) dans laquelle elle adopte le « critère de la norme sociale » élaboré en Australie et en Nouvelle-Zélande en 1948 :

> Il existe dans toutes les communautés, à toutes les époques – bien que la norme puisse varier à l'occasion – un sentiment instinctif général de ce qui est décent et de ce qui est indécent, de ce qui est propre et de ce qui ne l'est pas… Certaines normes de la décence prévalent dans la société, et on fait appel aux jurys pour trancher ces affaires parce qu'ils sont réputés incarner ces normes et être capables de les appliquer avec équité. Sera obscène ce qui contrevient à ces normes.

Bientôt, la jurisprudence s'appuie sur un énoncé du juge Samuel Freedman, de la Cour d'appel du Manitoba, dans l'affaire Dominion News & Gifts (1963), confirmé par la Cour suprême du Canada :

> Ces normes ne sont pas fixées par des gens au goût et aux intérêts les plus bas. Elles ne sont pas non plus fixées exclusivement par des gens de goût et d'esprit rigides, austères, conservateurs ou puritains. Il faut en arriver à quelque chose qui se rapproche de la moyenne générale des opinions et des sentiments de la société. […] Les normes sociales doivent être contemporaines. Les temps et les idées changent. […] Les normes sociales doivent être également locales. En d'autres termes, elles doivent être canadiennes. En appliquant la définition du Code criminel, nous devons déterminer ce qui est obscène suivant les normes canadiennes, indépendamment des attitudes plus ou moins libérales qui peuvent avoir cours ailleurs.

En résumé, les « normes sociales » doivent être d'aujourd'hui et d'ici, non du passé ou d'un lieu idéal, fût-ce le pays qu'on admire le plus pour sa culture ou ses mœurs. Idéalement, elles doivent être assez évidentes pour que les juges et les jurys puissent juger d'office lorsqu'elles sont outrepassées, sans comparution d'experts. D'autres jugements précisent par la suite l'interprétation à donner au seuil de tolérance sociale. En 1985, dans l'affaire Town Cinema Theatres Ltd., la Cour suprême du Canada indique que la tolérance, « ce n'est pas ce que les Canadiens estiment qu'il est convenable pour eux-mêmes de voir, ce qui importe, c'est ce que les Canadiens ne souffriraient pas que d'autres Canadiens voient ». Puis en 1992, lors d'une cause portant sur la distribution de matériel vidéo, la même cour énonce un principe appelé à faire jurisprudence :

> Le tribunal doit déterminer si le matériel sexuellement explicite, envisagé dans le contexte de l'ensemble de l'œuvre, serait toléré par l'ensemble de la société. L'expression artistique est au cœur des valeurs relatives à la liberté d'expression et tout doute à son égard doit être tranché en faveur de la liberté d'expression. (1. R. C. contre Butler, [1992] 1 R.C.S 452)

La liberté d'expression doit donc être privilégiée dans les cas de doute, ce qui indique une évolution remarquable des mentalités.

Depuis 1985, le Code crininel (L.R. 1985, ch. C-46), dans sa Partie V : infractions d'ordre sexuel, actes contraires aux bonnes mœurs, inconduite, dans la section *Infractions tendant à corrompre les mœurs*, traite ainsi de l'obscénité :

> 163. (1) Commet une infraction quiconque, selon le cas :
> a) produit, imprime, publie, distribue, met en circulation, ou a en sa possession aux fins de publier, distribuer ou mettre en circulation, quelque écrit, image, modèle, disque de phonographe ou autre chose obscène ;
> b) produit, imprime, publie, distribue, vend, ou a en sa possession aux fins de publier, distribuer ou mettre en circulation, une histoire illustrée de crime.
> (2) Commet une infraction quiconque, sciemment et sans justification ni excuse légitime, selon le cas :
> a) vend, expose à la vue du public, ou a en sa possession à une telle fin, quelque écrit, image, modèle, disque de phonographe ou autre chose obscène ;
> b) publiquement expose un objet révoltant ou montre un spectacle indécent ;
> c) offre en vente, annonce ou a, pour le vendre ou en disposer, quelque moyen, indication, médicament, drogue ou article destiné à provoquer un avortement ou une fausse couche, ou représenté comme un moyen de provoquer un avortement ou une fausse couche, ou fait paraître une telle annonce ;
> d) annonce quelque moyen, indication, médicament, drogue ou article ayant pour objet, ou représenté comme un moyen de rétablir la virilité sexuelle, ou de

guérir des maladies vénériennes ou maladies des organes génitaux, ou en publie une annonce.

Moyen de défense fondé sur le bien public
(3) Nul ne peut être déclaré coupable d'une infraction visée au présent article si les actes qui constitueraient l'infraction ont servi le bien public et n'ont pas outrepassé ce qui a servi celui-ci.

Question de droit et question de fait
(4) Pour l'application du présent article, la question de savoir si un acte a servi le bien public et s'il y a preuve que l'acte allégué a outrepassé ce qui a servi le bien public est une question de droit, mais celle de savoir si les actes ont ou n'ont pas outrepassé ce qui a servi le bien public est une question de fait. [...]

Définition de « histoire illustrée de crime »
(7) Au présent article, « histoire illustrée de crime » s'entend d'un magazine*, périodique ou livre comprenant, exclusivement ou pour une grande part, de la matière qui représente, au moyen d'illustrations:
a) soit la perpétration de crimes, réels ou fictifs;
b) soit des événements se rattachant à la perpétration de crimes, réels ou fictifs, qui ont lieu avant ou après la perpétration du crime.

Publication obscène
(8) Pour l'application de la présente loi, est réputée obscène toute publication dont une caractéristique dominante est l'exploitation indue des choses sexuelles, ou de choses sexuelles et de l'un ou plusieurs des sujets suivants, savoir: le crime, l'horreur, la cruauté et la violence. (L.R. 1985), ch. C-46, art. 163 ; 1993, ch. 46, art. 1.)

Malgré bien des précisions sur la matière de la loi et l'élimination de certains points (par exemple, la publication d'annonce concernant les moyens anticonceptionnels est disparue, donc n'est plus interdite), la définition de l'obscénité reste la même. Cela ne plaît pas à une partie de l'électorat et le 4 mai 1987, au moment où les Conservateurs de Brian Mulroney sont au pouvoir, à l'initiative de députés de l'Ouest canadien influencés par des mouvements ultrareligieux d'origine américaine, est déposé à la Chambre des communes le projet de loi C-54 qui entend préciser d'une manière draconienne l'article 163-8 du Code criminel:

ÉROTISME
Tout matériel visuel dont une caractéristique principale est la représentation, dans un contexte sexuel ou en vue de la stimulation sexuelle du spectateur, d'organes sexuels humains, des seins de la femme ou de la région anale de l'homme ou de la femme.

PORNOGRAPHIE
Tout matériel visuel qui représente les conduites, scènes ou actes suivants:
(i) conduite sexuelle visée à l'un des sous-alinéas (ii) à (vi) et qui met en cause une personne âgée, réellement ou en apparence, de moins de dix-huit ans – ou présentée comme telle – ou qui se déroule devant une telle personne ainsi que l'exhibition, dans un but sexuel, d'organes sexuels humains, des seins ou de la région anale d'une personne âgée, réellement ou en apparence de moins de dix-huit ans – ou présentée comme telle – ou l'exhibition, dans un but sexuel, d'organes sexuels humains, des seins de la femme ou de la région anale de l'homme ou de la femme devant une telle personne,
(ii) scènes où une personne, dans un contexte sexuel, cause, tente de causer ou semble causer à soi ou à autrui des lésions permanentes ou étendues du corps ou d'une fonction corporelle,
(iii) conduite sexuelle violente, notamment toute forme d'agression sexuelle et toute conduite caractérisée par des douleurs physiques infligées, réellement ou en apparence, sur soi ou sur autrui, dans un contexte sexuel,
(iv) scènes dégradantes, dans un contexte sexuel, y compris les scènes où une personne en traite une autre ou elle-même comme un animal ou un objet, des scènes où une autre personne est attachée, des scènes de défécation, de miction et d'éjaculation sur une autre personne - que l'autre personne semble consentir aux actes en question ou non - des scènes montrant la pénétration du vagin ou de l'anus par un objet, que la personne qui subit cet acte semble y consentir ou non, ou, dans un contexte sexuel, des scènes de lactation ou de menstruation,
(v) bestialité, inceste ou nécrophilie,
(vi) masturbation ou éjaculation, sauf l'éjaculation visée au sous-alinéa (iv), ou relations sexuelles vaginales, anales ou orales.

L'adoption de cet article de loi marquerait une rupture radicale avec l'évolution qui a eu cours depuis

30 ans, ainsi que le soulignent tous les observateurs. D'un côté, ces proscriptions éventuelles sont tellement détaillées que nombre de films classés « 14 ans » et même parfois « Général » au Québec et selon leurs équivalents partout au Canada, seraient interdits dès qu'un citoyen porterait plainte selon cet article de loi. D'un autre côté, elles ne décrivent que des gestes bruts hors de tout contexte, sans tenir compte du traitement et de l'esthétique de l'œuvre.

Des réactions fusent de partout pour condamner ce projet. À Montréal, un comité de 15 organismes du secteur culturel demande au gouvernement de retirer ce texte. Il lance une campagne de protestation invitant les citoyens à se procurer une carte postale à expédier au premier ministre, dont voici le texte :

Au TRÈS HONORABLE PREMIER MINISTRE, M. BRIAN MULRONEY :

Les amendements que le gouvernement conservateur propose d'apporter au Code criminel, pour redéfinir l'érotisme et la pornographie, constituent une violation des droits fondamentaux que garantit par ailleurs aux citoyens canadiens la Charte des Droits fédérale.

Le Bill C-54 me prive en effet d'exercer mon libre choix en matière de livres, de films, de revues, de télévision, de théâtre et d'autres médias. Ce que j'ai le droit de visionner et ce que j'ai le droit de lire sera décidé par des autorités arbitraires.

Cette loi, si elle est votée, aura pour résultat d'étiqueter comme « pornographiques » des œuvres majeures de la littérature, du cinéma et des arts classiques, populaires et contemporains. Une telle loi équivaut à l'instauration d'une censure et, en son genre, la plus répressive dans le monde occidental.

En conséquence, je m'oppose au Bill C-54 et vous demande instamment de voir à ce qu'il soit retiré immédiatement. J'attends votre réponse.

Des dizaines de milliers de ces cartes, signées partout au Canada, aboutissent au bureau du premier ministre. Mulroney, un Québécois, est très mal à l'aise dans toute cette affaire, mais incapable de désavouer ses députés de l'Ouest, sa base électorale, il temporise, laisse le projet de loi mourir au feuilleton de la session en cours et ne le ramène pas à la suivante, qui a lieu en année d'élections. Quand il est réélu en 1988, la question de la violence dans les médias occupe davantage les esprits et la préoccupation pour l'obscénité et la pornographie disparaît en douce, sans que les électeurs au Québec ne le regrettent.

L'évolution terminologique d'obscénité, tant dans le droit que dans les mentalités, est passé d'une vision morale héritée des religions à la considération des œuvres en tant que nocives ou non pour la société (ou pour divers groupes particuliers, dont l'enfance, ce qui donne une loi très sévère dans les cas de pédophilie), en tant qu'acceptables selon les normes sociales de tolérance généralement admises et qui servent d'étalon. Dans cette optique, les juges laissent le matériel érotique se faire confronter par la presse, les groupes de pression et les simples citoyens ; ils leur renvoient la responsabilité de la décision d'accueillir ou non le matériel controversé. Autre aspect positif, la valeur artistique a peu à peu été reconnue comme moyen de défense, tel le cas du *Dernier tango à Paris* où la Cour d'appel du Manitoba, à la majorité, a statué que le film n'était pas obscène au sens du Code, alors que le juge Martin Freedman a souligné que les tribunaux doivent prendre en compte diverses choses, « savoir l'objectif artistique de l'auteur, la façon dont il a présenté l'histoire, la représentation et l'interaction des personnages et la création des effets visuels au moyen de jeux habiles de caméra », tout cela pouvant modifier la perception de « l'exploitation indue des choses sexuelles », dans le but de déterminer « si, d'après l'ensemble de l'œuvre, elle ne représente pas simplement de l'obscénité pour de l'obscénité, mais joue un rôle légitime lorsqu'on l'évalue en fonction des besoins internes de l'œuvre elle-même ». Cela risque de transformer les juges en critiques d'art, travail pour lequel bien peu se reconnaissent la moindre compétence ; mais comme dans les cas de

doutes, ils doivent favoriser la liberté d'expression, ce n'est pas une mince victoire pour tous les artistes.
Yves Lever

Dumesnil, Mario, « Étude juridique sur l'obscénité », dans *Le sexe et la loi au Canada*, Raymond Rogers, Montréal, Éditions du Jour, 1963.

▶ *L'amant de Lady Chatterley* ; *Après-ski* ; *Face à l'imprimé obscène* ; Gay, Paul ; Hébert, Jacques ; *Histoire d'O* ; *Loi du cinéma* ; *Le mal des anges* ; *Steak haché*

OCTOBRE

Pierre Falardeau (1946-) • Film dont le scénario provoque des remous chez les sénateurs canadiens (1993)

Près de 25 ans après les faits, le scénariste et réalisateur Pierre Falardeau raconte l'enlèvement, la séquestration et finalement l'exécution de l'homme politique Pierre Laporte par le Front de libération du Québec (FLQ) lors des événements d'Octobre 70*. Il a tiré son scénario de *Pour en finir avec Octobre*, récit de Francis Simard, un des protagonistes du drame. À cause de son atmosphère et de quelques scènes très violentes, le film est coté « 13 ans+ » par la Régie du cinéma le 19 septembre 1994. Il circule très librement. Il n'y a donc pas de censure à la diffusion.

Avant sa réalisation, le financement de la production provoque cependant un important phénomène médiatique. En 1993, Pierre Falardeau est déjà connu pour *Elvis Gratton* et pour *Le party* (coréalisés avec Julien Poulin) et surtout pour ses opinions politiques radicalement indépendantistes et antifédéralistes maintes fois explicitées dans diverses publications et dans des interventions médiatiques qui ne manquent pas de panache. Pamphlétaire talentueux, il s'est créé un personnage équivoque d'intellectuel déguisé en bagarreur de rue qui ne doute jamais et qui ne craint ni les gros mots ni les coups vicieux contre toutes les formes d'autorité qui ne partagent pas ses opinions. Chacun de ses scénarios est pris avec des pincettes par les organismes subventionnaires.

En février 1993, le sénateur Philippe Deane Gigantès reçoit de façon anonyme le scénario d'*Octobre*, alors à l'étude à Téléfilm* Canada. Il le dénonce au sénat et dans les médias (*La Presse*, 11 mars 1993), s'opposant à ce que l'État fédéral finance une œuvre qui glorifie le FLQ et banalise l'assassinat de Pierre Laporte, un film qui présente « ses meurtriers comme des braves gens qui ont tout simplement tué un mafioso ». La presse canadienne anglophone endosse les propos de Gigantès. Avec sa fougue habituelle et avec la sympathie de la presse francophone, Falardeau fulmine, joue l'indignation et crie à la censure (*La Presse*, 20 mars 1993). Le débat dure quelques semaines et se conclut, si l'on peut dire, par une victoire du cinéaste puisque Téléfilm participe au financement du film ; l'Office national du film* (ONF) aussi, ce qui place deux organismes fédéraux au budget de production. Ironiquement, l'équivalent québécois de Téléfilm, la Société générale des industries culturelles (SOGIC), n'investit pas dans le film, sans que cela cause de remous.

Au sein d'un organisme subventionnaire public comme Téléfilm, les dirigeants ne rendent publiques que leurs décisions, jamais les justificatifs ; impossible donc de savoir ce qui s'est dit au bureau chef de Téléfilm. Si le scénario de Falardeau a mis beaucoup de temps pour être accepté, cela peut dépendre aussi bien de son inachèvement que de considérations politiques. Le plus intéressant à inscrire ici, ce sont d'autres aspects soulevés par *Octobre* qui relèvent de l'autocensure* et de la censure prescriptive, celle qui, d'une certaine façon, oblige à dire plutôt que d'interdire. La chroniqueuse Nathalie Petrowski raconte, quelques semaines avant la première :

> Le film est présentement entre les mains des avocats et des assureurs qui l'examinent à la loupe comme une cellule cancéreuse.
>
> D'intenses négociations ont eu lieu autour du mot « voleur ». Dans une scène, Falardeau faisait dire à un des kidnappeurs de Pierre Laporte que ce dernier

« n'était qu'un bandit et un voleur ». C'était dans la logique du personnage et de la situation.

– Va pour « bandit », ont répondu les avocats, mais « voleur » est trop précis. Nous n'avons pas de preuves, trouve autre chose.

– « Crosseur », ça fait-tu votre bonheur ? a rétorqué Falardeau.

Les avocats se sont consultés quelques heures. Ils ont découvert que le mot était un terme générique et qu'il pouvait être attribué à une personne qui taponne ou qui niaise.

– Va pour « crosseur », ont tranché les avocats.

Dans un tel contexte, on imagine aisément que les cinéastes de demain devront prendre une assurance sur les mots : 20 000 $ pour l'utilisation du mot « imbécile », 50 000 $ pour « traître », 100 000 $ pour « fils de pute » ou « chien sale ».

[…]

Pire que la censure, pire que l'interdiction de dire des gros mots, il y a l'obligation de dire des petits mots qui n'ont l'air de rien.

Le film de Falardeau, plus que bien d'autres, met cet aspect en évidence ; le langage y est cru, spontané, comme sorti d'un premier jet provoqué par la rage. Effectivement, le terme « crosseur », beaucoup plus fort que « voleur », y est utilisé, même à deux reprises. S'ajoute la complication qu'on retrouve sur l'écran des personnages réels, toujours vivants ou présents dans toutes les mémoires. Les scénaristes, comme ceux qui évaluent leurs textes, ne peuvent oublier cette préoccupation du langage pertinent. Personne n'utilise impunément tel registre de mots, tel niveau de langue, tel vocabulaire. On ne fait pas dire n'importe quoi à n'importe qui. Ce souci est toujours présent aussi à l'esprit des documentaristes, dont les meilleurs s'imposent une règle assez rigoureuse : ne faire signer aux participants la permission d'utiliser leurs propos qu'après le montage final, ce qui oblige à ne rien montrer que ceux-ci ne veuillent endosser de leur image. Il y a là une façon de se prémunir contre tout procès en diffamation, mais en positif, il y a l'exigence de respecter le droit à une image juste de soi sur les écrans. Dans la fiction, le créateur supporte mal toute limite à sa liberté d'expression ; l'interdiction de certains termes peut nuire à la vérité de l'œuvre, mais cette contrainte peut aussi forcer l'imagination dans une créativité plus large.

Au Québec, nul n'insiste autant que Falardeau sur l'engagement politique de l'artiste. C'est pour lui une exigence qui tient de l'évidence et sur laquelle il refuse tout questionnement. L'écrivain et professeur Jean-Pierre Girard (*Voir*, 26 mars-1er avril 1998) remet en cause cette vision et il interpelle le cinéaste : « Toi et ta fibre sensible, vous ne vous êtes jamais demandé dans quelle mesure l'engagement d'un artiste dans *le* politique pouvait enfermer son œuvre dans un champ politique exigu, et en cela la menacer en la contaminant ? » Prise dans une perspective censoriale, cette réflexion soulève des considérations assez éclairantes. Presque inévitablement, le militant d'une idéologie fortement typée s'impose une forme d'autocensure plus ou moins castratrice, laquelle mène inévitablement au manichéisme ou du moins limite considérablement sa liberté. Cette autocensure fait fi de toute nuance et de considérations polysémiques, de toute possibilité de créer des sens nouveaux, aussi bien dans l'action que dans la réflexion. La rigidité devient la norme, les cadres enferment de plus en plus dans des limites étroites. Un « contrôleur » invisible et non identifié fait office de garde-chiourme de la pensée. Dans *Octobre*, les personnages vont jusqu'à tuer l'otage, même s'ils reconnaissent l'illogisme du geste, simplement parce qu'ils sont « responsables de ce qu'ils ont commencé » ; ce qui, intellectuellement, est absurde et indéfendable : il existe toujours de multiples façons de reculer pour mieux avancer ou pour contourner un problème. Esthétiquement, Falardeau utilise le huis clos dans la majorité de ses films et il essaie d'éliminer le plus possible le hors-champ et les éléments de contextualisation. Un tel choix formel renforce nécessairement l'univocité des personnages. Avec une telle autocensure, plus besoin de censeurs !

Girard souligne un autre aspect que Falardeau met en évidence, mais qui s'applique plus ou moins à tout artiste que chouchoutent les médias et qui aime discourir sur sa production :

> En occupant la tribune, et parfois à son corps défendant, l'auteur donne des pistes de lecture de l'œuvre : la direction du sens. Il a bien le droit de défendre ce qu'il veut, mais en exerçant ce droit par le biais de l'œuvre, il se place lui-même au-dessus de sa création, tout en présumant qu'il maîtrise tous les réseaux de sens dont le texte ou le film est porteur, ce qui est ridicule. [...] L'envergure d'une œuvre ne se mesure pas au discours qu'on tient sur elle, même si c'est l'artiste qui le tient.

N'est-ce pas là une sorte de censure « de lecture » que l'auteur tente d'imposer à ses spectateurs ? S'agirait-il d'un cas de censure prescriptive ? Certes, mais cela va plus loin. Si la « direction du sens » risque de bien fonctionner avec des jeunes déjà séduits par la truculence ou le spectaculaire de l'action et peu critiques, par ailleurs, elle va presque sûrement entraîner un phénomène de rejet de la part de toute une frange du public qui refuse de se laisser enfermer dans un discours trop étroit et qui va aller chercher son profit dans d'autres films. Du coup, c'est le cinéaste lui-même qui, involontairement à moins qu'il n'ait décidé de ne créer que pour son petit cercle de convaincus, provoque une certaine censure de ses propos, car cette attitude catéchistique ne favorise pas l'élargissement du public. Ne prêcher qu'à des convertis, c'est toujours plus facile, mais guère profitable. Sous cet aspect, Falardeau se fait de plus en plus exclusif : il refuse de présenter ses films à l'Académie du cinéma canadien qui accorde les prix Genie, sous prétexte que le Canada ne peut comprendre ce qu'il inscrit dans son œuvre.

Après *Octobre*, Falardeau présente le scénario de *15 février 1839*, drame racontant les dernières heures de Chevalier de Lorimier, patriote pendu pour sa participation aux émeutes de 1837-1838. Encore une fois, Téléfilm rechigne sous prétexte d'inachèvement du scénario, mais on peut penser que l'incitation à la haine des oppresseurs anglais fait aussi tiquer (« Tout ce que je veux savoir, c'est si t'es de notre bord. Pis si t'es pas de notre bord, j't'haïs ! », dit un des patriotes). Encore une fois, Falardeau crie au muselage à cause de ses opinions politiques et joue à la victime des méchants fédéralistes incapables d'accepter l'expression de l'histoire du Québec rebelle. En 1996, il publie le scénario avec un long texte dénonçant l'organisme, espérant démontrer devant un large public l'existence de la censure s'exerçant à l'encontre de son point de vue sur ce moment de l'histoire. Finalement, Téléfilm accorde encore son aide et le film a sa première en janvier 2001.

Entre-temps, Falardeau réalise *Elvis Gratton II : Miracle à Memphis* (1999), toujours avec les mêmes sources de financement, mais cette fois sans problème, car il s'agit d'une grosse farce dont personne ne prévoit qu'elle puisse déranger qui que ce soit, sauf ceux qui pourraient s'offusquer du mauvais goût sur les écrans. Puis il livre *Elvis Gratton III : Le retour d'Elvis Wong* (2004), encore une fois tourné en toute liberté. *Yves Lever*

◉ Politique (censure) ; Critique ; Octobre 70

OCTOBRE 70

◉ Chanson ; Liberté de presse ; *Nègres blancs d'Amérique* ; *Octobre* ; *Les ordres* ; Prix littéraires ; *Quiet Days in Clichy* ; Télévision ; *The Storm*

ŒUVRE DE CHAIR

Yves Thériault • Polémique autour de ce texte (1982)

◉ Le cassé

L'OFFRANDE AUX VIERGES FOLLES

Alfred DesRochers (1901-1978) • Recueil de poèmes non primé pour des raisons de morale puis autocensuré par l'auteur (1929-1930)

Si le jeune poète Alfred DesRochers (1901-1978) décide de réunir un certain nombre de poèmes en

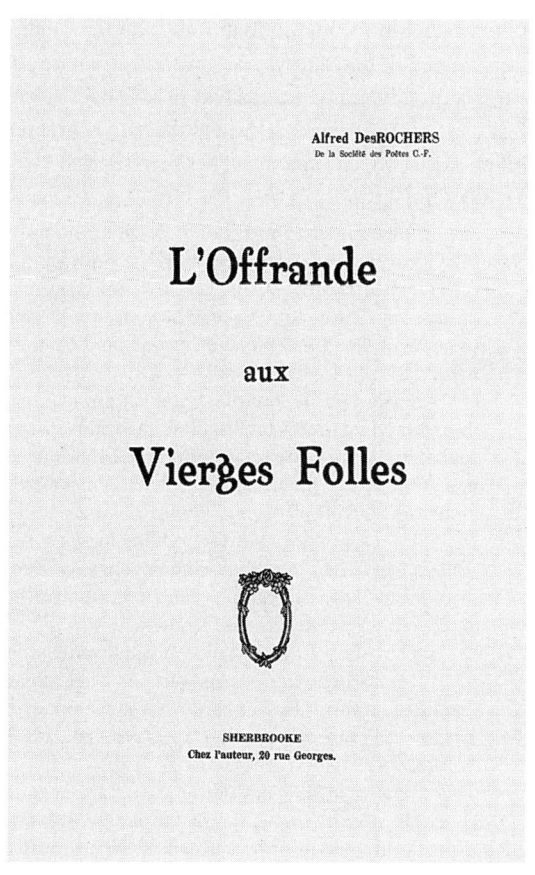

Ce premier recueil d'Alfred DesRochers constitue un exemple éloquent du pouvoir censorial de la critique littéraire morale et de l'autocensure qui s'ensuit.

volume, à l'automne 1928, c'est dans le but de présenter un premier recueil au prix* d'Action intellectuelle (section littérature), décerné chaque année par l'Association catholique de la jeunesse canadienne (ACJC). Le règlement stipule que le manuscrit ou le livre de poèmes doit compter au moins 800 vers et que la décision des membres du jury, nommés par l'ACJC, est finale. Le prix d'Action intellectuelle est accompagné d'un montant de 100 $ remis à l'auteur(e) du manuscrit ou du livre retenu par le jury. La perspective d'empocher cette ronde-lette somme ne déplaît certes pas au jeune poète, mais c'est surtout l'idée d'être reconnu à l'égal des Paul Morin, Robert Choquette ou Simone Routier qui le motive à soumettre *L'offrande aux vierges folles*, un recueil qu'il fait imprimer à 150 exemplaires, hors commerce, à la fin de novembre 1928. Non seulement DesRochers ne remporte pas le prix, mais ce qui est plus cuisant encore pour lui, Éva Senécal, de La Patrie (village situé à 50 kilomètres à l'est de Sherbrooke), est proclamée victorieuse. Or il faut savoir que DesRochers a aidé Éva Senécal, une poète plus jeune que lui de quatre ans, à corriger son manuscrit, et c'est grâce à lui que son recueil *La course dans l'aurore* a été imprimé sur les presses de *La Tribune*, le journal où il est employé depuis 1925.

Le critique Louis Dantin, avec lequel DesRochers a entrepris une correspondance en décembre 1928, a beau lui écrire le 24 mars 1929 que « les prix d'Action intellectuelle sont des prix d'encouragement destinés à ceux qui commencent, et où les préoccupations morales ont beaucoup plus de poids que l'achèvement artistique », le jeune poète demeure incrédule. « Quels sont [...] les imbéciles de cette majorité qui ont préféré [les] vers [d'Éva Senécal] aux vôtres et à ceux de Mlle [Jovette] Bernier », demande Louis Dantin dans sa lettre à DesRochers. Le poète fait des recherches et lui répond le 5 avril que les « imbéciles », selon son expression, sont Paul Morin, Lionel Léveillé, Albert Ferland, le père Marc-Antonin Lamarche « et un autre ecclésiastique dont j'ai oublié le nom » (5 avril 1929). Par ailleurs, DesRochers ne fait pas que des recherches pour trouver les noms des membres du jury du concours de l'ACJC. Il envoie au cours des mois d'hiver de l'année 1929 un exemplaire de son recueil à plusieurs critiques et journalistes de Montréal pour compenser le fait que *L'offrande aux vierges folles*, publié à compte d'auteur, n'affiche sur sa couverture aucun nom d'éditeur* connu de Montréal et ne bénéficie d'aucun système de distribution bien organisé.

Parmi ceux qui le remercient pour l'envoi de son recueil se trouve justement un des membres du jury de littérature des prix d'Action intellectuelle, le prêtre Marc-Antonin Lamarche (1876-1950), directeur de la *Revue dominicaine* (1920-1940). Son billet du 8 février 1929, adressé à DesRochers depuis le Couvent des dominicains, à Montréal, vaut la peine d'être cité : « Je vous remercie de l'envoi de votre plaquette de vers. Je connaissais l'œuvre pour l'avoir étudiée de près, lors du dernier concours. Je puis vous dire sans violer aucun secret que les juges ont rendu hommage à votre science du rythme et à vos autres qualités poétiques, et je suis heureux de vous transmettre mes félicitations personnelles. » Puis le père Lamarche ajoute aussitôt : « J'ai dans mes cartons de prédicateur trop d'offrandes aux vierges sages pour priser entièrement votre titre (dont je ne conteste pas l'originalité) et sa signification. Vous trouverez même une petite piqûre à ce sujet dans l'article dont vous sollicitez l'envoi. » Enfin le dominicain termine son billet par la phrase suivante, un avertissement à l'intention du jeune poète : « Veuillez me la pardonner gentiment, faire attention à ne pas trop verser dans le naturalisme, et croire malgré tout à ma sympathie admirative. »

Il n'y a pas de copie de la réponse de DesRochers à ce billet dans sa correspondance avec le père Lamarche. On peut supposer que le poète sherbrookois fut à la fois tellement surpris et furieux du ton et du contenu de ce billet qu'il ne sut pas quoi répondre… La lettre de Dantin à DesRochers du mois de mars 1929 vient donc confirmer ce qu'écrivait le dominicain un mois plus tôt : son « offrande » n'a pas été évaluée selon des critères esthétiques – le père Lamarche est le premier à reconnaître ses « qualités poétiques » –, ce sont plutôt les « préoccupations morales » de certains membres du jury qui ont éliminé ses vers. Pis encore, le dominicain lui conseille à la fin de son billet de « faire attention à ne pas trop verser dans le naturalisme » ! La colère de DesRochers éclate cinq mois plus tard, le 29 juin plus précisément, lorsqu'il apprend, de la bouche de Simone Routier, que Marc-Antonin Lamarche est surpris qu'il ne concoure pas au prix David. Cette fois c'est au tour de DesRochers d'écrire un court billet à sa façon, cinq paragraphes bien tapés :

Mon Révérend Père,

Je vous écris sur un « on-dit », ce qu'un homme intelligent ne fait jamais. Mademoiselle Routier, qui était l'invitée de Mme DesRochers, cette semaine, m'a dit que vous étiez étonné que je ne concoure pas au prix David. Et ça m'a piqué d'entre parle d'étonnement [*sic*].

Car, malgré toute l'humilité que j'ai pu acquérir durant mon stage chez les RR. PP. Franciscains, ça me soulève toujours d'être pris pour plus imbécile que je ne m'imagine. Et il faudrait l'être fâmeusement [*sic*] pour croire qu'une plaquette comme *L'Offrande*, écrite et publiée en province, ait la moindre chance à un concours national. On l'aurait éliminée sur sa couverture, puisqu'il est décrété qu'en dehors de Montréal et Québec, il n'y a pas de talent masculin.

J'ai concouru au prix d'Action intellectuelle de l'ACJC. Si mes renseignements sont bons, je n'ai pas eu une seule voix. On s'est abrité derrière le prétexte que mes vers étaient sensuels… après avoir couronné *Le Mauvais Passant* d'Albert Dreux.

Vous voyez maintenant pourquoi je n'ai pas concouru. Ensuite, même si l'on n'eût pas été prévenu contre toute œuvre provinciale, il est bien douteux que j'eusse concouru au prix David. L'opinion que j'ai de mes vers, c'est qu'ils ne méritent pas un prix national, même s'ils valent mieux que d'autres portés aux nues.

Je vous remercie de vous être souvenu de mon nom et vous prie de croire que je vous en garde reconnaissance. Je vous prie aussi de croire que je continuerai d'écrire à ma guise et que je ne ferai jamais de vers « pro aris et focis » sur le sofa de ma maîtresse, parce que je n'en ai pas. Je ne suis pas assez beau garçon.

Sans rancune,
Alfred DesRochers

Ce billet marque le début des escarmouches, la période la plus intense de la correspondance entre DesRochers et le père Lamarche, c'est-à-dire les six lettres de l'été 1929 (29 juin au 29 septembre). Ce qu'il est intéressant de noter dans cette période d'affrontement, c'est la stratégie adoptée par un jeune poète de 27 ans pour essayer d'amener un dominicain (qui a le double de son âge) à discuter de liberté d'inspiration, de liberté d'expression et d'Index*, et cela, rappelons-le, à la fin des années 1920. Voyons les principales étapes de cet affrontement.

Dans un premier temps, le père Lamarche ne se mouille pas. Il n'est pas question qu'il se laisse aller à une saute d'humeur dans sa réponse à DesRochers. Il se borne à constater que le billet du poète était « bien léger », il rejette l'accusation selon laquelle les membres du jury des prix d'Action intellectuelle nourrissent un préjugé « en faveur des écrivains des grandes villes », puis il feint d'ignorer ce que le poète veut dire lorsqu'il prétend « écrire à [sa] guise » (7 juillet 1929). Stratégiquement et sans doute pour se montrer bon joueur, DesRochers commence sa lettre du 9 juillet en félicitant le « Révérend Père » pour son billet du 7 juillet, « un knock-out », écrit-il. Il admet que la susceptibilité est « la seule qualité poétique » dont il est « doué à profusion ». Il reconnaît que les membres de jurys en général « ont des mérites exceptionnels », « qu'il y en a parmi eux qui sont justes », et il ajoute « je dirai même, tout haut, que tous le sont ». Cette stratégie de retraite, dans la première partie de sa lettre, n'est déployée que pour mieux revenir à la charge dans la deuxième partie. DesRochers y traite d'« hypocrites » les milieux littéraires et la plupart des écrivains de Montréal. Il sait qu'il est un marginal mais qu'importe, il continuera d'écrire « à [sa] guise » : « Vous constaterez d'ailleurs, dans une couple de mois, de quoi il s'agit, puisque j'arriverai au concours d'Action intellectuelle avec une autre offrande. » Il conclut sa lettre sur un ton de bravade, très différent du ton conciliant des premiers paragraphes, en déclarant : « Mon orgueil, oui, n'ayons pas peur des mots, est plus satisfait d'une défaite subie en marchant seul que d'une victoire due au troupeau ou à des abaissements. »

Le « Révérend Père » ne prend pas la peine de répondre à cette lettre. C'est DesRochers qui relance la discussion, près de deux mois plus tard, le 24 ou le 25 août 1929, en faisant parvenir à son correspondant une copie du compte rendu élogieux que Dantin vient de consacrer à L'offrande aux vierges folles dans Le Canada (20 et 21 août 1929). Le poète sait sans doute par intuition que ce compte rendu ne peut laisser le dominicain indifférent. Celui-ci écrit en effet deux jours plus tard (27 août) pour le féliciter de cet article critique « qui devra vous situer selon vos mérites ». Mais il le prévient qu'« autant [il] apprécie Dantin quand il se cantonne dans le domaine littéraire, autant [il] déteste quand il fait incursion dans la philosophie ou la morale ». Il ne peut s'empêcher de citer en exemple la critique faite par Dantin de L'homme qui va...*, de Jean-Charles Harvey, qui « est encore plus osée sous ce rapport que celle des Vierges folles ».

Dans sa lettre du 29 août, DesRochers utilise la même stratégie que dans celle du début de juillet. Il prend d'abord un ton conciliant et tente un rapprochement avec le père Lamarche : « C'est fichument de valeur que deux personnes ayant sur la littérature des idées si semblables soient à couteaux tirés [...] il y aurait absolue mauvaise grâce de ma part à continuer le maintien de mon préjugé : que je vous suis un ennemi. » Puis il se porte à la défense de son recueil en affirmant qu'il n'est pas immoral mais bien « catholique », à la fois dans son inspiration – le symbole des vierges folles est « catholique », de même que les poèmes qui sont « tous à base d'inquiétude, facteur essentiellement catholique » – et dans sa facture. Il se porte également à la défense de Louis Dantin en affirmant que le principe que le dominicain prône en littérature est partagé par Dantin : « C'est une capitale erreur de professer qu'un auteur doit être jugé selon ses intentions », car « c'est l'œuvre qui compte ». Enfin, de façon subtile, en s'y prenant de manière indirecte, le jeune poète passe à l'attaque. Il aborde la question de la liberté d'inspiration et d'expression des écrivains et des artistes, et la question de l'Index*, tout cela en un seul paragraphe :

> Et puis, il y a la question de l'apprentissage. Le vers français est un art, par conséquent, malgré l'exemple de tous ceux qui s'improvisent poètes, présuppose des exercices. Croyez-vous, franchement, que c'est un grand honneur à rendre à Dieu, un beau témoignage de reconnaissance pour nous avoir créé une âme à son image et ressemblance, que de lui offrir des poèmes comme on en voit tant, où seuls les Ô majuscules et les points d'exclamation sont compréhensibles ? S'il est orthodoxe d'envoyer nos futurs décorateurs d'autel à l'étranger fignoler des corps de mérétrices [sic], pourquoi serait-il défendu au poète, qui doit être considéré sur le même plan que le peintre et le sculpteur, d'apprendre son métier sur de la « chair » ? La sincérité d'inspiration est nécessaire à la fermeté de l'expression. Pourquoi alors mettre à l'Index, si ce n'est pour des motifs bien *humains*, le poète qui fut sincère dans son inspiration et loyal dans son ouvrage ?

Dans sa réponse, un mois plus tard (29 septembre), le père Lamarche adopte lui aussi un ton plus conciliant. Mis en confiance par un échange de lettres avec DesRochers qui dure depuis bientôt huit mois, il livre le fond de sa pensée sur les raisons pour lesquelles le jury du prix d'Action intellectuelle en littérature ne pouvait pas retenir le recueil du jeune poète. Tout d'abord une simple lettre n'est pas le lieu approprié pour « instituer un procès » contre *L'offrande aux vierges folles*, rappelle le dominicain. Il est d'accord avec le poète pour reconnaître « le fond catholique » de son recueil, mais il ne « veut pas qu'on écarte cette lutte du bien et du mal », « cette notion de péché sans laquelle ni dans l'humanité ni dans l'art il ne reste plus trace de christianisme ». Il ne veut pas non plus revenir sur « les réserves de fait » qu'il a formulées au sujet du recueil de poèmes dans sa première lettre de février 1929. Puis vient le moment de vérité, la leçon d'expérience donnée par un critique et un dominicain dans la maturité à un jeune poète qui commence dans le métier :

> Il faut absolument que nos jeunes auteurs aient *assez de flair* pour discerner ce qu'on peut offrir au concours de l'ACJC et ce qu'on doit réserver pour... soi-même ou pour le prix David. Qu'est-ce que l'ACJC, sinon une Association pieuse ? « Piété, doctrine, action » figure en tête de son programme. Pourquoi les mettre dans une impasse en leur soumettant une œuvre comme la vôtre, par exemple, au titre étrange et dont L. Dantin n'a pu s'empêcher de relever une pièce ? C'est en leur nom, sous leurs auspices que le jury prononce. Allons-nous exposer ces jeunes, si dévoués aux lettres, à encourir le blâme de l'autorité ecclésiastique, et, peut-être, à supprimer le concours annuel ?
>
> Au prix David, on doit également s'occuper de morale, mais on représente le Gouvernement, et non une Association pieuse ; et les lisières sont moins étroites. Compris ?... Et c'est ainsi que vous nous avez enlevé toute chance de couronner un poète tel que vous !

Il est difficile d'être plus clair que ne l'est le père Lamarche dans cette lettre. C'est le point culminant de sa correspondance avec DesRochers. Dans les semaines et les mois qui suivent, le ton des billets et des lettres change nettement. On ne perçoit plus le climat généralement tendu qui caractérisait la correspondance depuis le début. Les deux « amis » se rendent visite désormais, vivent en harmonie et sont d'accord à peu près sur tout. Le dominicain se range même aux côtés du poète, le 10 décembre 1929, et admet dans sa lettre que le prix d'Action intellectuelle de 1929 aurait dû être décerné au deuxième recueil publié par DesRochers.

Le mois où DesRochers et Marc-Antonin Lamarche se mettent à échanger des lettres cordiales, Lucien Rainier écrit sa première lettre au poète d'*À l'ombre de l'Orford*. Il s'agit d'une lettre polie et pleine de déférence dans laquelle un des membres fondateurs de l'École littéraire de Montréal, maintenant âgé de 52 ans, écrit toute l'admiration qu'il a pour le jeune poète de Sherbrooke et signe de son pseudonyme suivi de son nom, l'abbé Joseph-Marie Melançon. DesRochers a toutes les raisons d'être flatté de cette admiration, d'autant plus que Lucien

Rainier, qui ne faisait pas partie de la liste des 78 personnes à qui était destiné le tirage hors commerce d'*À l'ombre de l'Orford*, a non seulement réussi à mettre la main sur ce recueil, mais il le prie de lui faire parvenir un exemplaire avec une dédicace autographe. Le poète est donc tout à fait heureux de ce témoignage, sauf en ce qui a trait à une phrase critique à propos de *L'offrande aux vierges folles*, présente dans le premier paragraphe de la lettre : « L'an dernier, j'avais également lu les poèmes de "L'Offrande aux vierges folles" dont le titre, apparenté à la parabole de l'Évangile, ainsi que deux ou trois pièces, par la crudité de leur expression, m'avaient singulièrement déplu. » (Lucien Rainier à DesRochers, 26 décembre 1929) Cette phrase a beau être précédée et suivie de propos très louangeurs de la part de Lucien Rainier, DesRochers ne manque pas d'être frappé par le fait qu'un autre membre du clergé émet les mêmes réserves que le père Lamarche au sujet de son premier recueil.

Dans sa réponse de près de trois pages, le poète consacre plus d'une page à défendre ses vers contre l'accusation de « crudité de leur expression » lancée par l'abbé Melançon :

> Qu'est-ce qui vous a tant déplu dans *l'Offrande*, au point de vue crudité ? Celles que j'y ai mises : « accroupi », « gynécée infâme », et quelques autres étaient justement là en protestation, comme les passages « di bravura » de mon post-scriptum. S'ils ont scandalisé un peu, j'ai atteint mon but. Les vingt-huit sonnets du cycle des Bois et des Champs sont encore des protestations. (DesRochers à Lucien Rainier, 27 décembre 1929)

Puis il ajoute que l'attribution du prix David, en 1929, *ex aequo* à Alice Lemieux et à Simone Routier, « ne rehausse pas l'estime [qu'il a] pour les respectables "économies-politiques" qui jugent des vers au Canada ». Or si l'on examine de près la composition du jury du prix David cette année-là – Aegidius Fauteux, Louis-Philippe Geoffrion, le père Marc-Antonin Lamarche, Léon Lorrain, Louvigny de Montigny, Édouard Montpetit, Mgr Camille Roy – et celle de tous les jurys des décennies 1920 et 1930, ce n'est pas le nombre des « économies-politiques » qui ressort (allusion directe à Édouard Montpetit, professeur d'économie politique à l'Université de Montréal). Plutôt, année après année, il y a toujours au moins un et très souvent deux membres du clergé régulier ou séculier parmi les six ou sept personnes qui font partie du jury.

La lettre suivante de Lucien Rainier revient d'ailleurs sur la question des prix littéraires et des jurys en comparant le prix d'Action intellectuelle de l'ACJC et le prix David. On y apprend plusieurs faits intéressants au sujet de ces prix et du fonctionnement de leur jury. D'abord, le fait d'accorder un prix de l'ACJC « est une sorte de recommandation pour introduire, au nom de l'Association, dans les collèges et les pensionnats, les volumes couronnés » (Lucien Rainier à DesRochers, 1er janvier 1930). À ce sujet, Lucien Rainier précise : « [...] vous imaginez bien que votre description d'un taureau en rut devant les génisses, et vos regrets d'être chaste, et cette atmosphère sensuelle que justifiait votre immolation aux Vierges imprudentes, n'étaient pas de nature à aplanir les obstacles devant le 100 $ qui vous était dû... autrement. » Par ailleurs, le jury du prix David est « plus libre que celui de l'ACJC », selon l'expression de Lucien Rainier, qui reprend presque mot à mot l'explication servie à DesRochers par le père Lamarche. Et ici Rainier ne manque pas de vanter l'indépendance des membres du jury du prix David en 1929. Information plus précieuse encore, la lettre apprend à DesRochers que Lucien Rainier a pu lire ses deux recueils grâce au père Lamarche « qui [l'a] remplacé comme membre du jury dans les concours de l'ACJC [...] et nous discutons ensemble les mérites des divers envois » Enfin, DesRochers se rend compte que le rejet de son premier recueil pour des raisons d'immoralité n'est pas un cas unique. Lucien Rainier, tout en admettant que Simone Routier « a des ressources », trouve qu'elle est « païenne » et qu'elle écrit un français « qui est loin de reproduire le génie de la langue ».

Dans les lettres des premiers mois de 1930, comme il l'avait fait dans sa correspondance avec Marc-Antonin Lamarche en 1929, DesRochers se porte avec vigueur à la défense de ses vers jugés « sensuels » en les comparant à ceux de *La course dans l'aurore* (1929) d'Éva Senécal et du *Mauvais Passant* (1920) d'Albert Dreux, ou du roman *La pension Leblanc* (1927) de Robert Choquette, toutes des œuvres primées. Il démontre, preuves à l'appui, que ces œuvres contiennent des passages aussi sensuels, sinon plus sensuels, que ceux trouvés dans son premier recueil. Mais rien n'y fait. Ses arguments, aussi convaincants soient-ils, n'arrivent pas à ébranler les idées déjà faites de Lucien Rainier et sans doute de la très grande majorité des critiques cléricaux de l'époque au sujet de *L'offrande aux vierges folles*. Pis encore, Rainier craint même beaucoup « qu'une dizaine de vers de "L'hymne au vent du Nord" n'engendrent [...] quelque dissension parmi les membres de ce même jury [des prix d'Action intellectuelle] à la prochaine réunion » (Lucien Rainier à DesRochers, 1er janvier 1930). Non seulement le premier recueil de DesRochers a-t-il été éliminé de la liste de 1929 pour des raisons de morale, mais Lucien Rainier prévoit que le deuxième recueil, à peine publié, sera sans doute rejeté pour les mêmes raisons par le jury de 1930 !

La correspondance du poète Alfred DesRochers avec des représentants de la critique cléricale de son époque lui a permis d'apprendre trois grandes leçons au début de sa carrière d'écrivain. D'abord, il est difficile pour un poète vivant à l'extérieur de Montréal ou de Québec d'imposer son nom en littérature québécoise dans les années 1930 et 1940. Et là-dessus DesRochers a objectivement raison, malgré les dénégations de ses correspondants, surtout lorsqu'un poète en région doit publier à compte d'auteur, sans l'aide d'un éditeur reconnu. Deuxième leçon, apprise douloureusement par DesRochers cette fois : il est très difficile, voire impossible, pour un écrivain de remporter un prix littéraire important (prix David ou prix d'Action intellectuelle) si son œuvre ou une partie de son œuvre est jugée contraire à la morale par des critiques cléricaux, les représentants attitrés de l'Église* en matière de littérature. Troisième leçon, sans doute la plus importante pour le poète de Sherbrooke : il est préférable de mettre de son côté la critique cléricale plutôt que de l'affronter directement, car il s'agit d'un réseau organisé dont les membres entretiennent des rapports étroits (qu'ils soient du clergé régulier ou séculier). L'expérience démontre qu'on ne peut gagner, à court ou à moyen terme, contre les autorités ecclésiastiques à cette époque. Jean-Charles Harvey l'apprendra à ses dépens avec la publication du roman *Les demi-civilisés** en 1934, publication suivie de l'interdit de lecture émis par le cardinal Jean-Marie-Rodrigue Villeneuve pour tout le diocèse de Québec. DesRochers tirera ses propres conclusions dès 1929-1930 grâce aux lettres échangées avec le dominicain Marc-Antonin Lamarche et l'abbé Joseph-Marie Melançon. Ces correspondances lui permettent d'être informé des sujets considérés comme tabous en littérature (par exemple toute référence à l'amour sensuel) et de comprendre les mécanismes plus ou moins subtils de la censure religieuse et de son fonctionnement dans l'institution littéraire.

DesRochers a si bien assimilé cette dernière leçon qu'il s'arrange pour ne plus avoir à craindre les jugements négatifs de la critique cléricale. Désormais, il va au-devant des coups en autocensurant* son œuvre. Lors de la réédition d'*À l'ombre de l'Orford* à la Librairie d'Action canadienne-française, en 1930, Albert Lévesque demande au poète d'étoffer le livre en y ajoutant les textes de son premier recueil. DesRochers consent à la demande de son éditeur, mais il supprime tous les poèmes d'amour, ceux précisément que la critique cléricale avait jugés « trop sensuels », pour ne conserver que 14 poèmes sur les 31 de l'édition de 1929. Et c'est avec cette réédition qu'il remporte le prix David en 1932, *ex* *aequo* avec Robert Choquette, un poète de Montréal. Il faudra attendre près de 50 ans avant que les Éditions Fides reproduisent le texte original de *L'offrande aux vierges folles* dans *Œuvres poétiques* (1977), et cela trois ans après qu'un petit éditeur d'avant-garde, L'Aurore, eut publié la première réédition intégrale du recueil dans la collection « Le goglu » (1974). *Richard Giguère*

DESROCHERS, Alfred, *L'offrande aux vierges folles*, Sherbrooke, chez l'auteur, coll. « Cahiers bleus », 1928, 60 p. (hors commerce); repris en partie dans *À l'ombre de l'Orford*, Montréal, Librairie d'Action canadienne-française, 1930, p. 121-149; *À l'ombre de l'Orford*, Sherbrooke, chez l'auteur, 1929, 60, (3) p., préface d'Alphonse Désilets (hors commerce).

ANQ-S, fonds Alfred-DesRochers, correspondance Alfred DesRochers-Louis Dantin, 1928-1939; correspondance Alfred DesRochers-Marc-Antonin Lamarche, 1929-1946; correspondance Alfred DesRochers-Lucien Rainier, 1929-1933; GIGUÈRE, Richard, « Alfred DesRochers et la critique cléricale de son temps. Censure et autocensure de *L'Offrande aux vierges folles* (1928) », *La Faculté des lettres. Recherches récentes sur l'épistolaire français et québécois*, Département d'études françaises, Université de Montréal, 1993.

▶ « L'art et la morale »

OLVIDADOS, LOS
(PITIÉ POUR EUX, THE YOUNG AND THE DAMNED)

Luis Buñuel (1900-1988) • Film d'un réalisateur qui subit plus souvent qu'à son tour les foudres de la censure (1952); les autres films de Buñuel

Poète et critique de cinéma, Luis Buñuel se lie d'amitié avec les surréalistes français dès la fin des années 1920. Devenu réalisateur, son premier film, *Un chien andalou* (court métrage, 1928), pure fantaisie co-écrite avec Salvador Dali, représente la plus éclatante réussite filmique du mouvement. Deux ans plus tard, son *Âge d'or*, quoique moins éclaté, s'inscrit dans cette mouvance libertaire et suscite tellement de réactions de la droite qu'il est interdit en France. Personne ne se risque à présenter ces deux œuvres, comme d'ailleurs *Las hurdes (Terre sans pain)*, documentaire réalisé en Espagne en 1932, à la censure québécoise. Peut-être certaines copies circulent-elles clandestinement après la Seconde Guerre mondiale, mais on ne les voit ouvertement que dans les années 1960, dans le mouvement des ciné-clubs (*Un chien andalou* est approuvé pour l'Université de Montréal le 15 octobre 1962), parfois même à la télévision. Indésirable en Espagne franquiste, Buñuel poursuit sa carrière surtout au Mexique et en France.

Los olvidados (Pitié pour eux), drame social au traitement quasi documentaire tourné en 1950, met en scène des jeunes délinquants d'une banlieue de Mexico n'ayant pour tout présent qu'un univers de violence, sans espoir d'en sortir. Le 14 mars 1952, le Bureau de censure l'interdit, dans une version avec sous-titres anglais déjà amputée de 10 minutes sur 89 (par son distributeur mexicain ou son intermédiaire américain). Trois semaines plus tard, le 8 avril, il l'accepte après que le distributeur local l'eut ainsi modifié en retranchant environ quatre minutes:

> Titre changé: Nouveau titre: « The Young and the Damned »
> Bobine/Page:
> 1B/9: Raccourcir la scène du meurtre 24 frames avant le close-up finir à la fin du close-up.
> 3B/21: Éliminer la scène de Jaibo revenant vers la femme ainsi que Dial.: « Going… »
> 4B/30: Éliminer toute la scène quand Jaibo tue Pedro à partir du Dialogue: « Jaibo… Get dressed. »
> 4B/30: Éliminer le sous titre: « They should be killed before they're born ».
> 4B/30: Éliminer les sous titres: « Good night… Good night… »
> 4B/30: Éliminer toute la scène de l'âne et le corps de Pedro jeté parmi les déchets.

Ces coupures diminuent quelque peu l'effet violent du film. Elles n'en altèrent pas la cruauté, le caractère impitoyable et la profonde tristesse devant cette jeunesse désespérée dont l'univers, dit le critique André Bazin, se réduit « à une sorte de paradis terrestre inversé dont une épée de feu interdit la sortie ». Le 3 septembre suivant, avant la sortie en salle, le Bureau accepte un changement de titre* pour *The Young and the Damned* parce que c'est ainsi que le film s'intitule dans le reste de l'Amérique du Nord. Le centre catholique le classe ainsi : « En raison de la cruauté de certaines scènes et de l'érotisme qui en imprègne d'autres, l'œuvre s'adresse aux adultes avertis. »

Seul autre film de Buñuel à subir l'interdit, *Belle de jour* ne reste que deux mois sur les tablettes. Il est refusé le 19 juin 1967 à cause « des scènes d'intimité, un épisode de nécrophilie, des séquences sadiques et une atmosphère générale équivoque ». Mais ce refus relève presque d'une subtilité juridique : le Bureau aurait voulu le classer « 18 ans et plus », dans l'esprit de la législation votée trois jours auparavant, mais celle-ci n'est pas encore sanctionnée et avaliser le film serait le destiner aux 16 ans et plus. La sanction officielle de la loi advient le 12 août et le film reçoit son classement de « 18 ans » le 28. Une semaine plus tard, ce qui s'appelle désormais Bureau de surveillance oblige le distributeur à supprimer de la bande-annonce la mention finale « Ce film de référence est interdit aux moins de 18 ans » dans le but de mieux renseigner le public et à cause de la connotation « sexploitation » que le fameux « 18 ans » est en train de prendre. Le 21 janvier 1972, il est reclassé « 14 ans », ce qui se traduit dans le répertoire actuel de la Régie du cinéma par « 13 ans+ ». L'Office catholique vient, quant à lui, d'abandonner ses fameuses cotes morales pour les remplacer par une évaluation de la « valeur humaine et chrétienne » ; il en dit : « Étranger à la morale, ce film troublant présente le cas d'une jeune femme mariée qui se laisse aller à un étrange désir d'avilissement. Le sujet donne lieu à des scènes d'un réalisme sordide. »

Les autres films d'avant 1967 du réalisateur espagnol subissent des coupes plus ou moins importantes ou sont acceptés intégralement. Le 28 mai 1957, *La mort en ce jardin* (1956) perd quelque trois minutes de dialogues ; le Centre catholique le classe « Adultes avec réserves », car selon son appréciation morale : « Ce thème de la solidarité humaine dans le malheur est teinté d'anticléricalisme. Le prêtre y est ridicule et odieux. Le caractère de l'intrigue sentimentale motive également de nettes réserves. » Le 8 août 1958, le censeur retranche sept minutes à *Cela s'appelle l'aurore* (1956), dont à la fin « Laisser partir le médecin et ne pas lui laisser rejoindre la femme », ce qui élimine une liaison. Du drame politique *La fièvre monte à*

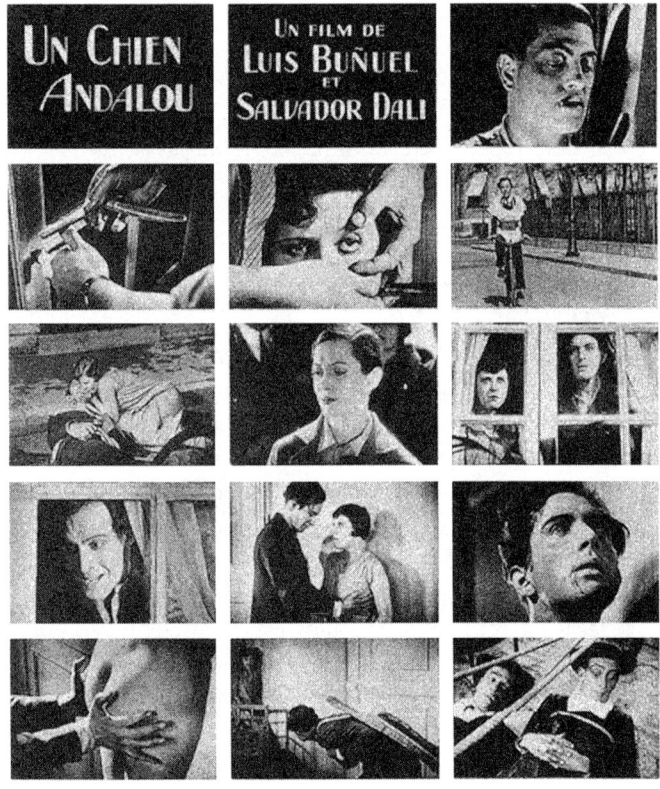

Planche avec plusieurs petites photos d'*Un chien andalou*. – Ce court métrage de 1928, l'essai le plus typiquement surréaliste, que Buñuel réalise avec Salvador Dali, circule clandestinement au Québec jusqu'au début des années 1960.

El Pao (1959), ne disparaissent que quelques scènes (40 secondes) de l'actrice Marìa Felix quand elle se déshabille ou qu'elle apparaît en déshabillé, avec quelques phrases. Chez les clercs, on n'a pas grand-chose à lui reprocher : « Les remords du héros et l'exotisme du récit atténuent les éléments nocifs de l'ensemble : liaison, corruption du pouvoir. Adultes, des réserves. »

Dans *Nazarin* (1959), approuvé le 5 août 1960 pour le Festival international du film de Montréal, le Centre catholique voit « une résonance évangélique » et il l'apprécie ainsi : « Ce film est de nature à susciter de fructueuses réflexions. Toutefois, la situation anormale dans laquelle se met le prêtre et l'ambiguïté de certains de ses comportements motivent des réserves. » On ne s'étonne donc pas de voir le Bureau de censure, probablement au fait du jugement clérical, approuver le film sans réserve le 20 juillet 1961. Il rend le même verdict pour *Viridiana* (1961) le 17 juin 1964, ce qui peut surprendre à cause du scandale que le film a provoqué en Europe (interdit en Espagne et en Italie, vilipendé dans d'autres pays) malgré sa Palme d'or à Cannes ; il faut dire que le personnel des censeurs a été complètement renouvelé et que le temps a un peu adouci les critiques. Pour les catholiques, rien n'a toutefois changé et l'œuvre demeure « À proscrire » : « Ce film, qui ne recule pas devant le blasphème, nie la possibilité de la rédemption par le sacrifice et oppose un "humanisme" matérialiste à la foi et à la charité chrétienne. » On peut remarquer ici que le rédacteur de la note comprend très bien la visée fondamentale du cinéaste, présente dans tout son cinéma. Le Festival international du film de Montréal présente *La vie criminelle d'Archibald de la Cruz* (1955) en 1963, mais ce n'est qu'en 1967 que le film revient au Québec, alors qu'une copie 16 mm est acceptée le 20 octobre.

Le 3 août 1964, *Le journal d'une femme de chambre* est approuvé sans commentaire et peut donc être vu par tous les plus de 16 ans. En 1968, il est classé « 14 ans ». Pour les catholiques, il est « À déconseiller », parce que « cette satire sociale est imbue de pessimisme et prend à partie certaines valeurs chrétiennes ». Après 1967, la censure québécoise ne fait désormais que classifier les films. C'est ainsi que *La voie lactée* reçoit le visa « Pour tous », comme *Le charme discret de la bourgeoisie* ; *Tristana* obtient celui de « 14 ans », ainsi que *Le fantôme de la liberté* et *Cet obscur objet du désir*.

Pendant une trentaine d'années, Buñuel aura subi les foudres de la censure au Québec comme en bien d'autres pays. En fin de parcours, après avoir traversé presque tout le XXe siècle, il peut assister au triomphe de la liberté dont il s'est fait le chantre toute sa vie. Tous ses films circulent librement, tels qu'il les a pensés et réalisés. *Yves Lever*

ANQ-M, fonds Régie du cinéma, E 188, fiches des films ; RAPP, Bernard et Jean-Claude LAMY, *Dictionnaire des films*, Paris, Larousse, 1990 ; *Recueil des films*, 1956, 1958 et 1964.

ON EST AU COTON
▶ Arcand, Denys

OFFICE NATIONAL DU FILM DU CANADA (ONF)

Organisme de production de films (créé en 1939) qui subit la censure, mais qui l'exerce aussi

Instituée par une loi le 2 mai 1939 à Ottawa, la « Commission nationale du cinématographe » du gouvernement fédéral canadien a pour mandat « d'émettre des avis consultatifs sur la production et la distribution de films nationaux destinés à aider les Canadiens de toutes parties du Canada à comprendre les modes d'existence et les problèmes des Canadiens d'autres parties ». Par-delà les termes juridiques, le législateur veut contribuer à l'unité canadienne que commencent à contester quelques nationalistes du Québec. Idéalement, l'organisme doit offrir une vitrine alléchante de la bonne entente entre tous les Canadiens. Très rapidement, la commission intègre le Canadian Government Motion Pictures Bureau chargé de la production, puis elle devient l'unique organisme fédéral pour toutes les activités cinématographiques de l'État canadien; elle prend alors le nom de National Film Board-Office national du film, dénomination avalisée par une loi en 1950. Pendant ses 17 premières années, aucune vague ne vient troubler les eaux calmes de l'Office, même si l'anglais est la seule langue du commissaire et de tous les cadres importants. Les Canadiens français ont peu accès aux postes les plus créateurs (production, réalisation, direction photo) et, de plus, ils sont systématiquement moins bien payés que leurs collègues anglophones. Il faut attendre le déménagement à Montréal, en 1956, pour qu'ils s'en plaignent et qu'une crise éclate. Elle se résorbe rapidement avec la nomination d'un commissaire francophone, Guy Roberge, l'établissement de l'égalité salariale et finalement la division entre deux sections linguistiques avec chacune ses dirigeants.

Durant la Seconde Guerre mondiale, l'ONF agit comme principale source d'information de l'État avec ses séries de documentaires qui alimentent les salles de cinéma ou qui sont présentés par des projectionnistes itinérants dans les campagnes. Ces films sont, bien sûr, soumis à la censure militaire, comme la presse et les actualités*, mais ils soulèvent peu de problèmes. De la part du Bureau de censure du Québec, l'ONF subit peu de vexations; un seul documentaire est carrément refusé, *Our Northern Neighbour**, en 1944, avec ce commentaire: «Refused on account of revolutionnary and subversive ideas»; il ne peut pas se retrouver dans les salles de cinéma, mais rien n'empêche son producteur de le diffuser partout en version 16 mm, format qui n'a pas à passer à la censure. À la fin de la décennie 1940, toutefois, certains films de guerre ayant prôné la collaboration avec l'Union soviétique servent de justificatifs à Maurice Duplessis* pour traiter l'ONF de «refuge de communistes*» et pour bloquer la diffusion de ses films par le Service

> Le propre des gens qui, en général, dirigent l'Office du film, c'est de vouloir garder leur «job». C'est leur principale philosophie. Ce ne sont ni des capitalistes ni des gens qui me détestent personnellement ou ce que je représente ou mes idées. Ce qui les emmerde, c'est d'avoir un gars qui risquerait de leur faire perdre leur «job». Le cinéma ici est dirigé par des fonctionnaires et le propre des fonctionnaires, c'est de ne pas avoir d'ennuis. L'idéal pour ces gens-là, c'est que l'ONF ne fasse pas de films. (Denys Arcand, 1972)

de Cinéphotographie provincial; pour la même raison, il interdit la diffusion des films onéfiens dans les écoles, mesure qui ne sera pas très bien respectée et qui disparaîtra même avant la mort du premier ministre.

Après le conflit, les cinéastes peuvent créer dans une relative liberté, compte tenu des paramètres idéologiques de l'organisme, généralement bien assumés. Diverses tentatives de soumettre directement l'organisme au pouvoir politique sont écartées au tournant de 1950. Le premier ministre nomme le commissaire, mais celui-ci n'a de compte à rendre à aucun autre politicien. Comme dans la tradition britannique, le «arm's length» (distance d'un bras) par rapport au pouvoir doit être préservé. Durant cette décennie, l'ONF, avec la Société Radio-Canada, accueille des intellectuels de gauche dont la censure duplessiste bloque l'expression dans les universités et dans la presse (Marcel Rioux, Gérard Pelletier, René Lévesque, etc.). À la fin des années 1950, avec l'embauche de beaucoup de jeunes Canadien français dont la majorité s'affichent davantage Québécois que Canadiens, les visions fédéraliste et nationaliste s'affrontent, mais règne une grande tolérance. Après tout, «faire connaître le Canada aux Canadiens», cela veut dire aussi faire état de ce qui bouge au Québec. La direction peut chicoter ou chicaner des scènes mettant en cause certaines compagnies ou institutions (*Bûcherons de la Manouane**, *Voir Miami**, *Un jeu si simple*) et même refuser des scénarios (*Boulevard Saint-Laurent**, *Les ordres**), en général les créateurs conservent leur liberté et cherchent souvent à découvrir jusqu'où ils peuvent aller trop loin. Sans trop de problèmes, Gilles Groulx*, Pierre Perrault, Jacques Godbout, Denys Arcand*, Jacques Leduc, Claude Jutra, Clément Perron, etc., créent des œuvres uniques et parfois farouchement contestataires, tant dans leur contenu que dans leur forme. Quand les grands patrons, parfois à la suite de pressions politiques venues du parlement, jugent qu'un cinéaste est allé trop loin, ils interdisent tout simplement la diffusion du film, ce qui donne les trois cas les plus médiatisés : *Cap d'espoir**, *On est au coton** et *24 heures ou plus…**. Pour le premier, on évoque surtout la vulgarité des propos ; pour les autres le droit de refus d'opinions politiques qui mettent radicalement en cause le système économique et politique canadien. Dans d'autres cas, il suffit de retarder ou de limiter la distribution : *L'Acadie, l'Acadie ?!?** et *Gens d'Abitibi* ; ou bien d'interdire les projections en salles commerciales et à la télévision : *Un pays sans bon sens**. Parfois, un trop petit nombre de copies rend le film quasi inaccessible aux demandeurs.

Sous un autre aspect, l'ONF présente un remarquable dossier quand il s'agit de défendre ses films et ses cinéastes attaqués par divers groupes de pression. Il ne cède jamais devant les demandes de retrait venant d'élites locales choquées de l'image de leur quartier ou de leur municipalité (*À Saint-Henri le cinq septembre*, *Gros-Morne*) ; de professeurs d'histoire mécontents de *Champlain** ; d'une Chambre de commerce malmenée dans *Saint-Jérôme* ; des anglophones juifs de Montréal trouvant raciste *Le journal de Mme Wolock*, etc. Il va en cour défendre *Le soleil a pas d'chance**.

Somme toute, si l'ONF a parfois été présenté comme la bête noire de la liberté cinématographique, son bilan apparaît plutôt positif : à peine quelques dizaines d'œuvres sur des milliers ont connu des problèmes provisoires. Aucune n'a pu rester cachée longtemps. Toutes sont maintenant disponibles.

Évidemment, comme dans tout organisme du genre, l'autocensure* a aussi joué, particulièrement après les événements d'Octobre 70*. Mais personne n'en témoigne personnellement : quand un cinéaste en parle, c'est toujours chez les autres qu'il a constaté ce type de phénomène ! *Yves Lever*

Archives de l'ONF, divers dossiers de production ; EVANS, Gary, *In the National Interest, A Chronicle of the National Film Board of Canada from 1949 to 1989*, 1991 ; VÉRONNEAU, Pierre (dossier établi par), *L'Office national du film, l'enfant martyr*, 1979.

▶ Politique (censure) ; Régie du cinéma

ONIBABA

Kaneto Shindo (1912-) • Film approuvé par l'État, mais condamné par les catholiques (1965)

Dans un Japon médiéval dévasté par la guerre, une femme et sa belle-fille survivent dans une région marécageuse en assassinant et dépouillant des soldats égarés ou blessés. Le drame éclate quand la jeune femme épargne un soldat pour en faire son amant. Violence, nudité, érotisme et passions débridées marquent cette tragédie filmée par Kaneto Shindo avec grand art en 1964.

Film au contenu violent et amoral, *Onibaba* est approuvé par le Bureau de censure le 2 septembre 1965, ce qui signifie qu'il peut être vu par le public âgé d'au moins 16 ans. Cela manifeste l'ouverture qui a débuté quelques années auparavant, de même que la tendance affirmée de tenir compte de la valeur artistique des œuvres. La loi attendue qui doit instaurer la classification par groupes d'âge eût-elle été votée qu'il aurait probablement été classé « 18 ans et plus », ce qui advient en 1969. La copie vidéo du film est cotée « 13 ans+, érotisme » par la Régie du cinéma le 19 novembre 1997.

De son côté, l'Office catholique national des techniques de diffusion le cote « À proscrire » parce que « cet étalage brutal et éhonté de mœurs bestiales et d'images licencieuses constitue un spectacle dégradant ».

Comme les autres films japonais importés à cette époque, *Onibaba* manifeste une violence inhabituelle aux Occidentaux, mais une esthétique de stylisation la situe loin de celle à prétention réaliste du film policier et du western américain. *Yves Lever*

ANQ-M, fonds Régie du cinéma, E 188, fiche du film ; *Recueil des films*, 1965.

ORAGE
Marc Allégret • Film interdit, puis accepté lorsque des scènes sont ajoutées pour le Québec (1938)

Production typique du meilleur cinéma français des années 1930 (romance, grands comédiens, réalisateur talentueux, esthétique classique, d'après la pièce *Le Venin* d'Henry Bernstein), *Orage* sort en France le 14 janvier 1938 sans causer de remous particuliers. Le *Larousse* du cinéma le résume ainsi : « Une jeune étudiante "facile" cherche l'amour, mais ne provoque que des drames. Lorsqu'elle le découvre enfin, elle préfère se suicider plutôt que de briser le mariage de celui qu'elle aime. » Au Québec, le Bureau de censure le refuse le 25 mars 1938, avec cette justification, rédigée par le président Eugène Beaulac :

> Un homme marié, André Pascaud, abandonne sa femme pour vivre avec sa maîtresse, Françoise Massori, qui était la maîtresse de son beau-frère et l'avait été de plusieurs autres auparavant. Françoise [est] entretenue par Richard Mortimer. La femme de Pascaud consent à ce que son mari aille vivre avec sa maîtresse. Longues scènes de chambre à coucher, etc.

Un an plus tard, un nouveau distributeur, France-Film, le ramène au Bureau, mais « reconstruit ». De 98 minutes, le film est réduit à 75. Joseph-Alexandre DeSève* et son comité de censure ont non seulement coupé plus de 20 minutes, mais ils ont fait tourner une nouvelle finale ; la maîtresse Françoise ne disparaît plus de la vie du couple en se suicidant, mais en partant au loin après avoir écrit cette lettre à son amant :

> Mon chéri, Il vaut mieux que je parte avant l'irréparable. Adieu. Ce rendez-vous que tu m'as tellement reproché tout à l'heure, c'est avec ta femme, « la petite Gisèle » comme tu l'appelles, que je l'avais pris. Tu te souviens, ce téléphone dans la cabine de l'hôtel ? Oui, je l'ai vue. Nous nous sommes parlé. Elle vaut mieux que Françoise, crois-moi. Avec elle et l'enfant qu'elle attend tu m'oublieras. Je n'ai vraiment pas eu de chance dans la vie ! Peut-être y a-t-il des choses que j'aurais dû prendre plus au sérieux ? Je m'en rends compte. Mais à quoi bon ? J'ai voulu m'en aller pendant que tu m'aimais encore. Adieu, mon chéri et sois heureux. Françoise.

Dans la version québécoise d'*Orage*, les amants se quittent et la maîtresse lit cette lettre d'adieu composée par le chanoine Adélard Harbour, membre du comité de précensure de France-Film.

Dans sa présentation au Bureau, DeSève précise :

> Les nouvelles scènes qui ont été tournées spécialement par Mademoiselle Morgan à Paris, pour ce film, ont été ajoutées et le texte de la lettre d'adieu a été fait par M. Le Chanoine HARBOUR. Tel qu'il est maintenant, le film est une œuvre psychologique qui demeure très intéressante. L'amour d'un homme pour une jeune femme, lui n'étant pas libre, elle se refusant à briser son foyer, voilà le thème de Orage que tourmente le venin de la jalousie.

Son comité lui accorde maintenant la note « Convenable ». On voit ici à quel point le chanoine Harbour* s'investit dans l'organisation. Malgré ces précautions, le film est encore rejeté le 9 août 1939 et le nouveau président Hervé Rock écrit :

> Mari d'une femme divorcée et fidèle s'éprend d'amour passionné d'une fille de vie, maîtresse de son beau-frère. Néglige femme et foyer. N'a de pensée que pour cette fille. Sa femme consent à ce qu'il aille satisfaire son amour avec cette fille. Abandon définitif de sa femme enceinte qu'il renie pour s'expatrier et vivre à sa guise avec cette fille. Déclarations d'amour, conversations et scènes de rencontres intimes indignes d'un mari conscient de ses devoirs et de son honneur. Provocation au divorce. Thèse d'amour libre et mépris des lois du mariage. Aucun remords pour le mal fait. Aucune conclusion de réparation.

On retrouve ici une application d'un principe habituel de la censure : il peut être permis de montrer le mal, mais il faut qu'il soit condamné et puni ; un adultère peut être montré, mais il faut une rupture finale et un châtiment des coupables. Les coupures ont fait disparaître le suicide final, sujet absolument tabou, car il n'est mentionné ni par DeSève (son résumé dit que Françoise part à l'étranger) ni par le censeur. Habituellement, DeSève se contente de déplacer ou de supprimer des scènes pour modifier le sens final du drame ; ici, comme il est arrivé pour quelques autres films, il fait tourner des scènes spécialement pour les copies diffusées au Québec. Michèle Morgan, qui s'est prêtée au jeu, a dû prendre cela avec un certain humour.

France-Film ne se décourage pas et va en appel le mois suivant. Le Bureau rescinde sa décision, mais comme pour justifier son refus précédent, il coupe encore trois courtes réparties : « Les petites poules ont bon cœur en général » ; « Parce que ces messieurs vous le font payer trop cher » ; « et de désir d'elle », ce qui représente quelques secondes tout au plus. Le film peut désormais sortir en salle.

En 1954, Pierre Billon et Giorgio Capitani réalisent en Italie une nouvelle version de la pièce de Bernstein, *Delirio* (*Orage* en traduction). Le bureau de censure l'accepte le 31 mai 1956, avec 18 minutes de coupures, essentiellement des dialogues dont il est impossible de mesurer la portée puisque ne sont indiqués que les débuts et fins de phrases. *Yves Lever*

ANQ-M, fonds Régie du cinéma, E 188, fiches des films et documents annexés.

ORAGE SUR MON CORPS

André Béland (1926-1980) • Roman coté I (« franchement mauvais ») par *Mes fiches* (1945)

Premier titre original d'un auteur canadien-français publié par les Éditions Serge Brousseau à Montréal, *Orage sur mon corps* est également le premier roman érotique paru au Québec. Écrit par André Béland à l'âge de 17 ans, le roman trace le portrait de Julien Sanche, jeune homme troublé par une sexualité déviante qui l'amène à des comportements d'une rare cruauté envers l'humain. Le tout est encadré par une introduction de l'auteur et une série de poèmes qui font écho au roman.

Orage sur mon corps obtient la cote « I » attribuée aux « livres franchement mauvais » dans *Mes Fiches* (no 161, 5 mars 1945). Théophile Bertrand tire à boulets rouges sur cette « innommable élucubration », cet « abîme de fiente », ce « relent ordurier et même excrémentiel », et formule le souhait que « cette camelote littéraire se perdra vite dans les brumes de l'oubli ».

Dans tous les journaux de l'époque ou presque, *Orage sur mon corps* est accueilli de façon lapidaire.

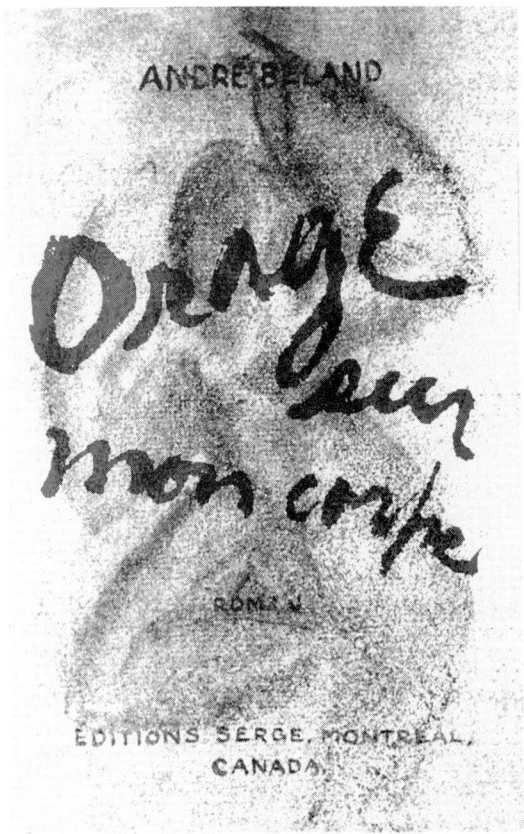

Le roman d'André Béland (1944) est à la fois le premier roman à contenu homosexuel et le premier à être coté « Mauvais » dans *Mes fiches*, l'ancêtre de la revue *Lectures*.

Roger Duhamel le présente comme une « mascarade d'une saison en enfer » (*L'Action nationale*, janvier 1945) et Guy Sylvestre, comme « une œuvre avortée », une « longue nouvelle boursouflée » (*Le Droit*, 10 février 1945); Gilles Marcotte y verra plus tard « un roman obscur et désordonné » où Béland « s'y déchire les entrailles avec une complaisance qui va jusqu'à l'obscénité » (*Cahiers de l'Académie canadienne-française*, 1958).

Les critiques remarquent toutefois la « puissance d'analyse de la méchanceté humaine » (Guy Sylvestre) dont fait état le personnage de Julien Sanche, qui n'hésite pas à blesser les gens sans aucun remords. La sincérité qui émane du roman est aussi relevée par Claude Rousseau, qui prend la défense de l'auteur dans *Le Jour* du 30 décembre 1944 :

> Donc, André Béland n'a pas choisi d'écrire ce roman : *Orage sur mon corps*, c'est la vie qui le lui a imposé à écrire… […] Alors qu'on ne reproche pas à André Béland d'avoir fait un livre qui est bien de lui. Qu'on le félicite. André Béland est demeuré André Béland. Quelle merveille, et peu commune au Canada.

Émile-Charles Hamel affirmait d'ailleurs, quelques semaines plus tôt, à propos de l'intensité du roman : « On sent que c'est l'œuvre du sang et des larmes. » (*Le Jour*, 16 décembre 1944)

Mais si les critiques se montrent plutôt négatives, elles ne semblent pas surprises des maladresses de l'auteur. Selon Hamel, le cas d'*Orage sur mon corps* se résume en une question de génération. En effet, le roman ne serait que le fruit d'une jeunesse sans fraîcheur et sans émotion, inapte à l'honneur et à l'amour. Henri Girard écrit dans *Le Canada*, le 11 décembre 1944, que « [l]e premier essai d'André Béland indique plus fortement encore que le roman de Roger Lemelin [*Au pied de la pente douce*] une tendance nouvelle dans l'évolution de nos lettres. C'est l'anarchie après la révolte. »

Par ailleurs, André-G. Bourassa remarque que « [l]a description des choses sexuelles est tantôt tellement métaphorique, tantôt tellement parsemée de points de suspension, que le zèle des censeurs ne semble pas être intervenu » (*DOLQ*, III). Toutefois, de ces critiques se dégage un phénomène étonnant : personne ne commente l'homosexualité* du personnage. Le « mot » même n'est jamais prononcé. Carole Andrée Laniel, dans un mémoire sur Béland, fait remarquer que ce n'est qu'en 1950, dans un article intitulé « Petite introduction à la jeune poésie » (Maurice Beaulieu, *Le Droit*, 16 septembre 1950), que le caractère sexuel de l'œuvre de Béland est abordé. Or, l'auteur de l'article commente les poèmes en annexe au roman, et pas le roman en tant que tel… Il faut attendre la réédition d'*Orage sur mon corps*, en 1995, pour que le sujet de l'homosexualité soit traité franchement, et par les critiques et par Bernard Jasmin, qui signe la présentation. *Maude Dénommé Beaudoin*

BÉLAND, André, *Orage sur mon corps*, Montréal, Éditions Serge, 1944, 179 p.

LANIEL, Carole Andrée, «André Béland: premier poète de l'érotisme au Québec», Maîtrise (études littéraires), Montréal, Université du Québec à Montréal, 1991.

L'ORDRE

Journal dirigé par Olivar Asselin (1874-1937) • Journal stigmatisé dans la *Semaine religieuse de Québec* par le cardinal Villeneuve (1935)

Le premier numéro de *L'Ordre* paraît le 10 mars 1934. Le directeur-fondateur, Olivar Asselin, y définit le nouveau quotidien comme «un organe de culture française et de renaissance nationale». La rédaction précisera ultérieurement qu'il sera également d'allégeance catholique.

À peine un an plus tard, le 1er avril 1935, *L'Ordre* se voit stigmatisé dans la *Semaine religieuse de Québec* par le cardinal-archevêque Rodrigue Villeneuve, comme «un journal qui ne respire ni l'esprit chrétien ni le respect dû au Saint Siège». Le 5 avril, Asselin reproduit fidèlement «l'opinion» du primat de l'Église canadienne. Huit jours plus tard, le 13 avril, le directeur annonce la suspension imminente de sa publication.

Du 13 avril au 11 mai, *L'Ordre* publie quotidiennement de multiples lettres de lecteurs – laïcs et religieux, la plupart anonymes – à la défense de ses positions et de son utilité tant intellectuelle que religieuse. À la dernière page du dernier numéro, le 11 mai, un loustic de la rédaction écrit en lettres capitales: «Suite au prochain cardinal»… Un bref survol de quelques thèmes abordés par ce journal «catholique» indiquera pourquoi il a accumulé tant de charbons ardents sur la tête de son directeur.

«Un gant retourné demeure toujours un gant», notait Julien Green à propos de la conversion subite de saint François d'Assise. Le nouveau «catholique pratiquant» qu'est devenu Asselin depuis la guerre ne s'est pas mué pour autant en rongeur de balustre. Il continue donc à défendre sa propre orientation libérale en matière tant culturelle que religieuse. Ses prises de position le conduisent à rompre à nouveau des lances avec ses «chers ennemis» les Jésuites et à en découdre avec les rédacteurs de «la bonne presse», tels Jules Dorion et Eugène L'Heureux, qui logent désormais à l'Action catholique de Québec. Au *Devoir** de Montréal, où Georges Pelletier perpétue fidèlement l'héritage religieux d'Henri Bourassa, *L'Ordre* va aussi chercher querelle.

La tradition libérale française, issue de Lacordaire, Lamennais et Montalembert, et dans laquelle le francophile Asselin s'inscrit spontanément, l'a toujours tenu à distance de la tradition ultramontaine des Jules-Paul Tardivel et des Joseph Bégin qu'il a jadis combattus et à laquelle Bourassa, seconde manière, s'est finalement rallié après son retrait du mouvement nationaliste. Or, l'épiscopat québécois, dans son ensemble, comporte fort peu d'évêques «libéraux» de poids. Asselin va l'apprendre à ses dépens, en dépit de ses multiples professions de foi.

Les autorités religieuses du Québec ne tardent pas à prendre note des fréquentations inquiétantes d'Asselin en matière de catholicisme. Si le directeur de *L'Ordre* n'a de cesse de pourfendre le dirigisme des Jésuites en matière d'organisations sociales, de syndicalisme et surtout d'enseignement, en revanche, il collabore volontiers avec les Dominicains, héritiers de Lacordaire, qu'il juge plus éclairés et plus respectueux de l'autonomie du temporel que «les soldats» de saint Ignace.

Pis encore: il reproduit des articles de la revue française *Sept* qui regroupe des laïcs catholiques libéraux tels François Mauriac et à laquelle collaborent aussi des Dominicains avant-gardistes. Hélas, ce « brûlot » catholique controversé s'attire bientôt la censure romaine. De telles fréquentations confirment donc la réputation d'anticlérical (et de franc-maçon* à l'époque) que s'est attirée jadis le directeur du *Nationaliste* (1904-1908) en perpétuelle opposition avec son ordinaire, Mgr Paul Bruchési.

C'est sur la contestation de la domination de l'Église québécoise en matière d'enseignement, du niveau primaire au niveau universitaire, qu'Asselin et ses jeunes collaborateurs encourront le plus vif mécontentement de la part des autorités religieuses. La plupart de ces jeunes gens ont moins de 30 ans. Ils ont séjourné en France et sont acquis à l'importance du rôle de l'État dans l'imposition de critères exigeants dans la formation des maîtres et la rédaction des manuels scolaires*.

Au Québec, à l'exception de l'école des HEC et des Écoles techniques, créées sans statut confessionnel, au début du siècle, par le gouvernement libéral de Lomer Gouin, les diocèses et les communautés religieuses conservent la haute main sur le système scolaire. À ces deux groupes revient la rédaction exclusive, mais à versions multiples, de tous les manuels et outils pédagogiques. *L'Ordre* conteste cette situation au nom de la qualité et de l'uniformité de l'enseignement, tout autant que de l'égalité des chances entre tous les élèves. Le journal réclame surtout une plus large et plus rapide embauche de personnel laïque qualifié à tous les niveaux d'enseignement.

Autre influence néfaste, selon *L'Ordre*, de l'ingérence cléricale en matière d'enseignement du français : l'exclusion des plus grands auteurs de la littérature, de Rabelais à Montaigne, des programmes des collèges et des universités. Asselin pourfend avec véhémence l'abbé Arthur Maheux, adversaire personnel et acharné de l'abbé Lionel Groulx et responsable d'une telle censure à l'Université Laval (où *L'Ordre* est également interdit), et son recteur Mgr Camille Roy, prélat et critique littéraire avec lequel Asselin multiplie les querelles.

Outre que *L'Ordre* s'avise de publier des critiques de théâtre et de cinéma – ce dont les organes de « la bonne presse » s'abstiennent généralement – le journal d'Asselin est loin de restreindre ses recensions littéraires aux ouvrages des auteurs « catholiques ».

Asselin lui-même – en dépit de la piètre estime qu'il porte à l'ouvrage, prend la défense de Jean-Charles Harvey, congédié du *Soleil* de Québec à la suite de l'interdiction des *Demi-civilisés** par l'autorité diocésaine. Ses jeunes collaborateurs, Berthelot Brunet, Albert Pelletier, Claude-Henri Grignon, Robert de Roquebrune traitent tour à tour des œuvres de François Mauriac, de D. H. Lawrence (auteur de *L'amant de Lady Chatterley**, roman qui fit grand scandale en Angleterre et dans plusieurs pays du monde), d'Eugene O'Neill, d'Henry de Montherlant, voire de Jean-Jacques Rousseau, un auteur pourtant à l'Index*. De telles initiatives déclenchent de vifs débats sur la censure.

Au Québec règne alors en maître, dans les presbytères, les collèges et les foyers catholiques, l'ouvrage de l'abbé Louis Bethléem*, *Romans à lire & romans à proscrire*, qui répertorie et classe les ouvrages de littérature française selon des cotes indiquant leur degré de dangerosité pour la foi catholique et les bonnes mœurs. Les pamphlétaires lettrés de *L'Ordre* ne manquent donc pas une occasion de remettre en question certaines classifications de l'ecclésiastique et même de s'en moquer copieusement. Une telle désinvolture ne fait qu'envenimer les débats entre *L'Ordre* et les organes de « la bonne presse » qui accordent plutôt leurs faveurs à des écrivains convertis, comme Paul Claudel et Francis Jammes.

Son premier biographe, Marcel-Aimé Gagnon, auteur de *La Vie orageuse d'Olivar Asselin*, de même que certains membres de la famille d'Asselin ont, à juste titre, avancé l'opinion que la simple publication du jugement réprobateur du cardinal Villeneuve à propos de *L'Ordre* ne constituait pas, à proprement parler, une mesure d'interdiction formelle. Si la « réprimande » du cardinal demeure somme toute modérée, sans doute peut-on y voir l'effet des liens étroits qui unirent, en 1913, Olivar Asselin, alors président de la Société Saint-Jean-Baptiste de Montréal et instigateur du « Sou de la pensée française » au « petit père Villeneuve », o.m.i., ardent militant lui aussi de la défense des Franco-ontariens dépouillés de leurs droits scolaires par le Règlement 17. En dépit de ce passé solidaire, le journaliste réprimandé se verra refuser l'entrevue qu'il sollicitait, pour fins d'explications, auprès de son ancien compagnon de route promu cardinal-archevêque et primat de l'Église canadienne. Qu'Asselin ait toutefois obtempéré, en annonçant lui-même la fermeture de son quotidien, ne saurait toutefois surprendre dans le climat de l'époque : répercuté du haut de toutes les chaires du Québec le dimanche suivant, « l'opinion » du cardinal n'eût pas manqué – et Asselin le savait – de semer le désarroi dans l'esprit d'un grand nombre de ses lecteurs catholiques et d'entraîner, même à regret, des désabonnements catastrophiques pour l'entreprise. Asselin tentera d'ailleurs de relancer, l'année même de la fermeture de *L'Ordre*, un hebdomadaire de haute tenue littéraire, *La Renaissance*, qui ne publiera que 26 numéros avant de disparaître le 14 décembre 1935.

On a aussi émis l'opinion que les difficultés financières chroniques du journal d'Asselin auraient, tôt ou tard, acculé son directeur à une décision semblable. En pareille occurrence, le jugement défavorable de l'archevêque ne fournissait-il pas un prétexte honorable pour un pamphlétaire de sa famille d'esprit ?

Élevé dans la pauvreté et l'insécurité chronique – conséquences inévitables de la vie tumultueuse de son père – Pierre Asselin, son fils cadet fraîchement émoulu de l'école des HEC et administrateur inquiet du journal, aurait, dit-on également, commencé à agiter sérieusement la sonnette d'alarme aux oreilles paternelles.

Quoi qu'il en soit, opter ici pour la version traditionnelle de « censure ecclésiastique », c'est, à coup sûr, faire une fleur au brillant pamphlétaire qui aurait certes privilégié – et de loin – cette thèse, plus flatteuse pour lui, si le loisir d'écrire son autobiographie avait pu lui être consenti par la Grande Faucheuse. Asselin décède deux ans plus tard, le 18 avril 1937. *Hélène Pelletier-Baillargeon*

L'Ordre, 25 août 1934–11 mai 1935.

BERNARD, Philippe, « La pensée du quotidien *L'Ordre* : contribution à l'histoire des idées politiques du Québec », Maîtrise (science politique), Université de Montréal, 1966 ; PELLETIER-BAILLARGEON, Hélène, *Olivar Asselin et son temps*, t. 1, « Le militant », Montréal, Fides, 1996 ; t. 2, « Le volontaire », Montréal, Fides, 2001.

LES ORDRES

Michel Brault (1928-) • Film accepté par le comité du programme de l'Office national du film, puis interdit par le commissaire (1971)

La crise d'Octobre 70* n'est pas encore terminée que le cinéaste Michel Brault commence à recueillir des témoignages d'une cinquantaine de personnes (sur plus de 450) arrêtées et relâchées sans procès dans les semaines et les mois suivant l'application de la Loi des mesures de guerre. Pourquoi tout cela est-il arrivé ? se demande-t-il en esquissant un scénario qui aurait l'intolérance et l'humiliation comme thèmes. Au printemps de 1971, son projet est accepté par le comité du programme de la section française de l'Office national du film* (ONF). Mais en mai, le commissaire Sydney Newman*, unilingue anglophone et peu au fait de la culture québécoise, échaudé quelques mois auparavant par l'affaire *Un pays sans bon sens**, renverse cette décision. Brault se tourne vers l'entreprise privée où il rencontre beaucoup de difficultés à trouver du financement, ce qui retarde le tournage. Après un premier refus, la Société de développement de l'industrie cinématographique canadienne (devenue Téléfilm* Canada en 1984) accepte de participer au financement ; elle exige quelques modifications au scénario, mais ces changements ne dénaturent pas le sens politique du film.

Les ordres est tourné durant l'automne de 1973. Le Bureau de surveillance du cinéma le classe « Pour tous » le 18 septembre 1974 et il sort le 27 septembre 1974. L'Association québécoise des critiques de cinéma lui décerne son prix annuel. En mai 1975, il est le premier long métrage québécois de fiction à obtenir un prix (mise en scène) dans la compétition officielle au Festival de Cannes.

Il figure depuis au rang des plus grands classiques du cinéma québécois. *Yves Lever*

EVANS, Gary, *In the National Interest, A chronicle of the National Film board of Canada from 1949 to 1989*, 1991; MARSOLAIS, Gilles (dossier établi par), *Les ordres*, Montréal, L'Aurore, 1975; TADROS, Jean-Pierre, dossier ONF, *Cinéma Québec*, 1, 7 (1972).

▶ Politique (censure)

OSCAR WILDE

Gregory Ratoff (1897-1960) • Film qui perd des répliques au sujet de l'homosexualité et des relations entre l'art et la morale (1960) ; le thème de l'homosexualité devant la censure québécoise

L'écrivain irlandais Oscar Wilde (1854-1900) a eu une carrière pour le moins mouvementée. Plus d'un film évoquent sa vie et son procès célèbre pour des accusations sous divers titres qui vont de « mœurs contre nature » à « perversion de la jeunesse » en passant par « sodomie » et « grossière indécence », mais qui se rapportent toutes à son homosexualité*, façon d'être et d'aimer inacceptable à l'époque victorienne anglaise. Celui de Gregory Ratoff, produit en Grande-Bretagne et sorti en 1960, est sans doute le plus explicite du véritable destin du dramaturge et romancier britannique. Il s'attarde aux moments cruciaux du procès.

Le Bureau de censure approuve *Oscar Wilde* le 8 août 1960, mais après de nombreuses coupures (ne totalisant toutefois que deux minutes et six secondes) et en ne permettant d'abord sa projection que dans une salle (le Kent, à Montréal). Voici les plus significatives parmi les répliques retranchées :

You have read the story "The priest and the Acolyte"? – Yes. – Was not the story a scandal about a priest and a boy who served him at the altar?... – I read the story only once many months ago and nothing would induce me to read it again. – You thought it immoral? – It was worse, it was badly written. – But did you not think it immoral and blasphemous...? – I thought it violated every artistic canon of beauty.
[...]
Did you or did you not consider the story blasphemous and immoral? – I thought I told you I thought it disgusting. I don't think a play or a work of art ever had the slightest effect on morality.

Ce dialogue est d'autant plus intéressant qu'il soulève la question de l'art et de la morale. Traditionnellement, et bien qu'on relève des exceptions, le censeur québécois a adopté la position cléricale voulant qu'il ne saurait y avoir d'art là où il y a immoralité. Ici, dans un interrogatoire où il est pressé de commenter la moralité d'un récit scandaleux au sujet d'un prêtre et d'un enfant, le but étant d'établir sa propre immoralité, Wilde élude d'abord la question en s'en tenant, avec beaucoup d'humour, au strict niveau de la valeur artistique. Il y prononce une de ses maximes les plus célèbres, que le public québécois n'a malheureusement pas le plaisir d'entendre : « You thought it immoral? – It was worse, it was badly written. » Mais il affirme finalement « I don't think a play or a work of art ever had the slightest effect on morality », phrase intolérable pour le censeur.

Curieusement, le reste des coupures évoquent surtout le jeune âge des relations « coupables » de Wilde, comme si le censeur voulait diminuer la gravité de ses gestes, alors que c'en est le point fort. Il faut dire que l'homosexualité constitue alors un motif suffisant d'ignominie. Au Canada de 1960, elle est absente comme telle du Code criminel, mais elle est réprouvée en tant que « geste de grossière indécence » (article 150) et elle peut donner lieu à des poursuites. En 1969, elle est décriminalisée par le « bill omnibus » que fait voter le premier ministre

Pierre Elliott Trudeau pour, entre autres réformes, empêcher que la police n'intervienne dans les chambres à coucher des gens, quels que soient les gestes que posent les adultes consentants.

Le Centre catholique attribue à *Oscar Wilde* sa deuxième plus sévère cote, « À déconseiller », parce que « même si le mal est montré comme tel et stigmatisé dans ses terribles conséquences, le fait de présenter sur les écrans la vie d'un homosexuel et un procès de mœurs qui exige le huis-clos obligent à déconseiller ce film ».

La même année sort *The Trials of Oscar Wilde*, réalisé également en Grande-Bretagne par Ken Hughes. Il n'est apporté au Bureau de surveillance que le 26 janvier 1977 et il est alors classé « Pour tous ».

Plusieurs œuvres de Wilde sont portées à l'écran, surtout *The Picture of Dorian Gray*, son seul roman, qui connaît bien des adaptations. Une version doublée, *Le portrait de Dorian Gray* (1945), ne perd que cinq secondes (des coups de couteau) le 23 décembre 1949.

Avant les années 1960, l'homosexualité se retrouve peu au cinéma. Elle sert parfois d'élément de comédie (hommes habillés en femmes), mais elle n'est représentée le plus souvent que sous forme d'évocation subtile et quand il en est directement question, elle est presque toujours considérée comme une « perversion sexuelle » (termes qui la recouvrent, sans la mentionner, dans le *Production Code* et dans les critères* de 1931) ayant des causes dans des dérèglements affectifs liés à l'enfance ou à des circonstances sociologiques particulières. Les réalisateurs et comédiens homosexuels cachent leur orientation, se marient le plus souvent et ce n'est souvent qu'après la fin de leur carrière ou leur mort qu'on l'apprend (George Cukor, Rock Hudson, Greta Garbo, par exemple). On peut imaginer que le Bureau de censure portait une attention spéciale à ce sujet tabou. En 1946, il laisse toutefois circuler intégralement *Les maudits* (René Clément), drame d'après-guerre se déroulant surtout dans un sous-marin et qui montre discrètement, mais sans équivoque, une liaison entre deux marins. Le 23 avril 1959, il interdit toutefois *Le troisième sexe*, version du film allemand *Anders Als Du Und Ich* (Veit Harlan, 1957) où une mère, constatant l'homosexualité de son fils, engage comme bonne une jeune fille pour le séduire et le ramener dans la « normalité », ce qui advient. Trois ans plus tard, le 19 décembre 1962, de nouveaux censeurs l'autorisent intégralement, mais pour une salle seulement à Montréal et à Québec ; ils enlèvent cette restriction le 13 mai suivant. La publicité doit demeurer très discrète et le distributeur Ciné-France accepte aussi de ne pas présenter le film « durant la période des fêtes ». Le dossier du film contient le texte d'un prologue, composé par le père Paul Racine, s.j. :

> Vous allez voir passer devant vous des images profondément réalistes qui montrent un problème. Ce problème existe malheureusement chez nous dans une proportion assez impressionnante. Montréal est une grande cité où tous les avions du monde apportent bien des misères. Dans nos soirées reposantes et joyeuses, il arrivera que quelques jeunes gens de chez nous se laisseront égarer. Par la voix d'une maman qui est la plus humainement sincère au monde, une solution vous est offerte. Est-elle la bonne ? Quand vous aurez vu ce film vous pourrez vous informer ailleurs ou tirer vos conclusions personnelles.
>
> Il est bon de montrer certains chemins qui mènent aux désastres. Quelques images discrètes disent plus que mille conseils. Des jeunes trop faibles, dans des circonstances bouleversantes, méritent toute notre compréhension. *Le 3ème sexe* vous apporte une leçon humaine qui renseignera les parents, les guidera.

Ce genre de prologue, comme le censeur en a imposé plusieurs au tournant des années 1960 (mais il peut avoir été proposé par le distributeur), a vraisemblablement été ajouté à la copie. Tout en assimilant l'homosexualité à un « désastre », Racine étonne par son acceptation de la solution proposée, surtout quand il invite le public à tirer ses conclusions personnelles. Le Centre catholique ne manifeste pas la même ouverture et cote l'œuvre «À proscrire» parce que «ce film, très audacieux dans son thème et ses situations, contient des scènes inadmissibles. De plus, il présente une solution inacceptable au thème qu'il prétend combattre.»

Après 1963, homosexualité et lesbianisme provoquent parfois des refus à la censure officielle, mais c'est généralement pour des films qui n'exploitent que le sensationnalisme de certaines scènes, non pour le sujet lui-même, qui peut être librement traité. Avec les années 1980 et le consensus social qui avalise la pornographie, celle des représentations homosexuelles est classée «18 ans – sexploitation». *Yves Lever*

ANQ-M, fonds Régie du cinéma, E 188, fiches des films, documents annexés et procès-verbaux des assemblées du Bureau de censure; Archives Internet de Radio-Canada, dossier «Le bill omnibus»; *Recueil des films*, 1960 et 1963.

▶ «L'art et la morale»; Préambules et épilogues

OUIMET, LÉO-ERNEST (1877-1972)
Pionnier de la diffusion du cinéma, il est la première victime de la censure étatique (1907)

Fils de paysan, Léo-Ernest Ouimet vient à Montréal pour apprendre le métier d'électricien. C'est ainsi qu'il se retrouve à l'emploi de certains théâtres et qu'il découvre le cinéma des forains. Il devient «exhibiteur» (projectionniste itinérant) dès 1904. En janvier 1906, il ouvre la première salle de cinéma de Montréal, le Ouimetoscope, et devient rapidement l'un des principaux exploitants. Il fonde également sa propre compagnie de distribution et se met à produire des reportages, qu'il projette d'abord sur son grand écran et qu'il loue ensuite à d'autres salles.

En raison de sa notoriété et de sa prospérité, Ouimet est choisi comme «test case» [*sic*] (précédent faisant jurisprudence pour une poursuite légale). Il aurait refusé de se conformer au règlement interdisant les «représentations théâtrales» le dimanche, un règlement de la Ville de Montréal s'appuyant

sur la loi du dimanche passée par Québec le 28 février 1907. Il conteste en Cour supérieure la légitimité de la loi provinciale, *ultra vires* selon lui, parce qu'elle crée un délit au Code criminel, lequel est du ressort du gouvernement fédéral. La Cour supérieure, puis la Cour d'appel confirment les prétentions du Québec, mais le 7 mai 1912, la Cour suprême du Canada donne raison à Ouimet. Pour gagner sa cause, Ouimet s'est cependant presque ruiné.

En 1907, dans un mandement, Mgr Paul Bruchési avait également interdit aux fidèles du diocèse de Montréal d'assister aux vues animées et aux spectacles de cinématographie le dimanche. Pendant ces années 1907-1912, les salles de «vues animées» sont presque toutes restées ouvertes le dimanche, quoique certaines aient dû payer des amendes. Cependant, toutes les salles ont cessé de présenter des spectacles divers (chansons, monologues comiques, saynètes) le «jour du Seigneur» jusqu'au prononcé du jugement final.

Pendant la Première Guerre mondiale*, les studios européens cessent leur production et les grandes compagnies américaines établissent leurs filiales de distribution à Montréal. Les compagnies de Ouimet ne peuvent survivre dans cette conjoncture qui se double bientôt du contrôle états-unien sur les grands réseaux de salles et qui est, à sa façon, une forme de censure puisqu'un seul modèle de cinéma devient la norme. Le pionnier québécois tente alors l'aventure de la production à Hollywood. Il ne réussit à produire qu'un seul long métrage, *Why Get Married**, une comédie qui obtient peu de succès, trop amputée par le Bureau de censure du Québec à cause de son sujet tabou, le divorce.

Ouimet fut donc la première victime directe des lois de censure et la première personne à lutter légalement contre elle. *Yves Lever*

BÉLANGER, Léon, *Les Ouimetoscopes : Léo-Ernest Ouimet et les débuts du cinéma québécois*, 1978 ; LACASSE, Germain, *Histoire de scopes*, Montréal, Cinémathèque québécoise, 1988.

◐ Juridique (censure) ; Église

OUR NORTHERN NEIGHBOUR

Tom Daly (1918-) • Film d'information interdit par la censure québécoise sous prétexte d'idées subversives (1944)

Ce documentaire de l'Office national du film du Canada* (ONF) fait partie de la série The World in Action qui renseigne les Canadiens sur les événements de la Seconde Guerre mondiale et qui est diffusée dans les salles de cinéma. Il traite de l'histoire de l'Union Soviétique depuis la révolution de 1917 et de la coopération qui s'est établie avec le Canada, un allié dans le présent conflit.

Le Bureau de censure du Québec lui refuse le visa d'exploitation le 14 février 1944, sous ce motif : « On account of revolutionary and subversive ideas. » Cependant, comme le Bureau n'examine que les films au format 35 mm, les seuls soumis à la loi, rien n'interdit à l'ONF de le diffuser en 16 mm, ce qu'il fait dans son réseau de projectionnistes itinérants. Toutefois, aucune version française n'est produite, ce qui limite considérablement son exploitation.

Avec *Inside Fighting Russia**, ce documentaire sert d'exemple au premier ministre Maurice Duplessis* en 1947 pour accuser l'ONF d'être « un nid de communistes* » et pour imposer la censure de tous les films en 16 mm ; puis, un peu plus tard, pour interdire la production onéfienne dans le réseau scolaire. *Yves Lever*

ANQ-M, fonds Régie du cinéma, E 188, fiche du film.

◐ Actualités

THE OUTLAW

Howard Hughes (1905-1976) et Howard Hawks (1896-1977) • Film refusé par la censure québécoise à cause de son atmosphère érotique (1946)

The Outlaw (tourné en 1941), western produit et réalisé en partie par l'entrepreneur Howard Hughes (après qu'il eut chassé Howard Hawks du studio), met en scène une des multiples variations de l'histoire du légendarisé Billy the Kid (William Bonney). Il ne passe pas à l'histoire pour son sujet, mais parce qu'il serait le premier à ouvertement défier le *Production Code** en créant une atmosphère érotique inédite dans un film d'aventures et en exposant généreusement les seins de Jane Russell. Hughes a organisé une campagne nationale pour trouver la poitrine dont il rêvait ; il a fait plancher les ingénieurs de sa compagnie d'aviation pour créer un soutien-gorge qui la mettrait encore mieux en valeur, accessoire qui n'a pas été utilisé par l'actrice dans le film, mais qui a été commercialisé par après. Le producteur doit mener une bataille de cinq ans contre le bureau chargé de l'application du *Code* avant de pouvoir diffuser librement son film aux États-Unis en 1946. Cette lutte est finement et humoristiquement transposée dans *The Aviator* (2004) de Martin Scorsese.

Quand il arrive au Québec, *The Outlaw* est refusé le 23 avril 1946 par le Bureau de censure pour ce motif : « Contraire à l'ordre social. » Une « reconstruction » (copie coupée) est rejetée le 8 janvier 1947 avec cette justification : « thèse partiellement immorale », raison pour laquelle l'appel n'est pas retenu le 13 janvier qui suit. Le film n'est finalement accepté que le 20 novembre 1951, après que le censeur eut ajouté cinq minutes de coupures aux quatre que le distributeur RKO avait préalablement effectuées.

Ainsi épuré de la sensualité de Jane Russell et de plusieurs scènes de violence, *The Outlaw* reçoit la deuxième cote la moins sévère du « Ciné-bulletin »*, « Adultes ».

Dans le répertoire de la Régie, il est classé « Général » le 14 février 1994.

Le seul autre film qu'a réalisé Hughes, *Hell's Angels* (1930), a aussi perdu quelques scènes le 28 novembre 1930, dont le « discours communiste* » [*sic*] en troisième bobine et toute la scène où Hélène séduit le frère de son ami, contenant la phrase accolée pour toujours à l'actrice Jean Harlow : « Would you be shocked if I put on something more comfortable? » Dans les années 1940, en vue d'une reprise, cette production, toujours écourtée, revient à la censure le 26 mai 1943 et la fiche contient cette remarque laconique, « Presentation not allowed during war by order of Federal Government ». Mais, sans explication, elle est autorisée le 10 août suivant avec une seule coupure (« You bloody fool ») et il en est de même le 11 septembre 1948.

*Scarface**, que réalise Howard Hawks, mais que Hughes produit en 1932, connaît aussi beaucoup de déboires. *Yves Lever*

ANQ-M, fonds Régie du cinéma, E 188, fiches des films ; Fédération des centres diocésains du cinéma, *Index de 6000 titres de films avec leur cote morale (1948-1955)*.

P

LES PARADIS DE SABLE

Jean-Charles Harvey (1891-1967) • Roman refusé par l'imprimeur puis autocensuré par l'auteur (1952-1953)

Jean-Charles Harvey caressait depuis le début des années 1940 le projet d'un grand roman qui, comme il l'écrira plus tard, aurait « pour but premier de prouver la liberté ». Roman anticommuniste et profession de foi dans le libre arbitre, *Les paradis de sable* « est avant tout un roman d'idées » dont l'action se situe « dans la lutte actuelle entre le monde libre et les régimes de servitude », écrit l'auteur dans ce qui paraît être un document destiné à son éditeur* Paul Michaud, directeur de l'Institut littéraire du Québec, pour des fins de publicité. Or ce récit est coté « Dangereux » par *Lectures**, en plus de connaître, avant sa publication, une censure de la part de l'imprimeur*, et une autocensure* d'Harvey lui-même.

Les attentes élevées de Michaud et de Harvey n'ont d'égal que leur déception : l'œuvre est accueillie plutôt négativement et le Club de Vedettes, l'un des nombreux clubs du livre de l'éditeur, le sauve pratiquement de la catastrophe. Certes, et sachant qu'il se démarque de la critique, Guy Boulizon écrit, dans *Le Petit journal* du 20 décembre 1953 : « Nous voyons une réussite littéraire (sinon morale) là où d'autres ont vu un échec. » Mais il est noyé dans un torrent de jugements défavorables. C'est surtout la forme qui déçoit : « ensemble plutôt morne », déplore Cyrille Felteau (*Le Soleil*, 9 avril 1953), et « œuvre artificielle », décrète Roger Duhamel (*L'Action universitaire*, janvier 1954). La pire critique coule de la plume de Gilles Marcotte, qui ne voit dans le roman que pauvreté spirituelle et manque de goût formel.

L'aspect moral du roman inquiète des critiques catholiques. Dans *Notre temps* (28 mars 1953), Julia Richer dit des *Paradis de sable* qu'il offre la « consistance émolliente des romans à l'eau-de-rose de troisième ordre ». La référence bibliographique au roman est par ailleurs suivie de la mise en garde suivante : « Roman strictement réservé aux personnes averties. » Jean Champagne, de la revue *Lectures* (mai 1953), met en garde les lecteurs contre une œuvre malsaine sur tous les plans, y compris sa conception de la liberté : « Un exemple typique de tous les radotages philosophico-politiques sur le marché depuis trente ans. » La cote morale du roman est donc « Dangereux ».

Le journal *Le Devoir* avait annoncé, dès 1952, la parution prochaine du roman qui, ayant changé de titre quelques fois, s'intitulait à ce moment *Le message*. Or, le 14 février 1953, le journal justifie ainsi le délai de publication : « L'éditeur a exigé un titre plus voyant. Du reste, M. Harvey a profité de l'année de répit que lui laissait l'édition canadienne-française, jamais très empressée, pour rebâtir presque entièrement son roman. » Derrière ces propos apparemment anodins se cache toute une série de difficultés qu'a connues le manuscrit, à cause de la censure exercée par l'imprimeur.

Paul Michaud est disposé à s'engager dans l'édition du roman, qui s'intitule désormais *Dieux d'argile*. Mais tout bloque chez son imprimeur, le journal *Le Soleil* de Québec : « Moralité ! », allègue-t-on. Paul Michaud annonce la nouvelle dans une lettre à Harvey, le 10 février 1952, et ajoute ne pouvoir aller ni chez Thérien et Frères, ni à L'Éclaireur (Beauceville), « puisque tous deux avaient posé des objections dans le cas de Thériault [*Les vendeurs du temple*] ». Les démarches de Michaud l'amènent à surseoir au projet. Harvey songe à s'éditer lui-même ; Michaud lui fait cependant, le 13 mars, quelques suggestions d'éditeurs, dont Pierre Tisseyre : « [...] devant les critiques il peut s'en laver les mains en disant que ce n'est pas lui mais son jury qui a choisi le livre. »

Harvey se tourne vers le sénateur et directeur du journal montréalais *Le Haut-parleur*, Télesphore-Damien Bouchard, qui lui donne l'heure juste, le 24 mars : « J'ai lu *Message* d'un bout à l'autre et j'ai même commencé à jeter des notes pour en diminuer l'acumen érotique. Je ne m'occupe pas de l'index* du point de vue de son anticléricalisme mais je redoute la désapprobation de la grande masse sous son aspect sentimental. » La maladie de Bouchard semble avoir cette fois entravé le projet. Le romancier essaie du côté de J. M. Dent & Sons, à Toronto, qui refuse, à cause de la langue, certes, mais aussi du public canadien-anglais : « The majority of them do not sympathise with the liberal points of view that you try to portray », écrit C. J. Eustace à Harvey, le 28 octobre 1952.

Harvey se résout à retravailler son manuscrit, si bien que son premier éditeur, Paul Michaud, accepte le 2 janvier 1953 le roman qui s'intitule maintenant *Seul!*. Harvey, selon les mots mêmes de Michaud, a « compris le problème actuel de l'éditeur et [a] bien voulu le soulager dans la mesure du possible ». C'est d'ailleurs à l'occasion de cette lettre qu'il avoue préférer comme titre *Les paradis de sable*. Et le 27 janvier : « Bingo ! L'affaire est dans l'sac ! *Le Soleil* accepte "sous ma responsabilité" d'imprimer *Les paradis de sable*. »

Le fonds Jean-Charles-Harvey contient des manuscrits du roman, dont un seul, intitulé *Le Message*, est complet. S'il est difficile, voire impossible, d'évaluer les différentes étapes de transformation du texte jusqu'à la version définitive des *Paradis de sable*, la comparaison de quelques extraits du manuscrit et de la version publiée en 1953 donne tout de même une indication claire des changements apportés par Harvey.

L'érotisme est au centre de ces révisions. Il est plausible que Harvey, à la suite de la réaction de l'imprimeur de Michaud et de T.-D. Bouchard, ait consenti à édulcorer, voire supprimer les passages incriminés. Quelques exemples permettent de mesu-

Jean-Charles Harvey en 1939, photographie, fonds Marcel-Aimé Gagnon, Bibliothèque nationale du Québec. – L'ancien rédacteur du *Soleil* et du *Jour* a dû remanier considérablement son roman *Les paradis de sable* avant de le publier.

rer toute la différence entre le manuscrit et le livre. Dans l'extrait suivant, la section entre crochets est biffée de l'édition imprimée :

> Je l'aidai à se dévêtir. Une à une, les pièces de son vêtement parfumé tombèrent à mes pieds, [et, quand elle fut là, toute nue, contre moi, avec ses seins jeunes et fermes, le creux de ses reins, le rebondissement splendide de ses hanches et ses longues jambes,] sa beauté m'apparut plus réelle, plus parfaite, plus… totale que je l'avais imaginée.

Le passage qui suit montre une atténuation des propos : « Même dans l'acte charnel, il n'avait jamais senti qu'il l'eût vraiment possédée, qu'il eût ému son corps jusqu'à l'orgasme, qu'elle se fût livrée », qui devient : « Même physiquement, elle ne s'était jamais livrée vraiment. »

Enfin, le dernier extrait donné ici à titre d'illustration représente l'une des coupures les plus importantes. Sylvie et Désiré vont régulièrement à la poste et s'écartent parfois du sentier qui les y conduit; dans le roman, on a presque l'impression que c'est par intérêt botanique, pour profiter « des senteurs de l'humus et des plantes humides. » Toutefois, le passage qui suit montre d'autres émois des personnages – il a été entièrement supprimé:

> […] et il arrivait à Désiré, dans ces moments-là, de céder à l'ivresse de l'heure, quand l'odeur des cheveux de Sylvie se mêlait aux émanations du sol. Alors elle lui paraissait belle d'une beauté étrange, savoureuse comme un fruit exotique, et, de sa bouche avide, il parcourait son cou, ses tempes, sa gorge, comme s'il eût voulu boire toute la vie qui palpitait en elle. Il lui défaisait son corsage pour faire jaillir à la lumière ses seins durs et blonds, et il y plongeait son visage, pour sentir passer sur ses yeux la douceur des pointes émaillées comme des pièces de corail. Ils se renversaient dans l'herbe, et lui, la dominant toute, en un double gémissement qui semblait sourdre des profondeurs de la terre, se dissolvait dans la chaude profondeur des béatitudes. Puis, liés l'un à l'autre, ils demeuraient longtemps étendus, immobiles et muets, sous le vol des boutons d'or.

Le roman *Les paradis de sable* illustre bien cette censure en transition des années 1950. Il est à peu près certain que le clergé ne serait jamais intervenu explicitement, l'ère des grandes interdictions étant révolue. La censure est plutôt inscrite dans l'un des maillons du pouvoir, en l'occurrence l'imprimeur, la déplaçant de l'espace global à l'espace local. En outre, dès 1922 avec *Marcel Faure** et plus encore avec *L'homme qui va…** en 1929, Harvey a inquiété la critique cléricale, et en particulier Camille Roy, à cause de la présence de l'érotisme dans son œuvre. En 1953, cette thématique est au cœur de la nouvelle censure qui s'instaurera avec la Loi sur l'obscénité* en 1959. Pour cette raison également, Harvey est « précurseur de la Révolution tranquille », car on sait l'importance que l'érotisme occupera dans les lettres, et plus encore dans le cinéma québécois, durant les années 1960. *Pierre Hébert*

HARVEY, Jean Charles, *Les paradis de sable*, Québec, Institut littéraire du Québec, 1953, 242 p.

SAUS, fonds Jean-Charles-Harvey, correspondance et manuscrits du roman.

▶ Communisme

LES PARENTS TERRIBLES

Jean Cocteau (1889-1963) • Film refusé en 1949, puis accepté reconstruit en 1951; les autres films de Cocteau

Jean Cocteau écrit *Les parents terribles* pour le théâtre en 1937. Onze ans plus tard, il transpose au cinéma ce drame d'une famille dysfonctionnelle (mère amoureuse de son fils et qui finalement se suicide, fils séduisant la maîtresse de son père; en somme une transposition du mythe de Jocaste) en un huis clos où s'entre-déchirent les personnages.

Le film a beau ne contenir aucune image du genre que la censure réprouve, son sujet lui apparaît inacceptable. Il est donc refusé le 23 novembre 1949, mais le 16 mars 1951, une « reconstruction » est approuvée, moyennant des modifications. Quant à la liste des coupures pratiquées (d'une durée de sept minutes), elle demeure introuvable. Le Centre catholique le classe « Adultes, avec réserves ». Dans le répertoire actuel de la Régie du cinéma, il a le visa « Général ».

Les autres réalisations de Cocteau trouvent grâce aux yeux des censeurs. *La belle et la bête* le 31 mars 1947, *Le testament d'Orphée* le 21 juin 1960, ressortent intactes. Le 18 octobre 1948, *L'aigle à deux têtes* se voit amputé d'une répartie et de quelques plans totalisant 27 secondes (« J'aurais dû te tuer dans ta chambre… Une façon définitive de faire l'amour. » Scène de Stanislas prenant la pilule dans ses mains. Scène du couteau entrant dans le dos de la reine. *Close up* du couteau dans le dos de la reine). Le 11 octobre 1950, *Orphée* ne perd que 42 secondes (bobine 4: « Dialogue et scène: Couper depuis Et j'aime jusqu'à la fin du baiser; dial: D'autres qu'il dort et que nous sommes son rêve… son mauvais rêve… Je t'arracherai d'ici. »).

La plupart des scénarios que Cocteau signe pour d'autres cinéastes traversent bien l'épreuve censoriale. Aucune modification pour *La comédie du bonheur* de Marcel L'Herbier le 1er mars 1946, pour *L'éternel retour* de Jean Delannoy le 15 avril 1946, pour *Le baron fantôme* de Serge de Poligny le 9 mai 1946 et pour *Les dames du bois de Boulogne* de Robert Bresson le 7 août 1958. Seul *Ruy Blas* de Pierre Billon se retrouve avec plus de cinq minutes en moins le 22 mars 1949. Quant aux *Enfants terribles*, son roman que Jean-Pierre Melville adapte fidèlement en 1950, il ne vient à la censure que le 26 avril 1979 et est classé « Pour tous ». Toutefois, Radio-Canada l'a projeté dans la semaine du 16 au 23 juin 1963. *Yves Lever*

ANQ-M, fonds Régie du cinéma, E 188, fiches des films ; Fédération des centres diocésains du cinéma, *Index de 6000 titres de films avec leur cote morale (1948-1955)*, 1955.

LES PAROLES D'UN CROYANT
Félicité Robert de Lamennais (1782-1854) • Essai imprimé en contrefaçon par Ludger Duvernay et interdit par Rome (1834)

Durant la première moitié du XIXe siècle, les intellectuels canadiens sont au diapason du mouvement des idées en France, ce dont témoigne l'action de l'éditeur et propriétaire de *La Minerve**, Ludger Duvernay, qui se fait le propagandiste de la pensée libérale de l'époque en publiant au Bas-Canada *Les paroles d'un croyant*, de Félicité Robert de Lamennais ; l'ouvrage, paru au mois d'avril 1834, a connu un grand succès en France. Duvernay en vend 3000 exemplaires. Mais pour diffuser cet ouvrage dans le climat répressif des années 1830, il doit utiliser un subterfuge en imprimant l'ouvrage en contrefaçon, faisant comme si le livre était importé de Paris, ce qui le dégage de toute responsabilité. Ce livre devient en quelque sorte la « bible » des réformistes du Bas-Canada qui y puisent la philosophie de leur action. Il a une grande influence dans les collèges où il est inscrit au programme d'études.

Lamennais a réussi à réconcilier deux courants de pensée qui s'étaient farouchement combattus, le catholicisme et le libéralisme. Il se fait l'apôtre des peuples opprimés par les monarchies. L'homme doit agir pour combattre l'enfer sur terre car l'injustice, la misère et l'oppression n'ont rien à voir avec l'œuvre divine. Il légitime les révolutions. Il réclame la liberté de conscience, la séparation de l'Église et de l'État, la liberté de l'enseignement, la liberté de la presse* et surtout la liberté des peuples. Il soutient que la politique est un terrain neutre où l'autorité de l'Église n'a pas à régenter les choix du citoyen qui est libre d'obéir à sa conscience. Il attaque directement les positions des autorités cléricales qui prêchent la soumission au pouvoir établi.

Le Vatican réagit vivement à cette contestation de son pouvoir temporel. Le pape Grégoire XVI condamne la doctrine de Lamennais dans son encyclique *Singulari nos*, le 10 juillet 1834, rappelant aux catholiques leur devoir d'obéissance absolue aux autorités. Il érige la servilité politique en vertu et déclare les libertés civiques incompatibles avec la foi chrétienne.

Mgr Jean-Jacques Lartigue, évêque préposé au district de Montréal, se soumet aussitôt à l'injonction de Rome et ordonne à son clergé enseignant de retirer les écrits de Lamennais de l'enseignement. Il écrit au directeur du Collège de Saint-Hyacinthe, l'abbé Jean-Charles Prince, le 30 août 1834 : « Comme *Les paroles d'un croyant* de Lamennais a été condamné par une lettre du Pape, je défends qu'à l'avenir on enseigne dans le Collège de Saint-Hyacinthe rien des livres, des systèmes ou de la doctrine de cet auteur tirés de ses écrits. » *La Minerve* du 11 septembre 1834 reproduit une lettre de l'abbé Prince dans laquelle il annonce publiquement sa soumission à l'ordre de l'évêque. *Denis Monière*

LAMENNAIS, Félicité Robert de, *Les paroles d'un croyant*, Paris, Garnier, [1834], 355 p.
MATHESON, T., « Lamennais et l'éducation au Bas-Canada », *RHAF* (mars 1960) ; MONIÈRE, Denis, *Ludger Duvernay et la révolution intellectuelle au Bas-Canada*, Montréal, Québec-Amérique, 1987.

▶ *L'influence d'un livre*

PAROLES D'UN HOMME LIBRE

Yves Michaud • Cet essai contient déjà des propos qui vaudront à son auteur une « censure » de la part de l'Assemblée nationale du Québec (2000)

◗ *Le syndrome de Pinocchio*

PARTI PRIS

Cette maison d'édition connaît beaucoup de difficultés avec la censure

◗ *Le cassé* ; *Le mal des anges* ; *Nègres blancs d'Amérique*

LA PARTICIPATION DES CANADIENS FRANÇAIS À LA GRANDE GUERRE [...]

Jacques Michel [Camille Poisson] • Essai qui ne porte aucune mention de censure préalable et dont une suite prévue fait l'objet d'une censure politico-cléricale (1938-1939)

Un mystère plane autour de l'identité et des activités de l'abbé Camille Poisson. Fils de cultivateur né à Gentilly le 13 août 1898, Camille Poisson étudie au Séminaire de Nicolet (1908-1916), puis au Collège de Mont-Laurier, au Grand Séminaire de Montréal et au Collège de l'Assomption. Ordonné prêtre le 17 septembre 1921, il occupe la fonction de vicaire dans diverses paroisses, dont Saint-Charles (1926-1936), Saint-Paul (1936) et Saint-Jean Berchmans (1937). Il devient ensuite chapelain aux Buissonnets (1938-1940) et à l'île des Sœurs de la Congrégation (1942-1944). L'abbé Poisson est « en repos dans sa famille » entre 1940 et 1942, puis encore en 1946. Il publie quelques traductions et adaptations de livres dans les années 1940 et 1950, puis décède en 1970, à Montréal.

L'abbé Poisson a écrit sous deux noms d'emprunt, « Un observateur canadien-français » et « Jacques Michel ». Le premier nom lui a servi à publier une série de fascicules portant sur la Première Guerre mondiale, parus entre 1934 et 1937, sous le titre plus général de « Pour la réconciliation par la vérité ». « L'observateur canadien-français » y juge avec sévérité le Traité de Versailles et se montre clément à l'endroit des Allemands. Sous le nom « Abbé C. Poisson », il publie ensuite *La guerre civile espagnole devant l'opinion mondiale*, en 1937. L'essai, dûment estampillé de l'imprimatur et du *nihil obstat*, est un vibrant plaidoyer en faveur du général Francisco Franco. Le deuxième pseudonyme*, Jacques Michel, lui permet enfin de faire paraître en 1938 une réplique à un livre d'André Siegfried paru en 1937, *Le Canada, puissance internationale*, où l'auteur français s'étonne du peu d'empressement des Canadiens français à voler au secours de la mère patrie, lors de la Première Guerre mondiale.

Jacques Michel publie donc *La participation des Canadiens français à la Grande Guerre* pour défendre l'indépendance des Canadiens français face à l'impérialisme. Il coiffe ses chapitres de titres frondeurs comme « Les Canadiens français ne doivent rien à l'Angleterre » ou « Les Canadiens français ne doivent rien à la France ». D'après lui, les « [...] Canadiens français [...] ne doivent rien à l'Angleterre, sauf, tout au plus, beaucoup de miséricorde pour tout le mal qu'elle leur a fait. Doivent-ils davantage à la France ? » Malgré quelques précautions polies, la réponse est de nouveau négative. Tout autant que cet anti-impérialisme, c'est l'admiration soigneusement entretenue par Jacques Michel à l'égard de la culture et de la civilisation allemandes qui l'amène à se frotter à la censure. Dans une sous-section intitulée « L'Allemagne n'est pas notre ennemie à nous », Poisson s'insurge contre « l'effronterie » de la France qui exige de « nous, qui ne lui devons rien politiquement, d'aller nous battre pour elle dans toutes les guerres où elle peut juger opportun d'aller se fourvoyer [...] ». Michel ne croit pas un mot des « prétentions grotesques » de la France à l'effet que l'Allemagne soit « l'ennemie-née de toutes les nations de la terre, qu'elle rêve de réduire toutes au plus ignominieux des esclavages ». Aux yeux de Jacques Michel, l'Allemagne se retrouve grandie par ces médisances. Il souligne en particulier son « caractère chevaleresque, dont le propre consiste bien à traiter honorablement, si nous ne nous trompons, non l'ami ou l'allié, mais bien l'*adversaire* ».

Ce livre, qui porte un achevé d'imprimé daté du 7 avril 1938, ne présente aucune mention d'imprimatur ou de *nihil obstat*. Par ailleurs, l'emploi d'un pseudonyme ayant l'apparence d'un vrai nom, contrairement à une signature qui s'avoue factice comme « Un observateur canadien-français », n'est certainement pas innocent. En créant un effet de réel dans la signature, Poisson donne à penser que Jacques Michel existe vraiment.

Le 1er septembre 1939, Hitler envahit la Pologne, ce qui ne va assurément pas arranger les choses pour l'abbé Poisson. Pour la censure de guerre*, mise en place ce jour même, tout discours anti-impérialiste devient sujet à caution : qu'en est-il d'un abbé Poisson qui se passionne pour la culture allemande (il traduit lui-même l'allemand), a affiché sa sympathie pour elle et s'est de surcroît prononcé contre la participation du Canada aux guerres impériales ?

Dans son *Histoire de la province de Québec*, Robert Rumilly raconte que le ministre de France à Ottawa, le comte de Dempierre, scandalisé par le contenu du livre de Jacques Michel, aurait réussi à découvrir son identité, puis aurait demandé « l'intervention du cardinal [Jean-Marie-Rodrigue] Villeneuve, pour briser la plume de l'abbé Poisson ». Que vient faire dans cette histoire le cardinal de Québec, qui s'était affiché en faveur de la participation du Canada à la guerre, poussant l'audace (au grand dam de son ami Lionel Groulx) jusqu'à se faire photographier dans un tank ?

Des informations supplémentaires sont fournies par Bernard Valiquette, grâce à un échange de correspondance entre Louvigny de Montigny et l'éditeur*, à l'été 1939. De fait, il est question ici d'un nouveau manuscrit de l'abbé Poisson (une suite à *La participation des Canadiens français* [...] ?), que veut publier Valiquette sous un autre pseudonyme que « Jacques Michel ». Or, dans une lettre du 3 août, de Montigny recommande fortement à Valiquette de s'abstenir de publier tout livre à caractère francophobe. De Montigny croit qu'Adrien Arcand, journaliste et chef du parti national social chrétien, a collaboré financièrement à l'édition de *La participation des Canadiens français à la Grande Guerre*. L'aventure est donc périlleuse aux yeux de De Montigny et surtout incompatible avec ses propres sentiments francophiles. Si Valiquette mêlait son nom à une nouvelle publication de l'abbé Poisson, De Montigny se verrait contraint de cesser toute collaboration avec l'éditeur (Valiquette agissait comme fondé de pouvoir à Montréal de Louvigny de Montigny, alors président de la Société des gens de lettres).

Le 4 août 1939, l'éditeur remercie De Montigny pour ses précieux conseils, mais il est visiblement déçu par sa lettre, une « mise en demeure authentique ». Valiquette (qui vient par ailleurs de faire paraître en avril *Les mémoires d'un soldat inconnu**, d'Adolphe Brassard) admet que *La participation des Canadiens français* [...] était « nettement francophobe », néanmoins le manuscrit qu'il a entre les mains est davantage « dirigé contre l'Empire britannique ». En écorchant le Traité de Versailles et l'Empire britannique, il arrive peut-être que Poisson écorche au passage la France – rien cependant qui ne soit déjà écrit en toutes lettres dans des journaux de la droite française comme *Candide* ou *Gringoire*. De là, Valiquette se demande s'il faut être « plus français [*sic*] que les Français eux-mêmes qui font quotidiennement le procès de la démocratie, de la franc-maçonnerie, de la politicaillerie, du Traité de Versailles, du communisme, etc. etc. ». Plutôt que d'abandonner le projet, Valiquette envoie le manuscrit à Louvigny de Montigny en lui demandant, s'il le juge à propos, de le soumettre au ministre de France – toujours ce comte de Dempierre –, afin que celui-ci lui indique si cette parution serait « considérée comme un acte hostile » de la part de l'éditeur. Au moment où cet échange a lieu, le Canada n'est

Cet ouvrage francophobe, publié par un prêtre sous un pseudonyme, ne comporte aucune mention d'imprimatur ou de *nihil obstat* et soulève des protestations de la part des autorités politiques et religieuses.

toujours pas officiellement en guerre contre l'Allemagne. Valiquette se dit ouvert aux suggestions de modifications qu'il plaira à Louvigny de Montigny ou au comte de Dampierre de lui communiquer. La publication de ce livre représente pour Valiquette un bénéfice de 150 $. Sans doute s'agit-il d'une édition à compte d'auteur, et c'était probablement aussi le cas pour *La participation des Canadiens français à la Grande Guerre*. Valiquette met tout de même un frein aux allégations de De Montigny : il se défend d'avoir confirmé la contribution monétaire d'Arcand à l'édition du livre de 1938. Tout au plus a-t-il dit avoir eu « l'impression » que l'abbé Poisson avait été aidé financièrement pour la publication de *La participation des Canadiens français [...]*. Vu les profits escomptés, Valiquette rappelle donc qu'il ne serait prêt à laisser tomber ce contrat qu'avec regret, même s'il considère personnellement « nulle » la valeur littéraire de l'essai. Par-dessus tout, Valiquette invite De Montigny au plus grand secret sur cette démarche (sauf auprès du ministre, bien entendu), car les fuites pourraient avoir de « très graves conséquences » pour l'éditeur.

La raison est dévoilée dans une seconde lettre que Valiquette adresse à De Montigny, le 10 août 1939. L'éditeur a été plongé dans la stupeur après avoir reçu la réponse de De Montigny. Valiquette s'explique mal que le ministre de France ait « pris sur lui de prévenir l'Archevêché de Montréal, sans se demander si cette démarche ne serait pas de nature à [lui] causer un tort incalculable ». Sous la plume de Valiquette, on apprend donc que Mgr Georges Gauthier interdit la publication de ce nouveau manuscrit de l'abbé Poisson. Le prélat avait-il été alerté par le cardinal Villeneuve, comme le mentionne Rumilly ? Valiquette risque maintenant de perdre un contrat important avec la commission scolaire de Montréal, pour s'être mis en disgrâce avec l'abbé Poisson. Le responsable des commandes de livres à la commission scolaire, un certain Linteau, est un « ami intime » d'Adrien Arcand. Or, comme Poisson est aussi un ami d'Arcand, Valiquette craint que le dépit de l'abbé Poisson n'ait un effet domino qui lui fasse perdre le contrat prévu avec la commission scolaire (une somme de 5000 $ par année pendant 5 ans). Plutôt que de s'opposer à la décision de l'archevêque, Valiquette se comporte en fils soumis et promet qu'il ne fera pas « d'esclandre ». En retour, l'éditeur s'attend à recevoir l'appui de la Légation française pour l'octroi de commandes de livres.

Louvigny de Montigny n'est pas homme à recevoir les coups d'estocade sans les rendre. Dans une réplique non datée, il ne mâche pas ses mots et prend plaisir à faire la morale à Valiquette, lui reprochant sa « combine (pas très propre, permettez-moi de vous le dire) […] mijotée avec Dagenais-Arcand-Linteau-Poisson ». Il défend surtout la démarche du ministre, prétendant qu'au contraire, le comte de Dempierre l'a tiré de l'embarras. En déclenchant « en haut lieu l'empêchement de publier l'ouvrage éminemment déloyal de ce vicaire fanatique », le ministre porte l'odieux de la censure et exonère ainsi l'éditeur de tout blâme aux yeux de l'auteur. De surcroît, le ministre n'avait pas le choix que d'intervenir directement auprès de l'archevêque, car s'il eût agi en secret en s'adressant à l'éditeur, l'abbé Poisson aurait eu beau jeu de porter son manuscrit ailleurs. Cet incident aura rendu service à l'éditeur car, en publiant ce livre, il aurait fait des bénéfices mais aurait été à jamais discrédité auprès des « honnêtes gens ». En conclusion, De Montigny reproche à Valiquette d'avoir voulu faire à la fois le jeu de la France et de l'Allemagne, certainement une offense grave à son code d'honneur.

Avant d'affirmer que cette affaire tord « définitivement le coup [sic] à la tentative pro-allemande de Poisson », De Montigny avait rappelé la suspicion qu'inspirait depuis longtemps le vicaire : « Les autorités religieuses de Montréal surveillent depuis déjà quelques années les agissements plus ou moins bolchévistes de ce vicaire vendu corps et âme à nos ennemis. » Ainsi peut-être s'expliquent – mais il ne s'agit que d'une supposition – les quelques années « de repos » qui laissent un silence dans la biographie de Poisson, entre 1940 et 1942, puis en 1946. Après cet épisode houleux, l'abbé Poisson délaissera les sujets chauds et ne publiera plus que des adaptations de livres orthodoxes : par exemple, en 1948, la traduction d'un livre de Hermann Fischer, *Plus de prêtres pour le salut du monde ! : appel à la multiplication et à la culture des vocations sacerdotales*, accompagnée d'une « lettre-préface » de Son Excellence Mgr l'Archevêque de Montréal, Joseph Charbonneau.

En ce qui concerne l'abbé Poisson, bien des questions restent malheureusement sans réponse. Il est à tout le moins intrigant de voir ici les instances politiques et religieuses agir main dans la main afin de bâillonner un auteur. Le peu de traces écrites sur ce cas ne nous permet pas d'éclairer tout à fait le mystérieux personnage. La seule lettre que contient le fonds Camille-Poisson, aux archives du Séminaire de Nicolet, nous amène tout de même à émettre un bémol en conclusion. Entièrement rédigée en allemand, cette lettre datée du 12 août 1934 est adressée à René Gagnon. Une traduction libre de René Gagnon laisse voir que Poisson s'opposait à Adolf Hitler :

> Vous me demandez mon opinion sur les derniers évènements de la politique internationale, particulièrement en Allemagne. Je crois que pour le moment il vaut mieux n'en rien dire, puisqu'il serait trop long d'évaluer (les conséquences) [sic] du « samedi sanglant », de la situation en Autriche, de la mort de Hindenbourg, etc. […] Pour le moment qu'il me suffise de dire que, n'ayant jamais été un admirateur du « Fuehrer », [sic] je le suis maintenant moins que jamais.

Une note de René Gagnon, datée du 22 novembre 1982, précise que l'abbé Poisson « […] était antinazi. Il honnissait l'anti-sémitisme, qui, au moment où je l'ai entendu condamner cette politique, n'en était qu'au "numerus clausus", mesures destinées à rendre difficile l'accès des juifs allemands aux universités. » Voilà donc qui, à tout le moins, fait contrepoids au jugement de Louvigny de Montigny.

Marie-Pier Luneau

MICHEL, Jacques, *La participation des Canadiens français à la Grande Guerre. Réponse à un livre récent de M. André Siegfried, « Le Canada, puissance internationale »*, Montréal, Édition de l'A.C.-F., 1938, 188 p.

ANQ-M, Fonds Bernard-Valiquette, MSS 216/1/48 ; Archives du Séminaire de Nicolet, fonds Camille-Poisson, F099/A1/1.

LA PASSION DE JEANNE D'ARC

Carl Theodor Dreyer (1889-1968) • Film d'abord refusé, puis autorisé avec des coupures (1930)

La passion de Jeanne d'Arc (1928), film muet, relate surtout une seule longue séance du procès de la célèbre Pucelle d'Orléans en 1430-1431. Le réalisateur et scénariste danois Carl Theodor Dreyer s'est inspiré de l'ouvrage de Joseph Delteil, *Jeanne d'Arc* (1925). Il utilise peu les intertitres et met plutôt l'accent sur les gros plans des personnages pour illustrer leurs sentiments profonds. Il rend caricaturales les expressions des moines accusateurs. C'est par là que la censure québécoise va l'attaquer.

Selon Jean-Luc Douin (*Dictionnaire de la censure au cinéma*), la censure française l'ampute de quelques plans qui déplaisent aux autorités religieuses de l'Hexagone. À Montréal, Charles Lalumière, l'exploitant du cinéma Roxy, « cinéma d'art, the house of silent pictures », en a obtenu les droits et il soumet au Bureau de censure le 1er avril 1930 une copie de « 8000 pieds » (dans les faits, 8 rouleaux de 1000 pieds, le dernier rempli en partie seulement, donc durée originale, ou tout près). Le film est refusé le 7 : « Not fit to be shown in this Province », écrit le censeur qui ajoute : « Ce film a été passé devant l'autorité ecclésiastique (abbé Lacroix) » et « To be reconsidered ». Pour ce genre de films, il est habituel pour le Bureau de demander l'avis d'un membre du clergé. La version examinée offre des intertitres en anglais, probablement parce que deux des censeurs sont anglophones. Entre la présentation au Bureau et le refus, Lalumière l'a présenté, en deux visionnements privés, à la critique et à plusieurs personnalités (des juges, des médecins, des universitaires). *La Patrie, La Presse, et The Montreal Daily Star* lui accordent un accueil très enthousiaste.

Avant même le refus, le chroniqueur de *La Patrie*, Édouard Beaudry, en fait une critique dithyrambique le 5 avril, « un film d'art dans toute la belle signification que l'on peut donner à l'union de ces deux mots ». Après le verdict, le 1er mai, son collègue Henri Letondal questionne la vision de la « mentalité canadienne » des censeurs et s'indigne que « l'on interdise un film aussi pieusement artistique que *Le procès* [sic] *de Jeanne d'Arc*, alors que des danseuses vêtues uniquement de plumes se trémoussent sur les écrans voisins ».

Le 7 mai, *La Presse* publie en tribune libre une longue lettre du juge Gonzalve Desaulniers, présent à une des projections privées. Celui-ci évoque des critiques anglaises, américaines, françaises, même une du cardinal [Louis-Joseph Luçon] de Reims, toutes affirmant la grande valeur artistique, historique et morale de l'œuvre. Il connaît le jugement « Not fit to be shown in this Province » et il tance vertement les censeurs, comme s'ils « arrêtaient que nos gens ne sont qu'un ramassis d'ignorants et d'imbéciles, et que ce film échappe à leur compréhension et à leur sens de l'histoire ». Il repousse tout aussi fortement « l'excuse qu'on ne manquera pas de donner que l'évêque Cauchon et ses acolytes de l'Université de Paris étant des prêtres, il ne convenait pas de mettre quelques religieux du 15e siècle en mauvaise posture devant notre population catholique, comme si cette dernière était incapable de faire la part entre les erreurs, fruits des passions humaines, et la vérité des doctrines ». En terminant, il justifie son intervention : « Pour qu'il ne fût pas donné à Monsieur Morgan-Powell du *Star* d'être le seul à protester contre une intervention que le bons sens réprouve. »

Le 2 juin 1930, *La passion de Jeanne d'Arc* est soumis de nouveau après une « reconstruction » (lire : coupures) faite par Lalumière ; il a enlevé onze minutes ainsi décrites : « Mauvaises représentations de membres du clergé (vicieux, rageux, féroces, gras…). Souffrance de Jeanne pendant son supplice. » Le film est finalement approuvé, mais après que le censeur eut ajouté les coupures suivantes :

Interrogatoire sur St-Michel : « Do you think that God had nothing to dress him ? »
I   Face de moine bouffi
    Face de moine vicieux
II Moine gras à outrance
    Tête de moine révoltante
    L'évêque regardant par la petite fenêtre
III Moine avec deux cornes faites avec ses cheveux
    Figure de l'évêque révoltante
    Moine avec deux cornes avec ses cheveux
    Tête féroce de l'évêque
    Tête de brute de l'évêque
IV Assemblée des archevêques, moines, etc.
    Figure rageuse du moine
    Toute la scène de la couronne et de la flèche
    Vue des instruments de supplice
    Toute la vue de la communion
    Couronne jetée par terre
Toute vue pendant le supplice exprimant les contorsions et atroces douleurs de Jeanne.

Le « rapport Régis »* cite cette fiche du Bureau de censure (la seule qu'il reproduit) et en fait le cas-type de la censure abusive. Ces coupures manifestent la très grande sensibilité du clergé catholique québécois envers les représentations religieuses non conventionnelles que l'histoire peut révéler. Ceux qui ont vu le film en 1930 et pendant les 35 années suivantes ont vu une version tronquée qui durait probablement à peine plus d'une heure.

Il prend l'affiche le 21 juin, avec intertitres français, selon la publicité dans *La Presse*. Contrevenant à sa politique habituelle de ne publier aucune publicité du cinéma, *Le Devoir** l'annonce ; un encadré affirme que « rien ne pourra choquer les convictions du plus religieux des mortels, du plus scrupuleux. S. Em. le cardinal Luçon, Archevêque de Reims, a pris connaissance du scénario : C'est tout dire. Œuvre d'art, œuvre de haute portée, il sera pour notre pays un admirable instrument de propagande. » Autre encadré : reproduction d'une lettre écrite à la main par l'Archevêque de Reims vantant les mérites du film. Le quotidien reproduit même une photo de Renée Maria Falconetti, « la grande artiste parisienne dans son rôle de Jeanne d'Arc, où elle s'élève au-dessus de l'art habituel de l'interprétation dramatique. » Mais aucune critique n'en est faite, ni mention de la censure.

Cette fois-ci, cas rare à l'époque, la critique avait déjà vu le film et pouvait mesurer l'effet des coupures. Dans *La Patrie* (28 juin 1930), Henri Letondal parle de « mutilation » (environ 2000 pieds manquent, soit au moins 20 minutes) et il souligne qu'une scène coupée donne un sens complètement différent à la séquence où Jeanne est amenée à la chambre des tortures. Dans l'original, elle s'évanouit à la vue des supplices qu'on lui destine et on la sort sur une civière. Dans la version coupée, on la voit entrer et aussitôt sortir, ce qui crée l'impression qu'elle a été torturée, suggérant ainsi une tout autre interprétation. Letondal ne comprend pas du tout pourquoi on a éliminé la scène de la communion, dont rien ne pouvait sembler répréhensible.

Une version de 78 minutes, en format 16 mm, apportée par le distributeur J. A. Lapointe Films, spécialiste des films pour ciné-clubs, est approuvée le 20 décembre 1965, avec cette précision qu'elle devrait être réservée aux « 14 ans et plus ». Le *Recueil des films* de 1965 la cote « Adultes et adolescents » et donne la justification suivante :

> En abordant le procès et la mort de Jeanne d'Arc, Dreyer n'a pas voulu faire une reconstitution historique, mais se limiter au drame intérieur de l'héroïne. Le recours presque exclusif aux gros plans et les décors stylisés témoignent de cette intention. Le résultat est admirable de puissance et de suggestion, malgré toute absence de dialogue parlé. Le beau visage pathétique de Falconetti exprime admirablement la souffrance de Jeanne et l'espérance qui la soutient. Ce film est vraiment l'un des sommets de l'expression du sacré au cinéma.
>
> Cette œuvre austère met en relief la vie intérieure de Jeanne d'Arc et rend sensible la Force qui l'anime.

Entre-temps, le film a été vu à plusieurs reprises à la télévision de Radio-Canada et dans le mouvement des ciné-clubs, probablement, comme il arrive souvent avec des classiques, avec une copie venant d'Ottawa ou de Toronto. Dans le répertoire actuel de la Régie du cinéma, il est visé « Général ».

La censure ne cause aucun problème à la *Joan of Arc* que réalise Victor Fleming en 1948, malgré sa complaisance dans la violence et ses invraisemblances historiques (à commencer par le fait que l'actrice Ingrid Bergman paraît trop vieille pour le rôle). *Yves Lever*

ANQ-M, fonds Régie du cinéma, E 188, fiches des films.

LA PATRIE
Journal dirigé par Honoré Beaugrand (1848-1906) puis par Israël Tarte (1848-1907)

LA PRESSE
Journal dirigé par Trefflé Berthiaume (1848-1915)

Au début du XXᵉ siècle, ces deux grands quotidiens montréalais, bien qu'ils inquiètent le clergé, sont trop puissants pour être censurés ouvertement par Mgr Bruchési, contrairement aux journaux d'opinion (1897-1904)

Le champ journalistique change considérablement, au tournant du XXᵉ siècle, la distinction se faisant plus marquée entre la presse d'opinion et la presse commerciale, appelée aussi la grande presse d'information. Comme le note Lise Saint-Jacques dans son mémoire « Mgr Bruchési et le contrôle des paroles divergentes […] » :

> De vocation, la pratique journalistique se professionnalise. Elle se développe suivant des critères économiques de rentabilité, d'efficacité et de rendement. Les déterminations politiques et idéologiques s'effacent devant ce nouveau type de journalisme qui voit son public comme un marché à conquérir et non plus comme une « assemblée de fidèles » et de « convertis » à entretenir dans leurs convictions.

Or, ces transformations ont une incidence manifeste sur la nature et l'efficacité des interventions censoriales cléricales.

D'une part, l'archevêque de Montréal, Mgr Paul Bruchési, et celui de Québec, Mgr Louis-Nazaire Bégin, diffèrent d'approche en ce qui concerne le contrôle de la presse. Mgr Bruchési n'hésite pas à affronter directement les dissidents, et il ne veut pas en outre indisposer en créant un journal religieux qui serait un concurrent. Quant à Mgr Bégin, il préfère donner son appui à la création d'une presse catholique, en l'occurrence au journal *L'Action catholique*, fondé en 1907. Une conclusion découle de ces deux attitudes : « Au seul chapitre des lectures il [Mgr Bruchési] sert deux fois plus de directives que son confrère québécois », relève Danielle Rainville dans son mémoire, « Le monde de l'imprimé et l'Église au Québec ».

D'autre part, la censure contre les journaux s'exerçant principalement à Montréal, on aurait tort de croire que les interventions de Mgr Bruchési procèdent de manière uniforme. Lise Saint-Jacques remarque, et avec raison, qu'il y a lieu de tenir compte de divers facteurs dans la compréhension de la censure, dont le contenu, certes, mais aussi le destinataire. Autrement dit, la stratégie de l'archevêque de Montréal change radicalement selon qu'il s'agit d'un journal d'opinion ou d'un journal d'information. Le premier, plus vulnérable, est visé, voire interdit publiquement – on pense ici aux journaux hebdomadaires *Les Débats**, *La Semaine**, *Le Pays**. Quant aux journaux d'information, en particulier les quotidiens *La Patrie* et *La Presse*, libéraux modérés, ils sont indépendants financièrement et risquent même de poursuivre le censeur. Le souvenir de *Canada-Revue** et de la poursuite contre Mgr Édouard-Charles Fabre, en 1894, n'est sans doute jamais bien loin.

Saint-Jacques propose pour cette raison un tableau à double entrée (contenu et champ journalistique) qui éclaire les stratégies de censure.

CONTENU	CHAMP JOURNALISTIQUE	
	Publications marginales	*Grands journaux*
Opinions politiques et religieuses	censure singulière	Avertissements privés – pas de censure
Matières culturelles et morales	Pas d'avertissements particuliers	Avertissements privés Critiques publiques

Ce contrôle de la presse est de taille, mais il est surtout nouveau, puisque « d'instinct, les clercs ressentent que, rejoignant directement la population, les *media* court-circuitent la communication sociale qui traditionnellement s'effectuait via les élites. C'est le fondement même de leur pouvoir qui est mis en cause » (*HCQ*, III, 1), et cela d'autant plus que, « par le temps qui court, [...] un certain nombre de journaux de Montréal sont pris de délire », pouvait-on déjà lire dans la *Semaine religieuse de Québec* le 17 septembre 1892.

L'exemple d'une volonté de censurer *La Patrie* est révélateur des difficultés qui se posent à s'attaquer aux grands médias. Le 3 janvier 1897, Mgr Louis-Zéphirin Moreau, évêque de Saint-Hyacinthe, écrit à l'abbé Florent Bourgeault, vicaire capitulaire à la suite du décès de Mgr Fabre : « N'est-il pas pressant de censurer et condamner *La Patrie* et *Le Réveil**, qui font un mal incalculable ? » S'élabore donc un projet de condamnation contre le journal. Mais Moreau écrit à nouveau à Bourgeault, le 12 janvier, pour lui signifier que, consulté à ce propos, le juge Louis Tellier, de la Cour supérieure, lui a dit que « la formule de notre sentence laisse à désirer » et que la condamnation doit être précédée d'une monition. De cette manière, conclut Moreau, « il n'y a rien à craindre auprès des tribunaux ». Toutefois, le directeur de *La Patrie*, Honoré Beaugrand, tombe gravement malade : « Le renvoi à plus tard de la condamnation est suffisamment justifié par la maladie grave et peut-être même mortelle du propriétaire », écrit Mgr Antoine Racine à Bourgeault, le 30 janvier. Il importe toutefois de noter l'extrême prudence du clergé face au journal, par crainte de représailles juridiques, prudence qui croîtra en proportion de la puissance de ces journaux d'information.

L'attitude de Mgr Bruchési à l'égard du nouveau propriétaire de *La Patrie*, Israël Tarte, est encore plus hésitante, réduite à des semonces privées. L'archevêque écrit, le 29 mai 1898 (à propos d'un article paru le 26 et qui met en doute l'opportunité de programmes d'études « faits en vue de former tout particulièrement des ecclésiastiques et des religieux ») : « L'article que je vous signale devrait être désavoué et j'ai l'espoir que vous prendrez les moyens efficaces pour que *La Patrie* n'en publie plus de semblables à l'avenir. » La réponse de Tarte, le 31 mai, est pleine de réserves : « En réponse, je vous dirai que je regrette la publication de cet article, non pas que je veuille dire qu'il mérite d'être désavoué en entier, mais enfin, j'avais donné des ordres sévères à mes rédacteurs de ne discuter aucune question religieuse, ni d'éducation, sans me consulter. » Quelque temps plus tard, le 23 août 1898, à propos d'articles sur Jules Michelet et la Révolution de 93 et sur la Rébellion, au Québec, de 1837-1838, Bruchési doit rappliquer :

> Un article de ce genre est de nature à vous attirer bien des désagréments. Et quelle réponse faire en faveur du propriétaire de *La Patrie* ? *La Patrie* est-elle contrôlée oui ou non ? Le rédacteur en chef peut-il y écrire tout ce qu'il veut ? Les idées de ce rédacteur [Godfroy Langlois] sont connues. Si vous lui abandonnez la direction de votre journal, je puis vous prédire le sort qui lui est réservé avant longtemps.

Le 10 septembre, le secrétaire de la rédaction répond qu'il a donné des ordres sévères : « Nous ne voulons rien dans *La Patrie* qui puisse blesser l'oreille du plus petit enfant. »

Vœu pieux, il faut le reconnaître, qui ne tiendra pas devant la concurrence avec *La Presse*. Ce nouveau facteur se manifeste principalement lorsqu'il s'agit de reproduire les détails relatifs à des crimes. Malgré la retenue demandée par Mgr Bruchési à propos de tels sujets, les lecteurs seront portés à acheter le journal qui livrera le plus de révélations, même sordides. Par exemple, dans une lettre au propriétaire Trefflé Berthiaume, Mgr Bruchési énumère une série de griefs contre *La Presse* : trop d'importance attachée à l'évasion de deux prisonniers, une colonne ouvrière qui exhale du socialisme et un autre article dégoûtant [*sic*] dont l'épistolier n'ose même pas donner le titre. Mais ce qui intéresse surtout, c'est le début de cette missive du 8 avril 1904, chapeautée par la mention « confidentiel » :

> Ceci est privé ; recevez-le comme venant d'un ami. *La Presse* perd, je crois, de son prestige et de son influence ; tous les jours, je l'entends critiquer sévèrement par des prêtres et des laïcs. C'est dommage, car répandue comme elle est, elle pourrait faire tant de bien. On dit que c'est avant tout une feuille sensationnelle. Si vous la laissez continuer dans cette voie, vous aurez peut-être à le regretter.

Le journal *La Patrie* s'était déjà attiré, l'année précédente (22 février 1903), l'ire de Monseigneur à propos de détails sordides révélés lors d'un événement meurtrier à Saint-Eustache : « Je vous en supplie au nom de la morale et au nom du respect que vous devez à vos lecteurs, cessez de publier dans les colonnes de votre journal ces détails de crimes qui constituent un véritable scandale. » La *Semaine religieuse de Montréal* tire d'ailleurs de cette tragédie, le 2 mars, un enseignement qui s'apparente au syllogisme de la « pente fatale », raisonnement souvent utile au censeur :

> N'est-ce pas au théâtre, aux romans et surtout aux journaux où sont racontés chaque jour, avec détails, quantité d'assassinats et de suicides, qu'il faut attribuer, pour une large part, la proportion toujours grandissante de la criminalité et le nombre toujours croissant de ceux qui sortent volontairement de l'existence ?

Vingt ans plus tard, c'est au cinéma qu'on fera le même reproche…

En plus de ces admonestations, Mgr Bruchési demande parfois au directeur du journal de désavouer un texte ou de licencier un employé précis. « L'article que je vous signale devrait être désavoué » (à Israël Tarte, 29 mai 1898, article cité) ; « […] si j'étais à votre place, je croirais avoir un devoir de réparation à remplir envers mes lecteurs » (à Tarte, 22 février 1903) ; et ce petit mot « personnel et privé », à Berthiaume, le 1er février 1904 : « Voulez-vous avoir la bonté de me dire si M. Girard doit continuer de faire partie des rédacteurs ou des collaborateurs de votre journal. » Dans ce cas, Rodolphe Girard, l'auteur du roman *Marie Calumet**, est remercié de ses services, mais à cause de son activité de romancier plutôt que celle de journaliste.

Ces semonces privées sont cependant peu efficaces : dialogue oblige, le directeur du journal peut répliquer en s'excusant naïvement ou en feignant une ignorance enrobée des meilleures intentions. C'est la repartie adoptée par Tarte au sujet d'un article sur les collèges, en 1898, donné plus haut. Quelques années plus tard (16 février 1904), celui-ci résume toute la situation dans une formule lapidaire : « Votre Grandeur ne sait pas quelle difficulté il y a à contrôler un journal. »

Mgr Paul-Napoléon Bruchési (Gravure anonyme, Bibliothèque et Archives du Canada). – R. de Marmande écrit, dans le chapitre traitant de la liberté de la presse (*Le cléricalisme au Canada*) : « On croit véritablement rêver quand on examine de près l'état de la presse de Montréal sous la suzeraineté de l'archevêque Bruchési. » Il est vrai que celui-ci a exercé son autorité avec beaucoup de zèle auprès de tous les types de périodiques.

En outre, les consignes émises par l'archevêque doivent être observées par tous, sinon le journal qui est le seul à les suivre risque d'être pénalisé. La loi de la concurrence amène Tarte à signaler à Mgr Bruchési que *La Presse* rompt le pacte conclu concernant les comptes rendus d'affaires criminelles : si ce journal continue dans cette voie, poursuit-il, *La Patrie* devra le faire également « si nous voulons être capables de lutter avec avantage contre elle, notre seule sérieuse concurrente aujourd'hui dans la province de Québec » (15 février 1899). Mgr Bruchési transmet cette lettre à Berthiaume qui, tout en se justifiant, proteste en éclaboussant à son tour *La Patrie*, elle qui a publié « le 21 janvier 1899 sous le titre *Un voleur* la nouvelle la plus immorale [d'André Theuriet] qui ait jamais souillé les colonnes d'un journal français au Canada » (17 février 1899). Tarte est évidemment courroucé par cette délation, mais il est aussi obligé de prendre « des mesures sévères pour que pareille chose ne se renouvelle plus » (18 février). L'obéissance n'est de mise que si elle est universelle. Berthiaume tient à en aviser Bruchési, le 3 février 1904 :

> Je fais tout ce que je peux pour contrôler ce qui se rapporte aux affaires du crime, et résumer les rapports, mais j'espère que de votre côté vous m'accorderez toute la protection voulue en vous faisant écouter par les autres journaux. Le peuple qui est avide de ces nouvelles, recherchera le journal qui consacrera le plus d'espace, et si *La Patrie* a le loisir de servir force détails à ses lecteurs, il est évident que *La Presse* ne pourra soutenir cette concurrence qu'en satisfaisant ses lecteurs comme les autres journaux.

De tous ces cas il ressort clairement jusqu'à quel point Mgr Bruchési se limite à des réprimandes de nature privée contre les grands quotidiens. Un essayiste français anticlérical, R. de Marmande, dans *Le cléricalisme au Canada**, résume ainsi les interventions de l'archevêque de Montréal :

> Mgr Bruchési, très certainement l'une des figures les plus curieuses de l'épiscopat catholique du 20e siècle, a apporté à ses fonctions un zèle passionné, un esprit d'inquisiteur et un langage d'autocrate. Considérant, avec Mgr Bourget, les journalistes comme les sangliers dans la vigne du Seigneur, il s'est acharné à les massacrer les uns après les autres. Il y a réussi en moins de dix ans. On croit même véritablement rêver quand on examine l'état de la presse de Montréal sous la suzeraineté de l'archevêque Bruchési.

Mais ce jugement péremptoire doit être nuancé. L'attitude rigoureuse de Mgr Bruchési est certes relativement efficace contre les petits journaux, dans la sphère de la presse d'opinion. En ce qui concerne les grands quotidiens, c'est une tout autre question. S'agissant de questions religieuses et de moralité du clergé, ceux-ci, remarque Jean de Bonville dans *La Presse québécoise [...]*, « ne se font guère tirer l'oreille pour s'abstenir de traiter de ces sujets ». Toutefois, en ce qui touche les faits divers, « notamment dans le domaine criminel et judiciaire », les nombreuses interventions de l'archevêque ne donnent que de piètres résultats. De Bonville affirme, étude à l'appui, qu'en ce qui concerne les faits criminels, « on n'observe aucune variation sensible de la fréquence et de la mise en valeur des articles sur le sujet » entre 1895 et 1908. *Pierre Hébert*

ACAM, dossier « Journaux » (780-034) ; registres « Correspondance » (Mgr Paul Bruchési) ; DE BONVILLE, Jean, *La presse québécoise de 1884 à 1914. Genèse d'un média de masse*, Sainte-Foy, Les Presses de l'Université Laval, 1988 ; SAINT-JACQUES, Lise, « Mgr Bruchési et le contrôle des paroles divergentes : journalisme, polémique et censure (1896-1910) », M.A. (Histoire), 1987.

▶ Feuilleton

LE PAYS

Journal fondé par J.-A. Plinquet et Édouard-Raymond Fabre (1799-1854) • Journal fidèle au programme de l'Institut canadien de Montréal et censuré par Mgr Bourget (1862)

En 1852, *Le Pays* devient la tribune des démocrates canadiens-français. Louis Labrèche Viger est alors corédacteur avec Louis-Antoine Dessaulles. Ce dernier quitte le journal six mois plus tard, mais reviendra à la barre du *Pays* en mars 1861. Moins virulent que *L'Avenir** de Jean-Baptiste-Éric Dorion, *Le Pays* reste fidèle au programme de l'Institut canadien de Montréal*. On y parle d'éducation, d'annexion aux États-Unis et de libertés individuelles. Le traitement accordé à ces thématiques éveille la crainte d'Ignace Bourget, évêque de Montréal. En 1858, celui-ci publie trois lettres pastorales dans lesquelles il condamne les « erreurs du temps », l'« Institut canadien » et les « mauvais livres », puis les « mauvais journaux ». L'évêque ne dénonce pas encore nommément *Le Pays*. Ce sont les analyses publiées en rapport à la situation italienne qui amènera Mgr Bourget à en interdire explicitement sa lecture quelques années plus tard.

En 1859 débute la guerre qui mènera à l'unification du territoire italien. Le pape Pie IX est alors menacé de voir saper une partie de son territoire par les initiatives des libéraux italiens. Au Canada, les ultramontains et les libéraux analysent la situation de façons très différentes. Les premiers déplorent les attaques portées au pouvoir temporel du pape ; les seconds, au nom du « principe des nationalités », applaudissent les événements européens, qui concrétisent leurs idéaux démocratiques. *Le Pays* ne conteste pas l'autorité spirituelle du pape, mais la publication d'une prétendue bulle pontificale excommuniant Victor-Emmanuel II, roi du Piémont, le 14 avril 1860, provoque de vives réactions parmi les partisans de Pie IX. Le document est exagérément explicite et satirise les formulations employées dans les déclarations romaines. Mgr Bourget rencontre alors les directeurs du *Pays*. La rédaction se rétracte, prétextant avoir tout simplement reproduit un extrait du *Siècle*, un journal français. Le 24 avril, on publie un discours du roi du Piémont. Le discours est précédé, selon les mots mêmes de Mgr Bourget, d'un « éloge pompeux » du spoliateur du pouvoir temporel pontifical. Le 31 mai suivant, Bourget dénonce le journal à son clergé, par voie de mandement. *Le Pays* continue néanmoins de contenir des textes reliés à la question italienne. Les articles sur le sujet se font plus nombreux lorsque Louis-Antoine Dessaulles devient responsable de la ligne éditoriale du journal.

En contact avec les théories de Félicité de Lamennais lors de son voyage en Europe en 1839, Dessaulles a écrit un texte contre le pouvoir temporel du pape dans *L'Avenir* en mars 1849. Lorsqu'il est nommé rédacteur en chef en mars 1861, il est donc déjà sensibilisé à la situation politique italienne. À l'automne de la même année, il publie une série d'articles traitant de l'administration des États romains. Il dénonce les problèmes financiers et déplore l'enrichissement rapide des frères Antonelli, dont l'un est le principal conseiller de Pie IX. Dans le numéro suivant, il prétend que le système judiciaire est digne de l'« inquisition ». Ainsi, les procédures secrètes et les peines disproportionnées aux délits ne sont pas dignes d'une religion qui se veut miséricordieuse : « Nous affirmons sans hésiter que ce n'est pas être anti-catholique ni anti-chrétien que de blâmer un système sous lequel le principe évangélique "Ne faites pas à autrui ce que vous ne voudriez pas vous être fait à vous-même" est constamment violé dans la pratique. » (*Le Pays*, 19 novembre 1861) *Le Pays* accuse l'entourage du pape de refuser systématiquement la mise en place des réformes qui sont depuis longtemps nécessaires au bon fonctionnement du gouvernement romain. Dessaulles tente de nuancer ses propos en n'attaquant pas directement le pape, mais plutôt ses proches conseillers. Cela n'empêche pas *La Minerve* de réagir vivement et de dénoncer celui qui attaque la réputation du souverain pontife.

À l'hiver 1862, Dessaulles croise le fer avec le rédacteur de *L'Ordre*. Hector Fabre publie une lettre du comte de Montalembert dans laquelle celui-ci dénonce l'accueil favorable que les membres de l'Institut canadien ont réservé au Prince Napoléon. Ce dernier, cousin de Napoléon III, avait épousé la fille du roi du Piémont, celui-là même qui luttait pour l'unification de l'Italie. Lors d'une visite au Canada à l'automne précédent, il avait donné des livres à l'Institut pour garnir sa bibliothèque.

Pendant que Dessaulles réplique par le biais de son journal, Mgr Bourget termine la rédaction de sept lettres destinées à être publiées dans les pages du *Pays*. Dans celles-ci, il explique les raisons le poussant à censurer le journal. Il fait allusion à l'immoralité de la publication, qui encourage les lecteurs à fréquenter les théâtres et qui diffuse un feuilleton* d'Alexandre Dumas, auteur justifiant les duels, les empoisonnements et les meurtres. Il glisse également quelques mots sur la bibliothèque* de l'Institut canadien, cette « sentine puante qui infecte notre ville ». La principale inquiétude de l'évêque reste toutefois que la révolution soit importée au Canada. Il attribue beaucoup de pouvoir aux journaux et il se préoccupe de l'effet que ceux-ci peuvent avoir sur leurs lecteurs. Ces derniers consultent un journal « comme un oracle » et n'ont pas les outils nécessaires pour résister aux tentations :

> C'est lorsque les masses ont été ainsi empoisonnées par les mauvais journaux, que le vertige s'empare de toutes les têtes. Ce levain des mauvaises doctrines fermente alors au sein des nations entières, pour y produire ces affreuses convulsions, que vous voyez régner aujourd'hui, dans la malheureuse Italie. Ce qui arrive à l'Italie, ce qui arrive à la France trois ou quatre fois par siècle, nous arrivera infailliblement. Puisse cette prédiction être fausse ! Puisse notre heureux Canada n'être jamais bouleversé par ce terrible ouragan ! Il ne le sera pas si le journalisme ne l'empoisonne pas ; et il le sera certainement, si on y lit des mauvais journaux, des mauvais romans.

Afin de convaincre les lecteurs du *Pays* du bien-fondé de sa démarche, l'évêque de Montréal met la « suprême sagesse du pape » en parallèle avec les « caprices de la révolution ». Il pousse sa réflexion plus loin en comparant l'état des finances romaines aux piémontaises et en confrontant les réalisations du cardinal Antonelli à celles du prince Napoléon. Il prend vigoureusement la défense du souverain pontife et avertit les directeurs du journal que : « […] vous me trouverez donc toujours à la brèche, tant que j'aurai un souffle de vie, si *Le Pays* n'abandonne pas cette mauvaise voie. »

Dans leur réponse, les directeurs du journal plaident pour la liberté de presse* et commentent leur refus de publier les lettres. À titre de rédacteur du *Pays*, Dessaulles écrit personnellement à Mgr Bourget pour lui expliquer sa position. Une partie du litige a trait aux interprétations divergentes des faits et des statistiques concernant l'administration romaine. Alors que l'évêque stipulait que les extraits étaient tirés du *Siècle*, le rédacteur rétorque qu'ils sont plutôt puisés dans *L'Annuaire des deux mondes*. Il déplore que ses détracteurs ne connaissent même pas l'existence de cette publication, qui constitue une source d'informations objectives et fiables sur la situation européenne. Dessaulles considère que la démarche de censure n'est pas motivée par une simple querelle de chiffres. L'enjeu est celui du contrôle de l'opinion publique par les ultramontains. « L'absolutisme est bien plus commode en effet pour ceux qui ne veulent pas que les nations pensent et lisent, et qui ont toujours mis la pensée humaine *à l'index*. » Selon lui, le spectre de la révolution, brandi par l'évêque, ne s'applique pas à la réalité canadienne-française, puisque le pays possède les institutions pour effectuer les changements politiques nécessaires :

> Il n'est donc pas un homme sensé qui ne voie avec chagrin, avec une douloureuse surprise, des prévisions aussi inapplicables, aussi dénuées de tout à propos, et de toute plausibilité que celles que votre Grandeur exprime. Elle parle pour le peuple, je le vois parfaitement, pour le peuple qui est ignorant. Or c'est précisément parce que le peuple est ignorant qu'il a le plus besoin de vérité, et la vérité n'est certainement pas dans les épouvantails que lui présente Votre Grandeur.

Bourget, qui se trouve à Rome, est informé du refus de publier ses lettres. Son secrétaire mentionne également qu'il y a une possibilité de poursuite judiciaire de la part de Dessaulles. Il avait des raisons valables de s'inquiéter, puisque le journaliste avait déjà poursuivi Ludger Duvernay, qui l'avait traité d'impie dans les pages de son journal, *La Minerve*. L'affaire n'aura finalement pas de suite. Dessaulles resta à la rédaction du *Pays* jusqu'en décembre 1863. Pouvant nuire aux intérêts du gouvernement Macdonald-Dorion, nouvellement en poste, il est nommé greffier de la couronne et de la paix, ce qui l'amène à quitter son poste de rédacteur.

Les politiciens libéraux qui sont également propriétaires du *Pays* continueront d'intervenir sur le contenu du journal. Ayant subi la défaite lors des élections de 1867 à cause de leur opposition au projet de confédération et par le fait même à la position de l'Église canadienne, ceux-ci optent pour la prudence. Ils demandent au rédacteur de ne plus traiter de problématiques cléricales pour se consacrer uniquement à la politique. Certains collaborateurs n'acceptent pas ce changement dans le programme. Ainsi, Arthur Buies quitte *Le Pays* et fonde *La Lanterne** en septembre 1868.

Malgré cette réorientation, le journal ne satisfait toujours pas l'évêque de Montréal. Le 3 octobre 1871, Mgr Bourget publie une lettre circulaire dans laquelle il informe le clergé que *Le Pays* constitue encore une mauvaise publication. En difficultés financières, le journal fait paraître son dernier numéro en décembre. Le rougisme avait cédé la place au libéralisme modéré. *Véronique Laporte*

Le Pays, 15 janvier 1852–26 décembre 1871.

Lamonde, Yvan et Nolin, Pierre, « Des documents cruciaux du débat libéral-ultramontain : Les lettres (1862) de Mgr Bourget au journal *Le Pays* », *Littératures*, 3 (1999) ; Sylvain, Philippe, « Lamennais : l'ultramontain et le libéral. Son influence aux États-Unis et au Canada français », *Revue de l'Université d'Ottawa*, 57, 3 (juillet-septembre 1987).

LE PAYS

Journal dirigé par Godfroy Langlois (1866-1928) • Journal interdit par Mgr Bruchési (1913)

Alors que Henri Bourassa fonde *Le Devoir** à Montréal en 1910, Godfroy Langlois lance *Le Pays*. Son idée est de créer un journal pour les libéraux qui ont abandonné tout espoir que les dirigeants de leur parti, tant à Ottawa qu'à Québec ou à Montréal, se rallient à un programme progressiste, de même que pour faire la lutte aux forces conservatrices au Québec.

Godfroy Langlois, avec l'aide de quelques amis de longue date comme l'avocat Gonzalve Desaulniers, le médecin Gaston Maillet et quelques jeunes comme Roger Valois, rédige un hebdomadaire qui cherche à convaincre et à instruire ses adversaires, et à se moquer d'eux au besoin. Il veut surtout prôner une idéologie qui place au centre de ses convictions la réforme de l'instruction publique et des investissements publics pour assainir l'espace commun, une lutte contre les trusts et, enfin, contre le clérico-nationalisme tel que soutenu par l'Église, Henri Bourassa et ses disciples.

Langlois n'est pas inconnu de l'épiscopat. Mgr Édouard-Charles Fabre avait dénoncé son deuxième journal, *L'Écho des Deux-Montagnes**, en 1892. Son successeur, Mgr Paul Bruchési, n'a qu'un peu plus de patience. Longtemps, il harcèle Wilfrid Laurier pour que Langlois soit limogé de son poste de directeur du quotidien libéral à Montréal, *Le Canada*. Avec la révélation que Godfroy Langlois est effectivement le chef de la loge franc-maçonnique* « L'émancipation » à Montréal en décembre 1909 (en fait, il est actif auprès des loges alliées au Grand Orient de France depuis 1896), Laurier n'a plus d'options et se sent obligé d'agir. À peine un mois après avoir été chassé de son poste, Langlois s'inspire des radicaux du XIXe siècle et baptise son journal *Le Pays*.

Dès ses tout premiers débuts, *Le Pays* est innovateur dans son programme politique et implacable devant l'influence de l'Église. Il demande l'élection des conseillers aux commissions scolaires et la fusion des multiples commissions sur l'île de Montréal. Il réclame l'instruction obligatoire et gratuite, souhaitant même qu'elle soit laïcisée. Il demande la gratuité des livres scolaires et la création, par les gouvernements, de bibliothèques* publiques. Il

LE PAYS

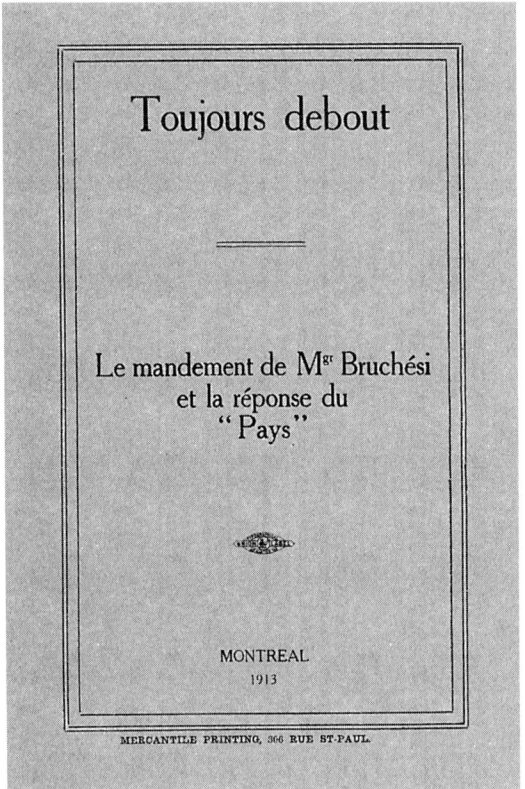

Le journal *Le Pays*, de Godfroy Langlois, est interdit par Mgr Bruchési, en 1913. La réponse du *Pays* paraît sous forme d'un pamphlet intitulé *Toujours debout : le mandement de Mgr Bruchési et la réponse du Pays* : « Pourquoi cette interdiction ? Est-ce parce que nous avons demandé aux Canadiens français de se conduire comme des hommes, d'avoir de la fierté, de se grandir dans le travail et l'effort afin de grandir notre race, de pratiquer la liberté de penser et de parler ? »

déclare que l'attitude des Canadiens envers les juifs « est fausse ». Il défend les campagnes du socialiste québécois W. A. Cotton. Les propos du journal trouvent aussi un écho à Québec, car Godfroy Langlois – ancien fondateur de la Ligue de l'enseignement – est aussi le député du comté de Saint-Louis à l'Assemblée législative depuis 1904.

Les relations entre Langlois et son parti sont amères et difficiles. Autant les limites de la gauche libérale animent *Le Pays*, autant le Parti libéral de Sir Lomer Gouin lui semble immobile et ennuyeux. Dans une lettre à Gonzalve Desaulniers, le 5 mai 1910, Wilfrid Laurier en trace un portrait assez juste :

> Ceux qui sont à la tête du journal sont de jeunes radicaux férus de la prose la plus acerbe du journalisme parisien et qui ne comprennent ni le temps ni le pays dans lequel ils vivent. Notre ami Langlois est à la tête de ce mouvement et c'est lui qui inspire les attaques de plus en plus dirigées contre nous.

Langlois, de son côté, reste amer. Il déclare à un représentant de *La Presse*, le 1er août 1911 : « Depuis vingt ans, j'ai fait des luttes pour mon parti. Depuis, on m'a jugé compromettant et, comme je suis aujourd'hui le même homme qu'hier et que je tiens surtout à ne pas embarrasser le parti, qu'on souffre que je reste chez moi. »

En ce qui concerne le journal, Mgr Paul Bruchési interpelle Langlois personnellement, le 22 avril 1911 :

> Permettez-moi de vous dire que j'ai regretté bien des articles publiés dans *Le Pays*. Assurément je n'ai pas d'hérésie à lui reprocher. Je n'y ai pas non plus lu rien contre la saine morale. Mais le ton, l'esprit en général laissent à désirer. […] Mais dans un grand nombre de questions qui touchent aux intérêts catholiques, avouez que l'on pourrait tenir un autre langage.

Alors que Langlois est réélu pour un troisième mandat en 1912, l'archevêque Bruchési dénonce formellement *Le Pays* pour la première fois le 3 juin 1912, dans une lettre pastorale :

> La foi catholique, on le voit, leur tient très peu au cœur. Leurs sympathies pour les adversaires de l'Église et pour les choses que l'Église réprouve sont manifestes. […] Ils n'ont pas pour l'autorité religieuse le respect qui lui est dû, et dans les événements qu'ils racontent, dans leur appréciation des faits, ils semblent s'attacher de préférence à tout ce qui peut s'interpréter contre la religion.

Langlois demeure insensible aux exhortations du prélat. Le 25 septembre 1913, un mandement de l'archevêque Bruchési défend aux catholiques de son diocèse de lire *Le Pays* en se contentant d'expliquer que le journal « est de nature à nuire gravement aux intérêts religieux, et à causer un mal réel, surtout au sein de la jeunesse […] ». La réponse du *Pays* résume bien la pensée de Langlois et elle est par la suite réimprimée en 1913, en français et en anglais, sous forme de pamphlet intitulé *Toujours debout. Le mandement de M*^{gr} *Bruchési et la réponse du Pays* : « Pourquoi cette interdiction ? tonne Langlois. Est-ce parce que nous avons demandé aux Canadiens français de se conduire comme des hommes, d'avoir de la fierté, de se grandir dans le travail et l'effort afin de grandir notre race, de pratiquer la liberté de penser et de parler ? »

Défiant l'Église, Langlois continue de publier *Le Pays*, jusqu'à son départ du Canada en juin 1914, alors qu'il se dirige vers la Belgique pour remplir les fonctions de premier représentant commercial du Québec.

Le Pays continuera de paraître sans interruption jusqu'en 1921. Alors que le journal s'éteint, Langlois fera sa seule et unique visite au Canada à l'occasion d'un banquet offert en son honneur. Il retournera à Bruxelles et ne touchera plus sa terre natale de son vivant ; il meurt en Belgique en 1928. *Patrice Dutil*

Le Pays, 15 janvier 1910–3 décembre 1921.

ANC, fonds Wilfrid-Laurier ; Archives privées, fonds Godfroy-Langlois ; DUTIL, Patrice, *L'avocat du diable : Godfroy Langlois et le libéralisme progressiste dans le Québec de Wilfrid Laurier*, Montréal, Éditions Robert Davies, 1996.

🔵 Manuel scolaire

PELLERIN, GILLES (1922-1977)
Un humoriste à la censure…

Connu avant tout du public québécois comme comédien, monologuiste et humoriste, Gilles Pellerin présente des sketches comiques avec Olivier Guimond, Denis Drouin et compagnie.

Le 1er septembre 1960, il devient censeur à temps partiel, après avoir été un candidat défait du Parti libéral à une élection fédérale. Dans *Cité libre*

Caricature de Normand Hudon pour *Le Devoir* (16 septembre 1960), reproduite dans son recueil *À la potence*. [Courtoisie de Dame Arlette Hudon]

(octobre 1960), Gérard Pelletier qualifie cette récompense politique de « gaffe majuscule » et de « mauvaise blague » : « De métier, il a choisi d'être clown. Dieu sait que nous avons besoin de clowns pour ne pas sombrer dans la mélancolie. […] Non certes que M. Pellerin puisse causer grand tort à la censure cinématographique ; tel qu'il est constitué présentement, le bureau défie toute concurrence dans le domaine de l'à peu près et de la médiocrité. » Le journaliste voit dans ce « geste indéfendable » le peu de sérieux avec lequel le gouvernement actuel considère l'influence du cinéma et son refus de remanier le Bureau, alors en proie à de nombreuses critiques. La revue *Objectif* (décembre 1960) s'en moque et coiffe du titre peu flatteur « Heureux les simples d'esprit » une citation de Pellerin : « Je suis heureux d'être censeur car non seulement j'en réalise l'importance, mais il me semble qu'il y a du travail, beaucoup de travail à abattre pour en arriver à une censure correcte. » (*Radiomonde*, 5 novembre 1960)

Les procès-verbaux des réunions du Bureau révèlent que Pellerin se montre le plus permissif des censeurs en ces années marquées par l'enquête du Comité* provisoire pour l'étude de la censure du cinéma. À quelques reprises, alors qu'il représente le Bureau lors de rencontres radiophoniques ou télévisuelles, il sait le défendre tout en exprimant avec humour certaines réserves sur son fonctionnement.

Lorsque le Conseil exécutif de la province, à la suite des recommandations d'André Guérin*, décide le 14 août 1963 de ne nommer dorénavant que des censeurs permanents, c'est-à-dire à plein temps, Pellerin est alors écarté en compagnie des autres membres à temps partiel du Bureau. *Yves Lever*

ANQ-M, fonds Régie du cinéma, E 188, procès-verbaux des assemblées plénières du Bureau de censure du cinéma.

LA PETITE REVUE

Fondée à Montréal par Nicéphore et Alphonse Pelletier • Revue anticléricale qui fait l'objet d'un procès (1900) et qui doit ensuite cesser sa publication

Fondée et imprimée à Montréal par Nicéphore Pelletier et son fils, Alphonse, *La Petite Revue*, bimensuelle, affiche ses couleurs anticonformistes dès le moment de sa parution, le 2 janvier 1899 :

> Quelle semence de bien il y a à faire dans notre pays pour une revue essentiellement libérale et philosophique, qui prônerait les vieux dogmes politiques, les vieilles libertés de croire et de penser, en ces temps d'hypocrisie et d'affaissement moral.
>
> Nos hommes publics des deux partis, notre clergé, notre presse, tout s'entend, on dirait, pour étouffer les caractères, pour pervertir le sens de notre population, pour contaminer les âmes et atrophier les cœurs.
>
> Il serait bon qu'une voix s'élevât [*sic*] de temps en temps pour rappeler au devoir ceux qui s'en écartent, pour éveiller l'opinion publique contre les redoutables abus qui se produisent, pour stimuler le mouvement des idées, la poussée d'émancipation, pour parler d'esprit nouveau, de tendances meilleures et pour orienter les consciences vers une fermeté et une droiture d'action qu'on ignore complètement chez nous.
>
> La parole des hommes politiques ne vaut plus rien ; personne n'a le courage de penser tout haut, nos forces nationales dépérissent dans une atmosphère fétide, et les énergies religieuses sont empoisonnées par un luxe déplorable, par un modernisme déréglé, par des passions dangereuses.
>
> Pour entendre cette voix, parler de toutes ces choses, exposer tous les dangers actuels et flageller tous le vices de l'époque, voilà le but de LA PETITE REVUE.

À la fin du XIXe siècle, pareil programme pouvait inquiéter les autorités politiques et religieuses de la province, d'autant plus que ce premier numéro montrait clairement qu'il ne s'agissait pas de paroles en l'air. En effet, comme pour prouver qu'on n'entend point reculer devant le clergé, on y dénonce la « répugnante doctrine » prêchée par Mgr Louis-Philippe-Adélard Langevin, à Saint-Boniface, selon laquelle « pour être bon catholique, il ne suffit pas de croire et d'obéir aux dogmes de l'Église catholique, il faut encore *obéir* aux prescriptions de ses pasteurs non seulement en tout ce qui concerne la religion, mais aussi dans la vie journalière, dans *la politique* comme ailleurs ».

De janvier 1899 à décembre 1900, *La Petite Revue* n'a de cesse de dénoncer le clergé et les religieux « dont la seule et unique ambition est, depuis dix-neuf siècles, d'imposer leur domination aux hommes ». Les collaborateurs à la revue, qui signent de divers pseudonymes*, affirment, par exemple, que l'épiscopat canadien-français s'oppose à la création d'un ministère de l'Instruction publique afin de maintenir le peuple dans l'ignorance et d'être ainsi mieux à même de l'exploiter ; ils démasquent les « attentats » commis par les « frères ignorantins » et des « voyous en soutane » sur leurs jeunes élèves, dans les écoles et les orphelinats – allant jusqu'à dresser une liste des condamnations prononcées en

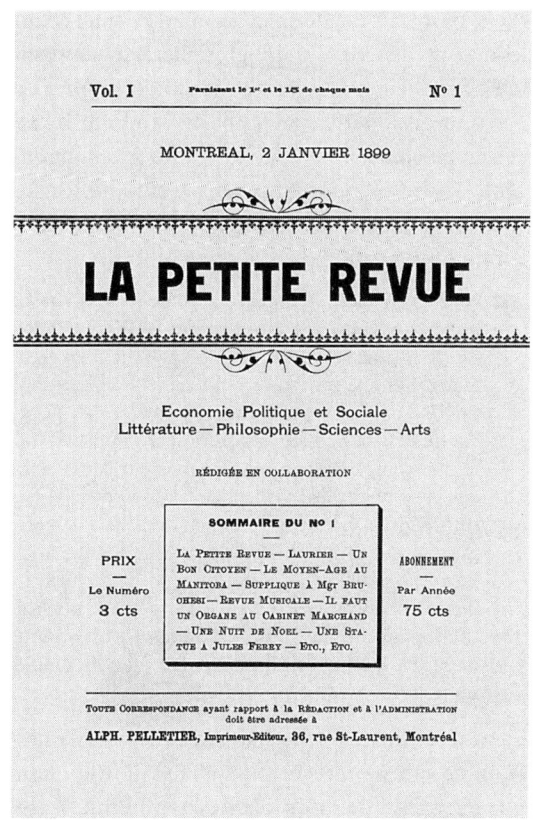

Cette revue, qui dénonce le clergé et les religieux « dont la seule et unique ambition est, depuis dix-neuf siècles, d'imposer leur domination aux hommes », doit cesser sa publication à la suite d'un procès.

France, en 1897 et 1898, contre des religieux pour attentats à la pudeur ; ils se moquent de l'infaillibilité pontificale et qualifient d'industrie et de « bazar » le « petit Klondyke de Ste-Anne de Beaupré » ; enfin, ils accusent l'Église d'avoir placé la femme* dans un état d'infériorité. « Nos grands hommes » n'échappent pas au scalpel de *La Petite Revue*. Commentant les réponses à l'enquête de *La Patrie** qui avait demandé à « nos principaux hommes de lettres » et « personnages très connus » quels étaient leurs auteurs de prédilection, *La Petite Revue* consacre plusieurs pages à se moquer nommément de ces « pseudo-lettrés » qui ont accepté d'étaler « leur érudition factice » et de « faire parade d'habitudes et de goûts épurés selon une esthétique spéciale et estampillée par les bien-pensants » – « comme il convient à une race qui ne sait pas et qui ne veut pas savoir penser, à moins que la pensée n'ait été filtrée par le cerveau de ses curés ». Elle s'en prend également à la critique de complaisance, à propos de *Femmes rêvées*, d'Albert Ferland, « livre de luxe » écrit « en vers insignifiants ». Citant le cas du premier ministre canadien Wilfrid Laurier pour illustrer son propos, *La Petite Revue* accuse, par ailleurs, les politiciens et autres « hommes publics » de se mettre « à quat'pattes » devant l'épiscopat.

En maints endroits, *La Petite Revue* est vue d'un mauvais œil ; nombreux sont ceux qui souhaitent qu'on finisse par la museler. La publication d'un article intitulé « Archange et les prépuces de Notre Seigneur Jésus-Christ », le 1er juillet 1899, paraît fournir un motif suffisant. Dénonçant « le truc des reliques », telles « le prépuce », « les sueurs de Jésus » et le « lait de la Vierge » qu'on prétend exposer à la vénération, voire à l'adoration des fidèles – et cela dans plusieurs églises à la fois ! – cet article ridiculise ouvertement l'Église qui entretient pareille dévotion. « Comme c'est beau notre religion catholique ! », déclare-t-on en guise de conclusion.

Ainsi que le souligne une « note » dans *La Petite Revue*, le 20 février 1900, c'est la presse anglophone qui fait part au public qu'une poursuite contre la revue a été entamée. « Yesterday afternoon Judge Desnoyers granted writs of summons, ordering Alphonse Pelletier and N. Pelletier, father and son, proprietors of *La Petite Revue*, of 36 St. Lawrence street, to appear in court tomorrow and answer to a charge of publishing "a blasphemous libel against the divinity of Our Lord Jesus Christ," in an article headed "Archange" », lit-on dans *The Montreal Daily Star*, le 13 février 1900. « Mr. Charles Bruchési appears for the prosecution », précise le journal avant de citer la section 170 du Code criminel concernant cette question et de rappeler que là où un article « is in fact the honest and temperate expression of religious opinions, conscientiously held and avowed, it is not a blasphemous libel ». Prudent, *The Montreal Daily Star* ne prend aucunement parti, cependant, et se contente d'affirmer que « The present case bids fair to be a most interesting one ». Le lendemain, ce même journal informe ses lecteurs que

> Nicephore Pelletier and Alphonse Pelletier, charged with blasphemous libel in their paper, *La Petite Revue*, were arraigned privately before Judge Desnoyers this morning and pleaded not guilty. They were remanded till 2 p. m., Monday, for enquête. Mr. H. St. Louis appeared for the first and Mr. Gonsalve [sic] Desaulniers for the second. Mr. Gustave Lamothe, Q. C., appeared for the prosecutor. The complainant is Mr. J. M. A. Denault, a well-known French journalist. Mr. Charles Bruchési is not conducting the case, as previously stated, and has nothing to do with it.

Le 13 mars, le juge Desnoyers se prononce contre *La Petite Revue* et condamne ses propriétaires à payer une amende de 200 $, ce qui ne manque pas de faire plaisir à Mgr Paul Bruchési qui remercie le juge Desnoyers, trois jours plus tard, pour sa « belle sentence ». « Votre jugement, dans lequel on trouve les accents du magistrat soucieux de remplir son devoir et du chrétien convaincu, a été un soulagement pour la conscience publique », lui écrit-il. Le juge Desnoyers s'empresse de répondre, le jour même, qu'il est heureux de voir que cette sentence rencontre l'« approbation » de sa Grandeur. Fort de cet appui, Mgr Bruchési fait savoir au juge, le 9 avril, qu'un article de *La Petite Revue* dénigre sa sentence ; il en profite pour solliciter son avis quant à la possibilité d'engager une poursuite au criminel contre *Le Réveil*, « cette infâme revue ». Et d'ajouter : « Tout ceci est absolument confidentiel. Une réponse de votre part obligera beaucoup. »

Dans son jugement, le juge Desnoyers avait sermonné les propriétaires de *La Petite Revue* à propos de la « gravure du frontispice » qui, depuis quelques mois, montrait une femme décolletée et aux épaules découvertes, dans une loge d'opéra. Disant vouloir ainsi obéir à « l'honorable juge » qui, « après un personnage illustre », leur avait demandé de cacher ce sein qu'il ne saurait voir, les propriétaires annoncent, le 20 avril, que leur revue paraîtra désormais sous une nouvelle couverture. Et d'expliquer, dans le numéro suivant :

> Notre couverture manquait d'hommes, nous en avons mis partout. C'est d'abord ce brave Voltaire et son « hideux sourire » ; puis c'est, à sa droite, l'excellent Diderot, et, à sa gauche, ce pince sans rire de Rousseau. En bas, sur le dé des piédestaux, d'un côté Paine et de l'autre Renan. En haut, gravé sur le fronton, une inscription qui ne laissera aucune équivoque dans l'esprit des personnes ultra pieuses qui pouvaient se laisser surprendre par les grâces un peu opulentes de notre gravure, et qui ont pu croire, de bonne foi, que notre Revue versait dans le libertinage. [...] À l'avenir, ceux qui se tromperont sur les tendances de notre publication, et qui crieront au scandale après l'avoir ouverte, ne seront que de vulgaires hypocrites ou de simples imbéciles.

« Libre pensée », telle était l'inscription en question, ce qui ne laissait plus aucun doute quant aux intentions des propriétaires de *La Petite Revue*. Comme si besoin était d'insister, toutefois, ces derniers citaient Helvétius, un de leurs auteurs de prédilection avec Montesquieu, quelques pages plus loin : « Gêner la presse, c'est insulter une nation ; lui défendre la lecture de certains livres, c'est la déclarer esclave ou imbécile. Cette défense doit l'indigner. »

Pendant sept mois, directement ou par le truchement d'auteurs tels Helvétius, Montesquieu, Voltaire, Volney et Victor Hugo, *La Petite Revue* poursuit son combat contre l'Église et ses thuriféraires bien-pensants et, le cas échéant, elle continuera à fustiger tout écart de conduite de la part d'un membre du clergé. Elle n'était pas de taille, toutefois, à mettre en déroute ses puissants adversaires. Aussi doit-elle finalement déclarer forfait et rendre les armes :

> […] Nos amis savent à quelles luttes sourdes nous sommes en butte; mais ce qu'ils ne connaissent pas, ce sont les sacrifices pécuniaires que nous nous sommes imposés pour résister à la guerre crapuleuse que l'on n'a cessé de nous faire. Si ces sacrifices étaient efficaces, nous ne désarmerions pas, ne fût-ce qu'un instant. Mais il n'en est pas ainsi; et, dans les circonstances actuelles, nous perdons inutilement notre temps et notre argent. Ce qui, avouons-le, est parfaitement niais. […]

En vain appelle-t-elle à l'aide et encourage-t-elle ceux qui partagent ses idées à former « une ligue anti-cléricale ». Le projet de reprendre la publication de la revue dans quatre ou cinq mois ne se réalisa pas. « Allons! Haut les cœurs! et à bas la calotte! », tels sont finalement les derniers mots de *La Petite Revue*. *Jacques Cotnam*

La Petite Revue, 2 janvier 1899–20 décembre 1900.
ACAM, dossier « Journaux » (780-034).

▶ Juridique (censure)

PILE OU FACE

Roger Fournier (1929-) • Film amené en cour pour obscénité (1971)

Dans un chalet des Laurentides, des adeptes de l'échangisme se retrouvent pour leur partouze annuelle. Cette production québécoise sans prétention esthétique s'inscrit dans la courte vague de cinéma érotique au tournant des années 1970.

Le Bureau de surveillance du cinéma classe *Pile ou face* « 18 ans » le 1er février 1971. Il entre en salles le 12 février suivant et il attire le public friand du genre, sans provoquer de vague particulière. L'Office des communications sociales l'évalue ainsi : « Sous une allure faussement moralisatrice, cette production médiocre n'est que libertinage débridé, images d'une indécence grossière et scènes suggestives pour voyeurs. » Le 31 mars, *Après-ski** le rejoint sur les écrans. Quelques jours plus tard, le curé de la paroisse Saint-Roch de Québec, Raymond Lavoie, écrit au maire Gilles Lamontagne pour lui demander d'interdire *Pile ou face*. Celui-ci transmet une copie de la lettre au ministre des Affaires culturelles François Cloutier, qui la fait parvenir à André Guérin*, président du Bureau; le visa du film n'est pas retiré.

Le 23 avril, la police de Québec, à la suite d'une plainte enregistrée par le curé Lavoie au nom du Centre UNEV (Univers-Évangile) de Québec qu'il dirige, saisit les copies de *Pile ou face* et d'*Après-ski** et entreprend des poursuites contre le propriétaire des salles, la chaîne Cinémas Unis (Famous Players). L'événement est abondamment commenté dans la presse et il rebondit même à l'Assemblée nationale où, le 27 avril, le ministre Cloutier déclare qu'il n'est pas question de retourner à « l'obscurantisme moyen-âgeux que nous avons connu », ni de modifier la loi de censure; que si, lui-même, il n'approuve pas la pornographie, ce n'est pas avec une loi qu'on peut la combattre.

De son côté, le scénariste Gérald Tassé tente de situer le débat sur le plan sociologique plutôt que sur celui de la morale :

> Avec ce film, j'ai tenté d'explorer le comportement d'individus dans une société en pleine mutation. Que certains critiques, échotiers, et une minorité pieuse mais vociférante voient dans *Pile ou face* un film érotique et/ou pornographique, cela dépasse l'entendement. Ces gens sont tombés dans un piège. Il font une équation bêtasse : film où des personnages sont nus égale mauvais film. Et pourtant…
>
> Dans *Pile ou face*, il n'y a aucune scène lascive, suggestive. Jamais les personnages de ce film ne se font la cour, ne s'embrassent. Ils s'acceptent, se traitent comme des objets. Ils sentent que les rapports entre les sexes sont en pleine évolution. Ils tâtonnent, cherchent des solutions nouvelles. Mais ils sont prudents.
>
> Ils forment un cercle où ne pénètrent que ceux qui peuvent prêter le ridicule « Serment d'Eros ». Alors, quand arrive parmi eux une jeune fille qui ne « fonctionne » pas, ils sont désemparés, leur petit monde est perturbé. Elle les révélera à eux-mêmes pour ce qu'ils sont.
>
> Il ne m'appartient pas de prendre position, de dire qui, d'après moi, a raison : le groupe ou la jeune fille. C'est à chacun des spectateurs de faire son choix. Ils

ont peut-être raison tous les deux. D'où le titre : *Pile ou face*. C'est l'endos et l'endroit d'un même problème. Le grand physicien Neils Bohr a dit un jour : « Il se pourrait fort bien que le contraire d'une vérité profonde soit une autre vérité profonde. »

Pile ou face ne s'en retrouve pas moins devant la cour et le procès a lieu en novembre suivant, présidée par le juge Yvon Sirois, sous l'accusation d'obscénité* portée en vertu du Code criminel canadien.

Le 5 mai, la Fédération québécoise de l'industrie du cinéma, qui regroupe l'ensemble des associations professionnelles, remet au premier ministre Robert Bourassa un communiqué pour protester contre l'action juridique et elle réclame, comme elle l'a fait pour *Quiet Days in Clichy** que « LA SEULE AUTORITÉ RESPONSABLE SOIT LE BUREAU DE SURVEILLANCE DU CINÉMA ». Celui-ci, selon la loi en vigueur, peut classer un film « si, à son avis, sa projection ne porte pas atteinte à l'ordre public ou aux bonnes mœurs ». La formule est assez vague pour permettre bien des interprétations et pour laisser une large marge de manœuvre au censeur, surtout quand il reconnaît dans le consensus social une réalité mouvante dans le temps et dans l'espace. Elle laisse aussi l'espace juridique libre pour la contestation de ses décisions au nom d'une loi « supérieure » ; André Guérin a déjà reconnu le fait et il y voit une garantie de la liberté du public pour contrer les abus possibles de la censure.

De son côté, Lavoie, qui se définit lui-même comme « un allumeur de réverbères » (*Le Soleil*, 26 avril 1971), multiplie les interventions dans la presse. Pour lui, la pornographie est « un complot pour détruire par l'intérieur la société dans laquelle nous vivons […] tout comme au Vietnam on tente de vaincre les Américains par la drogue » (*Le Soleil*, 26 juin 1971). C'est pourquoi il réagit, surtout pour prendre la défense de la jeunesse, mais aussi parce qu'il dit constater qu'on ne parle plus d'amour, seulement de sexe. À Montréal, le dominicain Marcel-Marie Desmarais, célèbre pour des émissions de

---

AUX GRANDS MAUX LES GRANDS REMÈDES

À Québec, on veut que la justice intervienne et matraque les films cochons

« Il n'y a que vis-à-vis le sexe qu'on ait des attitudes de totale liberté, nous expliquait Mgr Raymond Lavoie, fondateur et directeur du centre UNEV (Univers-Évangile). Quand il s'agit de la drogue, il y a des règlements et on ne peut en acheter comme on veut ; quand il s'agit des carabines et des fusils, on ne peut en acheter comme on veut non plus, il faut des permis de la police. Quand il s'agit de la circulation routière, on ne peut également faire ce que l'on veut car il y a des lumières rouges. Qu'il s'agisse de n'importe quoi, il y a toujours des règlements et des lois en pays civilisés. Je ne vois pas pourquoi du côté du sexe on pourrait faire n'importe quoi, n'importe quand, devant n'importe qui ! » (*Manchettes*, 25 avril 1971)

---

radio et des publications sous le titre de *Clinique du cœur* depuis un quart de siècle, poursuit la même lutte. Il est accueilli dans beaucoup de publications et à quelques reprises par la populaire émission de télévision *Madame est servie*, qui lui assure une audience dans tout le Québec. Le père Desmarais envoie aussi un mémoire au ministre de la Justice, Jérôme Choquette, et à François Cloutier où, après plusieurs « Attendu que » :

> Nous demandons que les membres du BSC aux termes de l'article 10 de la loi du cinéma 1967 bannissent effectivement les films qui portent atteinte « aux bonnes mœurs ».
>
> Qu'on interdise à ce titre les films réellement pornographiques.
>
> Dans cette catégorie, on doit inclure les films qui incitent à l'exercice d'une sexualité purement animale.
>
> Une telle sexualité se caractérise par l'absence de liens entre le sexe et les sentiments du cœur, les intuitions de l'esprit, les élans de l'amour.

Une telle sexualité est centrée sur les organes sexuels et leurs fonctions physiologiques. Elle se ramène au contact de deux épidermes, à la rencontre de deux groupes de glandes.

Une telle sexualité s'hypnotise sur l'obtention du plaisir sexuel au point d'accepter à peu près n'importe quel complice. Elle s'accommode facilement de l'échange des partenaires.

Quand un film étale avec complaisance une telle conception de la sexualité, il devrait être banni tout simplement.

La réponse des hommes politiques n'est pas rendue publique.

La démarche légale dure un an et demi. Le procès a lieu à l'automne et il aboutit à un non-lieu. Le 30 novembre 1972, le juge Sirois conclut que « ce film n'a pas dépassé le seuil de la tolérance des principes moraux de notre société ». C'est la deuxième fois en 1972 que la cour absout un film, après *I, a Woman** le 14 avril. Cela n'empêche pas le service de police, à peine trois mois plus tard, en février 1973, de saisir *Sex and the office girl* et de l'amener en cour, film pour lequel le juge Alexander Stalker rend un verdict de non-culpabilité le 1er juin 1978.

Pile ou face n'a jamais vraiment disparu de l'écran puisque l'accusation ne portait que sur la représentation du 23 avril – ainsi fonctionne le système juridique canadien – et qu'il suffisait d'avoir une autre copie pour le remettre à l'affiche dès le lendemain de la saisie. Mais l'engouement pour ce genre de films commençait déjà à diminuer et déjà des produits plus explicites attiraient les amateurs. *Yves Lever*

ANQ-M, fonds Régie du cinéma, E 188, fiche du film et divers documents ; *Recueil des films*, 1971 ; TAJUELO, Telesforo, *Censure et société ; un siècle d'interdit cinématographique au Québec*, 1998.

POCKET BOOK
▶ Balzac, Affaire ; Gay, Paul

POÈME (CENSURE D'UN)
▶ « Aux chevaliers du nœud coulant » ; *Broussailles givrées* ; « Chanson citadine » ; Manuel scolaire

POLITIQUE (CENSURE)
▶ *L'Acadie, l'Acadie ?!?* ; Arcand, Denys ; « Aux chevaliers du nœud coulant » ; Ballets africains ; *Beau Geste* ; *Le Canadien* ; *Cap d'espoir* ; Censure de guerre ; Chanson ; *Chapayev* ; Corridart ; *Les Débats* ; *Le Fantasque* ; Gagnon, Alexis ; Groulx, Gilles ; *Jeunesse année 0* ; *La Minerve* ; *Nègres blancs d'Amérique* ; Newman, Sydney ; *Octobre* ; Octobre 70 ; Office national du film ; *La Petite Revue* ; *Quiet Days in Clichy* ; *Refus global* ; Roberts, Affaire ; *The Storm* ; *Le syndrome de Pinocchio* ; Télévision ; *Un pays sans bon sens !* ; *24 heures ou plus*

LA POMME, LA QUEUE ET LES PÉPINS
Claude Fournier (1931-) • Film dont la vedette obtient la suppression de la scène finale (1974)

La grande première de cette comédie érotique sur l'impuissance masculine temporaire doit avoir lieu le 12 septembre 1974. La publicité entourant *La pomme, la queue et les pépins* annonce le film québécois le plus osé à ce jour. Ce soir-là, réunis à la salle Pigalle de Montréal, les invités apprennent que le Bureau de surveillance a retiré, moins d'une heure plus tôt, le visa accordé depuis plusieurs jours. Pour qu'ils ne repartent pas bredouille, on leur présente un film érotique de deuxième ordre, *La bonzesse* (François Jouffa).

Quelques jours auparavant, la rumeur voulait que quelque chose ne tourne pas rond puisque la vedette masculine, Donald Lautrec, n'était pas présente à la soirée de réjouissances réunissant l'équipe du film. On apprend bientôt qu'il a demandé en Cour supérieure une injonction pour faire changer la finale où, décrit le journaliste Serge Dussault (*La Presse*, 13 septembre 1974), on le voit « dans un état physiologique virilement impudique » qui met fin à son traumatisme. L'érection bien affichée est celle d'une doublure, mais il va sans dire que le montage laisse entendre qu'on la doit au personnage principal. Craignant pour sa carrière, le comédien refuse de se voir ainsi exposé, même s'il connaissait bien la totalité du scénario ; il allègue que son contrat lui accorde une clause de refus de certains plans. Le juge Albert Leblanc refuse sa demande.

André Guérin*, le président du Bureau, a dit au réalisateur quelques jours auparavant que les censeurs ne voient rien de répréhensible à la scène parce qu'elle s'insère parfaitement dans la trame et qu'elle se présente sans vulgarité ; cette exposition de « tuyauterie masculine » en érection, dit-il, serait une première et ferait faire un pas à la permissivité. Mais, déjà échaudé par des poursuites (les affaires *I, a Woman**, *Après-ski** et *Pile ou face**), il prend peur en apprenant la démarche légale du comédien. Voilà pourquoi il suspend le visa et exige un changement de la finale.

Le 16 septembre, pour ne pas s'engager dans des poursuites judiciaires interminables, Fournier et Lautrec acceptent de s'en remettre à la décision d'un arbitre, le producteur Pierre Lamy. Celui-ci donne raison à l'acteur. Le réalisateur tourne rapidement une autre finale, sous un drap, avec simple suggestion de « puissance » finale. Le film récupère son visa « 18 ans » le 19 septembre et il sort dans plusieurs salles de Montréal le lendemain.

Dans l'histoire du cinéma québécois, avec la coproduction *Sweet Movie**, c'est le seul cas connu (car il a pu y avoir bien des tractations demeurées secrètes et des règlements jamais rendus publics) où un comédien revendique publiquement et obtient la suppression et le remplacement d'une scène sous la menace ou lors de poursuites légales. *Yves Lever*

ANQ-M, fonds Régie du cinéma, E 188, fiche du film ; correspondance privée de Yves Lever avec Claude Fournier, février 2004.

POUPÉE

Claire Mondat (1941-) • Roman coté « Mauvais » par la revue *Lectures* (1963)

Unique roman de Claire Mondat, *Poupée*, publié en 1963, raconte l'histoire de Catherine, belle jeune femme de vingt ans qui possède une séduction à toute épreuve. Catherine est actrice et profite des tournées pour se laisser désirer par des hommes qu'elle séduit. Dans le tourbillon de sa vie libertine qui l'a menée pour un temps aux États-Unis, elle se marie sur un coup de tête avec un homme tourmenté, possessif et brutal, qui méprise et contraint l'énergie sexuelle de sa femme ; en retour, celle-ci prend des amants pour tenter de se libérer de son emprise. Finalement, les miroirs, omniprésents dans le récit, sont l'occasion de nombreuses descriptions de la beauté physique et de la puissance érotique du corps de Catherine, poupée dans les mains de ses amants. La dernière partie du roman, sous forme de récit d'introspection, laisse envisager l'évasion de Catherine hors du jeu de la séduction, de la dynamique du don/possession qu'entretiennent les amants, vers une définition identitaire assez floue, mais plus autonome.

L'héroïne de *Poupée* contrevient de plusieurs façons au modèle de femme* valorisé dans l'idéologie chrétienne. Le père Paul Gay*, après avoir attribué la cote « Mauvais » au roman dans la revue *Lectures** (juin 1963), dénonce l'aveuglement du personnage de Catherine au sujet de sa condition féminine : « Ne voit-elle pas qu'elle est tout simplement la négation de la femme, de la femme qui, par nature, est tout dévouement ? » En effet, si Catherine se dévoue, c'est bien uniquement à elle-même et à son bonheur. Jeune femme libre qui accumule les conquêtes et les relations sexuelles avant de se marier, elle affirme sans ambages devant l'obligation du mariage avec Krieg : « Je me marie par fatigue. » Le couple se sépare quelques mois plus tard, toujours à contresens des prescriptions sur l'indestructibilité des liens conjugaux et Catherine, loin de se sentir abandonnée ou rejetée, se satisfait du reflet de son corps nu dans le miroir. Selon la morale judéo-chrétienne, la femme est destinée au mariage, à la fidélité et à la procréation. Le destin de Catherine est entièrement modelé à l'encontre de ce modèle féminin traditionnel, précisément à travers son penchant « un brin exhibitionniste » qui la pousse à se dévêtir en plusieurs occasions pour obtenir la puissance de la fascination qu'exerce la vue de son corps sur ses amants : « J'enlève mes bas, je retire mon

Seul ouvrage de Claire Mondat, *Poupée* soulève l'indignation de critiques qui n'acceptent pas un modèle féminin libertin et libertaire.

pull et je reste ainsi devant la glace, ma jupe à mi-chemin entre mes hanches et mes genoux. J'attends. Le regard que posera sur moi ce garçon, dès qu'il entrera, sera ma plus grande jouissance de cette nuit.»

Paradoxalement, Catherine éprouve une intense liberté à se constituer elle-même en proie désirable aux yeux des hommes qu'elle cherche à séduire; plus encore, elle s'individualise au point de pouvoir se passer des hommes alors qu'elle se désire elle-même en se regardant dans le miroir, d'où le narcissisme reproché par la critique: «Je me dévêts lentement devant le miroir, avec des gestes amoureux. Je voudrais être un homme pour me tenir dans mes bras. Je m'aime.» L'attitude à la fois libertine et libertaire de Catherine a soulevé l'indignation de l'Illettré [Harry Bernard] qui, dans *Le Bien public* (26 avril 1965), condamne la vision de la liberté féminine énoncée dans *Poupée*: «Elle réclame la liberté, les libertés qui lui viennent à l'esprit, et l'on a l'impression qu'elle veut le droit à la licence. […] Liberté à l'endroit de la morale, de la religion, des mœurs conventionnelles, du conformisme sous toutes ses formes. Partant de là, on peut aller loin.» En fait, il se joue au cœur du roman de Claire Mondat le débat, fréquent au Québec dans les années 1960, entre la liberté de l'individu et le respect des structures conjugales et, de là, sociales, la première s'avérant souvent menaçante pour le second. À la fin de son article, l'Illettré montre comment la liberté personnelle de Catherine trouve ses origines dans la transformation des mentalités et des institutions (d'enseignement entre autres) à l'œuvre au Québec à l'époque et que la représentation d'une telle liberté menace tout l'édifice social traditionnel. Le critique, cela est perceptible dans le ton, lance un cri d'alarme ulcéré devant les valeurs énoncées dans *Poupée* et, surtout, devant leurs effets négatifs sur la génération montante:

> On voit le genre, qui semble faire écho à l'instruction laïque, à la co-éducation neutre, l'areligion plus que l'irréligion, l'amoralisme plus que l'immoralité. Cela et autre chose, tout ce que l'on voudra, qui se traduisent par un besoin de liberté, entière et définitive de l'individu. Mais quelle liberté à la fin? Celle de s'abandonner à ses instincts, transgresser la loi naturelle et les commandements, jouir sans freins de la vie, forniquer à son gré? La jeunesse d'aujourd'hui est malade si c'est elle que veut peindre Madame Mondat.

Même constat chez Paul Gay dans *Lectures* qui condamne cette modernité généralisée, et commerciale de surcroît, qui donne le libre-arbitre aux individus, pire encore aux femmes, en matière de sexualité. Pour lui, le roman est «un produit authentique de l'immoralité et de l'amoralité diffusée actuellement en milliers d'exemplaires par nos magazines, nos films et notre TV ».

D'autres commentaires, plus ouverts en apparence, se font entendre au sujet de *Poupée*. Monique Bosco, dans *Le Magazine Maclean* (juin 1963), questionne, avec justesse mais sans la condamner, cette liberté individuelle exercée par Catherine qui, en tant que poupée offerte de bon gré au désir masculin, fait tout de même partie de « cet univers d'automates où nulle liberté n'est possible ». Bosco suggère que les stéréotypes des relations sexuelles et amoureuses sont reconduits dans le roman, même s'ils se trouvent dorénavant hors mariage. Dans *Le Droit* (6 avril 1963), André Renaud reconnaît l'intérêt de construire une image différente de la femme, mais il reste toutefois dur à l'endroit du personnage, qualifiant Catherine de « monstre d'égoïsme et de narcissisme. » Pour lui, le fait que la jeune femme exerce sa liberté sexuelle correspond au « rêve de la femme-Dieu ». En ce sens, Catherine usurpe un rôle, un pouvoir que le critique, bien que libéral, n'est pas prêt à lui reconnaître. La liberté sexuelle d'une femme semble difficile à cautionner telle qu'elle se présente dans *Poupée* en ce début des années 1960. *Élise Salaün*

MONDAT, Claire, *Poupée*, Montréal, Éditions du Jour, [1963], 139 p.

PRÉAMBULES ET ÉPILOGUES
Imposés par la censure, ils infléchissent le sens du film

Partout dans le monde, des milliers de films sont accompagnés d'un préambule qui précède ou qui suit le générique pour situer l'action dans une ère donnée, pour résumer une biographie ou pour expliquer un événement, parfois pour donner des informations utiles à la compréhension de l'action principale. Parfois, un épilogue arrive juste avant le mot « Fin » pour dégager une leçon morale. Au Québec, le Bureau de censure va parfois éliminer certains préambules, mais il va surtout en ajouter pour indiquer une orientation morale ou énoncer un avis historique. Ils sont parfois composés par le Bureau lui-même, parfois par les conseillers ecclésiastiques qu'il s'adjoint dans certains cas. Nous n'en relevons ici que quelques cas typiques, une partie des textes se trouvant déjà dans les entrées indiquées par un astérisque.

Le 3 mars 1930, le censeur refuse d'abord *Les trois masques* d'André Hugon, premier film français parlant à être présenté au Québec, en alléguant « fille séduite, enfant illégitime », puis il l'accepte quand le distributeur Universal ajoute au début du film un carton qui marie les amants, ce qui rend l'enfant légitime, mais détruit en même temps la motivation de vengeance sur laquelle repose toute l'action (*La Presse*, 3 juin 1930). Avec *Montparnasse 19**, où un carton du même ordre vient marier Modigliani, même le jésuite Jacques Cousineau, ardent défenseur de la censure, trouve qu'on est allé trop loin, car il y a alors déformation de l'histoire.

*Frankenstein** (1931) donne lieu à une querelle théologique entre divers prêtres, gagnée par des jésuites qui rédigent un préambule favorable. Le 15 décembre 1947, le censeur Alexis Gagnon* refuse, après avoir consulté le chanoine Gower Reece, *Black Narcissus* qui raconte l'installation d'une communauté de religieuses anglicanes au Tibet; un an plus tard, il retranche la scène controversée de la nonne devenue folle à cause d'un homme et il impose ce prologue qu'il a lui-même composé :

> This is the story of a courageous but unfortunate attempt of a group of Anglican sisters to carry their work of charity and devotion to a nearly impossible task in Tibet. That their splendid work is rewarded by unsuccess, indifference and ingratitude makes their devotion all the more beautiful. For to give one's heart, one's life without regard is the sublime test of Faith and Charity.

Pour *Le jugement de Dieu*, accepté le 28 février 1952, le distributeur France-Film a inséré ce texte, probablement rédigé par Mgr Adélard Harbour*, son conseiller habituel, après le générique :

> Histoire âpre et passionnée des jours d'autrefois. Tout est violence, sang et mort. On s'entretue jusque dans les tournois. Un père en guerre avec son fils ; une princesse de sang qui entretient des armées de mercenaires contre le trône légitime. C'est au temps de Jeanne d'Arc. Qu'un moine fanatique se fasse l'âme damnée de son prince, c'est une faute, très grave sans doute, mais qui n'engage pas la responsabilité de toute l'Église. Les papes ont désavoué l'Inquisition.

Pour un motif religieux, encore, *Elmer Gantry* (Richard Brooks) est d'abord refusé le 23 août 1960, puis il est approuvé le 17 février 1961 parce que, à la suggestion d'Alexis Gagnon, le distributeur a ajouté cet avertissement :

> This picture was adapted from a novel by Sinclair Lewis and is a fictional story of a fake preacher. This picture is not in any way intended to offend, attack, or ridicule religion in any of its aspects. It is intended to only tell a story of human strength, frailty and emotion ? Faith healing as manifested here represents a fictional occurrence not based on facts.

Le 21 juillet 1954, *The Wild One*, film américain de László Benedek mettant en scène des groupes de motards (un grand succès de l'acteur Marlon Brando), est intégralement accepté, mais il se voit imposer ce texte à placer à la fin :

> The respect of the law remains the best guarantee of order and justice for everybody, the young, the middle-aged and the old, not only by the ordinary citizens but also by those who have the duty to apply the law.
>
> In the episode which you have seen, the representatives of the law should be more careful of their duties.

La fiche de censure porte aussi cette note :

> N.B. Ultérieurement, ce film a été retiré provisoirement de la circulation, avec le consentement du distributeur Columbia, par suite de plaintes du Directeur de la Police de Montréal, quant à l'influence directe du film sur la naissance des « blousons de cuir » (leather jackets) dans certaines parties de l'île de Montréal. 16/4/62, L.D. [Lucien Desbiens]

C'est, en 1930, un des premiers films où la censure impose un préambule qui modifie le sens du propos du film.

Après un refus, le Bureau approuve *La reine Margot* (Jean Dreville), le 11 juillet 1955, mais après huit minutes de coupures et l'addition de ce texte à la fin du générique : « Les scènes du film que vous allez voir sont tirées du célèbre roman d'Alexandre Dumas, qui tout en employant ses dons remarquables de romancier les a inventées et a pris beaucoup de liberté avec l'histoire. » Une autre adaptation de l'auteur, *La Tour de Nesle*, d'Abel Gance, est acceptée le 24 janvier 1957, mais avec quatre minutes en moins (érotisme) et l'ajout suivant : « Ce film est basé sur un roman d'Alexandre Dumas. Mais il est de pure imagination et ne correspond pas à la vérité historique. » Toute l'œuvre du romancier est alors à l'Index*. Pour une question historique, encore, voir *Al Capone**, où il est aussi question de morale.

Au tournant des années 1960, beaucoup de films italiens, non doublés, sont approuvés pour leur présentation dans la communauté italienne. *Assunta Spina* (1947) est refusé deux fois, puis finalement accepté quand ce préambule, composé par le R. P. Zaboti, est ajouté :

> L'amore nell' uomo è fucco che illumina e rescalda.
> L'amore è l'anima d'ogni eroismo, come delle piu grandi rovine.
>
> Lo spettacolo a cui voi assisterete, è la riproduzione di questo amore devastatore, distruttore non è piu amore.
>
> Anna Magnani, nella sua arte ci da questa profunda lezione, amore senza dignita e rispetto, alimentato da mensogne che mai non pagano, non amore, ma distruzione, morte, profanazione.
>
> [L'amour chez l'homme est le feu qui illumine et réchauffe.
> L'amour anime chaque héroïsme, comme les plus grandes chutes. Le spectacle auquel vous allez assister est la reproduction d'un amour dévastateur, destructeur, qui n'est plus de l'amour.
> Avec son talent, Anna Magnani livre une leçon profonde d'un amour sans dignité et sans respect vécu dans le mensonge et le paganisme. Il n'y a plus d'amour, mais destruction, mort, profanation.]

La fiche du film dit aussi qu'un épilogue, « avec conclusions morales », du même père, a été inséré dans le film, mais elle n'en donne pas le texte.

Le troisième sexe, version du film allemand *Anders Als Du Und Ich* (1957), est interdit le 23 avril 1959 à cause de sa vision de l'homosexualité*. De nouveaux censeurs l'acceptent trois ans plus tard, le 19 décembre 1962, mais avec un long prologue ; voir *Oscar Wilde**.

Dans trois cas que nous avons relevés, *Maria Chapdelaine**, *Beau Geste* * et *Le cuirassé Potemkine**, le Bureau retranche le préambule. Dans le troisième cas, il élimine aussi le court épilogue. *Yves Lever*

ANQ-M, fonds Régie du cinéma, E 188, fiches des films et procès-verbaux des assemblées du Bureau de censure.

PREMIÈRE GUERRE MONDIALE
La censure du cinéma d'information (1914-1918)

L'avènement d'une guerre déclenche une censure totale à travers le pays, autant dans la production de textes et d'images que dans leur diffusion. La Première Guerre mondiale sert de premier exemple au Canada, et forcément au Québec aussi.

Le gouvernement canadien adopte pour la première fois, le 22 août 1914, une Loi sur les mesures de guerre qui englobe tout le champ des communications. Le gouverneur en conseil peut imposer « la censure, le contrôle et la suppression de publications, écrits, cartes, plans, photographies, communications et moyens de communications ». Un bureau de censure de la presse est créé en juillet 1915 et mis sous la direction d'Ernest John Chambers, rédacteur du *Montréal Star*. Les annonces publicitaires de films étant devenues fort nombreuses dans les journaux, il s'intéresse à la publicité, puis au cinéma. Il confie la censure de ce dernier aux commissions provinciales de censure cinématographique, auxquelles il fournit des instructions en septembre 1915. D'après ces directives, le cinéma ne doit diffuser aucune information sur les opérations militaires, et n'exprimer aucun sentiment ou discours ennemi ou pacifiste. Rien n'est toléré qui puisse nuire à l'intense effort de guerre du Canada (six cent mille personnes mobilisées pour une population de huit millions). On interdit par exemple tous les films distribués par International Film, compagnie appartenant au magnat de la presse américaine William Randolph Hearst, germanophile militant et grand défenseur du Kaiser Guillaume II (*La Presse,* 12 décembre 1916).

En janvier 1917 est adopté le décret C.P. 146 qui permet officiellement d'englober le cinéma dans les « matières censurables » régies par le censeur de la presse. Celui-ci veut éviter l'ingérence dans les pouvoirs des commissions provinciales, mais il souligne dans son rapport qu'il a répondu souvent à leurs demandes de consultation, et que « plusieurs productions cinématographiques très importantes ont été entièrement remaniées ». Les films refusés ou remaniés le sont surtout s'ils montrent la guerre avec réalisme, ce qui peut nuire au recrutement, ou encore s'ils sont jugés offensants pour les pays belligérants. *One of Millions*, film américain, est refusé en novembre 1914 avec l'explication suivante : « Montre trop crûment les horreurs de la guerre ; c'est aussi un film pro-allemand. » Même les films d'aventures peuvent passer à la moulinette s'ils sont trop tragiques : *Martyrs of the Alamo* est refusé en février 1916 avec l'explication suivante : « Nuirait au recrutement en ce moment. » Même des productions canadiennes subissent un sort similaire, par exemple *His Awakening*, comédie ontarienne de 1915, est refusé. Les raisons de ce refus sont obscures, mais il suffit que le film contienne une scène susceptible de nuire au recrutement ou au patriotisme.

Le censeur fait aussi un travail intense de diffusion et d'explication de ses règles auprès des producteurs et distributeurs, auxquels il adresse une circulaire le 23 février 1917. Il veut surtout éviter la circulation de deux types de films : ceux qui suscitent l'intérêt ou l'appui envers l'Allemagne et ses alliés, ou ceux qui ternissent l'image et les activités des Britanniques et de leurs alliés. Son rapport souligne que les films américains importés au Canada respectent les « exigences des autorités de la Censure de la presse canadienne, des titres et sous-titres spéciaux étant fournis ».

Le censeur rappelle aussi dans son rapport qu'il est personnellement et énergiquement intervenu pour proposer la diffusion de films de propagande, soit britannique, soit canadienne. Le Canada met ensuite sur pied son propre service de propagande, fondé et dirigé de l'Angleterre par Lord Beaverbrook (Maxwell Aitken) : le Canadian War Records Office. Cet organisme, qui produit surtout des journaux de guerre, embauche également des caméramans chargés de suivre les opérations des troupes canadiennes et d'alimenter les journaux cinématographiques devenus périodiques dans les salles. Au début de la guerre l'organisation demeure un peu anarchique et des images assez réalistes atteignent les théâtres, effrayant les spectateurs. Les sujets sont ensuite rapidement limités à la reconstitution d'épisodes inoffensifs des batailles (défilés de troupes, entraînement, équipement).

Même si la question de la conscription demeure un sujet majeur de dissension entre le Québec et le Canada, la censure fait en sorte que le point de vue canadien-français ne soit jamais représenté au cinéma. Évidemment la censure est alignée aveuglément sur l'effort de guerre canadien, car jamais on ne songe à censurer les propos d'un recruteur français, le capitaine Émile Barlatier, qui vient dire à Montréal que la vie sur le front, c'est la santé assurée : « Toujours au grand air, la vie d'un soldat est saine et réconfortante. Le conférencier a rencontré d'anciens employés de bureaux qui traînaient jadis une santé chancelante et sont aujourd'hui plus forts et plus virils qu'ils ne l'ont jamais été après un an ou six mois de vie dans les tranchées. La nourriture est bonne et saine et on a le grand air continuellement. Rien de meilleur pour rendre à un homme la vitalité éteinte et perdue. » (*La Presse*, 8 octobre 1915)

Les documentaires de propagande, qui montrent des soldats à l'entraînement mais jamais au combat, semblent lui donner raison. Évidemment, les journaux filmés ne montrent rien des émeutes anticonscriptionnistes de Québec en 1917. Vingt ans plus tard, en 1935, le film commémoratif *Lest We Forget* choque plusieurs Canadiens par son ton encore aussi patriotique que les films de 1914-18. Il faut attendre deux générations pour voir des vétérans raconter la vraie guerre à Richard Boutet, pour son film *La guerre oubliée* (1987). L'histoire de cet oubli s'appelle également censure. *Germain Lacasse*

CHAMBERS, Ernest J., « Rapport sur le service de censure de la presse canadienne Première Guerre mondiale », *Cahiers d'histoire politique*, 2 (hiver 1996). L'original du *Rapport* est conservé aux Archives nationales du Canada (RG 2-14, volume 5939) ; LACASSE, Germain, « Les films "perdus" de la guerre oubliée », *Revue canadienne d'études cinématographiques* (Ottawa), 7, 1, 1998 ; LACASSE, Germain, « L'État derrière l'écran : la propagande cinématographique pendant la Première Guerre mondiale », Roch Legault et Jean Lamarre, dir., *La Première Guerre mondiale et le Canada*, Montréal, Méridien, 2000.

▶ Guerre (censure)

LA PRESSE

▶ *La Patrie* ; *Le clergé canadien* [...]

LE PRINTEMPS QUI PLEURE

Adrien Thério (1925-2003) • Roman coté « Mauvais » par la revue *Lectures* (1962)

La question de l'obscénité*, et en particulier de l'érotisme, dans les *comic books** et la littérature populaire, inquiète les autorités religieuses et civiles depuis les années 1940. Toutefois, même la littérature pour lettrés s'empare de cette thématique au tournant des années 1960.

Le printemps qui pleure, d'Adrien Thério, représente selon André Renaud « [...] certainement un des romans les plus crus jamais écrits au Canada français » (*Le Droit*, 25 août 1962). L'action se passe

Adrien Thério prévoit déjà la réception négative de la critique catholique à l'endroit de son roman.

dans un village et raconte l'éveil de la sexualité chez des jeunes d'une quinzaine d'années.

Rita Leclerc, dans la revue *Lectures** (septembre 1962), attribue la cote « Mauvais » au roman et le fustige dans des termes presque excessifs :

> On ne saurait mieux dire pour apprécier cette sale petite brochure que de reprendre le jugement porté sur elle par Gilles Marcotte : « Petit exercice d'érotisme primaire dont les rapports avec la littérature sont extrêmement ténus. » M. Thério n'a rien ajouté à son œuvre en signant ces histoires graveleuses de gosses en rut. Ouvrage à rejeter.

Bien que le roman ne soulève pas l'enthousiasme, cette sévérité morale est loin de faire l'unanimité. Dans *L'Action* du 2 novembre 1963, Bertrand Lombard

(Émile Bégin) a pourtant lu le même roman que Rita Leclerc : « Les garçons sont des *petits mâles* ; les fillettes, des apprenties *femelles*. L'institutrice est une virago aux odeurs envoûtantes. » Mais il ajoute : « Ne criez pas au scandale. L'auteur n'exagère peut-être rien. Il transpose des réalités brutales qui fixent à jamais certains destins et que des adultes niais se figurent inexistantes. » Même le journal *L'Action catholique* de Québec (28 avril 1962) convient que la découverte de l'amour et le dégoût de la vie « sont décrits avec tant de précision par Thério qu'ils scandaliseront peut-être certains ; ce sera le cas de la minorité – ceux qui n'ont jamais senti naître en eux étant jeunes, ce noble sentiment qu'est l'amour ! » Michèle A. Mailhot en remet, dans *Châtelaine* (août 1962) : « Ce livre a choqué quelques bonnes âmes : est-il possible ? Ou bien ces personnes ont vécu dans l'ouate immaculée, ou bien elles ont mauvaise mémoire car le livre de Thério n'a guère puissance de scandale. »

Tel n'est pas l'avis du père Paul Gay*, qui prend la peine d'écrire personnellement à Thério pour lui dire que son livre est immoral. Thério n'entend pas reculer :

> Il est évident que *Le printemps qui pleure*, ce n'est pas un livre pour les enfants. C'est une étude de mœurs et je crois m'en être tenu à la vérité, même si elle est dure. C'est à partir de ce moment qu'on peut faire quelque chose de constructif pour changer nos façon[s] de vivre. En ce sens, je crois que j'ai écrit un livre sain.

Puis, faisant allusion à une critique malveillante au sujet de son roman pour adolescents *Flamberge au vent*, il réitère son credo :

> [...] un certain Bastin qui met o.m.i. après son nom, a cru bon de me descendre, a osé dire que l'esprit de ce livre incitait à la débauche. Selon moi, il a menti et de plein gré. À me fier à toutes les bonnes intentions, je devrais cesser d'écrire. Je n'en ai pas l'intention.

Le printemps qui pleure a beau être « franchement érotique » (Renaud), c'est surtout l'écart qui sépare la réaction de *Lectures* des autres appréciations qu'il convient de relever. En effet, cette différence de réception porte à croire que *Lectures* tient des propos surannés et adopte, par les cotes morales, une stratégie périmée quant à ces effets réels. D'ailleurs, au mois de février 1965, *Lectures* consacrera quelques pages à Thério, dans sa rubrique « Étude d'auteur canadien » ; on n'y perçoit plus la critique où la morale prime le littéraire, et il est opportun de rappeler qu'au mois de septembre de la même année, la revue abandonne son système de cotes. *Pierre Hébert*

Thério, Adrien, *Le printemps qui pleure*, Montréal, Éditions de l'Homme, 1962, 127 p.
CRCCF, fonds Paul-Gay.

PRIX LITTÉRAIRES

Les prix littéraires, et en particulier les prix David et du Cercle du livre de France, ont significativement contribué à la laïcisation de l'institution littéraire

Dans *Un tout petit monde*, le romancier David Lodge place les propos suivants dans la bouche d'un de ses personnages :

> Lorsque j'ai commencé à écrire des romans, il n'y avait guère plus de deux ou trois prix littéraires, je crois, et qui ne représentaient chacun pas plus d'une centaine de livres sterling. De nos jours, il y en a tant qu'il en est difficile de ne pas en remporter un quand on a publié quelque chose.

Ce reproche contre les prix littéraires est si fréquent et si répandu qu'il est devenu presque convenu de le reproduire. Il accompagne la rhétorique des prix au point de gangrener la victoire même des lauréats, qui en viennent à douter de leur propre valeur. Ainsi, dans *L'épreuve de la grandeur*, Nathalie Heinich note, à propos du prix Goncourt : « Aucun bénéficiaire du prix Goncourt ne peut jouir sereinement de sa gloire : elle est forcément impure, rendant sa propre grandeur sinon contestable, du moins irréductible à la désignation qui en est faite. »

Au Québec, ce discours de discrédit des prix littéraires en raison de leur trop grand nombre est relativement récent. Cela ne veut pourtant pas dire qu'ils aient toujours fait l'unanimité. Il fut un temps où, au contraire, on réclamait leur création, soit pour faire contrepoids aux mauvais livres, soit pour promouvoir une littérature s'écartant des sentiers battus par la critique cléricale. Avant les années 1960, le prix d'Action intellectuelle se retrouve dans la première catégorie, alors que, dans la seconde, le prix David et le prix du Cercle du livre de France permettent au pouvoir laïque de s'affirmer contre la mainmise du clergé sur la littérature.

Dès 1922, l'Assemblée législative, sous le gouvernement libéral de Louis-Alexandre Taschereau, adopte la *Loi pour encourager la production d'œuvres littéraires ou scientifiques*, grâce à l'initiative du secrétaire provincial Athanase David, qui désire ainsi, comme le rappelle Claude Janelle, « être utile à la province de Québec et à son pays ». Le Québec se dote alors de son premier prix littéraire gouvernemental (les premiers lauréats seront connus en 1923) – un effort remarquable si on considère que les prix du gouverneur général du Canada, l'équivalent du prix David sur la scène fédérale, ne seront créés qu'en 1936 et décernés l'année suivante, sans être toutefois accessibles aux auteurs francophones avant 1959. Selon Silvie Bernier, le prix David permet, dès sa création, la reconnaissance d'une certaine forme de laïcité dans le monde des lettres. De 1923 à 1937, seulement deux jurés sur neuf sont des clercs, et les auteurs primés (Paul Morin, Robert de Roquebrune, Marcel Dugas, Jean-Charles Harvey) produisent une littérature qui s'écarte de la traditionnelle thématique du terroir. Même si des lauréats plus conservateurs sont récompensés sous le premier règne de Maurice Duplessis (comme Félix-Antoine Savard, Léopold Desrosiers ou Damase Potvin), avant la Révolution tranquille, le prix David aura surtout primé des écrivains liés à l'avant-garde littéraire (Alain Grandbois, Robert Charbonneau, Anne Hébert, Yves Thériault). La reconnaissance de ces écrivains en particulier est un signe manifeste de l'importance du prix David face à d'autres instances de consécration contrôlées par le clergé, comme le prix d'Action intellectuelle, par exemple, ou le plus éphémère prix de la Bibliothèque de l'Action française, en tous points respectueux de la doxa catholique.

Dans les années 1950, le prix du Cercle du livre de France joue un rôle semblable. Fondé en 1949 et rapidement surnommé « le Goncourt canadien », ce prix créé par Pierre Tisseyre vise à faire paraître un roman inédit. Comme Tisseyre demeure un des seuls éditeurs à publier du roman dans les années 1950 (l'Institut littéraire du Québec, dirigé par Paul Michaud, représente son seul véritable concurrent), le prix du Cercle du livre de France a toutes les chances de recueillir les meilleurs manuscrits. Ainsi, ce prix fait connaître au public des romanciers comme Bertrand Vac, Françoise Loranger, André Langevin, Claire Martin, Claude Jasmin. Même si le prix se donne une caution morale en mettant à contribution le père Paul Gay* comme juré, dans les faits, il couronne souvent des romans cotés « mauvais » par la revue *Lectures**. Le père Gay se dissocie d'ailleurs à quelques reprises des choix du jury. Dans les années 1960, avec l'arrivée de nouvelles maisons comme les Éditions du Jour, qui drainent vers elles les jeunes romanciers, le prix du Cercle du livre de France perd beaucoup de prestige et de crédibilité. Avant la Révolution tranquille, il aura néanmoins consolidé lui aussi le pouvoir de la critique laïque (représentée par exemple par Gilles Marcotte), face à la critique cléricale (dont le père Gay reste un des derniers défenseurs).

Si un certain réveil concernant les prix littéraires s'amorce dans les années 1950 (avec la création, par exemple, de la Médaille du livre de l'année pour enfants en 1954, du prix Champlain en 1957, du prix France-Canada en 1958), c'est dans les années 1960 et 1970 qu'on assiste à leur prolifération. Aux huit nouveaux prix d'envergure fondés dans les années 1960 au Québec (par exemple les prix Du Maurier en 1962, Molson en 1964, France-Québec et Ville de Montréal en 1965) s'ajoutent 22 autres récompenses dans les années 1970. Les données n'ont pas été compilées pour la période allant de 1980 à nos jours, mais il est clair que le nombre de prix littéraires va toujours croissant. Il n'est donc pas étonnant de voir le discours sur les prix littéraires se renverser : on questionne désormais leur pertinence. La guerre des prix divise Ottawa et Québec, notamment les prix du gouverneur général refusés plusieurs fois par des écrivains québécois, surtout après la crise d'Octobre 70* (Hubert Aquin et Fernand Dumont en 1969, Fernand Ouellette en 1971, Roland Giguère en 1974). Ces coups d'éclat entraînent la création de nouveaux prix, ce qui contribue à moyen terme à leur dévaluation. Ainsi, dans *Liberté* (mars-avril 1981), Gilles Marcotte en arrive à constater que « leur influence est presque nulle » : « ils constituent des distinctions honorifiques, des Prix de Vertu, agréables à recevoir sans doute mais sans grande portée. [...] Les prix littéraires ont d'abord pour fonction, au Québec et au Canada, de consacrer l'institution. »

En regard de la censure, la création, en 1961, du « Prix de la Liberté » représente un épisode significatif. Fondé conjointement par les revues *Liberté* et *Cité libre* (qui se retire en 1963 à la suite de dissensions), le prix vise à récompenser « une personne qui, à titre personnel ou public, a fait progresser la liberté d'expression, de pensée ou d'action par une manifestation publique ». Le prix offre une médaille, mais pas d'argent, puisque « la liberté n'a pas de prix ». Sont tour à tour couronnés Jean-Paul Desbiens, le Comité provisoire d'études sur la censure au cinéma*, René Lévesque (qui refuse le prix), Pierre Maheu, Gilles Groulx*, François Aquin, André Langevin, Michel Chartrand, Pierre Vadeboncoeur, puis le rédacteur du *Devoir* Claude Ryan, pour ses prises de position pendant la Crise d'octobre. Devant le refus de Ryan, le comité de la revue *Liberté* s'interroge. D'aucuns suggèrent que le prix devienne un prix littéraire, uniquement. Et l'écrivain Jacques Folch-Ribas d'en revenir, non sans humour, au même constat concernant l'abondance de prix littéraires au Québec, dans *Liberté* (mars-avril 1974) :

> Bien sûr, les prix littéraires sont si nombreux, qu'en ajouter d'autres tient de l'équilibrisme : toutes les dates de l'année sont prises. Par contre, un jury inamovible comme le serait celui de Liberté [*sic*], cela nous changerait des soixante-quatorze jurys actuels que parcourent au pas de charge les dix-huit-membres-de-jurys-patentés qui se les partagent depuis dix ans.

Marie-Pier Luneau

BERNIER, Silvie, « Prix littéraires et champs du pouvoir : le prix David, 1923-1970 », M. A. (Études françaises), Université de Sherbrooke, 1983.; FERLAND, Marie-Thérèse, « Les prix du Cercle du livre de France de 1949 à 1959 », M. A. (Études françaises), Université de Sherbrooke, 1983; GAUDREAU, Liette, « Les prix littéraires québécois (1940-1960) », dans Maurice Lemire (dir.), *L'institution littéraire*, Québec, IQRC/CRELIQ, 1986 ; JANELLE, Claude, *Les prix du Québec au XXe siècle*, Québec, ministère de la Culture et des Communications, 2001 ; YERGEAU, Robert, *À tout prix. Les prix littéraires au Québec*, Montréal, Triptyque, 1994.

▶ *Avec ou sans amour* ; *La corde au cou* ; *Le dompteur d'ours* ; *Doux-amer* ; *L'échéance* ; *Église catholique et cinéma* ; *Évadé de la nuit* ; *La fille laide* ; Gay, Paul ; Guérin, André ; *L'homme qui va...* ; *Les insolences du frère Untel* ; Littérature pour la jeunesse ; *Louise Genest* ; *Mathieu* ; *L'offrande aux vierges folles* ; *Solitude de la chair*

PRODUCTION CODE

▶ Critères de la censure du cinéma

PSEUDONYMIE

▶ *L'appel de la race* ; *Canada-Revue* ; « Chanson citadine » ; *Le clergé canadien, sa mission, son œuvre* ; *Derrière le sang humain* ; *Le dompteur d'ours* ; *Gazette littéraire de Montréal* ; *Histoire d'O* ; « L'immoralité politique dans la province de Québec » ; *Les insolences du frère Untel* ; *Lettre à Mgr Baillargeon [...]* ; *La participation des Canadiens français à la Grande Guerre* ; *Questions sur le gouvernement ecclésiastique du district de Montréal* ; *La réponse de la race* ; *La source du mal de l'époque au Canada*

PSYCHO (PSYCHOSE)

Alfred Hitchcock (1899-1980) • Film dont la version doublée est davantage censurée que l'originale (1960)

PSYCHO

Œuvre centrale dans la longue carrière d'Alfred Hitchcock, le thriller *Psycho* (1960) demeure un choix cinéphilique essentiel, surtout à cause d'une scène d'assassinat dans la douche et de quelques autres où se déploie la virtuosité technique du cinéaste.

La version originale est approuvée le 1er août 1960, avec les coupures suivantes (2 minutes et 38 secondes) :

Bobine/Page
1A/3-4 : Start cut at long shot of window as camera start to wipe… Finish cut before dialogue : Marion, whenever it's possible.
1A/5 : Dial. : My ex-wife's alimony… Of the world somewhere.
1A/5 : Dial. : If she ever re-marries, the alimony stops.
1A/5 : Dial. : When I send my ex-wife her alimony, you can lick the stamps. I'll lick the stamps.
1A/6 : Dial. : And uh you have to put your shoes on.
3A/7 : Start cut after drain of bath tub… Finish at shower running.

Des références à un divorce, un des plus grands tabous de la présidence d'Alexis Gagnon*, disparaissent donc, et deux scènes, dont celle de la douche, une des plus célèbres de toute l'histoire du cinéma, sont écourtées.

Presque exactement un an plus tard, le 10 août 1961, la version française *Psychose* est approuvée, mais avec davantage de coupures (huit minutes) :

1A/1-2 : Commencer la coupure à la fenêtre avant la scène du lit… Reprendre après dialogue : « Que puis-je te dire ? »
3A/24-25 : Commencer la coupure après le premier coup de poignard… Reprendre avant la chute dans le bain.
3A/25 : Commencer la coupure au drain du bain avant la scène de l'œil… Reprendre à la sortie du motel de Norman.
4B/37 : Commencer la coupure avant le coup de couteau au pied de l'escalier… Reprendre au dernier coup de couteau.
6B/53 : Raccourcir la scène du squelette et les cries [sic] (En deux coupures).

Le Bureau a alors un nouveau président, Louis de Gonzague Prévost, et plusieurs nouveaux censeurs sont à l'œuvre. Ils ne coupent plus les allusions au divorce, mais éliminent une plus grande partie de la scène de la douche et d'autres scènes de violence, ce qui manifeste une autre sensibilité. Le film perd ainsi quelques-uns de ses moments les plus percutants.

Le Centre catholique en reconnaît la qualité, mais le cote « Adultes, des réserves » à cause de « La description exagérée de violences commises par un malade mental et l'atmosphère morbide de l'ensemble ».

Le 4 juin 1963, alors que les ciseaux sont définitivement rangés depuis plus d'un an, une version 16 mm doublée en français, celle qui va le plus circuler dans les ciné-clubs et les collèges, est approuvée intégralement. Ce jugement vaut pour toutes les autres copies en circulation et signifie, selon la loi en vigueur, que le film peut être vu par toutes les personnes de 16 ans et plus. Enfin, le 10 juillet 1969, en accord avec la loi de 1967, il est classé « 14 ans » (13 ans+ dans le répertoire actuel de la Régie du cinéma).

D'Hitchcock, *I Confess** a aussi subi des coupures significatives au Québec.

Les autres films du réalisateur sont généralement approuvés sans modifications. Toutefois, *Rear window* (*Fenêtre sur cour*), 1954, perd 27 secondes le 25 août 1954 :

1A/3 : Start cut at scene of girl in window. Finish it as she pick [sic] up coffe [sic] pot before coming forword [sic] (Brassiere scene) ;
1A/5 : Eliminate scenes of girl reaching into the refrigerator and swaying (2 cuts).

Le Centre catholique le cote aussi « Adultes avec réserves ».

North by Northwest (*La mort aux trousses*), 1959, s'en tire aussi bien puisqu'on ne lui retranche que 28 secondes le 14 septembre 1959, presque seulement des réparties :

4A/5 : Dial. : Room.
4A/6 : Baiser : Commencer la coupure après dialogue : Fall in love with you. Reprendre avant le dernier son de la cloche.

4B/11 : Dial. : I... never spent the night with you on a train.
6B/17 : Dial. : His mistress.
7A/4 : Dial. : I've been married twice.
8B/8 : Dial. : What happened to the first two... I think they said I led too dull a life.

Ici, des allusions au divorce et le terme « mistress », deux grands tabous de l'époque, disparaissent. Toutefois, pour la version française, le 30 décembre 1960, ne sont supprimés que ces extraits de dialogue (10 secondes) : « Deux ex-femmes [...] Qu'est-ce qui a brisé tes deux mariages... À leur avis ? » Pour les catholiques, l'aspect divertissement atténue les conduites douteuses, mais il est réservé aux adultes.

Hitchcock affirme régulièrement ne vouloir faire que du divertissement. Le drame du mal hante toutefois toute son œuvre et il advient toujours dans ces moments éclairs où tout le système de valeurs d'une personne peut basculer parce qu'une pulsion irrationnelle devient impérative. Sa virtuosité esthétique masque le plus souvent l'amoralisme des comportements et une certaine perversité se dissimule sous le puritanisme de la représentation. Ainsi, il peut déjouer même les censures les plus sévères. *Yves Lever*

ANQ-M, fonds Régie du cinéma, E 188, fiches des films ; *Recueil des films*, 1958, 1959, 1960.

PUBLICITÉ DES FILMS
Les affiches et la réclame dans les quotidiens ne peuvent montrer n'importe quoi

Les premières attaques des milieux catholiques contre le cinéma ne considèrent pas seulement les films, mais aussi leurs titres*, la publicité par l'affiche et la réclame dans les quotidiens. Toutes les enquêtes et les études réalisées par les opposants au cinéma ont leur section sur les affiches. S'il faut entrer dans une salle pour être exposé aux images des films, leur contenu « délétère » s'exhibe en pleine rue et touche même les enfants.

À Québec, en 1919 et en 1924, des enquêtes du conseil municipal et de la Ligue du cinéma* dénoncent les affiches trop aguichantes offrant des

> nudités scabreuses... des déshabillés provocateurs... des décolletés des plus osés... des danseuses en brassières avec jupes de gaze... des femmes voluptueusement étendues... des déshabillés allant jusqu'à la nudité complète, n'étaient les précieuses affiches « aujourd'hui » ou « lundi, mardi, mercredi » plaquées en travers pour sauver la situation... ces placards horribles qui scandalisent les enfants et sont pour les jeunes gens et tous les passants une invite directe au vice et à la débauche... (Oscar Hamel, *Notre cinéma, pourquoi nous le jugeons immoral*)

En 1920, à Montréal, l'avocat Euclide Lefebvre dénonce « la complicité de quelques-uns de nos journaux catholiques, qui ouvrent toutes larges leurs colonnes d'annonces à des réclames habilement suggestives où le vice est présenté sous les dehors les plus attrayants » (*Le cinéma corrupteur*). Si l'on s'attaque avant tout aux images, dans l'une et l'autre ville, on dénonce aussi les textes des annonces dans les quotidiens : « Une jolie fille endormie dans la chambre d'un homme... Ann Murdock paradant dans un pyjama charmant... Deux cents femmes sirènes évoluant dans les eaux des tropiques... D'enchanteresses beautés au bain sur la plage... Les débordements des passions contenues d'un peuple assoiffé de liberté... » Année après année, à Montréal comme à Québec, demande est faite de faire censurer toute la publicité du cinéma par le Bureau de censure.

Avant 1928, la Loi du cinéma* ne prévoit rien au sujet de la censure de la publicité. Toutefois, plusieurs municipalités chargent les corps policiers ou différents groupes de citoyens de la surveiller et elles s'arrogent le droit de la réprimer au nom de l'ordre public. À la suite de plaintes – elles ne manquent pas – le maire envoie un représentant de l'ordre exiger le retrait de l'affiche litigieuse. Seule la Ville de Montréal, le 1er août 1924, nomme un censeur des affiches de cinéma et de théâtre, Martin

Singher, ancien journaliste. Il agit avec grande sévérité, semble-t-il, puisqu'il condamne des affiches dont beaucoup d'images sont tirées des films et ont été approuvées. Avant cette nomination, presque tout ce que Montréal a d'associations catholiques, sous la direction d'Arthur Laramée, avocat et président de la Ligue des bonnes mœurs (un futur président du Bureau de censure…), a présenté une requête pour une interdiction totale de l'affichage. Les propriétaires de cinémas ont vivement réagi : ce serait tuer le commerce que d'en empêcher la publicité. À Québec, un comité de citoyens « des plus respectables » s'en occupe et il ne rejette que 15 % des affiches, lesquelles sont pourtant les mêmes qu'à Montréal ; en 1924, on lui reproche son laxisme et une délégation de femmes, dirigée par Adine Dionne, l'épouse du premier ministre Louis-Alexandre Taschereau, rencontre le conseil de ville pour demander rien de moins que la suppression des affiches à la porte des cinémas et des théâtres. Les autres villes du Québec ne semblent avoir aucun comité de censure des placards ; on peut imaginer que des gens de Chibougamau ou de Gaspé aient vu des affiches que les Montréalais n'ont pas vues. Quant aux annonces dans les journaux, elles ne semblent pas mauvaises puisque même le chanoine Adélard Harbour* n'y voit rien d'immoral, selon le « rapport Boyer »*.

La loi du 22 mars 1928 impose la censure des affiches et de la publicité dans les quotidiens :

> Section III, article 25
> Il est loisible au lieutenant gouverneur en conseil d'établir et d'organiser, sous le contrôle et la direction du Bureau de censure, un système de censure des affiches, panneaux-réclames et autre mode servant à annoncer une représentation théâtrale ou des vues fixes ou animées ; d'adopter des règlements à cette fin ; de prescrire les honoraires pour l'examen d'iceux, par le Bureau de censure, et de nommer le personnel nécessaire et de pourvoir à sa rémunération.
>
> Section IIIa, article 30a
> Aucune représentation de vues fixes ou animées ne peut faire l'objet, dans un journal, tel que défini par la loi de la presse de la Province de Québec (19 George V chapitre 72) d'une annonce dans laquelle on se sert de vignettes, ou gravures, à moins que ces vignettes, dessins ou gravures ne fassent partie d'une affiche ou d'un film préalablement approuvé par le Bureau de censure des vues animées ou, si ces vignettes, dessins ou gravures n'en font pas partie, qu'ils aient été approuvés spécialement par le dit Bureau de censure conformément à des règlements adoptés par le lieutenant-gouverneur en conseil.

Trapped by the Mormons illustre bien la publicité du cinéma dont on dit qu'elle promet beaucoup plus que ce que les films offrent. En même temps s'y exprime toute la répulsion des catholiques envers les autres religions (*La Patrie*, le 23 septembre 1922).

Pour la censure des affiches, les règlements sont sanctionnés le 14 décembre 1928. Ils prévoient les frais pour chaque exemplaire selon les différents formats, sur lequel le sceau du Bureau devra être en évidence. Les règlements municipaux prévoyant déjà cette censure des affiches sont rendus caducs. Pour la censure des annonces dans les journaux, une proclamation du lieutenant-gouverneur, en date du 28 janvier 1931, en décrète la mise en vigueur à compter de ce jour. Cependant, les règlements à cet effet ne sont publiés par la Gazette officielle que le 21 février suivant ; on n'y lit que des détails administratifs : deux copies exigées, grosseur de l'annonce en lignes agates, sceau du Bureau obligatoire, etc.

Un arrêté en conseil du 16 novembre 1928 nomme à la censure des affiches Martin Singher, aguerri à cette tâche depuis quatre ans dans l'administration municipale. Son travail lui a valu l'éloge du *Devoir** pour sa diligence (dans ses 18 premiers mois, il a examiné 145 000 affiches et en a refusé 12 451, soit 8,6 %). Au Bureau de censure, où il occupe le poste jusqu'à la fin de la décennie 1930, soit que les distributeurs aient eux-mêmes épuré leurs affiches, soit qu'il se fasse moins sévère, car durant ses trois premières années, il n'en rejette qu'entre 3 % et 5 %, et moins de 1 % les quatre années suivantes. Il dispose dorénavant d'un code assez précis, car les critères* de 1931, mis en application dès le 11 mai, comportent cette section :

> Département des affiches :
> Le Bureau de censure refusera son approbation à toute affiche suggestive, obscène, indécente, représentant des scènes où l'on voit des armes à feu, de pendaison, d'électrocution, de suicide, de meurtre, d'hommes, de femmes demi-nues ou en position suggestive de baisers trop passionnés.

Singher est-il devenu trop laxiste ? Au tournant des années 1930, il se fait reprocher sévèrement de mal faire son travail par la Ligue du cinéma de Québec ; non seulement laisse-t-il passer trop d'affiches immorales, mais il a la mauvaise habitude d'apposer le sceau du Bureau à des endroits stratégiques (poitrine, fesses) où se focalisent les regards. Après 1937, même si le Bureau continue à apposer son sceau obligatoire sur tout le matériel publicitaire, cela ne provoque pas de litige puisque les documents internes et la presse n'en font jamais mention.

En plus des affiches et des journaux, la publicité du cinéma se fait aussi par des bandes-annonces (dits *trailers*, puis films-annonces) dès les années 1920, mais la pratique se généralise dans les années 1930. Comme tous les autres films, ces bandes de deux ou trois minutes sont soumises à la censure. Aussi étrange que cela puisse paraître, les distributeurs les apportent le plus souvent *après* la copie même du film (contrairement à la pratique des dernières décennies où les bandes-annonces se retrouvent sur les écrans plusieurs mois avant le film). Comme il faut payer aussi pour chacune, alors, pour éviter des frais, il vaut mieux attendre de savoir si le film sera approuvé ou non ; dans le cas d'un refus du film, cela représente plusieurs dollars. Autre aspect, le bureau considère la valeur de représentativité de la bande-annonce ; il suffit que s'y trouvent des plans qui ne sont pas contenus dans le film pour qu'elle soit refusée, ce qui arrive à plusieurs reprises. Pour en juger, il fallait évidemment avoir déjà vu le film.

Pendant une vingtaine d'années, presque rien n'est dit dans la presse au sujet de la publicité des films dans les journaux. Les archives du Bureau de censure ne contiennent rien à ce sujet ; s'il y a toujours un censeur des affiches, lesquelles semblent ne plus causer de problèmes, aucune personne en particulier n'est chargée de la surveillance des annonces dans les quotidiens et autres publications. Un cas plutôt amusant surgit en 1957 : le mélodrame lacrymogène espagnol *J'ai péché* (sorti l'année précédente sous le titre *Sœur Angelica* dans la plus complète indifférence) obtient maintenant un énorme succès que l'on attribue surtout à sa publicité provocante montrant les Tables de la loi avec une flèche grasse pointant vers le neuvième commandement [«l'œuvre de chair ne désireras qu'en mariage seulement»]. Le Bureau n'a pas jugé bon d'intervenir dans ce cas à la limite de la publicité frauduleuse.

Puis au moment même où le Comité* provisoire pour l'étude de la censure du cinéma dans la province de Québec scrute à la loupe toute la censure du cinéma, la question refait surface. Le 2 octobre 1961, le président Louis de Gonzague Prévost écrit à Fernand Séguin, distributeur indépendant, pour lui signifier l'acceptation de trois films, *Un taxi pour Tobrouk, Le Capitan* et *Candide*, et il ajoute: «Il serait préférable que vous n'insistiez pas trop dans votre publicité sur le fait que *Candide* est l'œuvre de Voltaire, et ce, pour des raisons que vous comprendrez facilement.» Trois jours plus tard, Séguin répond: «Quant à la publicité au sujet de ces trois films et des autres qui suivront, vous pouvez être assuré qu'elle sera de bon goût. Je refuserai toujours d'attacher mon nom à une publicité équivoque.»

Le sujet revient d'actualité à l'été de 1963 alors que des plaintes affluent au bureau du ministre Bona Arseneault, responsable du Bureau, qui ordonne à André Guérin*, le nouveau président, de corriger la situation. Celui-ci mise d'abord sur la persuasion plutôt que sur la coercition que la loi de 1928 lui donne le droit d'exercer. Il entreprend des démarches à la fois auprès de la presse et des distributeurs pour les inviter à s'autoréguler en éliminant la «publicité malhonnête et trop tapageuse». En geste de bonne volonté, *La Presse* nomme le critique Gilles Marcotte censeur de la réclame des films à l'automne.

Mais ces démarches ne rapportent rien. Par exemple, l'annonce de *Prisonnière de son amour* (film mexicain doublé au titre original de *Sœur Blanche*) présente une image jugée offensante: à gauche, une religieuse avec le regard tourné à droite où se trouve un crucifix superposé à un gros plan d'un homme; entre les deux, ce texte: «Lequel sera son choix conjugal? DIEU *ou* HOMME?» Le 11 février suivant, Guérin rapporte au ministre que «les excès de la publicité reprennent avec autant d'insolence». La veille, l'assemblée du Bureau a voté à l'unanimité la proposition suivante: «Que tout film ne pourra être montré sans que la publicité (affiches et annonces) en ait été approuvée par le Bureau, et ceci, à compter du lundi, 17 février 1964. Une lettre circulaire à cet effet est expédiée à tous les intéressés» et les quotidiens du 13 février la publient. *L'Action* (18 février 1964) et *Le Devoir* (22 février 1964) se réjouissent de cette mesure, la seule efficace. Jean Tellier, le secrétaire du Bureau, est chargé de l'application des directives:

> a) La suppression de la fausse représentation: altération des titres, textes et images qui ne figurent pas dans le film, etc. b) La suppression des textes et images qui ne sont pas conformes aux normes généralement acceptées en Amérique du Nord et tout particulièrement dans cette province en matière d'*honnêteté et de bon goût*.

Il ne s'agit plus d'immoralité comme dans le passé, mais de qualité de l'information. Cette mesure est ensuite rigoureusement appliquée; l'acceptation de plusieurs films se voit retardée tant que leur publicité n'a pas été soumise et acceptée. Par ailleurs, les fiches de films font rarement état de publicité refusée, ce qui peut signifier que l'industrie tempère ses audaces. Dans ce domaine aussi, la règle du consensus social désormais appliquée dans l'examen des films et qui est en évolution rapide tout au long de la décennie renvoie toujours plus loin le seuil de tolérance.

L'efficacité du règlement demeure relative. D'un côté, par tendance naturelle, le Bureau se fait de plus en plus permissif. Guérin et ses collègues ne prétendent aucunement s'ériger en arbitres du *bon goût*, et, comme tous les intellectuels de cette génération, sans l'afficher, ils entendent bien se situer à l'avant-garde de la tolérance. En revanche, les dis-

Avec la tolérance qui s'étend, la publicité pour le cinéma érotique devient de plus en plus provocante dans les années 1970 et 1980. Elle génère sa propre forme de censure.

tributeurs testent régulièrement jusqu'où ils peuvent aller trop loin. Dans son *Bulletin d'information* (n° 3, le 9 septembre 1968), le Bureau (qui est depuis 1967 « de surveillance » plutôt que de « censure ») constate : « a) Multiplication intempérée de slogans publicitaires de mauvais aloi ; b) étalage qui est une insulte à l'intelligence et à l'honnêteté ; c) négligence dans la signalisation de la catégorie de spectateurs. » Il rappelle que « la publicité doit s'adresser aux spectateurs de tous âges [...] et qu'elle doit être rigoureusement conforme à la thématique générale du film » ; elle doit aussi en préciser clairement la langue (par exemple, avec la publicité de *Trains étroitement surveillés*, film tchèque de Jiri Menzel, rien n'indiquait que le film était en langue originale avec sous-titres anglais ; les quotidiens anglophones affichaient toutefois *Closely Watched Trains* et mentionnaient les sous-titres).

En 1970, une autre offensive se déclenche. La mode des films érotiques entraîne le même type d'iconographie dans la publicité. Si elle est parfois subtile et humoristique (celle des *Mâles* de Gilles Carle), elle tombe souvent dans la vulgarité et surtout, elle promet plus que ce que l'écran offre. Le 5 avril 1971, dans *Le Devoir*, Claude Ryan signe un bloc-note : « La pauvreté dégoûtante de la réclame cinématographique », qu'il considère « la plus vulgaire, la plus dégoûtante, la plus bassement commerciale qu'on puisse trouver au Canada ». Lui-même refuse un certain nombre d'annonces et il demande aux autres directeurs de quotidiens, dont surtout *La Presse*, d'en faire autant, ce qui règlerait le problème en un mois.

Dans son *Bulletin d'information* (2, printemps 1970), le Bureau rappelle les directives et les normes de 1964. Mais cela n'est pas suffisant et dès le 18 septembre qui suit, une note de service prescrit les « points de repère » suivants :

1) La publicité doit obligatoirement refléter la thématique générale du film ;
2) même si cela répugne, la publicité devra être dépouillée au maximum (bon goût) ;
3) le Bureau exige l'absence totale de slogans ;
4) le Bureau accepte un boniment sobre ou une citation fidèle au contexte d'où elle est tirée ;
5) comme dans le cas du film-annonce, seule une publicité accessible « POUR TOUS » peut être autorisée.

Remarques :
1) Toute l'économie de la Loi repose sur la classification. C'est dire qu'il faut faire en sorte que la signalisation de la catégorie soit toujours à droite et qu'elle occupe une proportion convenable de l'annonce, pour être repérable, même en format réduit.
2) Dans tous les cas de films en langue étrangère avec sous-titres, les indications permettant d'identifier le film sont portées obligatoirement dans l'annonce.
3) L'examen systématique de la publicité par jury exige que l'on examine la publicité de tous les films, même les ouvrages les plus anodins de la catégorie « POUR TOUS ».

Ici encore, notons que ces règles se situent sur le plan de la « protection du consommateur » et non sur celui de la moralité. Guérin aime bien rappeler que son organisme est au service du public et non à celui de quelque groupe que ce soit. Assistons-nous à une réelle amélioration de la situation? Le Rapport annuel du Bureau pour l'année 1970-1971 montre de la satisfaction pour ce qui se passe dans les journaux, mais déplore que rien ne change dans les postes de radio, lesquels, rappelle-t-on ironiquement, relèvent du Conseil canadien de la radio et de la télévision (CRTC), organisme fédéral dirigé par Pierre Juneau, un ancien directeur de Radio-Canada. Mais à considérer un large échantillonnage de la publicité parue dans le quotidien *La Presse* (celui qui en publie le plus, les autres journaux reproduisant les mêmes), on ne peut que constater une escalade dans l'exposition de l'osé et bien souvent du mauvais goût. Les protestations sont rares. C'est un sujet qui n'intéresse plus que les maisons de relations publiques.

En 1983, la loi 109 (dite «sang neuf»), qui modifie substantiellement toute la législation du cinéma et crée la Régie du cinéma en remplacement du Bureau de surveillance, ne contient plus d'article au sujet de la publicité, sauf pour les bandes-annonces, qui restent soumises au classement, à l'égal de tout film. Le 18 mars 1985, la Régie annonce officiellement, par communiqué, qu'en vertu de la nouvelle loi, elle n'interviendra plus dans le domaine de la publicité du cinéma. Elle émet toutefois le souhait que l'industrie assumera sa responsabilité «avec sérieux, mesure et bon goût» et que tout le matériel publicitaire soit «conforme à la thématique, au contenu du film, et que le traitement graphique retenu soit tel qu'il respecte le consensus social des citoyens du Québec». Ainsi s'achève plus d'un demi-siècle de mesures coercitives qui n'auront servi qu'à limiter les fausses promesses d'une publicité souvent vulgaire et trompeuse sur le produit.

Par la suite, quelques affiches créent des controverses, alimentées surtout par des lignes ouvertes à la radio. Elles portent avant tout sur des aspects moraux. Ainsi en est-il de celle du *Déclin de l'empire américain* avec ses graffitis sexuels et de celle de *Comment faire l'amour avec un nègre sans se fatiguer* avec son immense érection sous un drap; les deux sont d'Yvan Adam, qui a développé à un haut degré le sens de la provocation, donc de l'efficacité quand il s'agit de la réclame. C'est davantage une question de goût et d'idéologie qui fait jaser avec celle de *Liste noire* (Desjardins Bibeau inc.): une balance de la justice où les deux plateaux sont remplacés par les bonnets d'un soutien-gorge; et avec celle des *Invasions barbares* (Alexandre Renzo): une jaquette d'hôpital s'ouvrant dans le dos pour montrer des fesses d'homme et le dos sur lequel sont écrits les mots *débauché, séparatiste, lascif, existentialiste, libidineux, marxiste, maoïste, bestial, féministe, pervers, AMEN*. Fait cocasse, cette dernière réclame crée aussi une grande polémique au sujet des jaquettes d'hôpital, moins pour une question de décence que pour une affaire d'esthétique industrielle. C'est dire à quel point la publicité du cinéma s'est libérée de la censure. *Yves Lever*

ANQ-M, fonds Régie du cinéma, E 188, procès-verbaux des réunions du Bureau de censure, correspondance, *Cahier spécial sur la censure*, février 1965, rapports annuels.

▶ *Baby Doll*; *La dolce vita*; Nouvelle Vague; *Salò*; *Le signe de la croix*; *Sourires d'une nuit d'été*

LE QUAI DES BRUMES

Marcel Carné (1909-1996) • Film refusé, puis autorisé avec des coupures (1938); les autres films du réalisateur

Le distributeur quasi exclusif du cinéma français dans les années 1930, France-Film, a son comité de précensure au Québec, composé du président Alban Janin, du vice-président Arthur Vallée, du directeur général Joseph-Alexandre DeSève* et du chanoine Adélard Harbour*, curé de la cathédrale de Montréal. Le 2 mars 1939, ce comité recommande au Bureau de refuser *Le quai des brumes* (1938) de Marcel Carné, qui a coscénarisé, avec Jacques Prévert, ce film inspiré du roman de Pierre MacOrlan. Cela semble paradoxal qu'un distributeur demande à la censure officielle d'interdire une de ses productions mais, d'une part, il doute de l'acceptation du film et, d'autre part, le refus lui permet de le « reconstruire » (le couper, le modifier) à son gré. Le Bureau refuse le film le 9 mars 1939. Huit mois plus tard, le 9 novembre, une copie amputée d'environ 10 minutes est acceptée. Une note du « censeur » DeSève accompagne la présentation :

> Marcel Carné a fait, dans « Le Quai des brumes » un travail magistral, une des plus originales compositions qu'on ait vues depuis longtemps, et nous ne sommes pas surpris que ce film ait décroché la plus haute récompense à la Biennale de Venise, il y a deux ans.
>
> La photo est volontairement grise ; elle contribue largement à l'ambiance de l'œuvre. Le montage est excellent. L'interprétation est au-dessus de tout éloge. Chaque rôle, même le plus épisodique, est tenu avec une précision de jeu qui touche à la perfection.
>
> Tel quel, le film devient inoffensif, et la cote « convenable » lui a été attribuée.
>
> Morale : Ensemble assez satisfaisant. Inoffensif pour public habitué au cinéma.
>
> Montréal, ce vingt-huitième (28e) jour du mois d'août, 1939.
>
> J.A. De Sève

Un peu plus de onze ans plus tard, cette copie est soumise à nouveau au Bureau, alors dirigé par Alexis Gagnon*, le plus rigoriste des présidents qu'il ait connus. Elle est acceptée le 25 avril 1951, mais elle perd encore un peu plus de 7 minutes, enlevées par France-Film, sur ordre du censeur :

> Bobine :
> 1B Éliminer la scène du suicide. Le Vigan part vers la rivière.
> 1B Pierre Brasseur court après Michèle Morgan (question de fesse).
> 4B Éliminer toute la scène de la chambre à coucher et reprendre à la scène du bar quand Michel [*sic*] Morgan descend l'escalier chez Michel Simon (Toute la 8ième bobine).
> 5A Dial. : On t'aurait trouvé couché avec toi [*sic*] dans un lit à l'hôtel

avec en surplus 3 petites coupures, pour 15 secondes, faites au Bureau même :

> 4A Si on avait chercher [*sic*] on l'aurait trouvé avec toi.
> 4A Raccourcire [*sic*] la scène quand Jean Gabin assomme Michel Simon.
> 4B À la fin du film laisser un coup de feu, éliminer les autres.

Le *Ciné-service* (20 septembre 1952) le cote « À déconseiller » et il justifie ainsi son jugement :

> Œuvre *déprimante* et pessimiste. L'histoire est *sinistre*. On n'y respire pas : tout est lourd, brumeux, tragique. *Tout concourt à exprimer avec vigueur les mauvais sentiments des personnages.* L'amour y est d'une *sensualité bestiale*. Un *pessimisme désespéré* règne sur le tout. Dialogue vulgaire.

Le *Recueil des films* de 1956 nuance ces propos dans un texte qui ne manque pas d'à-propos :

> Cette œuvre marque le début de la vague d'un réalisme noir, esthéticisme [*sic*] du désespoir. Le scénario est conçu selon une progression dramatique remarquable et le montage, la musique et l'interprétation sont excellents. Mais on ne saurait nier le pessimisme déprimant, malsain, qui se dégage de la poésie des

ports d'où partent les navires de l'évasion, de la fatalité qui s'acharne sur les êtres qu'elle a choisis. Tout est lourd, brumeux et tragique dans une atmosphère d'âpreté rarement si bien rendue.

Dans les années suivantes, d'autres copies sont acceptées, avec les mêmes coupures. Finalement, le 11 mars 1975, la version intégrale est classée « pour tous ».

Encore en 1939, le comité DeSève propose de rejeter *Le jour se lève*, dans une lettre plutôt étonnante :

> Cette nouvelle œuvre de Marcel Carné confirme les qualités de ce metteur en scène.
> La photo est excellente, le montage est de première valeur ; on ne peut qu'admirer la maîtrise de Carné qui se joue des situations les plus difficiles, et sait utiliser au maximum le talent de ses interprètes. Son film est d'une très grande classe et, grâce aux acteurs, comporte des scènes puissantes.
> Cependant, tel quel, il est inacceptable ; en l'absence de M. le chanoine Harbour, actuellement en vacances, la cote « À REJETER » lui a été attribuée.
> Montréal, ce trente-et-unième (31e) jour du mois de juillet 1939. J.A. DeSève, secrétaire.

En plus de deux ans d'existence, le comité n'a jamais énoncé ses critères d'inadmissibilité. On devine qu'ils sont d'ordre moral surtout (L'art et la morale). Les membres savent reconnaître la qualité d'un film et ils savent que *Le jour se lève* est un authentique chef-d'œuvre. Mais pour eux, selon la tradition catholique, l'art ne saurait être isolé de la morale et dans les cas où une valeur esthétique indéniable se combine avec une immoralité évidente, ou simplement l'amoralité, il faut rejeter l'œuvre.

En France, ce drame est interdit durant une partie de l'Occupation pour sa « nocivité morale » et parce que faisant partie des films « déprimants, morbides et immoraux pour la jeunesse » ; il perd à ce moment-là une scène d'Arletty* sortant nue de la douche et qui n'est jamais remise dans les copies ; on n'en connaît que des photos.

Le Bureau interdit le film sans hésiter le 28 août 1939 avec le verdict suivant : « Scènes de meurtre et de suicide trop prononcées. Scènes de chambre à coucher. Scènes inconvenables par attitudes et dialogues trop licencieux. » Le distributeur ne perd pas de temps pour en proposer une « reconstruction » dont nous n'avons pu trouver les éléments, mais André Fortier rapporte que DeSève avait déjà enlevé des réparties comme : « Se marier, quelle idée ! » ; « Chaque femme qui couche avec lui en reçoit une [broche de peu de prix]. » La scène d'Arletty à la douche avait sûrement été retranchée. Cette version est acceptée le 18 septembre, mais avec les coupures suivantes faites par le Bureau :

> Modifiez en éliminant :
> 1) R3- p. 7 : Raccourcir baiser François-Françoise
> 2) R7- p. 21 : Dial. : « J'ai toléré votre liaison – à – j'ai les idées larges »
> 3) R8- p. 25 : Raccourcir baiser François-Françoise
> 4) R9- p. 29 : Dial. : « Il y a des gens qui ont tué déjà. Ils n'en sont pas morts.
> 5) R11- pp. 33-34 : Scènes où François dans sa chambre regarde un revolver placé sur un bureau.
> 6) p. 34 : Coup de revolver de François qui se suicide après qu'un garde a jeté une bombe par la fenêtre ;
> id : raccourcir la scène d'intérieur où François est étendu par terre dans sa chambre.

Hôtel du Nord est d'abord refusé le 29 avril 1941, malgré la note « convenable » du comité DeSève, qui précise que « M. le Chanoine Harbour a vu le film trois fois », pour ce motif : « Film déprimant, contraire aux principes de la morale chrétienne. » Il est accepté le 14 mars 1942, après quelques coupes s'ajoutant à la « reconstruction » du distributeur.

Le 25 mars 1946, *Les visiteurs du soir* (film de 1942, scénario de Jacques Prévert, une certaine allégorie de la Résistance) ne perd que 45 secondes comprenant une scène d'amour et des extraits de dialogue, dont une citation de saint Augustin : « Tout est permis à ceux qui s'aiment. » En 1959, le Centre catholique le classe « Adultes avec réserves », avec cette appréciation morale : « L'amour humain pré-

La publicité ne manque pas d'évoquer les succès du film à Venise et à New York. Sorti le 10 février 1940, amputé de 10 minutes, il reste à l'affiche plus de trois semaines, ce qui est alors un grand succès, avant de prendre l'affiche dans les autres villes et dans les salles secondaires.

senté comme le seul Dieu reconnu et une certaine ambiguïté dans les idées motivent des réserves. »

Quand *Les tricheurs* est apporté au Bureau, quatre ans après sa production en 1958, la coutume est déjà installée de ne plus couper les films. Lorsque le censeur juge qu'il ne convient pas à tous les publics d'au moins 16 ans, il donne des permis spéciaux au lieu de l'interdire. C'est ainsi que le 2 février 1962, à la suggestion du distributeur Cinepix Telac, il autorise *Les tricheurs*, « dans l'Île de Montréal seulement » ; puis il ajoute la ville de Québec le 26 octobre suivant. Le 4 mars 1963, il étend le permis à Trois-Rivières, Sherbrooke et Saint-Jean. Cette restriction est levée le 6 décembre 1963 et le film peut alors être projeté partout. L'Office catholique national des techniques de diffusion en dit : « Même si ce film semble condamner l'inconduite d'une certaine jeunesse, la présentation trop réaliste de mœurs licencieuses et l'atmosphère déprimante de l'ensemble obligent à le déconseiller. À déconseiller. »

Les portes de la nuit (1946, dernière collaboration avec Prévert) est refusé le 5 avril 1950. Il est toutefois accepté le 19 mai suivant, après 21 coupures totalisant huit minutes et demie (sur 89, mais le Larousse des films indique une durée de 2 heures, d'autres sources 1h 40). Il s'agit surtout de dialogues lestes où il est question d'amour et du destin, de scènes de lit et de celle d'un suicide. Tel que censuré, le Centre catholique le cote : « Adultes avec réserves ».

La plus célèbre des œuvres de Carné, *Les enfants du paradis* * tourné en 1945, provoque un important phénomène de censure. Certains de ses autres films sont approuvés intégralement, dont *Juliette ou la clef des songes* le 15 janvier 1952 et *Thérèse Raquin* le 1er août 1961 ; alors que d'autres sont à peine modifiés : *L'air de Paris*, le 23 novembre 1956, *Le pays d'où je viens*, le 22 février 1957.   *Yves Lever*

ANQ-M, fonds Régie du cinéma, E-188, fiches des films et documents annexés ; DOUIN, Jean-Luc, *Dictionnaire de la censure au cinéma*, 1998 ; *Recueil des films*, 1955-1956, 1959 et 1962.

▶ « L'art et la morale » ; Loi du cinéma

QUAND J'AURAI PAYÉ TON VISAGE

Claire Martin [Claire Montreuil, 1914-] • Roman coté « Mauvais » par la revue *Lectures* (1962), et qui donne l'occasion d'un échange épistolaire entre l'auteure et le père Paul Gay

Dans son deuxième roman, *Quand j'aurai payé ton visage*, publié à Montréal par le Cercle du livre de France et à Paris par les Éditions Robert Laffont en 1962, Claire Martin ancre son intrigue pour la première fois dans un milieu précis : celui de la bourgeoisie montréalaise de son époque. Ce faisant, elle confronte, encore plus directement que dans ses livres précédents, les idées reçues de sa société concernant la famille, l'amour et le rôle de la femme, et elle expose les préjugés de la classe bourgeoise, notamment son antisémitisme. Dans ce roman, selon le critique Jean Éthier-Blais,

> La femme est redevenue la femme, et non la mère, ou la fille, ou la sœur. On ne répétera jamais assez à quel point, dans *Quand j'aurai payé ton visage*, Claire Martin a foulé aux pieds les anciens tabous, à quel point elle dépeint la nouvelle société canadienne-française telle qu'elle est. (*Le Devoir*, 6 juin 1964)

Le roman raconte l'irruption d'une grande passion dans la vie d'une jeune femme récemment mariée. Catherine quitte son mari, Bruno Ferney, pour aller vivre avec le frère cadet de celui-ci, Robert, dont la beauté l'a séduite peu de temps avant son mariage. Présenté par trois narrateurs, Catherine, Robert et Jeanne Ferney, la mère des deux frères, le récit trace la lente usure de cette grande passion face aux compromis exigés par la vie quotidienne, et dévoile les hypocrisies cachées par la façade de la famille bourgeoise.

Quand j'aurai payé ton visage reçoit une cote « Mauvais » dans la revue *Lectures** (juin 1962), suivie par une recension moqueuse dans laquelle Rita Leclerc dissèque les éléments qui, selon elle, contribuent à « l'échec presque total de ce nouveau roman où tant d'éléments sont discutables » : un thème « trop mince » pour un roman, des personnages « peu consistants », une technique narrative « mal exploitée » et une intrigue « invraisemblable ». Tout cela sert de charpente à « une philosophie assez révoltante où l'instinct est le premier et le dernier mot de tout. La femme n'est faite que pour aimer et aimer "qui ne le mérite pas" […] L'amour est un virus qu'on peut attraper en tout temps et contre lequel on ne peut rien. »

Comme d'autres critiques, Leclerc est offensée surtout par la vision d'un amour « adultère » plus fort que les liens du mariage :

> Honneur, famille, parents, serment échangé devant Dieu, rien ne fait le poids en présence de l'amour. Le plus sûr moyen de faire mourir l'amour c'est, semble-t-il, le mariage : l'amour s'y dessèche comme une fleur dans un herbier. Les femmes mariées s'ennuient mortellement (Catherine, Jeanne Ferney, tante Françoise) ; elles ne trouvent la joie et l'épanouissement que dans des aventures extra-conjugales.

Une recension plus libérale dans la revue *Collège et famille* (février 1964) opine dans le même sens, mais conclut que « [l]e lecteur avisé, mûr, pourra […] trouver profit à lire un livre comme celui-là, qui reflète des conceptions différentes des siennes de l'amour ».

Malgré l'accusation d'« amoralisme » lancée par certains critiques, les romans de Claire Martin représentent, au contraire, de nouvelles valeurs morales ; en témoigne une longue lettre que l'auteure envoie au critique Paul Gay* en réponse à son interprétation de *Quand j'aurai payé ton visage*. Dans sa recension, le père Gay avait résumé le roman ainsi : « Des êtres sans idéal, uniquement tournés vers leurs intérêts et le plaisir des sens, en proie à leurs instincts, tel est le dernier roman de Claire Martin. » (*Le Droit*, 5 mars 1962) Selon lui, toute l'intrigue « invraisemblable » du roman tourne autour du conflit entre le conformisme et « l'instinct », et nous mène vers « la victoire complète de la nature sur le mensonge de la vie mondaine, celle-ci comprenant (évidemment !) le mariage chrétien ». Le roman donne de l'amour « une image sans grandeur, simplement sensuelle, qui non seulement n'est pas chrétienne, mais qui n'est même pas selon la vraie nature humaine ». Quant au thème de l'adultère, il rappelle que « Jean-Baptiste s'est fait trancher la tête pour avoir rappelé à Hérode son devoir d'homme et d'époux », et conclut que le roman de Claire Martin, qui ne montre pas « l'horreur de l'adultère et l'insulte face à la dignité humaine » est « un recul de vingt siècles au moins ». « Son dernier livre est décidément d'un paganisme à proscrire », conclut-il.

Deux ans plus tard, le père Gay envoie à Claire Martin un autre texte sur *Quand j'aurai payé ton visage* qu'il est en train de rédiger, en lui demandant « l'explication profonde » de son roman. Le texte envoyé n'a pas été conservé, mais une lettre de sept pages, tapée à simple interligne et datée du 30 juin 1964, contient la réponse de l'auteure à son critique. Dans cette lettre, Claire Martin expose patiemment la moralité qui sous-tend les actes de ses personnages et réfute les interprétations du roman données par plusieurs critiques. À l'accusation que ses personnages cèdent trop facilement au désir, elle répond :

> Aucun critique n'a parlé de la résistance qu'ont opposé [*sic*] Catherine et Robert à leur amour et quand on connaît un peu ce monde-là, croyez-moi, cette résistance est admirable de rareté. [Catherine] cesse d'être inconstante et elle cesse d'être intéressée. Elle laisse tout pour suivre Robert au lieu de s'offrir un petit adultère mondain comme il est d'usage dans ce milieu. Vous me direz qu'elle eût mieux fait de rester avec son mari. Je vous répondrai qu'elle n'aurait pas dû faire un banal mariage de raison.

Selon elle, « les critiques ont bien enfoncé dans la tête que je n'écris que des livres immoraux et légers et quand mes personnages expriment de bons sentiments on passe tout droit ou on crie au cynisme ». Quant au personnage de Robert, elle démontre, dans une analyse très détaillée, en quoi consiste sa moralité :

> Je m'étonne que vous n'ayez vu que Robert possède, au fond de lui-même, tout ce qu'il faut pour constituer une exceptionnelle moralité (toujours à l'encontre du père qui est l'immoralité faite homme). Par exemple, le seul fait qu'il se conduise comme le ferait un mari modèle, bien qu'il soit lancé, à 20 ans et beau comme il l'est, dans un monde où la fidélité est difficile, est déjà extraordinaire. [À la fin du roman] il reste bon et honnête de la seule façon qu'il peut l'être après que l'immoralité de son milieu l'a précipité dans l'impasse où il est.

Il est clair que, tandis que pour le père Gay et pour plusieurs des autres critiques du roman la moralité coïncide avec le conformisme et l'obéissance aux règles sociales et religieuses, pour Claire Martin « l'immoralité » réside dans le conformisme et l'hypocrisie de la famille bourgeoise, et la « moralité » dans l'honnêteté, la fidélité à l'être aimé et le courage d'agir en conséquence. Dans une réponse à Claire Martin rédigée le 28 juillet 1964, Paul Gay la remercie de sa « longue et intéressante lettre » et affirme qu'il a tenu compte de plusieurs de ses remarques. Cependant, dit-il,

> Il m'est difficile [...] d'admettre ce que vous appelez « l'exceptionnelle moralité de Robert ». Tout d'abord, on n'a jamais le droit de faire un acte mauvais pour réparer un acte mauvais, si tant est que le mariage Catherine-Bruno fût mauvais, puisque vous-même vous supposez qu'il aurait pu très bien tourner. Le geste de ces deux amoureux heurte trop non seulement la conscience chrétienne – mais la conscience humaine tout court – pour ne pas choquer.

C'est ce qui explique la réaction sévère des critiques à ce roman, ajoute-t-il, avant de terminer en reprochant à l'auteure la « dureté » et la « sécheresse » de sa vision dans *Quand j'aurai payé ton visage*. Ainsi se termine la tentative de dialogue d'une auteure avec un de ses critiques/censeurs à l'époque de la Révolution tranquille. *Patricia Smart*

MARTIN, Claire, *Quand j'aurai payé ton visage*, Montréal, Le Cercle du livre de France, 1962, 187 p.

QUÉBEC... ?
▶ Groulx, Gilles

QUÉBEC : DUPLESSIS ET APRÈS...
▶ Arcand, Denys

QUESTION UNIVERSITAIRE
▶ *La conscience catholique outragée [...]* ; *La source du mal de l'époque au Canada*

QUESTIONS SUR LE GOUVERNEMENT ECCLÉSIASTIQUE DU DISTRICT DE MONTRÉAL
RÉPONSE DE MESSIRE CHABOILLEZ, CURÉ DE LONGUEUIL À LA LETTRE DE P. H. BÉDARD ; SUIVIE DE QUELQUES REMARQUES SUR LES « OBSERVATIONS » IMPRIMÉES AUX TROIS-RIVIÈRES

Augustin Chaboillez (1773-1834)

CORRESPONDANCE ENTRE L'ÉVÊQUE DE TELMESSE ET LE CURÉ DE SAINT-PHILIPPE AU SUJET DE SA VISITE EN 1824 & 1825 RAPPORTS ENTRE LE CURÉ DE SAINT-PHILIPPE ET MONSEIGNEUR DE QUÉBEC

François-Xavier Pigeon (1778-1838)

Ces pamphlets et brochures des abbés Chaboillez et Pigeon attaquent Mgr Lartigue, à Montréal ; ils démontrent la faiblesse de la censure cléricale de l'époque mais, surtout, convainquent le clergé de mieux contrôler l'imprimé (1823-1826).

Durant les années 1820, la querelle intestine autour des pamphlets du curé de Longueuil, Augustin Chaboillez, de même que les activités d'imprimeur* plus ou moins licites du curé de Saint-Philippe-de-Laprairie, François-Xavier Pigeon, désignent un moment décisif dans la censure cléricale au Québec. Pourtant, les opuscules de Chaboillez n'ont pas été censurés et Pigeon a publié des documents et un journal sans autorisation de ses supérieurs. Ces écarts de conduite font toutefois prendre conscience au clergé de la nécessité de contrôler l'imprimé ; il s'agit pour l'épiscopat d'un moment d'apprentissage décisif, qui conduira à la censure cléricale organisée, à compter de 1840.

Un bref apostolique du 1er février 1820 prépose Mgr Jean-Jacques Lartigue comme responsable du district de Montréal, à titre d'auxiliaire de l'évêque de Québec, Mgr Joseph-Octave Plessis. Cette nomination choque grandement les Sulpiciens de Montréal. Les principes en cause sont nombreux : contestation de la juridiction de l'Évêque, refus de recevoir des directives de Rome uniquement, crainte des Sulpiciens d'une intervention extérieure dans leurs propres affaires. Les nouveaux pouvoirs de Mgr Lartigue sont contestés et un mandement de Mgr Plessis, le 5 décembre 1822, ne réussit guère à calmer les esprits. C'est d'ailleurs l'année suivante que paraît le premier pamphlet de l'abbé Chaboillez, curé de Longueuil, suivi de deux réponses, signées par Pierre Hospice Bédard et Louis-Marie Cadieux, curé aux Trois-Rivières ; Chaboillez clôt cet échange en 1824.

Chaboillez ouvre les hostilités en août 1823 avec un document intitulé *Questions sur le gouvernement ecclésiastique du District de Montréal*, dans lequel il conteste ouvertement la nomination de Mgr Lartigue et le démembrement du diocèse de Québec. L'érection du district de Montréal en district épiscopal lui apparaît contraire aux lois canoniques d'avant la Conquête. L'autorité papale n'a point été appuyée par le souverain de France, si bien qu'il est du devoir de ceux qui croient en ces principes de « s'y opposer [à cette nomination] par tous les moyens que de droit ».

L'intervention de l'abbé Chaboillez appelle une réponse, qui paraît vers le mois de novembre 1823. Signée par un jeune avocat de 24 ans, Pierre Hospice Bédard, fils aîné de Pierre Bédard, principal fondateur du *Canadien**, cette *Lettre à M. Chaboillez, Curé de Longueuil, relativement à ses questions sur le Gouvernement ecclésiastique du District de Montréal* tente de réfuter point par point les prétentions gallicanes de Chaboillez. Mais Bédard lui reproche en même temps d'avoir, pour reprendre ses propres termes, jeté dans un public peu compétent des questions de nature religieuse :

> Vous êtes le premier prêtre en ce pays qui ait voulu, à ma connaissance, faire retentir la presse de querelles religieuses, surtout de différens émus [*sic*] entre des hommes de même croyance et de même profession ; et cela a toujours de graves inconvéniens : mais il est

QUESTIONS SUR LE GOUVERNEMENT ECCLÉSIASTIQUE [...]

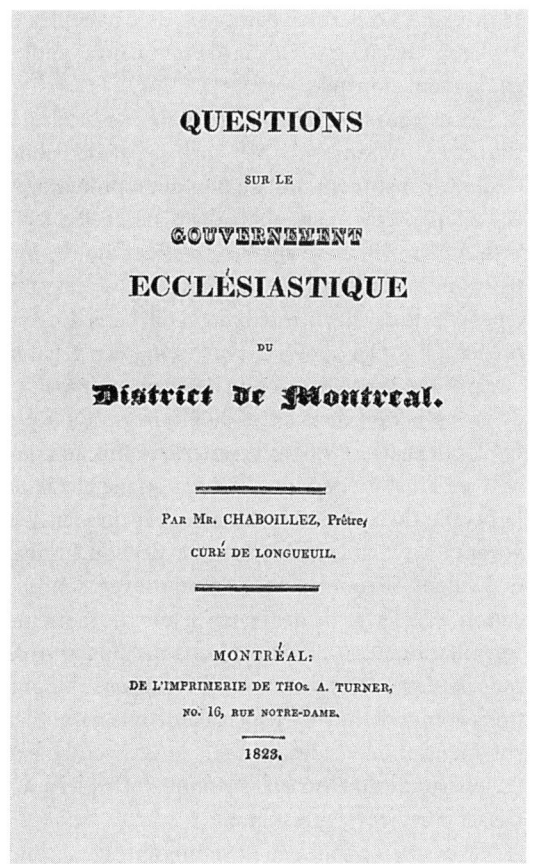

Ce premier pamphlet de l'abbé Augustin Chaboillez, contre Mgr Lartigue, entraîne un échange caustique qui montre au clergé la nécessité de contrôler l'imprimé.

encore plus dangereux de jetter dans le public des questions extrêmement importantes et difficiles, de l'établir juge dans des matières qui, non seulement ne sont pas de sa compétence, mais encore qui ne peuvent que l'inquiéter ou l'exaspérer.

Bédard reproche également à Chaboillez d'avoir soumis son livre, pour censure préalable, non pas à l'autorité religieuse, mais à trois avocats dont les noms sont par ailleurs donnés dans le premier pamphlet :

> Mais ce qui a paru le plus singulier à moi, et à bien d'autres, c'est que vous ne vous soyez déterminé à publier votre ouvrage, qu'après l'avoir soumis… à qui ? Au juge naturel des causes ecclésiastiques ? Non… À des hommes versés par état dans l'étude des loix canoniques ? Point du tout. À qui donc ? À trois avocats […].

En vérité, il s'agit d'une supercherie puisque que ce n'est pas Bédard qui a rédigé cette réplique, mais bien Mgr Lartigue lui-même. Écrivant à Mgr Plessis le 6 septembre 1823, Mgr Lartigue lui dit vouloir montrer les torts de Chaboillez, et il y travaillera dès qu'il en aura le temps, ajoute-t-il le 16 du même mois. Le jeune Bédard a tout simplement lu l'ouvrage avant d'y apposer sa signature. Dans une lettre à Mgr Lartigue, le 21 octobre 1823, Mgr Plessis dit qu'il aimerait voir le mémoire que ce dernier a préparé pour répondre à son détracteur, et il signale lui aussi le fait que ce texte sera publié sous un nom étranger, de prêtre ou de laïc ; en fait, il est lui-même vraisemblablement le responsable de cette astuce. Dans une lettre subséquente (6 novembre 1823), Mgr Plessis approuve cette manœuvre, et il va même jusqu'à dire que tous croiront que Bédard en est l'auteur véritable.

Paraît, tout de suite après l'écrit signé par Bédard, celui de Louis-Marie Cadieux, *Observations sur un écrit intitulé Questions sur le gouvernement ecclésiastique du District de Montréal*. Dans *Pierre Bédard et ses fils*, Narcisse-Eutrope Dionne écrit que Mgr Plessis a chargé les abbés Charles-François Painchaud (Sainte-Anne de la Pocatière) et Cadieux de répondre à Chaboillez : « Les deux curés acceptent la tâche qu'on leur imposait, et chacun envoya son mémoire à l'évêque, qui donna la préférence à celui de M. Cadieux. » L'opuscule de Cadieux, après un long exposé théologique, se clôt sur ces paroles :

> Quant au mal incalculable que son écrit peut faire à la Religion de ce pays, auprès des ennemis du nom Catholique, nous le croyons sans remède. Nous rendons même à M. le Curé de Longueuil, la justice de croire que s'il l'eût prévu, il n'aurait pu se résoudre à cette

publication qui a été mal vue de ceux mêmes qui partagent ses opinions et qui sont bien loin d'être la majorité du Clergé du District de Montréal.

Les propos de Dionne concernant un « concours » entre les abbés Painchaud et Cadieux semblent cependant inexacts. Le 4 septembre 1823, Mgr Plessis écrit à Mgr Lartigue pour lui signaler que Cadieux avait commencé sa réfutation. Et surtout, dans une lettre au même destinataire le 30 décembre suivant, il dit que l'abbé Painchaud prépare un écrit, et que celui de Cadieux est mal imprimé. Ainsi, il n'y a pas eu de concours entre les deux, et le texte de Painchaud ne semble jamais avoir été publié.

Après la supercherie littéraire vient l'anonymat: ces *Observations* de l'abbé Cadieux ne sont en vérité pas signées du nom de leur auteur, ce qui conduit Chaboillez à écrire dans la *Gazette de Montréal*, le 10 janvier 1824, pour se plaindre de ces manigances mais, surtout, pour annoncer une réponse à venir:

> Le public, qui ne demande qu'à connaître la vérité, a droit d'attendre de moi une justification de mes principes et de ma conduite […]. Vous me mettez donc, dans la nécessité de prolonger cette discussion, et de réfuter les sophismes et les calomnies dont fourmillent vos observations et la lettre de votre digne collègue.

Sitôt dit, sitôt fait. Chaboillez récidive avec le quatrième et dernier pamphlet de cet échange pour le moins tendu: *Réponse de Messire Chaboillez, Curé de Longueuil à la lettre de P. H. Bédard; suivie de quelques remarques sur les « Observations » imprimées aux Trois-Rivières*, paru en février 1824. La discussion est encore à saveur théologique, certes, mais Chaboillez va même jusqu'à écrire que le rapport évêque-prêtre ne doit pas être celui de maître-esclave.

Ces contestations ne sont pas de simples feux de paille. Dans ses *Études historiques et légales sur la liberté religieuse en Canada*, parues en 1872, l'avocat Siméon Pagnuelo écrit: « Aussi jamais l'Église n'a couru, en ce pays, un aussi grand danger […], elle était menacée d'un schisme dans le district de Montréal. » Le dernier pamphlet de Chaboillez a d'ailleurs été un best-seller: 150 exemplaires vendus en une seule journée.

Ces attaques montrent l'impéritie censoriale du clergé. Les réponses de Mgr Lartigue et de l'abbé Cadieux constituent tout au plus des réprobations, et il est même étonnant qu'un dialogue ait été entrepris. À cette offensive anti-Chaboillez s'ajoute une pétition préparée par Mgr Lartigue contre les principes et le texte du curé de Longueuil. Le 25 décembre 1823, il écrit à Mgr Plessis qu'il songe à présenter aux prêtres de son district un désaveu accompagné de la traduction de la lettre du vicaire apostolique de Londres, Mgr William Poynter qui, mis au courant de l'histoire, écrit: « J'espère que le clergé et le peuple du District de Montréal et du Canada, voyant les tendances schismatiques des conclusions de l'auteur, se réunira pour en réprouver la publication. » La lettre de désaveu s'inspire de la même formulation: « Nous désavouons de plus tout ce qui a pu être écrit contre les dispositions des dits brefs et mandements, et spécialement le pamphlet sus-mentionné « Questions sur le Gouvernement ecclésiastique du District de Montréal », lequel nous désavouons très-expressément. »

Ce désaveu paraît peu de temps après le second pamphlet de Chaboillez, mais Mgr Plessis, dans une lettre à Cadieux (qui préparait une autre réfutation) le 9 mars 1824, dit s'inquiéter de la situation précaire: trois prêtres du district de Montréal ont rétracté leur signature, et d'autres suivront. La seule solution, ajoute-t-il, c'est de laisser mourir l'affaire. Dans *Le Spectateur canadien* du 10 avril 1824, P. H. Bédard répond longuement au deuxième pamphlet de Chaboillez; mais il ajoute, à la requête de son évêque, qu'il se retire du débat, « prenant pour toujours congé » de ceux qui essaieront de le poursuivre. Le 17 mai suivant, Mgr Plessis écrit à Augustin Chaboillez pour lui demander de faire des excuses à Mgr Lartigue, excuses qu'il ne fera pas, semble-t-il. En avril 1828, Mgr Bernard-Antoine Panet écrit à

Mgr Juliopolis, à la Rivière-Rouge : « On n'entend plus rien de Mr Chaboillez. »

Quand on sait avec quelle vigueur l'Église surveillera les écrits à compter du milieu du XIXe siècle, on mesure l'écart entre ce qui devait survenir à partir de l'arrivée de Mgr Ignace Bourget à la tête du diocèse de Montréal (1840) et les frasques de l'abbé Chaboillez. L'esprit de rébellion ne s'est pas manifesté que dans le contenu du pamphlet : le geste même de le soumettre à des avocats plutôt qu'aux autorités ecclésiastiques constitue à lui seul une infraction aux lois de l'Index*. La volonté de contrôle clérical apparaît nettement dépassée par l'ampleur des événements. Mgr Plessis considère qu'il s'agissait d'un mal irréparable d'avoir étalé sur la place publique pareilles discussions, mais jamais le clergé ne peut véritablement réprimer le mouvement de contestation. L'élaboration de stratégies de censure s'imposera bientôt, à la faveur du renforcement du pouvoir religieux ; mais ces déboires du clergé ne sont pas finis. Les activités de l'abbé François-Xavier Pigeon vont, à certains égards, dépasser l'audace qu'a manifestée Augustin Chaboillez.

Le curé de Saint-Philippe-de-Laprairie a non seulement publié des pamphlets contre Mgr Lartigue et Mgr Plessis, mais il a en plus censuré un mandement et fondé une imprimerie qui a grandement inquiété ses supérieurs. Les noms de Chaboillez et de Pigeon sont à cet égard inséparables.

Les années 1820 sont décidément pénibles pour Mgr Lartigue. Le 18 septembre 1822, celui-ci envoie à F.-X. Pigeon copie de son mandement « Pour la circonscription d'une nouvelle paroisse dans la seigneurie de Léry ». Mais le 30 septembre le curé de Saint-Philippe, s'opposant au démembrement de sa paroisse, répond catégoriquement : « Je n'ai point cru et ne crois pas encore devoir publier votre Mandement. » S'ensuit une correspondance acerbe, parfois spécieuse, où se trouve encore une fois contestée l'autorité de Mgr Lartigue. Mgr Plessis n'hésite pas à qualifier ce refus de rébellion inacceptable : « Quel rôle, mon cher Abbé, que celui d'un Prêtre qui se déclare en opposition contre ses Supérieurs légitimes ! Est-ce l'esprit de Dieu qui vous conduit en cela ? Ne serait-ce pas plutôt un esprit de vanité et d'indépendance ? »

Mais Pigeon s'entête, car publier ledit mandement serait « reconnaître l'Évêque de Telmesse pour l'Ordinaire du District de Montréal, surnommé inopinément *District Épiscopal*, sans savoir sur quelle autorité *civile* et ecclésiastique est fondé ce nouveau Titre [...]. » Le torchon brûle entre Mgr Lartigue et l'abbé F.-X. Pigeon. Le 1er mai 1825, Mgr Lartigue prévient Pigeon qu'il ne fera pas de visite pastorale dans sa paroisse. Pigeon s'insurge le 19 août suivant, dans lettre caustique, contre ce qu'il appelle un « coup d'autorité inouï jusqu'ici dans ce Diocèse », et dit comprendre que Mgr Lartigue veut ainsi punir son curé ; est-ce pour avoir pris parti pour ce que Pigeon lui-même appelle les « antitelmessiens » ? C'est du moins ce qu'il est possible de lire entre les lignes. Au terme de sa lettre, le curé de Saint-Philippe laisse même présager des mesures contre Mgr Lartigue, si ce dernier s'entête. Moyennant certaines conditions, l'évêque se résout enfin à rendre visite à Pigeon.

Pour comble, Pigeon a décidé entre-temps de fonder une imprimerie à Saint-Philippe. Mgr Lartigue écrit à Mgr Plessis, le 5 novembre 1823, qu'on peut soupçonner que les produits de cette presse seront dangereux. Il ajoute que les membres « de cette cabale » auraient dû être arrêtés dans leur projet dès le début. Il voudrait empêcher Pigeon de se livrer à pareilles activités, mais ne sait comment s'y prendre pour museler un imprimeur qui produit des documents dirigés contre les évêques.

Les productions de cette imprimerie posent problème à des autorités religieuses passablement ébranlées par l'affaire Chaboillez. En fait, en janvier 1826, Pigeon écrit à Mgr Panet : « Voilà douze ouvrages différents que nous avons imprimés, formant environ 5000 exemplaires. » Dans cette même lettre, il demande à l'évêque « d'honorer [son] imprimeur [Joseph Hébert] du titre d'*Imprimeur de Monseigneur l'Évêque et du Clergé*; et je désire que tout livre qui sortira de mon imprimerie ait l'approbation de V. G. ou d'un de vos Grands Vicaires ». Mgr Panet lui répond qu'il ne patronne pas l'imprimerie, mais que Pigeon peut tout de même conduire son commerce – qui fonctionnait de toute façon depuis 1823 – à la condition que les ouvrages soient « préalablement approuvés par les supérieurs ecclésiastiques. » Or, Pigeon fait immédiatement publier la seule partie de cette lettre qui donne le feu vert à l'imprimerie, donnant ainsi l'impression que Mgr Panet prête son nom à un tel commerce. Dans une réaction vive, ce dernier lui conseille de retirer cette circulaire. Perspicace, Pigeon rétorque qu'il ne répondra même pas à pareille requête : « Le fond n'est pas de vous. » Mgr Lartigue se profile en effet derrière ces recommandations : deux mois plus tôt, l'évêque de Telmesse avait écrit à Pigeon pour lui rappeler que tout ce qui émanait de la presse de Saint-Philippe devait être soumis à la censure ecclésiastique et que, au surplus, les saints canons défendaient à tout prêtre d'exploiter un tel commerce. Il voulait en outre avoir la preuve que Pigeon n'était pour rien dans cet établissement d'une imprimerie. Pour tout dire, l'opinion de Mgr Lartigue est sans appel : ce commerce est illicite, écrit-il le 8 mai 1826 à Mgr Panet qui lui-même, quatre jours plus tôt, avait jugé ce commerce acceptable.

De son côté, Pigeon souhaite, en sus de ses livres, imprimer un journal religieux, *L'Ecclésiastique*. Mgr Panet ne voit pas ce projet d'un bon œil, témoin cette lettre à Mgr Lartigue, datée du 2 décembre 1826 : « Je ne suis pas encore déterminé sur ce que je dois faire, soit en ne répondant pas, soit en lui disant des vérités toutes nues. » Mgr Panet parle en ce cas d'une requête de Pigeon lui demandant de se mettre à la tête des souscripteurs de *L'Ecclésiastique*, gazette de Saint-Philippe. Le nom *L'Ecclésiastique* n'est pas autorisé; néanmoins, selon Jean-Jacques Lefebvre, le journal parut sous le libellé de *Gazette de Saint-Philippe*, en 1826-1827, journal qui semble aujourd'hui introuvable. Mais la chronologie des événements conduit à penser encore une fois que Pigeon s'est peu préoccupé de l'approbation de son évêque. En effet, s'il demande à Mgr Panet d'appuyer son journal, le 2 décembre 1826, ce même mois *La Bibliothèque canadienne* communique, avec comme en-tête *L'Ecclésiastique*, le prospectus « d'une *Gazette religieuse*, qui doit se publier au commencement du mois prochain, s'il y a assez de souscripteurs. » Le journal de l'abbé Pigeon s'y définit résolument comme religieux et dit avoir « le mérite d'être le premier établissement en ce genre qui ait été fait jusqu'ici en Canada ». Aucun nom de propriétaire ou d'imprimeur n'est donné, et pour s'abonner l'on doit se présenter chez le libraire Édouard-Raymond Fabre à Montréal. L'imprimerie de Pigeon continue ses activités jusqu'en 1829 : en sortent une douzaine de documents, tous inoffensifs, à l'exception de deux opuscules livrant la correspondance entre Pigeon et ses supérieurs lors de conflits importants : *Correspondance entre l'évêque de Telmesse et le curé de Saint-Philippe* (1825?), et qui porte sur la visite pastorale refusée et le démembrement de sa paroisse; et *Rapports entre le curé de Saint-Philippe et Monseigneur de Québec* (1826?), qui traite surtout de l'autorisation de son imprimerie.

Cet épisode se termine comme celui de Chaboillez : par l'usure. On laisse le curé de Saint-Philippe s'occuper de son imprimerie; mais surtout, on évite les coups d'éclat qui pourraient éclabousser davantage un clergé déjà fort ébranlé. Leurs réactions respectives portent d'ailleurs à croire que Mgr Panet et Mgr Lartigue n'ont pas fait corps face à cette affaire. Mgr Panet écrit à Pigeon pour lui dire que son commerce est acceptable, mais que ce qui en sort doit recevoir l'approbation de Mgr Lartigue; en revanche, Mgr Lartigue lui refuse l'approbation des *Sages conseils* tant que Pigeon n'aura pas prouvé qu'il n'est pour rien dans le commerce de cette imprimerie. L'affaire se tasse pourtant. Lors d'une visite en 1828, Mgr Lartigue se félicite des prêtres qu'il a rencontrés, en particulier Chaboillez et Pigeon.

De cette tourmente surgit d'abord une prise de conscience, puis l'élaboration d'une stratégie censoriale, qu'il reviendra à Mgr Ignace Bourget de mettre en œuvre. Les pamphlets de Chaboillez et les activités de Pigeon ont bien mis en relief, aux yeux du clergé, l'importance des journaux et de l'imprimé en général dans la diffusion des idées. Mgr Lartigue a-t-il pris conscience du contrôle de la presse à partir de ce moment? La chose est bien possible, si l'on en juge par les projets qui ont suivi.

Le 28 juillet 1828, Mgr Lartigue amorce une série de demandes à Mgr Panet au sujet d'un journal ecclésiastique qui manque depuis longtemps aux Canadiens français, alors que les autres « sectes » ont les leurs. Mais l'évêque de Québec lui répond que le temps n'est probablement pas venu pour une telle entreprise, et qu'il serait difficile de trouver quelqu'un pour s'en occuper. Quatre ans plus tard, le 11 février 1832, Mgr Lartigue revient à la charge :

> Je voudrais savoir d'une manière définitive si, quoique vous ne vouliez pas prendre part à l'œuvre du Journal ecclésiastique, vous n'avez aucune objection à ce que je me mette à la tête de ce projet afin de le diriger pour le plus grand bien ; car je ne voudrais pas aller en cela contre votre volonté, non plus qu'en toute autre chose qui concerne votre diocèse.

Cette fois, Mgr Panet refuse carrément, et il ne croit pas que Mgr Lartigue, vu son manque de modération, puisse même en assurer la direction. Le projet avorte, mais Mgr Lartigue aura au moins essayé. Il écrit au curé de Saint-Eustache, Jacques Paquin, le 17 mars 1832 : « Je me lave les mains par rapport aux conséquences ; car ma conscience me rend témoignage que j'ai fait ce qui dépendait de moi, après quoi tout est dit. »

La presse n'est qu'un organe, un moyen dont la fin semble être le pouvoir, mot qui apparaît sous la plume de Mgr Lartigue en 1832, au moment où le projet est sur le point de faire naufrage : les évêques, faute d'appuyer le journal, se privent « d'une arme qui aurait pu leur assurer un grand pouvoir », écrit-il à Mgr Panet le 24 janvier 1832. Un mois plus tard, le 20 février, le mois même où il essuie un refus définitif de la part de son évêque, Mgr Lartigue lui écrit : « Quel avantage pour la religion si l'évêque avait un aussi puissant moyen pour former et maîtriser l'opinion publique, et la faire tourner au profit de l'Église ! »

Toute la correspondance de Mgr Lartigue manifeste, entre 1828 et 1839, un souci aigu de l'importance de l'imprimé, qui n'est cependant pas partagé par Mgr Panet et Mgr Signay ; l'ère de l'innocence, pourtant, est révolue. Chaboillez et Pigeon ont fait apparaître la nécessité d'une presse religieuse appuyée par un contrôle des lectures. Mais l'impuissance persiste, car Mgr Lartigue n'a pu qu'élaborer des projets qui n'ont jamais vu le jour. Par contre, celui qui a longtemps été son secrétaire et qui, on peut aisément le présumer, s'est pénétré des vues de son évêque, jettera les bases de la censure de l'imprimé : Mgr Ignace Bourget mènera à sa pleine réalisation la volonté de son prédécesseur, entre autres en fondant *Les Mélanges religieux* dès son arrivée au pouvoir et en établissant L'œuvre des bons livres en 1844. *Pierre Hébert*

BÉDARD, Pierre Hospice [Mgr Jean-Jacques Lartigue], *Lettre à M. Chaboillez, Curé de Longueuil, relativement à ses questions sur le gouvernement ecclésiastique du district de Montréal*, Montréal, James Lane, 1823, 40 p ; [CADIEUX, Louis-Marie], *Observations sur un écrit intitulé Questions sur le gouvernement ecclésiastique du District de Montréal, Par un Prêtre du Diocèse de Québec*, Trois-Rivières, Ludger Duvernay, 1823, 32 p. ; CHABOILLEZ, Augustin, *Questions sur le gouvernement ecclésiastique du district de Montréal*, Montréal, de l'Imprimerie de Thos. A. Turner, 1823, 40 p. ; *Réponse de Messire Chaboillez, Curé de Longueuil, à la lettre de P. H. Bédard ; suivie de quelques remarques sur les « Observations » imprimées aux Trois-Rivières*, Montréal, Imprimé par T. A. Turner, 1824, 70 p. ; [PIGEON, François-Xavier], *Correspondance entre l'évêque de Telmesse et le curé de Saint-Philippe au sujet de sa visite en 1824 & 1825*, [s.l., s.é., s.d.(1825?)], 25 p. ; *Rapports entre le curé de Saint-Philippe et Monseigneur de Québec*, [s.l., s.é., s.d. (1826?)], 10 p.

HÉBERT, Pierre, « Le clergé et la censure de l'imprimé au Québec : les années décisives (1820-1840) », *Voix et images*, XV, 2 (hiver 1990) ; *RAPQ*, 1928-1929 ; 1932-1933 ; 1933-1934 ; 1935-1936 ; 1941-1942 ; 1942-1943 ; 1944-1945 ; 1945-1946.

▶ Pseudonymie

QUIET DAYS IN CLICHY
(STILLE DAGE I CLICHY, JOURS TRANQUILLES À CLICHY)

Jens Jorgen Thorsen (1932-2000) • Film retiré à la suite de pressions politiques (1970)

Durant la décennie 1930, l'écrivain américain Henry Miller (1891-1980) mène une vie de bohème à Paris. De retour aux États-Unis en 1940, fauché, il accepte d'écrire des récits érotiques (à 1 $ la page) pour un nabab du pétrole. En 1956, il rassemble et remodèle quelque peu ces histoires à forte teneur autobiographique et il les publie, à Paris parce qu'il est impossible de le faire dans son pays, sous le titre de *Quiet Days in Clichy*. Jens Jorgen Thorsen, un réalisateur danois, les transpose au grand écran en 1970, avec des audaces encore inédites dans le réseau grand public des salles. Le film reflète exactement l'esprit et la sensualité du romancier. Pour le critique Luc Perreault (*La Presse*, 10 octobre 1970), on assiste à « Une étape dans l'escalade de l'érotisme au cinéma ».

Le Bureau de surveillance du cinéma refuse la version anglaise le 5 juin 1970 en expliquant : « De l'avis du jury en première instance, la prudence ne permet pas la délivrance du visa sans une étude beaucoup plus approfondie, en raison de la nouveauté et de la hardiesse de cet ouvrage par rapport aux films visés jusque-là. » Trois mois plus tard, le 21 septembre, il l'autorise avec le visa « 18 ans ». Le film prend l'affiche le 9 octobre dans deux salles spécialisées dans le cinéma de répertoire (Festival et Cinema V) et il est reçu plutôt défavorablement par la critique, qui passe par-dessus la recherche esthétique pour souligner son caractère « pornographique », surtout dans les périodiques comme *Le Petit Journal*, *La Patrie*, *Photo-Police* qui multiplient les photos et les descriptions de scènes aguichantes. Pour *Le Nouveau Samedi* (24 octobre 1970), il est « LE SEUL DONT ON PUISSE DIRE QU'IL EST UN FILM COCHON » [sic], mais l'article, non signé, se termine ainsi : « Il est possible que les gardiens officiels de la morale bourgeoise crient au scandale, ce serait dommage et extrêmement ridicule. Il faut souhaiter qu'il soit également apprécié à cause de son originalité, de sa vitalité, de son charme et de son extraordinaire liberté. » Pour l'Office [catholique] des communications sociales : « Cette production bâclée se réduit à une accumulation de scènes d'obscénité*. »

Quelques jours plus tard se déclenche la crise d'Octobre 70* et l'attention se porte bien ailleurs que sur le cinéma. Pourtant, *Quiet Days in Clichy*, à mesure qu'il est vu, entraîne de plus en plus de réactions négatives envers le Bureau de surveillance. Le 28 octobre, le ministre des Affaires culturelles, François Cloutier, exprime par lettre à André Guérin* les « inquiétudes que [soulève le film] en certains milieux de police ». D'autres personnes interviennent au bureau du premier ministre Robert Bourassa pour faire interdire le film. Par téléphone à Guérin, Cloutier lui demande de retirer le film en raison de la conjoncture politique. Le 5 novembre, le Bureau annule le permis et son président s'en explique ainsi par un communiqué de presse reproduit dans tous les quotidiens :

> [...]
> Fidèle à sa politique ouverte de dialogue avec le public, le Bureau de surveillance n'hésite pas à informer la population que c'est le Bureau lui-même qui a fait procéder au retrait des deux copies du film de nationalité danoise. Des raisons tout à fait exceptionnelles sont à l'origine de cette décision sans précédent dans les annales du Bureau depuis sa réforme de 1963.
> Le Bureau précise que des représentations énergiques ont été faites auprès du gouvernement québécois à l'encontre de la projection de cet ouvrage cinématographique. Pour sa part, le gouvernement québécois, respectueux de l'autonomie de la Commission de sur-

Extrait d'une bande dessinée intitulée « Pornographie » et qui occupe toute une page de *Québec-Presse* le 29 novembre 1970. La querelle devient une guerre civile et le dernier dessin montre le premier ministre du Canada Pierre Elliott Trudeau affirmant que *Quiet Days in Clichy* était la preuve qui justifiait les mesures de guerre.

veillance, a transmis ces représentations au président du Bureau, M. André Guérin.

Constatant qu'il y avait risque de débat pénible en raison du climat de grand dérangement que connaît en ce temps-ci la société québécoise, le président du Bureau, conformément à la Loi, a préféré rappeler le film pour examen.

Lorsqu'un film est ainsi rapporté au Bureau, la Commission, au terme d'une nouvelle évaluation, peut maintenir le visa déjà accordé, le retirer ou en accorder un nouveau. Il va de soi que le Bureau ne sera en mesure d'entreprendre cette nouvelle étude que lorsque la tension actuelle se sera dissipée et que les esprits auront retrouvé leur sang-froid.

D'où venaient ces « représentations énergiques » auprès du gouvernement ? Les journalistes demandent des noms, que les autorités ne révèlent évidemment pas. La rumeur circule, avalisée par *Le Devoir* (10 novembre), que le maire Jean Drapeau, en campagne pour sa réélection, en serait l'auteur puisque le flambeau de la moralité a toujours contribué à ses succès électoraux. Le 12 novembre, *La Presse* publie un communiqué signé par 16 personnalités du milieu cinématographique (cinéastes, critiques, directeurs de la cinémathèque) qui se demandent au nom de quels critères le censeur peut « justifier cette discrimination arbitraire entre citoyens réputés égaux en droit » et ils demandent au Bureau « de faire la preuve de l'autonomie que lui reconnaissent ses statuts en rapportant sans délai cette mesure d'interdiction injustifiable ». Deux semaines plus tard, les six grandes associations professionnelles (l'Association canadienne des distributeurs indépendants de films d'expression française ; l'Association des producteurs de films du Québec ; l'Association professionnelle des cinéastes du Québec ; le Syndicat général du cinéma et de la télévision ; le Syndicat national du cinéma et l'Union des artistes de Montréal) réclament la même chose (*The Gazette*, 27 novembre).

Presque deux ans plus tard, le 15 septembre 1972, alors que *I, a Woman** vient d'être acquitté de l'accusation d'obscénité par la cour, le film de Thorsen revient à l'affiche, dans les deux mêmes salles, en version française (*Jours tranquilles à Clichy*) dans celle de l'est de Montréal, car le 5 septembre 1972, le Bureau a émis ce communiqué, où les euphémismes ne manquent pas :

> On se souvient que le film *Quiet days in Clichy* avait dû être retiré de l'affiche à la demande du président du Bureau de surveillance du cinéma le 5 novembre 1970, à un moment où le Québec connaissait un climat de grand dérangement.
> Comme on avait prétendu que l'opinion publique était perturbée par ce film, le Bureau, au cours des deux années qui ont suivi, a observé avec la plus grande attention les moindres fluctuations du consensus social. Il a constaté de nouveau qu'un film comme *Quiet Days in Clichy* n'était pas de nature à heurter le consensus collectif. Au reste, le Bureau a accordé, au cours de ces deux années, le visa à toutes sortes de films nettement adultes sans que jamais leur projection ne soulève d'émotions inusitées.
> Étant persuadé que la population québécoise est pleinement satisfaite de la législation qui régit le contrôle des films et de son application par le Bureau de surveillance, le président, monsieur André Guérin, a ordonné un nouvel examen du film *Quiet Days in Clichy* au terme duquel le Bureau de surveillance du cinéma s'est prononcé en faveur du maintien de la décision initiale de lui accorder le visa. En conséquence, le film peut reprendre son exploitation normale.

L'odeur de scandale flottant encore, beaucoup de spectateurs viennent le visionner. On s'émeut encore en haut lieu. La rumeur veut que la police de Montréal s'apprêterait à intervenir pour saisir le film. Le 19 septembre, la ministre des Affaires culturelles, Claire Kirkland-Casgrain, demande à Guérin de justifier la décision du Bureau. Celui-ci évoque l'évolution des mœurs et les récentes décisions des tribunaux en matière de pornographie. Il ne satisfait pas la politicienne, qui a récemment reçu une lettre de l'Office des communications sociales (représentant la voix officielle de l'Église* catholique) se plaignant du classement laxiste de beaucoup de films, et qui lui écrit le 23 octobre :

> On a du mal à concevoir comment le Bureau peut défendre la décision qu'il a prise. L'évolution des mœurs n'a sûrement pas été si rapide que les motifs qui avaient déterminé le retrait de cet ouvrage en 1970 aient disparu en deux ans ; cette période est trop courte pour permettre l'identification objective d'une telle évolution des mœurs du public.
> Le dossier de *Quiet Days in Clichy* peut donc inciter l'observateur à se demander sérieusement si le jugement du Bureau est toujours exempt d'arbitraire.
> De façon générale, on peut observer que des films de plus en plus licencieux, pour ne pas dire graveleux, sont montrés dans les salles de cinéma du Québec. Il y aurait lieu, par exemple, d'évoquer ici *Les hôtesses de l'air*.
> Le Bureau de surveillance met, à mon avis, tellement d'empressement à suivre l'évolution des mœurs qu'il lui arrive de la devancer ou d'y concourir. Est-ce bien là son rôle ?
> En d'autres termes, l'attitude de complaisance qui est celle du Bureau n'est pas nécessairement dans l'intérêt public et elle risque d'amener cette institution en contradiction avec les dispositions de la loi qui doivent le guider dans ses jugements.
> Ce qui s'est produit dans le cas de *Quiet Days in Clichy* m'a ainsi placée dans l'obligation d'attirer votre attention sur les devoirs du Bureau de Surveillance du cinéma et sur les principes qui doivent guider ses jugements. Il est absolument nécessaire d'éviter que les décisions du Bureau n'aient pour effet pratique de sanctionner la diffusion de films obscènes et pornographiques.
> Sans ramener le Québec dans une moralité étroite, j'ai l'intention de m'opposer aux abus croissants qui se manifestent dans l'exploitation de films qui sont nettement de nature à abaisser le niveau moral du public.

Dans une longue réponse de huit pages, le 1er décembre, Guérin revient sur les récentes décisions de la cour et affirme qu'il y a très peu de gens qui se plaignent des décisions du Bureau, dont on dit d'ailleurs du bien partout (même Federico Fellini aurait dit : « C'est un des rares bureaux de censure qui soit intelligent ») et qui inspire d'autres législations. Des juges lui auraient confié que *Quiet Days in Clichy* ne pourrait être condamné en vertu du Code criminel. Il ne reprend pas l'accusation de devancer l'évolution des mœurs, simplement parce qu'il ne s'est jamais caché de vouloir le faire, considérant le besoin de rattrapage de la société québécoise.

Dans ce genre de conflits, politiciens et évaluateurs du cinéma se réclament de l'opinion publique. Aucune enquête sérieuse ne vient départager les options des uns et des autres en ces matières qui mettent en jeu morale et permissivité. La question reste ouverte. Habituellement, et c'est le cas pour *Quiet Days in Clichy* en 1972, les hostilités cessent rapidement parce que les autorités politiques s'engagent dans d'autres dossiers et que la carrière du film litigieux s'épuisant rapidement, personne n'en parle plus. André Guérin, de son côté, se réjouit d'avoir remporté une autre petite victoire sur l'intolérance.

En 1990, Claude Chabrol réalise, sous le titre de *Jours tranquilles à Clichy*, une version tellement pudique du même récit de Miller que la Régie du cinéma la classe «13 ans+» et que la critique la déclare insignifiante. La bohème française d'Henry Miller dans les années 1930 n'intéresse plus que les historiens de la littérature. *Yves Lever*

ANQ-M, fonds Régie du cinéma, E 188, fiches des films, correspondance du Bureau de surveillance du cinéma; *Recueil des films*, 1970; Régie du cinéma, Répertoire des films sur le site Web; TAJUELO, Telesforo, *Censure et société; un siècle d'interdit cinématographique au Québec*, 1998.

◉ **Politique (censure); Régie du cinéma**

R

RAPPORT RÉGIS
 Comité provisoire pour l'étude de la censure du cinéma dans la province de Québec

« RAPPORT BOYER »
(RAPPORT DE LA COMMISSION ROYALE CHARGÉE DE FAIRE ENQUÊTE SUR L'INCENDIE DU « LAURIER PALACE » ET SUR CERTAINES AUTRES MATIÈRES D'INTÉRÊT GÉNÉRAL)

Un rapport officiel qui conteste une partie de la censure et qui est contesté à son tour (1927)

Le 9 janvier 1927, un incendie au cinéma Laurier Palace, dans l'est de Montréal (rue Sainte-Catherine, coin Dezery), cause la mort de 78 enfants. L'émotion est vive, le chagrin immense, avivé par des funérailles collectives. Les médias consacrent des dizaines de pages à l'événement. La lutte du clergé catholique contre le cinéma s'intensifie et atteint son pic. De « corrupteur », le cinéma devient « meurtrier », selon le titre de la plaquette que le père Joseph Papin Archambault publie en février dans L'œuvre des Tracts (*Parents chrétiens, sauvez vos enfants du cinéma meurtrier*). De tous bords, on cherche des coupables et on presse l'État d'intervenir.

Une loi du 1er avril 1927 crée une commission royale d'enquête pour s'enquérir de tout ce qui concerne la catastrophe. Le lendemain, un arrêté en conseil nomme le juge Louis Boyer de la Cour supérieure commissaire-enquêteur. Boyer est déjà connu comme esprit libre. Son mandat consiste à établir précisément les causes de l'incendie du cinéma, à dégager les responsabilités diverses et à proposer des mesures pour éliminer ce type d'accident. L'enquête débute le 26 avril et se poursuit jusqu'au 30 juin, avec beaucoup d'accrochages, Boyer refusant au début d'entendre des représentants d'associations catholiques intéressés à discuter de la moralité du cinéma plutôt que du sujet même de la catastrophe. Le 3 juin, à la suite de nombreuses pressions cléricales auprès du premier ministre Louis-Alexandre Taschereau, celui-ci lui donne par écrit « instructions d'élargir quelque peu le cadre de votre enquête, pour la faire porter sur le côté moral des représentations cinématographiques », requête plutôt surprenante car il ne s'agit plus ici de loi, mais de morale et de philosophie. Le rapport que Boyer livre le 25 août révèle un caractère indépendant, avec un ton rare à l'époque. Au-delà des conclusions juridiques, il constitue un remarquable document pour apprécier l'absence d'unanimité de pensée dans la société et même à l'intérieur de l'Église*. Il discute sérieusement de questions morales en s'appuyant, ce qui ne manque pas d'ironie dans le contexte, sur des citations bibliques.

Dans le langage *ad hoc*, le rapport fournit à l'État les réponses aux questions posées : c'est la panique, et non le feu (causé par la négligence d'un inconnu) qui est responsable de la mort des enfants ; il n'y a pas de responsabilité criminelle dans l'événement ; la sécurité est en général assurée dans les salles et les lois sont suffisantes, sauf sur quelques points de détail, mais elles sont d'application difficile, et partant souvent violées, surtout celle qui permet l'entrée aux enfants de moins de 16 ans s'ils sont accompagnés d'un adulte responsable. Les témoins entendus se sont prononcés à la majorité en faveur de l'exclusion des moins de 16 ans en tout temps dans les salles, mais contre l'interdiction des représentations le dimanche ; il en fait donc des recommandations, mais on sent que c'est à contrecœur qu'il chasse les enfants des salles ; en contrepartie, il souhaite la présence du cinéma dans les écoles. Il concède aussi que l'affichage et la publicité* dans les journaux devraient être censurés par la province et non par les municipalités. Finalement, il conclut laconiquement : « Le cinéma, généralement parlant, n'est pas immoral. »

Avec délicatesse, parfois avec humour et beaucoup de finesse, mais avec vigueur, Boyer ne se gêne pas pour signaler que plusieurs témoins entendus n'expriment, par obéissance à leur pasteur ou « par respect pour l'archevêque », que l'opinion qu'on leur a demandé de présenter alors qu'ils pensent différemment. Il constate chez beaucoup de témoins entendus une vraie peur de donner des opinions personnelles. Il va même jusqu'à parler d'« influence indue » de la part de certains membres du clergé. Il note les contradictions entre les principes affichés par des sociétés catholiques et la pratique des membres, même celle des dirigeants, qui trouvent le cinéma intrinsèquement mauvais mais qui y assistent régulièrement ; il leur oppose le « désir des ouvriers » en tant que groupe majoritaire et qui devrait avoir préséance sur ce que disent les élites. Quant aux enquêtes dont se prévalent les clercs, il n'y voit rien de sérieux parce qu'elles souffrent de partialité et que les conclusions sont prédéterminées par les préjugés. Il demande :

> Pourquoi notre population devrait être plus catholique que tous les autres catholiques et devrait se ranger avec les autres provinces du Dominion, dernier refuge du puritanisme dans le monde entier, et où l'esprit est tellement étroit qu'on y arrête les enfants qui jouent au tennis le dimanche. « Ne te crois pas trop juste et ne te fais pas trop sage : pourquoi te perdrais-tu ? » dit l'Ecclésiaste.

Il se permet d'ironiser sur le fait que la Société Saint-Jean-Baptiste, toute dévouée à l'archevêque, garde quand même les deux salles qu'elle possède ouvertes le dimanche. À ceux qui suggèrent comme alternative au cinéma les activités de plein air et la lecture, il rétorque : où sont les terrains de jeux et les bibliothèques ? Réalistement, il constate :

> On peut dire aussi que le cinéma est le spectacle du pauvre et les spectacles, depuis les temps les plus reculés, ont toujours été en honneur surtout chez le peuple, auquel ils font oublier sa misère. C'est bien beau pour ceux qui vivent grassement, ne font presque rien la semaine et pour ceux qui jouent au golf, au tennis, qui se promènent en voiture ou en auto, de s'opposer à ce que les travailleurs prennent la distraction qui leur plaît le dimanche, mais à moins d'être un saint, on ne peut prier toute la journée, et on sent le besoin de se récréer le seul jour où l'on est libre, pour oublier le labeur dur, monotone et souvent abrutissant de la semaine et reprendre l'ouvrage avec un peu plus de cœur le lundi.

Quant à la moralité du cinéma, « question bien délicate », posée uniquement par les autorités religieuses qui voient trop de baisers, de séduction, d'amour libre, d'adultères, de concubinage, de divorces, de cabarets, de meurtres, etc., Boyer invite à tenir compte de la manière dont ils sont traités car, ironise-t-il, à ne s'en tenir qu'aux sujets, il faudrait bannir « les Saintes Écritures » où tout cela se trouve sous forme de récits, et il en cite des dizaines de cas. Il faudrait aussi éliminer presque tous les

C'est la fin du refrain d'*Il fallait des anges au paradis* que Louis-Roméo Beaudry compose peu après l'incendie du Laurier Palace et qu'interprète Hercule Lavoie. La chanson fait partie de la collection numérique de la Bibliothèque nationale.

chefs-d'œuvre de la littérature. Il rappelle que «les mœurs varient avec les temps et les lieux». Pour lui,

> Sans être moraliste, nous croyons qu'un spectacle est moral du moment que la vertu et la bonne conduite sont à l'honneur et que, la mauvaise conduite et le vice sont condamnés et montrés comme un danger, et cela suppose que l'agencement du spectacle ne soit pas tel que les scènes de vices et de mauvaises conduites fassent oublier la morale.

Cette position traditionnelle invite toutefois à tenir compte de «l'agencement du spectacle», donc de l'esthétique, si nous employons un terme plus moderne. Si le juge reconnaît que la censure est efficace en général, il lui décroche un reproche cinglant : elle «pourrait être exercée d'une manière plus intelligente». Car les censeurs effectuent souvent des coupures qui falsifient le sens et peuvent même suggérer davantage que ce que le film montre en réalité. Il ne va toutefois pas jusqu'à évoquer le droit à l'intégrité de l'œuvre d'art, exigence qui ne sera reconnue que 35 ans plus tard.

Dès la publication, la diversité des réactions n'étonne pas, l'idéologie des journaux et revues étant bien connue. Sans surprise, on lit dans *Le Soleil* (31 août) que «l'argumentation servie dans le rapport est admirable de clarté, de précision et de sens commun»; dans *Le Canada* (31 août et 1er septembre), qu'il «est empreint d'une grande modération» et qu'il «devrait satisfaire tous ceux qui sont intéressés à l'affaire». À l'opposé, *Le Devoir*, *L'Action catholique* et la *Semaine religieuse* (1er et 2 septembre) contre-attaquent et multiplient les articles et les lettres de lecteurs où l'essentiel consiste à réaffirmer l'autorité de l'Église et le devoir des citoyens de se conformer à ses décisions.

Ce rapport et ses suites illustrent bien le climat malsain qui règne dans les rapports entre la société civile et l'Église qui s'arroge, de droit divin, le pouvoir d'exiger des lois qui n'ont de sens que dans la pratique religieuse et qui tendent surtout à maintenir une autorité en train de se dissoudre. Il invite à une liberté d'expression que les autorités religieuses ne sont pas encore prêtes à reconnaître, de la même façon qu'elles feignent d'ignorer que le bon paroissien qui accepte de signer la pétition anti-cinéma que lui tend son curé à la fin de la messe ne se privera pas de son film quelques heures plus tard.

Les recommandations du rapport deviennent loi le 28 mars 1928. Les catholiques perdent définitivement leur espoir de voir le cinéma interdit le dimanche, mais ils ont obtenu que tous les enfants de moins de 16 ans en soient privés en tout temps dans les salles publiques et que toute la publicité des films soit dorénavant censurée. *Yves Lever*

Rapport de la Commission Royale chargée de faire enquête sur l'incendie du «Laurier Palace» et sur certaines autres matières d'intérêt général, 1927 ; HARBOUR, Adélard, *Le Rapport Boyer sur le cinéma : quelques appréciations et commentaires*, Montréal, L'œuvre des tracts, no 100, 1927.

▶ «L'art et la morale»; Loi du cinéma

RAPPORTS ENTRE LE CURÉ DE SAINT-PHILIPPE ET MONSEIGNEUR DE QUÉBEC

François-Xavier Pigeon • Brochure de l'abbé Pigeon attaquant Mgr Lartigue (1826)

▶ *Questions sur le gouvernement ecclésiastique du District de Montréal*

LES RAQUETTEURS

▶ Groulx, Gilles

RASHOMON

Akira Kurosawa (1910-1998) • Film légèrement coupé par le Bureau de censure (1952)

Lorsque *Rashomon* (1950) est honoré d'un Oscar à Hollywood et d'un Lion d'or au Festival de Venise, non seulement révèle-t-il un grand cinéaste, mais il manifeste d'une façon éclatante un cinéma japonais nouveau qui met en jeu une problématique de la communication humaine tout à fait moderne.

Dans le récit, quatre témoignages au sujet d'un fait divers, l'assassinat d'un samouraï et le viol de sa femme par un bandit, comportent assez de divergences pour laisser entendre que la vérité est toujours inaccessible. Dans sa facture comme dans sa conclusion, il n'est pas sans évoquer *Citizen Kane* d'Orson Welles.

Quand *Rashomon* arrive à Montréal, en 1952, sous-titré en anglais, il jouit déjà d'une critique universellement favorable et il ne semble avoir été censuré nulle part. Le Bureau de censure l'accepte le 21 mars 1952 avec les modifications mineures suivantes (38 secondes, sur 90 minutes) à la fin de la 2e bobine :

> Couper à partir du moment pendant le baiser où la femme n'offre plus de résistance et reprendre à la scène montrant le soleil à travers les feuilles.
>
> Couper à la scène du baiser jusqu'à la scène où l'on voit le bandit rire.
>
> (Cette coupure élimine l'endroit où la femme échappe le poignard et la scène de la main sur l'épaule démontrant son consentement).

Ces coupures n'enlèvent rien à la signification générale de l'œuvre. Toutefois, l'indication « en suspens » sur la fiche laisse supposer que pendant deux semaines le censeur s'est interrogé sur la possibilité de refuser le film, probablement à cause de sa conclusion au sujet de la vérité.

De son côté, le *Ciné-service* de l'Action catholique du diocèse de Montréal lui accorde la cote « Adultes, avec réserves », mais, paradoxalement, il le place dans sa liste de propositions pour les ciné-clubs, lesquels regroupent beaucoup d'adolescents.

Quand une copie de *Rashomon* revient à la censure le 18 novembre 1960, elle se voit imposer les mêmes coupures qu'en 1952, car les mêmes censeurs sont encore à l'œuvre. L'Office catholique lui attribue encore une cote restrictive : « La figure noble du bonze et la note d'espoir de l'épilogue sont à l'actif du film. Des scènes imprégnées de sensualité motivent toutefois des réserves. »

Finalement, le 22 juin 1971, le film intégral bénéficie de la cote « Pour tous ». *Yves Lever*

ANQ, fonds Régie du cinéma, E 188, fiche du film ; Fédération des centres diocésains du cinéma, *Index de 6000 titres de films avec leur cote morale (1948-1955)*, 1955

REFUS GLOBAL

Manifeste des automatistes qui entraîne de lourdes conséquences pour son auteur, Paul-Émile Borduas (1948)

Le 9 août 1948 paraît en librairie le manifeste *Refus global* dont l'essai principal, d'une quinzaine de pages, est du peintre Paul-Émile Borduas (1905-1960). Le recueil comporte aussi des œuvres dramatiques du poète Claude Gauvreau, des textes de Françoise Sullivan, Bruno Cormier et Fernand Leduc. À ces noms s'ajoutent ceux des autres signataires : Madeleine Arbour, Marcel Barbeau, Pierre Gauvreau, Muriel Guilbault, Marcelle Ferron–Hamelin, Thérèse Leduc, Jean-Paul Mousseau, Maurice Perron, Louis Renaud, Françoise Riopelle et Jean-Paul Riopelle.

La couverture de cette publication ronéotypée à 400 exemplaires est conçue par Jean-Paul Riopelle et Claude Gauvreau. L'ironie de l'histoire veut que ce soit la Librairie Tranquille qui propose au public ce texte incendiaire, pour 1 $ pièce. Borduas y dénonce l'oppression que l'Église* catholique fait peser sur les consciences et le nationalisme de droite qui sévit dans le discours politique du temps, tout en prenant d'ailleurs ses distances avec le mouvement communiste. « Au diable le goupillon et la tuque ! » peut-on y lire, en compagnie de déclarations chocs comme celles-ci

> PLACE À LA MAGIE !
> PLACE AUX MYSTÈRES OBJECTIFS !
> PLACE À L'AMOUR !
> […]
> Au terme imaginable, nous entrevoyons l'homme libéré de ses chaînes inutiles, réaliser dans l'ordre imprévu, nécessaire de la spontanéité, dans l'anarchie resplendissante, la plénitude de ses dons individuels.
> D'ici là, sans repos ni halte, en communauté de sentiment avec des assoiffés d'un mieux-être, sans

crainte des longues échéances, dans l'encouragement ou la persécution, nous poursuivrons dans la joie notre sauvage besoin de libération.

Par ailleurs, une section intitulée « Règlement final des comptes » met fin aux tentatives de rapprochement avec les rédacteurs du journal communiste* *Combat,* (Pierre Gélinas et Gilles Hénault) tentées par certains membres du groupe automatiste. Borduas lui-même a donné une interview au journal *Combat* (1er février 1947) et il aura à s'en repentir quand en 1953 il voudra s'exiler aux États-Unis. On est alors en plein maccarthysme et même l'apparence d'une connexion avec le Parti communiste aurait pu nuire à ses projets d'émigration.

La réaction à ce texte courageux est à la fois massive et dévastatrice pour Borduas. Environ une centaine d'articles le dénoncent dans la presse à compter de la date de sa parution jusqu'à la fin de 1949. Il perd son emploi à l'École du Meuble où il enseigne depuis 1937. Le 2 septembre 1948, Gustave Poisson, sous-ministre au ministère du Bien-Être social et de la Jeunesse (il n'y a pas de ministère de l'Éducation à l'époque) écrit à Jean-Marie Gauvreau, directeur de l'École du Meuble, pour l'« informer que Monsieur Paul-Émile Borduas est suspendu de ses fonctions, sans traitement, à compter du 4 septembre 1948 ». Il ajoute : « Une demande de renvoi sera soumise à la commission du service civil parce que les écrits et les manifestes qu'il publie, ainsi que son état d'esprit, ne sont pas de nature à favoriser l'enseignement que nous voulons donner à nos élèves. »

Techniquement, le gouvernement fait donc une différence entre la suspension et le renvoi. Dans l'intervalle, Borduas tente vainement d'organiser sa défense. S'il y a quelques journalistes courageux (Charles Doyon, *Le Clairon,* Saint-Hyacinthe, 1er octobre 1948), quelques étudiants (Bernard Morisset, *Le Canada,* 2 octobre 1948 ; François Léger, *Le Quartier latin,* 8 octobre 1948) et des membres du groupe automatiste (en particulier Pierre et Claude Gauvreau, Maurice Perron et Jean-Paul Riopelle, *Le Clairon de Montréal,* 1er octobre et 5 novembre 1948) pour prendre publiquement sa défense, la majorité de la presse le condamne. On peut lire des textes frisant parfois l'hystérie, chez le dominicain Hyacinthe-Marie Robillard (*Notre temps,* 4 septembre 1948, *Le Canada,* 18 et 20 décembre 1948) et le jésuite Ernest Gagnon (*Relations,* octobre 1948), ou simplement reflétant les allégeances politiques de leurs auteurs (les journalistes Roger Duhamel, *Montréal-Matin,* 27 septembre 1948 et Harry Bernard, *Le Courrier de Saint-Hyacinthe,* 24 septembre 1948). Les premiers s'inquiètent de ce qu'ils croient être des appels aux instincts les plus bas et les autres, parlant au nom de la « majorité », n'ont pas de mots pour condamner Borduas. Robillard va jusqu'à le comparer à Hitler ! Gagnon le traite de « malade ». Des attaques plus mesurées viennent des chrétiens de gauche, notamment Gérard Pelletier (*Le Devoir,* 28 septembre, 13 novembre et

Caricature de Robert LaPalme (*Le Canada*, 13 septembre 1948).
[Courtoisie de Me Jean-Pierre Pilon, fiduciaire de R. Lapalme]

20 novembre 1948) et Jacques Dubuc (*Le Devoir*, 30 octobre et 4 décembre 1948); et d'autres, plus ambiguës comme celle d'André Laurendeau (*Le Devoir*, 23 septembre 1948), s'indignant de l'ingérence du gouvernement dans le domaine de l'éducation, tout en condamnant sans réserve le contenu du manifeste. Duhamel l'accuse, non sans raison, d'être le « zélateur d'une mauvaise cause ». Sensibles à certains arguments du manifeste dénonçant les injustices sociales, Pelletier et Dubuc ne peuvent cependant s'accorder avec sa condamnation de l'Église catholique. Ils demeurent des chrétiens convaincus, tentés pour un instant de faire un bout de chemin avec les automatistes, mais rompant bien vite avec eux.

Borduas organise sa défense autour des idées suivantes : 1) son enseignement n'a jamais encouru le moindre reproche; 2) il n'a pas tenté d'embrigader ses élèves; 3) il considère le manifeste comme une activité extrascolaire qui n'engage que sa conscience; 4) la liberté de parole est garantie par la constitution. Il se réclame aussi des droits de l'homme quand on lui oppose le consensus religieux qui le condamne. Rien n'y fait. Le 21 octobre 1948, Borduas est bel et bien « destitué » de ses fonctions par l'arrêté en conseil no 1394.

Il se retrouve sans travail avec une famille de trois enfants à nourrir et dans un vide social qui le poussera finalement à l'exil.

L'année qui suit sa mise à pied de l'École du Meuble, Borduas publie un court pamphlet autobiographique intitulé *Projections libérantes* (Éditions Mythra-Mythe; il s'agit d'un prête-nom de Maurice Perron) dans lequel il tente d'expliquer ce qui l'a amené à rédiger *Refus global*. Il a compris que l'on ne peut espérer un renouveau en profondeur de l'art au Québec sans une radicale transformation des « sensibilités », c'est-à-dire sans une plus grande liberté de pensée et une plus grande ouverture aux œuvres littéraires et artistiques de la modernité, du marquis de Sade, « introuvable en librairie », à Arthur Rimbaud. Seules des institutions de contrôle comme l'*Index** des livres prohibés et l'omniprésence du clergé dans le monde de l'éducation y ont mis obstacle. Par ses méthodes obscurantistes, l'Église a tenu à l'écart le Québec de l'évolution de la pensée universelle. Il est temps de « rattraper » le mouvement, pour reprendre un terme du sociologue Marcel Rioux.

Depuis, le *Refus global* ne cesse de hanter les consciences et de dix ans en dix ans, on commémore la parution de ce texte majeur de l'entrée du Québec dans la modernité et un signe avant-coureur de la Révolution tranquille des années 1960. *François-Marc Gagnon*

Refus global, Montréal, Éditions Mithra-Mythe, 1948. Texte polycopié et cosigné. De nombreux sites Internet reproduisent le texte intégral.

GAGNON, François-Marc, *Paul-Émile Borduas, 1905-1960 ; biographie critique et analyse de l'œuvre*, Montréal, Fides, 1978 ; GAGNON, François-Marc et Nicole BOILY, « Réactions de presse », *Études françaises*, VIII, 3 (août 1972).

RÉGIE DU CINÉMA DU QUÉBEC
Organisme où tous les films sont évalués

La Régie du cinéma du Québec voit le jour avec la loi 109, votée le 2 juin 1983 et sanctionnée le 23 suivant. Elle remplace le Bureau de surveillance du cinéma, lequel avait remplacé en 1967 le Bureau de censure du cinéma du Québec, institué par une loi du 21 décembre 1912 et entré officiellement en opération le 1er mai 1913.

La loi créant le Bureau de censure des vues animées de la province de Québec prévoit qu'il sera composé « de trois commissaires et d'un secrétaire, qui tous resteront en fonction durant bon plaisir ». Interrogé sur le choix de ces personnes, le premier ministre Lomer Gouin répond : « Nous nommerons des gens de jugement, de bonnes mœurs et intelligents. » Ce sont des postes à temps partiel. La composition du premier Bureau reflète parfaitement le modèle : deux des membres sont d'anciens députés libéraux (le président Louis-Joseph Lemieux*, médecin, est aussi shérif de Montréal, et Michael James Walsh, courtier en assurances), tandis que le troisième, G. Maxwell Sinn, est journaliste.

La création du Bureau de censure arrive à un moment où l'Église* catholique québécoise appelle de tous ses vœux au contrôle strict du nouveau moyen d'«amusement populaire». Le Québec faisant partie d'une colonie de l'Empire britannique, les «principes généraux» de la censure reflètent ceux mis en place quelques mois auparavant par le *British Board of Film Censors*, mais ils prennent une couleur locale en combinant le puritanisme anglo-saxon et l'ultramontanisme catholique québécois.

Dès le premier mai 1913, les distributeurs doivent faire examiner leurs films, avant la projection en public, par le Bureau de censure qui a le choix de les approuver, les modifier (les fameux «ciseaux») ou les refuser en entier. Sous peine d'amende, le distributeur ne peut modifier l'œuvre lui-même et il doit apporter une copie intégrale (contrairement au Ontario Censor Board qui recommande d'effectuer une précensure). Quand il le juge à propos, le Bureau effectue lui-même des coupures et il conserve les bouts de pellicule tant que le permis est valide. Dès 1914, lorsqu'un film est condamné, le distributeur peut le «reconstruire» (cela veut dire surtout en couper des plans, mais cela peut aller jusqu'à en modifier le montage, comme on en voit des cas dans les années 1930). Le permis du Bureau de censure est collé sur la pellicule elle-même de façon que le spectateur puisse le lire. Cette autorisation est imprimée dans les deux langues. Au début, les décisions du Bureau sont finales; puis dès 1915, il permet l'appel et il rescinde ses décisions dans plus de la moitié des cas, acceptant des modifications là où il avait apposé un refus.

Le Bureau examine tout ce qui est destiné aux salles de cinéma (35 mm seulement): les courts documentaires, les films de fiction, les actualités* (*newsreels*) qui sont alors très importantes, bientôt les bandes-annonces (années 1920) qui, fait amusant, sont généralement apportées *après* le film, ce qui permet d'éviter des frais si le

Le magazine publié par les compagnies de cinéma exprime ainsi sa vision de la censure québécoise. La bande dessinée est accompagnée d'un texte demandant à Anastasie* de ne plus faire sa grincheuse.

film est refusé. Un tarif est déterminé pour chaque bobine de film (de 1 $ le 1000 pieds et moins en 1913, 3 $ en 1917, 6 $ en 1946, il atteindra 10 $ en 1949).

Dans sa première décennie, le Bureau de censure refuse en moyenne 7 % des films et il en « modifie » (coupures) environ 20 %. Selon le procès-verbal du 27 mai 1914,

> les motifs les plus fréquents de rejet ont été l'immoralité des sujets représentés, la violence, l'usage des armes à feu, la parodie des mystères ou des ministres de la religion, la vulgarité, les scènes antipatriotiques, la représentation des crimes contemporains, les aventures romanesques trop suggestives, la traite des blanches, la mise en scène des mystères de la Passion et des personnages bibliques pour fins commerciales, et toutes scènes de nature à suggérer le mal aux enfants.

On retrouve sensiblement les mêmes moyennes et les mêmes justificatifs pour les refus et les coupures jusque dans les années 1950.

Appareil de l'État, ne comportant jamais de clerc parmi ses membres, le Bureau de censure n'en est pas moins fortement influencé par l'Église catholique et par les groupes de pression appartenant à son aile radicale. Tout au long de son histoire, il n'hésite pas à inviter des prêtres comme consultants au sujet de films controversés; plusieurs seront au cœur de la controverse provoquée par des films problématiques (*La passion de Jeanne d'Arc*, Voltaire*, Frankenstein*, Les enfants du paradis**, etc.) On le voit inviter aussi des ministres de diverses confessionnalités protestantes pour avoir leur opinion, même des rabbins pour traduire certains films en yiddish et s'assurer de leur orthodoxie.

Les années 1920 se distinguent par une relative libéralisation de la censure et, paradoxalement, par un affrontement quasi diplomatique entre le Québec et les États-Unis. L'industrie hollywoodienne considère à l'époque que le Québec est le pays le plus sévère au monde en matière de censure. Le samedi 17 avril 1926, la grogne éclate publiquement: *La Presse* titre en grosses lettres « La province de Québec ne recevra plus de films américains », « Le Bureau de censure mis en cause ». Appuyé par toutes les organisations nationalistes et cléricales, le premier ministre québécois Louis-Alexandre Taschereau s'en mêle, tient tête et contre-attaque, menaçant de faire transformer le boycott en interdiction du cinéma américain dans tout le Canada. Finalement, de vagues promesses de la part du président Raoul de Roussy de Sales d'adoucir quelque peu sa sévérité, apaisent les distributeurs qui laissent tomber leurs menaces.

Depuis le début du siècle, la hiérarchie catholique songe à faire fermer les salles de cinéma, surtout le dimanche, ou du moins à en éloigner les enfants. L'occasion de réclamer une loi plus sévère se présente à la suite de l'incendie du Laurier Palace qui coûte la vie à 78 enfants le 9 janvier 1927. Le « rapport Boyer »* établit qu'il n'y a pas de responsabilité criminelle dans l'incendie et propose de nouvelles clauses à la loi. Lorsqu'elle est votée le 22 mars 1928, les jeunes de moins de 16 ans sont écartés des salles jusqu'en 1961. Mais celles-ci ne sont pas fermées le dimanche et le Bureau reçoit un reproche cinglant de la part du juge: la censure « pourrait être exercée d'une manière plus intelligente », car les censeurs effectuent souvent des coupures qui falsifient le sens et peuvent même suggérer davantage que ce que le film montre en réalité. Le Bureau se voit aussi chargé de la censure de toute la publicité* du cinéma, tant par l'affiche que par les annonces dans les journaux.

Bien qu'il n'y ait pas eu de changement de parti au pouvoir – Louis-Alexandre Taschereau, en poste depuis 1921, le reste jusqu'en 1936 – Eugène Beaulac (journaliste au *Canada*) succède au vieillissant Roussy de Sales le 20 novembre 1930. Les studios hollywoodiens viennent de se donner le *Production Code* pour s'autoréglementer en censurant la production dès l'étape de la scénarisation, ce qui représente une remontée inédite du puritanisme en Amérique du Nord. L'histoire ne dit pas qui a l'idée d'adopter ces règlements pour le Québec mais, à peine nommé, Beaulac se fait demander par l'assistant procureur général Charles Lanctôt de rédiger un projet de nouveaux critères. Beaulac le lui fournit d'autant plus rapidement qu'il ne fait que traduire une partie du *Code*, avec de minimes adaptations à la situation locale. Décrétés le 4 avril 1931 par le procureur général, en l'occurrence le premier ministre, ces critères* demeureront officiellement en vigueur jusqu'au 4 mars 1963.

Les années 1930 sont marquées par le retour du cinéma français, presque complètement disparu depuis 1914, alors que la guerre entraînait la fermeture de la majorité des studios européens. À côté du cinéma américain qui affiche un étroit puritanisme, les Français démontrent une étonnante liberté dans l'exploration de toutes les situations dramatiques liées à la vie amoureuse. Le Bureau réagit avec davantage de sévérité et il refuse, par exemple, des œuvres appelées à devenir des classiques du cinéma comme *Hôtel du Nord*, *Le jour se lève* ou *Le quai des brumes** de Marcel Carné, *La bête humaine* et *Les bas-fonds* de Jean Renoir (mais elle ne fait pas de problème pour *La grande illusion**). En conformité avec la loi, ces refus permettent à France-Film, distributeur presque unique du film français, de « reconstruire » les films à sa guise, ce qui fait que, même amputés ou modifiés dans leur montage, ces films peuvent rejoindre leur public.

La Seconde Guerre mondiale occasionne peu de travail supplémentaire au Bureau, car toute l'information est déjà censurée ailleurs. Tout de même, certaines parties des actualités sont retranchées pour répondre à la *National Defence Regulation*; ce sont par exemple des images du *Queen Mary* transportant des troupes canadiennes vers l'Italie, des prisonniers allemands arrivant au Canada, des soldats combattant en Italie; en somme tout ce qui pourrait servir à identifier des personnes et des lieux. Pour participer à l'effort de guerre du Canada, le Bureau autorise sans frais les séries d'information produites par l'Office national du film*. De ces films, *Inside Fighting Russia** (*La Russie sous les armes*) ne subit qu'une coupure mineure qui n'enlève rien à son éloge du système soviétique avant et depuis le début de la guerre, ce qui est tout à l'honneur d'Elzéar Beauregard, président du Bureau de 1940 à 1945.

Le retour au pouvoir de Maurice Duplessis* en août 1944 (il l'a d'abord exercé de 1936 à 1939) provoque à court terme, comme d'habitude, un changement de l'équipe de censeurs. Lucien Desbiens, journaliste, quitte *Le Devoir* pour présider le Bureau à plein temps en 1945; parmi ses collègues, Daniel Johnson*, jeune avocat militant d'action catholique, quitte au bout d'un an pour se faire élire député. Desbiens est à l'origine de l'interdiction des *Enfants du paradis**, qui entraîne un incident diplomatique avec la France, que Duplessis balaie du revers de la main dans son mépris de la culture française. C'est peut-être ce qui entraîne le remplacement de Desbiens par Alexis Gagnon* dix mois plus tard. Le premier ministre continuera d'avoir son mot à dire sur la gérance de la censure.

Jusqu'au 19 septembre 1947, le Bureau ne censure que les films 35 mm puisqu'il n'a d'équipement que pour ce type de pellicule. Depuis une dizaine d'années, le 16 mm se répand de plus en plus, d'abord comme format pour les documentaristes amateurs comme les abbés Albert Tessier et Maurice Proulx, et pour les professionnels comme ceux de l'ONF; surtout, il sert de support depuis le milieu des années 1930 pour la diffusion du cinéma commercial ordinaire à une nouvelle clientèle, celle des salles paroissiales et du réseau scolaire. Théoriquement, n'importe quel film sur ce support peut donc être diffusé librement. C'est pourquoi le premier ministre Maurice Duplessis veut combler ce trou dans la loi et ordonne la censure de tous les films 16 mm dans un arrêté en conseil du 27 août 1947; un an plus tard, il s'en explique en conférence de presse (*La Presse*, 16 octobre 1948) :

> Il y a une couple d'années, le gouvernement que j'ai l'honneur de diriger a ordonné la censure des films de

16 mm. Beaucoup d'organisations éminemment respectables utilisaient ces films, mais malheureusement des organisations n'offrant aucune garantie, et même communistes, se prévalaient du fait que ces films n'étaient pas censurés pour faire une propagande malsaine. [...]

Nous avons empêché la représentation de ces films par des organisations communistes.

Malheureusement, l'Office du film, à Ottawa, était imprégné, sinon saturé de propagande communiste. Et pour assurer la sauvegarde des droits de la province, dans le domaine du cinéma comme dans les autres domaines, nous avons décrété que les films de l'Office national du film doivent être censurés par le Bureau de censure du cinéma de la province. Comme l'Office du film a beaucoup de films de 16 mm, la décision de l'Union nationale a pour effet d'empêcher la diffusion de nombreux films à tendance communiste.

On reconnaît ici l'obsession du politicien au sujet du communisme*. Le président du Bureau qu'il nomme en décembre 1947, Alexis Gagnon, jusque-là journaliste au *Devoir*, partage les mêmes idées. Gagnon est d'ailleurs un ami personnel de Duplessis, il participe à ses campagnes électorales et s'offre même à lui écrire des discours. Il devient rapidement le censeur le plus rigoriste que le Bureau ait connu. Les films 16 mm sont censurés par les membres habituels du bureau, lesquels ne semblent pas tout visionner, à part certains documentaires; pour les films déjà évalués en 35 mm, on voit le plus souvent « mêmes coupures que pour l'original » et on peut supposer que la mention « O.K. » est machinalement apposée. Par ailleurs, ils ont pour consigne d'être plus sévères à cause de la clientèle, plus vulnérable, pensent-ils, que celle des salles urbaines, comme s'ils feignaient d'ignorer que des prêtres contrôlent tout ce réseau et qu'ils ne se gênent pas pour utiliser leurs propres ciseaux. C'est pour ce format de films qu'arrivent en janvier 1959 les deux premières censeures, Julia Richer le 14, et Marthe Dupuis le 15 (cette dernière était déjà là comme inspectrice, nommée directement par Duplessis au début de 1952).

La télévision* est à peine entrée en ondes (6 septembre 1952) que le premier ministre Maurice Duplessis fait modifier la loi du cinéma* (le 10 décembre) pour y inclure l'article suivant :

> 15a. Nul ne peut transmettre par télévision, avec ou sans fil, d'un endroit situé dans la province, une pellicule photographique ou un film cinématographique avant de l'avoir soumis pour examen au Bureau de censure du cinéma et d'avoir obtenu de celui-ci l'autorisation de l'employer à cette fin.

Les reportages, les documentaires, même les extraits de conférences de presse étant alors tous enregistrés sur pellicule 16 mm, tombent sous le coup de la loi, qui en devient du coup impossible à appliquer, d'autant plus que la télévision est de juridiction fédérale. Radio-Canada n'en tient donc aucun compte et l'article n'est plus reconduit dans les versions ultérieures. La loi contient aussi cette clause : « Le Bureau de censure du cinéma est en outre chargé d'exercer une surveillance générale sur les programmes et les spectacles de télévision et de faire, au procureur général, rapport de ses constatations et observations. » On ne trouve pas trace de tels rapports dans les archives.

On pourrait qualifier la décennie 1950 des « années Alexis Gagnon ». De 1948 à 1960, le vocabulaire filmique est épuré : les expressions « faire l'amour », « amant » et « amante », « maîtresse », « cocu », « divorce » sont systématiquement bannies des haut-parleurs. Des scènes complètes disparaissent pour éliminer un bout de sein entrevu une fraction de seconde ou l'évocation d'un adultère ; les défilés de bikinis (le censeur écrit souvent « békini ») sont retranchés des actualités et de certaines scènes de cabarets. Des films se terminent avant des retrouvailles d'amants ou des suicides, les couples ne se séparent jamais, ou alors, ils doivent être punis par un sort cruel. Si les rejets complets sont proportionnellement moins nombreux, les « amputations » atteignent des sommets de durée, comme on le voit avec *Le blé en herbe** qui passe à l'histoire en tant que film le plus charcuté par les censeurs québécois (mais il est second, après *Le rouge et le noir** du même réalisateur, Claude Autant-Lara).

Parmi les autres films à retenir comme victimes emblématiques de la censure, mentionnons *Martin Luther** où la religion intervient, *Boum sur Paris** où on voit que même des chansons d'Edith Piaf, de Mouloudji et de Juliette Gréco doivent disparaître du film, *Et Dieu créa la femme** qui n'arrive au Québec que six ans après sa première parisienne, *Les amants* qui doit attendre trois ans, comme plusieurs films de la Nouvelle Vague*.

En novembre 1958, Unifrance-Films (organisme du ministère de la Culture de France) en collaboration avec le distributeur France-Film organise une Semaine du film français au Saint-Denis et à la Comédie canadienne à Montréal. Parmi les longs métrages figurent deux premières mondiales : *Maxime** d'Henri Verneuil à l'ouverture et *Les grandes familles* de Denys de La Patellière le lendemain. De très grandes vedettes sont présentes : René Clair, Charles Vanel, Arletty*, Daniel Gélin, Louis Malle, Jacques Tati, etc. Finalement, l'événement principal de la semaine est la non-représentation de *Maxime* que le Bureau de censure coupe de 40 minutes et que Unifrance refuse de projeter. Gagnon avait demandé son avis à Duplessis : « À la suite de votre suggestion, écrit Gagnon au premier ministre, nous avons présenté le film *Maxime* à un représentant de l'Archevêché, à un représentant des Dominicains et à un représentant des Franciscains. Ils ont opiné que le dit film était inacceptable et qu'aucune circonstance ne pouvait en justifier la présentation dans la province de Québec. » À la place, le distributeur présente *Montparnasse 19** de Jacques Becker, mais avec un prologue imposé qui invente un mariage au peintre Modigliani. Comme conséquence, toute la semaine se transforme en un vaste forum sur la censure, où les invités français ne ménagent pas les flèches acerbes, en général au grand plaisir de leurs hôtes. L'atmosphère du temps porte de plus en plus à un changement.

Quand Pierre Juneau, Fernand Cadieux et Guy L. Coté organisent le Festival international du film de Montréal en 1960, le premier en son genre au Québec, leur objectif premier est d'apporter ce que le cinéma mondial produit de meilleur à la jeune clientèle que les cinéclubs forment de plus en plus, mais ils espèrent aussi faire évoluer toute la diffusion du cinéma : « Il fallait casser la censure. Ouvrir les portes. Il fallait à l'évidence quelque chose de très fort pour y arriver. Et le festival me semblait l'instrument idéal pour ce faire. » (Coté) Deux mois auparavant, le psychanalyste André Lussier avait publié dans *Cité libre* une longue étude, « Les dessous de la censure »*, enlevant toute légitimité au bureau provincial. De haute lutte, les organisateurs obtiennent que tous les films de la sélection soient projetés intégralement, quitte à ce qu'ils soient réévalués pour une diffusion commerciale. Presque à leur insu, ils déclenchent toute la réforme de la censure au Québec.

Au Festival international du films de Montréal, en 1960, au moins 5000 personnes peuvent assister à *Hiroshima, mon amour** d'Alain Resnais, film symbole du renouveau du cinéma français. Quand il est programmé dans une grande salle trois mois plus tard, après un second passage à la censure, il a perdu 13 minutes. C'en est trop. Pour la première fois, des cinéastes marchent dans la rue avec des pancartes pour dénoncer le bureau de censure ; ils ont l'appui du *Devoir** qui a pris un virage idéologique important avec André Laurendeau comme rédacteur en chef. Un nouveau gouvernement libéral, Jean Lesage à sa tête, vient tout juste d'enclencher la Révolution tranquille avec le slogan *Faut qu'ça change*.

Georges-Émile Lapalme, homme de culture, devient procureur général et, à ce titre, grand patron de la censure. Réalisant qu'il est temps de frapper un grand coup, il crée le 6 juillet 1961 le Comité provisoire pour l'étude de la censure du cinéma dans la province de Québec*, dont Cadieux et Lussier font partie. Le rapport, dit « rapport Régis », remis à l'assemblée nationale le 20 février 1962 est sans équivoque : « Un seul jugement permet de décrire et la pratique de cette institution et l'esprit dont elle s'inspire : c'est un système archaïque que le comité croit irrécupérable. »

Homme de confiance du premier ministre Lesage, Maurice Leroux*, déjà censeur depuis mai 1961, se retrouve membre du Comité en tant que coordonnateur, tant pour les réunions que pour la rédaction du mémoire final. Personne idéale pour mettre en branle la réforme radicale proposée, il se retrouve président du Bureau le 10 mai 1962. Avant même sa nomination, il a, dans l'esprit du mémoire, fait adopter la politique de ne plus couper dans les films et il a proposé l'octroi de permis spéciaux pour des œuvres auxquelles le Bureau ne saurait donner le permis général. On lui doit donc la fin du règne des « ciseaux » en cours depuis 1913. Il quitte en octobre 1962, mais il recommande pour sa succession celui qui deviendra la figure emblématique de la réforme de la censure du cinéma au Québec, André Guérin*.

L'arrivée d'André Guérin à la tête du Bureau de censure, en 1963, traduit bien ce vent de liberté qui souffle sur le Québec. Guérin et tous les membres de son Bureau vivent des moments difficiles pendant cette période de transition. Le Bureau de censure est coincé entre la loi vétuste datant de 1925 (avec ses amendements de 1928) et les pressions du public qui demande à voir, sans qu'ils soient coupés, les mêmes films qui circulent librement dans d'autres pays. Guérin souscrit complètement aux conclusions du « rapport Régis » qui recommande la fin du règne des ciseaux et son remplacement par une classification des films selon divers groupes d'âge, mais cela ne pourra se faire qu'avec une réforme de la loi. Entre-temps, il préconise une approche « étapiste », en incitant ses collaborateurs à adopter la règle du consensus social plutôt que les diktats des codes religieux. Surtout, en conformité avec une politique fondamentale du nouveau gouvernement, il modernise le fonctionnement du Bureau. Sa première mesure, la plus radicale, est de faire accepter que l'embauche sera faite selon les nouvelles règles de la fonction publique et ne dépendra plus jamais du système de récompenses pour services rendus au parti au pouvoir. Cette décision signifie le congédiement de presque tous les censeurs et leur remplacement par des personnes compétentes sans aucun lien avec les partis politiques. Cela ne se fait pas sans grincements de dents, avec même un conflit important en 1966, l'Union nationale étant revenue au pouvoir, alors que le ministre Yves Gabias* veut imposer au Bureau Lévis Lorrain, un ami du parti, ce que Guérin refuse avec éclat et fort retentissement médiatique. Le premier ministre Daniel Johnson endosse la position de Guérin et laisse prévaloir les règles de droit. Ne seront désormais « évaluateurs », car le terme de « censeur » disparaît de la loi en 1967, que des personnes engagées à plein temps, à la suite d'un concours de la fonction publique.

La loi de 1967, votée le 15 juin, n'est sanctionnée que le 12 août. Plusieurs mois auparavant s'est posé un problème important : beaucoup de pavillons de l'Exposition universelle de Montréal (27 avril-29 octobre) entendent projeter des œuvres représentant la production nationale ; tous ces films doivent-ils passer d'abord au Bureau de censure ? Surtout que le pavillon de la France projette d'offrir une grande rétrospective du cinéma français, où l'on soupçonne que des œuvres interdites pourraient prendre place. De leur côté, les pays d'Europe de l'Est arriveront sûrement avec des productions inédites. S'ajoute la question des frais imposés pour tout film projeté. Le gouvernement s'en tire avec une solution tout à fait élégante : le mardi 25 avril, à la Chambre, le premier ministre Daniel Johnson fait une « déclaration » disant que toutes les représentations de cinéma sur le terrain de l'Exposition sont soustraites à l'application de la loi québécoise, pour toute la durée de l'événement.

Dès le début de septembre 1967, les films sont officiellement acceptés ou refusés intégralement et reçoivent désormais les visas « Pour tous », « 14 ans » et « 18 ans ». La classification ne signifie pas que le film est bon ou mauvais, mais simplement qu'il ne peut faire de tort à quelqu'un de psychologiquement « normal » de tel âge. Autre point important, la loi ne stipule plus que les distributeurs doivent apporter la copie telle que sortie des mains du producteur ; ils peuvent maintenant couper ou « reconstruire » à leur gré la copie du film apportée à la classification. Ce qui s'appelle désormais « Bureau de surveillance du cinéma » ne se prononce que sur les copies présentées à lui et il n'a pas à s'informer si elles correspondent à ce que les producteurs ou les ayants droit ont voulu mettre sur le marché.

Si la censure disparaît officiellement en 1967, ses vieux réflexes persistent chez d'autres autorités s'appuyant sur le Code criminel canadien. Ainsi, la police de Montréal saisit, au cours de l'été 1968, des copies du film danois *I, a Woman** et intente des poursuites contre deux cinémas montréalais pour avoir montré un film « obscène ». Ironie du destin, le Bureau de surveillance, qui avait approuvé et classé le film, se retrouve aussi en cour. Son secrétaire, Jean Tellier, est appelé à comparaître devant le juge en chef Paul Champagne. Dans la presse, certains intégristes, d'une espèce qu'on croyait disparue, demandent la tête d'André Guérin. Claude Ryan, éditorialiste au *Devoir* et qui fera par la suite carrière dans la vie politique québécoise, prend sa défense (15 août).

En 1970, au moment des événements d'Octobre, on assiste aussi à l'affaire *Quiet Days in Clichy**. Un peu plus tard, en avril 1971, le curé de la paroisse Saint-Roch de Québec, Mgr Raymond Lavoie, fait saisir par la police municipale *Après ski** et *Pile ou face**, deux films québécois qui, dûment examinés et approuvés par le Bureau de surveillance, sont aussi accusés « d'obscénité »* par le prêtre et se retrouvent devant le juge Yvon Sirois qui préside, malgré lui, à un procès qui ne suscite que les blagues des humoristes. De son côté, même André Guérin conserve une certaine crainte de l'opinion publique, comme le révèle sa réaction devant la provocation du film *La pomme, la queue et les pépins** de Claude Fournier et celle devant la publicité du cinéma.

Dans les années 1970, un film qui fait beaucoup de bruit et qui n'est qu'un sous-produit culturel, *Deep Throat**, vient donner ses lettres de noblesse à la pornographie qui devient chic. Les Québécois ne mettent plus de lunettes noires pour aller voir un film porno ; au contraire, ils y vont accompagnés par leur femme… ou amie. Ce film revient au Bureau de surveillance 13 fois, ce qui manifeste un acharnement de part et d'autre, avec des durées allant de 60 à 90 minutes. Le film connaît une histoire mouvementée partout au monde. À Montréal, l'escouade de la moralité saisit le film le 25 janvier 1974 à l'université Sir George Williams, aujourd'hui Concordia. Après *Birth of a Nation*, *Deep Throat* est le deuxième film le plus persécuté de l'histoire de la censure cinématographique, bien qu'ils ne jouent pas dans la même ligue. En fait, *Deep Throat*, un produit tout à fait minable, change l'approche de tout l'Occident envers la pornographie.

Si la pornographie est perçue comme libératrice dans les années 1970, une décennie plus tard, elle apparaît dégradante pour la femme parce qu'elle encourage la violence sexuelle, disent les plus radicales. Au moment des discussions en commission parlementaire pour l'adoption de la loi 109 de 1983, beaucoup d'organismes présentent des mémoires et déclenchent une campagne antipornographique. Favorable à la création de salles spécialisées XXX, André Guérin, qui préside ce qui s'appelle encore Bureau de surveillance du cinéma, se voit publiquement rabroué mais il demeure à son poste. Pour calmer les esprits, l'État nomme comme membre

Claire Bonenfant, présidente du Conseil du statut de la femme. Depuis ce temps, il y a presque toujours au moins une femme parmi les trois membres ; par ailleurs, Jeanne Blackburn est la première présidente dans l'histoire de la censure cinématographique (du 27 août 1999 au 15 octobre 2002). La loi de 1983, toujours reconduite depuis, stipule que la Régie va classer le film « si elle est d'avis que le contenu du film ne porte pas atteinte à l'ordre public ou aux bonnes mœurs, notamment en ce qu'il n'encourage ni ne soutient la violence sexuelle […] en vue de la protection de la jeunesse ».

La « protection de la jeunesse » demeure le principal paramètre depuis le premier bureau de 1913. Comme l'indique la documentation officielle de la Régie du cinéma, elle « s'efforce continuellement de suivre l'évolution du consensus social, notion primordiale en matière de classement des films » et les examinateurs « prennent en compte à la fois le sujet et son traitement ».

Quant à la bande vidéo, elle bénéficie d'un vide juridique jusqu'au 20 juin 1991, alors qu'à l'égal des copies de films, une modification à la loi impose que toutes les cassettes (et autres supports, comme le DVD) doivent être visées et porter l'étiquette attestant du type de visa, ce qui est fait à partir de 1992.

En plus d'être chargée de classer les films, la Régie a aussi des mandats plus larges de surveillance et de contrôle, notamment en matière de langue, puisqu'elle doit veiller à assurer la présence du français à l'écran. Elle délivre aussi des permis d'exploitation et de distribution et, à la demande des compagnies de distribution, elle assure la protection des droits de distribution. Elle inspecte aussi les lieux d'exploitation pour s'assurer des critères de sécurité pour le public. Élément non négligeable, elle ajoute souvent au visa des informations comme « Pour enfants », « Déconseillé aux jeunes enfants » ; « Langage vulgaire » ; « Érotisme » ; « Violence » ; « Horreur » ; « Sexualité explicite » (qui accompagne uniquement un classement « 18 ans et plus » ; dans les commerces au détail de matériel vidéo, la présence de cette indication oblige le commerçant à placer le film dans une pièce réservée aux adultes).

Il existe cependant certains cas particuliers. Une dispense de classement est prévue notamment pour les films produits à des fins éducatives ou commerciales, de même que pour les films présentés lors de festivals. La Régie refuse parfois d'accorder le permis, ce qui revient à une interdiction pour le distributeur d'exploiter commercialement le film. Ces cas surviennent presque exclusivement lorsqu'il y a exploitation indue de la sexualité (exploitation de personnes mineures, atteinte à l'intégrité physique, etc.). Ces interventions sont rares puisqu'elles s'appliquent à moins de 100 titres sur les quelque 15 000 examinés chaque année.

La Régie du cinéma du Québec est passée d'une approche traditionnelle, basée sur le contrôle des commerçants et du public, à une approche mieux adaptée aux préoccupations et aux besoins contemporains des consommateurs. Dans cette perspective, les classements et les indications, au lieu de constituer l'unique source de renseignements fournis par la Régie, constituent des informations parmi d'autres à partir desquelles le public peut prendre des décisions éclairées dans son choix de films.

Telesforo Tajuelo

ANQ-M, fonds Régie du cinéma, E 188, procès verbaux, correspondance, recueil de lois et autres documents ; Site Web de la Régie du cinéma ; TAJUELO, Telesforo, *Censure et société ; un siècle d'interdit cinématographique au Québec*, 1998.

RÉGIS, LOUIS-MARIE, O.P. (1904-1988)
Signataire d'un rapport qui préconise l'abolition de la censure au Québec (1962)

Philosophe et médiéviste, le père Louis-Marie Régis, de l'Ordre des Prêcheurs (familièrement appelés les « dominicains »), enseigne la philosophie à l'Université de Montréal. Au tournant des années 1960, il anime des émissions religieuses à Radio-Canada, dont *La bonne nouvelle* et *L'heure du Concile*. En juillet 1961, lorsque le ministre Georges-Émile Lapalme nomme les membres du Comité* provisoire pour l'étude de la censure du cinéma dans la province de Québec, ceux-ci jugent bon de s'adjoindre un membre du clergé et choisissent Régis, reconnu pour son ouverture d'esprit et sa vaste connaissance des cultures du monde.

Participant activement aux séances du comité, Régis y apporte une dimension philosophique importante, laquelle forme une bonne partie du rapport déposé le 20 février 1962, où on recommande l'abolition pure et simple de la censure et son remplacement par une classification des films selon des groupes d'âge. Rapidement, et parce que c'est de bonne guerre dans le contexte, on parle de « rapport Régis », bien que le dominicain n'ait pas présidé le comité.

Deux ans plus tard, dans *Maintenant* (mars 1964, texte cosigné par Henri Dallaire), Régis réaffirme sa position :

> Que serait la situation idéale en matière de censure ? Tout simplement : l'absence totale de censure. […] Mais hélas ! Nous ne vivons pas dans cet état idéal. Il faut encore une censure, car notre pauvre humanité est trop loin de sa stature achevée et de sa perfection. Néanmoins, toute censure est un mal : nécessaire, sans doute, mais qu'il faut limiter, comme tout mal […] puisqu'elle est une chose odieuse, offensante pour ce qu'il y a de plus noble en chaque homme : la liberté.

Une telle position de la part d'un clerc peut surprendre. Mais Régis fait partie d'un ordre religieux qui comporte à ce moment-là plusieurs membres à la pensée libre qui ne craignent pas les opinions contraires à celles de la hiérarchie catholique. Leur revue, *Maintenant*, défend les valeurs de contestation liées à la Révolution tranquille, surtout en promouvant une plus grande place pour les laïcs et les femmes dans toute l'organisation ecclésiale et en réclamant la liberté d'innover dans tous les secteurs. Le colloque que *Maintenant* organise le 27 février 1964 sur la censure du cinéma donne la parole, en plus de Régis, à des personnalités imposantes comme le psychiatre Karl Stern et le cinéaste Guy L. Coté, qui s'entendent pour réclamer une nouvelle loi le plus tôt possible. *Yves Lever*

LA RÈGLE DU JEU
◉ *La grande illusion*

LA RELIGIEUSE
(SUZANNE SIMONIN, LA RELIGIEUSE DE DIDEROT)
Jacques Rivette (1928-) • Film classé « 18 ans » en 1968

Le tournage de *La religieuse* n'est pas encore commencé que les organismes religieux français exercent tout leur pouvoir auprès des personnalités politiques catholiques pour le faire interdire. Le texte de l'encyclopédiste Denis Diderot qui inspire ce scénario de Jacques Rivette date de 1760 et il se trouve à l'Index*. L'Union des supérieures majeures s'inquiète de la perspective d'un film « blasphématoire et qui déshonore les religieuses ». Terminé en 1966, il provoque même un débat à l'Assemblée nationale de France, où le ministre Yvon Bourges, responsable de la censure, souligne que le gouvernement a le devoir de « protéger des groupes sociaux de la nation contre la diffamation et l'atteinte de leur idéal ou à leur honneur ». Finalement, il ne peut sortir qu'au prix d'un changement de titre, *Suzanne Simonin, la religieuse de Diderot*, et il est interdit aux moins de 18 ans. Il ne retrouve sa pleine liberté qu'en 1968. Sa projection au Festival de Cannes en 1966 fait dire au critique catholique québécois Léo Bonneville que c'est un « essai estimable et raté sur la liberté de conscience » et que « Rivette a manqué complètement de jugement » (*Le Devoir*, 14 mai 1966) ; dans *La Presse* (9 mai 1966), Michèle Favreau est partagée : si la première partie est excellente, ça se gâte ensuite et ça frôle le ridicule.

Au Québec, il est accepté intégralement, sous son titre français, par le Bureau de surveillance du

D'abord classé « 18 ans » en 1968, *La religieuse* suscite des réactions surtout dans les magazines à potins. Son nouveau classement, « Général », illustre l'évolution du seuil de tolérance au Québec.

cinéma le 4 janvier 1968 et il est réservé aux 18 ans et plus. Il faut attendre la fin de décembre de cette année pour le retrouver en salle, au théâtre Saint-Denis; il ne suscite alors qu'une critique très positive de Claude Nadon (*Le Devoir*, 4 janvier 1969) et il ne provoque aucune réaction de la part des milieux catholiques. *Séquences*, la seule revue de cinéma à l'époque, dirigée par des clercs, n'en parle pas.

Comme l'Office des communications sociales a abandonné ses cotes morales depuis un an, il en dit simplement : « Ce film soigné expose les angoisses d'une âme droite présentée comme la victime d'abus causés par une fausse conception de la vie religieuse à une époque donnée. Il constitue une critique des abus évoqués. Mais leur accumulation autour d'un cas particulier confère une allure de charge à l'ensemble. » (*Recueil des films*, 1969)

Le 31 octobre 2000, la copie vidéo est visée « Général ». *Yves Lever*

ANQ-M, fonds Régie du cinéma, E 188, fiche du film ; Douin, Jean-Luc, *Dictionnaire de la censure au cinéma*, 1998.

RÉPONSE AUX DERNIÈRES ATTAQUES DIRIGÉES PAR M. L'ABBÉ CHANDONNET [...]

Brochure gaumiste interdite par Mgr Baillargeon (1868)

▶ *Lettre à Monseigneur Baillargeon [...]*

RÉPONSE DE MESSIRE CHABOILLEZ, CURÉ DE LONGUEUIL À LA LETTRE DE P. H. BÉDARD ; SUIVIE DE QUELQUES REMARQUES SUR LES « OBSERVATIONS » IMPRIMÉES AUX TROIS-RIVIÈRES

Pamphlet de l'abbé Chaboillez attaquant Mgr Lartigue (1824)

▶ *Questions sur le gouvernement ecclésiastique du District de Montréal*

LA RÉPONSE DE LA RACE

Lambert Closse [Henri Guay, 1896-1977] • Essai antisémite publié avec une fausse mention d'imprimatur et dénoncé par la Semaine religieuse de Québec (1936)

Il importe de dissiper plusieurs erreurs d'attribution concernant *La réponse de la race*, un essai antisémite paru en 1936 et portant l'obscure signature « Lambert Closse », inspiré vraisemblablement du nom d'un héros du régime français qui a combattu les Iroquois. Dans l'histoire littéraire du Québec, c'est pendant la période de l'entre-deux-guerres que les pseudonymes* sont le plus nombreux, à tel point qu'en 1936, Francis Audet et Gérard Malchelosse décident de publier un dictionnaire des pseudonymes canadiens-français, afin de rétablir l'ordre pour la postérité. À l'époque, les auteurs d'allégeance nationaliste aiment afficher leurs couleurs en optant pour des signatures héroïques, rappelant les gloires de la Nouvelle-France. Dans les pages de *L'Action française*, Lionel Groulx est notamment tour à tour Jacques Brassier, Nicolas Tillemont, Jean Tavernier, tous compagnons de Dollard des Ormeaux.

Dans sa refonte du dictionnaire d'Audet et Malchelosse, Bernard Vinet attribue à raison le nom d'emprunt Lambert Closse à l'abbé Jean-Baptiste Beaupré, auteur de *Un site enchanteur de la vallée de la Matapédia : Causapscal*. Logiquement, le *Dictionnaire des œuvres littéraires du Québec* associe *La réponse de la race* à l'abbé Beaupré, dans sa bibliographie des œuvres littéraires pour la période 1900-1939. Or, l'abbé Beaupré a bel et bien rédigé *Un site enchanteur [...]*, mais il n'est pas l'auteur de *La réponse de la race*. Que deux abbés aient utilisé, à la même période, le pseudonyme « Lambert Closse » n'a rien d'étonnant, mais ce double usage d'une même signature reste à l'origine de la confusion bibliographique qui suivra.

Les archives de Lionel Groulx prouvent, hors de tout doute, que ce prétendu « catéchisme national » a été écrit par l'abbé Henri Guay qui, une fois son manuscrit terminé, tente d'obtenir de Groulx la permission de le lui dédicacer publiquement. En retour, Guay voudrait bien publier la réponse écrite de Groulx, qui lui servirait de caution. C'est en substance ce qu'il lui dit dans une première lettre non datée, dans laquelle il le remercie avec effusion de l'avoir reçu chez lui. Guay a sans doute été introduit chez Groulx par Arthur Laurendeau, qui signe d'ailleurs la préface du livre. Guay est particulièrement ravi d'avoir pu rencontrer une première fois Lionel Groulx, car, ayant « toujours travaillé seul en compagnie de [s]es livres », il se demandait s'il allait « aboutir à quelque chose ». Dans une deuxième lettre datée du 18 août 1936, Guay réitère sa requête à Lionel Groulx, n'ayant toujours reçu aucune réponse de sa part. Le fonds Lionel-Groulx ne contient que ces deux lettres. Par ailleurs, le texte de la dédicace

L'essai de l'abbé Henri Guay paraît avec une fausse mention d'imprimatur et est réprouvé par le clergé lui-même.

(finalement publié dans le livre) situe la publication de *L'appel de la race** en 1914. Pourtant le roman est paru en 1922. Vraisemblablement, si Groulx avait eu le temps de prendre connaissance du texte de Guay, il aurait corrigé les erreurs contenues dans la dédicace. Donc, tout porte à croire que Groulx n'a pas répondu à Guay. Avait-il, par ailleurs, parcouru et approuvé le manuscrit ? Rien n'est moins sûr. La seule chose que l'on puisse induire, à partir des lettres de Guay, c'est que Groulx a reçu chez lui l'auteur de *La réponse de la race* pour discuter de son projet de publication. D'un possible – mais non certain – mentorat, à l'attribution de la rédaction complète de *La réponse de la race* à Lionel Groulx, il y a toute une marche, néanmoins franchie par Esther Delisle qui, dans *Le traître et le juif*, affirme sans aucune preuve que Lambert Closse et Lionel Groulx sont la même personne. Plusieurs chercheurs ont dénoncé cette fallacieuse attribution (notamment Ross Gordon, Gary Caldwell, Gérard Bouchard). Comme le remarque Gordon : « To pin this on Lionel Groulx without any real proof, is frankly unbelievable. » Gordon n'hésite pas à qualifier le livre de Guay de « worst anti-Semitic work published in Quebec's history ».

Il n'est en effet pas besoin de lire longuement *La réponse de la race* pour voir que « Lambert Closse », en voulant se situer dans la lignée du nationalisme de Groulx et des principaux penseurs du début du siècle, dénature leur pensée pour en arriver à prôner un nationalisme d'extrême-droite d'une rare violence. Au nom de la survivance des Canadiens français, cet ouvrage fournit *ex cathedra* des règles de conduite que le lecteur doit mémoriser, sans être autorisé à exercer son jugement critique. Ainsi, on ne sera pas étonné de lire des énoncés comme « 3. Qu'est-ce qu'un Canadien français ? C'est un fils de la civilisation française, né au Canada, catholique. » Ou encore :

> 19. Aimeriez-vous à vivre dans un autre pays ? Non. 20. Pourquoi ? Parce que Dieu m'a fait naître au Canada et que j'aime mes ancêtres. 21. Le Canada est-il un beau pays ? Oui, je crois que c'est le plus beau pays du monde. 22. Si vous étiez né ailleurs vous auriez aussi des ancêtres. Oui, mais mes ancêtres ne seraient pas français et peut-être pas catholiques.

L'antisémitisme, présent dans tout l'ouvrage, atteint son apogée dans l'annexe, où les Juifs, alliés de Lucifer, sont clairement identifiés comme « nos ennemis ». Qu'il suffise de dire que le Juif est « le ferment de toutes les corruptions de mœurs et de traditions chez tous les peuples », qu'il « canalise toutes les haines et toutes les misères pour devenir le dominateur », et on aura compris l'essence du propos de Lambert Closse.

Comment ce discours résolument raciste a-t-il été accueilli par la censure ecclésiastique ? Les hautes autorités de l'époque ont-elles entériné cette position ? Si tel est le cas, le problème dépasse de loin la simple personne de Groulx pour toucher les fondements mêmes de l'Église catholique. En effet, la question de l'approbation ecclésiastique reste entière.

L'édition de 1936 porte l'imprimatur du cardinal Jean-Marie-Rodrigue Villeneuve, daté du 8 mai 1936. L'achevé d'imprimé est, quant à lui, daté du 12 octobre 1936 et mentionne l'imprimeur : Thérien Frères, situé à Montréal. Dans sa lettre du 18 août 1936, Guay affirme à Lionel Groulx que depuis leur rencontre, il a été « très bien reçu » à l'archevêché de Montréal par Mgr Georges Gauthier, a discuté avec lui de son projet de publication et doit lui remettre le manuscrit le dimanche suivant. Le prélat s'est-il rétracté ultérieurement, devant les thèses racistes de Guay ? Car logiquement, si le livre a été imprimé à Montréal, si le prêtre qui l'a rédigé relevait du diocèse de Montréal, il aurait dû porter l'imprimatur de Mgr Gauthier. Dans cette même lettre, Guay se dit « pressé » par son imprimeur. L'auteur a-t-il véritablement obtenu la bénédiction de Mgr Villeneuve pour publier son livre, dès le mois de mai ? S'agit-il plutôt d'une supercherie ? Le 12 novembre 1936, la *Semaine religieuse de Québec* publie cette note laconique : « Il est faux de dire que cette œuvre de Lambert Closse porte l'imprimatur. L'auteur ne l'a jamais demandé. » À défaut de preuves du contraire, quelques hypothèses demeurent encore plausibles : l'auteur aurait bénéficié d'une certaine sympathie de la part des autorités de l'époque, sympathie qui se serait refroidie après la lecture du manuscrit, voire après sa publication. Chose certaine, si Henri Guay n'a pas nommément été approuvé par les autorités, il n'a pas non plus été officiellement censuré. Voilà qui incite à une analyse plus complète des positions de l'Église catholique romaine à l'égard de l'antisémitisme. Jusqu'à Vatican II, ne recommandait-elle pas, comme le rappellent Benoît Lacroix et Stéphane Stapinsky dans la « Présentation » des *Cahiers d'histoire du Québec au xx*[e] *siècle* (automne 1997), « de prier pour les "Juifs perfides" » ? *Marie-Pier Luneau*

Closse, Lambert [Henri Guay], *La réponse de la race*, [Montréal], Thérien Frères limitée, 1936, 546 p.

CRLG, fonds Lionel-Groulx, P1, Série correspondance ; Gordon, Ross, « The Historiographical Debate on the Charges of Anti-Semitism Made Against Lionel Groulx », maîtrise, Université d'Ottawa, 1996.

◉ *La romance*

LE RÉVEIL

Journal d'Arthur Buies (1840-1901) • Journal condamné par Mgr **Taschereau (1876)**

Le Réveil, dont le premier numéro paraît le 27 mai 1876 à Québec, arbore fièrement en sous-titre la devise : *Éducation Publique. – Réformes*. L'article liminaire intitulé *Prospectus* annonce la couleur :

> [...] notre journal suivra une ligne de conduite inflexible que nous pouvons résumer en quelques mots : Exclusion absolue de tout ce qui touche aux matières religieuses ; maintien énergique des droits civils et de la liberté des opinions ; lutte faite aux abus, de quelque nature qu'ils soient et de quelque source qu'ils proviennent ; indépendance complète de tout parti politique, et réforme vigoureusement poursuivie dans tout ordre de choses où elle est nécessaire.

Contrairement à *La Lanterne** (1868-1869), dont l'objectif était d'éclairer la jeunesse, l'inciter à secouer sa léthargie et passer à l'attaque contre les forces obscurantistes, *Le Réveil* entend radicaliser les libéraux dont l'opportunisme électoral a pris le pas sur les principes. Qu'on en juge plutôt : l'année précédente, le Québec abolit le ministère de l'Instruction publique, remplacé par un Conseil de l'instruction publique à la botte de l'épiscopat, au nez et à la barbe d'une opposition libérale, complice d'une mainmise du clergé sur le secteur clé de la vie culturelle du Québec.

En outre, dans un mandement collectif du 22 septembre 1875, les évêques du Québec, toutes tendances confondues, affirment le droit du clergé d'intervenir directement dans certaines questions politiques quand les intérêts de l'Église sont en jeu, en plein débat sur l'influence indue, que la loi définit en tant qu'influence de ceux qui emploient la contrainte, l'intimidation ou la menace pour convaincre un électeur à voter ou à s'abstenir.

Or, la même année, l'inhumation de Joseph Guibord* dans le cimetière catholique de la Côte-des-Neiges marquait l'aboutissement d'une longue querelle juridique entre l'évêché de Montréal et

Le journal reproduit la circulaire de Mgr Taschereau interdisant *Le Réveil*.

Arthur Buies (Archives historiques du séminaire de Québec, Musée de l'Amérique française). – Le journaliste Arthur Buies s'oppose farouchement à l'ingérence du clergé dans la sphère de la vie politique et culturelle québécoise. La condamnation du *Réveil* l'obligera à mettre en veilleuse ses activités de polémiste.

l'Institut Canadien de Montréal*, au profit de ce dernier. Nul doute qu'aux yeux du dernier carré des libéraux radicaux – et Joseph Doutre, Rosaire Thibodeau et Arthur Buies sont de ceux-là – le moment est venu de frapper, et de frapper fort, pour réveiller tous ceux que la perspective de la prise du pouvoir et des délices qui y sont associés inclinent à l'oubli – certains diront à la trahison – des grands principes de 1854.

Si Rosaire Thibodeau et Joseph Doutre sont les bailleurs de fonds – ce dernier s'ingérant dans la conduite éditoriale, conseillant et morigénant à l'envi un Buies qu'il traite plus en collégien qu'en collègue – Buies en est le « propriétaire et rédacteur-en-chef », les bureaux étant situés au « 30, rue St. Louis, Haute-Ville, Québec ». Contrairement à *La Lanterne*, que Buies fut contraint de rédiger seul en dépit d'appels répétés de collaboration à la jeunesse montréalaise, *Le Réveil* s'enrichit du concours soutenu d'Aristide Piché, et occasionnel de Jacques Auger, syndic officiel et écrivain à ses heures.

Le nouvel hebdomadaire reçoit l'appui initial de nombreux annonceurs, pas moins de 27 dans la seule édition du 17 juin, francophones pour la plupart, ce qui semble indiquer une audience non négligeable auprès de la petite bourgeoisie de Québec.

Le contenu se divise de la manière suivante: le plus souvent, un article majeur de Buies lui-même, suivi généralement d'un article d'un collaborateur, et complété, comme il est d'usage dans la presse de l'époque, d'extraits de publications françaises ou américaines.

L'arrivée du *Réveil* dans le paysage journalistique québécois ne manque pas de susciter les réactions d'usage dans la presse conservatrice. Aussi Buies reproduit-il dans le no 2 (3 juin 1876) les propos sarcastiques du *Nouveau-Monde* à son endroit:

> La libre-pensée et le scepticisme sont les deux traits caractéristiques de cette nouvelle production de l'ancien rédacteur de la Lanterne. […] [S]on apparition sur la scène ne nous effraie guère, car il est depuis longtemps reconnu qu'entre ce que M. Buies veut et prétend faire et ce qu'il sait et peut faire, il y a une énorme différence. C'est ce qui rend ses écrits plus méprisables que dangereux.

Dans ces propos, il n'y a rien qui soit de nature à impressionner l'ancien rédacteur de *La Lanterne*; il en a lu d'autres et il n'a pas la réputation d'avoir la langue dans sa poche, mais il prendra soin néanmoins, dans le numéro du 8 juillet 1876, de préciser la ligne de conduite qu'il entend suivre:

> […] en dehors de sa foi religieuse, il y avait d'autres choses chères à l'homme, il y avait des droits lentement et péniblement acquis, des libertés conquises sur le despotisme politique et théocratique des âges pré-

cédents, libertés qui constituent aujourd'hui le fonds commun de tous les peuples civilisés et sans lesquelles la société moderne n'existerait pas.

Car en vérité, aux yeux de Buies, c'est bien de liberté qu'il s'agit, liberté indissociable de l'idée de tolérance. Or, si l'on veut trouver une raison à la condamnation du *Réveil* par Mgr Elzéar-Alexandre Taschereau, dans une lettre circulaire du 31 août 1876, c'est, semble-t-il, dans cette hostilité à l'idée de tolérance qu'il faut la chercher. Ce dernier n'écrit-il point dans cette circulaire rendue publique le 3 septembre et reproduite dans le *Réveil*, supplément du 9 septembre :

> Ces hommes ennemis de la vraie foi, et oublieux de leur propre salut, insinuent continuellement dans leurs écrits *l'indifférentisme*, c'est-à-dire, un système qui s'accommode des croyances religieuses les plus contradictoires, et prétend ouvrir le port du salut éternel aux sectateurs de toutes les religions quelles qu'elles soient.

Buies ne s'y trompe point qui répond en des termes d'une étonnante actualité en ce qui concerne de vastes parties du monde toujours sous le joug de *l'intolérance religieuse* : « Toutes les questions sont secondaires comparativement à celle-ci qui est seule vitale, seule essentielle pour les sociétés modernes : ou la domination spirituelle ou l'affranchissement de l'esprit humain. » (Supplément du 9 septembre 1876)

La condamnation du *Réveil* est lue au prône de chaque église de l'archidiocèse de Québec, le 3 septembre et, selon Buies, reproduite « dans tous les journaux français de la province, qu'ils fûssent conservateurs ou libéraux ; tous, du premier au dernier, ont publié ce qui me frappe ; y en a-t-il un seul qui reproduira ma réponse et ma défense ? » (Supplément du 9 septembre 1876) La conclusion de cette condamnation est sans appel : « Si vous avez connaissance, Monsieur le curé, que le susdit journal soit lu dans votre paroisse, vous lirez en chaire la présente circulaire pour prémunir vos paroissiens contre les doctrines de ce journal et pour leur en interdire la lecture. » (Supplément du 9 septembre 1876)

Buies, dès lors, doit cesser la publication de son journal à Québec, où il réside depuis 1870, et il déménage à Montréal avec armes et bagages, comme il l'annonce à ses électeurs dans le numéro du 16 septembre. Le « lâchage » par les libéraux ne le dispose guère favorablement à leur endroit, comme l'illustrent bien ces accusations vengeresses :

> Faisons la distinction entre ce qu'on est convenu d'appeler par une ironie cruelle « le parti libéral » et les nombreux individus, les libéraux sérieux et vrais, qui brûlent du désir d'échapper à ce parti qui ne représente rien, qui ne signifie rien… et dont l'invariable devise est : concession, louvoiement, équivoque, détours, temporisation, hypocrisie. (Le 7 octobre 1876)

La condamnation du *Réveil* embarrasse les dirigeants libéraux en quête d'un accommodement avec l'Église, que viendra sceller la célèbre conférence-manifeste de Wilfrid Laurier du 26 juin 1877 sur le libéralisme politique. Aussi *Le National*, journal libéral qui a succédé quelques années plus tôt au célèbre *Pays** – deux journaux auxquels Buies a contribué à titre de journaliste et de chroniqueur – et le *Franco-Canadien,* organe de Félix-Gabriel Marchand et porte-parole des libéraux provinciaux, se dissocient-ils du *Réveil*. Buies se retrouve donc seul, réduit dès lors à stigmatiser ses anciens camarades de combat dans l'édition du 21 octobre :

> En fait de principes, rien ne sépare les organes conservateurs des organes nationaux. […] *Le National* ne répudie pas seulement le *Réveil* ; il se défend d'avoir une idée quelconque sur n'importe quelle question ; son rôle tout entier se borne à faire caser ses amis dans les bureaux publics et à prôner les mesures administratives, les économies du gouvernement actuel.

Le Réveil s'éteint le 24 décembre 1876, victime certes de la censure ecclésiastique, mais aussi, peut-être surtout de l'opportunisme d'un parti libéral plus avide de conquête du pouvoir que de respect des principes de « 54 ». Buies n'est pas dupe du bouleversement politique et idéologique profond qui suit la mise en place de la Confédération, bouleversement qui débouche sur un partage des pouvoirs entre l'Église, qui s'assure le monopole de l'éducation, de la vie culturelle et de la vie associative, laissant en partage aux politiciens et à l'élite francophone le monopole du patronage.

La condamnation du *Réveil* constitue un tournant significatif dans les rapports entre le clergé et les partis politiques au Québec. Comme l'a rappelé Fernand Dumont, dans *Genèse de la société québécoise* :

> L'ultramontanisme ou le libéralisme, les grands principes sur l'Église « société parfaite » ou les protestations d'autonomie des politiciens ont certes des retentissements dans l'opinion ; mais dans la réalité profonde, le pouvoir du clergé est de plus en plus confirmé, celui des politiciens aussi, dans une solide division du travail.

Buies ne renoncera certes point à défendre sa conception du libéralisme chaque fois que l'occasion lui en sera donnée. Néanmoins, il rentrera dans le rang en embrassant l'utopie de la colonisation, condamné désormais à rédiger des brochures pour gagner son pain. Déjà dans *La Lanterne*, sept ans plus tôt, il avait entrevu le triste sort qui l'attendait : « Sous un ciel plus propice, j'aurais pu donner l'essor à mon admiration des grandes choses, à mon amour ardent des sciences et des lettres. Mais on ne pardonne pas aux âmes de s'élever, là où tout est plat et servile. » (28 janvier 1869)

Le Réveil n'a certes pas l'envergure de *La Lanterne*, même s'il contient quelques morceaux de bravoure qui méritent plus que l'oubli dans lequel il est tombé. Il demeure cependant un témoignage exemplaire des outrages que la libre-pensée a subis dans une société dont les institutions garantissaient par ailleurs la liberté d'expression, nous rappelant, comme Buies ne manque pas de le faire dans le numéro du 18 novembre, que « [c]e qu'il nous faut aujourd'hui, ce sont des caractères ; des talents, nous en avons assez ; mais il nous manque des hommes… des hommes ! C'est-à-dire tête et cœur. »

Francis Parmentier

Le Réveil, 27 mai 1876–24 décembre 1876.

THE RISE OF ECCLESIASTICAL CONTROL IN QUEBEC

Walter Alexander Riddell (1881-1963)

◐ *Clerical Control in Quebec*

ROBERTS, AFFAIRE

Le journaliste John Roberts est condamné à une peine d'emprisonnement par l'Assemblée législative (1922)

Dans un article paru dans *La Presse*, le 21 novembre 1922, le bibliothécaire Ægidius Fauteux trace un historique des privilèges du Parlement canadien et conclut sur un cas qui, à ce moment, se trouvait devant la cour de justice : « […] l'affaire Roberts est jusqu'ici l'une des plus importantes, non pas par la qualité du personnage mis en cause qui est d'ordre plutôt secondaire, mais par la gravité du principe mis en jeu. » Il est vrai qu'à l'occasion de cette affaire, pour la première fois, les parlementaires se donnaient un droit punitif extraordinaire et, par le fait même, ébranlaient la liberté de la presse*.

Cette « affaire Roberts » se passe à l'automne 1922, mais elle oblige le rappel suivant. Au mois de juillet 1920, une jeune femme de Québec, Blanche Garneau, est retrouvée violée et étranglée dans un parc de la ville. L'enquête piétine et le procès de deux accusés, Raoul Binet et William Palmer, se termine par un non-lieu.

Des rumeurs continuent toutefois de circuler, colportant que les véritables meurtriers sont connus, mais protégés par des personnages politiques puissants, voire proches du premier ministre et procureur général, Louis-Alexandre Taschereau, au point que les conservateurs accusent le gouvernement libéral de faire entrave à la justice. À l'ouverture de la session, le 24 octobre 1922, la question paraît toutefois retombée dans l'ombre.

Cependant, John Roberts, éditeur du journal montréalais *The Axe*, publie le 27 octobre un article incriminant non seulement deux membres de l'Assemblée législative, mais l'Assemblée tout entière dans son impéritie à agir. L'extrait qui sera retenu contre l'éditeur et lu à la session parlementaire est le suivant :

> Les noms de deux membres de la Législature provinciale se trouvent impliqués dans ce sinistre crime et l'on peut entendre ouvertement mentionner leurs noms et discuter publiquement leur prétendue culpabilité dans la cité de Québec. Et l'on dit librement et franchement que la cause de l'inaction de la part des autorités pour élucider le mystère et traduire le coupable en justice tient au fait que ces deux personnes sont membres de la Législature.

À la session du 30 octobre, Taschereau propose que l'extrait incriminé « constitue une violation des privilèges de cette Chambre. » Il poursuit en demandant que soit lancé

> un mandat ordonnant au sergent d'armes d'arrêter M. John H. Roberts de Montréal, directeur du journal *The Axe* et président de The Axe Publishing Company Limited qui publie ledit journal et d'amener ledit John H. Roberts à la barre de l'Assemblée législative le deux novembre 1922, à quatre heures de l'après-midi.

La séance du 2 novembre s'ouvre sur un discours plutôt véhément du premier ministre, avant que Roberts ne soit entendu : « Depuis que j'ai lu cet article, j'ai référé à bien des précédents où l'on avait violé les privilèges de cette Chambre et je n'ai rien vu de plus atroce et de plus infâme. Chaque député de la Chambre peut être actuellement visé. » Puis John Roberts est appelé. Ses justifications culminent dans les propos suivants :

> Monsieur l'Orateur, je suis aussi journaliste et je crois en la liberté de la presse. Et je combats pour la protection de cette liberté de la presse. Je ne suis pas John H. Roberts, ici aujourd'hui, je ne suis pas simplement éditeur de *The Axe*, je représente la presse libre au Canada, parlant pour sa défense.

À ce moment, Roberts est déjà mis en accusation par la cour concernant le même article. Il note qu'un homme ne peut faire l'objet de deux accusations pour une même offense, et que si l'Assemblée poursuit son interrogatoire, il risque de subir un préjudice :

> [...] vous allez me forcer à révéler mes moyens de défense, avant que ma cause soit entendue en temps et lieu par le jury qui sera choisi à cet effet à une date postérieure. Et sûrement, je dois être traité avec la plus élémentaire justice. Si vous décidez réellement que je dois révéler mes moyens de défense, j'en souffrirai un tort grave.

Mais le premier ministre insiste, par la voix de l'Orateur : « Il vous est ordonné par cette Chambre de donner maintenant les noms des deux députés qui ont participé au meurtre de Blanche Garneau. » Roberts refuse : « Monsieur l'Orateur, sur l'avis de mon avocat, je dois respectueusement refuser de répondre, pour le moment. »

Le 7 novembre suivant, Taschereau présente le projet de loi 31, un amendement à la loi de la Législature. En vertu de la loi en vigueur, inscrite dans les Statuts refondus, l'Assemblée peut condamner une personne à une peine de prison, mais uniquement pendant la durée même de la session. Le projet de loi spécial propose de remplacer « de la session alors tenante » par « n'excédant pas un an ». Mal préparée sur cette affaire, l'opposition conservatrice, dirigée par Arthur Sauvé, laisse facilement le gouvernement mener le débat et voter le projet de loi.

Le 15 novembre, le projet est soumis au Conseil législatif, pour la deuxième lecture. C'est à cette occasion que l'historien, journaliste et conseiller législatif conservateur Thomas Chapais prononce un discours remarquable sur les enjeux de cette loi. Il discute de la constitutionnalité du projet, mais insiste particulièrement sur sa pertinence. Inspirée par l'irritation, dit-il, pareille loi risque de faire entrer le Québec « dans cette voie qui est la voie de l'arbitraire ». En outre, la mesure proposée est excessive : « C'est une loi antilibérale. J'y vois de l'outrance et je déteste l'outrance où je la vois ! » Enfin, Chapais ne manque pas de noter que l'Assemblée est à la fois juge et partie. Le journal *L'Action catholique* titre à la une :

« L'hon. T. Chapais défend vigoureusement la liberté de la presse au Conseil législatif. » Ce discours produit un grand effet, mais, néanmoins, la loi est finalement sanctionnée, le 29 décembre 1922, et Roberts, condamné à un an de prison. *Gilles Gallichan*

Débats de l'Assemblée législative, 15ᵉ législature – 4ᵉ session, séances du 24 octobre au 29 décembre 1922. Texte établi par Gilles Gallichan, Québec, Service de la reconstitution des débats, Bibliothèque de l'Assemblée nationale ; Débats de l'Assemblée nationale, 35ᵉ législature – 2ᵉ session, séance du 19 mars 1997.

▶ Politique (censure) ; *Le syndrome de Pinocchio*

ROMAN-FEUILLETON

À la fin du XIXᵉ siècle, coupes, ajouts et modifications constituent autant de méthodes de censure afin de conformer le plus possible les feuilletons français aux visées morales et nationales de la littérature québécoise

Œuvre de fiction en prose d'une certaine longueur publiée par fragments à suivre, le roman-feuilleton connaît un immense succès populaire au XIXᵉ siècle, tant en France qu'au Québec. Les Paul Féval, Eugène Sue et Alexandre Dumas deviennent de véritables vedettes du genre, comptant parmi leurs admirateurs québécois des personnalités comme les écrivains Joseph Doutre, Benjamin Sulte, Joseph Marmette, Honoré Beaugrand et Napoléon Legendre, ou le juge Henri Taschereau. S'il est vrai que ce sous-genre romanesque persiste au début du XXᵉ siècle dans les pages des journaux et des magazines, il ne bénéficie plus du même engouement populaire. Ne sera par conséquent traitée ici que la fin du XIXᵉ siècle, qui correspond à la période où le roman-feuilleton, alors à son apogée, suscite régulièrement des controverses et des polémiques.

Au XIXᵉ siècle, presque tous les journaux québécois reproduisent quotidiennement des feuilletons français sans verser de droits à leurs auteurs, car c'est seulement en 1921 que le Canada adhérera par lui-même (et non en tant que colonie adoptant de fait les lois en vigueur en Angleterre) à la Convention de Berne. Il s'agit d'une façon commode de remplir les espaces vacants du journal et de satisfaire du même coup un lectorat avide de ces romans. Les feuilletons servent en outre de stratégie commerciale destinée à pousser les lecteurs à s'abonner au journal pour mieux suivre le roman en cours.

Malgré sa popularité, le genre est très mal perçu par les différentes sphères de l'opinion publique, qui tiennent un discours critique à son sujet, surtout le clergé et le milieu journalistique. Le roman-feuilleton y est dénoncé comme propagateur du vice, de la perte de la foi, du trouble de l'ordre établi, du refus du type de gouvernement en place, de la justification du suicide, de l'adultère, de la description de la criminalité ou de la recherche des plaisirs. Le décalage sur le plan des valeurs et idéologies légitimées qui existe à l'époque entre la France et le Québec explique entre autres pourquoi ces œuvres populaires françaises paraissent inacceptables aux yeux de certains critiques québécois. Un acte jugé comme marginal au Québec peut être perçu, en France, à la même époque, comme banal ou normal (le concubinage, par exemple, ou le divorce, rétabli en France en 1884, mais légal au Québec à partir de 1930 seulement).

Dans cette logique, la littérature nationale canadienne-française alors légitimée se donne comme objectif de stimuler la foi, l'amour de la patrie, la vertu, le respect des lois et d'encourager la fidélité à la tradition et à la langue. Cette littérature est perçue comme l'outil d'élaboration d'une conscience historique québécoise, d'une référence identitaire collective. Ce projet social a peu à voir avec les enjeux des romans-feuilletons, jugés légers, amoraux ou immoraux et ancrés dans une réalité sociale où l'individu prend plus de libertés par rapport aux institutions et traditions. Les diffuseurs québécois de feuilletons français cherchent donc à rapprocher les feuilletons de la littérature nationale pour rendre ces textes importés plus acceptables et en offrir des versions qui puissent satisfaire à la fois les critiques et le lectorat de masse.

Coupes, ajouts et modifications constituent autant de méthodes de censure afin de conformer le plus possible les feuilletons français aux visées de la littérature nationale québécoise. Les textes sont choisis, retirés, corrigés et censurés en tenant compte des romans déjà publiés par les autres journaux québécois. Malgré ce travail éditorial, nombre de représentations non légitimées de la déviance et de l'excès subsistent cependant dans les textes français publiés au Québec: amours coupables, suicides, enlèvements, duels, tentatives de viol, descriptions de l'anatomie féminine, etc. En dépit des coupures effectuées, le genre demeure donc suspect aux yeux des autorités cléricales. Populaire prédicateur de retraites, le père oblat Zacharie Lacasse résume bien l'opinion des adversaires du genre par cette métaphore tirée de son ouvrage *Une nouvelle mine: le prêtre et ses détracteurs*, en 1892: «[V]ous avez beau peinturer une planche pourrie, elle reste toujours pourrie, et d'autant plus dangereuse qu'elle est peinturée, car la croyant saine vous allez vous y appuyer et vous culbutez la tête en bas.»

L'un des cas les plus significatifs de ce paradoxe est sans doute celui des *Trois Mousquetaires* (1844), d'Alexandre Dumas père, publié en 1893-1894 dans *Le Monde* de Montréal. Fondé en 1867 pour défendre les intérêts de Mgr Bourget, cet ex-journal ultramontain se proclame le «seul journal indépendant du Canada» à la fin du XIXe siècle. Puisque *Les trois Mousquetaires* est à l'Index* depuis 1863, sa publication entraîne une importante polémique, à laquelle participent de nombreux journaux de l'époque (dont *La Presse**, *La Minerve**, *La Patrie**, *Le Courrier du Canada* et *Le Sorelois*). William Alexandre Grenier, agent de publicité et responsable des feuilletons du *Monde*, doit expliquer publiquement pourquoi son journal publie ce roman sans encourir les foudres du clergé: il a rencontré auparavant Mgr Édouard-Charles Fabre afin de solliciter sa permission, qui fut accordée après promesse d'épurer le roman. *Les trois Mousquetaires* paraît donc dans une version fortement censurée. Les feuilles concurrentes du *Monde* estiment que les coupures sont insuffisantes, ce qui pousse même Thomas Chapais à écrire dans *Le Courrier du Canada* du 22 février 1894: «Une œuvre comme les *Trois Mousquetaires* ne s'expurge pas. Pour assainir le livre il faudrait le brûler.»

La censure du roman s'est faite selon différents axes: représentation de la sexualité, critique du clergé et commentaires sociopolitiques. Dans le premier cas, la liaison entre d'Artagnan et la soubrette Kitty est éliminée. Tous les passages du texte original français qui montrent comment le jeune homme séduit Kitty, lui soutire des faveurs sexuelles et l'abandonne ensuite ne figurent pas dans *Le Monde*. Une seconde relation illicite sera coupée de la version québécoise, celle de Milady et de d'Artagnan, uniquement sexuelle (Milady étant bigame, de surcroît). Le comportement des autres mousquetaires est également modifié. Par exemple, Porthos, dans la version originale, a «rendez-vous avec une duchesse», tandis que dans la version québécoise, il a simplement «rendez-vous» sans que le lecteur ne sache si la personne qu'il doit rencontrer est un homme ou une femme.

Même les personnages secondaires sont sujets à caution. Par exemple, le lecteur québécois ignore que Madame de Chevreuse a «deux ou trois [...] amants» et l'histoire du luxurieux chancelier Séguier ne se trouve pas dans la version québécoise. Dans le texte original, il se retire dans un couvent dans l'espoir de museler ses passions. On lui donne l'ordre de sonner la cloche chaque fois qu'il est tenté... Or, Séguier sonne à toute heure du jour et de la nuit, rendant les moines fous. Sa tentative échoue, et il ressort du couvent plus libertin que jamais! Notons enfin que toutes les mentions du mot «maîtresse» sont supprimées, sauf quand le terme désigne une femme de chambre ou un domestique; dans un ordre d'idées semblable, pendant la scène entre Felton et Milady, le mot «sein» devient «épaule».

D'un point de vue sociopolitique, un plaidoyer en faveur des huguenots disparaît, de même que des critiques des Anglais (notamment la phrase : « C'est pain bénit que de tuer un Anglais »).

La religion n'est pas en reste. De façon significative, la version québécoise présente le cardinal de Richelieu, homme d'Église, de manière plus positive et digne. À l'occasion de sa déposition au sujet de *Canada-Revue**, le correcteur William-Alexandre Grenier avoue avoir voulu « embellir le caractère du cardinal de Richelieu qui paraissait assez noir quelquefois dans le livre ». Grenier a notamment censuré la phrase « Qui dit Richelieu, dit Satan », mais il a aussi supprimé les allusions aux maîtresses du religieux. Les motivations de sa rivalité avec Buckingham ne sont plus dictées par une vengeance née du dépit amoureux, mais bien pour « débarrasser la France d'un ennemi ». Un travail semblable a été exercé dans le but de rendre les religieux plus nobles : un passage mettant en scène un jésuite vaniteux et un curé maladroit est considérablement modifié. Le texte initial montre le curé pédant parlant en latin pour impressionner ses interlocuteurs, mais faisant constamment de grossières erreurs trahissant son manque de connaissances ; ailleurs, une scène qui décrit un curé voleur (et la jeunesse de Milady comme religieuse au couvent des Bénédictines de Templemar) est modifiée : le curé devient un simple complice, sans mention à son état clérical, et le fait que « leurs vœux à tous deux étaient sacrés, irrévocables » est remplacé par l'indication plus neutre qu'ils « commirent plusieurs grands crimes ».

On peut classer ces représentations condamnées sous deux grandes catégories analytiques, soit la déviance (individualisme par rapport aux normes explicites et implicites) et l'excès (se situant du côté des pulsions qui dominent la raison), qui contestent le caractère consensuel de la société québécoise de l'époque.

Malgré l'intervention de la censure, plusieurs éléments condamnables subsistent : la relation adultère de d'Artagnan avec une femme mariée, Constance Bonacieux, n'a pu être évacuée, car la réécriture aurait été très complexe. De même subsistent la bigamie de Milady, la description d'un religieux ivre, des duels, des beuveries et jeux de hasard. Le genre repose en effet tant sur des représentations interdites qu'il est impossible de tout retrancher, sous peine de devoir réécrire les feuilletons au complet. Or, une telle pratique devenait impossible, compte tenu du budget restreint des journaux, du petit nombre d'employés qui y travaillaient et du rythme de production imposé par une parution quotidienne.

De nombreux romans-feuilletons connaîtront un sort semblable au moment de leur parution au Québec, comme *L'enfant du faubourg* d'Émile Richebourg ou *Les deux orphelines* d'Adolphe d'Ennery. On pourrait ainsi citer *Le maître de forges* de Georges Ohnet, sévèrement condamné par l'ultramontain Jules-Paul Tardivel dans *La Vérité*, lors de sa diffusion dans une version censurée par le journal *L'Événement*, en 1884 :

> On dit que les Éditeurs de l'Événement, avant de le publier, l'ont expurgé ! C'est-à-dire que sur les sept péchés capitaux, on en a ôté un, l'impureté […], mais il en reste assez pour souiller les jeunes imaginations. […] [N]ous voudrions trouver un mot plus fort pour exprimer l'horreur que nous avons ressentie en lisant ces pages écrites sous l'inspiration de Satan.

Afin d'éviter de s'attirer des reproches semblables, les responsables – souvent anonymes – de leur publication tâchent donc d'apaiser les autorités en coupant çà et là des passages jugés scandaleux, proclamant également leur conformité à l'idéologie conservatrice dominante par le biais des publicités pour leur feuilleton, mentionnant parfois que l'œuvre avait été corrigée pour ne pas choquer les âmes vertueuses. Désormais, suivant l'expression alors en vogue, elles peuvent être mises entre toutes les mains.

Hormis ces exemples de censures proscriptives, on peut également mentionner deux cas importants de censure « préalable » liés au roman-feuilleton.

Premièrement, il y a celui, célèbre, de *Canada-Revue**. Quand ce périodique annonce le 11 novembre 1892 la publication prochaine des *Trois Mousquetaires* dans ses pages, après une série de provocations envers le clergé, il s'attire un mandement condamnatoire de Mgr Édouard-Charles Fabre. La seconde affaire, moins connue, concerne un autre roman de Dumas. Du 10 au 14 février 1894, Honoré Beaugrand fait paraître dans son journal *La Patrie** un encart qui annonce le prochain feuilleton de son journal : *Le Comte de Monte-Cristo*. Le 15 février, Beaugrand reçoit une lettre du chanoine chancelier Alfred Archambault. Ce dernier l'informe que l'évêque de Montréal « sera forc[é] de rappeler aux fidèles de son diocèse les règles de l'Index » si le directeur de *La Patrie* ne renonce pas à son projet. Beaugrand répond par un long article où il accuse le clergé montréalais de partialité. Il affirme qu'il s'agissait d'un pari destiné à prouver le manque d'équité du clergé, accordant aux journaux conservateurs certains droits qu'il refuse aux journaux libéraux. Beaugrand prend bien entendu l'exemple du *Monde* qui publie encore *Les trois Mousquetaires* tout au long de cette polémique. Les autres journaux montréalais, loin de l'appuyer, condamnent plutôt le ton irrévérencieux de Beaugrand à l'endroit des autorités ecclésiastiques. *Le Monde* s'empresse aussi de conclure le roman de Dumas rapidement, et la dernière livraison paraît le 22 février.

Le cas des romans-feuilletons québécois est différent. Pour la plupart d'entre eux, une orthodoxie certaine compense pour les aspects déviants. Par exemple, dans *Une de perdue, deux de trouvées*, de Georges Boucher de Boucherville (1849-1851, dans *L'Album littéraire et musical de la Minerve*), de nombreuses représentations non légitimées prennent place : mariage contracté aux États-Unis contre le gré des parents ; profanation de cadavre à des fins criminelles ; état d'ébriété de certains personnages ; enfant illégitime ; enlèvement d'une jeune fille, etc. En revanche, contrairement aux feuilletons français, ce roman suit aussi les prescriptions des théoriciens de la littérature nationale : il se déroule en décor canadien, fait appel à des événements historiques et contient des aspects moralisateurs. Ainsi, deux duels sont évités : celui du héros St-Luc, qui se résigne en bon catholique à céder Henriette à son adversaire, et un autre, grâce à des excuses. La différence par rapport aux romans-feuilletons français réside aussi dans le degré d'explicitation des représentations du privé non légitimées : l'auteur passe rapidement sur la violence et les scènes d'amour.

Ces exemples montrent l'aspect subversif du roman-feuilleton français, dont plusieurs auteurs, du reste, se démarquent par un engagement social de type libéral : par exemple, la lutte de Dumas auprès de Garibaldi, les réformes politiques proposées par Eugène Sue, le fantastique teinté de critique sociale de Frédéric Soulié et de Paul Féval, ce dernier discutant d'ailleurs de la peine de mort dans *Les habits noirs* (1863), au moment où cette question suscite un débat en France. La censure prescriptive et proscriptive de ces romans-feuilletons se comprend alors mieux si, à ces raisons, on ajoute les différences entre les représentations romanesques légitimées en France et au Québec, la puissance du clergé québécois et le fait que la sphère littéraire québécoise soit encore en formation au XIXe siècle. Soulignons enfin que la censure française est surtout de nature politique (le timbre Riancey de 1850 en est un exemple éloquent), tandis qu'au Québec, ce sont à la fois les aspects moraux (représentations du privé, de la criminalité, de la déviance) et sociaux (critiques à l'endroit des grandes institutions sociales, critiques des représentants de la loi, des traditions et de l'ordre établi) qui posent problème.

Frédérick Durand

DURAND, Frédérick, « Le transfert culturel du roman-feuilleton français dans le réseau de la presse québécoise du XIXe siècle : contre-légitimation de la déviance et de l'excès dans l'imaginaire littéraire », Doctorat (Études québécoises), Université du Québec à Trois-Rivières, 2003.

▶ *Le centurion* ; *Le Pays*

LA ROMANCE

Arthur-M. Viau • Recueil de poèmes religieux coté « Mauvais » par la revue *Lectures* et condamné par la *Semaine religieuse de Québec* (1947)

L'enfer, dit-on, est pavé de bonnes intentions. En publiant simultanément à Lafargeville, New York et à Ottawa en 1947 un recueil de poèmes religieux, *La romance*, l'abbé Arthur Viau signale dans son « avis au lecteur » qu'il entend célébrer le « Congrès marial et le dédier à Son Excellence Monseigneur Alexandre Vachon, d'Ottawa ». Toutefois, le recueil est voué aux gémonies, étant coté « Mauvais » dans un article non signé de la revue *Lectures** (octobre 1947), qui reproduit *in extenso* un long commentaire destructeur de la *Semaine religieuse de Québec* du 10 juillet précédent. Cette « divagation théologique », y lit-on, doit être mise au ban :

> Parce que *La Romance* contient des données étrangères à la Tradition et à la Foi, des nouveautés sans fondement dans la Révélation, et même des erreurs (divinisation et éternité de la T. S. V. [Très Sainte Vierge]), c'est une poésie condamnable et à condamner, de même que toutes les théories de l'auteur.

Selon l'article de la *Semaine religieuse*, l'abbé Viau a déjà fait paraître aux États-Unis deux ouvrages en anglais, dont l'un de ceux-ci (*The Virgin in the Holy Eucharist*, 1946) « a été publié sans la permission de l'Évêque et même contre l'avis défavorable des censeurs ». À nouveau en contravention aux lois de l'Index*, l'abbé Viau n'a point obtenu l'imprimatur épiscopal pour *La romance*. Le verso de la page-titre de l'opuscule reproduit ce texte, mensonger d'ajouter la *Semaine religieuse* : « Imprimé sur l'avis de son Excellence l'évêque de X… [sic], P.Qué. […]. »

L'abbé Viau n'est certes pas le premier prêtre à contourner l'*imprimatur*, le cas le plus célèbre étant assurément celui de *L'appel de la race**, de Lionel Groulx, ou encore celui de *La réponse de la race**, de l'abbé Henri Guay. Toutefois, la fermeté de la réaction à son endroit s'explique également par le fait que ces poèmes abordent un contenu théologique, fautif de surcroît. *Pierre Hébert*

Viau, Arthur-M., *Pour le Congrès marial. La romance[,] respectueusement dédiée à son Excellence Monseigneur Alexandre Vachon, Archevêque d'Ottawa[,] au Clergé et aux laïcs de langue française*, La Fargeville, N.-Y., [s. é.], [1947], 72 p.

▶ *Le centurion*

« LES ROMANS DE LA JEUNE GÉNÉRATION »

Collection de l'éditeur Albert Lévesque • Collection audacieuse qui inquiète le clergé et que l'éditeur préfère interrompre (1931-1932)

Créée par Albert Lévesque en 1930, la collection « Les Romans de la jeune génération », composée de quatre titres, occupe une place à part dans la production littéraire de l'entre-deux-guerres. Elle introduit une nouvelle tendance qui marque une rupture durable dans le roman canadien-français,

---

LA RECETTE DU SUCCÈS : ÉCRIRE UN ROMAN À SCANDALE ? (1930)

À l'été de 1930, Éva Senécal écrit à Alfred DesRochers : « Il [Albert Pelletier] me dit que tant que nous n'aurons pas un auteur assez intelligent pour faire un vrai scandale avec un roman, un vrai, pas des niaiseries comme il s'en écrit tant ici, personne ne lira de romans canadiens. Il me dit : "ayez l'audace de faire une œuvre vraie, une œuvre humaine, et l'on vous portera aux nues." ¶ Vous comprendrez qu'il n'en fallait pas davantage pour m'emballer. J'ai repris plusieurs chapitres et j'ai l'espérance d'avoir quelque chose de passable. Peut-être pas pour faire "un vrai scandale" mais certainement plus osé qu'il ne s'en est pas encore publié ici. Et je voudrais bien savoir, moi, en quoi il peut être plus immoral de montrer la vie telle qu'elle est que de fausser le jugement des jeunes en leur montrant la moitié de la vérité, la plus belle, et en laissant l'autre dans l'ombre, celle qui les ferait penser autrement qu'ils ne pensent et plus profondément. » (ANQ-S)

bouleverse les idées reçues de la critique – qui lui a offert une réception mitigée – et contribue à élargir l'éventail des attentes du public.

L'histoire des Éditions Albert Lévesque illustre le cas de l'éditeur* qui tente de faire coexister deux économies contradictoires, l'une tournée vers la production et la recherche, l'autre vers l'exploitation du fonds et la diffusion de produits consacrés; autrement dit, qui essaie de concilier édition littéraire d'avant-garde et édition de succès commerciaux. Maison la plus importante de l'entre-deux-guerres au Québec, l'entreprise de Lévesque illustre cette tentative de recherche d'investissements diversifiés à valeurs symboliques opposées.

Chez Albert Lévesque, une partie du fonds hérité de la Bibliothèque de l'Action française, acquise en 1926, répond aux demandes du clergé et des institutions scolaires et correspond à des « valeurs sûres » alors que plusieurs titres littéraires destinés au grand public cultivé misent sur l'innovation. En 1932, dans son *Almanach de la langue française*, Lévesque identifie quatre catégories de clientèles : 1) « la clientèle des membres du clergé et des institutions d'enseignement [qui] réclament des livres de fonds, des ouvrages sérieux et des "œuvres à mettre entre toutes les mains" »; 2) « la jeunesse scolaire, les éducateurs et éducatrices »; 3) « les hommes d'affaires, les professionnels consciencieux et la jeunesse universitaire [qui] recherchent [...] une littérature scientifique ou économique »; 4) enfin, le monde bourgeois, les fonctionnaires, les bureaucrates, les « dactylos », l'ouvrier chez qui se manifeste « un besoin de littérature légère (au sens littéraire du terme et non au point de vue moral), de romans d'amour, de mœurs et d'aventures ».

Un examen sommaire du catalogue de l'éditeur permet de constater que plus des deux tiers de ses titres sont destinés aux deux dernières catégories de lecteurs. En éditant à la fois des ouvrages consacrés aux sciences sociales et à l'économie politique et des œuvres de littérature générale, Lévesque compte

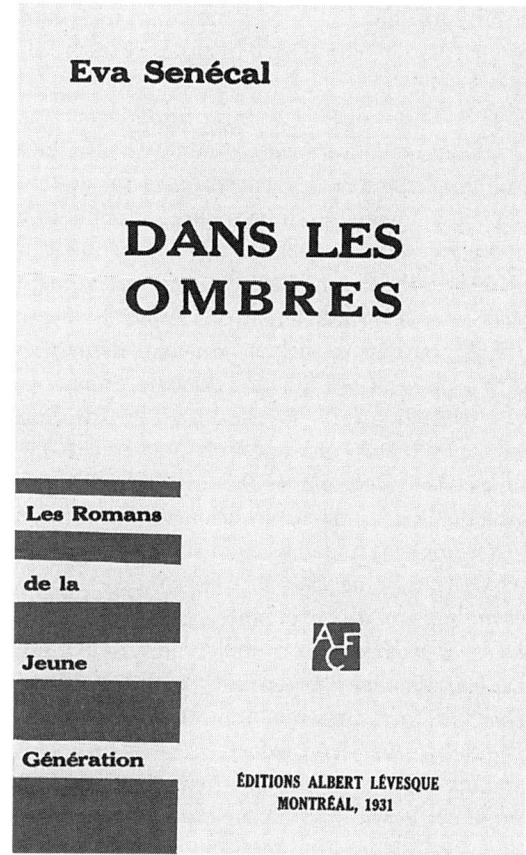

Dans les ombres, d'Éva Senécal, est l'un des quatre titres de la collection « Les romans de la jeune génération », que l'éditeur Albert Lévesque choisit d'interrompre à la suite de pressions cléricales.

desservir une clientèle diversifiée et offrir à chacune des ouvrages taillés sur mesure. Invoquant l'argument du marché, il se défend en fait contre ses détracteurs, nombreux du côté du clergé, qui considèrent que l'héritage de la Bibliothèque de l'Action française (autrefois dirigée par l'abbé Lionel Groulx) a été dénaturé par son nouveau propriétaire. En effet, dans les années 1930, Albert Lévesque donne à sa maison une tendance qui l'éloigne visiblement de la vocation essentiellement militante de la Bibliothèque de l'Action française, mais sans rompre avec les objectifs nationalistes de ses prédécesseurs.

Dans l'*Almanach de la langue française* de 1930, Lévesque rend hommage à Lionel Groulx et à Antonio Perrault, les précédents directeurs de l'entreprise, il souligne les clivages entre l'ancienne et la nouvelle génération. La même année, il crée un concours littéraire destiné à recruter de jeunes romanciers représentatifs du renouveau. Le succès obtenu avec ce concours auquel une vingtaine d'ouvrages sont soumis incite l'éditeur à inaugurer une nouvelle collection qu'il baptise « Les Romans de la jeune génération » et à lancer un mouvement littéraire et des œuvres plus audacieuses que celles qu'il avait publiées jusque-là. En quelques mois, de juillet 1931 à janvier 1932, paraissent quatre romans signés par de jeunes romanciers qui n'ont pas encore 30 ans et qui en sont à leur premier essai: Éva Senécal, *Dans les ombres* (paru en juillet); Jovette Bernier, *La chair décevante* (paru en août); Claude Robillard, *Dilettante* (paru en novembre); et Rex Desmarchais, *L'initiatrice* (paru en janvier).

Lors du lancement du quatrième titre, Lévesque explique l'esprit de la collection et montre comment elle rompt avec la tradition et inaugure, dans l'histoire du roman canadien-français, une nouvelle tendance qui sera celle de la génération dont il se fait le porte-parole:

> Cette série a été inaugurée dans le dessein de modifier l'orientation de nos œuvres romanesques, écrit-il. Jusqu'ici nos écrivains semblaient limiter leur inspiration aux sources historiques et régionalistes, sinon apologétiques, voire romans à thèses nationales ou religieuses. En se confinant à ce genre, nos romans n'avaient guère la chance d'intéresser les étrangers ni même notre public cultivé. D'aucuns se demandaient s'il était interdit aux Canadiens français d'exploiter les richesses universelles du cœur humain, tout en s'inspirant des expériences, des mœurs et des tempéraments canadiens. La psychologie de nos individus ou celle de nos classes sociales ne mérite-t-elle pas d'être étudiée? Trouverait-on un éditeur assez audacieux pour prendre les risques de lancer de tels ouvrages, qui ne manqueraient pas de susciter une réaction? Nous avons été choisi comme instrument. C'est ainsi que la série des « Romans de la jeune génération » compte aujourd'hui quatre volumes auxquels viendront s'ajouter, sans doute, l'an prochain de nombreux petits frères. (*Almanach de la langue française*, 1931)

Du même souffle, l'éditeur fait état de la réception controversée des deux premières œuvres, qui vient illustrer la rupture recherchée, ou du moins entrevue, et donner à Lévesque l'occasion de formuler avec encore plus de force sa ligne éditoriale. L'éditeur refuse d'appuyer son jugement sur d'autres critères que ceux que lui dictent l'esthétique et la conscience commune:

> Nous nous efforçons, avant d'accepter un ouvrage, d'en juger objectivement, le fond et la forme, écrit-il. S'ils respectent suffisamment les exigences de l'art littéraire et celles de la morale chrétienne, nous publions sans nous demander si le volume plaira à tel critique littéraire plus rigoureux que d'autres ou blessera telle conscience plus fragile que d'autres. (*Ibid.*)

Lévesque ne se fait pas d'illusion sur la valeur littéraire de ces œuvres et constate avec une certaine lucidité que ce sont ni plus ni moins « des romans que l'abbé Bethléem* pourrait qualifier de mondains et qui s'adressent aux adultes ». En effet, si les quatre romans mettent en scène des personnages troubles chez Senécal et Bernier, voire « pervers » ou « dépravés » chez Robillard, la négativité mise en scène dans le récit est toujours équilibrée par une voix opposée. Et, à la fin, le protagoniste se repent et reprend le droit chemin. La collection préfigure, dans un genre plus populaire, la série des romans de cas conscience qui seront publiés au Québec dans les années 1940 et 1950.

Malgré le succès des deux premiers titres, la collection sera abandonnée quelques mois seulement après son lancement. Comment expliquer cet arrêt brusque? La fin de la collection résulterait-elle d'un essoufflement des auteurs eux-mêmes comme le suggère Pierre Daviault dans *L'Almanach de la lan-*

gue française de 1935 ? La réception négative, voire hostile de la part de l'ancienne clientèle de la Bibliothèque de l'Action française et de ses dirigeants, et au premier de chef Lionel Groulx qui rompra ses relations avec l'éditeur après la parution de *La chair décevante*, aurait-elle provoqué cette fin en queue de poisson ? Cette dernière hypothèse semble plausible surtout à la lumière de ce que Lévesque écrit à Louis Dantin, en mai 1932 :

> Si les autorités ecclésiastiques de la province n'étaient pas déjà un peu prévenues contre ma maison depuis la publication des romans de la jeune génération, je craindrais peut-être moins de prendre des risques. Cela vous explique pourquoi, après avoir payé d'audace, je veux pendant quelque temps du moins rentrer sous ma tente.

Le retrait prématuré de l'éditeur qui semble dans cette lettre opter pour l'autocensure*, ne diminuera en rien l'influence de cette collection qui se fera sentir à long terme. En regroupant des auteurs peu enclins au regroupement autour de critères esthétiques communs, en associant leurs œuvres à un mouvement littéraire moderne et en situant ce mouvement dans le cadre d'une rupture de génération, Lévesque aura contribué à la visibilité d'une tendance littéraire qui serait autrement passée inaperçue. Parmi les éditeurs du XXe siècle, il restera aussi sans doute le premier à avoir défendu le principe de la pluralité des publics et des normes. À la morale étroite du clergé de l'entre-deux-guerres, il aura su opposer une logique de marché ouverte à tous les courants. *Jacques Michon*

CALABRESE, Giovanni, « Les quatre romans de la Jeune génération », M. A. (Études françaises), Université de Montréal, 1977; MARION, Séraphin, « Trois romans de la jeune génération », *Revue dominicaine* (juin-août 1932) ; MICHON, Jacques (éd.), *L'édition littéraire en quête d'autonomie. Albert Lévesque et son temps*, Québec, Les Presses de l'Université Laval, 1994.

LE ROUGE ET LE NOIR

Gennaro Righelli (1886-1949) et Claude Autant-Lara (1901-2000) • Des versions cinématographiques du roman de Stendhal subissent la censure (1950 et 1955)

Le 26 octobre 1950, une adaptation italienne du roman *Le rouge et le noir*, *Il corriere del re* (Gennaro Righelli, 1947), doublée et portant le titre de l'œuvre éponyme de Stendhal (Henri Beyle), est approuvée par le Bureau de censure du Québec, mais avec 8 minutes de coupures, sur les 89 de la copie apportée. Disparaissent des « scènes de nudité » et ce qui se rapporte à la jeune maîtresse, puis à l'adultère du héros. Cette production devient plutôt anodine puisque le *Ciné-service* catholique la classe simplement « Pour adultes ».

En 1954, le roman de Stendhal est mis en scène, cette fois, par un réalisateur renommé, Claude Autant-Lara, et deux comédiens vedettes, Gérard Philippe et Danielle Darrieux, prêtent leurs traits aux héros. Respectueuse de l'œuvre originale, cette production devient rapidement le film stendhalien par excellence. Toutefois, sans l'accord du réalisateur, le producteur français lui enlève une trentaine des 185 minutes du montage final, par crainte de la censure locale.

Le distributeur Ciné-France en apporte une copie de 145 minutes au Bureau de censure du Québec le 29 mars 1955. Elle est refusée le même jour, fait rare pour un long métrage de cet ordre, ce qui signifie que l'idée des censeurs était déjà arrêtée avant le visionnement, étant donnée la réputation du film et le fait que le roman éponyme figure à l'Index* depuis sa publication en 1831. Le 5 mai suivant, une nouvelle version est proposée, dans laquelle 49 minutes sont retranchées. Sur la fiche décrivant les coupures, on peut lire qu'il reste 99 minutes au film, mais rien n'explique l'écart de trois minutes. Les spectateurs québécois ne visionnent donc qu'à peine plus de la moitié de ce qu'Autant-Lara a signé. Ce qu'ils ne voient et n'entendent pas (décrit sur deux longues pages), ce sont des images suggérant les relations sexuelles, mais surtout des dialogues où il est question de religion, de situation de la prêtrise, d'adultère, d'opportunisme politique. En voici quelques exemples (le premier chiffre indique la bobine de film, le second la page du texte des dialogues; on peut voir que certaines coupes représentent des séquences entières puisqu'elles s'échelonnent sur deux pages ou plus):

2A/19: Dial.: Seulement, si je dois passer... J'aurai eu la femme avant.
2B/22-23: Dial.: Un libéral qui vote contre moi... Je prends cela pour un hommage.
2B/22: Commencer la coupure à la femme dans le lit. Finir au dialogue: "Pardonnez-moi".
2B/28: Et moi je me confesse à lui.
3B/35: Dial.: C'est payer cher... Hé hé pour une mitre.
4A/43-45: Commencer la coupure après le dialogue: "Au séminaire". Finir dans le F.O. [fade out, fondu au noir] après le dialogue: "Je sais que c'est la dernière fois. (Faire un F.O.)
4B/48: À l'Évêché.
6A/73: Dial.: Vous avez un air de prêtre. J'en suis un. Mais.
6B/78-80: Commencer la coupure avant que Julien prenne l'échelle... Finir la coupure dans le *Fade Out* après le dialogue: "Tu as un cœur d'homme Julien".
7B/86: Éliminer toute la scène de Julien dans la chambre.
8A/93: Éliminer la bénédiction de Julien devant le miroir. (Bureau)
8A/94: Commencer la coupure lorsque Julien est près de la colonne. Éliminer tout le Sanctus et reprendre lorsqu'il se lève la main pour tirer. (Faire un F.O.)
8A/94: Commencer la coupure avant le coup de feu. Reprendre à la scène de la cour de Justice. (Faire un F.O. et un F.I. [fade in, ouverture du noir à l'image]).

Il est évidemment impossible de dissimuler l'articulation du récit principal, d'autant plus que la majorité des spectateurs connaissent éventuellement le roman, mais à rogner ici et là des gestes et des paroles directement incriminantes, le tout peut paraître moins scandaleux. «On n'en voit que des "morceaux choisis"», dit Spectator dans *Le Devoir* du 14 décembre 1955.

Le Centre diocésain du cinéma lui attribue la cote «Adultes, avec réserves» peu après sa sortie. En 1969, au moment où l'Office des communications sociales a abandonné ses proscriptions, il évalue ainsi *Le rouge et le noir*: «Adapté d'un roman célèbre, ce film d'une facture soignée est centré sur un arriviste sans scrupules qui finit par connaître l'échec de ses ambitions. L'Église et ses représentants y sont montrés sous un jour nettement défavorable dans un contexte historique dépassé.»

Le 21 février 1966, *Le rouge et le noir* en copie 16 mm (183 minutes) est approuvé intégralement. Le 3 novembre 1993, la Régie du cinéma autorise, avec visa «Général», une copie de 197 minutes du film d'Autant-Lara sur support VHS.

Le raccourcissement de *Le rouge et le noir*, ajouté à tout ce que les censeurs ont enlevé à d'autres films d'Autant-Lara (*Le diable au corps**, *Le blé en herbe**, *La jument verte*, (refusé le 16 juillet 1963: «Anticlérical; vulgarité dans les dialogues; verdeur du langage», puis accepté le 8 juillet 1965); *Occupe-toi d'Amélie* (interdit le 14 juillet 1950: «Farce du mariage, dialogues grivois») en font le cinéaste le plus censuré au Québec. Il faut attendre la fin des années 1960 pour que les œuvres de ce créateur emblématique de ce qu'on a appelé «la qualité française» (rejetée avec mépris par François Truffaut et la Nouvelle Vague) soient vues intégralement par les Québécois. *Yves Lever*

ANQ-M, fonds Régie du cinéma, E 188, fiches des films et documents annexes; *Recueil des films*, 1969.

THE ROYAL MOUNTED PATROL
Lambert Hillyer (1889-1969) • Film emblématique d'une censure envers les mauvaises images des Canadiens français (1950)

Le 6 juin 1950, neuf ans après sa réalisation, en passant par le Bureau de censure, *The Royal Mounted Patrol* perd environ 38 secondes, en 22 coupures; c'est bien peu, mais ce sont tous les moments où, dans le dialogue, on nomme le «vilain»: Duvalle, André, Frenchy; ou encore lorsqu'une affiche proclame «Frenchy Duvalle wanted for Murder». Manifestement, le censeur fait disparaître tout ce qui identifie le rôle négatif en tant que Canadien français. Ainsi, il perpétue la tradition selon laquelle,

Rose-Marie de W.S. Van Dyke, un de ces films de « police montée » où le « vilain » est généralement le Canadien français de service, ce qui provoque l'ire des nationalistes québécois. [Photo Cinémathèque québécoise]

depuis 40 ans, des dizaines de films sont interdits ou modifiés à cause de l'image négative qu'ils propagent des francophones du Canada.

En 1975, le journaliste et historien populaire Pierre Berton publie *Hollywood's Canada, the Americanization of Our National Image*. Cette magistrale étude recense 575 productions hollywoodiennes se déroulant au Canada depuis 1907 et elle révèle les caractéristiques thématiques, presque constantes, dans l'ensemble des films : le rôle négatif, le « vilain », est attribué à des Canadiens français, frustres, laids, barbus, puants, gros bras sans intelligence, retors, souvent violeurs, alors que l'agent de la « Police Montée » « qui attrape toujours son homme », bel homme, propre, intelligent, séducteur, a toujours un nom anglais. L'héroïne, la jeune fille toujours séduisante et tentation pour le héros, parfois très pure, mais souvent un peu putain, est généralement une Canadienne française. Quant aux Métis, toujours engendrés par des francophones, ils sont doublement dangereux puisqu'ils allient la sauvagerie des Indiens et celle des Canadiens français. Très souvent, ces productions sont adaptées ou inspirées des nombreux romans de James Oliver Curwood, spécialiste des histoires canadiennes avec affrontement de « vilains » dans le Grand Nord.

Au Québec, les réactions contre ce cinéma ne tardent pas. On n'en est encore qu'à la période des courts métrages que le 2 mars 1914, *A Romance of the North West* n'est pas accepté à cause de « Gambling, robbery and scenes not in keeping with French Canadian life and honor » ; puis le 6 août suivant, *The Wolf* (Barry O'Neil) est refusé parce que : « Full of immoral insinuations and actions on French Canadian woman and French Canadian life. » Six mois plus tard, le 8 janvier 1915, *Old Code* (E. A. Martin) est interdit pour le motif : « Picturing French Canadian life in a wrong conception. Picture full of fighting, shooting and cruel tactics. » Le 11 mars 1920, *Prisoner of the Pines* (Ernest C. Warde, 1918) est condamné en tant que « A very untrue character of the French Canadian trapper or woodsman. In short, the picture is belittling the French Canadian ; is also immoral in tone and very low at times. » Il en est ainsi pour des dizaines de films qui perdent des scènes ou sont totalement refusés, tandis que la majorité ne sont pas jugés trop répréhensibles. Le romancier et critique Harry Bernard, dans un long texte antisémite de *L'Action française* (août 1924), s'en prend aux juifs américains et à leur cinéma :

> Non seulement il ignore tout de notre histoire, de notre vie nationale et de nos aspirations, mais quand il affecte de s'intéresser à ce pays de neige qu'est le

Canada, il le représente sous des couleurs fausses, ou n'en montre qu'un aspect, comme il arriva lors de l'engouement pour les histoires de la gendarmerie à cheval canadienne, à la suite des romans de James Oliver Curwood et de Ralph Connor. [...] les Canadiens n'apprendront pas à s'enorgueillir de leur race.

Ces réactions changent peu de choses, car le censeur refuse encore, le 11 février 1932, *Mounted Fury* (Stuart Paton, 1931) pour « Misrepresentation of French Canadian characters, giving the impression that they are half-breed. Infidelity and murder ». Le 4 octobre suivant, *McKenna of the Mounted* se voit reprocher « French Canadian speaking in broken English ». Puis, la mauvaise image des Canadiens français disparaît des motifs d'interdiction. Hollywood produit d'ailleurs de moins en moins de ces films et avec l'arrivée massive du cinéma français, les censeurs ont bien d'autres chats à fouetter. En 1940, *North West Mounted Police* (du réalisateur Cecil B. DeMille, avec de grandes vedettes comme Gary Cooper, Paulette Goddard, Lon Chaney) est autorisé, mais il suscite une forte réaction de Maurice Huot qui, dans *Le Devoir* (28 octobre), déplore le « jour trompeur » sous lequel Louis Riel y est présenté ; le journaliste revient sur le sujet le 1er février suivant pour s'en prendre à la censure :

> Il n'est pas cependant que les nudités et les brèches à la morale que la censure des films devrait surveiller, mais aussi tout ce qui, dans un film, peut blesser le sentiment d'une partie de la population. [...] La censure, laissée bride sur le cou par un public indifférent, se contente de faire la chasse aux actrices qui dévoilent sans vergogne leur anatomie. Les films chargés d'erreurs historiques, cela n'est pas important, et la censure des films au Québec les laisse passer.

Cette production suscite aussi l'ire de Gustave Vekeman, le rédacteur du « Ciné-bulletin »* de *L'Action catholique*, qui écrit à Elzéar Beauregard, président du Bureau de censure le 12 décembre 1940 :

> *The Royal Mounted Police* [sic], au point de vue moral, n'est pas malsain ; mais, au point de vue historique, il est faux, car il représente sous un faux jour la rébellion de Louis Riel et, plus ou moins directement, fait un triste portrait des Canadiens. Les causes de la révolte de Louis Riel n'y sont pas traitées à leur juste valeur, ce qui est pourtant essentiel dans un film qui se prétend historique.

À cette missive, Beauregard répond par un accusé de réception poli, mais il ne modifie pas son jugement.

Avant 1940, les Canadiens français ne mettent d'eux-mêmes que de rares images sur les écrans et elles sont surtout documentaires et folkloriques. Quand Hollywood s'intéresse à eux, c'est presque uniquement pour les dénigrer, d'où la réaction de la censure, qui n'intervient d'ailleurs que dans les cas les plus flagrants. *Yves Lever*

ANQ-M, fonds Régie du cinéma, E 188, fiches des films et correspondance ; Régie du cinéma, archives ; TAJUELO, Telesforo, *Censure et société ; un siècle d'interdit cinématographique au Québec*, 1998.

S

SALÒ O LE 120 GIORNATE DI SODOMA
(SALÒ OU LES 120 JOURS DE SODOME)

Pier Paolo Pasolini (1922-1975) • Film accepté par la censure officielle, mais qui se retrouve en cour (1982)

Dans la petite république fantoche de Salò, créée par les fascistes italiens pour donner un semblant de respectabilité au dictateur Benito Mussolini en 1943, quatre fascistes amènent une vingtaine d'adolescents dans une somptueuse villa et leur font subir les tortures, les humiliations et la violence décrites dans le texte du marquis de Sade. Dans son dernier film, le cinéaste Pier Paolo Pasolini fait du récit sadien non seulement une métaphore du fascisme et du nazisme, mais aussi de toutes les puissances, et elles sont nombreuses au milieu des années 1970 (plusieurs pays d'Amérique latine, Afrique du Sud, Iran, plusieurs pays communistes), dont le pouvoir repose sur l'utilisation systématique de la torture. Elle est montrée crûment, telle qu'elle est, c'est-à-dire intolérable, inacceptable, absolument irrecevable par tout esprit sain, quelles que puissent être les raisons « supérieures » évoquées.

Salò (1975) est interdit presque partout. En Italie, la censure en retranche quelques minutes. Il ne sort en 1976 que dans quelques pays de l'Europe de l'Ouest ; partout ailleurs, il faut attendre de nombreuses années pour le visionner. Au Québec, après son passage au Festival des films du monde, où il fait beaucoup parler, le Bureau de surveillance le classe dans la catégorie « 18 ans » le 22 septembre 1981 et il sort le 2 octobre suivant à l'Élysée, salle spécialisée dans le cinéma de répertoire et qui attire un public averti. Le distributeur ne peut faire qu'une publicité très discrète et le contrôle de l'âge doit être rigoureux. La critique en parle peu. Dans *Séquences* (107, janvier 1982), André Giguère y voit un « échec » parce que « le film sombre dans l'objet même de ce qu'il voulait démontrer ».

Quand *Salò* prend l'affiche à Québec le 19 septembre 1982, un peu avant *Caligula et Messaline*, un peplum érotique de Antonio Passalia, Mgr Raymond Lavoie, déjà célèbre pour ses poursuites légales contre *Pile ou face** et *Après-ski**, dépose, le 22 novembre, une plainte contre les Cinémas Unis (Famous Players), l'exploitant des deux films, en vertu du Code criminel, alléguant qu'ils sont « ni plus ni moins qu'une incitation à la violence et à l'obsession sexuelle ». La cause doit être entendue le 25 mai 1983, mais elle est retirée peu avant parce que l'exploitant promet, dans une lettre à Lavoie, de ne plus présenter ces deux films dans son réseau au Québec. Il faut dire que Cinémas Unis ne perd presque rien, puisque les films ont déjà fait leur plein de spectateurs, car le long métrage de Pasolini ne s'adresse qu'à un public restreint et pour le second, la carrière d'un film érotique du genre est généralement brève. De plus, rien n'empêche un autre réseau de salles de les programmer, ce qui fait que Lavoie ne gagne rien. Il n'aura réussi qu'à attirer l'attention sur ce qu'il voudrait voir disparaître.

La majorité des films de Pasolini obtiennent le visa « Pour tous ». *Porcile* (*La porcherie*) est réservé aux « 14 ans et plus », tandis que *Theorema*, *Le Décameron*, *Racconti di Canterbury* (*Les contes de Canterbury*), et *Lore delle mille e una notte* (*Les mille et une nuits*) ne peuvent être vus que par les « 18 ans+ ». Le controversé cinéaste italien peut, même avec certains retards, rejoindre tout le public québécois intéressé à son univers de fantaisie et d'anarchie, à sa réflexion profonde sur les maux de son temps.

Yves Lever

ANQ-M, fonds Régie du cinéma, E 188, fiches des films ; Site Internet de la Régie du cinéma, répertoire des films.

🔵 Juridique (censure)

SCARFACE

Howard Hawks (1896-1977) • Film d'abord refusé et accepté 15 ans plus tard avec des coupures (1932)

Librement inspiré de la vie du plus célèbre truand de Chicago, Al Capone, mais sans le destin final du personnage historique, ce classique du drame de *gangster* et du film noir américain met en scène une faune urbaine qui trouve dans le crime une façon de pallier la crise économique. La violence y est crue, sans retenue, irrationnelle, sensationnelle, même si on y voit peu de sang. Aux États-Unis, *Scarface*, tourné en 1930, ne peut sortir deux ans plus tard qu'au prix de plusieurs modifications pour satisfaire les exigences du *Production Code**, entre autres l'ajout d'un sous-titre *The Shame of the Nation* et d'un avertissement moral au début, le changement de la finale, la soustraction de plusieurs plans par le réalisateur, surtout ceux qui suggèrent une relation trouble entre le bandit et sa sœur. Ensuite, plusieurs États l'interdisent et la Legion of Decency se déchaîne contre lui en 1934.

Le 2 avril 1932, le Bureau de censure du Québec, alors dirigé par Eugène Beaulac et qui vient de se donner des critères très proches du *Code*, le refuse pour le simple motif « Unfit for showing in the province of Québec ». Deux « reconstructions » obtiennent le même verdict le 1er décembre 1938 et le 26 mai 1943 ; à la dernière date s'ajoutent ces raisons : « Gangsterism. Immoral, as too many details are given in the preparation and execution of crimes », qui sont aussi évoquées pour le refus de l'appel le 10 juin 1943. Depuis les tout débuts de la censure, on craint, d'une façon presque obsessive, que les spectateurs, surtout les jeunes, apprennent au cinéma des techniques pour perpétrer des vols et des crimes divers. *Scarface* n'est finalement autorisé, avec coupures, que le 18 septembre 1947. Une version doublée, *Le balafré*, a le même traitement peu après. Le Centre catholique lui donne la cote « adultes, avec réserves ». *Yves Lever*

ANQ-M, fonds Régie du cinéma, E 188, fiches du film ; *The Greatest Films*, site Internet.

▶ Préambules et épilogues

LA SCOUINE

Albert Laberge (1871-1960) • Roman dont un chapitre, « Les foins », de même que le journal qui l'a publié, *La Semaine*, sont censurés par Mgr Bruchési (1909)

Journaliste sportif à *La Presse** depuis 1896 et critique d'art (depuis 1907), Albert Laberge (1871-1960) vit de sa plume, mais il mène en quelque sorte une double vie. Membre de l'École littéraire de Montréal à compter de 1909, il compose un roman, *La Scouine*, dont quelques fragments sont publiés occasionnellement dans *Le Menu* (7 décembre 1903), dans *La Presse* (19 décembre 1908) et dans *Le Terroir* (mai et juin 1909). En effet, écrit-il dans *Propos sur nos écrivains*, en 1954 :

> J'étais tellement pris par mon travail au journal que ne n'avais pratiquement pas de loisirs et c'est par de petites tranches rédigées à de rares intervalles que j'ai pu mener l'entreprise à bonne fin. La tâche a duré de quatorze à quinze ans. Une année j'écrivais parfois deux ou trois chapitres, une autre année, un seul. Il s'écoulait même des années pendant lesquelles je ne pouvais ajouter une seule page à mon manuscrit. Il m'a fallu de la persévérance pour finir ce petit roman.

Ce roman de mœurs paysannes, qui comptera finalement 34 chapitres lors de la publication en volume en 1918, comporte une série de tableaux de la vie champêtre au Québec dans la deuxième moitié du XIXe siècle. L'auteur met en scène la famille d'un cultivateur au nom prédestiné, Urgèle Deschamps, de la région de Beauharnois (lieu de naissance de l'auteur) et ses cinq enfants, incluant sa fille Paulima, surnommée « la Scouine ». Laberge réussit à se démarquer des autres romanciers de la terre en insistant sur le caractère cru et sordide de la vie rurale et il devient ainsi un des pionniers du réalisme et du naturalisme au Québec. En publiant l'ouvrage par épisodes, il compte évaluer les réactions du public au fur et à mesure des parutions dans les périodiques. Toutefois, rien ne le prépare pour ce qui survient lors de la diffusion de l'extrait « Les foins » dans l'hebdomadaire montréalais *La Semaine* du 24 juillet 1909. Ce petit journal « politique, littéraire et indépendant », fondé par son camarade Gustave Comte, mène alors un combat pour une réforme scolaire intégrale, c'est-à-dire l'école gratuite et obligatoire, l'uniformité des manuels, l'obligation du diplôme pour les religieux et la création d'un ministère de l'Instruction publique. Devant un programme aussi radical, la réaction du haut clergé était peut-être prévisible. Le journal en est seulement à son troisième numéro quand Mgr Paul Bruchési, archevêque de Montréal, sévit du haut de la chaire. Dans un mandement daté du 27 juillet, adressé aux fidèles de son diocèse et lu au prône dans toutes les églises du diocèse de Montréal, Bruchési condamne formellement *La Semaine* :

> Il y a quelque temps on annonçait à Montréal un nouveau journal hebdomadaire intitulé *La Semaine*. Ce devait être une feuille de combat et de franc-parler. Cela ne pouvait pas nous effrayer. […] Mais nous vîmes, dès le début, que *La Semaine* se faisait une singulière idée de la liberté, et que, si elle engageait la lutte, c'était surtout contre les principes incontestés de la doctrine catholique. […] Le troisième numéro vient de paraître et la note antireligieuse est plus accentuée encore que dans les numéros précédents. À propos d'enseignement et des droits de l'État, les mêmes erreurs sont réaffirmées, et l'on réunit comme en un faisceau tous les reproches, tous les griefs tant de fois réfutés contre le clergé et les communautés religieuses.

L'interdiction de collaborer au journal *La Semaine* comporte également celui de le vendre, de l'acheter, de le lire ou même de le garder en sa possession. L'évêque s'en prend surtout aux articles sur l'éducation par un certain Philippe Leber (pseudonyme de Germain Beaulieu, président de l'École littéraire de Montréal). Comte a beau intervenir directement auprès de Mgr Bruchési, l'interdiction est maintenue et il doit suspendre la publication du journal à partir du 24 juillet. Mais l'évêque va plus loin dans son mandement, car il pointe du doigt le récit « Les foins ». Ce conte comporte une scène en particulier, jugée osée pour l'époque, celle des préliminaires aux ébats sexuels dans la grange entre Charlot Deschamps (fils d'Urgèle) et une vagabonde de 40 ans, connue simplement du nom de l'Irlandaise, qui avait l'habitude de se soûler au gin :

> Un « conte », annoncé et recommandé dans le sommaire du journal, outrage indignement les mœurs. C'est de l'ignoble pornographie, et nous demandons ce que l'on se propose en mettant des élucubrations de ce genre sous les yeux des lecteurs. C'en est trop : il faut couper le mal dans sa racine.

Mgr Bruchési ne mentionne pas le titre du conte en question, mais il est clair qu'il tente de faire ici d'une pierre deux coups, car la condamnation épiscopale vise à la fois le récit de Laberge et le journal. Deux journaux hebdomadaires catholiques, *La Croix* de Montréal et *La Vérité* de Québec, s'empressent de reproduire et de commenter ce mandement. Un article non signé, intitulé « Tentatives pornographiques », paru dans *La Vérité* du 14 août 1909, insiste sur les dangers de la littérature obscène* et établit un rapprochement entre ce qu'on trouve dans un journal de Montréal et « la pornographie, genre Zola ». Mais ce n'est pas tout, comme le souligne plus tard Laberge dans *Propos sur nos écrivains*, l'évêque tentera également de lui faire perdre son emploi à *La Presse*. « Heureusement pour moi, le père [Trefflé] Berthiaume, un homme loyal, qui savait reconnaître un honnête travailleur, resta sourd aux recommandations du prélat. » Et il ajoute : « Si j'avais eu un tant soit peu l'amour de l'argent, j'aurais exploité la réclame de pornographe que m'avait faite le journal de l'archevêque. »

Laberge serait-il allé trop loin en s'exposant ainsi à la censure ? Dans une lettre adressée à Germain Beaulieu à la fin de juillet 1909, que cite Gabriel Nadeau dans *Louis Dantin. Sa vie et son œuvre*, le critique Louis Dantin s'interroge sur la pertinence de publier ce conte tel quel dans le journal, sans l'édulcorer un peu :

Mais, en fait de polissonnerie, le conte des « Foins » est un peu trop « l'art pour l'art ». […] Ne laissons pas accréditer la légende que la critique du clergé et l'expression d'idées indépendantes ne sont que des prétextes pour faire passer une « littérature immorale et corruptrice ». […] Pourquoi heurter de front, et aussi crûment, les délicatesses, légitimes après tout, de la société qui nous entoure ? […] Épatons le bourgeois, que diable !, mais ne le renversons pas du premier coup.

Ainsi, Dantin croit que le conteur a probablement fourni un beau prétexte à l'archevêque pour interdire le journal au nom de la morale publique.

Près de sept ans s'écoulent avant qu'Albert Laberge ne reprenne la publication de son roman par tranches, cette fois dans le journal montréalais *L'Autorité*, du 1er janvier au 16 avril 1916. Peu importe si ces « pages détachées » figurent dans un journal reconnu pour ses positions libérales et anticléricales, elles ne suscitent cette fois aucune réaction de la part du clergé ou de la presse cléricale. En 1918, lorsque paraît enfin *La Scouine* en version intégrale, le conte « Les foins », devenu le chapitre XX, y figure presque sans modification. Laberge se montre cependant extrêmement prudent, car l'ouvrage n'est pas mis en vente. Il paraît à compte d'auteur, tiré à seulement une soixantaine d'exemplaires, destinés vraisemblablement aux amis de l'auteur. Par la suite, quand vient le temps d'éditer ses 13 recueils de contes et d'essais, Laberge choisit délibérément la voie de l'édition privée hors commerce et le tirage restreint, ce qui expliquerait pourquoi il n'est connu pendant longtemps que d'un petit groupe d'initiés. Même en 1963, l'*Anthologie d'Albert Laberge*, par Gérard Bessette, se voit attribuer par la revue *Lectures* la cote « M », la pire de toutes. *Kenneth Landry*

LABERGE, Albert, *La Scouine*, Édition privée, Montréal, Imprimerie modèle, 1918, 134 p.

ALEXANDRE, Annie, « Le pouvoir comme lecteur : la censure devant *Madame Bovary* et *La Scouine* », M.A., Université de Montréal, 1982.

▶ Autoédition

THE SEARCH FOR BRIDEY MURPHY
Noel Langley (1911-1975) • Film interdit pour une raison théologique (1956)

Le roman éponyme de Morey Bernstein paraît la même année que le film de Noel Langley et il remporte un immense succès populaire. La version cinématographique épouse une forme quasi documentaire pour raconter des expériences d'hypnose sous contrôle médical au cours desquelles une Américaine dans la trentaine régresse dans le passé sous l'identité de Bridey Murphy, une jeune Irlandaise du XIXe siècle. Le traitement documentaire, sous-entendant la vérité de la réalité, vise à accréditer la thèse de la réincarnation, qui serait un phénomène incontestable, même devant l'investigation scientifique.

Au Québec, le Bureau de censure refuse le film le 7 novembre 1956. La fiche officielle demeure aux Archives nationales, mais la feuille décrivant les raisons du refus n'existe plus. On peut supposer que les censeurs ne peuvent accepter l'idée de réincarnation véhiculée par ce long métrage, théorie absolument inconciliable avec la résurrection proclamée par l'Église catholique, qui domine encore l'imaginaire religieux. Il n'est jamais revenu devant le censeur par la suite et ne semble pas avoir été présenté à la télévision. Cette interdiction d'un film pour un motif relevant de la théologie plutôt que de la morale est un des rares cas d'espèce datant d'après la Seconde Guerre mondiale. *Yves Lever*

ANQ-M, fonds Régie du cinéma, E 188, fiche du film.

LA SEMAINE
Journal interdit par Mgr Bruchési, entre autres pour avoir publié dans ses pages « Les foins » d'Albert Laberge (1909)

▶ *La Scouine*

LES SEPT PÉCHÉS CAPITAUX
Eduardo de Filippo (1900-1984), Jean Dreville (1906-1997), Yves Allégret (1907-1987), Carlo Rim (1905-1989), Roberto Rossellini (1906-1977), Claude Autant-Lara (1901-2000), Georges Lacombe (1902-1990)

LES SEPT PÉCHÉS CAPITAUX

Philippe de Broca (1933-2004), Jean-Luc Godard (1930-), Édouard Molinaro (1928-), Jacques Demy (1931-1990), Roger Vadim (1928-2000), Claude Chabrol (1930-), Max Douy (1914-), Sylvain D'Homme (?)

Films à sketches qui perdent des scènes et que l'Église catholique condamne (1952 et 1963)

Le seul titre, *Les sept péchés capitaux*, inspire la suspicion. Les cinéastes français Georges Méliès en 1900 et Louis Feuillade en 1910 en réalisent de très courts métrages qui amusent leur public. Pour mémoire, rappelons les péchés en question : l'orgueil, l'envie, l'avarice, la luxure, la paresse, la colère, la gourmandise. Dans le long métrage de 1952, une production franco-italienne qui met à contribution sept réalisateurs, le principal scénariste, Jean Aurenche, ajoute un huitième péché qui, en regard de la censure, ne manque pas d'humour : « Voir du mal là où il n'y en a pas. » Certains des réalisateurs font souvent peur aux censeurs, par exemple, Roberto Rossellini, qui s'inspire d'un récit de Colette. Une copie de 146 minutes, 2 minutes de moins que celle décrite dans le Larousse des films, est apportée au Bureau de censure par France-Film. Elle est acceptée le 26 septembre 1952, avec 11 minutes de coupures dont

> Bobine/Page :
> 6/22 : Éliminer la couverture du magazine* montrant des femmes nues.
> 9/34 : Julien : Les maquereaux, moi, je ne les aime qu'au vin blanc.
> La fin de la scène de la luxure.
> 17/67 : Scène du Cardinal descendant du taxi et entrant au studio jusqu'à ce qu'on voit la porte ouverte par le bossu ; scène de femme nue, scène en gros plan du Cardinal et du nègre.

Neuf mois plus tard, un autre distributeur, International Film Dist. Limited, apporte une copie de 140 minutes, nommée *Seven Deadly Sins* et dite « English Version ». Approuvée le 12 juin, celle-ci perd aussi 11 minutes, probablement parce que le censeur reprend le chiffre de la première version et allonge de ce fait ce qu'il avait retranché auparavant. En plus de plans de seins trop évidents, on y perd surtout une grande partie du huitième péché lorsqu'il met en scène un cardinal. Le film est projeté pendant sept semaines en octobre et novembre 1952 au cinéma de Paris, à Montréal, et il ne suscite pas de réactions particulières, même si le *Ciné-service* du diocèse le classe « À déconseiller » (justifié ainsi, mais plus tard, dans le *Recueil des films* de 1957 : « Certains sketches peuvent être vus sans inconvénients par les adultes ; d'autres sont à déconseiller pour leur valeur trouble, pour certains détails choquants et leur caractère irrévérencieux à l'égard de la religion. ») L'archevêché de Québec émet toutefois un communiqué :

> Tout catholique devrait s'abstenir d'aller voir ce film qui jette le ridicule sur la religion, qui affirme que le 8e péché capital consiste à voir le mal là où il n'y en a pas alors que les réalisateurs n'ont pas su voir le mal là où il y en avait. Scènes sensuelles, situations scabreuses, étalage complaisant de faits et gestes qui provoquent le scandale.

Le 30 janvier 1953, le Solliciteur général de la province, Antoine Rivard, envoie à Alexis Gagnon*, président du Bureau, « pour l'action que vous jugerez opportune, copie des appréciations sur les deux films "Les Sept Péchés Capitaux" et "Mains Sales*" que je reçois de Monseigneur Charles-Omer Garant, Évêque Auxiliaire de Québec ». Gagnon lui répond simplement, le 5 février suivant, que « ces deux films ont été soumis à Monseigneur [Adélard] Harbour* et les coupures qu'il a suggérées ont été faites. Monseigneur Harbour a, de plus, revu ces films une fois modifiés et les a acceptés. » Par la suite, cette production poursuit sa carrière normale. Radio-Canada la diffuse en fin de soirée le 11 janvier 1958.

En 1961, une nouvelle mouture est offerte au public. Cette fois, l'équipe de réalisateurs, d'une génération plus jeune et tous reliés à la Nouvelle Vague*, reprend le sujet avec son esprit et son esthétique, ce qui donne une morale plus éclatée et une façon plus naturelle de présenter les courts récits (il n'y a plus le huitième péché). L'attribution des sketches déjoue les attentes des amateurs : c'est Jacques Demy qui réalise la luxure alors que Roger Vadim prend en charge l'orgueil ; Jean-Luc Godard dirige la paresse…

Le film est approuvé le 9 janvier 1963, mais pour une seule salle à Montréal. Le 8 août suivant, le permis est étendu à Dorval et à Québec, puis, le 12 novembre, aux « grandes villes », mais, surprise, « moins Québec » (aucune justification n'est apportée). L'Office catholique le cote « À proscrire » avec la justification suivante : « L'ironie avec laquelle on traite les valeurs morales et des images indécentes font de ce film un spectacle dissolvant. » Sans explication (mais on peut, sans trop de risques de se tromper, penser à des pressions particulières du cardinal Paul-Émile Léger* sur André Guérin*, le président du Bureau de censure), toute diffusion du film est refusée le 3 mars 1964. Quatorze mois plus tard, le 4 mai 1965, une copie nouvelle avec des coupures, non précisées, faites par le distributeur (le Bureau accepte désormais cette manière de procéder, alors que la loi l'interdit depuis 1914), est approuvée et peut circuler librement partout. En 1969, la version intégrale est classée « 18 ans et plus ». En format VHS, elle figure au répertoire de la Régie du cinéma avec le visa « Général » depuis le 22 avril 1999. *Yves Lever*

ANQ-M, fonds Régie du cinéma, E-188, fiches des films et correspondance ; *Recueil des films*, 1957 et 1963.

LE SERPENT

Hans Abramson (1930-) • Film interdit pour érotisme et violence (1966)

En prolongement de sa manifestation estivale, le Festival international du film de Montréal (FIFM), en collaboration avec l'Institut suédois de la cinématographie, organise du 18 au 24 novembre 1966 une Semaine du cinéma suédois qui se tient au cinéma Vendôme de Montréal. Parmi les dix longs métrages inédits figure *Le serpent* (1965) qui raconte la fin de semaine d'une jeune fille dans un chalet de campagne en compagnie d'autres filles et de soldats en permission. Au-delà de l'anecdote, le critique Patrick Straram décrit ainsi le sujet : « On nous montre un groupe de jeunes se jetant "corps et âmes" dans un "moment" d'excès, s'abîmant en plein délire, moins pour se perdre que pour s'*exposer* littéralement, qu'une fois dépassés et détruits tabous et peurs, chacun se retrouve lui-même. » (*Sept Jours*, 3 décembre 1966) En Suède, il est réservé à un public adulte.

Le Bureau de censure, qui ne classifie pas encore les films pour différents groupes d'âge (cela viendra avec la loi de 1967), n'a que le choix d'accepter ou de refuser le film en tenant compte que l'âge légal pour entrer dans les salles est de 16 ans. Le 16 novembre 1966, il décide d'interdire les projections du *Serpent* à cause de son érotisme et de son « paroxysme dans l'expression de la violence ». Rock Demers, directeur général du Festival, déplore cette censure, surprenante parce que bien d'autres films « avec des scènes plus osées et une philosophie plus amorale » sont projetés depuis des mois sans susciter de remous. Il renchérit sur le caractère désuet de la loi, inquiet de ce que pourront penser les cinéastes invités à venir présenter leurs films lors de la grande exposition universelle prévue pour l'année suivante ; il craint que les Québécois soient alors tournés en ridicule et accusés de manquer de maturité (*Dimanche-Matin*, 27 novembre 1966). Interrogé par Bernard Morrier de *La Presse* (22 novembre 1966), Pierre Saucier, vice-président du Bureau de censure et responsable des communications, « reconnaît que l'actuelle "loi sur les vues animées" est devenue un instrument inadéquat pour répondre aux difficultés du cinéma contemporain ». Le ministre Yves Gabias*, responsable de la censure, et déjà en guerre contre le président du Bureau André Guérin*, n'apprécie guère qu'un fonctionnaire se permette de critiquer la loi qu'il est chargé de faire appliquer et il demande la démission de Guérin, ce que celui-ci refuse évidemment de faire tout en prenant la défense de Saucier, « mal cité » par le journaliste. L'incident en reste là, mais il démontre que le pouvoir politique se résout mal à accorder son indépendance à une institution qui a de par la loi le statut d'instance.

Sur le fond du problème, Guérin s'en explique à son tour dans un communiqué de presse : il y a

> refus dans les cas où un film dépasse les limites reçues de la morale sociale d'Occident. […] Dans le cas du film *Le Serpent*, cet ouvrage excède malheureusement de toute évidence les limites courantes de l'acceptabilité. […] Quand le bureau se voit contraint à une décision d'interdiction, il le fait bien évidemment en fonction de son devoir qui est d'appliquer une législation précise avec les instruments dont il dispose. (*La Presse*, 23 novembre 1966)

Le plus important à retenir dans cette déclaration, même si l'interdiction peut sembler contestable, c'est que le consensus social a définitivement balayé l'idée de critères* catalogués. Le Bureau peut se tromper dans ses décisions, mais il les prend seul et personne ne peut intervenir pour les renverser.

Deux ans plus tard, le 23 août 1968, le Bureau refuse encore son visa. Mais le 6 novembre suivant, une copie légèrement modifiée (2 minutes retranchées sur 98) est cotée « 18 ans ». En deux ans, le Bureau, qui est devenu en 1967 « de surveillance », composé des mêmes personnes, pouvait évaluer que « les limites courantes de l'acceptabilité » se sont déplacées et que le public manifeste un nouveau consensus.

Chez les catholiques, l'Office des communications sociales ne décrète plus, depuis un an, les « À proscrire » et autres restrictions. Il écrit simplement en 1969 : « Ce film réalisé avec un certain soin illustre le récit morbide d'aventures sexuelles de militaires et de femmes de leur entourage. Il comporte des scènes de sensualité brutale et des images de nudité. » Cela manifeste l'évolution de cet organisme et sa volonté de fournir de l'information moins orientée par les jugements moraux traditionnels.

Il s'agit ici d'un des derniers cas éclatants et « bruyants » de censure avant la loi de 1967. Il aurait probablement pu être évité. Les censeurs ont-ils subi des pressions extérieures venant surtout du monde religieux ? Rien ne permet de l'affirmer, mais il est sûr que la vision catholique de Guérin et de ses assistants a pu infléchir leur jugement. Pourtant, leurs décisions au sujet de films controversés depuis trois ans laissaient entendre qu'une liberté nouvelle s'était imposée de façon irréversible. *Yves Lever*

ANQ-M, fonds Régie du cinéma, E 188, fiche du film ; Archives de la Régie du cinéma, Lettre d'André Guérin au ministre Gabias en date du 13 décembre 1966 ; *Recueil des films*, 1969.

THE SIGN OF THE CROSS
(LE SIGNE DE LA CROIX)

Cecil B. DeMille (1881-1959) • Film proposant des valeurs chrétiennes, mais qui perd tout de même plusieurs scènes (1933)

De Cecil B. DeMille, l'histoire du cinéma retient surtout les reconstitutions historiques à grands déploiements, les scènes grandioses, les interprétations emphatiques et une sensualité qui suinte malgré tous les interdits de la censure. Précédant *The Sign of the Cross* (1932), il a déjà réalisé deux « épopées bibliques » : *The Ten Commandments* (1923) et *King of Kings* (1927). Avant 1934, bien que le *Production Code** américain ait été accepté par les grands studios, son application se fait avec souplesse et les réalisateurs reconnus multiplient les astuces pour le contourner. Ici, le réalisateur se plaît dans des scènes d'une audace qu'on soupçonne mal pour l'époque : un bain de lait pour Poppée, la femme de Néron ; une longue scène d'orgie avec même des plans très clairs de lesbianisme ; une danse érotique ; des costumes hautement suggestifs ; des combats sanglants. Les catholiques américains partent en guerre contre cette « débauche ». Pour une ressortie en 1944, plus de dix minutes sont retranchées

THE SIGN OF THE CROSS

aux États-Unis et un prologue filmé est ajouté. La version originale est restaurée en 1995 pour l'édition en vidéo.

La description des coupures, pour son approbation par le Bureau de censure le 31 janvier 1933, indique bien le caractère ambigu de ce spectacle proposant les valeurs chrétiennes :

> Elim. :
> I - Scene of Empress Poppea when she is in bath and when she nearly shows up her breast (moviola)
> III, IV- Scene of Dacia when she is taking her clothes off and shows her legs. Also scene of Poppea when she shows almost her breast.
> V, VI- Scene of [illisible] Stephan when screaming in the pit.
> VIII- Scene of Poppea when we see her leg nude when laid down on the couch (moviola)
> X- Scene of sensuous dance by Ancaria – men and women in arms – legs of women turned up.
> XII- Scene of tiger and man – Girl attached to the post (is she nude?).
> XIII- Scene of lion eating man.
> XII- Add cut : Scene of the elephant.
> Scene of man eaten by elephant and lion

Le censeur ajoute, sûrement après son élagage, que « This film was screened before two jesuit fathers, Revs Fallon, President of Catholic Truth Society and McIntyre, s.j. and they approved it and did not see anything wrong in it. » C'est alors une pratique courante de faire endosser des productions religieuses pouvant porter à la controverse par des clercs.

The Sign of the Cross prend l'affiche le 11 février 1933, au Palace de Montréal, une salle prestigieuse, avec de grandes annonces et de longs communiqués promotionnels. Des dessins provocants accompagnent des textes aguichants : « Le plus puissant spectacle de la génération ! Débordant de vie, d'action, de romance ! Un amour qui défia un empereur ! La splendeur de la cour de Néron ! Scènes émouvantes du Grand Cirque ! Le spectacle de Rome en feu ! » Personne ne relève dans la presse l'incongruité de cette publicité pour un film dit religieux. Il demeure

Malgré sa conclusion très religieuse, le film de Cecil B. De Mille illustre tellement bien les mœurs païennes qu'il effarouche la censure et scandalise les catholiques de Québec.

à l'affiche une deuxième semaine, ce qui est peu courant et l'indice d'un grand succès.

L'aval des jésuites n'empêche pas certains catholiques de Québec de demander le retrait du film au premier ministre Louis-Alexandre Taschereau, qui renvoie le problème au président du Bureau, Eugène Beaulac, lequel répond : « Je ne crois pas que *The Sign of the Cross* blesse ni la pudeur ni les sentiments religieux de personne. Il est vrai que la belle Claudette Colbert prenait son bain dans du lait mais c'est parce que dans *Sign of the Cross* on a fait voir la Rome païenne puis l'esprit d'abnégation, de foi et de sacrifice des premiers chrétiens. » À Québec, la Ligue du cinéma* s'en prend non seulement au film, mais aussi à son affiche parce qu'elle ne porte pas le sceau de la censure ; cela aboutit même à une poursuite légale contre l'exploitant, qui se conclut par l'imposition d'une amende de 5 $.

Quatorze mois plus tard, le 28 mars 1934, le Bureau approuve une version française (ce qui est doublement exceptionnel : les versions doublées sont alors très rares, et elles n'arrivent jamais aussi rapidement), avec sensiblement les mêmes coupures, mais dans un langage plus précis :

> « Coupez :
> I - Voir scènes de la jeune fille à la fontaine et de la vendeuse de fleurs si l'on voit les seins (moviola)
> Scène de Poppée dans le bain lorsqu'elle montre ses seins.
> I - Scène de Dacia lorsqu'elle enlève ses habits et montre ses jambes nues et aussi scène de Poppée lorsqu'elle montre ses seins.
> V- Cris de douleur d'Étienne lorsqu'on le brule [sic].
> VIII- Scène quand Poppée montre sa cuisse nue.
> IX - Dial. : mais où est donc cette chair fraîche (p. 5).
> Dial.. la plus vicieuse (p. 7).
> X- Toute la scène de la danse voluptueuse d'Ancaria.
> XII- Scène de l'éléphant lorsqu'il écrase la tête du gladiateur.
> Scène de l'homme mangé par le tigre.
> Voir si la jeune fille attachée au poteau est nue.
> Scène du pygmée lorsqu'il frappe la femme au milieu du corps.

Le 10 septembre 1951, le Bureau approuve la version modifiée de 1944, avec une minute en moins : « Racourcir [sic] la scène du bain de Cleopatra dans le lait de chèvre. » Le Centre catholique du cinéma, qui a commencé en 1948 à coter les films, le réserve aux adultes. Finalement, la Régie du cinéma classe la version restaurée « Général » le 12 avril 1995.

Ce cas illustre de façon emblématique la situation des années 1930. La censure se montre très sensible à tout ce qui touche la religion et elle cherche à éliminer toute représentation érotique (il suffit que Poppée montre « presque » ses seins). Si une œuvre peut faire voir le mal, il faut que sa contre-partie en soit victorieuse et que triomphent les vertus chrétiennes. Dans le doute, le censeur fait appel à des prêtres sur qui il se repose. Des groupuscules conservateurs, surtout à Québec, ne l'en attaquent pas moins, souvent en faisant appel à l'autorité politique, laquelle semonce son représentant, mais finalement l'essentiel du film rejoint le public. Malgré la crise économique qui sévit, le cinéma continue son expansion. Sur un autre plan, mais qui n'est pas sans intérêt dans une vision censoriale globale, dans un temps où presque tout le cinéma américain diffusé au Québec ne l'est qu'en anglais, *The Sign of the Cross* arrive rapidement en version doublée, sûrement à cause de son sujet même. *Yves Lever*

ANQ-M, fonds Régie du cinéma, E 188, fiches des films ; MacGowan, Kenneth, *Behind the Screen, The History and Techniques of the Motion Picture*, 1965 ; Tajuelo, Telesforo, *Censure et société ; un siècle d'interdit cinématographique au Québec*, 1998.

SIX FEMMES, UN HOMME

François Hertel [Rodolphe Dubé, 1905-1985] • Roman coté « Mauvais » par la revue *Lectures* (1950)

En 1950, la revue *Lectures** attribue la cote « Mauvais », la plus sévère de son échelle d'évaluation, au roman *Six femmes, un homme* de François Hertel. Il s'agit du premier ouvrage qu'Hertel publie en France alors qu'il vient tout juste de s'y installer. Ce roman a une forme éclatée. Le protagoniste, qui est sculpteur, réfléchit aux rapports entre hommes et femmes, présentant une galerie de personnages féminins qui servent de révélateur à sa propre pensée. Pour brosser ses portraits, l'auteur utilise des formes narratives différentes, allant du récit fait à la troisième personne à un essai sur l'art romanesque, en passant par une correspondance et des extraits d'un journal intime écrit par le protagoniste. Le ton général est réflexif. Hertel cherche à dépouiller la fiction du romanesque conventionnel et à offrir à la philosophie une forme d'expression inédite. Selon un vocabulaire de l'époque, c'est l'être en situation qui y est examiné, et l'on pourrait préciser: l'être même de l'auteur. Dans cette perspective, la forme éclatée de l'ouvrage doit restituer précisément le caractère inachevé de la personne tout autant que de la pensée et de l'écriture, en somme de la recherche.

Les recensions canadiennes de *Six femmes, un homme* proviennent aussi bien de la droite cléricale que du catholicisme réformateur, du conservatisme agnostique que de l'esthétique de l'art pour l'art. Certains articles paraissent dans des quotidiens, d'autres en revues et un est repris en livre ultérieurement. Il semble que la plupart des critiques connaissent bien Hertel, car sa personne, traits et histoire, est évoquée dans la quasi-totalité des articles. Discutant de son roman, c'est donc également de l'auteur qu'on traite au moment où il vient de quitter les jésuites et son pays pour aller vivre en France. Tous relèvent le caractère expérimental du roman, d'aucuns pour en souligner l'échec. La psychologie y apparaît primaire et le style est souvent jugé comme bâclé. On souligne enfin le recours de l'auteur aux dernières modes intellectuelles de l'heure, freudisme et existentialisme.

Dans *Lectures*, en avril 1950, Théophile Bertrand reprend une partie de ces critiques. Le ton de son article et la cotation «Mauvais», en conformité avec la doctrine de l'Église catholique et une vision théocentriste du monde moderne, sont nettement défavorables à l'ouvrage. Bertrand écrit: «En dépit des quelques passages marqués d'une foi authentique qui sait que Dieu est la source du véritable amour et de la vraie foi, les pantins d'un tel ouvrage sont de fréquentation dangereuse et les thèmes sont tout à fait malsains.» Au moment où il fait paraître son roman, on ne peut être assuré, comme le laisse entendre Bertrand, que Hertel ait encore la foi. Par contre, dans son livre, le romancier se demande comment fonder l'amour humain dès lors que Dieu n'existerait pas. Par ailleurs, le reproche qui lui est fait de créer des pantins porte à faux dans la mesure où précisément Hertel n'aborde pas le roman dans un souci de conventions sociales et esthétiques. Ce qui l'intéresse, c'est la pensée qui trouve son objet dans la matière, c'est-à-dire dans une conception de la psyché humaine affranchie de toute transcendance. Or, ce projet est précisément à l'opposé de celui que défend *Lectures*.

S'il est vrai que le texte de Bertrand, pris isolément, ne peut être assimilé à un acte de censure, la comparaison avec les critiques de l'époque le montrant bien, le système de cotation stricte dans lequel le livre est placé cependant et la diffusion de *Lectures* à travers les institutions catholiques révèlent une volonté ferme de bloquer toute diffusion du «mauvais» livre. La critique de Bertrand assumerait alors, à tout le moins sur le plan des intentions, une fonction que les autres critiques évoquées plus haut n'ont pas: elle fournirait une rationalisation au geste censorial. La revue l'affirme clairement dans ses textes programmatiques parus dans les années précédentes: ce geste ne peut être posé désormais sans précisément recourir à la raison. Ce faisant, et sans qu'elle ne s'en doute, la censure intériorise, avec le principe de rationalité, une exigence fondatrice de la modernité qui achèvera de décomposer ses propres principes doctrinaux. Du reste, la réalité sociale d'alors, basée pareillement sur la raison moderne, se chargera de réduire définitivement à néant, dans les années ultérieures, toute prétention de la censure à soutenir un discours raisonné pour justifier ses actions. *Martin Doré*

HERTEL, François, *Six femmes, un homme*, Paris, Éditions de l'Ermite, 1949, 188 p.

SMITH, ROLAND (1942-)
Exploitant de salles de cinéma qui lutte pour la libéralisation du film érotique

Le cinéphile et entrepreneur Roland Smith est le principal promoteur des cinémas de répertoire à Montréal (le Verdi en 1967, l'Outremont en 1971, etc.). Il en établit même un à Québec (le Cartier), à Sherbrooke (Cinéma Festival, qui deviendra La Maison du cinéma) et à Trois-Rivières (Cinéma Lumière). Au début des années 1980, il mène un combat pour l'instauration de salles dites X, c'est-à-dire offrant des films où la sexualité est explicite et *hardcore*. Il en ouvre une le 10 février 1982 dans l'ancienne La Scala, à l'angle des rues Papineau et Beaubien à Montréal, rebaptisée simplement Cinéma X (avec le slogan publicitaire « redécouvrir la lettre X dans le mot sexe »), mais il doit la fermer à la mi-juillet parce que la censure étatique ne laisse pas passer des vrais films XXX, même si le président du Bureau de surveillance du cinéma, André Guérin*, se dit favorable à une libéralisation du genre. Toutefois, le Conseil du statut de la femme et l'ensemble des mouvements féministes* s'opposent radicalement à la diffusion de ce type de cinéma et ils organisent même plusieurs manifestations devant la salle et devant l'Outremont.

En 1982, Smith n'en est pas à sa première incursion dans le X. En 1969, il achète une vieille salle (d'abord connue sous le nom de Le Globe en 1914, puis sous ceux de Hollywood et de Cinéma d'Orsay), la renomme Le Pussycat, et il en fait le premier grand écran à présenter exclusivement du film érotique. Au programme d'ouverture, il présente deux films cultes du cinéaste américain Russ Meyer, dont le fameux *Faster Pussycat Kill! Kill!*, tourné en 1965, toujours à la frontière de la permissivité du Bureau de surveillance du cinéma. Meyer fait reculer chaque année les limites du caché en augmentant l'audace des gestes sexuels. Smith ne dissimule pas son intérêt pour le cinéma érotique, raison pour laquelle il s'en fait un peu le croisé, car il veut offrir une alternative aux amateurs du genre. Mais il y a aussi une autre raison : « Ce n'est pas compliqué, explique Philippe Cadieux, un assistant de Smith : le Pussycat procure des revenus stables, et permet de faire vivre notre cinéma de répertoire, le Verdi, pendant ses mauvaises semaines » (*Point de mire*, 23 avril 1971). Son associé, André Pépin, le reprend à son compte à la fin des années 1970 et il le vend à Ivan Koltail en 1981. Le nouveau propriétaire reste dans la même veine et rebaptise la salle au nom de

Salle construite en 1914 et ayant déjà porté plusieurs noms, le Pussycat inaugure la diffusion de films érotiques. Sous le nom de L'Amour, elle persiste dans le genre, même si la pornographie est désormais diffusée presque exclusivement sur support vidéo.

L'Amour. Smith exploite aussi Le Beaver (rue du Parc, près de Laurier, à Montréal), avec le même produit, dans les années 1970.

Roland Smith perd sa bataille en faveur du cinéma érotique explicite sur grand écran. Car dès 1982, la vidéo commence à entrer dans les foyers et elle offre le matériel pornographique sans retenue. C'est en peu de temps la disparition presque totale des salles qui s'étaient spécialisées dans le genre. *Yves Lever*

Correspondance privée avec Roland Smith en mars 2005; GAY, Richard, « La mort du Verdi », *Cinéma Québec*, 2, 10 (juillet-août 1973).

SNOW WHITE AND THE SEVEN DWARFS
(BLANCHE-NEIGE ET LES SEPT NAINS)

Walt Disney (1901-1966) • Un film qui fait mettre entre parenthèses l'interdiction des salles de cinéma pour les moins de 16 ans (1938)

La première de *Snow White and the Seven Dwarfs* de Walt Disney, film d'animation pour enfants, a lieu le 21 décembre 1937 à Los Angeles. Dès 1938, il est diffusé partout avec un éclatant succès. Que va-t-il se passer au Québec où l'accès aux salles de cinéma est interdit à tous les moins de 16 ans en tout temps?

Le long métrage est accepté sans restriction le 2 février 1938 par le Bureau de censure. Rien sur la fiche d'examen n'indique quoi que ce soit au sujet des enfants et aucun autre document des archives de la censure ne s'y rapporte. Après quelques jours d'intensive publicité, où aucune mention n'est faite de l'admission des enfants, il sort au cinéma Palace, une des plus prestigieuses et des plus vastes salles de Montréal, le vendredi 25 février. L'ensemble de la presse fait grand état de cette sortie, une primeur canadienne. Le lendemain, un article de *La Presse* se termine ainsi : « L'on sait, incidemment, que les enfants, par permission spéciale du gouvernement, pourront voir ce chef-d'œuvre de Disney au Palace. » *Le Petit Journal* du dimanche 27 février reproduit ce communiqué de l'exploitant :

[…] on a laissé entendre, de Québec, que le gouvernement serait disposé à permettre aux enfants de voir des films du genre de *Snow White and the Seven Dwarfs* […]. La direction du Palace annonce donc qu'à moins d'avis contraire les enfants seront admis aux représentations de *Snow White* s'ils sont accompagnés d'un parent ou d'un surveillant. On leur refusera l'admission s'ils se présentent seuls ; les écoliers ne pourront entrer durant les heures de classe. Les billets spéciaux à leur intention seront en vente de dix heures du matin à six heures le soir. La municipalité assurera un service renforcé de sécurité contre la possibilité d'incendie pour la durée de ces représentations.

Nulle trace de cette « permission spéciale » ne semble exister, mais tout porte à croire qu'elle a été accordée puisque, selon la publicité, les représentations débutent dès 10 h et même dès 9 h les dernières semaines, et que le film reste à l'affiche cinq semaines, ce qui est exceptionnel. Aucune poursuite ne semble avoir été enregistrée contre la salle, laquelle a pris beaucoup de précautions pour éviter que ne se reproduise une catastrophe comme celle du Laurier Palace en 1927. (▶ Rapport Boyer)

À Québec, le film prend l'affiche le 19 mars 1938 au Capitol, donc très peu de temps après Montréal. L'annonce que *Le Soleil* en publie comprend cette phrase : « Les enfants peuvent entrer à toute heure du jour aux prix réguliers. » Là aussi, il n'est pas question de réprimande par après.

Tout porte à croire qu'une directive à l'effet de ne pas empêcher l'entrée des enfants à ce film a été émise, peut-être seulement verbalement, avec la consigne de ne pas la mentionner dans la publicité. Les autres films pour enfants à sortir dans les vingt années suivantes ont sans doute bénéficié de la même mesure. *Yves Lever*

ANQ-M, fonds Régie du cinéma, E 188, fiche du film.

SODEC
▶ Téléfilm Canada

LE SOLEIL A PAS D'CHANCE

Robert Favreau (1948-) • Documentaire que la direction du Carnaval de Québec tente de faire interdire (1975)

« À côté de vous, le soleil a pas de chance de briller », dit en substance le maire Gilles Lamontagne lors de la présentation des duchesses du Carnaval de Québec, édition de 1974. Ces jeunes filles, Robert Favreau les suit tout au long de l'événement, de leur sélection jusqu'au couronnement de la reine en passant par leur formation et leur travail de relationniste. Il en tire le long métrage documentaire *Le soleil a pas d'chance*, produit par l'Office national du film* (ONF). Son regard reste continuellement chaleureux, mais de l'ensemble perce une certaine critique de la façon dont la gigantesque entreprise commerciale qu'est le Carnaval manipule les rêves des jeunes filles. Il faut dire que « L'année internationale de la femme » décrétée par l'ONU pour 1975 est en préparation au moment du tournage et qu'au Québec, le programme « En tant que femmes » de l'ONF provoque alors une intense réflexion sur le statut de la femme dans la société.

Dans le cinéma direct comme dans la photographie, le représenté n'est pas toujours content de ce que la caméra a enregistré ; l'image de soi que l'on découvre ne correspond pas toujours à celle que l'on voudrait projeter. La direction du Carnaval n'est pas du tout satisfaite du film de Favreau et elle craint même pour la réputation de la manifestation. Le jeudi 27 novembre 1975, trois jours avant la première au cinéma Cartier de Québec, elle obtient du juge André Desmeules de la Cour supérieure du district de Québec une injonction interdisant toute projection du film sur le territoire du Québec jusqu'au lundi suivant à 17 heures, le temps de préparer une demande d'injonction permanente, en alléguant ce qui suit :

> […] à cause de l'ampleur et de l'importance du Carnaval de Québec, il est de l'intérêt public que le film *Le soleil a pas d'chance* ne soit pas lancé dans le public sans permettre aux officiers et administrateurs de la demanderesse (le Carnaval de Québec) d'en visionner et de se prévaloir de ses droits de demander l'extraction de certains passages s'il y a lieu avant que ne soit diffusé en public la présentation de tel film.

On retrouve ici un enjeu très important, celui de la liberté d'expression de l'artiste. Le documentaire a été tourné avec l'accord, et même parfois l'aide de l'organisation du Carnaval, bien au fait qu'il présenterait toutes les facettes du concours des duchesses et de leur rôle dans la manifestation. Pour toutes les scènes les mettant en cause, elles ont signé l'accord d'utilisation du matériel filmé. En général, les cinéastes québécois ont un immense respect de leurs « personnages » et retirent même du montage les plans où ils ne se sentiraient pas à la hauteur d'eux-mêmes. Pour les événements publics, le cinéaste a le même droit aux images que les photographes et la télévision. Ces précautions prises, les portraiturés deviennent, comme l'a si bien exprimé Stéphane-Albert Boulais filmé par Pierre Perrault (*La bête lumineuse, Les voiles bas et en travers*), des métonymies qui appartiennent dorénavant à celui qui les monte et les montre. Le cinéaste n'agit pas comme porte-voix d'une personne ou d'un événement, mais propose son regard sur eux. Du *Soleil a pas d'chance*, les administrateurs du Carnaval espéraient un gentil message publicitaire ; ils assistent plutôt à une représentation critique d'une partie de son organisation. Au fond, ils refusent au cinéma le droit de regard qu'ils concèdent pourtant à la presse.

La première du dimanche soir n'a donc pas lieu, mais dès le lendemain, le juge Maurice Jacques refuse l'injonction permanente en se rendant aux arguments de l'avocat de l'ONF au sujet de la liberté de création. Le film peut donc avoir sa première le soir même. Le battage médiatique sur toute l'affaire juridique est tel qu'il faut multiplier les représentations prévues à Québec, à Montréal et dans plusieurs villes. Voilà comment un documentaire qui, malgré toutes ses qualités, aurait peut-être suscité peu de réactions en dehors de Québec, devient le film vedette de la saison. *Yves Lever*

▶ Juridique (censure) ; Féminisme

SOLITUDE DE LA CHAIR
Émile-Charles Hamel (1914-1961) • Roman coté « Mauvais » par la revue *Lectures* (1951)

En 1949, l'éditeur Pierre Tisseyre crée le prix du Cercle du livre de France afin d'encourager la production manuscrite de nouveaux romans canadiens. Il a immédiatement du succès, à tel point qu'au début de 1951, il décide de faire paraître simultanément trois romans au Cercle du livre de France qui n'ont pas été primés. Il crée également un nouveau prix*, « Le Prix des Lecteurs », qui sera remis au meilleur des trois, choisi cette fois non pas par un jury mais bien par les abonnés du Cercle, qui doivent compléter un bulletin de vote. Parmi les trois romans en lice se trouvent : *Solitude de la chair*, d'Émile-Charles Hamel ; *Le dompteur d'ours**, d'Yves Thériault et *Les jours sont longs*, d'Harry Bernard, éventuel gagnant du concours, un voyage à Paris offert par la compagnie Air France. Seul ce dernier ouvrage trouve grâce (quoiqu'il « appelle des réserves ») aux yeux du critique-censeur Théophile Bertrand de la revue *Lectures**, qui, en février 1951, n'hésite pas à donner la cote « Mauvais » aux deux autres livres. « Comment ne pas déplorer une telle propagande autour d'ouvrages qui comptent parmi les plus malsains publiés chez nous ? » écrit-il sans ménagement, en insistant sur l'astuce publicitaire de l'éditeur Tisseyre et en stigmatisant ces romans, qu'il traite de « polissons ». Et Julia Richer, dans *Notre Temps* (le 18 février 1951) de renchérir : « Il est incompréhensible que M. Charles Hamel, bon journaliste, ait consenti à la publication d'un roman aussi bâclé [...]. Si nous comptons sur des livres de ce genre pour enrichir notre littérature ou rehausser notre réputation à l'étranger, détrompons-nous ! *Solitude de la chair* est tout au plus un roman de troisième ordre sans aucun élément d'intérêt. »

Journaliste de carrière et critique littéraire au *Jour** de Jean-Charles Harvey puis au quotidien *Le Canada*, Émile-Charles Hamel en est à sa première œuvre romanesque avec *Solitude de la chair*, qui serait un « roman à clef » au dire de ses confrères (Jean Hamelin, dans *La Presse* du 12 février 1951), dans lequel l'auteur représente le monde journalistique montréalais. Le protagoniste, André Laurent, père d'une fillette, est marié à une femme riche qu'il n'aime plus. Il dirige *L'Époque*, un journal « hebdomadaire d'expression libre ». Il est également député à l'Assemblée nationale. Mari infidèle, ce coureur de jupons tente de revivre le grand amour à travers une série de liaisons sentimentales qui n'aboutissent qu'à des échecs, jusqu'au jour où, poignardé par une de ses conquêtes amoureuses, il se retrouve, plein de repentir, dans les bras de sa femme. Les deux se réconcilient.

Selon le narrateur, ce roman porte essentiellement sur « le problème de la solitude, de cette impuissance des hommes à se communiquer, à pénétrer les autres, à établir des rapports intimes et profonds les uns avec les autres [...] ». La critique reconnaît que le sujet est audacieux et qu'aucun autre auteur canadien n'avait encore évoqué ces difficultés existentielles ou ces inquiétudes métaphysiques, « l'angoisse des êtres qui ne peuvent satisfaire dans la chair leur appétit de vivre » (Jean-Noël Tremblay, *Revue dominicaine*, avril 1951). Le romancier ne peut s'empêcher de décocher quelques flèches en direction de la censure à l'intérieur des journaux, comme lorsqu'il décrit comment un jeune collaborateur du journal, voyant ses articles censurés, se fait dire, dans le cas d'un texte sur Albert Camus, qu'« il est des écrivains dont il vaut mieux ne pas trop répandre les œuvres ». Il est même question d'un libraire, joueur d'échecs qui, en plus de vendre des livres, tient également des expositions de peinture, comme le faisait à l'époque Henri Tranquille, ami de l'auteur. Et comment ne pas remarquer le journaliste Jean-Pierre D'Arcy (Jean-Charles Harvey ?), qui œuvre au journal La Lumière, de Québec ? À plusieurs égards, le portrait du petit monde journalistique fait penser à celui évoqué, une génération plus tôt, par un autre journaliste romancier, Arsène Bessette, dans Le débutant*, en 1914.

Hamel aurait remanié le manuscrit de son roman après que le président du Cercle du livre de France eut décidé de le publier. S'agirait-il d'une forme d'autocensure* ? Le romancier était apparemment insatisfait du portrait de son milieu et il aurait repris au moins dix fois la première partie de son roman, selon son ami Henri Tranquille, qui en fait paraître des versions dans La Barre du Jour en janvier-février 1967. On apprend alors que l'ouvrage a passé à un cheveu de porter le titre Le roman de Lautrec ou Envoûtement. Le 29 avril 1951, Charles Hamel tire de son roman une pièce radiophonique, qu'il présente sur les ondes de Radio-Canada, dans le cadre de l'émission « Les grands romans canadiens ». L'auteur raconte comment, à l'âge de douze ans, à l'abri du couvercle incliné de son pupitre d'écolier, il avait commencé son premier roman, qu'il ne termina jamais parce que son professeur l'a confisqué puis brûlé. Il était à peine plus sévère que certains critiques qui ont analysé Solitude de la chair, raconte-t-il. Kenneth Landry

HAMEL, Charles, Solitude de la chair, Montréal, Le Cercle du livre de France, 1951, 242 p.

LA SOURCE DU MAL DE L'ÉPOQUE AU CANADA

Alexis Pelletier (1837-1910) • Pamphlet interdit par Mgr Fabre et Mgr Taschereau (1884)

D'abord professeur au Petit Séminaire de Québec, puis au Collège de Sainte-Anne-de-la-Pocatière, l'abbé Alexis Pelletier s'installe ensuite dans le diocèse de Montréal où il continue de polémiquer, particulièrement dans le journal Le Franc-Parleur. Le 19 janvier 1877, il y révèle qu'il est le George Saint-Aimé sanctionné en 1868 et qu'il met fin à sa carrière de polémiste. Mais il ne cesse pas pour autant de s'intéresser aux problèmes politico-religieux. À l'automne 1877, par exemple, il adresse au délégué apostolique, Mgr George Conroy, deux lettres-mémoires pour dénoncer les libéraux canadiens, « de vrais libéraux tels que l'on trouve en France et en Belgique », et nommément treize prêtres « libéraux » de Québec « qui mènent tout à Québec et qui sont causes de tant de maux ». Il rencontre aussi le délégué apostolique pour préciser sa pensée et ses accusations. Au début des années 1880, il demeure toujours un conseiller discret auprès des adversaires de l'Université Laval et de l'archevêque de Québec, Mgr Elzéar-Alexandre Taschereau.

Depuis 1878, en effet, l'inauguration à Montréal d'une succursale de l'Université Laval de Québec, qui devait mettre un terme aux débats entre partisans et adversaires d'une université catholique à Montréal, exacerbe au contraire les esprits. Pendant quelques années, l'École de médecine de Montréal lutte pour son autonomie et sa survie ; elle reçoit un appui inconditionnel des ultramontains intransigeants regroupés autour de l'évêque de Trois-Rivières, Mgr Louis-François Laflèche. Ils prolongent ainsi la question universitaire, mais dénoncent aussi le laxisme et le libéralisme de l'archevêque de Québec et de ses alliés à l'occasion de plusieurs autres débats à propos notamment de la charte de l'Université Laval, de la question des écoles normales, des amendements demandés à la législation sur le mariage et à la loi électorale, et même du projet de division du diocèse de Trois-Rivières. L'affrontement se répercute à Rome où s'accumulent les dossiers et les mémoires et où se rendent régulièrement des évêques des deux clans.

C'est ainsi qu'en 1881-1882, Mgr Laflèche entreprend le plus important voyage de son épiscopat qui culmine avec la rédaction et la publication, à Rome même, d'un Mémoire de l'évêque des Trois-Rivières sur les difficultés religieuses en Canada (1882), pour que « le St. Siège soit renseigné avec toute l'exactitude possible » sur « 1. La question politique ;

Cet ouvrage imprimé en 1881 demeure confidentiel et ne circule que parmi un petit nombre d'amis sûrs. Le 11 janvier 1884, Louis Fréchette écrit dans le journal *La Patrie* qu'il vient d'acheter la brochure, une «saleté anonyme». Elle est ensuite interdite par Mgr Fabre et Mgr Taschereau.

2. la question de l'influence indue; 3. la question universitaire». Or, l'un de ses principaux informateurs est Alexis Pelletier qui profite du voyage de l'évêque de Trois-Rivières pour rédiger un pamphlet intitulé *La source du mal de l'époque au Canada* et signé du pseudonyme* «Un catholique». Reprenant les idées et parfois certains paragraphes des lettres envoyées à Mgr George Conroy en 1877, l'auteur pourfend de nouveau les libéraux canadiens, interprète à sa façon les événements des dernières décennies et dénonce avec une violence inouïe d'anciens professeurs du Séminaire de Québec et ceux de l'Université Laval de même que l'archevêque de Québec dont il dit: «C'est bien ici le temps de rappeler ce qu'on disait de lui, avant qu'il fût promu à l'épiscopat: "Si cet homme devient archevêque de Québec, ce sera la plus terrible épreuve que l'Église du Canada ait jamais subie".» En conclusion, il demande l'intervention du Saint-Siège pour «Que toutes les erreurs libérales, signalées par Pie IX, soient condamnées pour le Canada; // Que les principes de la réforme chrétienne de l'enseignement soient affirmés; // […] Que Montréal, enfin, ait son Université, afin qu'elle puisse l'organiser *catholiquement*».

Imprimé par les soins de l'ancien zouave Benjamin-Antoine Testard de Montigny, l'ouvrage demeure confidentiel et ne circule que parmi un petit nombre d'amis sûrs. Le 11 janvier 1884, Louis Fréchette écrit dans le journal *La Patrie** qu'il vient d'acheter la brochure, une «saleté anonyme», un «engueulement en règle contre Mgr l'Archevêque de Québec, contre feu Mgr Conroy et contre tous les ecclésiastiques qui, de près ou de loin, sympathisent avec la cause de l'Université Laval». Dans une circulaire adressée à son clergé le 20 janvier 1884, Mgr Édouard-Charles Fabre de Montréal condamne la brochure «comme livre défendu, et conséquemment enjoin[t] au Clergé et à tous les fidèles de [son] diocèse de le considérer comme tel». Fustigeant «ce pamphlet haineux et suintant la vengeance dans toutes ses pages», il ordonne 1. aux prêtres qui le possèdent, de le brûler dans les 24 heures qui suivront la réception de la circulaire «sous peine de suspense *ipso facto*»; 2. aux laïcs, de faire la même démarche «sous peine de cas réservé spécialement à l'Évêque et à son Grand Vicaire»; 3. de lire en chaire, sans commentaire, une partie de la circulaire. Le 2 février suivant, Mgr Taschereau condamne lui aussi ce pamphlet dont l'auteur «se cache lâchement sous l'anonyme» et où des prêtres vénérables que la tombe aurait dû protéger contre l'insulte, les institutions les plus méritantes, les évêques, [ses] prédécesseurs, et quelques-uns de [ses] suffragants, les congrégations romaines, les représentants du Saint-Siège, tout est couvert de boue, accusé de toutes manières.

Il prononce la même sentence que Mgr Fabre avec une seule addition, la défense de garder, lire ou prêter la brochure. À remarquer qu'un seul suffragant, Mgr Antoine Racine de Sherbrooke, suit l'exemple de ses confrères.

Comment expliquer la condamnation soudaine d'une brochure publiée depuis plus de deux ans ? Mgr Fabre laisse entendre qu'elle a « montré la tête » en septembre ou octobre 1883 avant d'être retirée de la circulation ; l'éditeur parisien Arthur Savaète prétend qu'elle est tombée « très accidentellement » entre les mains « d'un certain abbé libéral » qui l'aurait dénoncée aux évêques Fabre et Taschereau. Quoi qu'il en soit, la « sortie » de la brochure et les condamnations épiscopales surviennent au moment même où commence l'enquête du commissaire apostolique Dom Henri-Gauthier Smeulders sur l'Université Laval et sa succursale de Montréal ; elles font partie « de la quantité effarante des sources qui jaillissent » auprès du représentant du Saint-Siège et constituent pour chacun des clans une façon d'influencer le commissaire. *Nive Voisine*

[PELLETIER, Alexis], *La source du mal de l'époque au Canada par un catholique*, [s.l.s.é.], [1881], IV, 116 p. ; « La source du mal de l'époque au Canada, par un catholique », dans Arthur Savaète, *Voix canadiennes. Vers l'abîme*, III, Paris, Arthur Savaète, [s.d.], p. 43-192.

Archivio della Propaganda Fide-Roma, Scritture riferite nei congressi – America Settentrionale – Canadà […], 17 (1877) ; CHARLAND, Thomas, o.p., « Un gaumiste canadien : l'abbé Alexis Pelletier », *RHAF*, 1, 2 (sept. 1947) ; LAVALLÉE, André, *Québec contre Montréal. La querelle universitaire, 1876-1891*, Montréal, Les Presses de l'Université de Montréal, 1974.

▶ *La conscience catholique outragée […] ; Lettre à Monseigneur Baillargeon […]*

SOURIRES D'UNE NUIT D'ÉTÉ
(SMILES OF A SUMMER NIGHT)

Ingmar Bergman (1918-) • Film dont la diffusion est limitée et qui est coté « À proscrire » (1961) ; l'œuvre d'Ingmar Bergman devant la censure

La carrière d'Ingmar Bergman, réalisateur suédois, débute à la fin des années 1940, mais ce n'est qu'au début des années 1960 que ses films arrivent au Québec, sans doute par manque d'intérêt des distributeurs devant ces productions le plus souvent austères qui s'adressent d'abord à un public de cinéphiles. International Film Distributors Limited, petite compagnie spécialisée dont le siège social est à Toronto (ce qui explique que seules des copies avec sous-titres anglais sont proposées), apporte les premiers à la censure au début de 1961. Le Bureau affronte à ce moment une vague énorme de protestations, due à son attitude envers *Hiroshima mon amour** d'Alain Resnais quelques mois auparavant ; déjà, selon la coutume après un changement de parti au pouvoir (1960), des membres ont été congédiés et tous les autres s'attendent à l'être bientôt.

C'est ainsi que, le 24 janvier 1961, *The Seventh Seal* (*Le septième sceau*), réalisé quatre ans plus tôt, est accepté sans réticence, ce qui signifie que selon la loi en cours, il peut être vu par tout spectateur de 16 ans et plus ; l'Office catholique national des techniques de diffusion le cote toutefois « Adultes, avec réserves » parce que « cette œuvre riche de sens religieux exige des réserves pour les lacunes de ses solutions et la confusion qu'elle peut produire dans les esprits non avertis ». *Wild Strawberries* (*Les fraises sauvages*, 1957) passe tout aussi facilement le test le lendemain ; pour les catholiques, « cette méditation d'un vieillard sur le sens de la vie, de la mort et de l'existence de Dieu est beaucoup plus ici l'œuvre d'un déiste que d'un chrétien. Adultes » ; il est reclassé « 14 ans » le 13 mai 1971, puis « Général » en 2003. *Virgin Spring* (*La source*, 1959) est approuvé le 16 mai 1961 (classé « 14 ans » le 13 mai 1971). Dans l'esprit du censeur, le film doit être réservé à un public adulte; il n'en accorde pas moins la permission de le présenter dans des ciné-clubs étudiants comme celui du Collège Bourget dans les mois suivants. L'Office catholique en reconnaît le « traitement remarquable de dépouillement et de beauté formelle », puis il en dit: « Le film met en relief la victoire de la grâce et du christianisme sur le paganisme et sur le mal. La scène, extrêmement réaliste, du viol, présentée toutefois sans complaisance, et le massacre des bergers, appelle des réserves. »

On retient avant tout ce qui, dans la démarche de Bergman, relève de la vision spiritualiste chrétienne. Comme avec les films de Federico Fellini de l'époque, la critique cléricale se plaît à voir dans quelques scènes de Bergman des témoignages de « croyants anonymes », ou de « chrétiens qui s'ignorent » alors qu'elle méconnaît l'ensemble de l'œuvre qui porte un imaginaire tout à fait éloigné et même en réaction contre le christianisme. Ce que la fameuse trilogie du cinéaste suédois va brillamment illustrer dans les années qui suivent.

Smiles of a Summer Night (1955) est approuvé le 19 juin 1961 pour une seule salle de l'ouest de Montréal, au choix du distributeur, et il est coté « À proscrire » par les clercs parce que « ce film présente un monde libertin et cynique où les principes moraux sont constamment battus en brèche ». Puis une œuvre presque ancienne, *Monika* (*L'été avec Monika*, 1953), apportée par le Ciné-Campus de l'Université de Montréal, est autorisée le 2 octobre 1962 « intégralement pour une seule représentation, sans prix d'entrée et sans publicité dans les journaux, à la radio et à la TV ». Trois semaines plus tard, le permis s'étend à l'Élysée, salle de répertoire de Montréal (mais le distributeur doit payer les frais habituels), puis le 29 novembre 1964, à toute salle du Québec. L'Office catholique n'apprécie guère ce film et il le cote « À déconseiller » parce que: « Le film fait ressortir la précocité d'un amour basé sur la seule attraction physique. L'ensemble se déroule dans une atmosphère de sensualité et comporte des images inacceptables. » Le 10 mai 1971, il reçoit le visa « 14 ans ».

Avec *Through a Glass Darkly* (*À travers le miroir*, 1961) débute la trilogie de la réflexion religieuse par Bergman. Le film est approuvé le 17 août 1962, mais seulement pour les cinémas et les ciné-clubs de l'île de Montréal. Il faut attendre plus de deux ans, soit le 30 septembre 1964, pour que le permis s'étende à tout le Québec. Les catholiques s'y laissent prendre: « La quête de Dieu qui imprègne toute l'œuvre ne peut que donner à réfléchir. Le sujet et son traitement font réserver le film aux adultes »; il faut dire que le titre renvoie à une phrase bien connue de l'Évangile (« Aujourd'hui, certes, nous voyons dans un miroir, d'une manière confuse, mais alors ce sera face à face. Aujourd'hui, je connais d'une manière imparfaite; mais alors, je connaîtrai comme je suis connu. » 1 Corinthiens 13, 12) et qu'au Festival de Berlin, l'Office catholique international du cinéma lui a attribué son prix. Le deuxième, *Winter Light* (*Les communiants*, 1963), présenté et approuvé sans restrictions le 8 septembre 1965, après le troisième, en fait, reçoit des clercs un semblable accueil: « Ce film, centré sur le problème de la foi, a une valeur positive. Il exige réflexion pour en pénétrer la complexité et saisir les lueurs d'espérance qui éclairent la nuit obscure des personnages. » Le dernier volet, *Le silence* (1963), est présenté à la censure au moment où les tabous achèvent de tomber; il reçoit son aval sans condition le 28 avril 1964, malgré quelques scènes érotiques et la profession d'athéisme qu'il suggère. Les catholiques ne s'y trompent pas, qui le cotent « À déconseiller », même s'ils lui voient toutes les qualités cinématographiques possibles:

> Cette peinture suffocante de l'homme emmuré dans la solitude de la chair peut faire sentir à des cinéphiles avertis la nécessité du spirituel. Cependant, le fait que cette dimension du film risque d'échapper à la plupart des spectateurs ainsi que l'érotisme morbide dans lequel baigne l'ensemble motivent une cote sévère.

On en n'est plus à la période où l'on discutait si l'art pouvait être immoral. *Le silence* aurait sans doute été classé « 18 ans et plus », dans l'esprit de la législation en préparation, mais selon la loi en vigueur, il peut être vu par tous ceux qui ont 16 ans. Il est reclassé « 14 ans » le 13 mai 1971, cote toujours en cours. Toutefois, un coffret DVD de la trilogie est classé « Général » le 25 août 2003.

La production suivante de Bergman est accueillie avec libéralisme par la censure. Quelques films sont classés « Pour tous » ou « Général » (*Sonate d'automne* le 26 octobre 1978, *Après la répétition* le 15 août 1984). Dans la catégorie « 14 ans » (13 ans+ depuis 1983) se retrouvent plusieurs des grandes œuvres comme *Scènes de la vie conjugale* le 10 mars 1975 ; *Fanny et Alexandre* le 25 mai 1983. Sont réservés aux 18 ans et plus : *Persona* le 7 août 1967 ; *L'heure du loup* le 6 décembre 1968 (reclassé « 14 ans » le 26 juillet 1976) ; *Cris et chuchotements* le 6 juillet 1973 ; *De la vie des marionnettes* le 4 août 1981. Ces derniers films n'ayant pas été reclassés depuis leur premier passage devant les censeurs il y a plus de 20 ans, on peut imaginer que le verdict serait différent maintenant d'autant plus qu'ils sont présentés à la télévision à des heures de grande écoute.

Par sa sensibilité, par son questionnement religieux, par sa morale de la création et par son imaginaire, l'œuvre d'Ingmar Bergman accompagne la démarche des milieux progressistes québécois durant les années 1960. Toute une génération y trouve une expression de ses doutes et de ses déchirements, un miroir de ses aspirations et de sa quête de sens. Qu'elle ait pu parvenir librement, presque sans censure officielle ou cléricale, témoigne d'une évolution profonde par rapport aux interdits. *Yves Lever*

ANQ-M, fonds Régie du cinéma, E 188, fiches des films et procès-verbaux des assemblées du Bureau de censure ; *Recueil des films*, 1961, 1962, 1964 et 1967 ; Régie du cinéma, Répertoire des films sur le site Internet.

SOUS LE SIGNE DES MUSES

Carmel Brouillard (1906-) • « Essais de critique catholique » qui témoignent de la persistance d'une critique censoriale et dont les positions extrêmes sont dénoncées par certains (1935)

La critique littéraire* canadienne-française a entretenu dès le XIXe siècle des liens étroits avec la morale catholique. « Bientôt surgissent des gendarmes littéraires qui passent les œuvres au crible, dénoncent les moindres vétilles contre la morale et prêtent inconsidérément aux auteurs les plus anodins les plus noirs desseins. » (*DOLQ*, I) Le début du siècle suivant ne diffère guère ; il gagne même en raffinement. En effet, Camille Roy, dans son célèbre projet de « Nationalisation de la littérature canadienne » (1904), et Lionel Groulx, dans « Une action intellectuelle », en plus d'infléchir les lettres vers une thématique autochtone, les encadreront par le dogme catholique : « [N]otre littérature de demain, catholique et française, promet de se faire bravement régionaliste », proclame Groulx dans *L'Action française*, en 1917. Ce régionalisme soutenu par l'élite cléricale, Victor Barbeau le décrie dans *La Presse* (3 juin 1919) : « Être régionaliste ou ne pas être régionaliste. Tel est le dilemme dans lequel nos douaniers de la pensée et de l'écriture prétendent emprisonner tous ceux qui des lettres et des arts veulent faire leur vie. […] Nous avions l'embargo sur la pensée, nous aurons l'embargo sur l'écriture. »

Les années 1920 et 1930 témoignent toutefois de l'émergence d'une « sécularisation des discours », comme l'indique Jacques Allard dans *Traverses de la critique littéraire au Québec*. Une nouvelle génération de critiques comme Alfred DesRochers, Albert Pelletier, Jean-Charles Harvey, Louis Dantin, introduisent une perspective plus affranchie du dogme catholico-régionaliste. Louis Dantin, même s'il est l'un des rares à le faire, plaide pour l'autonomie de l'art en regard de la morale.

La critique littéraire d'inspiration, voire d'obédience catholique n'est cependant pas obsolète, bien au contraire: Maurice Hébert, l'abbé Albert Dandurand et d'autres persistent, mais avec plus de nuances. En ce qui concerne l'enseignement, le manuel du père Samuel Baillargeon, *Littérature canadienne-française* (1957), aura même cours jusqu'au début des années 1960.

Pourquoi alors attacher une importance particulière à *Sous le signe des muses*, du frère Carmel Brouillard, paru en 1935? Selon Jacques Blais, dans *De l'ordre et de l'aventure*, le franciscain représente l'esprit le plus conformiste qui soit; raison nécessaire, mais non suffisante pour analyser son essai. *Sous le signe des muses* est probablement l'essai de critique littéraire qui affiche le plus limpidement les principes d'une critique catholique, et les lectures d'œuvres qui en découlent mettent en lumière l'exercice d'une charité toute censoriale.

L'ouvrage porte pour sous-titre « Essais de critique catholique »; l'« Introduction » en donne par conséquent les principes. L'écrivain est responsable de son œuvre: « [...] tout écrivain – à moins d'être d'une signification puérile – relève plus ou moins du catholicisme et doit rendre compte des ondes sonores qu'il provoque. » Quant aux critiques catholiques, elles « considèrent un recueil de vers comme un problème de psychologie, dont la solution la plus normale s'accomplit en face de l'institution chrétienne ». De telles critiques, partiales mais aussi martiales, reconnaît son auteur, sont informées par « [u]ne charité profonde et chrétienne ». Carmel Brouillard ravive le débat entre l'art et la morale*: l'art peut exister sans la religion, mais il « ne peut pas, sous prétexte d'émotion ou de couleur inédites, représenter, en les faussant, les solutions de sa doctrine [...] ».

Le franciscain montre ensuite la conséquence de ces principes: la légitimisation de la censure. Carmel Brouillard se garde bien de déplacer, puisqu'elle lui échapperait, la responsabilité morale de l'œuvre vers le lecteur, et il sait que le livre est « une cause variable d'immoralité ». Toutefois, quand le mal paraît, la critique catholique « peut amplifier sa règle jusqu'à la rendre absolue pratiquement, aidée en cela par les principes et l'expérience des moralistes chrétiens ». Cela justifie, poursuit-il, « des livres éminemment catholiques » comme les répertoires des abbés Louis Bethléem* et Georges Sagehomme; Brouillard déplore l'inexistence d'une *Revues des lectures* comme celle de Bethléem. Son souhait sera exaucé onze ans plus tard, par la création de *Lectures**. Enfin, la critique catholique « exalte la haute sagesse de l'Église qui a fondé cette critique immuable qui s'appelle l'*Index** ».

Le critique catholique analyse six auteurs dans son essai: Nérée Beauchemin, Robert Choquette, Jovette Bernier, Alfred DesRochers, Louis Dantin et Lucien Rainier (l'abbé Joseph-Marie Melançon). Dans son appréciation parue dans *L'Enseignement secondaire au Canada*, au mois de mai 1935, l'abbé Émile Bégin traduit bien la hiérarchie qui anime Brouillard. Au sommet trônent Nérée Beauchemin et Lucien Rainier. « Il faut maintenant avec le Frère Carmel descendre un peu de ces hauteurs, de ces beautés déjà d'un autre âge, pour entrer dans le tourment de la poésie immédiatement contemporaine. » Voici alors Choquette et DesRochers, de très bons poètes. Enfin, l'on entre « en terre brûlée » avec Dantin, puis Bernier. Voyons ce qu'il advient avec ces deux égarés de la poésie.

Carmel Brouillard s'attaque – le mot n'est pas trop fort – tout d'abord à l'auteure, non de *La chair décevante*, mais des *Masques déchirés*. La litanie est accablante: impudeur de l'éclatement du moi, débâcle d'âme, chagrin corrosif, déviation du sens religieux, etc. Dans le passage suivant, Brouillard pressent que Jovette Bernier appartient à un autre monde, à un autre ordre des valeurs, qui s'imposera d'ailleurs durant l'après-guerre:

> Mlle Bernier rejette la qualité individuelle et différemment appréciable de la conscience morale. Elle rêve d'égaliser la hiérarchisation séculaire qui sépare l'assassin d'un honnête homme, celui d'un héros ou d'un

saint. Relisez les textes cités plus haut, vous distinguerez, blottie entre les parois du vers, cette prétention qui introduit le bolchévisme en morale.

Car tel est le titre de son chapitre : « Le bolchévisme de la conscience », c'est-à-dire la recherche de l'« uniformité morale » qui « sévit au nom de la vérité ». Avec quelques nuances, Brouillard établit ainsi la filiation intellectuelle de Jovette Bernier : « Sans se classer parmi les documents d'hystérie ou de psychonévrose, ce livre, à mon avis, ne sort pas de ce courant vertigineux et vaste qui part de Rousseau, s'amplifie avec Georges Sand, et se prolonge, bassement immoral, avec André Gide. »

Louis Dantin subit le même traitement. Déjà, dans son introduction, Carmel Brouillard avait affûté son crayon en fustigeant le conte « Le Risque », paru dans *La Vie en rêve*, que l'éditeur Albert Lévesque avait d'ailleurs hésité à publier ; pour le critique, ce conte « est malheureusement passible, de la part du théologien, d'une réprobation formelle ». C'est lorsqu'il analyse *Le coffret de Crusoé* que Carmel Brouillard est le plus sévère. « Amas de poèmes disparates », ces poèmes présentent « la descente fatale d'une âme », et la seule conclusion qui s'impose est la suivante : « S'il y a un besoin qui survit à la lecture de ces poèmes, c'est de se mettre à genoux. »

Dantin avait dû renoncer à faire paraître « Chanson intellectuelle »* dans son recueil. Dans *Égrappages* (1933), à l'occasion d'une critique du *Coffret de Crusoé*, Albert Pelletier reproduit un extrait de cette chanson, accompagnée de commentaires positifs. Dans sa propre critique du *Coffret de Crusoé*, Brouillard ne manque pas de s'inscrire en faux contre cette critique de Pelletier, y voyant, plutôt que des « vers d'anthologie », « la clause fatidique de la rupture avec la foi ». Au moment où il hésitait à publier ses *Chansons*, Dantin savait sans doute qu'il existait des censeurs de ce type. D'ailleurs, Gabriel Nadeau révèle, dans *Louis Dantin. Sa vie, son œuvre*, que « [l]'étude du P. Carmel Brouillard, parue dans *Sous le signe des muses*, le blessa. Il a marqué de sa main dans son exemplaire plusieurs passages : "Méchant", "Ceci est méchant" ».

La position tranchée de cet essai entraîne une réception critique à l'avenant. Entre autres, *La Renaissance*, *L'Enseignement secondaire au Canada*, *Le Droit*, *Les Cahiers franciscains* et *La Nation*, respectivement sous les signatures de Roland Bouffard, d'Émile Bégin, de Victor Barrette, du frère Réginald-M. Roy et de Berthelot Brunet, applaudissent à la parution de ces études ; la réserve la plus courante tient non à la sévérité du frère Carmel, mais à son style parfois emphatique.

D'autres protestent avec force. Dans sa revue *Les Idées* (avril 1935), Albert Pelletier ne supporte toutefois pas cette critique prétendument catholique d'un frère « qui est le plus dépourvu d'esprit catholique ». Il voit, dans le chapitre à l'endroit de Dantin par exemple, « l'acharnement du critique à chercher des prétextes pour manquer de charité » ; il l'accuse, dans le cas de Jovette Bernier, « de dénaturer les textes afin de diffamer un auteur ». C'est d'ailleurs à propos de l'auteure des *Masques déchirés* que Georges Rousseau écrit, dans *L'Ordre** du 11 mai 1935 : « […] tous n'ont pas l'honneur de mériter l'exil auquel Jovette Bernier est condamnée par l'inflexible Mussolini de l'art *catholique*, ni le bûcher dressé pour elle par les soins graves du pourfendeur de nos lettres, virginal et incorruptible Torquemada. » Enfin, dans *Le Bien public* du 2 mai 1935, Clément Marchand pose ce jugement sans appel : « Le F. Brouillard procède à la façon d'un moine inquisiteur en soumettant les poètes qu'il étudie à de vains appareils tortionnaires. »

Le censeur s'est souvent donné, dans l'histoire, un visage de mansuétude ; le frère Brouillard ne fait pas exception, l'esprit de charité qu'il proclame n'étant en réalité qu'un gant de velours, bien mince dans son cas. Et si certains critiques ont relevé les excès du frère Brouillard, ils n'ont cependant jamais remis en question les fondements mêmes de la critique catholique; pour cela, il aurait fallu que la littérature fût émancipée du religieux. Cette dissociation ne s'amorcera vraiment qu'à la fin des années 1940. Quant à Carmel Brouillard, s'il indique « première série » sur son essai, il ne récidivera point. *Pierre Hébert*

BROUILLARD, Fr. Carmel, o.f.m., *Sous le signe des muses. Essais de critique catholique*, 1ère série, Montréal, Librairie Granger Frères limitée, 1935, 243 p.

◉ Critique du cinéma

STEAK HACHÉ

Revue de création fondée par Denis Vanier (1949-2000) • Un numéro de cette revue est censuré par l'escouade de la moralité de la police de Montréal (1998)

Au Québec comme ailleurs, où les revues de création littéraire peuvent compenser certaines carences d'édition, ces publications collectives servent à diffuser des œuvres qui, autrement, demeureraient inconnues du public. Parlant de leur fonction en tant que « lieu habituel des premières expressions », Jacques Beaudry, dans *Le rébus des revues,* les perçoit comme « un lieu de recherche et un laboratoire d'écriture. Non seulement elle [la revue] remédie à des insuffisances, mais encore parfois elle conteste, contourne et transgresse la conjoncture éditoriale en s'affirmant malgré elle ». Selon lui, une revue peut être lue comme une sorte de « journal personnel » d'une génération ou d'une bande où se manifestent un regard collectif, des liens d'amitié, des affinités, une communauté intellectuelle, bref, une histoire commune. La petite revue illustrée, *Steak haché*, fondée à Montréal le 1er juin 1998 par le poète iconoclaste Denis Vanier et quelques collaborateurs (Richard Gingras, François Pelletier et Hélène Piché), répond largement à ces critères. Avec son sous-titre aussi évocateur que provocateur, « La vérité se passe un doigt », expression tirée du recueil poétique *Lesbiennes d'acid* de Vanier, paru en 1972, ce périodique se définit comme un « carnet de santé littéraire et de graphisme mensuel ».

Le premier numéro démarre avec un poème de François Brunet, « Cunnilingus appréhendé », qui commence par « J'observe / Une mouche à marde dans un plat de / Tupperware vert fatigué / Un loisir en vaut bien un autre ». Parmi les sujets abordés tout au long de la revue, les tabous sociaux, l'érotisme et la pornographie se retrouvent au premier plan dans une poésie qui n'est pas dépourvue d'humour. Dans une entrevue accordée à André Dionne (*Lettres québécoises*, printemps 1981), Vanier définissait ainsi le rôle de la pornographie dans la société : « La pornographie est absolument indispensable. C'est le yoga de l'Occident. On ne peut pas y échapper. On est accroché à ça parce qu'on ne la pratique pas. C'est impossible de la pratiquer. Sauf à un niveau individuel. J'ai toujours cru que c'était une thérapie. » Déjà, en 1968, avec son recueil *Pornographic delicatessen* et plus tard, avec *Le clitoris de la fée des étoiles* (1974), il donne le ton en incitant les poètes de sa génération à une « pornographie de combat ». Une telle attitude de la part d'un directeur de revue n'a rien pour rassurer les tenants d'une poésie de type traditionnel.

En 2000, lors d'une réédition sous forme d'anthologie des 26 premiers numéros de la revue, sous le titre fétiche *La vérité se passe un doigt*, les présentateurs insistent surtout sur le caractère fraternel qui y règne :

> Le *Steak haché* est avant tout un atelier où règne l'émulation joyeuse plutôt que l'esprit de compétition, où se côtoient, dans une franche camaraderie littéraire, des poètes forts de leur maturité d'écriture tels Denis Vanier et Patrice Desbiens et de jeunes et moins jeunes auteurs s'exerçant à la forme et au style par le dépouillement, l'excès, le raffinement, l'impulsion brute. De ce cercle fraternel, chacun cherche, par essais et erreurs, sa voix singulière.

Par sa forme et son contenu, la revue se situe dans la lignée des publications avant-gardistes de création poétique qui prolifèrent depuis les années 1960 au Québec. Parmi les « ancêtres » poétiques, précurseurs de la revue, il y a *La Barre du jour*

Le numéro cinq de la revue *Steak haché*, celui du 21 septembre 1998, est censuré par l'escouade de la moralité des services policiers de la Ville de Montréal. En l'an 2000, le contenu intégral de ce numéro est reproduit dans l'anthologie éditée aux Éditions Trois-Pistoles.

(1965-1977) et *La Nouvelle Barre du jour* (1977-1990), *Passe-partout* (1965), *Les Herbes rouges* (1968-), *Poèmes* (1970-1972), *Cul Q* (1973-1977), *Mium/Mium* (1975) et *Modern' Revue de poésie* (1985) pour ne nommer que ceux-là, sans oublier des revues contre-culturelles comme *Mainmise* (1970-1978) ou « underground », comme *Hobo-Québec* (1973-1981) qui, à leur façon, ont préparé le terrain.

Une caractéristique qui distingue le collectif de *Steak haché* de ses précurseurs est sa parution hors commerce. Le plus souvent, les collaborateurs produisent eux-mêmes leurs imprimés, qui sont copiés et collés dans les pages de la revue. Les textes reçus sont accueillis et publiés sans discrimination qualitative. Tirée à environ 250 exemplaires, la revue est ensuite distribuée gratuitement par la librairie* Le Chercheur de trésors (nom inspiré du premier roman québécois, *L'influence d'un livre**, et retitré par l'abbé Henri-Raymond Gasgrain), située rue Ontario à Montréal. Un autre trait qui distingue le *Steak haché* de ses semblables, c'est que le numéro cinq de la revue, celui du 21 septembre 1998, est censuré par l'escouade de la moralité des services policiers de la Ville de Montréal. D'après un responsable de la revue, une personne demeurée anonyme aurait porté plainte à la suite de la parution d'un texte qu'elle jugeait obscène. La police, dans un tel cas de dénonciation, est obligée d'enquêter. Un agent rencontre alors la direction de la revue, puis l'auteur du texte incriminé, mais aucune poursuite n'est intentée. Toutefois, pendant plusieurs mois, les numéros subséquents de *Steak Haché* sont scrutés à la loupe par les responsables de la moralité montréalaise. Dans les faits, il n'y a jamais eu de saisie de la revue, mais ce numéro est tout de même absent de la collection complète que détient la librairie. Dans ce numéro cinq, Denis Vanier donne l'impression de se moquer des enquêteurs dans un poème intitulé « L'ordre du jour » : « Il est midi / il fait noir. / Les projecteurs de la police / allument le jour/ que nous ne voulons plus voir, / surtout le terrorisme / du bonheur des autres. / Il faudrait mitrailler ces banquets/ qui nous tuent, / coudre aux lèvres des itinérants/ ces rires qui bavent la joie / d'être propre. » En fin de compte, cet épisode un peu loufoque se solde par un avertissement de ne plus diffuser ce numéro. Il n'y a donc eu aucune accusation portée contre le présumé « coupable ». *Steak haché* a continué de paraître régulièrement par la suite sans encombre censorial. En l'an 2000, le contenu intégral du cinquième numéro est reproduit dans l'anthologie éditée aux Éditions Trois-Pistoles.

Ce cas de censure d'une publication sérielle pour des motifs d'obscénité*, un des rares à se produire au Québec à la fin du XXe siècle, survient au moment où peu de gens s'offusquent encore du contenu des revues de création poétique. À une époque postmoderne, ces pratiques d'écriture exploratoires, où chacun propose à sa convenance une vision personnelle en fonction de ses convictions, s'inscrivent tout bonnement dans un courant de libre expression. *Kenneth Landry*

Steak haché. Carnet de santé littéraire et graphique (où) La vérité se passe un doigt. Mensuel hors commerce publié à Montréal sur la rue Ontario, sous la direction des tatouages littéraires de Denis Vanier. (1er juin 1998-).

(En collaboration), *La vérité se passe un doigt. Steak haché anthologique*, Trois-Pistoles, Éditions Trois-Pistoles, collection « Poésie », 2000, 258 p. Ill.

THE STORM (EL ASSIFA)

Roger Cardinal (1939-) • Documentaire politique saisi par la police fédérale avant sa première projection le 16 octobre 1970

Avant d'entreprendre une carrière dans le cinéma de fiction (*Après-ski**), Roger Cardinal réalise pour différents producteurs des documents d'actualité sur des sujets brûlants. Au printemps de 1970, il tourne, en compagnie de son collègue et ami Pierre Nadeau, grand reporter de Radio-Canada, un long métrage documentaire qu'il produit lui-même et dans lequel il entend présenter le point de vue des Palestiniens. En Syrie, en Jordanie, au Liban, l'équipe interviewe divers leaders politiques de la région et les dirigeants de la guérilla palestinienne, dont Yasser Arafat, rencontré dans un camp d'entraînement de fedayins. Au moment où ils ont la possibilité d'interviewer, avec interprète, des militants en période de formation pour le terrorisme anti-israélien, un jeune homme qui les entend parler français québécois les interpelle : « T'aurais pas une cigarette à me passer ? » Le réalisateur saute sur l'occasion de faire un reportage inattendu et, partant exceptionnel, sur deux jeunes Québécois s'entraînant au terrorisme dans ce camp dont presque personne ne connaît l'existence. Les interviewés sont évidemment filmés de façon à ne pas révéler leur identité (Selim et Salem, se prénomment-ils ; plus tard, ils sont identifiés comme étant Normand Roy et Michel Lambert). Radio-Canada diffuse ce reportage qui confirme que certains jeunes Québécois, probablement membres du Front de libération du Québec (FLQ), envisagent des actions armées spectaculaires ; les apprentis terroristes révèlent même la stratégie qui sera utilisée quelques mois plus tard : l'enlèvement et l'assassinat sélectif de personnalités politiques.

Cette publicité, publiée dans le plus grand quotidien de Montréal, ne pouvait qu'effrayer le pouvoir alors que venaient de se déclencher les événements d'Octobre.

Le 13 octobre 1970, le Bureau de surveillance du cinéma classe *The Storm* « Pour tous ». La publicité indique : « Des séparatistes s'entraînent en Jordanie. » La sortie, dans une des deux salles de la Place Ville-Marie à Montréal, est annoncée pour le vendredi 16 octobre. Ce même jour, au petit matin, différents corps de police aidés de l'armée arrêtent plus de 400 personnes et font des milliers de perquisitions ; la Loi des mesures de guerre vient d'être activée par le Parlement canadien ; c'est le moment crucial des événements d'Octobre 70*, qui ont débuté le 5 octobre avec l'enlèvement du diplomate britannique James Richard Cross. Peu avant la première projection, raconte Roger Cardinal, des officiers de la GRC se présentent à la salle, arrachent les affiches et repartent avec la copie du film. Ils espèrent en tirer des informations sur le FLQ. Le réalisateur réussit à sauver le négatif. Plus tard, il apprend que les policiers ont saisi le film uniquement à cause de la présence des deux Québécois, sur lesquels ils n'apprennent rien de plus que ce que la télévision en avait montré. La tension politique du temps ne porte pas à la protestation. Le 17 octobre, le ministre Pierre Laporte est assassiné par des membres du FLQ ; l'événement occupe l'espace médiatique pendant des semaines. Aucun journal ne signale la saisie du film de Cardinal. Dans l'horaire des cinémas, on voit qu'il est remplacé le lundi par *Dionysus in '69*, documentaire de Richard Schechner sur une troupe new-yorkaise de théâtre d'expérimentation (classé « 18 ans » pour cause de nudité). Par la suite, *The Storm* n'est jamais reprogrammé en salle. Aucune version française n'est réalisée. Radio-Canada en a acheté une copie, mais elle ne l'a jamais présentée.

The Storm est présenté en salle pour la première et unique fois lors de la Semaine du cinéma québécois, le 12 avril 1978 au Fleur de Lys à Montréal. Puis il sort de l'oubli le 19 juin 1994 quand la Cinémathèque québécoise le projette dans le cadre d'une série qu'elle consacre à des films censurés, en collaboration avec la Fondation André-Guérin*.

Après 1960, très peu de films sont censurés au Québec pour des motifs politiques. Quand ils le sont, c'est habituellement par leur producteur, comme dans le cas de *24 heures ou plus** dont l'Office national du film* bloque la diffusion pendant six ans.
Yves Lever

ANQ-M, fonds Régie du cinéma, E 188, fiche du film ; Archives de Radio-Canada, série *Les années noir et blanc*, réalisée par Francine Laurendeau, 10 juin 1994, interview avec Roger Cardinal.

▶ Politique (censure)

STRIP-TEASE

Jacques Poitrenaud (1922-2005) • **Film qui connaît une diffusion limitée avant d'être interdit (1963)**

L'histoire du cinéma n'a pas retenu cette production française de 1963 présentant à la chaîne des numéros d'effeuillage. On ne désire le voir que parce que Serge Gainsbourg en a composé la musique et une chanson titre qu'interprète Juliette Gréco (« Pourtant si je suis toute nue / Je garde mon âme ingénue / Et je reste en tout point pareille / Là dans le plus simple appareil »).

Le titre fait peur, d'autant plus que le film arrive après que le Bureau de censure a adopté la politique de ne plus utiliser les ciseaux. Le 21 août 1963, il est autorisé, mais pour une seule salle à Montréal (l'Orpheum, puis le Parisien), réservé aux 18 ans et plus (ce qui représente un certain abus de pouvoir du Bureau, car cette catégorie ne fait encore partie que d'un *projet* de loi, laquelle ne détermine encore que l'interdiction pour les moins de 16 ans) et sa publicité doit avoir été autorisée. Au guichet, le préposé devra vérifier soigneusement l'âge des spectateurs. Avant même son lancement le 13 septembre suivant, l'Office catholique national des techniques de diffusion (OCNTD) part en guerre et écrit au ministre Bona Arsenault, secrétaire d'État dont dépend la censure, pour se plaindre que « le nombre de films moralement répréhensibles augmente sans cesse » et demande une action au sujet de *Strip-tease*. Le ministre se contente de réexpédier la lettre à André Guérin*, le président du Bureau. Le soir même de la sortie, le cardinal Paul-Émile Léger* convoque Lucien Desbiens, censeur depuis plus de 15 ans et familier de ces visites à l'archevêché, pour demander des comptes; il semble satisfait des explications et annonce qu'il n'interviendra pas auprès du premier ministre Jean Lesage.

La presse se réjouit de la sortie du film et ne fait pas un plat de la nudité. Les premiers jours, des policiers passent dans la salle pour s'assurer qu'il ne s'y trouve pas de mineurs. Les catholiques ne lâchent pas prise; par lettre, Lucien Labelle, directeur de l'OCNTD, demande formellement à Guérin d'interdire le film, avec copie aux autorités politiques; la Fédération nationale des Ligues du Sacré-Cœur envoie des télégrammes à Lesage et à Arsenault, évoquant «la plus élémentaire loi naturelle» pour affirmer que «l'État gardien du bien commun ne doit pas tolérer que la moralité publique soit ainsi bafouée». Tout l'automne, les pressions se maintiennent et Arsenault exige finalement que Guérin retire le film, ce qui est fait le 20 décembre, après trois mois et demi et 115 000 spectateurs. La veille, *La Presse* annonce : « Dernier jour pour *Strip-tease* », remplacé par *Climats* de Stellio Lorenzi, mais aucune allusion à la censure n'est faite.

Peu après, l'Office catholique le juge ainsi: «L'indulgence manifestée pour le métier d'effeuilleuse et plusieurs numéros de strip-tease motivent la cote la plus sévère. À proscrire.» (*Recueil des films*, 1963) Comme ces cotes morales sont publiées dans *Le Devoir* (qui par ailleurs ne publie pas d'annonce pour ce film), cette pratique s'avère une excellente publicité pour cette production.

Un an plus tard, le 20 décembre 1964, les censeurs réexaminent *Strip-tease* et maintiennent le refus. Même verdict le 26 novembre 1965, même si le distributeur a présenté une version abrégée de plus de 4 minutes (sur 95), ce qui est contraire à la politique de n'évaluer que des œuvres intégrales, mais c'est accepté ici comme compromis. Le 15 avril 1966, une version de 92 minutes est approuvée (coupures du distributeur : « Bobine 2 : Un strip-tease complètement enlevé. Quelques plans de la danseuse dans son bain. Une scène d'Ariane. Bobine 3 : Une partie de strip-tease d'une danseuse, non la vedette. Bobine 5 : Coupure sur le dernier strip-tease de Ariane. » Finalement, la version intégrale figure dans la liste des films reclassés en 1965-1969, avec la cote « 18 ans ».

Au moment de cette affaire *Strip-tease*, André Guérin ne préside le Bureau de censure que depuis quelques mois. Dans la foulée de son prédécesseur Maurice Leroux*, il veut faire évoluer la situation vers plus de permissivité. Ce mélodrame anodin ne pose aucune question morale importante, seulement celle de la tolérance à la nudité. Il perd ici une bataille, mais il sait que la masse des spectateurs de cinéma se tient derrière lui. Il a aussi l'occasion de mesurer la force du pouvoir clérical, auquel il sera encore plusieurs fois confronté, mais dont il parviendra à libérer la censure en seulement quelques années. *Yves Lever*

ANQ-M, fonds Régie du cinéma, E 188, fiches du film, procès-verbaux des assemblées; Bureau de surveillance du cinéma, *Cahier des films visés par catégories de spectateurs, 1965-1969*, Montréal, 1970 ; TAJUELO, Telesforo, *Censure et société; un siècle d'interdit cinématographique au Québec*, 1998

SUNRISE (L'AURORE)
Friedrich Wilhelm Murnau (1888-1931) • Film d'abord interdit, puis accepté après des coupures (1927-1928)

Dans la Californie des années 1920, un couple de fermiers vit heureux avec son jeune enfant. Arrive une vacancière de la ville, véritable *vamp*, qui séduit le mari. Mais tout se termine bien et le couple voit un nouvel «aurore» à son amour. De ce triangle classique, F. W. Murnau fait une des œuvres les plus achevées visuellement du cinéma muet.

Sunrise (1927) est d'abord refusé par le Bureau de censure. Ni la date ni les raisons ne sont connues, parce que la fiche est disparue. Mais après sa «reconstruction », faite par le distributeur et dont l'étendue demeure difficile à mesurer, la liste des coupures étant aussi perdue, il est accepté le 20 septembre 1928. Exactement un mois plus tard, la *movietone print* (une bande sonore comportant de la musique étant ajoutée) est également autorisée. *Yves Lever*

ANQ-M, fonds Régie du cinéma, E 188, fiches du film.

SWEET MOVIE

Dusan Makavejev (1932-) • **Film dont la comédienne principale, Carole Laure, obtient le retrait de plans sexuels qu'elle a tournés (1974)**

De Dusan Makavejev, réalisateur yougoslave, on connaît déjà *W. R. ou les mystères de l'organisme*, documentaire baroque métissé de fiction, faisant connaître Wilheim Reich, le psychanalyste aux opinions politiques controversées (classé « 18 ans » par le Bureau de surveillance le 3 décembre 1971). On sait qu'il ne craint pas les extravagances visuelles et le sexuel explicite.

Dans *Sweet Movie* (1974), une coproduction France-Canada-Allemagne de l'Ouest, une jeune Miss Canada devient une Miss Monde et se retrouve dans une sorte de commune financée par un riche financier du pétrole, milieu où toutes les incartades sexuelles sont de règle. La jeune actrice québécoise Carole Laure, que *La mort d'un bûcheron* (Gilles Carle) vient d'amener jusqu'au Festival de Cannes en 1973, est engagée pour le rôle.

Avant que le film ne soit offert à la distribution, Laure obtient d'un tribunal français que soient retranchées deux scènes au nom de la dignité humaine que l'interprète veut conserver, alléguant que le scénario ne prévoyait pas tout le contenu sexuel que le tournage laisse voir.

Le 18 septembre 1974, Laure effectue la même démarche devant un tribunal du Québec. Son avocat, Michel Robert, demande au juge Léon Lalande de la Cour supérieure une injonction pour que soient enlevées deux scènes totalisant 172 pieds (un peu moins de 2 minutes) de *Sweet Movie*, prétextant que même si le scénario prévoyait des plans explicitement sexuels, le résultat dépasse ce à quoi elle s'est engagée ; elle ajoute qu'elle a même reçu des menaces pour la forcer à tourner certains plans. Toute la discussion porte sur le traitement de ces scènes, lequel ne peut jamais être précisé sur le papier, ni même entièrement contrôlé lors du tournage : l'effet n'est pas le même si la caméra s'arrête sur un sexe nu alors qu'il est écrit qu'elle doit seulement faire un panoramique ; le cadrage et la position de la caméra changent la perspective de telle autre prise. Au terme de trois jours d'audiences, sur la base de son contrat et du visionnement du film, le magistrat lui donne raison le 20 septembre, en précisant bien qu'il n'effectue pas un geste de censure et qu'il ne se prononce pas sur la moralité des scènes litigieuses.

Un mois auparavant, la cour a débouté le comédien Donald Lautrec dans une cause similaire au sujet de *La pomme, la queue et les pépins**. Carole Laure demeure donc la seule comédienne à avoir obtenu un jugement de cour favorable au respect de l'image personnelle de l'acteur derrière le personnage.

Les scènes retranchées, *Sweet Movie* est classé « 18 ans » par le Bureau de surveillance du cinéma le 13 mars 1975 et il sort en salle le 21 suivant. Il conserve suffisamment d'actions sexuelles spectaculaires pour attirer un large public, même si la critique n'y voit rien d'intéressant. *Yves Lever*

ANQ-M, fonds Régie du cinéma, E 188, fiche du film ; DOUIN, Jean-Luc, *Dictionnaire de la censure au cinéma*, 1998.

▶ Juridique (censure)

LA SYMPHONIE PASTORALE

Jean Delannoy (1908-) • **Film d'abord refusé à cause de la représentation d'un pasteur (1947)**

En Suisse, dans un petit village de montagne, un pasteur recueille une jeune aveugle qui, en vieillissant, devient une très jolie femme dont il tombe amoureux et dont son fils s'éprend aussi. Ce drame, inspiré de *La symphonie pastorale*, un roman d'André Gide (dont toute l'œuvre est alors à l'Index*) obtient le grand prix du premier festival de Cannes en 1946 et Michèle Morgan est couronnée meilleure actrice. Le film ne suscite aucune censure en France.

Le Bureau de censure du Québec le refuse le 27 janvier 1947 pour cette simple raison: «Contre l'ordre social et familial». Le distributeur France-Film interjette appel et le film obtient son permis le 3 mars suivant, mais le censeur fait disparaître plusieurs segments du dialogue (environ une minute), dont surtout

> Bobine 11:
> – Seul Gertrude, je resterai seul, Gertrude. Perdu pour Dieu lui-même. J'ai besoin de toi pour l'aimer.
> – Avant que Dieu vous entende. Je ne mérite pas que vous l'offensiez pour moi. […]
> – Ce n'est déjà presque plus un pasteur… Ne séparons pas ce que Dieu a uni.

Une copie avec sous-titres anglais est approuvée le 12 juin suivant avec les mêmes éliminations, auxquelles s'ajoutent quelques réparties et ceci: «Finir le film quand le pasteur de l'intérieur regarde les pas dans la neige. Reprendre lorsque le pasteur est disparu lorsqu'il transporte la fille.» Elle a trois minutes de moins que l'originale.

À Québec, la chronique «Ciné-bulletin»* de *L'Action catholique* le cote «À déconseiller», pendant que le Centre catholique du cinéma de Montréal se montre un peu moins sévère: «Adultes, avec réserves», ce qu'il justifie ainsi dans le *Recueil des films* de 1957:

> Delannoy utilise toutes les ressources des décors naturels de la montagne qui prennent, grâce à son talent et à celui des interprètes, un sens dramatique remarquable. Toutefois, l'égoïsme et la passion du pasteur rendent, malgré tout, lourde et malsaine l'atmosphère de ce film. Pour adultes avertis.

La symphonie pastorale contient tout ce qu'il faut pour devenir une victime de la censure: un personnage de pasteur en proie aux tentations de la chair et tentant de se justifier avec des extraits de la Bible, un adultère non consommé mais «d'intention» comme on dit dans le catéchisme, une sensualité refoulée, la jalousie. Nous sommes en contexte protestant, mais il est facile d'imaginer que cette histoire pourrait arriver à tout prêtre. La qualité cinématographique du film et ses prix à Cannes empêchent toutefois son occultation. *Yves Lever*

ANQ-M, fonds Régie du cinéma, E 188, fiche du film.

LE SYNDROME DE PINOCCHIO

André Pratte (1957-)

PAROLES D'UN HOMME LIBRE

Yves Michaud (1930-)

Ces deux essais et d'autres événements valent à leur auteur une «censure» de la part de l'Assemblée nationale du Québec (1997 et 2000)

En 1922, l'Assemblée législative du Québec condamne le journaliste montréalais John Roberts* à un an de prison. Ce précédent est évoqué lorsqu'il est question de faire comparaître un citoyen accusé d'outrage à l'institution parlementaire. Au mois de novembre 1993, le député de Saint-Maurice voit son bureau saccagé par un manifestant de l'industrie de la construction. Le ministre Pierre Paradis plaide pour la supériorité du droit parlementaire sur l'autre droit. Sont alors soulevées les mêmes questions que durant l'affaire Roberts: la position de juge et partie de l'Assemblée nationale, son immixtion dans le processus de justice et le fait qu'un individu soit jugé deux fois pour la même offense. Le journaliste Gilles Lesage rappelle d'ailleurs à ce propos que «depuis 70 ans, en fait depuis la condamnation de John Roberts en 1922, il n'est pas arrivé qu'un député ulcéré se fasse justice à lui-même à l'Assemblée législative, devenue nationale il y a tout juste 25 ans ce mois-ci» (*Le Devoir*, 13 décembre 1993).

Si, depuis 1922, on n'a plus fait comparaître d'accusé à la barre de l'Assemblée, on a cependant souvent vu des députés ou des ministres se lever sur une question de privilège, pour faire des mises au point sur des faits publiés dans la presse, à la radio ou à la télévision. À l'époque de son gouvernement, Maurice Duplessis* tient la dragée haute aux journalistes. Au sommet de sa puissance, il ignore ceux qui lui déplaisent lors des rencontres de presse. Il fait même expulser Guy Lamarche, le correspondant du *Devoir** à la Tribune de la presse, mais il n'ose pas utiliser les pouvoirs extraordinaires du Parlement contre un journaliste.

L'Assemblée peut cependant avoir recours à l'adoption d'une motion pour défendre ses privilèges ou la réputation de ses membres. Au mois de mars 1997, André Pratte fait paraître un essai sur le mensonge en politique, *Le syndrome de Pinocchio*. L'essai fait grand bruit, et une émission exploite le thème : *Un jour à la fois*, diffusée au réseau TVA, le 17 mars 1997. Le mercredi 19 mars, l'Assemblée nationale se saisit de la question.

Le chef de l'opposition, Daniel Johnson, soumet en Chambre la proposition suivante : « Que les membres de cette Assemblée déplorent les propos, le thème et les procédés de l'émission *Un jour à la fois* diffusée au réseau TVA le 17 mars 1997, lesquels discréditaient l'ensemble des hommes et des femmes élus et candidats à tous les niveaux de gouvernement, scolaire et municipal, provincial et fédéral. » Il étaie sa proposition :

> Mais ce dont j'ai été témoin, à tout le moins, comme des centaines de milliers de Québécois depuis une dizaine de jours, était également inusité : une campagne que je qualifierais de soutenue afin d'attirer la vindicte populaire sur des dizaines de milliers de Québécois et de Québécoises qui décident un jour ou l'autre de se présenter à un poste électif, à quelque niveau de gouvernement que ce soit, pour représenter leurs concitoyens.
>
> Le thème qui était privilégié était fondé sur un essai qu'un journaliste a mis de l'avant, a réalisé et qui était publié ces jours-ci, qui repose sur l'énoncé suivant : que, pour être élu, et donc faire de la politique, il faut être menteur.

Il ajoute par ailleurs que l'émission « incitait les auditeurs à envoyer par fax, par courrier électronique, par lettre, enfin, par téléphone sur une boîte vocale son vote pour le politicien le plus menteur, à mon sens, à répétition, jetait de plus en plus discrédit sur l'ensemble encore une fois d'une catégorie de citoyens ». Guy Chevrette proteste également : « [...] je trouve ça tout à fait déplacé surtout qu'une chaîne de télévision accepte d'amplifier un livre qui pourrait être marginal en soi. »

Le député de Rivière-du-Loup, Mario Dumont, est le seul à nommer l'auteur : « [...] le débat, à mon avis, aujourd'hui, n'est pas tant de savoir si chacune des hypothèses du livre du journaliste André Pratte sont vérifiées, sont véridiques ou non. » Le chef de l'Action démocratique du Québec soulève plutôt le problème suivant : « Mon intervention est davantage pour questionner. Est-ce que c'est le rôle de l'Assemblée nationale que de commenter ce qui se fait dans une émission et l'autre, ce qui se dit sur les différentes ondes ? » La réplique de Daniel Johnson s'appuie sur la nécessité de protéger l'intégrité de l'Assemblée nationale, ce qui « ne pouvait, pour [lui], être passé sous silence ». La motion est adoptée unanimement. Le président de l'Assemblée nationale, Jean-Pierre Charbonneau, prononce ensuite un discours où il tient à s'affirmer comme le défenseur des élus :

> Le sensationnalisme, le populisme à outrance pour discréditer et attirer la haine et le mépris à l'égard de tous ceux et celles qui servent leurs concitoyens et leurs concitoyennes, ça, c'est inacceptable, et je me joins à mes collègues d'une façon exceptionnelle pour dire que non seulement le président est d'accord avec la motion qui vient d'être adoptée, mais il s'en fera le porte-parole à chaque fois que, à lui aussi, l'occasion lui sera fournie.

Un autre cas fort médiatisé qui a mis en cause le rôle et le pouvoir du Parlement dans le domaine de la liberté d'opinion est celui concernant Yves Michaud. Journaliste et ancien député à l'Assemblée nationale, Yves Michaud est une personnalité

Yves Michaud. [© Réjean Meloche]

publique connue pour son franc-parler; certains de ses propos éveillent à nouveau la volonté censoriale de l'Assemblée nationale. En 2000, il annonce son intention d'un retour en politique active et s'engage dans le débat des États généraux du français qui se tenaient alors. Pour illustrer le problème de l'intégration des immigrants au Québec, il évoque le clivage ethnique et linguistique des résultats du référendum de 1995 sur la souveraineté du Québec, reprenant des propos développés dans son livre *Paroles d'un homme libre*. Il récuse aussi les accusations d'antisémitisme portées contre lui par l'organisation B'nai Brith. Il avait précédemment attaqué les prises de position de cette organisation et déclaré que le peuple juif n'était pas seule victime de génocide dans l'histoire de l'humanité.

Le 14 décembre 2000, l'Assemblée nationale vote une motion, adoptée à l'unanimité et sans débat, « dénon[çant], sans nuances, de façon claire et unanime, les propos inacceptables à l'égard des communautés ethniques et en particulier à l'égard de la communauté juive tenus par Yves Michaud à l'occasion des audiences des États généraux sur le français à Montréal, le 13 décembre 2000 ». La motion, qualifiée de « lynchage politique », provoque une onde de choc dans l'opinion publique et dans les médias. On soupçonne que le premier ministre Lucien Bouchard agit ainsi pour écarter de la scène politique un allié jugé encombrant. Yves Michaud demande sans succès à comparaître devant la commission de l'Assemblée nationale pour se défendre contre cette action parlementaire sans précédent qui, déclare-t-il, « m'a profondément blessé et meurtri dans mon intégrité, mon honneur, ma réputation et ma dignité ». Le 11 janvier 2001, Lucien Bouchard démissionne de son poste et le 8 mars, Bernard Landry devient chef du gouvernement. L'affaire Michaud refait périodiquement surface dans l'actualité sans que l'Assemblée nationale ne revienne sur sa motion du 14 décembre 2000. En janvier 2004, Yves Michaud présente une demande à la Cour supérieure pour statuer sur les droits de l'Assemblée nationale de décréter « qu'une opinion est conforme à la droite raison ou qu'elle constitue un acte de délinquance intellectuelle », selon le propos de son avocat Me André Bois; il est débouté le 13 janvier 2005. Michaud affirme à ce moment son intention d'interjeter appel.

L'affaire Michaud amène l'Assemblée nationale à une réflexion sur ses règlements. Une réforme parlementaire pourrait limiter les pouvoirs de l'Assemblée nationale à ce chapitre aux seuls propos ou actes liés aux droits et privilèges de l'Assemblée nationale ou tenus par un membre de l'Assemblée. Pour toute autre action, une motion ne pourrait être débattue sans que la personne visée ait la possibilité de se faire entendre par la commission de l'Assemblée nationale.

Ces cas soulignent l'équilibre qui doit exister entre l'éthique professionnelle des journalistes, la tolérance du pouvoir politique envers la presse et les autres formes d'imprimés, et le respect que l'institution parlementaire doit conserver envers les expressions d'opinion faites dans le cadre de la loi. En son temps, l'affaire Roberts pouvait faire craindre que pareil amendement à la loi marque le premier pas vers une censure de la presse inacceptable dans un État démocratique. De plus, ledit amendement à la règle parlementaire instaurait un arbitraire dangereux dans l'application de pareilles mesures. Si, par la suite, le Parlement s'est montré prudent dans ses rapports souvent tumultueux avec la presse, le cas d'Yves Michaud a rappelé que la ligne politique est parfois mince entre le droit des représentants d'appuyer une résolution forte du poids de l'Assemblée nationale et le droit d'un citoyen à sa libre expression. *Pierre Hébert*

MICHAUD, Yves, *Paroles d'un homme libre*, Montréal, VLB éditeur, 2000, 156 p.; MICHAUD, Yves, *Les raisons de la colère*, Montréal, Fides, 2005, 434 p.; PRATTE, André, *Le syndrome de Pinocchio. Essai sur le mensonge en politique*, Montréal, Boréal, 1997, 165 p.

T

TABU (TABOU)
Friedrich Wilhelm Murnau (1888-1931) et Robert Flaherty (1884-1951) • Film où la nudité de Polynésiennes doit disparaître (1931)

Dernier film du réalisateur allemand F. H. Murnau émigré aux États-Unis, *Tabu* (1931) est réalisé avec la collaboration de Robert Flaherty, alors en pleine gloire avec ses documentaires « fictionnalisés » où domine toujours la visée ethnologique. À Bora-Bora, une histoire d'amour, malheureuse, entre un pêcheur et une jeune vierge destinée aux dieux sert de prétexte à étaler la culture traditionnelle des Maoris, d'autant mieux mise en valeur que des aborigènes interprètent tous les rôles. Cela comporte évidemment des mœurs inhabituelles par rapport à la morale occidentale et québécoise.

Quand *Tabu* est présenté à la censure, Eugène Beaulac vient d'accéder à la présidence du Bureau et de le doter de nouveaux critères*, plus sévères, inspirés et en grande partie traduits du *Production Code* américain. Il accepte le film le 22 juillet 1931, mais avec les coupures suivantes :

- II- Voir si le garçonnet montre son sexe (moviola)
- II- « babe »
- III- Femmes montrant leurs seins
  Girls and boys wigglings [sic] their hips
  Girls wigglings
  Girls wigglings
- III- Nude dancing women doing the wiggle dance
- IV- Reri wiggling and men
  Jeune fille montrant ses seins
- IV- Wiggle dancing
  Reri showing naked breasts
- V- Reri wiggling

Si, dans les années 1920, les censeurs précédents ont pu laisser passer un peu de nudité dans certains documentaires* comme *Nanook of the North* (accepté intégralement le 20 mars 1924), c'en est dorénavant fini. L'obsession maladive de cacher toute manifestation de sexualité se transpose sur toute représentation des seins et des organes sexuels, même ceux des enfants. Toute danse* devient provocation et doit être coupée. Ces tabous, qui s'appliquent à tous les genres de films, vont perdurer pendant une trentaine d'années et provoquer des milliers de coupures dans les reportages et les actualités*. *Yves Lever*

ANQ-M, fonds Régie du cinéma, E-188, fiche du film.

TÉLÉFILM CANADA et la SODEC
Organismes d'aide à la production dont les décisions sont parfois contestées

En 1963, devant la vitalité du jeune cinéma canadien indépendant, le commissaire de l'Office national du film*, Guy Roberge, propose à l'État fédéral la création d'un organisme d'aide au financement d'une production orientée vers les salles commerciales. Le 3 mars 1967, Ottawa crée la Société de développement de l'industrie cinématographique canadienne (SDICC) dont le but est de promouvoir et de soutenir la croissance d'une industrie de long métrage de fiction. En 1984, après s'être vu confier des fonds pour contribuer aussi au financement d'émissions canadiennes de télévision, la Société prend le nom de Téléfilm Canada. Elle relève directement du ministère du Patrimoine canadien. Depuis la fin des années 1990, sa programmation s'étend aux nouveaux médias et à la musique. Bien que les francophones ne représentent qu'environ le quart de la population canadienne, un tiers des sommes disponibles est alloué à la production d'œuvres en français.

Des centaines de projets sont déposés chaque année, dépassant de loin les possibilités financières. Téléfilm doit donc choisir qui bénéficiera d'une part du gâteau. Des agents internes opèrent un premier choix et retiennent les propositions offrant le

Tous les cinéastes ont un jour ou l'autre des démêlés avec Téléfilm Canada, surtout s'ils touchent des sujets politiques. Rares sont ceux qui les rendent publics. Pierre Falardeau, lui, ne craint pas les affrontements.

plus de potentiel, lesquelles sont ensuite évaluées par des experts externes. Dans le programme cinéma, ceux-ci ne connaissent pas le nom du scénariste et leur nom reste anonyme au demandeur. C'est ce processus qui fait crier à la censure par certains cinéastes qui questionnent d'abord la compétence du personnel de l'organisme, puis celle des autres experts, puis l'orientation politique de ses dirigeants. On retrouve ici les mêmes reproches formulés à l'encontre de l'Office national du film et de Radio-Canada : jusqu'à quel point une société d'État fédérale va-t-elle accepter de financer des œuvres qui prônent une transformation radicale du Canada? Jusqu'où peut-on laisser des créateurs tenter de repousser toujours plus loin le seuil de tolérance et élargir le consensus social établissant les limites de la permissivité autant dans les mœurs que dans l'idéologie? Il n'existe pas de réponse explicite à ces interrogations, pas plus qu'il ne se trouve de code moral consensuel. Ces considérations ne peuvent échapper aux lecteurs de scénarios, mais ils doivent avant tout en évaluer l'originalité, l'intérêt du sujet, le potentiel dramatique et esthétique, la capacité de rejoindre tel type de public, l'impact culturel anticipé. Les projets seraient-ils tous excellents qu'il faudrait quand même en refuser la plus grande partie, faute de fonds. On ne peut donc parler de censure. On comprend toutefois que la déception du cinéaste dont le projet est écarté peut l'amener à évoquer la censure plutôt que de s'interroger sérieusement sur la qualité de son travail.

On imagine facilement que les cadres de Téléfilm, à commencer par le président, qui est toujours recruté autant pour ses convictions fédéralistes que pour sa compétence (présumée) de gestionnaire, n'oublient jamais qui signe leur chèque de paye. Dans ce contexte, il est impossible de douter que les projets politiquement controversés suscitent une attention spéciale, surtout quand ils sont fortement médiatisés. Si l'organisme exige des modifications au scénario des *Ordres** de Michel Brault, ce n'est peut-être pas seulement pour en améliorer la force dramatique. Toutefois, dans toute l'histoire de l'organisme, on n'assiste presque jamais à des pressions directes de la part de personnalités politiques. La tradition britannique qui accorde au mécénat de l'État une indépendance formelle par rapport aux personnes au pouvoir demeure la règle. On ne relève qu'un cas patent, celui du sénateur Philippe D. Gigantes intervenant en chambre et dans les médias pour empêcher un investissement dans *Octobre** de

Pierre Falardeau. Quelques années plus tard, ce dernier clame bien haut que le refus, puis le retard de l'engagement de l'organisme dans *15 février 1839* tiennent aussi de considérations politiques, ce qui n'est sûrement pas faux, comme il est également vrai que la majorité des scénarios gagnent habituellement à être retravaillés.

Ce qui apparaît aux cinéastes la principale mesure censoriale de Téléfilm, c'est la décision prise dès le début des années 1970 de ne recevoir de projets que de la part de producteurs patentés et reconnus, excluant les cinéastes qui aimeraient gérer eux-mêmes tout le processus de création. Par exemple, Micheline Lanctôt tient à déterminer elle-même tous les éléments de la démarche qui va donner *Deux actrices*, raison pour laquelle elle n'obtient pas de participation au financement. Fernand Dansereau explicite clairement le fonctionnement du processus de sélection : la définition du produit filmique passe du réalisateur au producteur, lequel impose les vedettes, parfois les sujets, que les distributeurs et les exploitants désirent voir sur les écrans, comme cela se passe dans le cinéma hollywoodien. L'influence des auteurs risque ainsi de disparaître au profit de celle de gestionnaires davantage intéressés par l'argent que par l'art. On a ici une censure prescriptive, secrète, feutrée, plus contraignante que toute censure proscriptive et contre laquelle il est quasi impossible de se défendre. Le modèle produit des échecs retentissants comme *Les dangereux* (Louis Saïa, 2002), mais il donne aussi sa chance à des films d'auteur comme *Gaz bar blues* (Louis Bélanger, 2003).

Société d'État qui relève du ministre de la Culture et des Communications du Québec, la Société de développement des entreprises culturelles (SODEC) joue depuis 1977 (mais sous d'autres dénominations), dans le secteur du cinéma, sensiblement le même rôle que Téléfilm Canada et elle a des modèles de fonctionnement similaires. Elle reçoit donc à peu près, de la part des cinéastes, le même genre de critiques que l'organisme fédéral, sauf pour ce qui touche la question politique. Aux accusations de censure, elle ne peut répondre que par les mêmes arguments. *Yves Lever*

DANSEREAU, Fernand, « La situation du cinéma au Québec », *Rencontres internationales pour un nouveau cinéma, dossiers nationaux*, Montréal, Comité d'action cinématographique, 1974 ; Rapports annuels de la SDICC et de Téléfilm Canada.

TÉLÉVISION

Lorsque Radio-Canada entre en ondes, le 6 septembre 1952, il est le seul diffuseur francophone au Canada. Au Québec, Maurice Duplessis* règne en maître absolu sur la politique provinciale. Le Bureau de censure, sous la présidence d'Alexis Gagnon*, vit sa période la plus puritaine. À peine quelques émissions sont-elles visionnées que le premier ministre du Québec décide que tout le contenu de la télévision qui relève du cinéma doit aussi être soumis au Bureau de censure. Gagnon propose cette façon de faire :

> La censure pourrait se faire comme droit de regard du Bureau. Autrement dit, le Bureau surveillerait les programmes de télévision et si ceux-ci s'écartent du bon sens, le Bureau pourrait avertir les intéressés de modifier lesdits programmes, sous peine de poursuites ultérieures. En pareil cas, il faudrait que les différents jours d'examen soient distribués aux censeurs qui surveilleraient les programmes et feraient rapport au Bureau en cas d'indiscrétion.

Duplessis choisit plutôt de légiférer d'une manière stricte. La loi du cinéma* est modifiée le 10 décembre 1952 pour y inclure l'article suivant, qui va beaucoup plus loin que la proposition de Gagnon :

> 15a. Nul ne peut transmettre par télévision, avec ou sans fil, d'un endroit situé dans la province, une pellicule photographique ou un film cinématographique avant de l'avoir soumis pour examen au Bureau de censure du cinéma et d'avoir obtenu de celui-ci l'autorisation de l'employer à cette fin.

Des ajouts prévoient que les modalités de soumission et de permission d'utilisation des films s'appliquent aux émissions de télévision, que toute la publicité relative au cinéma et au théâtre doit aussi être approuvée. Pour bien comprendre jusqu'où peut aller cette loi, il faut savoir que pendant plus de vingt ans, une grande partie de la production télévisuelle est enregistrée sur pellicule : reportages dans les bulletins de nouvelles, scènes en extérieur, séries documentaires, sans compter les messages publicitaires. Par ailleurs, tout ce qui est diffusé en direct est, de soi, impossible à censurer ; c'est pourquoi la loi contient aussi cette clause : « Le Bureau de censure du cinéma est en outre chargé d'exercer une surveillance générale sur les programmes et les spectacles de télévision et de faire, au procureur général, rapport de ses constatations et observations. » Gagnon et ses acolytes pourraient ainsi se prononcer sur une bonne partie du contenu télévisuel.

Cet article de la loi ne sert à rien, car avant même l'entrée en ondes, le président de Radio-Canada, Davidson Dunton, annonce que la chaîne nationale ne se soumettra à aucune censure provinciale. L'article disparaîtra par la suite dans la législation de 1967. La télévision, comme la radio, relève de l'État fédéral par le biais de la Commission canadienne de radiodiffusion (CCR)/Canadian Radio Broadcasting Commission, selon la Loi sur la radiodiffusion (Broadcast Act) votée en 1932 et maintes fois modifiée par après. En 1968, Ottawa crée le Conseil de la radio-télévision canadienne (CRC), nouvel organisme de réglementation qui deviendra le Conseil de la radiodiffusion et des télécommunications canadiennes (CRTC) en 1976. Radiodiffuseurs et télédiffuseurs n'ont de comptes à rendre qu'à la CCR d'abord, puis au CRTC. Au cours des années 1950, Radio-Canada (comme l'Office national du film) devient le refuge des intellectuels un peu gauchisants qui y trouvent une liberté de parole que leur refusent les institutions catholiques québécoises et même l'Université de Montréal (Marcel Rioux, Réné Lévesque, Pierre Elliott Trudeau, etc.).

À la Société Radio-Canada, les dirigeants décident d'ignorer la loi du Québec et de passer outre au fait que le film ait été censuré ou non lorsque la maison passe commande avec un distributeur, à qui elle demande une copie intégrale, lorsqu'elle est disponible. La chaîne a ses propres évaluateurs, généralement deux, qui doivent tenir compte d'un public varié, mais captif en quelque sorte et qui doivent aussi décider du moment convenant au film et au public visé : on ne passe pas un film pour adultes avant 20 heures alors que tous les enfants sont rivés à l'écran ; les films prestigieux ne sont pas projetés à minuit. Le 31 janvier 1959, dans son bulletin *La semaine à Radio-Canada*, la Société décrit sa politique :

> Et que dire de la censure à Radio-Canada ? Tout le monde sait que c'est un sujet très délicat qui fait couler beaucoup d'encre et de salive. Or, voici l'attitude de Radio-Canada sur ce point. La Société ne se base pas sur les mêmes barèmes que le Bureau de censure provincial. Elle suit la critique saine et morale d'une revue spécialisée sur la question. Radio-Canada considère en plus que l'éducation relevant des parents et non de l'État, il appartient à ces derniers de juger si un film peut être vu par les enfants. D'ailleurs, la plupart des longs métrages sont montrés après neuf heures. Les téléspectateurs sont donc ou devraient être, à cette heure, des adultes. Radio-Canada refuse des films tous les jours parce qu'il serait immoral de les présenter. À certains autres, elle impose les coupures nécessaires.

Une autre contrainte prend facilement une dimension censoriale : les cases horaires ont des durées fixes dans lesquelles doivent entrer le film et les minutes de publicité (12 par heure) ; il est impossible de caser un film de 2 heures entre 20 et 22 heures, par exemple, sans lui en enlever 24 minutes, beaucoup plus que ce que la censure officielle coupe généralement ! Si le responsable de ce service n'a pas de directives morales précises et doit agir selon son bon jugement, il n'en possède pas moins un pouvoir énorme. Il peut tout aussi bien évaluer que telle scène n'ajoute rien à la progression de l'action que soustraire des actions qui lui semblent mora-

Téléthéâtre *La plus belle de Céans*. – Le réalisateur Charles Dumas ne craint pas d'illustrer la jeunesse tumultueuse de Marguerité d'Youville, fondatrice des sœurs grises. Cela provoque des vagues qui se rendent jusqu'à la Chambre des communes à Ottawa.

lement répréhensibles. De son côté, le spectateur ne peut juger de ces coupures puisqu'il ne connaît pas la version intégrale ou, s'il l'a déjà vue, il a eu le temps de l'oublier, car avant 1965, les films n'arrivent à la télévision, sauf rares exceptions, que plusieurs années après la fin de leur carrière commerciale. Dès leur apparition, toutes les autres stations grand public fonctionnent de la même façon, sauf Radio-Québec (devenu Télé-Québec) qui a pendant longtemps une politique de visionnements intégraux et sans interruptions publicitaires, mais qui se rend finalement aux impératifs commerciaux. En 2006, seule la chaîne spécialisée ARTV présente les œuvres filmiques en version intégrale, sans pauses, comme la télévision payante.

Les programmateurs de Radio-Canada profitent de leur liberté. Le bulletin *La semaine à Radio-Canada* fournit une liste, toutefois incomplète, de l'essentiel des films programmés. On sait avec certitude que beaucoup de films interdits sont projetés et que la télévision tient peu compte des cotes morales* établies par l'Église*. Ainsi, Malcolm Dean rapporte que durant la grève des réalisateurs du 29 décembre 1958 au 7 mars 1959, où le cinéma a constitué une partie importante du contenu télévisé, pas moins de 35 films refusés par la censure auraient été diffusés. Quatre ans plus tard, une compilation du Bureau pour l'année 1963 montre que plusieurs films toujours interdits, dont les célèbres *Les bas-fonds* (Jean Renoir), *Les enfants du paradis** et *Le diable au corps**, et des dizaines d'autres libérés après moult coupures, tous ayant obtenu les cotes extrêmes « À déconseiller » ou « À proscrire » de l'Office catholique, se sont retrouvés au petit écran, souvent dans leur intégralité.

Publique ou privée, la télévision ne peut éviter d'être « la voix de son maître » (appellation célèbre de la firme Pathé-Marconi, fabricant de tourne-disques et de téléviseurs), propriétaire autocratique ou démocrate, groupe d'intérêt ou actionnaires anonymes qui exercent ou non leurs prérogatives patronales, leur « droit de gérance ». Le 20 octobre 1969, à *Format 30* de Radio-Canada, le premier ministre canadien Pierre Elliott Trudeau le rappelle avec force. Au nom du renforcement de l'unité canadienne et de la « rentabilité du point de vue de la satisfaction du contribuable canadien » (*sic*), il proclame son célèbre « Finies les folies » et menace le diffuseur : « On supprimera certains programmes [dans le contexte : des émissions politiques où se retrouvent trop de "séparatistes"] pour faire des économies, puis on mettra des beaux vases ou des beaux visages. » La légende urbaine a transformé cette dernière phrase en « remplacer les émissions politiques par des reportages sur les "vases chinois" ». À la une, le lendemain, *La Presse* s'inquiète : « Trudeau menace Radio-Canada de la tutelle. » Heureusement, il n'en est rien, mais personne ne peut mesurer l'effet d'autocensure* qui s'ensuit dans les studios. Plus tard, en 2004, Pierre-Karl Péladeau, propriétaire du réseau TVA, empêche l'embauche à Télé-Métropole d'un humoriste qui l'avait malmené dans un poste concurrent.

Intimement liée aux cotes d'écoute, condition essentielle de sa rentabilité, la télévision est particulièrement sensible aux remous qu'elle crée et craint constamment le phénomène de rejet. Dans les bureaux comme dans les studios, chez les moindres décideurs comme chez les artisans règnent le copinage et le grenouillage. Il y a rarement de censure proprement dite, mais l'autocensure y règne en maître. Si, au cinéma, les réalisateurs testent continuellement « jusqu'où on peut aller trop loin » et font ainsi reculer les frontières du montrable, à la télévision, rares sont les artisans qui prennent des risques, tant du côté des concepteurs d'émissions que de ceux qui décident de la mise en ondes. Cela se réalise autant dans les chaînes privées qu'à la télévision d'État, qu'il s'agisse de Radio-Canada ou de Télé-Québec, autant dans les émissions d'information et d'affaires publiques que dans les séries dramatiques et dans le choix des films présentés. Le chef de pupitre ou le directeur de la programmation veillent à l'orthodoxie et s'efforcent de ne jamais créer de vagues qui mettraient leur poste en péril. Par exemple, telle personnalité un peu rebelle donne une demi-heure d'interview, mais n'en retrouve que cinq minutes dans l'émission et ne peut comprendre pourquoi ses propos les plus importants n'ont pas été retenus. Des sujets ne sont jamais traités, ou abordés de manière insignifiante (par exemple, les émissions religieuses dites objectives enterrent les cinq minutes d'un invité athée par des centaines d'heures consacrées aux personnalités cléricales officielles). C'est un système généralisé auquel tout le monde se soumet, quelle que soit la station, privée ou publique, parce que chacun y trouve son intérêt en fin de compte, sauf, bien entendu, les militants de gauche qui ne peuvent espérer voir leur discours publicisé à moins de provoquer des événements dramatiques comme les événements d'Octobre 70*.

À la télévision, dans la perspective censoriale, peu d'interdits sont clairement formulés. Comme pour le cinéma, la norme s'ajuste sur le socialement acceptable, sur le « sens du public », dit un programmateur. Une publicité célèbre de la radio des années 1970 pourrait s'appliquer : « Tout le monde le fait, fais-le donc. » La perception, parfois floue, de ce qu'il convient de dire et de présenter prime ; les non-dits, dont les artisans semblent tous conscients, déterminent les décisions de mettre en ondes ou non. C'est donc une censure prescriptive qui oriente le contenu de l'ensemble des contenus télévisuels. Quelques exemples d'interventions directes proscriptives méritent toutefois d'être signalés. La légende urbaine évoque des centaines d'émissions tombées sous le couperet ou interdites de rediffusion parce qu'elles ont déplu à une autorité quelconque. La presse et la documentation officielle en relèvent peu. Voici quelques occurrences emblématiques et bien documentées, souvent chez le diffuseur lui-même ; une étude systématique en apporterait sans doute beaucoup plus d'autres.

En mai 1959, dans le cadre de la béatification de Marguerite d'Youville, Radio-Canada diffuse, le 3 mai, le téléthéâtre *La plus belle de céans* de la journaliste et romancière Charlotte Savary. L'auteure ne manque pas de rappeler la jeunesse tumultueuse de la fondatrice des sœurs Grises, avec les décolletés plongeants du XVIIIe siècle. La réaction des catholiques rebondit jusqu'à la Chambre des communes et le réalisateur Charles Dumas reçoit un blâme sévère.

En 1959 encore, la diffusion d'une interview de Simone de Beauvoir par Wilfrid Lemoyne est prévue pour le 13 novembre, à Radio-Canada. Pendant 40 minutes, elle y parle, entre autres sujets, de l'existentialisme, de la religion et du mariage. Son athéisme rationnel est bien connu. À la suite de pressions fermes de l'archevêché de Montréal, l'émission est annulée. À la mort de la philosophe, en avril 1986, seul un extrait est montré parce que les éliminatoires du hockey prennent toute la place; voilà un type de censure non officielle où se révèlent les véritables choix des programmateurs. Ce document unique est accessible dans son intégralité sur le site Internet des archives de la SRC.

Le 21 mai 1964 et les jours suivants, *La Presse* révèle que Radio-Canada refuse de présenter *Mr. Pearson*, qui montre une journée des activités du premier ministre canadien Lester B. Pearson, film faisant partie d'une série sur les chefs de partis nationaux. Comme raison officielle, la SRC allègue qu'il n'a pas la qualité technique suffisante (excuse passe-partout). Mais on apprend ensuite que, contrairement à ce qui s'était passé pour les autres chefs, le film avait été préalablement montré à l'homme politique, lequel aurait « suggéré » de ne pas le diffuser. Cette pression politique est évidemment niée, mais le film reste sur les tablettes. Pour éviter des ennuis, le Festival international du film de Montréal, qui l'a inscrit à son programme, le retire (J.-P. Fournier, *Le Devoir*, 8 août 1964).

En mai et juin 1967, lors des discussions à l'assemblée législative pour l'adoption de la nouvelle loi sur le cinéma, le premier ministre Daniel Johnson* déplore le manque de censure des films projetés à la télévision et il ramène l'idée de 1952 voulant que la province puisse contrôler tout le contenu du petit écran, mais cette fois au moyen d'un office qui serait sous le contrôle du Conseil supérieur de l'éducation. Car pour lui, la télévision est un des plus efficaces moyens d'éducation et le Québec devrait récupérer sa pleine compétence en ce domaine. Aucune démarche n'est toutefois entreprise en ce sens.

Le téléroman *Le paradis terrestre* (de Réginald Boisvert et Jean Filiatreault), en ondes depuis février 1968 à Radio-Canada, est retranché « à la demande générale », dit le diffuseur, après la deuxième émission d'une nouvelle saison, le 20 septembre 1972 à cause des centaines de lettres de protestations évoquant les scènes érotiques, la nudité (un homme, de dos, des fesses à la tête) et l'homosexualité* explicite de certains personnages, et surtout parce que ce type d'émission ne convient pas aux enfants. Mais il était diffusé à 21 heures, ne manquent pas de souligner les chroniqueurs télé des médias, moment où les enfants de parents « normaux » sont tous au lit. Pour eux, il est clair que l'homophobie motive les opposants plus que tout autre motif. C'est un sujet que la télé ne trouve pas encore l'audace d'affronter.

La série *Duplessis*, scénarisée par Denys Arcand* et diffusée en 1977, fait beaucoup de vagues et provoque l'ire de quelques anciens de l'Union nationale. Le parti de Duplessis jouissant alors d'un éphémère sursaut, il faudra plusieurs années avant que *Duplessis* ne passe en reprise. Il faut dire aussi que la méthode historique comparative d'Arcand fait peur à bien des politiciens qui craignent de se voir assimiler à tel proche du premier ministre dont on veut oublier le nom. Beaucoup plus tard, on apprend qu'une scène illustrant l'emprise de Duplessis sur les médias a été écrite mais jamais tournée, surtout parce qu'il aurait mis en scène la femme d'un ministre important ayant une liaison avec un journaliste.

De tous les auteurs de séries télévisuelles, Victor-Lévy Beaulieu représente sans doute le plus provocateur et le plus dérangeant; s'il peut se permettre presque n'importe quoi, il n'en fut pas toujours ainsi. Dans *Écrire, De Race de monde au Bleu du ciel*, il raconte qu'en début de carrière, le directeur des émissions dramatiques l'exhortait à « mettre davantage *de rose* » dans les situations de *Race de monde* (1979-1983), mais qu'en réaction, il prenait « un malin plaisir à beurrer davantage épais ». Son premier téléroman, *Les as* (1978-1979), devait durer 39 épisodes, mais les 4 derniers, « jugés trop violents [ont été] censurés par Radio-Canada ».

En janvier 1984, les dirigeants de Radio-Québec annoncent que la chaîne ne diffusera plus de films sous-titrés, privant ainsi les cinéphiles et Québécois d'origines ethniques diverses de films dans leur langue originale. À la suite de protestations multiples, elle abandonne officiellement cette politique, mais par la suite, on voit peu de sous-titres sur cet écran. Il faut dire qu'ils sont disparus des autres diffuseurs depuis des années, ce qui est une façon d'éliminer le cinéma autre qu'hollywoodien ou français. Sauf pour quelques intellectuels, le public ne s'en plaint pas, mais il est ainsi privé d'une partie importante du cinéma mondial, non pour des raisons idéologiques, mais pour des calculs mercantiles.

En 1986, la série *Lance et compte*, écrite par Réjean Tremblay et réalisée par Jean-Claude Lord, révolutionne aussi bien l'esthétique que le contenu des continuités télévisuelles. Dans le milieu des joueurs de hockey, riches d'argent et de testostérone, les chambres d'hôtels en voient de belles quant aux pratiques érotiques. La nudité, déjà bien acceptée au cinéma (mais les productions spectaculaires de 1969-1971 comme *Valérie*, *Deux femmes en or*, *L'initiation*, bien que réservées par les grandes stations, n'ont pas encore été projetées à ce moment) apparaît au petit écran. Une scène de *striptease* provoque assez de réactions pour que des scènes d'amour soient retranchées dans les épisodes suivants. La consommation de cocaïne provoque aussi des remous. Les deux saisons suivantes, avec un nouveau réalisateur, la série s'assagit considérablement. Quatre ans plus tard, la nudité de Roy Dupuis et de Marina Orsini dans *Les filles de Caleb* (réalisée par Jean Beaudin) ne suscite que des sourires amusés. Quand la télésérie *Lance et compte, nouvelle génération* (Jean-Claude Lord) revient en 2003, avec encore plus d'audaces, elle ne suscite aucune réaction morale. Entre-temps, des dizaines d'émissions de toutes sortes et des milliers de films, même de « porno douce », ont quasi imposé des scènes de nudité comme ingrédients habituels et nécessaires au succès d'une série.

Le 16 février 1999, la station Quatre-Saisons met en ondes une émission hebdomadaire humoristique, *Dieu reçoit*, écrite et animée par Claude Legault. Chaque semaine, dans un paradis correspondant à l'imagerie traditionnelle (sur des nuages duveteux), Dieu accueille une vedette du monde du spectacle qui vient de décéder et lui fait visiter son paradis.

La Presse, 9 février 1988.

Des sketches parodient tout ce qui relève de la religion sur terre. Avant même la première émission, le Conseil canadien des normes de la radiotélévision (CCNR) commence à recevoir des plaintes à cause des bandes-annonces illustrant ce que serait la série. Aussitôt que *Dieu reçoit* entre en ondes, les protestations affluent, venant d'organisations religieuses, de groupes paroissiaux et d'individus : pas moins de 14 000 personnes les ont signées, du jamais vu. Elles protestent contre le contenu blasphématoire, qui ne vise qu'à ridiculiser tout ce qui est religieux. Après étude, le Conseil conclut qu'il n'y a pas eu discrimination contre un groupe social donné ni manquement au code de déontologie de l'Association canadienne des radiodiffuseurs. Selon le protocole habituel, le CCNR transmet les lettres de protestation au diffuseur. La station Quatre-Saisons retire son émission après celle du 23 avril, donnant ainsi de la crédibilité au fait que la sensibilité religieuse demeure à fleur de peau et qu'il existe encore des sujets difficiles à aborder. Pour le même motif, en 2003, de nombreuses personnes et autorités religieuses partent en guerre contre un message publicitaire des restaurants Saint-Hubert BBQ parodiant une liturgie dans une église ; la rôtisserie retire immédiatement ce sketch. Encore, en 2004, Radio-Canada refuse de diffuser une publicité de la bière Sleeman montrant un prêtre vêtu d'un col romain affichant l'étiquette de la marque de bière et se terminant par un baiser langoureux. Ce message avait pourtant été accepté par les Normes canadiennes de la publicité (NCP), organisme d'autoréglementation de l'industrie et qui existe depuis 1957. Mais chaque chaîne a le droit de se donner des critères de bon goût et de bienséance, selon ce qu'elle perçoit comme le seuil de tolérance de son public.

À Télé-Québec, le documentaire *Bad Girl*, coproduit par la station et par Informaction (Nathalie Barton et Iolande Cadrin-Rossignol), réalisé par Marielle Nitoslawka, est programmé pour le dimanche 11 mars 2001, à 21 h 30. Il s'agit d'un essai audacieux sur la pornographie telle qu'investie et représentée par des femmes. Les exemples explicites peuvent en choquer plus d'un et cela se produit. Le 5 mars, Télé-Québec émet un communiqué pour expliquer que la diffusion est « reportée ». Selon Mario Clément, directeur à la programmation, « nous souhaitons que ce document puisse permettre la réflexion qu'il entend porter. Les images actuelles auxquelles Télé-Québec n'a pas habitué ses téléspectatrices et téléspectateurs ne favorisent pas une telle réflexion ». Bloqué à la télévision, *Bad Girl* est présenté à compter du 21 septembre suivant au Ex-Centris, cinéma de répertoire montréalais. Il est finalement programmé, intégralement, à Télé-Québec le samedi soir 27 octobre 2001 à 23 h 45, heure où le télédiffuseur présume que les enfants dorment. Une revue de presse des semaines suivantes ne révèle aucune réaction négative.

Il se passe rarement une semaine sans qu'un artiste, un intellectuel ou un simple citoyen ne dénonce quelque part un cas de censure à la télévision. Le plus souvent, il s'agit simplement d'une décision administrative envers un produit dont la rentabilité économique ou culturelle ne s'avère pas ou n'est pas prévisible. Si on peut paraphraser le slogan publicitaire d'une chaîne d'alimentation, il s'agit d'un « choix du président » qui n'a rien de machiavélique, presque entièrement déterminé qu'il est par les cotes d'écoute. Pour parler alors de censure, il faut passer à ce niveau implicite où la norme économique ou sociale détermine *a priori*, d'une façon rarement concertée, la culture du socialement admissible et celle de la rectitude politique. À ce niveau-là, il faut recourir à la psychanalyse ou à l'enquête sociologique et toutes les interprétations restent possibles. *Yves Lever*

ANQ-M, fonds Régie du cinéma, E 188, correspondance du bureau de censure ; Archives Internet de Radio-Canada, Notes d'accompagnement au document *Simone de Beauvoir censurée* ; Conseil canadien des normes de la radiotélévision (CCNR), site Web ; DEAN, Malcolm, *Censored! Only in Canada*, 1981.

LA TERRE À BOIRE

Jean-Paul Bernier • Film légèrement censuré par l'État et coté « À proscrire » par les catholiques (1964)

Patrick Straram, critique de cinéma reconnu, écrit le scénario de *La terre à boire*, dont il interprète également le personnage principal, celui d'un animateur de radio de Montréal un peu bohème, couchant à tout-venant pour illustrer une nouvelle liberté sexuelle. La rencontre d'une jeune étudiante des beaux-arts bouleverse le jeu. Le style Nouvelle Vague* de cette production québécoise qui frise l'amateurisme n'a rien pour scandaliser; seuls l'esprit de l'époque et la présence de Geneviève Bujold, de Pauline Julien et de Gilles Pelletier suscitent de l'intérêt.

Le producteur Jacques Lasnier soumet une copie de travail au Bureau de censure le 2 septembre 1964, car déjà il prévoit une sortie de gala le 1er octobre, mais il se fait dire de revenir avec la copie terminée. Comptant sur la bonhomie d'André Guérin*, le président du Bureau, il n'y revient que le jour même de la première en fin d'après-midi et encore, une bobine à la fois. Les censeurs se sentent vraiment bousculés, pris en otage, et ils refusent de jouer le jeu. La rumeur veut que, en communiquant au producteur, par téléphone à 22 heures, le refus des censeurs d'approuver le film, Guérin aurait dit que la population du Québec n'était pas prête à recevoir une œuvre avec un tel climat et qui se situe à l'avant-garde de l'avant-garde… Lasnier doit donc annoncer à ses invités réunis au cinéma Parisien qu'ils vont repartir bredouille. Selon la revue *Objectif* (29-30, octobre-novembre 1964), « la foule a vidé les lieux sans protester ». La revue en profite pour dénoncer « le machiavélisme de la Censure qui, contrairement à ce que pense le grand public drogué par les belles promesses du Gouvernement de la P.Q. et les beaux communiqués de presse des journaux, joue à la grande dame en demeurant une petite putain déguisée ». De son côté, Pierre Dagenais, dans le *Journal des vedettes* (17 octobre 1964), donne raison aux censeurs, dont il louange le travail dans la dernière année, et blâme le producteur de faire un drame avec ce qui n'était que maladresse de sa part.

Cette illustration de la mentalité censoriale traditionnelle se passe d'explication. [Courtoisie de Jean-Pierre Girerd]

Le lendemain, le Bureau justifie ainsi sa décision : « Des images d'intimité insistantes et traitées dans un style voyeuriste ajoutent à cet ouvrage déjà difficile un caractère réservé à des films dits "spécialisés" et interdits par toutes les législations. » Une semaine plus tard, le 8 octobre, le film est approuvé. Une seule scène aurait finalement été retranchée (celle de la nudité, de dos, de Dominique, remise depuis dans la copie), avec quelques autres plans brefs de caresses, le tout n'altérant pas le sens, en convient le producteur. Dès le lendemain il prend l'affiche au Parisien. Mais la critique est unanimement mauvaise, à la grande surprise des auteurs qui croyaient détenir un produit de qualité internationale ; le critique Alain Pontaut du *Devoir* (10 octobre 1964) résume tout : « C'est tristement, laborieusement petit-bourgeois. Ce n'est pas intellectuel, c'est suffisant, exhibitionniste et débile. Ce n'est pas universel, c'est de l'Hypertrophie du moi sans le moindre intérêt pour les autres. Ce n'est pas critique, c'est malsain, sans raffinement et sans substance. » Le public prononce le même jugement en désertant la salle.

L'Office catholique le cote ainsi : « Ce film malsain se complaît dans le libertinage et comporte une scène suggestive intolérable. À proscrire. » Au milieu des années 1960, il n'y a plus que l'auteur de ce jugement pour voir du mal dans ce drame de mœurs libres qui ne choquent déjà plus personne.

Yves Lever

ANQ-M, fonds Régie du cinéma, E 188, fiche du film et documents annexes ; *Recueil des films*, 1964.

THAW

Actualités interdites sans même être visionnées (1913)

En 1906, Harry Kendall Thaw assassine en plein Madison Square Garden Standford White, réputé architecte newyorkais, parce que cinq ans auparavant, il a séduit Evelyn Nesbitt alors qu'elle n'avait que 16 ans et que lui, White, était marié. Thaw, un millionnaire de Pittsburgh, vient d'épouser la jeune Nesbitt, devenue modèle et actrice. Un puritain qui s'érige publiquement en défenseur de la vertu tout en étant un client régulier des boîtes de nuit, Thaw réussit, au terme de son procès, à obtenir un simple enfermement dans un hôpital psychiatrique, où il peut mener la vie qu'il veut. Il s'en échappe toutefois en 1913 et il vient se réfugier à Sherbrooke, où la foule l'acclame le long des rues. Il en est rapidement extradé et il doit subir un nouveau procès. Il est reconnu sain d'esprit et condamné à la prison ordinaire, mais son séjour y est bref et il retourne rapidement à ses affaires.

Tous ces événements donnent lieu à de fréquents reportages (*newsreels*) comme les apprécie le public des salles de cinéma. Sans même les visionner, le Bureau de censure décide, à son assemblée du 12 septembre 1913, d'interdire ces films :

> Il est proposé par M. Lemieux, secondé par M. Walsh, en raison de l'impression immorale qu'elles causent et de l'excitation malsaine qu'elles provoquent, l'exhibition des vues représentant les épisodes de la vie de Thaw ne sera pas autorisée par ce bureau. Cette proposition est adoptée.

La Patrie du 10 janvier 1914 fait état de cette décision et affirme que l'opinion publique l'a approuvée. Les provinces d'Alberta et de Saskatchewan interdisent aussi ces « vues » de Thaw.

C'est la première fois, et probablement la seule, que le Bureau de censure condamne des films sans les avoir vus et en refusant qu'on les lui apporte. Cette pratique est toutefois coutumière aux autorités et organismes religieux tout au long de l'histoire du cinéma.

Le 7 novembre 1914, en accord avec sa décision de l'année précédente, le censeur refuse *Thaw's Dash to Liberty*, mais après l'avoir examiné.

Cette histoire de Thaw fournit l'intrigue à deux productions hollywoodiennes, *The Girl in the Red Velvet Swing* (*La fille sur la balançoire*) de Richard Fleischer en 1955 (amputé de quatre minutes, surtout des dialogues, le 3 novembre 1955) et *Ragtime* de Milos Forman en 1981 (classé « Pour tous » le 11 décembre 1981). *Yves Lever*

ANQ-M, fonds Régie du cinéma, E 188, fiches des films et procès-verbaux des assemblées du Bureau de censure ; Régie du cinéma, Répertoire des films sur le site Internet.

▶ Actualités

THE 13th LETTER
▶ *Le corbeau*

TITRES DE FILMS
Ils n'échappent pas aux mesures censoriales

« Le titre, c'est la patrie du film », dit Jean-Luc Godard. Il en est aussi la coquille, la carte d'identité, la désignation, le référentiel, le repère. Il séduit, il intrigue, il provoque ; il peut même suggérer une interprétation du contenu (*Apocalypse Now*, *Le déclin de l'empire américain*). Très souvent, il constitue un élément clé de la publicité*. Trouver le bon est un art. Le respecter relève de l'éthique.

Dès sa fondation, au nom du respect du créateur, le Bureau de censure édicte que les distributeurs doivent apporter l'œuvre telle que le producteur l'a créée, sans aucune modification. Ceci comprend le titre. Mais, de la même façon que le censeur peut se permettre d'interdire ou de modifier l'œuvre, il peut aussi autoriser ou même imposer un changement de désignation. Pendant longtemps, il ne se donne toutefois pas de règlement précis à cet effet. Jusqu'à la Seconde Guerre mondiale, il ne s'en préoccupe guère. Il n'oserait sans doute discuter des titres de films hollywoodiens, déjà aseptisés dans leur pays ; pour les films français qui arrivent dès les années 1930, c'est presque le laisser-faire. Si le distributeur France-Film change des titres sans que le Bureau n'intervienne, c'est qu'il le fait dans le sens d'une banalisation de titres trop évocateurs ou trop séducteurs. Ainsi, *Les demi-vierges* (1936) deviennent *Jeunes filles modernes* ; *La chaleur du sein* (1938) est projeté sous le titre *Les trois mères* ; *L'entraîneuse* (1938), sous celui de *La dame de cœur*, du nom du cabaret où travaillait l'héroïne. *Le déserteur* de Léonide Moguy (1939) est présenté au Saint-Denis en 1941 sous le titre *Je t'attendrai*, imposé par la censure militaire française. Le 18 avril 1946, *Claudine à l'école* (1937) devient *Sa première romance*. En novembre 1947, *Fausse maîtresse* devient *Comédie de l'amour* (maîtresse est un mot tabou). On ne connaît qu'une fois où le Bureau, à la suite d'une plainte d'une société catholique, demande à France-Film de modifier un titre et d'afficher seulement *La femme* plutôt que *La femme nue* dans la publicité (1933).

Dans les années 1950, les censeurs commencent à surveiller les titres de plus près. Des distributeurs demandent maintenant la permission de modifier les titres. Fait surprenant, c'est encore souvent pour les banaliser quelque peu ; ainsi *La femme nue* (il s'agit d'un nouveau film ; ce titre fait encore peur) devient *Amour d'artiste* ; *La sorcière* se transforme en *La vierge des bois* ; *Docteur Holl* n'est plus que *Mariage blanc* ; *Les amants du péché* se change en *Les enfants du péché*. Mais plus fréquemment, le distributeur veut les rendre plus accrocheurs : *Marquée par le destin* devient *La crucifiée* ; *Les rats* se personnalise en *Tu es un rat* ; à la suggestion même du président Alexis Gagnon*, *Pitié pour les innocents* remplace *Le Christ interdit*. Le cas le plus significatif est celui de *Sœur Angelica*, mélodrame moralisateur espagnol de 1954 qui sort à Montréal en 1956 et n'attire personne ; huit mois plus tard, il ressort sous le titre *J'ai péché* et la publicité utilise les tables des 10 commandements avec une flèche grasse pointant sur le neuvième. C'est un succès immédiat et durable, malgré l'insignifiance du contenu. Il ne semble pas que le Bureau soit intervenu devant ce cas à la limite de la fraude. Peu après, pour *Les amants de Montparnasse*, il impose le titre original *Montparnasse 19*. Pour *Los olvidados**, il accepte une nouvelle appellation : *The Young and the Damned* parce que c'est ainsi que le film s'intitule dans le reste de l'Amérique du Nord.

Au début des années 1960, les procès-verbaux des réunions du Bureau font état de beaucoup de demandes de changement de titre. De leur côté, les distributeurs en proposent toujours des plus accrocheurs et des plus séducteurs. De son côté, le Bureau en impose un certain nombre avec un objectif absolument inverse, parfois au nom du respect de l'intégrité de l'œuvre. Ainsi, à la demande de Michael Costom de Ciné-Art qui veut changer *Les fiancées d'Hitler* pour *Les enfants sur commande*, le censeur ordonne de conserver le titre original et, quelques semaines plus tard, lui reproche d'avoir utilisé le titre refusé dans ses vignettes publicitaires. À un autre distributeur qui s'enquiert (mars 1963) s'il peut utiliser le titre original d'une production française, *La prostitution*, la réponse est positive parce que « le sujet y est traité discrètement et que le film peut même constituer une bonne leçon […] étant donné le contexte de cette œuvre, préparée sous les directives de l'Interpol. »

Parmi les substitutions acceptés : *Wild For Kicks* à la place de *Beau Girl*; *Jeunesse délinquante* pour *Jeunesse droguée* (*High School Confidential*); *Trois contre un* pour *Horace 62*; *L'amour maternel* pour *La fille du torrent* (mais à condition que le titre original apparaisse entre parenthèses dans toute la publicité) ; *La novice confesse* pour *La novice*. Malgré une plainte d'un spectateur en octobre 1961, le président Maurice Leroux* permet de conserver *Voulez-vous pécher avec moi?*, arguant qu'il faut laisser le public en être quitte pour sa déception s'il est attiré par un titre semblable.

Le Bureau demande au distributeur (qui n'a guère le choix) de changer *Amants et fils* (*Sons and Lovers*) pour *Amoureux et fils*; même chose pour *Al Capone** qui doit devenir *The End of Al Capone*. Au même moment, il refuse que *Éducation sentimentale* se transforme en *Éducation sexuelle*; que *Le cavalier noir* (*The Singer, not the Song*) cherche le sensationnel en devenant *La faiblesse de l'abbé de Quantana*; que *Codine* devienne *La brute et l'enfant*. En 1961, la firme United Artists obtient de conserver *Elmer Gantry* plutôt que *The Fake Preacher*, mais elle propose un préambule*, accepté par le censeur. À la compagnie 20th Century Fox qui veut distribuer *John Goldfarb, Please Come Home* et *Pleasure Seekers* en version doublée sous les titres *Scandale au harem* et *Plaisirs défendus*, André Guérin* impose plutôt *L'encombrant Monsieur John* et *Trois filles à Madrid*, titres sous lesquels ils sont diffusés en France, parce que c'est l'habitude de l'institution de s'aligner sur la francophonie.

Dès l'automne 1962, on s'attend à une nouvelle loi qui permettra l'instauration de nouveaux règlements, pour les titres comme pour tout le reste. Mais cette loi tarde à venir. À l'automne 1963, le Bureau adopte cette politique : « D'ici à ce que la nouvelle loi soit adoptée, quand un distributeur suggère un changement de titre, on lui demande de s'en tenir au titre original ou à sa traduction littérale autant que possible. » Un an plus tard, les censeurs décident de ne pas établir de règlements, préférant évaluer au cas par cas selon la règle devenue coutumière du consensus social.

La question ne refait pas surface avant 1977. Le 22 juin, une note de service du vice-président Pierre Saucier précise :

1. Tout film doit comporter un titre.
2. Même si un titre bénéficie d'une sanction officielle, il n'est pas automatiquement retenu par le Bureau.
3. Un film dans une langue donnée doit être coiffé d'un titre dans cette même langue. Ainsi, on refuse d'examiner et de viser, par exemple
   a) un film français auquel on a donné un titre anglais ou bâtard (FLIC STORY) ;
   b) un film anglais coiffé d'un titre français.
4. Le titre doit être toujours conforme, fidèle en tous points à la thématique.
5. Le titre ne doit pas être de nature à tromper le spectateur.
6. Le titre ne doit pas aller contre la règle de l'ordre public et des bonnes mœurs. Dans cette optique un

film ne peut contenir des expressions se référant à des matières interdites par le code pénal - pornographique, obscène, etc.

7. On ne peut autoriser un titre d'une grossièreté ou d'un naturalisme outrancier de nature à heurter le consensus social v.g. wet dreams, les suceuses.

8. À noter que tout problème de titre fait l'objet d'une étude particulière au niveau de la direction du BSCQ, qui prend la décision finale quant à l'acceptabilité ou à la suggestion d'un titre recevable.

Ces règles vont-elles changer quelque chose ? Il semble que non. Pour le point 3, le Bureau ne fait rien quand déboulent les *Airport, Robocop, Terminator, Blade Runner, Batman*, etc., suivis simplement de la mention « version française ». Il ne dit rien, non plus, quand des titres anglais comme *Boy Meets Girl, Being at Home With Claude* et *I Want To Go Home* coiffent des films en français. Pour le point 7, année après année on assiste à une surenchère du mauvais goût et le seuil de tolérance, déjà passablement loin, recule encore avec l'arrivée des *Pétroleuses du sexe, Pucelage mon doux oiseau, Super nichons contre mafia, Saute-moi dessus, Slippery When Wet, Inonde mon ventre, Chaude et humide Natacha, C'est la fête à mon cul, Mémoires d'une petite culotte, Parle à mon cul, ma chatte est malade*, etc. Sans compter, dans le cinéma érotique encore, les parodies de titres célèbres comme *Touchez pas au zizi, Sensual Encounters of Any Kind, Les putes infernales, Aventures des queues nickelées, James bande ooSexe, Trois putes et un coussin*, etc. Les vignettes contenant ces titres, avec photos assorties, se retrouvent dans les éditions du week-end des deux quotidiens aux plus forts tirages, *Le Journal de Montréal* et *La Presse*. Cet étalage, qui fait davantage rire qu'il ne scandalise, disparaît progressivement dès 1983 à mesure que le cinéma érotique quitte à peu près complètement les salles en raison de la popularité croissante de la vidéo.

Depuis 1992, les règlements de la Régie du cinéma stipulent simplement que la personne qui demande le classement d'un film « doit indiquer le titre de la version originale du film, sa durée, l'année de production, les noms du réalisateur et du producteur du film et la nationalité de la production » ; que « le titre [qui] apparaît à l'écran est conforme à celui mentionné dans le contrat de distribution ou dans tout autre document soumis à la Régie » ; que « si le film est destiné à la présentation en public, le titre dans une version sous-titrée en français, le titre et le générique, dans une version doublée en français, doivent être écrits en français ». Ceci étant assuré, l'ayant droit peut modifier à son gré n'importe quel titre pour s'adapter au public local. Il n'est plus tenu, non plus, d'adopter, pour une version doublée ou sous-titrée en français, la désignation française.

Yves Lever

ANQ-M, fonds Régie du cinéma, E 188, fiches des films, procès-verbaux des assemblées et correspondance du Bureau de censure avec les distributeurs ; Bureau de surveillance du cinéma, *Cahier des films visés par catégories de spectateurs*, 1967 à 1989 ; MORDRET, Jacques, « Tendances actuelles du cinéma », *Influence de la presse, du cinéma, de la radio et de la télévision*, 34ᵉ semaine sociale du Canada, Montréal, Institut social populaire, 1957.

▶ *Le chercheur de trésors* ou *L'influence d'un livre*

TOPAZE

▶ *Marius, Fanny, César*

TOUT COMPTE FAIT

Jacques Languirand (1931-) • Roman coté « Mauvais » par la revue *Lectures* (1963)

Connu davantage pour son œuvre dramatique, Jacques Languirand publie un premier roman, *Tout compte fait*, à Paris, en 1963. Jean Cléo Godin note que l'œuvre passe inaperçue et tombe dans l'oubli (*DOLQ*, IV). Il est vrai que le texte est quelque peu décousu et que le personnage est souvent écrasé sous les propos philosophiques.

Ce personnage, Eugène, termine sa journée de travail mais, contrairement à son habitude, décide de ne pas rentrer chez lui ; pourtant, là l'attend sa femme Margot. Car ce mariage morne qui dure depuis près de 30 ans l'accable : « Nous vivons ensemble au milieu de ruines tièdes et confortables. » Il a décidé de tromper sa femme avec une prostituée ; quand il rentre chez lui, au lever du jour, Eugène est victime d'un accident, renversé par un camion. Tout le roman tient dans cet intervalle où le personnage fait le compte de sa vie, de son éducation religieuse, de sa vision de la sexualité, de l'absurde de l'existence humaine.

Le père Paul Gay* estime, dans la revue *Lectures**, que *Tout compte fait* doit être classé « Mauvais » (octobre 1963). Reconnaissant à Languirand un style intelligent et spirituel, Gay fait primer dans son jugement le fond de « dégoût philosophique athée » :

> Dans ce roman du néant, le sens du sacré échappe entièrement à l'auteur. C'est avec une joie féroce qu'il piétine tout ce qui est religion et qu'il dénonce les abus – vrais ou prétendus – de l'éducation donnée par les Frères. C'est de la méchanceté froide.

Manque enfin ce qui fait les œuvres vraies et humaines : l'amour de l'homme et l'émotion devant sa misère et son mystère.

Tout compte fait participe à la fois du sentiment de l'absurde camusien et du néant existentialiste sartrien. Or, même au cœur de la Révolution tranquille, la critique cléricale orthodoxe ne peut se contenter d'une simple mise en garde ; elle persiste à juger la littérature à l'aune de ce que, moralement, elle devrait montrer. *Pierre Hébert*

LANGUIRAND, Jacques, *Tout compte fait (L'Eugène)*, Paris, Denoël, 1963, 193 p.

TROUBLE IN PARADISE

Ernst Lubitsch (1892-1947) • Film accepté avec plusieurs coupures et qui provoque une forte réaction à Québec (1932)

Dans ce « chef-d'œuvre de la comédie sophistiquée » (Jean-Loup Bourget), réputé un des meilleurs films du cinéaste Ernst Lubitsch, un gentleman-cambrioleur tombe amoureux de la riche héritière qu'il veut détrousser et devient son homme de confiance, ce qui cause bien des tracas avec son « amie » et complice en larcins. À la fin, le triangle se défait dans l'élégance et le couple original repart vers d'autres aventures.

Le Bureau de censure approuve *Trouble in Paradise* le 7 novembre 1932, mais après avoir effectué une série de coupures consistant surtout en une scène de vol, en des dialogues lestes ou laissant entendre que le couple non marié vit ensemble. Le film sort à Montréal et en 8 jours attire 20 000 spectateurs sans qu'aucune plainte ne soit formulée. Mais aussitôt présenté à Québec, le juge Philippe-Auguste Choquette, membre de la Ligue du cinéma et des bonnes mœurs*, écrit au premier ministre Louis-Alexandre Taschereau le 23 novembre, « au nom des citoyens de la ville de Québec qui m'ont chargé depuis de nombreuses années de surveiller les théâtres », pour se plaindre de cette pièce [*sic*] « immorale, […] une école d'escroquerie ». Ce genre d'intervention auprès de Taschereau, de la part du groupe catholique de Québec, n'a rien d'original, comme d'ailleurs la demande de reddition de compte au censeur de la part de l'homme politique.

La réponse d'Eugène Beaulac, le président du Bureau (le 24 novembre), comporte toutefois une donnée inédite : la lecture au second degré d'un film et la reconnaissance que le genre donne une dimension spécifique à l'intrigue.

> Nous, du Bureau de Censure, l'avons interprété comme une comédie et une satire et ce n'est pas autre chose. C'est une comédie humoristique, […] il n'y a personne qui connaisse quelque chose en fait de théâtre qui donnera une autre interprétation. […] Les pièces de théâtre et de cinéma sont faites dans le but d'amuser les auditeurs. C'est ce à quoi elles visent. Elles manquent souvent leur coup, mais de l'avis des critiques, les producteurs ont atteint leur but cette fois-ci et ont produit un film à la fois très intéressant et durant lequel on ne voit pas de mal se commettre. […] Si nous acceptons la théorie du juge Choquette qu'il n'y a pas moyen de manier l'humour et l'ironie dans le théâtre, vaut aussi bien dire qu'on ne peut s'amuser. À l'heure actuelle, en France, on commence à tourner en films les classiques, du Molière, par exemple et d'autres grands auteurs. Alors quand ces films montreront le mal en l'accablant d'une ironie sous lequel

il croule et s'affaisse, il faudra bannir ce genre. C'est dire que la population de la Province n'est pas assez intelligente pour voir l'ironie et l'humour lorsqu'on les lui montre.

Le juge récidive devant le premier ministre (le 29 novembre) en insistant sur l'immoralité du film à cause des baisers et de la finale (« Mais, l'auteur, au moins s'il avait pensé d'ajouter un autre rouleau montrant la police surprenant les gens et les coffrant, il y aurait peut-être une petite morale prouvant que le crime est toujours puni »), et il réaffirme que le cinéma doit avoir une visée morale (« Si ces Messieurs du Bureau de censure sont d'opinion que de semblables films relèveront les sentiments et la morale de leurs concitoyens, ou d'ailleurs, c'est leur affaire; mais comme disait Rollerand, je crois, c'est plus qu'un crime, c'est une erreur. ») Beaulac précise sa position (le 13 décembre) :

> Monsieur le juge Choquette semble être d'opinion, lorsqu'il juge un film, que ce film doit absolument enseigner la morale. Ce n'est pas là le but des films, non plus d'ailleurs que du théâtre. Leur but est de récréer et l'un des moyens théâtraux les plus répandus, surtout dans le théâtre français, est la satire. Du fait qu'on voit au théâtre ou au cinéma des choses qui intrinsèquement ne sont pas bien, doit-on conclure qu'en sortant de la représentation les gens iront faire la même chose ? En ce cas il faudrait prohiber presque tout le répertoire classique.

Par la suite, Beaulac et ses successeurs des deux décennies suivantes ne reconnaissent pas toujours l'influence du genre sur la perception ; par exemple, ils considèrent presque toujours le western au premier degré et coupent impitoyablement dans les coups de revolvers et les batailles, comme s'ils n'en voyaient pas l'effet chorégraphique, l'irréalisme et les extravagances. Ils s'attaquent toutefois peu aux films de cape et d'épée, considérant sans doute que la violence des affrontements relève de la fantaisie pure. Devant la moindre nudité, même en statue, le réflexe réaliste revient et vivement les ciseaux.

Les autres films de Lubitsch bénéficient en général de la même indulgence, car le traitement de ses comédies reste le même, un univers plus ou moins enchanté, irréaliste, loin de toute impression de réalité. Tout au plus lui coupe-t-on quelques scènes de baisers et de jarretières, des bouts de dialogue osé. Il faut dire aussi que le *Production Code** impose alors un conformisme visuel qui aseptise les films de toute audace sexuelle, mais qu'en même temps, il stimule l'imagination en obligeant à peaufiner les scénarios et à trouver un ton de bon aloi que (presque) personne ne conteste. *The Merry Widow* (1934), comédie musicale qui réunit Maurice Chevalier et Jeannette MacDonald, est un cas un peu à part. L'original ne perd que quelques secondes de réparties le 13 novembre 1934 ; mais *Une veuve joyeuse* (version en français tournée simultanément par la même équipe) se voit amputée de quelques minutes le 18 décembre suivant :

> Coupez :
> V- Dial. : diplomatiques avec une femme le samedi
> Dial. : As-tu fait réparer les ressorts au moins ?
> Chanson : L'inconvenant, ça me convient.
> Faire le mal, ce n'est rien. Dès l'instant, mon Dieu, qu'on le fait bien.
> Scène de la jarretière où l'on voit écrit : Joyeuse Pentecôte.
> VI- Dial. : Avec tes trucs d'honnête femme.
> Dial. : Viens.
> Voir si Missia a les pieds à terre lorsqu'elle est couchée sur le divan et scène si Danilo est couchée [sic] sur Missia.
> Dial. : Jusqu'à demain matin.
> VII- Dial. : Deux fois.

On voit ici la sensibilité du censeur envers ce qui touche l'évocation religieuse. La coupure « Voir si Missia a les pieds à terre lorsqu'elle est couchée sur le divan » peut étonner, mais il faut savoir qu'un des *addenda* au *Production Code* prescrit que pour toute scène de lit, un membre du couple doit avoir au moins un pied qui touche le sol ! Quelques années plus tard, le Centre catholique du cinéma va coter *La veuve joyeuse* « Adultes, avec réserves ».

Autre grand film de Lubitsch, *Ninotchka* (1939), qui donne à Greta Garbo un de ses meilleurs rôles, est accepté intégralement le 16 octobre 1939, mais il subit une petite coupure le 5 novembre 1953, lorsqu'il est reprogrammé en langue originale et en version doublée en français : « In the english print ; Eliminate the underlined dialogue : "I know Leon as well as you, perhaps a little better." ; et en français, "Pour ne pas dire mieux". » Un mois plus tard, le 3 décembre, une copie 16 mm (format destiné aux salles paroissiales et aux collèges) se voit amputée de quelques secondes supplémentaires dans la première bobine : « Four kisses in the countess boudoir. » Pour les catholiques, *Ninotchka* est réservé aux adultes.

Pendant la crise économique qui sévit jusqu'à la guerre, les films de Lubitsch permettent une réelle évasion du présent douloureux. Ils distraient dans tous les sens du terme, ce qui n'est pas leur moindre mérite. *Yves Lever*

ANQ-M, fonds Régie du cinéma, fiches des films et correspondance du Bureau de censure ; BOURGET, Jean-Loup, *Dictionnaire du cinéma*, Paris, Larousse, 1986 ; Fédération des centres diocésains du cinéma, *Index de 6000 titres de films avec leur cote morale (1948-1955)*, 1955.

▶ « L'art et la morale »

TURGEON, PIERRE
▶ Droit d'auteur et liberté d'expression

U - Z

ULYSSES

Joseph Strick (1923-) • Un roman célèbre dont l'adaptation cinématographique connaît des problèmes à cause du langage (1967)

Le roman *Ulysses* de l'écrivain dublinois James Joyce (1882-1941) se caractérise davantage par l'explosion du langage à tous les niveaux que par les anecdotes racontées. *Ulysses*, publié d'abord en France en 1922, avait été proscrit en Irlande pendant 30 ans, jugé « subversive to public morality ». L'adaptation cinématographique est refusée par le Bureau de censure le 3 avril 1967, quatre mois avant l'instauration de la cote par groupes d'âge, avec la justification suivante : « Épisodes du roman irlandais *Ulysses* de James Joyce. Nous ne pouvons nous rappeler d'ouvrage cinématographique où l'on soit allé aussi loin dans les excès de langage. L'outrance des dialogues (et non pas le matériel visuel) motive le refus. »

Toutefois, dès le 26 novembre suivant, le Bureau, dit dorénavant « de surveillance », l'accepte avec la cote « 18 ans ». Dans le répertoire actuel de la Régie du cinéma, il est classé « 13 ans+ ».

Signe de l'évolution qui s'est aussi opérée chez les catholiques, l'Office des communications sociales en dit simplement : « On peut déceler chez les personnages une certaine quête d'absolu et d'amour sincère déçue par le contexte d'une existence frustrée et d'une société contraignante. Le dialogue est particulièrement cru et irrespectueux des valeurs religieuses. »

Dans l'histoire de la censure québécoise du cinéma, il s'agit d'une rare fois où la langue, plutôt que les images ou le récit, est le motif d'interdiction. *Yves Lever*

ANQ-M, fonds Régie du cinéma, E 188, fiche du film ; *Recueil des films*, 1968.

UNE DE PERDUE, DEUX DE TROUVÉES

Georges Boucher de Boucherville • Roman autocensuré (1864)

▶ *L'influence d'un livre* ; Roman-feuilleton

UN GYNÉCOLOGUE ACCUSE
(EIN FRAUENARZT KLAGT AN)

Falk Harnack (1913-1991) • Film coté « À proscrire » par l'Église catholique parce qu'il est favorable à la ligature des trompes (1965)

Au milieu des années 1960, la contraception devient le fer de lance de la libération dans les mouvements féministes*. Parmi les différentes méthodes, la ligature des trompes, une pratique devenue courante, suscite alors de larges débats. *Un gynécologue accuse*, une production allemande de fiction, met en scène un médecin qui se retrouve en procès pour avoir effectué cette opération qui est assimilée à une mutilation. Quoique le condamnant à une peine mineure, le verdict équivalait à une position favorable à cette technique.

Le film ne suscite aucune objection au Bureau de censure et il est approuvé le 3 mars 1965.

L'Office catholique national des techniques de diffusion ne l'entend toutefois pas de cette oreille et il lui attribue sa cote la plus sévère : « Ce film prône la stérilisation directe de la femme comme moyen de contrôle des naissances. Ce qui va à l'encontre des enseignements de l'Église dans une matière qui est grave de sa nature. À proscrire. »

D'un côté, la décision de la censure étatique manifeste à quel point la pensée féministe s'impose dans la société et contribue à la construction d'un nouveau type de consensus social, car ce genre de film à thèse bénéficie d'un accueil favorable dans l'ensemble de la population, même chez les catholiques. Le censeur officiel ne refuse pas l'exposition de questions controversées et renvoie ainsi les personnes à leur conscience et à leurs responsabilités personnelles. D'un autre côté, le pape Paul VI, dans son encyclique *Humanæ Vitæ* (1968), réaffirme la position traditionnelle de l'Église, le refus de toute intervention mécanique ou chimique dans le processus de procréation, cela non seulement au nom de la foi, mais aussi à celui d'une « loi naturelle ». Les lois ne sont pas au diapason non plus : le Code criminel canadien ne décriminalise la contraception (avec l'homosexualité*) qu'en 1969. Le premier ministre canadien Pierre Elliott Trudeau répète alors partout que l'État n'a pas à intervenir dans les chambres à coucher et il invite les gens à faire une distinction nette entre crime et péché.

Dans les années 1960, le cinéma allemand (de l'Ouest) produit beaucoup de films, souvent des documentaires avec des parties dramatiques, liés à l'éducation sexuelle, à la contraception, à l'avortement. Certains sont de bonne tenue (*Confession d'un médecin**, *Helga* de Eric F. Bender, 1967, ceux d'Oswalt Kolle), d'autres servent surtout de prétexte à l'étalage de nudité. La censure ne s'en formalise pas parce qu'ils ne dépassent pas les normes admises dans la culture occidentale. *Yves Lever*

ANQ-M, fonds Régie du cinéma, E 188, fiche du film ; *Recueil des films*, 1965 ; Archives Internet de Radio-Canada, dossier « Le bill omnibus ».

UN JEU SI SIMPLE
Groulx, Gilles

UN PAYS SANS BON SENS !
Pierre Perrault (1927-1999) • Film dont la diffusion est limitée par son producteur, l'Office national du film (1971)

Depuis son premier long métrage, *Pour la suite du monde* (1963, coréalisation de Michel Brault), Pierre Perrault creuse le tissu humain du peuple québécois et donne la parole à des gens authentiques. Avec *Un pays sans bon sens !* (1970), il centralise sa réflexion sur le thème du pays, voulant à sa manière répondre à la question que les Canadiens anglophones se posent depuis l'émergence du nationalisme issu de la Révolution tranquille : *What does Quebec want ?* Rapidement cependant, l'idée de pays se révèle « sans bon sens ». Car un pays, ça se bucolise plus que ça s'intellectualise ; ça ne tient ni de la logique ni de la rationalité économique ; ça ne se discute pas avec « bon sens » mais ça s'aime « sans bon sens » (superlatif dans la langue populaire) ; ça ne se démontre pas : ça se montre tout simplement, comme on montre à des amis son album de famille rempli de ses amours, de ses amis, de ses complices. Les Québécois se retrouvent-ils chez eux dans « l'album Canada » ou dans « l'album Québec » ? Comment éviter l'engagement envers les institutions les plus à même de sauvegarder et de continuer à construire « l'album » de son choix ? À ces questions, Perrault répond clairement : en donnant longuement la parole à René Lévesque et à des témoins bien choisis, il affirme son nationalisme québécois et le spectateur ne peut que voir dans le Parti québécois l'instrument d'une souveraineté nouvelle. Le film prend figure de manifeste.

Comme tous les documentaires du genre, même les plus politiques, *Un pays sans bon sens !* est autorisé sans restriction par la censure officielle du Québec. Le Bureau de surveillance du cinéma lui donne le visa « Pour tous » le 30 octobre 1970. C'est son producteur, l'Office national du film* (ONF), organisme du gouvernement du Canada, qui en limite la diffusion.

Un pays sans bon sens ! est présenté en avant-première le 3 décembre 1970 à la Cinémathèque canadienne (Montréal). Une sortie est prévue pour la mi-janvier suivant au cinéma Alouette, grande salle de la rue Sainte-Catherine à Montréal. Peu après, on apprend le renvoi à plus tard, puis l'annulation de ces projections. Les premières réactions ont fait peur à la direction de l'ONF. Le film de Perrault relance la question qui revient périodiquement : des fonds publics peuvent-ils être mis à la disposition d'un cinéaste pour exprimer une dissidence idéologique envers les institutions canadiennes ? En février 1971, le ministre Gérard Pelletier, secrétaire d'État à Ottawa, téléphone à Sydney Newman*, le commissaire (grand patron) de l'ONF, et s'inquiète des répercussions possibles du film. Newman se prononce contre l'interdiction, arguant qu'elle ne ferait qu'attiser davantage les antagonismes et causerait davantage de tort à l'unité canadienne. Il choisit une autre forme de censure : à la fin de mars, il convainc son conseil d'administration de restreindre la diffusion au réseau communautaire et d'exclure les projections en salles commerciales et à la télévision. À l'été, il s'en explique ainsi avec le critique Jean-Pierre Tadros de *Cinéma Québec* :

> *Cinéma Québec*: Pourquoi *Un pays sans bon sens!* n'est-il pas projeté dans les salles commerciales ? [...]
> S. Newman : J'ai pris la décision de ne pas montrer *Un pays sans bon sens!* dans les salles commerciales ou à la télévision, parce que j'estime que c'est là un film très « contentieux ». Plusieurs pensent en effet que ce film prône les thèses du séparatisme. De prime abord, c'est donc un film très délicat à manier, surtout par une agence fédérale comme l'ONF. Mais j'irai plus loin. Car ce qui me paraît encore plus important, c'est le fait que l'ONF n'a pas le droit de se faire le porte-parole d'un parti politique quelconque. Cela vaut pour tous les partis politiques, y compris le Parti québécois.
>
> Maintenant, je sais bien que les thèmes abordés dans *Un pays sans bon sens!* sont de nature philosophique. Mais plusieurs prétendent que le film épouse aussi les vues du Parti québécois. D'ailleurs ce film est largement utilisé par le Parti québécois. Je pense donc avoir fait une décision politiquement sage en interdisant le passage de ce film dans les salles commerciales ou à la télévision. Maintenant, n'importe qui peut emprunter ce film gratuitement de n'importe lequel de nos bureaux à travers le Canada. Il sera d'ailleurs montré à Terre des Hommes [lieu de l'Exposition universelle de 1967]. Mais nous ne voulons pas le mettre dans des salles où les gens pourraient aller sans savoir exactement ce qu'ils y trouveraient.
>
> Cela a été une décision très difficile, très délicate à prendre, mais j'ai essayé de résoudre ce problème tout en essayant d'accorder à nos cinéastes toute la liberté dont ils ont besoin.

Newman n'a pas surestimé la force de propagande du manifeste. Dans les années qui suivent, le Parti québécois l'utilise régulièrement lors de rassemblements. Des milliers de projections, auxquelles participe très souvent le réalisateur, se font dans les collèges et universités et dans des petits groupes de réflexion sociale. Les Canadiens anglais disposent d'une version « voice over », d'abord sous le titre de *A Ridiculous Kind of Country* (ce qui manifeste une totale incompréhension du titre français tout en accentuant le caractère provocateur du film) puis sous celui de *Wake up, mes bons amis* ; mais il semble qu'elle est peu utilisée.

L'impact d'*Un pays sans bon sens!* aurait-il été différent s'il avait été diffusé commercialement et à la télévision ? Nul ne peut dire. Le public aurait sans doute été peu nombreux à l'Alouette. L'interdit en a-t-il augmenté l'attraction et attiré plus de gens dans les projections en petits groupes ? On peut facilement le présumer. L'histoire du cinéma et de la littérature au Québec est remplie de ces cas où la censure aboutit à des effets contraires à ses intentions. *Yves Lever*

ANQ-M, fonds Régie du cinéma, E 188, fiche du film ; Evans, Gary, *In the National Interest, A Chronicle of the National Film Board of Canada from 1949 to 1989*, 1991.

▶ Politique (censure)

LA VÉRITÉ

Henri-Georges Clouzot (1907-1977) • Film qui connaît beaucoup de mésaventures au bureau de censure et qui est coté « À proscrire » par les catholiques (1961-1965)

Dans *La vérité* (1960) d'Henri-Georges Clouzot, Brigitte Bardot joue la jeune fille moderne, rebelle et volage, mise en procès pour le meurtre de son amant. Deux grands acteurs, Charles Vanel et Paul Meurisse, incarnent les avocats dont les versions des faits s'opposent radicalement et aboutissent à une certaine condamnation de la bourgeoisie parisienne, sans compter les impressionnants effets de toge. Le suicide final de la meurtrière fait en sorte qu'aucune conclusion n'est apportée et que la question millénaire, qui dit vrai ? reste insoluble. La réputation sulfureuse de l'actrice est telle que, métaphoriquement, c'est aussi bien son procès à elle qui se déroule ; cela explique le succès de cette production en France et même aux États-Unis où *The Truth* est mis en nomination pour l'Oscar du meilleur film étranger.

La censure québécoise refuse *La vérité* le 4 juillet 1961 ; aucune raison n'est indiquée sur la fiche d'examen. Elle maintient son verdict lors d'un appel le 4 avril 1962. Un an plus tard, le 9 avril 1963, dans la période des permis spéciaux qui anticipent une nouvelle loi qu'on croit imminente et qui permettront de contourner celle qui a cours, elle approuve le film, mais pour une seule salle à Montréal et une à Québec, permis qui est étendu pour les grandes villes le 12 novembre suivant.

L'Office catholique n'est pas tendre : « Le film s'attarde avec complaisance sur la vie immorale et sordide d'une criminelle. À cela s'ajoutent l'exhibitionnisme de certaines scènes et l'extrême crudité du dialogue. À proscrire. »

Au Québec comme en France, les revues de cinéma l'ignorent, ne s'intéressant qu'à la Nouvelle Vague*, alors que les films de Clouzot sont considérés, selon la formule de François Truffaut, comme du « cinéma de papa ».

Coup de théâtre inexpliqué, le permis est retiré le 25 février 1964. Finalement, après un appel du distributeur, *La vérité* est de nouveau approuvé, en version intégrale et sans restriction, le 25 août 1965, ce qui veut dire qu'il peut être vu par tous ceux qui ont au moins 16 ans. Ce cas révèle à quel point la censure évolue rapidement dans les années 1960. Après la loi de 1967, il est coté 18 ans et il n'est pas réexaminé après 1969, mais il est plausible de supposer qu'il obtiendrait le visa « Général ». *Yves Lever*

ANQ-M, fonds Régie du cinéma, E 188, fiches du film ; Bureau de surveillance du cinéma, *Cahier des films visés par catégories de spectateurs* (1965-1969), Montréal, 1970 ; *Recueil des films*, 1963.

VILLE ROUGE
Jean-Jules Richard (1911-1975) • Recueil de nouvelles coté « Mauvais » par la revue *Lectures* (1949)

Paul Michaud, directeur de la maison d'édition l'Institut littéraire de Québec, écrit à Jean-Jules Richard le 7 juillet 1948 : « Nous regrettons bien sincèrement de ne pouvoir accepter […] "Un gars pense à sa blonde" pour publication dans *Littérature canadienne*. Il faut admettre que la morale laisse à désirer et nous ne voulons subir aucune critique sous ce rapport. » En 1949, le libraire Henri Tranquille, ami et employeur de Richard, prend en charge l'édition de *Ville rouge*. Le recueil de 13 nouvelles, dont fait partie le récit refusé par Michaud, est orné d'une bande publicitaire portant l'inscription : « Un écrivain fougueux a osé. »

Les nouvelles mettent en scène des personnages habités par le désir, l'envie, la jalousie et autres pulsions dont l'assouvissement se heurte aux conventions sociales. On y trouve par exemple un voyageur qui « ne pratique plus que l'amour libre », un agent de change qui se fait surprendre avec « son invitée entre les jambes » ou une effeuilleuse qui fait emprisonner son mari pour pouvoir inviter des soldats à coucher chez elle. On croise aussi des allusions à l'homosexualité*, par exemple lorsque des mots d'amour sont échangés derrière une cloison et que le personnage à l'écoute se demande s'il s'agit de « deux voix mâles ».

La parution du recueil permet de distinguer deux courants distincts – l'un conservateur et l'autre plus progressiste – dans la critique littéraire québécoise. Théophile Bertrand, de la revue *Lectures** (juin 1949), juge qu'il s'agit d'une « œuvre des plus malsaines non seulement à cause de l'amoralisme et de la vulgarité de ses personnages, mais encore et surtout à cause de la peste intellectuelle libertaire dont elle est une autre éruption ». Le recueil se voit d'ailleurs attribuer la cote « Mauvais ». Julia Richer, dont l'article paraît à la fois dans *Notre temps* (7 mai

Théophile Bertrand, de la revue *Lectures*, dénonce « la peste intellectuelle libertaire dont [ce roman] est une autre éruption ».

1949) et dans *L'Action catholique* (11 mai 1949), reproche elle aussi à Jean-Jules Richard de « parler des hommes dans leur comportement physique seulement ». Richer profite de l'occasion pour répondre à un article paru dans *Liaison* en avril 1949, dans lequel Roger Duhamel dénonce le « conformisme desséchant » de nos romanciers et le « jansénisme dont nous souffrons encore », une opinion qui serait partagée par « plusieurs critiques qui prétendent ainsi – sont-ils tous de bonne foi ? – sauver notre littérature de la médiocrité ». Selon Richer, *Ville rouge* devrait plaire à ces « prédicants de l'émancipation totale de notre littérature ».

Ces critiques plus ouverts, en effet, s'ils ne manquent pas de souligner les pages « fortement marquées de sensualisme » (Jean-Pierre Houle, *Le Devoir*, 7 mai 1949) où l'auteur parle « en termes crus de sujets scabreux "pour adultes avertis" » (Solange Chaput Rolland, *Amérique française*, 1949-1950), ne s'en offusquent pas outre mesure et, à la différence de leurs collègues, affichent même un certain détachement à ce sujet. C'est plutôt sous l'angle des valeurs littéraires que *Ville rouge* se voit attaqué. Le style rapide et saccadé de l'auteur, de même que les barbarismes par lesquels il veut refléter le parler populaire sont décriés et le recueil est jugé inégal ou inachevé. Alors que l'étonnant roman *Neuf jours de haine* publié l'année précédente avait valu à Richard des comparaisons avec Yves Thériault et Ernest Hemingway, le sort critique et commercial de *Ville rouge* est tout différent. *Frédéric Brisson*

RICHARD, Jean-Jules, *Ville rouge*, Montréal, Éditions Tranquille, 1949, 283 p.
SAUS, Fonds Henri-Tranquille.

◉ *Le Devoir*

24 HEURES OU PLUS
◉ Groulx, Gilles

VOIR MIAMI
◉ Groulx, Gilles

VOLLEYBALL
◉ Arcand, Denys

VOLTAIRE
John G. Adolfi (1888-1933) • Film sur un philosophe honni au Québec (1933)

Cette production américaine raconte les démêlés de Voltaire avec Louis XV dans les années 1760. Elle dénonce la corruption de la cour et de l'Église et plaide pour la tolérance.

L'*Index* librorum prohibitorum* proscrit toute l'œuvre du philosophe des Lumières. Il aurait été étonnant que le Bureau de censure permette d'en diffuser un portrait chaleureux. Le film est refusé le 13 juillet 1933. Une note du président Eugène Beaulac indique : « This film was reviewed in presence of Canon A[délard] Harbour* of the Archbishop's Palace and Father Leclerc, P.S.S., which gave their opinion on it as written on this sheet. They were very emphatic in asking that it be banned. » Puis il résume les arguments des deux clercs :

> Showing Voltaire, an enemy of the Catholic Religion as a real benefactor of humanity which is an historical lie. Records of history show now that Voltaire has been a traitor to France in being in the paid service of Catherine of Russia and of Frederick The Great. The history taught in the schools, colleges and Universities of this Province shows Voltaire entirely in another light. The film stresses also the fight of poor against rich, nobles and church and the conclusion is that to obtain reforms from government you must organize revolution. An insidious and dangerous film in this period of depression.

Les deux clercs parlent de mensonge historique. Impossible d'en juger puisque le film n'a jamais été projeté au Québec. On peut se demander ce qu'ils savent de Voltaire hormis le fait qu'il a combattu le cléricalisme et que ses écrits sont tous à l'Index*. La « conclusion qu'il faut faire une révolution si on veut obtenir des réformes de l'État » se trouve-t-elle dans le film ? Il reste ironique que le message de Voltaire ait été jugé « insidieux et dangereux » dans cette période de la grande crise économique.

L'année suivante, le 10 août 1934, un autre film mettant en scène le philosophe, *Court Life Under Louis XV*, est refusé : « Showing Voltaire as main character and defending oppressed people. »

Plus de 30 ans plus tard, Voltaire suscite encore des réactions de rejet ; le 27 décembre 1957, *Si Paris nous était conté* (Sacha Guitry, 1955) est amputé de ses références à l'écrivain philosophe. *Yves Lever*

ANQ-M, fonds Régie du cinéma, E 188, fiches des films.

WHY GET MARRIED ?
(POURQUOI SE MARIER ?)

Paul Cazeneuve (1871-1925) • Film lourdement amputé par les ciseaux de l'État (1924)

Léo-Ernest Ouimet*, figure emblématique de l'industrie du cinéma au Québec, tente sa chance à Hollywood après ses déboires dans l'exploitation et dans la distribution. Il ne réussit à produire que *Why Get Married ?*, une comédie dont le titre même porte le censeur à la suspicion.

Le Bureau de censure refuse le film le 4 février 1924 pour les trois motifs suivants : « Illicit love, Reference to divorce, Rough fighting. » Sur une feuille à part, il fournit une longue liste de coupures à effectuer, composée surtout d'intertitres évoquant l'infidélité et le divorce, et l'image d'un couteau pouvant suggérer un meurtre. Une version « reconstruite » est acceptée le 8 février après que le censeur eut lui-même retranché :

> Titre : I Think you are thinking of your handsome husband (III)
> La face cynique de Rodney
> Dans la lutte, Rodney serrant la gorge de Jack (VI)

À ce moment, la loi n'interdit l'entrée des salles qu'aux enfants non accompagnés de quelqu'un de 16 ans et plus, et cette disposition n'est à peu près pas appliquée. C'est pourquoi le censeur élimine tout ce qui pourrait suggérer des méthodes concrètes et violentes de résoudre un problème. La question du divorce reste, et pour longtemps encore, un sujet tabou.

Why Get Married ? prend l'affiche le 10 février au Loew's, une des plus prestigieuses salles de Montréal et il obtient peu de succès. Léon Bélanger soutient que c'est parce que la censure l'avait dénaturé. Nul ne peut en juger, car aucune copie du film n'a été conservée. *Yves Lever*

ANQ-M, fonds Régie du cinéma, E 188, fiches du film et documents annexés ; BÉLANGER, Léon-H., *Les Ouimetoscopes : Léo-Ernest Ouimet et les débuts du cinéma québécois*, 1978.

YOU'RE IN THE ARMY NOW

Lewis Seiler (1890-1964) • Film qui perd le baiser le plus long de l'histoire du cinéma américain (1941)

Cette comédie à gros gags comporterait, selon les bases de données, le plus long baiser de toute l'histoire du cinéma américain : trois minutes et cinq secondes (Jane Wyman et Regis Toomey). Le distributeur Vitagraph a-t-il apporté une copie intégrale? On ne peut savoir, mais on doit en douter. Le film est approuvé sans restriction le 20 décembre 1941. Il amorce sa carrière en salle le 16 janvier 1942, au Princess, à Montréal. Il n'y a aucune mention du fameux baiser dans la publicité et dans le texte promotionnel. *Yves Lever*

ANQ-M, fonds Régie du cinéma, E 188, fiche du film.

YVES MONTAND CHANTE

Sergueï Youtkevitch (1904-1985) • Film censuré par anticommunisme (1959)

En novembre 1956, Yves Montand, alors compagnon de route du parti communiste*, fait une tournée en Union soviétique. Il a hésité à s'y rendre à cause de l'invasion de Budapest le 24 octobre précédent, mais il a tenu à aller demander des comptes au secrétaire du parti communiste, Nikita Kroutchev, et à lui communiquer l'opinion des artistes français.

Vieux routier du réalisme socialiste, Sergueï Youtkevitch réalise un long métrage documentaire de la tournée, *Yves Montand chante*, montrant tout le succès obtenu par le chanteur français devant ses divers auditoires. Toutefois, il n'inclut pas les rencontres avec les dirigeants politiques. La version française fait les beaux jours de plusieurs salles en Europe.

Le film n'arrive au Québec que deux ans plus tard. Le Bureau de censure approuve les deux copies soumises par Ciné-France Distribution (Jean-Pierre Desmarais) le 23 novembre 1959, mais il impose les coupures suivantes :

[Bobine] 1A- Dialogue : De Moscou
1A- Éliminer le titre « Moscou »
1A- Dialogue : De Moscou, salle de vingt mille places
1B- Dialogue : Et bien entendu une visite du Kremlin
1B- Dialogue : Le grand palais du Kremlin
1B- Dialogue : La salle de réunion du Soviet suprême
2A. L'université de Moscou
3B. Éliminer le titre « Léningrad »
3B- Dialogue : L'Ermitage est un des plus prestigieux [sic] du monde
3B- Éliminer l'affiche « Congrès mondial des partisans de la paix »
4A- Éliminer le titre « Kiev »
4A- Dialogue : En Union soviétique

Ces 12 coupures totalisent 44 pieds, environ 30 secondes. C'est peu, mais elles font disparaître des indications géographiques essentielles et éliminent des institutions et événements dont s'enorgueillissent les Soviétiques, comme s'il fallait faire oublier au spectateur que les spectacles sont donnés dans un pays communiste, comme s'ils étaient filmés partout et nulle part.

Cette censure illustre l'anticommunisme viscéral qui perdure dans les milieux proches du pouvoir québécois à la toute veille de la Révolution tranquille. Pourtant, des reportages radiophoniques et télévisuels multiplient les informations sur le bloc de l'Est et montrent bien que Kroutchev, après la bavure de 1956, commence à instaurer une certaine libéralisation. *Yves Lever*

ANQ-M, fonds Régie du cinéma, E-188, fiche du film.

ZÉRO DE CONDUITE

Jean Vigo (1905-1934) • Film français qui ne peut être vu au Québec que 30 ans après sa production (1933-1964)

Dans un pensionnat français de province, quatre jeunes adolescents s'opposent à l'autorité et ils entraînent des camarades dans leur révolte contre la discipline. *Zéro de conduite* ne dure que 44 minutes, mais cette œuvre satirique de grande poésie malmène comme jamais auparavant le système d'éducation, la morale et la religion ; il évoque directement

Il a fallu attendre 30 ans pour que ce film de Jean Vigo prenne l'affiche à Montréal, dans une petite salle de répertoire qui revendique jour après jour une libéralisation de la censure.

la pédophilie qui est souvent vécue dans ce genre d'institution. La censure française l'interdit en 1933 pour « dénigrement de l'instruction publique » et elle ne le libère qu'en 1945. Dès lors, il fait les beaux jours des ciné-clubs de France et de Belgique.

Zéro de conduite, en copie 16 mm, n'est apporté au Bureau de censure québécois qu'en septembre 1964 et il est approuvé sans réserve le 24. Comme en France, il fait le tour des ciné-clubs. En 1970, l'Office des communications sociales l'inclut dans sa *Sélection de films pour ciné-clubs*. Il est finalement classé « Pour tous » le 21 septembre 1972.

Avant la réforme de l'éducation au début des années 1960 et la quasi-disparition des pensionnats, *Zéro de conduite* n'aurait sans doute jamais été autorisé par la censure québécoise. Pendant 30 ans, aucun distributeur n'a d'ailleurs été assez téméraire pour proposer cette œuvre iconoclaste. Son acceptation rend compte de l'évolution rapide que l'institution censoriale étatique connaît lors de la Révolution tranquille.

Du même réalisateur, *L'Atalante* avait été approuvé le 17 décembre 1954 et bien que classé « Adultes » par le Centre catholique du cinéma de Montréal, il fait partie de sa liste de films proposés aux ciné-clubs dès 1955. *Yves Lever*

ANQ-M, fonds Régie du cinéma, E 188, fiche du film ; Douin, Jean-Luc, *Dictionnaire de la censure au cinéma*, 1998.

CHRONOLOGIE

Cette chronologie ne vise pas l'exhaustivité. Dans le domaine littéraire, nous avons retenu les faits significatifs, de même que les cas de censure relevant d'autres arts; en ce qui a trait au cinéma, nous n'avons retenu que ceux qui font directement l'objet d'une entrée. Chaque année depuis 1913, des dizaines de films sont interdits et des centaines sont modifiés d'une façon significative. Les nommer tous aurait été impossible. On pourra de plus consulter en complément la chronologie de l'Union des écrivaines et des écrivains québécois : http://www.uneq.qc.ca/dossiers/liberte/liberte.html

Année	LITTÉRATURE	CINÉMA
1625	*Anticoton*, premier cas de censure connu en Nouvelle-France (autodafé).	
1683	Le 3 juillet, un mandement de Mgr François de Laval pour mettre fin aux « charivaris », c'est-à-dire aux soirées où l'on danse, chante et boit.	
1685 ?	Première intervention cléricale : « Avis donnés au gouverneur » de Denonville par Mgr de Saint-Vallier, qui met en garde contre les dangers du théâtre et particulièrement des comédies.	
1694	Le 16 janvier, des mandements de Mgr de Saint-Vallier précisent les dangers du théâtre et de la comédie. Le cas du *Tartuffe* de Molière est particulièrement visé, et Mgr de Saint-Vallier menace d'excommunier le Sieur de Mareuil, qui véhicule des discours impies en public sur l'Affaire *Tartuffe*.	
1700	Le 8 octobre, les *Statuts publiés dans le quatrième Synode tenu à Québec* précisent qu'il est du devoir des curés de paroisse le pouvoir de bannir les livres suspects et de refuser l'absolution aux fidèles qui se mettent dans une position favorisant les occasions de péché telles que la danse.	
1767	Le 26 janvier, un mandement de Mgr Briand relate les vices et scandales dans la colonie, dont « la hardiesse à lire les livres les plus dangereux ».	
1771	Le 5 mars, un mandement de Mgr Briand fait des mauvaises lectures un des plus grands dangers qui menacent la colonie. Il est suggéré de brûler « avec courage et indignation ces livres séducteurs et empoisonnés ».	
1779	Au mois de juin, la *Gazette littéraire de Montréal* est saisie par les autorités civiles; Fleury Mesplet et Valentin Jautard sont emprisonnés.	
1794	Un *Mémoire sur le diocèse de Québec* relève une diminution des discours impies dans la colonie, grâce aux autorités publiques, malgré les grands ravages causés par les mauvaises lectures.	
1810	Au mois de mars, le journal *Le Canadien* est saisi par le gouverneur James Craig; les propriétaires sont emprisonnés.	
1832	Le journaliste Ludger Duvernay, rédacteur de *La Minerve*, est emprisonné une deuxième fois pour libelle diffamatoire.	
1834	Au mois d'avril, *Les paroles d'un croyant*, de Lamennais, est imprimé en contrefaçon par Ludger Duvernay.	
1839	Au mois de janvier, le journal satirique *Le Fantasque* de Napoléon Aubin est saisi par les autorités civiles. Le 7 décembre, un *Chemin de croix* peint par Antoine Plamondon est refusé par l'église qui l'a commandé.	

Année	LITTÉRATURE	CINÉMA
1843	Le 16 février, une lettre circulaire de Mgr Ignace Bourget, de Montréal, autorise les bals, mais à la condition qu'ils soient très surveillés.	
1845	Le 25 septembre 1845, un mandement de Mgr Bourget signale la nécessité d'implanter l'Œuvre des bons livres à Montréal, association qu'il approuve officiellement.	
1849	Le 15 février, interdiction aux prêtres de donner l'absolution aux fidèles qui lisent des romans immoraux, tout en recommandant de taire le nom des journaux qui les publient. Aussi, le théâtre chaste sera toléré, sans toutefois diriger les fidèles vers ce dernier.	
1854	Le 4 juin, un *Règlement disciplinaire adopté dans le Second Concile provincial de Québec* met en lumière les dangers des instituts littéraires dont les membres peuvent se voir refuser les sacrements. Élaboration d'une stratégie pour contrer l'influence de la mauvaise presse avec un journal catholique français rédigé par des laïcs et une grande promotion du *True Witness*. Aussi, les bibles falsifiées, les feuilletons et les livres immoraux, « grand moyen employé par l'enfer, pour perdre les âmes », doivent être éliminés par la vigilance des curés. Des moyens seront pris pour la création d'un réseau de bibliothèques paroissiales.	
1857	À Montréal, le libraire Jean-Baptiste Rolland aurait brûlé des livres jugés dangereux.	
1858	Le 10 mars et le 30 avril, des lettres pastorales et une circulaire de Mgr Bourget décrient les dangers des mauvaises lectures, des mauvais discours et des instituts qui les véhiculent ou en encouragent la lecture. Interdiction de lire ces ouvrages et dénonciation de tels instituts, comme l'Institut Canadien.	
	Le 13 mai, une lettre pastorale éclaire les fidèles sur le journal irréligieux, le journal hérétique, le journal immoral, le journal impie et le journal libéral, afin qu'ils puissent les reconnaître et les interdire dans leur maison. Condamnation de la liberté d'opinion et promotion des bonnes publications.	
	Le 31 mai, une circulaire annonce l'obligation pour les bibliothèques paroissiales de posséder le livre de l'*Index*.	
1859	Le 29 mars, une circulaire de Mgr Bourget propose un projet d'édition par souscription de l'*Index*.	
	Le 21 juillet, une circulaire de Mgr Bourget recommande aux curés de décrier en chaire l'opéra, le théâtre, le cirque et les autres divertissements profanes et scandaleux.	
1860	Le 31 mai, une circulaire de Mgr Bourget dénonce le journal *Le Pays*, qui a fait montre d'un grand mépris pour l'autorité pontificale.	
	Le *Premier Supplément au mandement du 31 mai 1860 [...]* reconstitue les événements et circonstances qui ont amené la condamnation des journaux *Le Pays*, *Le Constitutionnel*, *La Patrie*, *Le Siècle*, *L'Opinion Nationale*, *Le Courrier de Paris*, *Witness*, *Le Semeur*, *Le Courrier de Saint-Hyacinthe*.	
1862	Le 26 février, une lettre circulaire de Mgr Bourget souligne l'importance de convaincre les abonnés et les directeurs du journal *Le Pays* du danger qu'il représente pour l'autorité pontificale ; résumé des lettres écrites par Mgr aux directeurs de ce journal.	
1864	Le roman *L'influence d'un livre*, de Philippe Aubert de Gaspé, fils, est censuré par l'abbé Henri-Raymond Casgrain à l'occasion de sa réédition.	
	Le roman *Une de perdue, deux de trouvées* de Georges Boucher de Boucherville est autocensuré.	

Année	LITTÉRATURE	CINÉMA
1868	Le 12 août, un mandement de Mgr Baillargeon interdit la lecture, le prêt et la possession des brochures de George Saint-Aimé [pseudonyme d'Alexis Pelletier], *Lettre à Monsieur Baillargeon [...]* et *Réponse aux dernières attaques dirigées par Monsieur l'abbé Chandonnet [...]*, sous peine d'excommunication. Interdiction de tout écrit concernant la question des classiques.	
1869	Le 7 juillet, l'*Annuaire de l'Institut-canadien pour 1868* est mis à l'Index par Rome ; premier cas de mise à l'Index d'un imprimé québécois. À Montréal, le journal *La Lanterne*, d'Arthur Buies, est victime d'une censure sociale.	
1870	Le 31 août, l'*Annuaire de l'Institut-Canadien pour 1869* est mis à l'Index par Rome.	
1871	Le 3 octobre, une circulaire de Mgr Bourget souligne son refus de recevoir *Le Pays* à l'Évêché, journal qu'il n'a jamais approuvé ; le 26 décembre, le journal fait paraître son dernier numéro.	
1873	Le 13 juin, une circulaire de Mgr Bourget interdit *La grande guerre ecclésiastique [...]*, de Louis-Antoine Dessaulles, au même titre que l'*Annuaire de l'Institut canadien pour 1868*.	
1874	Le 18 octobre, *Annonce faire au prône de toutes les églises* : interdiction aux catholiques de fréquenter le théâtre, « ce lieu de scandale, où règne Satan avec un empire absolu et qui est vraiment le vestibule de l'enfer ».	
1875	Les 18, 19 et 25 mars, des circulaires et des lettres pastorales de Mgr Bourget interdisent l'écoute des discours de Charles Chiniquy et la lecture du *Daily Witness*. Le 8 septembre, une lettre pastorale de Mgr Bourget déclare « que le lieu du cimetière où serait enterré le corps de feu Joseph Guibord, si jamais dans la suite il y est inhumé d'une manière quelconque, sera de fait, et demeurera, *ipso facto*, interdit et séparé du reste du cimetière ». Mgr Bourget intervient ensuite officiellement sur cette question le 3 octobre, le 16 novembre et le 18 novembre 1875.	
1876	Le 31 août, condamnation du journal *Le Réveil*, d'Arthur Buies, par Mgr Taschereau.	
1881	Le 21 octobre 1881, l'archevêque et les évêques de la province condamnent les écrits publiés contre l'Université Laval et demandent à ce que les griefs contre leur institution soient faits devant eux et non devant l'opinion publique ou par la voie des journaux.	
1882	Le 13 mars, une *Ordonnance* de Mgr Taschereau condamne *La conscience catholique outragée [...]*, d'Elzéar Paquin. Le 25 mars : dans sa circulaire du 29 janvier 1882, Mgr Fabre protestait contre un article paru dans *Le Monde* et concernant la querelle de l'Université Laval. Or, non seulement *Le Monde* n'a pas désavoué cet article, mais il garde encore en ses rangs le rédacteur en cause. De surcroît, la *Revue canadienne* a endossé l'attitude du *Monde*. Les curés jugeront s'ils doivent continuer d'encourager de telles publications. Le 18 juillet, une lettre pastorale de Mgr Taschereau interdit d'encourager le *Courrier des États-Unis* dans le diocèse de Québec sous peine de désobéissance grave. Le 26 octobre, Mgr Fabre en interdit la lecture dans son diocèse.	
1884	Le 20 janvier. Mgr Fabre condamne le pamphlet *La source du mal de l'époque au Canada* d'Alexis Pelletier ; obligation de brûler cette « œuvre de ténèbres ». Le 2 février, Mgr Taschereau appuie cette condamnation.	
1886	Le 8 novembre, une circulaire de Mgr Taschereau interdit la lecture de la nouvelle édition en volume (1884) du journal *La Lanterne* d'Arthur Buies ; le journal de 1868-1869 est également condamné.	

Année	LITTÉRATURE	CINÉMA
1888	Le 12 avril 1888, le poème « Aux chevaliers du nœud coulant », de Rémi Tremblay, entraîne le congédiement de la Chambre de Communes de son auteur et de deux autres traducteurs.	
1892	Le 29 septembre, *Lettre pastorale de NN. SS. Les archevêques et évêques des provinces ecclésiastiques de Québec, de Montréal et d'Ottawa [...]* : les évêques défendent l'Église catholique devant deux journaux calomniateurs [*Canada-Revue* et *L'Écho des Deux-Montagnes*], à la suite de la chute d'un prêtre [l'abbé Guyot]. Ils dénoncent les erreurs de la presse et demandent aux familles chrétiennes de « n'encourager en aucune manière les journaux et les feuilles périodiques coupables des fautes et des erreurs [...] » Le 11 novembre, *Canada-Revue* et *L'Écho des Deux-Montagnes* sont condamnés par Mgr Fabre.	
1893	*Les trois mousquetaires*, roman d'Alexandre Dumas, paraît dans le journal montréalais *Le Monde*, dans une version censurée à la suite d'une polémique.	
1896	Le 9 décembre, *Le clergé canadien, sa mission, son œuvre*, de Laurent-Olivier David, est mis à l'Index par Rome. Le 22 décembre, le journal *L'Électeur*, de Québec, est censuré à l'occasion de la mise à l'Index du *Clergé canadien, sa mission, son œuvre* de Laurent-Olivier David. Il paraîtra sous son nouveau nom, *Le Soleil*, le 28 décembre.	Le 27 juin, la première projection de cinéma au Canada a lieu à Montréal devant un auditoire de notables, dont le maire.
1899		Le 14 juillet, première mesure censoriale connue : l'évêque Louis-Zéphirin Moreau fait interdire les représentations de cinéma le dimanche dans la ville de Saint-Hyacinthe.
1900	Le 13 mars, *La Petite Revue*, de Montréal, est condamnée à payer une amende de 200 $.	
1903	Le 29 septembre, le journal montréalais *Les Débats* fait l'objet d'une censure cléricale par Mgr Bruchési. Le journal avait déjà fait l'objet d'une censure politique en 1900. *Le Combat* succède au journal *Les Débats*, condamné sous son nouveau nom le 20 janvier 1904.	Dans une lettre lue au prône le 3 août, Mgr Bruchési condamne les divertissements organisés le dimanche dans son diocèse.
1904	Le 8 février 1904, une circulaire de Mgr Bruchési interdit, sans le nommer, le roman *Marie Calumet*, de Rodolphe Girard.	

Année	LITTÉRATURE	CINÉMA
1907	Le 31 mars, une lettre pastorale de Mgr Bégin souligne l'importance de l'action sociale catholique pour contrer les maux de l'époque et l'organisation impérative d'une presse catholique et de journaux quotidiens uniquement catholiques. La mise sur pied de l'Œuvre de la presse catholique lui donne l'occasion de rappeler les principaux devoirs de la presse.	Le 28 février, l'Assemblée législative de Québec vote sa loi du dimanche, qui interdit de donner ou d'organiser des « représentations théâtrales » le dimanche. Le 26 décembre suivant, Léo-Ernest Ouimet est mis à l'amende pour avoir contrevenu à cette loi. Il la conteste et elle est déclarée *ultra vires* par la Cour suprême du Canada le 7 mai 1912. Le 25 novembre, l'archevêque de Montréal, Paul Bruchési, interdit par mandement le cinéma le dimanche dans son diocèse.
1908	Le roman *Le centurion*, d'Adolphe-Basile Routhier, est apparemment refusé par Mgr Bruchési à l'étape de la censure préalable, à cause de l'intégration de l'Évangile dans la fiction.	Dans les salles, les bonimenteurs sont très populaires, mais leurs propos sont parfois censurés.
1909	Le 27 juillet 1909, « Les foins », récit d'Albert Laberge, est censuré par Mgr Bruchési, de même que le journal *La Semaine*, qui l'a publié.	
1911	Le 15 février, une lettre pastorale de Mgr Bégin dénonce les articles « Une crèche dorée sur tranche », « Sans malice », « Pénible énigme » et « Un exemple à suivre » parus dans *La Vigie*. Selon lui, cette publication ainsi que le journal *Le Soleil* œuvrent à anéantir *L'Action sociale* qui se bat justement contre la mauvaise presse. Le 4 décembre 1911, l'album de caricatures *La bêche*, de Joseph Charlebois, est réprouvé par la *Semaine religieuse de Montréal*. Les essais étrangers *Clerical Control in Quebec*, d'Edward McChesney Sait, et *Le cléricalisme au Canada*, de R. de Marmande dénoncent le cléricalisme canadien-français.	Le 24 mars est votée la première loi du cinéma, qui restreint le public: ne peuvent entrer dans les salles les moins de 15 ans non accompagnés.
1912	Le 3 juin, à Montréal, la revue *La Lumière* est condamnée par Mgr Bruchési. Un avertissement est donné au journal *Le Pays*.	Le 21 décembre, une loi crée le Bureau de censure des vues animées de Québec. À compter du 1er mai 1913, tous les films doivent avoir obtenu un visa pour être projetés.
1913	Le 25 septembre, le journal *Le Pays*, dirigé par Godfroy Langlois, est interdit dans un mandement par Mgr Bruchési.	Le 15 avril, le Bureau de censure des vues animées, présidé par Louis-Joseph Lemieux, commence à examiner les films. *Cleopatra*, de Charles L. Gaskill, est amputé de 40 %. Les actualités au sujet de Thaw sont interdites sans même être visionnées.
1914	*Le Débutant* d'Arsène Bessette, roman autocensuré, est victime d'une censure non officielle.	L'avènement de la Première Guerre mondiale occasionne la censure du cinéma d'information au Canada.
1915		*The Birth of a Nation*, de D. W. Griffith, est abondamment censuré dans son pays et un peu au Québec.
1916	L'essai étranger *The Rise of Ecclesiastical Control in Quebec*, de Walter Alexander Riddell, dénonce le cléricalisme canadien-français.	Le 25 décembre, *Intolerance* de D. W. Griffith prend l'affiche avec plusieurs scènes en moins, mais le 8 janvier 1917, le distributeur n'accepte plus les coupures et le film est interdit.

Année	LITTÉRATURE	CINÉMA
1918		À Montréal, le chanoine historien Lionel Groulx s'élève contre le cinéma américain « dénationalisateur ».
1919		Le 17 mars, un amendement mineur est apporté à la loi en ce qui regarde l'admission des enfants : le « 15 ans » est remplacé par « 16 ans ».
		Le 20 mars, *J'accuse*, d'Abel Gance, est refusé par le Bureau de censure.
1921		Le 14 décembre, le Bureau de censure se donne de nouveaux critères, plus élaborés et plus sévères.
1922	À Montréal, l'abbé Lionel Groulx publie *L'appel de la race* et il est menacé d'interdiction.	*Foolish Wives*, d'Eric von Stroheim, est interdit. Il ne sera autorisé que 30 ans plus tard et on n'en verra finalement que le tiers.
	Le 29 décembre, le journaliste John Roberts est condamné à un an de prison par l'Assemblée législative.	
	Le premier roman de Jean-Charles Harvey, *Marcel Faure*, annonce déjà les difficultés que l'auteur connaîtra avec la censure.	
1923		En septembre, le magazine *Le Film* s'attaque à la censure avec un article mordant et une bande dessinée.
1924	Parution de « Les déviations de l'art », de Louis-Adolphe Pâquet, un article majeur sur les fondements de la censure catholique.	*La drogue fatale*, de Joseph-Arthur Homier, un des premiers longs métrages de fiction au Québec, perd quelques images.
		Why Get Married?, de Paul Cazeneuve, produit par Ernest Ouimet, est lourdement amputé par les ciseaux de l'État.
		Le chanoine Adélard Harbour est souvent appelé comme conseiller moral au Bureau de censure ; il le sera jusqu'en 1952.
1925		Les articles de loi concernant le cinéma faisant partie de diverses lois, dont celle des « exhibitions publiques », sont rassemblés dans la loi des vues animées.
1926	Au mois de septembre 1928 paraît « L'art et la morale », de Louis Dantin, un article majeur sur l'autonomie de l'art en regard de la morale, en réponse à une réplique d'Edmond Léo.	Le 17 avril, les distributeurs américains lancent une très sérieuse menace de boycott de tout le Québec. Cela déclenche toute une affaire politique et le boycott n'a finalement pas lieu.
	Dans le roman *L'ineffaçable souillure*, Arsène Goyette dénonce l'effet des mauvaises lectures.	
1927		Le dimanche 9 janvier, un incendie au Laurier Palace cause la mort de 78 enfants. Le juge Louis Boyer enquête sur la tragédie et remet son rapport le 25 août.
		Metropolis, de Fritz Lang, est d'abord interdit, puis accepté avec des coupures.
		Sunrise, de Friedrich Wilhelm Murnau, est d'abord interdit, puis accepté après des coupures.

Année	LITTÉRATURE	CINÉMA
1928		Le 22 mars, une importante modification à la loi interdit l'entrée des salles de cinéma à tous les moins de 16 ans, en tout temps. Elle décrète aussi la censure de toutes les formes de publicité du cinéma.
1929	Louis Dantin hésite à signer et à faire imprimer le poème « Chanson javanaise », par crainte de la censure. Il en sera de même pour « Chanson citadine ») et « Chanson javanaise » (1930-1932) Le recueil de contes *L'homme qui va…*, de Jean-Charles Harvey, fait l'objet d'une tentative de censure et entraîne un échange épistolaire important entre l'auteur et Camille Roy.	
1930	Le recueil *L'offrande aux vierges folles*, d'Alfred DesRochers, est autocensuré. Albert Lévesque crée la collection « Les romans de la jeune génération », qui inquiète le clergé et que l'éditeur préfère interrompre (1930-1932).	D'abord refusé le 7 avril, *La passion de Jeanne-d'Arc*, de Carl Theodor Dreyer, est accepté par le Bureau de censure, mais coupé, le 9 juin suivant. Le cinéma français revient sur les écrans ; il est davantage censuré que les productions hollywoodiennes, surtout quand c'est Arletty qui tient le premier rôle. La Ligue du cinéma de Québec s'acharne contre lui. Le film *L'ange bleu* de Josef von Sternberg, est d'abord interdit, puis accepté avec coupures.
1931		Le 11 mai, le Bureau de censure adopte une longue série de critères, la plupart recopiés du *Production Code* des américains ; ils demeureront officiellement en vigueur jusqu'au 4 mars 1963. *Frankenstein*, de James Whale, soulève des discussions théologiques. *Marius*, d'Alexander Korda, premier de la trilogie irrévérencieuse de films adaptés des pièces de Marcel Pagnol, s'en tire à bon compte devant la censure officielle. *Fanny* et *César* auront le même sort. *Tabu*, de Friedrich Wilhelm Murnau et Robert Flaherty, voit disparaître la nudité des Polynésiennes.
1932		L'actrice américaine Mae West est particulièrement surveillée par les censeurs, et cela jusqu'en 1938. *Scarface*, de Howard Hawks, est refusé ; il ne sera autorisé qu'en 1947. *Cognasse*, de Louis Mercanton, perd ses répliques communistes. *Trouble in Paradise*, d'Ernst Lubitsch, est accepté avec plusieurs coupures, mais provoque une forte réaction à Québec.

Année	LITTÉRATURE	CINÉMA
1933		*Voltaire*, de John Adolfi, est refusé. *The Sign of the Cross*, de Cecil B. DeMille, propose des valeurs chrétiennes, mais perd tout de même plusieurs scènes. *Zéro de conduite*, de Jean Vigo, ne peut être vu au Québec que 30 ans après sa production, soit en 1964.
1934	Le 25 avril, le roman *Les demi-civilisés*, de Jean-Charles Harvey, est interdit par le cardinal Villeneuve, de Québec.	Le 18 décembre, *Maria Chapdelaine*, que Julien Duvivier est venu tourner en grande partie à Péribonka, est autorisé, mais avec quelques coupures. *Cleopatra*, de Cecil B. DeMille, perd quelques scènes.
1935	Le 1er avril, le journal *L'Ordre*, d'Olivar Asselin, est stigmatisé dans la *Semaine religieuse de Québec* par le cardinal Villeneuve. *Sous le signe des muses*, de Carmel Brouillard, « Essais de critique catholique », témoigne de la persistance d'une critique littéraire censoriale et dont les positions extrêmes sont dénoncées par certains.	
1936	Le 12 novembre, *La réponse de la race*, de Lambert Closse, essai antisémite, publié avec une fausse mention d'imprimatur, est dénoncé par la *Semaine religieuse de Québec*.	*Chapayev*, film soviétique, est refusé au Québec à cause de son origine. Publication de l'encyclique *Vigilanti cura*.
1937	Le 17 mars, le gouvernement vote la Loi du cadenas afin de protéger la province contre le communisme. Le 5 novembre, le journal communiste *Clarté* est l'une des premières victimes de la Loi du cadenas. La Modern Bookshop de Montréal voit également la police provinciale saisir tous ses livres. Création de *Mes fiches* par l'éditeur Fides ; *Mes fiches* attribuera des cotes morales aux œuvres à partir de 1943.	Le 20 novembre débute à Québec la première série de cotes morales établies par un organisme clérical du Québec, le « Ciné-bulletin » du quotidien *L'Action catholique*. *La grande illusion*, de Jean Renoir, est légèrement censuré, ce qui n'est pas le cas des autres films du réalisateur, qui le sont plus lourdement. *The Life of Émile Zola*, de William Dieterle, est interdit pendant 25 ans.
1938	L'essai *L'Index*, de Raymond-Marie Charland, décrit la législation de l'Index. L'essai *La participation des Canadiens français à la Grande Guerre [...]*, de Jacques Michel, ne porte aucune mention de censure préalable ; une suite prévue fait l'objet d'une censure politico-cléricale.	*Le quai des brumes*, de Marcel Carné, est refusé, puis autorisé avec des coupures. Le 26 février, *Snow White and the Seven Dwarfs* prend l'affiche au Palace à Montréal et les enfants y sont admis, sans qu'une permission officielle ait été accordée. En mai, Joseph-Alexandre DeSève, directeur général de France-Film, crée son comité de précensure des films qui est très actif jusqu'en 1942, puis se manifeste épisodiquement jusqu'en 1952. Le film de gangsters *Angels With Dirty Faces*, de Michael Curtiz, est censuré pour ne pas donner de mauvais exemples à la jeunesse (refusé aussi en 1945).

Année	LITTÉRATURE	CINÉMA
1939	Au mois de novembre, le roman *Les mémoires d'un soldat inconnu*, d'Adolphe Brassard, est retiré de la circulation en raison de la censure de guerre.	En juin, Louis Francœur publie dans la *Revue moderne* un des textes les plus percutants à avoir été écrit à ce jour contre la censure du cinéma. *Beau Geste*, de William Wellman, est d'abord accepté, puis interdit à la suite de pressions de la part de diplomates français.
1939-1945		La censure de guerre s'exerce sur l'ensemble des documentaires d'actualité, et particulièrement sur ceux de l'Office national du film, créé en 1939.
1940		*Arise, My Love*, de Mitchell Leisen, suscite l'ire de *L'Action catholique* à Québec. Le classique *Gone with the Wind*, de Victor Fleming, perd quelques paroles.
1941	Au mois d'avril, le texte dramatique « Dollard des Ormeaux », d'Alfred DesRochers, est commandé à l'auteur pour favoriser l'effort de guerre.	*You're in the Army Now*, de Lewis Seiler, perd le baiser le plus long de l'histoire du cinéma américain.
1942	Le 5 novembre, le reportage photographique « French Canada », paru dans *Life* et repris dans *Le Jour*, entraîne une protestation de la part des archevêques du Canada ; le 10 décembre, *Le Jour* est réprouvé.	*Inside Fighting Russia*, documentaire de Stuart Legg, est combattu par certains catholiques à cause de sa propagande communiste.
1944	Le 15 décembre, le conte « L'anneau », de Jacques Ferron, est refusé par l'imprimeur du journal *Le Jour*.	*Our Northern Neighbour*, documentaire de Tom Daly, est interdit sous prétexte d'idées subversives.
1945	L'essai *La censure des livres*, d'Édouard Gagnon, décrit la législation de l'Index. Le roman *Orage sur mon corps*, d'André Béland, est coté I (« franchement mauvais ») par *Mes fiches*.	Avant de devenir député, et finalement premier ministre, Daniel Johnson occupe un poste de censeur.
1946	Le père Émile Legault, c.s.c., directeur de la troupe Les Compagnons de Saint-Laurent, renonce à jouer *Les mouches*, de Jean-Paul Sartre ; la pièce sera d'ailleurs présentée comme cas de censure dans le roman *Mathieu* de Françoise Loranger. En septembre, début de publication de la revue *Lectures*, qui attribue des cotes morales aux œuvres littéraires. Cette revue cotera « Mauvais » plusieurs ouvrages littéraires (voir Annexes 8 et 9). La pièce de théâtre *Huis clos* et la conférence « La littérature française de 1914 à 1945 [...] », de Jean-Paul Sartre, soulèvent des difficultés d'application de la censure.	*The Outlaw*, de Howard Hughes et Howard Hawks, est refusé en raison de son atmosphère érotique.

Année	LITTÉRATURE	CINÉMA
1947	Le 10 juillet, le recueil de poèmes religieux *La romance*, d'Arthur-M. Viau, est condamné par la *Semaine religieuse de Québec*, puis coté « Mauvais » par la revue *Lectures*.	Le 7 février, le Bureau de censure interdit la projection des *Enfants du paradis*, de Marcel Carné. C'est le début d'une affaire qui fait beaucoup de bruit. *Monsieur Verdoux*, de Charles Chaplin, est d'abord refusé, puis accepté avec des coupures. Le 27 août, les films en 16 mm tombent aussi sous la loi de la censure. Le 5 décembre, Alexis Gagnon, ex-journaliste au *Devoir*, est nommé président du Bureau de censure par Maurice Duplessis. Il sera le plus rigoriste de tous les censeurs. *La symphonie pastorale*, de Jean Delannoy, est refusé à cause de la représentation d'un pasteur, puis accepté avec des coupures. *Duel in the Sun*, de King Vidor et autres, est un des films de la tradition hollywoodienne les plus amputés par les censeurs du Québec ; il est accepté, puis interdit, puis approuvé avec 31 minutes en moins.
1948	Le 21 octobre, *Refus global*, le manifeste des automatistes, occasionne le renvoi de Paul-Émile Borduas de l'École du meuble. Parution de l'essai *La morale amie de l'art*, d'Eugène Lefebvre, qui prône l'inséparabilité de l'art et de la morale.	*Le diable au corps*, de Claude Autant-Lara, est refusé par le Bureau de censure. *Le corbeau*, d'Henri-Georges Clouzot, est d'abord refusé par la censure étatique, puis accepté avec de nombreuses coupures.
1949	La sculpture *La famille*, de Robert Roussil, connaît de multiples mésaventures.	*Les parents terribles*, de Jean Cocteau, est refusé d'abord, puis accepté une fois « reconstruit » (1951).
1950	Le projet d'exposition lancé par la Société des écrivains canadiens afin de commémorer le centenaire de la naissance de Honoré de Balzac est interdit par Mgr Albert Valois.	Le 25 mars, Paul-Émile Léger est sacré archevêque de Montréal (nommé cardinal en 1953). Il se veut un champion de la lutte contre le cinéma et les publications obscènes. *The Royal Mounted Patrol* suscite une censure envers les mauvaises images du Canada français. *Manon*, d'Henri-Georges Clouzot, est d'abord refusé, puis accepté avec coupures et coté « À proscrire » par les catholiques.
	Le 29 mars est sanctionnée la « Loi concernant les publications et la moralité publique » ; le Bureau de censure du cinéma doit aussi examiner des centaines de magazines avec illustrations.	
1951	Publication du roman posthume *Les enfances de Fanny*, de Louis Dantin, qui a été reportée par crainte de la censure.	

Année	LITTÉRATURE	CINÉMA
1952	Au mois de février, *Les paradis de sable*, de Jean-Charles Harvey, est refusé par l'imprimeur, puis autocensuré.	Le 6 septembre, la télévision de Radio-Canada entre en ondes. Le 10 décembre suivant, Maurice Duplessis fait voter une loi qui en ordonne la « surveillance » par le Bureau de censure. *I Confess*, d'Alfred Hitchcock, est tourné sous la surveillance d'un abbé de Québec. *Les mains sales*, de Fernand Rivers, dont taire le fait qu'il est tiré d'une pièce de Jean-Paul Sartre. *Los olvidados*, de Luis Buñuel, réalisateur qui subit plus souvent qu'à son tour les foudres de la censure, perd quelques minutes. *Rashomon*, de Akira Kurosawa, est légèrement coupé par le Bureau de censure. Le film à sketches *Les sept péchés capitaux*, de Eduardo de Filippo, Jean Dreville, Yves Allégret, Carlo Rim, Roberto Rossellini, Claude Autant-Lara, Georges Lacombe, perd des scènes et est condamné par l'Église catholique.
1953		*Martin Luther*, film d'Irving Pichel, est interdit pour des motifs religieux. De *Niagara* jusqu'à *The Misfits* en 1961, tous les films de Marilyn Monroe perdent quelques images.
1955	Gérard Tessier publie *Face à l'imprimé obscène*.	Après des coupures en France et au Québec, il ne reste plus que 99 minutes des 185 originales de *Le rouge et le noir*, de Claude Autant-Lara, adaptation du roman de Stendhal. *Le blé en herbe*, de Claude Autant-Lara, controversé en France, est le deuxième plus mutilé par la censure québécoise. *Boum sur Paris*, de Maurice de Canonge, perd une partie de ses chansons. Publication de l'*Index de 6000 titres de films avec leur cote morale (1948-1955)*, de la Fédération des centres diocésains du cinéma, un outil d'information pour les catholiques.
1956	À l'été, les abbés Gérard Dion et Louis O'Neill publient « L'immoralité politique dans la province de Québec », article dénonçant la corruption politique sous le régime de Maurice Duplessis, et que la censure atteint avant et après sa publication	*The Search for Bridey Murphy*, de Noel Langley, est interdit pour un motif théologique. *Baby Doll*, d'Elia Kazan, perd plusieurs minutes au Bureau de censure et est condamné par les catholiques. Personne ne distribue *Et Dieu créa la femme* de Roger Vadim ; il ne sera vu au Québec qu'en 1962 et sera coté « À proscrire » par les catholiques.

Année	LITTÉRATURE	CINÉMA
1957	Publication du guide psychologique et bibliographique de la littérature de jeunesse *Livres roses et séries noires*, de Guy Boulizon.	
1958	Parution de *Avec ou sans amour*, de Claire Martin, recueil de nouvelles dont deux font l'objet d'une demande de censure par Paul Gay, juré pour le prix du Cercle du livre de France. Parution de *La fille du silence*, de Jean-Charles Harvey, recueil de poèmes érotiques pour lequel Harvey trouve difficilement un éditeur, et qui est coté « Mauvais » par la revue *Lectures*.	Le 3 novembre, l'affaire *Maxime* provoque une forte réaction contre la censure. Le western *The Left Handed Gun*, d'Arthur Penn, est d'abord refusé, puis accepté avec coupures. *Montparnasse 19*, de Jacques Becker, perd des scènes et les censeurs inventent un mariage au peintre Modigliani. *Les amants* de Louis Malle ne sera distribué au Québec qu'en 1964. Beaucoup de films de la Nouvelle Vague arrivent avec quelques années de retard.
1959	Début de la saga censoriale canadienne de *L'amant de Lady Chatterley*. En 1956, l'adaptation au cinéma par Marc Allégret a été refusée et elle ne sera autorisée qu'en 1963. Le Code criminel canadien précise la notion d'obscénité.	*Al Capone*, de Richard Wilson, est interdit puis accepté avec coupures. *Lettres de mon moulin*, de Marcel Pagnol, est interdit par la censure du Québec, mais passe à la télévision. *Yves Montand chante*, de Sergueï Youtkevitch, est censuré par anticommunisme.
1960	Parution de l'essai *Les insolences du frère Untel*, de Jean-Paul Desbiens, objet de tentatives de censure qui ont commencé l'année précédente.	Le film *Le destin d'un homme*, de Sergei Bondartchouk, est interdit pour cause de communisme. Publication dans *Cité libre* (juin-juillet) de l'article « Les dessous de la censure » du psychanalyste André Lussier. Le 8 août, *Oscar Wilde* de Gregory Ratoff n'est approuvé que mutilé de ses références à l'homosexualité. Du 12 au 18 août se déroule le premier Festival international du film de Montréal, dont un des buts est de lutter contre la censure. Le 1er septembre, l'humoriste Gilles Pellerin devient censeur, signe que les nominations partisanes ont encore cours. Le 11 novembre, la sortie en salle d'*Hiroshima mon amour*, amputé de 13 minutes, provoque une manifestation dans la rue et d'importantes réactions médiatiques. *Psycho*, d'Alfred Hitchcock, voit sa version doublée davantage censurée que l'originale.
1961	Guy Robert, auteur de *Broussailles givrées*, est congédié par le Séminaire de Gaspé. L'essai *Julie Papineau [...]*, de Fernand Ouellet, provoque des disputes juridiques. Le recueil d'essais *Convergences*, de Jean Le Moyne, fait l'objet d'une double dénonciation.	Le 9 juin, un amendement à la loi permet l'entrée des enfants dans les salles de cinéma avant 18 h, pour des films spécialement approuvés pour eux par Robert-Claude Bérubé et autres. Le 6 juillet, un arrêté en conseil crée le Comité provisoire pour l'étude de la censure du cinéma dans la province de Québec, présidé par Georges Dufresne. *Le cuirassé Potemkine*, de Sergei M. Eisenstein, perd quelques intertitres.

Année	LITTÉRATURE	CINÉMA
1961 (suite)		*La Dolce Vita*, de Federico Fellini, voit sa diffusion limitée et il est déconseillé par les catholiques.
		Sourires d'une nuit d'été, d'Ingmar Bergman, ne peut avoir qu'une diffusion limitée et il est coté « À proscrire ».
		La vérité, d'Henri-Georges Clouzot, connaît beaucoup de mésaventures au bureau de censure et est coté « À proscrire » par les catholiques.
1962		Un rapport déposé le 20 février 1962, connu sous le nom de « Rapport Régis », recommande l'abolition de la censure du cinéma au Québec.
		Maurice Leroux est nommé président du Bureau de censure le 10 mai. On cesse définitivement de couper les films.
		À l'ONF, quelques courts métrages subissent des coupures.
1963		André Guérin devient président du Bureau de censure le 30 avril. Il le restera jusqu'au 26 septembre 1988, même si des politiciens comme Yves Gabias font tout pour le voir partir.
		À tout prendre, de Claude Jutra, est coté « À proscrire » par l'Office catholique national des techniques de diffusion.
		Le film à sketches *Les sept péchés capitaux*, de Philippe de Broca, Jean-Luc Godard, Édouard Molinaro, Jacques Démy, Roger Vadim, Claude Chabrol, Max Douy, Sylvain D'Homme, perd des scènes et est condamné par l'Église catholique.
		Strip-tease, de Jacques Poitrenaud, connaît une diffusion limitée avant d'être interdit.
1964		À l'été, Louis Portugais tourne *Jeunesse année 0* pour le Parti libéral du Québec, mais le film est interdit de diffusion par son commanditaire.
		Le film à sketchs *Les baisers*, de Bertrand Tavernier, Claude Berri, Charles L. Bitsch, Jean-François Hauduroy et Bernard Toublanc-Michel, est amputé de tout un sketch et condamné par les catholiques.
		Confession d'un médecin, de Jochen Wiedermann, est coté « À proscrire » par l'Office catholique national des techniques de diffusion.
		The Insect Woman, de Shohei Imamura, est condamné par les catholiques.
		La terre à boire, de Jean-Paul Bernier, est légèrement censuré par l'État et coté « À proscrire » par les catholiques.

Année	LITTÉRATURE	CINÉMA
1965	En septembre, la revue *Lectures* abandonne le système des cotes morales.	*Le festin des morts*, de Fernand Dansereau, est raccourci par son producteur pour des raisons de mise en marché. *Un gynécologue accuse*, de Falk Harnack, est coté « À proscrire » par l'Église catholique parce qu'il est favorable à la ligature des trompes. *Onibaba*, de Kaneto Shindo, est approuvé par l'État, mais condamné par les catholiques.
1966	Abrogation de l'Index. Mai-juin, dernier numéro de la revue *Lectures*.	*Ils sont nus*, de Claude Piersen, est refusé, puis accepté avec coupures. *Le serpent*, de Hans Abramson, est interdit pour érotisme et violence.
1967	Le 7 août, le libraire Guy Delorme a en sa possession le roman français *Histoire d'O*; il est traduit en justice en vertu de la Loi sur l'obscénité. Au mois de décembre, les Ballets africains sont mis en procès au nom du Code criminel.	Le 31 mai, l'Office des communications sociales cesse la rédaction des cotes morales (de « Pour tous » à « À proscrire »), publiées depuis 1948. Le 12 août est sanctionnée la nouvelle loi sur le cinéma qui instaure la classification par paliers d'âge (Pour tous, 14 ans, 18 ans). Le Bureau de censure devient le Bureau de surveillance du cinéma. Les ciné-parcs sont autorisés. *High*, de Larry Kent, est interdit puis autorisé avec coupures un an plus tard. *Ulysses*, de Joseph Strick, adaptation cinématographique du roman célèbre de James Joyce, connaît des problèmes à cause du langage.
1968	Le 28 février, *Le mal des anges*, d'André Loiseau, est saisi puis fait l'objet d'un procès en vertu de la loi sur l'obscénité.	Le 12 juillet, *I, a Woman* est saisi et amené en cour pour obscénité. Le jugement de non-culpabilité est rendu le 14 avril 1972. Le film *Oscar Wilde*, de Gregory Ratoff, perd des répliques au sujet de l'homosexualité et des relations entre l'art et la morale. *La Religieuse/Suzanne Simonin, la religieuse de Diderot*, de Jacques Rivette, est classé « 18 ans ».
1969	Le 31 octobre, l'ouvrage *Nègres blancs d'Amérique*, de Pierre Vallières, est saisi par les autorités policières; des accusations de sédition sont portées contre l'auteur.	Le 8 mai, la diffusion de *Cap d'espoir*, de Jacques Leduc, est interdite par son producteur, l'ONF. Des cinéastes demandent la censure du *Dossier Nelligan*, de Claude Fournier.
1970		Le 16 octobre, le documentaire politique *The Storm*, de Roger Cardinal est saisi par la Gendarmerie royale canadienne. Le 5 novembre, des pressions politiques obligent le retrait du permis de diffusion de *Quiet Days in Clichy*, de Jens Jorgen Thorsen.

Année	LITTÉRATURE	CINÉMA
1971	*Le cassé*, de Jacques Renaud, est interdit au campus de Tracy du Cégep régional Bourgchemin. Cette situation se produira de nouveau en 1982 au Cégep de Shawinigan.	La diffusion d'*Un pays sans bon sens!*, de Pierre Perrault est limitée par son producteur, l'ONF, qui abrège aussi *L'Acadie, l'Acadie?!?* du même auteur. En avril, *On est au coton*, de Denys Arcand, est interdit par le commissaire Sydnew Newman, responsable de plusieurs autres censures. Le 23 avril, à Québec, le curé Raymond Lavoie part en guerre juridique contre *Pile ou face* de Roger Fournier et *Après-ski* de Roger Cardinal sous prétexte d'obscénité. Le premier est acquitté le 30 novembre 1972 et le second est condamné le 10 juillet 1973. Le projet des *Ordres*, de Michel Brault, est accepté à l'ONF, puis refusé par le grand patron.
1972		*Québec : Duplessis et après...*, de Denys Arcand, est censuré par l'ONF. Le 12 décembre, l'interdiction par l'ONF de *24 heures ou plus*, de Gilles Groulx, est rendue officielle.
1973	*Arioso*, de Louise Maheux-Forcier, est refusé par Radio-Canada en raison de son contenu lesbien.	
1974		*Deep throat*, film pornographique américain, est interdit au Québec. Dans *La pomme, la queue et les pépins*, de Claude Fournier, la vedette obtient la suppression de la scène finale. Dans *Sweet Movie*, de Dusan Makavejev, Carole Laure, obtient en cour le retrait de plans sexuels qu'elle a tournés.
1975		La direction du Carnaval de Québec tente d'interdire le documentaire *Le soleil a pas d'chance*, de Robert Favreau.
1976	Dans la nuit du 13 juillet, à Montréal, l'exposition *Corridart* est démantelée à la demande du maire Jean Drapeau.	*L'interdit*, de Pierre Maheu, sur une commune psychiatrique, soulève beaucoup de controverses.
1978	La pièce de théâtre *Les fées ont soif*, de Denise Boucher, fait l'objet d'une censure religieuse et judiciaire.	La télésérie *Duplessis*, de Denys Arcand, diffusée à Radio-Canada, est l'objet d'une plainte d'un jésuite au CRTC.
1981	Le ministère de l'Éducation du Québec propose un *Guide pédagogique de littérature de jeunesse* enrichi de plusieurs documents au service des enseignants. Les romans retenus sont accompagnés d'un jugement global de qualité à partir de critères clairement exposés.	Le 21 janvier est créée la Commission Fournier, qui remet son rapport, *Le cinéma, une question de survie et d'excellence*, le 25 juin 1982. *Salò o le 120 Giornate di Sodoma*, de Pier Paolo Pasolini, sort à Montréal sans problème, mais il se retrouve en cour en 1982, à la suite de sa sortie à Québec.
1982	*Œuvre de chair*, d'Yves Thériault, est interdit au cégep de Shawinigan, de même que *Le cassé*.	Le 10 février, Roland Smith ouvre le Cinéma X pour diffuser du cinéma érotique. Mais il doit le fermer après quelques mois. La vidéo commence à accaparer ce type de produit.

Année	LITTÉRATURE	CINÉMA
1983		Le 23 juin est sanctionnée la loi qui crée la Régie du cinéma, qui remplace le Bureau de surveillance, avec des pouvoirs plus étendus.
1984		Le 1er février, Claire Bonenfant, militante féministe, et Pierre Lamy, rejoignent André Guérin à la direction de la Régie du cinéma.
1988		Le 7 septembre, la *Gazette officielle* annonce la nomination de Claude Benjamin à la tête de la Régie du cinéma. Il y reste 10 ans.
1991	Michèle Marineau se voit presque interdite d'entrée dans une école à cause de son roman *Cassiopée ou l'été des baleines* (1989) qui traite de la sexualité féminine dans un langage non approprié. À Québec, les œuvres de Reynald Cantin, *J'ai besoin de personne* (1987), *Le secret d'Ève* (1990) et *Le choix d'Ève* (1991), sont non seulement boycottées par l'école même où il enseigne mais aussi interdits d'achat par les bibliothèques du Conseil scolaire Chauveau à cause du langage employé, mais surtout du thème de l'inceste qui y est abordé et des mœurs sexuelles adolescentes.	Le 20 juin sont sanctionnées d'importantes modifications à la loi pour imposer la classification de tous les films sur support vidéo.
1992	1992-2002. *La première fois*, tomes 1 et 2, de Charles Montpetit connaît des problèmes de diffusion dans certaines écoles.	
1993	Pierre Michaud, un neveu de P. H. Desrosiers et l'un des co-héritiers de l'entreprise Val-Royal – laquelle allait devenir par la suite Réno-Dépôt inc. –, confie à Pierre Turgeon, auteur, historien et éditeur professionnel, la tâche de rédiger la biographie de son oncle, le fondateur de l'entreprise. Le projet entraînera une longue saga judiciaire.	Le scénario d'*Octobre*, de Pierre Falardeau, provoque des remous chez les sénateurs canadiens.
1995	Dans un mémoire déposé aux États généraux sur l'éducation en 1995, l'Association des parents catholiques du Québec (APCQ) lutte pour enlever des bibliothèques scolaires de la Commission des écoles catholiques de Montréal les livres qui véhiculent de la violence et de l'érotisme. Bertrand Gauthier, président fondateur de la maison d'édition La Courte échelle, y est particulièrement visé pour deux de ses romans, *Ani Croche* (1985) et *La course à l'amour* (1987). Ils sont qualifiés « d'inacceptables » et « quasiment pornographiques » alors qu'ils s'inscrivent dans un contexte de prévention et d'éducation.	

Année	LITTÉRATURE	CINÉMA
1997	Le 17 mars, l'Assemblée nationale du Québec déplore les propos tenus à l'émission « Un jour à la fois », liée aux propos tenus par André Pratte dans *Le syndrome de Pinocchio*.	
1998	Un numéro de la revue poétique montréalaise *Steak haché* est censuré par l'escouade de la moralité de la police de Montréal.	
2000	Le 14 décembre 2000, l'Assemblée nationale vote une motion, adoptée à l'unanimité et sans débat, « dénon[çant], sans nuances, de façon claire et unanime, les propos inacceptables à l'égard des communautés ethniques et en particulier à l'égard de la communauté juive ». Dans *Paroles d'un homme libre*, Michaud avait déjà abordé pareilles questions.	On commence à se questionner à savoir s'il faudra censurer la pornographie sur Internet et les jeux vidéo, qui deviennent de plus en plus violents.

ANNEXES

ANNEXE 1 — LITTÉRATURE

Entrées portant sur des imprimés (livres, brochures, articles) ou sur des films qui sont des adaptations d'œuvres littéraires (ces dernières sont précédées de l'astérisque)

*Les 120 journées de Sodome (Marquis de Sade, mis en film par Pier Paolo Pasolini : Salò o le 120 giornate di Sodoma)
Amadou (Louise Maheux-Forcier)
L'amant de Lady Chatterley (David Herbert Lawrence)
L'ange interdit (Jean Simard)
« L'anneau » (Jacques Ferron)
Annuaire de l'Institut-canadien pour 1868 (Louis-Antoine Dessaulles)
Annuaire de l'Institut-canadien pour 1869 (Louis-Antoine Dessaulles)
Anticoton (Anonyme)
L'appel de la race (Lionel Groulx)
Arioso (Louise Maheux-Forcier)
« L'art et la morale » (Louis Dantin)
À travers les beaux livres (Blanche Gagnon)
« Aux chevaliers du nœud coulant » (Rémi Tremblay)
Avec ou sans amour (Claire Martin)
La bêche (Joseph Charlebois)
*Le blé en herbe (Colette, mis en film par Claude Autant-Lara)
Broussailles givrées (Guy Robert)
Le cassé (Jacques Renaud)
La censure des livres (Édouard Gagnon)
Le centurion (Adolphe-Basile Routhier)
« Chanson citadine » (Louis Dantin)
« Chanson intellectuelle » (Louis Dantin)
« Chanson javanaise » (Louis Dantin)
Le chercheur de trésors (Philippe Aubert de Gaspé, fils)
Le chrétien et les élections (Gérard Dion et Louis O'Neill)
Le clergé canadien, sa mission, son œuvre (Laurent-Olivier David)
Clerical Control in Quebec (Edward McChesney Sait)
Le cléricalisme au Canada (R. de Marmande)
Les commettants de Caridad (Yves Thériault)

La conscience catholique outragée (Elzéar Paquin)
Convergences (Jean Le Moyne)
La corde au cou (Claude Jasmin)
Correspondance entre l'évêque de Telmesse et le curé de Saint-Philippe [...] (François-Xavier Pigeon)
La coupe vide (Adrienne Choquette)
Le débutant (Arsène Bessette)
Délivrez-nous du mal (Claude Jasmin)
Les demi-civilisés (Jean-Charles Harvey)
Derrière le sang humain (Robert de Vallières)
« Les dessous de la censure » (André Lussier)
« Les déviations de l'art » (Louis-Adolphe Pâquet)
*Le diable au corps (Raymond Radiguet, mis en film par Claude Autant-Lara)
« Dollard des Ormeaux » (Alfred DesRochers)
Le dompteur d'ours (Yves Thériault)
*Le dossier Nelligan (film de Claude Fournier)
Doux-amer (Claire Martin)
L'échéance (Maurice Gagnon)
Les enfances de Fanny (Louis Dantin)
L'enfant noir (Donat Coste)
Évadé de la nuit (André Langevin)
Face à l'imprimé obscène (Gérard Tessier)
La favorite et le conquérant (Bertrand Vac)
Les fées ont soif (Denise Boucher)
Félix (Jean Simard)
La fille du silence (Jean-Charles Harvey)
La fille laide (Yves Thériault)
Foi et littérature (Pierre Angers)
« Les foins » (Albert Laberge)
*Frankenstein, or The Modern Prometheus (Mary Wollstonecraft Shelley, film de James Whale)
*Gone With the Wind (Margaret Mitchell, mis en film par Victor Fleming)
La grande guerre ecclésiastique [...] (Louis-Antoine Dessaulles)

L'héritier (Simone Bussières)
Histoire d'O (Pauline Réage)
L'homme qui va… (Jean-Charles Harvey)
Hôtel de la Reine (Jean Simard)
Huis clos (Jean-Paul Sartre)
« L'immoralité politique dans la province de Québec » (Gérard Dion et Louis O'Neill)
L'Index (Raymond-Marie Charland)
Index, lectures et morale évangélique (Joseph-Esdras Laberge)
Index (Index librorum prohibitorum)
L'ineffaçable souillure (Arsène Goyette)
L'influence d'un livre (Philippe Aubert de Gaspé, fils)
Les insolences du frère Untel (Jean-Paul Desbiens)
Inutile et adorable (Roger Fournier)
Julie Papineau : un cas de mélancolie et d'éducation janséniste (Fernand Ouellet)
Lettre à Monseigneur Baillargeon […] (George Saint-Aimé)
« La littérature française de 1914 à 1945 […] » (Jean-Paul Sartre)
Lettres de mon moulin (Alphonse Daudet, mis en film par Marcel Pagnol)
Livres roses et séries noires (Guy Boulizon)
Louise Genest (Bertrand Vac)
Les mains sales (Jean-Paul Sartre, mis en film par Fernand Rivers)
Le mal des anges (André Loiselet)
Manon Lescaut (l'abbé Prévost, mis en film par Henri-Georges Clouzot)
Marcel Faure (Jean-Charles Harvey)
Maria Chapdelaine (Louis Hémon, mis en film par Julien Duvivier)
Marie Calumet (Rodolphe Girard)
Marius, Fanny, César (Marcel Pagnol)
Mathieu (Françoise Loranger)
Maxime (Henri Duvernois, mis en film par Henri Verneuil)
Les mémoires d'un soldat inconnu (Adolphe Brassard)
La morale amie de l'art (Eugène Lefebvre)
Les mouches (Jean-Paul Sartre)
Nègres blancs d'Amérique (Pierre Vallières)
Œuvre de chair (Yves Thériault)
L'offrande aux vierges folles (Alfred DesRochers)

Orage sur mon corps (André Béland)
Les paradis de sable (Jean-Charles Harvey)
Les parents terribles (Jean Cocteau)
Les paroles d'un croyant (Félicité Robert de Lamennais)
Paroles d'un homme libre (Yves Michaud)
La participation des Canadiens français à la Grande Guerre (Jacques Michel)
Poupée (Claire Mondat)
Le printemps qui pleure (Adrien Thério)
Quand j'aurai payé ton visage (Claire Martin)
Questions sur le gouvernement ecclésiastique du district de Montréal (Augustin Chaboillez)
Quiet Days in Clichy (Henry Miller, mis en film par Jens Jorgen Thorsen)
Rapports entre le curé de Saint-Philippe et Monseigneur de Québec (François-Xavier Pigeon)
Refus global (Paul-Émile Borduas)
La religieuse (Denis Diderot, mis en film par Jacques Rivette)
Réponse aux dernières attaques dirigées par M. l'abbé Chandonnet […] (George Saint-Aimé)
La réponse de la race (Lambert Closse)
Réponse de Messire Chaboillez, curé de Longueuil […] (Augustin Chaboillez)
The Rise of Ecclesiastical Control in Quebec (Walter Alexander Riddell)
La romance (Arthur-M. Viau)
Le rouge et le noir (Stendhal, films de Gennaro Righelli et de Claude Autant-Lara)
La Scouine (Albert Laberge)
Six femmes, un homme (François Hertel [Rodolphe Dubé])
Solitude de la chair (Émile-Charles Hamel)
La source du mal de l'époque au Canada (Alexis Pelletier)
Sous le signe des muses (Carmel Brouillard)
La symphonie pastorale (André Gide, mis en film par Jean Delannoy)
Le syndrome de Pinocchio (André Pratte)
Tout compte fait (Jacques Languirand)
Ulysses (James Joyce, mis en film par Joseph Strick)
Une de perdue, deux de trouvées (Georges Boucher de Boucherville)
Ville rouge (Jean-Jules Richard)

ANNEXE 2 – LITTÉRATURE
Entrées portant sur des périodiques (revues et journaux)

L'Action
L'Avenir
Canada-Revue
Le Canadien
Clarté
Le Combat
Les Débats
Le Devoir
L'Écho des Deux-Montagnes
L'Électeur
Le Fantasque
« French Canada »
Gazette littéraire de Montréal
Le Jour

La Lanterne canadienne
Lectures
La Lumière
La Minerve
Le Monde
L'Ordre
La Patrie
Le Pays (XIXᵉ siècle)
Le Pays (XXᵉ siècle)
La Petite Revue
La Presse
Le Réveil
La Semaine
Steak haché

ANNEXE 3 – LITTÉRATURE
Entrées portant sur des personnes

Balzac, Affaire
Bethléem, Louis
Gay, Paul

Guibord, Joseph
Hébert, Jacques
Roberts, Affaire
Turgeon, Pierre

ANNEXE 4 – CINÉMA
Entrées portant sur des films québécois

24 heures ou plus (Gilles Groulx)
À tout prendre (Claude Jutra)
L'Acadie, l'Acadie?!? (Pierre Perrault et Michel Brault)
Après-ski (Roger Cardinal)
Boulevard Saint-Laurent (Jack Zolov)
Bûcherons de la Manouane (Arthur Lamothe)
Cap d'espoir (Jacques Leduc)
Champlain (Denys Arcand)
Le chat dans le sac (Gilles Groulx)
Le dossier Nelligan (Claude Fournier)
La drogue fatale (Joseph-Arthur Homier)
Duplessis (Denys Arcand)
Le festin des morts (Fernand Dansereau)
Gens d'Abitibi (Pierre Perrault)

High (Larry Kent)
Ils sont nus (Claude Pierson)
L'interdit (Pierre Maheu)
Jeunesse année 0 (Louis Portugais)
Les Montréalistes (Denys Arcand)
Normétal (Gilles Groulx)
Octobre (Pierre Falardeau)
On est au coton (Denys Arcand)
Les ordres (Michel Brault)
Pile ou face (Roger Fournier)
La pomme, la queue et les pépins (Claude Fournier)
Québec : Duplessis, et après… (Denys Arcand)
Québec…? (Gilles Groulx)
Les raquetteurs (Gilles Groulx)

Le soleil a pas d'chance (Robert Favreau)
The Storm (El Assifa) (Roger Cardinal)
La terre à boire (Jean-Paul Bernier)
Un jeu si simple (Gilles Groulx)
Un pays sans bon sens! (Pierre Perrault)
Voir Miami (Gilles Groulx)
Volleyball (Denys Arcand)

ANNEXE 5 – CINÉMA
Entrées portant sur des films autres que québécois

The 13th Letter (Otto Preminger)
Al Capone (Richard Wilson)
L'amant de Lady Chatterley (Marc Allégret)
L'ange bleu (Der Blaue Engel, Blue Angel) (Joseph von Sternberg)
Angels with Dirty Faces (Les anges aux figures sales) (Michael Curtiz)
Arise, My Love (Mitchell Leisen)
Baby Doll (Poupée de chair) (Elia Kazan)
Les baisers (Bertrand Tavernier, Claude Berri, Charles L. Bitsch, Jean-François Hauduroy, Bernard Toublanc-Michel)
Beau Geste (William Wellman)
Belle de jour (Luis Buñuel)
Birth of a Nation (La naissance d'une nation) (David Wark Griffith)
Le blé en herbe (Claude Autant-Lara)
Boum sur Paris (Maurice de Canonge)
Chapayev (Tchapaïev) (Gueorgui Vassiliev et Serguei Vassiliev)
Cleopatra (Charles L. Gaskill; Cecil B. DeMille; Joseph Mankiewicz)
Cognasse (Louis Mercanton)
Confessions d'un médecin (Ich Kann Nicht Länger Schweigen) (Jochen Wiedermann)
Le corbeau (Henri-Georges Clouzot)
Le cuirassé Potemkine (Sergei M. Eisenstein)
Deep Throat (Gerard Damiano)
Le destin d'un homme (Sudba Celoveka) (Sergei Bondartchouk)
Le diable au corps (Claude Autant-Lara)
La dolce vita (La douceur de vivre) (Federico Fellini)
Duel in the Sun (Duel au soleil) (King Vidor et al.)
Les enfants du paradis (Marcel Carné)
Et Dieu créa la femme (Roger Vadim)
Foolish Wives (Folies de femmes) (Eric von Stroheim)
Frankenstein (James Whale)
Gone With the Wind (Victor Fleming)
La grande illusion (Jean Renoir)
Greed (Les rapaces) (Eric von Stroheim)
Hiroshima mon amour (Alain Resnais)
Hôtel du Nord (Marcel Carné)
I, A Woman (Moi, une femme, Jag-En Kvinn) (Mac Ahlberg)
I Confess (La loi du silence) (Alfred Hitchcock)
The Insect Woman (Nippon Konchuki) (Shohei Imamura)
Inside Fighting Russia (La Russie sous les armes) (Stuart Legg)
Intolerance (David Wark Griffith)
J'accuse (Abel Gance)
Le jour se lève (Marcel Carné)
The Left Handed Gun (Le gaucher) (Arthur Penn)
Lettres de mon moulin (Marcel Pagnol)
The Life of Émile Zola (La vie d'Émile Zola) (William Dieterle)
Liliom (Fritz Lang)
Los olvidados (The Young and the Damned, Pitié pour eux) (Luis Buñuel)
Les mains sales (Fernand Rivers)
Manon (Henri-Georges Clouzot)
Maria Chapdelaine (Julien Duvivier)
Marius, Fanny, César (Alexandre Korda, Marc Allégret, Marcel Pagnol)
Martin Luther (Irving Pichel)
Maxime (Henri Verneuil)
Metropolis (Fritz Lang)
Monsieur Verdoux (Charles Chaplin)
Montparnasse 19 (Jacques Becker)
Onibaba (Kaneto Shindo)

Oscar Wilde (Gregory Ratoff)
Our Northern Neighbour (Tom Daly)
The Outlaw (Howard Hughes et Howard Hawks)
Les parents terribles (Jean Cocteau)
La passion de Jeanne d'Arc (Carl Theodor Dreyer)
Psychose (Psycho) (Alfred Hitchcock)
Le quai des brumes (Marcel Carné)
Quiet Days in Clichy (Jours tranquilles à Clichy, Stille Dage I Clichy) (Jens Jorgen Thorsen)
Rashomon (Akira Kurosawa)
La règle du jeu (Jean Renoir)
La religieuse/Suzanne Simonin, la religieuse de Diderot (Jacques Rivette)
Le rouge et le noir (Gennaro Righelli, Claude Autant-Lara)
The Royal Mounted Patrol (Lambert Hillyer)
Salò o Le 120 Giornate di Sodoma (Salò ou Les 120 jours de Sodome) (Pier Paolo Pasolini)
Scarface (Howard Hawks)
Snow White and the Seven Dwarfs (Blanche-Neige et les sept nains) (Walt Disney)
Sweet Movie (Dusan Makavejev)
The Search for Bridey Murphy (Noel Langley)
Les sept péchés capitaux (Eduardo de Filippo, Jean Dreville, Yves Allégret, Carlo Rim, Roberto Rossellini, Claude Autant-Lara, Georges Lacombe)
Les sept péchés capitaux (Philippe de Broca, Jean-Luc Godard, Édouard Molinaro, Jacques Demy, Roger Vadim, Claude Chabrol, Max Douy, Sylvain D'Homme)
Le serpent (Hans Abramson)
The Sign of the Cross (Le signe de la croix) (Cecil B. DeMille)
Sourires d'une nuit d'été (Smiles of a Summer Night) (Ingmar Bergman)
Strip-tease (Jacques Poitrenaud)
Sunrise (L'aurore) (Friedrich Wilhelm Murnau)
La symphonie pastorale (Jean Delannoy)
Tabu (Tabou) (Friedrich Wilhelm Murnau et Robert Flaherty)
Thaw (actualités)
Topaze (Marcel Pagnol)
Trouble in Paradise (Ernst Lubitsch)
Un gynécologue accuse (Ein Frauenarzt Klagt An) (Falk Harnack)
La vérité (Henri-Georges Clouzot)
Voltaire (John G. Adolfi)
Why Get Married? (Pourquoi se marier?) (Paul Cazeneuve)
You're in the Army Now (Lewis Seiler)
Yves Montand chante (Sergueï Youtkevitch)
Zéro de conduite (Jean Vigo)

ANNEXE 6 – CINÉMA
Entrées portant sur des personnes

Arcand, Denys
Arletty
Bérubé, Robert-Claude
Boyer, Louis
Comité provisoire pour l'étude de la censure du cinéma dans la province de Québec
DeSève, Joseph-Alexandre
Duplessis, Maurice
Gabias, Yves
Gagnon, Alexis
Groulx, Gilles
Guérin, André

Harbour, Adélard
Johnson, Daniel
Léger, Paul-Émile
Lemieux, Louis-Joseph
Leroux, Maurice
Mac West
Monroe, Marilyn
Newman, Sydney
Ouimet, Léo-Ernest
Pellerin, Gilles
Régis, Louis-Marie
Smith, Roland

ANNEXE 7 – LITTÉRATURE ET CINÉMA
Autres entrées

Actualités
Anastasie
Autocensure
Autodafé
Autoédition
Ballets africains
Balzac, Affaire
Bande dessinée
Bibliothèques
Bonimenteurs des vues animées
Censure
Censure d'exemplaire
Chanson
Chemin de croix pour l'église Notre-Dame de Montréal
Ciné-Bulletin
Ciné-parc
Comic Books
Communisme
Corridart
Cotes morales
Critères de la censure du cinéma de 1913 à 1963
Critique littéraire
Critique du cinéma
Danse
Documentaires ethnologiques
Douane
Droit d'auteur et liberté d'expression
Édition
Église catholique et cinéma
Enfer
La famille (Robert Roussil)
Femme, féminisme
Feuilleton
Franc-maçonnerie
France-Film
Guerre (censure de)
Homosexualité
Imprimeur
Index de 6000 titres de films avec leur cote morale (1948-1955)
Index et les films

Institut canadien de Montréal
Institut canadien de Québec
Internet
Juridique (censure)
Laurier Palace
Liberté de presse
Librairies
Ligue du cinéma et des bonnes mœurs
Littérature pour la jeunesse
Loi du cadenas
Loi du cinéma
Loi concernant les publications et la morale publique
Magazines avec illustrations
Manuel scolaire
Morale
Nouvelle Vague
Obscénité
Octobre 70
Office national du film du Canada (ONF)
Parti pris
Pocket book
Poème (censure d'un)
Politique (censure)
Préambules et épilogues
Première Guerre mondiale
Prix littéraires
Production Code
Pseudonymie
Publicité des films
Question universitaire
« Rapport Régis »
Rapport Boyer (Rapport de la Commission Royale chargée de faire enquête sur l'incendie du « Laurier Palace » et sur certaines autres matières d'intérêt général)
Régie du cinéma du Québec
Roman-feuilleton
« Les romans de la jeune génération »
SODEC
Téléfilm Canada
Télévision
Titres de films

ANNEXE 8 – LITTÉRATURE
Liste des ouvrages littéraires québécois cotés « Mauvais » dans la revue *Lectures*

Amadou (Louise Maheux-Forcier)
L'ange interdit (Jean Simard)
Anthologie d'Albert Laberge (Gérard Bessette)
La coupe vide (Adrienne Choquette)
Les commettants de Caridad (Yves Thériault)
La corde au cou (Claude Jasmin)
Délivrez-nous du mal (Claude Jasmin)
Derrière le sang humain (Robert de Vallières)
Le dompteur d'ours (Yves Thériault)
Doux-amer (Claire Martin)
L'échéance (Maurice Gagnon)
L'enfant noir (Donat Coste)
Évadé de la nuit (André Langevin)
La favorite et le conquérant (Bertrand Vac)
Félix (Jean Simard)
La fille du silence (Jean-Charles Harvey)
La fille laide (Yves Thériault)
Les gudulades (Jacques Guay)
L'héritier (Simone Bussières)
Hôtel de la Reine (Jean Simard)
Inutile et adorable (Roger Fournier)
Louise Genest (Bertrand Vac)
Mathieu (Françoise Loranger)
La neige et le feu (Pierre Baillargeon)
Orage sur mon corps (André Béland – *Mes Fiches*)
Poupée (Claire Mondat)
Le printemps qui pleure (Adrien Thério)
Quand j'aurai payé ton visage (Claire Martin)
Six femmes et un homme (François Hertel)
Solitude de la chair (Émile-Charles Hamel)
Tout compte fait (Jacques Languirand)
Ville rouge (Jean-Jules Richard)

ANNEXE 9 – LITTÉRATURE
Liste des ouvrages français cotés « Mauvais » ou à l'Index dans la revue *Lectures*. Cette Annexe a été préparée par Louise-Marie Brodeur

Agadjanian, George, *La vallée des ombres*, t. 1 1946-1947, p. 119.
Alain, *Propos d'un Normand 1906-1914*, t. 2/2 1955-1956, p. 103.
Alexandrian, *L'homme des lointains*, t. 2/6 1959-1960, p. 280.
Amaru, Constantin, *Le paresseux*, t. 2/2 1955-1956, p. 103.
Amic, Anny, *Lettres et destin*, t. 2/9 1962-1963, p. 46.
Annabel, *Les bonnes manières*, t. 2/8 1961-1962, p. 56 ; *Comme tout le monde*, t. 2/6 1959-1960, p. 26.
Arnavon, Cyrille, *L'américanisme et nous*, t. 2/6 1959-1960, p. 26.
Arnothy, Christine, *Pique-nique en Sologne*, t. 2/7 1960-1961, p. 88.
Aymé, Marcel, *Clérambart*, t. 2/4 1957-1958, p. 172 ; *Lucienne et le boucher*, t. 2/5 1958-1959, p. 189 ; *Le passe-muraille*, t. 2/3 1956-1957, p. 164 ; *La tête des autres*, t. 2/3 1956-1957, p. 55 ; *Uranus*, t. 5 1948-1949, p. 268.
Balzac, Honoré de, *Le lys dans la vallée*, t. 2/5 1958-1959, p. 305 ; *Le père Goriot*, t. 3 1947-1948, p. 199.
Barbusse, Henri, *L'enfer*, t. 2/6 1959-1960, p. 216.
Baroja, Pio, *Mes paradoxes et moi*, t. 3 1947-1948, p. 48.
Bassan, Jean, *Les distractions*, t. 2/6 1959-1960, p. 278.
Bastogne, J., *Le soulier de sapin*, t. 2/8 1961-1962, p. 292.
Baum, Vicky, *Grand-Hôtel*, t. 2/3 1956-1957, p. 55.
Bazin, Hervé, *La tête contre les murs*, t. 2/3 1956-1957 ; *Vipère au poing*, t. 2/5 1958-1959, p. 97.
Beaumarchais, *Théâtre*, t. 7 1950-1951, p. 319.
Beauvoir, Simone de, *Les mandarins*, t. 2/1 1954-1955, p. 185.
Benoit, Pierre, *Koenigsmarck*, t. 9 1952-1953, p. 350.

Berger, Yves, *Le sud*, t. 2/9 1962-1963, p. 162.
Bernardi, François, *Rue du soleil*, t. 2/2 1955-1956, p. 103.
Bloy, Léon, *Celle qui pleure*, t. 8 1951-1952, p. 185.
Boccace, *Contes de Boccace*, t. 1 1946-1947, p. 56.
Bonneau, André, *La fée du pays*, t. 7 1950-1951, p. 176.
Bonneval, A., *La fille du cheval*, t. 2/8 1961-1962, p. 292.
Bordeaux, Henry, *Un amour au XVIIIe siècle*, t. 7 1950-1951, p. 176.
Bruge, Roger, *Un sergent para*, t. 2/6 1959-1960, p. 117.
Burguet, Frantz-André, *La narratrice*, t. 2/11 1964-1965, p. 16.
Butler, Samuel, *Ainsi va toute chair*, t. 2/3 1956-1957, p. 55.
Cami, *Les farfelus*, t. 2/9 1962-1963, p. 243.
Camus, Albert, *Noces*, t. 2/4 1957-1958, p. 94.
Carco, Francis, *Les innocents*, t. 2/6 1959-1960, p. 216; *Jésus la Caille*, t. 2/4 1957-1958, p. 172.
Castel, A., *Les corps au service des esprits*, t. 2/7 1960-1961, p. 248.
Castillou, Henry, *Le feu de l'Etna*, t. 9 1952-1953, p. 166.
Cazelles, J., *Le partage*, t. 2/6 1959-1960, p. 180.
Céline, Louis-Ferdinand, *Mort à crédit*, t. 2/4 1957-1958, p. 172; *Voyage au bout de la nuit*, t. 2/3 1956-1957, p. 55.
Cendrars, Blaise, *L'homme foudroyé*, t. 2/6 1959-1960, p. 216; *Rien qu'une femme*, t. 2/5 1958-1959, p. 189.
Chambon, André, *La bête noire*, t. 2/4 1957-1958, p. 90.
Cherry, Christian, *La grande fauve*, t. 2/2 1955-1956, p. 119.
Chevalier, Maurice, *Ma route et mes chansons*, t. 2/5 1958-1959, p. 305.
Chevallier, Gabriel, *Clochemerle*, t. 1 1946-1947, p. 44.
Coccioli, Carlo, *Fabrizzio Lupo*, t. 10 1953-1954, p. 24.
Cocteau, Jean, *Bacchus*, t. 9 1952-1953, p. 22; *Monstres sacrés*, t. 6 1949-1950, p. 133.
Colette, *Le blé en herbe*, t. 2/2 1955-1956, p. 64; *Chéri*, t. 2/4 1957-1958, p. 172; *Claudine à l'école*, t. 2/3 1956-1957, p. 55; *Mitsou*, t. 2/6 1959-1960, p. 216.
Colin, Paul, *Les jeux sauvages*, t. 8 1951-1952, p. 263.
Collier, Christiane, *Centième brebis*, t. 2/7 1960-1961, p. 307.

Constant, Michèle, *Une seule fois, peut-être*, t. 2/7 1960-1961, p. 248.
Dabadie, Jean-Loup, *Les dieux du foyer*, t. 2/6 1959-1960, p. 247.
Dabit, Eugène, *L'affaire Villabianca*, t. 9 1952-1953, p. 422.
Daubuve, Marc, *Fille d'Armor*, t. 7 1950-1951, p. 176.
Dautzenberg, Gérard, *Le printemps n'est qu'une saison*, t. 5 1948-1949, p. 234.
Dekobra, Maurice, *À Paris tous les deux…*, t. 1 1946-1947, p. 45; *Hamydal le philosophe*, t. 2 1947, p. 96; *Lune de miel à Shanghai*, t. 2 1947, p. 96; *Madame Joli-supplice*, t. 2 1947, p. 96; *La Madone des sleeping*, t. 2 1947, p. 96; *Mon cœur au ralenti*, t. 2 1947, p. 96; *Sept ans chez les hommes libres*, t. 2 1947, p. 50; *Le sphinx a parlé*, t. 2 1947, p. 96.
Dépinay, Raymond, *Amoureuse Fatimata*, t. 2/9 1962-1963, p. 46.
Didelot, Francis, *Chroniques de N… L'insolite*, t. 2/7 1960-1961, p. 88.
Dorgeles, Roland, *Le château des brouillards*, t. 2/5 1958-1959, p. 189.
Dormann, Geneviève, *La fanfaronne*, t. 2/6 1959-1960, p. 278.
Dumas, Alexandre, fils, *La dame aux camélias*, t. 2 1947, p. 19; *Le sphinx rouge*, t. 2/4 1957-1958, p. 127.
Dupont, Irma, *Le Chéroub*, t. 2/9 1962-1963, p. 187.
Duran, Michel, *Bonne chance, Denis*, t. 6 1949-1950, p. 133.
Estang, Luc, *Les stigmates*, t. 7 1950-1951, p. 7.
Ekman, Pierre-Adrien, *Maria des quatre vents*, t. 2/7 1960-1961, p. 248.
Fabricius, Jan, *Marietta fille du hasard*, t. 2/8 1961-1962, p. 89.
Falk, Henri, *La fiancée du sénateur*, t. 7 1950-1951, p. 176.
Faulkner, William, *Le bruit et la fureur*, t. 2/5 1958-1959, p. 189.
Felsette, Robert, *Pierre et les Américaines*, t. 2/8 1961-1962, p. 292.
Ferniot, Jean, *L'ombre portée*, t. 2/8 1961-1962, p. 214.
Ferrière, J.-P., *Faites chanter Margot*, t. 2/5 1958-1959, p. 207.

Feydeau, Georges, *La dame de chez Maxim*, t. 2/6 1959-1960, p. 216 ; *Occupe-toi d'Angèle*, t. 2/6 1959-1960, p. 216.
Flaubert, Gustave, *Madame Bovary*, t. 2 1947, p. 16.
Fleuret, Fernand, *Histoire de la bienheureuse Raton*, t. 2/6 1959-1960, p. 216.
France, Anatole, *Le rôtisseur de la reine Pédauque*, t. 2/5 1958-1959, p. 189.
Frapie, Léon, *La maternelle*, t. 2/5 1958-1959, p. 189.
Garnier, Christine, *La fête des sacrifices*, t. 2/6 1959-1960, p. 247.
Gary, Romain, *Éducation européenne*, t. 1 1946-1947, p. 245 ; *Le grand vestiaire*, t. 6 1949-1950, p. 493.
Ghisoni, Paul, *Eschatologie infernale*, t. 2/9 1962-1963, p. 187.
Gide, André, *Ainsi soit-il ou les jeux sont faits*, t. 9 1952-1953, p. 75 ; *Les caves du Vatican*, t. 2/3 1956-1957, p. 55 ; *Les faux monnayeurs*, t. 2 1947, p. 200 et t. 2/3 1956-1957, p. 55 ; *L'immoraliste*, t. 2 1947, p. 143 ; *Isabelle*, t. 2/6 1959-1960, p. 216 ; *Les nourritures terrestres*, t. 2 1947, p. 81 ; *La porte étroite*, t. 2 1947, p. 117 et t.2/6 1959-1960, p. 216 ; *Si le grain ne meurt*, t. 1 1946-1947, p. 46 et t. 3 1947-1948, p. 206.
Giono, Jean, *Que ma joie demeure*, t. 6 1949-1950, p. 89 et t. 2/5 1958-1959, p. 189 ; *Solitude de la pitié*, t. 6 1949-1950, p. 89 ; *Un de Baumugne*, t. 6 1949-1950, p. 89 et t. 2/3 1956-1957, p. 164.
Gossin, Henri, *Personnage insignifiant*, t. 1 1946-1947, p. 297.
Grass, Gunter, *Le tambour*, t. 2/8 1961-1962, p. 292.
Gree, Alain, *Diamants pour solitaires*, t. 2/5 1958-1959, p. 207.
Groussard, Serge, *La ville de joie*, t. 10 1953-1954, p. 74.
Guillaume, Jean-Louis, *Les entretiens du Montparnasse*, t. 2 1947, p. 240.
Haedens, Kleber, *Salut au Kentucky*, t. 4 1948, p. 201.
Haedrich, Marcel, *Je veux, tu veux, il veut*, t. 2/2 1955-1956, p. 119.
Hemingway, Ernest, *L'adieu aux armes*, t. 2/6 1959-1960, p. 211 ; *Pour qui sonne le glas*, t. 9 1952-1953, p. 350 et t. 2/6 1959-1960, p. 211 ; *Le soleil se lève aussi*, t. 2/3 1956-1957, p. 164 et t. 2/6 1959-1960, p. 211.

Heriat, Philippe, *L'innocent*, t. 2/6 1959-1960, p. 216.
Hoog, Armand, *L'accident*, t. 5 1948-1949, p. 360.
Hugo, Victor, *Les misérables*, t. 1 1946-1947, p. 202 ; *Œuvres poétiques complètes*, t. 7 1950-1951, p. 317.
Huxley, Aldous, *La paix des profondeurs*, t. 6 1949-1950, p. 495.
Ikor, Roger, *La pluie sur la mer*, t. 2/9 1962-1963, p. 187.
Istrati, Panaït, *Kyra Kyralina*, t. 2/5 1958-1959, p. 189.
Jardin, Claudine, *Les hommes que nous aimons*, t. 2/6 1959-1960, p. 247.
Jarry, Alfred, *Ubu*, t. 2/6 1959-1960, p. 216.
Jouve, Pierre-Jean, *Aventures de Catherine Crachat*, t. 7 1950-1951, p. 177.
Kazantzaki, Nikos, *Le Christ recrucifié*, t. 2/3 1956-1957, p. 27 ; *La dernière tentation*, t. 2/6 1959-1960, p. 26.
Laborde, Jean, *Les cœurs vides*, t. 2/7 1960-1961, p. 88.
Lacarrière, Jacques, *Les hommes ivres de dieu*, t. 2/9 1962-1963, p. 22.
Laclos Choderlos de, *Les liaisons dangereuses*, t. 3 1947-1948, p. 243.
Laforgue, Jules, *Poésie*, t. 7 1950-1951, p. 319.
Lawrence, David Herbert, *L'amant de Lady Chatterley*, t. 2/8 1961-1962, p. 222.
Leclerq, L., *Il faut détruire Carthage*, t. 2/8 1961-1962, p. 293.
Lehmann, Rosamond, *Intempéries*, t. 2/3 1956-1957, p. 55.
Lesort, Paul-André, *Les reins et les cœurs*, t. 3 1947-1948, p. 264.
Louys, Pierre, *La femme et le pantin*, t. 2/5 1958-1959, p. 189.
Malaparte, *La peau*, t. 2/5 1958-1959, p. 189.
Marceau, Félicien, *Bergère légère*, t. 10 1953-1954, p. 366.
Margerit, Robert, *Le dieu nu*, t. 8 1951-1952, p. 363 et t. 2/6 1959-1960, p. 216.
Marshall, Edison, *Sophia des neiges*, t. 2/8 1961-1962, p. 25.
Maupassant, Guy de, *Bel ami*, t. 2/6 1959-1960, p. 216 ; *Mademoiselle Fifi*, t. 2/6 1959-1960, p. 216 ; *Une vie*, t. 2/5 1958-1959, p. 189.
Mauriac, François, *Les pages immortelles de Pascal*, t. 7 1950-1951, p. 319.

Maxwell, George, *Jeux de femmes*, t. 2/1 1954-1955, p. 87.
Meyrink, Gustav, *Le dominicain blanc*, t. 2/10 1963-1964, p. 130.
Molnar, Felnec, *À cœur perdu*, t. 1 1946-1947, p. 42.
Montabe, Pierre, *Nicolas Perrin, ou les…*, t. 2/1 1954-1955, p. 159.
Montherlant, Henry de, *Le démon du bien*, t. 3 1947-1948, p. 148; *Les jeunes filles*, t. 3 1947-1948, p. 17; *Les lépreuses*, t. 3 1947-1948, p. 211; *Le maître de Santiago*, t. 5 1948-1949, p. 3; *Pages catholiques*, t. 5 1948-1949, p. 3; *Pitié pour les femmes*, t. 3 1947-1948, p. 81.
Moore, P., *Les pigeons de Saint-Marc*, t. 2/7 1960-1961, p. 280.
Moravia, Alberto, *Le mépris*, t. 2/2 1955-1956, p. 167.
Murphy, Dennis, *L'étau*, t. 2/6 1959-1960, p. 180.
Musset, Alfred de, *Première poésie*, t. 7 1950-1951, p. 319.
Paraz, Albert, *Le gala des vaches*, t. 5 1948-1949, p. 494.
Pauwels, Louis, *Saint Quelqu'un*, t. 6 1949-1950, p. 112.
Pernau, Alexis, *Les grands arbres*, t. 3 1947-1948, p. 242.
Peyramaure, Michel, *L'aigle des deux royaumes*, t. 2/6 1959-1960, p. 247.
Peyrefitte, Roger, *L'exilé de Capri*, t. 2/6 1959-1960, p. 26.
Poirot-Delpech, Bertrand, *Le grand dadais*, t. 2/5 1958-1959, p. 306.
Prébois, Ludovic, *Casanova ou La fête galante*, t. 2/11 1964-1965, p. 227.
Prévert, Jacques, *Paroles*, t. 2/3 1956-1957, p. 164.
Proust, Marcel, *Le côté de Guermantes*, t. 2/1 1954-1955, p. 22; *La prisonnière*, t. 2/1 1954-1955, p. 22; *Sodome et Gomorrhe*, t. 2/1 1954-1955, p. 22; *Le temps retrouvé*, t. 2/1 1954-1955, p. 22.
Querlin, Marise, *Les égarés*, t. 7 1950-1951, p. 273.
Rabelais, François, *Gargantua et Pantagruel*, t. 2/9 1962-1963, p. 23; *Les œuvres de M. François R.*, t. 1 1946-1947, p. 51.
Remarque, Erich Maria, *Arc de triomphe*, t. 2 1947, p. 193.
Renan, Ernest, *Souvenirs d'enfance et de jeunesse*, t. 2/6 1959-1960, p. 85.

Reversy, Jean, *Le passage*, t. 2/1 1954-1955, p. 159.
Rey, Marie-Émilie, *Aimer fait peur*, t. 2/6 1959-1960, p. 150.
Robert-Dumas, Charles, *Deuxième bureau*, t. 1 1946-1947, p. 49; *L'homme à abattre*, t. 1 1946-1947, p. 49; *L'idole de plomb*, t. 1 1946-1947, p. 49.
Rochefort, Christiane, *Le repos du guerrier*, t. 2/6 1959-1960, p. 216.
Rogissard, Jean, *Le clos des noires présences*, t. 2/8 1961-1962, p. 185.
Rolland-Jacquet, Ninon, *Le cœur en désordre*, t. 2/8 1961-1962, p. 25.
Romains, Jules, *Mémoires de Mme Chauverel t.1*, t. 2/6 1959-1960, p. 26.
Rosny Aîné, J.-H., *Le coffre-fort*, t. 7 1950-1951, p. 176.
Roussin, André, *La petite hutte*, t. 6 1949-1950, p. 133.
Rudigoz, Roger, *Claire Solassier*, t. 2/8 1961-1962, p. 293.
Sagan, Françoise, *Aimez-vous Brahms…*, t. 2/6 1959-1960, p. 78; *Bonjour tristesse*, t. 2/1 1954-1955, p. 129; *Dans un mois, dans un an*, t. 2/4 1957-1958, p. 42; *Un certain sourire*, t. 2/2 1955-1956, p. 139.
Saint Félix, *La reine stérile*, t. 2/6 1959-1960, p. 26.
Saint-Laurent, Cecil, *Caroline chérie*, t. 2/3 1956-1957, p. 55.
Saint-Loup, *La peau de l'aurochs*, t. 2/1 1954-1955, p. 159.
Salacrou, Armand, *La terre est ronde*, t. 2/6 1959-1960, p. 216.
Sand, George, *Elle et lui*, t. 3 1947-1948, p. 297.
Sartre, Jean-Paul, *L'âge de raison*, t. 2/6 1959-1960, p. 216; *Les chemins de la liberté*, t. 3 1947-1948, p. 118; *La nausée*, t. 2/3 1956-1957, p. 55; *La putain respectueuse*, t. 3 1947-1948, p. 116.
Serge, Victor, *Les derniers temps*, t. 2 1947, p. 175.
Simenon, Georges, *La fuite de Monsieur Monde*, t. 2 1947, p. 242.
Simon, Claude, *La route des Flandres*, t. 2/7 1960-1961, p. 248.
Soldati, Mario, *La confession*, t. 2/7 1960-1961, p. 88.
Spota, Luis, *Le sang ennemi*, t. 2/8 1961-1962, p. 57.
Stendhal, *CLX petits faits vrais*, t. 2 1947, p. 295.

Suyin, Han, *Amour d'hiver*, t. 2/9 1962-1963, p. 242 ; *La montagne est jeune*, t. 2/6 1959-1960, p. 56 ; *Ton ombre est la mienne*, t. 2/10 1963-1964, p. 74.

Troyat, Henri, *Le signe du taureau*, t. 1 1946-1947, p. 180 ; *Le vivier*, t. 2/5 1958-1959, p. 189.

Vailland, Roger, *La loi*, t. 2/6 1959-1960, p. 216 ; *Les mauvais coups*, t. 2/5 1958-1959, p. 189 et t.2/6 1959-1960, p. 117.

Valmain, Frédéric, *Les chacals*, t. 2/7 1960-1961, p. 184.

Valmy-Baysse, Jean, *Doubles fiançailles*, t. 7 1950-1951, p. 176.

Vercors, *Les animaux dénaturés*, t. 2/3 1956-1957, p. 55.

Verlaine, *Œuvre poétique*, t. 7 1950-1951, p. 319.

Vialar, Paul, *Le bouc étourdi*, t. 7 1950-1951, p. 275.

Vigo, René, *Julia*, t. 10 1953-1954, p. 311.

Villey, Emmanuel, *Zéro guidon*, t. 2/11 1964-1965, p. 227.

Volkoff, Vladimir, *L'agent triple*, t. 2/9 1962-1963, p. 188.

Willy et Colette, *Claudine en ménage*, t. 2/3 1956-1957, p. 164 ; *Claudine s'en va*, t. 2/3 1956-1957, p. 164.

Winsor, Katheleen, *Ambre*, t. 9 1952-1953, p. 350.

Yourcenar, Marguerite, *Dernier rêve*, t. 2/6 1959-1960, p. 180.

Zevaco, Michel, *Les amours du chico*, t. 5 1948-1949, p. 99 ; *L'épopée d'amour*, t. 5 1948-1949, p. 99 ; *Les Pardaillans*, t. 5 1948-1949, p. 99.

Zilkha, Berthie, *La voie et les détours*, t. 1 1946-1947, p. 50.

Zola, Émile, *L'argent*, t. 2/6 1959-1960, p. 216 ; *L'attaque du moulin*, t. 2/11 1964-1965, p. 173 ; *Au bonheur des dames*, t. 2/3 1956-1957, p. 164 ; *La débâcle*, t. 2/4 1957-1958, p. 172 ; *La fortune des Rougon*, t. 2/5 1958-1959, p. 189 et t. 2/6 1959-1960, p. 216 ; *L'œuvre*, t. 2/5 1958-1959, p. 189 ; *Pot-bouille*, t. 2/3 1956-1957, p. 164 ; *La terre*, t. 2/3 1956-1957, p. 55.

BIBLIOGRAPHIE

Cette bibliographie ne comprend que les études (livres, articles, mémoires et thèses) portant sur la censure au Québec

LITTÉRATURE

ALEXANDRE, Annie, « Le pouvoir comme lecteur : la censure devant *Madame Bovary* et *La Scouine* », mémoire de maîtrise en études françaises, Montréal, Université de Montréal, 1982, 245 f.

BEAUREGARD, Claude, « Guerre et censure. L'expérience des journaux, des militaires et de la population pendant la Deuxième Guerre mondiale », thèse de doctorat en histoire, Québec, Université Laval, 1995, 284 f.

BEAUREGARD, Claude, *Guerre et censure au Canada, 1939-1945*, Sillery, Septentrion, 1998, 196 p.

BEAUREGARD, Claude, COMEAU Paul-André et Edwidge MUNN, *La démocratie en veilleuse. Rapport des censeurs 1939-1945*, Montréal, Québec/Amérique, 1995, 300 p.

BERTRAND, Pierre, « Les métamorphoses masquées de la censure », *Moebius*, 32 (printemps 1987), p. 87-95.

BISSONNETTE, Lise, « Les nouveaux persécutés », *Sexus*, 3 (janvier-février 1968), p. 29-36.

CAMERLAIN, Lorraine, « Trois interventions du clergé dans l'histoire du théâtre à Montréal : 1789-90, 1859 et 1872-74 », mémoire de maîtrise en études françaises, Montréal, Université de Montréal, 1979, 186 f.

— « La censure », *Moebius*, 32 (printemps 1987), 141 p.

— « La censure, 1920-1960 », Pierre Hébert (dir.), *Voix et images*, 68 (hiver 1998), p. 221-325.

— *La censure de l'imprimé. Belgique, Québec, France et Suisse romande, XIXe et XXe siècles*, Pascal Durand et al., Québec, Éditions Nota bene, 2005, 466 p.

— « La censure d'hier à aujourd'hui », Christiane Lahaie (dir.), *Québec français*, 120 (hiver 2001), p. 72-88.

CLOUTIER, Yvan, « Sartre à Montréal en 1946 : une censure en crise », *Voix et images*, « La censure 1920-1960 », 23, 2 (hiver 1998), p. 266-280.

DE BONVILLE, Jean, « La liberté de presse à la fin du XIXe siècle : le cas de *Canada-Revue* », *Revue d'histoire de l'Amérique française*, 31, 4 (mars 1978), p. 501-523.

DROUIN, Sébastien et Lan TRAN, « Le ciel aux enfers. L'hétérodoxie religieuse au Séminaire de Québec du XVIIe au XVIIIe siècle, suivi d'une bibliographie en appendice », *Mens*, 5, 2 (printemps 2005), p. 241-276.

DURAND, Pascal, Pierre HÉBERT, Jean-Yves MOLLIER et François VALLOTTON, dir., *La censure de l'imprimé. Belgique, Québec, France et Suisse romande, XIXe et XXe siècles*, Québec, Éditions Nota bene, 2005, 466 p.

EVERETT, Jane, « Du dit et du non-dit : lettres à un critique (Camille Roy) », B. Melançon et P. Popovic (dir.), *Les Facultés des lettres. Recherches récentes sur l'épistolaire québécois*, Montréal, Département d'études françaises, Université de Montréal, 1997, p. 131-162.

EVERETT, Jane, « Orthodoxie et hétérodoxie littéraires : le cas du Québec vers 1900 », *Littératures*, 1, 1988, p. 91-124.

GAGNON, Claude-Marie, « La Censure au Québec », *Voix et images*, IX, 1 (automne 1983), p. 103-117.

GARAND, Dominique, « Entrevue de Pierre Vallières », *Moebius*, 32 (printemps 1987), p. 5-21.

GAY, Paul, « La morale dans la littérature », *Cultures du Canada français*, « La morale prescrite et vécue au Canada français de l'après-guerre, 1945-1960 », 8 (automne 1991), p. 30-41.

GIGUÈRE, Richard, « Alfred DesRochers et la critique cléricale de son temps. Censure et autocensure de *L'Offrande aux vierges folles* (1928) », dans *La Faculté des lettres, Recherches récentes sur l'épistolaire français et québécois*, Montréal, Département d'Études françaises, Université de Montréal, 1993, p. 163-181.

GIGUÈRE, Richard, « "Ces restes d'Inquisition…" Littérature, édition et censure dans les correspondances d'écrivains de l'entre-deux-guerres au Québec », *Voix et images*, « La censure 1920-1960 », 23, 2 (hiver 1998), p. 248-265.

HÉBERT, Jacques, *Obscénité et liberté*, Montréal, Éditions du Jour, 1970, 191 p.

Hébert, Pierre, *Censure et littérature au Québec : Le livre crucifié, 1625-1919*, Montréal, Fides, 1997, 294 p.

Hébert, Pierre, *Censure et littérature au Québec. Des vieux couvents au plaisir de vivre (1920-1959)*, (avec la collaboration d'Élise Salaün), Montréal, Fides, 2004, 255 p.

Hébert, Pierre, « Une littérature et ses péchés : dialogue entre l'histoire de la censure et l'histoire des idées au Québec au XXe siècle », dans *Les idées en mouvement : perspectives en histoire intellectuelle et culturelle du Canada*, Damien Claude Bélanger, Sophie Coupal et Michel Ducharme (dir.), Québec, Les Presses de l'Université Laval, 2004, p. 211-224.

Hébert, Pierre et Marcel Lajeunesse, « Censure et bibliothèques au Québec », dans *Tous ces livres sont à toi ! De l'œuvre des bons livres à la Grande Bibliothèque*, Catalogue de l'exposition inaugurale de la Grande Bibliothèque de la Bibliothèque nationale du Québec, [Montréal et Québec], Bibliothèque nationale du Québec et Les Presses de l'Université Laval, 2005, p. 94-107.

Hébert, Pierre et Marie-Pier Luneau, « L'Église révoltée : la censure, les prêtres dissidents et l'exemple de Lionel Groulx », dans *(Un)faithful Texts? Religion in French and Francophone Literature from the 1780s to the 1980s*, Paul Cooke et Jane Lee (dir.), New Orleans, University Press of the South, 2001, p. 187-199.

Jetté, Pierre, « Le journal *Canada-Revue* et Mgr Édouard-Charles Fabre 1890-1895 », mémoire de maîtrise en histoire, Montréal, Université McGill, 1972, 144 f. Annexes.

Labbé, Ghislain, « L'Église, le loisir et la censure au Québec avant 1960 », mémoire de maîtrise en sciences du loisir, Trois-Rivières, Université du Québec à Trois-Rivières, 1983, 145 f.

Laflamme, Jean et Rémy Tourangeau, *L'Église et le théâtre au Québec*, Montréal, Fides, 1979, 356 p.

Landry, Kenneth, « Livres et lecteurs au XIXe siècle », *Cap-aux-Diamants*, « L'Institut canadien de Québec, 150 ans d'histoire », hors série, 1998, p. 52-56.

Landry, Kenneth, « La lecture publique au Québec à l'aube du XXe siècle : les obstacles à la création de la Bibliothèque civique de Montréal », dans *Les bibliothèques québécoises d'hier à aujourd'hui : actes du colloque de L'ASTED et l'AQÉI*, Montréal, les Éditions de l'ASTED, 1998, p. 67-78.

Landry, Kenneth, « Le roman-feuilleton français dans la presse périodique à la fin du XIXe siècle : surveillance et censure de la fiction populaire », *Études françaises*, 36, 3 (été 2000), p. 65-80.

Lebuis, Claude, « La censure éditoriale : sélection et révision des manuscrits littéraires », mémoire de maîtrise en études littéraires, Montréal, Université du Québec à Montréal, 1980, 379 f.

Lebuis, Claude, « La censure éditoriale : quelques repères », *Moebius*, 32 (printemps 1987), p. 25-31.

Leclerc, Alphonse, « Lecture du roman : *Le Débutant* d'Arsène Bessette – Problèmes d'analyse sémiotique et socio-historique », mémoire de maîtrise en études littéraires, Montréal, UQAM, 1981, 108 f. Annexes.

Marion, Séraphin, « Censure québécoise d'autrefois et d'aujourd'hui », *Nouvelle-France*, 16-17 (mars-juin 1961), p. 52-56.

Marion, Séraphin, *Les lettres canadiennes d'autrefois. Tome VII : Littérateurs et moralistes du Canada français d'autrefois*, Hull/Ottawa, Éditions de l'Éclair/Université d'Ottawa, 1954, 191 p.

Marquis, André, « Les fluctuations du capital symbolique. De l'oubli et de l'institution », dans *Le spectacle de la littérature*, Robert Giroux et Jean-Marc Lemelin (dir.), Montréal, Triptyque, 1984, p. 107-117.

Melançon, François, « Façonner et surveiller l'intimité : lire en Nouvelle-France », dans *Discours et pratiques de l'intime*, Manon Brunet et Serge Gagnon (dir.), Québec, Institut québécois de recherche sur la culture, 1993, p. 17-45.

— « La morale prescrite et vécue au Canada français de l'après-guerre, 1945-1960 », *Cultures du Canada français*, 8 (automne 1991), 138 p.

Pouliot, Suzanne, « Le discours censorial sur la littérature de jeunesse québécoise de 1900 à 1960 », *Présence francophone*, 51 (1997), p. 23-45.

Rainville, Danielle, « Le monde de l'imprimé et l'Église au Québec, 1880-1960 », mémoire de maîtrise en

bibliothéconomie, Montréal, Université de Montréal, 1983, 137 f.
Roy, Jean-Louis, « Une région culturelle mal connue : le pouvoir des libraires ou les libraires du pouvoir », *L'évolution du rôle social de l'imprimé et de ses agents au Québec*, Montréal, Conférences Aegidius-Fauteux, 1980, p. 23-45.
Saint-Jacques, Lise, « Mgr Bruchési et le contrôle des paroles divergentes : journalisme, polémique et censure », mémoire de maîtrise en histoire, Montréal, Université du Québec à Montréal, 1987, 140 f.
Saint-Pierre, Normand, « La censure du roman *Le Débutant* (1914) de Arsène Bessette : le texte et l'institution », mémoire de maîtrise en études littéraires, Montréal, Université du Québec à Montréal, 1984, 242 f.
Salaün, Élise, « La chair triomphante : discours social sur l'érotisme dans le roman au Québec, 1940-1969 », mémoire de maîtrise en études littéraires, Sherbrooke, Université de Sherbrooke, 1995, 197 f.
Salaün, Élise, « Érotisme littéraire et censure : la révolution cachée », *Voix et images*, « La censure 1920-60 », 68 (hiver 1998), p. 297-313.
Viens, Nathalie, « L'humanisme intégral comme doctrine censoriale. La revue *Lectures* des Éditions Fides (1946-1951) », *Voix et images*, 68 (hiver 1998), p. 291-296.
Waymel, Marie-Claude, « Dissidence idéologique et dissidence romanesque (le roman québécois de 1900 à 1920) », mémoire de maîtrise en études littéraires, Montréal, Université du Québec à Montréal, 1980, 135 f.

CINÉMA

Archives nationales du Québec à Montréal (ANQ-M), fonds Régie du cinéma, E 188, fiches des films et procès-verbaux des assemblées du Bureau de censure.
Archives nationales du Québec à Québec (ANQ-Q), fonds E6 (Office du film du Québec).
Archives de Radio-Canada mises sur le site web et accessibles en tout temps et de partout, dans la section *Les arts à l'index*. À voir surtout : « La censure inconstitutionnelle ? » de l'émission *Premier plan* du 19 décembre 1960. Il y a aussi plusieurs autres reportages liés à la censure du cinéma, dont un sur l'affaire *I, a Woman* en 1968.
Bureau de surveillance du cinéma, *Cahier des films visés par catégories de spectateurs* (1965-1969), Montréal, 1970 ; puis réédition annuelle pour les nouveaux films.
Bélanger, Léon-H., *Les Ouimetoscopes : Léo-Ernest Ouimet et les débuts du cinéma québécois*, Montréal, VLB Éditeur, 1978, 247 p.
Bergeron, Mario, « Société québécoise, salles de cinéma au Québec et à Trois-Rivières : quatre aspects », mémoire de maîtrise en études québécoises, Trois-Rivières, Université du Québec à Trois-Rivières, 1999, 275 f.
Boyer, Louis (Juge, commissaire enquêteur), *Rapport de la Commission royale chargée de faire enquête sur l'incendie du « Laurier Palace » et sur certaines autres matières d'intérêt général*, Québec, 1927, 31 p.
Brault, Eustache, *Ciné-guide perpétuel, Compilation de plus de 10 000 films, par ordre alphabétique, avec indication de leur valeur morale*, Montréal, Fides, 1942, 113 p. (une reliure ultérieure comprend des appendices annuels) ; réédition en 1949.
Centre diocésain du cinéma, de la radio et de la télévision de Montréal (1955-1956), Centre catholique national du cinéma, de la radio et de la télévision (1957-1960), Office catholique national des techniques de diffusion (1961-1967), Office des communications sociales (1967-   ), *Recueil des films*, publication annuelle, 1956-1995, Montréal.
Dean, Malcolm, *Censored! Only in Canada*, Toronto, Virgo Press, 1981, 275 p.
Douin, Jean-Luc, *Dictionnaire de la censure au cinéma*, Paris, PUF, 1998, 470 p.
Evans, Gary, *In the National Interest, A Chronicle of the National Film Board of Canada from 1949 to 1989*, Toronto, University of Toronto Press, 1991, 407 p.
Fédération des centres diocésains du cinéma, *Index de 6000 titres de films avec leur cote morale (1948-1955)*, Montréal, Fides, 1955, 200 p. (Cotes attribuées par le Centre catholique du cinéma de Montréal)

FORTIER, André, « Les films français et la censure de 1930 à 1955 », *Cultures du Canada français*, 8 (1991), p. 44-61.

FOURNIER, Guy (président de la commission d'étude), *Le cinéma, une question de survie et d'excellence*, Québec, Gouvernement du Québec, 1982, 330 p.

GAUDRAULT, André, Germain LACASSE et Jean-Pierre SIROIS-TRAHAN, *Au pays des ennemis du cinéma*, Québec, Nuit blanche, 1996, 215 p.

HAMEL, Oscar, *Le cinéma – Ce qu'il est dans notre province, l'influence néfaste qu'il exerce, les réformes urgentes qui s'imposent*, Montréal, École sociale populaire 170, 1928, 30 p. (Une édition complétée et réservée de cette brochure est publiée en même temps sous le titre *Notre cinéma, pourquoi nous le jugeons immoral*, 64 p.)

Internet Movie Database, fiches des films et documents annexes.

LAFRANCE, André, avec la collaboration de Gilles MARSOLAIS, *Cinéma d'ici*, Montréal, Leméac et Éditions Radio-Canada, 1973, p. 90-91.

LANKEN, Dane, *Montreal Movie Palaces: Great Theatres of the Golden Era, 1884-1938*, Waterloo, Ontario, Archives of Canadian Art, 1993, 190 p.

LAURENDEAU, Francine, « Un ciseau affolé à défaut d'un cerveau qui pense », *Revue de la cinémathèque*, 28 (mai-juin 1994), p. 11-13.

LEFEBVRE, Euclide, *Le cinéma corrupteur*, Montréal, L'Œuvre des tracts, 1921, 16 p.

LEVER, Yves, « L'Église et le cinéma au Québec », mémoire de maîtrise en théologie, Montréal, Université de Montréal, 1977, 275 f.

—, articles « Censure » et « Église », *Dictionnaire du cinéma québécois*, Michel Coulombe et Marcel Jean (et 60 collaborateurs), Montréal, Boréal, 1999.

—, *Histoire générale du cinéma au Québec*, Montréal, Boréal, 1995, 635 p.

LUSSIER, André, « Les dessous de la censure », *Cité libre*, juin-juillet 1960, p. 14-21; reproduit dans *Les visages de l'intolérance au Québec*, avec un titre légèrement différent « Les dessous inconscients de la censure », une présentation et un *addendum*, Sillery (Québec), Septentrion, 1997.

Mémoire du Comité provisoire pour l'étude de la censure du cinéma, dit « Rapport Régis », Montréal, 1962, 124 p.

MACGOWAN, Kenneth, *Behind the Screen: The History and Techniques of the Motion Picture*, New York, Delta, 1965, 528 p.

MONTPETIT, Charles, *Liberté d'expression: guide d'utilisation*, Montréal, Union des écrivaines et écrivains québécois, 2003, 39 p.

PORTES, Jacques, « Hollywood et le Québec: une autre version de la crise de 1926 », *Cahiers d'histoire du Québec au XXe siècle*, 7 (printemps 1997), p. 179-187.

« Rapport Régis », nom attribué familièrement au *Mémoire du Comité provisoire pour l'étude de la censure du cinéma*.

Régie du cinéma, Répertoire des films sur le site Web.

TAJUELO, Telesforo, « Censure et société; un siècle d'interdit cinématographique au Québec », thèse de doctorat en cinéma, Paris, Sorbonne, 1998, 446 f.

VÉRONNEAU, Pierre, *Le succès est au film parlant français: Histoire du cinéma au Québec, 1*, Montréal, Cinémathèque québécoise, 1979, 164 p.

VÉRONNEAU, Pierre, *L'Office national du film, l'enfant martyr*, Montréal, Cinémathèque québécoise, 1979, 68 p.

VÉRONNEAU, Pierre, « Censure et discours de la critique », dans *Cinéma et sexualité*, sous la direction de Denise Pérusse et Claude Chabot, Québec, Prospec, 1988.

LISTE DES COLLABORATRICES ET COLLABORATEURS

Responsables du dictionnaire

Hébert, Pierre, professeur de littérature québécoise, Université de Sherbrooke

Landry, Kenneth, chercheur, Centre interuniversitaire de recherche sur la littérature et la culture québécoises (CRILCQ), Université Laval

Lever, Yves, historien du cinéma, professeur émérite (cinéma), cégep Ahuntsic

Collaboratrices et collaborateurs

Aubin, Paul, chercheur associé au Centre interuniversitaire d'études québécoises (CIEQ), Université Laval et Université du Québec à Trois-Rivières
(Manuel scolaire)

Boisclair, Isabelle, professeure de littérature, Université de Sherbrooke
(*Les fées ont soif*; *L'héritier*)

Brisebois, Michel, bibliothécaire, spécialiste du livre ancien, Bibliothèque nationale du Québec
(Censure d'exemplaire)

Brisson, Frédéric, étudiant au 3e cycle en littérature, Université de Sherbrooke
(Librairies; *Ville rouge*)

Brodeur, Louise-Marie, étudiante au 2e cycle en littérature, Université de Sherbrooke, et assistante de recherche pour le *Dictionnaire de la censure au Québec*
(*L'ange interdit*; *Félix*; *Hôtel de la Reine*)

Cambron, Micheline, professeure de littérature, Université de Montréal, et codirectrice du Centre de recherche interuniversitaire sur la littérature et la culture québécoises (CRILCQ)
(*Le Canadien*)

Cloutier, Yvan, professeur (à la retraite) de philosophie, Collège de Sherbrooke, et professeur associé, Faculté des lettres et communication, Faculté de théologie, d'éthique et de philosophie, Université de Sherbrooke
(Foi et littérature; *Huis clos*, « La littérature française de 1914 à 1945 et spécialement de 1940 à 1945 : la littérature clandestine », *Les mouches*; La morale amie de l'art)

Cotnam, Jacques, professeur (à la retraite) de littératures française et québécoise, Université York (Toronto)
(*La Petite Revue*)

De Bujanda, J. Martinez, professeur émérite d'histoire, Université de Sherbrooke
(*Anticoton*; Enfer; Index)

Delporte, Christian, professeur d'histoire contemporaine et directeur du Centre d'histoire culturelle des sociétés contemporaines, Université de Versailles Saint-Quentin-en-Yvelines
(Anastasie)

Dénommé Beaudoin, Maude, étudiante au 3e cycle en littérature, Université de Sherbrooke
(*Derrière le sang humain*; *Orage sur mon corps*)

Doré, Martin, étudiant au 3e cycle en littérature, Université de Sherbrooke
(*Convergences*; *Six femmes, un homme*)

Doyon, Nova, étudiante au 3e cycle en littérature, Université du Québec à Montréal
(*Gazette littéraire de Montréal*)

Dubé, Marcel, professeur de droit de la propriété intellectuelle jusqu'en septembre 2004, Professeur associé, Université de Sherbrooke
(Droit d'auteur et liberté d'expression)

Durand, Frédérick, professeur de littérature, Collège Laflèche de Trois-Rivières et Université du Québec à Trois-Rivières, chercheur et écrivain
(Roman-feuilleton)

Dutil, Patrice, directeur de la recherche, Institut d'administration publique du Canada
(*L'Écho des Deux-Montagnes*; *Le Pays*)

Gagnon, François-Marc, historien d'art et directeur de l'Institut de recherche en art canadien G. et S. A. Jarislowsky, Université Concordia
(*Refus global*)

Gallichan, Gilles, historien, bibliothécaire et chercheur à l'Assemblée nationale du Québec
(Roberts, Affaire)

GIGUÈRE, Richard, professeur (à la retraite) de littérature, Université de Sherbrooke
(*L'offrande aux vierges folles*)

GUAY, Jean-Herman, professeur de sciences politiques, Université de Sherbrooke
(«L'immoralité politique dans la province de Québec»)

KELLETT-BETSOS, Kathleen, professeure de littératures québécoise et canadienne-française, Université Ryerson, Toronto
(*Amadou*; *Arioso*)

LACASSE, Germain, professeur d'études cinématographiques, Université de Montréal
(Les bonimenteurs de vues animées; Première Guerre mondiale)

LACASSE, Yves, directeur des collections et de la recherche, Musée national des beaux-arts du Québec
(Chemin de croix; *La famille*)

LAJEUNESSE, Marcel, professeur à l'École de bibliothéconomie et des sciences de l'information, Université de Montréal
(Bibliothèques)

LAMONDE, Yvan, professeur d'histoire et de littérature, Université McGill
(*Annuaire de l'Institut-canadien pour 1868*; *Annuaire de l'Institut-canadien pour 1869*; *La grande guerre ecclésiastique*; Institut canadien de Montréal)

LANDRY, Michel, historien de la danse, didacticien en danses folkloriques internationales
(Danse)

LAPERRIÈRE, Guy, professeur d'histoire, Université de Sherbrooke
(*La Lumière*)

LAPORTE, Véronique, étudiante au 3e cycle en histoire, Université du Québec à Montréal
(*Le Pays*; *Les Débats*)

LA ROCHELLE, Réal, professeur et critique de cinéma, Collège Montmorency
(Arcand, Denys)

LAVERTU, Yves, journaliste indépendant à Montréal, auteur d'essais dans le domaine de l'histoire des idées au Québec
(*Les demi civilisés*; *La fille du silence*)

LEROUX, Éric, professeur, École de bibliothéconomie et des sciences de l'information, Université de Montréal
(Loi du cadenas)

LEVASSEUR, Jean, professeur de littérature québécoise, Université Bishop's
(«Aux chevaliers du nœud coulant»)

LUNEAU, Marie-Pier, professeure de littérature québécoise, Université de Sherbrooke
(*L'appel de la race*; «Dollard des Ormeaux»; *La participation des Canadiens français à la Grande Guerre*; Prix littéraires; *La réponse de la race*)

MICHON, Jacques, professeur de littérature, Université de Sherbrooke, et titulaire de la Chaire de recherche du Canada en histoire du livre et de l'édition et directeur du Groupe de recherche sur l'édition littéraire au Québec (GRELQ)
(Édition; «Les romans de la jeune génération»)

MOLLIER, Jean-Yves, professeur d'histoire contemporaine et directeur du Centre d'histoire culturelle des sociétés contemporaines, Université de Versailles Saint-Quentin-en-Yvelines
(Bethléem, Louis)

MONIÈRE, Denis, professeur, Département de science politique, Université de Montréal
(*La Minerve*; *Les paroles d'un croyant*)

PAGEAU, Pierre, journaliste, historien et professeur de cinéma retraité, cégep Ahuntsic
(*Hiroshima mon amour*)

PARMENTIER, Francis, professeur (à la retraite) de littératures française et québécoise, Université du Québec à Trois-Rivières
(*La Lanterne canadienne*; *Le Réveil*)

PELLETIER-BAILLARGEON, Hélène, journaliste et écrivaine
(*L'Ordre*)

RICHARD, Sara, enseignante de français, Centre Saint-Michel de Sherbrooke, et étudiante au 2e cycle en littérature, Université de Sherbrooke
(*La bêche*; *Canada-Revue*)

ROY, Bruno, écrivain
(Chanson)

Rudin, Ronald, professeur d'histoire, Université Concordia
(*Julie Papineau : un cas de mélancolie et d'éducation janséniste*)

Saint-Jean, Armande, professeure de communication, Université de Sherbrooke
(*Liberté de presse*)

Salaün, Élise, chargée de cours, Université de Sherbrooke, et professeure à l'École française de Middlebury College, Vermont
(*L'amant de Lady Chatterley*; *Face à l'imprimé obscène*; *Histoire d'O*; *Inutile et adorable*; *Marie Calumet*; *Poupée*)

Senécal, André, professeur de français et directeur du programme « Canadian Studies », Université du Vermont, Burlington
(*L'influence d'un livre*)

Smart, Patricia, Distinguished Research Professor, Université Carleton
(*Avec ou sans amour*; *Doux-amer*; *Quand j'aurai payé ton visage*)

Sorin, Noëlle, professeure de didactique du français, Université du Québec à Trois-Rivières
(Littérature pour la jeunesse)

Tajuelo, Telesforo, chargé de projets de recherche à la Régie du cinéma du Québec
(Régie du cinéma du Québec)

Vincent, Sophie, maîtrise en études littéraires de l'Université de Sherbrooke et agente d'information à la même université
(*Le cassé*, *Œuvre de chair*; *Le mal des anges*; *Nègres blancs d'Amérique*)

Voisine, Nive, professeur d'histoire (à la retraite), professeur émérite, Université Laval, et co-directeur du Groupe de recherche sur l'histoire de l'enseignement religieux au Québec
(*Lettre à Monseigneur Baillargeon [...]*, *Réponse aux dernières attaques [...]*; *La source du mal de l'époque au Canada*)

INDEX DES NOMS

Abramson, Hans 610
Achard, Eugène 227
Acker, Cathy 404
Acton, Lord 336
Adam, Camil 300
Adam, Louis-Ignace 172
Adam, Yvan 554
Ahlberg, Mac 323
Ainslie Young, Thomas 256
Aitken, Maxwell 543
Alceste (Ernest Shenk) 194
Alembert, Jean Le Rond (d') 78, 111
Alexandre VII 335
Allard, Francine 414
Allard, Jacques 281, 623
Allard, Michel 440, 441
Allégret, Marc 187, 502
Allégret, Yves 407, 608
Altschull, J. Herbert 394
Amalvi, Christian 442
Ampleman, Jean 320
Anctil, Jacques 316
Angers 272
Angers, François-Albert 199
Angers, Pierre 271, 272
Appel, David 150
Apulée 364
Aquin, François 547
Aquin, Hubert 49, 90, 299, 547
Arafat, Yasser 628
Aragon, Louis 228
Arbour, Madeleine 574
Arcand, Adrien 518-520
Arcand, Denys 10, 12, **45-50**, 107, 163, 211, 221, 236, 298, 500, 501, 643
Archambault, Alfred 597
Archambault, Horace 44
Archambault, Joseph Papin 160, 232, 571
Archambeault, Joseph-Alfred 427
Arletty **52-53**, 135, 462, 463, 556, 581
Arsenault, Bona 32, 552, 629
Arthur, André 116
Arzner, Dorothy 406
Asselin, Olivar 16, 32, 181, 505, 506, 507
Asselin, Pierre 507
Aubert de Gaspé, Philippe fils 110, 256, 347
Aubert de Gaspé, Philippe père 348

Aubin, Aimé-Nicolas, dit Napoléon 254, 256, 257
Aubry, Jacqueline 434
Auclair, Élie-Joseph 129
Auclair, Joseph 169, 364
Audet, Francis 586
Audet, Georges 215
Audry, Jacqueline 86
Auger, Jacques 590
Augustin, saint 556
Aumont, Jean-Pierre 444
Aurenche, Jean 609
Autant-Lara, Claude 203, 341, 479, 581, 601, 602, 608
Ayguesparse, Albert 271
Aymé, Marcel 196
Aznavour, Charles 90

Bach, Jean-Sébastien 460
Bacon, Francis 336
Bacon, Lise 302
Baillargé, Georges-F. 102
Baillargé, Pierre-Florent 102
Baillargeon, Charles-François (Mgr) 391- 393
Baillargeon, Samuel 139, 624
Bakhtine, Mikhaïl 451
Balzac, Honoré de 10, 11, 16, 67, 68, 69, 80, 194, 195, 243, 254, 347, 365, 385, 401, 403, 404
Barbeau, Marcel 574
Barbeau, Marius 169
Barbeau, Victor 16, 49, 153, 270, 281, 403, 466, 623
Barberis, Robert 108
Barbusse, Henri 402
Bardot, Brigitte 244, 480, 657
Bardot, Mijanou 462
Barnabo, Alessandro 40, 292
Barthe, Joseph-Guillaume 257
Barthes, Roland 450
Barton, Nathalie 645
Bastien, Hermas 231
Bathiat, Léonie 52
Batshaw, Harry 432
Baudelaire, Charles 91, 228
Baudrillart, Alfred 76
Bayle, Pierre 336
Bazin, André 497
Bazin, Hervé 347
Bazin, René 193
Beauchemin, Nérée 624
Beauchesne, Arthur 172
Beaudin, Jean 644
Beaudry, Édouard 521

Beaudry, Jacques 626
Beaudry, Louis-Roméo 572
Beaugrand, Honoré 97, 224, 523, 524, 594, 597
Beaulac, Eugène 34, 126, 134, 159, 204, 233, 406, 408, 445, 455, 456, 502, 578, 606, 613, 637, 651, 652, 660
Beaulieu, Germain 175, 607
Beaulieu, Henri 66
Beaulieu, J.-Alphonse 262
Beaulieu, Maurice 504
Beaulieu, Michel 211
Beaulieu, Victor-Lévy 307, 308, 643
Beaulne, Guy 210
Beaumont, Simone 174
Beaupré, Jean-Baptiste 587
Beauregard, Elzéar 51, 124, 351, 579, 604
Beausoleil, Jean-Paul 269, 270
Beauvoir, Simone de 11, 145, 263, 321, 336, 642
Beaverbook, William Maxwelle Aiken, Lord 543
Bécaud, Gilbert 90
Becker, Jacques 462, 581
Bédard, André-Maurice 65
Bédard, Marc-André 263
Bédard, Pierre 101, 254, 396, 560
Bédard, Pierre Hospice 560, 561
Bégin, Émile 148, 152, 545
Bégin, Joseph 505
Bégin, Louis-Nazaire 113, 130, 167, 379, 523
Béland, André 184, 228, 380, 448, 503, 504
Bélanger, Léon 660
Bélanger, Louis 639
Bélanger, père 232, 274
Bellarmino, Roberto 111
Belleau, André 299
Belvaux, Remy 164
Bender, Eric F. 656
Benedek, László 541
Benjamin, Claude 164
Benoist, Émile 242
Benoît XIV 335, 337
Bensimon, Jacques 47
Bentham, Jeremy 39, 400
Béranger, Pierre-Jean 350
Béraud, Jean (pseudonyme de Jacques Laroche) 147
Bergeron, Gérard 115, 332, 333, 334

Bergeron, Léandre 229, 369
Bergman, Ingmar 324, 621-623
Bergman, Ingrid 18, 523
Berkeley, George 336
Berlioz, Hector 87
Bernanos, Georges 228, 425
Bernard, Harry 57, 160, 209, 231, 245, 317, 424, 445, 539, 575, 603, 618
Bernard, Jean 162
Bernard, Pierre 130
Bernardin de Saint-Pierre 400
Bernhardt, Sarah 133
Bernier, Germaine 385
Bernier, Jean-Paul 300, 646
Bernier, Jovette 208, 491, 600, 624, 625
Bernier, Paul 91
Bernier, Silvie 546
Bernstein, Henry 502, 503
Bernstein, Morey 608
Berri, Claude 63, 64, 407
Berthet, Élie 401
Berthiaume, Trefflé 131, 398, 446, 447, 523, 524, 607
Berthomieu, André 186
Bertolino, Daniel 204, 205
Berton, Pierre 603
Bertrand, G. M. 188
Bertrand, Jean-Jacques 107
Bertrand, Marie-Andrée 44
Bertrand, Théophile 17, 153, 194-196, 209, 239, 264, 265, 269, 319, 383, 384, 386, 461, 503, 614, 618, 658, 659
Bérubé, Robert-Claude **73-74**, 232, 234, 421
Bessette, Arsène 16, 173, 174, 175, 176, 226, 619
Bessette, Gérard 77, 283, 284, 382, 405, 608
Bethléem, Louis 9, 56, 68, **74-77**, 82, 282, 343, 410, 506, 600, 624
Beti, Mongo 229
Beyle, Henri 601
Bigras, Dan 116
Billon, Pierre 516
Billy the Kid (William Bonney) 386, 511
Bilodeau, Ernest 199
Binet, Raoul 592
Bissonnette, André 320
Bissonnette, Lise 49
Bissonnette, Sophie 236
Bitsch, Charles L. 63, 64

Black, Conrad 330
Blackburn, Jeanne 584
Blain, Gilles 161, 162
Blain, Maurice 196, 245
Blais, Jacques 281, 624
Blanchet, François 101, 106, 396
Blanchet, Germaine 209
Blanchont, Philippe 43
Blier, Bernard 146
Bloy, Léon 228, 402
Blum, Léon 228
Bobet, Jacques 302
Bohr, Neils 536
Boileau, abbé 232
Bois, André 634
Boisseau, Fernand 233
Boisvert, Huguette 327
Boisvert, Paul 65
Boisvert, Réginald 643
Bonaparte, Louis-Napoléon 31
Bondartchouk, Sergei 189
Bonenfant, Claire 302, 584
Bonenfant, Jean-Charles 147
Bonet, Jordi 13
Bonneau, 439
Bonnefoy, Aristide 402
Bonneville, Léo 162, 236, 481, 585
Bonney, William 386, 511
Bonville, Jean de 395, 397, 526
Bonzel, André 164
Bordeaux, Henri 347
Borduas, Paul-Émile 122, 183, 195, 329, 333, 405, 574-576
Borges, G. A. 228
Bosco, Monique 27, 370, 540
Bossange, Hector 400
Bossuet 347
Bouchard, Gérard 588
Bouchard, Lucien 634
Bouchard, Télesphore-Damien 418, 514
Boucher, Denise 9, 230, 259, 260, 263
Boucherville, Georges Boucher de 350, 597, 655
Bouchette, Marie-Caroline-Alexandra 411
Boulais, Stéphane-Albert 617
Boulizon, Guy 415, 416, 513
Boullé, Hélène 46
Boulogne, Jean-Claude 451
Bourassa, André-G. 504
Bourassa, Anne 373
Bourassa, Henri 171, 173, 192, 194, 373, 398, 505, 529
Bourassa, Robert 536, 566
Bourdaloue, Louis 347
Bourgeault, Florent 131, 524
Bourgeois, Aristide 426

Bourges, Yvon 585
Bourget, Ignace (Mgr) 13, 15, 36-40, 61, 79, 110, 140, 141, 167-169, 172, 226, 291, 292, 357-363, 377, 379, 396, 401, 526-529, 563, 565, 595
Bourget, Jean-Loup 651
Boutet, Richard 544
Bouvières de La Mothe Guyon, Jeanne-Marie 336
Boyer, Jean 187, 340
Boyer, Louis 10, 232, 571, 572
Brabant, Charles 434
Brackett, Charles 51
Brando, Marlon 541
Brassard, Adolphe 207, 465, 466, 518
Brasseur, Pierre 183, 433
Brassier, Jacques 587
Brault, Michel 21, 63, 107, 234, 295, 310, 507, 638, 656
Braun, Antoine-Nicolas 291
Breen, Joseph 159
Bremond, Henri 40
Bresson, Robert 340, 516
Brétécher, Claire 82
Briand, Jean-Olivier 78
Brind'Amour, Yvette 65
Brion, Marcel 259
Broca, Philippe de 609
Brooks, Richard 340, 541
Brossard, Commissaire 307
Brouillard, Carmel 56, 623, 624, 625, 626
Brousseau, Serge 448
Brown, Henriette 38
Brown, James 101, 106
Brown, William 225, 400
Bruchési, Paul-Napoléon (Mgr) 16, 22, 43, 67-70, 73, 80, 112, 113, 119, 131-133, 135, 168, 170-172, 175, 176, 226, 230, 272, 347, 374, 396, 398, 411, 426, 427, 445-448, 506, 510, 523-526, 529-531, 534, 606-608
Bruchési, Charles 533, 534
Bruchési, Jean 67, 181
Bruneau, Julie 373
Bruneau-Papineau, Julie 372, 373
Brunet, Berthelot 506
Brunet, François 626
Brunet, Jean-Marc 49
Brunet, Marguerite 81
Brunet, Michel 330
Brunet, Roland 163
Buade, Louis de 167
Buies, Arthur 183, 377, 379, 396, 529, 590-592

Bujold, Geneviève 646
Bullock Ives, William 59
Buñuel, Luis 12, 341, 497-499
Bureau, Joseph 344
Burke, Edmund 110, 400
Burque, François-Xavier 114
Burroughs, William 404
Burton, Richard 126
Busch, Niven 220
Bush, George W. 116
Bussières, Simone 308, 309, 382

Cadieux, Fernand 136, 387, 581
Cadieux, Louis-Marie 560, 561, 562
Cadieux, Philippe 615
Cadrin-Rossignol, Iolande 645
Caldwell, Gary 588
Callaghan, Morley 28
Campbell, Clarence 296
Camus, Albert 433, 618
Canonge, Maurice de 90, 186
Cantin, J. W. 126
Cantin, Reynald 82, 413
Capone, Al 24, 26, 606
Carco, Francis 77
Cardi, Emanuele 121
Cardinal, Jean-Guy 107
Cardinal, Roger 43, 628, 629
Careless, J. M. S. (Maurice) 46
Carle, Gilles 197, 444, 553, 631
Carme, Guy 260
Carné, Marcel 9, 52, 186, 239, 242, 303, 341, 407, 555, 556
Carnegie, Andrew 80
Carrier, Louis 55, 227
Carrière, Marcel 211
Carter, Miki 205
Cartier, Georges 82
Cartier, Michel 65
Casgrain, Henri-Raymond 281, 347-349, 364, 401, 627
Castelnau, Noël de 76
Castonguay, Léonidas 124, 234
Cauchon, Paul 74
Cayatte, André 407
Cazeneuve, Paul 660
Chaboillez, Augustin 15, 560-563, 565
Chabot, Jean 178, 310
Chabot, Juliette 82, 194, 345
Chabrol, Claude 482, 569, 609
Chalifour, Onis 408
Challies, S. 307
Chamberland, Joseph-Alfred 181
Chambers, Ernest John 542
Champagne, Jean 513
Champagne, Louis 325

Champagne, Paul 583
Champlain, Samuel de 46
Chandonnet, Thomas 392
Chaney, Lon 604
Chapais, Thomas 593, 594
Chapleau, Joseph-Adolphe 59
Chapleau, M. 378
Chaplin, Charles 155, 339, 470, 471
Chaput-Rolland, Solange 153, 223, 461, 659
Charbonneau, Jean-Pierre 633
Charbonneau, Joseph 70, 182, 240, 321, 330, 520
Charbonneau, Pierre 332
Charbonneau, Robert 242, 321, 322, 474, 546
Charbonnier, Félix 317
Charland, Raymond-M. 307, 338, 343-345
Charland, Roland-M. 381
Charlebois, Joseph 71-73
Charlebois-Dirschauer, Madeleine 447, 448
Charlier, Édouard 172
Charney, Melvin 149, 150
Charpentier, Louise 439
Charpentier, Réjane 46
Chartier, Daniel 183
Chartier, Émile 385
Chartrand, Michel 297, 476, 547
Chartrand, Robert 185
Chassebœuf 349
Chateaubriand, François-René de 401
Chaton, Jeanne 385
Chauveau, Pierre-Joseph-Olivier 79, 347, 348, 364, 401
Chauvin, Édouard 193
Chenu, Dominique 336
Chérau, Gaston 402
Cherrier, André-Romuald 110
Chevalier, Gabriel 81
Chevalier, Maurice 652
Chevalier, Willie 179
Chevalier de Lorimier 490
Chevrette, Guy 633
Chicoine, Léon 405
Chiniquy, Charles 117, 358, 360
Chiriaeff, Ludmilla 170
Chopin, Frédéric 211
Choquette, Adrienne 152, 153, 196, 382
Choquette, Fernand 29
Choquette, Jérôme 399, 536
Choquette, Philippe-Auguste 651
Choquette, Robert 53, 54, 208, 491, 496, 497, 624

INDEX DES NOMS

Chossegros, Armand 53, 54, 193
Chouinard, Denis 236
Christian-Jaque 87, 186, 241, 388, 406, 462
Clair, René 462, 581
Claudel, Paul 228, 506
Clavette, Suzanne 398
Clément, Béatrice 412
Clément, Mario 645
Clément, René 340, 407, 509
Clément, Sophie 259
Clément VIII 335
Cloche, Maurice 341
Closse, Lambert 586, 587, 588
Cloutier, Armand 66
Cloutier, Eugène 223, 382
Cloutier, François 535, 536, 566
Clouzot, Henri-Georges 65, 144-146, 340, 436, 657
Cocteau, Jean 145, 340, 472, 515
Coffin, Wilbert 305
Cohen, Leonard 56
Coignet, Pierre 41
Colas, Émile 262, 263
Colbert, Claudette 613
Colborne, John 256
Colette 81, 86, 426, 473, 609
Collande, Volker von 340
Combes, Émile 172
Comeau, Robert 398
Conan, Laure (Félicité Angers) 416
Condorcet 400
Connor, Ralph 445
Conroy, George 619, 620
Constant, Benjamin 39
Cooper, Gary 70, 90, 604
Copernic, Nicolaus 336
Corbeil, Gilles 211
Cordy, Anny 90
Cormier, Bruno 574
Cormier, Guy 324
Corrêa de Oliveira, Plinio 263
Coste, Donat 238, 239
Costom, Michael 649
Côté, Augustin 401
Coté, Guy L. 163, 211, 299, 387, 581, 585
Côté, Louise 67
Côté, Michel 435
Côté, Paul-Émile 244
Coton, Pierre 40, 41
Cotton, W. A. 530
Courcy, Alcide 306
Cousineau, Jacques 49, 162, 463, 472, 540
Cousineau, Louise 50
Coutlée, Paul 403
Couturier, Marie-Alain 194

Craig, James Henry 99, 101-106, 226, 395
Crémazie, Joseph 401
Crémazie, Octave 347, 364, 401
Crépeault, Paul-Émile 246
Crête, Jean-Pierre 108
Criticus (pseudonyme du père Marcel-Marie Desmarais) 124
Cross, James Richard 629
Cukor, George 509
Curotte, Joseph-Arthur 113
Curwood, James-Oliver 445
Curwood, James Oliver 603
Cuthbert, Ross 102, 103, 104
Cyr, Jean-Philippe 233

D'Arcy, Jean-Pierre 618
D'Ennery, Adolphe 596
D'Homme, Sylvain 609
Dagenais, Pierre 320, 646
Dali, Salvador 497
Dallaire, Henri 92, 585
Damiano, Gerard 177
Dandurand, Albert 624
Daniel-Norman, Jacques 188
Dansereau, Fernand 46, 448, 639
Dantin, Louis (pseudonyme d'Eugène Seers) 53, 54, 117, 119, 193, 237, 238, 246, 317, 345, 347, 448, 491-493, 601, 607, 608, 623, 625
Daoust, René 139
Darrieux, Danielle 601
Dassin, Jules 462
Daudelin, Robert 162
Daudet, Alphonse 390, 393, 394
Daunais, Lionel 114
Dauzat, Claude 111
Daveluy, Marie-Claire 42
Daviault, Pierre 61, 147, 600
David, Louis-Athanase 546
David, Laurent-Olivier 16, 127, 129, 130, 133, 176, 337
Dawson, John William 439
Da Silva, Viviane 382
Deacon, William Arthur 182
Dean, Malcolm 641
Deane Gigantès, Philippe 488
De Bonne, Pierre-Amable 99
Decoin, Henri 187
Delacroix, René 341
Delamaire, Monseigneur 75
Delannoy, Jean 388, 434, 516, 631
Delavigne, Casimir 401
Delfosse, Georges 122
Delisle, Esther 588
Delorme, Guy 314, 316
Delteil, Joseph 521

Delubac, Jacqueline 183
Demers, R.-J. 175
Demers, Rock 610
DeMille, Cecil B. 126, 604, 611
Demy, Jacques 482, 609, 610
Denault, J. M. A. 534
Deneault, Jocelyne 233
Denis, Fernand 260
Derome, Avila 274
De Sales 200
Desaulniers, Gonzalve 448, 521, 529, 534
Desbiens, Jean-Paul 183, 306, 352-355, 366, 547, 579
Desbiens, Lucien 189, 220, 240, 241, 281, 462, 630
Descartes, René 39, 228, 336
Desclos, Anne 17, 229, 314, 315, 403
DeSève, Joseph-Alexandre 184, **185-188**, 233, 303, 304, 502, 503, 555, 556
Deshaies, Guy 476
De Sica, Vittorio 206, 434
Desjardins, Louis-Joseph 400
Desjardins, Richard 236
Deslauriers, Ignace-J. 151, 435
Desmarais, Pierre 661
Desmarais, Jean-Pierre 86, 244, 482
Desmarais, Marcel-Marie 43, 124, 163, 236, 536
Desmarchais, Rex 238, 600
Desnoyers 534
Desportes 347
Desprez, Jean 426
DesRochers, Alfred 10, 16, 55, 117-119, 180, 181, 207, 208, 237, 238, 317, 345, 347, 448, 466, 490-492, 494-497, 598, 623, 624
Desrosiers, Henri 408, 430
Desrosiers, J.-B. 384
Desrosiers, Léo-Paul 416, 473
Desrosiers, Léopold 546
Desrosiers, P. H. 215
Dessaulles, Louis-Antoine 15, 36-40, 291, 343, 360-363, 526, 527, 529
Devirieux, Claude-Jean 399
Deyvaux-Gassier, Henri-Paul 31
Diderot, Denis 78, 111, 336, 380, 400, 534, 585
Dieterle, William 25, 406
Dietrich, Marlene 33, 34, 124
Dillinger, John 24
Dillon, John Francis 303
Dion, Gérard 198, 328, 330-334, 354, 355

Dion, Léon 331
Dion-Lévesque, Rosaire 237
Dionne, Adine 550
Dionne, André 626
Dionne, Narcisse-Eutrope 561, 562
Disney, Walt 616
Dixon, Thomas 83
Di Lampedusa, Tomasi 142
Dmytryk, Edward 34
Dodsley 400
Doherty, Charles-Joseph 98
Dollard Des Ormeaux, 10, 41, 207, 208, 466, 587
Domville, James de B. 22
Doniol-Valcroze, Jacques 481
Donskoï, Mark 119
Doone, J. J. H. 383
Dor, Georges 476
Doré, Jean 151
Dorion, Frédéric 373, 374
Dorion, Jean-Baptiste-Eric 363, 396, 526, 529
Dorion, Jules 505
Dostie, Alain 211
Dostoïevski 236
Douin, Jean-Luc 144, 293, 521
Doutre, Gonzalve 361
Doutre, Joseph 38, 363, 590, 594
Douy, Max 609
Doyon, Charles 575
Drapeau, Jean 65, 107, 149-151, 261, 435, 567
Dreux, Albert 492, 496
Dreville, Jean 542, 608
Dreyer, Carl Theodor 521
Drolet, Gustave 129, 131, 176
Drouin, Laurent 315
Drummond, Lewis Thomas 347
Dubé, Rodolphe (François Hertel) 271, 613
Dubuc, Carl 143, 284
Dubuc, Jacques 576
Dubuc, Jean-Guy 423
Dubuque, Hugo 57, 58
Ducharme, Camille 211
Ducharme, Gonzague 403
Ducharme, Réjean 211
Ducrocq-Poirier, Madeleine 173
Dufault, Roseanna 27
Dufort, Théophile 400
Dufresne, Georges 136, 356
Dufresne, Jean-V. 323
Dugas, Marcel 193, 546
Dugré, Alexandre 274
Duhamel, Roger 147, 148, 153, 193, 194, 212, 238, 239, 264, 309, 461, 504, 513, 575, 576, 659

Dumas, Alexandre (père) 11, 94, 97, 226, 402, 469, 528, 542, 594, 595, 597
Dumas, Alexandre (fils) 401
Dumas, Charles 641, 642
Duméry, Henry 336
Dumont, Fernand 547, 592
Dumont, Mario 633
Dunn, père Raymond 232, 240, 242
Dunning, John 328
Dunton, Davidson 640
Dupire, Louis 182, 200
Dupleix, sieur de L'Ormoyne 41
Duplessis, Maurice 16, 69, 70, 122, 136, 159, 181, 188, 202, **221-222**, 228, 229, 241, 279, 280, 305, 306, 308, 328, 329, 330, 333, 352, 372, 387, 398, 403, 416-418, 421, 431, 458, 463, 500, 511, 546, 579, 580, 633, 639
Dupond, Claire 477
Dupuis, Marthe 580
Dupuis, Paul 463
Dupuis, Roy 644
Dupuis, Yvon 49
Dupuy, Madame 321
Duquet, Joseph-Norbert 348
Duras, Marguerite 311, 313
Durham, Lord John George Lambton 256
Dussault, Louisette 259
Dussault, Serge 299, 537
Duval, M. 346, 347
Duvernay, Ludger 255, 395, 396, 468, 469, 516, 528
Duvivier, Julien 187, 341, 444
Du Bois-Olivier, Jean 41
Du Calvet, Pierre 395
Du Moulin, Pierre (père) 41

Eck, Hélène 207
Edison, Thomas 22, 203
Egoyan, Atom 236
Eichberg, Richard 186
Eisenstein, Sergei 164, 189, 341
Ekberg, Anita 207
Élie, Robert 147
Epstein, Jean 187
Escobar 241
Escomel, Gloria 51
Estang, Luc 196, 197
Éthier-Blais, Jean 27, 558
Étiemble 228
Eudore-Joseph, frère 354
Eustace, C. J. 514

Fabien, Père 43
Fabre, Édouard-Charles (Mgr) 15, 79, 80, 93-95, 97, 98, 127, 130, 140-142, 170, 224-226, 292, 358-361, 363, 379, 380, 393, 396, 400, 401, 523, 524, 526, 529, 564, 595, 597, 619, 620, 621
Fabre, Édouard-Raymond 79, 400, 564
Fabre, Hector 527
Falardeau, Jean-Charles 198
Falardeau, Pierre 50, 164, 488, 489, 490, 638, 639
Falconetti, Renée Maria 522
Fallon 612
Fanon, Frantz 92
Faulkner, Steve 115
Fauteux, Aegidius 495
Favreau, Michèle 585
Favreau, Robert 617
Fejös, Pal 294
Feldstein 126
Felix, María 294, 499
Fellini, Federico 206, 207, 568, 622
Felteau, Cyrille 398, 513
Felz, Michèle 212
Fénelon, François de Salignac de la Mothe- 336
Ferland, Albert 491, 533
Ferland, Jean-Baptiste 348
Fernandel 457
Ferron, Jacques 36, 182
Ferron, Marcelle 253
Ferron, René 178, 312
Ferron–Hamelin, Marcelle 574
Feuillade, Louis 609
Feuillère, Edwige 86, 457
Féval, Paul 594
Feydeau 402
Feyder, Jacques 186, 187
Filiatreault, Aristide 72, 73, 80, 93-97, 225, 226, 397
Filiatreault, Jean 197, 643
Filion, Gérard 194, 196, 198, 328, 398
Filippo, Eduardo de 608
Fillion, Jean-François (Jeff) 116
Fiorucci, Vittorio 254
Fischer, Hermann 520
Flaccus 364
Flaherty, Robert 204, 637
Flammant, Baptiste 199
Flaubert, Gustave 228, 370, 402
Fleischer, Richard 647
Fleming, Victor 290, 339, 523
Floquet, François 204, 205
Flynn, Errol 124
Fo, Dario 260

Folch-Ribas, Jacques 547
Fontaine, Jean-Marie 262
Fontaine, Jean de La 401
Fontaine, T. A. 28
Forcier, André 302
Forman, Milos 648
Fortier, André 87, 187, 556
Fortier, Yves 66
Fouquet 67
Fournier, Alain 354
Fournier, Claude 211, 371, 537, 583
Fournier, J.-P. 643
Fournier, Jules 112
Fournier, Roger 300, 368, 369, 370, 382
Franca, Celia 65
France, Anatole 347, 365
Franco, Francisco 51, 52, 517
Francœur, Louis 32, 161
François d'Assise, saint 505
François, Jacqueline 90
Francq, Gustave 418
Franju, Georges 407
Franklin, Benjamin 225, 400
Franque, Léon 25, 85
Fréchette, Jean-Baptiste 257
Fréchette, Louis 131, 401, 620
Freedman, Martin 487
Freedman, Samuel 485
Frégault, Guy 330
Frigon, Jean 260
Frontenac, comte de 167
Fulton, E. David 17, 283, 383
Furmanov, Dimitri 119

Gabias, Yves **279-280**, 301, 372, 582, 610
Gabin, Jean 187, 294, 444
Gaboriau, Émile 147
Gaboury, Placide 119
Gadbois, Charles-Émile 114, 233
Gagnon, Alexis 34, 136, 145, 159, 188, 189, 202, 206, 220, 222, 224, 234, **280-281**, 290, 304, 311, 387, 388, 431, 433, 456, 458, 459, 462, 469, 476, 540, 541, 548, 555, 579, 580, 609, 639, 640, 648
Gagnon, Blanche 56
Gagnon, Charles 475, 477
Gagnon, Édouard 82, 307, 343, 344, 384
Gagnon, Ernest 56, 114, 271
Gagnon, Guy 69
Gagnon, Henri 180, 444
Gagnon, Jean-Louis 143, 199
Gagnon, Louis-Philippe 316
Gagnon, M. 189

Gagnon, Marcel-Aimé 317, 319, 506
Gagnon, Maurice 27, 223
Gagnon, Philéas 80
Gagnon, René 520
Gainsbourg, Serge 629
Galilée, Galileo 37, 336, 363, 426
Gance, Abel 371, 542
Gandhi, Mahatma 23
Garand, Édouard 193, 227
Garant, Charles-Omer 433
Garbo, Greta 509, 652
Garibaldi 597
Garneau, Blanche 592, 593
Garneau, François-Xavier 106, 364, 401
Garneau, Michel 115, 261
Garneau, René 154, 197, 245
Garret, Pat 386
Gascon, Jean 65, 242
Gaskill, Charles L. 126
Gasnier, Louis 457
Gaucher 303, 390
Gaucher, père 232
Gaudet, Michel 254
Gaulin, André 354
Gaume, Jean-Jacques 391, 392, 442
Gauthier, Bertrand 82, 414
Gauthier, Conrad 114
Gauthier, Georges 168, 519, 588
Gauthier, Théophile 401
Gauthier, Yves 69
Gauthier, Yvon 365
Gauvreau, Claude 253, 329, 574, 575
Gauvreau, Jean-Marie 575
Gauvreau, Pierre 329, 574, 575
Gay, Paul 10, 27, 35, 50, 60, 61, 139, 147, 148, 194, 213, 223, 224, 235, 238, 239, 245, 246, 258, 275, **281-287**, 319, 355, 383, 404, 416, 436, 437, 461, 488, 538, 539, 545, 546, 557-559, 651
Gélin, Daniel 433, 462, 581
Gélinas, Gratien 65
Gélinas, Pierre 321, 575
Gendreau, Paul-Arthur 219
Genina, Augusto 341
Geoffrion, Louis-Philippe 495
Gérard, Jean-Ignace-Isidore 30
Gérin-Lajoie, Antoine 401, 416
Germain, Nicole 253
Germain, Victorin 365
Gervais, Bertrand 369
Gide, André 81, 154, 228, 426, 473, 625, 632
Gigantes, Philippe D. 638
Gignac, Suzanne 74, 421

INDEX DES NOMS

Giguère, André 605
Giguère, Roland 547
Gill, André 30, 31, 32, 33
Gill, Charles 193
Gilmore, Thomas 225, 400
Gingras, Claude 258
Gingras, L.-P. 398
Gingras, Richard 626
Giono, Jean 139, 270, 462
Giraldeau, Jacques 234
Girard, Henri 181, 504
Girard, Jean-Pierre 489
Girard, Rodolphe 9, 16, 131, 175-177, 396, 445-455, 525
Girerd, Jean-Pierre (caricaturiste) 65, 422, 646
Giroux, André 154, 382
Godard, Jean-Luc 63, 236, 341, 479, 609, 610, 648
Godbout, Adélard 228, 277, 418
Godbout, Jacques 44, 49, 150, 211, 275, 299, 435, 501
Goddard, Paulette 604
Godin, Gérald 296, 434, 435, 475, 476, 477
Godin, Jean Cléo 650
Godin, Jules 234
Gonthier, Dominique-Ceslas 130
Gordon, Ross 588
Goretti, Maria 341
Gotlib, Marcel 82
Gouin, Lomer 232, 506, 530, 576
Goulet, André 268
Goulet, Élie 153
Goupil, Jean-Paul 91
Goyette, Arsène 10, 345, 347
Gozlan, Léon 401
Grandbois, Alain 179, 265, 546
Grandpré, Pierre de 198, 223
Grandville 30
Gréco, Juliette 90, 581, 629
Green, Guy 388
Green, Julien 505
Greene, Graham 425
Grégoire, Paul (Mgr) 261, 262
Grégoire XVI 349, 516
Grémillon, Jean 188
Grenier, Adrien 195
Grenier, Cécile 169
Grenier, Henri 344
Grenier, William-Alexandre 595, 596
Grierson, John 352
Griffith, David Wark 83, 85, 86, 367
Grignon, Claude-Henri 208, 402, 506
Groulx, Gilles 10, 12, 48, 107, 163, **295-298**, 501, 537, 547

Groulx, Lionel 16, 41-43, 106, 190, 193, 198, 199, 207, 231, 275, 444, 506, 518, 587, 588, 598-601, 623
Guay, Henri 587, 598
Guérin, André 10, 64, 138, 163, 236, 279, **297-302**, 310, 323, 324, 372, 389, 391, 432, 480, 532, 535, 536, 538, 552, 566-569, 582, 583, 610, 611, 630, 646, 649
Guérin, Charles 348
Guesde, Jules 75
Guèvremont, Germaine 209, 391
Guibord, Joseph 38-40, 183, 360, 362, 589
Guibord, veuve 363
Guihot, Julien 94
Guilbault, Muriel 574
Guilbeault, Luce 263
Guillaume II 543
Guimond, Olivier 531
Guitry, Sacha 660
Gury, Paul 214, 341

Haldimand, Frederick 78, 225, 287, 289, 290, 395
Hallé, Joseph-Jean-Baptiste 43
Hamel, Émile-Charles 152, 182, 209, 382, 424, 461, 504, 618, 619
Hamel, Oscar 160, 231, 407, 408
Hamel, Raoul 194
Hamel, Réginald 314
Hamelin, Jean 183, 353, 354, 356, 393, 462, 463, 464, 618
Harbour, Adélard 10, 17, 53, 160, 186-188, 190, 232, 233, **303-304**, 343, 433, 456, 503, 541, 550, 555, 556, 609, 660
Hare, John 400
Harlan, Veit 509
Harnack, Falk 655
Harvey, Jean-Charles 9, 10, 16, 177, 179-183, 192, 198, 209, 222, 224, 227, 267, 268, 275, 277, 284, 317-319, 372, 381, 382, 443, 444, 493, 496, 506, 513-515, 546, 618, 623
Hathaway, Henry 470
Hauduroy, Jean-François 63
Hauptmann, Bruno 24
Hautecloque, Jean de 241
Hawks, Howard 26, 511, 512, 606
Hays, William 155
Hearst, William Randolph 430, 543
Hébert, Anne 91, 228, 546

Hébert, Jacques 10, 33, 222, **305-308**, 352, 353, 354, 488
Hébert, Joseph 564
Hébert, Marie-Francine 82
Hébert, Maurice 624
Hébert, Pierre 236
Heinich, Nathalie 545
Hellens, Franz 271
Helvetius 400, 534
Hemingway, Ernest 426, 659
Hemming, F. L. 459
Hémon, Louis 57, 444
Hénault, Gilles 575
Henri, Noël 70
Henri IV 40, 41
Héraclite 211
Héroux, Denis 178
Héroux, Omer 200
Hertel, François (pseudonyme de Rodolphe Dubé) 228, 271, 613, 614
Hesnard, Ange-Louis-Marie 336
Hitchcock, Alfred 325, 326, 547-549
Hitler, Adolf 77, 207, 351, 404, 465, 518, 520, 575
Hobbes, Thomas 336
Holm, Siv 323
Homère 347
Homier, Joseph-Arthur 213
Horguelin, Thierry 164
Houle, Jean-Pierre 153, 194-196, 245, 659
Hubbard, L. Ron 218
Hubert, Max 179, 181
Hudson, Rock 509
Hughes, Howard 511, 512
Hughes, Ken 509
Hugo, Victor 226, 228, 342, 347, 365, 401-403, 439, 442, 534
Hugon, André 540
Hume, David 336
Huot, Antonio 176
Huot, Charles 122
Huot, Maurice 210, 604
Hurel, Robert 408
Hurtubise, Claude 142, 143
Huston, James 347, 348
Huston, John 340, 434, 470
Hyde, Mary 438

Imamura, Shohei 350
Imbault, Thomas Louis 275

Jacopetti, Gualtiero 205
Jacquies, Adolphe 257, 396
Jaeckin, Just 30, 317
Jammes, Francis 506
Janelle, Bernard 253, 254

Janelle, Claude 306, 308, 546
Janin, Alban 186, 303, 555
Jannings, Emil 33
Jasmin, Bernard 505
Jasmin, Claude 9, 108, 147, 148, 177, 178, 382, 546
Jasmin, Judith 353
Jaspers, Karl 271
Jautard, Valentin 15, 287, 289, 290, 395
Jeanson, Henri 145
Jean XXIII 333
Jérome, frère 13, 354
Jobbins, W. S. 107
Jodoin, Hervé 405
Johnson, Daniel 279, 280, 300, 301, **372**, 582, 633, 643
Johnson, Sydney 146
Jolicœur, Jules 233
Jones, Leonard 21
Jouvenet, Jean-Baptiste 121
Jouvet, Louis 146, 457
Joyce, James 404, 655
Jules II 459
Julien, Pauline 263, 476, 646
Juneau, Pierre 46, 47, 234, 387, 554, 581
Jutra, Claude 55, 56, 501
Jutras, Jeanne d'Arc 51

Kant, Emmanuel 336
Kast, Pierre 482
Kaufman, Joseph 199
Kazan, Elia 63, 340
Kazantzakis, Nikos 336
Kent, Larry 310
King, Allan 310
King, Edward F. 47, 48
Kirkland-Casgrain, Claire 568
Knowles, Sheridan 349
Kolle, Oswalt 656
Koltaï, Ivan 615
Kraus, Franz Xavier 336
Kristeva, Julia 263
Kroutchev, Nikita 661
Kurosawa, Akira 340, 573

L'Anglais, Paul 147, 185
L'Écuyer, Eugène 347
L'Herbier, Marcel 516
L'Heureux, Eugène 123, 505
Labelle, François-Xavier Antoine (curé) 380
Labelle, Lucien 630
Laberge, Albert 16, 80, 131, 173-177, 226, 270, 272, 448, 606, 608
Laberge, Charles 363
Laberge, Dominique 194

Laberge, Joseph-Esdras 175, 343
Labrèche Viger, Louis 526
Labrecque, Jacques 115
Labrecque, Jean-Claude 302
Labrecque, Thomas 396
Labrosse, Darcia 82
Labrosse, Gérard 325
Lacasse, Zacharie 97, 595
Lachance, Micheline 387
Lacombe, Georges 340, 608
Lacombe, Patrice 347
Lacordaire 505
Lacoursière, Luc 169, 211
Lacroix, abbé 232
Lacroix, Benoît 589
Lafargeville 598
Lafargue, Paul 75
LaFerrière, Philippe 382
Laffont, Robert 147
Lafitte, François 347
Laflamme, Eugène-Charles 317
Laflamme, Jean 13
Laflamme, Rodolphe 95, 363
Laflèche, Louis-François 40, 128, 140, 141, 362, 619
Lafleur, Louis 233
Lafrance, Émilien 279
Lafrenière, Paul 459
Lagacé, René-Louis 45
Lahaise, Guillaume 211
Laing, Ronald David 365
Lalancette, Hauris 22
Lalande, Léon 631
Lalande, Louis 274
Lalemant, Charles 41
Lalonde, Marc 163
Lalumière, Charles 521
Lamarche, Gustave 199
Lamarche, Guy 633
Lamarche, Marc-Antonin 491-496
Lamarche, Thérèse 260, 261
Lamartine, Alphonse de 39, 342, 364
Lamb, Harold 258
Lambert, Michel 628
Lamennais, Félicité Robert de 37, 39, 349, 505, 516
Lamonde, Yvan 400
Lamontagne, Gilles 44, 535, 617
Lamothe, Arthur 92, 387
Lamoureux, Jacques 162
Lamy, André 107, 298, 478
Lamy, Laurent 149
Lamy, Pierre 302, 538
Lanctôt, Charles 159, 579
Lanctot, Gustave 46
Landry, Bernard 634
Landry, François 442

Lang, Fritz 293, 407, 467
Langevin, André 17, 224, 238, 245, 246, 320, 321, 382, 416, 462, 546, 547
Langevin, Jean 439
Langevin, Louis-Philippe-Adélard 127, 532
Langlais 346
Langley, Noel 608
Langlois, Godfroy 16, 131, 224, 225, 529-531
Languirand, Jacques 650
Laniel, Carole Andrée 504
Lapalme, Georges-Émile 136, 138, 159, 189, 236, 313, 581, 585
Laplante, Rodolphe 238
Lapointe, Ernest 466
Laporte, Bruno 82
Laporte, Gilles 82
Laporte, J. D. 224
Laporte, Pierre 49, 629
Laramée, Arthur 200, 409, 550
Laroche, Jacques 147
Larocque-Auger, Laurette 426
Larose, Gérald 50
Lartigue, Jean-Jacques 15, 516, 560, 562, 565
Larue-Langlois, Jacques 476, 477
Lasnier, Jacques 646
Laure, Carole 631
Laurendeau, Albert 427
Laurendeau, André 162, 188, 285, 312, 330, 352, 355, 398, 464, 576, 581
Laurendeau, Arthur 587
Laurendeau, Francine 436
Laurent, André 618
Laurier, Wilfrid 10, 59, 93, 127-129, 160, 171-173, 176, 232, 360, 363, 380, 529, 530, 533, 591, 616
Lautrec, Donald 537, 631
Laval, François de 167, 170
Lavallée, Achille 354
Lavoie, Hercule 572
Lavoie, Raymond 44, 163, 236, 535, 536, 583, 605
Lavoie, Richard 236
Lawrence, David Herbert 9, 17, 27-29, 229, 506
Lazure, Wilfrid 66
Lazzareschi, Aloysius 130
La Bolduc (Mary Travers) 115
La Couline, Paul 325, 326
La Croix de Chevrières de Saint-Vallier, Jean-Baptiste de 167
La Fontaine, Louis-Hippolyte 357
La Patellière, Denys de 462, 581
Leach, Dean 56

Lebel, Léon 274
Leber, Philippe 607
Leblanc, Albert 537
Lebrun, Monique 442
Lechasseur, Guy 32
Leclaire, Armand 88
Leclaire, Jean-Charles 108
Leclerc, Alphonse 173, 176
Leclerc, Annie 263
Leclerc, Gilles 284, 354
Leclerc, Rita 147, 178, 185, 212, 224, 268, 345, 386, 448, 544, 545, 558
Lecoq, Charles 113
Ledochowski, Vladimir 127
Leduc, Auguste 344
Leduc, D. 274
Leduc, Fernand 208, 329, 574
Leduc, J. D. 224
Leduc, Jacques 12, 49, 107, 163, 298, 501
Leduc, Ozias 13, 122
Leduc, Paul 207
Leduc, Thérèse 574
Lefebvre, Bernard 440
Lefebvre, Euclide 160, 200, 231
Lefebvre, Eugène 55, 154, 473, 474
Lefebvre, J. A. 71
Lefebvre, Jean-Jacques 564
Lefebvre, Jean Pierre 310
Le François, Charles 101
Légaré, Cyrille-Étienne 379
Légaré, Romain 139
Legault, Claude 644
Legault, père Émile 321, 325
Legendre, Napoléon 594
Léger, François 575
Léger, Paul-Émile (cardinal) 70, 82, 138, 168, 169, 198, 229, 235, 236, 249, 251, 298, 300, 353, 354, 356, 385, **387-389**, 431, 459, 481, 610, 630
Legg, Stuart 351
Le Gouriadec, Loïc (Paul Gury) 214
Le Grincheux (Louis Dupire) 182
Lehar, Franz 273
Lemaire, Philippe 444
Lemaître, François 396
Le May, Pamphile 347, 401
Lemelin, Roger 185, 224, 228, 253, 284, 504
Lemercier, Népomucène 30
Lemie, Jean-Louis 285
Lemieux, Alice 495
Lemieux, Ernest 328
Lemieux, Hector J. 47

Lemieux, Jean-Louis 355
Lemieux, Louis-Guy 396
Lemieux, Louis-Joseph 83, 154, 365, 367, **389-390**, 577
Lemieux, M. 647
Lemieux, Robert 476
Lemieux, Roger 365
Lemire, Jules-Auguste 74
Lemire, Maurice 112
Lemonnier, Camille 402
Le Moine, Roger 176
Le Moyne, Jean 142-144
Lemoyne, Wilfrid 463, 642
Le Moyne de Martigny, Paul 171
Lenine, Vladimir 180
Le Normand, Michelle (Antoinette Tardif) 193, 119, 416
Léo, Edmond (Armand Chossegros) 53, 54, 193
Léon XIII 190, 191, 335
Leroux, Maurice 136, 137, 190, 244, 299, 371, **390-391**, 459, 582, 630, 649
Lesage, Gilles 632
Lesage, Jean 279, 299, 300, 371, 391, 481, 582, 630
Lespérance, Edgar 306
Letondal, Henri 521, 522
Léveillé, Lionel 491
Léveillée, Claude 115
Lever, Yves 162, 178
Levert, Miriam 33
Lévesque, Albert 16, 55, 193, 227, 448, 598-601
Lévesque, Georges-Henri 330
Lévesque, Henri 308
Lévesque, Raymond 115, 476
Lévesque, René 189, 253, 371, 500, 547, 640, 656
Lewis, Sinclair 541
Liénart, Achille 76
Lindberg, Charles 24
Link, André 328
Linné 400
Lippens, Bernard 439
Locke, John 336, 395
Lockquell, Clément 148, 212, 369, 425
Lodge, David 545
Logan, Michael 325
Logereau, Édouard 205
Loiseau, André 434
Loiselet, André 17, 229, 434
Lombard, Bertrand (pseudonyme de l'abbé Émile Bégin) 147, 148, 544
Longtin, Pierre 27

INDEX DES NOMS

Loranger, Françoise 17, 224, 238, 245, 382, 384, 416, 459, 461, 546
Lord, Daniel 155
Lord, Jean-Claude 178, 644
Lorenzi, Stellio 630
Lorrain, Léon 495
Lorrain, Lévis 279
Louis-Grégoire, frère 353, 354, 356
Louis XIII 40
Louis XIV 170
Louis XV 659
Louis XVI 294
Loutatcharsky 180
Louÿs, Pierre 81
Love, Montague 124
Lovell, John 439
Lozeau, Albert 175
Lubitsch, Ernst 124, 651-653
Luçon, cardinal Louis-Joseph 521, 522
Lucrèce 364
Lully, Jean-Baptiste 112
Lumière, frères 22, 203
Luneau, Marie-Pier 198
Lussier, André 136, 161, 188, 189, 240, 314, 355, 581
Luther, Martin 334, 457, 459

MacCallum-Coté, Nancy 74, 299
MacDiarmid, C. A. 85
MacDonald, Jeannette 652
Macdonald, John A. 57, 59
MacDonald, Yvan 369, 370
MacKay, Jacques 310
MacLennan, Hugh 28
MacOrlan, Pierre 555
Macpherson, Hugo 107
Madore, Gratia 345
Madore, Ruth 345, 346, 347
Magny, Michèle 259
Maheu, Pierre 211, 365, 547
Maheux, Arthur 506
Maheux-Forcier, Louise 26, 50, 51
Mailhot, Michèle A. 545
Maillet, Andrée 268
Maillet, Gaston 529
Major, André 108, 356
Major, Willie 234
Makavejev, Dusan 631
Malchelosse, Gérard 586, 587
Malebranche, Nicolas 336
Malle, Louis 462, 480, 481, 581
Malot, Hector 402
Malraux, André 29, 81, 316, 473
Malthus 400
Manise, Ernest 195

Mankiewicz, Joseph 125, 126, 340
Mann, Heinrich 33
Manouvrier, Franz 315, 316
Mao-Tsé-Toung 163, 211
Marais, Pierre Des 229
Marcel, Gabriel 321, 322
Marcellini, Romolo 205
Marchand, Félix-Gabriel 591
Marchand, Gabriel 176
Marcotte, Gilles 17, 162, 194, 196, 197, 202, 209, 210, 245-247, 259, 425, 433, 458, 504, 513, 544, 546, 547, 552
Marguerite, Paul 346
Mariano, Luis 433, 434
Marineau, Jean-Claude 326
Marineau, Michèle 413
Marion, Séraphin 197, 317
Maritain, Jacques 380, 381, 415, 473, 474
Marmande, R. de 132, 526
Marmette, Joseph 594
Marquis, Georges-Émile 181
Marquis, Maurice 307
Marsh, Helen 182
Marston 267
Martel, Florence 279
Martel, Réginald 183, 435
Martial 364
Martigny, Adelstan de 447
Martin, Claire 10, 60, 61, 211-213, 286, 382, 546, 557, 558, 559
Martin, E. A. 603
Martin, Paul-Aimé 81, 194, 380, 381, 383, 385, 410
Martin du Gard, Roger 81, 473
Marx, Karl 163, 180
Maspero, François 229
Massicotte, Edmond-Joseph 450
Massori, Françoise 502
Matte 306
Maugham, Somerset 426
Maupassant, Guy de 402, 404
Maurault, Olivier 42, 55, 239, 240, 242
Mauriac, François 228, 242, 425, 473, 474, 505, 506
Maurras, Charles 76
Maxine (Marie-Caroline-Alexandra Bouchette) 411
Mayer, Jean 462
Mayrand, Oswald 182
McAinsh, D. T. 404
McCoy, John 401
McIntyre 612
McLane, Barton 124
McLean, Grant 295
McPherson, Hugo 478

McTaggart Tait, Melbourne 98
Meilleur, Jean-Baptiste 79
Mélançon, Claude 466
Melançon, Joseph-Marie 494, 495, 496, 624
Méliès, Georges 609
Meloche, Vincent 297
Melville, Jean-Pierre 516
Melzack, Bryan 314, 316
Memmi, Albert 92
Ménard, Jean 27
Menegoz, Robert 312
Menzel, Jiri 553
Mercanton, Louis 134
Mercier, Honoré 58, 80
Merry del Val, Rafael (cardinal) 131, 289, 290, 395
Mesplet, Fleury 15, 78, 99, 225, 287
Messières, René de 241
Meurisse, Paul 657
Meussot 88
Meyer, Russ 615
Michaud, Paul 229, 356, 403, 462, 513, 514, 546, 658
Michaud, Pierre 17, 214, 215
Michaud, Yves 17, 517, 632, 633, 635
Michel, Jacques 116, 517, 518
Michelet, Henri 401
Michelet, Jules 524
Michey, Mick 90
Michon, Jacques 118, 286, 448
Mignard, Nicolas 121
Migneault, Pierre 366
Milland, Ray 70
Miller, Arthur 188
Miller, Henry 405, 566, 569
Milton, John 394, 395
Minelli, Vincente 340, 343
Miron, Gaston 211, 254
Mirot, Paul 173, 174
Mnouchkine, Ariane 263
Modigliani, Amedeo 471, 472, 540, 581
Moguy, Léonide 648
Molinaro, Édouard 609
Molinos, Miguel de 336
Mondat, Claire 538, 539
Mondelet, Dominique 396
Monet-Chartrand, Simonne 261
Monnier, Henry 31
Monroe, Marilyn (Norma Jean Mortenson) **469-470**
Monsabré, Jacques-Marie-Louis 347
Montaigne, Michel de 39
Montalembert, Charles Forbes (comte de) 505, 527

Montand, Yves 661
Montherlant, Henry de 228
Montesquieu 39, 394, 400, 534
Montgolfier, Étienne 78, 287, 289, 395
Montgomery 316
Montherlant, Henry de 196, 506
Montigny, Benjamin-Antoine Testard de 620
Montigny, Louvigny de 171, 495, 518, 519, 520
Montpetit, Charles 414
Montpetit, Édouard 495
Montpetit, Guy 149
Mooney, Theodore 354
Moore, Harry T. 28
Moravia, Alberto 197, 336
Moreau, Jeanne 481
Moreau, Louis-Zéphirin 17, 230, 524
Morgan, Michèle 444, 503, 632
Morin, A. 426
Morin, Augustin-Norbert 468
Morin, Marie 46
Morin, Paul 491, 546
Morin, Robert 236
Morin, Victor 169
Morisset, Bernard 575
Morisset, Louis 316
Morissette, Louis 241
Moroder, Giorgio 467
Morrier, Bernard 610
Mortimer, Richard 502
Mouloudji 90, 581
Mousseau, Jean-Paul 253, 574
Mousseau, Katherine 263
Muller, Camille 336
Mulroney, Brian 164, 486, 487
Murger 402
Murnau, F. W. 204, 630, 637
Murphy, Bridey 608
Musset, Alfred de 364, 401
Musso, Jeff 187
Mussolini, Benito 77, 605, 625

Nadeau, Gabriel 119, 237, 607
Nadeau, Pierre 628
Nadon, Claude 586
Naismith Greenshields, James 59
Napoléon III 527
Neilson, Samuel 400
Nelligan, Émile 211
Nesbitt, Evelyn 647
Newman, Sydney 21, 47, 298, **478-479**, 507, 657
Nichols, Dudley 340
Nicol, Jacob 180
Nisard, Charles 104

Nitoslawka, Marielle 645
Noël, Lise 50
Nold, Werner 211
Nolin, Jean 193
Normand, Jacques 327

O'Brien 199
O'Leary, Dostaler 246, 284
O'Neil, Barry 603
O'Neil, Eugene 506
O'Neill, Louis 198, 328, 330-334, 354
Offenstadt 76
Ohnet, Georges 596
Oraison, Marc 336
Orsini, Marina 644
Ostiguy, Jean-Paul 479, 374, 375, 547
Ouellette, Fernand 547
Ouimet, Gédéon 410, 438, 439
Ouimet, Joseph-Aldéric 59
Ouimet, Léo-Ernest 22, 24, 231, 510, 660
Ouvrard, Joseph 403
Ovide 364

Pagliaro, Michel 116
Pagliero, Marcelo 434
Pagnol, Marcel 303, 393, 455, 457
Pagnuelo, Siméon 562
Painchaud, Charles-François 561, 562
Paine, Thomas 534
Palmer, William 592
Panet, Bernard-Antoine 562, 564, 565
Panet, Bernard-Claude 15
Papatakis, Nico 482
Papineau, Julie 372-374
Papineau, Louis-Joseph 224, 357, 372
Papineau-Bourassa, Azélie 373
Pâquet, André 211, 345
Pâquet, Benjamin 393
Pâquet, J.-Claude 354
Pâquet, Louis-Adolphe (Mgr) 42, 43, 53, 130, 190-192, 319
Paquin, Elzéar 16, 140, 141
Paradis, Pierre 632
Paré, Jean 139, 178, 183
Parent, Alphonse-Marie 331
Parent, Étienne 254, 257, 348, 401
Parent, Gilles 116
Parizeau, Lucien 181, 322, 448
Parvillez, Alphonse de 77
Pascal, Blaise 39, 224, 336
Pascaud, André 502
Pasolini, Pier Paolo 605

Passalia, Antonio 605
Patenaude, J. Z. Léon 369
Patenaude, Michel 162
Paton, Stuart 604
Patrizi, Costantino 392
Patry, Pierre 89, 148, 300
Paul, Rémi 49
Paulin Guérin, Jean-Baptiste 120
Paul IV 334
Paul Philippe, père 353
Paul VI 656
Payant, René 150, 152
Péan, Stanley 414
Peck, Gregory 90
Péguy, Robert 186
Péladeau, Pierre-Karl 642
Pelchat, Robert 184, 185
Pelland, Léo 231, 407
Pellerin, Gilles **531-532**
Pellerin, Jean 32, 188
Pelletier, Albert 16, 179, 181, 227, 317, 411, 506, 598, 625
Pelletier, Alec 46, 267
Pelletier, Alexis 16, 140, 291, 391, 393, 442, 619
Pelletier, Alphonse 532-534
Pelletier, François 626
Pelletier, Georges 200, 317, 505
Pelletier, Gérard 32, 195, 329, 398, 500, 531, 575, 657
Pelletier, Gilles 646
Pelletier, Louis-Philippe 94
Pelletier, Nicéphore 532-534
Péloquin, Claude 13
Penn, Arthur 386
Pépin, André 481, 615
Périer, François 462
Péron, Jean 417
Perrault, Antonio 600
Perrault, Pierre 21, 22, 107, 310, 501, 617, 656
Perreault, Luc 74, 566
Perron, Clément 501
Perron, Maurice 574-576
Perry, M. 378
Perzan, Marcel 237
Pétrone 364
Petrowski, Nathalie 488
Philippe, Gérard 471, 601
Phillips, John 275
Pia, Pascal 243
Piaf, Édith 90, 581
Piché, Aristide 590
Piché, Hélène 626
Piché, Paul 116
Pichel, Irving 391, 457
Pierre-Jérôme, frère (Jean-Paul Desbiens) 306, 352, 356

Pierson, Claude 327
Pie IV 335
Pie IX 360, 527
Pie V 335
Pie XI 76, 186, 233, 235
Pie XII 162, 333, 336
Pigeon, François-Xavier 15, 560, 563-565
Pills, Jacques 90
Pindal, Kaj 47
Pinochet, Augusto 229
Pinsonneault, Jean-Paul 238, 245
Pioch, Georges 190
Piotte, Jean-Marc 297
Plaix, César de 41
Plamondon, Antoine 12, 120-122
Plessis, Joseph-Octave (Mgr) 101, 104, 110, 560, 561, 563
Plouffe, Adrien 68, 69
Poe, Edgar Allan 108
Poelvoorde, Benoît 164
Poirier, Anne Claire 302
Poirier, Eudore 58
Poirot-Delpech, Bertrand 285
Poisson, Gustave 575
Poisson, Camille 517, 518, 520
Poisson, Jacques 242
Poitevin, Jean-Marie 235, 341, 387
Poitrenaud, Jacques 629
Polanski, Roman 63
Poligny, Serge de 516
Pontaut, Alain 647
Pontbriand, Henri-Marie Dubreil de (Mgr) 167
Pontecorvo, Gillo 18
Pony, Aristide 402
Portman, Eric 124
Portugais, Louis 49, 211, 371
Pottier, Richard 433
Potvin, Damase 546
Poulin, Julien 488
Pouliot, Élise 64, 65
Poupart, Roger 414
Poussin, Nicolas 121
Poynter, William 562
Pratte, André 632, 633
Preminger, Otto 146, 470
Prévert, Jacques 52, 145, 241, 242, 555-557
Prévost, abbé 435, 437
Prévost, Arthur 239, 251, 252
Prévost, Jules-Édouard 53, 55
Prévost, Louis de Gonzague 189, 281, 548, 552
Prince, Jean-Charles 516
Proudhon, Pierre-Joseph 401
Proulx, Jean-Baptiste 128

Proulx, Maurice 89, 233, 579
Proust, Marcel 81, 473
Puffendorf 400

Quiblier, Joseph-Vincent 120, 121
Quigley, Martin 155

Rached, Tahani 236
Racicot, Paul-Émile 247
Racine, Antoine 524, 621
Racine, Claude 164
Racine, Paul 509
Radiguet, Raymond 81, 203, 473
Raimu 183
Rainier, Lucien 494-496, 624
Rains, Claude 124
Rainville, Danielle 523
Rainville, Roland 107
Ramuz, Charles-Ferdinand 270
Ratoff, Gregory 508
Ray, Nicholas 388
Raymond, Joseph-Sabin 37
Réage, Pauline 314, 403
Reece, Gower 540
Reeves, Paul 262
Régis, Louis-Marie 136, 189, 236, 299, 391, 571, **584-585**
Régnier, Michel 296
Regourd, Louis 79
Reich, Wilheim 631
Reid, père 232, 274
Renan, Ernest 426, 365, 426, 534
Renaud, André 540, 544
Renaud, Jacques 17, 25, 107-109, 434
Renaud, Louis 574
Renaud, Madeleine 444
Renaud, Michel 263
Renaud, Thérèse 228, 329
Renoir, Auguste 292
Renoir, Jean 292, 342, 406, 468, 579, 641
Renzo, Alexandre 554
Resnais, Alain 162, 163, 311, 479, 581, 621
Respighi, cardinal 232
Reusse, André de 88
Richard, Jean-Jules 196, 658, 659
Richard, Maurice 296
Richardson, Samuel 364
Richebourg, Émile 596
Richer, Julia 153, 210, 224, 245, 246, 270, 354, 425, 461, 580, 618, 658, 659
Richer, Léopold 317
Riddell, Walter Alexander 132, 134
Riel, Louis 57, 58, 59, 604

INDEX DES NOMS

Righelli, Gennaro 601
Rim, Carlo 608
Rimbaud, Arthur 91, 576
Ringuet (pseudonyme de Philippe Panneton) 224, 384, 416
Riopelle, Françoise 574
Riopelle, Jean-Paul 242, 329, 574, 575
Rioux, Marcel 44, 325, 500, 576, 640
Rivard, Antoine 433, 609
Rivard, Laurent-Édouard 402
Rivet, Paul 228
Rivette, Jacques 18, 236, 482, 585
Roback, Léa 417
Roberge, Guy 500, 637
Robert, Guy 90, 91, 178, 223, 224, 253, 254, 345, 461
Robert, Michel 631
Robert-Beauchemin, Lucette 147
Roberts, John 592-594, 632, 635
Robertson, John S. 294
Robeson, Paul 228
Robespierre 104
Robidoux, Fernand 115
Robillard, Claude 600
Robillard, Hyacinthe-Marie 575
Robillard, Jean-Claude 223
Robillard, Jean-Paul 148
Robin, Dany 462
Robitaille, Marie-Anne 373
Rochefort, Christiane 263
Rochefort, Henri 377
Rochon, Fernand 260
Rock, Hervé 70
Rodin, Auguste 67
Rohmer, Eric 482
Rolland, Jean-Baptiste 401
Ronfard, Jean-Pierre 261
Roquebrune, Robert de 506, 546
Rorthays de Saint-Hilaire, comte de 132
Rosal, Paul 89
Rossellini, Roberto 18, 340, 608, 609
Rosshandler, Léo 150, 254
Rouleau, Raymond 188
Rouleau, Raymond-Marie 167
Roullaud, Henri 131
Rousseau, Claude 504
Rousseau, Georges 261
Rousseau, Guildo 182, 444
Rousseau, Jean-Jacques 80, 118, 336, 346, 394, 442, 506
Rousseau, Zéphirin 444
Rousselot, Benjamin-Victor 38, 291

Roussil, Robert 69, 251, 252, 253, 254
Roussy, J. Michel de 187, 188, 304
Roussy de Sales, Raoul de 85, 154, 169, 200, 390, 578
Routhier, Adolphe-Basile 112
Routier, Simone 318, 491, 492, 495
Rouville, René-Ovide Hertel de 289, 290
Roux, Jean-Henri-Auguste 101, 104
Roux, Jean-Louis 260
Roy, Antoine 41
Roy, Camille 16, 42, 175, 190, 192, 281, 317, 318, 411, 444, 495, 506, 515, 623
Roy, Émile 113, 176
Roy, Gabrielle 185, 228, 416
Roy, Jean-Louis 400
Roy, Louis-Philippe 309, 425
Roy, Maurice 308, 326, 331
Roy, Michel 269, 444
Roy, Normand 628
Roy, Paul-Émile 384
Roy, Paul-Eugène 167
Roy, Serge 382
Rozier, Jacques 482
Rudel-Tessier 260
Rumilly, Robert 49, 128, 518, 519
Russell, Jane 511, 512
Ryan, Claude 279, 323, 324, 354, 547, 553, 583
Ryerson, Stanley 417

Sade, marquis de 125, 605
Sadlier, James 439
Sagehomme, Georges 82, 410, 624
Saïa, Louis 639
Sait, Edward McChesney 132
Saint-Aimé, George (Alexis Pelletier) 391, 393, 619
Saint-Denis, Janou 261
Saint-Denys Garneau, Hector de 91
Saint-Exupéry, Antoine de 108, 109
Saint-Hilaire, Marco de 401
Saint-Jacques, Lise 176, 523
Saint-Jean, Armande 394
Saint-Martin, Fernande 150, 151
Saint-Onge, Paule 286
Saint-Pierre, Normand 173, 174, 175, 176
Sainte-Marie, Gilles 234, 325, 387
Saint-Vallier (Mgr de) 170
Sait, Edward McChesney 133

Sakho, Sekou 65
Salducci, Pierre 185
Sand, George 80, 401, 442, 625
Sandry, Michèle 115
Sandwell, Bernard K. 182
Sardou, Victorien 133
Saroyan, William 426
Sartre, Jean-Paul 9, 145, 188, 285, 304, 320-322, 336, 342, 409, 432-434, 460, 473, 474
Saucier, Pierre 299, 300, 389, 481, 610, 611
Saulnier, Lucien 107
Sauriol, Brigitte 211
Sauriol, Paul 312
Sauvalle, Marc 93
Savaète, Arthur 621
Savard, Félix-Antoine 416, 546
Savary, Charlotte 642
Scorcese, Martin 236, 511
Scultet, Jean 112
Séguin, Fernand 552
Séguin, Maurice 330
Seiler, Lewis 661
Selznick, David O. 220
Senécal, Éva 491, 496, 600
Serge, Victor 228
Sernine, Daniel 415
Sertillanges, Antonin-Gilbert 161
Shacter, Me 28, 29
Shatford, Canon 86
Shenk, Ernest 194
Shaw 180
Shelley, Mary 274
Shenk, Ernest 194
Sheppard, Claude-Armand 262, 263, 301, 316
Sherr Klein, Bonnie 177
Shindo, Kaneto 501
Sideleau, Antoine 68
Siegel, Don 388
Siegfried, André 83, 517
Signay (Mgr) 565
Silvagni, Giovanni 122
Silvestre, Armand 402
Simard, Eugène 234
Simard, Francis 488
Simard, Jean 34, 35, 196, 198, 223, 264, 265, 284, 286, 319, 320, 325, 381
Singher, Martial 549, **551**
Sinn, G. Maxwell 389, 390, 577
Sirois, Yvon 44, 45, 536, 537
Siskind, Jacob 273
Smeaton, Henry 459
Smeulders, Henri-Gauthier 621
Smith, Adam 400
Smith, Roland **615-616**
Smyth-Vaudry, Telesphor 337

Socrate 426
Sollers, Philippe 263
Sommervogel, Charles 41
Southouse, Edward 290
Souvestre, Émile 401
Spellman, Francis 63
Spence Southron, Jane 182
Spinoza, Baruch de 336
Sprott Archibald, John 98
St-Hilaire, M. de 111
Stahl, John M. 341
Staline, Joseph 24, 180, 351
Stalker, Alexander 537
Stapinsky, Stéphane 589
Stavisky, Serge 24
Steinbeck, John 426
Stella, Jacques 121
Stendhal (Henry Beyle) 195, 196, 401, 601
Stephenson, Henry 124
Stern, Karl 585
Sternberg, Josef von 33, 34, 155, 273
Straram, Patrick 610, 646
Strauss, Leo 174
Stremler, Jacques-Michel 391
Stroheim, Erich von 155, 272, 273
Sue, Eugène 31, 349, 350, 401, 594, 597
Suétone 364
Sullivan, Françoise 149, 329, 574
Sulte, Benjamin 594
Swanson, Gloria 24
Sylvestre, Claude 387
Sylvestre, Guy 153, 210, 238, 242, 270, 321, 322, 473, 474, 504
Symes, Robert 256

Taché, Louis-Hippolyte 402
Tadros, Jean-Pierre 21, 657
Tajuelo, Telesforo 11, 328
Tamerlan 258
Tana, Paul 236
Tanghe, Raymond 383
Tarantino, Quentin 164
Tardif, Jacques 183
Tardivel, Jules-Paul 80, 448, 505, 596
Tarte, Israël 171, 525
Tarte, Louis-Joseph 171
Taschereau, Elzéar-Alexandre (Mgr) 140, 141, 170, 379, 380, 393, 401, 439, 591, 619
Taschereau, Henri 594
Taschereau, Henri-Thomas 98
Taschereau, Jean-Thomas 101, 395, 396

Taschereau, Louis-Alexandre 126, 159, 180, 200, 233, 408, 430, 444, 456, 546, 550, 571, 578, 592, 613, 651
Tassé, Gérald 535
Tati, Jacques 462, 581
Tavernier, Bertrand 63
Tavernier, Jean 587
Taviani, Paolo 368
Taviani, Vittorio 368
Taylor, Elizabeth 126
Tchoukraï, Grigori 189
Teitelbaum, Max M. 216, 217
Tellier, Louis 524
Tellier, Jean 299, 583
Tessier, Albert 89, 233, 579
Tessier, Gérard 249, 250, 251, 259
Thaumur de la Source, Dominique 112
Thaw, Harry Kendall 24, 647
Thériault, Yves 25, 107-109, 138, 139, 209, 210, 223, 228, 229, 269-271, 382, 424, 490, 546, 618, 659
Thério, Adrien (Adrien Thériault) 286, 544, 545
Theuriet, André 402, 526
Thibodeau, Rosaire 590
Thiers, Louis-Adolphe 31
Thomas 180
Thomas d'Aquin, saint 190, 246
Thomas, J. Arthur 84
Thomson, Charles Edward Poulett 258
Thorsen, Jens Jorgen 566, 568
Tibule 364
Tillemont, Nicolas 587
Tisseyre, Pierre 17, 61, 147, 178, 209, 229, 285, 286, 425, 461, 462, 513, 546, 618
Titien, Le 121
Toomey, Regis 661
Toublanc-Michel, Bernard 63
Tougas, Gérard 139, 182

Tourageau, Rémi 13
Tourangeau, Gérard 435
Tourneur, Maurice 155
Tranquille, Henri 69, 70, 403, 405, 619, 658
Travers, Mary (La Bolduc) 115
Tremblay, Ernest 58
Tremblay, Jacques 193, 353, 356
Tremblay, Jean-Noël 210, 618
Tremblay, Réjean 644
Tremblay, Rémi 57, 58, 59
Trénet, Charles 90
Trottier, Émile 477
Trudeau, Pierre Elliott 230, 242, 307, 324, 329, 330, 333, 334, 478, 509, 640, 656
Truffaut, François 479, 602, 658
Turgeon, Pierre-Flavien (Mgr) 167, 169
Turgeon, Pierre 17, 214, 215, 216, 653
Turgeon, Robert 316
Turmel 365
Twain, Mark 124

Untel, frère (pseudonyme de Jean-Paul Desbiens) 183, 306, 352-356, 366, 547, 579

Vac, Bertrand (pseudonyme d'Aimé Pelletier) 17, 197, 209, 224, 245, 258, 259, 286, 381, 424-426, 462, 546
Vachon, Alexandre 241, 598
Vachon, André 27, 369, 370
Vachon de Belmont, François 111, 112
Vadeboncœur, Jacques 260
Vadeboncoeur, Pierre 547
Vadim, Roger 244, 407, 482, 609, 610
Vaïs, Michel 261, 264
Val, Robert (pseudonyme d'Ernest Bilodeau) 199

Valérius 364
Valiquette, Bernard 465, 466, 518, 519, 520
Vallat, Xavier 76
Vallée, Arthur 186, 303, 555
Vallée, Gabrielle 263
Vallières, Pierre 82, 197, 198, 230, 475, 476, 477
Vallières, Robert de 184
Valois, abbé Albert 16, 68, 69, 232, 234, 405
Valois, Roger 529
Vanel, Charles 187, 462, 463, 581, 657
Vanier, Anatole 198
Vanier, Denis 626, 627
Vanier, Georges 242
Van Dyke, W.S. 603
Varda, Agnès 482
Vassiliev, Gueorgui 119
Vassiliev, Serguei 119
Vekeman, Gustave 51, 124, 604
Verdier, Jean 76
Verneuil, Henri 462, 479, 581
Veyri-Forrer, Jeanne 243
Viau, Arthur-M. 10, 182, 275, 598
Viau, Guy 242
Victor-Emmanuel II 527
Vidor, King 220
Viens, Nathalie 385
Vigneault, Gilles 108, 115, 116
Vigo, Jean 340, 661, 662
Villeneuve, Alphonse 291
Villeneuve, Jean-Marie-Rodrigue (cardinal) 42, 43, 82, 123, 124, 167, 179, 180, 181, 183, 227, 228, 234, 277, 380, 384, 407-409, 496, 505, 518, 519, 588
Villeneuve, père 507
Villiers, François 462
Vinet, Bernard 587
Visconti, Luchino 206
Volney 349, 534

Voltaire 9, 78, 80, 265, 282, 287, 289, 290, 336, 342, 346, 349, 380, 394, 395, 400, 405, 426, 439, 442, 534, 552, 578, 659, 660
Vosper 218, 219
Vossius, Gilbertus 169

Wagner, Claude 307
Wallot, Jean-Pierre 102, 105, 400
Walsh, Michael James 389, 577, 647
Walthéry, François 82
Warde, Ernest C. 603
Webb 180
Weir, William Alexander 448
Well, Bernard 289
Welles, Orson 388, 574
Wellman, William 70
Wertham, Fredric 383
West, Mae (Mary Jane) **429-430**
Weybright, Victor 28
White, Standford 647
Wiedermann, Jochen 139
Wilde, Oscar 508, 509
Wilder, William 51, 470
Will, Harvey. J. S. 182
Williams, Tennessee 63
Wilson, Richard 26
Worth, Cedrick 205
Wright, M. 84
Wyman, Jane 661

Yedid, Joyce 263
Young Thomas Ainslie 257
Youville, Marguerite (D') 642, 642
Youtkevitch, Serguei 661

Zaboti 542
Zola, Émile 9, 25, 70, 153, 171, 172, 226, 293, 322, 346, 370, 403, 405, 406, 407
Zolov, Jack 89

INDEX DES ŒUVRES

13th Letter, The 146, 648
15 février 1839 490
24 heures ou plus 10, 12, 107, 297, 298, 501, 629, 659
À bout de souffle 479, 480
À l'écran 189
À l'ombre de l'Orford 494, 495, 496
À la croisée des chemins 341
A Misunderstood Boy 86
A Ridiculous Kind of Country 657
A Romance of the North West 603
À Saint-Henri le cinq septembre, Gros-Morne 501
À tout prendre **55-56**
À travers le miroir 622
À travers les beaux livres 56
Abysses, Les 482
Acadie, l'Acadie?!?, L' **21-22**, 501
Adieu Philippine 482
Adopted Brother, The 86
Affaire Coffin, L' 307
Africa addio 205
Agaguk 271
Âge d'airain, L' 67
Âge d'or 497
Âge nouveau, L' 237
Ahô… au cœur du monde primitif 204, 205
Aigle à deux têtes, L' 515
Air de Paris, L' 557
Airport 650
Al Capone **26**, 542, 649
Alexandre Nevski 165
Alice in Wonderland 341
All About Eve 340
Allemagne, année zéro 340
Almanach de la langue française 599, 600
Alphaville 480
Amadou **26-27**, 50
Amant de Lady Chatterley, L' 11, 17, **27-29**, 211, 229, 284, 307, 314, 488, 506
Amants de Montparnasse, Les 472, 648
Amants du péché, Les 648
Amants et fils 649
Amants, Les 480-481, 581
Amour d'artiste 648
Amour humain, L' 300
Amour maternel, L' 649

Amoureux et fils 649
Amoureux sont seuls au monde 187
An American in Paris 340
Anarchie dans l'art 194
Anastasie 18, **30-33**, 370, 577
Anatomie du corps humain avec ses maladies, L' 111
Anciens Canadiens, Les 56, 348, 349
Anders Als Du Und Ich 509, 542
Ange bleu, L' 12, **34**
Ange de goudron, L' 236
Ange interdit, L' **34-35**, 381
Angel 124
Angèle 457
Angéline de Montbrun 56
Angels With Dirty Faces **35-36**, 340
Anges aux figures sales, Les 36
Ani Croche 82, 414
Année dernière à Marienbad, L' 479
Annuaire de l'Institut-canadien 343
Annuaire de l'Institut-Canadien pour 1868 **37-39**, 337
Annuaire de l'Institut-Canadien pour 1869 **40**
Annuaire des deux mondes, L' 528
Anthologie d'Albert Laberge 382, 608
Anticoton […] 9, 15, **40-41**, 395
Apocalypse Now 648
Appel de la race, L' **42-43**, 275, 587, 598
Appel des loups, L' 414
Après la répétition 623
Après-ski **43-45**, 163, 236, 301, 422, 488, 535, 538, 583, 605, 628
Arcenal [sic] de chirurgie, L' 112
Areopagitica 394
Arioso 50
Arise, My Love 51, 124
Armide 112
Art et la morale, L' **54**
As, Les 644
Ascenseur pour l'échafaud 462, 481
Aspects de la littérature québécoise 183
Asphalt Jungle 340
Assassin habite au 21, L' 146
Assunta Spina 542

Atalante, L' 340, 662
Atys 112
Au bonheur des dames 407
Au Cap Blomidon 42
Au pied de la pente douce 504
Au soir de la vie 129
Au temps de l'Index 403
Au-delà des visages 154
Aurore, L' **630**
Autant en emporte le vent 291
Autour de la maison 193
Autre lecture. La critique au féminin, L' 27
Aux chevaliers du nœud coulant 57
Avec ou sans amour 10, **60**, 213
Avenir de la jeune fille : que vais-je faire, rester fille ou me marier?, L' 195
Aventures de Casanova, Les 340
Aventures des queues nickelées 650
Aviator, The 511

Baby Doll 63
Bad Girl 645
Baie des anges, La 482
Baiser de 16 ans 64
Baisers, Les **63-64**
Balafré, Le 606
Ballade du soldat, La 189
Ballets Africains 13, **64**
Bande à part 480
Baron fantôme, Le 516
Bas-fonds, Les 294, 641
Bataille d'Alger, La 18
Batman 165
Battle of Sexes 86
Baudelaire 321
Bayard et Bernadette, 415
Beau Geste **71**, 542
Beau Girl 649
Beau Serge, Le 482
Beauchemin et l'édition au Québec 442
Bêche, La **71-73**
Being at Home With Claude 650
Bel âge, Le 482
Belle de jour 498
Belle équipe, La 187
Belle et la bête, La 515
Belle of the Nineties 430
Bête humaine, La 294, 406, 407
Bête lumineuse, La 617
Bible, La 453, 454, 484

Birth of a Nation, The 12, **83-86**, 340, 367, 583
Birth of a Star 145
Birth of Canadian Democracy 417
Black Narcissus 340, 540
Blade Runner 650
Blanche-Neige et les sept nains 341, **616**
Blé en herbe, Le 86, 580, 602
Blue Angel 34
Boccacio 70 206
Bonheur, Le 482
Bonjour, le monde! 305, 308
Bonne Chanson, La 114, 116
Bonne nouvelle, La 585
Bonnes femmes, Les 482
Bonzesse, La 537
Boulevard Saint-Laurent **89**, 501
Boum sur Paris **90**, 581
Bourgeois gentilhomme, Le 462
Boy Meets Girl 650
Bozo-les-culottes 116
Briseur de chaînes 188
Broussailles givrées **90-91**, 345
Brute et l'enfant, La 649
Bûcherons de la Manouane **92**, 501

C'est arrivé près de chez vous 164
C'est la fête à mon cul 650
C'est le volley-ball 47
C'est surtout pas de l'amour – Un film sur la pornographie 177
Cahier des films visés 1965-1969 190
Cailloux, Les 193
Caligula 605
Canada, les deux races, Le 83
Canada, puissance internationale, Le 517
Canada-Revue 72, 73, 80, **93-99**, 98, 130, 131, 133, 225, 226, 292, 397, 523, 596, 597
Canadien, Le **99-106**, 101, 102, 257, 378, 395, 560
Candide 265, 518, 552
Cantique des cantiques 446, 454, 484
Cap d'espoir 12, 49, **107**, 163, 298, 478, 501
Cap éternité, Le 193
Capitan et Candide, Le 552
Caprices poétiques et chansons satiriques 57

Captain of the Guard 294
Carabiniers, Les 480
Carnival in Flanders 186
Carosse d'or, Le 294
Carrefour 463
Casanova 207
Cassé, Le 17, **107-108**
Cassiopée ou l'été des baleine 413
Cassiopée ou l'été polonais 413
Catalogue de la bibliothèque de l'Institut canadien 359
Catalogue de la Bibliothèque nationale et religieuse [...] 226
Cavalier noir, Le 649
Ce qu'il faut de regret 286
Cela s'appelle l'aurore 498
Celui qui doit mourir 462
Censure des livres, La 82, 111, 307, **343**, 384
Centurion, Le **112**
César **455**
Cet obscur objet du désir 499
Chair décevante, La 600, 601, 624
Chaleur du sein, La 187, 648
Champlain 10, 45, 46, 501
Chance et l'amour, La 63
Chanson citadine **117-118**
Chanson intellectuelle **117-118**
Chanson javanaise **117-118**
Chansonnier canadien-français : recueil de chansons populaires [...] 114
Chansonnier politique du Canard 57
Chansons 625
Chansons populaires du Canada 114
Chant de Bernadette, Le 341
Chant du Hoggar 204
Chapayev 12, **120**
Charme discret de la bourgeoisie, Le 499
Chartreuse de Parme, La 195
Chat dans le sac, Le 107, 296
Chaude et humide Natacha 650
Chemin de croix 12, **120-121**
Chercheur de trésors 350
Chercheur de trésors ou L'influence d'un livre, Le **348**
Chienne, La 293, 468
Chiens perdus sans collier 388
Choix d'Ève, Le 82, 413
Chrétien en démocratie, Le **332**
Chrétien et les élections, Le 330, **332**, 354
Chrétiens et la culture, Les 384
Christ interdit, Le 648

Christ-Founded Order of the Secular Priesthood [...], The 337
Cinderella 341
Ciné-Bulletin **123**
Ciné-guide perpétuel : une compilation de plus de 10,000 films [...] 341
Cinéma corrupteur, Le 160, 231, 549
Cinéma de la Révolution tranquille, Le 178
Cinéma et la jeunesse, Le 75
Cinéma, périls-réactions, Le 234
Circus, The 471
Cité des femmes 207
Cité du mal contre la cité du bien [...], La 141
Citizen Kane 388, 574
City Lights 339, 471
Clansman, The 83
Claudine à l'école 648
Clefs du royaume, Les 341
Cléo de 5 à 7 482
Cleopatra **125-126**
Clergé canadien, sa mission, son œuvre, Le 16, **127-133**, 176, 337
Clerical Control in Quebec **132**
Cléricalisme au Canada, Le **132**, 526
Climats 630
Clinique du cœur 536
Clitoris de la fée des étoiles, Le 626
Closely Watched Trains 553
Codine 649
Cœurs brisés 34
Cœurs vaillants 77
Coffin était innocent 305
Coffret de Crusoé, Le 117, 625
Cognasse **134**
Collège et famille 345
Comédie de l'amour 648
Comédie du bonheur, La 516
Comédie humaine 68
Comme un p'tit coquelicot 90
Comment faire l'amour avec un nègre sans se fatiguer 554
Comment lutter contre le mauvais cinéma 231
Committants de Caridad, Les **138-139**, 271, 382
Communiants, Les 622
Comte de Monte-Cristo, Le 597
Confession d'un médecin **139**, 656
Confessionnal, Le 326
Confort et l'indifférence, Le 45, 49

Conscience catholique outragée [...], La 16, **140**
Contes de Canterbury, Les 605
Contes pour un homme seul 270
Convergences **142**
Corbeau, Le **144-145**, 340
Corde au cou, La **147-148**, 178, 382
Correspondance entre l'évêque de Telmesse et le curé de Saint-Philippe **564**
Corridart 10, 12, **149-152**, 435
Coupe vide, La **152-154**, 196, 382
Coups d'œil 295
Course à l'amour, La 82, 414
Course dans l'aurore, La 491, 496
Court Life Under Louis XV 660
Cousins, Les 482
Crime de monsieur Lange, Le 294
Crime in the Streets 388
Cris et chuchotements 623
Crucifiée, La 648
Cuirassé Potemkine, Le **164-165**, 189, 340, 542
Curé de village, Le 341
Curée, La 407
Curés et bedeaux, Saintes comédies 130

D'amour et de cul 115
Dame Censure 30
Dame de cœur, La 648
Dame des (ou) aux ciseaux 30
Dames du bois de Boulogne, Les 516
Damnés de la terre, Les 92
Dancer 233
Dangereux, Les 639
Dans les ombres 600
Das Bad auf der Tenne 340
Das Testament des Dr. Mabuse 467
David 13
De l'ordre et de l'aventure 624
De la clique des Simard à Paul Desrochers... en passant par le joual 108
De la vie des marionnettes 623
Death of Billy the Kid, The 386
Débats, Les 80, **131-133**, 171, 172, 523
Débutant, Le 16, **173-177**, 226, 619
Décameron, Le 605
Déclaration des droits de l'homme et du citoyen 394
Déclin de l'empire américain, Le 46, 49, 50, 554, 648

Deep Throat 177, 583
Déjeuner sur l'herbe, Le 295
Delirio 503
Délivrez-nous du mal 148, **177-178**
Demi-civilisés, Les 10, 16, **179-183**, 277, 443, 496, 506
Demi-vierges, Les 648
Der Blaue Engel 33
Dernier tango à Paris 487
Dernière jeunesse 184, 187
Dernière tentation du Christ, La 236
Derrière le sang humain **184-185**
Des lumières dans la grande noirceur 236
Descente de croix 67
Desputationes de controversii christianea fidei 111
Dessous de la censure, Les **188**
Destin d'un homme, Le **189-190**
Destiny of a Man 190
Deuil sied à Électre, Le 340
Deux actrices 639
Deux femmes en or 644
Deux loges montréalaises [...] 176
Deux orphelines, Les 402, 596
Deux ou trois choses que je sais d'elle 480
Deux portes... une adresse 258, 381
Deuxième lettre sur le Canada 379
Déviations de l'art, Les **42**, 53
Devil Is a Woman, The 34
Devoir, Le **192-203**
Devoirs d'un chrétien, Les 442
Diable au corps, Le **203**, 602, 641
Diaboliques, Les 147
Diary of a Chambermaid 294
Dictateur, Le 471
Dictionnaire de la censure au cinéma 144, 293, 521
Dictionnaire philosophique 78
Dieu reçoit 644, 645
Dieux d'argile 513
Dilettante 600
Dionysus in '69 629
Discours de la méthode, Le 228
Discours sur la tolérance 37
Disparus de Saint-Agil, Les 186
Divini illius magistri 76
Docteur Holl 648
Dolce vita, La **206**
Dollard 1660, héros d'hier et d'aujourd'hui 207
Dollard des Ormeaux 10, **207-209**

INDEX DES ŒUVRES

Dompteur d'ours, Le **209-210**, 271, 382, 618
Don Bosco 341
Donna nel mondo 205
Dopés, Les 214
Dossier Nelligan, Le **211**
Douceur de vivre, La 206
Doux-amer 164, **211-213**, 286, 382
Dream Street 86
Drogue fatale, La **213**
Du duplessisme à Trudeau et Bourassa [...] 332, 333
Duel au soleil 340
Duel in the Sun **220**
Duplessis 46, 49, 643
Duplessis, non merci ! 305, 308
Dutch Guiana, Land of the Djuka 204

Eau à la bouche, L' 236, 389, 481
Eau vive, L' 462
Échéance, L' **223-224**
Écho des Deux-Montagnes, L' 73, 94, **224-225**, 529
Écho du pays, L' 255
Écrire, De Race de monde au Bleu du ciel 643
Édition littéraire en quête d'autonomie, L' 118, 448
Éditions du Jour, Les 306
Éducation sentimentale 649
Éducation sexuelle 649
Église et le théâtre au Québec, L' 13
Égrappages 625
Ein frauenarzt klagt an 655
El assifa **628**
Elena et les hommes 295
Élixir du père Gaucher, L' 393
Elmer Gantry 488, 541, 649
Éloge de la Folie, L' 365
Elvis Gratton 488
Elvis Gratton II : Miracle à Memphis 490
Elvis Gratton III : Le retour d'Elvis Wong 490
Émergence des classiques, L' 183
Emmanuelle 30
Empire of The Senseless 404
Encombrant Monsieur John, L' 649
End of Al Capone, The 26, 649
Enfances de Fanny, Les **237-238**
Enfant de l'aube, L' 309
Enfant du faubourg, L' 596
Enfant noir, L' **238-239**
Enfant sans joie, L' 271
Enfant voué à la débauche, L' 75

Enfants du paradis, Les 9, 53, 161, 221, **239-242**, 339, 340, 463, 557, 578, 579, 641
Enfants du péché, Les 648
Enfants sur commande, Les 641
Enfants terribles 516
Enfer 116, 176, **243-244**, 337, 346, 365, 366, 405, 504, 516, 598
Enfer du président, L' 116
Enquête 312
Entre la mer et l'eau douce 310
Envoûtement 619
Épanouissement sexuel de l'épouse, L' 306
Épanouissement sexuel de la femme, L' 306
Épreuve de la grandeur, L' 545
Erreur boréale, L' 236
Esclaves 174
Essai sur les mœurs, L' 405
Et Dieu créa la femme **244**, 482, 581
Et puis tout est silence 147
Été avec Monika, L' 622
Éternel retour, L' 516
Éthique de l'information 394, 395
Étrange madame X, L' 188
Études historiques et légales sur la liberté religieuse en Canada 562
Évadé de la nuit 17, 224, 238, **245-247**, 382, 462
Every Day's a Holiday 430

Face à l'imprimé obscène **249-251**, 259
Fahrenheit 451 479
Faiblesse de l'abbé de Quantana, La 649
Fais ce que peux 198
Fake Preacher, The 649
Famille, La 12, 69, **251-254**
Fanny 303, **455**
Fanny et Alexandre 623
Fantasque (Le) **254-258**
Fantasque, Le **254-258**
Fantôme de la liberté, Le 499
Faster Pussycat Kill ! Kill ! 615
Fate of a Man 189
Fausse maîtresse 648
Faut jeter la vieille 260
Faute de l'abbé Mouret, La 405, 407
Favorite et le conquérant, La **258-259**, 381
Fées ont soif, Les 9, 17, 230, **259-261**
Félix 34, 108, **264-265**, 319, 381, 416

Femme du bout du monde, La 187
Femme et le pantin, La 34
Femme nue, La 648
Femme, La 648
Femmes rêvées 533
Ferme des pins, La 57
Ferry Pilot 25
Festin des morts, Le **265-267**
Feu follet, Le 481
Feu, Le 402
Fiancées d'Hitler, Les 649
Fièvre monte à El Pao, La 498
Figurines 193
Fil du rasoir 426
Fille des marais, La 341
Fille du brigand, La 347
Fille du puisatier, La 457
Fille du silence, La **268-269**, 382, 443
Fille du Soupçon et de la Peur 30
Fille laide, La **269**, 271
Fille sur la balançoire, La 647
Filles de Caleb, Les 644
Films à l'écran 234
Films de la semaine, Les 234
Flamberge au vent 286, 545
Flame and the Flesh, The 340
Fleur de l'âge, La 63
Fleurs du mal, Les 228
Fleuve, Le 294
Florence 445
Foi et littérature **271**
Foins, Les 131, 272
Folie de femmes **272**
Foolish Wives 272
Fraises sauvages, Les 621
Frankenstein 233, **274**, 304, 540, 578
French Canada **275-277**
French Cancan 294
Freud 434
From Milton to McLuhan 394

Gaucher, Le 386
Gaz bar blues 639
Gazette littéraire de Montréal (La) 15, 78, 289, 225, **287-290**, 395
Genèse de la société québécoise 592
Gens d'Abitibi 22, 290, 501
Gens de mon pays, Les 116
Gens de Noël, Tremblez 260
Gens du voyage, Les 187
Germinal 407
Gervaise 407
Gina 49
Girl in the Red Velvet Swing, The 647

Gold Rush, The 471
Gone With the Wind **290**, 339
Good Morning Babylonia 368
Granada 434
Grand dadais, Le 285
Grande cause ecclésiastique, La 93, 292
Grande guerre ecclésiastique [...], La 15, **291**, 363
Grande illusion, La **292-294**, 340, 579
Grande peur dans la montagne, La 270
Grandes familles 463
Grandes familles, Les 462, 581
Great Dictator, The 471
Greed 273
Grève de Murdochville, La 115
Grève, La 165
Grille d'analyse des stéréotypes discriminatoires 441
Gringoire 518
Grisou 186
Guépard, Le 142
Guerre civile espagnole devant l'opinion mondiale, La 517
Guerre des ondes, La 207
Guerre est finie, La 479
Guerre oubliée, La 544
Guide pédagogique de littérature de jeunesse 413

Haut-parleur, Le 514
Hays Code 159
Helga 656
Hell's Angels 512
Héritier, L' **308**, 382
Heure du Concile, L' 585
Heure du loup, L' 623
High 299, **310-311**
High School Confidential 649
Hiroshima mon amour 12, 136, 163, 189, 281, 302, 311, 312, **314-316**, 479, 581, 621
His Awakening 543
Histoire d'O 17, 29, 30, 229, 284, 307, **314-316**, 403, 488
Histoire de la littérature canadienne-française 182
Histoire de la province de Québec 518
Histoire de la pudeur 451
Histoire du catholicisme québécois 356
Histoire du Québec et du Canada – 4e secondaire 441
Hollywood's Canada [...] 603
Homme qui va..., L' 16, 179, 192, **317**, 443, 493, 515

Homme tombé, L' 57
Hommes noirs, Les 130
Horace 62 649
Horror Comics 250
Hôtel de la Reine 34, 196, **320**, 381
Hôtel du Nord 186, 303, 320, 556, 579
Hôtesses de l'air, Les 568
Huis clos 320, 434
Human Desire 407
Humanæ Vitæ 656

I Confess **325-327**, 548
I Vitelloni 206
I Want To Go Home 650
I, a Woman 301, **323-325**, 422, 537, 538, 568, 583
I, a Woman, part 2 325
I, a Woman, part 3 325
I'm No Angel 4, 30
Idées en marche, Les 464
Il bidone 206
Il corriere del re 601
Il fallait des anges au paradis 572
Il lavoro (Le travail) 206
Il ne faut pas mourir pour ça 310
Ils sont nus **327-328**
Immoraliste, L' 228
Immoralité politique dans la province de Québec, L' **328-333**
Impasse 382
Incroyable vérité, L' 205
Index 9, 11, 15, 16, 25, 36- 41, 43, 54, 56, 68, 69, 71, 77, 79, 81, 82, 85, 93, 94, 111, 113, 118, 124, 125, 127-133, 176, 191, 193, 195, 196, 197, 226, 229, 234, 237, 243, 244, 246, 247, 272, 281, 282, 283, 291, 292, 307, 314, 317, 322, **334-338**, 341-345, 347, 349, 354-356, 359, 361, 362, 364-366, 377, 381, 384, 390, 402, 403, 406, 410, 413, 425, 432, 433, 435, 447, 474, 477, 493, 494, 506, 512, 528, 542, 563, 576, 585, 595, 597, 598, 601, 624, 632, 660
Index de 6000 titres de films avec leur cote morale 9, 36, 234, **338-341**, 433
Index Librorum Prohibitorum 77, 334, 343
Index, lectures et morale évangélique 175, **343**
Ineffaçable souillure, L' 10, **345**
Influence d'un livre, L' 110, 256, **347-350**, 627

Initiation, L' 644
Initiatrice, L' 600
Innocente pécheresse, L' 340
Inonde mon ventre 650
Insect Woman, The **350**
Inside Fighting Russia 24, **351-352**, 511, 579
Insolences du frère Untel, Les 10, 285, 306, 345, **352-356**
Interdit, L' **365**
Intolerance 86, **367-368**, 420
Inutile et adorable **368-370**, 382
Inutiles, Les 223, 382
Invasions barbares, Les 50, 554
Ivan le terrible 165

J'accuse **370-371**
J'accuse les assassins de Coffin 306, 307
J'ai besoin de personne 82, 413
J'ai péché 551, 648
Jag-en-kvinn 323
James bande ooSexe 650
Jasmin 178
Je hais les dimanches 90
Je t'attendrai 648
Je vous salue Marie 236
Jean Rivard 416
Jésus de Montréal 49, 50, 236
Jésus-la-Caille 77
Jeunes filles modernes 648
Jeunesse année 0 **371**
Jeunesse délinquante 649
Jeunesse droguée (High School Confidential) 649
Jeux interdits 340
Jeux sont faits, Les 434
Joan of Arc 523
Jocelyn 342
John Goldfarb 649
Jos Montferrand 115
Jour se lève 186
Jour se lève, Le 556, 579
Journal d'un curé de campagne, Le 340
Journal d'un inquisiteur, Le 354
Journal d'une femme de chambre, Le 294, 499
Journal de Mme Wolock, Le 501
Jours sont longs, Les 209, 618
Jours tranquilles à Clichy **566-569**
Jugement de Dieu, Le 540
Juif errant, Le 401
Jules et Jim 479
Julie Papineau : un cas de mélancolie et d'éducation janséniste 17, **372-375**
Juliette des esprits 207

Juliette ou la clef des songes 557
Jument verte, La 602
Justes, Les 433

Kermesse héroïque, La 186
King of Kings 611
Klondike Annie 430
Kwaheri 205

Labarum, Le 345
Lady Chatterley's Lover **27-29**
Lance et compte 644
Lance et compte, nouvelle génération 644
Lanterne canadienne, La 11, 377, 379, 380, **383-386**, 396, 529, 589, 590, 592
Largo Winch 82
Las hurdes (Terre sans pain) 497
Lectures **380-386**
Lectures et bibliothèques [...] 77
Left-Handed Gun, The **386**
Lendemain d'élections 328
Lesbiennes d'acid 626
Lest we forget 544
Let's Face It 312
Lettre à Monseigneur Baillargeon [...] **392**, 442
Lettre déclaratoire de la doctrine des Pères Jésuites 41
Lettre ouverte aux auteurs anonymes de Ruines cléricales 97
Lettres de mon moulin, Les **393-394**, 457
Lettres, les sciences et les arts au Canada, Les 41
Liaisons amoureuses (Morte saison des amours) 482
Liaisons dangereuses, Les 244, 482
Liberté 299
Libraire, Le 77, 283, 382
Life of Emile Zola, The 25, **342**
Ligne générale, La 165
Liliom 467
Limelight 471
Liste noire 554
Littérature canadienne de 1850 à 1860, La 347
Littérature canadienne-française 624
Littérature ennemie de la famille, les faits, les droits, les devoirs, La 76
Livres roses et séries noires **415-416**
Loi du silence, La **325-327**
Loi, c'est la loi, La 462

Lore delle mille e una notte (Les mille et une nuits) 605
Los olvidados [...] 12, 340, 388, **497**, 648
Loterie, La 206
Louis Dantin et la critique d'identification 119
Louis Dantin. Sa vie et son œuvre 119, 237, 607, 625
Louise Genest 17, 209, 245, 258, 381, **424-426**, 462
Love and Human Remains 46, 50
Love and Sacrifice 86
Love's Struggle Throughout the Ages 367
Loyola le chevalier du Christ 341
Lumière, La 80, 175, **426-427**, 619
Lumières de la ville 471
Lutte contre l'immoralité publique, La 76

M... le maudit 467
Madame Anastasie 30
Madame Bovary 228, 293, 342
Madame est servie 536
Madeleine de Verchères 213
Main basse sur le Cameroun 229
Mains sales, Les 304, 342, **432-433**
Mains vides, Les 341
Maintenant 178, 345
Maison vide, La 57
Maître de forges, Le 596
Mal des anges, Le 17, 229, **434-435**, 475, 488
Mâles 553
Malgré tout la joie 382
Manette 300
Manifeste pour la liberté de l'information 399
Manon 146, 340, **435-437**
Manon des sources 457
Manon Lescaut 435
Marcel Faure 179, **443-444**, 515
Maria Chapdelaine 57, **444-445**, 542
Mariage blanc 648
Marie Calumet 9, 16, 115, 131, 175, 176, 226, 228, 396, **445-455**, 525
Marius **455-457**
Marquée par le destin 648
Marseillaise, La 294
Martin Luther 138, 339, 391, **459**, 581
Martyrs of the Alamo 543
Masques déchirés 624, 625
Mathieu 17, 224, 238, 245, 382, 384, **459-462**

INDEX DES ŒUVRES

Maudite galette, La 46
Maudits, Les 509
Mauvais Passant, Le 492, 496
Maxime 53, 281, 314, 462, **463-465**, 581
McKenna of the Mounted 604
Médecins du cœur 236
Mein Kampf 404
Mémoire de l'évêque de Montréal concernant l'appel de l'Institut canadien [...] 361
Mémoire de l'évêque des Trois-Rivières [...] 619
Mémoire du comité provisoire pour l'étude de la censure du cinéma 136, 280
Mémoire ensanglantée, La 414
Mémoire sur l'Institut canadien 361
Mémoires 43
Mémoires d'un soldat inconnu, Les 207, **465**, 518
Mémoires d'une petite culotte 650
Mémorial des siècles-Tamerlan, Le 259
Mépris, Le 480
Merry Widow, The 273, 652
Mes étrennes. La hache versus La bêche 72
Mes réponses aux attaques de l'adversaire[...] 76
Message, Le 513
Messaline 605
Méthode chrétienne considérée dans ses avantages [...], La 391, 392
Metropolis 340, **467**
*M*gr* Gaume, sa thèse et ses défenseurs* 391
Mille et une nuits 258
Mille et une nuits, Les 605
Millième fenêtre, La 312
Minerve, La **474-475**
Minne ou l'ingénue libertine 86
Miracle de Fatima, Le 341
Miranda Prorsus 162
Misérables, Les 228, 342, 402
Misfits, The 470
Mouna 204
Modern Times 471
Moi, une femme **323-325**
Mon fils pourtant heureux 223, 381
Mon oncle 462
Mon p'tit frère 356
Mon pays 116
Mon père ce salaud ! 414
Monde ouvrier, Le 418

Mondo Cane 205
Monika (L'été avec Monika) 622
Monseigneur voyage 402
Monsieur Breloque a disparu 186
Monsieur livre. Henri Tranquille 69
Monsieur Verdoux **470-471**
Monsieur Vincent 341
Montparnasse 19 462, **471-472**, 540, 581, 648
Montréal et le rayonnement des bibliothèques publiques 82, 345
Montréalistes, Les 46
Morale amie de l'art, La 55, 154, **473**
Morocco 34
Mort aux trousses, La 548
Mort d'un bûcheron, La 631
Mort en ce jardin, La 498
Morte saison des amours 482
Morts sans sépulture 321
Mosaïque 445
Mouches, Les **321-322**, 460, 474
Mounted Fury 604
Mourning Becomes Electra 340
Mr. Pearson 643
Muriel 479
Mystères de Paris, Les 31

Naissance d'une nation 83
Naked Africa 205
Naked Lunch 404
Nana 293, 406
Nanette of the Wild 199
Nanook of the North 204, 637
Natacha : nostalgie 82
Nazarin 499
Né à Québec 179
Nègres blancs d'Amérique 82, 230, 435, **475-477**
Neuf jours de haine 659
Niagara 470
Night After Night 429
Ninotchka 652, 653
Nippon konchuki 350
Normandie de Flaubert 342
Normétal 296, 479
North by Northwest 548
North West Mounted Police 604
Not a Love Story : A film About Pornography 177
Notre cinéma, pourquoi nous le jugeons immoral 160, 231
Notre temps 210
Notre-Dame-de-Paris 402
Nourritures terrestres, Les 228
Nous avons connu Duplessis 332
Nouveau répertoire 286

Novice confesse, La 649
Novice, La 649
Nuit et brouillard 311
Nuits de Cabiria 206

Obscénité et liberté 307
Observations 562
Observations sur certains livres de la bibliothèque de l'Institut canadien 365
Observations sur un écrit intitulé Questions [...] 561
Occupe-toi d'Amélie 602
Octobre **488-490**, 638
Œuvre de chair 107, 108, 490
Œuvre de François Rabelais, L' 451
Of Human Bondage 426
Office national du film (ONF) 10, 21, 24, 25, 45, 47-50, 89, 92, 107, 163, 221, 222, 266, 267, 295, 296, 298-300, 351, 352, 365, 366, 478, 488, 500, 501, **505-507**, 511, 579, 580, 617, 629, 637, 638, 640, 656, 657
Offrande aux vierges folles, L' 208, **490-496**
Offrande, L' 492
Old Code 603
On a marché pour une nation 116
On est au coton 12, 45, 47, 48, 107, 163, 298, 478, 499, 501
On the Waterfront 340
One of Millions 543
Onibaba **501-502**
Opéras, les opéras-comiques et les opérettes, Les 76
Opinion de l'évêque de Trois-Rivières sur l'Institut canadien de Montréal 362
Opinion du lecteur 285
Orage 187, 304, **502-503**
Orage sur mon corps 184, 228, 380, 448, 503, 505
Ordre, L' **505-507**
Ordres, Les 163, 501, **507-508**, 638
Orphée 340
Oscar Wilde **508-509**, 542
Otto e mezzo 8 1/2 207
Our Northern Neighbour 24, 352, 500, **511**
Outlaw, The **511-512**

P... respectueuse, La 434
Pamela, ou la vertu récompensée 364
Pantins d'amour 124
Pap du rap, Le 115

Papua and Kalabahai 204
Paradis de sable, Les 9, 198, 224, 267, 268, 382, 443, **513-515**
Paradis terrestre, Le 643
Parapluies de Cherbourg, Les 482
Parcs atlantiques 45
Parents chrétiens, sauvez vos enfants du cinéma meurtrier 232, 571
Parents terribles, Les **515**
Paris Does Strange Things 295
Paris nous appartient 482
Paris secret 205
Paris vu par 63
Parle à mon cul, ma chatte est malade 650
Paroles d'un croyant, Les 349, 516
Paroles d'un homme libre 517, **632-634**
Participation des Canadiens français [...], La **517-519**
Party, Le 488
Passe-partout 627
Passion de Jeanne d'Arc, La 160, 233, **521-523**, 578
Passion et la vie de Jésus [...], La 200
Passiones Quatuor in majore hebdomada cantari solitae 111
Passions 230
Patrie, La **525-526**
Patriote canadien, Le 395
Pays (1799-1854), Le **526-529**
Pays (1866-1928), Le 15, 131, 291, 358, 360, 401, **529-531**, 591
Pays d'où je viens, Le 557
Pays sans étoiles, Le 340
Peau douce, La 479
Péchés capitaux, Les 63
Pensées 224
Pension Leblanc, La 496
Père Chopin, Le 185
Perfect Flapper 303
Persecution and the Art of Writing 174
Petit catéchisme 409
Petit monde de don Camillo, Le 341
Petit Prince, Le 109
Petit soldat, Le 480
Petite Aurore l'enfant martyre, La 185
Petite Revue, La **532-535**
Pétroleuses du sexe 650
Philtres et poisons 382
Picture of Dorian Gray, The 509
Pièces de théâtre, Les 76
Pierre Bédard et ses fils 561

Pierre le Magnifique 224
Pierrot le fou 480
Pile ou face 43, 44, 45, 163, 236, 301, 422, **535-538**, 583, 605
Pinocchio 341
Pitié pour eux 497
Pitié pour les innocents 648
Plaisir du texte 450
Plaisirs défendus 649
Plante humaine, La 236
Please Come Home 649
Pleasure Seekers 649
Plus belle de Céans, La 641, 642
Plus belles escroqueries du monde, Les 63
Plus de prêtres pour le salut du monde [...] 520
Poids du jour, Le 224, 384
Pointe courte, La 482
Poison maçonnique, Le 176
Pomme, la queue et les pépins, La 301, **537**, 583, 631
Porcherie, La 605
Porcile 605
Pornographic delicatessen 626
Pornography and Prostitution in the Orient 205
Portes de la nuit, Les 557
Porteuse de pain, La 402
Portrait de Dorian Gray, Le 509
Portrait du colonisé 92
Postmark for Danger 388
Pot Pourri, à L'imitation de la Tentation de Saint Antoine [...] 102
Poupée 538, **539-540**
Pour en finir avec Octobre 488
Pour la suite du monde 107, 656
Pourquoi se marier ? 660
Practical English Grammar 438
Premier Plan 312
Première fois, La 414
Presse, La **523-525**
Presse, son influence et sa puissance [...], La 76
Prie avec l'Église 235
Primitive Man 86
Primitive Man : A Psychological Comedy) [...] 86
Prince and the Pauper, The 124
Printemps qui pleure, Le 286, **544-545**
Prisoner of the Pines 603
Prisonnière de son amour 552
Production Code 34, 36, 63, 70, 126, 155, 159, 177, 220, 290, 468, 470, 509, 511, 578, 606, 611, 637, 652
Professor Unrat 33

Programme d'études des écoles primaires élémentaires 440
Programmes d'études catholiques francophones du Québec, Les 440
Projections libératrices 576
Propos sur nos écrivains 606, 607
Proserpine 112
Prostitution, La 649
Psycho (Psychose) **547-548**
Pucelage mon doux oiseau 650
Putes infernales, Les 650

Quai des brumes, Le 186, 340, **555**, 579
Quai des orfèvres 146, 340
Quand j'aurai payé ton visage **557-559**
Quarante et unième, Le 189
Quatre cents coups, Les 479
Que ma joie demeure 270
Que viva Mexico! 165
Québec 1603 46
Québec 1945-2000 331
Québec : Duplessis et après... 49
Queen Kelly 273
Questions sur le gouvernement [...] 560
Quiet Days in Clichy 301, 536, **566-569**, 583

Racconti di Canterbury (Les contes de Canterbury) 605
Ragtime 648
Rang 5 236
Rapaces, Les 273
Rapaillages, Les 193
Rapport Boyer **572-573**
Rapport de la Commission d'enquête sur le commerce du livre [...] 412
Raquetteurs, Les 295, 573
Rashomon 12, 340, **573-574**
Rats, Les 648
Rebel Without a Cause 388
Refuge impossible 197
Refus global 17, 194, 195, 254, 329, 332, 333, 405, **574-576**
Règle du jeu, La 294
Règlements concernant la censure 207, 465
Règlements concernant la défense du Canada 207, 465
Règne du jour, Le 310
Reine Margot, La 542
Religieuse/Suzanne Simonin, La 18, 236, **585**
Rendez-vous à Grenade 433

Répertoire alphabétique de 15 000 auteurs [...] 77
Répertoire de 22 000 romans et pièces de théâtre appréciés 410
Répertoire des films 341
Répertoire national 347, 348
Réponse aux dernières attaques [...]. 392
Réponse de la race, La **586-588**, 598
Réponse de Messire Chaboillez, Curé de Longueuil [...] 562
Réponse honnête à une circulaire assez peu chrétienne [...] 292
Repos du guerrier, Le 212, 245, 482
Reservoir Dogs 164
Résurrection de la censure 30
Résurrection des corps, La 300
Réveil, Le **589-592**
Riffa (La loterie), La 206
Rigans de superioribus! 303
Rink, The 471
Rise of Ecclesiastical Control in Quebec, The **132-134**
River of No Return 470
River, The 294
Robocop 650
Roman de Lautrec, Le 619
Romance, La 10, 182, 275, **598**
Romans à lire & romans à proscrire 9, 56, 74, 75, 76, 77, 78, 410, 506
Romans de la jeune génération 16
Rome, ville ouverte 340
Rose-Marie 603
Rossignol et les cloches, Le 341
Rouge et le noir, Le 87, 581, **601-602**
Route de Chlifa, La 413
Route de l'Ouest, La 45, 46, 47
Royal Mounted Patrol, The 199, 602
Rue rouge 293, 468
Ruines cléricales 97
Russie sous les armes, La 351, 579
Ruy Blas 516

Sa première romance 648
Sackcloth for Banner 182
Saint-Jérôme 501
Saint-Pépin, P.Q. 197, 224, 258
Salò o le 120 giornate di Sodoma 236, **605**
Sarrasine, La 236
Saute-moi dessus 650
Scandale à Bordeaux 306
Scandale au harem 649

Scarface 26, 512, **606**
Scarlet Days 86
Scarlet Street 293, 468
Scènes de la vie conjugale 623
Schpountz, Le 457
Scouine, La 16, 131, 226, 270, 272, 396, **606-608**
Sculptures en série 149
Search for Bridey Murphy, The **608**
Secret d'Ève, Le 82, 413
Secret de maître Cornille, Le 393
Sélection de films pour ciné-clubs 341, 662
Semaine, La 80, 133, 641
Sensual Encounters of Any Kind 650
Sentiers de la nuit, Les 286
Sept péchés capitaux, Les 304, 340, **608-609**
Septième sceau, Le 621
Séquestrés d'Altona, Les 434
Serpent, Le 279, 299, 301, **610-611**
Seul! 514
Sève immortelle, La 56
Seven Deadly Sins 609
Seven Year Itch, The 470
Seventh Seal (Le septième sceau), The 621
Sex 429
Sex and the office girl 537
Sexual Practices in Denmark 205
Shame of the Nation, The 606
She Done Him Wrong 429, 430
Si j'avais le droit d'écrire 180
Si ma chanson... 115
Si Paris nous était conté 660
Si tous les gars du monde 388
Sign of the Cross, The **612-613**
Signe de la croix, Le **612-613**
Signe du lion, Le 482, 611
Silence, Le 622, 623
Singer, not the Song, The 649
Singulari nos 516
Situation du monde actuel 391
Six femmes, un homme **613-614**
Slippery When Wet 650
Smiles of a summer night **621-622**
Snow White and the Seven Dwarfs **616**
Sœur Angelica 551, 648
Sœur Blanche 552
Soleil a pas d'chance, Le 163, 501, **617**
Solitude de la chair 209, 382, **618-619**
Some Like It Hot 470
Sonate d'automne 623

INDEX DES ŒUVRES

Song of Happiness 119
Sons and Lovers 649
Sorcière, La 133, 648
Sorcières de Salem 188
Sortilèges 241
Source du mal de l'époque au Canada, La 16, 140, 393, **620**
Source, La 621
Sourires d'une nuit d'été 621
Sous le signe des muses 56, **623-625**
Sous le soleil de la pitié 353
Spirou 415
Stardom 46, 50
Statues meurent aussi, Les 311
Steak haché 10, 488, **626-628**
Stigmates, Les 196, 197
Storm, The **627-629**
Story of O, The **314-316**
Strada, La 206
Strip-tease 236, 389, **629-630**
Stromboli 18
Sunrise (L'aurore) **630**
Super nichons contre mafia 650
Supplique de l'Institut canadien au Pape Pie IX 360
Survenant, Le 209, 391
Suzanne et les vieillards 454
Sweet Hereafter, The 236
Sweet Movie 538, **631**
Symphonie nuptiale 273
Symphonie pastorale, La **631-632**
Syndrome de Pinocchio, Le **632-633**

Tabu 204, 205, 340, **637**
Témoins, Les 382
Temps des hommes, Le 224, 382
Ten Commandments, The 611
Tentation du docteur Antonio, La 206
Tentation du passé, La 403
Tentazioni del dottore Antonio (La tentation du docteur Antonio), Le 206
Terminator 650
Terre à boire, La 300, **646**
Terre paternelle, La 347
Terre qui meurt, La 193
Terre sans pain 497
Terre vivante, La 57
Terroristes, Les 49
Testament d'Orphée, Le 515

Testament du Dr Mabuse, Le 467
Textes et documents 138, 209, 210, 271
Thaw **647**
Theorema 605
Thérèse Raquin 407, 557
Thésée 112
Through a Glass Darkly (À travers le miroir) 622
Ti-Jésus, bonjour 260, 261
Tintin 415
Tire au flanc 479
Tirez sur le pianiste 479
Tit-Coq 185
Tombeau hindou, Le 186
Topaze 457, 650
Touchez pas au zizi 650
Toujours debout. Le mandement de Mgr Bruchési et la réponse du Pays 531
Tour de Nesle, La 542
Tous les garçons s'appellent Patrick 480
Tout compte fait **650-651**
Trains étroitement surveillés 553
Traité du monde 336
Traité sur la politique coloniale du Bas-Canada 396
Traître et le juif, Le 588
Trapped by the Mormons 550
Travail, Le 206
Traverses de la critique littéraire au Québec 281, 623
Treasure of Sierra Madre, The 340
Trente arpents 416
Trials of Oscar Wilde, The 509
Tricheurs, Les 557
Tristana 499
Trois contre un 649
Trois filles à Madrid 649
Trois jours en prison 307
Trois masques, Les 540
Trois mères [...], Les 648
Trois messes basses, Les 393
Trois Mousquetaires, Les 94, 595, 597, 469
Trois putes et un coussin 650
Troisième sexe, Le 509, 542
Trouble in Paradise **651**
Trouble-fête 300
Truth, The 658
Tu es un rat 648

Ulysses 404, **655**
Un chien andalou 497
Un été western 414
Un gynécologue accuse 655
Un homme et son péché 185
Un jeu si simple 296, 501, 656
Un jour à la fois 633
Un manifeste libéral. [...] 130
Un nouveau jour va se lever 116
Un passé recomposé [...] 329
Un pays sans bon sens 163, 478, 501, 507, **656-657**
Un site enchanteur de la vallée de la Matapédia : Causapscal 587
Un taxi pour Tobrouk 552
Un tout petit monde 545
Un train pour Venise 186
Un voleur 526
Une autre année sera meilleure 245
Une de perdue, deux de trouvées 350, 597, 655
Une étrange confession, tel que raconté [sic] à l'auteur 185
Une femme est une femme 480
Une femme mariée 480
Une forêt pour Zoé 50
Une nouvelle mine. Le prêtre et ses détracteurs [...] 97, 595
Une petite autopsie de l'affaire 308
Une quatrième mine. Dans le camp ennemi, 97
Une veuve joyeuse 652

Vague de boue aux étalages et dans les rues, La 75
Valérie 178, 434, 644
Vendeurs du temple, Les 229, 513
Venin, Le 502
Véritable Petit Albert ou Secret pour acquérir un trésor, Le 348
Vérité, La 146, **658**
Vérité se passe un doigt, La 626
Vers l'universalité le cul par terre 254
Veuve joyeuse, La 273
Vie criminelle d'Archibald de la Cruz, La 499
Vie d'Émile Zola 406

Vie en rêve, La 625
Vie orageuse, La 506
Vie. Considérations biologiques, La 427
Vierge des bois, La 648
Vierge et l'enfant, La 67
Vigilanti cura 76, 123, 186
Ville rouge 196, **658-659**
Vingtième Siècle, Le 179
Vingt-quatre heures ou plus 12, **298**
Virgin in the Holy Eucharist, The 598
Virgin Spring (La source) 621
Viridiana 499
Visage de fièvre 382
Visiteurs du soir, Les 556
Vivre sa vie 480
Voie lactée, La 499
Voiles bas et en travers, Les 617
Voir Miami 296, 501, 659
Volleyball 10, 45, 47, 659
Voltaire **659**
Voulez-vous pécher avec moi ? 649
Voyage de la vie, Le 82
Voyage en Orient 39

W. R. ou les mystères de l'organisme 631
Wake up, mes bons amis 657
Way Down East 86
Wedding March, The 273
What does Quebec want? 656
White Rose 86
Why Get Married? 511, **660**
Wild For Kicks 649
Wild One, The 541
Wild Strawberries (Les fraises sauvages) 621
Windigo 236
Winter Light 622
Wizard of Oz 341
Wolf, The 603
Women of the World 205

You're in the army now **661**
Young and the Damned, The 497, 648
Yves Montand chante **661**

Zazie dans le métro 481
Zéro de conduite **661-662**

TABLE DES MATIÈRES

Présentation	7
Remerciements	8
Introduction	9
Domaine couvert : littérature et cinéma 9	
Une définition de la censure 9	
Types d'entrées 10	
Critères d'identification et de sélection des entrées 10	
Guide d'utilisation 14	
Sigles et abréviations 14	
Bref historique de la censure	15
Littérature 15	
Cinéma 17	
Entrées du *Dictionnaire*	19
Chronologie	663
Annexes	681
ANNEXE 1 Littérature – Entrées portant sur des imprimés ou sur des films qui sont des adaptations d'œuvres littéraires 681	
ANNEXE 2 Littérature – Entrées portant sur des périodiques (revues et journaux) 683	
ANNEXE 3 Littérature – Entrées portant sur des personnes 683	
ANNEXE 4 Cinéma – Entrées portant sur des films québécois 683	
ANNEXE 5 Cinéma – Entrées portant sur des films autres que québécois 684	
ANNEXE 6 Cinéma – Entrées portant sur des personnes 685	
ANNEXE 7 Littérature et cinéma – Autres entrées 686	
ANNEXE 8 Littérature – Liste des ouvrages littéraires québécois cotés « Mauvais » dans la revue *Lectures* 687	
ANNEXE 9 Littérature – Liste des ouvrages français cotés « Mauvais » ou à l'Index dans la revue *Lectures* 687	
Bibliographie	692
Liste des collaboratrices et collaborateurs	696
Index des noms	699
Index des œuvres	709